제11판

건강심리학

HEALTH PSYCHOLOGY

Health Psychology, 11th Edition

1 2 3 4 5 6 7 8 9 10 Sigma 20 22

Original: Health Psychology, 11th Edition © 2021
By Shelley Taylor
ISBN 978-1-26-025390-0

This authorized Korean translation edition is jointly published by McGraw-Hill Education Korea, Ltd. and Sigma Press. This edition is authorized for sale in the Republic of Korea

This book is exclusively distributed by Sigma Press.

When ordering this title, please use ISBN 979-11-6226-362-4

Printed in Korea

제11판

건강심리학

Shelley E. Taylor · Annette L. Stanton 지음

조성근 · 김종원 · 김혜정 · 박순권 · 심은정 · 한경훈 옮김

Σ 시그마프레스

건강심리학, 제11판

발행일 | 2022년 2월 25일 1쇄 발행

지은이 | Shelley E. Taylor, Annette L. Stanton
옮긴이 | 조성근, 김종원, 김혜정, 박순권, 심은정, 한경훈
발행인 | 강학경
발행처 | ㈜ 시그마프레스
디자인 | 우주연, 이상화, 김은경, 고유진
편 집 | 이호선, 김은실, 윤원진
마케팅 | 문정현, 송치헌, 김인수, 김미래, 김성옥

등록번호 | 제10-2642호
주소 | 서울특별시 영등포구 양평로 22길 21 선유도코오롱디지털타워 A401~402호
전자우편 | sigma@spress.co.kr
홈페이지 | http://www.sigmapress.co.kr
전화 | (02)323-4845, (02)2062-5184~8
팩스 | (02)323-4197

ISBN | 979-11-6226-362-4

* 책값은 책 뒤표지에 있습니다.

저자 서문

30여 년 전 건강심리학 초판 작업은 지금보다 훨씬 간단했다. 건강심리학은 새로운 분야였고 비교적 규모가 작았다. 최근 수십 년 동안 이 분야는 꾸준히 성장했으며 많은 연구 발전이 이루어졌다. 이러한 발전 중 가장 중요한 것은 생물학적, 심리적, 사회적 요인이 함께 작용한다는 관점에서 건강 문제를 연구하는 생물심리사회적 모델을 사용하고 정교화한 것이다. 갈수록 연구자들은 스트레스와 같은 심리사회적 요인이 건강에 부정적인 영향을 미치고 사회적 지지와 같은 잠재적인 보호 요인이 스트레스의 영향을 완충시킬 수 있는 생물학적 경로를 확인하였다. 제11판에서 Stanton 박사가 저자로 합류함에 따라 우리의 목표는 학부생이 접근 가능하고, 이해하기 쉬우며, 흥미진진하게 만드는 방식으로 점점 더 정교해지는 이 분야에 초대하는 것이다.

여느 과학과 마찬가지로 건강심리학은 과거 연구를 기반으로 새로운 연구들이 계속 이루어지고 있다. 따라서 우리는 이 분야의 토대가 되는 이슈뿐만 아니라 이러한 이슈에 대한 현재의 연구도 제시하고자 노력하였다. 건강심리학은 매우 빠르게 발전하고 변화하고 있기 때문에 교재를 최신 상태로 유지하는 것이 필수적이다. 따라서 우리는 건강심리학의 최근 연구를 검토했을 뿐만 아니라 몇 년 동안 연구 문헌에서 사용할 수 없을 연구 프로젝트에 대한 정보도 입수하였다. 그렇게 함으로써 우리는 건강심리학의 현재와 미래를 다루었다.

두 번째 목표는 건강심리학이 우리 시대의 문제들과 밀접하게 관련되어 있다는 점을 잘 나타내는 것이다. 인구의 고령화와 노년으로의 인구 이동으로 인해 건강심리학이 대응해야 하는 전례 없는 건강상의 필요성이 나타나게 되었다. 이러한 노력에는 이 고령화 집단에 대한 건강 증진의 필요성과 노화 및 관련 만성 장애에 대한 반응으로 발생하는 심리사회적 문제에 대한 이해가 포함된다. AIDS는 전 세계적으로 사망의 주요 원인이기 때문에, 이 질병의 확산을 막으려면 콘돔 사용과 같은 건강 대책이 필요하다는 것은 명백하다. 비만은 이제 세계 최고의 건강 문제 중 하나이다. 전 세계적으로 기대수명을 단축시킬 수 있는 이러한 끔찍한 추세를 뒤집는 것은 건강심리학에서의 현재 중요한 목표이다. 건강심리학은 갈수록 개발도상국과 선진국 모두에 영향을 미치는 문제에 대한 통찰력을 제공하는 전 세계의 연구원들이 함께 하는 국제적 작업이 되었다. 제11판에는 건강 문제와 건강 연구 커뮤니티의 국제적 주안점을 반영하는 최신 연구가 포함되어 있다.

건강습관은 가장 만연한 장애의 원인이며, 이는 흡연 및 음주와 같이 문제가 있는 건강행동을 수정하는 것의 중요성을 그 어느 때보다 강조한다. 건강을 유지하기 위한 다른 긍정적인 건강습관 중에서 건강한 식단, 규칙적인 운동, 체중 조절의 중요성에 대한 연구 결과가 갈수록 쌓이고 있다. 유전 연구의 획기적인 발전으로 인해 질병이 발생하기 훨씬 전이에 대한 유전적 위험을 확인할 수 있게 됨에 따라, 발병 위험이 높은 사람들을 위한 예방이 더 중요하게 되었다. 사람들이 위험에 대처하는 방법과 이들에게 제공하는 적절한 중재는 건강심리학 연구에서 다루어야 할 중요한 과제이다.

건강심리학은 응용 분야이자 기초 연구 분야이다. 따라서 이 분야의 성과를 강조함에 있어서, 우리는 과학적 진보와 이의 응용 모두를 제시하고 있다. 이 중 가장 중요한 것은 외상후 스트레스장애와 같은 생물심리사회적 장애를 치료하기 위해 사람들에게 개입하고, 섭식장애와 같이 생명을 위협하는 건강습관을 관리하도록 도우며, 만성 질환을 더 잘 관리하도록 돕는 임상 개입 방법을 개발하려는 임상심리학자들의 노력이다.

건강을 개선하기 위한 올바른 방법과 장소를 찾는 것은 계속해서 중요한 문제가 되고 있다. 건강 증진에 관한 장에서는 특히 건강행동을 변화시킬 가능성이 가장 높은 방법에 중점을 둔다. 만성질환에 대한 장에서는 이러한 장애의 심리사회적 원인과 결과에 대한 지식을 사용하여 첫째, 그러한 장애가 발생할 가능성을 줄이고 둘째, 진단 후에 발생하는 심리사회적 문제를 효과적으로 다루기 위해 위험에 처한 사람들에게 개입하는 방법을 강조한다.

모든 교재의 성공은 궁극적으로 학생 독자에게 내용을 명확하게 전달하고 해당 분야에 대한 관심을 불러일으키는 능력에 달려 있다. 이번 제11판에서는 학생 독자의 삶과 관련 있는 흥미로운 자료를 만들기 위해 노력하였다. 많은 장에서 건강과 관련된 뉴스 기사를 볼거리로 제시하고 있다. 또한 청년들의 욕구 및 관심과 관련된 자료를 제시한다. 예를 들어, '스트레스 관리'라는 주제는 학생들이 대학 생활과 관련된 스트레스를 어떻게 관리할 수 있는지와 직접적으로 연관되어 있다. '음주 문제' 관련 주제는 대학생의 음주와 이의 조절에 관한 내용을 포함한다. 이 연령대와 관련된 건강 습관(태닝, 운동, 콘돔 사용 등)은 학생 집단에서 그 관련성이 특히 두드러진다. 일화, 사례 기록 및 자신의 삶과 관련된 구체적인 연구 사례를 통해 학생들은 이러한 지식 체계가 청년으로서의 삶에 얼마나 중요한지 배울 수 있다.

건강심리학은 과학이며, 따라서 연구 자체뿐만 아니라 연구가 어떻게 설계되었고 왜 그렇게 설계되었는지에 대한 지식을 전달하는 것도 중요하다. 특정 연구 방법과 연구의 기반이 되는 이론에 대한 설명이 책 전반에 걸쳐 제시된다. 학생들이 연구자가 문제에 대한 최상의 자료를 수집하는 방법 또는 가장 효과적으로 개입하는 방법에 대한 결정을 내리는 데 사용하는 방법을 이해할 수 있도록 중요한 연구에 대해서는 자세히 설명한다.

책 전반에 걸쳐 우리는 일반적인 심리학적 개념과 특정 건강 문제 간 균형을 맞추기 위해 노력하였다. 그렇게 하는 한 가지 방법은 장(chapters)을 묶어서 제시하는 것이었다. 첫

장은 일반적인 개념을 제공하고 후속 장은 이러한 개념을 특정 건강 문제에 적용한다. 따라서 제3장에서는 건강 증진을 위한 일반적인 전략을 논의하고 제4장과 제5장에서는 운동, 흡연, 사고 예방 및 체중 조절과 같은 특정 건강 습관을 구체적으로 언급하면서 이 문제들을 논의한다. 제11장과 제12장에서는 만성 건강 질환과 말기질환 관리의 맥락에서 발생하는 광범위한 문제를 논의한다. 제13장과 제14장에서는 이러한 문제를 심장병, 암, AIDS와 같은 특정 장애와 관련하여 구체적으로 다룬다.

책 전체에 걸쳐 특정한 이론적 관점을 강조하기보다는 여러 관점을 융통성 있게 유지하려고 시도하였다. 건강심리학은 심리학의 모든 영역(예 : 임상, 사회, 인지, 생리, 학습, 발달)에서 다루어지기 때문에, 각 강사의 수업 방향에 맞출 수 있도록 각 영역의 자료를 교재에 포함시켰다. 그렇다고 이 책에서 제시하는 모든 자료가 모든 영역의 내용을 담은 것은 아니다. 이 책의 연속되는 장은 서로 관련이 있지만 독립적으로 구성되어 있다. 예를 들어, 제2장은 읽기 과제로 내줄 수 있고, 생물학적 개념에 대한 이해를 명확히 하거나 특정 생물학적 체계나 질병에 대해 더 많이 배우고자 하는 학생들을 위한 자료로 그 역할을 할 수 있다. 따라서 각 강사는 일부 장을 좀 더 집중적으로 다루고 일부 장은 생략하는 등의 방법으로 강의의 질을 해치지 않으면서 자신의 필요에 따라 교재를 사용할 수 있다,

제11판에 새로 추가된 내용

- 300개 이상의 새로운 인용
- 인공지능과 의료 서비스에 대한 논의(제1장, 제9장)
- 웹 기반 개입 관련 내용 보강(제1장, 제3장, 제11장)
- 텔로미어의 중요성(제2장, 제6장)
- 장-뇌 연결(제2장)
- 원격 진료에 대한 논의(제2장, 제8장, 제15장)
- 치매 관련 내용 보강(제2장, 제11장)
- 사회문화적 가치와 건강에 대한 논의(제3장, 제14장)
- 노화와 건강 관련 내용 보강(제3장, 제4장, 제11장, 제14장)
- 적시(just-in-time) 개입(제3장, 제15장)
- 마리화나 사용 관련 내용 보강(제5장)
- 긍정적인 양육, 스트레스 및 건강에 대한 새로운 연구(제6장)
- 편견과 차별이 건강에 미치는 영향 관련 내용 보강(제6장, 제13장, 제14장, 제15장)
- 삶의 목적과 의미의 이점(제7장)
- 스트레스 경험에 적극적으로 접근하거나 회피하여 대처하려는 시도에 관한 연구(제7장)
- 공유된 스트레스 요인에 대처하려는 커플의 시도 관련 내용 보강(제7장)

- 마음챙김과 마음챙김 명상 관련 내용 보강(제7장, 제10장)
- 사회적 지지 및 외로움이 건강에 미치는 영향 관련 내용 보강(제7장)
- 오피오이드 위기에 대한 논의(제10장)
- 자살 관련 내용 보강(제12장)
- 완화 의료 및 임종 관련 선택(제12장)
- 사별에 대한 논의 보강(제12장)
- HIV/AIDS 예방 및 치료 관련 내용 보강(제14장)
- 암 발병 및 진행에 영향을 미치는 요인 관련 내용 보강(제14장)
- 변화하는 건강심리학 양상(제15장)

저자 소개

Shelley E. Taylor

미국 UCLA 심리학과 석좌교수이다. 예일대학교에서 사회심리학 전공으로 박사 학위를 받았다. 예일대학교 객원 교수직과 하버드대학교 조교수, 부교수직을 거쳐 UCLA 교수진에 합류하였다. 연구 관심 분야는 평생에 걸쳐 정신 및 신체 건강을 증진하거나 손상시키는 심리적, 사회적 요인에 관한 것이다. 다수의 상을 받았으며 특히 미국심리학회(American Psychological Association)에서 Distinguished Scientific Contribution to Psychology Award, 국립정신건강연구소(National Institute of Mental Health)에서 Research Scientist Development Award, Outstanding Scientific Contribution Award를 수상하였다. 저널과 책을 포함한 350편 이상의 출판물을 저술했으며 사회인지(*Social Cognition*), 사회심리학(*Social Psychology*), 긍정적 환상(*Positive Illusions*), 보살핌(*The Tending Instinct*)의 저자이다. 미국국립과학원(National Academy of Sciences)과 미국의학한림원(National Academy of Medicine)의 회원이다.

Courtesy of Shelley E. Taylor

Annette L. Stanton

미국 UCLA 심리학 및 정신의학/생물행동과학 교수이자 Cousins Center for Psychoneuroimmunology의 선임 연구원이며 UCLA 존슨 종합 암센터 구성원이다. 코네티컷대학교에서 임상심리학 전공으로 박사 학위를 받았다. 오번대학교와 캔자스대학교에서 교수로 근무한 후 2003년 UCLA 교수진에 합류하였다. Stanton 박사는 연구를 통해 암 관련 경험에 중점을 두고 만성적으로 스트레스를 받는 성인과 커플의 심리적, 신체적 건강을 증진시키거나 방해하는 요인을 밝혀낸다. 이들 집단의 심리적, 신체적 건강을 향상시키기 위한 접근법을 개발하고 검증함으로써 자신의 발견을 실제 임상 장면에 적용하고 있다. 과학 저널과 책을 포함한 250편 이상의 출판물을 저술한 그녀는 미국심리학회의 건강심리학 분과 회장을 역임하였다. 연구와 전문적인 기여는 미국심리학회, 국제행동의학회(International Society of Behavioral Medicine), 미국정신종양학회(American Psychosocial Oncology Society) 및 암환우지원단체(Cancer Support Community)에서 수상함으로써 인정받았다. 수상 경력이 있는 교사이자 학부생과 대학원생의 멘토이기도 하다.

Courtesy of Annette Stanton

차례

PART 1 건강심리학에 대한 소개

CHAPTER 1 건강심리학이란 무엇인가

CHAPTER 2 신체의 체계

PART 3 스트레스와 대처

CHAPTER 6

스트레스

CHAPTER 7

대처, 탄력성 및 사회적 지지

PART 4 의료 서비스의 이용과 탐색

CHAPTER 8

의료 서비스의 이용

CHAPTER 9

환자, 의료 서비스 제공자 그리고 치료

CHAPTER 12

진행성 및 말기질환에서의 심리적 문제

CHAPTER 13

심장질환, 고혈압, 뇌졸중, 제2형 당뇨병

PART 1

건강심리학에 대한 소개

Africa Studio/Shutterstock

CHAPTER 1

건강심리학이란 무엇인가

Jacom Stephens/Getty Images

개요

"심각한 고독감에 대한 정부의 역할"
(2018년 9월 12일)
"예방접종은 사회 책임이다"
(2015년 2월 4일)
"청소년 스포츠로 인한 뇌진탕 위험"
(2015년 12월 25일)
"AI는 진단 개선에 대한 가능성을 가지고 있다."
(2018년 9월 13일)
"너무 적은 휴식은 심장에 해롭다."
(2019년 1월 22일)
"운동으로 당신의 뇌를 잘 관리하세요."
(2019년 1월 22일)

우리는 매일같이 위와 같은 건강에 관련된 신문기사들을 접한다. 우리는 흡연이 우리에게 해롭다는 사실과, 우리에게 운동이 필요하며, 비만을 유발할 수 있는 환경에 노출되어 있다는 것을 잘 알고 있다. 우리는 어렴풋이 알고 있는 질병에 대한 새로운 치료법에 대한 정보를 얻기도 하고, 특정 한방치료가 우리의 기분을 더 좋아지게 할 수 있다는 것도 알고 있다. 우리는 명상이나 긍정적인 신념이 건강을 유지시키고 더 빨리 회복하는 데 도움을 준다는 것도 알고 있다. 그런데 우리는 이런 주장들의 진위 여부는 어떻게 가려내는가? 건강심리학은 이러한 중요한 질문에 관심을 두고 있다.

건강심리학의 정의

건강심리학(health psychology)은 흥미롭고도 상대적으로 새로운 심리학의 분야로, 사람들이 건강을 어떻게 유지하는지, 왜 질병에 걸리는지, 병에 걸렸을 때 어떻게 대처하는지에 대한 심리학적인 영향요인들을 이해하고자 한다. 건강심리학자들은 사람들이 건강하게 살고 질병을 극복하는 데 도움이 되는 치료기법을 개발하거나 이와 관련된 주제를 연구한다. 예를 들어, 건강심리학자들은 사람들이 흡연이 암이나 심장질환의 위험을 증가시킨다는 것을 알면서도 왜 계속 담배를 피우는지와 같은 주제에 관심을 가질 수 있다. 건강에 나쁜 습관을 이해하는 것은 금연하는 사람들에게 도움이 되는 치료방법을 세우는 데 유용하다.

건강심리학 연구 및 임상현장에 있어 가장 근본적인 것은 건강을 정의하는 것이다. 수십 년 전 세계보건기구(1948)는 **건강**(health)을 "단지 질병이나 병약의 부재가 아닌 신체적, 심리적, 사회적 안녕(well-being)의 완전한 상태"로 정의하였다. 이러한 정의는 건강심리학자에게 있어 핵심적인 건강 개념이다. 건강을 질병 부재의 개념으로 정의하기보다는 신체적, 정신적 그리고 사회적 안녕 간의 균형을 완성시키는 것으로 인식하는 것이다. 많은 사람들은 건강의 최적의 상태를 일컬을 때 **안녕**(wellness)이라는 용어를 사용한다.

건강심리학은 건강 증진과 유지에 중점을 두는데, 이는 어떻게 하면 아이들에게 좋은 건강습관을 갖게 할지, 규칙적인 운동을 어떻게 증진시킬지, 사람들의 식생활 개선을 위해 어떻게 미디어 캠페인을 계획할지와 관련된 주제들이다.

건강심리학자들은 질병의 예방과 치료에 대한 심리학적 측면을 연구한다. 건강심리학자는 스트레스가 높은 직종의 사람들에게 효과적으로 스트레스를 관리하는 방법을 알려줌으로써 스트레스가 그들의 건강에 악영향을 미치지 않게 할 수 있다. 또한 건강심리학자는 이미 질병에 걸린 사람들에게 그들이 받고 있는 치료를 잘 따를 수 있도록 도움을 줄 수 있다.

건강심리학자는 또한 병원학 및 건강, 질병, 기능장애(dysfunction, 역기능) 간의 상관관계에 주목한다. **병원학**(etiology)은 질병의 근원 혹은 원인을 말한다. 특히 알코올 섭취, 흡연, 운동, 안전벨트 착용 그리고 스트레스 대처법과 같이 건강, 질병, 역기능에 영향을 미치는 행동적·사회적 요인들에 관심을 기울인다.

마지막으로 건강심리학자는 건강관리체계(health care system, 의료보험제도) 및 보건정책 형성을 분석하고 이를 증진시키기 위해 노력한다. 그들은 건강관리 증진을 위한 권고안을 개발하기 위해 건강기관과 건강 전문가들이 사람들의 행동에 미치는 영향력을 연구한다.

요약하면, 건강심리학은 건강 개선(enhancement), 질병의 예방 및 치료 그리고 건강관리에 영향을 미치는 보건정책의 평가와 변경을 초래하는 심리적 · 사회적 요인을 연구한다.

왜 건강심리학이 발달하게 되었는가

많은 사람들에게 있어 건강은 단순히 보면 잘 살아가고 질병에서 빨리 회복하는 것이 관건이므로 심리적 · 사회적 요인은 크게 영향을 미치지 않은 것으로 보일 수 있다. 그러나 다음과 같은 수수께끼들은 건강심리학의 지식 없이 설명할 수 없는 것들로서 살펴볼 필요가 있다.

- 사람들이 감기 바이러스에 노출되었을 때, 어떤 사람은 감기에 걸리는 반면 다른 사람들은 걸리지 않는다.
- 결혼한 남성은 결혼하지 않은 남성보다 더 오래 산다. 기혼 남성의 수명은 미혼 남성의 수명보다 길다.
- 전 세계적으로 인간의 수명은 증가하고 있다 그러나 사회적 격동을 겪고 있는 나라들에서는 기대수명이 급감할 수 있다.
- 건강관리(health care, 의료보건) 평가를 거부하는 나라를 제외한 모든 나라에서 여성의 수명이 남성의 수명보다 길다. 그러나 여성은 더 많은 장애와 질병을 가지고 있으며 의료서비스를 더 자주 사용한다.
- 한때 미국에서는 결핵, 폐렴 및 독감과 같은 전염성 질환들이 질병과 사망의 주요 원인이었다. 이제는 심장병, 암, 당뇨와 같은 만성질환들이 장애와 사망의 주요 원인이다.
- 교회나 절에 다니거나 기도하는 행동 등 영적인 욕구에 주의를 기울이는 것은 우리의 건강에 유익하다.

여러분이 이 책을 다 읽고 나면 이러한 발견이 왜 사실인지를 알게 될 것이다.

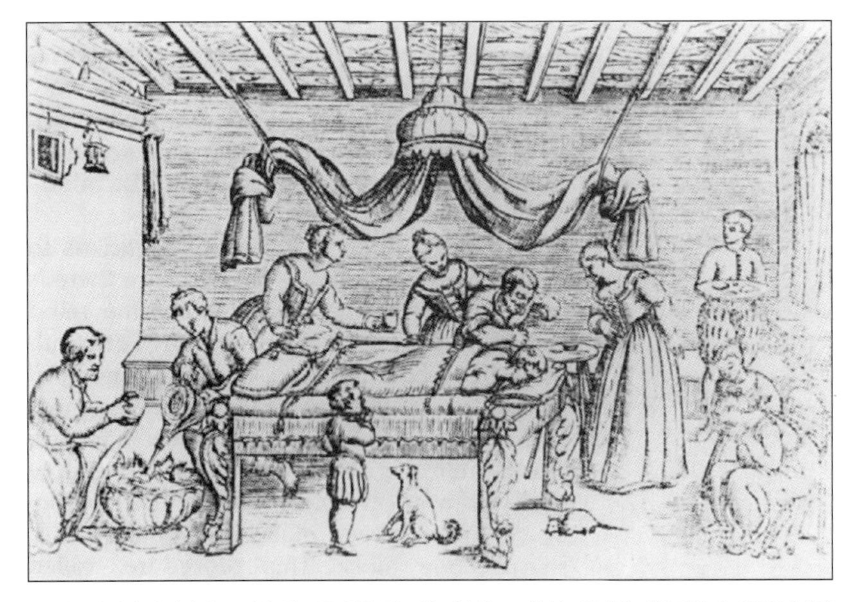

늘 성공적이지 않았더라도 질병 치료를 위한 정교한 기술은 르네상스 시대에 개발되었다. 1570년대에 만들어진 이 목판화는 환자의 가족과 애완동물들이 지켜보는 가운데 의사가 환자의 두개골에 구멍을 뚫고 있는 장면을 묘사하고 있다.

출처 : The National Library of Medicine.

심신 관계(정신-신체 관계) : 간략한 역사

선사시대에서는 대부분의 문화에서 정신과 신체가 서로 밀접한 관련이 있는 것으로 여겨졌다. 악령이 우리 몸에 들어와 발생하는 것이 질병이라 믿었기 때문에, 그런 악령을 쫓아내는 시도가 주된 치료였다. 석기시대에는 환자의 신체에서 악령이 빠져나오게 하기 위해 주술사가 치료 의식 동안 환자의 두개골에 대칭적으로 있는 작은 구멍을 날카로운 도구를 이용해 의도적으로 뚫기도 하였다.

고대 그리스인들은 건강과 질병에 있어 신체요인의 역할을 발견한 초기 문명 중의 하나이다. 그들은 질병을 악령의 탓으로 돌리기보다는 질병의 체액 이론을 발달시켰다. 이러한 관점에 따르면 질병은 4개의 체액 혹은 신체를 순환하는 액체들(혈액, 흑담즙, 황담즙, 점액)의 균형이 깨졌을 때 발생된다. 따라서 치료의 목표는 체액들 사이의 균형을 회복하는 것이었다. 그리스인들은 정신 또한 중요하다는 것을 알고 있었다. 그들은 각기 4개의 체액과 관련된 성격 유형을 설명하였다. 혈액과 열정적 기질을, 흑담즙과 슬픔을, 황담즙과 분노 성향을 그리고 점액과 삶에 대한 유유자적한 태도를 관련지어 설명하였다. 비록 이러한 이론들이 지금은 사실이 아니라고 알려졌지만, 건강과 질병에서 심신에 대한 강조는 그 당시의 돌파구였다.

그러나 중세시대까지는 질병에 대한 초자연주적인 설명이 당연시되었다. 질병은 악행에 대한 신의 처벌로 여겨졌으며, 종종 신체에 고통을 가해 악령을 몰아내는 방법으로 치유가 이루어졌다. 후기에 이러한 형태의 '치료'는 기도와 선행을 통한 속죄로 대체되었다. 이 시기 교회는 의학적 지식의 수호자였으며 결과적으로 의료행위는 종교적 의미를 내포하고 있었다. 일반적으로 성직자들이 의사의 역할을 했으며, 이로 인해 사실상 치료와 종교생활이 구분되기 힘들었다.

르네상스의 시작부터 오늘날에 이르기까지 의학 기술에서 큰 진전이 있었다. 이러한 진전은 1600년대 현미경의 발명과 부검과학의 발달을 포함한다. 이 발전 덕분에 의료인들은 각기 다른 질병과 연관된 신체기관들을 볼 수 있게 되었다. 세포병리학이 발전함에 따라 질병의 체액 이론은 잠재워졌다. 의료행위는 점차 실험결과를 더 신뢰하게 되었으며, 건강과 질병의 원인으로 정신적 요인보다는 신체적 요인을 더 중요하게 생각했다. 과거의 미신을 깨트리려는 시도에서 의사들은 질병의 진행과정에서 어떠한 정신의 역할도 인정하지 않으려 했다. 대신에 그들은 진단과 치료적 권고의 기저를 주로 기질적 병리와 세포병리에 중점을 두었다.

이러한 결과로 초래된 **생의학적 모델**(biomedical model)은 지난 300년 동안 대부분의 건강 전문가들의 사고를 지배해왔다. 생의학적 모델은 모든 질병을 생화학적 불균형이나 신경생리적인 병리와 같은 비정상적인 신체적 · 육체적 과정을 바탕으로 설명할 수 있으며, 심리적 · 사회적 과정은 질병 진행과정에 크게 상관이 없다고 추정한다. 이에 따른 생의학적 모델의 문제점은 표 1.1에 정리되어 있다.

표 1.1 | 생의학적 모델 : 왜 질병을 이해하는 데 적합하지 않은가?

- 질병을 세포가 기능하지 못하거나 화학적 불균형 상태라고 단순화시킴
- 정신-신체의 이원론을 따르면서 사회 및 심리적 과정들이 몸 전체에 강력한 영향을 미치는 요인이라는 것을 인지하는 데 실패함
- 건강의 개념을 건강을 증진시키는 행동에 초점을 맞추기보다는 질병을 없애는 것만 강조함
- 건강 관련 실무자들이 직면한 여러 궁금증에 대해 답하지 못함. 예를 들어, 6명이 독감 바이러스에 노출되었을 때 왜 3명만 독감에 걸리는가?

생물심리사회 모델의 출현

생의학적 관점은 현대심리학의 출현과 특히 **전환히스테리아**(conversion hysteria, 전환장애와 유사)에 대한 프로

이트(1856~1939)의 초창기 업적과 함께 변하기 시작했다. 프로이트에 따르면 특정한 무의식적 갈등은 심리적 갈등의 억압이 신체적 장애로 상징화되어 나타날 수 있다. 비록 이러한 이론적 관점은 더 이상 건강심리학에서 중심이 되지 않지만, 정신신체의학 분야의 출현에 지대한 공헌을 하였다.

심신의학(정신신체의학)

특정 질병이 사람들의 내적 갈등에서 발생되었다는 생각은 1930년대 플랜더스 던바(1943)의 연구와 1940년대에 프란츠 알렉산더(1950)의 연구로 존속되었다. 예를 들어, 알렉산더는 의존과 애정에 과잉된 욕구를 가진 사람들을 궤양에 취약한 성격으로 보는 프로파일을 개발하였다.

던바와 알렉산더는 정서적 갈등들은 자율신경계를 통해 신체에 생리적 타격을 주고 무의식적 불안을 발생시킨다고 주장하였다. 이런 지속적인 생리적 변화들은 결국 기질적 장애를 일으킨다고 주장하였다. 예를 들어, 위궤양 환자의 경우 좌절된 의존과 애정욕구에서 비롯된 억압된 정서들이 위산 분비를 증가시키고 결국 위벽을 약화시켜 위궤양을 일으킨다고 여겼다(Alexander, 1950).

특정 장애가 정서적 갈등과 같은 심신적 근원이 있다는 프로파일을 제공함으로써 던바와 알렉산더의 업적은 **정신신체의학**(psychosomatic medicine) 분야의 기틀을 형성하는 데 도움을 주었다. 이러한 장애는 위궤양, 갑상선기능항진증, 류머티즘성 관절염, 본태성 고혈압, 신경피부염(피부장애), 대장염, 기관지 천식을 포함한다.

이제 우리는 모든 질병이 심리적인 문제를 야기한다는 것을 알고 있다. 그리고 오늘날 연구자들은 특정 갈등이나 성격 유형이 질병을 일으키는 데 충분하지 않다고 믿는다. 일반적으로 여러 요인이 함께 작용하여 질병이 발병하기 때문이다. 이러한 요인으로는 높은 스트레스, 낮은 사회적 지지와 사회경제적 지위와 같은 사회적·심리적 요인 등과 결합된 생물학적 병원체(바이러스성 혹은 세균성 염증과 같은)를 포함할 수 있다.

정신과 신체가 모두 건강과 질병에 결정적으로 영향을 미친다는 관점에서는 하나의 논리적인 모델을 제시하였는데, 이를 **생물심리사회 모델**(biopsychosocial model)이라 한다. 이 모델의 가장 기본적인 가정(전제)은 건강과 질병은 생물학적, 심리적, 사회적 요인들의 상호작용의 결과라는 것이다.

생물심리사회 모델의 장점

건강과 질병에 대한 생물심리사회 모델은 생의학적 모델의 단점을 어떻게 극복하는가? 생물심리사회 모델은 생물학적, 심리적, 사회적 요인들 모두 건강과 질병에 중요한 결정요인이라고 주장한다. 사회적 지지와 우울증과 같은 거시적 수준의 과정과 세포장애나 화학적 불균형과 같은 미시적 수준의 과정 모두 건강과 질병에 영향을 미치며, 상호작용을 하여 건강과 질병의 상태를 좌우한다.

생물심리사회 모델은 건강과 질병 모두를 중요시한다. 이러한 관점에서 볼 때, 건강은 저절로 이루어지는 것이 아니라 생물학적, 심리적, 사회적 욕구들에 주의를 기울임으로써 성취되는 것이다.

생물심리사회 모델의 임상적 의의

생물심리사회 모델은 환자를 치료하는 사람들에게 유용하다. 우선 생물학적, 심리적, 사회적 요인들의 상호작용적 역할을 이해함으로써 진단과정에서 개인의 건강 혹은 질병을 평가하는 데 유용하다. 치료는 세 가지 요인 모두에서 중요하다고 할 수 있다.

생물심리사회 모델은 환자와 의료진과의 관계의 의미를 보다 분명하게 한다. 환자와 의료자의 효율적인 관계는 환자의 의료 서비스 이용, 치료효과 및 질병 회복 속도를 증진시킨다.

생물심리사회 모델 : 악몽 사망 사례

건강에서 정신과 신체가 어떻게 온전히 얽혀있는지 이

해하기 위해서 최근 15년 동안 의학 연구자들의 흥미를 불러일으킨 한 사례연구를 살펴보도록 하자. 이는 동남아시아인들의 기묘한 '악몽으로 인한 사망'과 관련되어 있다.

1970년대 베트남 전쟁 후 라오스, 베트남, 캄보디아 등 동남아시아의 피난민들은 미국으로 이주해왔다. 1977년도쯤 애틀랜타 질병관리본부는 한 이상한 현상을 감지하게 되었다. 이는 이주집단 중 남성 난민들의 갑작스럽고 예견되지 않은 야간 사망이었다. 사망은 종종 입면 후 몇 시간 안에 발생했다. 친족들은 희생자가 까르륵거리는 소리를 내고 침대에서 안절부절하며 움직이기 시작했다고 보고했다. 깨우려고 노력하였으나 깨지 않고 잠시 후 결국 사망했다고 한다. 더욱 이해하기 힘든 것은 부검에서도 특정 사망 원인을 알아낼 수 없었다는 것이다.

그러나 대부분의 희생자들은 유전적으로 심장박동 조율과 관련된 희귀성 기능장애를 가지고 있었다는 것이 밝혀졌다. 오직 특정 인종집단의 남성에게만 영향을 미친다는 사실은 유전적 요인의 잠재적 역할과 일치한다. 또한 이러한 현상이 특정 가계집단에서 더 자주 나타난다는 사실도 유전 이론과 일치한다. 그러나 어떻게 그리고 왜 이러한 문제가 수면 중에 발생하게 된 것일까?

이러한 사례들이 늘어남에 따라 심리적, 문화적 요인들이 생물학적 요인만큼이나 영향을 미친다는 사실에 대한 근거가 마련되었다. 가족 구성원의 일부는 희생자가 죽음을 예견하는 꿈을 꾼 적이 있다고 보고했다. 라오스의 몽족 중에서 이러한 악몽으로 인한 사망으로 고통받은 난민집단은 꿈을 미래에 대한 불길한 징조로 받아들인다. 이러한 악몽으로 인한 불안은 죽음에 어느 정도 영향을 미칠 수 있다(Adler, 1991).

가족 구성원의 도움으로 목숨을 건진 소수의 남성들에게서 또 다른 결정적인 단서를 찾을 수 있었다. 그들 중 많은 이들이 심각한 야경증(night terror)에 시달려왔다고 했다. 예를 들어, 한 남성의 보고에 따르면 그의 방이 갑자기 어두워졌고, 크고 검은 개처럼 생긴 형상이 그의 침대로 다가와 그의 가슴 위에 앉았다고 했다. 그는 개를 가슴에서 밀어낼 수 없었고 호흡이 빠르고 위태롭게 짧아졌다고 했다(Tobin & Friedman, 1983). 야경증은 극적이고 갑작스러운 심리적 변화를 일으키기 때문에 이 역시 또 다른 중요한 단서가 된다.

많은 남성들이 잠자리에 들기 전까지 폭력적인 텔레비전 프로그램을 시청해왔으며 이러한 프로그램의 내용이 무서운 꿈에 나타났다는 것을 생존자와의 인터뷰를 통해 알 수 있었고, 또 다른 사례에서는 가족 간에 다툰 직후 치명적인 사건이 발생했다는 것을 알게 됐다. 많은 남성들의 가족은 그들이 본업과 더불어 이어지는 파트타임 일이나 영어를 배우기 위한 야간 수업 등으로 힘들어했다고 했다. 가족을 부양해야 한다는 압박감이 그들에게 심각한 타격을 입힌 것이다.

이러한 모든 단서들은 미국에서의 삶에 적응하고자 하는 압박감이 그들의 죽음에 중대한 영향을 미쳤음을 시사한다. 희생자들은 문화적 차이, 언어장벽, 만족스러운 직업을 찾는 어려움 등으로 인해 압박받았을 수 있었다. 이처럼 만성적인 중압감, 유전적 취약성, 가족 간의 다툼으로 인한 직접적인 화의 분출, 폭력적인 텔레비전 프로그램 시청 혹은 악몽 등이 악몽으로 인한 사망의 원인이 된다(Lemoine & Mougne, 1983). 이렇게 생물심리사회 모델이 이러한 수수께끼를 명확하게 풀어냈다.

건강심리학의 필요성

어떤 요인이 건강심리학의 발전을 이끌어왔는가? 20세기 초기 심리학 분야가 시작될 때부터 심리학자들은 건강과 어떻게, 왜 어떤 사람은 질병에 걸리고 다른 사람은 걸리지 않는지 그리고 사람들은 어떻게 그들의 건강 상태에 적응하는지 그리고 어떤 요인들이 사람들에게 건강한 행동을 실천하게 하는지를 탐색하는 데 중요한 기여를 하였다. 이러한 추세에 따라, 1973년 미국심리학회(APA)는 건강연구에서 심리학자의 잠재적 역할에 중점을 둔 대책위원회를 마련하였다. 상담, 임상 그리고 재활

심리학자를 포함하여 참여자들 중에서 많은 이들이 이미 건강 관련 분야에 종사하고 있었다. 사회심리학자, 발달심리학자, 지역/환경심리학자들은 건강문제 연구를 위한 개념적 접근을 각자 발전시키고 있었다(Friedman & Silver, 2007). 그러한 2개의 집단이 대책위원회에 참여하였고, 1978년에는 건강심리학 분과가 미국심리학회에 형성되었다. 이처럼 건강심리학이 지난 50년간 심리학에서 가장 중요한 발전을 한 분야라 해도 과언이 아니다. 그렇다면 어떤 요인들이 건강심리학 분야의 성장에 일조하고 있는가?

질병 양상의 변화

건강심리학 발전에 영향을 미친 가장 중요한 요인은 최근 수십 년 동안 미국이나 그 외 기술적으로 선진화된 국가들에서 발생한 질병 유형의 변화이다. 표 1.2에 제시된 것처럼 20세기까지 미국에서는 **급성질환**(acute disorder)이 질병과 사망의 중요 원인이었다. 급성질환은 단기 질병이며, 바이러스 혹은 세균 침입의 결과로 대부분 치료가 가능하다. 결핵, 독감, 홍역 그리고 소아마비와 같은 급성 전염성 장애들의 유병률은 치료방법의 혁신과 폐기물 관리 및 오물 처리 향상과 같은 공중보건 위생 수준이 변화하면서 감소했다.

그러나 이제 선진 산업국가들에서는 심장질환, 암 그리고 호흡기 질환과 같은 만성질환 및 장애가 사망을 일으키는 주요 원인이 되었다. **만성질환**(chronic illness)은 더 오래 사는 사람들에게 서서히 발전하며, 일반적으로 치료할 수 없고 환자나 건강관리자들이 관리한다. 표 1.3은 현재 전 세계적인 주요 사망원인들의 목록이다. 향후 10년 전 세계적으로 주요 사망원인이 어떻게 변화할지 주목해야 한다.

그렇다면, 왜 만성질환이 건강심리학이 성장하는 데 일조하였는가? 첫째, 만성질환은 심리적 · 사회적 요인을 원인으로 발생하는 질병이다. 예를 들어, 다이어트와 흡연과 같은 개인의 건강습관은 심장질환과 암을 유발하는 데 일조할 수 있으며, 성행위는 AIDS(후천성 면역결핍증)를 유발하는 데 결정적으로 작용할 수 있다.

둘째, 많은 사람들이 이러한 만성질환을 가지고 오랫동안 살아가기 때문에 이를 관리하는 데 있어 심리학적 문제들이 대두된다. 건강심리학자들은 만성질환을 가진 사람들이 그들의 건강상태 변화를 인식하고 식이치료요

표 1.2 | 미국의 주요 사망요인은 무엇인가? 인구 10만 명당, 1900년도와 2017년도의 비교

1900		2017	
독감, 폐렴	202.2	심장병	165.0
결핵, 모든 유형	194.4	악성종양(암)	152.5
위장염	142.7	의도치 않은 사고	49.4
심장병	137.4	만성 하기도 호흡계 질환	40.9
중추신경계 혈관장애	106.9	뇌졸중	37.6
만성신(장)염	81.0	알츠하이머병	31.0
모든 사고	72.3	당뇨	21.5
악성종양(암)	64.0	독감, 폐렴	14.3
영아 초기 특정 질병	62.6	의도적 자해(자살)	14.0
디프테리아	40.3	신(장)염, 신장증후군, 신장증	13.0

일부 사고와 약물과다 복용은 자살 시도일 수 있기 때문에 이 두 범주를 구별하는 것이 어려울 수 있다는 점에 주목해야 한다.

출처 : Xu, Jiaquan, Sherry L. Murphy, Kenneth D. Kochanek, Brigham Bastian, and Elizabeth Arias. "Deaths: Final Data for 2016." *National Vital Statistics Reports* 67, no. 5 (July 2018): 1–76.

표 1.3 | 전 세계 사망원인은 무엇인가

2016		2030	
순위	질병 또는 상해	예측순위	질병 또는 상해
1	허혈성 심장질환	1	허혈성 심장질환
2	뇌졸증	2	뇌졸중
3	만성 폐쇄성 폐질환	3	만성 폐쇄성 폐질환
4	하기도 호흡계 감염	4	알츠하이머병 및 그 외 치매
5	알츠하이머병 및 그 외 치매	5	하기도 호흡계 감염
6	하기도 호흡계 감염	6	진성당뇨병
7	진성당뇨병	7	기도암, 기관지암, 폐암
8	교통사고	8	신장질환
9	설사병	9	간병변증
10	결핵	10	교통사고

출처 : World Health Organization. "The Top 10 Causes of Death." Accessed June 10, 2019. https://www.who.int/news-room/fact-sheets/detail/the-top-10-causes-of-death.

법을 수행하는 데 심리학적, 사회적으로 적응하여 스스로 관리하는 것을 돕는다. 또한 만성질환은 배우자나 자녀와의 관계를 포함한 가족기능에 영향을 미치고 이로 인해 초래될 수 있는 가족기능의 문제를 해결하는 데 건강심리학자들이 도움을 준다.

만성질환자들은 약물치료와 증상에 대한 자가점검 외에 식습관 변화 및 운동과 같은 행동의 변화도 도모해야 한다. 건강심리학자들은 사람들이 식이요법을 이해하고 지속적으로 증진해나가는 데 도움을 주는 치료적 개입을 발전시킨다.

기술과 연구의 발전

새로운 의학기술과 과학의 발전은 건강심리학자들에 의해 다뤄질 수 있는 문제를 자아낸다. 불과 몇 년 전만 해도 유방암을 포함한 많은 질병들을 유발하는 유전자는 밝혀지지 않았었다. 우리는 유방암을 진단받은 어머니를 둔 학생에게 유방암 발병의 위험성과 관련해 어떤 도움을 줄 수 있을까? 만약에 그녀가 유방암 유전자 검사에서 양성반응이 나왔다면 이 문제는 그녀의 삶을 어떻게 변화시킬 것인가? 건강심리학자들은 이러한 질문에 답하도록 도움을 준다.

생명을 연장시키는 일부 치료들은 심각하게 삶의 질을 떨어뜨릴 수 있다. 점차 환자들은 생명 유지 조치에 대해 선택하도록 요구된다. 그리고 그들은 이러한 문제에 대해 상담을 필요로 할 수 있다. 그러나 건강심리학자가 과학 발전에 어떻게 대응하는지에 대한 예는 그리 많지 않다.

건강관리 서비스의 확장

건강심리학을 대두시킨 또 다른 요인은 건강관리 서비스의 확장에 있다. 건강관리(보건의료)는 미국에서 가장 큰 서비스 산업이며 빠르게 성장하고 있다. 미국인들은 매년 3조 5,000억 달러 이상을 건강관리에 소비한다(National Center for Health Statistics, 2017). 최근 몇 년 동안 건강관리 사업 증가에 대한 검토가 이루어졌으나, 건강관리 비용이 상당히 증가했음에도 기본적인 건강지표는 향상되지 않았다.

더욱이 미국에서 어떤 사람들은 이용할 수 있는 건강관리 중에서 최고의 건강관리를 받는 반면 어떤 사람들은 응급상황을 제외하곤 열악한 건강관리를 받

19, 20세기에 의학기술을 기반으로 위대한 진전이 이루어졌다. 그 결과, 의사들은 질병의 발병과 진행을 이해하는 방법으로 정신보다는 의학연구에 더욱더 관심을 갖게 됐다.
image 100/age fotostock

는 등의 엄청난 차이들이 존재한다. 의료보험개혁법안(Affordable Care Act, '오바마 케어'라고 알려짐)이 제정되기 전까지 4,990만 명의 미국인들이 건강보험을 전혀 가지고 있지 않았다(U.S. Census Bureau, 2011). 대부분의 다른 유럽국가들과 같이 모든 미국인들에게도 기본적인 건강관리 프로그램을 제공하기 위해 건강보험체계를 개선하려는 노력이 이러한 결과를 만들어냈다.

건강심리학은 여러 이유들로 다음과 같은 중요한 문제들의 중요한 관점을 표명한다.

- 건강관리 비용을 절약하는 것은 매우 중요하기 때문에 건강심리학에서 예방에 대해 지속적으로 강조하게 되었다. 즉, 사람들이 병에 걸리기 전에 그들의 건강에 위험한 행동을 수정하는 것이 질병을 관리하는 데 드는 비용을 줄일 수 있다.
- 건강심리학자들은 건강관리(제8, 9장 참조)에 있어 무엇이 사람들을 만족시키고 또 그렇지 않은지 알고 있다. 또한 건강심리학들은 사용자에게 친화적인 의료보험을 설계하도록 돕는다.
- 건강관리사업은 수백만 명의 사람들을 고용한다. 거의 모든 국민들은 서비스 수혜자로서 의료보험제도와 직접적인 약정을 채결하게 된다. 따라서 이들의 영향력은 크다.

이러한 모든 이유로 건강관리 이양은 사람들에게 상당한 사회적 · 심리적 영향력을 갖는다. 이러한 과정에서 건강심리학자의 영향력은 크다.

의료 수요의 증가

의료계 내에서 건강심리학자들의 수요가 증가하고 있다. 건강심리학자들은 다양한 단기 행동치료적 개입을 개발하였다. 이러한 치료적 개입들은 통증관리, 흡연과 같은 나쁜 건강습관의 수정, 치료의 부작용 관리를 포함한 건강 관련 문제들에 초점을 두고 있다. 이 기술들은 학습하는 데 몇 시간만이 소요되지만, 그 이점은 몇 해 동안 창출할 수 있다. 특히 식습관 및 흡연과 같은 위험 요인 제거를 목표로 하는 이러한 치료적 개입은 특히 관상동맥성 심장질환과 같은 일부 질환의 발생을 줄이는 데 기여한다.

또 다른 예로, 심리학자들은 수년 전에 수술과 같은 불쾌한 의학적 시술과 관련된 절차와 느낌에 대해 환자들에게 충분히 알려주는 것이 그들의 적응을 향상시킨다는 것을 학습하였다(Janis, 1958; Johnson, 1984). 이러한 연구들의 결과로 이제 많은 병원과 치료기관은 통상적으로 치료과정을 환자에게 설명한다.

궁극적으로 건강 관련 학문 분야가 더욱 발전한다면,

연구에서뿐만 아니라 치료적 개입의 기반이 되는 결과까지도 보여줘야 한다. 건강심리학은 두 과제를 모두 충족시키는 학문 분야이다.

건강심리학 연구

건강심리학자들은 건강 및 질병에 중요한 기여를 하고 있다. 건강심리학자들은 심리학 교육훈련의 핵심인 이론, 방법론 그리고 통계 전문지식을 제공하는 연구팀에 중요한 구성원이 될 수 있다.

연구에서 이론의 역할

비록 건강심리학의 많은 연구들이 어떻게 하면 병원치료에서 자택치료로 순조롭게 이행할 수 있을지 등의 실제적인 문제에서 비롯되지만, 건강심리학에서 하는 연구의 1/3 정도는 이론을 기반으로 수행된다(Painter, Borba, Hynes, Mays, & Glanz, 2008). 하나의 **이론**(theory)은 사람이 왜 해로운 건강행동을 행하는지와 같은 일련의 현상들을 설명하는 분석적 진술들이다. 최고의 이론은 단순하면서 유용하다. 우리는 이 책 전반에 걸쳐 관련된 여러 이론들을 강조할 것이다.

연구와 치료를 이끌어나가는 데 있어 이론을 이용하는 것은 장점을 가진다. 이론들은 연구와 치료적 개입을 어떻게 하는지에 대한 지침을 제공한다. 예를 들면, 인지행동치료 원리의 어떤 요소가 유방암 환자의 수술 후유증에 대처하는 데 도움을 주는 치료에 유용한지 연구원에게 알려줄 수 있다. 그리고 이와 같은 원리는 비만인 사람들의 체중감량 치료를 개발하려는 다른 연구자에게도 도움을 줄 수 있다.

이론들은 특정한 예측들을 만들어내고, 근거에 따라 검증되고 수정될 수 있다. 예를 들어, 건강행동 변화에 대한 이론을 검증한 결과, 사람들의 행동이 변화하는 데 자신의 신념이 필요하다는 것이 밝혀졌다. 그래서 자아효능감의 중요성은 건강행동 이론들 중 일부로 포함된다.

이론들은 설명되지 않은 부분들을 분류하는 데 도움을 준다. 흡연자는 재흡연하고, 사람들은 식이요법을 포기하며, 알코올 중독자들은 금주하는 데 어려움을 갖는다는 것은 모두가 알고 있다. 재발에 대한 이론은 이러한 산재된 결과들을 다양한 치료에 포함시킬 수 있는 재발 방지의 일반적인 원리로 통합시킨다. “좋은 이론처럼 실질적인 것은 없다”(Lewin, 1946)라고 한 현명한 심리학자가 말했다. 그리고 우리는 이런 현명함이 반복적으로 검증되는 것을 볼 것이다.

실험

대부분의 건강심리학 연구는 실험연구이다. **실험**(experi-ment)에서 연구자는 정확하고 계획된 방법으로 각기 다른 두 가지 혹은 그 이상의 조건을 형성한다. 그리고 실험 참가자들을 각기 다른 조건들에 무작위로 할당하고 그들의 반응을 측정한다. 치료요법이나 치료적 개입의 지속적인 효과를 평가하는 실험을 **무작위 임상실험**(randomized clinical trial)이라고 한다. 이 실험은 목표로 하는 치료법을 기존의 표준치료나 위약 대조군(placebo control), 즉 유기적으로 비활성화된 치료와 비교한다(Freedland, 2017).

의학적 치료도 점차 이러한 방법론적 원리에 기반한다. 표준치료가 되기 전에, **근거 기반 의학**(evidence-based medicine)은 의학적 그리고 심리학적 치료가 일반적으로 임상실험을 통해 엄격한 검증과 치료 효능 평가를 거친다는 것을 의미한다. 효능에 관한 이러한 규준들은 이제 심리학적 치료에도 적용된다.

건강심리학자들은 어떤 종류의 실험을 주로 시행하는가? 가령 사회적 지지집단이 암환자의 적응을 증진시킨다는 것을 밝히기 위해 암환자들이 교육적 개입과 같은 사회적 지지집단이나 대조군에 무작위로 배정될 수 있다. 환자들의 적응에 있어 두 집단이 어떻게 다른지 정확히 찾아낸 이후 환자를 평가할 수 있다.

실험은 연구방법보다 문제에 대해 확실한 답을 제공하기 때문에 과학의 중심이 된다. 우리가 변인을 조작하고 그에 따른 효과를 검증할 때, 명확하게 인과관계를 수립할 수 있다. 이러한 이유로 실험과 무작위 임상실험은 건강심리학 연구의 금본위제다. 그러나 때로 문제를 실험적으로 연구하는 것은 비현실적이다. 예를 들어 정상인을 무작위로 어느 질병군에 할당할 수 없다. 이러한 경우 상관관계 연구와 같은 다른 연구방법을 사용할 수 있다.

상관관계 연구

건강심리학의 많은 연구들은 **상관관계 연구**(correlational research)들이다. 건강심리학자들은 한 변인의 변화가 다른 변인의 변화와 관계가 있는지 측정한다. 예를 들면, 더 적대적인 사람일수록 심혈관계 질환에 걸릴 위험이 높다는 것을 상관관계 연구로 밝힐 수 있다.

상관관계 연구의 단점은 명료하게 인과관계의 방향을 결정하기 어렵다는 것이다. 예를 들면, 심혈관계 질환의 위험요인들이 사람들을 더 적대적으로 만들 수 있다는 것이다. 반면, 실험연구에 비해 상관관계 연구는 변인을 실험적으로 조작할 수 없을 때 변통성이라는 장점을 갖는다.

전향적 · 후향적 연구설계

상관관계 연구의 일부 문제들은 전향적인 실험설계를 사용함으로써 개선될 수 있다. **전향적 연구**(prospective research)는 시간이 지난 후에 한 집단의 사람들이 어떻게 변할 것인지 혹은 2개 변인의 관계가 어떻게 변할 것인지 예측한다. 예를 들면, 가령 적대감이 상대적으로 생애 초반에 발달하는 반면 심장질환은 더 늦게 발달한다는 것을 발견한다면, 적대감이 심장질환의 위험요인임을 확고히 할 수 있으며 '심장질환이 적대감을 일으킨다'는 역방향의 인과관계는 덜 수용하게 된다.

건강심리학자들은 건강상태에 관련된 위험요인을 이해하기 위해 많은 전향적 연구들을 실행한다. 이를테면, 한 지역사회의 식습관에 개입하고 다른 지역사회에는 개입하지 않은 뒤 추후 두 집단의 심장질환 발병률의 차이를 관찰한다. 이러한 실험이 전향적 연구일 수 있다. 다른 방법으로, 식습관이 얼마나 좋은지 혹은 나쁜지를 바탕으로 사람들이 스스로 만든 식단 계획을 평가하고 심장질환 발병률의 변화를 관찰한다. 이는 상관관계 예측연구의 한 예가 될 수 있다.

종단연구(longitudinal research)는 전향적 연구의 특별한 유형이다. 종단연구는 동일한 집단의 사람들을 오랜 시간에 걸쳐 여러 회 관찰하는 것이다. 예를 들면, 유방암 발병 가능성이 높은 여성들에게서 초기 유방암 발병과 관련된 요소를 이해하고자 할 때, 우리는 유방암으로 진단받은 어머니를 가진 젊은 여성 그룹을 추적할 수 있고 어떤 자녀가 유방암에 걸리게 되는지 알아볼 수 있고 식습관, 흡연, 알코올 섭취같이 유방암 발병과 관련된 요소들을 확인할 수 있다.

연구자들은 **후향적 연구**(retrospective design)를 하기도 한다. 후향적 연구는 현재 상황을 이끌게 한 조건을 재구성하기 위해 과거를 되돌아보는 것이다. 이를테면, AIDS 발병을 초래한 위험요소들을 확인하는 것이 대표적인 후향적 연구방법이다. 초기 연구자들은 카포시 육종이라 불리는 희귀한 암의 갑작스러운 증가를 발견하였고 이 암에 걸린 사람들이 전반적인 면역체계가 결핍되면서 결국 사망하게 됨을 관찰하였다. 연구자들은 이 병에 걸린 남성들의 대규모 과거사 추적을 통해 콘돔을 사용하지 않은 항문수용 성교행위가 이 장애의 발생과 관련되었다고 결론지었다. 후향적 연구 덕분에 연구자들은 레트로바이러스가 바이러스를 알아내기 전부터 AIDS의 일부 위험요인임을 알게 되었다.

건강심리학에서 역학의 역할

질병의 유형이 변화하는 것은 역학 분야에 의해 기록되고 추적되어 왔다. 역학은 그 목표와 관심 분야에서 건강심리학과 밀접하게 연관된 학문 분야이다(Freeland, 2017). **역학**(epidemiology)이란 특정 인구의 전염성 그리고 비전염성 질병의 빈도, 분포 그리고 원인을 연구하는 분야이다. 예를 들어, 역학 연구자들은 누가 어떤 종류의 암을 가지고 있는지뿐만 아니라 왜 특정 지역이나 특정 집단에서 어떤 암은 다른 암보다 더 많이 유발되는지 연구한다.

역학연구에서 두 가지 중요한 용어를 자주 사용한다. 즉, '질병률'과 '사망률'이다. **질병률**(morbidity)은 조사된 시점에서 존재하는 한 질병의 발생 사례 수를 말한다. 질병률은 신규 사례 수(발생 정도, 신환자)나 기존 사례의 수(prevalence, 유병률)로 나타낼 수 있다. 그래서 우리는 질병 통계를 통해 조사시점에서 얼마나 많은 사람이 어떤 종류의 질병을 가지고 있는지 알 수 있다. **사망률**(mortality)은 특정 원인에 따른 사망자 수를 가리킨다.

질병률과 사망률은 건강심리학자에게 아주 중요하다. 질병의 주요 원인을 기록하는 것은 질병 발생을 감소시키는 데 도움이 될 수 있다. 예를 들면, 자동차 사고가 유아, 청소년 그리고 젊은 성인 사망의 주요 원인임을 안다면 아동용 안전보호 시스템, 안전벨트 의무화 법안 그리고 법적 알코올 섭취 연령 상향과 같은 안전대책을 강화할 수 있다.

질병률 역시 중요하다. 가령 사람들이 그야말로 죽음과 상관없이 병에 걸린 상태로 살아간다면 죽음에 영향을 미치는 원인들을 알아서 무엇하겠는가? 건강심리학은 건강 관련 삶의 질을 중요시한다. 사실, 일부 연구자들은 사망률이나 생물학적 지표보다는 삶의 질 증진과 증상 감소가 우리 치료의 더 중요한 목표가 되어야 한다고 주장한다(Kaplan, 1990). 따라서 건강심리학자들은 만성장애를 가진 사람들이 통증, 장애로부터 자유로운 삶을 살게 하고 가능한 생활방식을 설정하여 삶의 질을 증진시키도록 조력해야 한다.

연구도구

이 절에서는 건강심리학 연구에서 가치 있는 도구로 입증된 연구도구들을 살펴본다.

신경과학 도구 신경과학 분야에서는 뇌 안을 들여다볼 수 있게 하는 기능자기공명영상(fMRI)과 같은 강력한 새로운 도구들이 개발되었다. 이러한 연구 분야는 다양한 연구를 가능하게 해서 자율신경계, 뇌분비계, 면역계에 대한 지식을 제공하였다. 예를 들면, 건강심리학은 이제 사회적 지지, 긍정적인 이득과 같은 심리사회적 조건에 대한 회의론자를 근본적인 생물학과 연관시켜 믿는 쪽으로 만들 수 있다. '신경과학의 지식과 연구방법들은 또한 '어떻게 위약군이 작용하는가? 왜 많은 사람들은 근본적인 생물학적 원인이 없어 보이는 기능장애로 인해 무너지는가? 왜 만성통증은 치료하기 어려운가? 건강행동을 변화시키는 효과적인 방법은 무엇인가(Hall, Erickson, & Gianaros, 2017)? 건강행동을 바꾸려는 노력에 뇌는 어떻게 반응하는가(Cooper, Tompson, O'Donnell, Vettel, Basset, & Falk, 2018)?'와 같은 질문에 빛을 밝혀주었다. 이를 포함한 여러 신경과학의 응용은 수십 년 동안 건강 전문가들을 혼란스럽게 만들었던 임상적 수수께끼들을 푸는 데 도움이 될 것이다(Gianaros & Hackman, 2013).

이동통신 및 무선인터넷 기술 웹 기반 기술은 건강심리학적 개입에 널리 사용된다. 이러한 기술 중 다수는 불충분한 운동과 같은 나쁜 건강행동을 바꾸려는 노력을 포함하고 있다. 다른 기술은 유익한 사회적 접촉을 많이 필요로 하는 사람들에게 사회적 지원을 제공하는 것을 포함한다. 이제는 다양한 장애, 질병이나 치료에 대응하여 스트레스를 관리하기 위한 웹 기반 프로그램이 존재한다(Habibovic et al., 2017). 치료적 개입은 휴대폰, 호출기, 팜 파일럿(포켓용 컴퓨터), 태블릿 PC 및 기타 모바일 기술을 사용하여 치료적 개입을 제공하고 자연 환경에서의 건강 관련 사건을 평가한다. 치료적 개입은 금연, 체중 감소, 당뇨병 관리, 섭식장애, 건강한 식단, 그리고 신체 활동에 대한 연구를 포함한다(Heron & Smyth, 2010). 감기, 독감, 복통, 요로감염과 같은 가벼운 건강상의 문제를 치료할 때는 가상 진료를 제공하는 원격의료가 유용하다(Lankford, 2019).

이러한 연구의 참가자들은 일반적으로 휴대폰과 같이 치료나 개입 그리고 자료 수집이 실시간으로 수집되는 기기를 통해 참여한다. 예를 들면, 식사 직전에 보내진 문자 메시지는 건강한 식사를 하려는 의지를 상기시킬 수 있다. 짧은 문자 메시지는 금연 프로그램을 촉진하고 금연을 유지하게 하는 데 사용되어 왔다(Berkman, Dickenson, Falk, & Lieberman, 2011). 한 사람이 얼마나 많이 운동을 하는지도 신체활동을 측정하고 감지함으로써 평가할 수 있다. 이동통신 기술은 장애를 진단받은 사람들에게도 도움을 줄 수 있다. 약물을 복용하는 사람들에게 이동통신 기기가 약물을 복용하는 시기를 알려줄 수 있다. 다양한 다른 유용한 어플리케이션도 사용 가능하다.

건강에 대한 생물학적 지표를 측정하는 것은 혈액 채취와 같이 일반적으로 침습적이다. 그러나 오늘날엔 건강 관련 이동통신 기술로 일부 생물학적 과정을 측정할 수 있게 되었다. 보행성 혈압 감지 기기는 고혈압이 있는 사람들이 혈압이 올라갈 때 상태를 확인하도록 도와준다. 당뇨를 가지고 있는 사람들은 불과 몇 해 전보다 현저히 덜 침습적인 방법으로 하루에 여러 번 혈당을 측정할 수 있다.

아직은 더 많은 연구가 요구되기 때문에 모바일 치료나 평가의 성공에 대한 근거는 혼재되어 있다(Kaplan & Stone, 2013). 그러나 이러한 절차들은 건강과 관련된 현상을 실시간으로 연구하는 건강심리학자들의 능력을 크게 향상시켰다.

메타분석 건강심리학의 일부 주제에 있어 충분히 많은 연구들의 메타분석이 이루어졌다. **메타분석**(meta-analysis)은 특정 연구의 결과에 대한 근거가 얼마나 강력한지 확인하기 위해 서로 각기 다른 연구들의 결과들을 결합(통합)시키는 것이다. 예를 들면, 식이요법에 관한 100개의 연구들을 대상으로, 이 치료적 개입의 어떤 특성들이 더 성공적인 식습관의 변화를 이끌어내는지 확인하고자 할 때 메타분석을 수행한다. 이를테면 이러한 분석은 자아효능감, 즉 자신의 식습관을 고칠 수 있을 것이라는 신념을 촉진하는 치료적인 개입만이 성공적이라는 것을 밝힐 수 있다. 메타분석은 결론에 이르는 광범위하고 다양한 근거를 사용하기 때문에 특별히 강력한 연구방법 도구이다.

질적연구

위와 같은 방법 외에도, 질적연구는 건강심리학에서 중요한 역할을 한다. 물론 체중 감량에 도움을 주는 것처럼, 개인이 건강상의 요구와 경험에 관해 이야기하는 것을 듣는 것은 그들의 치료적 개입을 계획하는 데 유용하다. 그러나 보다 광범위하게, 지침화된 인터뷰와 서술은 요약 통계가 제공하지 않을 수 있는 건강 과정에 대한 통찰력을 제공할 수 있다. 예를 들어, 화학 요법 경험에 대한 암 환자와의 인터뷰는 환자가 얼마나 만족하는지에 대한 수치 등급보다 화학 요법의 투여 방법을 재설계하는 데 더 도움이 될 수 있다. 또한 질적연구는 다른 연구 방법의 이해를 보완할 수 있다. 예를 들어, 대학생들을 대상으로 한 설문조사는 문제적 음주의 비율을 확인할 수 있지만, 인터뷰는 책임감 있는 음주 습관을 어떻게 구축할 것인지를 확인하는 데 도움이 될 수 있다(deVisser et al., 2015). 양적, 질적 방법은 효과적인 개입을 위한 연구 근거를 마련하기 위해 협력할 수 있다.

왜 건강심리학 훈련이 필요한가

학부 수준에서 건강심리학 훈련을 받은 학생들은 매우 다양한 직종에서 일하게 된다. 몇몇 학생들은 의사나 간호사가 되어 의학계에 종사한다. 건강심리학 분야의 경험 덕분에 일부 건강관리 실무자들은 연구를 실행하기도 한다. 또 다른 건강심리학 전공 학생들은 사회복지 업무, 작업치료, 영양학, 물리치료, 공중보건과 같은 동종 건강전문 분야에서 일한다. 예를 들어, 의료 환경에서 사회복지사는 환자가 퇴원 후 어디로 가는지, 그들의 심리사회적 요구에 대한 인지가 반영된 결정인지 평가할 수 있다. 영양학 역시 암, 심장질환 당뇨와 같은 만성질환의 식습관 관리에 있어 중요하다. 물리치료사들은 사지 사용 및 질환이나 치료로 인해 수반될 수 있는 기능을 회복하려는 환자들에게 도움을 준다.

건강심리학 전공으로 철학 박사학위나 심리학 박사학위를 받은 이들 대부분은 대학교수와 같은 학술연구 분야에서 일하거나, 개업하여 개인상담이나 집단상담을 제공하기도 한다. 또 다른 건강심리학 전공 박사들은 병원이나 보건의료기관에서 일한다. 기업이나 공기관과 연관된 의료기관에서 일하는 이들도 많다. 또 다른 이들은 의과대학, 병원, 치료기관에서 일하며, 건강행동, 사고 예방을 증진하고 보건의료 비용을 억제하는 데 도움을 주는 산업보건 혹은 직업 관련 건강 환경에서 일한다.

요약

1. 건강심리학은 사람들이 어떻게 건강을 유지하고, 왜 병에 걸리며, 질병에 걸렸을 때 어떻게 대처하는지에 대한 심리학적 영향을 분석하고 연구한다. 건강심리학 분야는 건강 증진과 유지, 질병 예방과 치료 그리고 건강, 질병 및 장애 간의 상관관계와 병원학 그리고 의료보험제도 개선과 보건정책 형성에 주력한다.
2. 정신과 신체의 상호작용은 지난 수 세기 동안 철학자들과 과학자들의 관심사였다. 역사 속 여러 시대마다 이 관계에 대한 각기 다른 모델들이 두드러졌다.
3. 의학계에서 지배적인 생의학적 모델은 환원적이다. 단일 요인 모델은 정신과 신체를 분리된 독립체로 간주하고 질병을 강조함으로써 건강을 설명한다.
4. 현재 생의학적 모델은 어떤 건강 관련 장애이든지 생물, 심리, 사회적 요인의 복잡한 상호작용의 결과로서 간주하는 생물심리사회 모델로 대체되고 있다. 생물심리사회 모델은 건강과 질병이 발생하는 과정에서 거시적 그리고 미시적 과정의 상호작용의 중요성을 잘 인지하고 있다. 이 모델에서 건강은 하나의 적극적인 성취로 간주된다.
5. 생물심리사회 모델은 건강과 질병의 상태를 예견하는 요인을 밝혀내고자 하는 연구와 환자들과의 임상적 치료개입에서 건강심리학자들의 길라잡이가 된다.
6. 건강심리학의 발흥에는 만성질환과 생활방식과 관련된 질환들, 경제에서 의료서비스 역할의 확장, 심리적 · 사회적 요인이 건강에 영향을 미친다는 사실, 건강 증진에 있어 심리학적 개입의 입증된 중요성, 건강심리 연구자들의 철저한 연구방법론적 기여들과 같은 여러 요인들이 엮여 있다고 볼 수 있다.
7. 건강심리학자는 다양한 과업을 수행한다. 건강심리학자는 건강을 형성하고 질병을 발생시키는 생물, 심리, 사회적 요인들 간의 상호작용에 관한 연구를 수행하고 이론을 발전시킨다. 건강심리학자들은 다양한 장애를 가진 환자의 치료를 돕고 질병을 유발할 수 있는 심리사회적 문제를 다루는 상담을 수행한다. 또한 건강심리학자들은 직장인의 건강습관을 증진시키는 직장 기반 치료개입을 개발하고, 의료계에 종사하기도 하여, 건강과 의료서비스 제공을 증진시키는 기관에서 일한다.

핵심용어

건강
건강심리학
근거 기반 의학
급성질환
만성질환
메타분석
무작위 임상실험
병원학
사망률
상관관계 연구
생물심리사회 모델
생의학적 모델
실험
안녕
역학
이론
전향적 연구
전환히스테리아
정신신체의학
종단연구
질병률
후향적 연구

CHAPTER 2

신체의 체계

LWA/Dann Tardif/Blend Images/Getty Images

개요

건강에 대해 이해하기 위해서는 인체 생리학에 대한 지식, 즉 신체의 기능에 대한 연구가 필요하다. 생리학의 기본 지식을 습득함으로써 건강한 습관이 어떻게 질병을 예방하는지, 스트레스가 신체에 어떤 영향을 주는지, 만성 스트레스가 어떻게 고혈압 또는 관상동맥 질환을 유발하는지, 암에 의해 세포의 성장이 얼마나 극단적으로 변하는지 등과 관련된 내용을 좀 더 명확하게 이해할 수 있다.

신경계

개요

신경계(nervous system)는 신경섬유가 서로 복잡하게 연결되어 있는 하나의 신경망이다. 그림 2.1에서 알 수 있듯이 신경계는 뇌와 척수를 포함한 중추신경계와 뇌와 척수를 연결하고 신체 나머지 부위에 퍼져있는 말초신경계로 이루어져 있다. 감각신경은 감각 수용기로부터 신호를 받아 이를 뇌와 척수에 전달한다. 운동신경은 뇌와 척수로부터 신호를 받아 이를 근육과 다른 기관에 전달하여 수의적 운동과 불수의적 운동을 일으킨다.

말초신경계는 체성신경계와 자율신경계로 이루어져 있다. 체성(수의적)신경계는 신경섬유들을 수의근과 연결시켜 뇌가 수의적 운동을 명령하게 한다. 예를 들면, 테니스 라켓을 휘두르는 행동이 있다. 자율(불수의적)신경계는 사람이 마음대로 조종할 수 없는 모든 내부 기관들과 중추신경계를 연결시키고 있는 신경망이다.

자율신경계는 교감신경계와 부교감신경계를 통해 조절된다. **교감신경계**(sympathetic nervous system)는 긴급한 상황, 분노나 공포와 같은 강한 정서, 격렬한 활동 등과 관련된 몸의 반응을 준비하고, 특히 몸이 스트레스에 대한 반응을 보일 때 중요한 역할을 한다.

부교감신경계(parasympathetic nervous system)는 일반적인 상황에서 내부 기관들의 활동을 조절하고 교감신경계에 대해 길항작용을 한다. 긴급한 상황이 지나가면 부교감신경계가 몸이 평상시와 같은 상태로 돌아오도록 한다.

뇌

뇌는 신체의 사령탑이다. 뇌는 말초신경계의 말단으로부터 감각신호를 받고 운동신호를 사지와 내부 기관(장

그림 2.1 | **신경계의 구성요소**

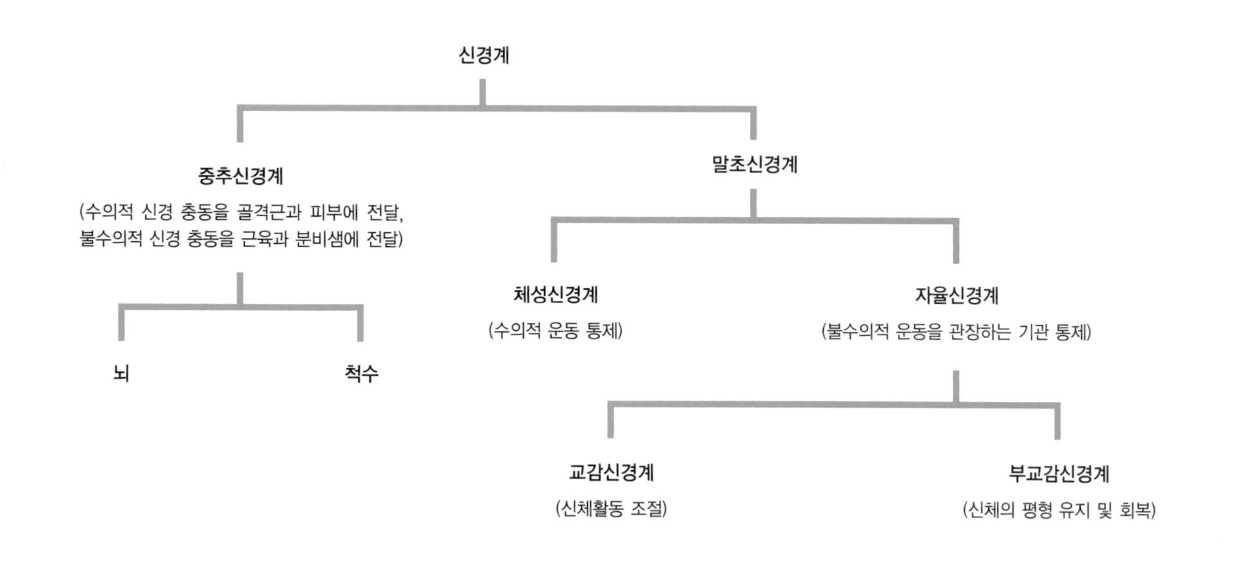

그림 2.2 | 뇌

출처 : Lankford, T. *Randall. Integrated science for health students*. Virginia: Reston, 1979, p. 232.)

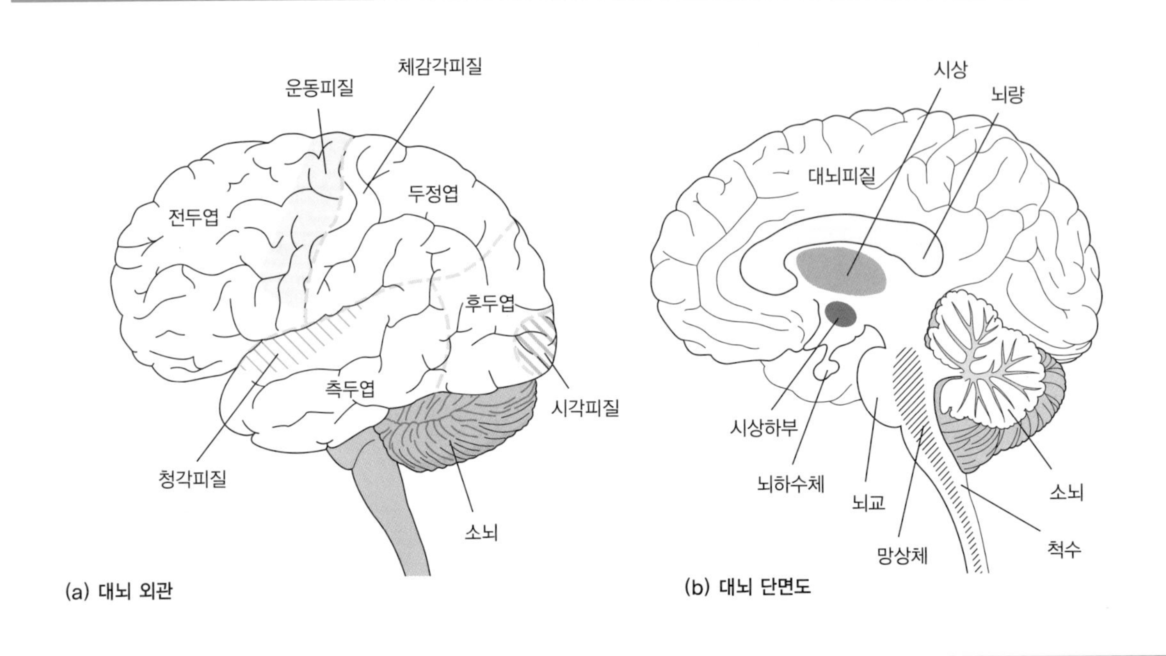

기)으로 전달하여 운동하게 한다. 그림 2.2에서 뇌의 각 부위를 보여주고 있다.

후뇌와 중뇌 후뇌는 연수, 뇌교, 소뇌의 세 부분으로 이루어져 있다. **연수**(medulla)는 심박, 혈압, 호흡을 관장한다. 이산화탄소와 산소 농도와 관련된 모든 감각 정보들은 연수로 들어온다. 필요에 따라 연수에서 호흡수를 조절하기 위해 호흡 관련 근육들에 (호흡계로) 운동 신호를 보내기도 한다. **뇌교**(pons)는 후뇌와 중뇌의 연결고리 역할을 할 뿐만 아니라 호흡 조절을 돕는다.

소뇌(cerebellum)는 수의적 근육 운동을 관장하고 균형감과 평형감을 유지하며 자세와 근긴장 유지에 관여한다. 소뇌가 손상되면 적절한 근긴장을 유지하지 못하고 몸이 미세하게 떨릴 수 있으며 자세나 걸음걸이가 무너질 수 있다.

중뇌는 전뇌와 후뇌 사이에서 감각 신호와 운동 신호의 주요 이동통로 역할을 하며 시각과 청각 반사를 조절하는 역할도 한다.

전뇌 전뇌는 시상과 시상하부를 포함한다. **시상**(thalamus)은 감각자극의 재인(recognition)과 감각 신호들을 대뇌피질에 전달하는 역할을 한다.

시상하부(hypothalamus)는 심장기능, 혈압, 체내 수분 조절, 배고픔, 성욕과 같은 욕구를 조절한다. 시상하부는 대뇌피질에서 생성된 생각을 내부 장기들로 보내는 신호로 변화시키는 중요한 중추이다. 예를 들면, 당황스러움은 시상하부를 통해 연수의 혈관운동중추(vasomotor center)로 전달되어 혈관을 확장시킴으로써 얼굴을 붉히게 한다. 시상하부는 뇌하수체와 함께 몸 전체에 호르몬을 분비하여 내분비계를 도와 표적기관(target organ)에 영향을 준다.

전뇌는 대뇌피질도 포함한다. **대뇌피질**(cerebral cortex)은 뇌의 가장 많은 부분을 차지하고 있으며 고차원적 지능(high-order intelligence), 기억, 성격에 관여한다. 대뇌피질은 신체 말단으로부터 감각 신호를 받아들이고 이를 해석한다.

대뇌피질은 전두엽, 두정엽, 측두엽, 후두엽 4개의 영역으로 이루어져 있다. 각각의 엽들은 고유의 기억저장영역이나 연합영역을 보유하고 있다. 이렇게 복잡한 신경망을 통해 뇌는 현재의 감각을 과거의 것과 연결시켜 대뇌피질이 경이로운 해석능력을 가질 수 있게 한다.

또한 연합기억을 통해 대뇌피질의 역할을 살펴보면, 각 엽은 일반적으로 특정한 기능과 연관이 있다. 전두엽은 수의적 운동을 조절하는 운동피질을 포함한다. 두정엽은 촉각, 통각, 온도와 압력에 대한 정보를 수용하고 분석하는 체감각피질을 포함한다. 측두엽은 청각과 후각자극에 관여하는 피질영역을 포함하며 후두엽은 시각자극을 받아들이는 시각피질을 포함한다.

변연계 변연계는 스트레스와 정서반응에 관련해서 중요한 역할을 한다. 편도체와 해마는 각각 위협의 감지와 정서적으로 연관된 기억과 관련이 있다. 대상회(cingulate gyrus), 중격, 시상하부 역시 정서기능과 연관이 있다.

많은 건강 관련 장애들이 뇌와 연관되어 있다. 최근까지 간과되었던 중요한 장애 중 하나는 만성 외상성 뇌병증인데, 그 원인과 결과는 글상자 2.1에 설명되어 있다.

글상자 2.1 뇌에 새겨진 전쟁의 상흔

이라크전에 두 번 참전했던 27세의 해병대원이 가족과의 삶을 되찾고 다시 대학에 다니기 위해 집으로 돌아왔다. 그는 비록 좋은 학점을 받기는 했어도 세세한 내용들을 기억하거나 장기간 집중력을 발휘하기가 어려웠다. 그는 가족들에게 짜증을 내거나 화를 폭발시키게 되었고, 마침내 그의 아내는 이혼 소송을 하게 되었다. 그는 알코올 문제를 일으키기 시작했고 자동차 사고로 면허도 취소되었다. 그의 부모님은 그가 자살시도로 목을 매달아 경찰에게 발견되어 연락을 받기 전까지 그의 소식을 들을 수 없었다.

만성 외상성 뇌병증(chronic traumatic encephalopathy, CTE)은 퇴행성 뇌질환으로 머리에 반복적으로 충격이 가해졌거나 심각한 부상을 입은 경우에 찾아온다. 예를 들면, 권투선수나 미식축구선수들이 높은 비율로 CTE에 걸린다. CTE에 걸린 사람은 뇌 내에 비정상적인 형태의 단백질이 쌓이게 되고 이는 결국 뇌세포를 파괴한다. 이는 의사결정이나 충동 조절, 판단과 관련이 깊은 전두엽과 측두엽에 걸쳐 일어난다.

부검에 의하면 CTE는 전역한 군인들에게서도 높은 비율로 발생하며, 폭탄이나 수류탄의 폭발에 휩싸이면 위에서 언급한 심각한 증상을 포함하여 회복 가능성이 없는 기억상실증이나 사고력의 상실을 가져올 수도 있다. 2009년에만 2만 7,000건이 넘는 외상성 전쟁 부상(traumatic war injury)이 미군에 의해 보고되었으며, 이것이 위에서 언급한 증상에 기여하고 있다(Congressional Research Service, 2010). 현재 외상후 스트레스장애(PTSD)로 진단된 사례도 CTE로 의심되는 경우가 있다(제6장 참조). 군이 이러한 원인에 노출되는 것을 감소하는 방법을 찾든지 CTE 증상 발현의 진행을 늦출 수 있는 방법을 찾는 것은 지켜봐야 할 일이다. 건강심리학자들은 이런 퇴행성 질환의 인지적 · 사회적 대가에 관련하여 중요한 역할을 할 수 있다.

Ingram Publishing/SuperStock

출처 : Kristof, Nicholas. "Veterans and Brain Disease." *The New York Times*, April 25, 2012. https://www.nytimes.com/2012/04/26/opinion/kristof-veterans-and-brain-disease.html.

신경전달물질의 역할

신경계는 신경계를 조정하는 역할을 하는 **신경전달물질**(neurotransmitter)이라 불리는 화학물질에 의해 기능한다. 교감신경계를 자극하면 에피네프린과 노르에피네프린이라는 두 가지 신경전달물질이 분비되는데, 이 둘을 합쳐서 **카테콜아민**(catecholamine)이라 부른다. 이 물질들은 혈류를 따라 온몸에 전달되며 교감신경이 자극받았을 때의 반응을 촉진시킨다.

카테콜아민의 분비는 신체에 중요한 변화를 일으킨다. 심박수가 증가하고 심장의 모세혈관이 확장되며 혈관들이 수축되어 혈압이 상승한다. 혈액은 근육 조직으로 전환된다. 호흡률이 증가하고 폐로 들어가는 공기의 양 역시 증가한다. 일반적으로 소화와 배뇨기능은 감소하며, 동공이 확장되고 땀샘이 자극되어 땀이 증가한다. 이러한 변화는 스트레스를 받는 환경에 대해 반응할 때 매우 중요하게 작용한다. 교감신경계가 만성적 혹은 반복적으로 각성되면 관상동맥 질환, 고혈압과 같은 몇몇 만성적 질환을 악화시킨다. 이에 대한 자세한 내용은 제13장에서 논의하기로 한다.

부교감신경계는 교감신경계의 각성 후에 신체의 항상성 회복을 돕기 위해 길항작용을 한다. 심박수는 줄어들고 심장의 모세혈관은 수축하며, 혈관들은 확장되고 호흡수는 줄어들며, 물질대사에 관여하는 기관들은 원래 상태로 복귀된다.

신경계 질환

대략 2,500만 명의 미국인들이 신경계 질환을 가지고 있다. 가장 흔한 신경계 질환은 뇌전증(간질)과 파킨슨병이다. 뇌성마비, 다발성 경화증, 헌팅턴병 역시 상당 수의 사람들에게 영향을 미치고 있다.

뇌전증 미국 인구 26명 중 1명에 영향을 미치는 중추신경계 질환(Epilepsy Foundation, 2018)으로, 거의 특발성(idiopathic) 질환이다. 특발성 질환이란 병리증상의 원인을 정확하게 알아낼 수 없는 질환을 의미한다. 증상이 나타나는 뇌전증은 출생 도중 뇌의 손상이나 뇌의 심각한 부상, 뇌수막염 혹은 뇌염과 같은 감염질환, 물질대사나 영양질환에 의한 것으로 추정된다. 또한 뇌전증은 유전에 의해 발병할 수도 있다.

뇌전증의 주요 증상은 발작인데, 이는 거의 알아차릴 수 없는 경련부터 불규칙한 호흡과 의식의 상실을 동반한 격렬한 경련까지 포함한다. 뇌전증은 완치될 수 없지만 약물치료와 스트레스에 대처하도록 설계된 행동 조절을 통해 완화될 수 있다(제7, 11장 참조).

파킨슨병 파킨슨병 환자들은 유연한 운동협응을 담당하는 뇌의 세포핵들의 집합인 기저핵이 퇴행하는 양상을 보인다. 이러한 퇴행의 결과로 떨림, 경직, 운동(움직임) 저하가 나타난다. 주로 50세 이상의 사람들에게 발병하는 파킨슨병을 100만 명에 달하는 미국인들이 앓고 있다(Parkinson's Disease Foundation, 2018). 여성보다 남성이 이 병에 걸릴 확률이 높다. 파킨슨병의 원인은 정확하게 알려져 있지 않지만 도파민계 신경전달물질의 감소와 연관이 있을 것으로 추정된다. 파킨슨병은 약물치료로 치료할 수 있지만 대부분의 경우 증상 조절을 위해 부작용이 심한 약을 과도하게 사용해야 한다.

뇌성마비 현재 미국에서 76만 4,000명이 넘는 사람이 뇌성마비 증상을 가지고 있거나 경험하고 있다(CerebralPalsy.org, 2019). 뇌성마비는 만성적이고 비진행성인 질환이며 근육의 움직임을 조절할 수 없는 것이 주요 증상이다. 뇌성마비는 대개 출산 시 산소 공급 부족으로 인해 뇌손상이 일어나면서 발생한다. 아동이 성장하면서 극심한 사고 혹은 신체적 학대를 받았을 경우에도 뇌성마비를 일으킬 수 있다. 이 질병을 가진 사람들은 운동기능을 조절할 수 없는 증상 이외에도 발작, 경련, 정신지체, 감각과 인식의 어려움, 시각 및 청각적 언어구사의 문제를 동반할 수도 있다(반드시 그러하지는 않다).

다발성 경화증 전 세계적으로 약 230만 명의 사람들이

다발성 경화증을 앓고 있다(National Multiple Sclerosis Society, 2016). 미국에서는 거의 100만 명이 넘는 사람들이 다발성 경화증을 앓고 있다(Nelson, Wallin, Marrie, Culpepper, & Langer-Gould, 2019). 이 퇴행성 질환은 마비를 일으키며 때때로 시각, 청각 상실, 정신 황폐를 일으킨다. 초기 증상은 감각 상실, 이중 시야, 절름거림, 배변 조절 기능의 상실, 발성의 어려움, 극심한 피로감이다. 증상들은 몇 년 주기로 나타났다가 사라지기를 반복하며, 결국 계속 악화된다.

다발성 경화증은 수초의 퇴행이 그 원인이다. 수초는 축색 주위를 둘러싸고 있으며 신경충동(도약전도)을 촉진시킨다. 다발성 경화증은 자가면역질환이다. 자가면역질환은 면역체계가 자신의 조직을 인식하는 데 실패하여 자기 자신을 공격하는 질환으로, 다발성 경화증은 면역체계가 신경섬유를 둘러싸고 있는 수초을 공격한다.

헌팅턴병 헌팅턴병은 중추신경계의 유전병으로 만성적인 육체적 · 정신적 퇴행이 그 특징이다. 증상은 의도하지 않은 근육의 경련, 운동능력의 상실, 성격의 변화, 정신 황폐화로 인해 발생할 수 있는 다른 여러 증상들을 포함한다.

이 질병은 미국에서 약 3만 명의 사람들에게 직접적으로 영향을 미치고, 20만 명 이상이 위험에 처해 있다(Huntington's Disease Society of America, 2019). 헌팅턴병과 관련된 유전자가 밝혀졌고, 현재 검사를 통해 이 유전자의 유무와 병이 대략 언제쯤 발병할지에 대한 정보를 알 수 있다. 이 장의 뒷부분에서 살펴보겠지만, 헌팅턴병의 위험군에 속하는 사람들에게는 유전학적인 상담이 중요하다.

소아마비 소아마비는 대부분 어린 아이들에게 영향을 미치는 전염성이 높은 바이러스성 질환이다. 소아마비는 바이러스가 척수를 공격하고 운동 뉴런의 세포체를 파괴하여 운동 신호가 척수로부터 말초신경계나 근육으로 전달되지 못하는 병이다. 환자들은 손상을 입은 정도에 따라 적절히 걷거나 움직이는 데 어려움을 겪을 수 있으며, 사지가 오그라들거나 부자연스러울 수 있는 데서 온몸이 마비되는 증상까지 보인다. 소아마비가 파키스탄과 아프가니스탄에서 여전히 주요 건강 관련 이슈이지만, 소아마비 발병은 전 세계적으로 상당히 줄어들었다.

양측하지마비와 사지마비 양측하지마비는 하반신 마비를 뜻하며, 척수의 아랫부분이 손상되면 발생한다. 사지마비는 두 팔과 두 다리를 비롯해 몸통까지 마비되는 질병으로, 척수의 윗부분이 심각하게 손상되면 발생한다. 이 질환들을 겪고 있는 환자들은 배변 조절기능을 상실하며 질환 부위의 근육들이 근 긴장(tone)을 잃고 점점 약해지며 늘어진다.

치매 치매(dementia, '정신의 박탈'을 의미)는 일반적인 노화 현상에 비해 심각한 인지기능의 손실을 가져오는 질병이다. 뇌 손상의 이력이나 유전자에 기반한 성향은 장기적인 감퇴와 관련될 수 있다. 종종, 사회경제적 위치에서 야기될 수 있듯이, 만성적으로 스트레스를 받는 삶은 인지기능을 손상시킬 수 있는 해마의 위축으로 이어질 수 있다(Elbejjani et al., 2017). 비록 치매가 노인에게서 주로 발견되는 질병이지만 어떤 성인 연령층에서도 치매가 발생할 수 있다. 치매 초기에 기억, 주의, 언어, 문제 해결 능력에 문제가 발생하며, 이러한 증상들은 주로 진단을 내리는 데 이용된다.

치매의 60~70%를 차지하는 가장 일반적인 치매는 알츠하이머병이다. 대부분의 사람들에게 증상은 60대 중반에 나타나고, 플라그와 신경섬유다발의 엉킴으로 뇌는 점차 줄어들어 돌이킬 수 없을 정도로 진행된다. 인지기능 저하의 초기 징후 외에도, 특히 단기 기억력, 사회적 기능, 언어 사용의 어려움은 질병이 진행됨에 따라 더 심각해진다. 무엇이 사람들을 알츠하이머병에 걸리게 하는가? 신체적 운동과 지적 활동의 부족은 질병 발달과 관련된 생활양식 요인이고, 이외 질병에 걸리기 쉬운 유전자들이 있다(Rodriguez et al., 2018). 다른 기여 요인들은 이 주요 건강 문제에 대한 실질적인 연구에 의해 밝혀질 것이다. 전 세계적으로 약 4,700만 명의 사람들이 알츠하이머병을 앓고 있다(Alzheimer's Association, 2019).

내분비계

개요

내분비계(endocrine system)는 그림 2.3에서 보듯이 신경계를 도와 몸의 활동을 조절한다. 내분비계는 혈관으로 호르몬을 분비하여 표적기관의 변화를 촉진(유발)시키는 수많은 내분비선으로 이루어져 있다. 내분비계와 신경계는 서로 독립적이지 않고 서로의 활동을 흥분시키거나 억제시킨다. 신경계에서 발생하는 신체반응은 빨리 발생하고 짧게 지속되는 반면, 내분비계에서 발생하는 신체반응은 천천히 발생하고 오랜 시간 지속된다.

그림 2.3 | **내분비계**

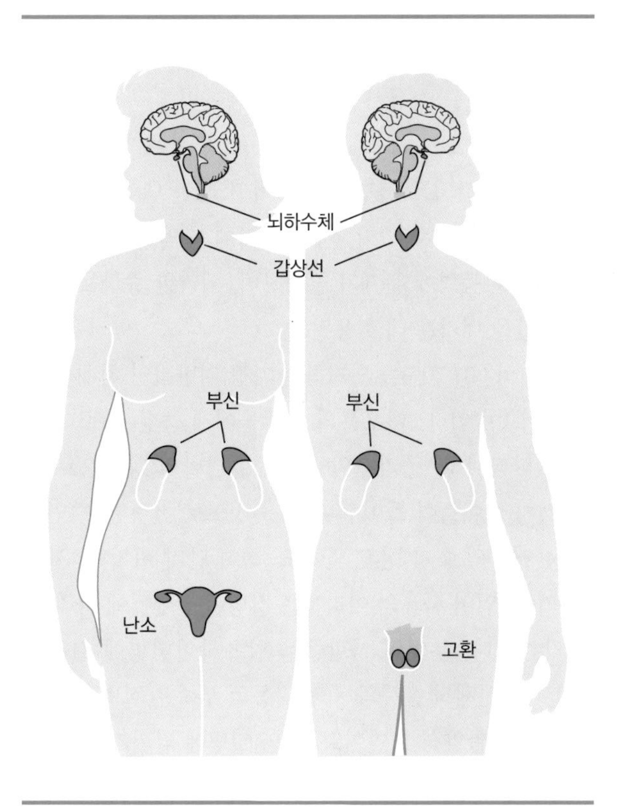

내분비계는 시상하부와 **뇌하수체**(pituitary gland)에 의해 조절된다. 뇌의 위치에 기반하면 뇌하수체는 2개의 엽을 가진다. 후엽뇌하수체는 옥시토신(출산 시, 젖 분비기 시에 진통을 조절, 사회적 소속감과 연관), 바소프레신 혹은 항이뇨 호르몬(antidiuretic hormone, ADH, 신장에서 물의 흡수 조절)을 분비한다. 전엽뇌하수체는 성장과 관련된 호르몬, 즉 성장호르몬(somatotropic hormone, STH, 뼈, 근육, 내장기관의 발달 조절), 생식선 호르몬[생식선(난소와 고환)의 성장, 발달, 분비를 조절], 갑상선 자극 호르몬(thyrotropic hormone, TSH, 갑상선의 성장, 발달, 분비를 조절), 아드레날린 부신피질 자극 호르몬(adrenocorticotropic hormone, ACTH, 부신피질의 성장과 분비를 조절)을 분비한다.

부신

부신(adrenal gland)은 각 신장의 윗부분에 있는 작은 분비샘이다. 부신은 부신수질과 부신피질로 이루어져 있다. 이전에 언급했듯이 부신수질에서 분비되는 호르몬은 에피네프린과 노르에피네프린이다.

그림 2.4에서 보듯이 부신은 스트레스에 대한 생리적 반응, 신경내분비계 반응과 연관되어 있다. 교감신경의 각성과 더불어 분비되는 카테콜아민과 코르티코스테로이드는 스트레스에 대한 생물학적 반응과 연관되어 있다. 제6장에서 이러한 스트레스와 연관된 반응들을 좀 더 자세히 살펴볼 것이다.

내분비계 질환

당뇨병 당뇨병은 신체가 인슐린을 제대로 합성하지 못하거나 적절히 사용하지 못할 때 발생하는 만성적 내분비계 질환이다. 당뇨병은 미국에서 네 번째로 가장 흔한 만성질환이며, 사망의 주요 원인 중 하나이다. 당뇨에는 두 가지 유형이 있다. 제1형 당뇨병은 전형적으로 아동기 후반이나 청소년기 초반에 발생하는 심각한 질병이다. 어느 정도 유전적 영향이 있는 제1형 당뇨병은 자가면역질환으로, 면역체계가 췌장의 랑게르한스섬(islets

그림 2.4 | 스트레스 반응으로 나타나는 부신활동

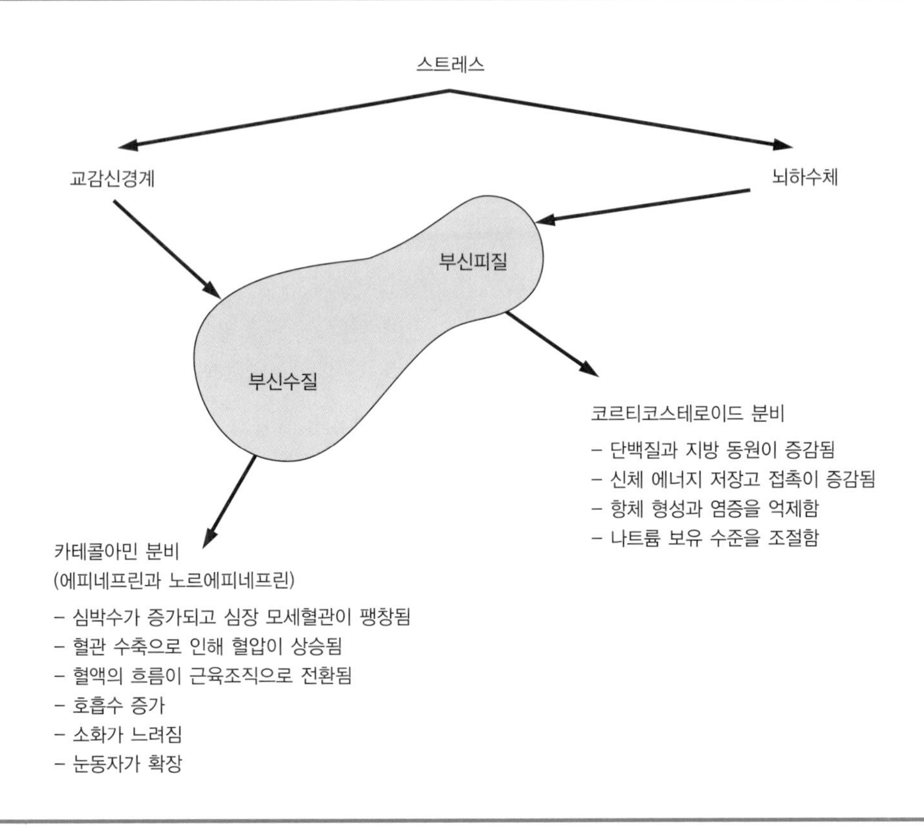

of Langerhans)에 있는 세포들을 침입자로 잘못 인지하여 파괴해버리는 병이다. 이로 인해 이 세포들이 가지고 있는 인슐린 생성능력을 저해하거나 없애버릴 수 있다. 특히 제1형 당뇨병은 초기 바이러스 감염으로 인해 더 빨리 병이 진행될 수 있다.

전형적으로 40세 이후에 발병하는 제2형 당뇨병은 좀 더 흔하다. 제2형 당뇨병은 몸에서 인슐린이 생성되지만 충분한 양이 생성되지는 않거나, 신체가 인슐린에 민감하게 반응하지 못하는 질병이다. 이는 생활습관과 깊이 연관되어 있는 질병이며 비만과 스트레스를 포함한 여러 위험요인으로 인해 발병한다.

당뇨병 환자들은 관상동맥성 심장질환을 가질 확률이 높으며, 성인들 중에는 당뇨병으로 인해 실명하는 경우도 있다. 환자 중 44%는 신장 손상으로 인해 투석이 필요하다(National Institute on Diabetes and Digestive and Kidney Disorders, 2007). 당뇨병으로 인해 신경계가 손상될 수도 있으며 통증이 생기거나 감각을 잃어버릴 수 있다. 심각한 경우에는 발가락이나 발과 같은 사지 말단을 절단해야 하는 경우도 발생할 수 있다. 이러한 합병증으로 인해 당뇨병 환자들의 수명이 줄어든다. 제14장에서 제1형, 제13장에서 제2형 당뇨병에 대해 더 살펴보고 당뇨병의 관리에 대해서도 논의할 것이다.

심혈관계

개요

심혈관계(cardiovascular system)는 심장, 혈관, 혈액으로 이루어져 있으며 온몸으로 혈액을 전달하는 운송체계 역할을 한다. 혈액은 폐에서 산소를 공급받아 이를 각 조직에 전달하고, 각 조직에서 이산화탄소를 공급받아 폐로 전달한다. 또한 혈액은 소화관으로부터 영양분을 공급받아 각 세포로 전달하며, 이 영양분은 각 세포들의 성장 및 에너지원으로 사용된다. 혈액은 각 세포들에서 발생한 노폐물을 신장으로 운반하며 신장은 이 노폐물들을 소변으로 만들어 배설한다. 혈액은 내분비선들로부터 각 장기로 호르몬을 운반하기도 하며, 피부 표면으로 흐르면서 열을 전달하여 체온을 조절한다.

심장

심장은 펌프 역할을 하며 이러한 심장의 펌프작용으로 인해 몸 전체에 혈액순환이 일어난다. 좌심방, 좌심실로 이루어져 있는 심장의 왼쪽은 폐로부터 동맥혈(oxygenated blood)이 들어와 이를 대동맥(심장에서 뻗어 나가는 주 혈관)으로 밀어낸다. 이 혈액은 더 작은 혈관(동맥, 소동맥, 모세혈관)을 지나 각 세포조직에 전달된다. 혈액은 세포에서 산소와 영양분을 노폐물과 교환하고 심장의 오른쪽(우심실과 우심방)으로 돌아오며 폐동맥을 통해 폐로 돌아간다. 다시 산소가 공급된 혈액은 폐정맥을 통해 심장의 왼쪽으로 돌아온다. 심장의 해부학적 구조는 그림 2.5에 제시되어 있다.

심장은 이러한 기능을 일정한 리듬을 두고 수축과 이완을 반복하는데, 이를 심주기라고 한다. 심주기에는 심장수축기와 심장이완기 두 단계가 있다. 심장수축기 동안에 혈액은 심장 밖으로 밀려나며 혈관의 혈압이 상승한다. 근육이 이완되는 심장이완기에는 혈액이 심장으로 들어오며 혈압이 하강한다.

심장 안팎으로 흐르는 혈류는 각 심실의 출입구에 있는 판막에 의해 조절된다. 이 심장의 판막들은 혈류가 한 방향으로만 진행하도록 한다. 심장에서 나는 소리를 들을 때 나는 소리는 판막들이 닫히는 소리이다. 이런 소리는 심주기를 측정할 수 있게 하여 얼마나 빠르게 혹은 느리게 혈액이 심장 안팎을 드나드는지 알 수 있게 해준다.

그림 2.5 | **심장**

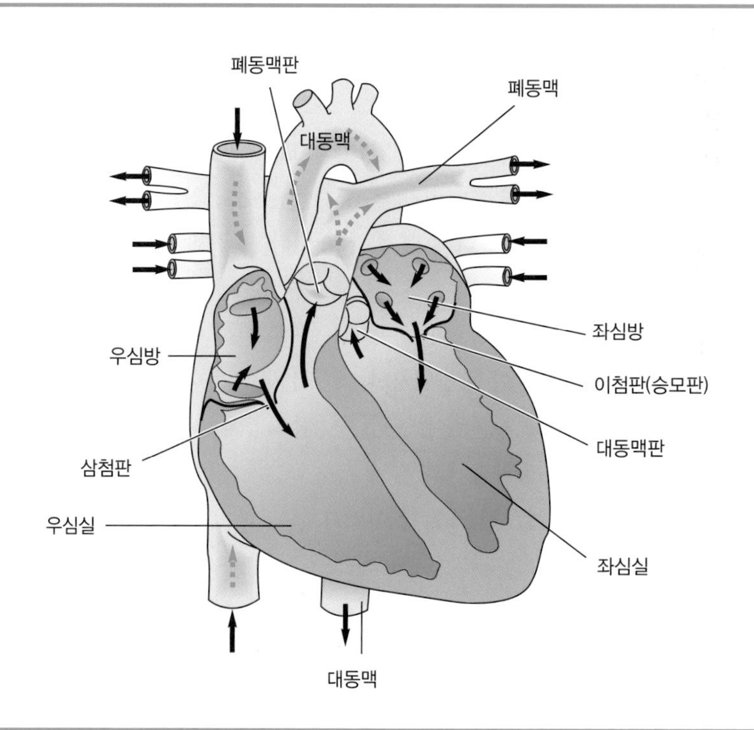

여러 가지 요인들이 심장의 수축과 이완에 영향을 미친다. 예를 들면 운동하는 동안 정서적으로 흥분했을 때 혹은 스트레스를 받았을 때 심장은 빨리 뛰고 심주기는 줄어든다. 만성적으로 과도하게 심박수가 높으면 심장의 기능이 약화되어 혈액을 운반하는 능력이 떨어지는 결과가 초래될 수 있다. 심박수 변동성은 각 심장박동 사이의 시간 변동성을 측정하는 것이다. 이는 심장 조절기능을 측정하며, 일반적으로 심혈관 건강 및 심리적 웰빙과 관련이 있는 것으로 간주된다(Sloane et al., 2017).

심혈관계 질환

심혈관계는 많은 질병의 대상이다. 일부 질병은 선천적인 결함, 즉 태어날 때부터 있었던 결함 때문이고, 나머지는 감염으로 인해 발생한다. 하지만 심혈관계 질환의 가장 큰 요인은 스트레스, 식습관, 운동, 흡연과 같은 생활습관과 관련되어 있다.

죽상경화증 심장질환의 주된 요인은 죽상경화증이며, 이는 나이가 들수록 악화된다. **죽상경화증**(atherosclerosis)은 콜레스테롤과 다른 여러 물질들이 혈관벽에 쌓여서 죽상경화반을 형성하게 되어 동맥이 좁아지는 질병이다. 죽상경화반은 동맥을 통해 이루어지는 혈류의 흐름을 저하시키고 영양분들이 모세혈관을 통해 세포로 전달되는 것을 방해하는데, 이러한 작용은 조직의 손상을 일으킬 수 있다. 손상된 대동맥의 혈관벽은 혈전이 발생될 수 있는 주요 지점으로, 혈전으로 인해 혈관이 막히거나 혈류가 끊길 수 있다.

죽상경화증은 몇 가지 주요 임상적 징후들과 관련이 있다.

- **협심증**(angina pectoris) 혹은 가슴 통증 : 심장에 산소 공급이 충분하지 않거나 이산화탄소나 다른 노폐물들이 적절히 제거되지 않았을 때 발생한다.
- **심근경색**(myocardial infarction, MI) 혹은 심장마비 : 관상동맥에 혈전이 발생하여 심장으로 들어가는 혈류를 막았을 때 발생한다.
- **국소빈혈**(ischemia) : 심근에 혈류와 산소가 부족할 때 발생한다. 300~400만 명이나 되는 미국인들이 잠재적으로 국소빈혈을 가지고 있으며 이를 인지하지 못하고 있다. 이들은 사전 징후 없이 갑자기 심장 발작을 일으킬 수도 있다.

다른 주요 심혈관계 질환들은 다음과 같다.

- 울혈성 심부전(congestive heart failure, CHF) : 심장이 산소가 과다 포함된 혈액을 공급하여 신체의 필요 정도와 일치하지 않을 때 발생한다.
- 부정맥(arrhythmia) : 불규칙한 심박을 일컬으며 가장 극심한 경우에는 의식을 잃고 즉사할 수 있다.

혈압

혈압(blood pressure)은 혈액이 혈관벽에 가하는 힘을 의미한다. 수축기 동안 혈관벽에 가해지는 힘은 최대가 되고, 이완기 동안은 최소가 된다. 혈압은 수축기와 이완기의 두 혈압을 포함하여 측정한다.

여러 가지 요인이 혈압에 영향을 미친다. 첫 번째 요인은 심장박출량이다. 동맥혈관벽에 가해지는 압력은 혈류가 증가하는 만큼 증가한다. 두 번째 요인은 말초저항(peripheral resistance) 혹은 소동맥(arteriole)에서 혈류에 대한 저항이다. 이는 혈액에 포함된 적혈구 수와 혈장의 양에 영향을 받는다. 또한 혈압은 동맥혈관벽의 구조에 의해서도 영향을 받는다. 혈관벽이 손상되었거나 노폐물로 막혀있거나 혈관벽이 탄력성을 잃어버렸을 때 혈압은 상승한다. 고혈압(만성적으로 높은 혈압이 유지됨)은 심박출량이 너무 많거나 말초저항이 너무 높을 때 발생한다. 제13장에서 고혈압을 더 자세히 살펴볼 것이다.

혈액

성인은 혈장(plasma)과 혈구(cell)로 이루어진 혈액을 약 5L 정도 보유하고 있다. 혈액의 55% 정도가 유동성(액체 상태)이 있는 혈장으로 이루어져 있고, 나머지 45%는 혈구로 이루어져 있다. 혈구는 혈장 속을 떠다닌다. 혈장은 혈장 단백질과 혈장 전해질, 혈액이 운반하는 물질들(산소, 영양분, 이산화탄소, 노폐물)을 함유하고 있다. 혈액은 피부 온도 조절도 돕는다.

혈구는 뼛속의 공간에 있는 골수에서 만들어진다. 골수는 다섯 종류의 조혈세포(blood-forming cell)를 포함한다. 골수아세포(myeloblast)와 단핵모세포(monoblast)는 여러 종류의 백혈구를 생성한다. 림프아구(lymphoblast)는 림프구(lymphocyte)를 생성한다. 적아세포(erythroblast)는 적혈구를 생성한다. 거핵구(megakaryocyte)는 혈소판을 생성한다. 각각의 혈구세포들은 모두 중요한 역할을 담당하고 있다.

백혈구는 신체의 외부에서 침입한 이물질들을 흡수, 제거하여 회복하는 데 중요한 역할을 한다. 백혈구는 소화효소를 분비하는 과립세포를 함유하고 있다. 이 과립세포들은 박테리아나 다른 이물질들을 완전히 에워싸서 이것들을 배출하기 쉬운 형태로 바꿔버린다. 백혈구가 증가하는 것은 신체가 감염됐다는 것을 의미한다.

림프구는 항체를 생성하는데, 이는 이물질을 파괴하는 역할을 한다. 백혈구와 림프구는 감염과 질병에 대항하는 중요한 수단이다. 이에 대한 논의는 제14장 면역체계에 대한 절에서 계속할 것이다.

적혈구는 산소와 이산화탄소를 신체 전체에 운반하는데 필요한 헤모글로빈이 포함되어 있어 매우 중요한 역할을 한다. 적혈구가 정상 수치보다 적어서 발생하는 빈혈(anemia)은 산소와 이산화탄소 운반에 문제를 일으킬 수 있다.

혈소판(platelet) 역시 몇 가지 중요한 역할을 담당하고 있다. 혈소판은 혈관에 생긴 작은 구멍들에서 서로 얽힘으로써 이를 막는다. 또한 혈액 응고작용에서 중요한 기능을 한다.

혈액응고장애 혈전은 혈관에서 발생할 수 있다. 이러한 현상은 대부분 동맥이나 정맥의 혈관벽이 손상되거나 콜레스테롤의 증가로 혈관벽의 표면이 거칠어져서 발생하게 된다. 혈소판은 이렇게 거칠어진 혈관벽 부분에 붙어서 혈전을 형성한다. 혈전이 심장으로 향하는 혈관(관상동맥혈전, coronary thrombosis) 혹은 뇌혈관(cerebral thrombosis, 뇌혈전)에 생기면 심장이나 뇌의 주요한 혈류를 막아 심각한 결과를 초래할 수 있다. 혈전이 정맥에 생겼을 때는 각기 떨어져 나가 색전을 일으킨다. 이 색전은 폐로 향하는 혈관에 박혀서 폐기능장애를 일으킬 수 있다. 위와 같은 질병들은 보통의 경우 사망에까지 이르게 한다.

호흡계

개요

호흡은 세 가지 중요한 기능을 하는데, 산소를 흡수하고 이산화탄소를 배출하며 혈액의 조성을 조절한다.

신체는 음식의 대사를 위해 산소를 필요로 하고, 대사 중에 산소는 음식물 속의 탄소 원자와 결합하여 이산화탄소를 생성한다. **호흡계**(respiratory system)는 흡기(inspiration)를 통해 산소를 흡수하고 호기(expiration)를 통해 이산화탄소를 제거한다.

호흡계의 구조와 기능

공기는 코와 입을 통해 들어와서 인두(pharynx)와 후두(larynx)를 지나 기도(trachea)로 향한다. 기도는 근육으로 이루어진 근육관(muscular tube)으로 후두 아래로 확장되어 있는 형태이며, 하단 끝에서 기관지(primary bronchi)로 불리우는 두 가지 관으로 나뉜다. 각 기관지는 폐로 들어가며 여기서 다시 작은 2차 기관지(secondary bronchi)들로 나뉜다. 이들은 마지막으로 폐포(alveoli)라고 불리는 작은 낭들의 군집을 포함한 미세 폐포관(microscopic alveolar duct)으로 나뉜다. 폐포와 모세혈관이 산소와 이산화탄소의 교환을 담당하고 있다. 호흡계의 도식이 그림 2.6에 제시되어 있다.

공기의 흡입은 근육의 수축으로 인해 일어나는 능동

그림 2.6 | **호흡계**

출처 : Lankford, T. Randall. *Integrated science for health students*. Virginia: Reston, 1979, p. 467.

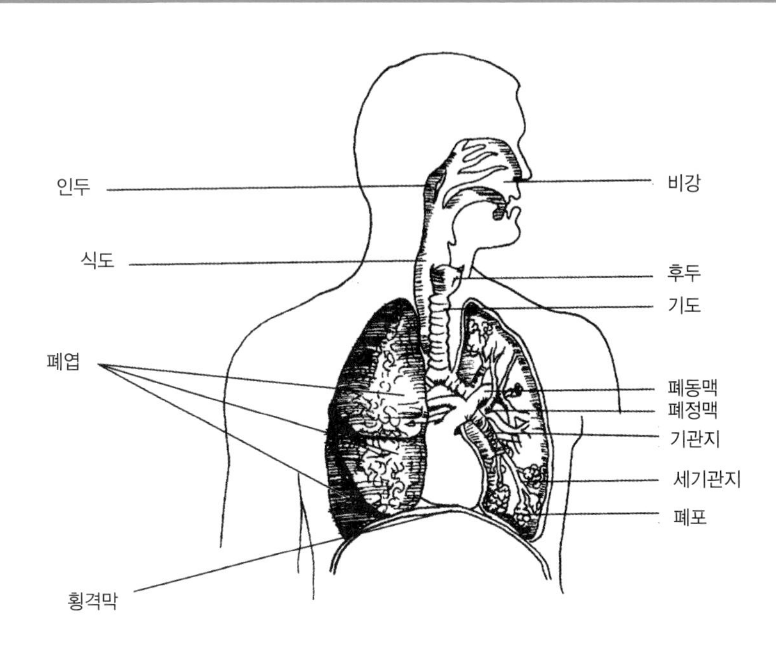

적 과정으로, 흡기는 폐가 흉곽에 꽉 찰 정도로 확장되어 일어난다. 반면에 호기는 폐의 이완으로 일어나는 수동적 과정으로, 폐의 부피가 흉곽 안에 쏙 들어갈 정도로 줄어든다. 폐는 흉부의 빈 공간을 대부분 차지하고 있으며 흉부벽의 움직임에 따라 탄력적으로 변한다. 만약에 공기가 폐와 흉부벽 사이에 들어간다면 한쪽 혹은 양쪽 폐가 망가질 것이다.

호흡운동은 호흡계의 중추인 연수에 의해 조절된다. 연수의 기능 중 일부는 혈액의 화학 조성에 의해 조절된다. 예를 들어 혈액의 이산화탄소 농도가 너무 높아지면 호흡 중추는 자극을 받을 것이고 이로 인해 호흡이 증가한다. 이산화탄소의 농도가 너무 낮다면 호흡 중추는 호흡을 줄여 이산화탄소의 농도가 정상으로 돌아오게 할 것이다.

호흡계는 기침도 조절한다. 숨을 들이마실 때마다 먼지나 다른 이물질들이 들어온다. 이들 중 어떤 물질은 코와 호흡의 통로(air passage)의 점막에 흡착되고 목구멍을 통해 삼켜져 밖으로 배출된다. 기도에 이러한 점막이 많이 모이면 기침을 통해 밖으로 배출된다(강제 배출 활동).

호흡계 질환

천식 천식은 극심한 알레르기 반응으로 먼지, 개나 고양이 비듬(dander), 꽃가루, 곰팡이 등과 같은 이물질로 인해 발생한다. 천식 발작은 정서적 스트레스나 운동으로도 유발될 수 있다. 이러한 발작이 기관지 경련(bronchial spasm)이나 과호흡 증후군(hyperventilation)을 일으키게 되면 매우 심각해질 수 있다.

천식 발작이 일어나는 동안 기도를 둘러싸고 있는 근육들은 수축하고, 기도가 붓고 염증이 발생하며, 점막의 양이 증가하여 기도를 막게 된다. 결국 점막의 분비가 기관지를 막고 산소공급이 줄어들게 되어 이산화탄소의 양이 늘어난다.

통계적으로 지난 20~30년 동안 천식을 포함한 알레

르기 질환들이 급격한 증가 추세를 보이고 있다. 현재 세계적으로 2억 3,500만 명의 사람들이 천식을 앓고 있으며, 이 중 2,600만 명이 미국인이다(Centers for Disease Control and Prevention, 2018년 5월; World Health Organization, 2017년 8월). 특히 시골 지역에 비해 산업화된 국가들과 도시에서 천식 환자 수가 증가하고 있다. 천식 환자의 비율은 특히 저소득층에서 높게 나타나며, 심리적 스트레스 요인이 잠재적 취약성을 악화시킬 수도 있다(Vangeepuram, Galvez, Teitelbaum, Brenner, & Wolff, 2012). 이런 극적인 변화의 이유는 아직 잘 알려지지 않았다. 유아기에 많은 감염질환에 시달린 유아들은 알레르기 질환이 덜 발생하는데, 이런 점으로 미루어볼 때 감염요인에 노출되는 것이 보호 역할을 한다고 생각된다. 그러므로 역설적이게도 산업화된 국가들에서 위생문제들을 개선하고 있는 것이 실제로는 현재의 높은 알레르기 질환 비율에 기여하고 있는 것일 수 있다.

바이러스성 감염 호흡계는 감염(특히 통상적인 감기와 같은)에 매우 취약한데 보통 기도의 위쪽에서 감염이 발생하나 때때로 기도의 아래쪽에서 발생하기도 한다. 감염은 불편감, 충혈, 점액의 과잉 분비를 유발할 수 있다. 감기의 잠복기(바이러스에 노출된 시간과 증상이 시작되는 시간 사이)는 12~72시간이며, 일반적으로 며칠 동안 지속된다. 2차 세균성 감염은 합병증을 일으킨다. 이러한 감염은 1차 바이러스성 감염이 점막을 약화시켜서 2차 감염을 막을 능력을 감소시켜 일어난다.

기관지염(bronchitis)은 폐의 기관지 내부의 점막에 염증이 발생하는 것이다. 기관지염은 많은 양의 점액을 발생시키며 이로 인해 끊임없이 기침하게 된다.

호흡기 계통의 심각한 바이러스 감염은 하나의 유행성의 형태로 발생할 수 있는 독감이다. 독감(flu) 바이러스는 기도를 공격하여 건강한 세포들을 파괴하고, 결과적으로 기도에 열과 염증이 발생할 수 있다. 2차 세균성 감염에 의한 보편적인 합병증은 폐렴(pneumonia)이다.

세균성 감염 호흡계는 패혈성 인두염(strep throat), 백일해(whooping cough), 디프테리아(diphtheria)와 같은 세균성 질환에도 취약하다. 보통 이 질환들은 기도 상부에는 영구적인 손상을 입히지 않는다. 주로 위험한 것은 면역력 약화로 인한 2차 감염이다. 하지만 이러한 세균성 감염은 심장 조직과 같은 다른 조직에 영구적인 손상을 줄 수도 있다.

만성 폐쇄성 폐질환 만성 기관지염(chronic bronchitis)과 폐기종(emphysema)을 포함하는 만성 폐쇄성 폐질환(chronic obstructive pulmonary disease, COPD)은 미국에서 사망원인 중 네 번째를 차지한다. 대략 1,600만 명의 미국인들이 COPD에 시달리고 있다(National Heart, Lung, & Blood Institute, 2017). COPD는 완치될 수는 없지만 예방할 수는 있다. 이 질환의 주된 요인은 흡연으로, COPD 유형 중 80% 이상에서 원인이 된다(COPD International, 2015).

폐렴 폐렴에는 두 가지 주요 유형이 있다. 대엽성 폐렴(lobar pneumonia)은 폐엽(lobe of a lung) 전체가 감염이 됐을 때 생긴다. 폐포가 감염되고 혈액과 폐포 사이에서 일어나는 통상적인 산소-이산화탄소 교환이 방해받는다. 또한 다른 장기들로 감염이 확산될 수 있다.

기관지 폐렴(bronchial pneumonia)은 기관지에 국한되어 발생하며 대부분 심한 감기나 독감 같은 다른 질환의 합병증으로 발생하는 2차 감염이다. 이것은 대엽성 폐렴만큼 심각하지는 않다.

폐결핵과 흉막염 폐결핵은 폐 조직에 침입한 세균에 의해 발생하는 감염성 질환이다. 침입한 세균들이 대식세포(macrophage, 백혈구의 한 종류)에게 둘러싸이면 결핵 결절(tubercle)이라 불리는 덩어리가 된다. 결국 '건락화(caseation)'라는 과정을 거쳐 결핵 결절의 중심부는 치즈화된 덩어리(cheesy mass)로 변화하며 폐에 구멍을 만들 수 있다. 결국 이러한 구멍은 조직에 영구적인 상흔을 남길 수 있고 혈액과 폐포 사이의 산소-이산화탄소 교환을 만성적으로 방해할 수 있다. 한때 미국의 주요 사망 원인이었던 이 질환은 지난 수십 년 동안 감소해 왔다. 하지만 전 세계적으로 이 질환은 세계 인구의 1/4에 영향을 미치며, 여전히 흔하고 치명적이다(Centers for Disease Control and Prevention, 2018).

흉막염은 흉막의 염증이 생기는 것이다. 흉막은 흉강(thoracic cavity)을 둘러싸고 있는 세포막으로, 이에 염증이 생기면 점성이 강한 점액을 생성하게 되는데 이는 보통 폐렴이나 폐결핵의 결과로 이어지며 극심한 고통을 유발한다.

폐암 폐암은 폐 조직의 세포들이 세포 성장을 조절하지 못하는 것이 원인이다. 빠르고 무제한적으로 분열하기 시작한 세포들이 종양을 형성한다. 악성종양의 세포들은 건강한 세포들보다 빨리 성장하며, 이러한 성장은 폐에 인접한 조직에 침입, 침윤하는 전이를 일으킨다. 대부분의 공통적인 증상은 짧은 호흡, 기침(각혈을 포함한 기침), 체중의 감소이다. 흡연이 이 질병의 주요 원인 중 하나이다. 2018년 미국에서 약 22만 8,150명의 새로운 폐암 환자가 발생한 것으로 추정된다(American Cancer Society, 2019).

호흡계 질환의 치료

많은 호흡계 질환은 건강심리학자들에 의해 다뤄질 수 있다. 예를 들어, 흡연은 폐기종과 폐암 발생의 주요인이다. 작업장의 위험물질과 대기오염 역시 호흡계 질환의 발생에 기여한다. 이 두 가지 질병의 원인은 모두 변화될 수 있다.

제3~5장에서 살펴보겠지만 건강심리학자들은 이러한 문제들에 대한 연구를 진행하고 있으며 이러한 문제들이 일으키는 임상적인 문제들에 대해서도 논의하고 있다. 어떤 호흡계 질환은 만성적이다. 따라서 장기간에 걸친 물리적, 직업적, 사회적, 심리적 재활이 중요하다. 이러한 주제는 제11, 13, 14장에서 좀 더 살펴볼 것이다.

소화계와 물질대사

개요

생존에 필수적인 음식은 물질대사 과정을 통해 열과 에너지로 전환되며 조직의 성장과 재생에 필요한 영양분을 공급한다. 하지만 음식이 세포에서 사용되기 전에 반드시 혈액에 흡수되기 적합한 형태로 변환되어야 한다. 이러한 변환과정을 '소화'라 부른다.

소화계의 기능

음식은 가장 먼저 입속에서 침과 섞이며 식괴(bolus)라 불리는 부드럽고 둥근 덩어리 형태로 변한다. 이것은 연동운동(위로 향하는 무방향성의 근육운동)으로 식도를 통과한다. 위는 다양한 위액을 분비하는데 이 속에는 이후의 소화단계를 위한 펩신(pepsin)과 염산도 포함되어 있다. 이후 음식은 보고 생각하는 것만으로도 위즙이 분비되기 시작한다.

음식이 위에서 십이지장(위와 소장 사이의 교차구간)으로 가는 동안 췌장이 소화과정을 돕는다. 십이지장으로 분비되는 이자액은 단백질, 탄수화물, 지방을 분해하는 효소를 함유하고 있다. 이자의 핵심 기능은 포도당이 체내 조직에 흡수되는 것을 촉진시키는 인슐린을 생성하는 것이다. 간도 담즙(bile)을 생성함으로써 물질대사의 중요한 역할을 하는데, 답즙은 십이지장에 분비되어 지방의 분해를 돕는다. 답즙은 담낭에 저장되었다가 필요할 때 십이지장으로 분비된다.

대부분의 물질대사 산물은 수용성이고 혈액에 의해 쉽게 운반되지만, 지질처럼 수용성이 아닌 어떤 물질들은 혈장이 운반한다. 지질은 지방, 콜레스테롤, 레시틴(lecithin)을 포함한다. 혈액 속의 지질 과잉 상태를 과지질혈증(hyperlipidemia)이라고 부르며 당뇨, 특정 신장질환, 갑상선 기능항진증(hyperthyroidism), 알코올 중독에서 흔히 관찰된다. 이것은 심장질환 발병의 원인으로 작용하기도 한다(제5, 13장 참조).

음식의 흡수는 일차적으로 소장에서 일어난다. 소장

그림 2.7 | 소화계

출처 : Lankford, T. Randall. *Integrated science for health students*. Virginia: Reston, 1979, p. 523.)

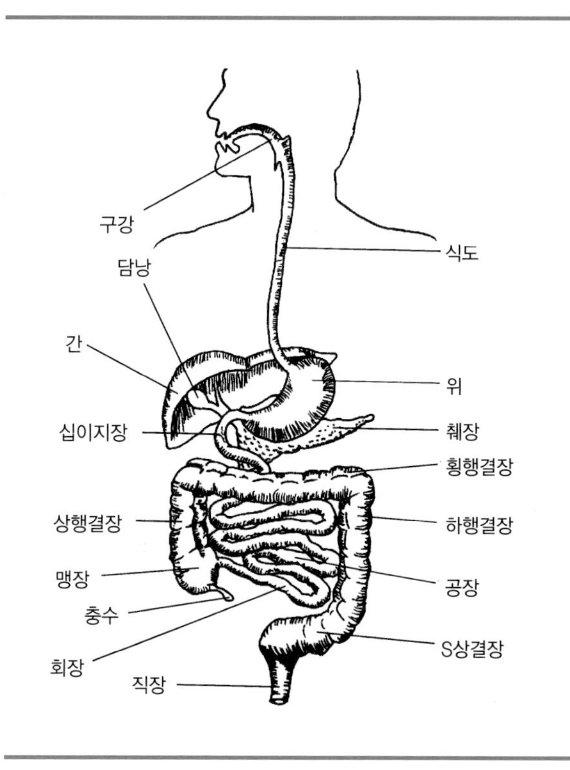

에서는 단백질을 가장 작은 단위의 아미노산으로 분해하는 효소를 분비한다. 소장의 운동은 교감신경계와 부교감신경계가 조절한다. 부교감신경계가 물질대사 활동 속도를 높이는 반면, 교감신경계는 물질대사 활동을 감소시킨다.

이후 음식은 대장을 지나간다. 대장은 음식의 잔여물을 저장하고 물의 재흡수를 돕는다. 직장으로 배설물이 들어가면 고형 노폐물(대변)이 배출된다. 물질대사에 관여하는 기관들이 그림 2.7에 나타나있다.

소화계 질환

소화계는 많은 질병에 취약하다.

역류성 식도질환 역류성 식도질환(gastroesophageal reflux disease, GERD)은 위산 역류 질환으로도 알려져 있으며 식도에서 일어나는 비정상적인 역류 현상으로 인해 발생한다. 이는 주로 식도와 위 사이의 장벽(barrier)의 변화 때문에 일어난다. 미국 성인 인구의 60%가 역류성 식도 질환을 때때로 경험한다고 한다(U.S. Healthline, 2012). GERD에 대한 체계적인 문헌고찰 연구는 북미에서의 유병률이 18~28% 사이라고 보고하였다(El-Serag, Sweet, Winchester, & Dent, 2013).

위장염, 설사, 이질 위장염은 위에서 소장에 걸쳐 염증이 발생하는 질병이다. 이는 과도한 음식이나 음료의 섭취로 인해 일어날 수 있으며 오염된 음식이나 물, 식중독에 의해서도 발생할 수 있다. 증상은 음식 섭취 후 대략 2시간에서 4시간 후에 나타나며 구토, 설사, 경련성 복통, 구역질을 동반한다.

물기가 많고 잦은 장운동이 특징인 설사는 소장과 대장이 적절히 물이나 음식을 흡수하지 못해서 발생한다. 만성적 설사는 심각하게 체액과 전해질(나트륨, 칼륨, 마그네슘, 칼슘)의 균형을 무너트릴 수 있다.

이질은 설사와 유사하나 점액과 고름, 혈액이 대변에 섞여 나온다는 점에서 다르다. 이는 세균 혹은 대장(아메바성 이질)을 공격하는 원충(protozoan)으로 인해 발생한다. 산업화된 국가에서는 이 질환이 생명을 위협하는 경우가 적고, 개발도상국에서는 사망하는 가장 흔한 원인 중 하나이다.

위궤양 위궤양은 위장이나 십이지장을 따라 상처가 아물지 않아 발생하는 것이다. 이는 위산의 과다 분비나 펩신(위에서 분비되는 단백질 소화효소)이 위벽이나 십이지장벽을 녹여서 발생한다. '헬리코박터 파일로리'라 불리는 세균이 많은 종류의 궤양의 발병에 기여하는 것으로 알려져 있다. 한때 궤양의 일차적 원인이 심리적 요인이라 여겨졌지만, 현재는 스트레스가 궤양을 악화시킬 뿐 병의 원인은 아닌 것으로 받아들여지고 있다.

충수염 충수염은 보통 노폐물이나 세균들이 충수(맹장)

에 쌓였을 때 발생한다. 충수의 작은 통로가 막혀버리면 세균이 쉽게 번식한다. 충수염은 통증을 일으키고, 연동운동과 구역질을 증가시킨다. 만약 충수가 파열되어 세균이 복강이나 복막으로 퍼지면 더 심한 감염(복막염, peritonitis)을 일으킬 수 있으며, 심지어 죽음에 이를 수도 있다.

간염 간염(hepatitis)은 '간에 생긴 염증'을 의미하며 간이 붓거나 물러지고 때때로 영구적인 손상을 입힌다. 간에 염증이 생기면 빌리루빈(bilirubin, 분해된 헤모글로빈의 부산물)이 담낭관으로 쉽게 들어간다. 그 결과 빌리루빈이 혈액에 남게 되어 피부가 노랗게 변하는 황달증상이 나타난다. 다른 흔한 증상으로는 피로, 발열, 근육통과 관절통, 구역질, 구토, 식욕부진, 복부 통증, 설사가 있다.

간염은 증상의 정도와 감염 경로에 따라 몇 가지 유형으로 나뉜다. A형 간염은 바이러스에 의해 발생하며 보통 음식이나 물로 감염된다. 이는 종종 잘못 조리된 해산물이나 음식을 비위생적으로 준비했거나 저장해서 발병한다. B형 간염은 좀 더 심각하다. 최대 220만 명의 미국인들이 만성적으로 B형 간염에 감염되어 매년 수천 명이 사망할 것이다(Hepatitis B Foundation, 2018). 또한 혈청간염(serum hepatitis)은 바이러스로 인해 발병하며, 감염된 혈액을 수혈하거나 제대로 소독되지 않은 바늘을 사용하거나 성적 접촉 시 전염되며, 임산부의 경우 태아에게도 전염시킬 수 있다. 정맥주사 마약 중독자들이 이 질환의 특정 위험군이다. 이 병의 증상은 A형 간염과 유사하나 훨씬 더 심각하다.

C형 간염 역시 혈액과 바늘을 통해 전염되는데 대부분 수혈로 인해 전염된다. 전 세계적으로 1억 3,000만~1억 5,000만 명의 사람들이 이 질환을 가지고 있는데, 이 질환으로 매년 50만 명 정도의 사망자가 발생한다. D형 간염은 정맥주사 마약 중독자 중 B형 간염균(D형 간염이 퍼지기 위한 필수조건)도 가지고 있는 사람들에게서 주로 발견된다. 마지막으로 E형 간염은 A형 간염과 유사하지만 다른 바이러스에 의해 발병한다.

장-뇌 연결

최근의 연구는 어떻게 뇌와 장이 서로 의사소통하는지에 초점을 맞추고 있다. 장내 미생물 구성은 복잡하고 개별화되어 있어 단정적인 결론을 내리기는 어렵다. 그렇지만 장내 미생물 불균형을 기술적으로 지칭하는 장내세균불균형(dysbiosis)은 위장의 상해와 같은 일시적이고 가벼운 증상뿐만 아니라 염증성 장질환, 비만, 대사증후군(심장질환의 빈번한 전조), 그리고 정신질환과 기분 저하(Sundin, Ohman, & Simven, 2017)를 포함하여 제2형 당뇨병(Mayer & Hsiao, 2017)과 같은 잠재적으로 더 심각한 증상과도 관련이 있다. 기존 연구들은 유산균이나 다른 식이요법의 사용을 통해 미생물 환경을 바꾸는 것이 이러한 장애의 과정에 유익한 영향을 미치고(Dinan & Cryan, 2017), 기분과 에너지를 향상시킬 수 있다는 것을 보여준다. 미생물 구성의 특정 패턴은 스트레스에 대한 부정적인 반응으로 취약성을 나타낼 수 있다. 예를 들어 외상후 스트레스장애와 인종차별주의와 같은 극심한 스트레스에 노출되는 것은 내장의 미생물을 나쁘게 변화시킬 수 있다(Carson et al., 2018).

장은 미생물 구성에 따라 다른 신호를 뇌로 보내는데, 이 신호는 뇌에서 해석되어 신체적 증상뿐만 아니라 행동과 심리적 상태의 변화로 이어진다. 즉, 여러 주요한 방법으로, 내장과 뇌는 신체적, 심리적 건강에 영향을 미치기 위해 상호작용한다는 것이다. 또한, 나쁜 장-뇌 상호작용을 치료하기 위한 식이 개입의 이점이 치료 대상자뿐만 아니라 다음 세대에도 영향을 미칠 수 있다는 일부 근거가 있다(Callaghan, 2017).

신장계

개요

신장계(renal system)는 신장, 수뇨관(ureter), 방광, 요도(urethra)로 이루어져 있다. 신장은 주로 체액의 조절에

그림 2.8 | **신장계**

출처 : Lankford, T. Randall. *Integrated science for health students*. Virginia: Reston, 1979, p. 585.)

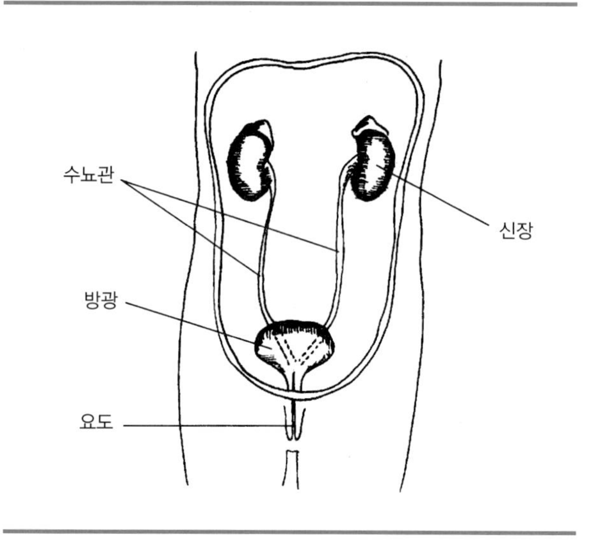

관여하며, 핵심 기능은 소변을 생성하는 것이다. 수뇨관은 평활근(smooth muscle, 민무늬근) 조직을 포함하며 이것이 수축하여 연동운동을 통해 소변이 방광(근육질로 이루어진 소변 저장소)으로 이동한다. 이후 요도를 통해 소변이 몸 밖으로 배출된다. 신장계의 해부학적 구조는 그림 2.8에 나타나있다.

소변에는 과잉 공급된 물과 전해질, 음식의 물질대사 과정에서 발생한 노폐물, 불필요한 산과 알칼리성 물질들이 포함되어 있다. 이러한 물질들이 몸 밖으로 배출됨으로써 체내 수분균형, 전해질의 균형, 혈액의 적정 산성도를 유지한다. 전해질 중 나트륨과 칼륨은 생명기능에 필수적인 근 수축과 신경충동의 전달에 관여하기 때문에 특히 중요하다.

신장의 주요한 기능 중 하나는 체내 수분 조절이다. 예를 들어 무더운 날에 어떤 사람이 활발히 활동하고 땀을 많이 흘렸다면 상대적으로 소변이 적게 생산되어 체내에 수분이 많이 남아있을 수 있게 된다. 반면에 추운 날에는 상대적으로 활동량이 줄어들고 다량의 음료를 소비하게 되면 수분 과다를 막기 위해 소변이 배출된다.

소변은 많은 질병들에 대해 중요한 진단의 단서를 제공한다. 예를 들어 소변에 과다 포함된 포도당으로 당뇨를 의심할 수 있고, 과다 포함된 적혈구는 신장질환을 의심할 수 있다. 따라서 건강검진 시 소변검사가 포함된다.

요약하면 신장계는 잉여 수분, 잉여 전해질, 물질대사 과정의 노폐물을 제거함으로써 체액의 항상성을 조절한다.

신장질환

신장계는 많은 질환들에 취약하다. 이 중 가장 보편적인 질병은 요로 감염(urinary tract infection)이다. 특히 여성들이 요로 감염에 취약하며 배뇨 시 굉장히 고통스러울 수 있다. 치료하지 않으면 더 심각한 감염으로 이어진다.

네프론(nephron)은 신장의 구조적 · 기능적 기본 단위이다. 많은 유형의 신장질환들은 (고혈압과 연관된 것처럼) 수많은 네프론들이 파괴되거나 심각한 손상을 입게 되어 남은 네프론들이 정상적인 기능을 수행하지 못해서 발병한다.

사구체신염(glomerular nephritis)은 혈액을 정화하는 기능을 하는 신장의 네프론인 사구체에 염증이 발생한 것이다. 신염(nephritis)은 감염이나 독에 노출되거나 특히 낭창(lupus)과 같은 자가면역질환에 의해 발병하며, 세계적으로 많은 사람들이 이로 인해 사망하는 심각한 질환이다.

또 다른 급성 신부전(acute renal shutdown)을 일으키는 요인에는 요세관 괴사(tubular necrosis)가 있다. 이 질환은 신관(tubule)의 상피세포가 파괴되어 발병하게 된다. 신관의 상피세포를 파괴하고 순환장애(circulatory shock)를 일으키는 독성물질(poison)이 요세관 괴사의 주 원인이다.

신부전은 매우 심각한 질환이다. 왜냐하면 신부전으로 인해 적정량의 소변을 만들고 배출하지 못하면 물질대사로 인한 노폐물과 잉여 무기물인 나트륨, 잉여 수분이 몸속에 남아 축적되기 때문이다. 이러한 노폐물들을 제거하기 위해서는 인공신장, 신장이식 혹은 **신장투석**

(kidney dialysis)이 필요하다. 비록 이러한 기술들이 여분의 나트륨, 수분, 대사산물(metabolite)을 제거하여 혈액을 정화할 수 있어도 이 기술들은 의학적으로 굉장히 신체에 부담을 준다. 신장이식은 건강상 여러 위험 요소가 있고, 신장투석은 환자들에게 매우 불편한 처치방법이다. 결국 건강심리학자들은 이런 문제들에 도움을 줄 수 있게 관여하게 된다.

생식계

개요

생식계의 발달은 뇌하수체에 의해 조절된다. 뇌하수체 전엽은 생식선 자극 호르몬(gonadotropic hormone)을 생성하며 이 호르몬은 여성의 난소와 남성의 고환 발달을 조절한다. 인간의 생식계가 그림 2.9에 표현되어 있다.

난소와 고환

여성은 골반(pelvis)에 2개의 난소를 가지고 있다. 매달 하나의 난소에서 난자(ovum, egg)가 생성되어 나팔관(fallopian tube)을 통해 배란된다. 난자가 정자에 의해 수정되지 않으면 자궁 속에서 14일간 남아있다가 자궁 내막과 혈관들과 함께 몸 밖으로 배출된다(월경으로).

난소는 에스트로겐과 프로게스테론이라는 호르몬도 생성한다. 에스트로겐은 가슴 발달과 체내 지방의 분배, 체모 발달을 포함한 여성의 이차성징을 유도한다. 프로게스테론은 생리주기의 후반부에 분비되며 몸이 임신에 대비하도록 한다. 임신이 되지 않으면 프로게스테론은 감소하게 된다.

남성의 경우 뇌하수체 전엽에 의해 고환의 간질세포(interstitial cell)에서 테스토스테론이 생성된다. 테스토스테론은 정자를 생성하게 도와주며 턱수염의 발달, 목소리의 굵어짐, 체모의 발달, 뼈와 근육의 발달과 같은 남성의 이차성징을 유도한다.

수정과 임신

성관계 중 사정(ejaculation)을 하게 되면 정자가 질 속에

그림 2.9 | **생식계**

출처 : Green, John Herbert. Basic clinical physiology. New York: Oxford University Press, 1978; Lankford, T. Randall. *Integrated science for health students*. Virginia: Reston, 1979, p. 688.)

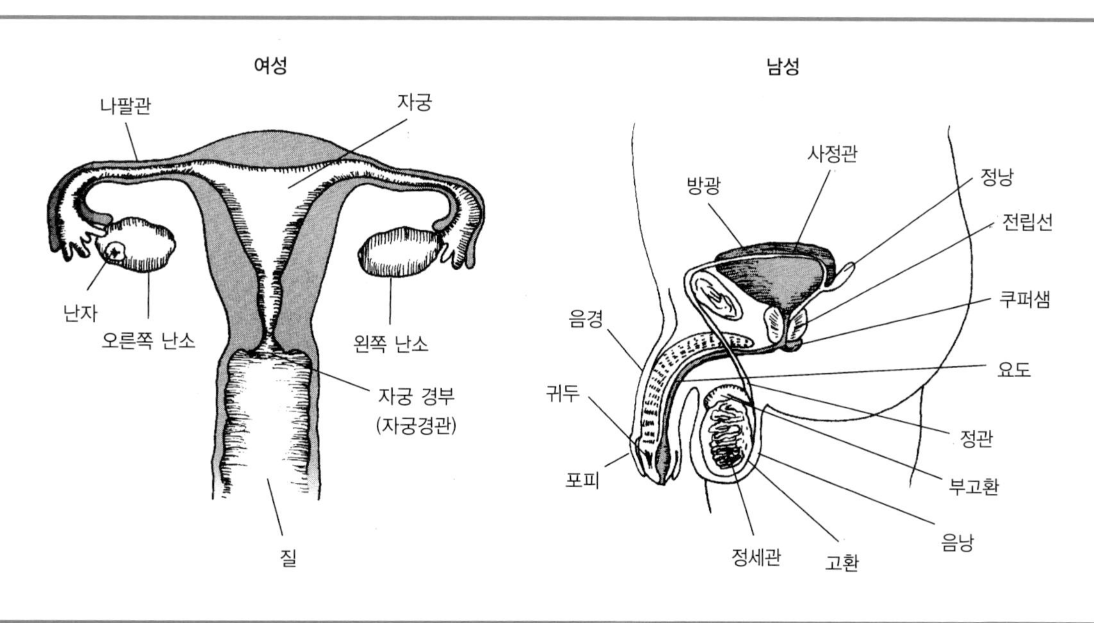

퍼진다. 이 정자들 중 운동성이 높은 것들은 자궁으로 올라가 나팔관까지 이르게 되고, 난자와 만나 수정하게 된다. 수정된 난자는 나팔관을 따라 이동하여 자궁벽에 착상한 뒤, 9개월 동안 성장하여 인간으로 태어나게 된다.

생식계 질환

생식계는 각종 질환과 장애에 취약하다. 가장 보편적이고 문제시되는 질환은 성병(sexually transmitted disease, STD, 성적 접촉으로 전염되는 질병)이다. 성병은 성관계나 다른 형태의 유사 성행위를 통해 전염된다. 성병은 헤르페스(herpes, 포진, 대상포진), 임질(gonorrhea), 매독(syphilis), 생식기 사마귀(genital warts), 클라미디아(chlamydia) 그리고 가장 심각하고 위험한 후천성 면역결핍증(AIDS) 등이 포함된다.

여성에게 위험한 성병은 만성 골반 내 염증질환(pelvic inflammatory disease, PID)이다. 이 질환은 극심한 복통을 일으키고 수정(임신)을 저해할 수 있다. 여성이 취약한 또 다른 부인과 질환은 질염(vaginiti), 자궁 내막증(endometriosis, 자궁 내벽이 나팔관이나 복강으로 들어가 자라고 다른 곳으로 퍼짐), 낭종(cyst), 유섬유종(fibroid, 생식에 지장을 줄 수 있는 자궁 내 비악성 종양)과 같은 생식을 방해하는 여러 질환들이 포함된다. 여성은 생리주기와 관련된 질환에도 취약한데, 생리가 멈춰버리는 무월경증(amenorrhea), 생리가 드물게 나타나는 희발월경증(oligomenorrhea)이 이에 해당되는 질환이다.

생식계는 남성의 고환암(testicular cancer), 여성의 부인암(gynecologic cancer)과 같은 암에도 취약하다. 미국 여성들은 6분마다 자궁경부암, 자궁암, 난소암과 같은 부인암 판정을 받고 있다(American Cancer Society, 2012a). 자궁 내막암은 가장 보편적인 여성의 골반 악성 종양이며 난소암은 가장 치명적인 암이다.

미국 커플들 중 대략 12~13%가 불임일 수 있으며 피임하지 않고 1년간 정기적인 성관계를 가졌음에도 임신하지 않았으면 불임으로 판정한다(U.S. Department of Health & Human Services, 2019). 생리학자들이 불임의 원인이 정서적인 데 있다고 믿었던 적이 있지만 현재 연구자들은 스트레스가 불임을 악화시킬 수는 있어도 직접적으로 불임을 유발하지는 않는다고 믿고 있다. 다행히도 지난 몇십 년간 불임치료 기술이 진보하면서 많은 치료제가 개발되었고, 비침습적인 방법들도 개발되었다. 체외수정(in vitro fertilization, IVF)은 가장 많이 사용되는 보조 생식기술이다. 체외수정의 실제 출산 성공률은 주기당 41~43%이다. 그러나 42세 이상의 여성들의 성공률을 4%이다(Medline Plus, 2018).

폐경기(menopause)는 생식계 질환은 아니며 여성의 가임기가 끝났음을 의미한다. 폐경기로 진행되는 동안 수면장애, 홍조, 관절통, 건망증, 어지러움증, 스트레스 반응성 강화와 같은 다양하고 유해한 증상들이 나타날 수 있다(Endrighi, Hamer, & Steptoe, 2016).

따라서 어떤 여성들은 호르몬 치료(Hormone therapy, HT)를 받기도 한다. 호르몬 치료로 주로 에스트로겐 혹은 에스트로겐과 프로게스테론을 조합하여 투여한다. 한때 호르몬 치료가 폐경기 증상을 완화시킬 뿐만 아니라 관상동맥 질환, 골다공증(osteoporosis), 유방암, 치매(알츠하이머)의 발병도 예방한다고 간주되었다. 하지만 현재는 호르몬 치료가 이러한 질환들을 예방한다기보다 사실상 그 위험성을 증가시킨다고 간주된다. 이런 새로운 증거의 결과로, 많은 여성과 그들의 의사들은 특히 장기간에 걸친 호르몬 치료를 재고하고 있다.

유전과 건강

개요

태아(fetus)는 하나의 세포로부터 삶을 시작한다. 세포에는 부모부터 물려받은 태아의 특징을 결정할 유전정보가 담겨있다. 유전자는 눈, 머리 색뿐만 아니라 행동적 요인까지 조절한다. 유전을 위한 유전물질은 세포핵에 존재하는데, 46개의 염색체 중 23개는 어머니로부터, 나머지 23개는 아버지로부터 물려받는다. 46개의 염색체 중 2개는 성염색체로서 어머니로부터는 X 염색체를, 아버지로부터는 X 또는 Y 염색체를 물려받는다. 아버지가 X 염색체를 물려주면 여아가 태어나고 Y 염색체를 물려주면 남아가 태어난다.

유전과 질환에 대한 취약성

유전연구들을 통해 질환에 대한 유전적 취약성에 관해 유용한 정보를 얻을 수 있다. 예를 들어 과학자들이 특정 질병에 취약하거나 둔감한 쥐나 생쥐와 같은 실험 동물들의 가계(strain)를 이용함으로써 병의 발달과 진행과정에 대해 연구할 수 있다. 예를 들면 암에 취약한 쥐의 가계는 암의 발병과 진행에 대해 실마리를 줄 수 있으며, 암의 발병에 어떤 요인들이 작용하는지 알아볼 수 있게 해준다. 이런 취약성을 갖고 있는 쥐들은 암을 유발하는 발암물질을 이식했을 때 거의 대부분이 악성종양이 생긴다는 것을 확신할 수 있다.

인간의 경우 몇 가지 유형의 연구들이 어떤 특징들이 유전적으로 기반하는지 증명하는 데 도와준다. 예를 들면 가계도 연구는 같은 가계도 내에 있는 가족들이 심장병과 같은 질환들이 같은 환경에 있는 다른 사람들보다 더 잘 발생할 수 있는지를 밝힐 수 있게 해준다. 만약 어떤 요인이 유전적 결정인자를 가지고 있다면 그 가계도에 포함된 사람은 유전적으로 관련이 없는 사람들보다 질환에 더 잘 걸리게 된다.

쌍생아 연구는 유전으로 결정되는 특징을 실험해볼 수 있는 또 다른 방법이다. 만약 어떤 특징이 유전적으로 나타나게 된다면 일란성쌍둥이는 이란성쌍둥이나 다른 형제자매들보다 이 특징을 더 많이 공유하고 있을 것이다. 이유인즉슨 일란성쌍둥이는 완전히 같은 유전자를 가지고 있는 반면 다른 형제나 자매들은 일부 유전자들만 동일하기 때문이다.

함께 양육한 쌍생아들과 따로 양육한 쌍생아들의 특징을 비교, 분석하는 것은 유전학적으로 매우 풍부한 정보를 제공한다. 특히 함께 양육한 쌍생아와 따로 양육한 쌍생아들 사이에 공유하는 특징들의 비율이 같다면 따로 양육한 쌍생아들에게서 나타나는 특징들은 유전적 기반이 있다고 추정할 수 있다.

마지막으로, 입양된 아이들에 대한 연구는 또한 어떤 특성들이 유전적 기원을 가지고 있고 어떤 특성들이 주로 환경에 의한 것인지 확인하는 데 도움을 준다. 입양된 아이들은 양부모로부터 유전된 형질을 보여주지는 않지만 환경적으로 영향을 받은 특징들이 무엇인지 알 수 있게 도와준다.

예를 들면, 관상동맥 질환이나 당뇨 같은 많은 질환의 위험요인이 되는 비만을 생각해보자. 만약에 따로 양육된 쌍생아의 몸무게가 매우 비슷하다면 우리는 몸무게가 유전적 요인에 크게 영향을 받는다고 추측할 수 있다. 반면에 한 가계도 내에서 몸무게가 매우 유사하게 관찰되며 입양된 어린이 역시 양부모, 그들의 친자녀들과 비슷한 몸무게를 보여준다면 우리는 그 가족의 식습관이 비만의 원인이라고 추측할 수 있다. 비만을 포함한 많은 특질들이 환경적 요인과 유전적 요인 모두와 관련되어 있다.

이와 같은 연구들은 많은 건강질환과 건강에 위협이 될 수 있는 행동적 요인들이 유전적 요인과 연관되어 있음을 점점 더 많이 밝혀내고 있다.천식, 치매(알츠하이머), 낭포성 섬유증(cystic fibrosis), 근위축병(muscular dystrophy), 테이색스병(Tay-Sachs disease), 헌팅턴병 등과 같은 질병들이 유전에 근간을 두고 있다. 관상동맥성 심장질환이나 유방암, 결장암(colon cancer)을 포함한 암 질환들 역시 유전적 요소에 기반한다. 그러나 이러한 질병의 유전적 근간에도 불구하고 환경이 질병에 중요한 영향을 미친다는 사실을 무시하지는 못한다.

유전자가 건강에 기여하는 부분에 대해 지속적으로 새로운 발견이 이루어지고 있으므로, 유전학은 계속해서 각광받을 것이다. 예를 들어, 비만과 알코올 중독에 유전적 요인이 기여한다는 사실은 최근 몇 년 사이에 밝혀졌다. 게다가 유전학 연구들이 건강심리학에 기여하는 정도가 점점 넓어지고 있다. 심지어는 질병 예방에 도움이 된다고 여겨지는 낙관주의(optimism)와 같은 성격요인들이 유전적 근간이 있다는 주장도 있다(Saphire-

Bernstein, Way, Kim, Sherman, & Taylor, 2011).

유전학과 건강심리학 건강심리학자들은 유전이 건강에 기여하는 바를 밝히는 데 중요한 역할을 하고 있다. 한 가지 쟁점은 사람들에게 유전적 위험성을 알릴 필요가 있는지에 대한 것이다. 많은 사람들은 유전적 위험은 바뀌지 않고, 위험 유전자를 가지고 있다면 자신들이 건강을 위해 어떠한 노력을 해도 소용이 없다고 생각한다(Dar-Nimrod & Heine, 2011). 이러한 잘못된 믿음은 건강을 위한 행동변화를 방해하고 본인의 건강에 대한 정보를 수집하는 것을 중단하게 한다(Marteau & Weinman, 2006). 유전적 위험인자에 대한 정보는 사람들에게 방어적 기제를 유발하여 위험인자에 대해 무시하게 만들 수 있다(Shiloh, Drori, Orr-Urtreger, & Friedman, 2009). 또한 유전적 위험인자는 특정 장애에 대한 위험을 증가시키는 스트레스나 트라우마와 상호작용이 있을 수 있다(Zhao, Bremner, Goldberg, Quyyumi, & Vaccarino, 2013). 따라서 사람들에게 그들의 유전적 위험인자에 대해 알려줄 때, 위에서 언급한 잠재적 위험을 상쇄시킬 수 있는 교육적 정보도 함께 제공되어야 한다.

건강심리학자들의 또 다른 역할은 유전적 상담(genetic counseling)이다. 출산 전(태아기) 진단검사들을 통해 테이색스병, 낭포성 섬유증, 근위축병, 헌팅턴병, 유방암을 포함하는 유전적으로 기반을 둔 장애를 발견할 수 있게 해 준다. 유전적 위험요소가 있는 것으로 판명된 사람들에게 보다 도움이 되는 것은 그들이 유전적인 위험요소를 가지고 있다고 구분해주는 것보다 유전적 취약성에 대해 대비할 수 있게 해주는 것이다. 그리고 이러한 부분에서 건강심리학자들의 역할이 중요하다(Mays et al., 2014). 예를 들어, 유전적인 원인에 대한 믿음은 의학적으로 입증되지 않은 의학적 행위를 취하도록 사람들을 이끌 수 있다(Petrie et al., 2015).

또한 유전적 질환에 대해 가족력이 있는 사람과 태어날 때부터 이미 유전적 질환을 가지고 태어난 사람 혹은 습관성 유산과 같은 반복되는 임신(생식) 문제들을 가지고 있는 사람들이 종종 이러한 상담을 원한다. 기술적 발전 덕분에 이런 질환들 중 어떤 경우는 태어나기 전부터 약이나 수술을 통해 치료가 가능하다. 하지만 상태가 호전되지 않을 경우 부모들은 종종 유산이라는 힘든 결정을 해야 한다.

연구로 인해 어떤 질환의 유전적 원인이 밝혀지면서 어린이, 청소년과 청년들은 그들의 건강이 유전적인 위험요소가 있다는 것을 깨닫게 될 수 있다. 예를 들면 유방암은 가계도에 따라 유전되는데 젊은 여성의 어머니나 이모 혹은 자매들 중 누군가가 유방암이 발병한다면 그 여성도 유방암에 대한 취약성이 증가한다. 유전적 위험요인을 공유하고 있는 가족들은 가족상담을 통해 특별히 더 그 위험성에 주의를 기울일 필요가 있다. 검사를 통해 유방암 발병에 관여하는 어떤 유전자들이 있는지, 현재 본인이 유전적 취약성을 가지고 있는지 알 수 있다. 비록 전체 유방암 중 불과 5%만이 이런 검사가 가능하지만, 유전적 위험요소를 가지고 있는 여성은 좀 더 어린 나이에 발병한다. 그러므로 이런 고위험군 여성들은 좀 더 세심히 검진해야 하고 치료와 관련된 의사결정을 할 때 좀 더 세심한 도움이 필요하다. 유전자 검사 웹사이트에 샘플을 제출하는 사람들에게 온라인에서 유전자 검사를 할 수 있게 되면서, 유전적 위험요소에 대한 지식은 증가할 수 있다. 그렇지만 잘못된 결과가 발생할 수 있기 때문에 독립적으로 타당화되어 확인된 유전적 위험요소를 갖는 것이 필수적이다(Kolata, 2018).

유전적 위험요소를 가지고 살아가는 사람들은 스트레스를 받을 것이다(Hamilton, Lobel, & Moyer, 2009). 만약 치료할 방법이 없다 해도 그들에게 유전적 위험을 알려줄 필요가 있을까? 치료 가능한 질환들의 유전적 위험에 대해 알게 되는 것은 이점이 있으며 오랜 기간 동안 심리적인 스트레스에 시달리지 않는다는 증거들이 축적되고 있다(Frieser, Scott, & Vrieze, 2018). 게다가 많은 사람들은 자신들의 유전적 위험 요소를 알고자 한다(Reid et al., 2018). 그럼에도 불구하고 만성적 불안증을 가지고 있는 사람들은 특별한 주의와 상담이 필요하다

(Rimes, Salkovskis, Jones, & Lucassen, 2006).

어떤 경우는 행동적 조정을 통해 유전적 위험요소를 상쇄할 수 있다. 예를 들면 한 연구(Aspinwall, Leaf, Dola, Kohlmann, & Leachman, 2008)에서는 흑색종(melanoma, 피부암의 한 종류)에 대한 유전적 위험요소를 가지고 있다는 사실을 알려주고 상담을 받게 한 뒤, 한 달 동안 추적조사를 해봤을 때 그 사람들이 피부 자가검진을 수행하는 행동이 나아지는 것을 관찰할 수 있었다. 그러므로 건강심리학자들은 유전적 위험요소와 관련된 연구와 상담에서 중요한 역할을 한다. 특히 건강심리학자들이 위험 상태를 변화시킬 수 있고 스트레스를 조절해줄 수 있는 상황이라면 더욱 중요한 역할을 담당하게 될 것이다(Aspinwall, Taber, Leaf, Kohlmann, & Leachman, 2013).

면역계

개요

질병은 여러 요인에 의해 발생한다. 이 절에서는 세균침습과 신체 내의 세균증식 등의 감염에 의한 질병의 전염에 대해 다루게 된다. 감염의 원인인 세균은 여러 방식으로 사람들에게 감염된다.

- 직접 전염은 악수, 키스 및 성교와 같은 신체접촉에 의해 이루어진다. 예를 들어 음부포진은 직접 전염에 의해 일반적으로 발생한다.
- 간접 전염은(환경 전염)은 세균이 공기입자, 먼지, 물, 토양 또는 음식물을 통해 사람에게 전해졌을 때 발생한다. 예를 들어 독감은 환경적으로 전염된 질병이다.
- 생물학적 전염은 모기와 같은 매개체가 인간에게 세균을 전했을 때 발생한다. 한 마리의 모기가 세균을 품고 이를 인간의 몸 안에서 증식하기 쉽게 변형하여 전달하게 된다. 예를 들어 황열병은 이러한 방법으로 전염된다.
- 기계적인 전염은 세균이 질병과정에 직접적으로 포함되지 않은 보균자를 통해 사람에게 전달되는 것이다. 더러운 손, 오염된 물, 쥐, 생쥐, 파리는 기계적인 전염과 밀접하게 연관되어 있다. 글상자 2.2는 치명적인 질병의 보균자였으며 이 질병을 다른 사람들에게 전염시킨 두 사람에 관한 이야기이다.

감염

세균이 신체에 도달하면, 피부, 목구멍, 기도, 소화관 혹은 비뇨생식기계를 포함한 다양한 경로를 통해 신체조직을 관통한다. 침습 세균이 우리 체내에 자리 잡아 감염을 발생시키는 것은 유기체의 수, 유기체의 병독성 신체 방어 능력의 세 가지 요인에 달려있다. 한 유기체의 병독성은 그것의 공격성(신체 방어에 저항하는 능력)과 독소생성성(신체 나머지 부분에 침습하는 독소를 생성하는 능력)에 의해 결정된다.

감염 경로

침습한 유기체가 자리 잡게 되면, 감염은 하나의 특정한 경로를 자연적으로 따르게 된다. 첫째, 감염되는 시기와 증상이 나타나는 시기 사이의 기간 동안 잠복기가 있다.

다음으로 발병 전에 두통과 일반적인 불편감과 같은 비특이성 증상들이 선행해서 나타나는 시기가 있다. 이 시기 동안 세균은 활발하게 대량 서식하며 독소를 생성한다. 다음 단계는 질환과 증상이 최고조에 이르는 급성기이다. 감염이 치명적이지 않는 한, 급성기 다음으로 쇠퇴기가 전개된다. 이 시기 동안 유기체는 타액과 호흡기 분비물에 섞여 입과 코를 통해서 그리고 소화 경로와 비뇨생식계를 통해 대소변으로 방출된다.

감염은 국한, 병소, 모체감염으로 발생할 수 있다. 국한 감염은 원발 부위에 남아있고 몸 전체로 퍼지지 않는다. 국소 감염은 한 특정 지역에 제한되어 있지만 신체 다른 부위에 또 다른 붕괴를 야기시키는 독소를 보낸다. 모체 감염은 다수 부위나 신체체계에 영향을 미친다.

세균으로부터 발생한 1차 감염은 2차 감염을 초래할

글상자 2.2 두 보균자의 이야기

보균자란 실제로 병에 걸리지 않았지만 그 병을 다른 사람에게 전염시킬 수 있는 사람을 말한다. 이들은 자신이 실제로 아프지 않기 때문에 일상생활을 통하여 수십, 수백, 수천 명의 사람들을 감염시킬 수 있기에 특히 더 위험하다.

'장티푸스 메리'

아마 역사상 가장 유명한 보균자는 '장티푸스 메리(Typhoid Mary)'일 것이다. 그녀는 스위스에서 미국으로 이민 와서 살아 생전에 수천 명을 감염시켰다. 메리가 대양을 건너는 동안 그녀는 요리를 배웠고 결국 그녀를 가르쳤던 요리사를 포함해서 같이 탔던 100여 명이 장티푸스(typhoid)로 사망했다. 메리가 뉴욕에 도착했을 때 그녀는 요리사로 일을 시작했고 병에 걸리지 않은 채로 계속해서 일하면서 접촉한 사람들을 감염시켰다.

장티푸스는 물, 음식 또는 신체적 접촉으로 전염될 수 있는 살모넬라균(salmonella bacterium)에 의해 발생한다. 메리는 이 치명적인 전염병을 전염시켰지만 정작 자신은 이 병에 대한 면역력을 가지고 있었다. 그녀는 자신이 보균자인지 수년간 몰랐었다. 하지만 그녀의 인생 말로에 자신이 주변에서 일어난 죽음들의 원인 제공자였음을 깨닫게 되었다.

보균자로서 메리의 상태는 의료 당국에도 알려졌고 그녀를 격리시키기 위한 쓸데없는 노력으로 그녀는 남은 인생을 의료기관에서 보냈다. 1930년에 메리는 장티푸스가 아닌 뇌출혈(brain hemorrhage)로 세상을 떠났다(Federspiel, 1983).

'헬렌'

CBS 뉴스 프로그램인 '60분'에서 메리에 버금가는 최악의 보균자를 소개했다. 매춘부였던 '헬렌'은 HIV 보균자였다. HIV는 AIDS(후천성 면역결핍증)의 원인이 되는 바이러스이다. 헬렌은 AIDS에 걸린 적이 없지만 그녀의 아기는 AIDS에 걸려서 태어났다. 매춘부에다 헤로인 중독자였던 헬렌은 자신뿐만 아니라 그녀와 같은 주삿바늘을 사용한 그녀의 고객들까지도 병의 위험에 노출시켰다.

헬렌은 의료 당국과 범죄 당국을 딜레마에 빠지게 만들었다. 그녀는 AIDS의 보균자로 알려져 있지만 그녀가 다른 사람과 접촉하지 못하게 할 법적 근거가 없었다. 비록 그녀가 매춘과 마약거래로 체포되기는 했지만 이런 부류의 투옥은 징역기간이 짧을뿐더러 그녀의 병을 전염시키는 능력에 비하면 적절한 대처가 될 수 없었다. AIDS와 같은 잠재적으로 치명적인 질병에 대한 보균자는 악몽과도 같고, 의료 당국과 입법 당국은 이에 개입하기에는 무기력하다(Moses, 1984).

수 있다. 이것은 1차 감염에 맞서 싸워 다른 감염원에 취약해지면서 신체 저항력이 떨어졌기 때문에 발생한다. 많은 경우, 폐렴과 같은 2차 감염은 1차 감염보다 더 위험하다.

면역력

면역력(immunity)이란 침습하는 유기체에 대한 신체의 저항력이다. 면역력은 자연적이면서도 인공적으로 습득될 수 있다. 일부 자연면역력은 출생 시나 모유 수유를 통해 어머니에게서 자식에게로 전달된다. 그러나 이러한 형태의 면역은 일시적이다. 또한 자연면역력은 질병에 의해 획득된다. 예를 들어, 홍역에 한 번 걸리면 두 번은 쉽게 걸리지 않으며, 홍역에 대한 면역력을 갖게 된다.

인공면역력은 예방 백신과 접종을 통해 얻어진다. 예를 들어 대부분의 유아 아동과 청소년들은 다양한 질병에 대한 주사를 맞는다. 이러한 질병에는 디프테리아, 백일해, 천연두, 소아마비, 간염 등이며, 접종 후에는 이러한 질병에 노출되어도 질병에 걸리지 않을 것이다.

자연 그리고 특정 면역력 면역력은 어떻게 작용하는가? 신체는 침습하는 유기체에 수많은 반응을 하며 이 중 일부는 특이성이고 다른 일부는 비특이성이다. **비특이성 면역기제**(nonspecific immune mechanism)는 어떤 감염이나 장애에 대해 일반적으로 반응한다. 출생 후 얻게 되는 **특이성 면역기제**(specific immune mechanism)는 침습유기체 중 특정 미생물과 그 독소에 반응하여 싸운다.

자연면역력은 병원체를 방어한다. 자연면역력과 연관되 세포들은 하나의 특정 병원체보다는 다소 많은 병원체에 대항해 방어한다. 자연면역력과 연관된 가장 큰 세포집단은 과립성 백혈구(granulocyte)로서, 호중구(neutrophils)와 대식세포를 포함하고 있다. 두 가지 모두 병원체를 집어삼키는 식세포이다. 호중구와 대식세포는 상처나 감염 부위에 모여들고 독성물질을 방출시킨다. 대식세포는 여러 부작용 중에서 염증과 열을 유발하는 사이토카인을 방출시키고 상처 치유를 증진시킨다. 자연살상세포 역시 자연면역력과 연관되어 있다. 자연살상세포는 '비자기(nonself)' 물질(바이러스 감염과 암세포 등)을 인식하고 독성물질을 방출시킴으로써 그 세포들을 분해 및 해체시킨다. 자연살상세포는 잠재적인 악성종양의 징후를 찾아내고 바이러스 감염의 초기 단계를 제한하는 데 중요하다.

자연면역력에는 해부학적 장벽, 식균작용, 항균성 물질, 염증반응 네 가지 방식이 있다. 해부학적 장벽(anatomical barrier)은 신체의 한 부위에서 다른 부위로 세균이 통과하는 것을 예방한다. 예를 들어 피부는 여러 감염에 대한 효과적인 해부학적 장벽으로 기능하며, 코와 입안의 점막 역시 보호기능을 한다.

식균작용(phagocytosis)이란 백혈구(식세포로 불리는)가 세균을 잡아먹는 과정이다. 일반적으로 신체감염이 발생했을 때 식세포가 과잉 생산되는데, 이 중 다수는 외부 입자를 퇴치하기 위해 감염 부위로 보내진다.

항균성 물질(antimicrobial substance)은 침습 미생물을 제거하기 위해 체내에서 생성된 화학물질이다. 인터페론, 염산, 리소자임 같은 효소 등이 침습 미생물을 파괴하는 향균성 물질이다.

염증반응(inflammatory response)은 감염에 대한 국소반응이다. 감염 부위에서 모세혈관이 먼저 확장되고 이 부위에 히스타민이라는 화학물질이 방출된다. 이 화학물질은 모세혈관의 투과성을 높이고 백혈구와 유체가 모세혈관을 떠나 감염 조직에 들어가게 한다. 그 결과 그 부위는 붉어지고 유체가 늘어난다. 백혈구는 세균을 공격하고, 그 결과로 고름이 형성된다. 혈류량 증가로 인해 염증 부위의 체온이 상승하게 된다. 그런 다음, 일반적으로 염증 부위가 응고되고 세균을 고립시키며 신체 다른 부위로 퍼지는 것을 막는다. 염증반응의 흔한 예로는 우리가 실수로 살을 베고 재채기를 했을 때, 홍조, 부종, 분비물, 상처 피부의 응고되는 것이나, 꽃가루 알레르기 반응인 재채기나 콧물, 눈물 등이다.

특이성 면역력은 출생 후 질병에 걸리거나 예방접종과 같은 인공적인 방법을 통해 얻어진다. 특이성 면역력은 항원-항체반응으로 작동한다. 항원은 이물질로서, 항원이 출현하면 세포 조직을 자극시켜 항체를 생성하도록 한다. 항체는 항원에 의한 자극의 반응으로 생성된 단백질이다. 이 단백질들은 독성효과를 이겨내려 화학적으로 항원과 결합한다.

특이성 면역력은 그 이름이 시사하는 것처럼 자연면역력보다 느리고 더 특정적이다. 특이성 면역력에 포함된 림프구는 세포 표면에 하나의 항원과 맞는 수용체와 한 항원만을 가지고 있다. 그러므로 오직 한 종류의 침입자에만 반응한다. 림프구가 활성화되면, 이러한 항원특성세포는 분할되고, 증식반응이라 알려진 세포들이 생성된다.

본질적으로 자연면역력과 특이성 면역력은 함께 작용한다. 자연면역력은 감염을 방지하고, 병원균의 침습에 따라 미리 빠르게 대항한다. 반면 특이성 면역력은 완전한 방어를 할 수 있기 전까지 며칠간 지연된다. 그림 2.10은 림프구와 식세포(포식세포) 간의 상호작용을 보여준다.

체액면역력과 세포성 면역력 체액면역력과 세포성 면역력은 두 가지 기본 면역반응이다. **체액면역력**(humoral immunity)은 B 림프구에 의해 조정된다. B 림프구는 세균으로부터 보호하는 것을 포함하여, 세균에서 생성된 독소를 중화시키고, 바이러스성 재감염을 예방하는 기능을 한다. B 세포는 항체 생성과 분비로 면역력을 갖게 한다.

세포성 면역력(cell-mediated immunity)은 흉선의 T 림프구와 관련되며 하나의 완동(느리게 활성화되는) 반응이다. 세포성 면역력은 체액면역력처럼 항체를 혈액에 방출하기보다는 세포 수준에서 작용한다. 적합한 항원에 자극받게 되면 T 세포는 침습 유기체와 감염된 세포를 제거하는 화학물질을 분비한다. 면역체계의 구성 요

그림 2.10 | **림프구와 식세포 간 상호작용**

B 림프구는 병원체와 그 부산물들을 묶어버리는 항체를 생성하여 식세포가 (병원체의 침입을) 인지하도록 돕는다. T세포는 사이토카인(cytokine)을 방출하여 식세포가 외부 입자들을 물리치도록 활성화시킨다. 단핵 식세포는 T 세포에 항원을 표출하여 T 세포가 활성화되도록 한다.

출처 : Roitt, Ivan Maurice, Jonathan Brostoff, and David K. Male. *Immunology*. London: Mosby International, 1998.

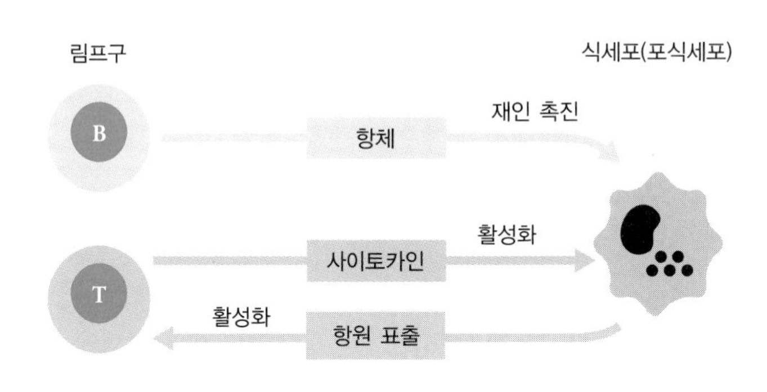

소는 그림 2.11에서 볼 수 있다.

면역에서 림프계의 역할 우리 몸의 배수 장치인 **림프계**(lymphatic system)는 면역기능에 중요한 역할을 한다. 림프 조직은 림프 모세혈관, 림프관, 림프절로 구성되어 있으며, 몸 전체에 퍼져있다. 림프 모세혈관은 세포 사이의 공간으로부터 림프관으로 물, 단백질, 미생물(세균) 그리고 다른 이물질을 빼낸다. 그런 다음 이러한 물질은 림프관에서 림프절로 전도된다. 림프절은 림프구가 미생물(세균)과 이물질을 삼키도록 걸러낸다. 그런 다음 림프관은 잔여 물질을 혈액으로 빼낸다.

면역력에 대한 추가적인 논의는 제14장에서 다뤄질 것이며, 급속히 발전하는 정신신경면역학 분야와 AIDS 발달에 있어 면역력의 역할에 대해 살펴볼 것이다.

면역계 질환

면역체계는 많은 장애와 질병의 영향을 받는다. 가장 중요한 장애 중의 하나는 AIDS로, 이는 점진적인 면역력 손상을 유발한다. 또 다른 하나는 암으로 이는 약화된 면역력에 현저히 좌우된다. AIDS와 암에 대한 추가적인 논의는 제14장에서 다뤄질 것이다.

낭창(lupus)은 약 150만 명의 미국인에게서 발생하며 대부분이 여성이다(Lupus Foundation of America, 2016). 얼굴에 나타날 수 있는 피부발진 때문에 이 병의 이름은 '늑대'라는 뜻의 'lupus'라고 붙여졌다. 낭창은 만성염증, 통증, 발열, 홍조 및 부종을 일으키며, 신체 내 기관(장기)들의 결합 조직에 발생하면 생명을 위협할 수 있다. 질병의 심각도에 따라 소염제나 면역 억제 약물로 관리(치료)될 수 있다.

수많은 감염은 림프 조직을 공격한다. 예를 들어 편도선염은 편도선 염증의 하나로 박테리아를 걸러내는 능력을 저하시킨다. 전염성 단핵구증은 단핵세포 수가 비정상적으로 많은 것이 특징인 바이러스 질환이다. 이는 비장 및 림프절의 비대, 발열, 인후염, 일반적인 무기력감을 야기할 수 있다.

림프종은 림프 조직의 종양이다. 악성 림프종인 호지킨병(Hodgkin's disease)은 림프절, 비장 그리고 다음 림프 조직들의 점진적이고 만성적인 비대를 수반한다. 그 결과 림프절은 항체를 효율적으로 생산할 수 없고 림프절이 가진 식세포를 잃게 된다. 치료하지 않을 경우 호지킨병은 치명적일 수 있다.

한때, 감염질환들은 한번 걸리면 끝나는 급성문제로

그림 2.11 | **면역계 구성요소**

출처 : Roitt, Ivan Maurice, Jonathan Brostoff, and David K. Male. Immunology. London: Mosby International, 1998.

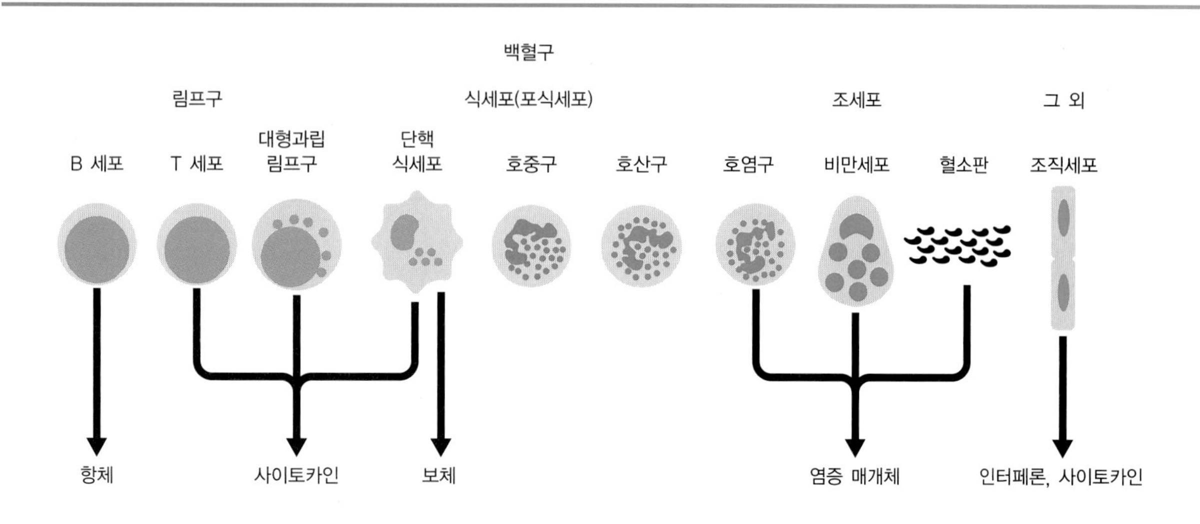

여겨졌다. 감염질환은 개발도상국에서는 주요 문제 중 하나이지만, 선진국에서는 대체로 통제되는 것으로 여겨졌다. 그러나 이제 감염질환은 보다 자세히 조사할 가치가 있다. 첫째, 천식에 대한 논쟁에서 보여지듯이 적어도 일부 감염장애에서 지나친 위생 통제가 역설적으로 알레르기성 장애(질환)의 발병률을 높일 수 있다. 둘째, 한때 그 원인이 유전적이거나 원인을 몰랐던 만성질환들의 원인을 감염 발달에서 찾으려 한다. 예를 들어, 적어도 일부 사례에서 알츠하이머병, 다발성 경화증, 조현병 그리고 일부 암에서 전염성 계기가 있었던 것 같다(Zimmer, 2001). 치료에 잘 저항하는 박테리아 변종(박테리아성 균주)의 발달은 매우 위험하며, 항생제 남용은 더욱 치명적인 변종 발달에 큰 원인이 될 수 있다. 또한 전쟁에서 천연두와 다른 감염인자가 무기로 사용될 가능성이 있어 감염인자는 테러 행위에 대한 우려가 되었다.

염증반응은 모기 물림과 일광화상부터 상한 음식으로 인한 위염까지 다양한 범주의 신체적 도발에 대해 방어하는데, 이러한 염증반응이 만성질환에 미치는 영향에 대한 연구가 증가하고 있다. 염증의 파괴적인 잠재력은 류머티즘성 관절염과 다발성 경화증과 같은 질환을 통해 입증되었을 뿐만 아니라, 아테롬성 동맥경화증, 당뇨, 알츠하이머병, 천식, 간경변증, 일부 대장장애, 낭포성 섬유증, 심장질환, 우울증, 심지어 일부 암의 근간이 된다(표 2.1).

스트레스 반응과 같은 더 일반적인 염증반응은 아마도 초기 선사시대에 진화했고, 적응력에 기여했기 때문에 남아있을 것이다. 예를 들어 수렵사회는 기대수명이 상당히 짧았기 때문에 자연도태에 따라 왕성한 염증반

표 2.1 | **만성 하급 염증의 결과**

염증은 노화의 여러 질환에 중요한 역할을 하는 것으로 여겨진다. 그 질환은 다음과 같다.

- 심장질환
- 뇌졸중
- 당뇨병
- 알츠하이머병(더 일반적으로 인지 저하)
- 암
- 골다공증
- 우울증

응을 가진 사람이 선호됐을 것이다. 소수의 사람들만이 왕성하고 지속적인 염증반응에 장기적으로 희생됐을 것이다. 하지만 오늘날 왕성하고 지속적인 염증반응은 만성질환 발달에 중요한 역할을 하는 것으로 여겨지며, 기대수명이 늘어나면서 이전 시대의 적응 양상은 잠재적으로 부적응적으로 변화했다.

자가면역력(autoimmunity)은 신체가 자신의 신체 조직을 공격할 때 발생한다. 자가면역장애에는 특정 형태의 관절염, 다발성 경화증 그리고 이 중 가장 심각한 낭창이 포함된다.

자가면역장애가 있는 신체는 자신의 조직을 인지하는 데 실패하고 이를 외부 침입자로 여겨 이들과 싸우는 항체를 생산하게 된다. 오랜 시간 많은 바이러스 및 박테리아 병원체는 체내 염기성 단백질 서열을 모방하는 방법으로 신체를 속여 침입하는 능력을 발달시켜 왔다. 결과적으로, 분자 모방의 과정은 실패하였지만, 면역체계가 침입자를 공격하는 것뿐만 아니라 건강한 조직까지도 공격하게 되었다. 한 개인의 유전적 구성은 이러한 과정을 악화시킬 수 있다. 스트레스는 자가면역질환을 악화시킬 수 있다. 2,300만~5,000만 사이의 미국인들이 자가면역질환으로 고통받는다. 필시 여성들이 남성들에 비해 더 많이 걸린다(American Autoimmune Related Diseases Association, 2015; National Institutes of Health, 2018). 비록 자가면역질환의 원인에 대해 완전히 밝혀지지 않았지만, 연구자들은 바이러스와 박테리아 감염이 자가면역 질환의 발병에 자주 선행한다는 것을 밝히고 있다.

요약

1. 신경계와 내분비계는 신체 통제체계로서 활동한다. 위협을 받으면 동원되고 균형과 정상적인 기능을 유지시킨다.
2. 신경계는 말초신경 말단과 장기들과 뇌 사이에 신경충동을 교환함으로써 주로 작용하며, 이를 통해 자발적 그리고 비자발적 운동에 필요한 통합을 제공한다.
3. 내분비계는 뇌 중앙에서 자극된 호르몬의 방출을 통해 화학적으로 작용한다. 이는 성장과 발달을 조절하고 신경계 기능을 강화시킨다.
4. 심혈관계는 산소와 영양분을 세포 조직에 전달하고 조직으로부터 이산화탄소와 폐기물을 방출하기 위해 가져오는 신체의 운반체계이다.
5. 심장은 순환을 조절하는 펌프로서 활동하며 신경계와 내분비계를 통한 조절을 담당한다.
6. 심장, 혈관, 혈액은 여러 문제, 특히 죽상경화증(아테롬성 동맥경화증)에 취약하다. 이런 심혈관계 질환은 미국과 다른 선진국의 주요 사망원인이기도 하다.
7. 호흡계는 산소를 흡입하고 이산화탄소를 방출하며, 혈액의 화학적 구성을 조절(통제)하는 역할을 한다.
8. 소화계는 세포의 성장과 회복에 필요한 열과 에너지를 생산하는 역할을 한다(필수 영양분 포함). 소화를 통해 음식물은 세포가 사용할 수 있도록 분해된다.
9. 신장계는 수분, 전해질 균형을 조절하고 혈액의 산성-알칼리성 조절을 통해 대사과정에 기여한다. 신장계에서 소변으로 수용성 배설물이 방출된다.
10. 생식계는 내분비계의 통제 아래에서 일차성징과 이차성징(성적 특성)의 발달을 이끈다. 이러한 체계를 통해 종족을 번식하고 유전물질은 부모로부터 자식에게 전달된다.
11. 유전기술과 게놈지도(mapping)의 발전으로 질병의 유전적 기여(원인)에 대한 이해가 증대되었다. 건강심리학자들은 이러한 문제에 대해 연구하고 상담하는 데 중요한 역할을 한다.
12. 면역체계는 외부 물질(이물질) 침입으로 인한 감염을 막는다. 이는 감염에 대항하는 세포 및 화학물질 생산과정을 통해 이루어진다.

핵심용어

교감신경계
국소빈혈
낭창
내분비계
뇌교
뇌하수체
대뇌피질
림프계
면역력
부교감신경계
부신
비특이성 면역기제
세포성 면역력
소뇌
시상
시상하부
식균작용
신경계
신경전달물질
신장계
신장투석
심근경색
심혈관계
연수
자가면역력
죽상경화증
체액면역력
카테콜아민
특이성 면역기제
혈소판
혈압
협심증
호흡계

PART 2

건강행동과 1차 예방

Stockbyte/Getty Images

CHAPTER 3

건강행동

Blend Images/Getty Images

개요

제3장에서 우리는 건강행동에 대해 설명하고자 한다. 이 장의 핵심은 성실하게 실행된 건강행동을 통해 건강이 얻어진다는 것이다.

건강행동에 대한 소개

행동요인이 질병과 장애에 미치는 영향

지난 세기에 미국 내의 질환 패턴은 많은 부분이 바뀌었다. 제1장에서 이야기한 것처럼, 공중보건 기준의 변화에 따라 급성감염 질환은 감소하였고, 반면 폐암, 심혈관계 질환, 알코올 및 약물 남용, 교통사고와 같이 예방 가능한 질병들은 증가하였다. 행동요인이 이러한 장애의 발생에 미치는 영향은 분명하다(표 3.1). 미국 내 사망자의 약 절반은 예방 가능한 요인—흡연, 비만, 약물 남용, 과도한 음주 등의 주요한 네 가지 요인—에 의해 사망하고 있다 (Centers for Disease Control and Prevention, 2018).

건강 증진 : 개요

예방 가능한 위험 요인에 대한 연구는 건강 증진의 관점을 적용하고 있다. **건강 증진**(health promotion)이란 좋은 건강 상태나 안녕이 개인 및 집단적인 성취물이라는 철학에 핵심을 두고 있다. 개인적 측면에서의 건강 증진은 좋은 건강습관을 기르는 것이고, 의료 전문인에게 있어서의 건강 증진이란 사람들에게 건강한 생활습관을 갖도록 교육하고 특정 건강문제에 있어서 **위험한 상태**(at risk)에 있는 사람들이 위험을 상쇄하고 모니터링할 수 있도록 도와주는 것이다. 건강심리학자에게 건강 증진이란 건강한 행동을 실행할 수 있게 돕는 개입을 개발하는 것을 의미한다. 지역사회 및 국가정책 행정가들에게 있어 건강 증진은 건강한 생활을 강조하고 정보를 제공하며 건강에 좋지 못한 습관을 바꾸도록 하는 기반을 제공하는 것이다.

나쁜 건강행동에 대한 성공적인 개선은 몇 가지 이점을 가진다. 첫째, 생활방식과 관련된 질환으로 인한 사망률을 줄일 수 있다. 둘째, 사망 시기를 늦춤으로써 기대수명이 증가할 수 있다. 셋째, 가장 중요한 이점은 건강행동의 개선으로 인해 만성질환의 증상으로부터 자유로울 수 있다는 것이다. 마지막으로 건강행동의 개선은 연간 건강과 질병에 사용되는 예산의 3.5조 달러 이상의 비용을 절감시킨다(National Health Expenditures, 2017).

표 3.1 | 미국 내 사망의 주요 요인에 대한 위험 요소

질환	위험 요소
심장 질환	담배, 높은 콜레스테롤, 고혈압, 물리적 무기력, 비만과 과체중, 당뇨, 스트레스, 나쁜 식단, 과도한 음주
암	흡연, 해로운 식단, 환경 요소들
불의의 사고	도로 위(안전벨트 미착용) 가정 내 (낙상, 식중독, 화재)
만성 하부 호흡기 질환	담배, 환경 요소(오염, 라돈, 석면)
뇌졸중	고혈압, 담배, 당뇨, 높은 콜레스테롤, 물리적 무기력, 비만

출처 : American Heart Association. "Coronary Artery Disease-Coronary Heart Disease. Heart Attack and Stroke Symptoms." Last reviewed July 31, 2015. https://www.heart.org/en/health-topics/consumerhealthcare/what-is-cardiovascular-disease/coronary-artery-disease; Xu, Jiaquan, Sherry L. Murphy, Kenneth D. Kochanek, Brigham Bastian, and Elizabeth Arias. "Deaths: Final Data for 2016." *National Vital Statistics Reports* 67, no. 5 (July 2018): 1–76 ; PDQ® Screening and Prevention Editorial Board, 2019.

건강행동과 건강습관

건강행동(health behavior)이란 건강의 유지 및 증진을 위해 사람들이 하는 행동이다. **건강습관**(health habit)이란 무의식 중에 자동적으로 수행되게 굳어진 건강행동이다. 이러한 습관들은 주로 아동기에 발달되어 11세 또는 12세 즈음에 안정화된다(Cohen, Brownell, & Felix, 1990). 안전벨트 착용, 양치질, 건강한 식습관 등이 이러한 건강습관의 예이다. 건강습관이 부모의 칭찬과 같은 긍정적 강화에 의해서 시작되기는 하지만, 결국에는 강화과정과 상관없이 이어지게 된다. 예를 들어, 당신이 잠자리에 들기 전에 자동적으로 양치질을 하는 것과 같다. 이처럼 습관들은 변화하기 어렵다. 결과적으로, 어린 시절에 좋은 건강행동을 성립하고 좋지 못한 습관들은 없애는 것이 중요하다.

좋은 건강행동의 중요성에 대한 일화는 벨록과 브레슬로가 1972년에 캘리포니아 주 앨러미다 카운티에서 실시한 연구를 통해 알 수 있다. 이들은 몇몇 중요한 건강습관에 중점을 두었다.

- 7~8시간의 야간 수면
- 금연
- 매일 아침 식사하기
- 하루 1~2잔 이상의 음주 금지
- 규칙적인 운동
- 간식 먹지 않기
- 10% 이상의 과체중 방지

이들은 7,000명에 가까운 자치주 주민들에게 이 중 어떠한 행동들을 하고 있는지 물어보았다. 또한 지난 6~12개월 사이에 주민들의 병력, 에너지 수준, 어떠한 장애가 있었는지(예 : 며칠이나 결근하였는지) 등에 대해서도 물어보았다. 연구자들은 이를 통해 더 좋은 건강습관을 가지고 있을수록 질병에 덜 걸리고, 기분을 더 좋게 느끼며, 일상생활에서의 장애도 덜 겪는 것을 확인하였다.

이들을 대상으로 9~12년간 추적 조사를 한 결과, 위의 7가지 습관을 실천하고 있는 사람들의 사망률이 훨씬 낮은 것을 알 수 있었다. 이러한 습관을 세 가지 이하로 실천하는 사람들과 비교하였을 때 남자의 사망률은 28%, 여자의 사망률은 43%에 불과하였다(Breslow & Enstrom, 1980).

1차 예방 **1차 예방**(primary prevention)의 주된 직무는 좋은 건강습관을 주입하고 나쁜 습관을 바꾸는 것이다. 이는 질병이 발병하기 이전에 병의 위험요소에 대처할 수 있도록 조치를 취하는 것이다. 1차 예방에는 크게 두 가지 전략이 있다. 첫째로 가장 일반적인 전략은 사람들로 하여금 체중 감량과 같이 문제가 있는 건강습관을 바꾸게끔 하는 것이다. 둘째로 가장 최근의 전략은 사람들이 애초에 안 좋은 건강습관을 갖지 않도록 예방하는 것이다. 청소년들의 흡연 예방 프로그램이 그 예로, 이는 제5장에서 다뤄질 것이다.

건강행동의 실천 및 개선 : 개요

건강한 삶으로 인도하거나 건강을 위태롭게 하는 요인들에는 어떠한 것들이 있는가?

인구통계학적 요인 나이가 어리며 교육 수준이 높고 부유한 사람일수록 스트레스를 덜 받고 사회적 지지는 많이 받는다. 일반적으로 이런 사람들은 그러한 자원들이 적고 스트레스를 많이 받는 사람들보다 더 좋은 건강습관을 갖고 있다(Hanson & Chen, 2007).

연령 건강습관은 아동기에 잘 수행되다가 청소년기 및 청년기로 갈수록 악화되고 이후 나이가 들수록 다시 좋아지는 경향을 보인다.

가치관 가치관은 건강습관을 실천하는 것에 영향을 미친다. 예를 들어, 어떤 문화권에서 여성의 운동은 바람직하게 여겨지지만 다른 문화권에서는 그렇지 않을 수 있다(Guilamo-Ramos, Jaccard, Pena, & Goldberg, 2005). 따라서 건강 관련 개선을 가치관과 연결하는 것은 인종적 건강 불균형을 완화할 수도 있다(Sping, Arnat, Handall, & Cameron, 2018).

개인 통제 자신의 건강을 개인적으로 통제할 수 있다고 여기는 사람들은 본인의 건강을 운에 맡기는 사람들보다 더 좋은 건강습관을 실천한다. **건강 통제 소재**(health locus of control) 척도(Wallston, Wallston, & DeVellis, 1978)는 사람들이 스스로의 건강이 개인 관리하에 있다고 여기는지, 아니면 의사에게 달려있다고 여기는지 혹은 우연에 의해 이뤄지는지를 측정하는 척도이다. 이 척도는 "나는 나의 건강을 통제하고 있다", "건강 전문가가 나의 건강을 통제하고 있다" 등의 요소들을 포함한다.

사회적 영향 가족, 친구들, 지역 사회에서 형성되는 사회적 규범은 건강 증진 및 건강저해행동에 강력한 영향을 끼친다(Rice & Klein, 2019). 가족, 친구, 직장 동료들은 모두 건강행동에 영향을 미친다. 예를 들어, 또래 집단이 주는 압박감은 청소년기에는 흡연으로 이어질 수 있지만 성인기에는 금연에 영향을 미칠 수 있다.

개인적 목표 및 가치 건강습관은 개인의 목표와 연관이 있다. 만약 개인적 건강이 중요한 목표라면, 그 사람은 운동을 할 가능성이 더 많다.

인지 증상 일부 건강습관들은 개인이 인지하는 증상들에 따라 통제된다. 예를 들어, 아침에 일어날 때마다 기침을 하고 목이 쉬는 한 흡연자는 자신이 건강 관련 문제에 취약하다는 생각을 그 당시에는 덜할 수도 있다.

건강 관리 전달 시스템으로의 접근 건강 관리 전달 시스템의 접근은 건강행동에 영향을 미친다. 예를 들어, 자궁경부암 검사, 유방암 검사, 소아기에 예방주사를 맞는 것 등은 건강 관리 시스템으로의 접근성에 의존한다. 건강 관리 시스템은 생활방식 조언을 통해 체중 감량이나 금연과 같은 행동들도 간접적으로 장려한다.

지식 및 인지 건강행동의 실천은 지식과 지능 등 인지적 요인과 연관이 있다(Mottus et al., 2014). 지식이 많고 똑똑한 사람일수록 일반적으로 자기관리를 더 잘하는 경향이 있다. 어릴 때부터 똑똑한 것으로 확인되었던 사람들은 성인이 되어서도 건강과 관련해 더 좋은 생물학적 프로필을 갖추고 있는데, 이는 일찍부터 좋은 건강행동들을 실천했기 때문이라고 설명할 수 있다(Calvin, Batty, Lowe, & Deary, 2011). 개인적인 건강행동 변화를 위한 메시지 — 아마도 컴퓨터를 이용한 — 를 발전시키기 위해 이러한 정보를 이용하는 것은 그 메시지를 효과적이고 힘있게 최적화할 수 있다는 가능성을 보여주지만(Nikoloudakis et al., 2018), 개인적인 메시지의 영향이 항상 강한 것은 아니다(French, Cameron, Bento, Deaton, & Harvie, 2017).

건강저해행동 수정에 대한 장벽

좋은 건강행동을 실천한다고 해도, 즉각적으로 주어지는 보상은 거의 없다. 하지만 건강습관은 대부분의 사람들이 건강한 시기인 아동기와 청소년기 동안에 형성된다. 흡연, 좋지 않은 식습관, 운동 부족이 건강에 미치는 영향이 몇 년 사이에 뚜렷하게 나타나는 것은 아니기 때문에, 아동기나 청소년기 때 향후 4~50대 자신의 건강이 어떠할지 걱정하는 사람들은 거의 없다(Johnson, McCaul, & Klein, 2002). 그 결과 나쁜 건강습관이 생성된다.

정서적 요인 감정은 건강에 해로운 행동을 유도하거나 유지시킬 수 있다(Conner, McEachan, Taylor, O'Hara, & Lawton, 2015). 나쁜 건강행동은 즐겁고, 무의식적이며, 중독적이고 변화시키기 힘들 수 있다. 게다가 건강행동을 바꾸기 위해 고안된 문구는 심리적으로 위협감을 줄 수도 있고, 되려 사람들로 하여금 건강에 위험한 요소를 왜곡시키게 만들며 방어적으로 반응하게 할 수 있다(Beckjord, Rutten, Arora, Moser, & Hesse, 2008; Good & Abraham, 2007). 사람들은 건강에 대한 위협을 실제보다 덜 의미 있게 받아들이며, 같은 습관을 가진 다른 사람들과 자신은 다르다고 여기거나, 그들에 비해 덜 취약하다고 왜곡해서 바라보는 경향이 있다(Roberts, Gibbons, Gerrard, & Alert, 2011; Thornton, Gibbons, & Gerrard, 2002). 건강을 해치는 행동의 지속은 사람들로 하여금 건강 안전에 대해 왜곡되게 느끼게 하고 자신에게 닥친 위험에 대한 생각을 최소화시킨다(Halpen-Felsher et al., 2001).

건강행동의 불안정성 건강습관들은 서로 거의 연관되어 있지 않다. 운동을 열심히 하는 사람이 반드시 안전벨트를 매는 것은 아니다. 그러므로 건강행동들은 한 번에 하나씩 언급되어야 한다. 건강습관은 시간에 따라 변화한다. 1년 동안 금연한 사람이 스트레스를 많이 받은 기간 동안에 흡연을 다시 시작할 수도 있다.

왜 건강습관들은 서로 독립적이고 불안정할까? 첫째, 각기 다른 건강습관들이 각각 다른 요인에 의해 조절된다. 예를 들어, 흡연이 스트레스와 관련이 있다면 운동은 운동시설의 접근성에 의해 좌우된다. 둘째, 같은 건강행동일지라도 사람들마다 각기 다른 요인들이 영향을 미친다. 어떤 사람은 '사회적' 의미로 다른 사람들과 함께 있을 때에만 과식하는 반면, 다른 사람은 스트레스를 받을 때에만 과식한다. 심지어 하루 중 시간도 사람들이 좋은 건강행동을 발달하는 것에 영향을 준다. 아침에 완수된 건강행동은 저녁에 완수된 건강행동에 비해 무의식적인 행동으로 변화할 확률이 높다(Fournier et al., 2017).

셋째, 건강행동을 조절하는 요인들은 행동의 경과에 따라 달라진다(Costello, Dierker, Jones, & Rose, 2008). 예를 들어 또래들에 의한 압박(사회적 요인)이 흡연을 시작하는 데 중요한 영향을 미치지만, 시간이 지날수록 스트레스를 감소시켜 주기 때문에 흡연을 하게 된다.

넷째, 건강행동을 조절하는 요인들은 일생 동안 변한다. 아동기에는 학교의 교육과정이기 때문에 규칙적으로 운동을 할 수 있지만 성인기 때의 규칙적인 운동은 의도적으로 해야만 가능하다.

요약하면, 건강행동은 개인마다 각각 다른 행동에 의해서 유발되고 유지되며(Nudelman & Shiloh, 2018), 이러한 요인들은 건강습관이 형성되는 기간뿐만 아니라 일생에 걸쳐 변하게 된다. 결과적으로, 건강습관에 대한 개입은 가장 도움이 많이 되는 이들인 아동 및 청소년들에게 집중되어 있다(Patton et al., 2012).

아동 및 청소년을 위한 개입

사회화 건강습관은 초기 **사회화**(socialization), 특히 선생님과 좋은 본보기 역할을 동시에 수행하는 부모님으로부터 가장 큰 영향을 받는다(Morrongiello, Corbett, & Bellissimo, 2008). 부모는 규칙적인 양치질, 매일 아침 먹기와 같은 특정 습관이 자동적으로 따라오도록 (혹은 따라오지 않도록) 주입한다. 그럼에도 불구하고 이런 기본적인 건강습관들조차 많은 가족들은 교육하지 않는다. 별거 중인 부모나 만성적인 가족관계 스트레스가 있는 가족은 이러한 건강습관에 대한 교육이 허술할 수 있다(Menning, 2006).

게다가 아이들이 청소년이 되면서 때때로 부모님께 교육받았던 습관들을 무시하기도 한다. 청소년기는 특히 부모님들이 매우 세심한 주의를 기울이지 않거나 또래들의 압력이 있게 되면 알코올 소비, 흡연, 마약, 성적 위험 행동에 노출된다(Andrews, Tildesley, Hops, & Li, 2002).

교육 적령기의 활용 다른 때보다 건강행동들을 바꾸는 데 더 좋은 시기가 있다. 건강 증진을 위한 노력은 이러한 **가르치기 적절한 순간**(teachable moment)을 활용하는데, 이런 시기들은 대부분 초기 아동기에 발생한다(Martinez et al., 2018). 부모들은 길을 건널 때 좌우 살피기와 같은 기본적인 안전행동과 저녁 때 탄산음료 대신 우유를 마시는 것과 같은 기본적인 건강습관에 대해 교육한다.

다른 가르치기 적절한 순간들은 건강관리 시스템을 만들 때이다. 예를 들어, 미국의 많은 유아들은 영유아 검진을 받는다. 소아과 의사들은 의욕이 높은 새로운 부모들이 방문할 때마다, 그들에게 가정에서의 안전사항이나 사고 예방에 대한 기본적인 부분들을 교육시킬 수 있는 좋은 기회를 잡는다. 많은 학교 시스템이 학기 초에 건강검진을 실시하며 예방접종을 요구하고 있다.

그러나 실질적으로 아동들이 건강습관에 대해 무엇을 배울 수 있을까? 놀랍게도, 아동들은 꽤 많은 것을 배운다. 아동들에 대한 개입은 건강한 음식 선택, 규칙적인 양치질, 카시트와 안전벨트 사용, 운동, 안전하게 길 건너

아이들이 건강행동을 실천하도록 교육받는 유아기 때 건강 증진에 대한 기초가 발달한다.
Myrleen Ferguson Cate/PhotoEdit

기, 실제 혹은 모의 응급상황에서 적절히 행동하기(예 : 지진 대피 훈련) 등을 포함하며, 이러한 것들은 아동들에게 무엇을 해야 하는지 그 행동들에 대해 구체적으로 설명해줄 때, 3~4세의 아동이라면 충분히 할 수 있는 것들이다(Maddux, Roberts, Sledden, & Wright, 1986). 이야기나 구술은 건강행동 변화를 매력적으로 만들어 주는 데 도움이 된다(O'Malley et al., 2017; Shaffer et al., 2018).

중학교는 여러 건강습관들을 배우는 데 매우 중요한 시기이다. 예를 들어, 음식 선택, 간식 먹기, 다이어트와 같은 습관은 모두 이때 결정된다(Cohen et al., 1990). 또한 이 시기는 또래들에 의해 흡연과 마약 사용에 대해 처음 노출되는 **취약한 시기**(window of vulnerability)이기도 하다(D'Amico & Fromme, 1997). 학교에서의 개입은 이러한 위험요소들을 줄일 수 있다.

가르치기 적절한 순간은 아동기나 청소년기에 국한되지 않는다. 임신기 또한 금연과 식습관 개선에 적절한 시기이다(Heppner et al., 2011; Levitsky, 2004). 많은 새로운 산모들이 예전의 모습과 체형으로 돌아가기를 원하기에, 출산을 한 직후 또한 물리적인 활동과 규칙적인 운동을 하기에 적절한 순간이다. 하지만 산모들에게 많은 새로운 임무가 부여되며 운동과 같은 활동을 하기에 시간이 거의 허락되지 않기에, 물리적 활동에 대한 장벽도 역시 언급되어야 한다(Fjeldsoe, Miller, & Marshall, 2013; Rhodes et al., 2014). 새롭게 동맥경화증 진단을 받은 성인들은 또 다른 적절한 시기에 처해졌기에, 흡연이나 안 좋은 식습관과 같은 자신의 건강습관을 바꾸는 데 의욕적이다.

청소년의 건강행동과 성인의 건강 청소년기 개입이 중요한 이유는 45세 이후의 질병 위험요인에 대해 청소년기 때 예방하는 것이 성인기에 행해졌을 때보다 더 많은 영향을 미치기 때문이다. 10대 또는 대학생 때 실천하던 건강습관에 따라 어떤 만성질환이 발달할지, 어떤 병으로 사망하게 될지를 결정지을 수 있는 것이다. 성인기에 생활방식을 바꾸기로 한 것은 이미 늦은 것일 수도 있다. 이러한 경향은 자외선 노출, 피부암, 골다공증 예방을 위한 칼슘 섭취 연구에서 사실로 드러났다. 또한 관상동맥성 심장질환 같은 다른 질환에서도 아동기나 청소년기의 건강습관이 강하게 영향을 미칠 수 있다.

청소년기는 여러 안 좋은 건강습관들에 취약한 시기이다. 따라서 그러한 건강습관들이 발달하지 않도록 예방적 개입을 하는 것이 초등학교 고학년 아동과 중학생에게 최우선순위이다.
Monkey Business Images/Shutterstock

위험군을 위한 개입

나는 걸어 다니는 시한폭탄이다.
–유방암 가족력이 있는 37세 여성

또 다른 취약집단은 특정 건강문제의 위험성을 가진 사람들이다. 예를 들어, 특정 질환에 대해 가족력이 있는 사람들은 자신이 위험성이 더 크다는 사실을 알고 있다(Glenn et al., 2011). 예를 들어, 소아과 의사들은 비만 부모들이 자녀의 식단을 조절하게 함으로써 자녀들이 비만에 걸리는 것을 방지할 수 있도록 도울 수 있다.

위험군에 대한 집중에서 오는 이로운 점 위험군에 집중하는 것은 건강 증진 예산을 효과적이고 능률적으로 사용할 수 있는 방법이다. 첫째, 질병을 아예 예방할 수 있다. 예를 들어, 심장병 가족력이 있는 이를 금연하도록 돕는 것은 관상동맥성 심장질환을 예방할 수 있다. 위험요인과 관련 있는 사람이 소수일 때는 그 위험요인과 관련 있는 사람들을 목표로 예방하도록 하는 것이 타당하다. 예를 들어, 고혈압이 있는 사람들은 짜게 먹지 않도록 경계시켜 염분 섭취량을 조절하게끔 해야 한다.

위험군에 집중하는 것은 다른 위험요소를 확인하는 데에도 도움을 준다. 예를 들어, 고혈압 가족력이 있다고 해서 모든 사람들이 다 고혈압에 걸리는 것은 아니며, 위험군에 속한 사람들에게 집중함으로써 식단 등과 같이 고혈압 발생에 기여하는 다른 요소들을 찾아낼 수 있다.

위험군에 대한 집중에서 오는 문제점 그러나 위험군을 다루기 어려운 점도 분명히 있다. 사람이 스스로의 위험을 항상 올바르게 인지하는 것은 아니다(Croyle et al., 2006). 대부분의 사람들은 비현실적으로 낙관적이며, 자신의 건강저해행동들은 보편적이고, 건강행동은 좀 더 특별한 것으로 본다. 예를 들어 흡연자들은 실제보다 더 많은 수의 사람들이 담배를 피운다고 생각한다.

때때로 위험요인에 대한 양성 검사는 사람들이 불필요한 걱정을 하게 하거나, 과도한 경계 행동을 하게 만들기도 한다(DiLorenzo et al., 2006). 이는 사람들로 하여금 방어적으로 변하게 하고, 스스로의 위험요소를 최소화시키며, 적절한 치료나 모니터링을 회피하게 할 수도 있다.

윤리적 이슈 만약 위험군인 사람이 자신의 위험요인을 모르고 있다면, 그들에게 언제 이를 알려주는 것이 적절할까? 위험성이 있는 모든 사람들이 질환에 걸리는 것은 아니며, 많은 경우 오랜 세월이 지나서야 질병이 발생한다. 예를 들어, 유방암 환자들의 청소년 딸들이 자신에게도 같은 병이 생길 수 있다는 사실을 성적 매력과 자부심에 대한 욕구가 증가하는 시기에 알아야 할까? 위험을 감소시키려는 행동들이 오히려 심리적인 고통을 줄 수 있다(Croyle, Smith, Botkin, Baty, & Nash, 1997). 우울 성향이 있는 사람들은 특히 이러한 위험요소에 대한 정보에 부정적으로 반응할 수 있다. 게다가 유전적 위험요소를 가지고 있다면 어떤 개입도 효과적이지 않을 것이다. 예를 들어, 알코올 중독은 특히 남성들 사이에서 유전적인 요인이 크지만, 그 자녀들에게 언제, 어떻게 개입해야 하는지는 아직도 불분명하다.

유전적 위험인자를 강조하는 것은 가족 역동성을 복잡하게 만들 수 있다. 예를 들어, 유방암 환자의 딸은 자신의 암 발병 가능성에 대해 예민해져서 스트레스를 받거나 행동적으로 문제를 보일 수도 있다(Taylor, Lichtman, & Wood, 1984a). 위험군에 대한 개입은 논란의 여지가 있다.

건강 증진과 노인

92세의 존 로젠탈은 매일 아침을 상쾌한 걸음으로 시작한다. 통밀 토스트와 오렌지 주스로 가볍게 아침 식사를 한 후, 1~2시간 동안 정원을 가꾼다. 그러고 나서 친구들과 함께 점심 식사를 하고, 친구들이 원하면 함께 낚시를 한다. 일간신문과 좋은 책을 읽는 것은 존의 정신적인 명석함을 유지하게끔 해준다. 어떻게 그렇게 바쁜 스케줄을 관리할 수 있는지를 물었을 때, 존은 "운동, 친구들, 그리고 정신적 도전"이 그의 건강한 장수 비결이라고 하였다.

로젠탈의 생활방식이 바로 그 목표이다. 최근 건강 증진 지원은 노년층에 집중되어 있다. 동시에, 노년층이 이와 같은 건강 증진 지원을 낭비시킨다는 의견도 있다. 그러나 정책가들은 이제 삶의 질뿐만이 아니라 건강 관리 비용의 조절에 있어 건강한 노년층이 필수적임을 인지하고 있다.

노년층의 건강 증진을 위한 노력은 몇몇 행동에 초점을 맞추고 있다. 즉, 건강하고 균형적인 식단 유지, 규칙적인 운동 요법 유지, 사고 예방, 음주 조절, 흡연 감소, 부적절한 처방전 사용 감소, 예방 접종, 노쇠함 감소 및 사회활동의 유지 등이다. 종종 노인들은 교정이 필요한 다수의 건강 관련 이슈나 습관을 가지고 있으며, 그들의 건강 관리를 위해 통합적 생물심리사회학적 접근이 요구된다(Wild et al., 2014).

노년기의 건강습관은 건강한 혹은 병약한 노년을 결정하는 주요 요인이다.
Marcy Maloy/Getty Images

운동은 노인들이 계속 움직이고 스스로를 돌볼 수 있게 하며, 격렬한 운동일 필요도 없다(Ku, Fox, Gardiner, & Chen, 2014). 사회활동에 참여하고, 잔심부름이나 가벼운 집안일 하기, 정원 가꾸기 등의 활동은, 아마도 앉아있는 행동과 피로를 줄이고(Park, Thogersen-Houman, vanZarjten, & Ntoumanis, 2018) 사회적 지지와 전반적인 자아효능감을 제공하여(Glass, deLeon, Marottoli, & Berkman, 1999) 사망의 위험을 줄인다. 활동 수위, 사회적 기능, 인지를 목표로정함으로써 뇌쇠함을 줄이는 것은 긍정적이다(Gwyther et al., 2018). 특히 초고령층에게 운동은 매우 이롭지만(Kahana et al., 2002), 만성 통증을 지닌 이들에게는 해당되지 않는다(Park et al., 2018). 그룹 기반 활동 프로그램은 특히 성공적이다(Beauchamp et al, 2018).

음주 조절은 노년층의 건강에 있어서 중요하다. 일부 노인들은 고독감과 같은 나이와 관련된 문제로 인해 음주 문제를 겪기도 한다(Brennan & Moos, 1995). 어떤 이들은 노년기에 더 위험한 평생 동안 갖고 있는 음주습관을 유지하려 하기도 한다. 노화와 관련된 대사작용의 변화는 알코올 수용량을 감소시킨다. 게다가 많은 노인들은 알코올과 함께하면 위험해질 수 있는 약물을 복용하고 있다.

적절한 약물 복용은 건강에 필수적이다. 가난한 노인층은 돈을 저축하기 위해 약물을 줄일 수도 있다. 불행하게도, 이들은 몇 년 내에 건강문제를 경험할 가능성이 높다(Reitman, 2004년 6월 28일).

예방접종 또한 몇 가지 이유로 중요하다. 독감은 노년층의 주요 사망원인 중 하나이며, 심장질환 및 뇌졸중의 위험성을 증가시킨다(Nichol et al., 2003). 독감 예방접종은 노년층의 건강문제에 있어 매우 중요하다.

우울증과 고독감은 노년층에 문제가 된다. 그것들은 건강습관을 위태롭게 하며, 신체적 쇠약을 가속화시킨다. 결과적으로, 사회적 모임을 증가하기 위한 개입은 이러한 중요한 건강행동을 촉진시킬 수 있다(Thomas, 2011). 인지 능력과 개인적 자기조절 기술은 몇몇 노인들에게 저해되어 있기에 이를 향상시키기 위한 개입 또한 핵심적이다(Olson et al., 2017).

노년층의 건강습관의 중요성에 대해서는 잘 알려져 있다. 80세가 될 때까지의 건강습관들은 한 사람의 활력적인 또는 병약한 노년기를 결정짓는 중요한 요소이다(McClearn et al., 1997). 게다가 노년층의 건강습관을 바꾸고자 하는 노력은 잘 시행되고 있다: 우리 노년층의 건강은 증진되고 있으며(Lubitz, Cai, Kramarow, & Lentzner, 2003), 결과적으로 노년층의 안녕도 증진되고 있다(Gana et al., 2013).

건강 위험과 건강습관에 있어서의 인종 및 성별 차이

건강 증진은 인종 및 성별에 대한 차이에서 오는 취약성도 다룬다. 예를 들어, 아프리카계 미국 여성과 히스패닉 여성은 백인 여성보다 운동을 덜하며, 과체중이 되는 경향이 있다(Pichon et al., 2007). 백인 여성과 아프리카계 미국 여성은 히스패닉 여성에 비해 흡연율이 높다. 알코올 소비는 여성보다 남성에게 있어 훨씬 더 큰 문제이며, 흡연은 다른 집단에 비해 백인 남성에게서 훨씬 큰 문제이다.

인종 간의 건강 증진을 위한 노력은 해당 집단에 적합한 사회적 표준 또한 고려해야 한다. 문화적으로 적합한 개입은 지역사회 내에서의 운동에 대한 고려, 개입을 좀 더 성공적으로 만들 수 있는 정보 네트워크, 언어 등을 포함한다(Barrera, Toobert, Strycker, & Osuna, 2012; Toobert et al, 2011). 효율적이고 저비용의 개입인 문자 메시지나 자동응답도 목표집단의 문화에 잘 적용한다면 성공적인 개입이 될 수 있다(Migneault et al., 2012).

인종별 건강 증진 프로그램은 공존하는 위험요소 또한 고려해야 한다. 특정 질환에 대한 생물학적 요인과 낮은 사회경제적 지위가 결합하면 특정 집단을 더 위험하게 만들 수 있다. 일례로 히스패닉계의 당뇨와 아프리카계 미국인의 고혈압이 있는데, 이는 제13장에서 더 자세하게 다룰 것이다.

건강습관의 개선

> 습관은 습관이다. 누구든 창밖으로 내던질 수 있는 것이 아니며, 달래서 한 번에 한 계단씩 내려오게끔 해야 하는 것이다.
>
> – 마크 트웨인

이 장의 나머지 부분에서는 건강행동들이 어떻게 바뀔 수 있는지 논의할 것이다. 특히 이론들이 어떻게 행동 변화 노력에 제공되는가에 중점을 둘 것이다. 왜냐하면, 이론적인 제안된 개입들은 (1) 개입을 만들기 위한 구체적인 지침을 제공하며(Masters, Ross, Hookey, & Wooldridge, 2018), (2) 개입을 평가하기 위한 기준을 제공하며(Michie et al., 2018), (3) 다른 건강행동들과 환경들에 폭넓게 적용될 수 있는 결론을 만들어 낼 수 있기 때문이다(Masters, 2018).

태도 변화와 건강행동

교육적 호소 교육적 호소는 사람들이 자신의 건강습관에 대해 좋은 정보를 안다면 행동을 변화시킬 것이라는 가정하에 진행된다. 건강습관을 변화시키고자 하는 초기의 지속적인 노력은 교육과 태도의 변화에 집중되어 있다. 표 3.2에는 설득적인 건강 관련 의사소통에 대한 특징이 나열되어 있다. 하지만 최근 태도 변화가 행동 변화를 이끌어 내지 않을 수도 있다는 사실은 어떠한 추가적인 요소들이 여기에 개입될 수 있는지에 대한 연구를 이끌어 내고 있다(Siegel, Navarro, Tan, & Hyde, 2014). 또한, 무의식이 건강습관의 실천에 미치는 영향이 점점 명백해짐에 따라 건강습관의 자동적인 측면이 중요히 여겨져 개입에 포함되었다.

건강행동 변화의 정서적 측면 태도적인 측면에서 건강습관의 변화에 접근할 때 흔히 **공포 호소**(fear appeals)를 사용한다. 이 접근은 사람들이 가진 특정 습관이 자신의 건강을 해치는 것에 대해 두려워할 때, 이러한 두려움을 줄이기 위해 행동을 바꾼다는 것을 가정으로 한다. 그러나 이러한 관계가 항상 성립되는 것은 아니다(Borland, 2018; Kok, Peters, Kessels, ten Hoor, & Ruiter, 2018).

두려움을 너무 많이 유발하는 설득 메시지는 건강행동의 변화를 악화시킬 수 있다(Becker & Janz, 1987). 게다가 두려움만으로는 행동 변화에 충분하지 않다. 어떻게, 어디에 가면 독감 예방접종을 할 수 있는지를 알려주는 것처럼 구체적인 행동에 대한 조언이 필요하다(Self & Rogers, 1990). 이미 언급한 것처럼, 두려움은 방어적인 태도를 증가시킬 수 있으며, 이는 어떠한 노력도 그 효과를 감소시킨다.

사람들은 종종 정서적인 예측을 사용한다. 즉, 그들의 결정이 향후 건강 결정을 내리기 위한 기초로 어떻게 느껴질지에 대한 예측을 사용한다(Ellis, Elwyn, Nelson,

표 3.2 | 교육적 지표

- 의사소통은 통계 및 전문용어의 사용보다는 다양하고 생생한 표현들을 활용해야 한다. 가능하다면, 사례를 활용해야 한다 (Conroy & Hagger, 2018).
- 강사는 전문적이고, 명성이 있고, 신뢰성이 있고, 호감이 가고, 청중과 유사해야 한다.
- 강한 주장은 중간에 묻혀버리지 않도록, 메시지의 시작과 마지막에 제시되어야 한다.
- 메시지는 짧고, 알아듣기 쉽고, 직접적이어야 한다.
- 메시지는 결론을 명쾌하게 설명해야 한다.
- 극단적인 메시지는 어느 정도까지는 태도 변화를 더 많이 일으키지만, 너무 극단적인 메시지는 역효과를 낳는다. 예를 들어, 하루에 3시간씩 운동하라고 지시하는 것보다 하루에 30분 운동하라고 하는 것이 더 효과적이다.
- 건강검진(HIV 검사나 유방조영술과 같은)을 받지 않는 경우, 검진을 받지 않을 때 문제가 발생할 수 있음을 강조하는 것이 가장 효과적이다. 건강증진행동(예 : 운동)의 경우, 얻을 수 있는 이익을 강조하는 것이 더 효과적이다.
- 만약 청중이 건강습관을 바꾸는 데 수용적이라면 긍정적인 측면만을 다루어야 한다. 그러나 메시지를 쉽게 수용하지 않는다면, 긍정적 측면과 부정적 측면 모두를 설명해야 한다.
- 개입은 지역사회의 문화적 규범에 민감해야 하며, 문화적 규범은 개입과 직접적인 관계가 있다. 예를 들면, 가족을 대상으로 한 직접적인 개입은 특히 라틴계 지역사회에서 효과적일 수 있다.

공포 호소는 종종 사람들의 건강문제를 변화시키지만 반드시 행동 변화로 나타나는 것은 아니다.
Christopher Kerrigan/McGraw-Hill Education

Scalia, & Kobrin, 2018). 예를 들어, "나는 이것을 후회할 거야"라는 생각은 사람들이 음주 운전이나 선크림을 바르지 않고 해변에 하루종일 앉아 있는 것에 대해 두 번 생각하게 만들 것이다.

적절한 메시지 보내기 건강 관련 메시지는 긍정적 또는 부정적인 용어로 표현될 수 있다(Gerard & Shepherd, 2016). 예를 들어, 독감 예방접종에 대한 안내문은 예방접종의 이점을 강조하거나 독감으로 인한 불편함에 대해 강조할 수 있다(Gallagher, Updegraff, Rothman, & Sims, 2011). 어떤 방법이 더 성공적일까? 예방접종과 같이 한 번만 행하면 되는 건강행동이나(Gerend, Shepherd, & Monday, 2008), 사람들이 두려워하는 문제들과 같은(Gerend & Maner, 2011) 불분명한 결과를 보이는 행동들의 경우에는 문제를 강조하는 메시지가 더 효과적인 것으로 보인다. 이점을 강조한 메시지는 특정한 결과를 보이는 행동에 대하여 더 설득력을 지닌다(Apanovitch, McCarthy, & Salovey, 2003). 94개의 연구에 대한 메타분석에 따르면 피부암 예방, 금연, 운동 등과 같이 운동 관련 행동을 변화시키기 위해서는 이점을 강조한 메시지가 위험성을 강조한 메시지보다 더 효과적임을 보여주었다(Gallagher & Updegraff, 2012; Geers et al., 2017).

어떤 메시지를 보내는지는 행동에 가장 큰 영향을 미치는가는 사람들의 개인적인 성향에 의존한다(Covey, 2014). 예를 들어, 최대의 기회에 강조를 둔 증진이나 접근 지향인 사람들은 이익 문구(예 : "칼슘은 당신의 뼈 건강을 지켜 줍니다")가 들어있는 메시지에 더 크게 영향을 받는 반면, 최소의 위험에 강조를 둔 예방이나 회피 지향인 사람들은 건강행동을 하지 않았을 경우의 위험성에 강조를 둔 메시지(예 : "칼슘을 적게 섭취하면 뼈 손실을 야기한다")에 더 영향을 받는다(Updegraff, Emanuel, Mintzer, & Sherman, 2015). 위험을 최소화시키는 것을 강조하며 회피적이고 예방을 중시하는 이들은 해서는 안 될 행동에 대해 위험성을 강조한 메시지에 더 많은 영향을 받는다("칼슘 섭취가 줄어들면 뼈 손실이 커진다.")(Mann, Sherman, & Updegraff, 2005). 전체적으로 증진 기반 메시지는 행동 변화의 시작에 더 효율적이며, 예방 메시지는 행동의 변화를 유지하는 데 효과적인 것으로 보인다(Fuglestad, Rothman, & Jeffery, 2008).

건강 신념 모델

건강행동의 변화를 위한 태도적 접근은 변화를 가져올 수 있도록 하는 개입들이 포함된 몇 가지 특정 이론으로 정립되었다. 사람들이 왜 건강행동을 수행하는지에 대한 초기의 영향력 있는 태도와 관련 있는 이론은 **건강 신념 모델**(health belief model)이다(Hochbaum, 1958; Rosenstock, 1966). 이 이론에 의하면 개인이 건강행동을 실행하도록 하는 것은 두 가지 요인과 관련된다고 한다. 첫째, 개인적인 건강 위협요인에 대해 인지하고 있는지와 둘째, 특정 건강행동을 실행하는 데에 그러한 위협을 줄이는 것이 효과적일 것임을 믿는지이다.

건강 위협요인의 인식 개인의 건강 위협에 대한 인식은 적어도 세 가지 요소, 즉 건강에 대한 관심 및 걱정을 포함한 일반적인 건강 척도, 특정 장애에 대한 개인적 취약성의 구체적 신념(Dillard, Ferrer, Ubel, & Fagerlin, 2012), 질병의 심각성과 같은 장애의 결과에 대한 신념에 영향을 받는다. 예를 들어 사람들은 건강을 중요시하고, 심장질환의 발병 가능성에 대해 위협을 느끼며, 심장질환의 위협이 심각하다고 인지하면 콜레스테롤이 낮은 식단으로 바꿀 것이다(Brewer et al., 2007).

위협 감소의 인식 건강에 대한 평가가 위협을 줄였다고 믿기 위해서는 두 가지 하위요소가 기준이 된다. 즉, 건강행동이 효과적이라 생각하는지 그리고 그 건강행동을 실천하는 것의 이점이 단점을 초월하는지 여부이다(Rosenstock, 1974). 예를 들어, 심장발작을 피하기 위해 식단을 바꾸고자 하는 이들은 식단 변화만으로는 그 위험을 줄일 수 없으며, 오히려 삶의 즐거움을 저하시킨다고 생각할 수 있다. 따라서 심장질환에 대한 취약성에 대해 인지하고 있음에도 불구하고 아무런 변화도 보이지 않을 수 있다. 건강 신념 모델을 흡연에 적용한 도식이 그림 3.1에 제시되어 있다.

건강 신념 모델에 대한 지지 많은 연구들은 건강 신념 모델을 위험요소에 대한 인식을 증가시키기 위해, 건강 스크리닝 프로그램에서부터 흡연까지 광범위한 건강습관을 수정하기 위해 이용하였다(예 : Goldberg, Halpern-Felsher, & Millstein, 2002). 그러나 건강 신념 모델은 건강행동 변화의 중요한 요소인 **자아효능감**(self-efficacy, 건강행동의 실천을 개인이 조절할 수 있다는 신념)을 배제하고 있다(Bandura, 1991). 예를 들어, 자신이 담배를 끊을 수 없다는 것을 아는 흡연자들은 금연을 위한 노력

그림 3.1 | **금연을 위한 건강행동에 적용하는 건강 신념 모델**

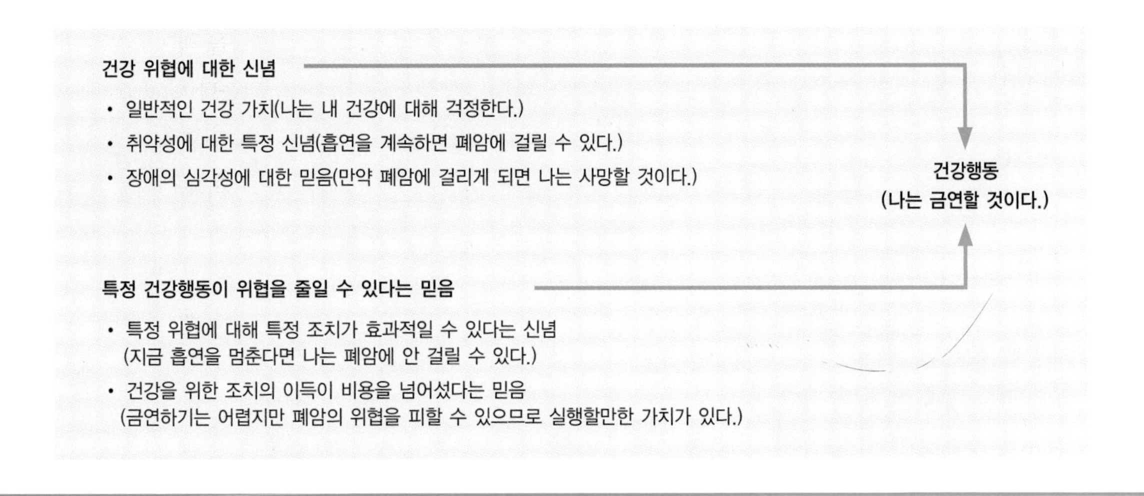

을 하지 않는다.

건강행동의 변화를 위한 다른 이론들은 행동 변화를 위한 유사한 개념적 분석을 이용한다. 예를 들어, 방어 유도 이론(Rogers, 1975)은 건강 위협을 어떻게 평가하고, 자신의 대처방안을 어떻게 평가하는지에 대한 것이다. 이 이론 또한 많은 건강 관련 개입을 이끌어냈다(Milne, Sheeran, & Orbell, 2000).

계획행동 이론

건강 신념은 사람들이 언제 건강습관을 바꾸는지에 대한 어느 정도의 예측을 할 수 있지만 한계가 있다. 건강 신념을 행동과 직접적으로 연결시키는 것이 아젠의 **계획행동 이론**(theory of planned behavior)이다(Ajzen & Madden, 1986; Fishbein & Ajzen, 1975).

이 이론에 의하면, 건강행동은 행동 의도의 직접적인 결과이다. 행동 의도는 세 가지 구성요소, 즉 (1) 특정 행동에 대한 태도, (2) 행동에 대한 주관적 규준, (3) 인식된 행동에 대한 통제를 지닌다(그림 3.2). 행동에 대한 태도는 행동의 결과와 그 결과에 대한 평가가 중점을 이루고 있다. 주관적인 규준은 타인이 자신의 행동에 대해 생각하는 신념(규범적인 신념)과 그러한 신념을 따르고자 하는 동기를 의미한다. 인식된 행동에 대한 통제란 행동을 수행하고 그 행동이 의도된 효과를 가져옴을 말한다. 계획행동 이론의 요소들은 자아효능감과 유사하다. 이러한 요소들은 행동 의도를 만들어내기 위해 결합하며, 궁극적으로 행동의 변화를 유발한다.

간단한 예로, 흡연이 심각한 결과를 초래한다고 믿는 흡연자들, 다른 사람들이 자신이 금연해야 한다고 믿는 자들, 그러한 규범적인 규준을 따르고자 하는 자들, 자신이 금연할 수 있다고 믿는 자들, 금연하기 위한 특정 의도를 가지고 있는 자들은 이러한 신념이 없는 자들에 비해 금연하기가 더 쉽다.

그림 3.2 | 건강한 식이 조절을 적용하기 위한 계획행동 이론

출처 : Ajzen, Icek, Robert Louis Heilbroner, Martin Fishbein, and Lester C. *Thurow. Understanding Attitudes and Predicting Social Behavior*. Englewood Cliffs, NJ: Prentice-Hall, 1980; Ajzen, Icek, and Thomas J. Madden. "Prediction of Goal-Directed Behavior: Attitudes, Intentions, and Perceived Behavioral Control." *Journal of Experimental Social Psychology* 22, no. 5 (September 1986): 453-74. https://doi.org/10.1016/0022-1031(86)90045-4)

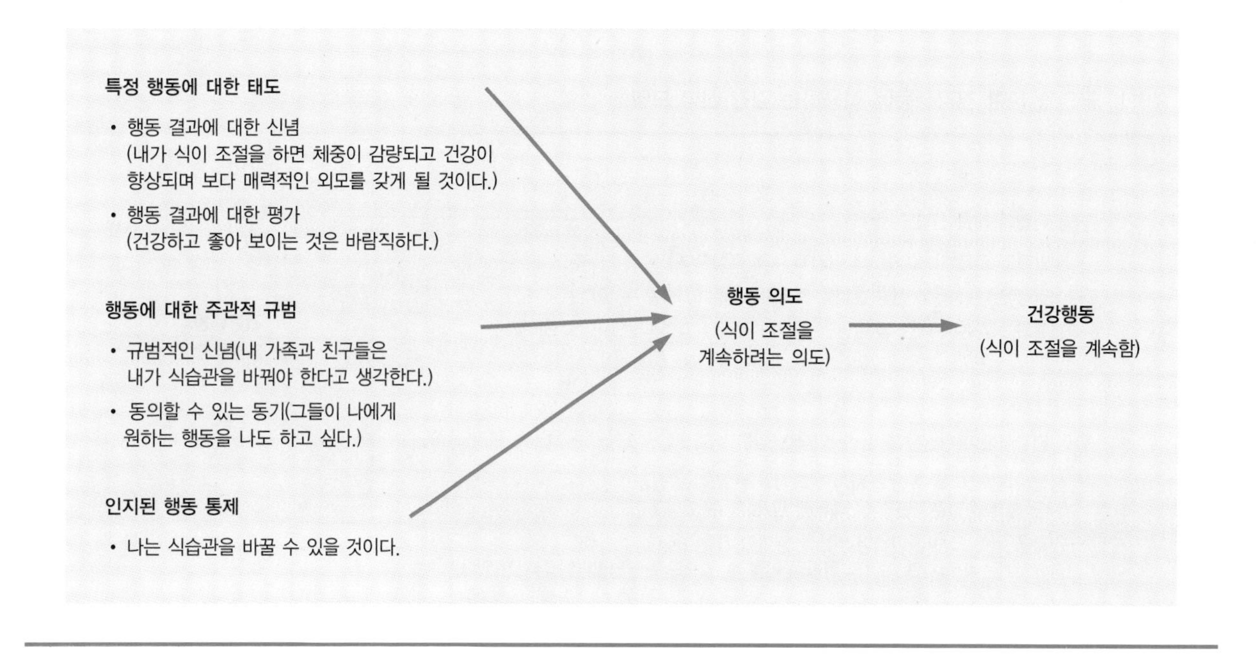

계획행동 이론에 대한 증거 계획행동 이론은 건강행동의 광범위한 배열과 변화를 예측한다. 예를 들어, 이성 간의 위험한 성적 행위(Davis et al., 2016; Tyson, Covey, & Rosenthal, 2014), 탄산음료의 소비(Kassem & Lee, 2004), 그리고 식품 안전 운동(Milton & Mullan, 2012) 등 건강행동의 변화가 포함된다. 뿐만 아니라 사회적 규범 등 모델의 특정 부분을 목표로 한 의사 소통이 행동을 변화시키는 것을 밝혀졌다(McEachan, Taylor, Harrison, Lawton, & Gardner, 2016). 건강행동에 대한 미래의 결과를 고려하면 일반적으로 그 행동의 실천이 더욱 더 증가한다(Murphy & Dockray, 2018).

태도 이론에 대한 비판

건강습관은 몸에 깊이 배어있고 바꾸기가 어렵기 때문에, 태도 변화에 대한 개입은 건강습관 변화를 위한 정보적 기반이 될 수는 있지만 그것이 항상 행동으로 옮기는 자극으로 이어지는 것은 아니다. 게다가 태도 변화 기술은 행동 변화가 의식적인 동기부여에 의한 것이어야 한다고 주장하며, 이러한 접근들은 몇몇 행동 변화가 무의식 중에 일어나며 자각에 종속되어 있지 않다는 사실을 무시하고 있다. 이는 건강행동 변화 모델의 일반적인 한계점이 건강행동의 실천에 의식적으로 심사숙고하는 과정이 중요함을 강조한다는 데 있다. 무의식적인 과정의 중요한 역할도 존재한다. 아마도 가장 확실한 예는 차에 탈 때 안전벨트를 착용하는 것과 같이 최소한의 단서에 의해 무의식적인 반응을 보이는 것이다.

자기규제와 건강행동

지금껏 사람들의 건강행동을 변화하게끔 고안된 개입을 통해 주로 이루어지는 건강행동의 변화에 대해 논의해왔다. 하지만 사람들은 스스로 변화하기도 한다. **자기규제**(self-regulation)는 사람들이 스스로 움직임이나 감정과 생각을 조절할 수 있다는 사실을 의미한다(Fiske & Taylor, 2013). 많은 자기규제는 무의식적이며, 생각이나 자각 없이 일어난다. 그러나 자기규제는 의식적이며, 개인적인 목표를 성취하고, 그 목표를 위해 생각, 감정, 행동을 조절하기 위해 고안되었다. 자신의 자기규제 능력에 대한 믿음은 필수적이다(Jung, Latimer-Cheung, Bourne, & Gunis, 2017). 건강행동 증진은 효과적인 자기규제를 필요로 하고(Mann, de Ridder, & Fujita, 2013), 무의식과 의식, 조절도 자기규제 과정들을 모두 목표로 한 개입이 필요하다(Conroy, Maher, Elavsky, Hyde, & Doerksen, 2013).

자기결정 이론

자기결정 이론(self-determination theory, SDT)은 건강행동을 변화시키도록 하는 또 하나의 이론으로, 사람들은 자신의 목표를 추구하기 위해 강하게 동기부여된다는 신념에 기반한 이론이다(Deci & Ryan, 1985; Ryan & Deci, 2000). 이 이론은 행동 변화를 위해 기본적으로 중요한 두 가지 요소에 초점을 둔다. 두 요소는 자율적 동기부여와 지각된 능숙함이다. 사람들은 결정을 내릴 때 자유의지와 선택의 기회를 경험하면서 자율적으로 동기부여를 얻게 된다. 능숙함이란 개인이 건강행동을 변화시킬 수 있다는 신념을 의미한다.

만약 어떤 여성이 의사의 말을 듣고 식단을 바꾼다면, 그녀는 자율감을 경험하지 못할 것이고, 대신 그녀는 자신의 행동이 누군가에게 통제되는 경험을 하게 된다. 이는 그녀의 행동 변화에 대한 의무를 약화시킬 것이다. 그러나 그녀의 식단 변화가 자율적으로 선택한 것이라면, 그녀는 동기부여가 지속될 것이다. SDT는 자율적 동기부여와 능숙함이라는 신념을 목표로 한 개입을 만들어 냈고, 흡연이나 약물 중독 같은 행동을 변하게 하는 데 어느 정도 성공을 보였다(Bruzzese et al., 2014) 184개 연구의 메타분석은 건강행동의 변화를 위한 자기결정 이론과 자율적 동기 부여의 중요성을 지지해 준다(Ng et al., 2012).

실행 의도

실행 의도를 강조한 이론 모델(Gollwitzer, 1999)은 의식적인 과정과 자동적인 행동 실행을 통합한다(Gollwitzer & Oettingen, 1998). 어떤 사람이 건강행동을 실행하고자 할 때, 이는 중요한 상황, 환경적 단서 그리고 목표로 향하는 반응을 연결하는 간단한 계획을 세움으로써 이뤄질 수 있다(Sheeren & Conner, 2017). 예를 들어, 자신에게 "아침을 먹고 나면, 나는 개줄을 풀어주고 산책시킬 거야"라고 말할 수 있다. 이 이론은 언제, 어디서, 어떻게 건강행동을 실행할지가 중요하다. 행동에 대한 이런 명확한 연결고리가 없다면 좋은 의도는 의도 단계에만 머무를 수 있다.

이 이론에서 두 번째로 중요한 요소는 실행 의도를 형성함으로써 환경적 요인(예 : 아침 식사를 끝내면)에 대한 목표 지향적 반응 조절이 가능하다는 것이다. 이는 자동적으로 행동을 이끌어낼 수 있다(이 경우에는, 개를 산책시키겠다는 행동). 시간이 흐를수록 실행에서 목표 지향적 반응과의 연결은 자동적으로 실행이 되고, 의식적인 각성이 불필요하게 된다.

실행 의도를 형성하는 것은 건강행동을 증진하기 위한 간단하고 효과적인 방법이다(Martin, Sheeran, Slade, Wright, & Dibble, 2009). 자외선 차단제를 사용하기로 마음먹는 것과 같은 특정한 건강 목표를 가지고 있을 때, 목표를 달성하기 위하여 전략적으로 자동적인 과정과 관련지을 수 있다. 예를 들어, 자외선 차단제를 바르는 것을 더 잘 실천하기를 원하는 사람은 "해변에 갈 때마다 자외선 차단제를 먼저 발라야겠어"라고 말할 수 있다. 이러한 실행 의도를 나타냄으로써, 해변에 가는 것과 같은 상황적 단서를 통하여 자외선 차단제 사용을 조절할 수 있다(Gollwitzer, 1999). 따라서 기존의 실행 의도가 의식적이었다고 하더라도, 건강행동 그 자체와 관련 있는 상황과의 관계는 자동적인 과정이 된다(Sheeran, Gollwitzer & Bargh, 2013). 건강행동의 태도 모델을 위한 추가적인 실행 의도는 행동을 예측하는 능력을 향상시켰다(Milne, Orbell, & Sheeran, 2002). 메타분석 결과들은 의도의 변화가 행동의 변화로 이어진다는 것을 지지해준다(Webb & Sheeran, 2006).

자기긍정과 자기초월의 가치 자기긍정은 사람들이 그들의 중요한 가치, 개인적인 자질 또는 사회적 관계를 회고할 때 나타난다. 사람들이 자기긍정을 하면, 그들은 개인적으로 적합한 위험 관련 정보에 대해 덜 방어적으로 되며(Schuz, Schuz, & Eid, 2013). 이는 행동 변화를 위한 무대를 마련한다. 144개 연구에 대한 메타 분석은 사람들이 설득적인 건강정보에 노출되었을 때, 유도된 개인자각은 의도와 실제 건강행동에 있어 긍정적인 변화를 이끌어냄을 보였다(Epton et al., 2015; Sweeney & Moyer, 2015). 가족과 친구에 가치를 두는 자기초월 가치는 또한 건강행동의 변화를 환기시킨다. 한 연구에 의하면, 건강 위험에 대한 뇌 반응은 강한 자기초월 가치를 가진 사람들에게서 줄어듦을 알 수 있다(Kanger et al., 2017).

건강행동 변화와 뇌

설득적인 메시지에 대한 반응으로서 성공적인 건강행동 변화는 의식 바깥에서 이뤄지기도 한다. 의식적으로 접근할 수 없을지라도 건강행동의 변화는 뇌의 활성화 패턴이 반영된 것일 수 있다. 에밀리 팔크와 동료들(Falk, Berkman, Mann, Harrison, & Lieberman, 2010)은 사람들에게 자외선 차단제를 사용하도록 하는 설득적 메시지를 주었다. 이러한 메시지에 대한 반응으로 내측 전두엽(mPFC)과 부대상회(pCC)에 해당하는 2개의 뇌 영역에서 활성화를 보였다. 가장 중요한 것은 설득적 메시지에 대한 반응으로 자외선 차단제 사용의 태도 변화가 자외선 차단제 사용 의도에 대해서는 거의 예측하지 못했으나, 이러한 뇌 영역 두 부분의 활성화는 예측 가능했다는 것이다. 즉, 의식과는 큰 관련 없는 과정들임에도 불구하고, 명백하게 자외선 차단제의 사용 변화를 예측한 것이다(Falk, Berkman, Whalen, & Lieberman, 2011).

이러한 뇌 활성화의 패턴이 의미하는 바는 아직 모두 알려지지 않았다. 한 가지 가능성은 mPFC와 pCC의 활동이 의식적으로는 접근하지 못하는 행동 의도를 반영한다는 것이다(Falk et al., 2010). 또는 mPFC의 활성은 행동의 변화와 연관이 있는 것으로 보이는데, 이는 참가자들이 설득적인 의사소통과 자신을 연결시키고자 하기 때문일 것이다. 어떤 상황에서건, 건강행동의 변화는 무의식적으로 일어날 수 있지만, 뇌는 이러한 과정을 모두 잡아낼 것이다.

건강행동 변화를 위한 인지행동적 접근

인지행동치료

건강습관의 변화에 대한 인지행동적 접근은 행동 그 자체와 행동을 시작하고 유지하는 조건, 강화시키는 요인에 초점을 둔다(Dobson, 2010). 건강습관 개선의 가장 효과적인 방법은 **인지행동치료**(cognitive-behavior therapy, CBT)이다. CBT 개입은 몇 가지 상호 보완적인 방법들을 사용하여 문제와 맥락의 개선에 개입한다. CBT는 개인, 치료를 위해 만든 그룹, 심지어 인터넷을 통해서도 개입 가능하며, 나쁜 건강 습관의 개선을 위해 다방면으로 접근하는 효과적인 방법이다.

자기 모니터링

인지행동 수정의 많은 프로그램이 행동 변화의 첫 단계로 **자기 모니터링**(self-monitoring)을 사용한다. 건강저해행동을 변화시키기 이전에 그 행동의 영역을 이해하는 것이 필요하다. 자기 모니터링은 목표행동의 빈도 그리고 행동의 전과 후를 측정한다.

자기 모니터링의 첫 단계는 목표행동을 구별하는 방법을 배우는 일이다. 어떤 행동에서는 이 단계가 쉽게 이루어진다. 예를 들어, 흡연자들은 자신이 흡연을 하는지 여부를 확실히 말할 수 있다. 그러나 흡연에 대한 충동은 구별하기 어려우므로 내적 감각을 살펴보는 훈련을 통하여 목표행동을 더 쉽게 구별하도록 한다.

자기 모니터링의 두 번째 단계는 행동을 기록하는 것이다. 예를 들어, 흡연자는 담배를 피운 시간, 상황, 다른 사람의 존재 여부에 대해 기록한다. 또한 담뱃불을 붙이기 전의 욕구에 대한 주관적 갈망(불안감과 긴장)과 실제로 담배를 피웠을 때의 느낌 등도 기록한다. 이러한 방법으로 어떤 상황이 담배를 피우고 싶게끔 하는지 확인할 수 있다. 각각의 조건들은 목표행동을 유도하는 **변별자극**(discriminative stimulus)일 수 있다. 예를 들어, 음식의 냄새와 맛은 먹는 것에 대한 변별적 자극이다. 담뱃갑이나 커피 향 등도 흡연에 대한 변별적 자극이 될 수 있다. 변별적 자극은 긍정적 강화가 이후에 발생할 것임을 암시하기 때문에 중요하다. CBT는 이러한 변별적 자극을 제거하거나 개선하는 것이 목표이다. 자기 모니터링은 행동 변화의 초기 단계에서 이뤄지지만, 그 자체로 행동 변화를 이끌어낼 수 있다(Quinn, Pascoe, Wood, & Neal, 2010). 사실, 건강행동에 대한 질문조차도 행동의 변화를 야기할 수 있다(Rodrigues, O'Brien, French, Glidewell, & Sniehotta, 2015).

자극 통제

목표 행동에 대한 맥락을 잘 이해하면, 나쁜 건강습관을 유지하는 환경적 요소들이 개선될 수 있다. **자극 통제 개입**(stimulus-control intervention)은 문제행동을 야기시키는 선별적 자극을 없애고, 새로운 강화작용을 위한 변별적 자극을 만들어낸다.

예를 들어, 섭식은 보통 원하는 음식 선택이나 활동(TV 보기)과 같은 변별적 자극의 조절에 영향을 받는다. 체중 감량을 원하는 이들은 섭식의 선별적 자극을 제거하도록 한다. 예를 들어 보상이나 살을 찌우는 음식을 없애고, 집에서만 먹게끔 하며, TV 보기와 같은 다른 활동을 할 때에는 먹지 않도록 하면 된다. 섭식을 통제해야 함을 나타내는 주변 환경의 다른 자극들이 자극 통제를 강화시킬 수 있다. 예를 들어, 집 안에서 전략적인 장소에 스스로 지켜야 하는 자극 통제 내용을 표시해두고, 성공적인 행동 변화 시에 강화가 있을 것임을 반복적으로 떠올릴 수 있도록 한다.

행동의 자기통제

인지행동치료(CBT)는 사람들이 스스로의 건강습관을

통제할 수 있다는 것에 중점을 둔다. 사람들은 종종 행동 변화 능력을 방해하는 내적인 혼잣말을 한다. 예를 들어, 금연하고 싶은 이는 "나는 절대 금연할 수 없을 거야"라는 자기의심을 지닌다. 이러한 내면의 소리가 수정되지 않는 한 건강습관은 변하지 않을 것이고 계속 유지될 것이다.

스스로 건강습관에 대해 인식하는 것은 행동 변화 과정에서 다른 관점을 제공하기 때문에 중요하다. 행동 변화 개입 시 환자를 공동 치료자로 참여하도록 하는 것이 중요하다. 내담자들은 스스로의 행동을 능동적으로 관찰하고, 변화를 가져올 CBT의 기술들을 적용해보도록 한다. 이런 맥락에서 CBT는 **자기통제**(self-control)를 강조한다. 전문가의 도움과 함께 스스로 치료자가 되어 목표 행동의 선행사건과 결과를 통제하는 법을 배운다.

인지 재구조화(cognitive restructuring)는 사람들로 하여금 건강행동 변화를 증진하기 위하여 내면의 소리를 인지하고 개선한다. 때로는 개선된 인지가 목표 행동에 앞서는 경우가 있다. 어떤 경우에는 수정된 인지가 목표

글상자 3.1 고전적 조건화

20세기 초, 러시아 생리학자 이반 파블로프가 처음 설명한 **고전적 조건화**(classical conditioning)는 조건화되지 않은 새로운 자극에 무조건적인 반응이 연합되어 조건화된 반응을 형성한다. 고전적 조건화는 그림 3.3에 나타나 있다.

고전적 조건화는 건강행동 변화를 위해 가장 처음 사용된 방법 중 하나이다. 알코올 중독치료에서 고전적 조건화가 사용된 예를 살펴보자. 안타부스(무조건 자극)는 알코올과 함께 먹으면 메스꺼움, 구토(무조건 반응)를 유발하는 약물이다. 시간이 지날수록 안타부스와 알코올은 연합되고, 안타부스 없이 술만으로도 동일한 증상인 메스꺼움, 구토(조건 반응) 등이 나타나게 된다.

고전적 조건화는 건강습관의 개선에 효과적이지만 치료에 참여하는 이들도 왜 효과가 나타나는지에 대한 이유를 알고 있다. 알코올 중독자들은 약을 먹지 않고 술만 마신다면 토하는 증상이 나타나지 않음을 안다. 따라서 고전적 조건화가 성공적인 조건반응을 일으켰다 하더라도, 이러한 효과는 치료 참여자들의 의지에 달려있다.

그림 3.3 | **알코올 중독치료에 대한 고전적 조건형성 접근법**

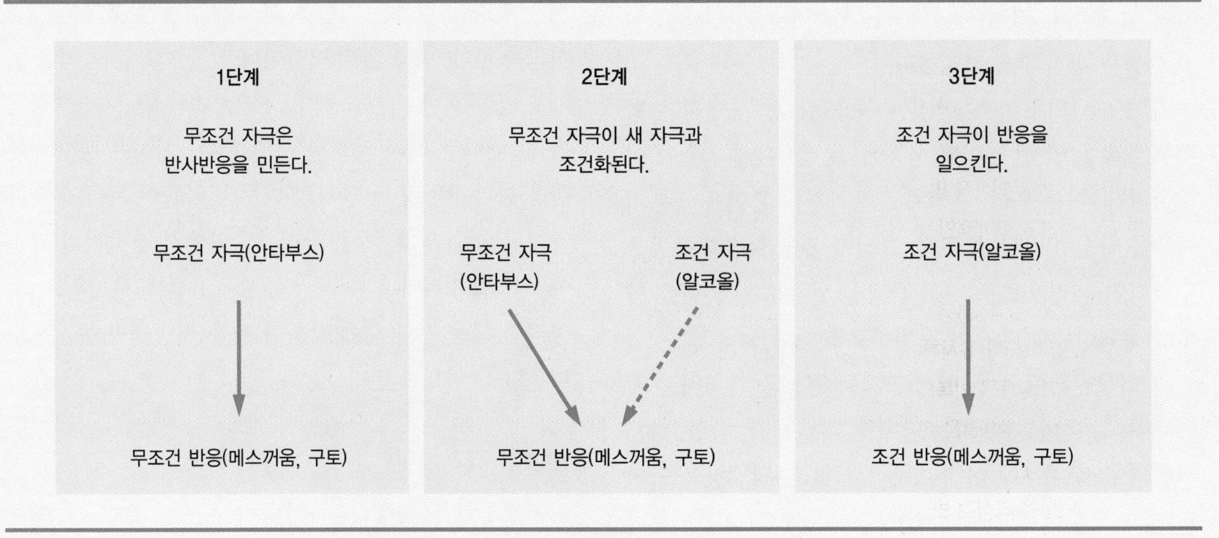

행동에 도달하는 데 선행사건이 될 수 있다. 예를 들어, 흡연자의 흡연 욕망보다 자신이 나약하며 욕망을 조절할 수 없다고 하는 내면의 소리를 우선시한다면, 이러한 인지를 수정하는 것이 변화의 목표가 된다. 흡연자는 금연할 수 있게끔 도와주는 새로운 내면의 소리로 대체할 것이다("나는 할 수 있다.", "나는 더 건강해질 거야."). 또한 인지는 목표행동의 결과일 수도 있다. 예를 들어, 비만인 사람의 체중 감량 시도는 이후 반복되는 문제로 인해 체중 감량 프로그램 참여 노력이 약화될 수 있다. 대신 유혹에 대한 저항과 건설적인 자기비판은 자기강화 인지로 이어질 것이다("다음 번에는 유혹하는 음식을 냉장고에서 꺼내버릴 거야.").

자기강화 **자기강화**(self-reinforcement)는 목표행동의 발생이 증가하거나 감소할 때 스스로에게 체계적으로 보상을 하는 것이다. 긍정적 자기보상은 목표행동이 성공적으로 수정된 이후에 바람직한 무언가를 자신에게 보상하는 것이다. 부정적 자기보상은 목표행동의 성공적인 수정 이후에 환경에서 혐오스러운 요소를 제거하는 것이다. 이러한 부정적인 자기보상의 예로는 식단 조절에 성공한 후, 냉장고에 부착된 피기 양(MIss Piggy, 뚱뚱한 돼지 여성 캐릭터, 다이어트를 위한 혐오 캐릭터로 사용됨_역주)의 사진을 떼어버리는 것과 같다.

예를 들어, 메리가 하루에 20개비의 담배를 피운다고 가정하자. 그녀는 흡연량을 줄이는 목표를 달성하면 받을 수 있는 자기보상(저녁 외식이나 영화 보러 가기)을 설정할 것이다. 이후 메리는 특정 흡연 목표량을 설정할 것이다(하루에 15개비). 목표가 달성되면 그녀는 다시 강화(저녁 또는 영화)를 받게 된다. 다음 목표는 담배를 하루에 10개비로 줄이는 일이고, 그녀는 또 다른 보상을 받을 것이다. 그러면 목표량은 5, 4, 3, 2, 1 그리고 0으로 줄어든다. 이러한 과정을 통해 목표 행동이 마침내 달성된다.

자기보상과 같이 자기처벌 또한 두 가지 유형이 있다. 정적 자기처벌은 바람직하지 못한 행동에 대해 혐오스러운 자극을 주는 것이다. 예를 들어, 어떤 사람은 흡연하려는 욕구를 느낄 때마다 약한 전기 충격을 받을 수 있다. 부적 자기처벌은 바람직하지 않은 행동을 할 때마다 긍정적 자기보상을 철회하는 것이다. 예를 들어, 흡연자들이 목표 흡연량을 넘어설 때마다 가진 돈을 찢어버릴 수도 있다. 자기처벌은 실제로 처벌 행위가 있을 때에만 효율적이다. 만약 자기처벌이 지나치게 혐오적으로 변하면, 사람들은 변화를 위한 노력을 포기한다.

행동 수정을 위한 효과적인 자기처벌의 한 가지 유형

글상자 3.2 조작적 조건화

새로운 자극에 대한 무의식적 반응인 고전적 조건화와는 대조적으로 조작적 조건화의 경우, 체계적인 결과를 가진 자율적 행동을 조건화한다. **조작적 조건화**(operant conditioning)의 핵심은 강화이다. 어떤 이가 행동을 취했을 때 그 행동이 강화로 이어진다면, 그 행동은 다시 일어날 확률이 높다. 이와 유사하게 개인의 행동에 강화가 철회되거나 처벌이 뒤따르면 행동은 반복되기 어려워진다. 시간이 흐르면서 긍정적 강화와 짝지어진 행동들은 쉽게 행해지고, 처벌이나 보상이 없는 행동은 줄어들게 된다.

많은 건강습관들은 조작적 반응이다. 음주는 술로 인한 기분 때문에 유지될 수 있고, 흡연은 동료애와 연관될 수 있다. 이러한 경우 강화로 인해 건강저해행동이 유지된다. 그러므로 행동 변화를 위한 조작적 조건화의 사용은 강화를 변경하기 위해 필요하다.

조작적 조건화의 중요한 특징은 강화계획이다. 연속적인 강화계획은 행동을 할 때마다 강화를 하는 것이다. 그러나 연속적인 강화는 소거에 취약하다. 행동이 강화와 연관되지 않을 때, 매번 강화를 기대하던 사람은 행동을 멈추게 된다. 심리학자들은 종종 연속적인 강화계획보다 변동된 강화계획이 소거에 더 저항적임을 밝혔다.

그림 3.4 | 비만 환자를 위한 체계적 행동 과제의 예시

출처 : Shelton, John L., and Rona L. Levy. *Behavioral Assignments and Treatment Compliance: A Handbook of Clinical Strategies*. Champaign, IL: Research Press, 1981., p. 6.)

톰(내담자)의 과제

카운터를 사용하여 식사 횟수를 센다.

식사의 횟수, 시간, 먹은 음식을 기록한다.

일주일 동안 먹은 모든 음식을 기록한다.

상담시간을 예약한다.

기록지를 가져온다.

존(치료자)의 과제

비만에 대한 논문을 읽는다.

은 **유관성 계약**(contingency contracting)이다. 유관성 계약에서 개인은 배우자나 치료자와 같은 다른 사람과 행동의 수행 여부에 따라 어떠한 보상이나 처벌이 있을지 계약을 맺는다. 예를 들어, 금주를 하고 싶은 사람은 치료자에게 돈을 맡겨두고, 본인이 술을 마실 때마다 벌금을 내고, 자제할 경우 보상을 받는 식이다.

행동 과제 **행동 과제**(behavioral assignment)는 내담자의 참여를 증가시키는 기술이며, 치료 개입 목표를 달성하기 위하여 가정에서 수행하도록 하는 활동들이다. 행동과제는 행동문제 치료의 연속성을 유지하도록 한다. 예를 들어, 비만 환자의 치료 초기에 자기 모니터링 훈련이 포함되어 있다면, 내담자는 섭식을 하는 조건이 포함된 섭식행동 관련 일지를 작성하게 된다. 이 일지는 다음 치료 회기에 치료자와 환자가 행동 개입을 계획하는 데 사용된다. 그림 3.4는 행동 과제에 대한 예시이다. 내담자와 치료자 모두에게 과제가 있는 것을 주목해야 한다. 이 기법은 양쪽 모두가 행동 변화 과정에 참여하고, 서로가 상대의 참여를 인식하도록 한다.

행동 과제의 주요 장점은 (1) 내담자가 치료과정에 참여하고, (2) 내담자가 미래의 개입 계획에 유용한 행동 분석을 하고, (3) 내담자가 일정 책임을 담당함으로써 치료과정에 전념하고, (4) 행동 변화의 책임이 점차적으로 내담자에게 이동하고, (5) 과제의 활용을 통해 내담자의 자기통제감을 증진시키는 데 있다.

사회적 기술 및 이완 훈련

어떤 나쁜 건강습관은 사회적 상황에 대한 불안감을 해소하기 위해 생긴다. 예를 들어, 청소년기의 흡연은 불안감을 해소시키고 세련된 이미지로 보이기 위해 시작된다. 음주나 과식 또한 사회적 불안감에 대한 반응이다. 사회적 불안감은 불안감을 전이하는 데 다른 방법을 필요로 하게 되고, 비적응적인 습관의 단서가 된다.

결과적으로, 많은 건강습관 개선 프로그램들은 **사회적 기술 훈련**(social skill training) 또는 **자기주장 훈련**

글상자 3.3 모델링

모델링(modeling)은 타인이 행동하는 것을 지켜 보면서 발생하는 학습이다(Bandura, 1969). 관찰에 따른 모델링은 건강습관을 변화시키는 데 효과적일 수 있다. 예를 들어, 다른 사람이 헌혈하는 모습을 본 고등학생들은 자신들도 헌혈하려는 경향이 있다(Sarason, Sarason, Pierce, Shearin, & Sayers, 1991).

유사성은 모델링의 중요한 원칙이다. 위험행동과 관련 있는 사람들과 자신이 비슷하다고 여기는 이들은, 자신도 그렇게 행동할 확률이 높다. 만약 위험행동을 하는 이가 위험행동과 관련 없는 사람과 유사하다고 여길 때에는 자신의 행동을 바꾸고자 할 것이다(Gibbons & Gerrad, 1995). 예를 들어, 수영 선수는 다른 최고의 수영 선수들이 금연하기 때문에 자신도 친구의 흡연 권유를 거부한다.

(assertiveness training) 또는 둘 모두를 포함한다. 사람들은 자신의 불안감을 더 효율적으로 다룰 수 있는 방법에 대한 훈련을 받게 된다.

이완 훈련 많은 나쁜 건강습관들은 스트레스 환경에서 비롯되기에 스트레스를 다루는 것은 성공적인 행동 변화에 중요하다. 스트레스 감소의 중심은 깊은 숨쉬기와 근육의 점진적 이완과 같은 **이완 훈련**(relaxation training)이다. 깊은 숨쉬기에서, 깊게 숨을 들이쉼으로써 심박수와 혈압을 낮추고 혈중 산소농도를 높여준다. 사람들은 보통 쉬고 있을 때 이러한 숨쉬기를 한다. 근육의 점진적 이완에서는 스트레스나 긴장을 풀기 위해 근육을 이완시키는 방법을 배운다.

동기강화상담

동기강화상담(MI)은 건강 증진 개입에 점차 더 많이 사용되고 있다. 중독치료를 위해 개발된 이 기술은 다른 습관들 중에서도 흡연, 식단 개선, 운동, 암 스크리닝, 성적 행동 등을 목표로 적용되어 왔다(Miller & Rose, 2009). 동기강화상담은 내담자 중심의 상담 스타일로 사람들로 하여금 행동 변화에 대한 양면성을 알아가는 것이다. 이는 행동 변화를 경계하는 이들에게 특히 효과적일 것이다(Rescnicow et al., 2002).

동기강화상담에서 상담자는 무비판적이고, 비직면적이며, 격려하고 지지적이다. 목표는 부정적인 평가가 없는 환경 내에서 내담자로 하여금 긍정적이거나 부정적인 생각을 표현하게 하는 것이다(Baldwin, Rothman, Vander, & Christensen, 2013). 일반적으로, 면담 과정에서 내담자들은 상담자만큼이나 이야기하도록 권장된다.

동기강화상담에서 상담자는 건강저해행동 관련 부정을 분석하거나, 비합리적 신념을 마주하거나, 금주, 금연, 그 외의 건강 증진 관련 노력이 필요하다고 말하지 않는다. 대신 목표는 내담자로 하여금 행동 변화에 대한 자신의 생각을 표현하게 하는 것이다. 상담자는 이를 경청하고 조언하는 대신에 용기를 북돋워 준다(Miller & Rose, 2009). 동기강화상담의 내용과 상담자의 유형은 효과에 영향을 준다(Hardcastle, Forier, Blake, & Hagger, 2017).

재발 방지

건강습관의 개선이 직면한 가장 큰 문제점 중 하나는 재발 경향성이다. 초기에 행동이 성공적으로 변화했어도, 사람들은 종종 예전의 안 좋은 습관으로 돌아가곤 한다. 재발은 알코올 중독, 흡연, 마약 중독, 과식과 같은 중독장애에서 특히 문제이지만(Brownell, Marlatt, Lichtenstin, & Wilson, 1986), 모든 행동 변화 노력에 문제가 될 수 있다.

'재발'이란 무슨 의미인가? 칵테일 파티에서 피운 담배 한 개비나 토요일 밤 아이스크림 한 통만으로 완전히 재발했다고는 할 수 없다. 그러나 이는 **금욕 위반 효과**(abstinence violation effect), 즉 스스로 정한 규칙을 어겼을 때 결과적으로 통제감을 잃는 느낌으로 이어질 수 있다. 개인의 의지가 불안정할수록 재발은 더 심각한 결과로 나타날 수 있다. 이는 특히 중독 행동에서 나타나는데, 당사자들이 중독 물질 자체의 강화 효과에 대해서도 대처해야 하기 때문이다.

재발의 이유 사람들은 왜 재발하는가? 행동을 바꾸는 초기에는 긴장하지만, 시간이 지날수록 긴장감은 사라지고 재발률이 증가한다. 예를 들어, 사람들은 종종 예전에 자신이 흡연을 하거나 술을 먹던 상황에 처하는데, 이러한 상황들에서 재발이 나타나기 쉽다. 또한 행동 변화에 대해 자아효능감이 낮은 사람들이 재발하기 쉽다. 때때로 사람들은 자신들이 건강문제를 해결했다고 생각하고, 찾아오는 유혹을 어느 정도의 보상이라고 생각하며 마지못해 넘어가기도 한다(예 : "한두 잔 정도는 날 진정시켜 줄 거야.").

부정적인 정서는 재발을 일으키는 잠재적인 기폭제이다(Witkiewitz & Marlatt, 2004). 재발은 사람들이 우울해하거나 불안할 때, 스트레스를 받는 상황에서 일어나기 쉽다. 예를 들어, 대인관계가 안 좋거나 직장에서 어려움을 겪을 때 재발에 취약해진다. 2005년 폐암으로 사망한 미국의 국민 앵커 피터 제닝스는 2001년 9 · 11 테러 이후 흡연을 다시 시작했다. 그림 3.5는 재발과정에 대한 그림이다.

재발 방지(relapse prevention)는 초기부터 치료 프로그램에 포함되어야 한다. 자신들의 행동을 변화시키고자 처음부터 동기가 부여된 사람들을 먼저 등록시킴으로써 변화하고자 하는 마음이 없는 사람들을 제외시키고 재발의 위험을 낮출 수 있다. 개입에 참여할 사람들을 미리 선별하는 것이 윤리적인 문제가 있을 것처럼 보일 수 있으나, 재발할 가능성이 높은 사람을 포함시키는 것은 행동 변화 프로그램에 참여한 다른 사람들이나 임상가의 사기를 꺾고, 결국에는 재발자들의 행동을 변화시키기 더 어렵게 만들 수 있다.

재발 방지 기술은 사람들에게 어떤 상황에서 재발로 이어질 수 있는지 묻고, 그들이 이러한 스트레스 상황에 잘 대처할 수 있는 기술들을 발달시키도록 돕는다. 예를 들어, 술집에서 술을 먹고 싶다는 유혹이 들 때, 대신 친구들과 점심 식사를 하는 것으로 극복할 수 있다. 또는 파티에서 알코올 대신에 탄산음료를 마실 수도 있다. 위험한 상황에서 어떻게 대처할지 그 대처반응에 대해 마음속으로 연습해봄으로써 자아효능감을 증진시킬 수 있다. 예를 들어, 어떤 프로그램들은 참여자들로 하여금 유혹에 빠지기 쉬운 상황에서 자기 스스로에게 말을 걸도록 하는 건설적인 **자기대화**(self-talk)에 참여하게끔 하기도 한다(Brownell et al., 1986).

단초 제거는 재발 행동을 유발하는 상황을 피할 수 있도록 환경을 바꾸는 것을 포함한다(Bouton, 2000). 예를 들어, 술집에서만 음주를 하던 사람은 술집을 피하면 된다. 그러나 다른 습관들은 단초 제거가 불가능한 경우도 있다. 예를 들어, 흡연자들은 대개 흡연에 대한 환

그림 3.5 | 재발과정의 인지행동 모델

이 그림은 개인이 고위험 상황을 직면하고 건강 저해 습관을 바꾸기 위해 노력할 때 어떤 일이 일어나는지를 보여준다. 적절한 대처반응은 유혹에 저항하여 재발 가능성을 낮출 수 있다. 그러나 부적절한 대처반응은 자아효능감의 인지 수준을 낮추고, 해로운 건강행동들에 대한 보상 효과는 늘려 결과적으로 재발 가능성을 증가시킨다.

출처 : Larimer, Mary E., Rebekka S. Palmer, and G. Alan Marlatt. "Relapse Prevention: An Overview of Marlatt's Cognitive–Behavioral Model." *Alcohol Research and Health* 23, no. 2 (1999): 151–60.

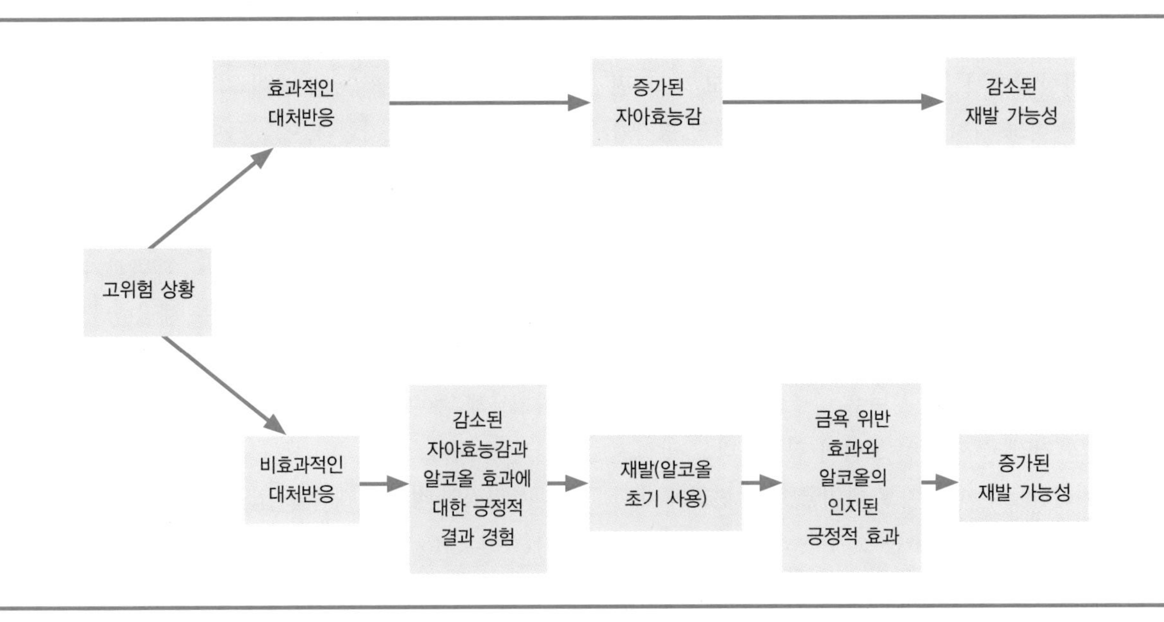

경을 완전히 제거하는 것이 불가능하다. 결과적으로 어떤 재발 방지 프로그램들은 예전 행동이 유발되기 쉬운 상황에 노출시켜 대처 기술을 사용하게끔 하기도 한다(Marlatt, 1990). 여러 새로운 상황에서 새로운 습관(운동이나 절주)을 실천하도록 하는 것은 그 습관이 유지되는 것에도 도움이 된다(Bouton, 2000).

전반적으로 재발 방지는 사람들이 그들의 행동 변화가 긴 시간 동안의 목표임을 자각하고 고위험 환경에 대한 대처 기술을 개발하고, 행동 변화를 보편적인 건강 생활방식에 결합할 때 성공할 수 있다. 술, 담배, 코카인 및 기타 약물 사용에 대한 치료를 받은 9,000명 이상의 참가자를 다룬 26개 연구에 대한 메타 분석에서 어빈과 동료들은 재발 방지 기술은 약물 사용를 줄이고 심리사회학적 기능을 향상하는 데 효과가 있음을 결론지었다(Irvin, Bowers, Dunn, & Wang, 1999).

생활방식 재조정 생활방식이 건강을 지향해서 변화할 때 행동 변화가 장기간 유지될 가능성이 커지는데, 이 기술을 **생활방식 재조정**(lifestyle rebalancing)이라고 한다. 운동 프로그램의 추가 또는 스트레스 관리 기법과 같은 생활방식의 변화는 건강한 생활방식을 증진시키고, 재발률을 줄여준다.

행동 변화를 유지하는 데 있어 사회적인 지지가 갖는 역할은 확실하지 않다. 현재까지 어떤 연구들은 행동 변화에 있어 가족들의 지지가 도움이 된다고 하나, 다른 연구들은 반대의 결과를 보인다(Brownell et al., 1986). 이것은 연구들이 사회적 지지가 행동 변화의 유지에 어떠한 방식으로 도움을 주는지 정확한 경로를 아직 확인하지 못했기 때문이다.

CBT에 대한 평가

행동 변화에 대한 CBT의 장점은 여러 가지가 있다. 첫째, CBT의 기술들은 신중히 고려하여 선정되었고, 이러한 기술들은 문제의 모든 측면을 다룰 수 있다(van Kessel et al, 2008). 자기관찰, 자기 모니터링은 문제의 영역에 대해 정의하고, 자극 통제는 선행된 행동의 수정을 가능케 하며, 자기강화는 행동의 결과를 통제하고, 어느 정도 통제가 되고 나면 비적응적 행동을 대신해서 사회적 기술과 이완 훈련이 시행된다.

두 번째 장점은 치료 계획이 각 개인의 특정 문제에 맞춰질 수 있다는 것이다. 개인마다 성격과 잘못된 건강 습관이 다르기 때문에, 한 비만 환자에게 맞춰진 특별 패키지가 다른 환자를 위해 개발된 패키지와 같을 수 없다(Schwartz & Brownell, 1995). 세 번째, 다중적인 개입에서 말하는 기술의 범위는 사람들이 한 번에 하나씩이 아닌, 여러 가지 건강습관을 동시에 수정할 수 있게 해준다(Persky, Spring, Vander Wal, Pagoto, & Hedeker, 2005; Prochaska & Sallis, 2004). 전반적으로, CBT 개입은 건강행동의 다양한 방면에서의 성공을 보여준다.

행동 변화의 범이론적 모델

안 좋은 건강습관들이 한 번에 변하지는 않는다. 사람들은 여러 단계를 거쳐 건강행동을 변화시키고자 노력한다(Prochaska, 1994; Rothman, 2000).

변화의 단계

J. O. 프로차스카와 그의 동료들은 **행동 변화의 범이론적 모델**(transtheoretical model of behavioral change)을 개발하였다. 이 모델은 사람들이 행동 변화를 위해 거치는 단계와 과정들을 분석하고, 각 단계의 치료목표와 개입을 제시했다(Prochaska, 1994; Prochaska, DiClemente & Norcross, 1992). 본래는 흡연, 마약, 알코올 중독과 같은 중독장애 치료를 위해 개발되었던 단계 모델이었으나, 현재는 운동과 자외선 차단 행동과 같은 건강습관의 광범위한 범위에 적용되고 있다(Adams, Norman, Hovell, Sallis, & Patrick, 2009; Hellsten et al., 2008). 범이론적 모델은 다중 건강행동을 동시에 개선하기 위해 사용되기도 한다(Johnson et al., 2014).

숙고 전 단계 숙고 전 단계는 자신의 행동을 개선하려는 의도가 전혀 없는 단계이다. 가족, 친구, 이웃이나 동료들은 잘 알고 있지만 이 단계에서의 많은 사람들은 자신이 문제가 있다는 것을 인지하지 못한다. 예를 들면, 문제적 음주자는 자신이 가정에서 만들어낸 문제들을 크게 의식하지 못한다. 이 단계의 사람들도 때때로 타인이 치료를 받도록 압박하면 치료를 찾는다. 그러나 당연하게도, 이러한 사람들은 예전 행동으로 종종 되돌아가고 개입에 대해 좋지 못한 결과를 보인다.

숙고 단계 숙고 단계에서의 사람들은 자신이 문제가 있다고 생각은 하지만, 그것을 행동으로 옮기려 노력하지는 않는다. 많은 사람들이 수년간 숙고 단계에서만 머무른다. 행동 변화에 대한 수용력을 키우는 개입이 이 단계에서 도움이 될 수 있다(Albarracin, Durantini, Earl, Gunnoe, & Leeper, 2008).

준비 단계 준비 단계는 사람들이 행동을 변화시키려고는 하지만 그러한 시도가 아직 성공적이지는 않은 단계이다. 이 단계의 사람들은 어떤 경우 자신이 변화시키고자 하는 행동을 다소 수정하기도 한다. 가령, 평소보다 담배를 덜 피우는 행동이 있으나 그 행동을 완전히 제거하려 결심하지는 않는다.

실행 단계 실행 단계는 사람들이 문제를 극복하기 위해 자신들의 행동을 수정할 때 존재하는 단계이다. 진정한 행동 변화를 이루기 위해서는 실행에 시간과 에너지를 쏟아야 한다. 또한 문제행동과 연관된 단초들을 없애기 위해 개인의 생활방식과 환경을 바꾸고, 그 행동을 멈추는 것 역시 이 단계에 속한다.

유지 단계 유지 단계에서 사람들은 재발 방지와 그들이 변화한 행동을 굳히는 것에 주력한다. 예를 들면, 6개월 이상 중독행동을 하지 않았다면 유지 단계라고 할 수 있다(Wing, 2000).

왜냐하면 많은 건강행동과 관련해서 재발은 예외적이라기보다는 일반적으로 일어나기 때문이다. 이 단계 모델은 나선형 모델로 개념화한다. 그림 3.6에서 보듯이,

건강습관의 개선을 위한 준비는 건강습관이 변화하기 위한 필수 조건이다.
Frances L Fruit/Shutterstock

그림 3.6 | **변화 단계의 나선형 모델**

출처 : Prochaska, James O, Carlo C. DiClemente, and John C. Norcross. "In search of how people change: Applications to addictive behaviors." *American Psychologist* 47, no. 9 (September 1992): 1102–1114.)

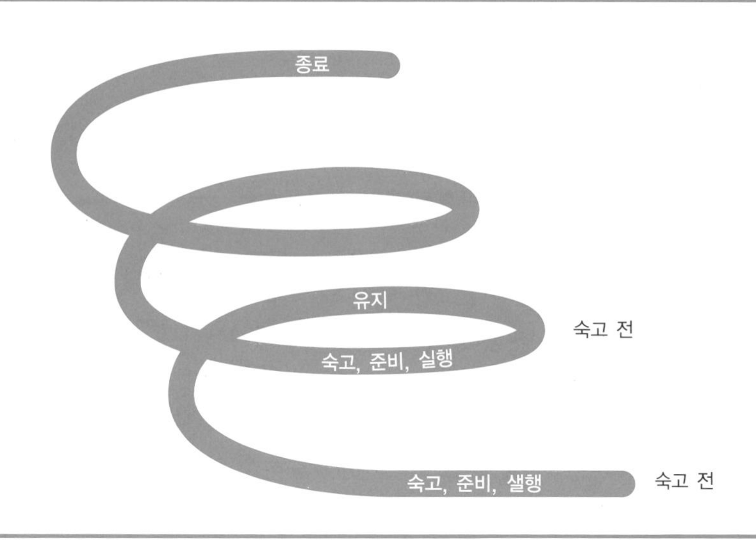

사람은 실행을 하고, 유지하려고 하며, 재발하고, 숙고 전 단계로 되돌아가며, 실행 단계까지 잇달아 순환하고, 그 순환을 다시 반복하며, 그 행동이 제거될 때까지 여러 번 반복한다(Prochaska et al., 1992).

변화 단계 모델의 활용

각 단계마다 특정 개입 유형이 가장 적합할 것이다. 특히 숙고 전 단계의 사람들에게 그들의 문제에 대한 정보를 제공하면 숙고 단계로 이동시킬 수 있다. 숙고 단계에서 준비 단계로 이동하기 위한 적절한 개입은 사람들이 문제에 대해서 어떻게 느끼고 생각하는지, 문제행동을 중단하는 것이 그들을 어떻게 변화시킬지에 대해 평가하도록 유발하는 것이다. 사람들이 자신들의 행동을 언제, 어떻게 변화시킬지 명백히 노력하게 만들도록 설계된 개입은 준비 단계와 실행 단계 사이를 연결할 수 있을 것이다. 실행 단계를 거쳐서 이미 장기 유지 단계로 이동한 사람들에게는 자기강화, 사회적 지지, 자극 통제와 대처 기술 제공을 강조하는 개입이 가장 성공적이다.

자각된 장애 **자각된 장애**(perceived barriers)는 좋은 건강행동과 간섭된 사람의 생활 측면이다. 두 개의 직장을 가진 사람은 7~8시간 잠을 잘 수 없을 것이다. 운동을 원하는 여성은 그녀의 주변이 걷거나 뛰기에 너무 불안하다는 것을 자각했을 수도 있다. 건강보험이 없는 가족은 그들의 자녀에게 백신을 맞힐 수 없을 것이다.

자각된 장애는 사람들이 좋은 건강행동을 실천하지 않는 주요 이유가 되며(Geren, Shepherd, & Shepherd, 2013), 사람들이 그것을 극복하도록 도와주기 어렵게 한다. 건강보험의 경우, 사회공학이 개입해서, 사람들로 하여금 보험을 사고 그들의 아이들에게 백신을 맞히도록 해야 한다. 운동을 원하는 여성에게는 사람들이 걷거나 뛰는 공원까지 대중교통을 제공하는 것이 안전 이슈를 해결할 수 있다. 시간이 부족하거나, 스트레스, 경쟁적인 목표, 건강 관리 시스템에 대한 접근 어려움은 어떤 사람들에게 거의 불가피하다(Gerend et al., 2013; Presseau, Tait, Johnston, Francis, & Sniehotta, 2031). 하지만 자각된 장애를 깨트리는 것은 사람들로 하여금 좋은 건강행동을 실천하게 하는 최상의 길이다.

사회공학을 통한 건강행동의 개선

많은 행동 관련 변화는 CBT 개입과 같은 프로그램뿐만 아니라 사회공학을 통해서 일어난다. **사회공학**(social engineering)은 환경을 수정하여 사람들이 특정 건강행동을 실행하도록 영향을 미친다. 많은 경우, 사회공학은 법적으로 규정되어 있다. 예를 들면, 학교에 입학을 하려면 예방접종을 받아야 하는데, 이는 아동의 90%가 필요한 예방접종을 받도록 도와준다(Center for the Advancement of Health, 2002년 12월). 다른 예로는, 헤로인이나 코카인을 불법 약물로 규정하거나 독극물 처리를 통제하는 것과 같은 규제를 포함한다. 그 외에도 세금으로 비록 없앨 수는 없지만, 설탕이 든 탄산 음료의 소비를 줄이는 등 나쁜 건강 습관을 줄이도록 할 수 있다(*The Economist*, 2015년 11월 28일).

사회공학을 통해 건강문제를 해결하는 것이 개인의 행동 수정보다 더 성공적일 수 있다. 예를 들면, 사람들이 자신의 운전습관을 바꾸는 개입보다는 제한 속도를 낮추게 하는 것이 죽음과 장애에 더 큰 영향을 준다. 법적 음주 연령을 높이는 것과 직장에서의 금연은 건강문제에 매우 큰 영향을 준다. 학교에서 아이들에게 자동판매기 제품 판매를 제한하거나 고지혈증, 고지방 식품을 광고하는 것을 통제한다면 비만의 확산을 줄이는 데 도움이 될 것이다.

여전히 대부분의 건강행동을 법적으로 지시하여 변화시킬 수는 없고, 심지어 사회공학으로 사람들의 자유를 제한할지라도 사람들은 해로운 건강습관들을 계속할 것이다. 결과적으로 건강행동 개선을 위한 개입 시, 건강심리학의 역할이 매우 중요하다.

건강습관을 개선하기 위한 장소

건강습관을 개선하기 위한 가장 최선의 장소는 어디인가? 다음과 같은 여러 장소가 있다.

임상가의 사무실

많은 사람들은 자신의 과거력을 알고 있고 자신의 건강습관을 수정하는 데 도움이 되는 임상가 또는 다른 건강치료 전문가를 정기적으로 만난다. 임상가들은 사람들이 건강습관을 변화하는 데 있어 크게 신뢰할 수 있는 일종의 자원이며, 그들은 자신들이 갖춘 전문지식을 바탕으로 권고를 제공한다.

몇몇 행동 관련 습관 수정은 보통 인지행동적 기법을 사용하며, 일대일 상담을 기본으로 진행하는 심리학자 또는 다른 임상가들에 의해 행해진다. 이러한 접근은 두 가지 이점이 있다. 첫째, 개인치료를 받는 사람은 결과가 더 성공적일 수 있다. 둘째, 특정 환자에 맞는 맞춤형 치료개입을 할 수 있다. 그러나 한 번에 오직 한 사람만의 행동을 바꿀 수 있다.

관리 의료 시설은 때때로 사람들에게 금연하도록 하고 식습관을 바꿀 수 있도록 도우며 다른 건강한 생활방식으로 변화할 수 있게 해준다. 이러한 접근의 장점은 동시에 많은 사람들에게 개입할 수 있다는 점이며, 개인이 받는 개입의 유형은 그 사람의 건강 위험요인들의 지식과 직접적으로 연관되어 있다.

가족

건강 증진을 위해 가족에 개입하는 건강임상가들이 점점 더 늘어나고 있다(Fisher et al., 1998). 온전한 가정의 사람들은 혼자 살거나 가족들이 갈라진 사람들보다 더 나은 건강습관을 가지고 있다. 한 사람보다는 가족이 더 조직적이고 규칙적인 생활방식을 갖는다. 따라서 가족생활은 매일 세 번의 식사, 7~8시간의 수면, 2~3회의 양치질 등의 건강행동을 하게 한다.

아이들은 건강습관을 부모로부터 배운다. 따라서 전체 가족 구성원이 건강한 생활방식을 갖도록 노력하는 것은 아동이 건강한 삶을 시작하는 최고의 기회가 된다. 다수의 가족 구성원은 가족 누구에게서라도 건강 습관에 영향을 받는다. 따라서 가족 구성원 1인의 행동(가령 식습관)을 바꾸는 것은 다른 가족 구성원에게도 영향을 끼치기 쉽다.

마지막으로 가장 중요한 이유는 가족 수준에서 행동 변화가 일어나면, 모든 가족 구성원이 동참하고 행동 변화 프로그램에 더 적극적으로 참여하게 되며 행동을 수정해야 하는 가족 구성원을 가족들이 사회적으로 지지해줄 수 있기 때문이다.

가족 개입은 특히 가족을 강하게 강조하는 문화에서 도움이 될 수 있다. 예를 들어, 히스패닉, 흑인, 아시아인, 남유럽인은 가족의 공동 선에 강조를 둔 건강 개입에 잘 설득된다(Han & Shavitt, 1994; Klonoff & Landrine, 1999).

자조집단

수백만 명의 미국인들이 자조집단을 통해 건강습관을 수정한다. 이러한 자조집단은 같은 건강문제를 가진 사람들을 모아, 상담자의 도움을 받아 그들이 가진 문제를 함께 해결할 수 있도록 한다. 몇몇 유명한 자조집단으로는 비만과 관련하여 익명의 과식자 모임과 비만자 살 빼기 모임(take off pounds sensibility, TOPS)이 있고, 익명의 알코올 중독자 모임(alcoholics anonymous, AA)과 금연을 위한 모임이 있다. 많은 모임 지도자들 대부분이 프로그램에서 인지행동 원리를 이용한다. 또한 이러한 모임에서 제공받는 사회적 지지 역시 성공에 매우 중요하다. 현재 미국에서는 건강습관을 수정하기 위한 장소로 자조집단을 주로 이용하고 있다.

학교

건강행동을 개선하는 개입은 학교 체계를 통해 시행되기도 한다(Facts of Life, 2003년 11월). 학생들이 어리기 때문에 결과적으로 아이들이 안 좋은 건강습관을 발달시키기 전에 개입이 가능하다. 학교는 약 1시간 동안 이루어지는 수업들과 같이 개입이 자연스럽게 이루어질 수 있는 수단을 갖고 있으며, 여러 건강 개입들은 이러한 형식에 맞춰 이루어질 수 있다. 게다가 개입은 특정 건강습관들과 관련해 학교의 사회적 풍토를 변화시킬 수 있고, 이는 행동 변화를 촉진한다.

심지어 대학에서도 사회적 관계망은 건강 개입을 위한 좋은 목표물이 된다. 한두 사람이 그들의 행동을 변화하면 그들의 친구들도 따라하기 때문이다.

안정적인 가정생활은 건강을 촉진시키며, 개입 또한 행동 변화가 일어날 수 있는 가장 큰 가능성을 확립할 수 있도록 개인보다는 가족에 점점 더 초점을 맞추고 있다.
Ariel Skelly/Blend Images LLC

직장 개입

성인 인구의 약 60%가 직장에 다니기 때문에 직장을 통해 많은 성인 인구들에 개입할 수 있다(Bureau of Labor Statisics, 2012). 직장 개입은 직장 내에서의 건강 증진 프로그램을 내포하는데, 이에는 직장에서 금연하기, 스트레스 줄이기, 식습관 바꾸기, 규칙적인 운동, 체중 감소, 고혈압 조절, 음주 제한 등이 있다. 직장 개입은 다른 장소와 연결될 수도 있다. 예를 들어, 직장은 부모들이 그들의 자녀들과 함께 학교 개입에 참가하도록 시간을 줄 수 있다(Anderson, Symoniak, & Epstein, 2014). 일부 직장에서는 헬스클럽, 건강한 음식을 주는 레스토랑, 좋은 건강습관의 중요성을 강조하는 체육관을 제공한다(그림 3.7). 전반적으로, 직장 개입은 직원들의 의욕을 높이고, 생산성을 늘리며, 건강관리 비용을 줄이는 등 여러 이점을 지닌다(Berry, Mirabito, & Baun, 2010).

지역사회 기반 개입

지역사회 개입에는 많은 종류가 있다. 지역사회 기반 개입으로는 유방암 검진 프로그램에 대해 집집마다 알리는 방문 캠페인, 매체를 통해 흡연의 위험을 사람들에게 대대적으로 선전하는 것, 운동을 장려하는 주민 지역사회 프로그램, 지역기관을 통한 식이 조절 프로그램이나 미디어를 통한 접촉과 개인적으로 접촉하는 것을 모두 포함한 혼합된 개입도 있다.

지역사회 기반 개입에는 여러 이로운 점들이 있다. 첫째, 이와 같은 개입은 개인 기반 개입이나 한 직장, 학급과 같이 제한된 환경에서의 개입보다 더 많은 사람들을 만날 수 있다. 둘째, 지역사회 기반 개입은 사회적 지지를 이끌어 내 권고된 건강 변화에 순응하는 것을 강화시킬 수 있다. 예를 들면, 당신의 이웃들이 모두 저콜레스테롤 식단으로 바꾸기로 동의했다면, 당신도 그렇게 할 가능성이 있다. 마지막으로, 이웃들은 건강행동에 큰 영

그림 3.7 | 2011년 기준 회사 규모별 직원에게 특별한 건강 프로그램을 제공하는 회사 비율

출처 : Kaiser Family Foundation and Health Research and Education Trust. "Employer Health Benefits: Annual Survey 2011." Accessed June 11, 2019. https://www.kff.org/wp-content/uploads/2013/04/8225.pdf.

주 : '소기업 직원'=3~199명', 대기업 직원'=200명 이상

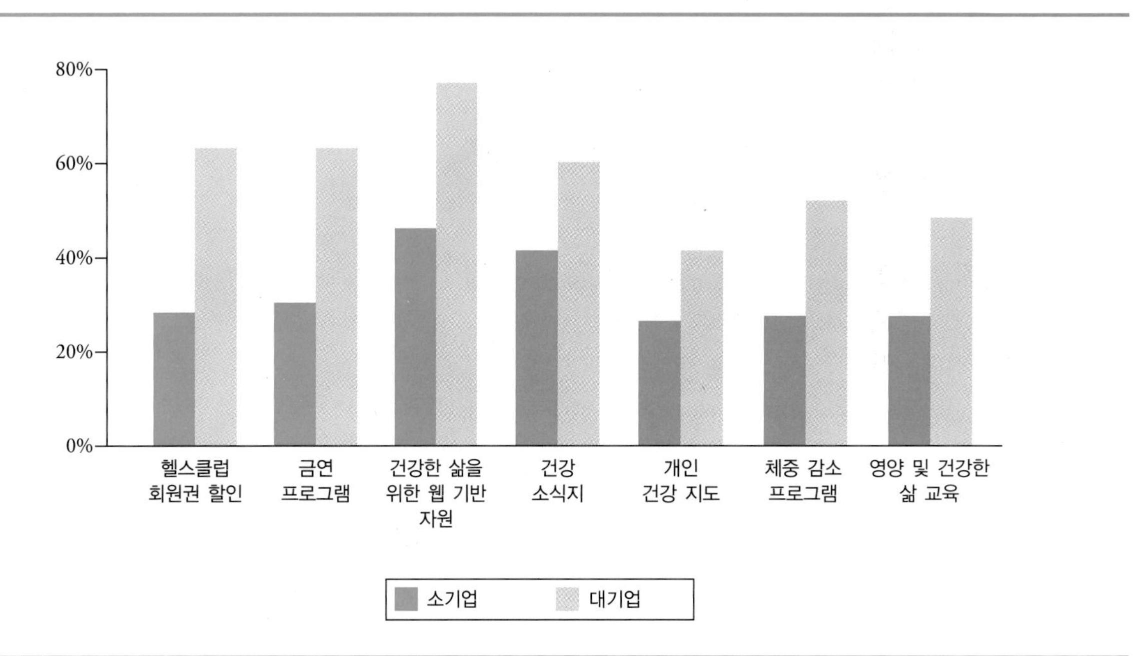

향을 미칠 수 있다는 증거들이 많은데, 청소년의 경우 특히 더 그렇다. 예를 들면, 이웃 간의 행동 모니터링은 청소년의 흡연과 알코올 남용을 낮추는 것과 관련이 있다(Chuang, Ennett, Bauman, & Foshee, 2005).

그러나 지역사회 개입은 비용이 많이 드는 것에 비해 행동 변화는 그리 크지 않다(Leventhal, Weinman, Leventhal, & Phillips, 2008). 건강 유지 기관과 같은 기존의 지역사회 기관과 동반하여 개입한다면, 지역사회의 초기 개입에서 얻은 이익들을 유지하고 비용을 절감시켜 줄 것이다.

대중매체

건강 증진의 목적은 가능한 한 많은 사람들의 건강 증진에 도달하는 것이며, 따라서 대중매체는 큰 잠재력을 가지고 있다. 일반적으로 대중매체를 통한 활동은 중간 정도 수준의 태도 변화를 일으키지만, 장기적으로 이어지는 행동 변화는 덜 유발한다. 그럼에도 불구하고 대중매체는 사람들이 잘 알지 못하는 건강 위험요인에 대한 경각심을 일깨우는 데 가장 효과적일 수 있다.

최근 건강심리학자들은 연속 드라마나 연극, 희극에 나오는 인물들의 건강행동의 영향을 연구했다. 예를 들면, 흡연을 하는 인물이 본보기로 작용하면, 청소년들이 흡연을 시작할 가능성이 증가할 수 있다(Heatherton & Sargent, 2009). 그와 반대로 건강 활동을 하는 인물들은 그를 보는 시청자들이 건강행동을 변화시키도록 북돋을 수 있다.

미디어 메시지를 일관성 있게 오랜 시간 제시하는 것은 건강 실천과 관련된 가치를 개선하는 데 있어서 누적되는 효과를 가진다. 예를 들면, 금연을 홍보하는 대중매체 메시지가 사회적 규준에 미치는 누적 효과는 상당하다.

휴대폰과 전화

저렴한 비용의 개입 장소는 휴대폰과 전화를 포함한다(Eakin, Reeves, Winkler, Lawler, & Owen, 2010). 예를 들면, 자동화된 전화 개입은 사람들이 건강행동 개선을 유지하도록 촉진할 수 있다(Kaplan & Stone, 2013, Migneault et al., 2012). 개인에게 맞춘 문자 메시지는 젊은 흡연자들이 금연하도록 도울 수 있다(Rodgers et al., 2005). 따라서 문자 메시지를 통한 개입은 또 다른 잠재적인 저비용 개입이 될 수 있다. 장기간 이어져 온 일부 프로그램들에서는 매일 노인들의 요구사항들이 충족되었는지 전화를 통해 확인하며, 최근에 신체활동 권고와 같은 생활방식상의 조언들이 이러한 봉사 프로그램들에 통합되었다(Castro, Pruitt, Buman, & King, 2011). 더욱이 이렇게 매일 만나는 것은 노인의 사회적 지지의 경험을 증가시킨다.

인터넷

인터넷은 적은 비용으로 정보를 제공함으로써 수백만 명의 사람들의 건강에 개입한다(Cohen & Adams, 2011). 금연에 대한 웹사이트(Griffiths et al,, 2018)와 다른 건강습관들이 발달되어 왔으며(Linke, Murray, Butler, & Wallace, 2007), 또한 인터넷 혹은 컴퓨터를 기반으로 한 생활방식 개입은 다양한 위험요인들을 동시에 목표로 둔다. 예를 들면, 식이 조절, 운동, 손씻기, 흡연에 대한 개입은 어느 정도 성공했다(Ainsworth, Steele, Stuart, Joseph, & Miller, 2017; Oenema, Brug, Dijkstra, de Weerdt, & de Vries, 2008). 인터넷 또한 학교 기반 금연 프로그램과 같은 다른 개입들(Norman, Maley, Skinner, & Li, 2008)이나 부모 집단 개입 시(Williams, Lynch, & Glasgow, 2007) 그 효과성을 증가시키기 위해 사용될 수 있다. 개개인마다 피드백을 제공하는 맞춤형 인터넷 코칭은 체중 감소와 같이 표준적인 건강행동 개입을 보충할 수 있다(Gabriele, Carpenter, Tate, & Fisher, 2011).

건강습관을 개선시키기 위해 인터넷을 통하여 CBT 개입을 하는 것은 면대면 개입만큼이나 효과적일 수 있다. 이는 비용이 저렴하고, 치료자의 시간을 절약하고, 기다리는 시간이 줄고, 혼자서 치료자를 찾지 못하는 사

최대한 많은 사람들에게 가장 효율적으로 개입을 실시하기 위해, 연구자들은 현존하는 지역 자원들을 이용해 지역사회에 실행할 수 있는 개입들을 점점 더 고안하고 있다.
Jim Ruymen/UPI/Alamy Stock Photo

람들에게 개입방법을 제공한다는 점에서 여러 이점이 있다(Cuijpers, van Straten, & Andersson, 2008; Mohr et al., 2010). 또한 연구자들은 인터넷을 이용해 상대적으로 저렴한 비용으로도 많은 사람들을 연구에 참여시킬 수 있으며, 건강습관들의 데이터를 모을 수 있다(Lenert & Skoczen, 2002).

건강습관 개선을 위해 어떤 장소를 선택하느냐가 중요하다. 각 장소에 대한 특정 강점과 단점을 이해한다면, 가장 적은 비용으로 가장 많은 사람들에게 이루어질 수 있는 개입이 무엇인지 정하는 데 도움이 될 것이다.

요약

1. 건강 증진은 사람들이 자신의 건강을 향상시키고 통제할 수 있는 능력을 증가시키도록 한다. 여기에는 유익한 건강행동을 실천하는 것과 건강을 해치는 행동들을 회피하거나 제거하는 것이 포함된다.
2. 건강습관은 인구통계학적 요인(예 : 나이나 사회경제적 지위), 사회적 요인(예 : 가족에서의 초기 사회화), 가치관이나 문화적 배경, 자각된 증상, 의학적 치료에 대한 접근성 그리고 인지적 요소(예 : 건강 신념)에 의해 결정된다. 건강습관들은 단지 약하게 서로 연결되어 있으며 시간에 지남에 따라 불안정해질 수 있다.
3. 건강 증진 노력은 아동과 청소년이 해로운 건강습관을 가지기 전에 개입하는 것을 목표로 한다. 또한 특정 장애 발생을 예방하기 위해 장애 위험군과 대상자에게 초점을 맞춘다. 노인들의 건강 증진에 초점을 두는 것 역시 노년기에 급상승하는 건강관리 비용을 줄이는 데 도움이 될 수 있다.
4. 건강신념모델과 계획행동 이론에 기반한 연구는 건강습관 개선과 연결된 태도를 식별하였는데, 이에는 건강 위협요인들이 얼마나 심각한지에 대한 믿음, 자신이 그 위협에 취약하다는 믿음, 그 위협을 줄이기 위해

필요한 대응들을 수행할 수 있다는 믿음(자아효능감), 그러한 대응이 위협을 극복하는 데 효과적일 것이라는 신념(반응 효능감), 사회적 규범이 개인이 그 행동을 수행하는 데 지지해줄 것이라는 신념들이 포함된다.

5. 건강행동을 변화시키기 위해 태도적인 측면에서 접근하는 것이 사람들에게 지식과 동기를 심어줄 수 있다. 그러나 공포 호소나 교육적 호소와 같은 접근들은 그 자체만으로는 행동 변화에 미치는 효과가 제한적이다.
6. 건강습관의 변화를 위한 인지행동적 접근은 목표행동의 선행사건과 결과를 수정하기 위해 자기 모니터링, 고전적 조건화, 조작적 조건화, 모델링, 자극 통제와 같은 원칙을 사용한다. 인지행동치료는 자기통제와 자기강화 원칙들을 이끌어냄으로써 내담자를 치료과정 안으로 인도한다.
7. 인지행동적 개입이 일부 건강문제의 기저에 있는 불안이나 사회적 결핍을 다룰 때 사회적 기술 훈련과 이완 훈련이 개입에 포함될 수 있다.
8. 점점 더 개입들은 재발 방지에 초점을 둔다. 그러한 개입들의 주요소는 재발할 위험이 높은 상황에서 대처하는 기술을 실천해보는 것이다.
9. 건강습관들을 한 번에 모두 성공적으로 수정할 수는 없다. 사람들은 여러 단계를 거치며 이 단계들을 여러 번 순환할 수도 있다. 개인이 속한 특정 단계를 목표로 개입할 때 좀 더 성공적일 수 있다.
10. 몇몇 건강습관들은 아동기 예방접종이나 직장에서의 흡연 규제법과 같은 사회공학을 통할 때 가장 잘 변화한다.
11. 건강습관에 개입하는 장소는 변한다. 한 번에 한 사람씩만을 다루던 방법들은 비용이 비쌌기 때문에, 좀 더 저렴한 집단방식에 그 자리를 내주었다. 이러한 방식에는 자조집단, 학교와 직장 차원의 개입을 포함한다. 대중매체는 사람들에게 건강 위험요인들에 대한 경각심을 일깨우게 함으로써 건강 캠페인들을 강화시킬 수 있다. 전화 개입, 인터넷 개입 그리고 문자 개입 모두 건강행동 개선을 위한 장소로 이용될 수 있는 가능성을 보여준다.

핵심용어

가르치기 적절한 순간
건강습관
건강 신념 모델
건강 증진
건강 통제 소재
건강행동
계획행동 이론
고전적 조건화
공포 호소
금욕 위반 효과
모델링
변별 자극
사회공학
사회적 기술 훈련
사회화
생활방식 재조정
위험한 상태
유관성 계약
이완 훈련
인지 재구조화
인지행동치료 (CBT)
자극 통제 개입
자기강화
자기결정 이론
자기규제
자기대화
자기 모니터링
자기주장 훈련
자기통제
자아효능감
재발 방지
조작적 조건화
지각된 장애
취약한 시기
행동 과제
행동 변화의 범이론적 모델
1차 예방

CHAPTER 4

건강증진행동

RubberBall Productions/Getty Images

개요

제4장에서는 제3장에서 설명한 원리들이 건강증진 행동에 어떻게 적용되는지 살펴보고자 한다. 건강증진행동에는 운동, 사고 예방, 암 예방, 건강한 식단, 수면이 포함된다. 이러한 행동들은 선진국에서 질병과 사망의 주요 원인과 관련이 있다. 제3세계 국가 사람들 또한 선진국의 생활방식을 채택하기 때문에, 이러한 건강 습관들은 전 세계에 걸쳐 점점 중요해질 것이다.

운동

"앉아 있는 행동은 살인자로서 지방을 능가합니다"란 뉴스 머릿글이 있다(Healy, 2015). 사실, 최근 47개 연구에 대한 검토에 의하면, 여러 가지 만성질환과 조기 사망 증가는 오랫동안 앉아 있는 것과 연결되어 있다(Alter et al., 2015). 심지어 앉아있는 것에서 벗어나는 것도 그 위험을 완전히 없앨 수 없다. 적절한 육체적 균형을 갖춘 청소년은 단지 42%에 불과하며, 소녀들이 소년들보다 더 나쁘다(Gahche et al., 2014). 결과적으로, 높은 수준의 물리적 활동은 중요한 건강행동이다.

운동은 정신적 건강과 신체적 건강을 유지할 수 있도록 도와준다. 과거에 과학자들은 **유산소 운동**(aerobic exercise)만이 건강에 좋다고 믿었으나, 최근에는 어떠한 운동이든 건강에 좋으며, 특히 중년과 노년기에 운동이 더 효과적이라는 증거들을 제시하였다.

운동의 혜택

운동이 건강에 미치는 이점은 상당하다. 하루에 30분만 운동하면 심장질환, 당뇨병, 몇 가지 암과 같은 만성질환의 위험이 감소될 수 있다(Facts of Life, 2004년 3월). 운동은 상처가 있는 사람들이 빨리 아물 수 있도록 하며(Emery, Kiecolt-Glaser, Glaser, Malarkey, & Frid, 2005), 고관절 골절과 같은 장애가 회복되는 데 중요한 역할을 할 수 있다(Resnick et al., 2007). 또 다른 건강상의 이점은 표 4.1에 제시되어 있다.

그러나 미국 성인의 2/3 이상은 권장되는 신체활동을

표 4.1 | 규칙적 운동의 건강 혜택

- 몸무게 조절을 도와준다.
- 심혈관계 질환의 위험을 낮춘다.
- 2형 당뇨병 및 대사 증후군의 위험을 낮춘다.
- 암 위험을 낮춘다.
- 뼈와 근육을 강화시킨다.
- 휴지기 심장 박동과 혈압을 낮추며, 심장의 힘과 효능을 증가시킨다.
- 수면을 향상시킨다.
- HDL(좋은) 콜레스테롤을 증가시킨다.
- 면역 시스템의 기능을 향상시킨다.
- 두뇌 내 새로운 뉴런의 성장을 촉진한다.
- 인지 기능을 촉진한다.

출처 : Centers for Disease Control and Prevention. "Physical Activity and Health." Last reviewed April 19, 2019. https://www.cdc.gov/physicalactivity/basics/index.htm?CDC_AA_refVal=https%3A%2F%2Fwww.cdc.gov%2Fphysicalactivity%2Fbasics%2Fpa-health%2Findex.htm; Hamer, Mark, and Andrew Steptoe. "Association between Physical Fitness, Parasympathetic Control, and Proinflmmatory Responses to Mental Stress." *Psychosomatic Medicine* 69, no. 7 (September 2007): 660-66. doi: 10.1097/PSY.0b013e318148c4c0; Heisz, Jennifer, Susan Vandermorris, Johnny Wu, Anthony R. McIntosh, and Jennifer D. Ryan. "Age Differences in the Association of Physical Activity, Sociocognitive Engagement, and TV Viewing on Face Memory." *Health Psychology* 34, no. 1 (January 2014): 83-88. doi: 10.1037/hea0000046.

하지 않으며, 약 2/3의 미국 성인이 규칙적인 여가 시간에 신체활동을 하지 않는다(National Center for Health Statistics, 2011). 신체활동은 여성보다 남성에게 더 빈번하게 나타나며, 아프리카계 미국인과 히스패닉(스페인어를 쓰는 중남미계의 미국 이주민)보다 백인들 사이에서 더 빈번하고, 높은 수입을 보이는 사람이 낮은 수입의 사람보다 신체활동이 더 빈번하게 나타났다(National Center for Health Statistics, 2011b).

얼마나 운동하는가 일반 성인들의 전형적인 운동 처방은 중간 수준 강도의 운동을 주당 2시간 30분~5시간 하거나, 격렬한 유산소 운동을 주당 1시간 15분~2시간 30분 하거나, 두 가지를 섞어서 하는 것이다(U.S. Department of Health and Human Services, *Physical Activity Guidelines for Americans*, 2nd edition, 2018). 유산소 운동은 높은 강도, 오랜 시간, 지구력을 특징으로 하며 달리기, 자전거 타기, 줄넘기, 수영이 포함된다. 심장과 폐 건강이 좋지 않은 사람은 적은 양의 운동을 매주 하여도 도움이 된다. 심지어 노인은 잠깐 걷거나 활동 수준을 높이는 것만으로도 신체적 · 심리적 건강이 향상될 수 있다(Ekkekakis, Hall, VanLanduyt, Petruzzello, 2000; Schechtman, Ory, & the FICSIT group, 2001). 뿐만 아니라, 많은 사람들이 운동이 예상보다 더 기본적으로 즐길만하다는 것을 깨닫게 된다(Kwan, Stevens, & Bryan, 2017).

심리적 건강에 미치는 영향 규칙적인 운동은 신체적 건강뿐 아니라 기분과 전반적인 안녕감도 향상시킨다(Aggio et al., 2017; Wen et al., 2018). 많은 사람들은 이러한 운동의 숨겨진 장점들을 잘 알지 못하는 것 같다(Ruby, Dunn, Perrino, Gillis, & Viel, 2011). 운동이 기분에 미치는 긍정적인 효과는 사회적 활동이나 실외 활동과 같은 운동 관련 요인으로부터 비롯된다(Dunton, Liao, Intille, Huh, & Leventhal, 2015). 향상된 자아효능감 또한 긍정적인 영향을 미친다(McAuley et al., 2008).

기분과 자존감에 대한 운동의 긍정적인 효과로 인해, 운동은 우울증 치료로 사용되어 왔다(Herman et al., 2002). 현재 몇 가지 개입에서는 운동이 여성의 우울증을 예방하며(Babyak et al., 2000; Wang et al., 2011), 운동을 멈추는 것은 우울 증상을 증가시키는 결과를 가져올 수 있다(Berlin, Kop, & Deuster, 2006)는 것을 보여주고 있다. 운동은 또한 스트레스를 줄여주며(Burg et al., 2017), 스트레스로부터의 감정적인 회복을 빠르게 해준다(Bernstein & McNally, 2017; Puterman, Weiss, Beauchamp, Mogle, & Almeida, 2017).

또한 건강심리학자들은 운동을 하면 인지기능 중 특히 계획하기와 고차원적 추론과 같은 집행기능을 향상시키는 데 효과가 있다고 밝혔으며(Heisz, Wandermorris, Wu, McIntosh, & Ryan, 2015), 이와 일치하는 결과로, 운동 요법을 준수하는 것은 다수의 적절한 뇌 영역과 연결되어 있다(Gujral, McAuley, Oberlin, Kramer, & Erickson, 2018). 운동은 기억력을 높일 수 있고, 건강한 인지 노화를 촉진시키는 것처럼 보일 뿐만 아니라(Erickson et al., 2011; Pereira et al., 2007), 아동의 인지 기능과 수행 조절을 향상시킬 수 있다(Arwen, Steele, & Noser, 2018; Heisz et al., 2015). 심지어 약간의 운동이나 활동 수준의 증가는 인지기능에 긍정적인 영향을 미친다.

규칙적인 유산소 운동은 많은 심혈관계 질환의 위험을 감소시키는 등의 신체적 이점과 정서적 이점이 있다.
Eliza Snow/Getty Images

운동은 경제적 이점도 있다. 직원 건강 프로그램은 잦은 결근을 감소시킬 수 있고, 직업 만족도를 증가시키며, 건강관리 비용을 감소시키는데, 특히 여성 직원들 사이에서 더 경제적인 이점이 있다(Robin & Plante, 1989).

규칙적인 운동을 결정하는 요인

대부분 사람들의 운동 참여는 불규칙적이다. 아주 어린 아동 시기에 TV를 보고 태블릿이나 컴퓨터를 사용하기 시작하기 때문에 어릴 때, 심지어 유치원 시기에 시작하는 것이 중요하다(Gagne & Harnois, 2013). 현재 단지 21%의 미국 아동만이 매일 60분 이상의 물리적 활동을 권고하는 물리적 활동 지침(Office of Disease Prevention and Health Promotion, 2016)을 만족시키고 있다. 아이들은 보통 학교 체육 수업 시간에 규칙적인 운동을 한다. 그러나 이러한 수업들은 예산 부족으로 줄어들고 있다. 게다가 청소년기에 이르면 규칙적인 운동이 상당히 감소하는데, 특히 여자아이들(Davison, Schmalz, & Downs, 2010)과 운동선수가 아닌 남자아이들에게서 감소한다(Crosnoe, 2002). 학업이 운동 시간을 줄였을 수도 있다(Kumpulainen et al., 2017). 성인들은 운동을 방해하는 장애물로 부족한 시간, 스트레스, 일상활동의 방해, 피곤함을 보고하였다(Kowal & Fortier, 2007).

누가 운동을 하는가 운동을 하는 가족들이 있는 사람, 신체활동에 긍정적인 사람, 운동에 대한 자아효능감이 강한 사람(Goethe, 2018; Peterson, Lawman, Wilson, Fairchild, & Wan Horn, 2013), 에너지가 있고, 외향적이고, 사람들과 잘 어울리는 사람(Kern, Reynolds, & Friedman, 2010), 안녕감이 높은 사람(Kim, Kubzansky, Soo, & Boehm, 2017)은 운동을 할 가능성이 더 높다. 본인 스스로를 운동선수이거나 운동하는 사람이라고 여기는 사람(Salmon, Owen, Crawford, Bauman, & Sallis, 2003), 친구들에게 운동에 대한 사회적 지지를 받는 사람(Marquez & McAuley, 2006), 운동을 즐기는 사람(Kiviniemi, Voss-Humke, & Seifert, 2007), 자신의 건강은 스스로가 책임져야 한다고 믿는 사람은 이러한 태도를 지니고 있지 않은 사람들에 비해 보다 운동을 할 가능성이 더 높다.

환경의 특성 편리하고 쉽게 접근할 수 있는 운동 환경은 운동을 쉽게 할 수 있도록 한다(Troped et al., 2017). 집 근처에서 이웃과 함께 활기찬 걷기 운동을 하는 것이 집에서 8km 떨어진 번잡한 헬스장에서 에어로빅을 하는 것보다 운동을 계속할 가능성이 높다. 운동을 할만한 안전한 장소가 부족한 것이 낮은 사회경제적 지위(SES)에 있는 사람들의 규칙적인 운동을 방해하는 장애물이며(Estabrooks, Lee, & Gyurcsik, 2003; Feldman & Steptoe, 2004), 이는 노인들에게도 해당된다(Thornton, Kerr, Conway, Saelens, & Sallis, 2017).

산책로와 오락 시설과 같은 운동 환경을 개선하는 것은 운동 가능성을 높인다(Kärmeniemi, Lankila, Ikaheimo, Koivumaa-Honkanen, & Korpelainen, 2018). 사람들이 자신의 이웃들이 안전하다고 믿을 때, 사회적으로 고립되어 있지 않을 때, 운동을 할 수 있는 장소가 가깝다는 것을 알고 있을 때, 신체활동을 더 하는 경향이 있다(Hawkley, Thisted, & Cacioppo, 2009; Sallis, King, Sirard, & Albright, 2007; van Stralen, de Vries, Bolman, Mudde, & Lechner, 2010).

사회적 지지는 운동 가능성을 높인다(Berli, Stadler, Shrout, Bolger, & Scholz, 2018; McMahon et al., 2017). 운동을 하기 위해 다른 사람들과 만날 약속을 잡는 것은 운동 가능성을 높인다(Prestwich et al., 2012). 조깅 혹은 걷기와 같은 집단 운동 프로그램에 참여하는 사람들이 운동에 참여하는 두 가지 이유는 지지받는 느낌과 집단 응집력이라고 보고하였다(Floyd & Moyer, 2010). 히스패닉계 사람들은 이러한 지지가 운동 참여에 중요하다(Marquez & McAuley, 2006). 심지어 주변 이웃이 운동하는 것을 보거나 이웃이 산책로에 있는 것을 보는 것만으로도 운동 시간이 증가할 수 있다(Kowal & Fortier, 2007). 심지어 온라인 사회적 네트워크로부터의 지지도 물리적 활동을 증가시킨다(Rovniak et al., 2016).

규칙적인 운동을 가장 잘 예측하는 것은 규칙적인 운동이다(Phillips & Gardner, 2016). 장기간의 규칙적인 운동은 습관에 의해 결정된다(Kaushal, Rhodes,Spence, & meldrum, 2017). 처음 3~6개월이 중요한데, 이 시기에 많은 사람들이 중도 포기를 한다(Dishman, 1982). 규칙적인 활동을 포함한 운동 프로그램을 개발하고, 실제로 규칙적으로 실시하는 것은 자동적이고 습관이 되었다는 것을 의미한다. 그러나 습관은 한계가 있다. 안전벨트를 매거나, 이를 닦는 것과 같은 습관적인 행동과는 다르게 운동은 개인의 의지와 규칙적인 실천에 대한 책임감이 필요하다. 요약하면, 사람들이 자신이 좋아하는 활동을 하고, 접근이 편리한 활동을 하고, 계속하려는 동기가 있고, 목표를 달성할 수 있는 활동에 참여한다면, 운동 순응도는 더 높아질 것이다(Dishman, 1982; Papandonatos et al., 2012).

운동 개입

여러 가지 유형의 개입은 사람들을 운동하게 만드는 데 성공하였다. 자기조절 원리를 포함한 개입(자아효능감에 대한 신념 강화)과 동기 강화 개입은 운동습관을 변화시키는 데 성공적일 수 있다(Conroy, Hyde, Doerksen, & Riebeiro, 2010). 사람들이 운동에 대한 의지를 가지게 하고, 짧은 문자 메시지를 보냄으로써 운동활동을 증가시킬 수 있다(Prestwich, Perugini, & Hurling, 2010). 여러 연구에서는 행동 변화에 대한 범이론적 모델(즉, 변화단계 모델)이 신체활동을 증가시키는 데 유용함을 확인하였다. 준비 단계에 해당하는 신체 활동을 유지하고 증가시키는 개입은 이러한 계획이 없는 개입보다 성공적이다(Blissmer & McAuley, 2002; Dishman, Vandenberg, Motl, & Nigg, 2010; Marshall et al., 2003). 운동 개입은 건강을 되찾는 것과 같은 개인적 가치와 사회적 규범을 높일 때 특히 성공적이다(Hunt, McCann, Gray, Mutrie, & Wyke, 2013; Kanning & Hanssen, 2017; Wally & Cameron, 2017). 개인이 그의 현 정신 상태("나는 몸매가 망가져서 슬프다")를 목표가 성취되었을 때 상상할 수 있는 긍정적인 상태("몸매가 좋아서 기분이 좋다")로 바꾸는 긍정적인 심리적 대조는 운동을 장시간 지속할 수 있게 하는 효과적이며 비용이 저렴한 방법이다(Ruissen, Rhodes, Crocker, & Beauchamp, 2018).

다른 건강행동과 마찬가지로, 운동 선택에 영향을 미치는 요인들이라고 해서 꼭 운동 프로그램의 장기간 유지를 반드시 예측하는 것은 아니다. 신체활동이 중요하다고 믿는 것은 운동 프로그램의 시작을 예측하며, 시간이 없거나 운동할 장소가 없는 것과 같은 장애물은 운동 프로그램의 지속 여부를 예측한다(Rhodes, Plotnikoff, & Courneya, 2008). 장애물을 극복할 수 있다는 자신의 능력에 대한 자기효능감은 지속 여부를 예측한다(Higgins, Middleton, Winner, & Janelle, 2014).

모든 가족 구성원들을 활동적으로 만드는 가족 기반 개입들은 성공적이었다(Rhodes, Naylor, & Mckay, 2010). 하지만 가족 중 한 명이 과체중이거나 비만인 경우, 가족 내 다른 구성원들의 운동에 대한 헌신을 약화할 수도 있다(Wiseman, Patel, Dwyer, & Nebeling, 2018). 운동을 장려하는 직장 개입은 신체활동을 증가시키는 데 작지만 긍정적인 효과가 있었다(Abraham & Graham-Rowe, 2009). DVD를 활용한 운동 개입은 성공적이며 다수의 사람들에게도 적용될 수 있는 잠재력이 있다(Awick et al., 2017). 우편물 발송과 같이 최소한으로 노인들의 운동을 장려하는 개입 역시 운동을 증가시킬 수 있다. 또한 문자 메시지를 보내는 것만으로도 빠르게 걷기와 같은 운동을 촉진시키는 데 성공적인 것으로 나타났다(Prestwich, Perugini, & Hurling, 2010). 물론 이러한 개입의 장점은 비용이 낮고 시행하기 쉽다는 것이다.

재발 방지는 운동 프로그램에 대한 장기간 준수율을 증가시킨다. 예를 들면, 규칙적인 운동을 방해하는 장애물에 대한 인식을 늘리고, 운동을 하지 못하게 하는 유혹들에 대처하는 방법을 사람들에게 알려주는 것이 운동 프로그램을 유지하는 데 도움이 된다. 스트레스나 피로감, 빡빡한 일정과 같은 규칙적인 운동을 방해하는 장애물들을 사람들이 알아차릴 수 있도록 하는 것은 순응도를 향상시킨다(Blanchard et al., 2007; Fjeldsoe, Miller, & Marshall, 2012).

운동을 전반적인 건강한 생활방식 변화 프로그램에 통합시키는 것이 더 좋을 수 있다(Conroy et al., 2017).

하나의 건강행동과 관련된 동기는 다른 건강행동에 영향을 미칠 수 있다(Mata et al., 2009). 예를 들면, 관상동맥성 심장질환(CHD)의 위험이 있는 성인에게 간단한 행동 상담을 실시하는 것은 준비 단계에서 그들의 신체활동을 유지할 수 있도록 도울 뿐만 아니라 흡연과 지방 섭취를 감소시킨다(Steptoe, Kerry, Rink, & Hilton, 2001). 여러 건강행동들이 포함된 개입들은 복잡하기 때문에 가끔 실패하기도 하지만, 위험성에 대한 설명과 함께 건강습관들을 서로 연결시키는 것은 효과적이다. 운동에 대해 개인 목표를 설정하는 것은 운동에 더 집중할 수 있게 하며(Hall et al., 2010), 운동을 정확하게 언제 어떻게 실현할 것인지, 운동을 언제 할지 계획하는 것은 목적과 실제 행동 간의 연결을 가능하게 한다(Conner, Sandberg, & Norman, 2010).

운동 개입은 전반적인 생활방식의 변화를 가져온다. 이러한 문제는 60가구의 히스패닉 및 백인 가족에 대한 흥미로운 주제로 연구되었는데, 참여자 중 절반이 식단 변화와 운동 개입 프로그램에 1년 동안 참여했다. 프로그램 참여 보상으로 모든 가족들은 샌디에이고 동물원을 갔고, 그곳에 있는 동안 그들의 행동과 음식 섭취, 걷는 양을 기록하였다. 개입에 참여한 가족들은 통제집단 가족보다 더 적은 칼로리를 소모하였고, 적은 염분을 섭취하였으며, 더 많이 걸었다. 이는 개입이 그들의 생활방식에 통합되었음을 의미한다(Patterson et al., 1988). 이러한 개입의 가족 기반 접근은 성공에 영향을 미친다(Martinez, Ainsworth, & Elder, 2008).

신체활동 웹사이트는 사람들이 규칙적인 운동에 참여할 수 있도록 유도한다(Napolitano et al., 2003). 물론 인터넷에서 웹사이트를 본다고 해서 꼭 운동을 하는 것은 아니다. 실제로, 지금까지 신체활동 웹사이트가 제공한 개인 맞춤형 권고사항들이 사람들로 하여금 규칙적으로 운동을 하게 한다는 증거들은 명확하지 않으며(Carr et al., 2012), 초기 획득된 것이 유지되지 않을 수도 있다(Carr et al., 2013). 그러나 일단 도입이 된다면 자동화된 운동 조언은 물리적 활동 프로그램을 유지하는 데 도움이 될 수 있다(King et al., 2014).

사람들이 운동을 시작하고 꾸준히 하는 것에 대한 문제에 직면하고 있음에도 불구하고, 미국인의 운동 수준은 최근 10년간 상당히 증가했다. 의사가 운동을 권장하는 것은 사람들이 운동을 할 수 있도록 하는 요인 중 하나이며, 의사들은 점점 더 환자들에게 운동을 시작하거나 지속할 것을 권고하고 있다(Barnes & Schoenborn, 2012). 규칙적인 운동에 참여한 사람들의 수는 지난 수십 년 동안 50% 이상 증가하였고, 주로 앉아서 생활하는(몸을 많이 움직이지 않는) 운동을 하고 싶어 하는 성인과 노인, 만성질환을 지닌 환자들도 점점 증가하고 있다(Courneya & Friedenreich, 2001). 이러한 결과는 인구가 노령화되어 가지만, 전 세대에 비해 더 건강한 방식으로 노령화가 나타난다는 것을 제시한다.

사고 예방

> "이렇게 많은 차가 충돌하는 것은 놀랄 일도 아닙니다.
> 운전자들은 사고를 당하기 쉽습니다.
> 한 손에 커피 컵을 들고 있고,
> 다른 손에는 휴대폰을 들고 있으니까요."
>
> – 아트 벅

이 시는 중요한 점을 포함하고 있다. 사고는 세계와 미국 내에서 예방할 수 있는 사망의 주요 원인 중 하나이다. 전 세계적으로 거의 135만 명의 사람들이 교통사고로 사망하고, 사고로 인한 경제적 비용은 매년 5,180억 달러로 추정된다(World Health Organization, 2018). 미국 내 자전거 사고는 매년 900명 이상의 사망자를 초래하며, 49만 4,000번 이상의 응급실 방문을 유발한다. 또한 자전거 사고는 뇌 손상의 주요 원인이므로, 헬멧을 착용하는 것이 중요하다(Centers for Disease Control and Prevention, 2015). 미국에서는 하루에 2,000명 이상의 사람들이 주로 처방된 약이나 불법 약물과 같은 독극물로 피해를 입으며, 4만 명의 사람들이 독극물로 죽는다

(Centers for Disease Control and Prevention, 2012a년 3월; Warner, Chen, Makuc, Anderson, & Miniño, 2011). 직장 내 사고와 그로 인한 장애는 특히 직장인의 건강을 위협한다.

가정과 직장에서의 사고

우연한 음독이나 낙상과 같은 가정 내 사고들은 5세 이하 아동의 사망과 장애의 가장 흔한 원인이다(Barton & Schwebel, 2007). 가정 내 사고를 감소시키기 위한 개입은 일반적으로 부모에게 이루어지는데, 이는 부모가 아동의 환경을 통제하기 때문이다. 안전 장치와 안전문을 가정에 설치하는 것, 독극물을 손에 닿지 않는 곳에 두는 것, 아이들에게 안전 기술을 가르치는 것이 이 개입의 구성 요인이다.

소아과 의사들은 신생아 부모가 방문 시 이러한 훈련을 교육시킨다(Roberts & Turner, 1984). 부모 교육은 부모가 가정에 있는 가장 흔한 독성물질을 구분하고, 어린 아동들의 손에 닿지 않거나 안전한 장소에 보관할 수 있도록 돕는다. 가정에서 부모가 어떻게 아동을 보호하는지 훈련하는 개입의 평가(Morrongiello, Sandomierski, Zdzieborski, & McCollam, 2012)는 그러한 개입이 성공적임을 보여준다. 심지어 어린 아동이 가정 내 안전에 대해 배울 수도 있다. 예를 들면, 컴퓨터 게임을 사용한 개입은 아이들의 화재 안전행동에 대한 지식을 향상시킬 수 있다(Morrongiello, Schwebel, Bell, Stewart, & Davis, 2012). 웹사이트의 가상 환경 학습은 아이들이 횡단보도를 안전하게 건너는 것을 배울 수 있다(Schwebel, McClure, & Severson, 2014).

한때, 직장 내 사고는 사망과 장애의 주요 요인이었다. 그러나 통계에 의하면, 직장 내 사고는 1930년대 이후 점차 줄어 들고 있다. 이러한 감소는 부분적으로는 근로자들의 더 나은 예방 인식에 기인할 것이다. 그러나 가정 내 사고는 실제로는 증가하였다. 약병에 안전 두껑을 씌운다거나 연기 탐지 기기를 가정에 설치하는 등의 사회공학적 해결책은 이러한 증가를 완화시키고 있다. 하지만 추세는 우려스럽다.

자동차 사고는 사망의 주요 원인이며, 특히 어린아이들에게 그러하다. 어린이 보호 규제 장치 제정법은 자동차 사고 사망자를 극적으로 줄였다.

Ryan McVay/Photodisc/Getty Images

사고와 노인 매년 대략 2만 8,000명 이상의 노인들이 낙상 관련 상해의 결과로 죽으며, 그보다 더 많은 수가 장애를 가지게 된다. 낙상으로 매년 280만 노인이 응급실에서 치료를 받게 되며, 이 중 80만 명이 병원에 입원하게 된다(Centers for Disease Control and Prevention, 2017).

그 결과, 사고를 감소시키는 전략은 점차 건강심리학 연구와 개입의 초점이 되어가고 있다. 뼈 조직의 손실을 감소시킬 수 있는 식단과 약물 개입은 골절의 위험에 영향을 미친다. 균형 잡기, 움직이기, 걷기 훈련을 포함하는 신체활동 훈련은 낙상 위험을 감소시킨다. 또한 욕조에 미끄럼 방지 매트와 샤워실 손잡이 설치, 계단 양쪽에 핸드 레일 설치, 조명 밝기를 높이는 것과 같이 위험을 감소시킬 수 있는 방법을 교육하여 작은 변화를 주는 것도 도움이 된다(Facts of Life, 2006년). 이는 건강심리학자들이 실시하는 낙상 예방 프로그램이 노인들의 사망률과 장애율을 상당히 감소시킬 수 있음을 암시한다(Facts of Life, 2006년 3월).

오토바이와 자동차 사고

> 헬멧을 착용하지 않은 오토바이 운전자를 내가 뭐라고 부르는지 아나요? 장기 기증자.
>
> – 응급실 의사

사고사의 가장 높은 단독 원인은 오토바이와 자동차 사고이다(Centers for Disease Control and Prevention, 2009a). 비록 속도 제한과 안전벨트와 같은 사회공학적 해법이 사고율에 중요한 영향을 미치지만, 심리적 개입 또한 사고와 관련된 요인들을 설명할 수 있다. 이러한 개입은 사람들이 운전하는 방식, 운전 속도와 함께 운전 중 휴대전화 사용을 자제하게 하는 개입 등 안전을 증가시키는 예방책 사용을 포함한다(Weller, Shackleford, Dieckmann, & Slovic, 2013).

예를 들면, 많은 미국인들은 아직도 안전벨트를 사용하지 않는다. 이러한 문제는 특히 청소년들에게 일반적으로 나타나며, 치명적 사고의 높은 비율을 설명한다(Facts of Life, 2004년 5월). 안전벨트와 유아 안전장치 사용 증가를 목표로 한 지역사회 건강 교육 프로그램은 성공적이다. 이러한 프로그램 중 하나는 참가자들의 안전벨트 및 유아 안전장치 사용을 24%에서 41%로 증가시켰으며, 6개월 이후의 추적 조사에서도 36%로 유지되었다(Gemming, Runyan, Hunter, & Campbell, 1984).

전반적으로 사회공학적 해결이 보다 효과적이지만, 안전벨트 사용은 그것이 법으로 규정되어 있는 주에서 더 보편적으로 나타나며, 오토바이 운전자의 헬멧 착용을 의무화한 법을 강화한 주에서는 오토바이 사고로 인한 사망이 감소하였고, 오토바이 사고로 인한 장애 관련 건강관리 비용이 더 낮아졌다(*Wall Street Journal*, 2005년 8월 9일).

백신 접종과 검진

백신 접종과 검진은 미국 내 주요 사망 원인을 조기에 예방하거나 진단하는 두 가지 방법을 나타낸다. 아직 많은 사람들이 이러한 건강 자원을 사용하지 않고 있지만, 이는 건강심리학자들에게 행동 변화의 중요성을 이야기해 준다.

백신 접종

부모들은 많은 소아 질환 중에서도 홍역, 소아마비, 디프테리아, 백일해, 파상풍에 대해서는 자녀에게 백신 접종을 해야 한다. 학교에 등록하기 위해서는 이러한 백신 접종이 필요하기 때문에 대부분의 부모들이 실시한다. 하지만 어떤 부모는 하지 않고 '무임승차'를 한다. 이는 대부분의 아동들이 백신 접종을 한 경우, 하지 않은 소수 아동은 다수의 아동들로부터 보호를 받기 때문이다(Korn, Betsch, Bohm, & Meier, 2018). 몇몇의 경우에, 아동에 대한 백신 접종 거부는 백신이 실제로 해당 질환을 야기시키거나 자폐증 같은 다른 질환을 가져다 줄 수 있다는 잘못된 믿음 때문에서 발생하기도 한다(Martin

& Petrie, 2017). 백신 접종률을 향상시키기 위한 기대를 갖고, 백신을 부정하는 부정확한 믿음을 바로잡고 백신의 사회적 이점을 강조하기 위한 개입이 시도되었다(Betsch et al., 2013).

유두종 바이러스(HPV) 예방을 위한 13세 미만 아동 백신 접종이 미 국립보건원(NIH)에 의해 권장되고 있다. HPV는 자궁 경부암 등 암과 연관되어 있으며, 성병과 관련된 바이러스다. 하지만 질병관리 및 예방 본부의 보고서에 의하면, 2016년까지 단지 40%의 여자 아동과 21%의 남자 아동만이 백신을 맞았다. 이 비율은 다른 나라에 비해 매우 낮다: 호주(75%), 영국(88%), 르완다(93%)(Winslow, 2016). 백신 접종률을 높이기 위한 주요 공공건강 개입으로서 부모와 청소년을 목표로 하는 가족-집중 메시지가 제안되었으며(Alexander et al., 2014), 영국에서는 청소년에게 직접적인 지불이 시도되기도 했다(Mantari, Vogt, & Marteau, 2015). 하지만 백신 접종율을 높이기 위한 가장 효과적인 방법은 아직까지 발견되지 않았다.

검진

미국 내 가장 일반적인 암은 여성에게는 유방암이고 남성에게는 전립선암이다. 최근까지도, 정기 검진이 이들 암과의 최전선이었다. 하지만 현재는 여성에게는 유방 조영술, 남성에게는 전립선 항원검사술(PSA)을 통한 정기 검진이 더 이상 모든 성인에게 권장되지 않는다. 외과적 수술을 포함하여, 위양성(검사가 암으로 잘못 판정내린 경우)으로 인한 불필요한 치료로 이어질 수 있기 때문이다. 더구나 검사 결과가 암으로 진단되더라도 그것은 사망률에 거의 영향을 끼치지 않는다.

현재, 징후가 있거나 고위험군 남성(가족 중 전립선암 환자가 있는 경우, Watts et al., 2014)과 여성(가족 중 유방암 환자가 있거나 유방암 관련 유전자가 있는 경우)은 모니터링을 받아야 한다. 그렇지 않다면, 정기 PSA 검진은 권장되지 않으며, 유방 조영술은 45~55세 여성에게는 매년 1회, 55~74세 여성에게는 2년에 1회 권장된다.

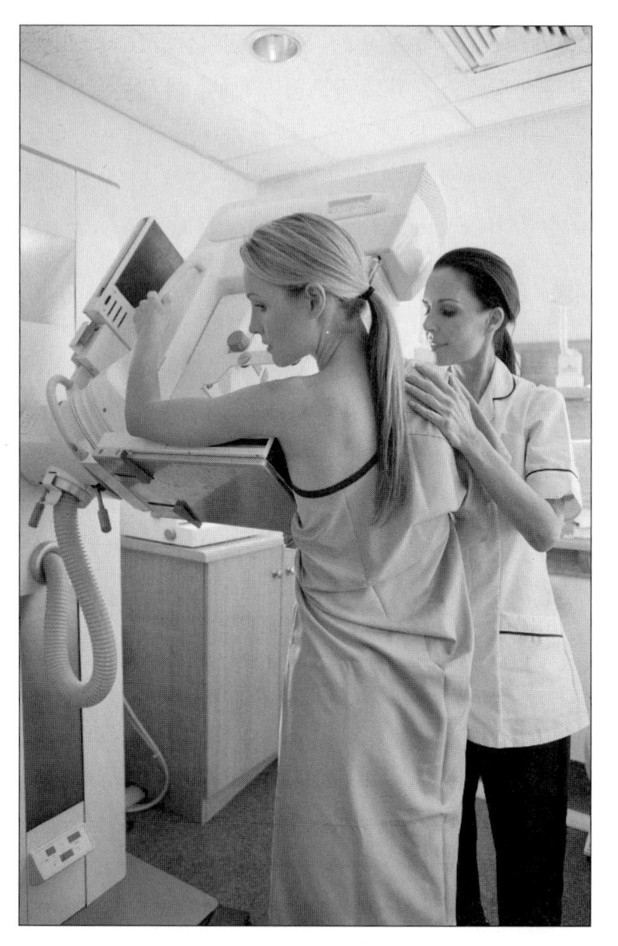

유방 조영술은 50세 이상 여성의 유방암을 발견하는 중요한 방법이다. 중년 여성이 유방 조영술을 받도록 하는 것이 건강과학자의 우선사항이다.
Cultura/Getty Images

노년층의 여성에게는 유방 조영술의 가치가 불명확하다.

왜 고위험군 여성에게 유방 조영술 검진이 중요할까? 그 이유는 여러 가지가 있다.

- 미국에서는 8명 중 1명이 유방암에 걸린다
- 대부분의 유방암은 40세 이상의 여성에게 발견되고, 따라서 이 연령집단이 검진을 받는 것은 비용적으로 효과적이다.
- 유방 조영술을 통한 조기 발견은 생존율을 높일 수 있다.

불행하게도, 유방 조영술 권유를 받아들이는 비율

은 낮다. 이는 방사선 치료에 대한 두려움, 과정의 어색함, 기대되는 고통, 불안, 암에 대한 두려움(Gurevich et al., 2004; Schwartz, Taylor, & Willard, 2003) 때문이며, 특히 가난한 여성들은 비용에 대한 걱정으로 정기적인 유방 조영술을 받지 못한다(Lantz, Weigers, & House, 1997). 또한 유방 조영술의 중요성에 대한 인식 부족, 시간 부족, 이용 가능한 서비스의 부족은 검진율을 낮추는 데 영향을 미친다.

유방 조영술에 대한 태도의 변화는 유방 조영술의 이용 가능성 증가를 가져올 수 있다. 예를 들면, 건강 신념 모델을 사용한 개입은 정기적인 유방 조영술 이용 가능성을 예측할 수 있다. 유방 조영술에 대한 긍정적인 태도를 가진 여성과 유방 조영술 사용이 사회 규범상으로 선호된다고 인식하는 여성은 유방 조영술 프로그램에 참여하기가 더 쉽다(Montano & Taplin, 1991). 사회적 지지는 유방 조영술 사용을 예측하며, 특히 저소득 여성과 노년에게 사회적 지지는 중요하다(Messina et al., 2004). 만약 당신의 친구가 유방 조영술을 실시한다면, 당신은 유방 조영술을 더 쉽게 실시할 수 있을 것이다. 만약 앞으로 유방 조영술을 받을 사람이 준비할 수 있게 한다면 개입은 더 성공적일 것이다(Champion & Springston, 1999; Lauver, Henriques, Settersten, & Bumann, 2003).

대장암 검진

서구권 국가에서 대장암은 암으로 인한 사망의 두 번째 원인이다. 최근의 의학 지침들은 노인들에게 50세 이후 매 3~5년마다 정기적으로 대장암 검진을 받도록 권장하고 있다(Wardle, Williamson, McCaffery et al., 2003).

다른 건강행동의 실천을 예측하는 요인들은 대장암 검진에 참여하는 것을 예측하는데, 이 요인에는 SES, 자기효능감, 절차에 대한 자각된 이점, 치료 참여에 대한 의사의 권유, 참여가 선호된다는 사회적 규범, 개인적인 위험을 강조한 메시지 등이 포함되며(Brumbach, Birmingham, Boonyasiriwat, Walters, & Kinney, 2017), 검사 프로그램의 이점을 취하기 어렵게 만드는 몇 가지 장애물도 있다(Manne et al., 2002; Sieverding, Matterne, & Ciccarello, 2010; Orbell, Szezepura, Weller, Gumber, & Hagger, 2017). 많은 건강행동들과 관련된 신념들은 대장암 검진 참여의 의도를 예측하는 반면, 삶의 어려움(낮은 사회경제적 지위, 좋지 않은 건강 상태)은 실제로 검사받는 것을 방해한다(Kiviniemi, Klasko-Foster, Erwin, & Jandorf, 2018).

대중매체를 활용한 지역사회 기반 프로그램, 지역사회 기반 교육, 교회와 같은 사회적 네트워크를 통한 개입, 의료진의 권장, 알림 공고와 같은 전략을 사용한 지역사회 기반 프로그램은 암 진단 및 검사 프로그램 참여를 장려하고, 노인들이 검사를 받을 수 있도록 한다(Curbow et al., 2004; Kerrison et al., 2018). 대장암 검진에 대한 사람들의 저항에 초점을 둔 전화 기반 개입들은 검진을 실시할 가능성을 증가시킨다(Menon et al., 2011). 히스패닉계 미국인들은 대장암에 특히 위험하기 때문에, 이들을 다루는 것은 중요하다(Gorin, 2005).

자외선 차단 실시

지난 30년간 미국의 피부암 발병은 거의 네 배가 증가하였다. 비록 기저세포와 편평세포암종은 치명적이지는 않지만, 악성 흑색종은 매년 9,000명의 생명을 앗아간다(American Cancer Society, 2018). 과거 20년 동안 흑색종 발생률은 155%까지 증가하였다. 더군다나 이러한 암은 예방할 수 있는 질병 중 하나이다. 자외선(UV)에 과도하게 노출되는 것은 가장 잘 알려진 피부암의 주요 위험요인이다. 남부 지방에서 거주하거나 휴가를 보내는 것, 야외활동 참가, 선탠을 하는 것 모두 위험한 자외선 노출에 영향을 미친다. 1/3 미만의 미국 아동만이 자외선 차단을 적절하게 하고 있었고, 3/4 이상의 미국 청소년들은 매년 여름 적어도 한 번 이상 햇볕으로 인한 화상을 입는다(Facts of Life, 2002년 7월).

결과적으로, 건강심리학자들은 자외선 차단을 촉진시키기 위한 개입을 개발하려고 한다. 보통 이러한 노

햇볕에 노출되는 위험에도 불구하고, 수백만의 사람들이 매년 일광욕을 한다.
Ingram Publishing/Superstock

력은 사람들이 피부암의 위험에 대해 경각심을 가지고, 위험을 감소시키기 위해 자외선 차단 크림을 사용하는 것이 유용함을 알리는 교육적 개입과 함께 이루어진다(Stapleton, Turrisi, Hillhouse, Robinson, & Abar, 2010). 그러나 교육만으로는 개입이 성공적으로 이루어지지 않는다(Jones & Leary, 1994). 햇볕에 태운 피부가 여전히 매력적으로 여겨지고 있으나(Blashill, Williams, Grogan, & Clark-Carter, 2015), 많은 사람들이 태닝의 장기적인 결과를 의식하지 못한다(Orbell & Kyriakaki, 2008). 대다수의 사람들은 적절하지 않은 자외선 차단 지수(SPF)의 자외선 차단제를 사용하고 있으며, 실외활동을 하는 동안 자외선 차단제를 충분히 바르지 않는다(Wichstrom, 1994). 자외선 차단제를 효과적으로 사용하는 데 있어서 필요한 요인으로는 피부암에 대한 지식, 자외선 차단제의 필요성 지각, 피부암을 보호하는 데 있어서 자외선 차단제의 효과 지각, 자외선 차단제 사용에 대한 우호적인 사회적 규범이 있다(Gonzales & Blashill, 2018; Turrisi, Hillhouse, Gebert, & Grimes, 1999). 이러한 모든 요인들은 마지못해 변화한다.

부모는 아이들이 자외선에 노출되는 것을 감소시키는 데 중요한 역할을 한다(Hamilton, Kirkpatrick, Rebar, & Hagger, 2017). 부모의 자외선 차단 습관은 자녀들이 자외선 차단에 얼마나 주의를 기울이는지 그리고 혼자서는 어떻게 자외선 차단을 하는지에 영향을 미친다(Turner & Mermelstein, 2005).

청소년과 젊은 성인에게 전달할 때는 자외선 차단제 사용으로 인한 위험을 강조하는 것보다 피부암에 대한 걱정으로부터 자유로워지거나 혹은 외관상 좋아 보이는 것과 같이 자외선 차단제 사용으로 인한 이득을 강조하는 것이 더 성공적인 것으로 나타났다(Detweiler, Bedell, Salovey, Pronin, & Rothman, 1999; Jackson & Aiken, 2006). 위험을 강조할 때는 만성질환의 장기적인 위험보다 즉각적인 역효과를 강조하는 것이 중요한데, 이는 청소년과 젊은 성인이 특히 즉각적인 걱정에 영향을 받기 때문이다.

한 기발한 연구에서는 해수욕장의 피서객들을 대상으로 한 집단은 젊은 나이에 주름과 검버섯이 생긴 노화와 관련된 사진을 보여주었고, 두 번째 집단에는 자외선 노출의 결과가 부정적인 사진을 보여주었다. 세 번째 집단에는 두 가지 사진을 모두 보여주었으며, 네 번째 집단은 통제집단으로 할당하였다. 자외선 사진 정보를 받은 피서객은 자외선 차단 행동을 더 보이는 것으로 나타났으며, 자외선 사진과 사진 노화 정보를 결합한 세 번째 집단은 장기간에 걸쳐 일광욕 횟수가 상당히 감소한 것을 알 수 있었다(Mahler, Kulik, Gerrard, & Gibbons, 2007; Mahler, Kulik, Gibbons, Gerrard, & Harrell, 2003). 비슷한 개입들은 태닝숍 이용을 줄이는 데 효과적인 것으로 보인다(Gibbons, Gerrard, Lane, Mahler, & Kulik, 2005).

건강심리학자들은 자외선 차단 관련 자료를 나누기 위한 수단으로 인터넷 기반 전략을 취해왔다. 심지어 자외선 차단 실천을 위한 짧은 개입도, 특히 위험군에게는 효과적일 수 있다(Heckman, Handorf, Darlow, Ritterband, & Manne, 2017).

건강한 식단의 개발

식단은 사망의 여러 원인에 대한 중요하고 통제 가능한 위험요인이고, 질병의 위험요인이다. 예를 들면, 식단은 혈중 콜레스테롤 수준과 혈중 지질 농도와 관련이 있다. 비만이 급격하게 증가하고 있는 미국에서 건강한 식단은 긴급하게 추가되어야 하는 권고사항이다. 그러나 오직 13%의 성인만이 매일 과일 권장량만큼 섭취하며, 9%의 성인만이 야채를 권장량만큼 섭취한다(Centers for Disease Control and Prevention, 2015년 7월; 표 4.2). 전문가들은 건강하지 못한 섭식이 매년 67만 8,000명 이상의 죽음에 원인을 제공하는 것으로 추정한다(U.S. Burden of disease Collaborators, 2013).

표 4.2 | 미국 농무부(USDA)가 권장하는 균형 있는 식단

미국 농무부는 현재 하루에 2,000칼로리의 식단을 권장하며, 다음과 같은 성분으로 구성된 식단을 권장한다.

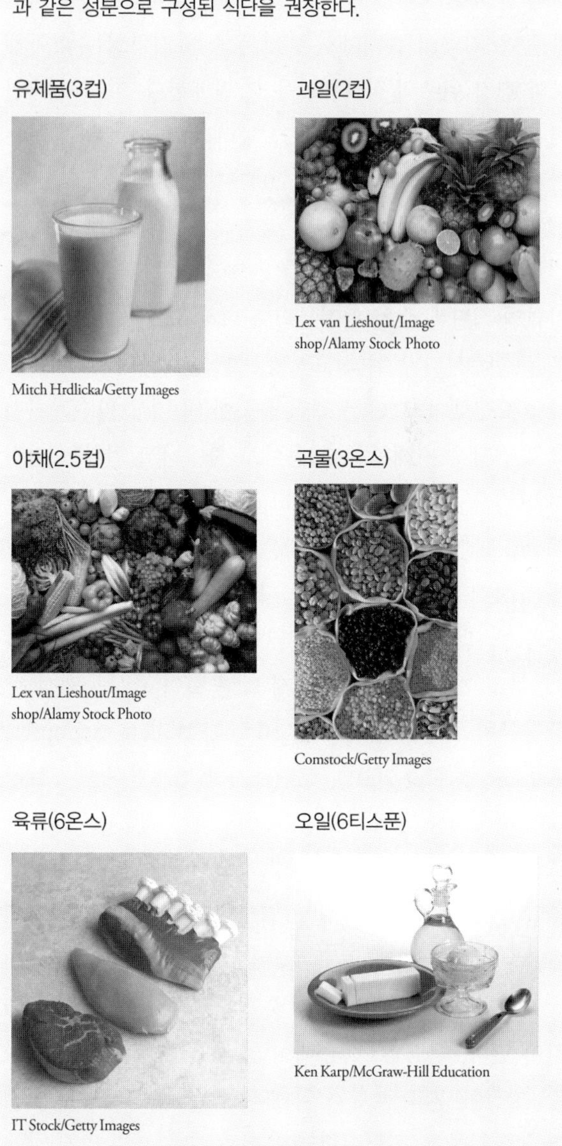

과식은 쾌락에 의해 유도되며, 쾌락 식사라고 할 수 있다. 이러한 섭식은 굶주림을 채우거나 필요한 칼로리를 획득하는 것이 아니라 먹는 즐거움에 경도된 이상한 섭식이다(Bejarano & Cushing, 2018).

그러기에 교정하기가 힘들다. 청소년기는 아동의 음식 선호를 형성하고 그들의 행동을 유도하는 중요한 시기이므로, 청소년들의 건강한 음식 소비를 증가하기 위하여, 개입은 잘 먹기 위한 본능적인 동기를 설정하고 가족 및 동료의 사회적 그룹들의 영향을 기록하는 것에 중점을 둘 필요가 있다(Smit et al., 2018).

식단 변화는 위험군인 사람 혹은 관상동맥 질환, 고혈압, 당뇨, 암과 같은 만성질환을 이미 진단받은 사람에게 중요하다(Center for the Advancement of Health, 2000f).

이러한 질환은 사회경제적 지위(SES)가 낮은 사람들에게 더 큰 위험이 되고, 식단은 낮은 사회경제적 지위와 질환 간의 관계를 설명한다. 예를 들면, 사회경제적 지위가 높은 지역의 슈퍼마켓은 낮은 소득 지역의 슈퍼마켓보다 건강 위주의 식료품들을 더 판매한다. 따라서 개인이 식단을 변화하려는 동기가 있더라도, 식료품이 없는 경우가 있을 수 있다(Conis, 2003년 8월 4일).

식단의 변화

인류의 식단은 수천년 전부터 진화해 왔으며, 에너지 욕구를 충족시키기 위해 고지방, 설탕, 칼로리가 있는 음식을 요구했다. 이제는 그런 음식이 더 이상 필수적이지 않고 건강을 저해할 수 있음에도 불구하고 인류는 여전히 그런 음식을 선호한다(Ahlstrom, Dinh, Haselton, & Tomiyama, 2017). 좋은 소식은 개인의 식단 변화가 건강을 향상시킬 수 있다는 것이다. 과일, 야채, 곡물, 완두콩과 콩, 닭고기, 생선류를 많이 먹고, 정제된 곡물, 감자, 붉고 가공된 육류를 적게 먹는 것이 관상동맥성 심장질환의 위험을 감소시킨다(Fung, Willett, Stampfer, Manson, & Hu, 2001). 트랜스지방(튀기거나 패스트푸드에 사용되는)과 포화지방(고기나 낙농 제품)을 고도 불포화지방과 단일 불포화지방으로 바꾸는 것은 건강에 좋다(Marsh, 2002년 9월 10일). 현재 균형 있는 식단에 대한 미국 정부 지침은 표 4.2에 설명되어 있다.

저지방 식단뿐만 아니라 몇 가지 식단들은 건강상 이익이 있다. 건강한 '지중해식' 식단은 야채, 견과류, 과일, 생선이 많고, 육류가 적은 것을 말한다. 지방과 단백질을 섭취하고, 고탄수화물 음식과 빵은 거의 먹지 않는 채식주의자의 저탄수화물 식단은 건강에 좋은 영향을 미친다. 많은 사람들이 이러한 식단을 선호하기 때문에 비교적 쉽게 이러한 식단을 유지할 수 있으며, 사람들의 장기간 준수율이 높다.

식단 개선에 대한 저항

관상동맥성 심장질환(CHD)의 위험이 높거나 의사에게 식단 개선을 추천받았음에도 불구하고 식단을 수정하는 것은 어려운 일이다. 사람들이 콜레스테롤, 지방, 칼로리, 첨가물들을 낮추고, 식이섬유, 과일, 야채를 늘리는 식단으로 바꾸는 가장 일반적인 이유는 건강 향상이 아니라 외모를 가꾸기 위해서이다. 그렇다고 해도 지방 수준을 낮추고 식이섬유, 과일, 야채 섭취량을 늘린 권장 식단을 따르는 사람은 미국 성인 중 절반에도 못 미친다(Kumanyika et al., 2000).

새로운 식단을 준수하는 비율은 처음에는 높았으나 시간이 지날수록 감소하였다. 몇몇 식단은 제한적이고, 단조롭고, 비싸며, 실시하기 어렵다. 쇼핑, 식단 짜기, 요리법, 식습관에서의 급격한 변화가 요구될지도 모른다. 결심이 약해졌을 때 가끔 간식을 먹는 것은 건강한 식습관을 약화시킨다. 많은 간식들이 건강하지 않기 때문이다(Inauen, Shrout, Bolger, Stadler, & Scholz, 2016). 입맛은 바꾸기 어렵다. 지방과 설탕이 많이 포함한 음식들은 코르티솔과 같은 스트레스 호르몬을 없애는 데 도움이 될 수 있지만, 건강하지 않은 식단에 영향을 미친다. 육류를 좋아하고, 건강에 대한 의식이 부족하거나, 새로운 음식에 대한 흥미가 제한적이거나, 식습관과 질병 간의 관계에 대한 인식이 낮은 것들은 모두 나쁜 식습관과 연결되어 있다.

스트레스와 식단 스트레스는 식단에 직접적이고 부정적인 영향을 미친다. 스트레스 상황에 있는 사람들은 기름진 음식을 더 많이 먹고, 과일과 야채는 적게 먹으며, 간식을 더 많이 먹고, 아침을 거른다(O'Connor, Jones, Ferguson, Conner, & McMillan, 2008). 낮은 지위의 직장과 많은 업무량, 직장 내 통제가 부족한 사람은 건강하지 못한 식단과 관련이 있다. 사람들이 스트레스를 받으면 주의가 산만해지고, 자기통제에 실패하며, 먹는 것에 집중하지 못한다(Devine, Connors, Sobal, & Bisogni, 2003). 따라서 일상에서 받는 인지적 부담은 그 자체만으로 사람들이 자신의 식습관을 관찰하는 것을 방해하고, 이는 결과적으로 개인의 음식 섭취 통제 능력을 저해한다(Ward & Mann, 2000).

누가 식단을 조절하는가 성실하고 지능이 높은 사람들은 건강한 식단을 더 잘 따른다. 실행 통제 능력이 없는 사람들보다 자기통제력이 높은 사람들이 건강한 식단을 더 잘 관리할 수 있다(Powell, McMinn, & Allan, 2017). 강한 자아효능감, 식이 조절 문제에 대한 지식, 가족의 지지, 식단 조절이 건강에 미치는 유익함을 인식하는 것은 건강한 식단 개발에 중요하다(Boehm et al., 2018; Steptoe, Doherty, Kerry, Rink, & Hilton, 2000; van Rijn, Wegman, Aarts, de Graaf, & Smeets, 2017;Wu, Fisher-Hoch, Reininger, & McCormick, 2018).

사람들은 식단에 대한 사회적 규범을 알게 되었을 때 그러한 규범으로 식단을 변경하려고 한다(Robinson, fleming, & Higgs, 2014). 예를 들어, 당신 주변의 사람들이 탄산수가 몸에 안 좋기에 마시는 것을 그만두었다면, 당신도 그렇게 되기 쉽다. 건강한 음식에 대한 선택을 자아와 연결하는 것은 태도를 건강한 방향으로 변화시킬 수 있다(Mattavelli, Avishai, Perugini, Richetin, & Sheeran, 2017).

식단 개선을 위한 개입 최근 식단 변화를 유도하는 노력들은 음식 섭취량, 간식, 단 음료를 줄이는 것에 초점을 두고 있다. 비만의 원인이 되는 음식 섭취량은 지난 수십 년간 매우 증가하였다. 간식을 먹는 것 또한 비만과 관련이 있고, 단 음료는 높은 심장질환 위험과 관련이 있으며(de Koning et al., 2012), 제2형 당뇨병 비율 증가의 원인으로 여겨진다. 따라서 현재 지향하고 있는 개입들은 이러한 문제와 관련되어 있으며, 지방을 줄이고 야채와 과일 섭취를 증가시키는 식단의 전반적인 개선까지 다룬다. 비만, 당뇨병, CHD와 같은 특정 건강 위험요인은 사람들이 자신의 식단을 수정하게 만들며, 의사, 간호사, 영양사, 건강심리학자들은 환자들을 위한 적절한 식단을 개발할 수 있도록 한다.

대부분의 식단 변화는 인지행동 개입을 통해 이루어진다. 식단 변화에 대한 노력은 자기 모니터링 훈련과 교육으로 시작한다. 대부분의 사람들이 건강한 식단이 무엇인지 알지 못하고, 먹는 것에 충분한 집중을 하지 않는다는 것을 의미한다(O'Brien, Fries, & Bowen, 2000). 추가적인 요소들로 자극 통제, 유관성 계약이 포함되며, 파티와 같은 재발 가능성이 높은 상황에서 대처할 수 있는 재발 방지 기법도 이루어진다. 식단 개선과 관련된 주요 요인 두 가지는 식단 변화에 있어서 사회적 지지를 얻는 것과 자아효능감을 향상시키는 것이다(Steptoe, Perkins-Porras, Rink, Hilton, & Cappuccio, 2004). 자기긍정 및 동기강화상담 또한 사람들의 과일과 야채 섭취를 늘리고, 식단을 개선시킨다(Ahluwalia et al., 2007; Harris et al., 2014). 계획하기와 분명한 행동 목적 형성을 포함한 자기조절 훈련(Stadler, Oettingen, & Gollwitzer, 2010)은 식단 순응도를 향상시킬 수 있다. 정확하게 언제, 어디에서, 무슨 음식을 먹을지에 대한 시행 의도는 사람들이 의도적인 통제하에 간식을 먹게 하며, 건강에 좋지 않은 간식을 먹는 것을 줄일 수 있도록 한다(Harris et al., 2014). 하지만 과식과 간식 섭취는 자기통제를 하지 않으면 부지불식간에 일어난다. 예를 들어, 다른 이가 간식을 먹는 것을 보는 것만으로도 본인이 따라할 확률이 높아진다(Schuz, Papadakis, & Ferguson, 2018). 그런 경우에는 카페에 붙여진 건강 증진 섭식 사인 등 단순 환경 개입도 사람들로 하여금 좋은 선택을 할 수 있게 도와준다(Allan, Johnston, & Campbell, 2015).

최근 고위험군 위주의 식습관 변화에 대한 노력은 가족에 초점을 두고 있다(Gorin et al., 2013). 함께 식사를 하는 것은 더 나은 식습관을 가져온다. 가족 개입에서 가족 구성원들은 영양사를 만나 가족의 식단을 바꿀 방법을 논의한다. 가족 구성원들이 식단 변화에 참여하고 실시할 때, (심장병 환자와 같은) 구성원들이 식단 변화에 참여하는 것은 더 쉬워진다(Wilson & Ampey-Thornhill, 2001). 이러한 가족 개입을 실시한 아동은 청소년기와 성인기에 더 좋은 식습관을 가지고 있을 것이다. 2형 당뇨병을 가진 라틴계 엄마들과 그들의 과체중 딸을 상대로 한 개입은 이러한 강력한 사회적 유대를 이용하여 체중 줄이기와 건강한 섭식 증진을 할 수 있다(Sorkin et al., 2014).

지역사회 차원에서 식단 변화를 목적으로 한 개입들이 이루어져 왔고, 한 예로 슈퍼마켓에서 실시한 영양 교육 캠페인은 성공적이었다. 한 연구에서는 슈퍼마켓에서 영양 정보를 제공하는 쌍방향 컴퓨터 시스템을 설치한 경우 고지방 식품 구매가 감소하였고, 식이섬유가 높은 식품 구매는 다소 증가하였다(Jeffery, Pirie, Rosenthal, Gerber, & Murray, 1982; Winett et al., 1991). 직장 내 식당 개입으로 "여기 있는 대부분의 사람들은 점심으로 야채를 선택한다"란 메시지를 부착했으며, 이는 야채 구입을 증가로 이어졌다(Thomas et al., 2017). 식당들은 종종 영양 메뉴 선택을 비호소적인 용어로 기술하는데 이는 건강한 식사에 대한 선택을 저해한다(Turnwald, Jursfsky, Conner, & Crumm, 2017).

식단 조절을 민족 정체성을 고려해 문화적, 언어적으로 적합하게 맞추어 개입하였을 때 특히 성공률이 높았다(Eakin et al., 2007; Martinez et al., 2008; Resnicow, Davis, et al., 2008). 라틴계 사람들은 성공적인 식단 수정을 위한 단계를 검토해주는 건강 조언가와 직접 만나는 것이 중요한데, 라틴계 문화에서는 개인적인 접촉이 강조되기 때문이다(Elder et al., 2005).

연구자들은 식단과 운동에 관련된 행동을 바꾸기 위해 대규모의 CBT 개입보다는 비용 효율적인 개입을 더 선호한다. 예를 들면, 컴퓨터로 짠 식단의 지방 섭취 개입은 성인과 청소년에게 모두 효과적일 수 있으며(Haerens et al., 2007), 심지어 전화상담도 효과적일 수 있다(Madlensky et al., 2008). 이러한 개입은 많은 사람들이 비교적 저비용으로 참여할 수 있도록 한다.

변화는 사회공학적으로도 이루어질 수 있다. 아동이 탄산음료, 사탕, 다른 불량식품이 있는 학교 매점에 가는 것은 건강에 좋은 음식을 먹는 것을 방해한다(Cullen & Zakeri, 2004).

이러한 몇 가지 개입은 손이 많이 가는 것처럼 보인다. 결국 대부분의 사람들은 그들의 기호나 주어진 것들을 기본으로 해서 그들이 원하는 것을 먹는다. 사람들을 명시적인 경고보다 미묘한 메시지를 통해 올바른 방향으로 슬쩍 유도하는 것도 가능하다(van der Laan, Papies, Hooge, & Smeets, 2017; Wagner, Howland, & Mann, 2015). 학교에서 건강한 음식을 선택할 수 있도록 장려하는 방법으로는 간식을 금지하고, 더 영양분이 많은 급식을 제공하며, 간식을 더 비싸게 하고 건강한 음식을 저렴하게 공급하고, 설탕과 지방이 많은 상품에 세금을 부과하는 방법(Brownell & Frieden, 2009)은 건강한 섭식을 증진하는 길이 될 것이다.

수면

트럭 운전자인 마이클 포스터는 트럭 지불금이 밀려있다. 지불금을 갚기 위해 그는 매주 트럭을 더 오래 운전해야 했다. 그는 6시간의 수면 시간을 하루에 3~4시간으로 줄였고, 트럭 운전 시간을 늘렸다. 프레즈노와 로스앤젤레스 사이를 달린 어느 이른 아침에 그는 졸음 운전을 하였고 트럭은 통제에서 벗어나 다른 차와 충돌하여 한 가족을 죽음에 이르게 했다.

수면이란 무엇인가

수면은 중요한 건강습관이다. 수면은 감염성 질환의 위험, 우울증의 위험, 백신 접종에 대한 나쁜 반응, 심혈관계 질환 및 암 등 다수의 만성 질환의 점진적인 진행 및 발생에 강한 영향력을 가지고 있다(Hall, Brindle, & Byesse, 2018). 하지만 수면은 종종 제대로 이루어지지 않는다.

수면에는 크게 두 가지 유형인 비렘수면(non-rapid eye movement sleep, NREM sleep)과 렘수면(rapid eye movement sleep, REM sleep)으로 나눌 수 있다. 비렘수면(NREM sleep)은 4개의 단계로 이루어진다. 수면 초기에 얕은 수면이 나타나는 1단계에서는 세타파(theta wave)가 나타나고, 이때 우리는 큰소리에는 깨기 쉽지

과학자들은 짧거나 질 낮은 수면이 건강 위험성과 관련된다는 것을 확인해왔다.
Stockbyte/Getty Images

만, 점점 주변의 소리를 듣지 못하게 된다. 2단계에서는 호흡과 심장박동 수가 잦아들고, 체온이 낮아지며, 뇌파는 수면방추(sleep spindle)라는 작고 빠른 파장과 큰 파장인 K-복합파 사이를 오간다. 깊은 수면인 3단계와 4단계는 델타파(delta wave)가 특징이다. 이 단계는 에너지를 회복하고, 면역체계를 강화하며, 성장 호르몬 방출을 촉진하는 데 가장 중요하다(Brindle et al., 2018b). 렘수면 동안 안구는 빠르게 움직이고, 호흡과 심장박동 수는 빨라지며, 종종 생생하게 꿈을 꾸기도 한다. 베타파(beta wave)가 특징적인 렘수면 단계는 기억을 통합하고 과거의 문제를 해결하며, 지식을 장기기억으로 변환시킨다(Irwin, 2015). 모든 수면 단계는 필수적이다.

수면과 건강

최소 7,000만 명의 미국인은 만성적 수면장애를 가지고 있으며, 그중 대부분 불면증이다(Centers for Disease Control and Prevention, 2017년 6월). 많은 다른 사람들, 가령 대학생들은 시간의 요구를 맞추기 위해서 스스로 수면 박탈을 선택한다. 그러나 수면은 중요한 회복활동이며, 수면을 거부하는 사람들이 인식하는 것보다 수면 부족의 부정적 영향은 더욱 크다.

성인의 대략 40%는 주중에 7시간 미만 수면을 취하고, 성인의 3분의 1은 수면문제를 경험한다(Stein, Belik, Jacobi, & Sareen, 2008). 또한 55세 이상 성인의 54%는 적어도 일주일에 한 번은 불면증을 보고한다(Weintraub, 2004). 여성의 경우 폐경기로 인한 호르몬 수치 변화가 수면장애와 관련이 있다(Manber, Kuo, Cataldo, & Colrain, 2003). 아동의 경우도 잠을 너무 적게 자거나 많이 자게 되면, 조기 사망을 포함한 여러 건강 위험을 가지게 된다(Duggan, Reynolds, Kern, & Friedman, 2014). 낮은 SES는 아동들에게 나쁜 수면을 야기한다(El-Sheikh et al., 2013).

불충분한 수면(하루에 7시간 미만)은 인지기능, 정서, 직무 수행, 삶의 질에 영향을 미친다(Karlson, Gallagher, Olson, & Hamilton, 2012; Pressman & Orr, 1997). 걱정과 고민으로 뒤척이며 잠 못 드는 밤을 보낸 사람은 다음 날 얼마나 불쾌할지 알고 있다. 불면증은 단기간에 안녕을 저해하며 장기간에 걸쳐 삶의 질을 저해한다(Karlson, Gallagher, Olson, & Hamilton, 2013). 나쁜 수면은 특정 고위험군 직업(예: 외상 사건에 노출되는 경찰관)에 특히 문제가 될 수 있다(Irish, Dougall, Delahanty, & Hall, 2013).

그뿐 아니라 부적절한 수면은 건강에도 위험하다(Patterson, Malone, Lozano, Grandner, & Hanlon, 2016). 만성 불면증은 인슐린을 분비하고 반응하는 능력을 저하시킨다(수면과 당뇨의 관계성을 시사). 이는 관상동맥성 심장질환의 위험을 증가시킬 수 있다(Ekstedt, Åkerstedt, & Söderström, 2004). 이는 심장의 구조와 기능을 변화시킬 수 이다(Lee et al., 2018). 그리고 스트레스에 대한 심혈관계 반동을 누적시킨다(Brindle et al., 2008). 이는 혈압을 상승시키고 스트레스 관련 생리현상에 대한 조절 장애를 야기한다(Franzen et al., 2011). 이는 체중 증가에 영향을 줄 수 있다(Motivala, Tomiyama, Ziegler, Khandrika, & Irwin, 2009). 이는 허리통증을 포함한(Pinheiro et al., 2018) 고통과 그에 대한 감정적인 반응을 악화시키는데(Gerhart, Burns, Post, Smith, & Porter, 2017), 이는 독감 예방주사의 효능을 저해시키고 만성 면역을 포함한 면역 반응에 나쁜 영향을 준다(Park et al., 2016). 매년 미국 내 7만 건 이상의 자동차 사고가 졸음 운전자에 의해 발생했으며, 그중 1,550건이 치명적인 사건이다. 건강한 노년층을 대상으로 한 연구에 의하면, 수면장애가 4~19년 이후의 모든 사망원인과 관련이 있었다(Dew et al., 2003). 충분한 수면을 취하지 못하는 아동은 행동문제를 보이며(Pesonen et al., 2009), 수면 질이 좋은 것은 스트레스를 완충하는 역할을 한다(Hamilton, Catley, & Karlson, 2007).

누가 잠을 자지 못하는가? 주요 스트레스 생활 사건이나 트라우마를 경험하고 있는 사람(Brindle et al., 2018a), 주요 우울장애를 겪고 있는 사람(Bouwmans, Conradi, Bos, Oldehinkel, & de Jonge, 2017), 직장에서 스트레스를 받고 있는 사람(Burgard & Ailshire, 2009), 사회경제적 역경을 겪고 있는 사람(Jarrin, McGrath, & Quon, 2014), 적대감과 각성 수준이 높은 사람(Fernández-Mendoza et al., 2010; Granö, Vahtera, Virtanen, Keltikangas-Järvinen, & Kivimäki, 2018), 스트레스 대처에서 부적응적인 전략을 사용하는 사람(Fernández-Mendoza et al., 2010), 스트레스 원인에 대해 반복해서 생각하는 사람(Zawadzki, Graham, & Gerin, 2012)은 나쁜 수면의 질과 수면장애를 보고한다. 통제 불가능한 것으로 여겨지는 스트레스 사건들은 불면증을 유발한다(Morin, Rodrigue, & Ivers, 2003). 스트레스 사건에 집중하고 반복해서 생각하는 사람들은 스트레스 사건에 대한 영향에 무디고, 주의를 다른 곳에 돌리는 사람보다 불면증에 걸리기 쉽다(Fernández-Mendoza et al., 2010; Voss, Kolling, & Heidenreich, 2006; Zoccola, Dickerson, & Lam, 2009). 수면은 특히 사회경제적 지위가 낮은 사람들에게 중요하고, 낮은 사회경제적 지위는 객관적인 수면 질과 주관적인 수면 질이 낮은 것과 관련이 있다(Friedman et al., 2007; Mezick et al., 2008). 알코올 남용도 낮은 수면의 질과 관련이 있다(Irwin, Cole, & Nicassio, 2006). 좋은 사회적 지지를 가진 사람들은 잠을 잘 잔다(de Grey, Uchino, Trettevik, Cronan, & Hogan, 2018).

불충분한 수면이 건강에 위험하다는 것은 잘 알려져 있지만, 습관적으로 매일 7시간 이상 수면을 취하는 사람들(아동과 청소년은 예외)도 건강상 문제를 겪는다는 사실에 대해서는 잘 알려져 있지 않다(van den Berg et al., 2008a). 많이 자는 사람들도 적게 자는 사람들처럼 만성적인 걱정과 같은 정신병리 증상을 더 많이 보인다(Grandner & Kripke, 2004).

불면증 치료를 위한 행동 개입에는 마음챙김 명상(Britton, Haynes, Fridel, & Bootzin, 2010), 이완치료, 수면 관련 행동 통제(잠자리에 들기 전에 이루어지는 일상과 관련된), 인지행동치료가 있다. 이러한 모든 치료법들은 불면증 치료에 효과적이다(Irwin et al., 2006). 증가된 심장박동비 변화도와 삶의 질 등 다른 건강 관련 결과들도 향상될 수 있다. 표 4.3은 더 나은 수면을 위한 개입에 사용되는 권장 사항 목록이다.

표 4.3 | 충분한 수면

- 규칙적인 운동(최소 일주일에 세 번)
- 밤에는 침실을 시원하게 하기
- 충분히 크고 편안한 침대에서 수면 취하기
- 규칙적인 취침 시간과 기상 시간 갖기
- 샤워하기와 같이 숙면을 유도하는 습관 개발하기
- 주변 소음을 막기 위해 선풍기나 다른 소음 생성기 사용하기
- 지나친 음주나 흡연 피하기
- 밤에 너무 많거나 적게 먹지 않기
- 향, 초, 로션처럼 강한 향을 방 안에 두지 않기
- 오후 3시 이후에는 낮잠 자기 않기
- 특히 오후 혹은 저녁에 카페인 섭취 줄이기
- 잠에서 깨어났다면, 일어나 다른 장소에서 조용히 책을 읽고, 침대를 수면과 연합시키기

출처 : Gorman, Christine. "Get Some Sleep." *Time*, March 29, 1999. http://content.time.com/time/magazine/article/0,9171,990567,00.html; Murphy, S. L. "Deaths: Final Data for 1998." *National Vital Statistics Reports* 28, no. 11 (July 24): 1–105.

휴식, 재충전, 여가활동

이제 알기 시작된 중요한 건강행동이 이완, 재충전 그리고 회복적인 활동과 관련이 있고, 그것들은 사람들로 하여금 삶의 긍정적인 측면을 음미하고, 스트레스를 줄이고, 감정적 균형을 되찾는 것을 도와준다(Pressman et al., 2009). 예를 들어, 심장병 환자의 경우에는 단지 휴식을 취하지 않는 것도 심장마비의 위험요인이 될 수 있다(Gump & Matthews, 1998; Steptoe, Roy, & Evans, 1996). 취미활동, 스포츠, 다른 사람과 어울리기, 자연에서 시간 보내기와 같은 여가활동을 하는 것은 혈압과 콜레스테롤 수준을 낮추고, 체중을 감소시키며, 더 나은 신체기능을 갖도록 하는 것과 관련된다. 여가활동 참여는 노인의 인지기능을 향상시키며(Singh-Manoux, Richards, & Marmot, 2003; Steinberg, Christy, Batch, Askew, & Moore, 2017), 좋은 수면과 같은 건강행동을 증진한다(Kim, Kubzansky, & Smith, 2015; Sin, Almeida, Crain, Kossek, & Berkman, 2017).

불행하게도 현재 이러한 회복과정에 대한 생각을 지지하는 근거는 명확하지 않다. 그럼에도 불구하고 건강심리학자들은 휴가 때 집에 방문하기, 시험 이후에 휴식 취하기, 산책을 하거나 일몰 즐기기와 같은 활동을 포함하는 휴식, 재충전, 여가활동이 건강에 도움이 된다고 본다.

요약

1. 건강증진행동은 현재와 미래의 건강을 향상시킬 수 있도록 한다. 건강증진행동에는 운동, 사고 예방 조치, 암 진단 절차, 건강한 식단 섭취, 매일 밤 7~8시간의 수면, 휴식과 재충전의 기회 등이 있다.
2. 운동은 심장마비 위험을 줄이고, 신체기능의 다른 측면을 향상시킨다. 또한 운동은 기분을 낫게 하고, 스트레스를 감소시킨다.
3. 일주일에 최소 세 번, 최소 30분의 표준적인 운동 처방을 규칙적으로 지속하는 사람은 거의 없다. 사람들은 운동하기 편하고 자신이 원할 때 운동하는 것이 더 쉽다. 또한 운동에 우호적인 사람이나 운동을 하는 가족이 있는 경우 운동을 실천할 가능성이 높다.
4. 재발 방지 요인들을 포함한 인지행동 개입은 사람들이 규칙적인 운동 프로그램을 지속할 수 있도록 돕는 데 어느 정도 성공적이다.
5. 사고는 예방할 수 있는 사망의 주요 원인인데, 특히 아동과 청소년의 경우에 그러하다. 대중매체의 주목, 사고 예방 조치를 촉진시키는 법률 제정, 의사의 부모 훈련, 아동의 안전 조치 촉진을 위한 개입들은 이러한 위험을 감소시킨다.
6. 유방 조영술은 50세 이상 여성에게 권장되지만 충분히 많은 여성이 검사를 받지 않는다. 특히 소수계층 여성과 노년기 여성들은 정보 부족, 비현실적 두려움, 높은 비용, 유방 조영술의 접근성 부족을 겪는다. 대장암 검진 또한 중요한 암 관련 건강행동이다.
7. 콜레스테롤, 지방, 칼로리, 첨가물의 섭취를 줄이고, 식이섬유, 과일, 채소의 섭취를 늘리는 식단 개입이 권장된다. 그러나 이러한 식단이 장기간 유지되기에는 한계점이 있다. 때로는 권장 식단이 지루하고, 입맛을 바꾸기 힘들며, 행동 변화는 시간이 지남에 따라 감소한다.
8. 대중매체와 지역사회 자원을 통한 식단 개입은 유망하다. 또한 가족 개입은 식단 변화를 촉진시키고 유지하는 데 유용하다. 최근에는 전화 개입과 같이 비용을 절감할 수 있는 형식으로 많이 바뀌었지만, 인지행동치료(CBT) 개입은 식단을 바꾸는 데 효과적인 방법으로 남아있다.
9. 충분한 수면, 휴식, 이완은 중요한 건강행동이다. 많은 사람들은 자신의 수면을 의도적으로 남용하거나 불면증을 겪는다. 이완을 촉진시키는 다양한 행동적 방법들은 이러한 위험을 상쇄시킬 수 있다. 또한 삶을 즐기는 시간을 확보하는 것과 단순히 휴가를 보내는 것만으로도 건강에 도움이 된다.

핵심용어

유산소 운동

CHAPTER 5

건강저해행동

Clandestini/Getty Images

개요

몇 년 전 필자의 아버지는 매년 실시하는 정기 검진을 받았고, 의사는 금연을 해야 한다고 말했다. 평상시처럼 아버지는 의사에게 준비가 되면 금연을 하겠다고 말했다. 이미 금연을 몇 번 시도해보았지만 성공하지 못했다. 아버지는 흡연이 건강에 좋지 않다는 것을 알기 이전인 14세에 흡연을 시작하였고, 현재 그는 규칙적인 운동을 할 기회가 거의 없는 바쁜 생활을 했고, 지방과 콜레스테롤이 높은 저녁식사 이전에 마시는 몇 잔의 칵테일과 함께 흡연은 그의 생활의 일부분이 되었다. 의사는 "이렇게 설명해보겠습니다. 만약 당신의 딸이 대학 졸업하는 것을 보고 싶다면, '지금' 당장 금연하세요" 라고 말하였다.

그 경고가 아버지를 움직이게 했다. 아버지는 가지고 있는 모든 담배를 쓰레기통에 버렸고, 다시는 담배를 입에 대지 않았다. 그해가 지나고, 그는 건강과 관련된 책을 더 많이 읽었고, 생활방식을 바꾸기 시작했다. 규칙적으로 수영을 하였고, 대부분의 식단은 생선류, 닭고기, 채소, 과일, 시리얼로만 구성되어 있었다. 그는 초기 심장병의 위험요인을 많이 가지고 있었음에도 불구하고, 83세까지 살았다.

건강저해행동의 특징

이 장은 건강저해행동, 즉 사람들이 자신의 현재 혹은 미래의 건강을 해치거나 약화시키는 행동에 대해 설명한다. 아버지가 금연하는 문제는 이러한 행동의 여러 가지 중요한 부분을 보여준다. 건강을 저해하는 많은 행동들은 습관적이고 흡연처럼 심각하며, 중독성이 있어서 중단하기 어렵다. 그러나 적절한 개입이 이루어진다면, 다루기 힘든 건강습관은 바뀔 수 있다. 좋지 않은 건강행동을 하나 바꾸는 것에 성공할 때, 사람들은 다른 건강한 생활습관도 바꾸게 된다. 결국에는 위험이 감소되고, 질병으로부터 자유로운 건강한 중년과 노년기를 보낼 수 있다.

건강을 저해하는 많은 행동들은 몇 가지 중요한 특징을 지닌다. 첫째, 청소년들이 이런 행동에 특히 취약하다. 과도한 음주, 흡연, 불법 약물 사용, 안전하지 않은 성관계와 같은 행동과 사고, 이른 죽음을 일으킬 수 있는 위험들은 청소년기 초기에 시작되고, 때로는 문제행동 증상의 일부분으로 겹쳐져 있다(Donovan & Jessor, 1985; Lam, Stewart, & Ho, 2001). 과거 남자 청소년들이 이런 위험 패턴에 빠질 위험이 높았으나, 여자 청소년들도 이에 가깝게 되고 있다(Mahalik et al., 2013). 모든 건강저해행동들이 청소년기에만 나타나는 것은 아니다. 예를 들어, 비만은 아동기 초기에 시작되기도 한다. 그럼에도 불구하고, 건강을 저해하는 많은 행동들을 유발하고 유지하는 요인들은 유사한 점을 지닌다.

건강을 저해하는 많은 행동들은 또래 문화와 관련이 있다. 아동은 또래를 모방하고 그들로부터 배우는데, 특히 자신이 좋아하고 동경하는 남자 또래를 모방하는 경향이 있다(Long, Barret, & Lockhart, 2017). 다른 사람에게 매력적으로 보이는 싶어 하는 것은 청소년에게 매우 중요하고, 이러한 요인은 섭식장애, 알코올 섭취, 담배, 약물 사용, 태닝, 안전하지 않은 성관계 그리고 사고에 대한 취약성을 발달시킨다(Shadel, Niaura, & Abrams, 2004). 위험한 운전 등 또래들의 위험한 행동에 노출되는 것은 위험을 택할 경우를 증가시킨다(Simons-Morton et al., 2014).

이러한 행동들은 재미있고, 청소년들이 스트레스를 받을 때 대처 능력을 증가시켜주며, 몇몇 행동들은 스릴을 추구하며, 그것만으로도 보상이 된다. 그러나 이 모든 행동 하나하나가 위험하다. 이러한 행동은 적어도 주요 사망 원인 중 하나와 연관되어 있고, 특히 흡연이나 비만과 같은 행동들은 한 가지 이상의 주요 만성질환의 위험요인이다. 이러한 유형에 빠진 청소년들은 좋은 건강행동을 실천하지 않을 가능성이 높고 건강하지 못한 중년과 노년을 위한 무대를 설정함으로써 중년기에 운동을 위해 여가 시간을 사용하지 않을 가능성이 높다(Wichstrom, von Soest, & Kvalem, 2013).

셋째, 이러한 행동에 노출된 이후, 호기심에 몇 번 해보면서 점점 규칙적으로 하게 되고, 이러한 과정으로 건강저해행동들이 형성된다. 따라서 많은 건강저해행동들은 취약성, 실험, 규칙적인 사용과 같은 단계에서 서로 각기 다른 개입과정을 통해 형성된다.

넷째, 담배, 음식, 술, 약물, 건강을 저해하는 성행동과 같은 모든 유형의 건강저해행동은 공통된 요인들로 예측된다(Peltzer, 2010). 위험행동을 하는 청소년들은 종종 부모와 갈등을 겪으며, 자기통제 능력이 부족하다(Cooper, Wood, Orcutt, & Albino, 2003). 일탈행동을 하고 자존감이 낮은 청소년들 또한 이러한 건강저해행동을 한다(Duncan, Duncan, Strycker, & Chaumeton, 2002). 학교를 다니면서 장시간 일을 하는 청소년들은 음주, 흡연, 마리화나와 같은 약물 남용의 위험이 크다(Johnson, 2004). 물질을 남용하는 청소년들은 대부분 학교에서도 수행을 잘하지 못하는데, 가족문제, 일탈행동, 낮은 자존감이 이러한 관계를 설명한다(Andrews & Duncan, 1997). 초기 사춘기(van Jaarsveld, Fidler, Simon, & Wardle, 2007), 낮은 지능점수(IQ), 까다로운 기질, 일탈에 관대한 태도는 좋지 않은 건강행동을 예측한다(Repetti, Taylor, & Seeman, 2002). 좋은 자기통제는 사그러지고 나쁜 자기규제는 불법 약물 사용에의 취약성을 촉진한다(Wills et al., 2013). 그리고 우울증과 불안증 같은 정신건강 질환의 동시 다발적 발생은 이러한 문제행동들에 불을 붙이고 치료를 힘들게 만든다(Vannucci et al., 2014). 음주나 흡연 등 이러한 행동들의 특정한 딜레마는 시험 삼아 시작하지만, 흡연, 약물, 과도한 음주, 강제적인 습식은 중독이 된다는 점이다(Salamone & Correa, 2013; Smith & Robbins, 2013; Stice, Yokum, & Burger, 2013).

마지막으로 비만, 흡연, 알코올 중독을 포함한 문제행동들은 낮은 사회계층에서 더 흔하다(Fradklin et al., 2015). 낮은 사회계층의 아동과 청소년들은 더 많은 문제행동에 노출되고, 낮은 사회계층과 관련된 스트레스 요인에 대처하기 위해 건강저해행동을 할 수 있다(Novak, Ahlgren, & Hammarstrom, 2007). 사회계층이 질병과 죽음의 강력한 원인이 되는 이유를 건강저해행동이 설명해준다(Adler & Stewart, 2010).

마리화나 사용

마리화나를 사용하는 것은 건강저해행동인가(National Institute on Drug Abuse, 2018)?

마른 대마초 꽃봉오리를 유리병에 보관할 수 있다.
Soru Epotok/Shutterstock

약물 사용은 미국에서 중요한 이슈이다. 예를 들어, 헤로인(그리고 다른 아편들)과 코카인은 과다복용과 사망을 일으킨다.

마리화나는 가장 인기 있는 오락용 약물이며, 9,400만이 최소 한 번 이상 사용해 봤다고 시인했으며, 그중 2,200만이 한 달 이내에 사용하였다. 청소년과 청년 남자들이 특히 마리화나를 사용하곤 한다.

도취감, 이완, 강화된 감각 자각, 변형된 시간 자각, 그리고 늘어난 식욕 등이 공통된 효과이며, 불안증, 공포, 편집증, 공황 등의 경험은 부정적이다. 이러한 부정적인 부수 효과는 마리화나가 강력하거나 복용자가 경험이 없으면 더 잘 나타난다.

마리화나가 중독적인가? 어떤 사용자는 그것이 일상 활동에 방해가 되더라도 의존성이 발생한다. 대략 400만 사용자가 이 범주에 해당되며 장기 사용으로 부정적인 영향을 받고 있다.

소득이 낮은 배경을 가진 20대 남성들에게서 잦고 고조된 마리화나 사용은 뇌의 신경 회로의 변화와 연결되어져 왔다. 특히, 동기 부여와 기분에 영향을 주는 주요 뇌 영역에서의 연결에 변화와 나쁜 인지 기능, 낮은 교육적 성취, 높은 우울증의 위험이 보고되었다(Sarlin, 2018). 이러한 변화가 영구적인가는 아직도 연구 중이다.

비만

비만이란 무엇인가

비만(obesity)은 과도한 체지방이 축적된 상태이다. 일반적으로, 지방은 여성 신체 조직 중 약 20~27%를, 남성의 경우에는 15~22%를 차지한다. 표 5.1은 미국 국립보건원(National Institutes of Health, NIH)이 제안한 체질량 지수이며, 이를 통해 과체중인지 비만인지를 알 수 있다.

세계보건기구(WHO)는 전 세계 인구 중 6.5억 명이 비만, 19억 명이 과체중이며, 그중 5세 미만의 아동이 4,100만 명이라고 추정한다(World Health Organization, 2018년 1월). 현재 전 세계적으로 비만은 좋지 않은 건강에 기여하는 식단 관련 요인인 영양실조보다 더 심각한 문제이며(Kopelman, 2000), 미국에서는 흡연보다 비만이 질병이나 사망의 원인이 될 것이라고 여긴다.

비만 문제는 미국에서 가장 심각한데, 미국은 전 세계에서 비만 인구가 가장 많다. 현재 미국 성인의 68%는 과체중, 40%는 비만이며(Centers for Disease Control and Prevention, 2017; Ogden, Carroll, Kit, & Flegal, 2012), 여성과 노인들이 남성과 젊은 사람들보다 더 과체중이거나 비만인 경향이 있다(Fakhouri, Ogden, Carroll, Kit, & Flegal, 2012)(그림 5.1). 비록 비만 수치는 유지되고 있지만 추세는 아직 역전되지 않았다(Kaplan, 2014).

미국인들이 비만이 되는 이유는 아주 명확하다. 미국인들의 하루 평균 음식 섭취량은 1970년대에 1,826칼로리였으나 1990년대 중반에는 2,000칼로리 이상으로 증가하였다(O'Connor, 2004년 2월 6일). 탄산음료 섭취는 1년에 84L에서 212L로 급상승하였고(Ervin, Kit, Carroll, & Ogden, 2012), 식사량은 지난 20년간 크게 증가하였다(Nielsen & Popkin, 2003). 1957년 1개당 42.5g이었던 머핀이 현재 평균 227g에 달한다(Raeburn, Forster, Foust, & Brady, 2002년 10월 21일). 간식 섭취는 지난 30년간 60% 이상 증가하였고(Critser, 2003), 전자레인지와 패스트푸드점으로 음식의 접근성이 높아진 것은 비만 증가에 영향을 미친다. 지난 20년 동안 미국인의 체중 증가는 오레오 과자 3개 혹은 하루에 마시는 탄산음료 한 캔과 같은 칼로리이고(Critser, 2003), 이는 체중 증가를 위해 단 음료나 엄청난 양의 음식을 먹는 것과는 다르다.

비만의 위험 비만은 많은 질환의 위험요인이다. 비만은 결장, 직장, 간, 담낭, 췌장, 신장, 식도 등에 나타나는 특정 암 혹은 비호지킨 림프종과 다발성 골수종뿐만 아니라 모든 암의 사망률에 영향을 미친다. 과체중은 암으로 사망한 남성의 14%, 여성의 20%를 설명하는 것으로 추정된다(Calle, Rodriguez, Walker-Thurmond, &

표 5.1 | 체질량지수 표

	정상						과체중					비만					
BMI	19	20	21	22	23	24	25	26	27	28	29	30	31	32	33	34	35
키 (인치)	몸무게(파운드)																
58	91	96	100	105	110	115	119	124	129	134	138	143	148	153	158	162	167
59	94	99	104	109	114	119	124	128	133	138	143	148	153	158	163	168	173
60	97	102	107	112	118	123	128	133	138	143	148	153	158	163	168	174	179
61	100	106	111	116	122	127	132	137	143	148	153	158	164	169	174	180	185
62	104	109	115	120	126	131	136	142	147	153	158	164	169	175	180	186	191
63	107	113	118	124	130	135	141	146	152	158	163	169	175	180	186	191	197
64	110	116	122	128	134	140	145	151	157	163	169	174	180	186	192	197	204
65	114	120	126	132	138	144	150	156	162	168	174	180	186	192	198	204	210
66	118	124	130	136	142	148	155	161	167	173	179	186	192	198	204	210	216
67	121	127	134	140	146	153	159	166	172	178	185	191	198	204	211	217	223
68	125	131	138	144	151	158	164	171	177	184	190	197	203	210	216	223	230
69	128	135	142	149	155	162	169	176	182	189	196	203	209	216	223	230	236
70	132	139	146	153	160	167	174	181	188	195	202	209	216	222	229	236	243
71	136	143	150	157	165	172	179	186	193	200	208	215	222	229	236	243	250
72	140	147	154	162	169	177	184	191	199	206	213	221	228	235	242	250	258
73	144	151	159	166	174	182	189	197	204	212	219	227	235	242	250	257	265
74	148	155	163	171	179	186	194	202	210	218	225	233	241	249	256	264	272
75	152	160	168	176	184	192	200	208	216	224	232	240	248	256	264	272	279
76	156	164	172	180	189	197	205	213	221	230	238	246	254	263	271	279	287

출처 : U.S. Department of Health & Human Services and National Heart, Lung, and Blood Institute. "Aim for a Healthy Weight. Body Mass Index Table 1." Accessed June 27, 2019. https://www.nhlbi.nih.gov/health/educational/lose_wt/BMI/bmi_tbl.htm.

Thun, 2003). 또한 비만은 심혈관계 질환으로 인한 사망에 주요한 영향을 미치며(Flegal, Graubard, Williamson, & Gail, 2007), 죽상동맥경화증, 고혈압, 제2형 당뇨병, 심장마비에 영향을 미친다(Kerns, Rosenberg, & Otis, 2002). 비만은 수술, 마취제 투여, 출산과 관련된 위험을 증가시킨다(Brownell & Wadden, 1992). 비만은 나쁜 인지적 기술과 연결되어 있는데, 만성적인 건강 문제로 진단되기 이전인 청소년기에 나타나기도 한다(Hawkins, Gunstad, Calvo, & Spitznagel, 2016).

비만은 장애의 주요 원인이다. 비만으로 인해 자신을 돌보지 않거나 일상적인 집안일을 하지 않는 30~49세 사람들의 수가 50% 증가하였고, 이는 미래의 좋지 않은 결과들을 예상하게 한다. 30대와 40대에 질병을 지닌 사람들은 건강관리 비용이 증가할 가능성이 높고, 더 오래 살게 되면 이후 노년기에는 요양 시설에서 지내게 된다(Richardson, 2004년 1월 9일). 또한 비만은 사람들이 운동할 가능성을 낮추고, 운동 부족은 비만을 증가시킨다. 그러나 비만과 운동 부족은 건강에 각각 부정적인 영향

비만				고도비만														
36	37	38	39	40	41	42	43	44	45	46	47	48	49	50	51	52	53	54
몸무게(파운드)																		
172	177	181	186	191	196	201	205	210	215	220	224	229	234	239	244	248	253	258
178	183	188	193	198	203	208	212	217	222	227	232	237	242	247	252	257	262	267
184	189	194	199	204	209	215	220	225	230	235	240	245	250	255	261	266	271	276
190	195	201	206	211	217	222	227	232	238	243	248	254	259	264	269	275	280	285
196	202	207	213	218	224	229	235	240	246	251	256	262	267	273	278	284	289	295
203	208	214	220	225	231	237	242	248	254	259	265	270	278	282	287	293	299	304
209	215	221	227	232	238	244	250	256	262	267	273	279	285	291	296	302	308	314
216	222	228	234	240	246	252	258	264	270	276	282	288	294	300	306	312	318	324
223	229	235	241	247	253	260	266	272	278	284	291	297	303	309	315	322	328	334
230	236	242	249	255	261	268	274	280	287	293	299	306	312	319	325	331	338	344
236	243	249	256	262	269	276	282	289	295	302	308	315	322	328	335	341	348	354
243	250	257	263	270	277	284	291	297	304	311	318	324	331	338	345	351	358	365
250	257	264	271	278	285	292	299	306	313	320	327	334	341	348	355	362	369	376
257	265	272	279	286	293	301	308	315	322	329	338	343	351	358	365	372	379	386
265	272	279	287	294	302	309	316	324	331	338	346	353	361	368	375	383	390	397
272	280	288	295	302	310	318	325	333	340	348	355	363	371	378	386	393	401	408
280	287	295	303	311	319	326	334	342	350	358	365	373	381	389	396	404	412	420
287	295	303	311	319	327	335	343	351	359	367	375	383	391	399	407	415	423	431
295	304	312	320	328	336	344	353	361	369	377	385	394	402	410	418	426	435	443

을 미치지만, 비만과 운동 부족이 둘 다 공존할 경우에는 더 큰 위험요인이 된다(Hu et al., 2004). 50세 이상의 사람들의 4명 중 1명은 비만이며, 목욕을 하고, 옷을 입고, 심지어 걷는 것과 같은 일상생활을 수행하기 어려운 사람들의 수는 상당히 증가할 것이다(Facts of Life, 2004년 12월).

비만은 조기 사망률과 관련이 있다(Adams et al., 2006). 40세에 비만인 사람들은 마른 사람보다 평균적으로 3년 일찍 사망한다(Peeters et al., 2003). 엉덩이와 허벅지에 지방이 많은 것과는 반대로 복부 지방은 특히 심혈관계 질환, 당뇨병, 고혈압, 암, 인지기능 감소의 강력한 위험요인이다(Dore, Elias, Robbins, Budge, & Elias, 2008). 과도한 복부 지방이 있는 사람들(때때로 체중이 엉덩이에 집중되어 '배'가 아닌 '사과'로 불리는 사람들)은 스트레스에 대해 심리적, 생리적으로 더 반응한다(Epel et al., 2000). 지방 조직은 염증과정과 관련된 질병을 악화시키는 전염증성 사이토카인을 생산한다(제2장 참조). 글상자 5.1에서는 더 구체적인 생물학적 조절을

그림 5.1 | 비만 성인 비율

비만 성인은 BMI가 30이상

출처 : U.S. Department of Health & Human Services and Centers for Disease Control and Prevention. "Prevalence of Obesity among Adults and Youth: United States, 2015–2016." Accessed June 27, 2019. https://www.cdc.gov/nchs/data/databriefs/db288.pdf.

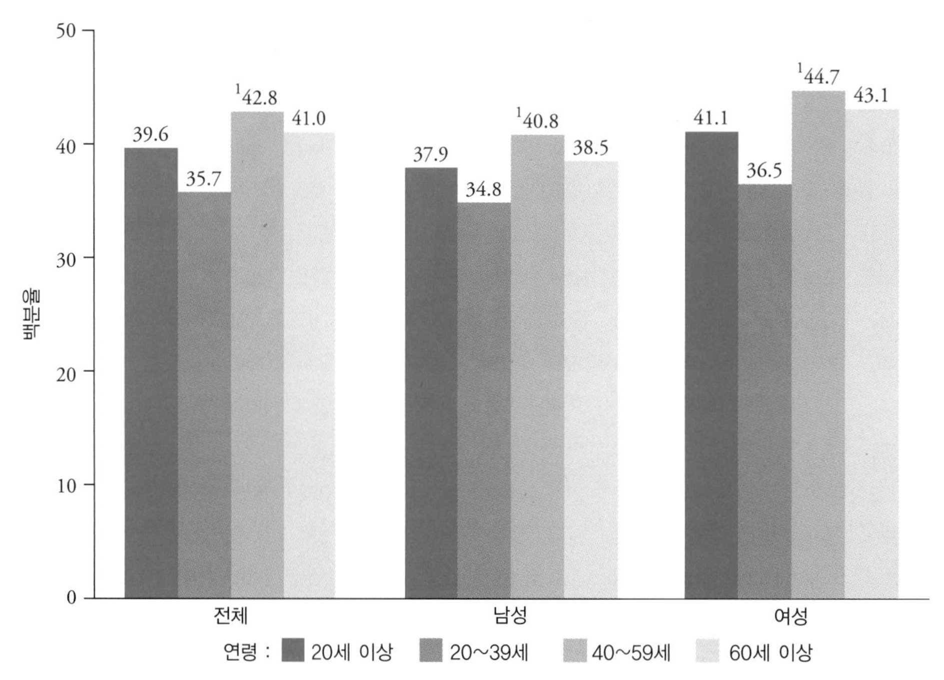

[1]Significantly different from those aged 20–39.
NOTES: Estimates for adults aged 20 and over were age adjusted by the direct method to the 2000 U.S. census population using the age groups 20–39, 40–59, and 60 and over. Crude estimates are 39.8% for total, 38.0% for men, and 41.5% for women.
Access data table for Figure 1 at: https://www.cdc.gov/nchs/data/databriefs/db288_table.pdf#1.
출처 : NCHS, National Health and Nutrition Examination Survey, 2015–2016.

설명하고 있다.

종종 비만의 위험 중에서 무시되는 측면은 심리적 고통이다. 비록 과체중인 사람은 더 '행복하고 쾌활한' 사람으로 여겨지는 확고한 고정관념이 있으나, 많은 연구들은 비만인 사람들이 성격장애, 정신질환, 특히 우울증을 경험하기 쉽다고 밝혔는데(Stutin et al., 2013; Toups et al., 2013), 이는 부분적으로는 비만에 대한 다른 고정관념으로 부정적 그리고 불친절한 면이 있기 때문이다.

비만은 사회경제적 요인에도 또한 영향을 미친다. 비만인 사람들은 비행기에서 두 좌석에 해당하는 요금을 지불하도록 하며, 맞는 옷을 찾기 힘들고, 조롱이나 무례한 말들을 참아야 하고, 직접적으로 비만인 사람은 안 된다는 말들을 들을 수 있다. 또한 비만은 잘못이 비만인 사람에게 직접적으로 있는 장애라는 낙인이 찍힌다(Mata & Hertwig, 2018). 심지어 의료인들도 이러한 고정관념을 가지고 있다. 한 여성은 그녀의 의사가 "적절한 검사를 받기에는 너무 뚱뚱하니 23kg을 감량하면 다시 오세요"라고 말했다고 보고했다(Center for the Advancement of Health, 2008). 자신이 덜 매력적이고 불안정하다고 자각한 비만인 사람들은 은둔하게 된다. 체중 낙인은 실제로 체중 감량 노력을 약화시킬 수 있다(Puhl, Quinn, Weisz, & Suh, 2017). 그들의 체중에 대

글상자 5.1 섭식과 관련된 생물학적 조절

인간을 포함한 모든 동물들은 음식 조절과 관련된 민감하고 복잡한 체계를 지닌다. 미각은 섭식의 화학물질 문지기라고 불린다. 이는 아주 오래된 감각체계이며, 특정 음식을 선택하고 다른 음식을 거부하는 데 중요한 역할을 한다.

체중 조절에서 중요한 호르몬은 지방세포에 의해 분비되는 단백질 렙틴이다. 렙틴은 우리 몸이 지방에 충분한 에너지를 저장하고 있는지 혹은 추가적인 에너지를 필요로 하는지와 관련하여 시상하부 뉴런에 신호를 보낸다. 뇌의 섭식 조절 중추는 시상하부에서 받은 신호에 반응하여 식욕을 증가시키거나 감소시킨다. 렙틴은 식욕을 자극하는 뉴런을 억제시키고, 식욕을 억제하는 뉴런을 활성화시킨다. 이처럼 렙틴은 치료의 목표가 될 가능성이 있다(Morton, Cummings, Baskin, Barsh, & Schwartz, 2006).

그렐린은 체중을 감량하기 위해 다이어트를 하는 사람들의 체중이 다시 증가하는 이유를 설명해준다. 그렐린은 위의 특정 세포에서 분비되고, 식사 전에 급증하며 식사 이후에 감소한다. 사람들이 그렐린 주사를 맞으면, 극도의 배고픔을 느낀다. 따라서 그렐린 수치나 그렐린 활동을 막는 것은 사람들이 체중을 줄이고 유지하는 것을 도울 수 있다(Grady, 2002년 5월 23일).

한 다른 사람들의 평가에 반복적으로 노출된 결과는 스트레스에 대한 생물학적 반응(Tomiyama et al., 2014)과, 사회적 고립과 낮은 자부심(Himmelstein, Puhl, & Quinn, 2018)을 심화시킨다.

체중 낙인과 체중 차별에 대한 자각은 장기간 동안 정신적 신체적 건강 위험을 야기한다(Rodriguez et al., 2017). 그 결과로, 비만인 사람들은 때때로 은둔적으로 되어서, 당뇨, 심장 질환, 그리고 다른 비만 합병증이 이미 많이 진행된 후에야 의사를 방문하게 되기도 한다. 과체중과 비만에 대해 대중매체에서 긍정적으로 묘사하는 것이 낙인을 완화시킬 수 있다(Brochu, Pearl, Puhl, & Brownell, 2014). 비만과 반대의 고정관념을 가진 사람, 즉, 매력적이며 자신감 차 있고, 호소력 있는 사람과의 만남을 상상하는 것은 비만인과 비만이 아닌 사람과의 상호작용을 저해하는 고정관념을 깨뜨리는 것에 도움이 된다(Dunaev, Brochu, & Markey, 2018).

아동기 비만

미국에서는 대략 5세 이하의 4,200만 아동이 과체중이거나 비만이다(World Health Organization, 2016). 거의 2/3의 과체중 또는 비만인 아동들이 이미 고조된 혈압, 고조된 지질 수준, 고인슐린혈증 등 심혈관계 질환 위험 요인을 가지고 있다(Sinha et al., 2002). 아프리카계 미국인과 히스패닉 아동들과 청소년은 특히 위험에 노출되어 있다. 지난 200년 이래 처음으로, 높은 비만율로 인하여 현 세대 아동들의 기대수명이 그들의 부모보다 짧아졌다(Belluck, 2005년 3월 17일).

무엇이 아동기의 높은 비만율을 불러일으키는가? 유전적인 요인은 비만에 영향을 주며, 이에 대한 지식은 궁극적으로 비만 치료에 기여할 것이다(McCaffery, 2018). 유전적 위험은 낮은 사회경제적 지위로 야기된 위험과 결합하여 전반적인 비만 위기를 증가시킨다(Dinescu, Horn, Duncan, & Turkheimer, 2016). 체중에 대한 유전적 영향은 부분적으로는 생애 초기의 활발한 음식 섭취 스타일에서 발휘된다고 볼 수 있다. 또한 지방이 없는 조직보다는 지방이 있는 조직에 에너지를 저장하는 유전적인 경향이 있다. 다른 중요한 요인은 아동이 텔레비전을 보거나 비디오 게임, 인터넷을 하면서 앉아서 생활하는 습관이다. 앉아서 생활하면서 간식이나 설탕 음료를 먹는 것은 비만과 관련된 위험을 크게 증가시킨다(Ervin & Ogden, 2013). 설탕 음료 그 자체만으로도 매년 미국 내 2만 5,000명과 전 세계적으로 18만 명의 성인 사망과 연결되어 있는데, 이는 이러한 활동이 일반적으로 어릴 때부터 시작하기 때문이다(Healy, 2015년 7월 15일).

따돌림 같은 아동기의 부정적인 사회적 관계는 성년기의 높은 체질량 지수와 연관되어 있다(Baldwin et al., 2016; Elsenburg et al., 2017). 이런 장기간의 변화는 유전 발현의 유형으로부터 귀결되는 것으로 보인다(Loucks

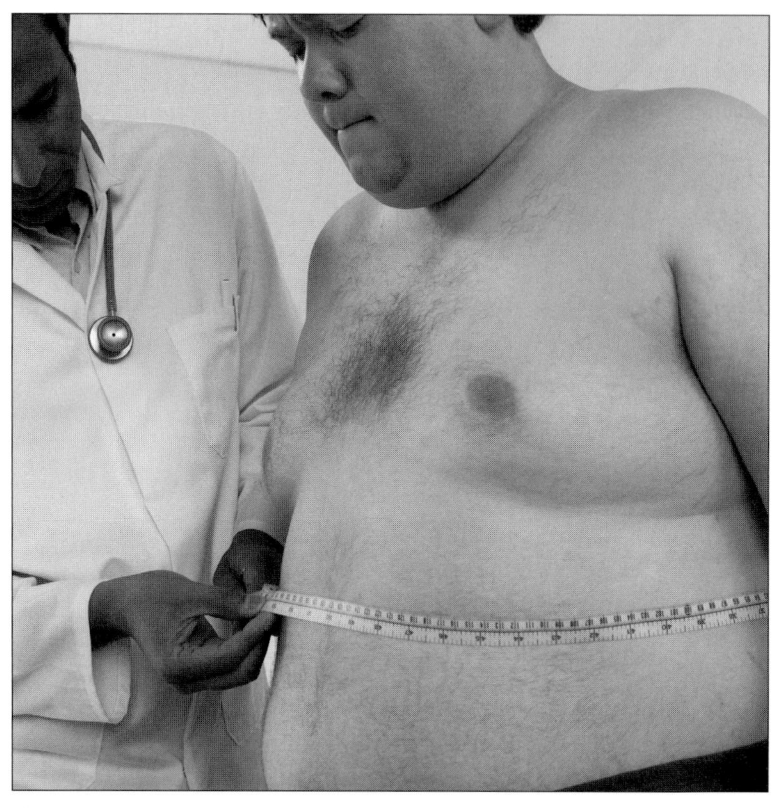

미국에서는 성인의 1/3 이상이 과체중이며 심장질환, 신장질환, 고혈압, 당뇨병 등 건강문제의 위험에 처해있다.
Adam Gault/Science Source

et al., 2016).

아동이 조직적인 운동이나 신체적인 활동에 참여한다면 비만이 될 가능성이 줄어들지만, 보통 비만인 아동의 가족들은 운동을 하지 않거나 운동에 가치를 두지 않을 가능성이 있다(Kozo et al., 2012; Veitch et al., 2011). 텔레비전을 너무 많이 보는 것도 비만의 원인이다(Grummon, Vaughn, Jones, & Ward, 2017). 또한 유아기와 아동기 때 너무 많이 먹은 아동은 성인이 되어 비만이 되기 쉽다(Kuhl et al., 2014). 덩치가 크고 활동량이 낮은 가족들에게서는 그들의 개조차도 과체중일 가능성이 높다. 이와는 대조적으로, 긍적적인 양육은 아동기에 나쁘게 조절된 식습관을 교정할 수 있다(Connell & Francis, 2014). 그림 5.2는 아동기의 높은 비만율을 나타내고 있다.

비만은 개개인의 지방세포의 수와 크기, 모두에 따라서 달라진다. 중등도의 비만인 사람들은 일반적으로 지방세포의 크기는 크지만, 세포의 수는 정상적이다. 고도비만인 사람들은 세포의 수도 많고, 세포 크기도 유난히 크다(Brownell, 1982). 일반적으로 지방세포의 수는 유전적 요인과 초기 식습관에 따라 생애 초기에 결정되기 때문에 아동기는 비만에 취약한 요인들이 구성되는 시기이다(Wilfley, Hayes, Balantekin, Van Buren, & Epstein, 2018).

사회경제적 지위, 문화, 비만

비만의 또 다른 위험요소는 사회적 지위와 문화이다(Gallo et al., 2012). 미국에서 낮은 사회경제적 지위에 있는 여성은 높은 사회경제적 지위의 여성보다 체중이 더 많이 나간다. 특히 아프리카계 미국인 여성은 비만이 될 확률이 더 높다(Ogden, Lamb, Carroll, & Flegal,

그림 5.2 | 비만 청년 비율

청년 비만은 나이와 성별에 따른 증가 도표에서 95% 이상의 BMI 값을 가짐을 의미

출처 : U.S. Department of Health & Human Services and Centers for Disease Control and Prevention. "Prevalence of Obesity among Adults and Youth: United States, 2015 – 2016." Accessed June 27, 2019. https://www.cdc.gov/nchs/data/databriefs/db288.pdf.

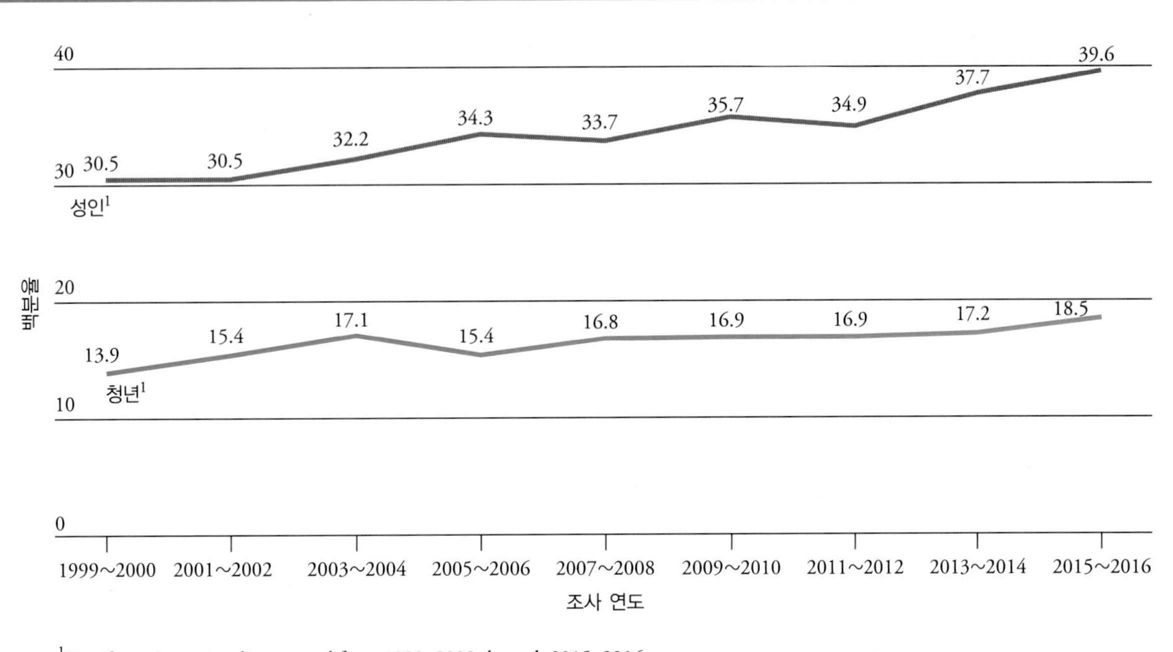

[1]Significant increasing linear trend from 1999–2000 through 2015–2016.
NOTES: All estimates for adults are age adjusted by the direct method to the 2000 U.S. census population using the age groups 20–39, 40–59, and 60 and over. Access data table for Figure 5 at: https://www.cdc.gov/nchs/data/databriefs/db288_table.pdf#5.
출처 : NCHS, National Health and Nutrition Examination Survey, 1999–2016.

2010). 반면 남성의 비만은 분명한 근거는 없지만 사회경제적 지위와 관련이 없는 것으로 보인다. 비만은 낮은 사회경제적 지위에 속한 여성들이 전 생애에 걸쳐 겪은 불이익의 한 부분일지도 모른다(Zajacova & Burgard, 2010). 가치도 비만과 관련이 있는 요인이다. 높은 사회경제적 지위에 속한 여성과 선진국의 여성은 날씬함을 중요하게 여겼고, 이것이 체중 조절과 신체적인 활동을 강조하는 문화를 만들었다(Wardle et al., 2004). 비만인 사람들에 대한 체중 낙인은 당사자들이 느끼는 불안과 우울에 더하여 무례한 비난과 부당처우로 이어졌다.

우울과 스트레스(Mason et al., 2019)와 체중 증가는 관련이 있다(Olive, Telford, Byrne, Abhayaratna, & Telford, 2017). 엄마들의 우울증은 그들의 10대 아동들의 비만과 매우 밀접하게 연결되어 있다(Marmorstein & Iacono, 2016). 우울한 사람들은 체중이 증가할 가능성이 높고, 비만이거나 과체중인 사람들은 우울해지기 쉽다(Kubzansky, Gilthorpe, & Goodman, 2012; van Reedt Dortland, Giltay, van Veen, Zitman, & Penninx, 2013). 불안증도 특히 청소년에게 영향을 준다(Roberts & Duong, 2016). 비만인 사람에 대한 인지된 차별은 이러한 관계를 부분적으로 설명한다(Robinson, Sutin, & Daly, 2017). 신경증적 성향, 외향적 성향, 충동적 성향이 높게 나타나고 낮은 수준의 성실성을 보이는 사람들은 그렇지 않은 사람들에 비해 비만이 될 확률이 높다(Sutin, Ferrucci, Zonderman, & Terracciano, 2011).

비만은 마치 전염병처럼 사회적 네트워크를 통해 퍼

아동기 비만은 미국에서 가장 빠르게 확산되고 있는 건강문제 중 하나이다.
Image Source/Getty Images

진다. 어떤 사람의 친구, 형제자매 또는 배우자가 비만이라면 그 사람도 비만이 될 가능성이 증가한다. 비만은 비만이 되는 것을 보다 쉽게 수용할 수 있도록 사회적 기준을 변화시켰을지도 모른다(Christakis & Fowler, 2007). 대부분의 사람들은 그들의 식습관에 끼치는 사회적 영향에 대해 알지 못하는 것 같다(Spanos, Vartanian, Herman, & Polivy, 2014).

비만의 위험요소로서 비만과 다이어트

역설적으로 비만은 더욱 비만이 될 수 있는 위험요소이다. 많은 비만인 사람들이 높은 인슐린 수치를 가지고 있어서, 이로 인해 허기를 계속 느끼고 과식을 하게 된다. 게다가 비만인 사람들은 큰 지방세포를 가지고 있는데, 큰 지방세포는 작은 지방세포보다 지방을 저장하고 생산하는 능력이 더 좋다.

다이어트도 비만을 일으키는 데 원인을 제공한다. **요요 현상**(yo-yo dieting)이라고 불리는 다이어트와 체중 증가의 반복적 주기는 음식 사용에 대한 효율성을 증가시키고 신진대사율은 낮춘다(Robinson, Sutin, & Daly, 2018). 다이어트 중인 사람이 정상적으로 다시 먹기 시작하더라도, 신진대사율은 낮게 유지되고 음식을 조금만 먹어도 체중이 쉽게 증가한다.

체중의 설정치 이론 **체중의 설정치 이론**(set point theory of weight)에 대한 증빙자료가 쌓이고 있다. 이 이론은 각 개인은 이상적인 생물학적 체중을 가지고 있으며, 이는 크게 달라지지 않는다는 것이다(Garner & Wooley, 1991). 이 이론에 따르면, 체중의 설정치는 가정 내에서 열을 조절하는 온도 조절 장치와 같은 기능을 한다. 사람들은 체중이 너무 낮으면 먹고, 체중이 이상적인 상태가 되면 먹는 것을 멈춘다. 어떤 사람들은 다른 사람들보다 더 높은 설정치를 가지고 있고, 이것은 비만의 위험요인이 되기도 한다(Brownell, 1982). 이 이론은 신체가 원래의 체중으로 돌아가려고 적극적으로 시도하기 때문에 체중을 감량하려는 노력이 결국은 에너지 소비의 적응으로 보상된다고 주장한다. 이 이론은 비만인 사람에게도 적용될 수 있다. 비만이 되면, 종종 확고히 정착되어, 우리 몸은 체중을 줄이기 위한 노력에 방어하게 된다(Healy, 2015).

스트레스와 섭식

개개인마다 다르기는 하지만 스트레스는 섭식행동에도

영향을 끼친다(Cotter & Kelly, 2018). 약 절반 정도의 사람들이 스트레스를 받을 때 더 먹고, 나머지 절반의 사람들은 더 적게 먹는다(Willenbring, Levine, & Morley, 1986). 다이어트를 하지도 않고 비만도 아닌 일반적인 섭식자는 스트레스나 불안감을 느낄 때 배고픔을 덜 느끼게 되고 음식을 더 적게 먹게 된다. 하지만 스트레스와 불안은 섭식을 스스로 조절하기 어렵게 만들어서 식사량을 억제하지 못하게 한다(Sinha & Jastreboff, 2013). 스트레스가 심한 상황에서 남성은 덜 먹는 반면 많은 여성들은 평소보다 더 많이 먹는다(Grunberg & Straub, 1992). 스트레스는 어떤 음식을 먹는지에도 영향을 미친다. 스트레스에 반응하여 먹는 사람들은 보통 저칼로리와 짠 음식을 먹는다. 반면에 스트레스 섭식자는 스트레스 상황이 아닐지라도 높은 칼로리의 음식을 선호하는 경향을 나타냈다(Willenbring et al., 1986).

불안과 우울은 **스트레스 섭식**(stess eating)을 설명할 때 중요한 부분이다. 스트레스 섭식자는 비스트레스 섭식자에 비해 불안과 우울의 기복이 더 크다는 연구가 있다. 과체중인 사람들의 불안, 적대감, 우울 수준은 정상군에 비해 큰 기복을 보였으며(Lingsweiler, Crowther, & Stephens, 1987), 이러한 유형은 체중 변화를 예측할 수 있다(Pacanowski et al., 2018). 부정적 정서에 대한 반응으로 섭식을 하는 사람들은 달고 지방 함량이 높은 음식을 선호하는 경향을 보여준다(Oliver, Wardle, & Gibson, 2000). 하지만 이러한 '위로 음식'이 실제로 기분을 향상시키지는 않는다(Wagner, Ahlstrom, Redden, Vickers, & Mann, 2014).

개입

미국에서는 비만으로 치료받는 사람들이 모든 건강습관이나 문제들로 치료를 받는 사람들보다 많다. 50만 명 이상의 사람들이 체중 감량 클리닉을 다니고 있고, 아마존에는 식단과 다이어트에 대한 책이 15만 권 이상 등록되어 있다. 그러나 비만은 매우 치료하기 어렵다. 심지어 초반에 성공적인 체중 감량 프로그램에서도 높은 재발률을 보인다.

식이요법 대부분의 체중 감량 프로그램은 식이 조절로 시작한다. 사람들은 칼로리와 탄수화물 섭취를 제한하는 것을 훈련받는다. 영양학적 계몽, 즉 음식의 영양학적 품질에 대한 지식은 이 단계에서 중요하다(Rosenbaum, clark, Convertino, Call, & Forman, 2018). 어떤 경우에는 음식이 바람직한 방식으로 섭취되도록 하기 위해 식이 조절을 잘하고 있는 사람들에게 음식을 제공하기도 한다. 일반적으로 식이 조절을 통한 체중 감량 효과는 오랫동안 지속되지 못한다(Agras et al., 1996). 사실, 글상자 5.2가 보여주는 것처럼 식이 조절은 위험하다. 매우 낮은 탄수화물 섭취나 낮은 지방 섭취는 초기에는 체중 감량을 돕는 가장 좋은 방법이지만 유지하는 것이 정말 어렵고, 보통 다시 기존에 가지고 있던 식습관으로 돌아간다. 오랜 기간에 걸쳐 칼로리 섭취를 감소시키고 운동량을 증가시켜서 계획대로 섭식행동을 하는 것이 날씬한 몸매를 유지하는 신뢰도 있는 유일한 요인이다. 이러한 것을 미취학 아동기에서부터 시작하는 것이 비만과 싸우기 위한 최선의 길이다(Kuhl et al., 2014).

수술 수술 과정은 심각한 수준의 비만을 통제하는 급진적인 방법이다. 일반적인 수술 절차 중 하나는 음식을 저장하는 용량을 감소시키기 위해 말 그대로 위를 고정시켜서 과체중인 환자들이 섭식을 제한하도록 하는 것이다. 심리적 문제 또한 체중 감소와 같이 줄어든다(Kalarchian et al., 2016). 랩 밴드 수술로 알려진 다른 방법은 음식 섭취량을 줄이기 위해 조절 가능한 위 밴드를 위의 상부에 삽입하여 위 위쪽에 작은 주머니를 만드는 것이다. 다른 수술들과 마찬가지로, 이 방법은 위와 복부 통증 등 잠재적인 부작용을 지닌다. 결과적으로, 이러한 방법은 적어도 100% 이상의 과체중이면서, 체중 감량을 위해 다른 수단을 시도하였지만 반복적으로 실패한 사람과 체중 감량이 시급한 건강상의 문제를 가진 사람에게 사용된다.

글상자 5.2 식이 조절을 하지 마세요

Vstock/UpperCut Images/Getty Images

미국 내 전체 성인의 절반가량이 언제나 체중 감량을 위해 노력하는데, 가장 흔히 쓰이는 방법이 식이 조절이다. 식이 조절(혹은 칼로리 제한)은 짧은 기간 동안 체중 감량을 일으키지만, 장기적으로 보면 대부분의 사람들이 적어도 그들이 식이 조절을 하면서 감량했던 만큼 혹은 그 이상의 체중 증가를 나타낸다. 왜 식이 조절은 의도한 효과와 정확히 반대되는 결과를 낳는가?

건강심리학자인 재닛 토미야마 박사와 동료들은 이와 같은 질문에 답했다(Tomiyama et al., 2010). 그들은 사람들이 식이 조절이 실패하는 이유가 스트레스와 스트레스 호르몬인 코르티솔의 수준이 높아지기 때문이란 가설을 세웠다. 이러한 요소들은 체중 증가를 일으킬 수 있다. 토미야마 박사는 칼로리 섭취를 점검하고 음식 소비를 제한하는 것이 스트레스와 코르티솔 분비를 증가시킬 수 있고, 이는 결국 더 큰 체중 증가를 야기할 수 있는 예기치 못한 역설적 효과를 낳는다고 설명했다.

그들의 연구에서, 체중 감량을 원하는 121명의 젊은 여성 중 1/4에게 3주 동안 식이요법이 실시되었다. 이 여성들에게는 섭식행동을 감시하거나(혹은 하지 않거나) 그리고/또는 칼로리를 제한하는(혹은 하지 않을) 것을 요구했다. 토미야마 박사는 모든 식이 조절을 하는 피험자에게 미리 준비된 음식을 제공했고 모든 사람들이 동일한 수준의 칼로리를 소모했다.

연구 결과, 칼로리를 제한했던 여성에게서 코르티솔 수준이 더 높게 나타났고, 칼로리의 점검은 지각된 스트레스를 높였다. 따라서 식이 조절은 심리적인 안녕감과 생물학적인 기능 모두에 해를 끼치는 것으로 보인다. 식이 조절로 인한 스트레스는 보통 다이어트가 실패하는 이유 중 하나일 것이다.

만약 식이 조절이 효과가 없다면, 어떤 방법이 체중 감량에 효과적일까? 그 답은 생활습관을 바꾸는 것이다. 칼로리를 제한하는 것보다 과일과 야채를 많이 섭취하고, 탄수화물 섭취는 줄이며, 적은 양의 식사를 하는 것과 같이 장기적인 관점에서 식습관을 개선하고 규칙적으로 운동을 하는 것이 체중 감량을 오랫동안 유지시켜 줄 것이다. 운동을 하는 것 역시 추가적으로 체중을 감량하고 유지하는 데 도움이 될 것이다.

인지행동치료

현재 연구자들은 비만을 유도하는 강압적인 습식은 흡연이나 약물 중독 등 다른 중독성 질환과 같은 뇌 회로를 공유하며, 치료를 어렵게 만든다고 믿는다(Volkow, Wang, Tomasi, & Baler, 2013). 비만에 대한 많은 개입에서 교정되기 어려운 식습관을 고치기 위해 인지행동치료(CBT)를 사용한다.

선별검사 어떤 프로그램은 체중 감량을 위한 동기와 준비성을 기준으로 참가자를 선별하면서 시작한다. 실패했던 이전의 식이 조절 시도와 체중 감량의 실패, 체중 증가, 높은 신체 불만족 그리고 낮은 자존감은 모두 체중 감량 노력을 약화시킨다(Teixeira et al., 2002).

자기 모니터링 비만 환자들은 무엇을, 언제, 얼마나 많이, 어디에서 먹는지에 대해 상세히 기록하게 하는 자기 모니터링 훈련을 받는다. 이러한 기록은 행동을 정의하고, 동시에 환자들이 자신의 식사 패턴에 주의를 기울이고 체중 감량을 위한 노력을 시작하도록 만든다(Baker & Kirschenbaum, 1998). 심지어 온라인 자기 모니터링도 체중 감량과 접목되었다(Krukowski, Harvey-Berino, Bursac, Ashikaga, & West, 2013). 많은 환자들이 자신이 실제로 무엇을, 언제, 얼마나 많이 먹는지를 깨닫고는 놀란다. 자기 모니터링은 체중 감량에서 항상 중요하다. 일상적 자기 모니터링은 안전한 자기 모니터링 기술인 듯 보이지만(Gorin et al., 2019), 휴가 기간과 같이 체중이 증가할 위험이 높은 시기에는 특히 중요하다(Boutelle, Kirschenbaum, Baker, & Mitchell, 1999). 대부분의 섭식은 사회적 상황에서 발생하며 다른 사람들이 얼마나 많이 먹고 있는지와 같은 사회적 단서들이 음식 소비에 영향을 미친다. 그러나 많은 사람들은 자신의 식습관에 대한 사회적 영향을 알지 못하고 있다(Vartanian, Spanos, Herman, & Polivy, 2017).

주의 유지 비만, 흡연과 같은 건강 관련 이슈와 싸우고 있는 사람들은 종종 이러한 문제와 관련된 단서에 대한 주의적 편향을 보여 준다. 예를 들어, 비만인 사람은 매력적인 고칼로리 음식 또는 풍족한 음식이 가득한 상점 창문 등의 음식 단서에 끌린다(Kemps, Tiggemann, & Hollitt, 2014). 음식에 집중하는 비만인 어린이들은 또한 체중이 붙는다(Werthmann et al., 2015). 주의 유지는 자아의 관심을 흐트러뜨리고, 주위환경의 다른 면에 집중하게 하거나 신체적 활동을 하게 하여, 이러한 자동적인 편향을 깨트리거나 최소한 절제하게 한다.

자극 조절 즉각적인 음식 환경은 섭식에 강력한 효과를 준다(Elliston, Ferguson, Schüz, & Schüz, 2017). 이러한 이유로, 환자들은 그들의 섭식을 만들고 유지시켰던 기존 환경의 자극을 수정하고, 음식 소비를 수정하기 위한 훈련을 받는다. 그러한 과정은 생채소와 같은 낮은 칼로리의 음식을 구입하고 가정에 있는 높은 칼로리의 음식 소비를 제한하는 것을 포함한다. 환자에게 섭식행동과 새로운 자극을 연합하기 위해 같은 시간과 같은 장소에서 음식을 먹도록 교육을 하기도 하는데, 예를 들어 식사를 할 때 특별한 냅킨이나 식기를 사용하도록 해서 이러한 자극이 있을 때만 먹도록 하는 것이다. 음식 양을 적절하게 유지하는 것 또한 중요하다(Kerameas, Vartanian, Herman, & Polivy, 2015). 음식과 연결되지 않은 새롭고 즐거운 활동을 개인의 생활에 만들고 증가시키는 것도 비만을 조절하는 데 도움이 된다(Carr & Epstein, 2018; Xu et al., 2017).

섭식 통제 다음 단계는 섭식 과정 자체를 통제하는 것이다. 예를 들어, 환자들에게 한입에 먹을 수 있을 만큼의 음식 양을 계산하게 하는 것이다. 그리고 몇 번의 음식을 씹고 삼킬 때마다 식기를 내려놓으라고 지시하는 것이다. 천천히 먹을 수 있도록 하기 위해 음식을 한입 가득 넣을 때마다 점점 시간 간격을 늘리도록 한다(이것은 섭취량을 줄이게 된다). 마지막에는 음식을 먹는 동안 맛을 충분히 음미할 수 있게 의식적인 노력을 기울이도록 한다. 이러한 개입의 목표는 비만인 사람들이 덜 먹으면서도 더 즐길 수 있게 하는 것이다. 이러한 의식적인 섭식은 충동적인 간식이나 음식 선택을 줄이는 데 도움이 된다(Hendrickson & Rasmussen, 2017).

자기강화 섭식 습관의 성공적인 개선은 영화를 보러 가거나 페이스북 메시지를 적는 것과 같은 긍정적 보상으로 강화할 수 있다. 섭식에 대한 자기통제감을 발전시키는 것은 비만의 행동치료에서 중요한 부분이고, 이것은 사람들이 유혹을 이겨내도록 도울 수 있다. 체중 감량에 성공하는 것은 더 큰 활력과 심리적 안녕과 연결되어 있으며(Swencionis et al., 2013), 이것은 또 다른 자기강화의 원천으로 작동할 수 있다.

자기대화 통제 인지 재구조화는 체중 감량 프로그램에서 중요한 부분이다. 제3장에서 지적한 것과 같이 바쁜 건강습관은 역기능적인 독백을 통해서 유지될 수 있다("나는 절대 체중을 감량할 수 없을 거야. 나는 이전에 여러 차례 시도했지만, 계속해서 실패했어."). 체중 감량 프로그램의 참가자들에게는 체중 감량에 대한 역기능적인 사고를 확인하고 긍정적인 자기지시로 대체할 것을 권고한다. 다른 건강행동 변화와 마찬가지로, 자아효능감이 성공에 있어서 중요하며, 특히 남자들에게 중요하다(Crane, Ward, Lutes, Bowling, & Tate, 2016).

대략 50만 명의 미국인이 체계적인 체중 감소 프로그램에 참여하며, 이러한 프로그램에는 대부분 운동이 포함되어 있다.
Natacha Pisarenko/AP Images

구체적인 실행 계획(Luszczynska, Sobczyk, & Abraham, 2007)의 정보와 강한 자아효능감(체중 감량을 할 수 있다는 믿음)은 체중 감량을 예측해준다(Warziski, Sereika, Styn, Music, & Burke, 2008). 이와 같은 치료적 개입의 목표는 자기결정력을 향상시키는 것이다. 자기결정력은 내적 동기를 높여서 식단 수정과 체중 감량을 지속할 수 있게 해준다(Mata et al., 2009).

운동 운동은 모든 체중 감량 프로그램에서 중요한 구성요소이다. 나이가 들어가면 체중의 증가를 막는 것은 고사하고 체중을 유지하기 위해서라도 운동량을 늘리는 것이 필수적이다(Jameson, 2004). 이는 체중이 늘어나는 내재된 경향성을 변화시킨다. 다시 말해, 운동은 지방이 저장되는 것에 관여하는 유전자를 재프로그램하는 것을 도와주며, 비만 가능성을 낮춘다(*The Economist*, 2013년 7월 13일). 운동 프로그램을 유지하는 것은 운동에 우호적인 태도와 의지뿐만 아니라 강한 자기조절 기술을 필요로 한다(Chevance, Stephan, Héraud, & Boiché, 2018). 운동에 대해 긍정적인 양육은 청소년들에게 그런 행동을 배게 하는 것에 도움이 된다(Huffman, Wilson, Van Horn, & Pate, 2018).

스트레스 조절 체중 감량을 위한 노력은 스트레스를 야기할 수 있기 때문에(Tomiyama et al., 2010), 생활사건의 스트레스를 감소시키는 것은 체중 감량에 도움이 된다. 스트레스 조절을 위해 사용되는 기술 중 하나는 마음챙김 훈련과 수용전념이론(ACT)이다.

사회적 지지 사회적 지지는 체중 감량에 중요하다(Cornelius, Gettens, & Gorin, 2016). 따라서 대부분의 CBT 프로그램은 가족, 친구, 직장동료로부터의 효과적인 지지를 이끌어내는 훈련을 포함한다. 심지어 인터넷을 통한 행동 치료사로부터의 지지적인 메시지도 사람들의 체중 감량에 도움이 된다(Oleck 2001). 자율적 지지, 즉 개인은 자율적이며, 그들의 행동에 대한 책임 주체라는 신념을 담고 있는 사회적 지지는 자기규제를 강화하여 직접적인 지지보다도 더 큰 체중 감량을 가져오는 듯하다(Gorin, Powers, Koestner, Wing, & Raynor, 2014). 가족 지지는, 특히 라틴계 가족에서, 체중 증가 또는 감량에 부정적으로 강하게 영향을 준다(Jewell, Letham-Hamlett, Ibrahim, Leucken, & MacKinnon, 2017).

가족 환경은 체중 감량에 중요한 요인인데, 아동과 청소년의 경우에는 더욱 그렇다. 일반적으로 가족은 한 사람이 계획해서 만드는 음식을 모두가 함께 먹는다(Lytle et al., 2011; Samuel-Hodge et al., 2010). 가족 기반의 개입은 비만과 관련된 행동을 수정하는 데 있어 특별한 가능성을 가지고 있으며(Crespo et al., 2012; Gorin et al., 2013), 특히 라틴계 가족에 있어 중요하다(Marquez, Norman, Fowler, Gans, & Marcus, 2018). 하지만 가족으로부터의 지지가 체중 감량을 압박하는 규범이 될 때, 그 지지는 체중 감량 노력을 약화시킨다(Cornelius et al., 2018).

재발 방지 재발 방지 기법은 환자마다 가지고 있는 섭식 문제와 치료를 조화시키고 유혹을 줄이기 위해 환경을 재구조화하며, 재발 위험이 높은 상황(파티나 휴가 같은)

을 연습해보고 그 상황에서의 대처 기술을 배우는 것들로 치료 프로그램을 구성한다.

게다가 체중을 감량하려는 노력은 실패할 가능성이 있기 때문에 환자들이 스스로를 비난하거나 재발이 완전한 통제력 상실로 이어지지 않게 해야 한다(Forman, Schumacher, Crosby, Manasse, & Goldstein, 2017; Schumacher et al., 2018). 체중 감량을 유지하는 것은 지속적인 과정이다(Greaves, Poltawski, Garside, & Briscore, 2017). 동기 부여와 실천 의지는 섭식과 운동 모두에 유지되어야 한다(Elsborg & Elbe, 2018).

이러한 체중 감량 프로그램들은 인터넷을 통해서(Krukowski, Harvey-Berino, Bursac, Ashikaga, & West, 2013), 직장에서의 체중 감량 개입으로, 상업적 체중 감량 프로그램으로 실시될 수 있다. 실제, 매주 50만 명 이상의 사람들이 웨이트 워처스와 제니 크레이그와 같은 상업적인 프로그램을 통해 비만을 조절하기 위한 행동주의적 치료를 받고 있다.

인지행동적 체중 감량 기법에 대한 평가

인지행동 프로그램은 보통 일주일에 약 0.9kg의 체중 감량을 20주까지 이어가는 성공을 만들어내며, 길게는 2년까지도 효과가 유지된다(Brownell & Kramer, 1989). 그중에서도 자기주도적인 식단 조절과 운동을 강조하고 재발 방지 기술을 포함하는 프로그램은 특히 성공적

표 5.2 | 체중 조절 팁

의식 증가	**운동**
당신이 먹는 것을 기록	운동 진행을 지켜보기 : 어떤 것을 하기 좋아하는가?
당신의 몸무게를 기록	운동을 생활 스타일과 융합하기 – 생활 전역에서 보다 활동적으로 되기
언제 먹고 왜 먹는지 적을 것	
먹는 도중	**태도**
속도 조절 – 천천히 먹기	체중 감량의 목표에 대해 생각하기 – 현실적으로
먹는 과정에 주의 주기	모든 진행은 이익이 있고, 목표를 맞추지 못했다고 해서 실패한 것이 아님을 명심하기
얼마나 배부른지 주의 주기	음식에 대한 욕망에 대해 생각하기 – 갈망을 조정하고 산정하기
같은 시간에 같은 장소에서 먹기	
1인분을 먹고, 식사 시작 전에 스스로 양을 정하기	
음식 쇼핑	**남들과 같이 행동하기**
사전에 뭘 살 것인지 정하기	친구, 가족을 당신의 식사 준비나 운동 루틴 등의 목표와 새로운 생활 스타일에 융합하기
이미 정리된 물품의 숫자를 제한하기	그들이 당신의 목표를 성취하는 데 어떠한 도움을 줄 수 있는지 대화하기
배고플 때 쇼핑하지 말기	
섭식 환경	**영양**
건강에 나쁜 음식보다는 좋은 음식을 가까이 하기	영양에 대한 지식을 갖추기
외식을 할 때 섭식 루틴을 지키기 위해 최선을 다할 것	일일 권장 섭취 칼로리, 비타민, 미네랄에 대해 알기
외식을 하거나 다른 이와 같이 식사를 할 때 당신의 섭식 루틴에 대한 제한이나 변경에 대해 생각하기	어떤 음식이 비타민, 미네랄, 단백질, 탄수화물, 건강한 지방의 좋은 원천인지 알기
	균형 잡힌 식단을 먹기
	건강하고 맛있는 음식을 준비하기

이다(Jeffery, Hennrikus, Lando, Murray, & Liu, 2000). 아동과 청소년에 대한 치료는 특히 부모님이 치료에 참여할 때 더욱 효과적이다(Kitzmann et al., 2010). 한 메타 연구는 이러한 개입이 감정적 섭식을 감소시키고 인지적인 절제를 증가시킬 수 있음을 보였다(Jacob et al., 2018). 온라인 개입에 관한 메타 연구는 비록 강하지는 않지만 비슷한 효과가 있음을 보였다(Podina & Fodor, 2018). 체중 감량에 대한 장기간 유지는 매일 체중을 측정함으로써 향상될 수 있다(Crain, Sherwood, Martinson, & Jeffery, 2018).

표 5.2는 인지행동 프로그램을 통해 장기간의 체중 감량을 촉진하는 최근 연구 결과를 보여준다.

공중보건 접근

날로 높아지는 비만의 유병률은 이 문제를 해결하기 위해 예방이 필수적이라는 것을 보여준다(National Academy of Medicine, 2011d).

비만 아동이 발생할 위험이 높은 가족에게 예방은 중요한 전략이다. 부모는 일찍부터 아이들에게 영향을 줄 수 있는 식습관과 식사 계획을 정할 수 있도록 훈련을 받아야 한다. 성인들의 비만을 치료하는 것은 매우 어려운 일이라는 것이 증명되었지만, 아이들에게 건강한 식습관과 신체활동에 대해 가르치는 것은 보다 쉽다. 비만 아동은 생활습관에 대한 개입에서 많은 도움을 받을 수 있는데, TV 시청처럼 주로 앉아있는 일을 포기하도록 만들고, 스포츠나 다른 신체적 활동에 참여할 수 있게 하며, 건강한 섭식활동을 장려하는 강화를 통한 개입이 그 예라고 할 수 있다(Wilfley et al., 2007). 건강한 음식으로 유도하고 비활동적인 행동을 수정하는 학교 기반의 치료 프로그램도 도움이 될 것이다(Dietz & Gortmaker, 2001).

WHO는 식품 내용 표시 라벨에 영양 및 분량 관련 정보를 늘리고, 당분과 지방 함량이 높은 식품에 특별 세금(소위 패스트푸드 세금)을 부과하고 아동에 대한 광고 제한이나 건강상의 위험을 명시하는 등의 여러 변화에 대해 논의해왔다(Arnst 2004). 미국 내 몇몇 주에서는 아동들의 체중과 직접적으로 관련이 있는 불량 식품과 당분 함량이 높은 음료수의 학교 내 사용을 통제하고 있다(Taber, Chriqui, Perna, Powell, & Chaloupka, 2012). 식품과 음료 접근성에 대한 실질적인 또는 제안된 몇몇의 변화는 식품 및 음료 회사와 주정부, 지방 정부, 연방정부와의 격렬한 싸움을 야기했다.

섭식장애

실현하기 힘든 완벽한 몸매를 얻기 위해(글상자 5.3), 많은 여성과, 점점 더 많은 수의 남성은 지속적으로 식단을 제한하고 변비약을 복용하고 흡연을 하기도 하며 다이어트 약을 만성적으로 복용하기도 한다(Facts of Life, 2002년 11월). 15~24세의 여성에게 이런 행동이 가장 많이 나타나지만, 섭식장애 사례는 적게는 7세에서 많게는 80대 중반에도 나타난다(Facts of Life, 2002년 11월).

섭식장애의 급속한 확산은, 비만과 유사하게, 날씬함을 지나치게 추구하는 현상이 주요한 공공 건강을 위협하는 요인이라는 것을 시사한다. 최근 몇 년 동안 섭식장애 발병률이 증가해왔고, 특히 여성 청소년 집단에서 두드러졌다. 주요한 섭식장애는 신경성 식욕부진증과 신경성 폭식증이다. 섭식장애는 모든 행동장애를 통틀어 가장 높은 비율의 기능장애와 사망률을 갖고 있다(Park, 2007). 섭식장애를 가진 사람들 중 6%가 죽음에 이르고(Facts of Life, 2002년 11월), 자살 시도도 흔하게 나타난다(Bulik et al., 2008). 섭식장애나 그러한 경향성을 가진 여성은 그렇지 않은 사람들에 비해 더 우울하고, 불안하고, 더 낮은 자존감을 가지며, 낮은 통제감을 가지는 것으로 보인다.

신경성 식욕부진증

필자의 기억에 강렬하게 남은 것 중 하나는 크리스마스 휴가 때 캠퍼스에서 운전을 하면서 신경성 식욕부진증을 앓고 있을 것이 분명해 보이는 젊은 여성이 도로를 가

글상자 5.3 **바비 인형의 미모 전쟁**

많은 건강심리학자는 미디어와 그들이 만들어낸 여성의 아름다움에 대한 잘못된 이미지를 비판해왔다. 특히 바비 인형이 이런 비판의 대상이었는데, 어린 소녀들에게 과도한 다이어트를 하게 하고 섭식장애를 유발하는 데 기여했기 때문이다. 연구자들은 엉덩이 치수를 상수로 사용하여, 어린 소녀들이 바비 인형과 같은 몸매가 되기 위해 필요한 변화를 계산하여 제시하였다. 여성들은 가슴 둘레를 5인치 증가시켜야 하고, 목 길이를 3인치 이상, 신장을 2피트 이상 그리고 허리 둘레는 6인치를 줄여야 했다(Brownell & Napolitano, 1995). 이런 명백하게 실현이 불가능한 기준은 소녀와 여성들이 자신의 신체를 개선시켜야만 한다는 잘못된 기대를 하도록 만들었다. 결과적으로 바비 인형을 만든 마텔은 현재 많은 청소년의 체형과 유사한 체형의 다양한 바비 인형을 추가하였다(Li, 2016).

AP Images

로질러 가는 것을 본 기억이다. 그녀는 운동을 막 마친 것처럼 보였다. 바람이 땀에 젖은 바지를 걷어 올려, 뼈만 남은(과거에는 정상적이었을) 다리가 보였다. 그녀의 얼굴은 피부가 너무 팽팽하게 당겨져 있어서 살 아래에 있을 뼈의 형체를 한눈에 알아볼 수 있을 정도였다. 나는 곧 죽을 사람을 바라보고 있다는 것을 깨달았다. 차를 댈 곳을 찾는 사이에 그녀는 기숙사로 사라졌다. 내가 그녀를 다시 찾을 수 있었다고 해도, 뭐라고 말해야 할지 몰랐을 것이다.

신경성 식욕부진증(anorexia nervosa)은 자기 자신을 굶주리게 하는 강박 장애이다. 신경성 식욕부진증 환자는 적정한 수준 아래로 체중이 내려갈 때까지 식단 조절과 운동을 하면서 건강을 위협하고, 결국은 죽음에 이르기까지 하는 장애이다(Kask et al., 2016). 대부분의 신경성 식욕부진증 환자는 젊은 여성이지만 동성애자, 양성애자 남성 역시 위험군이다(Blashill, Goshe, Robbins, Mayer, & Safren, 2014; Haug & Balsam, 2017).

신경성 식욕부진증의 발달 세로토닌, 도파민, 에스트로겐 체계와 관련된 유전적인 요인은 특히 신경성 식욕부진증에 많은 영향을 미친다. 이러한 체계는 불안과 음식 섭취 모두와 연관되어 있다. 유전적 요소와 생애 초기의 스트레스 노출처럼 환경에서의 위험 사이의 상호작용은 신경성 식욕부진증에 중요한 역할을 할 것이며(Striegel-Moore & Bulik, 2007), 역기능적인 생물학적 스트레스 체계와도 관련되어 있을 것이다(Zucker et al., 2017).

성격과 가족 상호작용은 신경성 식욕부진증의 원인요소이다. 신경성 식욕부진증이 있는 사람은 성실하고 완벽한 행동을 하면서 수용의 욕구와 함께 통제감의 부족을 경험한다고 알려져 있다. 신체상의 왜곡이 이 질병의 원인인지 결과인지는 명확하지 않지만, 신경성 식욕부진증 소녀들이 나타내는 공통점이기도 하다. 예를 들어, 이런 소녀들은 이상적인 체중 아래로 떨어진 뒤 오랜 시간이 지나도 자기 자신을 여전히 과체중으로 본다(Hewig et al., 2008).

신경성 식욕부진증 소녀는 정신병리나 알코올 중독을 가진 가족 혹은 갈등을 다루고 정서를 교감하는 의사소통 능력이 극단적으로 부족한 가족에서 나타날 수 있다(Garfinkel & Garner, 1983; Rakoff, 1983). 섭식장애가 있는 딸의 어머니는 가족, 딸의 외모에 대해 더 불만스러워하고, 자신의 섭식장애에도 취약한 것으로 보인다(Pike & Rodin, 1991). 체중과 섭식행동에 집착하는 어머니는 딸을 섭식문제의 위험에 빠뜨리게 된다(Francis & Birch, 2005). 보다 일반적으로 섭식장애는 불안정한 애착 관계와 관련이 있고, 이것은 다른 사람들로부터 거절을 당하거나 비판을 받을 것이라는 기대를 의미한다(Troisi et al., 2006). 젊은 여성이나 남성이 식욕부진증 치료를 받을 때쯤이면 그 행동은 이미 습관이 되었을 것이며 따라서 치료하기 훨씬 힘들 것이다(Goode, 2015).

신경성 식욕부진증의 치료 치료 초기의 주요한 치료 목적은 환자의 체중을 다시 안전한 수준으로 돌려놓는 것이며 이는 보통 병원과 같은 입원 시설에서 수행된다. 체중 증가를 이루기 위해서 대부분의 치료자들은 인지행동치료를 실시한다(Brown & Keel, 2012). 그러나 인지행동치료가 신경성 식욕부진증 환자들에게 항상 효과가 있는 것은 아니다(Brown & Keel, 2012). 신경성 식욕부진증 환자가 스스로 행동을 바꾸기를 원하는 것과 같이 동기를 불러일으키는 것이 특히 중요하다(Wilson, Grilo, & Vitousek, 2007).

가족치료는 가족들이 감정을 소통하고 갈등을 조절하는 긍정적인 방법을 배우도록 돕는다. 치료 초기에 신경성 식욕부진증에 걸린 환자의 부모에게 환자의 식습관을 완전히 통제하라고 권장하고, 신경성 식욕부진증 환자는 체중을 증가시키고 부모의 권위에 순응하기 시작하면서 자신이 섭식을 예전보다 통제할 수 있을 것이라고 생각하게 된다(Wilson, Grilo, & Vitousek, 2007).

신경성 식욕부진증을 치료하면서 생기는 건강상의 위험과 어려움 때문에 연구의 방향은 점차 예방으로 옮겨가고 있다. 몇몇 치료적 개입은 날씬함에 대한 사회적인 규준을 직접 다룬다(Neumark-Sztainer, Wall, Story, & Perry, 2003). 예를 들어, 한 연구에서는 신경성 식욕부진증을 앓는 여성들이 종종 다른 사람들을 실제보다 더 작고 날씬하다고 잘못 판단하기 때문에 다른 여성의 체중과 체형에 대한 정보를 주었다(Sanderson, Darley, & Messinger, 2002). 이러한 치료적 개입은 실제 체중과 이상적인 체중의 추정치를 변화시키는 데 성공적이다(Mutterperl & Sanderson, 2002). 불협화음의 개념을 그리면서, 몇몇 연구들은 마른 체형에 대한 아이디어를 비난하는 에세이를 적는 것이 식욕부진증의 위험에 처한 여성들을 도울 수 있으며 그들의 증상을 완화할 수 있다는 것을 보고하였다(Green et al., 2017).

그러나 새로운 신경성 식욕부진증의 발병을 예방하는 요소는 이미 치료가 가능한 학생들에게 적용할 수 있는 요인과는 다를 수 있다(Mann et al., 1997). 한 가지 섭식장애 예방 프로그램은 신입생들이 섭식장애에서 회복된 학생을 만나는 것이다. 그들은 자신의 경험과 질병에 대한 정보를 제공한다. 하지만 연구자들에게 실망스럽게도 치료 참여자들이 참여하지 않은 사람들보다 더 경미한 증상을 가지고 있었다. 이 프로그램은 의도치 않게 문제를 정상화시킨다. 결과적으로 이상적인 예방 전략은 섭식장애의 위험을 강조하는 반면, 치료법을 찾는 섭식장애 증상을 가진 여성들에 대한 행동을 정상화하고 치료를 수용하도록 격려하는 유인책이다(Mann et al., 1997).

신경성 폭식증

신경성 폭식증(bulimia)은 폭식과 구토, 하제 용품 남용, 극단적인 식단 조절이나 단식, 약이나 알코올 남용을 통한 하제 행위의 반복적 사이클로 정의할 수 있다. 폭식은 부분적으로는 다이어트로 인해 발생한다. 식욕부진증으로 진단된 환자 중 대략 절반 정도는 폭식도 한다. 1~3%의 여성이 폭식을 보이며(Wisniewski, Epstein, Marcus, & Kaye, 1997), 남성의 수도 점차 증가하는 추세이고(Striegel, Bedrosian, Wang, & Schwartz, 2012), 신경성 폭식증 환자의 10%가 폭식 삽화를 가지고 있다.

신경성 폭식증의 발달 많은 신경성 식욕부진증 환자가 마른 반면에 신경성 폭식증 환자는 전형적으로 정상 체중을 가지고 있거나 과체중이며, 특히 엉덩이 부근이 그렇다. 폭식 기간은 체중을 회복시키기 위한 신체의 반응을 통제할 수 없는 때이고, 구토 기간은 체중에 대한 통제력을 다시 되찾으려는 때이다.

신경성 폭식증의 경향이 있는 여성, 특히 폭식을 하는 여성은 변형된 스트레스 반응을 보인다. 특히 특이한 HPA 축을 가진 것으로 보인다(Ludescher et al., 2009). 스트레스에 반응하는 코르티솔 수준이 상승하고, 섭식을 촉진시킨다(Gluck et al., 2004). 음식에 대해 지속적으로 생각하며(Blechert, Feige, Joos, Zeeck, & Tuschen-Caffier, 2011), 제한된 섭식은 폭식을 불러일으킨다.

가족 내에서 공통적으로 섭식장애를 보이는 것처럼, 쌍생아 연구에서 신경성 폭식증의 높은 일치 비율을 보인다는 점에서 신경성 폭식증에는 유전적인 영향이 있다는 것을 알 수 있다(Wade, Bulik, Sullivan, Neale, & Kendler, 2000). 날씬함과 외모에 가치를 두는 가족에서 딸이 신경성 폭식증을 가지게 될 확률이 높아진다(Boskind-White & White, 1983).

신경성 폭식증의 생리학적 이론은 호르몬의 역기능(Monteleone et al., 2001), 낮은 렙틴 기능(Jimerson, Mantoros, Wolfe, & Metzger, 2000), 시상하부의 역기능, 음식 알레르기, 미각반응장애(Wisniewski et al., 1997), 내인성 오피오이드 체계의 장애(Mitchell, Laine, Morley, & Levine, 1986), 신경장애와 이러한 장애의 공존 질환에 중점을 둔다. 다시 말해, 신경성 폭식증은 내재된 생리학적 붕괴를 가지고 있거나 만들어낸다. 하지만 그것이 정확히 무엇이냐와 인과관계는 아직 명확하지 않다.

신경성 폭식증의 치료 신경성 폭식증 치료의 장애물은 많은 여성이 그들의 문제가 심각한 것이고 의학적인 개입을 통해 이것을 극복할 수 있다는 것을 믿지 않는다는 점이다. 따라서 치료의 첫 번째 단계는 신경성 폭식증 환자들에게 장애가 그들의 건강을 위협하고 치료가 이 장애를 극복할 수 있도록 도울 수 있다는 것을 설득하는 일이다(Smalec & Klingle, 2000).

신경성 폭식증이 강요되었을 때, 부모가 치료 장소에 위치하면서 그 행동에 대한 철저한 예방이 요구된다. CBT는 개별적, 혹은 그룹 폭식증 치료에 적당한 수준에서만 성공적이다(Mitchell, Agras, & Wonderlich, 2007). 인터넷 개입 또한 질환적 섭식과 체중 증가 예방에 어느 정도 성공을 거뒀다(Stice, Durant, Rohde, & Shaw, 2014).

약물치료와 인지행동치료를 조합하는 것이 가장 효과적인 치료법으로 보인다(Brown & Keel, 2012; Wilson, Grilo, et al., 2007). 전형적인 치료의 구조는 자기 모니터링부터 시작하고, 시간, 장소, 먹는 음식의 유형, 감정에 대한 식습관 다이어리를 작성하는 것이다. 단순한 자기 모니터링만으로도 폭식 및 하제 행동을 감소시킬 수 있다.

구체적인 기술은 그 후에 추가되는데, 환자가 정상적인 식습관을 가질 수 있도록 유도하고, 다양한 종류의 음식을 먹고, 가능한 오랫동안 하제 충동을 늦추고, 폭식과 관련 없는 새로운 상황에서 좋아하는 음식을 먹도록 하는 것이다. 그리고 자아효능감을 인식하는 것은 인지행동 개입이 성공할 수 있도록 도와준다

재발 예방 기술은 종종 치료 프로그램에 포함된다. 이것은 폭식을 유발하는 상황을 확인하고 그것을 피하는 대처 기술을 발달시키는 것이다. 이완과 스트레스 관리 기술은 이러한 프로그램에 포함된다.

폭식장애

폭식(binge eating)은 대개 개인이 홀로 있을 때 일어난다. 이는 스트레스 경험에 의한 부정적인 감정에 의해 촉발된다(Telch & Agras, 1996). 섭식자는 먹기 시작하면 멈출 수가 없다. 비록 폭식이 불쾌하더라도 폭식자는 통제력을 잃은 기분이 들며 먹는 것을 멈출 수 없다. 낮은 자긍심은 폭식에 연루되어 있으며, 그것은 곧 폭식장애의 예방과 치료에 좋은 목표가 될 수 있다(Goldschmidt, Wall, Loth, Bucchianeri, & Neumark-Sztainer, 2014). 폭식장애를 가진 많은 사람들은 불안이나 우울 등의 정

신건강 장애를 가지고 있으며(Kessler et al., 2013), 어떤 경우에는 아동 학대와도 연루되어 있다(Caslini et al., 2016).

신경성 폭식증 관련 장애 중 하나인 폭식장애는 반복적인 폭식을 하지만 체중 증가를 피하기 위한 하제 행동은 하지 않는 것으로 정의된다(Spitzer et al., 1993).

폭식장애는 신경성 폭식증과 같은 수준의 건강 문제이다. 그러나 이 장애를 가진 많은 사람들은 치료를 찾거나 구하지 않는다(Kesseler et al., 2014). 폭식은 스트레스에 반응하여 증가하며, 섭식 충동을 조절하는 그렐린 호르몬의 증가가 원인일 것이다(Bluck, Yahav, Hashim, & Geliebter, 2014). 폭식장애를 가진 사람들은 신체상과 몸무게에 대한 과도한 염려, 식이조절에 대한 과잉집착, 우울, 정신병리학적, 알코올 및 약물 남용에 대한 병력, 일과 사회적 상황을 관리하는 것에 있어서의 어려움 등으로 특징지어질 수 있다(Spitzer et al., 1993). 신체에 대한 과도한 평가, 바람직한 것보다 과도한 체질량, 식이조절, 우울 증세는 폭식 삽화 식이조절에 대한 과잉집착(Stice, Presnell, & Spangler, 2002).

알코올 중독과 음주문제

문제의 범위

알코올은 매해 약 8만 8,000명을 사망하게 하며, 예방 가능한 사망 요인 중, 부적절한 식습관과 운동에 이어 세 번째이다(Center for disease Control and Prevention, 2013). 미국인 20% 이상은 정부가 권장하는 수준보다 더 많은 술을 마신다(Centers for Disease Control and Prevention, 2008년 9월). 약 1,510만 명의 미국 성인이 알코올 남용과 의존 기준을 충족한다(Substance Abuse and Mental Health Services Administration, 2015).

다른 건강문제와 마찬가지로 알코올 소비는 고혈압, 뇌졸중, 간경변 그리고 몇 가지 암과 관련된다. 과도한 알코올 소비는 뇌 위축과 인지기능의 파괴와 관련이 있다(Anstey et al., 2006). 알코올 중독자는 수면장애를 가지고 있을 수 있는데, 이것은 감염 위험을 증가시키는 면역체계의 변화에 기여할 수 있다(Redwine, Dang, Hall, & Irwin, 2003). 미국에서 매일 거의 30명이 음주 운전 사고로 죽는다. 이는 2017년 48분마다 한 명의 사망자가 발생했음을 의미한다(National Highway Traffic Safety Administration, 2019).

미국의 건강 관련 세금의 약 15%가 알코올 중독의 치료에 쓰인다(Dorgan & Editue, 1995). 경제적으로 알코올 남용과 알코올 중독에 사용되는 비용은 매해 약 2,490억 달러로 추정되며, 다음의 사항을 포함한다.

- 대부분의 비용, 전체 73%는 작업장에서의 손실로부터 기인한다.
- 11%는 과도한 음주로 인한 문제를 치료하기 위한 건강 관리 비용이다.
- 10%는 법 집행 및 형사 사법 비용을 위해 사용된다.
- 5%는 오토바이 사고로 인한 손실 비용이다(Center for Disease Control and Prevention, 2016년 1월)

이러한 질병, 사고, 경제적인 비용을 통한 알코올 중독의 직접적인 비용 외에도 알코올 남용은 사회적 문제에 기여한다. 알코올은 공격성을 탈억제하여 타살, 자살, 폭력에 영향을 미친다. 또한 알코올은 다른 위험한 행동들을 가능하게 만들기도 한다. 예를 들어, 성적 욕구가 강한 성인들에게 알코올은 보다 충동적으로 성적인 행동을 하게 만들고(Weinhardt, Carey, Carey, Maisto, & Gorden, 2001), 콘돔을 잘 사용하지 않는 경향도 나타났다(Gordon, Carey, & Carey, 1997).

전반적으로, 알코올 중독의 범위를 설정하는 것은 어렵다. 문제가 있는 많은 음주자들이 그들의 문제를 일시적으로는 잘 감춘다. 특정한 날 혹은 특정한 장소에서 술을 마시고, 그 시간 동안 다른 사람들과의 접촉을 제한하면서 알코올 중독자들은 일상에서 인식할 수 있는 문제를 만들지 않고 술을 마실 수 있다.

약물 의존이란 무엇인가

마약이나 알코올과 같은 물질을 반복적으로 스스로 사용하고 내성, 철회, 강박적인 행동을 나타낼 때 물질에 의존하고 있다고 말한다(American Psychiatric Association, 2000). 물질 의존은 **신체적 의존**(physical dependence)을 포함한다. 이는 신체가 물질에 적응하고 신체 조직의 정상적인 기능에 물질의 사용이 포함되는 것이다. 신체적 의존은 흔히 **내성**(tolerance)과 관련되는데, 이것은 신체가 점차 물질 사용에 적응하는 과정에서 이전과 같은 효과를 내기 위해 더 많은 양이 필요하게 되고 결국 정체기에 이르게 된다는 것이다. **갈망**(craving)은 특정 행동을 하고 물질을 소비하고 싶어 하는 강한 욕망이다. 이것은 신체적 의존과 조건화 과정의 결과이다. 환경적인 단서와 연합된 물질로서 그 단서의 조절은 물질에 대한 강한 욕망을 불러일으킨다. **중독**(addiction)은 개인이 물질을 반복해서 사용하면서 신체적 혹은 심리적으로 물질에 의존할 때 발생한다. **금단현상**(withdrawal)은 신체적, 심리적인 면 모두에서 발생하는 불쾌한 증상으로 사람들이 의존하게 된 물질의 사용을 멈췄을 때 경험하는 것이다. 그 증상은 각기 다양하지만, 불안, 불쾌감, 그 물질에 대한 심한 갈망, 구토, 두통, 떨림 그리고 망상을 포함한다.

알코올 중독과 문제적 음주

문제적 음주(problem drinking)와 **알코올 중독**(alcoholism)은 몇 가지 구체적인 행동으로 정의된다. 이러한 패턴은 매일의 알코올 사용, 음주 중단의 불가능함, 일시적인 자제 혹은 하루의 특정 시간 동안 알코올 통제를 위한 반복적인 노력, 폭음, 때때로 많은 양의 알코올 소비, 취한 상태의 기억상실, 건강문제를 알고 있음에도 지속된 음주, 물약으로 된 기침약과 같은 비음료 알코올 섭취 등을 포함한다.

알코올 중독이라는 용어는 보통 신체적으로 알코올에 중독된 사람들을 묘사할 때 쓰인다. 알코올 중독은 음주자들이 음주를 멈추고, 술에 높은 내성을 가지고, 술을 통제할 수 있는 능력이 없을 때 금단증상을 나타낸다. 문제적 음주자는 이러한 증상을 가지고 있지 않을 수도 있지만, 보통은 알코올로 인한 사회적, 심리적, 의학적 문제를 갖게 된다.

생리학적 의존은 특정한 시간에 특정한 양의 특정한 술을 먹는 전형적인 음주 패턴(하루 중 특정 시간에 특정 형태의 알코올의 특정 양), 특정 수준의 혈중 알코올 농도를 유지하는 음주량, 알코올에 대한 내성이 약한 음주자의 경우 정상적인 생활이 불가능해질 정도의 기능 약화, 금단현상의 빈도와 심각성의 증가, 이른 오전과 한밤중의 음주, 음주에 대한 통제감 상실 느낌, 알코올에 대한 주관적인 갈망 등으로 설명할 수 있다(Straus, 1988).

알코올 중독과 문제적 음주의 원인

알코올 중독과 문제적 음주는 복합적인 요인으로 기인한다. 쌍생아 연구와 알코올 중독 남성의 아들이 알코올 중독자가 되는 빈도수를 살펴보면 유전적 요인이 작용하는 것으로 나타난다(Hutchison, McGeary, Smolen, Bryan, & Swift, 2002). 부모의 음주를 모방하는 것 또한 자녀의 알코올 중독에 영향을 미치는 것으로 나타났다(van der Zwaluw et al., 2008). 젊은 여성과 집 밖에서 경제활동을 하는 여성들의 알코올 중독 비율이 점차 남성을 따라잡고 있기는 하지만(Christie-Mizell & Peralta, 2009; Williams, 2002), 전통적으로 남성이 여성보다 알코올 중독자가 될 위험이 더 높다(Robbins & Martin, 1993). 낮은 소득처럼 인구통계학적인 요소 역시 알코올 중독을 예측한다.

음주와 스트레스 음주는 부분적으로 스트레스의 영향을 완화하고자 하는 노력의 일환이다. 부정적인 생활 사건을 많이 겪은 사람과 만성적인 스트레스 요인을 경험하는 사람 그리고 사회적으로 지지를 받지 못하는 사람은 그런 문제가 없는 사람들보다 문제적 음주자가 되는 경향이 더 높다(Brennan & Moos, 1990; Sadava & Pak, 1994). 예를 들어, 알코올 남용은 실직을 당한 사람들 사

청소년기와 초기 성인기는 문제적 음주와 알코올 중독에 취약한 시기이다. 이러한 낮은 연령대에 성공적인 개입을 통해 알코올 관련 문제가 발생하는 것을 줄일 수 있다.
Frank Herholdt/Image Source

이에서 증가한다(Catalano, Dooley, Wilson, & Hough, 1993). 일로부터 소외되고, 낮은 직업 자율성과 능력을 발휘할 기회의 상실, 직장 내 의사결정 작업의 참여 부족은 과음과 관련된다(Greenberg & Grunberg, 1995). 특히 우울증을 발생시키는 경제적인 부담은 음주를 하게 만든다(Peirce, Frone, Russell, & Cooper, 1994). 그리고 삶의 무력감 역시도 알코올의 사용 및 남용과 관련된다(Seeman, Seeman, & Budros, 1988).

많은 사람들이 긍정적인 정서를 증가시키고 부정적인 정서를 감소시키기 위해 음주를 시작하며(Repetto, Caldwell, & Zimmerman, 2005), 알코올은 일시적으로나마 불안과 우울을 낮추고 자존감을 향상시킨다(Steele & Josephs, 1990). 많은 사람들에게 음주는 유쾌한 사회적 상황과 관련되어 있고(Collins et al., 2017), 바에 가거나 파티에 참석하는 것으로 음주를 중심에 둔 사회생활을 한다(Emslie, Hunt, & Lyons, 2013). 따라서 음주에는 심리적인 보상이 존재한다고 할 수 있다.

알코올의 사용 및 남용과 관련하여 두 가지의 취약한 시기가 있다. 일반적으로 처음 화학적인 의존이 시작되는 때는 12~21세 사이이다(DuPont, 1988). 또 다른 시기는 중년 말기인데, 이때 문제적 음주는 스트레스를 관리하는 대처 수단으로 사용될 수 있다(Brennan & Moos, 1990). 문제적 음주가 늦게 발생하는 경우 오랜 기간 동안 음주문제를 가졌던 사람에 비해서 보다 더 성공적으로 음주문제를 통제할 수 있다(Moos, Brennan, & Moos, 1991).

우울증과 알코올 중독은 관련이 있다. 알코올 중독은 치료되지 못한 우울 증상이거나 기분을 향상시키고자 하는 노력의 일환으로 음주를 하고자 하는 충동을 불러일으킬 수 있다. 따라서 어떤 경우에는 두 장애의 증상이 동시에 치료되어야만 한다(Oslin et al., 2003).

알코올 남용의 치료

알코올 중독 환자들의 절반 정도는 스스로가 음주를 멈추거나 감소시킨다(Cunningham, Lin, Ross, & Walsh, 2000). 이러한 알코올 중독에서 '벗어나는' 과정은 특히 노년기에 나타나는 경우가 많다(Stall & Biernacki, 1986). 절제는 단순히 그들이 다른 사람들에 비해 얼마나 많이 마시는 것을 아는 것으로부터 이루어질 수 있다(Taylor, Vlaev, Maltby, Brown, & Wood, 2015). 게다가

글상자 5.4 베를린 장벽이 무너진 후

1989년에 베를린 장벽이 무너졌을 때, 전 세계인 모두가 이 일을 축하했다. 환희에 찬 가운데 아무도 문제가 발생할 것을 예상하지 못했다. 수십 년 동안 전체주의적인 체제였던 동독에 살았던 수십만 명의 사람들이 지금은 높은 고용률과 높은 삶의 질을 가진 서독의 경계를 넘어설 수 있었다. 그러나 대부분의 사람들에게는 새로운 미래에 대한 약속이 실현되지 못했다. 고용은 예상보다 충분하지 않았고, 동독 사람들은 현존하는 직업에 부적합했다. 동독 사람들은 그들이 예상했던 것보다 더 차별받았고, 적대시되었다. 많은 동독 이주자들은 실업 상태였다.

미탁과 슈워처(1993)라는 두 독일 연구자들은 서독에서 직장을 얻은 남자와 실업 상태인 남성들의 알코올 소비량을 조사했다. 또한 그들의 삶의 문제를 다루는 것과 관련해서 "내게 갈등이 생길 때, 나는 문제를 효과적으로 다룰 수 있는 나의 능력에 의존할 수 있다"와 같은 항목을 사용하여 자아효능감을 측정했다.

연구자는 매우 높은 자아효능감을 가진 남성들이 알코올 소비량이 더 적다는 것을 발견했다. 실업 상태의 남성과 낮은 자아효능감을 가진 남성은 다른 집단보다 술을 더 많이 마셨다. 따라서 남성이면서 오랜 시간 실업자이고, 자아효능감이 없는 사람은 과음을 하게 된다.

건강심리학자가 실업자들에게 직업을 제공할 수는 없었지만 사람들의 자아효능감을 발달시킬 수 있도록 도와줄 수는 있다. 자신의 행동을 통제할 수 있고, 삶을 효과적으로 다룰 수 있고, 그들의 문제를 해결할 수 있다고 믿는다면, 자신의 실패에 대해 효과적으로 대처할 수 있을 것이다(Mittag & Schwarzer, 1993).

알코올 중독은 인지행동 프로그램을 통해 성공적으로 치료될 수 있다. 그러나 이러한 프로그램을 통해 치료된 사람들 중 60% 정도의 사람들이 다시 알코올을 남용한다(Finney & Moos, 1995).

높은 사회경제적 지위나 안정적인 사회환경을 가진 알코올 중독 환자(다시 말해, 정규직을 가지고 있고, 일반적인 가족 형태와 친구집단을 가지고 있는 사람들)는 치료를 매우 잘 받고 68% 정도가 치료에 성공한다. 반면에 낮은 사회경제적 지위를 가진 알코올 중독 환자들의 치료 성공 비율은 18% 이하이다. 직업과 사회적 지지 없이는 회복 가능성이 희미하다. 글상자 5.4는 이런 문제의 한 예를 보여주고 있다.

치료 프로그램

심각한 알코올 중독자들을 대상으로 하는 치료의 첫 번째 단계는 **해독**(detoxification)이다. 이런 과정이 심각한 증상과 건강문제를 발생시킬 수 있기 때문에 해독은 의료적 장면에서 조심스럽게 감독되고 관리가 될 때 행해진다. 일단 알코올 중독자가 부분적으로 금주를 할 때 치료를 시작한다. 전형적인 프로그램은 단기간 동안 집중적인 입원치료로 시작되고, 퇴원 후 외래 진료로 치료를 지속한다(NIAAA, 2000a).

2008년 약 74만 5,200명의 미국인이 알코올 중독치료를 받았다(National Institute on Drug Abuse, 2011). 특히 자가치료 단체인 익명의 알코올 중독자 자조모임(AA)은 가장 쉽게 찾아볼 수 있는 알코올과 관련된 문제를 위한 도움을 구할 수 있는 단체 중 하나이다(NIAAA, 2000a)(글상자 5.5).

인지행동치료 알코올 중독과 문제적 음주를 위한 치료 프로그램은 보통 알코올 중독과 관련이 있는 생물학적 요소와 환경적 요소를 동시에 치료할 수 있는 인지행동치료(CBT)가 일반적이다(NIAAA, 2006b). CBT의 목표는 알코올에 대한 강화요인을 감소시키고, 사람들이 알코올 남용과 무관한 새로운 행동을 배울 수 있게 돕고, 알코올과 관련 없는 행동을 할 수 있는 환경으로 바꾸어 주는 것이다. 스트레스와 재발 방지 대처 기술을 배우는 것은 오랜 기간 동안의 치료효과 유지 가능성을 증가시킨다.

많은 CBT 프로그램은 알코올 중독 혹은 문제적 음주를 일으키는 상황을 기록하는 자기 모니터링 단계부터 시작한다. 책임감과 변화에 대한 수용력은 전적으로 내담자에게 달려있기 때문에 동기를 증가시키는 단계는 항상 포함된다(NIAAA, 2000a). 몇몇 프로그램은 알코

글상자 5.5 익명의 알코올 중독자의 프로파일

아무도 익명의 알코올 중독자 자조모임(AA)이 언제부터 시작되었는지 정확히 모르지만, 그 단체는 오하이오의 애크런 시에서 1935년경에 설립되었다. 첫 번째 모임은 몇 명의 지인들로 구성되었고, 그들은 지역 종교 단체에서 제공하는 모임에 참가하여 자신의 문제와 문제들을 다른 알코올 중독자와 나누는 것이 도움이 된다는 것을 발견했다. 1936년까지 매주마다 알코올 중독자 자조모임은 미 전역에서 열렸다.

현재 AA의 회원은 전 세계적으로 200만 명 이상인 것으로 추정된다(Alcoholics Anonymous, 2018). AA 참가의 조건은 음주를 그만두고 싶어 하는 것이다. 회원들은 인종, 문화, 성적인 선호, 나이에 걸쳐 여러 사회적 계층으로 이루어져 있다.

회원들은 '90일 동안 90번의 모임'에 참석하는 것처럼 AA의 문화에 그들 스스로를 빠져들도록 격려받는다. AA 회원은 AA를 찾게 한 음주문제에 대해 말하고, 금주가 스스로에게 무엇을 의미하는지를 말하게 된다. 신입 회원이 기존의 회원들과 비공식적으로 대화할 수 있는 시간이 따로 있고, 알코올 중독에서 어떻게 회복했는지 대처방법을 모방할 수 있게 된다.

AA는 알코올 사용에 대해 강경한 규칙을 가지고 있다. 그것은 알코올 중독이 관리가 될 뿐 결코 완치는 될 수 없다는 것이다. 회복은 자신이 치료할 수 없는 질병을 가지고 있다는 것과 알코올이 미래의 삶에 아무런 역할도 할 수 없음을 인지하는 것을 의미한다. 회복은 완전한 금주 상태의 유지를 말한다.

AA는 사람들이 금주를 하는 것을 성공적으로 도왔는가? AA의 중도 하차 비율은 알려져 있지 않고 성공 여부를 장기간 평가한 적도 없다. 게다가 단체가 회원 목록을 가지고 있지 않기 때문에(익명 단체이기에) 성공을 평가하는 것이 아주 어렵다. 그러나 AA는 2/3의 사람이 이 프로그램을 통해 금주를 할 수 있게 되었다고 주장하며, 권위 있는 한 연구에서는 AA의 뉴욕 지부에서 75%의 사람들이 금주에 성공했음을 보고했다.

AA 프로그램은 몇 가지 이유에서 효과적이다. AA의 참가는 완전히 새로운 방식의 삶을 택하는 종교적 경험과 같다. 이런 경험은 행동 변화로 이어진다. 알코올 소비를 포기하는 과정은 알코올 중독 환자가 자신의 삶에 대한 책임감을 받아들이는 것을 도우면서 정서적으로 성숙해지고 책임감을 가질 수 있게 도와준다. AA는 개인의 삶에 의미와 목적을 제공한다. 대부분의 모임은 강한 영적 · 종교적 성향을 가지고 있으며, 그들 자신보다 더 큰 힘에 헌신하도록 돕는다. 게다가 집단은 애정과 개인적으로 만족스러운 관계를 제공하고, 많은 알코올 중독자들의 경험처럼 사람들이 고립을 극복하는 것을 돕는다. 또한 참가자들은 서로의 금주에 대한 사회적인 강화를 제공한다.

AA는 건강문제로 고통받는 사람들을 위한 최초의 자조모임 중 하나로 자조집단의 모델을 제공한다. 게다가 수십 년간 알코올 중독을 성공적으로 다뤄왔으며 알코올 중독이 다루기 힘든 문제가 아니라는 것을 증명해왔다.

올 중독을 일으키는 알코올과 뇌 사이의 상호작용을 막는 약을 사용하기도 한다(Demody, Wardell, Stoner, & Hendershot, 2018).

많은 치료 프로그램이 음주를 대체할 수 있는 스트레스 조절 기술을 포함한다. 음주를 하게 될 위험이 높은 사회적 상황에서 음주를 거부하는 기술과 무알코올 음료를 대체하는 기술을 배우는 것은 CBT 치료에 중요한 구성요인이다. 몇몇 경우에는 가족치료와 집단상담이 행해질 수도 있다. 가족치료의 장점은 알코올 중독 환자와 문제적 음주자가 가족의 품으로 돌아가는 것을 보다 쉽게 만들어준다는 점이다(NIAAA, 2000a).

재발 방지 알코올 치료 결과에 대한 메타분석 결과, 치료 이후 3개월 안에 50% 이상의 환자가 다시 재발하는 것으로 밝혀졌다(NIAAA, 2000a). 따라서 재발 방지 기술은 필수적이다. 재발 자극이 매우 높은 상황에서 대처하는 기술과 사회적 기술을 연습하는 것은 재발 방지 개입의 핵심이다. 그리고 중독행위를 다시 시작하거나 종종 멈추기도 한다는 것을 인식하는 것은 재발을 성공적으로 조절할 수 있도록 돕는다. 우연한 재발이 정상적이라는 사실을 이해하는 것은 문제적 음주자가 어떤 식의 재발이든 실패나 통제 부족을 의미하는 게 아니라는 것을 깨닫게 해준다. 전반적으로 인지행동치료는 알코올 장애가 사람과 상황이라는 넓은 영역에 걸쳐서 알코올 중독을 효과적으로 치료한다는 증거를 보여준다(Magill & Ray, 2009). 과음하는 대학생들을 위한 개입에서 이런 식의 접근을 사용하였다(글상자 5.6).

글상자 5.6 마시는 대학생들

대부분의 미국 대학생은 술을 마시고, 이들 중 40% 정도가 과음을 한다(O'Malley & Johnston, 2002). 게다가 당신이 술을 마시는 대학생이라면 폭음을 할 확률은 70%에 이른다(Wechsler, Seibring, Liu, & Ahl, 2004)(표 5.3).

많은 대학들이 알코올이 얼마나 해로운지에 대한 교육용 자료를 통해 과음문제를 다루고자 시도해왔다. 하지만 독단적인 알코올 예방 메시지는 실제로 음주를 증가시킬 수 있다(Bensley & Wu, 1991). 게다가 그러한 정보는 파티에서 음주가 즐겁다는 것을 발견한 많은 대학생들의 개인적 경험과 모순된다. 결과적으로 알코올 남용 프로그램에 학생들을 참석하도록 동기를 부여하는 것은 아주 어렵다.

대학생의 음주행동을 수정하기 위한 대부분의 성공적인 노력은 알코올 섭취를 없애거나 줄이기보다는 술에 대한 자기통제를 되찾도록 하는 것이다. 자기긍정(Fox, Harris, & Jessop, 2017) 또는 배우자 상호 간의 작용을 실천한 자기긍정을 포함한 개입은 성공적이었다

Craig Wetherby Photography/Image Source/age fotostock

(Ehret & Sherman, 2018). 인지행동적 개입은 대학생들이 그러한 통제를 획득하는 것에 도움이 된다. 이러한 프로그램은 학생들이 자신의 음주를 관찰하고 혈중 알코올 농도가 무엇을 의미하며 그것이 자신에게 어떤 영향을 미치는지를 배우는 것에서 시작된다. 종종 단순히 음주 행동을 감독하는 것만으로도 음주량을 감소시킨다. 이 프로그램은 알코올 소비의 위험에 대한 정보, 알코올 사용을 완화하는 수용 기술, 이완 훈련, 생활방식의 재조정, 영양 정보, 유산소운동, 음주를 할 위험이 높은 상황에 대처하도록 돕는 재발 방지 기술, 자기주장 훈련, 음주 거부 훈련이 포함된다. 즐거운 파티에서 음주자의 인식을 바꾸는 것은 학생들의 알코올 사용 감소를 야기하고, 예방 프로그램을 구성한다(Teunissen et al., 2012). 또한 학생이 자신의 정체성을 음주자의 전형과 다르게 바꿀 수 있다면, 알코올 소비량을 감소시킬 수 있다. 많은 치료적 개입이 알코올 남용 없이 사회적인 상황에서 편안하고 즐거울 수 있는 대안적인 방법을 찾도록 하기 위해 사회적 기술 훈련을 포함하였다 음주에 대한 개인적인 통제를 얻기 위해, 학생들은 **통제된 음주 기술**(controlled drinking)을 배운다. 예를 들어, 기술 중 하나는 **위약 음주**(placebo drinking)이다. 다시 말해, 무알코올 음료를 소비하거나 다른 사람이 알코올을 마실 때 무알코올 음료로 대체하는 것이다.

대학생을 대상으로 8주 동안 진행된 프로그램에 대해서는 어느 정도 성과가 있다고 나타났다. 학생들은 오직 과음의 부작용에 대한 교육 자료만 받았던 집단과 비교했을 때 유의미한 음주의 감소를 나타냈다. 게다가 치료의 효과는 1년 이후의 후속 조사 기간에서도 유지되었다(Marlatt & George, 1988).

이와 같은 장기간의 치료는 시간과 비용 측면에서 소모가 크다. 그래서 다른 건강한 습관을 가진 경우에 보다 성공적이면서도 단기간의 치료적 개입을 찾으려는 노력이 계속되고 있다(Fried & Dunn,

표 5.3 | 대학생의 폭음 패턴

	1999	2001
모든 학생	44.5%	44.4%
남학생	50.2	48.6
여학생	39.4	40.9
기숙사생	44.5	45.3
남학생/여학생의 클럽 하우스	80.3	75.4

출처 : Wechsler, H., J. E. Lee, M. Kuo, M. Seibring, T. F. Nelson, and H. Lee. "Trends in College Binge Drinking During a Period of Increased Prevention Efforts: Findings from 4 Harvard School of Public Health College Alcohol Study Surveys: 1993 – 2001." *Journal of American College Health* 50, no. 5 (2002): 203 – 17.

글상자 5.6 마시는 대학생들(계속)

2012). 예를 들어, 요즘은 많은 대학생들에게 신입생 오리엔테이션과 결합된 단기간의 알코올 치료에 참석하도록 권장한다(예 : DiFulvio, Linowski, Mazziotti, & Puleo, 2012).

심지어 온라인 치료 개입도 만들어졌다. AlcoholEdu®는 미국 전역의 500개 이상의 대학에서 사용하는 온라인 알코올 예방 프로그램이다. 이 프로그램은 알코올이 학생들을 건강하게 만들어주고 개인적인 알코올 소비가 안전한 결정이라는 기대에 도전하는 것으로 구성되어 있다.

최근 몇 년간, 학생들이 폭음을 하는 생활습관을 갖지 않도록 예방하는 데 초점이 맞춰졌다. 예를 들어, 한 개입(Marlatt et al., 1998)에서는 음주가 몇 가지 심각한 행동적 결과를 야기하기 때문에 음주습관과 행동을 바꾸기 위한 목표를 세우는 것과 관련된 동기를 불러일으키는 인터뷰를 학생들에게 하게 했다(표 5.4, 5.5 참조). 2년에 걸친 후속 조사에서 치료받은 학생들은 주로 과음의 결과를 덜 경험하는 것으로 나타났다.

표 5.4 | 과거에 음주를 했던 대학생의 알코올 관련 문제

알코올 관련 문제	문제를 보고한 음주자
숙취	51.7%
결석	27.3
후회할만한 일	32.7
무엇을 했는지, 어디에 있었는지 잊음	24.8
우발적이거나 충동적인 성행위	19.5
다치거나 상해를 입음	9.3

출처 : Wechsler, H., J. E. Lee, M. Kuo, M. Seibring, T. F. Nelson, and H. Lee. "Trends in College Binge Drinking During a Period of Increased Prevention Efforts: Findings From 4 Harvard School of Public Health College Alcohol Study Surveys: 1993–2001." *Journal of American College Health* 50, no. 5 (2002): 203–17.

표 5.5 | 18~24세 미국 대학생의 알코올 사용

매년 발생하는 알코올 관련 사고

- 사망 : 1,825명
- 상해 : 59만 9,000명
- 폭행 : 69만 명의 학생들이 술 취한 학생으로부터 폭행을 당함
- 성적인 남용 : 9만 7,000명의 알코올 관련 성폭행 혹은 데이트 강간 피해자
- 학업 문제 : 약 25%의 학생들이 음주로 인한 학업 결과(결석, 뒤처짐, 시험 또는 과제를 제대로 못해서 전반적으로 낮은 점수를 받음)를 보고한다.
- 건강 문제 : 15만 명의 학생들이 음주와 관련된 건강 문제를 불러 온다.
- 자살 시도 : 약 1.2~1.5%의 학생들이 지난 1년 이내에 음주나 약물 사용으로 인해 자살을 시도했다고 알린다.

출처 : U.S. Department of Health & Human Services and National Institute on Alcohol Abuse and Alcoholism. "Alcohol Facts and Statistics." Accessed June 27, 2019. https://www.niaaa.nih.gov/alcohol-health/overview-alcohol-consumption/alcohol-facts-and-statistics.

알코올 치료 프로그램에 대한 평가

성공적인 알코올 치료 프로그램의 몇 가지 요소가 있다. 다시 말해 음주를 야기하고 음주를 조절하기 위한 대처 기술을 학습하거나 그러한 요소를 수정하고 음주를 야기하는 환경적인 요인에 집중하는 것, 적절한 치료 기간(약 6~8주), 치료 과정에 친척과 고용주를 참여시키기가 그러한 요소라고 할 수 있다. 이러한 구성요소를 포함한 치료는 40% 정도의 치료 성공률을 나타냈다(Center for the Advancement of Health, 2000d).

심지어 최소한의 치료 개입으로도 음주 관련 문제를 감소시킬 수 있다(Freyer-Adam et al., 2018). 문제 해결 기술과 음주를 대신할 다른 행동들을 강조한 믿을만한 출처를 통한 온라인 개입은 특히 효과적일 수 있다(Garrett et al., 2018). 예를 들어, 적은 횟수의 회기를 통해 문제적 음주행동에 대해 토론하고 전화를 통한 치료적 개입은 음주량 감소에 성공했다(Oslin et al., 2003). 그러나 대부분의 알코올 중독자인 약 85%가 공식적인 치료를 받지 않는다. 결과적으로 알코올 관련 광고를 금지하고 법정 음주 허용 연령을 높이며 음주 운전에 대한 벌금 강화와 같은 사회공학적인 접근이 공식적인 치료적 개입의 노력으로 완수되어야 한다.

알코올 남용의 예방적 접근

많은 연구자들은 알코올 중독이 심각한 문제이기 때문

에, 청소년들이 음주를 피하도록 하거나 문제가 시작되기 전에 음주를 통제하는 것이 현명한 접근이라고 말한다. 중학교에서 실시한 사회적 영향 프로그램은 어린 청소년들에게 음주 거부 기술과 그런 위험이 높은 상황에서 대처하는 방식을 가르쳐 준다.

이러한 프로그램은 몇 가지 성과를 나타냈다. 첫째, 그러한 프로그램은 청소년들의 자아효능감을 증가시킨다. 그리고 그것은 또래가 술을 마시는 것을 볼 때 발생하는 사회적인 압박에 저항할 수 있게 한다(Donaldson, Graham, Piccinin, & Hansen, 1995). 둘째, 이러한 프로그램은 청소년들로 하여금 음주를 시작하게 만드는 사회적 규범에서 알코올 소비 통제나 절제를 강조하는 사회적 규범으로 대체하였다(Donaldson, Graham, & Hansen, 1994). 셋째, 이런 프로그램은 일반적으로 도움의 손길이 닿기 어려운 저소득층에게 낮은 비용의 선택지가 될 수 있다. 궁극적으로 알코올에 대한 세금은 공공 건강을 향상시키는 한 방법이 될 수 있다(*The Economist*, 2018년 7월 28일).

음주와 운전

매해 발생하는 수천 건의 자동차 사망 사고는 음주 운전 때문이다. MADD(Mothers Against Drunk Driving)와 같은 프로그램은 음주 운전자에 의해 사망한 사람의 가족과 친구들에 의해서 창립되어 운영되고 있다. 이 프로그램은 주 정부와 지방 정부에 주류 통제 조치와 음주 운전자를 강력하게 처벌하라는 정치적 압력을 가하고 있다. 또한 파티 주최자들은 그들이 초대한 손님들의 알코올 사용에 대한 책임을 져야 한다는 인식도 커지고 있다.

음주 운전에 대한 미디어의 관심이 높아지면서 술에 취했을 때 운전하는 것을 피하는 자기조절 기술이 향상되고 있는 것처럼 보인다. 그러나 어떤 경우에는 음주 운전 경고가 실제로 이러한 행위의 증가를 불러일으키고 있다(Johnson & Kopetz, 2017). 따라서 자기규제 기술은 필수적이며, 규정된 만큼의 술을 마시고, 대리 운전자를 부르고, 택시를 타고, 알코올 소비 후에 운전을 피하거나 지연시키는 것들을 포함해야 한다. 음주를 완전히 없애는 것은 가능하지 않아 보이지만, 음주 운전을 피하기 위한 자기조절을 하는 사람들이 많아지면서 심각한 문제를 감소시키는 데에는 도움이 될 것이다.

적절한 음주는 건강행동인가

역설적으로, 적절한 음주는 장수에 도움이 된다. 하루에 한두 잔씩 술(여성에게는 더 적은 양)을 마시면 심장질환 위험도가 줄어들고, 관상동맥성 심장질환과 관련된 위험요소가 줄어들며, 뇌졸중의 위험을 낮춘다(Britton & Marmot, 2004; Facts of Life, 2003년 12월). 특히 이러한 이점은 노인에게서 더 크다. 많은 건강관리 전문가들은 하루에 한두 잔의 적정 음주를 권장해 주지는 않지만, 적당한 음주는 건강에 해롭지 않으며 실제로 사망의 위험을 줄여준다는 증거가 많이 있다. 그럼에도 불구하고, 이 부분은 아직도 논쟁 중이다.

흡연

흡연은 예방 가능한 사망 원인 가운데서 가장 큰 비중을 차지한다. 그 자체로 다른 위험요소와 상호작용하여, 선진국에서 흡연은 사망의 주요 원인이 된다. 미국에서 매년 흡연으로 인하여 죽는 사람은 약 48만 명에 이른다. 흡연은 10중 9명의 폐암 사망의 원인으로 알려져 있다(Centers for Disease Control and Prevention, 2005년 7월; Centers for Disease Control and Prevention, 2016)(표 5.6 참조). 거의 17%의 미국인이 아직도 흡연을 하며(Tavernise, 2015), 약 380만 명에 해당된다. 흡연은 여성들에게서 갱년기 이후 유방암이 발병할 위험이 네 배나 높아지는 것과도 관련이 있다(Ambrosone et al., 1996). 또한 흡연은 만성적인 기관지염과 폐기종, 호흡기 장애, 화재와 사고로 인한 손상 및 상해, 저체중아 출산, 태아의 발달 지체의 위험을 증가시킨다(Center for Advancement of Health, 2000h; Waller, McCaffery, Forrest, & Wardle, 2004). 그리고 흡연은 발기부전의 위

표 5.6 | 미국의 흡연 관련 사망률

질병	사망
폐암	127,700
만성 폐질환	100,600
심장질환	99,300
그 밖의 암	36,000
그 밖의 심장질환	25,500

출처 : U.S. Department of Health & Human Services and Centers for Disease Control and Prevention. "Tobacco-Related Mortality." Accessed June 27, 2019. https://www.cdc.gov/tobacco/data_statistics/fact_sheets/health_effects/tobacco_related_mortality/index.htm.

험성을 50%가량 높인다(Bacon et al., 2006).

흡연의 위험성은 흡연자에게만 국한되는 것은 아니다. 간접 흡연에 대한 연구에 따르면 배우자와 가족 구성원, 동료들도 다양한 건강장애의 위험에 처하게 하는 것으로 나타났다(Marshall, 1986). 부모의 흡연은 혈액 속의 산소용량을 줄이고 일산화탄소 수치를 증가시킴으로써 청소년의 인지능력을 저하시킨다(Bauman, Koch, & Fisher, 1989).

흡연의 시너지 효과

흡연은 다른 위험요소의 해로운 효과를 강화시킨다. 예를 들어, 흡연과 콜레스테롤은 상호작용하여 심장병이 발병할 확률을 높게 만드는데, 그 수준은 각각이 심장병에 미치는 위험성을 합친 것보다 높다(Parkins, 1985). 또한 스트레스와 흡연은 위험한 방식으로 상호작용을 한다. 남성의 경우, 니코틴은 스트레스에 따라 심박수 반응도를 증가시킨다. 여성의 경우, 흡연은 심박수를 낮추지만 스트레스에 따라 혈압을 증가시킨다(Girdler, Jamner, Jarvik, Soles, & Shapiro, 1997). 외상 노출과 외상후 스트레스장애는 흡연의 건강 위험을 높인다(Read et al., 2013). 그뿐 아니라 흡연은 낮은 사회경제적 지위에서 상승작용을 한다. 흡연은 기득권보다 취약 계층에서 더욱 해로운 결과를 나타낸다(Pampel & Rogers, 2004).

체중과 흡연은 상호작용을 하여 사망률을 높인다. 마른 체형의 흡연자는 평균 체중의 흡연자보다 사망할 위험이 높다(Sidney, Friedman, & Siegelaub, 1987). 흡연한 적이 없거나 과거에 흡연을 했던 이들의 경우, 마른 체형이 사망률의 증가로 이어지지는 않는다. 흡연자들은 비

흡연의 위험은 흡연자에게만 국한되지 않는다. 흡연자의 직장동료, 배우자, 가족 구성원은 다양한 흡연 관련 장애의 위험에 지속적으로 노출된다.

vchal/Shutterstock

흡연자에 비해 신체적 활동을 덜하는데, 이는 질병을 유발하는 간접적인 요인이다.

우울한 사람일수록 흡연하는 경향이 있고(Pratt & Brody, 2010; Prinstein & La Greca, 2009), 흡연은 우울증과 시너지 작용을 하여 암과 심장병 위험을 높인다(Carroll et al., 2017). 또한 흡연은 우울증의 원인일 수 있다. 특히 젊은 연령층의 경우에 그러한데(Goodman & Capitman, 2000), 이는 흡연과 우울증의 시너지 효과에 대한 걱정을 더욱 강화시킨다. 흡연은 청소년기의 불안감과 연결되어 있다. 흡연과 불안감의 상호작용이 건강문제에 효과를 미치는지는 아직 밝혀진 바가 없지만, 공황발작과 다른 불안장애가 발생할 확률은 증가시킨다(Johnson et al., 2000).

건강상의 위험과 흡연의 시너지는 매우 중요하며 흡연과 관련된 죽음에 대해 상당한 책임이 있을 수 있다. 그러나 연구에 따르면, 대중은 흡연의 악영향에 대해 대부분 모르고 있다(Hermand, Mullet, & Lavieville, 1997).

흡연문제의 짧은 역사

지난 시기에 흡연은 도시적이고 남성적인 습관으로 여겨졌다. 예를 들어, 19~20세기 상류층을 묘사할 때, 저녁 식사를 마친 후 시가와 브랜디를 위해 응접실로 자리를 뜨는 남자들을 표현했다. 20세기 초의 담배 광고는 이러한 이미지를 기반으로 만들어졌고, 미국의 경우 1955년까지 53%의 성인 남성이 담배를 피웠다. 여성은 1940년대가 되어서야 흡연을 하기 시작했고, 여성적 세련됨의 상징으로 담배를 홍보하는 광고가 나타나기 시작했다(Pampel, 2001).

1964년에 흡연의 위험성을 강조하는 공공 캠페인과 함께 흡연에 대한 미국 공중보건국의 첫 번째 보고서가 나왔다(U.S. Department of Health, Education, and Welfare and U.S. Public Health Service, 1964). 좋은 소식은 미국에서 흡연을 하는 성인의 수가 15.5%까지 극적으로 줄었다는 것이다. 그러나 주요한 건강문제이다.

비평가들은 담배 산업이 불균형적으로 유색인종과 10대를 대상으로 담배를 판매하고 있다고 주장하였고, 실제로 낮은 사회경제적 지위의 특정 인종 집단, 가령 비히스패닉계, 미국 인디언계, 알래스카 원주민계 집단에서 흡연 비율이 높았다(Centers for Disease Control and Prevention, 2017). 이러한 차이는 담배에 대한 문화적 태도의 차이 때문일지도 모른다(Johnsen, Spring, Pingitore, Sommerfeld, & Mackirnan, 2002). 현재 27%의 고등학교 학생들이 담배를 피우며, 2018년에는 전자 담배가 가장 일반적으로 사용된다(Centers for Disease Control and Prevention, 2019). 표 5.7은 현재 흡연율과 관련된 숫자들을 설명한 것이고, 그림 5.3은 흡연의 유병률과 담배와 관련된 사건 사이의 연관성을 보여주며, 그림 5.4는 흑인, 백인, 히스패닉의 흡연율을 보여준다.

표 5.7 | 나이와 성별에 따른 흡연율

	비율	
나이	남성	여성
18~24	18.5	14.8
25~44	22.9	17.2
45~64	19.4	16.8
65+	9.8	7.5

출처 : Centers for Disease Control and Prevention. "Current Cigarette Smoking Among Adults — United States, 2005–2014." Accessed June 27, 2019. https://www.cdc.gov/mmwr/preview/mmwrhtml/mm6444a2.htm.

어린이와 청소년을 대상으로 흡연을 줄이고자 하는 압력이 증가함에 따라, 담배 회사는 그들의 마케팅 노력을 해외로 돌렸다. 개발도상국에서 흡연은 증가하고 있는 건강문제이다. 예를 들어, 중국에서 흡연은 만연한 수준에 도달하고 있다.

왜 사람들은 흡연을 하는가

흡연에 대한 지난 30년 동안의 연구는 흡연 행동을 교정하는 것이 얼마나 어려운지 밝혔다. 흡연에 대해 유전적인 영향이 존재하는 듯 보인다(Piasecki, 2006). 도파민 기능을 제어하는 유전자가 이러한 영향의 요인으로 추정된다(Timberlake et al., 2006).

그림 5.3 | 미국 성인 1인당 담배 소비량(1년에 1,000명)과 흡연 및 건강 관련 주요 사건

출처 : Adapted from Warner (1985) with permission from Massachusetts Medical Society, 1985; U.S. Department of Health and Human Services, 1989; Creek et al., 1994; U.S. Department of Agriculture, 2000; U.S. Census Bureau, 2013; and U.S. Department of the Treasury, 2013.

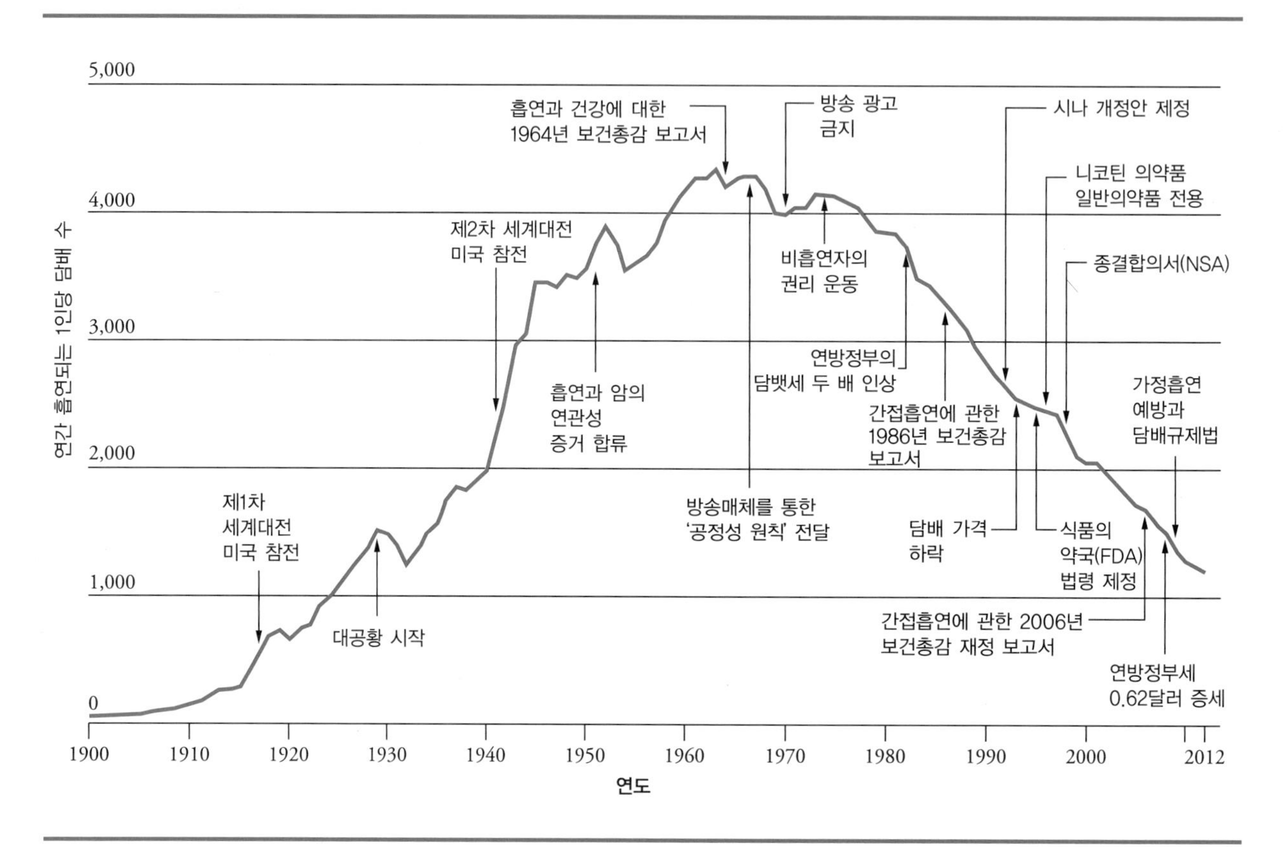

흡연자는 일반적으로 비흡연자보다 건강에 대한 의식이 낮고(Castro, Newcomb, McCreary, & Baezconde-Garbanati, 1989), 교육 수준이 낮고, 지능이 더 낮은 편이다(Hemmingsson, Kriebel, Melin, Allebeck, & Lundberg, 2008). 흡연과 음주는 흔히 동시에 일어나곤 하는데, 음주는 흡연을 포기하기 힘들게 만드는 흡연의 단서로 보인다(Shiffman et al., 1994). 흡연자들은 비흡연자들보다 충동적이고, 직장에서 사고와 상해도 잘 입고, 병가도 자주 낸다. 그리고 건강 수당도 더 사용하여 상당한 경제적 비용을 들게 한다(Flory & Manuck, 2009; Ryan, Zwerling, & Orav, 1992). 흡연은 아동기와 청소년기의 다른 약물 남용을 위한 도입 단계이다. 담배를 시도해보는 것은 미래에 다른 마약을 쉽게 사용할 수 있게 만든다(Fleming, Leventhal, Glynn, & Ershler, 1989).

청소년 흡연 관련 요인 적어도 고등학생의 27.1%는 흡연을 시도해보았다고 한다. 그러나 흡연은 갑자기 시작되는 것이 아니다. 첫 단계는 담배 시장으로의 노출인데, 10~11살의 어린 시기에 일어난다(Strong et al., 2017). 그 후, 많은 청소년들은 담배의 자극이나 나쁜 향이 없는 멘솔 담배를 시작한다(*The Economist*, 2018년 11월 24일). 청소년이 흡연을 시도하고, 담배를 피워야 한다는 또래의 압박을 경험하고, 흡연자들의 태도를 키워가는 초기 경험 기간이 있다. 이 기간을 거치고 나면 아동 중 오직 일부만이 애연가가 된다(Maggi, Hertzman, &

그림 5.4 | 흡연하는 고등학생 비율

출처 : Centers for Disease Control and Prevention. "Cigarette Use Among High School Students–United States, 1991 – 2009." Accessed June 27, 2019. https://www.cdc.gov/mmwr/preview/mmwrhtml/mm5926a1.htm.

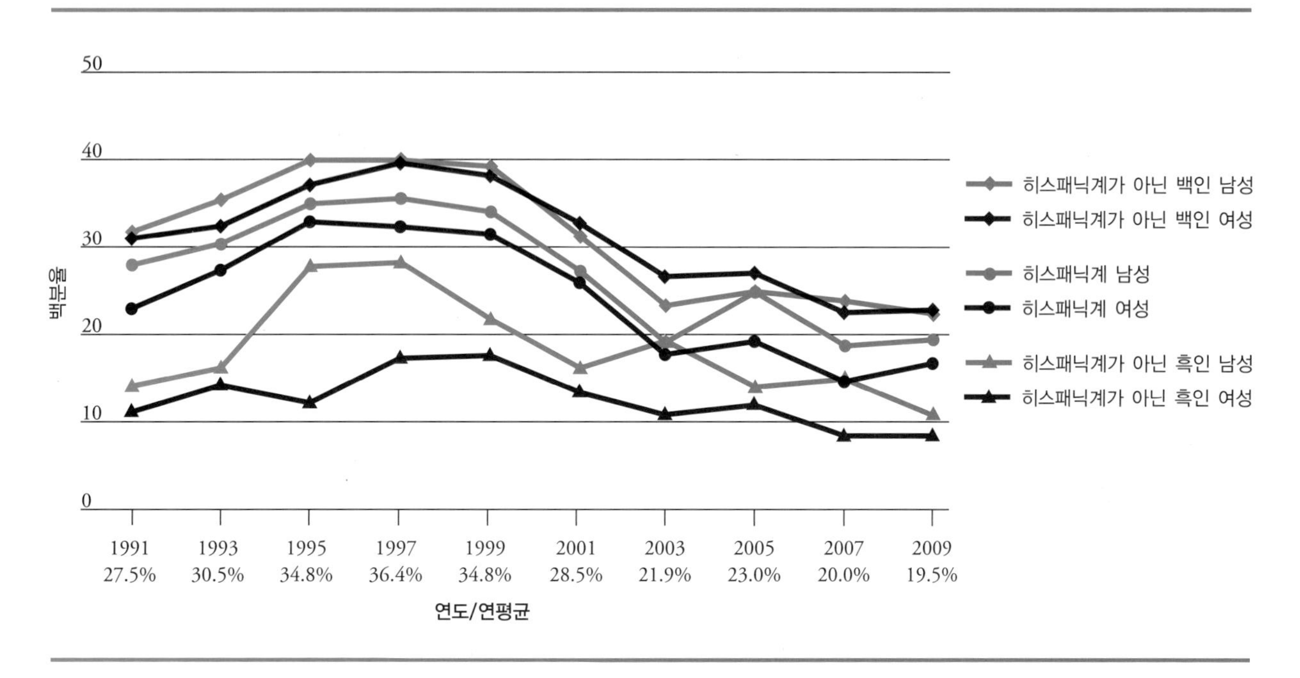

Vaillancourt, 2007).

흡연을 시작하는 것은 다른 흡연자들과의 접촉을 통해 사회적으로 전염된다. 청소년들이 피우는 담배의 70% 이상이 또래 집단 내에서 소비된다(Biglan, McConnell, Severson, Bavry, & Ary, 1984). 청소년들이 담배를 피우기 시작하면 담배를 피우는 또래와 함께 있는 것을 더 선호한다(Mercken, Steglich, Sinclair, Holliday, & Moore, 2012). 학교가 다른 방법을 찾아보거나 안 좋은 수준의 훈육을 하는 것은 의도치 않게 일정한 담배 소비에 공헌할 수도 있다(Novak & Clayton, 2011). 특정 학교에서 흡연율이 증가함에 따라, 추가적으로 비흡연 학생들이 담배를 필 가능성도 늘어난다.

흡연은 가족 내에서도 일어난다. 청소년들은 부모가 흡연을 현재 하고 있고, 부모들도 이른 나이에 자주 흡연을 했다면 흡연을 할 가능성이 높아진다(Jester et al., 2019). 아동이 8세가 되기 전에 부모가 담배를 끊는다면, 아마도 가족의 반흡연적 태도로 인해 금연은 실제로 아동의 흡연 위험을 감소시킬 것이다(Wyszynski, Bricker, & Comstock, 2011). 청소년기에는 낮은 사회적 계층에 속해있거나, 담배를 피워야 한다는 사회적인 압박을 느끼거나, 부모님의 이혼, 실직 등과 같은 가족 내 주요한 스트레스 원이 있다면 흡연을 시작하기 쉽다(Swaim, Oetting, & Casas, 1996; Unger, Hamilton, & Sussman, 2004). 이러한 효과는 부분적으로 스트레스와 우울증의 증가 때문이다(Kirby, 2002; Unger et al., 2004). 심지어 사람들이 영화나 TV에서 흡연을 하는 것을 보는 것 역시도 청소년기의 높은 흡연율에 기여한다(Sargent & Heatherton, 2009)(그림 5.4). 일단 청소년기에 흡연을 시작하면, 그들이 지각하는 흡연의 위험이 줄어들고 흡연 자체도 위험의 지각을 줄인다(Morrell, Song, & Halpern-Felsher, 2010).

흡연은 전염병처럼 같이 어울리는 사람들의 사회 네트워크 내에서 퍼진다(Christakis & Fowler, 2008). 전체적으로 흡연율은 감소하는 추세이지만, 서로를 아는 흡연집단의 경우, 그들의 친구와 친척은 흡연을 계속할 가능성이 높다. 다행인 것은 이런 사회 네트워크의 영향력은 금연을 할 때도 마찬가지라는 점이다. 예를 들어, 배우자가 금연을 할 때, 당사자도 금연을 할 가능성은 2/3까지 증가했다. 형제자매가 금연을 할 때 금연 가능성은 25%이며, 친구가 금연을 한다면 금연 가능성이 36% 증가한다. 심지어 직장 동료의 금연은 흡연을 지속할 가능성을 34%로 감소시킨다. 다른 위험한 행동들과 마찬가지로 흡연은 사회적인 유대감을 통해 퍼져나간다(Christakis & Fowler, 2008).

자아정체성과 흡연 흡연자가 흡연을 시작하는 데 있어 자기 이미지는 중요한 요인이다(Tombor et al., 2015). 낮은 자존감, 의존성, 무력감, 사회적인 고립은 모두 다른 사람들의 행동을 모방하는 경향을 증가시키며, 흡연 역시 예외가 아니다. 귀찮은 기분, 분노 또는 슬픔을 느끼는 것은 흡연의 가능성을 증가시킨다(Whalen, Jamner, Henker, & Delfino, 2001; Wills, Sandy, & Yaeger, 2002). 예를 들어, 성적 및 성별 소수자(SGM) 청년들은 비SGM 청년들보다 흡연할 확률이 높으며, 차별의 경험이 그러한 높은 흡연율에 기여한다(Vogel, Thrul, Humfleet, Delucchi, & Ramo, 2018). 자아효능감을 느끼고 높은 자제력 기술을 가지는 것은 청소년들이 흡연의 유혹에 저항하는 데 도움을 준다(Wills et al., 2010). 또한 자아정체성은 금연에 대해서도 중요한 요인이다. 누군가가 자신을 흡연자로 인정하는 것은 금연을 방해하고, 반면에 자기 자신을 금연자로 인정하는 것은 금연을 돕는다(Van den Putte, Yzer, Willemson, & de Bruijin, 2009).

니코틴 중독과 흡연

흡연은 헤로인 중독이나 알코올 중독보다 더 끊기가 어려운 것으로 알려진 중독이다(표 5.8 참조). 여러 사람과 있을 때만 담배를 피우는 사회적 흡연자만이 중독의 신호 없이 가볍게 흡연을 할 수 있다. 그러나 니코틴 중독

표 5.8 | 흡연을 변화시키기 힘든가?

금연자의 재발율은 매우 높다. 왜 흡연은 이토록 변화시키기 어려운 습관인가?

- 담배 중독은 일반적으로 청소년기에 시작되는데 흡연이 즐거운 행동과 연결된다.
- 흡연의 유형은 매우 개인적이며, 집단 개입은 개인의 특별한 흡연 기저에 있는 동기를 모두 설명하지 못한다.
- 금연은 산만, 구역질, 두통, 변비, 졸음, 피로, 불면, 불안, 짜증, 적개심 등 단기간의 불쾌한 금단 증상을 가져온다.
- 흡연은 기분을 고조시키고 불안과 짜증, 적개심을 감출 수 있다.
- 흡연은 몸무게를 줄여주는데, 이는 청소년과 성인 여성에게 중요한 요인이다.
- 흡연자들은 향상된 심리적 안녕, 높은 에너지, 좋은 수면, 높은 자긍심, 주인의식 등 장기간 금연의 혜택을 모른다.

출처 : Hertel, A. W., Emily A. Finch, Kristina Kelly, and Christie King. "The Impact of Expectations and Satisfaction on the Initiation and Maintenance of Smoking Cessation: An Experimental Test." *Health Psychology* 27, no. 3 (2008): 197–206; Stewart, A. L., A. C. King, J. D. Killen, and P. L. Ritter. "Does Smoking Cessation Improve Health-Related Quality-of-Life?." *Annals of Behavioral Medicine* 17, no. 4 (2017): 331–38.

을 설명하는 정확한 기제에 대해서는 알려지지 않았다.

흡연자는 혈중 니코틴 수준을 유지하고 금단 증상을 예방하기 위해 담배를 피운다. 본질적으로, 흡연은 체내의 니코틴 수준을 조절하는데, 혈장의 니코틴 수준이 떨어지면 흡연 행동이 발생한다. 니코틴은 아세틸콜린, 노르에피네프린, 도파민, 내인성 오피오이드 그리고 바소프레신과 같은 신경조절물질의 수준을 조절한다. 흡연자들은 수행과 정서에 일시적인 향상을 일으키기 때문에 니코틴을 통해 이러한 신경조절물질에 관여하려 한다. 아세틸콜린, 노르에피네프린, 바소프레신은 기억력을 향상시키고, 아세틸콜린과 베타 엔도르핀은 불안과 긴장을 감소시킬 수 있다. 도파민, 노르에피네프린, 오피오이드의 변화는 기분을 향상시킨다. 습관적인 흡연자들이 흡연을 할 때 집중, 회상, 기민함, 각성, 정신운동적 수행, 부적절한 자극을 선별해내는 능력이 향상되고, 결과적으로 흡연은 수행능력을 향상시킬 수도 있다. 금연을 한 습관적인 흡연자들은 집중력이 감소되었다고 보고했다. 그들이 주로 보고한 증상들은 주의력 저하, 기

억력 손상, 불안, 긴장, 짜증, 갈망, 우울의 증가이다.

그러나 이것만으로는 설명이 완전하지 않다. 혈류의 니코틴 수준을 변경시키는 연구에서 흡연자는 니코틴 수준이 변경될 만큼 자신의 흡연 행동을 바꾸지 않았다. 게다가 환경에서 급격히 변화하는 힘이 혈장 내의 니코틴 수치에 영향을 끼치기 훨씬 전에 흡연행동은 환경의 영향을 크게 받는다. 혈장의 니코틴 수치가 0이 된 이후에도 흡연자들은 높은 재발 비율을 보인다. 따라서 흡연 중독에서 니코틴의 역할은 매우 복합적이다.

흡연 감소를 위한 개입

흡연에 대한 태도 변화 대중매체는 반흡연적인 태도를 위해 교육적인 기반을 제공하는 데 효과적이다. 효과적인 메시지는 반드시 명확해야 하고 사실에 기반해야 한다(Hoover et al., 2008). 이는 특히 건강 이슈에 대해 지식을 가지고 있는 흡연자에게 중요하다(Hoover et al., 2008). 건강 이슈에 대한 지식이 적은 사람에게는 감정적 호소가 더 적절할 수 있다. 부정적 감정을 일으키는 그림은 특히 유용하다(Romer et al., 2018). 현재 대부분의 사람들이 흡연을 부정적인 사회적 결과를 동반하는 중독으로 여긴다. 대중매체의 반흡연 메시지는 성인과 청소년이 흡연을 시작하는 것을 방지하는 데에도 효과적이었다(Hersey et al., 2005). 그러나 교육은 사람들의 금연에 대한 토대만을 제공하고 그 자체로 사람들이 금연 욕망으로 다가가도록 찌를 수 있었으나, 금연에 이르게는 하지 못하였다. 더구나 많은 흡연자들은 금연을 원하지 않는다(Borrelli et al., 2018).

니코틴 대체 치료 많은 치료가 니코틴을 대체하는 것에서 시작한다. 예를 들어, 니코틴 패치는 혈류에 일정한 양의 니코틴을 방출한다. 금연 초기에 니코틴 대체치료가 상당히 많이 사용된다(Cepeda-Benito, 1993; Hughes, 1993). 니코틴이 첨가된 액체를 증기로 바꾸는 원리를 지닌 전자 담배가 이런 원칙에 근거하고 있다. 하지만 전자 담배가 안전한가는 불명확하다(Bold, Krishnan-Sarin, & Stoney, 2018). 많은 청소년들이 현재 전자 담배를 기존의 담배보다 선호하기 때문에 이 문제에 대한 해답을 찾는 것이 중요하다.

흡연 문제에 대한 치료적 접근 따라서 건강심리학자들은 흡연 문제에 대한 치료적 접근을 고민하게 되었다.

주의력 재훈련은 흡연자들이 그들의 주의를 흡연과 관련된 내적 또는 환경적 실마리로부터 벗어나는 것을 도와준다. 이것은 흡연과 관련된 실마리에 대한 갈망과 본능을 줄여주기 위한 금연 개입의 첫 단계가 될 수 있다(Kerst & Waters, 2014). 운동도 흡연과 관련된 실마리를 향한 주의적 편중을 줄여주는 데 도움이 된다(Oh & Tayor, 2014).

많은 흡연 개입 프로그램들은 단계적 변화 모델을 개입의 기반으로 사용한다. 숙고 전 단계에서 숙고 단계까지 사람들을 변화시키는 개입은 흡연으로 인한 건강의 부정적 결과와 대부분의 사람들이 흡연에 대해 가지고 있는 부정적인 사회적 태도를 강조하면서 태도 변화에 초점을 맞춘다. 그리고 금연에 대한 동기부여는 스스로 금연을 할 수 있다는 자아효능감을 높이고, 더 나아가 금연을 결심하는 데에도 기여한다.

숙고 단계에서 실행 단계까지 흡연자를 변화시키는 것은 금연 시간표, 금연 방법에 대한 프로그램, 금연의 어려움에 대해 알아차리기 등 금연의 실행 의도를 발달시킬 것을 요구한다(Armitage, 2008). 실행 단계에서는 다른 건강한 습관을 수정할 때처럼 인지행동치료 기법이 사용된다.

이러한 점에서, 흡연은 단계 모델을 어떻게 적용하는지에 대한 좋은 사례이다. 그러나 각각의 흡연 단계에서 이루어지는 개입들은 효과가 일관적이지 않다(Quinlan & McCaul, 2000; Segan, Borland, & Greenwood, 2004; Stotts, DiClemente, Carbonari, & Mullen, 2000).

사회적 지지와 스트레스 관리 건강습관에 대한 다른 치료적 개입과 마찬가지로 지지적인 배우자/연인과 비흡연자 친구가 있다면 단기간에 금연을 성공할 수 있다. 사회 네트워크 안에 흡연자가 있다면 금연을 방해하고 재발이 일어나게 될 확률이 높아진다(Mermelstein, Cohen, Lichtenstein, Baer, & Kamarck, 1986). 결과적으로, 배우자 기반 개입이 개발되었고, 특히 효과적으로 보인다(Khaddouma et al., 2015).

스트레스 관리 훈련은 금연 성공에 도움이 된다(Yong & Borland, 2008). 흡연이 많은 사람들에게 이완을 주기 때문에 흡연의 유혹을 받는 상황에서 어떻게 이완하는지 가르쳐주고 스트레스와 불안을 다루기 위한 대안적인 방법을 제공한다(Manning, Catley, Harris, Mayo, & Ahlu-walia, 2005). 식단과 운동의 변화를 통한 생활습관의 재조정 또한 사람들이 금연을 하고 금연 후 절제를 유지하는 것을 돕는다(Prapavessis et al., 2016; Zvolensky et al., 2018).

이미지도 금연을 도와주는 데 중요하다. 특히 자기 자신을 비흡연자로 강하게 인식하는 사람들은 스스로를 흡연자로 인식하는 사람들보다 더 치료의 경과가 좋다(Gibbons & Eggleston, 1996; Shadel & Mermelstein, 1996). 젊은 여성들은 보통 금연을 하면 체중이 증가할까 봐 두려워하므로, 흡연을 하는 젊은 여성들에게 개입할 때는 외모와 관련된 문제를 고려한다(Grogan et al., 2011).

청소년들을 위한 개입 일찍이 우리는 흡연자의 세련된 이미지가 청소년들에게 흡연을 시작하게 하는 중요한 요인이라는 것을 다루었다. 청소년들이 금연을 하도록 유도하는 여러 개입들은 자기결정 이론을 사용하였다. 청소년은 종종 자율감과 통제감에 대한 자기 이미지를 강화하기 위해서 흡연을 시작하기 때문에 자기결정 이론은 이와 동일한 인지, 즉 자율감과 자기통제를 대상으로, 하지만 반대의 관점을 취한다. 즉, 담배를 끊는 행동을 목표로 한다(Williams et al., 2006).

재발 방지 재발 방지 기술은 일반적으로 흡연 중단 프로그램에 포함된다(Piasecki, 2006). 금연 유지 능력이 달마다 일정한 감소를 보이고 금연 후 2년 이내에는 최고의 금연 프로그램조차도 금연 유지 비율이 50%가 채 넘지 않기 때문에 재발 방지가 중요하다(Piasecki, 2006).

재발 방지 기술은 사람들이 심혈관의 변화, 식욕의 증가, 흡연 충동의 변화, 기침과 가래 분비의 증가, 신경질의 증가처럼 금단 증상을 준비하는 것에서부터 시작

흡연은 담배 산업에서 매력적인 습관처럼 묘사되어 왔기 때문에 치료를 위한 하나의 과제는 흡연에 대한 사람들의 태도를 바꾸는 것이다.

Courtesy State of Health Products. www.buttout.com 888-428-8868.

한다. 이러한 문제는 첫 7~11일 사이에 간헐적으로 발생한다. 재발 방지는 커피나 술을 마신다거나(Piasecki, 2006), 스트레스가 심한 대인관계를 다루는 상황과 같이 담배를 갈망하게 될 위험이 높은 상황을 관리하는 능력에 초점을 맞춘다. 몇몇 재발 방지 접근법은 흡연자들이 금연 전에 일정한 돈을 지불하고, 흡연을 절제하거나 금연한 조건에서만 공제를 받는 식의 조건부 계약을 포함한다.

대부분의 중독적인 건강습관과 같이 흡연은 금연의 위반 효과를 보여준다. 한 차례의 재발은 흡연자의 자아효능감을 감소시키고, 부정적인 정서를 증가시키며, 금연에 성공할 것이라는 믿음을 감소시킨다(Shadel et al., 2011). 스트레스에 의해 유발된 경과는 다른 종류보다 더 빠르게 재발을 야기할 수 있다(Shiffman et al., 1996). 결과적으로, 흡연자는 그들 스스로가 한 차례의 재발은 큰 걱정거리가 아님을 상기할 필요가 있다. 많은 사람들이 금연하는 와중에 종종 재발하기 때문이다. 긍정적인 감정에 초점을 맞추는 것이 재발의 위험을 낮출 수 있다(Vinci et al., 2017). 때때로 2인조 시스템 혹은 전화상담 절차는 금연자들이 한 차례의 재발이나 완전한 재발에 대한 유혹을 피하는 것을 도울 수 있다(Lichtenstein, Glasgow, Lando, Ossip-Klein, & Boles, 1996).

개입에 대한 평가 금연에 대한 개입은 얼마나 성공적인가? 성인 흡연자들은 자기 모니터링, 흡연을 유발하고 유지하는 자극의 수정, 성공적인 흡연 세션의 강화, 위험이 높은 상황에서 대안적인 대처 기술 예행 연습하기와 같은 재발 예방 기술을 포함하는 인지행동치료를 잘 받아왔다. 이는 특히 건강 관리 전문가가 강한 행동 상담 기술을 가진 경우에 들어 맞는다(Hagimoto, Nakamura, Masui, Bai, & Oshima, 2018; Lorencatto, West, Bruguera, Brose, & Michie, 2016). 그러나 이러한 접근법은 청소년들에게서 보다 낮은 성공률을 보였다. 무엇이 비용을 절감시키고, 효과적이며, 단기적인 개입에서 요구되는가(McVea, 2006)? 동기 증가 구성, 자아효능감, 스트레스 관리, 대인관계 기술을 포함하는 프로그램은 성공적이며 학교 보건실과 교실에서 활용될 수 있다(Sussman, Sun, & Dent, 2006; Van Zundert, Ferguson, Shiffman, & Engels, 2010).

금연을 도와주는 모든 치료의 조합이 지금까지 평가되어 왔다. 일반적으로 이러한 프로그램은 초기의 성공률이 매우 높지만, 때로는 90%에 육박할 만큼 다시 담배를 피우는 비율도 높다. 재발하는 사람들은 어리고 니코틴에 의존적일 가능성이 높다(Stepankova et al., 2017). 재발은 종종 낮은 자아효능감, 금연 이후 체중 증가에 대한 걱정, 이전의 금연 시도 경험, 단기성 재발(한 개비 이상 피우는 것)의 경우에 발생한다(Lopez, Drobes, Thompson, & Brandon, 2008; Ockene et al., 2000).

재발 비율로 볼 때 금연효과가 낙관적으로 보이지는 않아도, 치료 프로그램을 단독으로 시행할 때보다 프로그램을 조합해서 개입할 때 누적 효과가 있다. 한 가지 개입만으로는 성공률이 20%밖에 되지 않지만, 여러 치료를 조합해서 사용하는 경우 성공률은 더 높아진다(Lichtenstein & cohen, 1990). 사실, 수십만 명의 흡연자들이 처음 노력한 시도에서는 실패했지만, 금연에 성공했다. 오랜 시간 동안 이들은 금연을 지속시킬 수 있는 충분한 동기와 기술들을 축적해 나갈 수 있었다.

스스로 금연을 한 사람들은 잘 교육받은 사람들이고, 자기통제 기술과 자신의 금연 능력에 대한 자신감이 높으며 금연의 건강 이익이 상당하다는 것을 인식하고 있는 사람들이다(McBride et al., 2001). 만약 담배를 피지 않는 사람들로 이루어진 지지적인 사회적 네트워크를 형성하고, 전형적인 흡연자와 거리를 두면서 비흡연자와 어울리는 노력을 한다면 스스로 금연을 시도하는 것은 보다 쉬워질 것이다(Gerrard, Gibbons, Lane, & Stock, 2005). 금연은 특히 중년의 경우, 심장병 진단과 같은 급성 혹은 만성적인 건강상의 위협 때문에 시작했을 때 성공적으로 나타났다(Falba, 2005). 금연은 다른 건강행동의 혜택을 자발적으로 가져다 줄 수 있다(Noonan et al., 2016). 스스로 금연을 하고자 하는 사람

표 5.9 | 금연

금연을 준비하는 몇 가지 단계
• 날짜를 선택하고 달력에 표시하라.
• 친구와 가족에게 그 날짜를 알려라.
• 군것질 거리를 마련하라(무설탕 껌, 당근, 사탕).
• 계획을 결정하라. 니코틴 대체 치료를 받을 것인가? 수업을 들을 것인가? 그렇다면, 지금 등록하라.
• 지지 시스템을 설정하라. 이것은 집단 교실, 익명 니코틴 자조그룹, 또는 금연에 성공하고 기꺼이 당신을 도와 줄 친구가 될 수 있다.
금연을 시작하면 따라야 할 제안
• 흡연을 하지 말라.
• 모든 담배와 라이터, 재떨이 등 흡연과 관련된 모든 물품을 버려라.
• 활동하라(걷거나 운동하거나, 아무 행동이나 취미 활동을 하라).
• 물과 주스를 많이 마셔라.
• 만일 니코틴 대체제를 사용하기로 했다면 사용하라.
• 금연 교실에 참가하거나 자조 계획을 따르라.
• 흡연 욕구가 강해지는 상황을 피하라
• 음주를 피하거나 줄여라.
• 상황을 잘 대처하기 위해 네 가지 A를 사용하라[피하기(avoid), 바꾸기(alter), 대안 찾기(alternative), 활동하기(activity)

출처 : American Cancer Society, Inc. "Deciding to Quit Smoking and Making a Plan." Accessed June 27, 2019. https://www.cancer.org/ healthy/stay-away-from-tobacco/guide-quitting-smoking/deciding-toquit-smoking-and-making-a-plan.html.

들을 위한 지침이 표 5.9에 나와 있다.

단기 개입 의사나 다른 건강관리 임상가의 단기 개입은 금연과 재발을 통제하는 데 도움이 된다(Vogt, Hall, Hankins, & Marteau, 2009). 환자가 의료기관을 방문했을 때 금연에 대한 안내를 제공한다면 금연 성공률을 더 높일 수 있을 것이다(Williams, Gagne, Ryan, & Deci, 2002). 한 건강 유지 기관은 성인 흡연자들을 대상으로 전화상담과 금연 관련 안내를 제공하는 소식지를 포함한 프로그램을 진행했다. 이 프로그램은 흡연율을 감소시켰으며 다른 금연 프로그램에 참여하지 않았던 흡연자들도 프로그램에 관심을 가지게 만들었다(Glasgow et al., 2008). 매사추세츠주에서는 2006년에 가난한 거주자들을 대상으로 하는 무료 금연치료를 제공하였는데, 38%에서 28%라는 흡연 비율의 놀라운 감소를 가져왔다. 이것은 의학적인 프로그램에 통합된 단기 치료가 성공적이라는 것을 나타낸다(Goodnough, 2009년 12월 17일).

직장 초창기에는 직장에서의 개입이 금연에 효과적이라고 여겨졌다. 그러나 요즘은 직장에서의 개입이 다른 치료 프로그램보다 더 효과적이지는 않은 것으로 나타난다(Facts of Life, 2005년 7월). 하지만 직장 내에서 전면적인 금연이 시행되면 직장인은 훨씬 적게 흡연을 하게 된다(Facts of Life, 2005년 7월).

상업적인 프로그램과 자조 다양한 **자가개선 보조도구**(self-help aids)와 프로그램이 흡연자 스스로 금연을 할 수 있도록 개발되어 왔다. 니코틴 패치와 특정 금연 교육을 제공하는 자조 프로그램이 이에 해당한다. 초기에 금연을 돕고 해결책을 지속적으로 수행할 수 있도록 케이블 TV 프로그램이 고안되어 몇몇 도시에서 방영되었다. 비록 자조 프로그램을 공식적으로 평가하는 것은 어렵지만, 연구에 따르면 집중적인 행동치료를 병행할 경우 초기의 금연율은 낮지만 장기적인 유지율은 높아지는 것으로 나타났다. 자조 프로그램은 비용이 적게 들기 때문에 성인과 청소년 모두에게 중요한 흡연치료 프로그램이다(Lipkus et al., 2004).

전화상담은 사람들이 금연을 하는 것을 돕는 데 꽤나 성공적이었다(Lichtenstein, Zhu & Tedeschi, 2010). 사람들은 금연하기를 원하거나 재발에 대해 걱정할 때 전화를 할 수 있다. 대부분의 이러한 프로그램은 CBT의 원칙을 기반으로 한다. 성인과 어린 흡연자들 모두 전화상담에서 도움을 받을 수 있다(Rabius, McAlister, Geiger, Huang, & Todd, 2004).

인터넷을 통한 개입은 흡연 문제에 대한 최근의 접근이며(Graham, Papandonatos, Cha, Erar, & Amato, 2018), 여러가지 장점을 지녔다. 사람들은 준비가 되었을 때 장소에 구애받지 않고 개입방법을 얻을 수 있으며 인터넷 서비스를 통해 빠른 피드백을 얻고 흡연 관련 충동을 다룰 수 있다. 아메리칸 캔서 소사이어터의 지원 아래 시행된 무작위 대조 실험에서 금연에 대한 인터넷 프로그램은 통제군에 비해 금연을 시도한 흡연자 집단에 큰 도움이 되었다. 게다가 인터넷을 이용한 개입의 효과는 1년 이상 장기간 지속되었다(Seidman et al., 2010).

흡연을 줄이기 위한 공중 보건적 접근은 담뱃갑이나 공중게시판 등 눈에 잘 띄기 쉬운 장소에 경고 문구들로부터 시작했다. 이러한 경고는 우려를 불러일으켰고, 금연 시도를 이끌어 냈다(Yong et al., 2014). 보다 광범위한 접근은 애당초 특히 관상동맥성 심장질환(CHD)과

글상자 5.7 간접 흡연의 위험성

노마 브로인은 21년 동안 아메리칸 항공사의 승무원이었다. 그녀는 흡연을 한 적이 전혀 없지만 1989년 폐암으로 진단을 받았고, 폐의 일부를 제거했다. 브로인은 담배 회사를 상대로 소송을 걸었다. 그리고 기내 흡연이 법적으로 허용되었던 1990년 이전까지 근무했던 비흡연 승무원 6만 명과 함께 숨쉴 때 간접 흡연이 미치는 악영향에 대한 보상으로 50억 달러를 요구했다(Collins, 1997년 5월 30일). 노마 브로인은 마침내 법정에 서게 되었다. 담배 회사는 그녀와 다른 승무원들에게 그들을 위한 연구 기반을 설립하기 위해 3억 달러를 배상하는 데 동의했다.

수동적 흡연(Passive smoking)이나 **간접 흡연**(secondhand smoke)은 미국에서 예방 가능한 사망 원인 중 세 번째에 해당된다. 매해마다 4만 1,000명의 비흡연자들이 사망하고 있다(표 5.10). 매해 3,000건의 폐암, 6만 2,000건의 심장질환 사망 그리고 100만 건의 아동 천식이 간접 흡연 때문인 것으로 추정된다(California Environmental Protection Agency, 2005; Endrighi, McQuaid, Bartlett, Clawson, & Borrelli, 2018). 출생 전에 간접 흡연에 노출된 아기 중 7%가 저체중으로 태어난다(Environmental Health Perspectives, 2004). 간접 흡연에 노출되면 우울증의 위험도 높아진다(Bandiera et al., 2010).

Trevor Benbrook/123RF

표 5.10 | 간접 흡연으로 인한 피해

질병	연간 통계
폐암	7,330명 사망
심장질환	3만 3,950명 사망
영아 돌연사 증후군	430명 사망
저체중아 출산	79만 명 진료
아동 천식	20만 2,000명 천식 발작
기관지염	15만~30만 명 감염

출처 : American Lung Association. "Health Effects of Secondhand Smoke." Accessed June 27, 2019. https://www.lung.org/stop-smoking/ smoking-facts/health-effects-of-secondhand-smoke.html.

직장 내 흡연과 관련된 사례를 극적으로 보여주는 사례가 있다. 몬태나주에서는 공공장소와 직장에서 흡연을 하는 것을 금지하는 법안이 2002년 6월 상정되었지만, 약 6개월 후에 번복되었다. 2명의 의사는 금지 전, 금지기간 동안, 그리고 그 이후의 심장마비 사례 수를 조사하였다. 심장마비는 직장에서의 흡연이 금지되었을 때 40% 정도 감소하였다. 하지만 흡연이 다시 허용되자 즉시 이전으로 돌아갔다. 몬태나 연구가 주목할 만한 이유는 짧은 기간 동안 흡연이 건강과 관련된 주요한 결과(심장마비)에 즉각적인 영향을 미친다는 것을 증명했다는 것이다(Glantz, 2004).

전반적으로, 흡연율을 줄이는 최고의 방법은 담배에 세금을 부과하고, 사람들이 흡연할 수 있는 장소를 제한하고, 효율적인 인지행동치료를 재발 방지 기술과 함께 이미 흡연을 하는 사람들에게 제공하는 것이다(Federal Tax Increase, 2009).

같은 위험요인을 가진 고위험군을 대상으로 행동 개입과 미디어를 통한 대규모 광고를 하는 것을 결합한 지역사회 기반 개입에 초점을 두었다. 그러나 이러한 개입은 종종 비용이 많이 들고, 장기간의 모니터링에서는 제한된 효과를 나타내기도 했다(Facts of Life, 2005년 7월). 궁극적으로, 직장과 공공 장소에서 담배를 금지하는 것과 담배세를 올리는 것은 흡연을 줄이는 것에 있어 가장 성공적일 것이다(Orbell et al., 2009; *The Economist*, 2018년 7월 28일).

흡연 예방 프로그램

흡연과의 전쟁은 잠재적인 흡연자가 발생하는 것을 예방하는 것에 집중한다. 이러한 **흡연 예방 프로그램**(smoking prevention program)은 잠재적인 흡연자를 초기에 찾아내고, 사람들이 담배를 피도록 이끄는 내재된 동기를 없애는 것을 목표로 한다. 전형적으로 이러한 프로그램은 학교 시스템을 통해 시행된다. 이 프로그램은 적은 수업 시간이 요구되고 학교에서 개인적인 훈련도 요구되지 않기 때문에 비용도 절감할 수 있고 효율적이다.

사회적 개입 프로그램의 핵심 요소는 다음과 같다.

- 흡연의 부정적인 결과에 대해 세심하게 구조화하여 청소년들에게 호소력 있게 전달하기 위한 정보
- 독립적이고 자립적인 사람으로서의 비흡연자(비흡연자 보다는)에 대한 긍정적인 이미지를 전달하기 위해 개발된 교재
- 흡연보다 비흡연을 촉진하는 데 사용되는 또래 집단

사회적 영향 프로그램에 대한 평가 이 프로그램은 잘 기능하는가? 전반적으로 사회적 영향 프로그램은 흡연율을 감소시켰고(Resnicow, et al., 2008), 이 효과는 보통 4년간 지속되었다(Murray, Davis-Hearn, Goldman, Pirie, & Luepker, 1988). 그러나 실험적으로 흡연을 하는 사람은 정기적인 흡연을 하는 사람보다 이러한 프로그램에 더 큰 영향을 받을 수 있고, 실험적인 흡연자들은 스스로 금연을 하기도 쉬울 것이다(Flay et al., 1992). 정기적인 흡연자가 될 가능성이 높은 아동에 대한 프로그램이 필요하지만, 아직까지 아동 흡연 예방에 가장 효과적인 요인이 무엇인지에 대해서는 알려진 것이 많지 않다.

요약

1. 건강저해행동이란 좋은 건강을 위협하고 악화시키는 것이다. 이런 행동 대부분은 청소년기에 처음 시작된다.
2. 비만은 심혈관계 질환, 신장 질환, 당뇨병, 일부의 암, 그 밖의 만성질환과 관련이 있다.
3. 비만의 원인은 유전적 요인, 생애 초기의 식습관, 비만의 가족력, 낮은 사회경제적 지위, 운동 부족, 높은 칼로리의 음식과 음료수를 많이 소비하는 것 등이 포함된다. 역설적으로, 다이어트는 비만 경향성에 기여할 수 있다.
4. 비만은 식단 조절, 수술, 약, 인지행동치료(CBT)로 치료된다. CBT는 식습관 감독, 섭식을 통제하는 환경적 자극 수정, 섭식 과정에 대한 통제 획득, 새로운 식습관의 강화를 포함한다. 재발 방지 기술은 치료 효과를 장기간 유지할 수 있게 한다.
5. 인지행동적 기술은 20주 동안 매주 0.9 kg씩 체중이 감량하고, 2년에 걸쳐 치료 결과가 지속됨을 보였다.
6. 점차 치료적 개입이 비만 가족의 아동과 고위험군 성인의 체중 증가 예방에 집중되고 있다.
7. 섭식장애, 특히 신경성 식욕부진증, 신경성 폭식증, 폭식장애는 주요한 건강문제이며 특히 청소년과 초기 성인기에서 문제가 심각하고 공통적으로 죽음에 이르게 하는 건강문제이다.
8. 알코올 중독은 간경변, 암, 태아 알코올 증후군, 음주운전 사고 등의 원인이다. 매해 수천 명의 죽음의 원인이 되고 있다.
9. 알코올 중독은 유전적인 구성요소를 가지고 있고, 낮은 사회경제적 지위와 같은 인구통계학적인 요소와도 관련이 있다. 음주는 스트레스의 영향을 막기 위해 발생하며, 18~25세 사이에 최고조에 달한다.
10. 알코올 중독에 대한 입원 치료 프로그램은 '완전한 금주 기간'부터 시작하여, 재발 방지를 포함하는 인지행동 변화 치료가 뒤따른다. 하지만 대부분의 치료는 통원 치료이며, CBT의 원칙을 준수한다.
11. 치료의 성공 여부를 좌우하는 가장 중요한 요인은 바로 환자이다. 중등도의 음주 문제를 가지고 있고, 다른 약물 남용 문제는 없으며, 지지와 재정 측면에서 안정적인 환경을 가진 알코올 중독 환자가 그렇지 않은 사람들보다 치료에 성공할 가능성이 높다.
12. 흡연은 미국에서 심장병, 암, 폐질환으로 인한 연간 48만 명 이상의 죽음을 야기한다.
13. 흡연의 중독적인 특징에 대한 이론은 니코틴과 신경조절물질로서 니코틴의 역할에 중점을 둔다.
14. 흡연에 대한 태도는 대중매체로 인해 극적으로 부정적으로 바뀌었다. 태도 변화는 사람들이 흡연을 시작하는 것을 막았고, 금연하고자 하는 동기를 불러일으켰으며, 금연자의 재발도 막았다.
15. 금연을 위한 많은 프로그램이 니코틴 대체물로 시작하며, CBT 접근은 사람들이 금연하는 것을 돕는다. 치료적 개입은 대인관계 기술 향상과 이완치료를 포함한다. 재발 방지는 이 프로그램의 중요한 부분이다.
16. 흡연은 변화에 매우 저항적이다. 심지어 단기간 동안 금연에 성공한 이후에도 대부분의 사람은 재발을 한다. 재발에 기여하는 요인은 중독, 사회적인 상황을 다루는 효과적인 대처 기술의 부족, 체중 증가 등이 있다.
17. 흡연 예방 프로그램은 젊은 사람들이 흡연을 시작하는 것을 막기 위해 개발되었다. 이러한 프로그램의 대부분은 사회적 영향 접근을 사용하고 흡연에 대한 또래의 압력에 어떻게 저항하는지 가르친다. 청소년을 돕는 다른 프로그램들은 대처 기술과 자기 이미지를 향상시키도록 돕는다.
18. 흡연을 통제하기 위한 사회공학적 접근이 사용되어 왔는데, 이는 부분적으로 간접 흡연이 흡연자와 같은 환경에 있는 사람들에게 해를 끼치기 때문이다.

핵심용어

간접 흡연
갈망
금단현상
내성
문제적 음주
비만
수동적 흡연
스트레스 섭식
신경성 식욕부진증
신경성 폭식증
신체적 의존
알코올 중독
요요 현상
위약 음주
자가개선 보조도구
중독
체중의 설정치 이론
통제된 음주 기술
폭식
해독
흡연 예방 프로그램

PART 3

스트레스와 대처

Stockbyte/Getty Images

CHAPTER 6

스트레스

Grant V Faint/Photodisc/Getty Images

개요

스트레스란 무엇인가

대부분 우리는 기억하기 싫을 정도로 많은 스트레스를 직접적으로 경험한다. 우연히 신호를 위반하다가 경찰에게 걸렸을 때, 자신이 충분히 공부했는지 혹은 시험 범위에 맞게 공부했는지 불확실한 상황에서 시험을 기다릴 때, 비가 내리는 날 중요한 약속들이 잔뜩 잡혀있는데 버스를 놓칠 때 등은 모두 스트레스가 될 수 있다.

스트레스(stress)는 예측 가능한 생화학적, 생리학적, 인지적, 행동적 변화를 동반하는 부정적인 정서 경험이며 이러한 변화는 스트레스 사건을 바꾸거나 스트레스에 적응하는 쪽으로 향한다.

스트레스원은 무엇인가

초기 연구자들은 스트레스 사건 자체에 초점을 두었고, 이를 **스트레스원**(stressor)이라고 불렀다. 예를 들면, 미국 사람들은 돈, 경제, 직업, 가족의 건강문제, 가족에 대한 책임감을 상위 5위 스트레스원으로 보고한다(American Psychological Association, 2008).

그러나 어떤 경험은 몇몇 사람에게 스트레스가 될 수 있지만 다른 사람들에게는 그렇지 않을 수도 있다. 예를 들면, 라디오에서 나오는 최신 록 음악이 당신의 이웃에게는 '소음'일 수 있지만 아마도 당신에게는 스트레스가 되지 않을 수 있다.

스트레스원 평가

스트레스는 한 사람의 평가과정을 거친 결과이다. **1차 평가**(primary appraisal)는 그 사건이 무엇인지 그리고 어떤 의미가 있는지 이해하려고 할 때 발생한다. 사건들은 손해, 위협 또는 도전으로 평가된다. 위협은 미래에 생길 수 있는 잠정적인 피해에 대한 평가인데, 예를 들면 어떤 사람이 자신의 수입이 없어질 경우 본인과 가족들에게 발생할 수 있는 문제들을 미리 예측하는 것이다. 하지만 어떤 사건이 극복할 수 있거나 사건으로 인한 이득이 있는 경우에는 도전으로 평가되기도 한다. 예를 들면, 직업을 잃은 사람은 실직을 오히려 새로운 것을 시도할 수 있는 기회라고 생각할 수 있다. 도전이라고 평가하면 스트레스 사건에 대해 대처할 수 있다고 더 자신감 있게 기대하고, 그 사건에 대해 더 우호적인 정서 반응을 보이며 혈압을 더 낮춘다(Blascovich, 2008).

2차 평가(secondary appraisal)는 개인이 가지고 있는 자원이 환경의 요구를 충분히 만족시켰는지 평가한다. 어떤 문제 상황을 다루는 데 개인의 자원이 적정 수준 이상이면 개인은 스트레스를 거의 느끼지 않고 오히려 도전의식을 경험한다. 개인의 자원이 상황을 다루기에는 충분하지만 해결하기 위해서는 많은 노력이 필요하다고 지각하면 중간 정도의 스트레스를 느낄 것이다. 그러나 스트레스원을 극복하기에 개인의 자원이 충분하지 않다고 지각하면 개인은 매우 많은 스트레스를 경험할 것이다.

따라서 스트레스는 **개인-환경 간 적합도**(person-environment fit)로 결정된다(Lazarus & Folkman, 1984; Lazarus & Launier, 1978). 이는 사건을 평가하고(손해를 입은, 위협적인, 도전적인 사건), 잠재적인 개인의 자원을 평가하고, 그 사건에 반응하는 과정을 통한 결과이다. 스트레스 연구자들이 어떻게 현재의 결론에 도달할 수 있었는지 알아보기 위해 스트레스에 관한 초기 연구들을 살펴보고자 한다.

스트레스 연구의 기원

투쟁 혹은 도피

초기 스트레스 연구의 토대를 마련한 것은 월터 캐논(1932)의 **투쟁 혹은 도피 반응**(fight-or-flight response)에 대한 설명이었다. 캐논은 유기체가 위협을 지각하면 교감신경계와 내분비계를 통해 신체가 빠르게 각성되고 자극을 받는다고 제안했다. 이러한 통합적인 생리적 반응은 유기체가 위협이 되는 것을 공격하거나 피할 수 있도록 하기 때문에 투쟁 혹은 도피 반응이라고 한다.

그림 6.1 | 셀리에의 일반적응증후군의 세 가지 단계

선구적인 스트레스 연구자인 한스 셀리에는 일반적응증후군을 고안해냈다. 그는 사람들이 스트레스에 대해 반응할 때 세 가지 단계를 경험한다고 제안했다. 1단계는 경고 단계로서 신체가 저항을 감소시켜 스트레스원에 반응한다. 2단계는 저항 단계로 스트레스원에 지속적으로 노출되며 스트레스 반응은 정상 범위 이상으로 나타난다. 3단계는 소진 단계이며 스트레스원에 장기간 노출되어 나타나는데, 이때 저항은 정상 범위 이하로 떨어지게 된다.

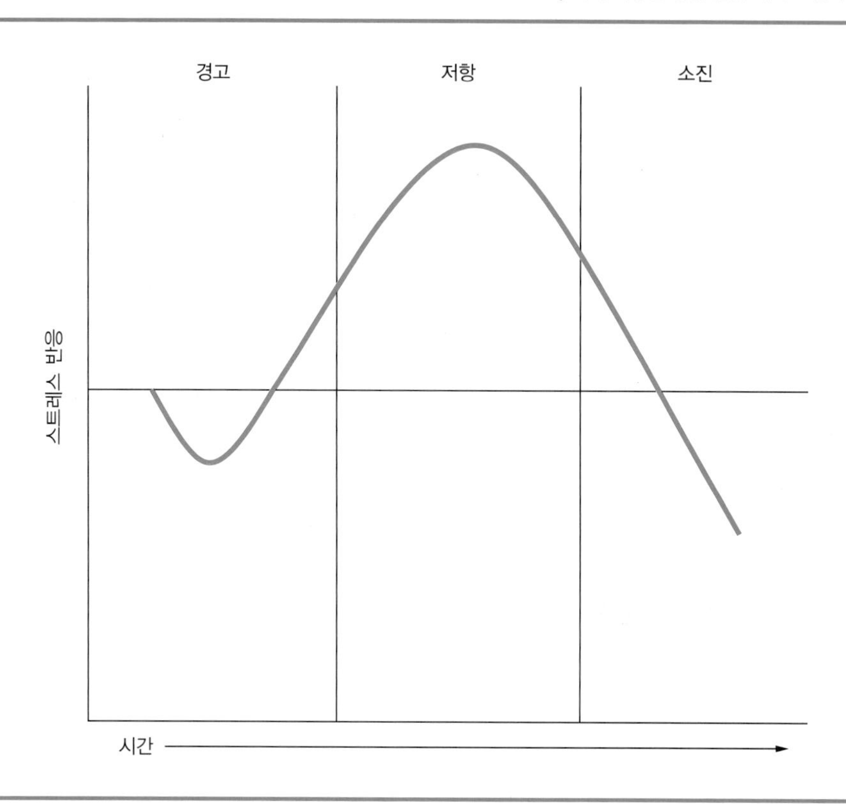

한때, 투쟁 혹은 도피는 말 그대로 포식자의 공격과 같은 스트레스 사건에 대한 반응으로 싸우거나 도망가는 상황을 말했다. 그러나 현재에 이르러서 **투쟁**은 분노나 행동화하는 것과 같이 스트레스에 대한 공격적 반응을 의미하는 반면 **도피**는 사회적 철회, 물질 사용을 통한 철회 혹은 주의를 다른 데로 돌리는 활동을 통한 도피를 의미한다. 한편으로 투쟁 혹은 도피 반응은 유기체가 위협에 빠르게 대처할 수 있게 한다는 점에서 적응적이다. 그러나 또 다른 측면에서는 스트레스가 정서적 · 생리적 기능을 방해하고, 스트레스가 계속해서 줄어들지 않는다면 건강문제를 일으키는 요인이 될 수 있기 때문에 투쟁 혹은 도피 반응이 해로울 수 있다.

셀리에의 일반적응증후군

스트레스에 대한 기초 토대를 마련한 또 다른 초기 연구는 한스 셀리에(1956, 1976)의 **일반적응증후군**(general adaptation syndrome)이다. 셀리에는 실험 쥐들을 심한 추위와 피로 상황과 같이 다양한 스트레스원에 노출시켜 생리적 반응을 관찰했다. 놀랍게도 상황에 관계없이 쥐들은 모든 스트레스원에 대하여 본질적으로 똑같은 생리적 변화를 나타냈다. 모든 쥐들이 부신피질이 커졌고, 흉선과 임파선은 수축됐으며, 위와 십이지장에 궤양이 발생하였다.

이러한 관찰을 통해 셀리에(1956)는 일반적응증후군을 개발했다. 그는 사람들이 스트레스원에 직면하면 행동을 취하기 위해 신체체계를 동원시킨다고 주장했다.

이러한 반응 자체는 스트레스원에 대해 특수하게 나타나는 것은 아니다. 즉, 위협의 원인과 관계없이 모든 스트레스원에 대해 동일한 형태의 생리적 반응을 보일 것이라는 것이다(뒤에서 살펴보겠지만 이러한 결론은 현재 논쟁이 되고 있다). 시간이 지날수록 스트레스에 반복적 또는 지속적으로 노출될 경우 신체체계는 손상되고 파괴된다.

일반적응증후군은 세 가지 단계로 구성된다. 첫 번째 경고 단계에서 사람들은 위협에 대항하기 위해 준비 상태에 돌입한다. 두 번째 저항 단계에서 사람들은 직면을 통해서 위협에 대처하기 위한 노력을 한다. 세 번째 소진 단계는 위협을 극복하지 못하고 실패했을 때 나타나는 결과이며 노력하는 과정에서 발생하는 생리적 자원을 다 써버렸을 때 나타난다. 세 가지 단계는 그림 6.1에 제시되어 있다.

일반적응증후군에 대한 비판 셀리에의 이론은 여러 측면에서 비판을 받았다. 첫째, 그의 이론은 심리적 요인이 미치는 역할을 제한적으로 설명하고 있다. 이는 현재 연구자들이 스트레스를 이해하는 데 사건에 대한 개인의 심리적 평가가 중요하게 작용한다고 믿는 것과 다소 차이가 있다(Lazarus & Folkman, 1984). 둘째, 모든 스트레스원이 동일한 내분비계 반응을 불러일으키는 것은 아니라는 사실이다(Kemeny, 2003). 사람들이 스트레스에 반응하는 방식은 성격, 정서, 생물학적 성향에 따라 영향을 받는다(예 : Moons, Eisenberger, & Taylor, 2010). 셋째, 생리적 자원의 고갈 또는 만성적 활성화 가운데 어느 것이 스트레스에 가장 많이 관련되어 있냐는 것이다. 연구 결과, 지속적인 활성화(두 번째 단계)는 생리적 체계에 미치는 손상을 축적시키는 데 가장 중요한 역할을 한다고 제안한다. 결국 셀리에는 스트레스를 어떤 결과물, 즉 일반적응증후군의 종착점이라고 평가하였다. 실제로 사람들은 사건이 끝난 이후와 심지어 사건 발생을 예상할 때도 스트레스가 약화되는 경험을 한다. 이러한 한계점과 여지에도 불구하고, 셀리에의 모형은 스트레스 분야의 토대로 남아있다.

돌봄과 어울림

인간(그리고 동물)은 스트레스에 대한 반응으로 단순히 싸우고, 피하고, 소진되기만 하진 않는다. 그들은 서로 우호적인 관계를 맺기도 하는데, 포식자에 반응하는 영양들의 집단행동이나 허리케인의 위협에 공동체가 보이는 스트레스원에 대한 협력 반응을 보면 알 수 있다. 테일러와 동료들은 **돌봄과 어울림**(tend-and-befriend)이라는 스트레스 반응 이론을 만들었다(Taylor, Klein, et al., 2000). 이 이론에 따르면 인간과 동물은 스트레스에 대한 반응으로 싸우거나 피하는 것뿐만 아니라 사회적 협력과 자손들에 대한 양육행동을 보인다(von Dawans, Fischbacher, Kirschbaum, Fehr, & Heinrichs, 2012). 이러한 반응은 여성들에게 특히 그렇다.

스트레스에 대한 반응이 진화하는 동안 남성과 여성은 다소 다른 측면의 적응적인 도전에 직면하게 된다. 남성은 사냥과 보호를 책임지는 반면에 여성은 채집과 양육에 책임을 가진다. 이러한 많은 활동들이 성별을 중심으로 구분되어 왔으며, 결과적으로 여성들의 스트레스에 대한 반응은 자기 자신뿐만 아니라 자손들까지 보호하기 위해 진화되어왔다. 여성들의 이러한 반응은 인간에게만 국한된 것이 아니다. 대부분의 종에서 자손들은 미성숙하기 때문에 어미가 돌보지 않으면 살아남기 힘들다. 대부분의 종은 엄마가 이러한 돌봄을 제공한다.

돌봄과 어울림은 그 기저에 생물학적 기제를 포함하고 있는데, 특히 옥시토신이라는 호르몬과 관련이 있다. 옥시토신은 스트레스 호르몬으로 스트레스 사건에 반응하여 빠르게 방출되며, 이는 특히 에스트로겐의 영향을 받는다. 이 호르몬은 여성이 스트레스에 반응할 때 중요한 역할을 한다. 옥시토신은 동물과 인간 모두에게 있어서 협력을 맺을 때 자극제 역할을 하며 모든 종류의 협력행동, 특히 돌봄을 증가시킨다(Taylor, 2002). 더불어 옥시토신 수준이 높은 동물과 인간은 더 차분하고 느긋한데, 이는 사회적 행동과 양육행동에 영향을 미친다.

연구 결과는 이 이론의 핵심 요소들을 지지한다. 여성은 실제로 남성에 비해 타인에게 의지함으로써 스트레스에 반응하려는 경향이 있다(Luckow, Reifman, & Mclntosh, 1998; Tamres, Janicki, & Helgeson, 2002). 돌봄과 어울림 이론에 포함된 방식처럼 스트레스를 받을 때 자녀에 대한 엄마의 반응과 아빠의 반응은 다르다. 그럼에도 불구하고 남성들도 스트레스에 대해 사회적으로 반응하기 때문에 이 이론에서 다뤘던 요소들은 남성들에게도 마찬가지로 적용된다.

스트레스는 어떻게 질병에 영향을 미치는가

초기 스트레스 연구의 기여로 인해 연구자들은 스트레스가 건강에 부정적인 영향을 미치는 경로를 확인할 수 있었다. 첫 번째 경로는 스트레스가 직접적으로 생리적 영향을 미치는 경우이다. 캐논과 셀리에의 연구에서 모두 나타난 바와 같이, 스트레스는 생물학적 기능을 변화시키며, 원래 존재하던 위험 혹은 유전적 소인과 상호작용하는 경로를 통해 사람들이 어떤 질병에 걸릴 것인지 결정한다. 직접적인 생리적 영향에는 다양한 증상이 있는데, 그중에서는 혈압 상승, 감염과 싸워 이기는 면역체계의 능력 감소, 지방과 콜레스테롤 수준 변화와 같은 과정을 포함한다. 이에 대해서는 다음 절에서 더 살펴볼 것이다.

두 번째 경로는 건강행동에 관한 것이다(제3~5장 참

그림 6.2 | 스트레스와 정신건강 및 신체건강

스트레스는 정신건강과 신체건강의 질병에 기여한다. 이 그림은 이러한 효과가 나타나는 몇 가지 경로들을 보여준다.

출처 : Cohen, Sheldon, Ronald C. Kessler, and Lynn Underwood Gordon. *Measuring Stress: A Guide for Health and Social Scientists*. Michigan: Oxford University Press, 1965.

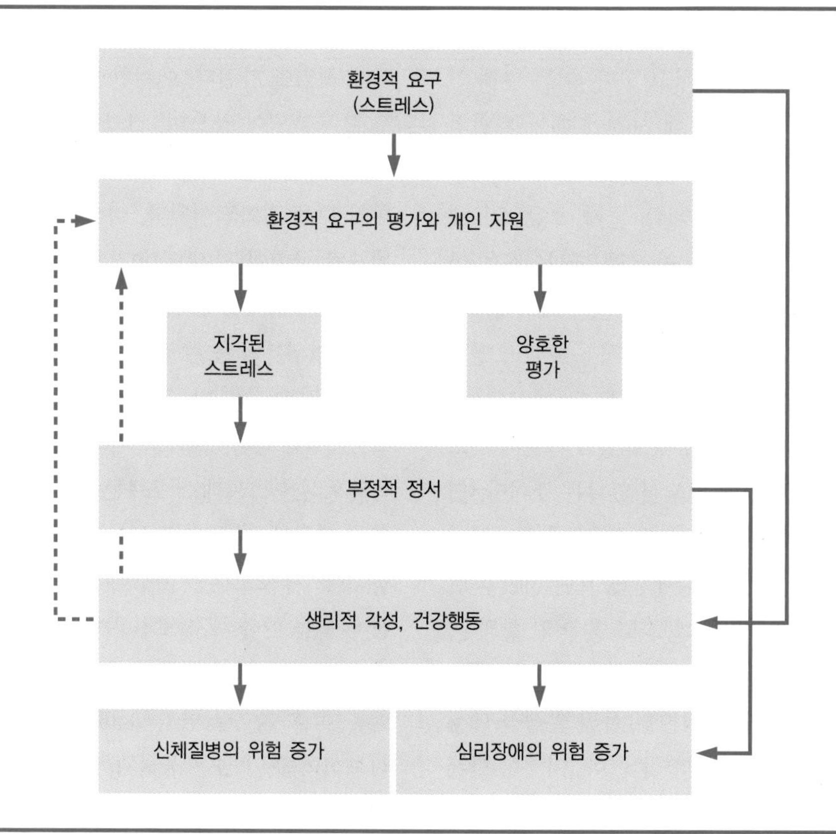

조). 만성 스트레스가 있는 사람들은 그렇지 않은 사람들보다 더 해로운 건강습관을 가지고 있고, 급성 스트레스는 비록 단기간에 발생한다 하더라도 건강습관을 저해시켰다. 해로운 건강습관에는 흡연, 영양 부족, 수면 부족, 운동 부족, 약물과 술 같은 물질 사용이 있다. 오랫동안 각각의 좋지 않은 건강습관을 지속하면 특정 질병에 걸리게 된다. 예를 들어, 흡연은 간과 관련된 질병을 유발한다. 심지어 단기간 동안의 건강습관 변화는 생리적 취약성을 증가시키고 장기적으로는 건강에 부정적인 영향을 미친다.

세 번째로 스트레스는 건강에 부정적인 영향을 미치는 방식으로 심리사회적 자원에 영향을 미친다(제7장 참조). 지지적인 사회적 접촉은 건강을 지켜주지만 스트레스는 사회적 접촉을 피하게 만들고, 더 나쁘게는 타인들을 떠나고 싶게 만드는 행동을 하게 할 수 있다. 낙관주의, 자존감, 개인의 통제감도 건강에 좋은 영향을 미치지만, 많은 스트레스원이 이러한 유익한 신념들을 약화시킨다. 스트레스원에 맞서기 위해 시간, 돈, 에너지가 투입되어야 하는 경우 외부 자원 또한 위태로워지는데, 특히 이런 자원이 매우 적은 사람들일수록 어려움을 겪는다.

스트레스가 건강에 부정적 영향을 미치는 네 번째 경로는 건강 서비스의 이용과 치료 권고에 대한 준수를 포함한다. 사람들은 스트레스를 받고 있을 때, 치료법을 더 준수하지 않으며, 치료할 수 있는 병이 있어도 치료를 미루기 쉽다. 그렇지 않으면 아예 치료받지 않기도 한다. 이러한 경로들은 제8장과 제9장에서 주로 언급될 것이다.

이 네 가지(생리학, 건강행동, 심리사회적 자원, 건강관리 서비스)는 스트레스가 건강에 영향을 미치는 가장 중요한 경로들을 나타낸다(그림 6.2 참조).

스트레스의 생리학

스트레스는 심리적 고통을 유발하고 단기간, 장기간에 걸쳐 건강에 영향을 미치는 신체 변화를 이끌어낸다. 스트레스 반응은 2개의 신체적 체계와 높은 관련성이 있는데, 하나는 교감신경-부신수질(SAM) 체계이고 다른 하나는 시상하부-뇌하수체-부신피질(HPA) 축이다.

교감신경계 활성화 사건이 해롭거나 위협적으로 지각되면 대뇌피질에서 확인하고, 대뇌피질의 평가에 영향을 받아 연쇄반응이 시작된다. 피질에서 받은 정보는 시상하부로 전달되고 이 정보로 인해 스트레스에 가장 빠르게 반응하는 것 중 하나인 교감신경계를 각성시킨다. 교감신경계의 각성은 부신수질을 자극하여 카테콜아민, 즉 에피네프린(E)과 노르에피네프린(NE)을 분비한다. 이러한 효과는 우리가 스트레스에 대한 반응으로 흔히 경험하는 상승된 느낌을 초래한다. 즉, 혈압 상승, 심장박동수 증가, 땀 흘림 증가, 말초혈관 수축이 나타난다. 카테콜아민은 이러한 영향뿐만 아니라 면역체계도 조절한다.

부교감신경계 기능은 스트레스에 반응하여 조절이 안되기도 한다. 예를 들어, 스트레스는 심장박동 수 변화에 영향을 미친다. 부교감신경계의 조절은 안정과 수면을 통한 회복에 중요한 측면이다. 그러므로 심장박동 수 변화는 수면 방해가 나타나는 경로를 보여주며 스트레스와 질병 및 사망 위험 증가의 관계를 설명해준다(Hall et al., 2004).

시상하부-뇌하수체-부신피질(HPA) 활성화 시상하부-뇌하수체-부신피질(HPA) 축 또한 스트레스에 대한 반응으로 활성화된다. 시상하부는 부신피질자극호르몬 분비촉진호르몬(CRH)을 내보내는데, 이 호르몬은 뇌하수체를 자극해서 부신피질자극호르몬(ACTH)을 방출한다. 방출된 부신피질자극호르몬은 부신피질을 자극해서 글루코코르티코이드를 내보낸다. 이 중에서 코르티솔은 특히 중요하다. 코르티솔은 탄수화물을 저장 상태로 보존하며, 상처를 입은 경우에 염증을 감소시키는 역할을 한다. 또한 스트레스를 경험한 후에 신체가 안정된

그림 6.3 | 스트레스는 어떻게 질병을 일으키는가

직접적인 생리적 효과는 교감신경계나 HPA 활성화로 나타난다. 또한 이 그림에서처럼 스트레스는 행동을 통해 건강에 영향을 미친다. 첫째, 건강행동에 영향을 미치고, 둘째, 심리사회적 자원의 사용에 영향을 주며, 셋째, 치료와 건강 서비스 이용을 방해한다.

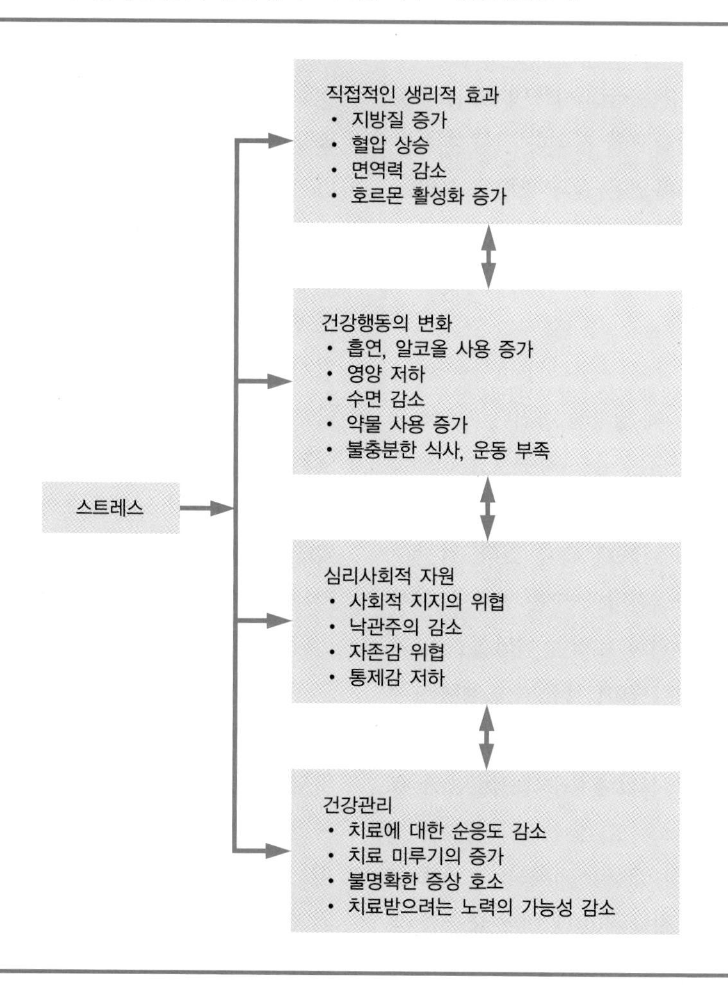

상태로 회복하게 해준다. 예를 들어, 그 기능이 제대로 발휘되지 못할 때 만성적인 스트레스 아래에서 사는 낮은 사회경제적 계급의 사람들은 그 계급의 사람들이 주로 갖는 만성질병에 걸리는 어려움을 가질 수 있다(Le-Scherban et al., 2018).

만성적이거나 반복되는 스트레스는 HPA 축을 반복적으로 활성화시키며 결국 HPA 축의 기능을 손상시킬 수 있다. 하루 동안의 코르티솔 양상은 변한다. 일반적으로 코르티솔 수준은 아침에 일어날 때 높고, 점심식사 이후 최고조에 이르렀다가 오후에 낮은 수준으로 평평하게 유지될 때까지 낮 동안 줄어든다. 그러나 만성적 스트레스에 시달리는 사람들은 여러 가지 비정상적인 양상을 보인다. 예를 들어, 오후나 저녁까지 코르티솔 수준의 증가, 일주기 리듬의 완만한 상태, 어려운 자극에 대한 코르티솔의 과잉반응, 하나의 스트레스원에 지속되는 코르티솔 반응, 무반응(McEwen, 1998)과 같은 양상들은 스트레스에 반응하고 회복하는 HPA 축의 능력 손상을 의미한다(McEwen, 1998). 이 패턴들 중의 어떤 것이라도 건강에 영향을 끼치는 스트레스에 반응하고 회복하는 HPA의 기능에 문제가 있음을 시사한다(Piazza,

Dmitrieva, Charles, Almeida, & Orona, 2018)(그림 6.3). 예를 들면, 신체 조절장애를 의미하는 약화된 코르티솔 반응은 심혈관 장애의 위험과 관련이 있고, 중독장애를 가진 사람들이 고통에 더 민감해지며 더 심화된 금단현상을 경험하는 것과 연관이 있다(al'Absi, 2018). 낮고 평평한 코르티솔 리듬을 가진 학년기 전 아이들조차도 잠을 많이 자는 문제를 보여준다(Saridjan et al., 2019).

장기 스트레스의 영향

선사시대 사람들은 생리적 작용을 통해 위험한 상황에서 싸우거나 도피할 수 있었으나, 현대의 스트레스 사건에는 이러한 적응방식이 필요하지 않다. 다시 말해, 현대인이 흔히 겪는 업무 긴장감, 통근 부담, 가족 불화, 마감기한은 생리적 자원이 극적으로 필요한 스트레스원들이 아니다. 그러나 사람들은 여전히 일상적으로 일어나는 스트레스 상황에서 갑작스러운 스트레스 호르몬의 상승을 경험한다. 이러한 과정은 신체 내 이런 기능이 만들어졌을 때의 본래 목적과는 차이가 있다.

오랜 기간 에피네프린과 노르에피네프린이 과다 분비되면 세포의 면역기능이 억제되고 혈압이나 심박수 상승과 같은 혈류역학적 변화가 일어난다. 이러한 변화로 인해 심실부정맥과 같은 심장주기의 비정상적 활동이 발생하며 이로 인해 갑자기 사망에 이를 수도 있다. 또한 정신질환의 발달 원인이 되는 신경화학적 불균형을 일으킬 수도 있다. 카테콜아민은 체내 지방질 수치와 혈중 유리 지방산 생성에 영향을 주어 제2장에서 다뤘던 것처럼 죽상경화증의 발생률을 높일 수 있다.

코르티코스테로이드는 면역 억제 효과를 가지고 있어 면역계 기능을 손상시킨다. 지속되는 코르티솔 분비는 해마에 있는 뉴런을 손상시켜 언어기능, 기억력, 집중력 문제를 일으키며(Starkman, Giordani, Brenent, Schork, & Schteingart, 2001), 노화를 일으키는 기제 중 하나이다. 뚜렷한 HPA 축의 활성화는 우울증에서 일반적이며 우울한 사람들은 그렇지 않은 사람들보다 코르티솔이 빈번하고 오랫동안 분비된다. HPA의 지속적인 활성화로 인해 나타나는 또 다른 결과 중 하나는 엉덩이 부위보다 중앙 내장 부위에 축적된 지방(예 : 복부 지방)이다. 이를 통해, 허리 비율이 엉덩이 둘레 비율과 유사해지는데, 몇몇 연구자들은 이 둘레 간의 높은 비율을 만성 스트레스의 지표로 사용한다(Bjorntorp, 1996).

스트레스에 대한 반응 중 질병과 관련 있는 것은 무엇인가? HPA 축의 지속적인 활성화로 인한 건강 관련 결과가 교감신경계의 활성화로 인한 것보다 더 심각하다(Blascovich, 1992; Dientsbier, 1989; Jamieson, Mendes, & Nock, 2013). 스트레스에 대한 반응으로 나타나는 교감신경계의 각성 자체는 질병을 일으키지 않는다. 즉, HPA 활성화도 함께 동반되어야 한다. 운동은 교감신경계 각성을 발생시키지만 HPA 축의 활성화를 일으키지 않기 때문에 건강을 해치지 않고, 건강에 도움이 된다고 하는 것이다. 그러나 운동과는 다르게 스트레스원은 스트레스 사건이 완전히 끝난 후에 작용하기도 한다. 스트레스원으로 발생되는 심장혈관 활성화는 스트레스 사건이 끝난 후에도 특별한 자각 없이 몇 시간, 며칠, 몇 주, 심지어 몇 년 동안 지속되기도 한다(Pieper, Brosschot, van der Leeden, & Thayer, 2010). 이러한 심혈관계의 손상이 질병을 촉진시킬 수도 있다.

스트레스는 면역기능을 손상시킬 수도 있다(제14장 참조). 스트레스 반응으로 인한 변화 중에서 염증을 제

교통 체증과 같은 스트레스 사건은 흥분과 생리적 각성을 초래한다.
Stockbyte/Getty Images

거 하기 위해 필요한 면역계의 기능 손상은 스트레스에 대한 초기 반응이다. 만성 염증은 관상동맥 질환을 비롯한 여러 질병들과 관련이 있다(Rohleder, 2014)(제2장 참조). 따라서 염증 제거 기능의 손상은 스트레스가 질병에 미치는 영향에 있어서 중요한 경로라고 볼 수 있다. 예를 들면, 느린 상처의 회복이 그 때문일 수 있다(Walburn et al., 2017).

불충분한 수면은 만성 스트레스가 원인으로 나타나는 결과일 수 있다. 수면은 생명 유지와 관련된 대표적인 회복활동이기 때문에 이러한 기제 또한 질병 발생의 경로를 설명한다.

스트레스 반응성의 개인차

사람들은 스트레스에 각자 다르게 반응한다. **반응성**(reactivity)이란 스트레스로 인한 자율신경계, 신경내분비계, 면역반응의 변화 정도를 의미한다. 어떤 사람들은 유전적 구조, 태아기 혹은 아동기의 경험으로 인해 다른 사람들보다 스트레스에 생물학적으로 더 쉽게 반응하게 된다. 그 결과 스트레스로 인해 건강이 약화되고 손상되기 쉽다(Boyce et al., 1995; Jacobs et al., 2006).

예를 들어, 코헨과 동료들(2002)은 실험 상황에서 발생한 스트레스원에 대해 높은 코르티솔 수준으로 반응한 사람들과 삶에서 부정적인 사건을 많이 경험한 사람들일수록 바이러스에 노출되었을 때 특히 상기도 감염에 취약하다는 점을 밝혔다. 실험실 내 스트레스원에 낮은 면역반응을 보인 사람들은 스트레스가 높을 때에 한해서만 상기도 감염에 약해지는 것으로 나타났다. 그에 반해 높은 면역반응력을 가진 참가자들은 스트레스 경험으로 인한 상기도 감염 증상을 보이지 않았다. 그들의 면역체계가 감염 위협에 대해 빠르게 반응했기 때문일 것이다.

앞서 살펴본 연구들을 통해 스트레스에 대한 심리생물학적 반응성이 스트레스와 질병의 관계에 영향을 끼치는 중요한 요인임을 알 수 있었다. 제13장에서 다시 살펴보겠지만 반응성에 대한 개인차는 고혈압과 관상동맥 질환의 발병에 기여한다.

생리적 회복력

스트레스의 생리적 반응에 있어서 스트레스 이후의 회복력 또한 중요하다. 스트레스 사건에서 빠르게 회복하지 못하는 것은 다시 말해서 스트레스로 인한 손상이 축적된다는 증거이기도 하다. 연구자들은 특히 높은 스트레스 상황에서 나타나는 지속적인 코르티솔 반응에 특별히 관심을 가졌다.

한 가지 흥미로운 연구(Perna & McDowell, 1995)가 있는데, 이 연구에서는 엘리트 운동선수들을 평소에 높은 스트레스를 겪는 집단과 낮은 스트레스를 느끼는 집단으로 나누어 강도 높은 훈련 뒤에 코르티솔 반응을 측정하였다. 일상적으로 스트레스를 많이 받는 집단의 선수들은 코르티솔 반응이 오랫동안 지속되었다. 따라서 스트레스는 코르티솔 회복에 영향을 주어 경쟁적인 운동선수들이 질병에 걸리거나 부상을 입을 확률을 높이는 것으로 보인다.

알로스타틱 부하

앞서 살펴본 바와 같이 신체 내 다양한 생리적 체계들은 스트레스의 요구에 맞춰 변화한다. 알로스타틱 부하라는 개념은 반복적이거나 만성적인 스트레스로 인한 생리적 변화의 만성적 노출에 대해 생리적으로 치르는 대가를 나타내기 위해 발전해왔다(McEwen, 1998). **알로스타틱 부하**(allostatic load, 스트레스와 신체 기능 간의 상관관계를 나타낸 지표-역주)는 어린 시절부터 전 생애에 걸쳐 다수의 질병이 걸릴 위험을 가지고 누적될 수 있다(Wiley, Gruenewald, Karlamangla, & Seeman, 2016). 많은 지표를 통해 알로스타틱 부하의 정도를 평가할 수 있는데, 체중 증가와 고혈압이 여기에 포함된다(Seeman, Singer, Horwitz, & McEwen, 1997). 염색체의 양쪽 끝 말단에 있는 DNA와 연결되어서 DNA를 보호하고 세포 차원에서 노화를 조절한다. 따라서 상대적으로 짧은 말단 소립은 노화가 촉진된 것으로 여겨져 왔다. 차별과 같은 다양한 스트레스를 경험한 많은 사람들은 짧은 말단 소립과 기타의 빠른 노화 증상을 가지고 있다(Lee, Kim, & Nelett, 2017). 더 다양한 지표들이 표 6.1에 나타나있다.

알로스타틱 부하는 다양한 체계의 건강에 해가 될 뿐만 아니라 신경증의 증가, 외향성과 성실성 등을 감소시키는 것과 같은 성격의 변화를 가져오는 것과 연관이 있다. 이러한 부정적인 성격의 변화는 알로스타틱 부하가 또 다른 경로로 건강을 위협할 수 있다(Yannick, Sutin, Luchetti, & Terracciano, 2016).

표 6.1 | 알로스타틱 부하의 지표

- 세포(매개)성 면역의 감소
- 스트레스에 대한 반응으로 코르티솔의 분비를 멈추지 못함
- 약해진 심박 변이도
- 에피네프린 수준의 증가
- 높은 허리-엉덩이 비율(복부 지방 반영)
- 해마의 크기(반복된 HPA 자극으로 감소할 수 있음)
- 기억의 문제(해마 기능의 간접 추정치)
- 혈압 상승

출처 : "Seeman, Teresa E., Burton Singer, John W. Rowe, and Ralph Horwitz. "Price of Adaptation–Allostatic Load and Its Health Consequences." *Archives of Internal Medicine 157* (November 1997): 2259–2268."

글상자 6.1 스트레스는 임신에 영향을 미칠 수 있는가?

임신한 여성은 세심한 보살핌을 받아야 하고 스트레스를 일으키는 요인을 피해야 한다는 상식은 일반적이다. 스트레스가 실제로 임신한 여성에게 위험이 될 수 있다는 것은 여러 연구를 통해 입증되었다.

스트레스는 태아의 성장에 직접적으로 영향을 미치는 방식으로 면역체계와 내분비체계에 영향을 끼친다. 이러한 변화는 여러 가지 부정적인 결과를 야기하는데, 그중에서도 즉흥적인 유산과(Wainstock, Lerner-Geva, Glasser, Shoham-Vardi, & Anteby, 2013), 조산아와 저체중아 출산의 원인이 되는 잠재적 위험성이 있다(Glynn, Dunkel-Schetter, Hobel, & Sandman, 2008; Tegethoff, Greene, Olsen, Meyer, & Meinlschmidt, 2010). 일상적인 스트레스가 크다는 점에서 흑인 여성과 미국 문화에 동화된 히스패닉계 미국 여성들이 특히 취약하다(D'Anna-Hernandez et al., 2012; Hilmert et al., 2008). 스트레스 반응으로 인한 모체의 코르티솔 지수의 상승이 태아에게 태어날 때가 됐다는 신호를 보내 조산으로 이어지게 된다(Mancuso, Dunkel-Schetter, Rini, Roesch, & Hobel, 2004).

스트레스 때문에 생기는 출산과 관련된 부정적인 결과를 보호해주는 요인은 무엇인가? 특히 배우자에게 받는 지지를 포함한 사회적 지지는 출산과 관련한 잠재적 위험성을 효과적으로 예방한다(Feldman, Dunkel-Schetter, Sandman, & Wadhwa, 2000). 통제감, 자존감, 낙관성과 같은 심리사회적 자원도 출산과 관련한 부정적인 결과를 예방하는 데 도움이 된다(Rini, Dunkel-Schetter,

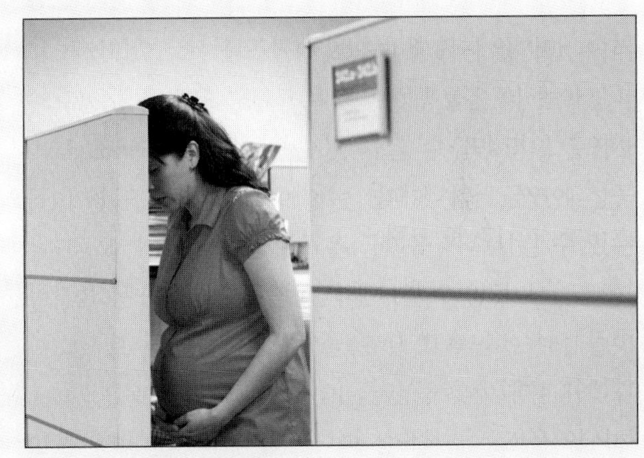

Terry Vine Photography/Blend Images LLC

Wadhwa, & Sandman, 1999). 임신으로 인한 스트레스는 출산의 위험을 높일 수 있고(Cole-Lewis et al., 2014) 몇 년 후 아동의 성격에도 영향을 끼칠 수 있다(Wu et al., 2018). 출산 전의 스트레스를 동반한 불안은 코르티솔 수치를 상승시키고 출산 시 문제가 발생할 위험을 증가시킨다. 따라서 불안을 줄이는 개입 역시 도움이 될 수 있다(Mancuso et al., 2004).

임신 시기가 가능한 스트레스를 피하고 심리사회적 자원을 적극적으로 활용해야 하는 대단히 중요한 시기라는 것은 임신기 동안 마음을 편하게 가져야 한다는 오래된 속담과 사회적 약자집단의 출산 관련 문제의 가능성에서 분명히 알 수 있다.

건강이 나빠지는 다양한 체계의 지표들 중 상당수는 보통 나이가 들면서 자연스럽게 발생하지만, 만약 이른 시기에 나타나게 될 경우 축적된 알로스타틱 부하는 스트레스에 반응하느라 노화를 빠르게 진행시킬 수도 있다. 시간이 지남에 따라 이러한 소모 현상은 질병을 발생시키고 사망 위험을 높인다(Gallo, Fortmann, & Mattei, 2014). 만성 스트레스로 인한 손상은 고지방 식습관, 가끔씩 하는 운동, 음주 남용과 흡연을 통해 스트레스에 대처하면 더욱 심각해질 수 있다(Doan et al., 2014). 양성애자 남성들은 특별히 알로스타틱 부하가 누적되는 위험이 있는 것으로 나타났다(Mays et al., 2018).

감염과 같은 급성질병, 그리고 심장질환과 같은 만성질병과 스트레스의 관계는 현재 잘 알려져 있다. 이 과정이 어떻게 이루어지는지 알기 위해 제13장에서 심장질환과 고혈압 그리고 제14장에서 암과 관절염에 대해 더 충분히 살펴볼 것이다. 글상자 6.1에서 볼 수 있듯이 스트레스는 임신과정에도 영향을 미친다.

어떤 사건이 스트레스가 되는가

스트레스 사건의 차원

원래 모든 사건들이 반드시 스트레스를 유발하지는 않지만 사건의 어떤 특성들은 해당 사건을 스트레스로 인식하게 만들 가능성을 높이게 된다.

부정적 사건 부정적인 사건은 긍정적인 사건보다 더 많은 스트레스를 유발한다. 휴일에 쇼핑하는 것, 예상치 못한 승진에 대처하는 것, 결혼하는 것은 모두 시간과 에너지를 쓰도록 만든다. 그럼에도 이러한 긍정적인 경험은 교통 위반 딱지, 구직을 위한 노력, 가족의 죽음을 극복하는 일, 이혼처럼 부정적이거나 바람직하지 않은 사건을 경험할 때보다 스트레스를 덜 받는다(Tobin et al., 2015). 다른 사람에 의해서나 집단에 의해 따돌림 당하는 것은 특별히 해가 된다(Murphy, Slavich, Chen, & Miller, 2015). 부정적 사건은 긍정적 사건보다 심리적 고통과 신체적 증상을 더 많이 일으킨다(Sarason, Johnson, & Siegel, 1978). 되풀이해서 생각하거나 심리적인 고통을 받는 것은 건강에 해를 끼칠 수 있다(Chiang, Turiano, Mroczek, Miller, 2018; Zawadzki, Sliwinski, & Smyth, 2018). 스트레스가 될 수 있는 상황을 도전으로 생각하고 적극적으로 그에 대처하는 것과 같은 긍정적인 마음가짐은 건강에 긍정적인 영향을 끼친다(Keech, Hagger, O'Callaghan-Hamilton, 2018).

통제 불가능한 사건 통제나 예측이 불가능한 사건은 그렇지 않은 사건보다 스트레스를 더 일으키며 특히 예상치 못한 사건일 때 그러하다(Cankaya, Chapman, Talbot, Moynihan, & Duberstein, 2009). 사람들은 해로운 사건을 예견하고, 바로잡고, 마무리 지을 수 있다고 느끼거나 그것에 영향력을 행사할 수 있는 사람에게 접근할 기회가 있다고 느끼면 실제로 할 수 있는 일이 아무것도 없다 해도 스트레스를 덜 경험한다(Thompson, 1981). 통제감은 주관적 스트레스 경험을 약화시키고 카테콜아민 수준이나 면역반응과 같은 생화학적 반응에도 영향을 미친다(Brosschot et al., 1998).

모호한 사건 모호한 사건은 명백한 사건보다 스트레스를 더 불러일으킨다. 잠재적 스트레스원이 모호하면 사람들은 행동을 취할 수 없고 스트레스의 원인을 이해하기 위해 에너지를 쏟게 되는데, 이러한 스트레스원은 시간과 자원을 많이 소모하는 일인 경우가 많다. 반면에 명백한 사건은 사람들이 문제를 정의하는 단계에만 머무르게 하지 않고, 해결책을 찾을 수 있도록 한다. 이처럼 사건에 직면할 수 있는 능력은 스트레스를 덜 유발하고 더 나은 대처능력을 키운다(Billing & Moos, 1984).

과부하 과부하된 사람들은 업무가 더 적은 사람들보다 스트레스를 더 많이 경험한다(Cohen & Williamson, 1988). 예를 들어, 지나치게 많은 업무량은 일과 관련된 스트레스의 주된 원인 중 하나인데, 짧은 시간 안에 매우 많은 일을 처리해야 하는 책임을 느끼도록 한다.

어느 것이 스트레스원인가 사람들은 인생의 중심 영역에 있는 스트레스에 더 취약하다. 왜냐하면 자신에게 중요한 것들이 주로 인생의 중심 영역에서 발생하기 때문이다(Swindle & Moos, 1992). 가령 부모라는 정체성이 중요하다고 느끼는 직장 여성에 대한 연구는 자녀들이 필요한 정도의 관심을 충분히 받지 못한다고 느끼는 부모 역할과 관련된 부담감이 타격을 준다고 밝혔다(Simon, 1992).

요약하면, 긍정적이고, 통제 가능하고, 명확하고, 처리할 수 있거나 중요하지 않은 일과 관련된 사건들보다 부정적이고, 통제 불가능하고, 모호하고, 감당이 안 되거나 인생의 중요한 목적과 관련된 사건들이 스트레스를 더 크게 야기한다.

스트레스를 받는다고 지각해야만 스트레스가 되는가

지금까지는 스트레스에 관하여 주관적인 스트레스 경험과 같은 인식의 중요성을 강조해왔다. 그러나 객관적인 스트레스도 주관적인 스트레스와 별개로 영향을 미치기도 한다. 예를 들어, 항공관제사 연구에서 레페티(1993b)는 여러 날짜에 걸쳐 주관적인 스트레스를 평가했고, 기상 조건과 항공기 교통량을 포함한 객관적인 스트레스를 측정했다. 그 결과 주관적/객관적 스트레스 측정치 모두 심리적 고통과 건강에 대한 불평을 각각 예측했다. 심지어 스트레스를 받고 있지 않다고 보고한 경우에도 항공 교통량이 많거나 기상 상태가 좋지 않으면 항공관제사들은 생리적/행동적으로 스트레스를 더 받는 것으로 나타났다.

사람들은 스트레스에 적응할 수 있는가

스트레스 사건들이 사람들의 환경 내에서 영구적으로 자리 잡거나 만성적인 스트레스가 되면 과연 사람들은 거기에 적응하게 될 것인가, 아니면 **만성적 긴장**(chronic strain) 상태가 될 것인가? 이는 스트레스원의 종류, 스트레스에 대한 주관적 경험, 스트레스 지표에 달려있다.

대부분의 사람들은 중간 수준 또는 예측할 수 있는 스트레스원에 심리적으로 적응할 수 있다. 처음 경험하거나 위협적인 상황은 스트레스를 유발할 수 있지만 그런 반응은 시간이 지나면서 진정된다. 예를 들면, 환경 소

momcilog/Getty Images

blvdone/Shutterstock

군중 속에 참여하는 경험은 그 사건을 평가하는 방식으로 스트레스의 정도가 결정된다. 어떤 경험은 매우 행복할 수 있고, 어떤 경험은 매우 혐오스러울 수 있다.

음(Nivison & Endresen, 1993)과 밀집된 상황(Cohen, Glass, & Phillip, 1978)이 미치는 영향에 대한 연구에서는 생리적 또는 심리적 상태에 대한 부정적인 효과가 거의 없거나 오래가지 않았는데, 이는 사람들이 대부분 이러한 만성적 스트레스원에 쉽게 적응한다는 것을 나타낸다.

하지만 아동, 노인, 가난한 사람들과 같이 취약한 사람들은 이러한 만성적 스트레스원에 대한 적응력이 낮다(Cohen et al., 1978). 한 가지 이유는 이러한 집단에 속한 사람들은 이미 환경에 대한 통제력이 없으며 따라서 스트레스 수준이 이전부터 높았기 때문일 수도 있다. 추가되는 환경적 스트레스원은 이들이 가진 자원의 한계에 다다르게 할지도 모른다. 예를 들면, 일상의 스트레스가 누적되는 것은 노인들의 인지기능을 손상시킨다(Stawski, Cerino, Witzel, & MacDonald, 2019).

대부분의 사람들은 경미한 스트레스 상황에 잘 적응한다. 그러나 높은 수준의 스트레스 상황은 적응하기 어렵거나 아예 불가능할지도 모른다. 이미 스트레스를 받고 있었던 사람들은 중간 정도의 스트레스원에도 대처하기 어려울 수 있다. 게다가 심리적으로 적응했을지라도 스트레스로 생긴 생리적 변화는 지속될 수 있다. 만성 스트레스는 심혈관계, 신경내분비계, 면역계의 회복을 손상시키며 이러한 영향을 통해 심혈관계 질환과 같은 질병에 걸릴 위험을 증가시키는 데 기여할 수 있다(Matthews, Gump, & Owens, 2001).

스트레스를 받을 때 스트레스원이 반드시 현재 진행중이어야 하는가

인류가 가진 경이롭지만 저주이기도 한 능력 가운데 하나는 어떤 일이 눈앞에 일어나기 전에 이미 그 일을 예측할 수 있다는 것이다. 우리는 이 능력으로 미래를 계획하고, 무언가를 발명하며, 추상적으로 사고하기 위해 사용하기도 하지만 또한 일어나지 않은 일을 미리 걱정할 때도 사용한다. 우리는 스트레스를 받기 위해 스트레스원에 노출되지 않아도 된다.

스트레스 예상하기 스트레스가 일어날 것을 예상하는 것은 실제 그 상황이 발생한 것만큼 그리고 그 이상으로 스트레스를 준다(Wirtz et al., 2006). 상대와 대립하는 상황을 예견하거나 코앞에 닥친 시험에 대해 걱정하는 긴장감을 생각해보자. 걱정으로 인해 잠들기 어려운 밤이나 방해가 될 정도의 불안감이 지속되는 날들은 스트레스 상황을 미리 예상하고 걱정하는 사람들이 지닌 능력임을 증명한다.

이와 관련한 연구에서, 의대생들을 대상으로 각각 스트레스를 받지 않는 수업이 있는 날, 중요한 시험 전날, 시험 당일의 혈압을 측정했다. 일상적인 수업시간의 혈압은 정상적이었으나 시험을 걱정하는 시험 전날의 혈압지수는 시험 도중에 잰 혈압수치만큼 높았다(Sausen, Lovallo, Pincomb, & Wilson, 1992).

스트레스 후유증 부정적인 **스트레스 후유증**(aftereffect of stress)은 스트레스 사건이 종료된 이후에도 길게 지속된다. 진행 중인 심리적 고통과 생리적 각성뿐만 아니라 짧아진 주의 지속 시간과 지적 수행 저하가 이러한 스트레스 후유증에 해당된다. 집중력 부족과 같은 인지적 방해는 흔하게 일어나며 사회적 행동 또한 영향을 받는다. 사람들은 스트레스 후유증으로 어려움을 겪을 때 타인을 돕고자 하는 의지가 줄어드는 것 같다. 걱정이나 반추는 사람들이 걱정하고 반추하고 있다는 것을 모르고 있을 때조차 심박수와 혈압과 면역지표를 높은 수준으로 유지시킨다(Zoccola, Figueroa, Rabideau, Woody, & Benencia, 2014). 글상자 6.2는 특정한 종류의 스트레스 후유증인 외상후 스트레스장애를 보여준다.

스트레스는 어떻게 연구되어 왔는가

건강심리학자들은 스트레스를 연구하고 스트레스가 심리적 및 신체적 건강에 미치는 영향을 평가하기 위해 다양한 방법을 사용해왔다.

글상자 6.2 외상후 스트레스장애

퇴역장병 행정기관에 의하면 8%의 퇴역장병들이 외상후 스트레스장애(PTSD)로 고통을 받고 있지만 그 부정적인 영향들은 알아차리지 못하고 지나갈 수 있다고 한다. 71세 베트남 전쟁 참전용사는 "치료를 받기 시작하는 것만도 47년이 걸렸었다. 내 인생에서 기쁨이라고는 없이 살아왔다"(*LA 타임스*, 2018년 12월 29일, p. A9).

강한 스트레스 사건을 경험하고 나면, 스트레스 경험의 증상이 그 사건이 끝나고 나서도 한참 동안 지속되고 오랜 후에 건강에 영향을 끼칠 수도 있다(Litcher-Kelly et al., 2014; Lowe, Willis, & Rhodes, 2014). 중증 외상일 경우에는 이러한 스트레스 후유증이 몇 년이나 몇 달 동안 간헐적으로 지속된다(Franz et al., 2019). 이와 같이 장기적으로 지속되는 반응들은 베트남이나 이라크에서 일어난 것과 같은 전쟁에 노출된 경우 특히 두드러진다(McNally, 2012). 그러나 절도, 강간, 가정폭력, 자연재해(예 : 지진이나 홍수)(Ironson et al., 1997), 재난(예 : 9/11 테러)(Fagan, Galea, Ahern, Bonner, & Vlahov, 2003) 등의 피해자 또는 인질(Vila, Porche, & Mouren-Simeoni, 1999) 혹은 생명을 위협하는 병을 앓고 있는 아이들(Cabizuca, Marques-Portella, Mendlowicz, Coutinho, & Figueria, 2009)에게도 이러한 장기적인 반응이 나타난다. 도시경찰(D. Mohr et al., 2003)이나 전쟁 · 재해 · 대형 사망 사건(McCarroll, Ursano, Fullerton, Liu, & Lundy, 2002) 후 사건 현장을 청소하는 일과 같은 특정 직업을 지닌 경우에는 외상 스트레스에 노출될 위험성이 높다. 그 결과 외상후 스트레스장애가 나타날 수 있다.

스트레스 사건에 대한 반응 중 하나는 심리적 마비로 나타나는데, 예전에는 즐겁게 했었던 활동에 대한 흥미가 감소하고, 친구들과 멀어지게 되고, 정서가 줄어든다. 이라크 참전군인에게 나타나는 것처럼, 외상의 관점에서 종종 재경험이 나타난다. 또 다른 증상에는 과도한 경계, 수면 방해, 두통(Arcaya et al., 2017)과 호흡곤란(Waszczuk et al., 2017), 죄의식, 손상된 기억, 집중력, 큰 소리에 과장된 놀람 반응(Lewis, Troxel, Kravitz, Bromberger, Matthews, & Hall, 2013)과 자살행위도 있다(O'Donnell et al., 2013).

PTSD는 커플 사이나 다른 가족들과 친구들 사이에 심각한 갈등을 일으킬 수 있다(Caska et al., 2014). PTSS(외상 후 장애 증상들)는 병원에 입원하거나, 상해를 입거나 직장에서의 사고와 자녀가 질병에 걸리거나 병원에 입원하는 것과 같은 외상적인 사건을 지나 더 넓은 범위의 사람들이 경험한다(Egberts, van de Schoot, Greenen, & Van Loey, 2017; Thompson et al., 2017). 반작용으로 대처하길 회피하거나, 불안을 느끼고 극단적으로 사건을 평가하게 되는데 이는 초기 개입으로 최소한 부분적으로 없앨 수 있다(Marsac et al., 2017). 스트레스원을 회피하기보다 직면하는 것이 치료 목적이다.

PTSD는 스트레스 조절체계의 임시적 · 영구적 변화와 관련되는데, 특별히 고통스러운 상황에 대해 반응할 때 그러하다(Dennis et al., 2016). PTSD로 고통받는 사람들은 코르티솔 조절장애(Mason et al., 2002), 면역기능의 변화(Boscarino & Chang, 1999), 만성적으로 높은 수준의 노르에피네프린 · 에피네프린 · 테스토스테론과(Lindauer et al., 2006; O'Donnell, Creamer, Elliott, & Bryant, 2007), 더 높은 혈압을 가지고 있다(Edmondson et al., 2018).

PTSD는 건강을 해치며, 특히 심혈관과 폐질환(Ahmadi et al., 2018; Pietrzak, Goldstein, Southwick, & Grant, 2011), 만성통증에 취약하고(Tsur, Defrin, & Ginzburg, 2017), 조기사망, 특별히 심장병으로 인한 조기 사망률과 밀접한 관련이 있다(Dedert, Calhoun, Watkins, Sherwood, & Beckham, 2010). 이는 또한 비만, 음주문제, 흡연, 운동 부족과 나쁜 식습관 등 생명을 위협하는 건강습관과 연관되며(Lee & Park, 2018; Mason et al., 2017; van den Berk-Clark et al., 2018) 천식과 같이 이미 가지고 있던 질환의 증상을 더욱 악화시키기도 한다(Fagan et al., 2003).

미국 성인 중 거의 절반은 일생 동안 적어도 한 번 이상 외상사건을 경험한다. 그러나 그중 10%의 여성과 5%의 남성만이 PTSD를 겪는다(Ozer & Weiss, 2004). PTSD를 경험하기 쉬운 사람은 누구인가? 스트레스에 대한 낮은 수준의 인지적 기술(Gilbertson et al., 2006)이나 파국적 사고(Bryant & Guthrie, 2005), 불안장애와 같이 정서적 장애를 지닌 경우 PTSD에 취약하다(Dohrenwend, Yager, Wall, & Adams, 2013). 회피 대처반응, 낮은 수준의 사회적 지지, 만성 스트레스 경험, 외상 관련 자극에 대한 과장된 반응성을 지닌 경우(Suendermann, Ehlers, Boellinghaus, Gamer, & Glucksman, 2010), 전반적으로 부정적인 성향을 가진 사람은 외

Photographee.eu/Shutterstock

글상자 6.2 외상후 스트레스장애(계속)

상적 스트레스원을 겪은 후 PTSD로 발전될 가능성이 높다(Gil & Caspi, 2006; Widows, Jacobsen, & Fields, 2000). 아프리카계 미국인들과 라틴계 사람들이 백인들보다 PTSD를 더 경험한다(Sibrava et al. 2019).

외상의 성격들도 또한 문제가 된다. 더 많은 전쟁을 경험하고 잔학한 행위를 봤으며 실제 잔학한 행위에 참가한 남자들의 경우 PTSD를 경험하기 가장 쉬운 것으로 나타났다(Dohrenwend et al., 2013). 더 많은 외상 사건에 노출될 때, PTSD를 경험할 위험성은 더욱 높아지고, 그 결과 건강상의 위험도 높아진다(Sledjeski, Speisman, & Dierker, 2008).

PTSD는 완화될 수 있는가? PTSD의 치료에 인지행동치료가 종종 사용된다(Harvey, Bryant, & Tarrier, 2003; Nemeroff et al., 2006). 부정적인 정서와 관련된 자동적 각성이 심장병 위험을 증가시키기 때문에 이를 줄이는 것이 주요한 개입의 초점이다(Dennis et al., 2017).

상상을 통한 외상 사건에 대한 반복적 노출, PTSD 증상을 줄이는 사고와 감정에 대한 논의 과제 등이 외상 사건의 정서적 처리를 향상시키는 데 도움이 되는 것으로 보인다(Reger et al., 2011). 외상 사건에 대한 경험 직후에는 노출치료가 가장 효과적이다(Rothbaum et al., 2012). 전쟁 노출 후나 전이라도 가상현실치료가 사용되어 왔다(Rizzo et al., 2009).

반복적 노출의 목적은 외상을 별개의 사건으로 고립시키고, 외상에 대해 습관화시키며, 과도한 고통을 줄여주기 위함이다. 결국 이러한 반복적 노출은 외상 사건에 대한 새로운 해석과 의미를 만들어내며, 불안을 줄이고, 성취감을 형성하도록 돕는다. 일단 외상 사건에 대한 습관화가 이루어지고 나면 외상을 내담자의 자기관점 및 세계관에 통합할 수 있도록 인지적 재구성을 추가한다(Harvey et al., 2003). 일단 습관이 되면 인지적 재구성이 내담자의 자기관이나 세계관에 통합되어 더해진다. 또한 환자가 침투하는 외상 관련 기억을 인식하고 다룰 수 있도록 불안관리 훈련을 제공한다(Harvey et al., 2003). 이러한 개입들은 제대 군인들(Monson et al., 2006)과 어린 시절 성적 학대를 받은 여성들(McDonagh et al., 2005), 그리고 다른 집단들에서도 효과를 보였다. PTSD와 심혈관 질환이나 간질 등과 같은 부수적인 의료적 문제를 가지고 있는 사람들은 두 가지 문제해결을 위한 필요를 섬세하게 드러내는 치료가 필요할 것이다(Chen et al., 2017).

실험실 내에서의 스트레스 연구

스트레스를 연구하는 일반적인 방법 중 하나는 실험실 연구인데, 참가자들을 짧은 시간 내에 스트레스 상황에 노출시키고 그들의 생리적, 신경내분비적, 심리적 반응을 관찰한다. 이러한 **급성 스트레스 패러다임**(acute stress paradigm)이 일관적으로 보이는 결과는 사람들이 스트레스 과제(7초 이내에 빠르게 숫자를 거꾸로 세거나 반응 없는 청중 앞에서 즉흥 연설하기와 같은)를 할 때 심리적 압박감을 느끼고 생리적 각성을 보인다는 것이다(Kirschbaum, Klauer, Filipp, & Hellhammer, 1995; Ritz & Steptoe, 2000).

급성 스트레스 패러다임을 통해 연구자들은 어떤 이들이 가장 스트레스에 취약한지 밝혀낼 수 있었다(Pike et al., 1997). 예를 들어, 만성적으로 스트레스에 시달리는 사람들은 적대감이 높은 사람들만큼 실험실 내 스트레스 상황에 더욱 강하게 반응하였다(Davis, Matthews, & McGrath, 2000). 글상자 6.3은 갑작스러운 스트레스가 어떻게 극적인 건강 관련 결과를 가져오는지에 대한 예를 보여준다. 또한 실험실 연구를 통해서 사람들이 스트레스를 경험할 당시 지지할 상대가 있거나 심지어 모르는 사람의 지지가 있으면 스트레스 반응이 줄어드는 것이 밝혀졌다(Ditzen et al., 2007).

질병 유발

스트레스가 질병에 미치는 영향을 연구하기 위한 또 다른 방법은 사람들을 바이러스에 의도적으로 노출시킨 다음 바이러스 노출로 인해 질병이 발생했는지 그리고 어떻게 질병에 걸렸는지 평가하는 것이다. 예를 들어, 코헨과 동료들(1999)은 성인집단을 대상으로 스트레스 수준을 측정했다. 그리고 바이러스가 묻은 솜을 그들의 코에 묻혀 독감바이러스를 체내에 흡수시키고 호흡기관에 나타나는 증상과 콧물의 양, 스트레스에 대한 면역반응들을 측

글상자 6.3

흥분되는 스포츠 경기가 사망에 이르게 할 수 있을까? 월드컵 축구 대회 동안의 심혈관계 문제

스포츠 경기 동안에 모든 스포츠 팬들은 몹시 흥분한다. 자신이 응원하는 팀이 위기 상황이거나, 심판의 의심스러운 판정, 반칙행위 등은 팬들을 극도의 흥분 상태로 만든다. 그러나 이러한 상황이 실제로 건강에 영향을 미칠까? 이 질문에 답하기 위하여 윌버트-램펜과 동료들(2008)은 연구를 진행했다. 연구에 따르면 독일 월드컵 축구 대회 동안 독일 국가 대표팀의 경기가 있을 때 독일인 4,279명이 급성 심혈관계 문제를 경험했다고 밝혔다. 독일 팀이 경기를 하는 날에는 경기가 없는 날보다 심장질환으로 인한 응급환자가 거의 세 배에 달했다. 대부분 남성이었고 이들 중 절반은 이전에 관상동맥성 심장질환을 진단받았다.

이 연구는 스트레스를 주는 축구 경기나 흥분하게 하는 다른 스포츠 경기들을 볼 때 심장마비나 뇌졸중의 위험이 두 배 이상 된다고 결론지었다. 특히, 이전에 심장질환 진단을 받았던 이들의 경우 그 위험이 더욱 높아진다. 따라서 만약 심혈관 질환을 관리 중이고 스포츠 팬인 경우, 흥미진진한 스포츠 경기가 중요한지 자신의 건강이 중요한지 다시 생각해보아야 한다.

Grant V Faint/Photodisc/Getty Images

정했다. 연구진들은 일상에서 스트레스를 더 자주 경험하는 사람일수록 아플 확률이 높고, 더 강한 면역반응을 보인다는 것을 밝혀냈다. 이러한 접근방법은 사회적 지지와 같이 사람들을 스트레스로부터 보호하는 요인을 연구하는 데에도 사용되었다(예 : Cohen et al., 2008).

스트레스 생활사건

또 다른 스트레스 연구는 **스트레스 생활사건**(stressful life event)을 평가한다. 스트레스 연구의 선구자인 홈스와 라헤(1967)는 사람들이 환경 변화에 적응하려고 할 때 스트레스도 함께 증가한다고 제안했다. 그들은 표 6.2와 같은 스트레스 생활사건 목록을 만들었다. 이 목록에는 여러 스트레스 사건들이 인생의 변화를 가져오는 정도를 수치화해서 나타낸 것이다. 예를 들면, 배우자가 사망했을 땐 실질적으로 삶의 모든 측면에 영향을 끼친다. 한편 교통 위반 딱지를 끊는 일은 짜증 나는 일이긴 하지만 한 사람의 인생 자체에 큰 변화를 가져오지 않는다. 모든 사람이 최소 몇몇의 스트레스 사건을 경험하긴 하지만, 어떤 사람들은 비교적 많은 스트레스 사건을 겪을 것이고, 홈스와 라헤에 따르면 이런 사람들이야말로 질병에 취약하다.

생활사건 문항의 점수가 사람들의 질병을 예견하지만 그 관계에 대해서는 다소 논란이 있다. 왜 이것이 논란이 될까? 첫째, 목록에 나온 몇몇 문항들은 모호한 경향이 있다. 예를 들어 '개인의 심한 상해나 질병'의 경우 약한 감기에서부터 심장마비의 범위까지 해당될 수 있다. 둘째, 각각의 사건들은 이미 가능한 점수가 수치화되어 있어서 같은 사건에 대한 개인차는 고려되지 않았다. 예를 들어, 이혼이 한 사람에게는 자유를 되찾는 의미일 수 있지만 상대에게는 삶의 기준이 무너지는 요인이나 혹은 자존감을 낮추는 요인이 될 수도 있다.

셋째, 이 지표들은 긍정적인 사건과 부정적인 사건 모두를 포함하고 있는데, 그중에는 결혼과 같이 개인이 의도적으로 선택할 수 있는 사건과 친한 친구의 죽음과 같이 선택할 수 없는 사건들도 있다. 앞서 다룬 내용과 같이 갑작스럽고, 부정적이고, 기대하지 못했던 통제 불가능한 사건들의 경우에 상대적으로 더 큰 스트레스를 받는다. 마지막으로 생활 스트레스 사건에 따른 부정

표 6.2 | 사회 재적응 평정 척도

여기에 사회 재적응 평정 척도에서 사용한 몇 개 문항의 예가 있다. 매우 힘들다고 여겨지는 문항과 그 밖의 훨씬 덜한 문항들이 포함된다.

순위	생활사건	평균값
1	배우자의 죽음	100
2	이혼	73
4	감옥 혹은 다른 시설에 갇힘	63
5	가까운 가족의 죽음	63
6	개인의 심한 상해나 질병	53
8	직장에서의 해고	47

여기에 있는 문항들은 스트레스가 더 적은 사건들이지만 마찬가지로 스트레스가 쌓이는 것을 악화시킬 수 있다.

순위	생활사건	평균값
41	휴가	13
42	크리스마스	12
43	사소한 법률 위반(예 : 교통 위반 딱지 등)	11

출처 : Acuna, Laura, and Diana Alejandra González–García. "The Social Readjustment Rating Scale of Holmes and Rahe in Mexico: A Rescaling after 16 Years." *Journal of Psychosomatic Research 11* (January 2012): 213–218.

적 효과가 잠식될 만큼 성공적으로 사건이 해결됐는지의 여부는 평가사항에 포함되어 있지 않다(Thoits, 1994; Turner & Avison, 1992).

생활사건 문항들은 만성적 긴장감의 측면과 스트레

글상자 6.4 지각된 스트레스의 측정

사람들이 스트레스를 받는 원인이 매우 다양하기 때문에, 많은 연구자들은 지각된 스트레스를 측정하려고 한다. S. 코헨과 동료들(1983)은 지각된 스트레스를 측정하는 도구를 개발했으며 몇 가지 문항들은 다음과 같다. 지각된 스트레스는 다양한 건강과 관련된 결과를 예측한다(Kojima et al., 2005; Young et al., 2004).

지각된 스트레스 척도의 문항

각 질문에 대해 다음 중 하나를 선택하시오.

0. 전혀 없음 1. 거의 없음 2. 가끔
3. 상당히 자주 4. 매우 자주

1. 지난달에 당신은 예상치 못한 일 때문에 얼마나 자주 화가 났습니까?
2. 지난달에 당신은 얼마나 자주 불안을 느끼고 스트레스를 받았습니까?
3. 지난달에 당신이 해야 할 모든 것에 대처할 수 없었던 적이 얼마나 자주 있었습니까?
4. 지난달에 당신은 통제를 벗어난 일 때문에 얼마나 자주 화가 났습니까?
5. 지난달에 당신이 성취해야 하는 일들을 얼마나 자주 생각했습니까?
6. 지난달에 극복할 수 없는 어려움들이 가득 쌓여있다고 얼마나 자주 느꼈습니까?

점수가 높다면, 당신은 삶에서 스트레스를 줄이려는 노력이 필요할 것이다.

스 사건에 대한 개인의 강도 차이들이 고려되어야 할 것이다. 많은 사람들이 스트레스는 질병을 키운다고 믿기 때문에 아플 때일수록 스트레스를 받았던 생활사건들을 더 잘 기억할 것이다.

마지막 논란은 스트레스 발생과 질병 사이의 시간 차에 관한 것이다. 보통 1년 이상 지속된 스트레스는 최근 6개월 내에 발생한 질병과 가장 관련성이 높다. 그럼에도 불구하고 1월에 받은 충격으로 인해 6월에 감기가 걸리지는 않으며 4월에 생긴 경제적 문제가 5월에 발견된 악성질병의 원인이 됐다고 볼 수 없다. 분명 이런 예들은 극단적이긴 하나 연구자들은 시간이 지나면서 발견되는 스트레스와 질병의 관계에 대한 문제점을 인식하고 인정할 수밖에 없었다. 이러한 이유로 인해 생활사건 목록은 더 이상 이전같이 사용되지 않으며, 대신 몇몇 연구자들은 '지각된 스트레스' 목록을 참고한다(글상자 6.4).

일상적 스트레스

주요 스트레스 생활사건 이외에 연구자들은 사소한 스트레스 생활사건, 즉 **일상적 골칫거리**(daily hassle)가 쌓여서 건강과 질병에 미치는 영향에 대해 연구해왔다. 교통 체증, 줄서기, 집안일, 작은 결정에 대한 어려움이 일상적 골칫거리의 예이다(Tobin et al., 2015). 일상

동료들에게 사회적 지지를 받는 뉴욕 시 교통집행요원은 스트레스가 많은 근로환경에 더욱 잘 대처할 수 있다(Karlan, Brondolo, & Schwartz, 2003).
Jacom Stephens/Avid Creative, Inc./iStockphoto.com

적으로 일어나는 사소한 문제들은 심리적 압박, 부정적인 생리적 변화, 여러 신체적 증상들을 겪게 하고 건강관리 서비스를 이용하게 한다(Gouin, Glaser, Malarkey, Beversdorf, & Kiecolt-Glaser, 2012). 일상적 골칫거리를 측정하는 방법의 예는 글상자 6.5에 제시되어 있다.

사소한 골칫거리들은 다양한 측면에서 신체적 그리고 심리적 건강에 영향을 미친다. 첫 번째로 작은 스트레스원이 쌓이면 사람을 피로하게 하고 결국 병을 유발한다. 두 번째로 이러한 사건들은 주요 생활사건이나 만

글상자 6.5 일상적 긴장감의 측정

지시문

우리는 매일 심각한 문제나 어려움뿐만 아니라 사소한 골칫거리를 경험한다. 지난 한 달 동안 겪은 사소한 골칫거리들로 인해 당신이 얼마나 많은 긴장감을 느껴왔는지 표시하라.

심각성

0. 없었음 1. 약한 긴장
2. 다소 긴장 3. 중간 긴장
4. 심한 긴장

골칫거리들

1. 이웃과 생긴 문제나 다툼	0 1 2 3 4
2. 교통 체증	0 1 2 3 4
3. 허약한 건강상태에 대한 생각	0 1 2 3 4
4. 애인과의 말다툼	0 1 2 3 4
5. 돈에 대한 걱정	0 1 2 3 4
6. 주차 위반 딱지	0 1 2 3 4
7. 식사 준비	0 1 2 3 4

직장 동료와의 말다툼처럼 업무에서 느끼는 긴장감은 행복한 삶과 신체 건강을 위태롭게 하는 흔한 스트레스 요인이다.
LightFieldStudios/iStock/Getty Images

성 스트레스에 대한 반응을 더욱 악화시켜 고통을 가중시키고 질병을 일으킬 수 있다(Marin, Martin, Blackwell, Stetler, & Miller, 2007; Serido, Almeida, & Wethington, 2004).

일상에 일어나는 작은 골칫거리들을 인식하고 발견하는 것이 유용한 측면도 있으나 매일 일어나는 긴장감의 수준을 측정하는 것은 주요 스트레스 사건을 측정했을 때와 같은 문제들이 나타날 수 있다. 예를 들어, 일상에서 귀찮은 상황을 자주 호소하는 사람들은 불안하거나 신경질적일 수 있다.

만성 스트레스의 원인

이전에 우리는 사람들이 만성적인 스트레스 사건들에 대해 적응이 가능한지 의문을 제기했었다. 거기에 대한 답을 하자면 사람들은 어느 정도까지는 적응할 수 있으나 심각하게 지속되는 긴장감에 반응하여 계속해서 스트레스를 받는 것으로 관찰되었다. 실제로 지속적인 스트레스는 질병을 발생시키는 데 있어 주요 생활사건보다 오히려 더 중요하게 작용한다.

인생 초기에 경험한 스트레스의 영향

인생 초기에 겪는 역경은 아동기의 건강에 영향을 미칠 뿐만 아니라 성인기와 노년기의 건강에도 영향을 미친다(Gebreab et al., 2018; Llabre et al., 2017). 자녀들은 부모들에게 어린 시절에 노출된 학대에 의해서도 건강에 영향을 받는다(Tomfohr-Madsen, Bayrampour, & Tough, 2016). 이러한 연구들은 스트레스에 관한 알로스타틱 부하 연구로부터 나왔다. 알로스타틱 부하의 관점에서 살펴보면 주요하고, 만성적이며, 계속해서 일어나는 스트레스는 스트레스 체계를 불규칙하게 만들며 시간이 흐를수록 질병이 발생할 확률을 높인다(Slatcher & Robles, 2012). 이른 시기에 겪을 수 있는 부정적 경험으로는 낮은 사회경제적 지위, 폭력에의 노출, 문화적응 스트레스(새로운 문화에 적응하며 경험하는 스트레스), 가난한 지역에 거주, 다른 공동체 수준의 스트레스원들이 있다(Blair & Raver, 2012; Garcia, Wilborn, & Mangold, 2017; McLaughlin et al., 2016).

어린 시절의 신체적 학대와 성적 학대는 건강과 관련된 위험요인을 증가시킨다(Midei, Matthews, Chang, & Bromberger, 2013). 왜냐하면 폭력은 생리적 체계를 무너뜨릴 수 있는 강하고 만성적인 스트레스를 일으키고(Wegman & Stetler, 2009) 감정조절을 어렵게 하기 때문이다(Broody et al., 2014). 외상을 겪은 어린이들은 성숙되어가는 과정에서 영향을 받기도 하며, 이른 사춘기 발달은 후에 이른 건강의 위험을 초래하기도 한다(Lei, Beach, & Simons, 2018). 심지어 가족과 관련된 적정 수준의 스트레스로 인해 병에 걸릴 확률이 높아지기도 한다(Almeida et al., 2010; Buchman et al., 2010). 레프티와 동료들(2002)은 '위험 수준이 높은 가족', 즉 갈등 수준이 높거나 폭력이 많은 가정 그리고 따뜻함과 보살핌이 부족한 가족이 스트레스 반응을 제대로 하지 못하는 자녀들을 낳는다는 것을 발견했다. 그들이 겪는 어려움들에는 감정 조절, 사회기술들과 건강습관과 관련된 문제들이 있다(Schrepf, Markon, & Lutgendorf, 2014). 엄격한 가족환경에서 자란 아이들은 다른 사람의 감정을 인식하는 법을 배우지 못하고, 적절하게 반응하지 못하며, 상황에 대해 적절하게 자신의 감정을 조절하지 못한다. 그 결과 그들은 사소한 스트레스원에 대해 과잉반응을 하기도 한다(Hanson & Chen, 2010). 이러한 부정적 결과들은 낮은 사회경제적 지위(Appleton et al., 2012)나 외상에 노출됨에 따라 더욱 악화될 수 있다(Schrepf et al., 2014).

위험 수준이 높은 가정에서 자란 아동은 좋은 사회적 관계를 형성하는 것에도 어려움을 느낀다. 감정 조절의 결여와 사회적 기술의 부족은 아동이 성인이 된 이후까지 계속해서 지속되며, 결국 불화 가정에서 자라는 사람들이 스트레스에 대처하는 방법에도 악영향을 미친다(Raposa, Hammen, Brennan, O'Callaghan, & Najman, 2014; Taylor, Eisenberger, Saxbe, Lehman, & Liberman, 2006). 생리적 체계도 역시 영향을 받는다(Miller, Chen, & Parker, 2011). 위기 가정의 아동들은 스트레스에 대한 교감신경계 반응이 올라가며 고통에도 민감하고(You & Meagher, 2016), 지나친 코르티솔 반응으로 인해 건강 위험이 증가하고 만성염증으로 인해 면역 문제가 발생하고(Miller & Chen, 2010; Schreier & Chen, 2012), 상대적으로 말단소립이 짧다(Brody, Yu, & Shaleve, 2017).

예를 들어, V. J. 펠리티와 동료들(1998)은 성인들에게 그들의 어린 시절 가족환경에 대해 회고하여 질문지에 답하는 연구를 진행했다. 질문지에는 어린 시절의 가족환경이 얼마나 따뜻하거나 지지적이었는지 혹은 얼마나 차갑고, 비판적이고, 거칠었으며, 갈등이 많은 환경이었는지와 같은 질문에 답하도록 되어있었다. 어린 시절의 부정적 사건들을 더 많이 떠올린 성인들일수록 성인이 되어서 우울증, 폐질환, 암, 심장질환, 당뇨와 같은 질병에 걸릴 확률이 높았다(Loucks, Almeida, Taylor, & Matthews, 2011). 왜냐하면 불화 가정에서 자란 아이들은 종종 좋지 않은 건강습관들을 가지고 있어서 흡연, 불충분한 식습관, 운동 부족으로 인해 병에 걸릴 확률이 높기 때문이다.

청소년 시기의 스트레스 또한 청소년 시기의 건강과(Schreier, Roy, Frimer, & Chen, 2014) 성인기의 건강에 영향을 끼친다(Quon & McGrath, 2014). 예를 들면, 청소년 시기에 사회적으로 혜택을 적게 받고 자란 것과 커진 몸무게와 염증이 관련이 있고(Pietras & Goodman, 2013), 고혈압과 스트레스로부터 혈압의 회복이 잘 안 되는 것과 관련이 있다(Evans, Exner-Cortens, Kim & Bartholomew, 2013). 특별히 인식된 경제적 스트레스는 다시 한번 그것이 사회경제적 신분이 낮은 사람의 건강에 나쁜 영향을 줌을 재확인하면서, 다중 건강 표시나 결과와 관련되어있다(Quon & McGrath, 2014).

좋은 자녀양육은 이러한 악영향을 경감시킨다(Manczak et al., 2017; Farrell, Simpson, Carlson, Englund, & Sung, 2017). 다른 한 연구에서 긍정적인 양육을 받은 청소년들은 몇 년 후에 더 적은 염증이 있는 것으로 나타났다(Byrne et al., 2017). 부모의 따뜻함이 스트레스에 대한 신체적인 반응을 줄이는 데 도움이 되고(Nelson et al., 2017), 부모의 이혼은 증가시키며(Luecken, Hagan, Wolchik, Sandler, & Tein, 2016), 낮은 사회경제적 신분의 사람들의 건강에 미치는 부정적인 영향을 경감시켜주었다(Boylan, Cundiff, Jakubowski, Pardini, & Matthews, 2018). 전반적으로, 부모님의 따뜻함은 청소년 시기의 스트레스에 의해 생길 수 있는 신체적 · 심리적 일탈을 완화시켜준다(Levine, Hoffer, & Chen, 2017).

이러한 효과를 뒤집을 수 있을까? 현재로서는 어린 시절의 스트레스가 영구히 스트레스 체계를 프로그램화하거나 이러한 효과를 뒤집을 수 있는지는 알려져 있지 않다. 그러나 빈곤 수준이 높은 환경에서도 어머니의 애정어린 양육이 있으면 스트레스가 높은 지역에서 흔히 발견되는 건강을 위협하는 요소로부터 보호받을 수 있다(Miller et al., 2011). 어린 시절의 개입은 생애 전반에 걸쳐 건강에 영향을 미칠 것이다(Puig, Englund, Simpson, & Collins, 2012).

만성 스트레스 상태

때때로 만성 스트레스는 궁핍한 생활, 부정적인 인간관

계, 스트레스 고위험군 직업의 유지와 같이 장기간에 걸쳐서 일어나며 끝이 없는 경우가 많다. 만성 스트레스는 심리적 고통과 신체적 질병에 중요한 기여를 한다. 통제 불가능한 스트레스원일 경우 특히 위험했다(McGonagle & Kessler, 1990). 심지어 통근과 같이 일상에서 항상 일어나는 일조차도 일상적인 코르티솔 수치와 지각된 스트레스 지수에 영향을 미친다. 1억 명 이상의 미국인들이 매일의 출퇴근을 통해 이것을 경험한다(Evans & Wener, 2006).

만성 스트레스가 건강에 미치는 영향에 관한 연구는 수행하기가 어렵다는 단점을 지니고 있다. 왜냐하면 특정한 만성 스트레스원이 질병을 일으키는 주요 원인이 되었다고 보기는 어렵기 때문이다. 두 번째 이유로, 생활사건들과 달리 만성 스트레스는 객관적으로 측정되기가 어렵다. 세 번째는 생활사건 측정과 같이 만성적 고통을 평가하는 지표들 또한 심리적 고통 및 신경증과도 다소 중복되는 부분들이 있을 것이기 때문이다. 그럼에도 불구하고 만성적인 스트레스는 질병과 연관되어 있다는 여러 증거들이 존재한다(Matthews, Gallo, & Taylor, 2010). 글상자 6.6은 편견이라는 특정 종류의 만성 스트레스원과 건강과의 관련성에 주목하고 있다.

연구자들은 암과 심혈관계 질환과 같은 사망의 원인이 되는 질병의 발생에 있어서 사회적 계층에 따른 차이가 있음을 보고하며, 이 또한 만성적 스트레스와 건강과 관련지어 설명이 가능함을 입증했다(Grzywacz, Almeida, Neupert, & Ettner, 2004). 이들은 가난, 범죄에 노출, 이웃 간 스트레스 그리고 다른 만성 스트레스원이 사회경제적 지위에 따라 다양하게 나타나며 어린 시절에 나쁜 건강상태를 예견한다고 제안했다(Fuller-Rowell, Curtis, Chae, & Ryff, 2018). 사회경제적 지위가 낮은 사람들은 대부분 힘든 직업을 가지고 있으며 그로 인해 동료 간 갈등 상황과 직업적 스트레스에 노출될 확률이 높다. 사회경제적 지위와 관련된 만성 스트레스는 코르티솔, 카테콜아민, 염증 형태의 변화와도 관련이 있는 것으로 나타났다(Friedman & Herd, 2010; Kumari et al., 2010). 메타분석은 주관적인 사회경제적 지위나 위치는 사람들이 다른 사람들과 비교하여 어떻게 자신의 사회경제적 지위를 인식하는가이다. 이것은 나쁜 건강의 신체상태와 관련이 있고(Murray, Haselton, Fales, & Cole, 2019) 건강한 정도와도 관련이 있다(Zell, Strickhouser, & Krizan, 2018). 낮은 사회경제적 지위에 있는 어린이들은 수면문제 등 건강문제로 고통을 겪고 있고(El-Sheikh et al., 2013), 몸무게가 늘거나(Puterman et al., 2016), 알로스타틱 부하가 늘어난다(Doan Dich, & Evans, 2014). 이와 같이 낮은 사회경제적 지위와 관련된 위험의 일부는 따뜻한 자녀양육에 의해 줄어들 수 있고(Hagan, Roubinov, Adler, Boyce, & BUsh, 2016) 환경이 나아지면 줄어들 수 있다(Cundiff, Boylan, Pardini, & Matthews, 2017). 좋은 이웃들과 사는 것은 낮은 사회경제적 지위에서 오는 불이익을 어느 정도 상쇄시킬 수 있다(Roubinov, Hagan, Boyce, Adler, & Bush, 2018).

직장 내 스트레스

직장 내 스트레스는 연간 3,000억 달러 정도의 비용을 소모하는 것으로 추정된다(American Institute of Stress). 직장 내 스트레스에 관한 연구들은 다음과 같은 여러 이유 때문에 중요하다.

- 연구를 통해 일상생활에서 일어나는 가장 흔한 스트레스원을 식별하는 데 유용하다.
- 스트레스와 질병 간의 관계에 대한 증거를 제공한다.
- 직장 내 스트레스는 예방 가능한 스트레스원 중 하나이기 때문에 개입의 여지를 제공한다.
- 스트레스와 관련된 신체적 · 정신적 질병들은 장애율과 직장인들에 대한 사회보장 비용의 증가를 설명한다.

직업과 좌식 생활방식 산업혁명 이전에 사람들이 가장 많이 종사한 직업군은 신체노동과 관련된 농업생산 분

글상자 6.6 편견이 당신의 건강에 해로운 영향을 미칠 수 있을까?

젊은 아프리카계 미국인 아버지는 생일파티가 끝나면 딸을 데려가려고 백인인 이웃의 집 앞에서 기다리고 있었다. 일찍 도착했지만 파티가 끝나지 않아 차 안에서 8분 정도 기다리고 있었는데, 2명의 경찰관이 순찰차를 그의 차 뒤에 세우고 다가와 차에서 나와달라고 요청했다. 이웃이 수상하게 생긴 아프리카계 미국인이 집 앞에서 기다리고 있다며 신고한 것이다.

편견과 민족주의는 건강에 부정적인 영향을 끼친다(Klonoff, 2014). 아프리카계 미국인은 다른 사람들에 비해 건강에 위험한 영향을 미치는 사건들을 더 많이 경험한다고 오랫동안 알려져 왔다. 아프리카계 미국인의 기대수명은 백인들에 비해 5년이 짧고, 여성의 경우도 백인에 비해 3년이 짧다(National Vital Statistics, 2016). 예를 들어 아프리카계 미국인 남성과 여성은 백인 남성과 여성에 비해 관상동맥 질환으로 사망할 확률이 1.5배 높다. 메타분석 연구보고는 인종차별을 경험한 소수민족 청소년들이 다른 부정적인 결과들 중에 나쁜 건강습관, 나쁜 감정 기능과 낮은 학업성취를 보여주는 것으로 나타났다(Benner et al., 2018).

이러한 차이점들은 다른 사회경제적 지위와 사회적 지위에도 나타난다(Major, Mendes, & Dovidio, 2013; Myers, 2009). 가난, 더 낮은 교육 성과, 투옥과 실업이 백인보다 흑인들에게서 자주 나타난다(Browning & Cagney, 2003). 아침 저녁으로 끝도 없이 지속되는 차별은 좋지 못한 주거 환경, 적은 고용의 기회, 낮은 교육의 질, 가난한 이웃과도 연관이 있으며, 이것은 지속적인 폭력과 다양한 위험에 노출되는 것과 관련된 스트레스에 기여한다(Ross & Mirowsky, 2011). 차별은 사회적 지지나 효율적인 감정 조절 능력과 같은 개인적인 자원들을 약화시키거나(Gibbons et al., 2014) 수면에도 부정적인 영향을 미칠 수 있다(Peterson et al., 2017). 소수민족 지역에서는 의료 서비스도 받기 힘들다. 아프리카계 미국인들은 예방 서비스를 받기 힘들며 의료 지연도 자주 경험한다((National Academy of Medicine, 2002).

인종주의와 인종차별은 특히 관상동맥 질환과 관련된 질병의 위험성을 높이고(Brondolo, ver Halen, Pencille, Beatty, & Contrada, 2009; Williams & Mohammed, 2009) 인슐린 저항(Brody, Yu, Chen, Ehrlich, & Miller, 2018)의 위험이 있다. 흑인들은 가게 점원으로부터 나쁜 대접을 받을 수도 있고 운전 중에 아무 이유 없이 경찰로부터 검문을 받기도 한다. 편견과 차별이 건강에 미치는 영향은 편견과 차별을 경험하는 사람들이 이에 대한 반응으로 보이는 높은 불안, 우울, 공격성으로 부분적으로 설명할 수 있다(Brondolo et al., 2011).

차별의 경험은 말단소립을 더 짧게 만드는데, 이는 노화와 노화로 인해 생기는 질병에 민감하다는 표시이다(Lee, Kim, Neblett, 2017).

인종차별로 인해 신체적 건강에 영향을 끼칠 수도 있다. 인종차별을 지각하면 그에 대한 분노를 참아서 혈압이 높아지는 데 영향을 주어, 아프리카계 미국인들 사이에 고혈압의 높은 발병률에도 영향을 준다(Smart Richman, Pek, Pascoe, & Bauer, 2010). 신장병의 위험도 증가할 수 있다(Beydoun et al., 2017). 혈압은 잠이 들었을 때 보통 떨어지지만 아프리카계 미국인들은 밤에도 혈압이 잘 떨어지지 않는 것으로 나타난다(Tomfohr, Cooper, Mills, Nelesen, & Dimsdale, 2010). 인종차별은 아프리카계 미국인들이 겪는 높은 우울 수준(Turner & Avison, 2003)과 통증(Edwards, 2008)을 설명해주기도 한다. 인종차별에 만성적으로 노출되는 것은 음주문제와 낮은 수면의 질과도 관련이 있고(Oshri, Kogan, Liu, Sweet, & Mackillop, 2017), 비정상적인 코르티솔 역반응과 회복과도 관련이 있다(Tackett, Herzhoff, Smack, Reardon, & Adam, 2017).

건강에 악영향을 미치는 것으로 인종차별에 관한 편견만 있는 것이 아니다. 성차별은 여성들의 좋지 않은 신체적 · 정신적 건강 상태를 예측한다(Ryff, Keyes, & Hughes, 2003). 수입이 많고 자신의 일이 있으며 정치적인 참여를 하는 여성들은 건강 상태가 좋지만 수입, 고용 상태, 정치적 참여에서 낮은 수치를 나타내는 여성들은 건강 상태가 좋지 않은 편이었다(Jun, Subramanian, Gortmaker, & Kawachi, 2004). 특히 아이를 둔 여성들에 대한 차별은 만연하며, 이에 대항해 싸우기는 어렵다(Biernat, Crosby, & Williams, 2004). 많은 사람들은 다수의 잠재적인 차별요인을 가질 수 있는데, 예를 들면, 아프리카계 미국인 레즈비언 엄마는 개인적이고 종합적인 차별경험을 받고 있다는 것이 그들의 건강에 끼친 영향을 좀 더 명확히 파악하게 해준다(Lewis & Van Dyke, 2018).

노화에 대한 부정적인 편견도 노인들의 건강에 영향을 미친다. 한 연구에서는 노인들에게 노화에 대한 부정적 편견을 단순히 노출하는 것만으로도 스트레스에 대한 심혈관계 반응이 나타났다(Levy, Hausdorff, Hencke, & Wei, 2000). 인식된 차별은 노인들 사이에 더 나쁜 신체적 · 인지적 기능과 관련이 있다(Shankar & Hinds, 2017). 이주민들의 자살률은 이들을 향한 혐오적 발언과 관련이 있고(Mullen & Smyth, 2004), 새로운 문화에 적응하고자 하는 압박이 스트레스와 관련된 생물지표에 부정적인 변화를 줄 수 있다(Frang, Ross, Pathak, Godwin, & Tseng, 2014). 지각된 차별은 북미 원주민 아이들의 물질 남용에 영향을 미치며(Whitbeck, Hoyt, McMorris, Chen, & Stubben, 2001) 북미 원주민 성인들의 우울증과도 관련이 있다(Whitbeck, McMorris, Hoyt, Stubben, & LaFromboise, 2002). 스트레스와 편견에 노출되는 것은 LGBT

글상자 6.6 편견이 당신의 건강에 해로운 영향을 미칠 수 있을까?(계속)

청년들의 신체적인 기능에 부정적인 영향을 줄 수 있고(Niles, Valenstein-Mah, & Bedard Gilligan, 2017) 몸무게에 대한 편견에 노출되는 것도 비만인 사람들의 생물지표에 영향을 끼칠 수 있다 (Schvey, Pulh, & Brownell, 2014). 위와 같은 증거들이 차별, 인종차별, 성차별과 관련된 스트레스원이 건강에 악영향을 미친다는 것을 명확하게 보여준다.

야였다. 사람들이 좌식생활을 하는 사무직으로 옮기게 되면서 업무 중에 발생하는 운동량이 현저하게 줄어들었다. 심지어 건설업과 소방 업무와 같이 높은 신체적 강도를 가진 직업도 많은 스트레스로 인해 운동으로 인한 효과가 감소한다. 활동 수준이 건강과도 관련이 있기 때문에 이러한 근본적인 직업 형태의 변화는 질병에 대한 취약성을 높였다.

과부하 업무 과부하는 높은 직장 내 스트레스를 일으키는 가장 주요한 요인이다. 과다한 업무량으로 인해 늦게까지 근무하고 업무에 어려움을 많이 느끼는 직장인일수록 과부하를 느끼지 않는 직장인보다 더 스트레스를 받으며 해로운 건강습관을 가지고 있고 건강 위험 수준이 높다(Lumley et al., 2014). 만성적인 신경내분비계의 활성화와 무분별한 심혈관계 활동은 심혈관계 질환을 일으키는 데 기여한다(Steptoe, Siegrist, Kirschbaum, & Marmot, 2004; Von Kanel, Bellingrath, & Kudielka, 2009).

연구에 따르면 직업으로 인한 긴장감이 높으면서 직무에 대한 통제감이 낮은 노동자들은 많은 스트레스를 경험하고 관상동맥성 심장질환에 걸릴 위험도 높다고 밝히고 있다.
Creativa Images/Shutterstock

오래된 록 음악에 "월요일, 월요일, 그날을 믿을 수가 없어"라는 가사가 있다. 월요일은 실제로 주중에 가장 스트레스를 많이 받는 날이기도 하다. 주중에는 주말보다 일반적으로 더 많은 걱정거리가 있고, 끊임없는 업무 과부하에 시달린다. 그리고 이것은 코르티솔 수준의 변화를 불러일으키기도 한다(Schlotz, Hellhammer, Schulz, & Stone, 2004). 불행히도, 특히 미국에 있는 많은 사람들이 주말을 재충전에 사용하지 않고 업무에 투자한다. 그리고 월요일이 되면 동료들에게 주말 동안 처리된 일에 대해 보고한다. 업무로 인한 스트레스로부터 완벽하게 회복하지 않으면 관상동맥 질환으로 인한 사망률이 높아질 수 있다(Kivimäki et al., 2006).

그래서 업무 과부하와 좋지 않은 건강과의 관계에 대해 과다한 업무시간, 과다한 업무일, 적은 수면, 휴일 부족으로 악명 높은 일본에서는 과로로 인한 죽음을 뜻하는 카로시(Karoshi)라는 용어를 만들었다. 한 연구에서는 주중에 61시간 이상 일하는 남성은 40시간 혹은 그 이하로 일하는 남성보다 심장발작에 걸릴 위험률이 두 배인 것으로 나타났다. 주중에 최소 이틀간 5시간 혹은 그 이하로 수면을 취하는 경우엔 이 위험률이 두 배에서 세 배로 높아졌다(Liu & Tanaka, 2002). 일본 법에 따르면 가족 내 생계를 책임지던 구성원이 카로시로 사망한 것이 밝혀지면 보상을 받을 수 있게 되어 있다(Martin, 2016). 그 결과 지난 20년간 일본의 업무시간은 감소하는 추세이다.

모호성과 역할 갈등 역할 갈등과 역할의 모호성은 스트레스와 관련이 있다. 역할 모호성은 업무 내용에 대한 정확한 이해가 없거나 개인이 직업을 평가할 때 필요한 기준이 확실치 않을 때 생긴다. **역할 갈등**(role conflict)은 개인이 각기 다른 개인들로부터 업무 내용과 업무 기준에 대한 엇갈리는 정보를 받을 때 일어난다. 예를 들어, 한 대학교수가 다른 동료교수로부터 더 많은 연구자료를 쓰라는 말을 듣고, 또 다른 동료로부터는 발표 자료가 적어도 되니 수준이 높은 것이 좋다는 조언을 듣고, 세 번째 동료로부터는 수업평가 점수를 올리는 데 신경을 쓰라고 듣는다면, 아마도 그 대학교수는 직업적 역할의 모호성과 갈등을 겪게 될 것이다. 만성적인 고혈압과 심장박동 수의 증가도 역할 갈등과 역할 모호성과 연관되어 있다(French & Caplan, 1973). 사람들은 그들의 업무에 대해 정확한 지시를 받을 때 더욱 낮은 스트레스 수준을 보고한다(Cohen & Williamson, 1988).

사회적 관계 직장에서 만족스러운 사회적 관계를 맺지 못하는 능력은 직장 내 스트레스(House, 1981), 직장에서의 심리적 고통(Buunk, Doosje, Jans, & Hopstaken, 1993), 좋지 않은 신체적 · 심리적 건강 상태와 관련이 있다(Shirom, Toker, Alkaly, Jacobson, & Balicer, 2011). 상사와의 불화는 직장에서 생기는 고통을 예측해주고 관상동맥 질환에 걸릴 확률을 높인다(Davis, Matthews, Meilahn, & Kiss, 1995).

직장 동료들과 우호적인 관계가 되는지 여부가 직장 내 우호적인 사회적 환경을 어느 정도 결정한다. 한 항공관제사에 대한 연구에 따르면 직장 내에서 사회적 관계를 즐기고 직장 분위기를 더 만족스럽게 하는 데 기여하려는 사람들보다 직장동료로부터 특별히 관심을 받지 않고 사회적 접촉이 많지 않은 사람들은 아플 확률이 높고 뜻하지 않은 부상을 더 자주 경험했다(Niemcryk, Jenkins, Rose, & Hurst, 1987).

사회적 관계 형성은 스트레스를 방지하는 데 중요하게 작용할 뿐만 아니라 업무에 대한 낮은 통제감을 완화하는 데에도 도움이 된다.

통제력 한 개인의 직장생활 내 통제력 부족은 주요한 스트레스원이다. 부족한 통제력은 직업 불만족과 결근 그리고 질병의 원인이 되는 생리적 각성을 예측한다. 직장 내 통제력 부족은 관상동맥 질환 발병률(Bosma et al., 1997)과 다양한 원인의 사망률에 밀접하게 연관되어 있다. 반대로 직업적으로 통제력을 느낄 경우 건강을 증진시킨다(Smith, Frank, Bondy, & Mustard, 2008).

카라섹과 동료들(1981)은 건강에 부정적 영향을 미치는 요인을 설명하기 위해 직업적 긴장 모형을 만들었다. 그들은 업무적 결정의 허용범위가 낮고 심리적 측면에서 요구사항이 많은 직업(직업의 통제가 낮은)이 직업적 긴장을 불러오며, 이것이 관상동맥 질환으로 발전하는 데 영향을 줄 수 있다고 제시했다. 대부분의 연구들이 이 의견을 지지하고 있다(Emeny et al., 2013). 높은 긴장감을 유발하는 직업은 만성적인 분노감을 일으키고, 이러한 분노감이 지속될 경우엔 관상동맥 질환에 걸릴 확률이 높아진다(Fitzgerald, Hay-thornthwaite, Suchday, & Ewart, 2003). **요구-통제-지지 모델**(demand-control-support model)은 업무환경에서 직업적으로 요구되는 것은 많고 통제력은 낮으면서 사회적 지지는 적게 받는 경우를 말하는데, 이 모델에 따르면 직장인의 관상동맥 질환 발병률은 더욱 증가한다(Hintsanen et al., 2007; Muhonen & Torkelson, 2003). 고조된 HPA 축 반작용을 포함한 다른 건강문제들(Eddy, Wertheim, Hale, & Wright, 2018)과 자살조차 직장 내에서의 높은 요구 및 낮은 통제와 연관되어 있다(Milner et al., 2017). 직장에서 한 개인의 노력에 대한 대가가 부족하다고 인식되는 경우(노력-보상의 불균형)에도 건강에 위협적인데, 특히 관상동맥 질환과 관련이 있다(Aboa-Eboule et al., 2011). 직장부담이 건강에 미치는 부정적인 영향은 사무직 근로자보다 현장 근로자들에게 더 크고(Joseph et al., 2016) 특별히 교대근무를 하는 근로자들 사이에 그렇다(Wirth, Shivappa, Burch, Hurley, & Hebert, 2017).

실업 실업은 인생의 주요한 스트레스원으로서 심리적 고통(Burgard, Brand, & House, 2007)의 증가는 물론 여러 신체적 증상과 질병(Hamilton, Broman, Hoffman, & Renner, 1990), 알코올 남용(Catalano et al., 1993), 성적 흥분의 어려움, 미숙아 출산(Catalano, Hansen, & Hartig, 1999), 염증 증가(Janicki-Deverts, Cohen, Matthews, & Cullen, 2008), 면역기능의 손상을 일으킨다(Cohen et al., 2007; Segerstrom & Miller, 2004).

예를 들면, 허리케인 카트리나의 발생으로 인한 사회경제적 지위의 감소에 대한 연구에서, 외상으로 고통받거나 직업을 잃거나 다른 손실을 잃은 사람들은 그것들이 건강에 끼친 영향을 견디는 것을 보여주었다(Joseph, Matthews, & Myers, 2014).

취업에 대한 불확실성이나 불안정한 직업적 상태 또한 신체 질병과 관련이 있다(Heaney, Israel, & House, 1994). 예를 들어, 서로 관련이 없는 여러 종류의 직업을 가진 남성의 경우 같은 직업 혹은 비슷한 특성을 가진 직업에 종사하는 남자들보다 사망률이 훨씬 높다는 연구결과도 있었다(Pavalko, Elder, & Clipp, 1993). 안정적인 고용 형태는 건강을 보호하는 요인이 되기도 한다(Rushing, Ritter, & Burton, 1992).

기타 직업적 결과 기업적 측면에 있어서 질병을 제외한 스트레스의 발생은 상당한 재정적 손실을 가져오기도 한다. 업무적 결정에 대해 적극적으로 참여할 수 없는 직장인들의 경우에 높은 결근율을 보였고, 이직률, 지각률, 직업에 대한 불만족도, 업무 방해 정도도 높았으며 업무 성과도 낮았다. 직원들은 고용주가 기대하는 것보다 더 적게 일하고, 덜 열심히 일함으로써 직장에서 받는 스트레스를 줄이고 문제를 스스로 해결하고자 한다(Kivimaki, Vahtera, Ellovainio, Lillrank, & Kevin, 2002).

직장 내 스트레스원에 대한 해결방안

스트레스를 연구하는 여러 기업의 연구진들이 변화를 위한 상세한 계획들을 제시하였다(예 : Kahn, 1981)(표 6.3 참조).

직장 내 역할과 가족 내 역할 병행하기

사람들이 경험하는 스트레스의 대다수는 한 가지 역할만을 수행하는 것으로부터 오는 것이 아니라 다방면에서 부과되는 역할들에 대한 수행의 결과로서 나타난다. 성인으로서 우리 대부분은 직장인이기도 하고, 파트너이기도 하며, 부모이기도 하다. 각각의 역할은 과중한 의무들을 동반하며 개인이 여러 역할들을 함께 수행하려고 할 때 스트레스가 발생한다.

여성과 다양한 역할 특히 여성들에게 역할 수행의 문제들이 발생한다(Gilbert-Ouimet, Brisson, Milot, & Vezina, 2017). 어린 아동을 둔 기혼 여성의 절반 이상이 현재 직

표 6.3 | 직장에서 받는 스트레스 줄이기

일은 그 자체로 아주 중요하며, 삶의 많은 시간을 차지하기 때문에 즐거움에도 기여하지만 매일 경험하는 스트레스와도 연관이 있다. 어떻게 하면 직무 스트레스를 줄일 수 있을까?

1. 직장 내에서 발생할 수 있는 물리적 스트레스 요인들을 최소화해야 한다. 이런 요인들에는 강한 조명, 군중, 소음, 지나친 온도 차이 등이 있다.
2. 어떤 예상된 업무와 업무 수행의 기준에서 발생하는 예측하기 힘든 부분과 애매함을 최소화시켜야 한다. 직원들은 자신이 무엇을 해야 하는지 알 때, 스트레스를 덜 받는다.
3. 업무적인 결정은 가능한 직원들과 함께 자주 하라.
4. 직무를 가능한 흥미롭게 만들라.
5. 직원들이 의미 있는 사회적 관계를 발달시키거나 개선시킬 수 있도록 기회를 제공한다.
6. 직원들의 업무 수행이 낮을 때 벌을 주는 것보다, 업무 수행이 좋을 경우 보상을 주라.
7. 스트레스는 중대한 손상을 입히기 전에 신호를 보내는데, 이를 살펴보아야 한다. 직원들은 종종 적개심, 무관심, 지루함과 같은 부정적인 정서를 보이고, 이러한 정서적 반응 이후에 결근율이 증가하거나 건강이 악화되는 등의 심각한 스트레스 반응들이 자주 나타난다. 따라서 관리자들은 직원들의 부정적 정서들을 관찰해봐야 한다.
8. 삶의 질을 향상시키는 직장 내 혜택들을 추가하라. 구글과 같은 일부 기업에서는 하루 온종일 고급 음식들을 계속해서 제공하거나, 심지어 직원들이 직장에 애완동물을 데려오는 것을 허락하기까지 한다(Cosser, 2008)

출처 : Cosser, Sandy. EzineArticles. "Google Sets The Standard For A Happy Work Environment." Last modified by February 11, 2008.

많은 여성들이 직장인, 주부, 부모와 같은 다양한 역할들을 맡고 있다. 이러한 역할들은 여성들에게 많은 만족감을 주기도 하지만, 동시에 역할 갈등과 역할 과부하에 취약하게 만든다.
Terry Vine/Blend Images LLC

업을 가지고 있다(U.S. Bureau of Labor Statistics, 2018). 여성이 일과 가족 내에서 짊어지는 책임감이 많을수록, 그에 부과된 다양한 역할들을 관리하는 것이 가장 어렵다(Emmons, Biernat, Teidje, Lang, & Wortman, 1990). 이미 가정 내에서 많은 책임감이 부여되는 것만으로도 건강을 저해하는 요소가 된다(Thurston, Sherwood, Matthews, & Blumenthal, 2011). 이는 직장 내에서 일하는 부모를 위한 절충 방안이 거의 확립되어 있지 않고 일반적으로 엄마의 경우 아빠들보다 집안일과 자녀양육에 더욱 할 일이 많기 때문이다. 따라서 여성의 직업적 책임감과 가정에서 느끼는 책임감이 서로 충돌할 수 있고 그 결과 스트레스가 증가한다(Emmons et al., 1990). 자녀가 있는 직업 여성이 무자녀 직업 여성보다 코르티솔 수치가 높고, 심혈관 반응 정도가 더 높았으며, 가정 내 부담을 더 많이 느꼈다(Frankenhaeuser et al., 1989; Luecken et al., 1997). 미혼모의 경우 건강 관련 문제들에서 가장 위험도가 높았고(Hughes & Waite, 2002), 반면 행복한 결혼생활을 유지하는 여성의 경우 이러한 부정적 요소들을 보일 확률이 낮았다(Saxbe, Repetti, & Nishina, 2008).

다양한 역할의 보호 효과 일하는 엄마들이 직업적 갈등과 과부하를 겪을 가능성이 높음에도 불구하고 이 두 가지 역할 수행으로 인한 긍정적인 효과도 있다(예 : Janssen et al., 2012). 직장생활과 엄마 역할을 병행하는 것은 여성의 자아효능감, 자아존중감, 삶의 만족도를 향상시켜 건강과 안녕감에 유익한 영향을 줄 수 있다(Verbrugge, 1983; Weidner, Boughal, Connor, Pieper, & Mendell, 1997). 부모가 됨으로써 감기에 대한 저항력이 높아지기도 한다(Sneed, Cohen, Turner, & Doyle, 2012).

업무환경에 대한 통제력과 융통성(Lennon & Rosenfield, 1992), 충분한 수입(Rosenfield, 1992), 집안일에 대한 도움(Krause & Markides, 1985), 적절한 양육(Ross & Mirowsky, 1988), 배우자(Ali & Avison, 1997) 그리고 지지적이고 도움을 주는 배우자(Klumb, Hoppmann, Staats, 2006)가 있으면 여성의 다양한 역할 요구에서 오는 스트레스와 심리적 · 신체적 손상들을 줄일 수 있다(Ten Brum-melhuis & Bakker, 2012).

남성과 다양한 역할 남성들 또한 그들에게 부과된 다양한 역할들을 수행하는 것으로부터 스트레스를 경험한다. 연구에 따르면 남성들은 경제적인 걱정과 직업적 스트레스로부터 더욱 고통받는 경향이 있는 반면, 여성들의 경우 가정 내 부정적인 변화들에 의해 더욱 스트레스를 받는다고 한다(Barnett, Raudenbush, Brennan, Pleck,

& Marshall, 1995).

남성에게 있어서 취업과 결혼의 결합은 주변으로부터 충분히 도움을 받는 여성만큼이나 신체적 · 정신적 건강에 이롭다(Burton, 1998). 그러나 남성들에게도 다양한 역할 수행에 대한 부담은 발생한다. 레프티(1989)는 남성의 과도한 업무량과 직장 내 대인관계에서 느끼는 부담감이 퇴근 후 가족들과의 대화에 어떠한 영향을 미치는지에 관해 연구하였다. 그녀는 직장 내에서 과도한 업무(높은 업무적 부담감)를 이행한 아빠들이 퇴근 후 자녀들과의 대화가 더욱 단절되는 경향이 있다는 것을 발견했다. 직장 내 인간관계에서 스트레스를 받은 날에는(직장 내 높은 관계 부담감) 자녀들과의 갈등이 증가했다. 직업을 가진 미혼부의 경우 심리적 고통에 더욱 취약할 수 있다(Simon, 1998).

다중 역할에 관한 연구들은 여성과 남성 모두 삶의 의미를 발견했을 때 스트레스가 낮아진다고 공통적으로 제시한다. 취업, 결혼, 육아의 수행이 심리적 고통을 보호하는 역할을 하고, 사회적 지지가 건강에 유익한 영향을 미친다는 사실은 개인이 사회적 역할을 수행함으로써 얻는 이득이 있음을 증명한다(Burton, 1998). 이러한 인생의 의미와 기쁨을 주는 자원들이 역할 갈등이나 역할 과부하 등으로 위협을 받을 때는 건강에도 부정적 영향을 미칠 것이다(Stansfeld, Bosma, Hemingway, & Marmot, 1998).

아동 아동들과 청소년들 또한 가정생활에서 스트레스를 느낄 수 있다(Repetti, Wang, & Saxbe, 2011). 한 연구에 따르면 아동들은 학교에서 친구들로부터 따돌림을 당하거나 학교 공부에 어려움을 느끼는 것처럼 사회적 그리고 학업적인 실패를 경험할 수 있는데, 이런 경우 가정 내에서 아동의 요구사항과 짜증스러운 행동들이 급격히 늘어난다고 한다. 특히 과장되게 행동하거나 관심을 요구하는 정도가 증가한다(Repetti & Pollina, 1994). 아동들 또한 부모가 직업적으로 받는 스트레스와 가족 내에서 발생하는 스트레스원에 영향을 받는데, 결과적으로 이는 아동의 수행능력에 영향을 미치고, 청소년들의 경우 비행행동이 증가할 수 있다(Menaghan, Kowaleski-Jones, & Mott, 1997). 아동 스트레스는 건강하지 않은 라이프스타일에 익숙해지게 한다(Michels et al., 2015).

요약

1. 스트레스 요인들은 위협, 해로움, 도전을 일으키고, 개인이 가진 자원들(예 : 돈, 시간, 에너지)이 그러한 위협요인들을 감당하기에 충분하지 않다고 생각할 때 사람들은 사건을 스트레스로 인지한다.
2. 사건을 스트레스로 인지할지 여부는 그 사건을 어떻게 평가하는지에 달렸다. 사건이 부정적일 때, 통제할 수 없거나 예측할 수 없을 때, 애매모호할 때, 압도적일 때, 중요한 삶의 과업들을 위협할 때 특히 스트레스로 인지할 가능성이 높다.
3. 초기 스트레스 연구에서는 주로 사람이 위협적인 자극에 대항해 싸우거나 그로부터 달아나기 위해 자원을 어떻게 동원하는지를 연구했다(투쟁 혹은 도피 반응). 일반적응증후군을 제시한 셀리에는 스트레스에 대한 반응이 경고, 저항, 소진의 3단계를 거쳐 이루어진다고 주장했다. 최근의 연구들은 스트레스에 대한 사회적 반응에 집중하는데, 이는 사람들이 스트레스 상황에 있는 다른 이들을 보살피거나 그들과 어울리는 방식을 말한다.
4. 스트레스의 생리학은 시상하부-뇌하수체-부신피질(HPA) 축과 교감신경-부신수질(SAM)과 관련이 있다.

이 체계들과 다른 생리적 체계들이 오랜 시간 동안 반복적으로 활성화되면 신체에 누적된 손상을 일으킬 수 있는데, 이를 알로스타틱 부하라고 한다. 이는 스트레스가 만성적 혹은 반복적으로 재발하여 생리적 노화를 촉진시키는 현상을 말한다.

5. 대부분 사람들이 가벼운 스트레스 요인들에는 적응할 수 있지만 스트레스원이 심각할 경우, 만성적인 건강 관련 문제들을 일으킬 수 있다. 스트레스가 삶에 주는 후유증은 상당히 파괴적인데, 이에는 심리적 고통, 생리적 각성의 지속, 시간에 따른 인지능력의 감퇴, 업무 수행 저하 등이 포함된다. 특히 노인, 아동, 빈곤층과 같은 취약한 사람들은 스트레스에 더 안 좋은 영향을 받을 수 있다.
6. 연구자들은 실험실에서 병원균에 노출시키는 것을 조작하는 등의 실험연구를 통해 스트레스를 연구한다. 스트레스 생활사건에 대한 연구는 어떤 사건이든지 개인의 삶에서 변화를 유발하게 하는 것이라면 스트레스와 질병의 가능성을 증가시킨다는 사실을 보여준다. 일상적 골칫거리와 같은 만성적인 스트레스 역시 건강에 해로운 영향을 미친다.
7. 직업적 스트레스에 대한 연구에 따르면, 과도한 업무량, 업무의 압박, 업무상 위험도, 역할이 주는 모호함과 역할 갈등, 대인관계 능력 부족, 업무에 대한 통제력 부족, 실직 등의 요인들은 직업 불만족, 질병, 업무 태만, 결근, 이직을 증가시킬 수 있다고 한다. 이러한 스트레스 요인들 중 일부는 개입을 통해 예방하거나 상쇄시킬 수 있다.
8. 직장 및 가정 내 역할과 같이 다양한 역할들을 결합하는 것은 역할 과부화와 역할 갈등을 일으킬 수 있고, 결과적으로 개인의 심리적 고통을 유발하고 건강을 악화시킬 수 있다. 반면 이러한 조합이 자아존중감이나 안녕감을 증진시키기도 한다. 이러한 효과들은 대부분 시간, 돈, 사회적 지지와 주위의 도움과 같이 개인이 이용 가능한 자원에 달려있다.

핵심용어

1차 평가
2차 평가
개인–환경 간 적합도
급성 스트레스 패러다임
돌봄과 어울림
만성적 긴장
반응성
스트레스
스트레스 생활사건
스트레스원
스트레스 후유증
알로스타틱 부하
역할 갈등
요구–통제–지지 모델
일반적응증후군
일상적 골칫거리
투쟁 혹은 도피 반응

CHAPTER 7

대처, 탄력성 및 사회적 지지

Jack Hollingsworth/Photodisc/Getty Images

개요

스트레스 대처와 탄력성
- 성격과 대처
- 심리사회적 자원
- 탄력성
- 대처방식과 대처전략들
- 문제 중심 대처와 정서 중심 대처

대처와 외적 자원

대처 결과

대처를 위한 개입
- 마음챙김 명상과 수용/전념 이론
- 표현적 글쓰기
- 자기긍정
- 이완 훈련
- 대처 효과성 훈련

사회적 지지
- 사회적 지지란 무엇인가
- 사회적 지지가 질병에 미치는 영향
- 생물심리사회적 경로
- 사회적 지지에 의한 스트레스 완화
- 어떤 종류의 지지가 가장 효과적인가
- 사회적 지지의 증진

2012년 6월, 콜로라도를 휩쓴 산불로 수천 명이 피난을 떠났고 많은 이들이 집을 잃고 재산피해를 입었다. 집이 온전하게 남아있는 사람들은 산불로 인해 온통 폐허가 된 동네로 돌아갔다. 그렇지만 이 사례에서 사람들이 입은 손실은 모두 비슷했어도 똑같은 영향을 받지는 않았다.

산불로 인해 집과 대부분의 재산을 잃은 네 가구를 살펴보자. 멕시코에서 이사 온 지 얼마 되지 않아 친구도 직장도 없었던 첫 번째 가정은 모든 것을 잃었다. 이들은 심리적으로 큰 타격을 입었고, 멕시코로 돌아갈지, 이곳에 남을지 아직 결정하지 못했다. 심장질환을 앓고 있던 한 노인은 연로한 아내를 남겨두고 심장마비로 쓰러졌다. 세 번째 가족은 살던 지역에 재정적인 자원과 친척들이 있었기 때문에 현재 상황을 빠르게 받아들이고 살 집을 구하기 시작했다. 모든 것을 잃은 한 신혼부부는 탄력성을 발휘하였고, 덴버에서의 새 출발을 결심했다.

위 사례를 통해 개인적이고 상황적인 요인들로 인해 스트레스가 조절된다는 것을 알 수 있다. 돈이나 사회적 지지 등 많은 자원을 가지고 있는 사람들은 스트레스를 덜 받게 되지만, 자원 및 대처 기술이 없는 그 밖의 사람들은 미숙한 대처를 한다.

우리는 이러한 것들을 **스트레스 조절요인**(stress moderator)이라고 하는데, 이는 스트레스를 어떻게 경험하는지와 스트레스로 인한 영향을 조절하기 때문이다. 스트레스 경험의 조절요인들은 스트레스 그 자체나 스트레스와 심리적 반응 간의 관계, 스트레스와 질병 간의 관계, 스트레스 경험이 다른 삶의 측면을 방해하는 정도에 영향을 미친다.

스트레스 대처와 탄력성

대처(coping)란 스트레스라고 평가되는 상황의 내외적인 요구를 다루는 모든 생각이나 행동들이라고 정의할 수 있다(Folkman & Moskowitz, 2004; Taylor & Stanton, 2007). 대처에는 몇몇 중요한 특징들이 있는데, 그중 첫번째는 대처와 스트레스 사건 간의 관계가 역동적인 과정이라는 것이다. 대처는 일련의 자원, 가치, 신념을 가진 개인과 그 자체로 자원을 가진 독특한 환경 간에 나타나는 일련의 처리과정이다(Folkman & Moskovitz, 2004). 따라서 대처는 한 순간의 행동이 아니라 계속해서 발생하는 환경과 사람 간의 상호작용에 대한 일련의 반응이다.

대처에서 두 번째로 중요한 특징은 포괄성이다. 분노 혹은 우울을 포함하는 정서반응들은 대처과정의 일부분이며, 이러한 과정은 스트레스 사건에 직면했을 때 자동적으로 나타나는 반응이다. 그림 7.1에 대처과정이 제시되어 있다.

성격과 대처

성격적 특성은 각각의 사람들이 스트레스 사건을 경험했을 때 어떻게 그 사건에 대처하는지에 영향을 미친다.

부정성, 스트레스 및 질병 어떤 사람은 스트레스 사건을 경험할 때 특히 스트레스를 많이 받는데, 이런 사람들은 심리적 고통과 신체적 증상을 더 많이 경험하고, 질병에 걸릴 위험이 높다. 연구에서는 특히 **부정적 정서성**(negative affectivity)에 주목하였는데(Watson & Clark, 1984), 만연하는 부정적 정서에는 불안, 우울, 적대감이 있다. 부정적 정서(또는 신경증적 경향성)가 높은 사람들은 많은 상황에서 심리적 고통과 불편감, 불만족을 나타낸다.

부정적 정서성 혹은 신경증적 경향성은 관절염이나 당뇨, 만성적 통증, 관상동맥 질환과 같은 만성질환을 포함하여 건강 수준이 나쁜 것과 관련이 있다(Charles, Gatz, Kato, & Pedersen, 2008; Friedman & Booth-Kewley, 1987; Shipley, Weiss, Der, Taylor, & Deary, 2007; Strickhauser, Zell, & Krizan, 2017). 사회적 억제 및 고립과 관련 있는 신경증적 경향성(때때로 D형 성격유형 혹은 '고통스러워하는' 성격이라고 함)은 건강에 특히 치명적인 것으로 보인다(Kupper & Denollet,

그림 7.1 | **스트레스와 정신건강 및 신체건강**

출처 : Stone, George C., Frances Cohen, and Nancy E. Adler. *Health Psychology: A Handbook : Theories, Applications, and Challenges of a Psychological Approach to the Health Care System*. Canada: Jossey–Bass Publishers, 1979; Hamburg, David A. and John E. Adams. *"A Perspective on Coping Behavior: Seeking and Utilizing Information in Major Transitions." Archives of General Psychiatry 17, no. 3 (1967): 277–84. Lazarus, Richard S., and Susan Folkman. Stress, Appraisal, and Coping*. New York: Springer Publishing Company, 1984; Holahan, Charles J., & Rudolf H. Moos. "Personal and contextual determinants of coping strategies." *Journal of Personality and Social Psychology* 52, no. 5 (1987): 946 – 55. Taylor, Shelley E. "Adjustment to Threatening Events: A Theory of Cognitive Adaptation." *American Psychologist* 38, no. 11 (1983): 1161 – 1173."

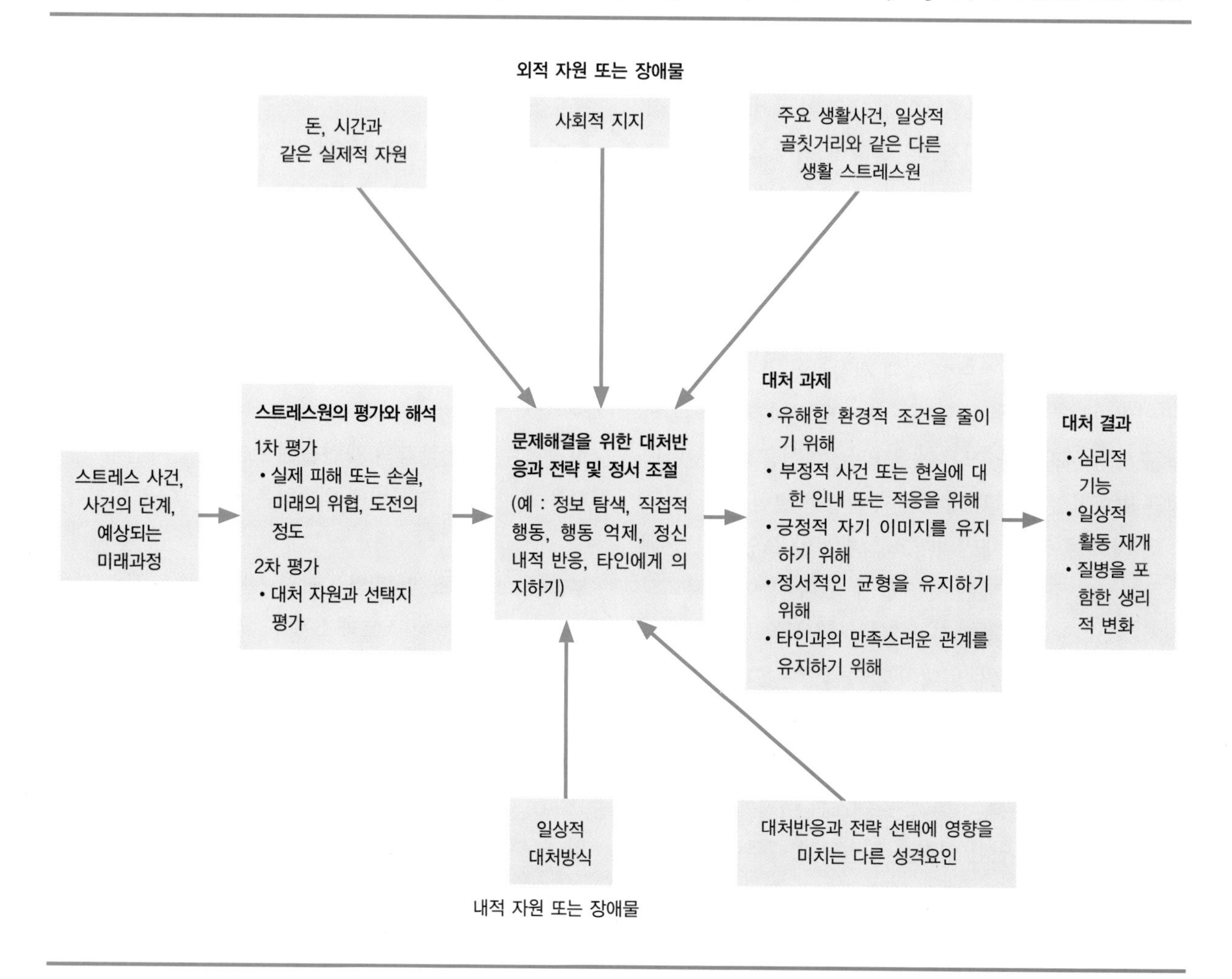

2018).

만성적인 부정적 정서와 질병은 어떤 관련이 있을까? 하나의 길은 스트레스 발생을 통해서이다; 예를 들면, 높은 부정적 정서를 가진 사람은 스트레스 사건들을 겪은 후 연인관계가 깨지고 갑작스러운 건강문제를 경험할 수 있다(Iacovino, Bogdan, & Oltmanns, 2016). 먼저 부정적 정서성은 스트레스 호르몬인 코르티솔(Polk, Cohen, Doyle, Skoner, & Kirschbaum, 2005)과 심박동수(Daly, Delaney, Doran, Harmon, & MacLachlan, 2010), 염증(Roy et al., 2010), 관상동맥 질환 위험요인(Kupper & Denollet, 2018) 등과 같은 스트레스 지표의 수준을 높인다. 두 번째는 해로운 건강습관 때문이다. 예를 들어, 부정적인 정서가 높은 사람들은 스트레스를 회피하거나(Carver & Connor-Smith, 2010), 술을 많이 마시고 마약을 복용할 확률이 높다(Frances, Franklin, & Flavin, 1986). 몸을 많이 움직이지 않거나

(Allen, Walter, & McDermott, 2017), 숙면을 이루지 못한다(Harvey, Gehrman, & Espie, 2014; Stephan, Sutin, Bayard, Krizan, & Terracciano, 2018). 부정적 정서성이 높은 사람들은 특히 스트레스 상황일 때 두통과 다른 통증과 같은 신체적 증상을 더 보고한다(Watson, & Pennebaker, 1989). 그 이유 중 하나는 부정적 정서성은 사람을 더 걱정하게 하고, 자신의 신체적 증상에 더 신경 쓰게 하며, 그들이 경험하는 신체적 증상을 나쁜 건강에 귀인하기 때문이다(Mora, Halm, Leventhal, & Ceric, 2007). 그렇지만 부정적 정서성이 높은 사람들은 근본적인 신체적 질병이 없을 수 있다(Diefenbach, Leventhal, Leventhal, & Patrick-Miller, 1996). 부정적 정서성이 높은 사람들은 스트레스를 더 많이 받을 때, 긍정적인 사람들보다 더 많은 공공의료 서비스를 이용한다(Cohen & Williamson, 1991). 즉, 높은 수준의 부정적 정서를 가진 사람들이 더 많은 고통을 호소하고, 더 많은 신체적 증상들을 경험하며, 아프지 않을 때도 치료를 받는다.

긍정성과 질병 긍정적인 정서기능은 정신적 건강과 신체적 건강을 증진시키고(Cohen & Pressman, 2006; Wiest, Schüz, Webster, & Wurm, 2011), 수명을 연장시킨다(Xu & Roberts, 2010). 긍정적인 정서 상태는 코르티솔 그리고 독감 바이러스에 노출됐을 때의 면역반응과 같은 낮은 수준의 스트레스 지표와 관련이 있다(Cohen, Alper, Doyle, Treanor, & Turner, 2006; Steptoe, Demakakos, de Oliveira, & Wardle, 2012). 사람들이 긍정적인 정서를 경험할 때에는 자신의 목표를 방해하는 장애물을 극복하기 위해 시간과 노력을 투자하게 하며(Haase, Poulin, & Heckhausen, 2012), 이는 또다시 감정과 스트레스 수준을 낮추는 데 영향을 준다. 또한 긍정적인 정서는 전반적인 안녕감을 향상시킬 뿐만 아니라 특정 심리적 자원을 증진시켜 대처능력을 촉진시킬 수 있다(Taylor, & Broffman, 2011). 이것에 대해서 이어서 살펴볼 것이다.

심리사회적 자원

낙관주의 낙관적 특성은 스트레스와 질병에 대한 위험을 줄이는 등 효과적인 대처를 하는 데 도움을 준다

글상자 7.1 낙관주의 측정 : LOT-R

사람들은 기본적으로 자신의 삶에 대해 낙관적 혹은 비관적일 수 있다. 샤이어, 카버, 브리지(1994)는 기질적 낙관주의 척도를 개발하여 전반적인 개인차를 측정하고자 하였다. 이 척도는 '삶의 지향성 검사'라고 불리기도 하며, 다음과 같은 문항들을 제시한다(각 문항에 대해 '그렇다' 또는 '아니다'로 답하라.).

1. 불확실할 때, 나는 보통 가장 최상의 것을 기대한다.
2. 나는 긴장을 쉽게 푸는 편이다.
3. 만약 나에게 어떤 잘못된 일이 발생한다고 해도 나는 그것을 받아들일 수 있다.
4. 나는 항상 나의 미래에 대해 낙관적이다.
5. 나는 친구들과 매우 즐겁게 지낸다.
6. 바쁘게 지내는 것은 나에게 중요하다.
7. 나는 어떤 것이 내 방식대로만 될 것이라고 거의 기대하지 않는다.
8. 나는 너무 쉽게 화내지 않는다.
9. 나는 나에게 일어나는 좋을 일들을 거의 믿지 않는다.
10. 전반적으로 나는 나쁜 일들보다 좋은 일들이 나에게 더 많이 일어날 것이라고 기대한다.

채점

1, 4, 10번 문항에 '그렇다'로 표시한 개수와 3, 7, 9번 문항에 '아니다'로 표시한 개수를 더한다. 2, 5, 6, 8번 문항은 채점하지 않는다.

(Scheier, Carver, & Bridges, 1994). M. F. 샤이어와 동료들은 미래에 대한 일반적인 긍정적인 기대를 통해 낙관적 성향을 측정하는 방법을 개발해냈다. 글상자 7.1은 삶의 지향성 검사 개정판(LOT-R)의 측정 항목들이다.

정확하게 낙관주의가 증상에 대한 표현, 심리적 적응과 건강에 긍정적인 영향을 미칠 수 있을까? 낙관주의자들은 그렇지 않은 사람들에 비해 코르티솔과 혈압, 염증과 같은 생리적 스트레스 지표들이 더 낮다(Scheier & Carver, 2018; Segerstrom & Sephton, 2010). 낙관주의는 능동적이고 지속적인 대처로 장기적인 심리적 건강 혹은 신체적 건강을 향상시킨다(Segerstrom, Castaeda, & Spencer, 2003). 또한 낙관주의는 신체적 기능을 돕는 개인 통제감을 형성한다(Ruthig & Chipperfield, 2007). 제1장에서 다루었듯이 메타분석은 수많은 연구들의 결과를 포함하고 있기 때문에 특히 더욱 명확한 증거가 될 수 있다. 낙관주의와 신체적 건강의 관련성에 대한 83개의 연구들의 메타분석을 한 결과, 다양한 건강 결과뿐만 아니라 이를 예측할 수 있는 생리적 지표와의 연관성도 확인할 수 있었다(Rasmussen, Scheier, & Greenhouse, 2009).

낙관주의는 대체적으로 대처에 있어서 유용하다. 그러나 낙관주의자들은 자신의 목표를 지속적으로 추구하기 때문에 때때로 단기적으로 생리적 대가를 치른다(Segerstrom, 2001). 낙관주의자들은 기대에 충족되지 못할 때 스트레스를 느끼고, 면역기능이 저하될 수 있다(Segerstrom, 2006a). 그러나 전반적으로, 낙관주의는 강력하고 가치 있는 자원임에 틀림없다.

심리적 통제 **심리적 통제**(psychological control)는 개인이 자기 자신의 행동을 결정할 수 있고, 환경에 영향을 미칠 수 있으며, 바랐던 결과를 이뤄낼 수 있다는 믿음이다. 스트레스 사건을 통제할 수 있다는 이러한 믿음은 스트레스에 잘 대처할 수 있도록 한다(Taylor, Helgeson, Reed, & Skokan, 1991; Thompson, 1981). 지각된 통제는 자아 효능감과 밀접하게 연관되어 있는데, 자아효능감은 어떤 상황에서 본인의 행동이 특정한 결과를 얻을 수 있다는 좀 더 좁은 개념이다(Bandura, 1977). 또한 가족, 친구들(Hou & Wan, 2012) 혹은 의사 등 타인과 협력하여 개인이 스트레스 사건에 성공적으로 대처할 수 있다는 믿음을 2차 통제(집단적 통제)라고 한다. 즉, 통제는 꼭 개인적이어야만 적응적인 것은 아니다. 다른 사람들이 통제를 하고 있거나, 통제를 다른 사람과 공유한다는 인식은 유용할 수 있다(Hou & Wan, 2012).

많은 연구들은 스트레스 상황을 통제할 수 있다는 신념이 정서적인 안녕, 스트레스 사건에서의 대처, 건강행동(Gale, Batty, & Deary, 2008)과 인지적 수행을 향상시키고, 심리적 스트레스의 지표인 면역기능의 증진, 심혈관계 질환의 위험요소(Chen, Fisher, Bacharier, & Strunk, 2003; Paquet, Dub, Gauvin, Kestens, & Daniel, 2010)를 줄이는 등 건강 증진에 기여한다는 결과를 내고 있다. 높은 심리적 통제의식을 가지고 있는 사람들은 전형적으로 일생의 외상에 크게 노출되는 것과 높은 죽음의 위협에 침몰되는 것으로부터 보호를 받을 수 있을 것이다(Elliot, Turiano, Infurna, Lachman, & Chapman, 2018). 지각된 통제감은 건강에 기여할 수 있는 요인들 중 하나인 신체활동을 활성화시킨다(Infurna & Gerstorf, 2014).

심리적 통제감의 효과가 너무 강력하기 때문에 좋은 건강습관(제4장과 제5장 참조)을 증진시키거나 진료 및 의료적 수술(제8장 참조)과 같은 스트레스 사건에 잘 대처하도록 돕기 위한 개입의 기반이 된다. 위내시경검사(Johnson & Leventhal, 1974)나 분만(Leventhal, Leventhal, Schacham, & Easterling, 1989), 항암치료(Burish & Lyles, 1979)와 같은 불쾌한 의료적 절차를 경험한 사람들은 **통제력 향상 개입**(control-enhancing intervention)이 도움이 된다. 이 개입은 정보 제공, 이완요법 그리고 수술의 불쾌한 느낌에 대해서 다르게 생각하고, 긴장을 줄이고, 대처를 향상하고, 회복을 촉진할 수 있는 인지행동 기법들을 사용한다.

통제는 낙관주의와 같이 모든 혐오적인 상황에 있어

서 만병통치약이 아니다. 통제를 원하는 사람들은 특히 통제 기반 개입의 효과를 경험할 수 있으나(Thompson, Cheek, & Graham, 1988), 사람들에게 원하는 것 이상의 책임을 지게 한다면, 통제는 자칫 혐오스러워질 수 있다(Chipperfield & Perry, 2006). 그럼에도 불구하고, 인식된 통제의 유용함은 특히 치료 환경에서 명백하게 나타난다.

자존감 높은 수준의 **자존감**(self-esteem)은 효과적인 스트레스 대처와 관련이 있으며, 이는 낮은 수준의 스트레스 상황에서 완충제 역할을 한다. 허나, 높은 수준의 스트레스 상황에서는 스트레스 사건 자체가 자존감의 이점을 압도할 수 있다(Whisman & Kwon, 1993). 전형적으로 자존감은 시상하부-뇌하수체-부신피질 축(HPA axis) 활동(Seeman et al., 1995)과 같은 낮은 스트레스 지표와 연관이 있으며, 이는 자존감이 질병에 영향을 미친다는 근거가 될 수 있다. 또한 자신과 관련된 건강한 자원이 많은 사람일수록 건강한 습관을 지니고 있으며, 흡연이나 과도한 음주 남용을 하지 않는 경향이 있다(Friedman et al., 1995).

추가적인 심리적 자원 성실성은 건강한 심리사회적 자원이다. 한 연구(Friedman et al., 1993)에서는 유년기의 성격 차이가 수명에 영향을 주는지를 알아보기 위해 1920년대 초반에 젊은이들을 대상으로 평가했다. 그 결과, 유년기에 높은 성실성을 지녔던 사람들이 더욱 오래 산다는 사실을 밝혀냈다(Costa, Weiss, Duberstein, Friedman & Siegler, 2014; Friedman et al., 1995). 즉, 성실한 사람들이 유해한 상황을 더욱 잘 모면하고, 자신의 건강에 대해 더 많이 생각하며(Hill, Turiano, Hurd, Mroczek, & Roberts, 2011), 의사의 치료권고를 지키고(Hill, & Roberts, 2011), 건강한 습관을 더 잘 실천하고(Hampson, Edmons, Goldberg, Dubanoski, & Hillier, 2015), 인지능력을 효과적으로 활용한다(Hampson et al., 2015). 그들은 결과적으로 낮은 스트레스 관련 생물지표를 갖게 될 것이다(Booth et al., 2014; Bogg & Slatcher, 2015; Mõttus, Luciano, Starr, Pollard, & Deary, 2013; Tatkir et al., 2009).

인생을 깊은 의미와 목적이 있다고 보며, 특별히 평화와 화합의 감각을 가지고 있을 때 스트레스를 완화시키고 건강을 증진시킬 수 있다(Czekierda, Banik, Park, & Luzczynska, 2017; Hill, Sin, Turiano, Burrow, Almeida, 2018; Visotsky, Hamburg, Goss, & Lebovits, 1961). 소중히 여기는 관계를 지속하고, 선택한 직업과 공공봉사와 종교활동 등은 의미와 화평으로 이끌어주는 방법들이다(글상자 7.2). 그리고 다른 길들도 있다. 성인기에 걸쳐 건강한 개인으로부터 척추상해, 암, 신장 이식과 심장 심부전증과 같은 질병들에 대처하고 있는 사람들에 대한 건강의 이점에 대해서는 많은 연구가 되어있다(Czekierda et al., 2017).

자신감과 느긋한 성격 역시 대처를 잘할 수 있도록 도와주는 요인이다(Holahan & Moos, 1990, 1991). 하지만 역설적이게도, 쾌활한 사람은 그렇지 않은 사람보다 일찍 사망한다(Friedman et al., 1993). 이것은 아마 쾌활한 사람은 그들의 건강에 대해 크게 신경 쓰지 않고 자랐기 때문에, 결과적으로 건강 위험요소와 더 큰 관련이 있는 것일 수 있다(Martin et al., 2002).

높은 지적 수준 또한 도움이 된다. 지적인 사람들은 전 생애에 걸쳐 생리학적 프로필이 더 좋으며(Calvin, Batty, Lowe, & Deary, 2011; Morozink, Friedman, Coe, & Ryff, 2010), 더 오래 산다(Wrulich, Brunner, Stadler, Schalke, Keller, & Martin, 2014). 정서적인 안정성 또한 장수를 예측하는 요인이다(Terracciano, Lckenhoff, Zonderman, Ferrucci, & Costa, 2008; Weiss, Gale, Batty, & Deary, 2009).

요약하면, 대처 자원은 사람들이 일상적인 스트레스 사건을 잘 관리할 수 있도록 돕고, 건강의 위험요소들을 줄이며, 건강습관을 형성하고 삶의 질을 높이는 중요한 요소라고 할 수 있다. 이를테면, 대처 자원은 낮은 사회경제적 지위에 있는 취약 계층의 사람들

글상자 7.2 종교, 대처 그리고 안녕감

"나는 기도하고 또 기도했다. 그리고 하나님은 그것이 우리를 덮치기 바로 직전에 멈추게 했다."

– 토네이도 생존자

스트레스 사건을 경험한 많은 사람들은 종교와 신에 귀의하여 위안과 안식 그리고 통찰을 얻었다. 미국인의 80%가 신을 믿고 있으며, 55%는 적어도 한 달에 한 번은 교회에서 예배를 드리고, 80%는 종교가 자신의 삶에서 중요하다고 보고하였다. 특히 여성들이나 아프리카계 미국인 집단에서 이러한 경향이 더욱 두드러지는 것으로 보인다(Gallup, 2009). 아프리카계 미국인 여성들에게는 특히 종교가 중요하다(Holt, Clark, Kreuter, & Rubio, 2003).

종교나 종교 조직과 무관한 영성은 심리적인 안녕감을 증진시킬 수 있다(Kashdan & Nezlek, 2012; McIntosh, Poulin, Silver, & Holman, 2011). 강한 영적 신념을 가진 사람들은 그렇지 않은 사람들과 비교했을 때 삶의 만족감과 개인적인 행복감을 더 크게 느끼는 반면, 외상 사건이나 장애로 인한 부정적인 결과는 더 적게 경험하고, 병의 경과도 더 느리게 진행된다(George, Ellison, & Larson, 2002; Ironson et al., 2011; Romero et al., 2006). 연구 조사들은 거의 미국인의 절반 정도가 건강상의 문제에 대처할 때 기도를 한다고 보고한다(Zimmerman, 2005년 3월 15일). 예를 들어, 수술 환자들을 대상으로 비교했을 때, 강한 종교적 신념을 가진 환자들은 종교적 신념이 강하지 않은 사람들보다 합병증이 적었으며 입원 기간도 짧은 것으로 나타났다(Contrada et al., 2004).

종교나 영성이 대처에 도움을 주는 이유는 다음과 같다. 첫째, 종교는 사람들이 직면하는 스트레스 사건들에서 의미를 발견하고 고통을 줄일 수 있도록 돕는 믿음체계와 생각하는 방식을 제공한다(Cheadle, Schetter, Lanzi, Vance, Sahadeo, Shalowitz, & the Community Child Health Network, 2015). 셋째, 종교는 사회적 지지를 제공한다. 조직화된 종교집단은 같은 신념을 공유하는 지지적인 사람들로 이루어진 사회적 연결망을 제공하기 때문에 사람들에게 집단 정체성을 제공해 준다(Gebauer, Sedikides, & Neberich, 2012; George et al., 2002). 넷째, 종교는 사람들을 보다 건강해지도록 한다. 예를 들어, 종교활동은 낮은 혈압(Gillum & Ingram, 2006), 수술 합병증 감소(Ai, Wink, Tice, Bolling, & Shearer, 2009), 부정적 건강 증상 호소의 감소(Berntson, Norman, Hawkley, & Cacioppo, 2008)와 관련이 있다. 종교는 스트레스 사건에 대한 심혈관계, 신경내분비계, 면역반응을 낮출 수 있다(Maselko, Kubzansky, Kawachi, Seeman, & Berkman, 2007; Seeman, Dubin, & Seeman, 2003).

그러나 종교적 신념이 항상 좋은 것만은 아니다. 기도만으로 건강적인 이득이 있지는 않다(Masters & Spielmans, 2007; Nicholson, Rose, & Bobak, 2010). 또한 사람들이 질병을 신으로부터의 벌로 받아들이거나 건강문제가 신앙을 뒤흔든다면, 심리적인 고통과 신체적 고통은 더욱 악화될 수 있다(Park, Wortmann, & Edmondson, 2011; Sherman, Plante, Simonton, Latif, & Anaissie, 2009). 그럼에도 불구하고 전형적인 종교는 삶의 의미와 관련이 있고, 정서적인 건강과 신체적인 건강을 제공할 수 있다(George et al., 2002; Powell, Shahabi, & Thoresen, 2003).

에게 특히 유용하다(Kiviruussu, Huurre, Haukkala, & Aro, 2013; Schöllgen, Huxhold, Schüz, & Tesch-Römer, 2011). 이러한 특성들은 긍정성과 낙관성, 통제감과 성실성, 자존감을 바탕으로 하여 건강을 증진시킬 수 있는 성격의 핵심이다.

탄력성

위에서 살펴본 심리적 자원들은 사람들이 스트레스원에 직면하고 대처하게 할 뿐 아니라, 부정적인 경험으로부터 회복할 수 있도록 돕고, 변화하는 스트레스 상황에 유연하게 적응할 수 있게 하는데(Fredrickson, Tugade, Waugh, & Larkin, 2003), 이를 탄력성이라고 한다(Dunkel Schetter & Dolbier, 2011).

자신의 삶에 대한 일관성(Haukkala, Konttinen, Lehto, Uutela, Kawachi, & Laatikainen, 2013), 유머감각(Cousins, 1979), 타인에 대한 신뢰(Barefoot et al., 1998), 가치 있는 삶을 살고 있다는 생각(일본말로 '이키가이'; Sone et al., 2008) 등 또한 탄력성과 효과적인 대처와 건강에 미치는 자원들이다.

이런 심리적 자원에 더해 기회가 되면 휴식을 취하고, 이완을 하고, 회복에 시간을 투자하는 것은 스트레스에 보다 효과적으로 대처할 수 있도록 도와준다(Ong,

종교는 심리적 안녕감을 증진시키며, 종교적 신념이 있는 사람들은 부정적인 사건에 대해 더 잘 대처할 수 있다.
Kristy-Anne Glubish/Design Pics

Bergeman, Bisconti, & Wallace, 2006). 심각한 스트레스를 경험할 때조차 긍정적인 감정들을 느낄 수 있는 것은 탄력성이 있는 사람들이 당겨쓰는 대처전략이다(Tugade & Fredrickson, 2004).

대처방식과 대처전략

중증 암 환자는 어떻게 자신의 병을 그렇게 잘 대처할 수 있는지에 대한 질문에 대해, "나는 되도록 매주 대게와 라즈베리를 먹으려 합니다"라고 대답했다. 이 암 환자의 대답처럼 사람들은 각자 자신이 선호하는 대처방식을 지니고 있지만, 대부분의 사람들에게 적합한 일반적인 대처방법도 있다. 즉, **대처방식**(coping style)이란 특정 방식으로 스트레스 사건을 다루는 경향을 의미한다. 반대로 **대처전략**(coping strategy)이나 과정은 특정한 스트레스 경험을 다루는데 요구되는 것들을 다루려는 시도들이다. 대부분의 사람들은 스트레스가 되는 경험들을 다루기 위해서 다양한 대처전략을 쓴다. 한 사람은 암을 다룰 때 다음과 같이 말했다. "나는 다양한 것들을 해요. 아내에게 말하기도 하고 치료나 최신 연구들의 가능한 정보를 모으기도 해요. 나의 신앙을 의지하기도 합니다. 나는 매일 내가 원하는 대로 살고자 합니다"(Hoyt & Stanton, 2012; p. 232).

접근 대 회피 어떤 사람들은 회피적(최소화) 대처방식으로 위협적인 상황에 대처하는 반면 어떤 사람들은 정보를 모으고 직접적인 행동을 하는 접근적(직면적, 경계적) 대처방식을 사용한다. **회피적 대처방식**(avoidance-oriented coping)은 스트레스원의 존재나 심각성을 부인하고 스트레스와 관련된 생각들이나 감정들을 밀쳐놓거나 다른 활동들을 통해 자신의 관심을 다른 데로 돌리는 것이다. **접근적 대처방식**(approach-oriented coping)과정은 직접 문제를 해결하고 다른 사람들의 도움을 구하며 스트레스 경험을 통해 얻을 수 있는 유익을 적극적으로 수용하고 찾는 것이다. 간단한 대처(Brief COPE)라는 검사지는 연구자가 이와 같은 좀 더 구체적인 대처전략들을 평가하도록 해준다(글상자 7.3 참조). 다른 접근과정은 정서적 접근을 통한 대처인데, 스트레스 관련 감정들을 적극적으로 인식하고 이해하고 표현하는 것이다(Stanton et al., 2000). AIDS의 위협과 싸우기 위해 사용된 대처전략의 예는 글상자 7.4에 있다.

글상자 7.3 간략한 대처 질문지

간략한 대처 질문지는 사람들이 스트레스 사건을 조절하기 위해 흔히 사용하는 여러 대처방식들을 평가한다. 각 문항마다 0(나는 전혀 이 것을 하지 않는다)부터 3(나는 이 행동을 많이 해왔다)까지의 척도가 있으며, 사람들은 이 척도에 따라 스트레스 사건에 본인이 대처하는 방식을 평가한다. 최근에 당신이 경험한 스트레스 사건(가족의 문제, 수업시간에서의 문제, 룸메이트와의 어려움)을 생각해보라. 그리고 자신이 어떤 대처방식을 사용하는지 찾아보라.

1. 적극적인 대처
   나는 내가 처한 상황에서 무언가 하기 위해 내 노력을 쏟아왔다.
   나는 내가 처한 상황을 더 낫게 하기 위해 행동적인 조치를 취해왔다.
2. 계획하기
   나는 어떤 것을 할지 계획을 세우기 위해 노력했다.
   나는 어떤 단계를 거쳐야 하는지 열심히 생각했다.
3. 긍정적 재평가
   스트레스 상황을 좀 더 긍정적으로 보기 위해, 다른 측면에서 상황을 바라보고자 노력했다.
   내게 발생한 일들에서 어떤 좋은 점이 있는지 찾으려 시도했다.
4. 수용
   나는 내게 이미 일어난 일들을 현실로 받아들이고자 했다.
   나는 일어난 일들을 받아들이고 사는 법을 배워왔다.
5. 유머
   나에게 일어난 일을 농담거리로 만들어왔다.
   나에게 일어난 일을 웃음거리로 만들어왔다.
6. 종교
   나는 나의 영적인 믿음이나 종교에서 위로를 얻으려 해왔다.
   나는 명상이나 기도를 해왔다.
7. 정서적 지지의 이용
   나는 타인들이 주는 정서적 지지를 받아왔다.
   나는 누군가로부터 이해와 위로를 받아왔다.
8. 도구적 지지의 이용
   나는 내가 어떤 것을 할지에 대해 타인들로부터 조언과 도움을 얻고자 노력해왔다.
   나는 타인들로부터 조언과 도움을 얻어왔다.
9. 자기분산
   나는 그 일을 잊어버리기 위해 다른 일이나 활동으로 주의를 돌려왔다.
   나는 그 일에 대한 생각을 덜하기 위해 영화 관람이나 TV 시청, 독서, 몽상, 낮잠, 쇼핑 등을 하곤 했다.
10. 부인
   나는 내 스스로 “이것은 현실이 아니야”라고 말해왔다.
   나는 나에게 그런 일이 발생했다는 것을 믿기를 부인해왔다.
11. 분출
   나는 나의 불쾌한 감정을 표출하기 위해 그 감정에 대해 말해왔다.
   나는 나의 부정적인 감정들을 표현해왔다.
12. 약물 사용
   나는 나의 기분이 좋아지도록 알코올이나 다른 약물을 사용해왔다.
   나는 그 상황을 해결하기 위해서 알코올이나 다른 약물을 사용해왔다.
13. 행동적 철수
   나는 그것을 처리하기 위한 시도를 포기해왔다.
   나는 대처하기 위한 노력을 포기해왔다.
14. 자기비난
   나는 나 스스로를 비판해왔다.
   나는 일어난 일에 대해서 나 스스로를 비난해왔다.

출처 : Carver, 1997

위협적인 상황에서 접근적 대처를 하는 사람들은 스트레스 상황에 직면하면서 발생한 불안과 심리사회적 반응성에서 단기적인 대가를 치러야 하지만, 이는 장기적으로 보았을 때 더 나을 수 있다(Smith, Ruiz, & Uchino, 2000). 회피적 대처방식을 사용하는 사람들은 치과의사를 찾아가는 것에 대해서는 잘할 수도 있겠지만, 현재 진행 중인 직무 스트레스에는 대처를 잘하지 못할 수 있다. 반면에 접근적 대처방식을 사용하는 사람들은 치과를 방문하는 것에 대해서는 불안해할 수 있지만 직무 스트레스를 줄이기 위해 적극적인 노력을 취할 수 있다. 사람들이 어떤 대처 과정들을 이용하고 그 과정들이 효과적인지 아닌지의 여부는 그들의 일반적인 대처

글상자 7.4 AIDS에 대처하기

AIDS(후천성 면역결핍증)으로 인해 전 세계의 수많은 사람들이 사망하였지만, 이 질병에 걸린 상태로 그리고 질병에 걸렸다는 사실을 알고 있으면서도 수년 동안 생존한 사람도 많다. 이러한 HIV 감염 환자들이 사용하는 것으로 보고된 몇 가지 대처방식들이 다음에 제시되어 있다.

사회적 지지 또는 정보 탐색

이 프로그램의 핵심은 나를 위해 시간을 내어주고, 나를 위해 먼 길을 달려와줄 사람들로 이루어진 좋은 지지망을 가졌다는 것이다. 나는 이러한 관계를 몇 년에 걸쳐 공들여왔다.

직접적인 행동

나의 주된 관심사는 여태껏 난잡하게 살아왔지만 앞으로는 다른 어느 누구에게도 이 병을 전염시킬 수 없다는 것이다. 따라서 나는 생활방식을 완전히 변화시켜 왔고, 그 밖의 모든 것은 잠시 제쳐두었다.

주의분산, 도망, 회피의 전략

나는 기분을 전환하기 위해 많은 약에 의존해왔다. 가끔 어떠한 방법으로도 기분이 나아지지 않는다면 담배를 피우거나 와인 한 잔을 마시거나 음악을 듣는다. 나의 기분을 바로 바꿀 수 있는 특정 음악들이 있다. 나는 그 음악을 크게 틀어놓고 춤을 추면서 머리를 비운다.

정서 조절 및 분출

때로는 스스로 어두운 감정을 느끼도록 허용한다. 그런 다음 다시 마음을 잡는다. 그리고 이렇게 말한다. 괜찮아, 이런 감정들을 느껴도 괜찮지만, 그것들이 너의 삶을 지배하게 하면 안 돼.

개인적 성장

처음엔 AIDS에 걸린 내가 독화살 같은 존재라고 느꼈었다. 나를 병든 사람, 자존감도 자신감도 없는 사람으로 느끼도록 했다. 나는 자존감과 자신감을 되찾고자 집중했다. 내가 언제까지 살아있을지 알 수 없지만, 나이가 든 나 자신을 상상해보고 계속해서 건강하게 살 수 있을 것이라고 생각했다.

이러한 일이 당신에게 일어났을 때, 당신은 녹아서 사라져버리거나 이전의 자신보다 더욱 강해질 수 있다. 그것은 나를 더욱 강한 사람으로 만든다. 나는 그 어떠한 것에도 대처할 수 있다고 생각한다. 그 어떤 것도 나를 겁먹게 하지 않는다. 내가 747 항공기를 타고 있고 누군가 우리가 추락하고 있다고 말하더라도, 나는 잡지를 보기 위해 손을 뻗을 것이다.

긍정적 생각과 재구조화

나는 최근에 보다 긍정적인 태도를 지니기 위해 많은 시간을 보낸다. 하루 동안 부정적인 말을 할 때마다 그것에 대해 스스로 의식하고 그럴 때에 "어머나"라고 말하고 그 말을 다르게 바꾸어 말한다. 그리고 나는 "환상적이다"를 하루에 4만 2,000번씩 말한다. 그렇게 생각하지 않을 때도 있지만, 스스로를 설득시킨다. 인생의 마지막 장은 아직 쓰여지지 않았고, 나는 여전히 여기에 있다.

출처 : Reed, 1989

방식과 긍정성 정도, 스트레스원의 통제 가능성 정도와 대인관계나 환경적 맥락 등의 다양한 면들에 달려있다(Taylor & Stanton, 2007). 예를 들면, 회피적 대처와 접근적 대처는 스트레스가 얼마나 장기적인지에 따라 성공 여부가 나뉜다. 스트레스 상황에서 축소하거나 회피적 대처를 하는 사람들은 단기적인 위협에는 효과적으로 대처할 것이다(Wong & Kaloupek, 1986). 하지만 스트레스가 계속해서 지속되는 경우에 회피는 좋은 방법이 아니다. 예를 들어, 많은 미국인들이 9 · 11 테러 이후 높은 수준의 외상후 스트레스장애를 경험했다고 보고하였다. 회피적 대처방식으로 대처하는 사람들은 장기간의 문제들을 예상하고 다루기 위한 인지적, 감정적 노력들을 충분하게 하지 않을 수도 있다(Suls & Fletcher, 1985; Taylor & Stanton, 2007).

회피적 대처나 적극적 대처 모두 전체적으로는 유익하지만 적극적인 대처가 회피적인 대처보다 더 효율적이며, 정신건강이나 신체건강을 더 좋게 한다(Taylor & Stanton, 2007). 예를 들면, 최근에 유방암 진단을 받은 여성들이 회피적인 대처를 하였을 때 12개월에 걸쳐 높은 수준의 우울을 보였다(Stanton et al, 2018). 다른 한편으로, 적극적으로 암을 수용하고 암에 대한 감정적인 표현을 한 사람들은 처음 높아진 우울 증상이 나타났던 연도의 회복과 낮은 수준의 우울을 나타냈다. 또한 훈련된 임상가가 최근 불치병 진단을 받은 성인들에게 초기 완화치료 개입(차도를 이해하고 알려주고 선호하는 방식의 돌봄과 증상관리를 돕는)을 한 것이 환자들의 접근적 대처를 증진시킴으로써 심리적 적응을 향상시킬 수 있었다(Greer et al., 2018). 자신의 대처전략들을 스트레스 상황의 요구에 맞추어 변화시킬 수 있는 사람들도 그렇지 못한 사람들보다 더 잘 적응하였다(Chen, Miller, Lachman, Gruenewald, & Seeman, 2012).

스트레스 경험들처럼 대처과정들도 종종 개인들이나 친밀한 사람들과 공유할 수 있다. 둘 중 한 사람이 당뇨병을 앓고 있는 부부를 대상으로 한 연구에서 두 사람이 매일 2주간 평가일지를 쓴 것이 한 예가 될 수 있다(Zajdel, Helgeson, Seltman, Korytkowski, & Hausmann, 2018). 당뇨를 앓고 있는 한 사람을 상호협력적으로 대처한 부부들은 그렇지 않은 부부들보다 좀 더 나은 기분을 보고하였고, 당뇨가 있는 사람도 14일 넘게 자신을 더 잘 돌보았다(예 : 약을 규칙적으로 먹기).

상대의 대처유형들에 맞추는 것도 중요할 수 있다. 예를 들면, 분노에 대처하는 상대의 대처전략들이(예 : 억제 대 표현) 서로 맞지 않으면 남편들이나 부인들이 32년 이후에 빨리 사망할 위험이 높았다(Bourassa, Sbarra, Ruiz, Karchiroti, & Harburg, 2019).

문제 중심 대처와 정서 중심 대처

문제 중심 대처와 정서 중심 대처 간에도 차이가 있다(Folkman, Schaefer, & Lazarus, 1979; Leventhal & Nerenz, 1982; Pearlin & Schooler, 1978 참조). **문제 중심 대처**(problem-focused coping)는 유해하고, 위협적이고, 힘든 스트레스 상황을 해결하기 위한 건설적인 시도다. **정서 중심 대처**(emotion-focused coping)는 스트레스 사건으로 인해 경험하는 감정을 조절하기 위해 노력하는 것을 의미한다. 일반적으로 사람들은 스트레스 사건을 다루기 위해 문제 중심 대처와 정서 중심 대처를 모두 사용하며, 이는 둘 다 유용한 대처법일 수 있다는 것을 시사

대처를 연구하는 이들은 문제를 부인 혹은 회피하는 대처 노력들을 하는 것보다 오히려 직접적인 행동을 취하는 것이 스트레스 사건에 더 잘 적응할 수 있다는 사실을 밝혀냈다.
Susan See Photography

한다(Folkman & Lazarus, 1980).

스트레스 사건의 특성에 따라 둘 중 어떤 대처방식을 사용할 것인지가 결정된다(Vitaliano et al., 1990). 예를 들어, 문제 중심 대처는 문제에 직면하거나 다른 이에게 도움을 구하는 업무 관련 문제에서 더 유용하다. 반면, 건강에 대한 문제는 주로 정서 중심 대처를 사용하는 경우가 많다. 이는 아마 건강에 대한 위협들은 수용해야만 하지만, 이에 대해 직접적으로 할 수 있는 일이 없기 때문이다. 즉, 사람들은 무엇을 해야 하는지 명확한 상황에서는 주로 문제 중심 대처를 사용하는 반면, 무조건 수용할 수밖에 없는 상황에서는 정서 중심 대처를 주로 사용한다는 것이다(Zakowski, Hall, Klein, & Baum, 2001).

적극적 대처 많은 대처는 적극적이다. 이것은 사람들이 잠재적인 스트레스원을 미리 예상해서 행동을 하여 예방하거나 그에 따르는 충격을 줄이려고 노력하는 것을 의미한다(Aspinwall, 2011; Aspinwall & Taylor, 1997). 적극적 대처는 첫째, 스트레스원을 예상하거나 탐지할 수 있는 능력이 필요하고, 둘째, 이를 다루기 위한 대처기술이 요구되며, 마지막으로, 자기규제 기술을 필요로 한다. 자기규제 기술이란 자기 자신을 제어하고, 잠재적인 스트레스 사건에 대응하기 위해 직접적으로 자신의

그림 7.2 | 가구 소득률에 따른 40대들의 인종 및 민족별 조정된 기대수명, 2001년부터 2014년까지

출처 : Chetty, Raj, Michael Stepner, Sarah Abraham, Shelby Lin, Benjamin Scuderi, Nicholas Turner, Augustin Bergeron, and David Cutler. "The Association between Income and Life Expectancy in the United States, 2001 – 2014." *JAMA* 315, no. 16 (2016): 1750 – 66.

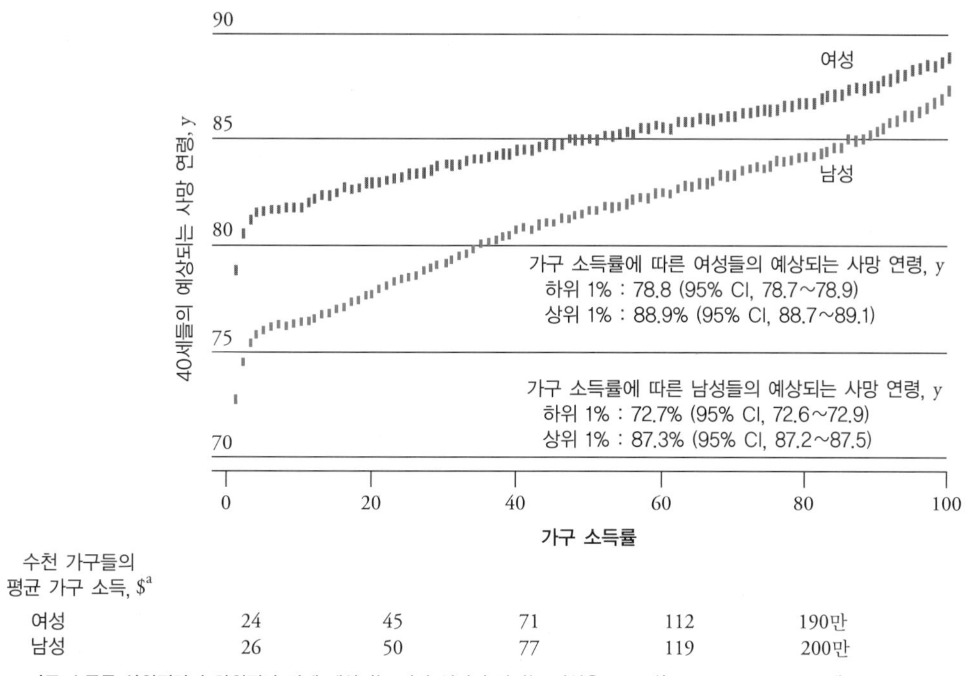

가구 소득률 상위집단과 하위집단 간에 예상되는 사망 연령의 차이는 여성은 10.1년(95% CI, 9.9~10.3년), 남성은 14.6년(95% CI, 14.4~14.8년). Chetty et al. (2016) 자료에서

행동을 수정하는 방법을 말한다.

적극적인 대처는 많이 연구되지 않았다. 정의대로라면, 적극적인 대처로 스트레스 요인을 미리 예방했거나 감소시켰다면 스트레스를 극심하게 겪을 확률이 적어지기 때문이다. 그렇지만 스트레스가 닥쳐왔을 때의 큰 충격에 대처하는 것보다는 힘든 스트레스 상황이 오지 않도록 막는 예방적인 대처가 낫기 때문에 적극적인 대처에 더 많은 관심을 가질 필요가 있다(Aspinwall, 2011).

대처와 외적 자원

대처는 자원과 대처방식과 같은 내적 자원뿐만 아니라 외적 자원에 의해서도 영향을 받는다. 외적 자원에는 시간과 재정상태, 교육, 번듯한 직업, 친구, 가족, 생활 수준, 긍정적인 생활사건이나 다른 생활 스트레스원의 부재 등을 포함한다. 일반적으로 더 많은 자원을 가진 사람들이 스트레스 사건에 더욱 잘 대처하는데, 시간과 돈, 친구나 다른 각종 자원들이 스트레스 사건을 다룰 수 있는 다양한 방식들을 많이 제공해주기 때문이다. 제6장에서 우리는 자원에 의한 스트레스 완화 사례를 보았다. 일하지 않는 여성에 비해 보육이 해결되고 가사를 분담하는 남편이 있는 직업 여성들은 직장을 가지는 것이 심리적으로 긍정적인 영향을 주었고, 이런 자원이 없는 여성들은 더 많은 심리적인 고통을 경험했다.

건강의 가장 강력한 외적 자원들 중 하나는 사회경제적 지위이다. 높은 사회경제적 지위에 있는 사람들은 신체적 · 정신적 질병들을 적게 가지고 있으며, 전반적인 사망률도 낮았다. 이러한 관계성은 매우 강하기에 동물들에게까지 적용되는데, 높은 지위의 동물이 낮은 지위의 동물에 비해 질병에 걸릴 가능성이 낮다(Cohen, Doyle, Skoner, Rabin, & Gwaltney, 1997). 그림 7.2는 사회계급과 사망률의 관계를 보여준다(Adler, Boyce, Chesney, Folkman, & Syme, 1993 참조).

대처 결과

위와 같은 논의를 통해, 우리는 지금까지 성공적인 대처에 대해 배웠다. 무엇이 성공적인 대처의 구성요소인가? 건강심리학자들은 대체적으로 다음과 같은 요인들이 달성되었는지 여부를 평가한다.

- 스트레스원의 감소 및 제거
- 현실이나 부정적인 사건들을 견디거나 적응하기
- 긍정적 자아상의 유지
- 정서적 균형상태의 유지
- 타인들과 만족스러운 관계 지속
- 질병을 앓고 있을 경우, 회복에 대한 전망을 향상시키기
- 생리학, 신경내분비계 및 면역에 대한 반응성을 상대적으로 낮추거나 회복시키는 체계를 스트레스 이전 수준으로 유지(Karatsoreos & McEwen, 2011)

종종 사용되는 성공적 대처의 또 다른 기준은 사람들이 얼마나 빨리 스트레스 사건이 일어나기 전의 생활로 돌아왔는지이다. 배우자의 사망과 같은 극심한 사건이나 과도한 소음과 같은 만성적인 스트레스 등은 일상적인 생활에 지장을 준다. 대처 노력이 일상적인 생활을 재개하도록 도움이 된 경우, 그 대처가 성공적이었다고 할 수 있다. 어떤 스트레스원은 경험을 하고 난 후 인생이 전보다 더 개선될 수도 있다. 우선 순위는 재평가되고, 예전보다 더 나은, 그리고 어떤 면에서는 다른 인생을 살게 될 수 있다.

대처를 위한 개입

모든 사람들이 스스로 스트레스에 성공적으로 대처할 수 있는 것은 아니기에 스트레스에 대처하기 위한 개입들이 개발되어 왔다.

마음챙김 명상과 수용/전념 이론

마음챙김 명상은 사람들로 하여금 스트레스로 인해 주의가 분산되거나 고통을 받지 않고 현재를 인식하는 것을 강조하며, 지금 이 순간에 집중하고, 수용하고, 인정하는 마음 상태를 위해 노력하는 것을 목적으로 한다(Davidson & Kaszniak, 2015). 마음챙김은 삶의 질을 높이고 불안을 줄이며 대처능력을 향상시켜주어서 개입의 기초가 되어왔다(Schirda, Nicholas, &Prakash, 2015). 마음챙김 기반 스트레스 관리(MBSR) 프로그램은 사람들이 스트레스와 부정적 감정들에 대한 반응을 관리할 수 있도록 돕는 체계적인 훈련이다(Dimidjian & Segal, 2015; Jacobs et al., 2013). 즉, 마음챙김 명상의 목표는 사람들이 스트레스에 흥분해서 자동적으로 반응하기보다는 스트레스 사건을 깊이 고려한 후 상황에 맞추어 침착하게 접근할 수 있도록 돕는 것이다(Hölzel et al., 2011).

마음챙김은 어떻게 긍정적인 효과를 내는 것일까? 마음챙김과 MBSR은 스트레스에 대한 신체적인 반응들을 잠잠케 할 수 있다(Hughes et al., 2013; Jacobs et al., 2013; Nyklicek, Mommersteeg, Van Beugen, Ramakers, & Van Boxtel, 2013). 건강신경과학의 연구들이 보여주듯이, 다른 신경경로들 중에서, 마음챙김은 불안과 다른 부정적인 감정들과 관련 있는, 변연계에서 일어나는 정서조절과 활동을 하향 조절하는 뇌의 전두엽 부분과 관계가 있다(Creswell, Lindsay, Villalba, & Chin, 2019). 또한 마음챙김은 자기자비를 증진시키는데, 예를 들면, 이는 유방암을 가진 젊은 여성들의 긍정적인 심리적 적응에 기여하였다(Boyle, Stanton, Ganz, Crespi, & Bower, 2017). 게다가 마음챙김 훈련은 외로운 감정을 줄이

고 사회적 접촉을 증가시켰다(Lindsay, Young, Brown, Smyth, & Creswell, 2019).

수용전념치료(ACT)도 인생의 피할 수 없는 요소들인 고통, 상실, 질병과 같은 근본적인 전제를 마음챙김 주의자각과 수용을 포함시키는 개입이다(Hayes, 2016). ACT는 심리적인 탄력을 증진시키고, 삶의 문제들을 없애기 위해 끊임없이 싸우거나 제거해버리기보다는 핵심 가치들을 추구하는 데 헌신하는 것이다. 수용과 마음챙김의 치료는 경험하는 스트레스원들을 붙잡으면서도 삶의 질을 향상시킬 수 있는 치료들이다. 만성 고통과 같은 상태에 마음챙김묵상과 ACT가 효과적이라는 좋은 증거들이 누적되고 있다(Creswell, 2017; Hilton et al., 2017; Veehof, Trompetter, Bohlmeijer, & Schreurs, 2016).

표현적 글쓰기

숨겨온 감정을 표현하는 것은 건강에 유익하다. 몇 년 동안, 연구자들은 사람들이 외상 사건을 겪고 나서 이에 대해 의사소통할 수 없거나 하지 않을 때, 내면에서부터 곪아 오랫동안 지속되는 강박적인 생각을 만들어낼 것이라고 추측했다. 외상 사건의 억제는 생리적인 활동을 증가시키는데, 자신의 생각과 감정, 행동을 억제하면 할수록 생리적 활동은 더 많이 증가한다(Pennebaker, 1997). 그 결과 다른 이에게 털어놓거나 본인의 감정을 의식적으로 직면하면 외상 사건에 대한 집착이나 억제를 할 필요가 없고, 그로 인해 사건과 관련된 생리적 활동도 감소하게 된다. 이러한 관점은 표현적 글쓰기라고 불리는 개입을 통해 연구되어 왔다(Pennebaker & Smyth, 2016).

페네베이커와 벨(1986)의 초기 연구에서는, 46명의 학부생들에게 생애에서 가장 정신적 충격이 컸던 스트레스 사건에 대해 글을 쓰거나, 사소한 주제에 대하여 글을 쓰게 했다. 정신적 충격 사건에 대해서 글을 썼던 학생들은 글을 쓴 직후 가장 많은 부정적 감정을 경험했지만, 지속되는 심리적 고통을 경험하지 않았고, 무엇보다도 가장 중요한 것은 그들이 6개월간 학생보건센터에 방문한 횟수가 적었다는 것이다. 후속 연구들은 사람들이 정신적으로 충격이 컸던 사건에 대해서 말하거나 글을 쓸 때, 스트레스를 나타내는 심리적 · 생리적 지표가 감소하였는데, 이는 그들이 상처로부터 회복된 건강을 직접적으로 나타내는 것이라고 할 수 있다(Robinson, Jarrett, Vedhara, & Broadbent, 2017). 표현적 글쓰기의 효과성은 많은 연구들에 걸쳐 다양하게 나타나는데 참여자의 성격에 따라(예 : 문화, 환경에서 받는 지지), 글쓰기의 초점과 다른 요인들에 따라 다르다(Chu, Wong, & Lu, 2019; Jensen-Johansen et al., 2019; Korotana, Dobson, Pusch, & Josephson, 2016; Merz, Fox, & Malcarne, 2014; Travagin, Margola, & Revenson, 2015).

자기긍정

이 장에 앞서, 우리는 자아존중감과 같은 자기 관련 자원들이 스트레스 대처 시에 어떻게 도움을 주는지 알아보았다. 제3장에서 언급한 것처럼, 이런 통찰력을 활용하는 개입을 자기긍정이라고 한다. 사람들이 긍정적으로 자신의 가치들을 확신할 때 자신들에 대하여 긍정적으로 느끼고 낮은 신체적 활동과 고통을 보인다(Shnabel, Purdie-Vaughns, Cook, Garcia, & Cohen, 2013). 자기긍정은 개인과 관련된 위험 정보에 대한 방어를 줄여서 그러한 위험들을 줄이는 것에 수용적으로 만들어 준다(Schuz, Shuz, Eid, 2013). 결과적으로, 연구자들은 자기긍정을 스트레스 대처를 돕는 개입으로 활용하고 있다. 한 연구에서는(Sherman, Bunyan, Creswell, & Jaremka, 2009) 스트레스가 심한 시험을 치르기 직전의 학생들에게 중요한 개인적 가치를 서술하게 했다. 그 결과, 자기긍정을 통해 학생들의 심장박동과 혈압이 진정되는 것을 확인할 수 있었다. 또한 자기긍정은 위협들에 대한 방어적인 반응을 약화시켰다(Harris, Mayle, Mabbott, & Napper, 2007; Van Koningsbruggen, Das, & Roskos-Ewoldsen, 2009).

이완 훈련

우리는 지금까지 스트레스의 특성과 조절하는 방법에

대한 인지적인 통찰력을 논의해왔는데, 또 다른 기법인 이완 훈련은 각성을 낮춤으로서 스트레스의 생리적인 경험에 영향을 준다.

이완 훈련 치료로는 호흡요법과 점진적 근육 이완 훈련, 심상요법, 초월명상법, 요가 그리고 자기최면이 있다. 이 기법들에는 심박수 감소, 근육 긴장도의 이완, 혈압과 염증을 일으키는 활동과 지방 수준의 감소, 불안과 긴장의 진정 등 각종 신체적·심리적 이점들이 있다(Barnes, Davis, Murzynowski, & Treiber, 2004; Lutgendorf, Anderson, Sorosky, Buller, & Lubaroff, 2000; Scheufele, 2000; Speca, Carlson, Goodey, & Angen, 2000). 단 5분에서 10분 동안의 호흡요법과 점진적 근육 이완을 실천하는 것만으로도 유익한 효과를 이끌어낼 수 있다.

요가 또한 건강에 도움이 된다. 한 연구는 규칙적으로 요가를 하는 사람들이 새로 요가를 시작한 사람들에 비해 긍정적인 감정을 많이 느끼고, 스트레스 상황 시 낮은 수준의 염증 반응을 보인다는 것을 밝혀냈다. 요가는 스트레스가 주는 무거운 짐을 덜 수 있게 해준다(Kiecolt-Glaser et al., 2010; Pascoe, Thompson, & Ski, 2017). 흥겨운 음악을 듣는 것 또한 스트레스 이완에 효과적이다(Miller, Mangano, Beach, Kop, & Vogel, 2010).

대처 효과성 훈련

개인적으로나 집단으로나, 전화로 효과적인 대처 기법을 가르치는 것조차 유용한 개입이다(Blumenthal et al., 2014). 많은 개입들은 인지행동치료(CBT)의 원리들로부터 파생되었다(Antoni, Carrico, et al., 2006). 대처 효과성 훈련은 일반적으로 사람들에게 스트레스 사건을 어떻게 평가하는지와 스트레스원을 세분화된 과제로 나누는 것을 가르치는 것으로부터 시작된다. 이 개입에 참여하는 사람은 스트레스원의 통제 가능한 부분과 불가능한 부분을 구별하는 방법을 배운다. 그러고 난 다음에, 특정한 대처전략들로 특정 스트레스원을 다룰 수 있도록 연습한다. 사람들에게 사회적 지지를 유지할 수 있게 격려하는 것도 대처 효과성 훈련의 중요한 부분 중 하나이다(Folkman et al., 1991). 우리는 만성질환을 다루는 장에서 각종 대처 효과성 개입들에 대해 논의할 것이며, 이 절에서는 대학생활에 있어서의 스트레스를 다루는 대처 효과성 훈련에 초점을 둘 것이다.

대학생활 스트레스의 관리 많은 사람들이 자신들의 스트레스를 다루는 데 어려움을 겪기 때문에 건강심리학자들은 **스트레스 관리**(stress management)를 위한 기법들을 개발해냈다. 스트레스 관리 프로그램은 총 세 단계로 구성되어 있다. 첫 번째 단계는 프로그램 참가자들이 스트레스가 무엇인지, 어떻게 자신들의 삶에서 스트레스원을 알아차리는지 배운다. 두 번째 단계에서는 스트레스에 대처하기 위한 기술을 습득하고 연습하는 것이다. 마지막 단계는 지정된 스트레스 상황에서 대처 기법들을 실시하고 효과성을 검토하는 것이다(Meichenbaum & Jaremko, 1983).

예를 들어, 대학은 신입생들에게 있어 극도의 스트레스를 경험하게 되는 곳일 수 있다. 몇몇 학생들에게는 처음으로 집을 떠나게 되는 경험일 수 있으며, 이들은 낯선 사람들과 함께 기숙사에서의 삶에 적응해야 할 수 있다. 매우 다른 성장배경과 생활습관을 가진 사람과 방을 같이 써야 한다는 것과 심한 소음, 공용 화장실, 학식, 바쁜 시간표 등은 신입생들에게 힘든 도전적인 경험일 수도 있다. 대학생활에서 이러한 각종 스트레스가 있다는 것이 알려진 이후, 대학 관리자들은 지속적으로 스트레스 관리 프로그램을 만들어 학생들에게 제공하고 있다.

스트레스 관리 프로그램 '지금 스트레스와 싸워라(Combat Stress Now, CSN)'라고 불리는 이 프로그램은 다양한 단계의 교육, 기술 습득과 연습을 하게 한다(Taylor, 2003).

스트레스원 확인하기 CSN 프로그램의 첫 번째 단계는 참가자들로 하여금 스트레스란 무엇이며, 어떻게 스트

대학생활에서는 많은 사람들 앞에서 발표하기와 같은 스트레스 상황이 많다. 스트레스 관리 프로그램은 학생들이 스트레스를 관리하기 위한 기술을 습득하도록 도울 수 있다.
Rob Melnychuk/Jupiterimages/Brand X/Alamy Stock Photo

레스가 신체적 · 심리적으로 부정적인 영향을 주는지에 대해 배운다. 다른 사람과 개인적인 스트레스 경험을 공유하는 것은 다른 학생들 또한 자신과 비슷한 경험을 했다는 것에 안도할 수 있게 해준다. 그들은 스트레스를 내적인 사건이기보다는 그 상황을 해석하는 심리적 평가의 과정이라는 것을 배운다. 즉, 대학 자체가 스트레스원이기보다는 본인이 대학생활에 대해 해석한 결과 때문에 스트레스를 받는 것이다.

스트레스 모니터링하기 CSN 프로그램의 자기 모니터링 단계는 학생들로 하여금 자기 자신의 행동을 면밀히 관찰하게 하고, 그들이 꼽은 가장 스트레스가 높은 상황을 기록하도록 훈련시키는 것이다. 또한 학생들은 스트레스를 받을 때 스트레스에 대한 자기 자신의 신체적, 정서적, 행동적 반응을 기록하고, 스트레스 사건에 대처하기 위해 행했던 과도한 수면과 폭식, 지나친 온라인 활동과 폭음 등의 부적응적 노력 또한 기록한다.

스트레스의 선행사건 확인하기 학생들이 자신의 스트레스 반응을 기록하는 방법을 배우게 되면, 스트레스를 경험하기 전의 선행사건을 검토하도록 한다. 학생들은 스트레스를 느끼기 전에 무슨 일이 일어났는지에 집중하는 것을 배운다. 예를 들면, 어떤 학생은 수업에서 발표할 때만 압도되는 기분을 느낄 수 있으며, 반면에 어떤 학생은 시험 전에 가장 스트레스를 받을 수도 있다. 이렇게 스트레스를 유발할 수 있는 요인을 정확하게 파악함으로써 학생들은 자신의 취약점을 더욱 명확하게 알게 된다.

부정적인 자기대화 피하기 그다음으로, 학생들은 스트레스 상황에 직면했을 때 발생하는 부정적인 자기대화를 인식하거나 없애기 위해 훈련한다. 예를 들어, 발표 불안이 있는 학생은 "난 사람들이 질문하는 게 싫어", "난 항상 말을 버벅거려", "나는 아마 내가 하려고 했던 말도 잊어버릴 거야"와 같은 자기진술이 어떤 식으로 스트레스 과정에 일조하는지 인식할 수 있다.

집에서 하는 과제 완수하기 학생들에게는 수업 내에서의 활동뿐만 아니라 과제도 있다. 학생들은 어떤 사건이 스트레스를 유발했고, 그에 대해 어떻게 대처하였는지를 기록한 스트레스 일기를 지속적으로 작성한다. 스트레스 사건을 확인하는 것에 숙달되고 난 후에는, 스트레스 경험에 동반되는 부정적인 자기진술이나 비논리적인 생각을 기록하도록 한다.

기술 습득 스트레스 관리의 다음 단계는 기술 습득과 연습이 있다. 이러한 기술들은 인지행동치료 기법, 시간관리 기술, 운동 등 스트레스를 감소시키는 다른 개입들을 포함한다. 이런 기술들 중 몇몇은 스트레스 사건을 없애기 위해 설계되며, 그 외에는 반드시 스트레스 사건 자체를 조정하지 않으면서 스트레스 경험을 줄이는 데 적합하도록 맞추어 설계된다.

새로운 목표의 설정 다음으로 학생들은 대학에서의 스트레스 경험을 줄이기 위해 각자의 요구를 충족하는 특정 목표를 설정한다. 어떤 학생에게는 불안에 압도되지 않고 수업 중에 잘 발표할 수 있는 것이 목표가 될 수 있으며, 또 다른 학생에게는 문제를 해결하기 위해 특정한 교수를 찾아가는 것이 목표가 될 수도 있다.

목표가 세워지고 나면, 이 목표를 달성하기 위한 구체적인 행동이 무엇인지 파악해야 한다. 어떤 경우에는 적절한 반응이 스트레스 사건 자체로부터 멀어지는 것을 의미할 수 있다. 예를 들면, 엄격한 물리학 수업에서 어려움을 겪고 있는 학생의 경우, 물리학자가 되겠다는 목표를 수정해야 할 수도 있다. 반대로 스트레스원을 도전으로 바꾸라고 격려하게 될 수도 있다. 수업에서 발표 불안이 있는 학생이 교수가 되고 싶다는 자신의 장기 목표를 깨닫는다면, 이 학생은 공포 사건을 극복할 수 있을 뿐만 아니라 즐겨야 한다는 것을 깨닫게 될 수도 있다.

목표 설정이 효과적인 스트레스 관리에 매우 중요한 역할을 하는 데에는 두 가지 이유가 있다. 첫 번째, 목표 설정은 사람들이 스트레스 사건을 피할 것인지, 인내할 것인지, 극복할지를 구분하게 한다. 두 번째, 목표 설정은 사람들이 정확히 어떤 스트레스원을 다룰 필요가 있는지와 무엇을 할 것인지를 구체적이고 현실적으로 돕는다.

긍정적인 자기대화와 자기지시하기 학생들이 현실적인 목표를 설정하고, 목표를 달성하기 위해 목표행동을 확인하게 되면, 그들은 자기지시와 긍정적인 자기대화를 어떻게 해야 하는지 배운다. 자기지시는 목표를 성취하기 위해 필요한 구체적인 단계들을 생각하게 한다. 긍정적인 자기대화는 스스로 격려를 하는 것이다. 예를 들어, 수업에서 발표 불안이 있는 학생은 간단한 질문이나 사소한 점에 대해 코멘트를 하는 것으로 시작할 수 있으며, 수업 분량에 대한 코멘트를 미리 준비해와서 수업 시간에 어떤 이야기를 할지 기억할 수 있게 도울 수 있다. 대중 앞에서 말하는 것이 숙련되고 나면, 학생은 본인 경험의 긍정적인 측면을 강조함으로써 자기 자신을 격려할 수 있다(예를 들어, 청중의 관심을 끌거나 논지를 분명히 하고 상대방을 설득하여 입장을 바꾸게 하는 것과 같은 것).

다른 인지행동 기법 사용하기 어떤 스트레스 관리 프로그램에서는 유관성 계약이나 자기강화(제3장 참조)가 유용하다. 예를 들어, 발표를 두려워하는 학생은 한 주 동안의 수업에서 3개의 질문을 하는 등의 구체적인 목표를 설정하도록 한다. 이를 행하면 콘서트 표와 같은 보상이 뒤따를 수도 있다.

몇몇 기법들은 스트레스 관리 개입에 자주 사용되기도 한다. 대표적으로 **시간관리**(time management)와 구체적인 목표를 세우도록 돕는 것, 우선순위 정하기, 시간을 낭비하게 하는 것들 피하기, 무엇을 무시할 것인지 배우는 것 등이 있다. 대부분의 스트레스 관리 프로그램들은 건강습관을 가지는 것과 적어도 일주일에 세 번, 20~30분 동안 운동하는 것을 권장한다. 자기주장 강화 훈련은 때때로 스트레스 관리에 사용된다. 사람들은 본인 인생에서 가장 스트레스를 유발하는 사람, 즉 **스트레스 유발자**(stress carrier)를 파악하고, 그에 맞서는 기법들을 배운다. 사회적 지지는 스트레스에 대처하는 데 매우 중요하며, 따뜻한 사회적 접촉을 증가시키는 것도 권장된다.

종합하면 스트레스 관리 훈련은 스트레스원이 많은 이 세상을 살아가는 데 유용한 기술들을 배우는 것이다. 그리고 저마다 자신에게 맞는 특정한 기법을 찾게 될 것이다. 결론적으로, 효과적으로 스트레스를 대처하는 것은 정신과 신체의 건강을 향상시키는 데 도움을 준다.

사회적 지지

우리를 보호해주는 심리사회적 자원 중 가장 중요한 것은 바로 사회적 지지이다. 사회적 유대관계는 정서적으로 만족감을 주고, 스트레스의 영향을 완화하며, 스트레스로 인해 건강을 해치게 될 가능성을 감소시킨다. 건강심리학 분야의 전문가들은 가까운 관계와 긍정적인 사회 유대관계 증진이 국가 차원의 건강 증진을 위해 우선시되어야 할 강력한 건강 기여 요인이라고 주장한다(Holt-Lunstad, Robles, & Sbarra, 2017).

사회적 지지란 무엇인가

사회적 지지(social support)는 누군가로부터 사랑받고, 보살핌받으며, 존중받고 있고, 가치 있게 여기며, 대화를 할 수 있고, 상호 의무감을 갖고 있는 사회망에 포함되어 있는 것으로 정의할 수 있다. 사회적 지지는 부모, 배우자나 애인, 다른 친척들, 친구들, 지역사회(교회나 클럽과 같은)에서 얻을 수 있으며(Rietschlin, 1998), 심지어 애완동물로부터도 받을 수 있다(McConnell, Brown, Shoda, Stayton, & Martin, 2011). 사회적 지지를 받는 사람들은 스트레스 상황에 직면했을 때 더 적은 스트레스를 경험하고, 더욱 성공적으로 대처하며(Taylor, 2011), 심지어 긍정적인 사건을 더욱 긍정적으로 경험하게 해준다(Gable, Gosnell, Maisel, & Strachman, 2012).

도움이 필요할 때 사회적 지지가 없다면 스트레스가 되고, 사회적인 고립과 외로움도 건강과 장수를 예측하는 강력한 예측요인들이다(Cacioppo, Cacioppo, Capitanio, & Cole, 2015). 예를 들어, 노인이나 최근에 남편을 잃은 과부, 갑작스럽게 심각하고 통제할 수 없는 사고를 당한 피해자들은 지지가 필요하지만 이를 얻는 데 어려움을 겪는다(Sorkin, Rook, & Lu, 2002). 수줍음이 많아서 사회관계에 어려움이 있는 사람들이나(Naliboff et al., 2004), 다른 사람들로부터 거부당할 것을 기대하는 사람들(Cole, Kemeny, Fahey, Zack, & Naliboff, 2003)은 사회적으로 고립될 위험이 높은 고위험군에 속한다. 사회적 지지가 건강에 이롭다는 것에 미루어보면, 외로움과 사회적 고립은 신체적, 인지적, 정신적 기능에 위협을 가한다(Shankar, Hamer, McMunn, & Steptoe, 2013).

과거에 전쟁포로였던 사람들을(POWs) 대상으로 한 연구에서, 귀국 후 18년 동안의 외로움과 사회적인 지지의 부재가 24년 후에 더 노화된 세포와 관련이 있었다(Stein et al., 2018). 또한 수년에 걸친 대규모 연구들에서 외로움과 사회적인 고립을 겪은 사람들은 젊은 시절에 사망률을 보여주었다(Beller & Wagner, 2018; Tabue Teguo et al., 2016).

사회적 지지는 몇 가지 유형으로 나눌 수 있다. **실제적 지지**(tangible assistance)는 서비스와 금전적 지원, 물품과 같은 물질적 지지의 제공을 포함한다. 예를 들어, 가족 구성원 중 누군가의 죽음을 맞이한 가정에 음식을 선물로 종종 주는데, 이는 사별한 가족 구성원들이 그들 자신이나 집을 방문한 친구, 친척들을 위해 요리를 하는 수고를 덜어주기 위해서이다.

가족과 친구들은 스트레스 사건에 대한 **정보적 지지**(informational support)를 제공해줄 수 있다. 예를 들면, 개인이 불편한 의료적 절차를 겪을 때, 같은 경험을 했던 친구가 절차의 정확한 수순과 겪었던 잠재적인 불편 혹

유머는 스트레스를 이겨내는 효과적인 방어 수단으로 오랫동안 여겨져 왔다.

Caia Images/Glow Images

은 절차가 얼마나 걸리는지에 대한 정보를 줄 수 있다.

지지적인 친구들과 가족들은 그가 보살핌을 받을 만한 가치가 있는 사람이라고 안심시킴으로써 **정서적 지지**(emotional support)를 제공해줄 수 있다. 다른 사람들로부터 받는 따뜻함과 애정 어린 돌봄, 배려는 스트레스를 받는 개인이 스트레스 상황에 조금 더 자신감 있게 접근할 수 있게 도와준다(글상자 7.5).

위에서 논의한 것과 같은 사회적 지지는 각각의 건강 지표들과 관련이 있다(예 : Bowen et al., 2014). 이러한 사회적 지지는 한 개인이 다른 개인에게 실질적인 도움과 위안을 제공하는 것이다. 그러나 사실 사회적 지지의 많은 유익점은 사회적으로 통합되는 데에서 오는 것이고(Barger, 2013) 사회적 지지를 받을 수 있다는 인식에서 온다. 단지 지지를 받을 수 있다고 생각하거나(Smith, Ruiz, & Uchino, 2004), 삶의 곳곳에서 지지를 받을 수 있는 자원을 생각하는 것만으로도 효과가 있다(Broadwell & Light, 1999).

게다가 사실 다른 사람들로부터 실제로 사회적 지지를 받는 것은 잠재적인 비용이 들 수 있다. 첫째, 누군가의 시간을 쓰고 집중을 해야 하기 때문에 돌봄을 받는 사람은 죄책감과 의무감을 느낄 수 있다. 타인의 도움을 필요로 한다는 것은 다른 사람에게 의존한다는 의미를 내포하기도 하므로, 도움을 받는 사람의 자존감이 위협받을 수도 있다(Bolger, Zuckerman, & Kessler, 2000). 이러한 잠재적인 대가는 정신적 괴로움을 감소시키는 사회적 지지의 긍정적인 효과를 약화시킨다. 실제로, 관련 연구들은 도움을 받는다는 것을 모르는 채로 다른 사람들의 도움을 받을 때 가장 큰 도움이 된다고 밝혔다(Bolger & Amarel, 2007). 이러한 종류의 지지를 **눈에 띄지 않는 지지**(invisible support)라고 한다.

사회적 지지가 질병에 미치는 영향

사회적 지지는 질병에 걸릴 가능성을 줄이고, 질병이나 치료의 회복을 가속화하며(Krohne & Slangen, 2005), 중병으로 인한 사망률의 위험을 줄일 수 있다(House, Landis, & Umberson, 1988; Rutledge, Matthews, Lui, Stone, & Cauley, 2003). 큰 질병이나 작은 질병을 앓고 있는 사람들을 대상으로 수행된 수백 개의 연구에서 사회적 지지가 건강에 이롭다는 결과를 나타냈다.

사회적 지지는 일반적으로 건강행동에도 유용하다

글상자 7.5 사회적 우정은 당신의 삶에서 중요한 부분인가?

당신의 삶을 묘사하라고 하면 어떻게 할 것인가? 지금까지 당신의 삶을 어떻게 살아왔는지에 대해 몇 분을 투자하여 몇 문장으로 써 보라. 본인 삶에서 어떤 주요한 사건들이 있었는가? 당신에게 가장 중요한 것은 무엇이었나? 이제 지금까지 쓴 문장을 살펴보면서 다른 사람에 대해 얼마나 자주 언급하고 있는지 찾아보라.

2명의 심리학자, 사라 프레스만과 셸던 코헨(2007)은 이와 같은 것을 제안했다. 그들은 96명의 심리학자와 220명의 문학 작가들이 쓴 자서전을 살펴보면서 저자들이 얼마나 자주 사회적 관계를 언급하는지 세어보았다. 그런 다음 저자들이 사회적 관계를 언급한 횟수와 그 저자들이 얼마나 오래 생존했는지를 관련지어 보았다(Pressman & Cohen, 2011).

프레스만과 코헨은 저자들이 자서전에서 사용한 사회적 관계와 관련된 단어의 수가 저자들의 수명을 예측해준다는 것을 발견했다. 어떻게 이것이 가능한가? 연구자들은 자서전에서 사용된 사회적 단어가 저자가 맺은 사회적 관계를 간접적으로 나타내고 있다고 추론했다. 우리가 보아온 것과 같이 좋은 사회적 관계는 긴 수명과도 관련이 있다. 비록 '평화로운', '잔잔한'과 같이 긍정적인 상태를 나타내는 단어에서는 나타나지 않고 '생생한', '활기찬'과 같이 활동적인 긍정적 단어에서만 관련성이 나타났지만, 자서전에서 긍정적인 정서와 관련된 단어를 사용한 것도 장수를 설명해주었다.

따라서 자서전에서 중요한 사회적 관계를 자주 언급할수록 사회적 지지와 관련된 경험에 긍정적인 영향을 미치고 궁극적으로 건강과 장수를 누리게 된다.

가족들과 친구들의 사회적 지지는 삶을 즐겁게 해주고 사람들이 건강을 유지할 수 있게 해주며, 만약 아프다면 빨리 회복할 수 있도록 도와준다.
Big Cheese Photo/Getty Images

(Cohen & Lemay, 2007). 높은 수준의 사회적 지지를 받는 사람들은 의사가 지시한 치료지시들을 잘 이행하며(DiMatteo, 2004), 건강 서비스를 더 많이 이용한다(Wall-ston, Alagna, DeVellis, & DeVellis, 1983). 반면, 사회적 지지는 나쁜 건강습관을 형성하게 할 수도 있다. 또래집단이 담배를 피우거나, 술을 많이 마시거나, 마약을 복용하거나(Wills & Vaughan, 1989), 많은 사회적 접촉이 스트레스와 관련될 때가 대표적이다. 이러한 상황에서는 감기나 독감같이 사소한 질병들에 걸릴 위험이 높은데, 이러한 질병은 사회적 관계를 통해 전염되기 때문이다(Hamrick, Cohen, & Rodriguez, 2002). 외롭거나 사회적으로 고립된 사람들 또한 좋지 않은 건강 상태와 일상에서 좀 더 많은 부정적인 정서 상태를 경험하고(Wolf & Davis, 2014) 건강을 악화시키는 나쁜 건강습관을 갖는다(Crittenden, Murphy, & Cohen, 2018; Kobayashi & Steptoe, 2018).

생물심리사회적 경로

사회적 지지 연구에서는 사회적 접촉이 건강에 이롭거나 건강을 저해시키기는 생물심리사회적 경로를 밝히는 것이 중요한 과제이다. 연구들은 사회적 지지가 심혈관계와 내분비계, 면역체계에 긍정적인 영향을 미친다고 밝힌다(Taylor, 2011). 또한 사회적 지지는 스트레스에 의한 심리적, 신경내분비계 반응을 감소시킬 수도 있다. 예를 들면, 감기에 대한 한 연구에서는 건강한 자원자들로 하여금 배우자가 있는지, 부모가 생존해있는지, 친구나 직장 동료가 있는지, 본인이 동호회와 같은 사회적 집단의 구성원인지 등의 사회적 유대관계를 보고하게 했다. 그리고 이 자원자들에게 감기 바이러스가 포함되어 있는 점액을 코에 주입하고, 감기 증상이 나타나는지를 관찰했다. 그 결과, 많은 사회적 네트워크를 가진 사람일수록 감기에 덜 걸렸고, 감기에 걸린 사람들은 적은 사회적 네트워크를 가진 것으로 나타났다(Cohen et al., 1997).

심리학자들은 사회적 지지의 효과를 연구하기 위해 실험실에서 피험자들에게 스트레스 사건을 인위적으로 노출한 후, 생물학적인 스트레스 반응을 측정하는 급성 스트레스 패러다임을 종종 이용한다. 몇몇 연구에서, 연구자들은 지지적인 동료가 있는 집단과 홀로 스트레스 사건을 겪는 집단으로 나누어 이 실험을 했다. 그 결과, 지지적인 동료가 존재하는 경우, 스트레스를 받는 일에 대한 심리적 반응이 보다 진정되는 것을 확인할 수 있었다(Christenfeld, 1997; Smith, Loving, Crockett, & Campbell, 2009).

사회적 지지는 질병에 유용한 영향을 미치는 스트레

동물들도 사람과 같이 사회적 지지로 인한 이득을 즐긴다. 예를 들어, 사회적 관계를 맺고 있는 암말은 그렇지 않은 암말에 비해 오래 사는 망아지를 낳을 확률이 높다(Cameron, Setsaas, & Linklater, 2009).
Comstock Images/Alamy Stock Photo

스 반응인 코르티솔과 면역기능의 순기능과도 연관이 있다(Turner-Cobb, Sephton, Koopman, Blake-Mortimer, & Spiegel, 2000). 사회적 지지는 또한 더 나은 면역기능과(Herbert & Cohen, 1993) 적은 알로스타틱 부하로 낮은 염증 반응을 갖는 것(Brooks, Gruenewald, Karlmangla, Hu, Koretz, & Seeman, 2014), 적은 세포의 노화 진행(Carroll, Diez Roux, Fitzatrick, & Seeman, 2013)과 관련이 있다. 그래서 통합된 생물심리사회적 경로는 사회적 지지와 질병에 걸릴 위험을 감소시키는 것의 관련성을 보여준다(Uchino & Way, 2017).

몇몇 연구들은 사회적 지지가 스트레스에 대한 뇌의 반응을 변화시킨다는 것을 밝혀냈다. 예를 들어, 한 연구(Coan, Schaefer, & Davidson, 2006)에서는, 전기 충격의 위협에 노출된 아내가 남편의 손을 잡고 있는 경우와 모르는 남자의 손을 잡고 있는 경우, 아무와도 손을 잡고 있지 않은 경우로 나누어 실험했다. 그 결과, 남편의 손을 잡았을 때 위협 상황에 반응하는 신경계의 활성화가 감소된다는 것을 확인했다. 모르는 남자의 손을 잡았을 때에 비해 더 감소된 효과였다. 흥미롭게도, 여성의 결혼생활이 만족스러울수록 신경계 활성화가 더 많이 감소했다(Coan, Schaefer, & Davidson, 2006). 연인의 사진을 보는 것 또한 고통스러운 경험을 더욱 쉽게 견딜 수 있게 한다고 한다(Master et al., 2009). 시간이 흐르면서, 가족 구성원들은 스트레스에 대한 신체적인 반응을 포함하여 서로의 생물학적 작용을 만들어낸다(Laws, Sayer, Pietromonaco, & Powers, 2015; Saxbe et al., 2014). 양자 대처는 커플 중 한 사람이 다른 사람의 대처에 영향을 주는 효과인데, 유사한 대처유형과 근본적인 생물작용의 둘 모두에서 볼 수 있다(예 : Slatcher, Selcuk, & Ong, 2015).

사회적 지지에 의한 스트레스 완화

사회적 지지는 스트레스가 주는 영향을 어떻게 완화시키는가? 여기에는 두 가지 가능성이 탐색되었다. **직접적 효과 가설**(direct effect hypothesis)은 사회적 지지가 스트레스를 받을 때는 물론이고, 스트레스를 받지 않을 때도 대체적으로 유익하다는 것이다. **완충 가설**(buffering hypothesis)은 스트레스 수준이 특히 높은 시기일수록 사회적 지지가 신체건강과 정신건강에 주는 이점이 명백히 나타난다는 것이다. 이것은 스트레스를 적게 받을 때에는 사회적 지지로부터 얻을 수 있는 이익이 적다는 것이기도 하다. 이 관점에 의하면, 사회적 지지는 스트레스 수준이 높은 상황에서 그 영향을 약화시키는 비축분과 자원의 역할을 맡게 된다고 주장한다.

연구들은 사회적 지지의 직접적 효과 가설과 완충 가설 둘 다 지지한다(Bowen et al., 2014; Cohen & Hoberman, 1983; Cohen & McKay, 1984). 연구자들이 사회적 지지를 한 사람을 친구라고 생각하는 주위 사람들의 숫자나 본인이 속한 조직의 수로 정의할 때, 일반적으로 사회적 지지가 건강에 직접적으로 미치는 영향을 확인할 수 있다. 사회적 지지의 완충 효과는 개인에게 도움이 필요할 때 자신을 도와줄 수 있다고 인식하는 사람들의 수와 같이 질적으로 사회적 지지를 평가할 수 있을 때 나타난다(House et al., 1988).

지지 얻기 사회적 지지의 영향력은 얼마나 개인이 사회적 지지 네트워크를 잘 활용하느냐에 달려있다. 어떤 사람들은 자신에게 필요한 지지를 다른 사람들보다 더 잘 이끌어내기도 한다. 쌍생아 연구를 통해 사회적 지지를 활용할 수 있다고 인식하거나 지지적인 연결망을 형성하는 능력은 유전적인 기반이 있다는 사실이 발견됐다(Kessler, Kendler, Heath, Neale, & Eaves, 1992). 스트레스 수준이 높을 때, 사회적 지지를 이끌어내는 유전적 성향이 활성화되며 스트레스를 완화하기 위해 이러한 지지를 이용할 수 있다는 것을 인식하게 된다.

사회적 기술들은 사회적 지지를 형성하는 능력에 영향을 주기도 한다. S. 코헨과 동료들(Cohen, Sherrod, & Clark, 1986)은 대학 신입생들을 대상으로 그들의 사회적 유능성과 사회적 불안, 자기개방 기술에 관해 평가했으며, 이러한 기술들이 사회적 지지를 효과적으로 활용하고 형성시킬 수 있는 것에 영향을 주는지 살펴보았다. 결과적으로, 사회적 유능감이 더 높고 사회적 불안은 낮으며 더 뛰어난 자기개방 기술을 가진 학생이 더 효과적인 사회적 지지 네트워크를 개발했고, 더 많은 친구들을 만들었다.

어떤 종류의 지지가 가장 효과적인가

사회적 지지의 모든 면이 스트레스에 대해 동일하게 보호적이지만은 않다. 예를 들어, 매일 배우자 혹은 연인이나 친한 친구 등을 비롯한 절친한 이들을 마주한다는 것이 가장 효과적인 사회적 지지가 될 것이다(Stetler & Miller, 2008; Umberson, 1987). 특히 만족스러운 결혼생활은 스트레스에 대응하는 강력한 보호요인 중 하나이다(Robles, 2014). 평균적으로, 남성은 결혼생활을 통해 건강상 얻는 이득이 많은 반면(예 : Sbarra, 2009), 여성이 얻는 이득은 그에 비해 적은 편이다. 여성들에게는 이혼하거나, 미혼으로 살거나, 불만족스러운 결혼생활을 하는 것은 모두 건강에 부정적인 영향을 미치는데, 특히 그 관계 문제들이 우울하게 할 때 그러하다(Kiecolt-Glaser, 2018; Liu & Umberson, 2008; Sbarra & Nietert, 2009). 특히 결혼생활에서 느끼는 긴장감, 갈등, 별거와 이혼은 건강에 매우 부정적인 영향을 미친다(Nealey-Moore, Smith, Uchino, Hawkins, & Olson-Cerney, 2007).

가족으로부터 받는 지지도 중요하다. 어린 시절부터 부모로부터 사회적 지지를 받고, 안정적이고 지지적인 환경 속에서 어린 시절을 보내는 것은 개인의 대처능력과 건강에 장기적으로 영향을 미친다(Chen, Brody, & Miller, 2017; Puig, Englund, Simpson, & Collins, 2013; Repetti et al., 2002). 특히 어릴 때 부모의 이혼을 경험한다면 중년기에 조기 사망할 가능성이 높아진다(Friedman, Tucker, Schwartz, et al., 1995).

지역사회로부터 얻는 지지도 개인의 건강에 유익하다. 대표적인 예로, 인도네시아에서 실시된 한 조사에 따르면, 지역사회에서 활발히 활동하는 어머니가 아이들을 건강하게 양육하는 데 필요한 자원과 정보를 더욱 많이 가지고 있다는 결과가 나타났다. 이러한 자원은 지역사회에서 활동하지 않았더라면 아마도 얻지 못했을 것들이었다(Nobles & Frankenberg, 2009). 즉, 지역사회 수준의 지지가 건강에 긍정적인 영향을 미치는 영향은 자원에 대해 지식을 증가시키는 기제를 통해 이루어질 수 있다.

스트레스원에 맞는 지지 구하기 다양한 종류의 스트레스 사건들은 각각 서로 다른 요구들을 필요로 하는데, 사회적 지지는 이러한 요구들이 충족됐을 때 가장 효과적으로 발휘된다. 이는 **맞춤 가설**(matching hypothesis)이라고 한다(Cohen & McKay, 1984; Cohen & Wills, 1985). 예를 들어, 어떤 사람이 자신의 고민을 털어놓을 수 있는 친구가 있더라도 실제로 필요한 것은 자동차라면, 그 사람에게 실제로 필요한 것은 차를 빌리는 것이지 그 친구의 존재 자체는 별로 유용하지 않다. 하지만 개인이 자신의 인간관계에 대해 속상해하고 문제의 해결을 위해 친구와 대화가 필요한 상황이라면, 친구의 존재는 매우 유용한 자원이 될 것이다. 요약하면, 개인의 요구를 충족할 수 있는 지지가 가장 유용하다고 할 수 있고(Maisel & Gable, 2009), 문화적인 요인들이 수혜자의 필요에

사회적 지지는 가족과 친구뿐만 아니라 아끼는 애완동물로부터도 얻을 수 있다. 연구자들은 사람들이 고양이나 다른 동물들보다 개로부터 더 나은 사회적 지지를 받는다고 주장한다.
Ingram Publishing/SuperStock

따른 가장 적절한 사회적 지지의 자원과 성격을 만든다(Campos & Kim, 2017).

누구로부터의 지지인가 지지 연결망에서 효과적인 사회적 지지를 제공하기란 항상 쉬운 것만은 아니다. 여기에는 기술이 필요하다. 잘못된 사람이 지지를 제공할 경우, 지지는 도움이 되지 않거나 거절당할 수도 있다. 길을 잃은 아이에게 낯선 사람이 안심시키려 헛되이 노력하는 것처럼 말이다.

필요한 종류의 사회적 지지가 제공되지 않았을 때에도 효과를 보지 못한다. 정서적 지지는 친밀한 사람들로부터 제시되었을 때 가장 효과적인 반면, 정보와 충고는 전문가가 제시하는 것이 더 가치 있다. 즉, 가족 구성원으로부터 위로를 받기 원하지만 위로 대신 충고를 듣게 된 사람은 지지를 받은 것이 아니라 더 스트레스를 받을 수 있다(Dakof & Taylor, 1990). 사회적 지지를 주는 사람이 받는 사람의 욕구를 충족할 때 사회적 지지가 주는 이점이 훨씬 많다(Selcuk & Ong, 2013).

사회적 지지에 대한 위협 스트레스 사건들은 사회적인 지지를 구하는 것을 방해할 수 있다. 스트레스를 경험하고 있는 사람들은 다른 사람에게 괴로움을 표현할 수 있고, 그로 인해 사람들과 멀어질 수 있으며, 결과적으로 안 좋은 상황을 더욱 악화시킬 수 있다(Alferi, Carver, Antoni, Weiss, & Duran, 2001).

때로는 지지를 제공하는 사람들이 개인에게 필요한 지지를 제공하지 않을 수도 있으며, 오히려 반(反)지지적인 태도로 반응하여 부정적인 사건을 악화시킬 수 있다. 이러한 종류의 반응들은 긍정적인 사회적 상호작용이 주는 도움에 비해 개인의 안녕감에 더 큰 부정적인 영향을 미칠 수 있다(Newsom, Mahan, Rook, & Krause, 2008)(글상자 7.6 참조).

지나치게 간섭하는 사회적 접촉은 스트레스를 가중시킬 수 있다. 사회적인 지지가 권위적이거나 지시적일 때, 건강행동에는 도움이 될지 몰라도 오히려 심리적인 고통을 경험하게 한다(Lewis & Rook, 1999). 예를 들어 '밀집된' 사회적 연결망에 속한 사람들(친구나 가족과 함께 많은 시간을 보내는)은 스트레스를 받을 때 주위의 충고와 간섭에 시달릴 수 있다. 코미디언인 조지 번스는 이러한 말을 남겼다. "사랑하며, 돌봐주고, 친밀한 대가족과 멀리 사는 것이 바로 행복이다." 또한 가족 구성원이나 친구들이 스트레스를 받을 때, 사회적 지지가 가장 필요로 하는 사람을 지지해주지 못할 수 있다(Melamed & Brenner, 1990).

사회적 지지 제공 사회적 지지를 연구하는 대부분의 연구자들은 다른 사람들로부터 긍정적인 영향이 되는 지지를 받는 것에 초점을 맞추어왔다. 그러나 사회적 지지를 다른 이들에게 제공하는 것도 정신과 육체 모두에 유익한 영향이 있다(Li & Ferraro, 2005; Piliavin & Siegl, 2007). 예를 들면, 한 연구는 결혼한 노부부들을 대상으로 사회적 지지를 제공하는 것과 제공받는 것의 영향에 대해 조사했다(Brown, Nesse, Vinokur, & Smith, 2003). 친구들과 친척, 이웃에게 물질적인 지지를 제공하거나 배우자에게 정서적인 지지를 하는 사람들은 5년 이후 사망할 확률이 낮았다. 다른 사람들에게 음식을 주거나 기금을 모으는 자원봉사도 건강에 도움을 준다(Poulin et al., 2014). 즉, 지지를 제공하는 것 역시 건강을 증진시킬 수 있는데, 특별한 대가 없이 지지를 제공하거나 제공자가 유익한 제공을 하고 있다고 믿을 때 그러하다(Inagaki & Orehek, 2017).

사회적 지지의 증진

건강심리학자들은 사회적 지지를 1차 예방을 하는 데 중요한 자원으로 여긴다. 사람들은 결혼하지 않았거나, 이혼하거나, 사별로 인한 이유 때문에 점점 더 혼자 사는 기간이 길어지고 있다(U.S. Census Bureau, 2012). 현재 미국인들은 과거보다 친한 친구들이 더 적다고 보고한다.

2019년 3월 시점에서 페이스북과 다른 사회 네트워킹 웹사이트들은 달마다 24억 명 이상의 접속자를 보유하

글상자 7.6 나쁜 관계는 당신의 건강에 영향을 미칠 수 있는가?

대다수의 사람들은 사이가 나쁜 사람이 적어도 한 사람은 있다. 그 사람은 항상 갈등 중인 형제자매일 수도 있고, 지저분하고 시무룩한 룸메이트, 까다로운 애인이나 당신의 부모일 수도 있다. 심지어 사이 좋은 관계였더라도 사이가 틀어질 수 있다. 그렇지만 이러한 소원한 관계들이 건강에 영향을 미칠 수 있는가? 그렇다.

제시카 치앙과 동료들(2012)의 연구에서, 대학생들에게 8일 동안 매일매일 그날의 사회적 경험에 대한 일기를 쓰게 했다. 대학생들은 그날의 긍정적인 상호작용의 수와 부정적인 상호작용 수, 경쟁적인 경험의 수를 기록했으며, 각각의 상호작용에 대한 경험을 간단히 묘사했다. 며칠 후, 그들의 스트레스를 나타내는 지표이자 각종 질병의 경로인 염증 수치를 측정했다. 긍정적인 상호작용을 주로 경험한 학생들의 염증 수치는 정상 수준으로 나타난 반면, 타인과 싸움이나 말다툼 등 부정적인 상호작용을 한 학생들의 염증 수치는 높았다.

사회적 경쟁을 경험한 학생들도 염증 수치가 높아져 있었는데, 이 중에서도 특정한 사회적 경쟁만 이런 결과를 보였다. 테니스나 온라인 게임 등의 경쟁적인 여가활동은 염증 수치를 증가시키지 않았지만, 학업 또는 직장활동과 관련된 경쟁 혹은 연인 또는 친구의 관심을 두고 다른 사람과 경쟁하는 일은 모두 염증 수치의 상승과 관련이 있었다. 즉, 부정적인 상호작용과 경쟁을 많이 경험한 사람들일수록 염증 수치가 더 높았다.

단기 스트레스로 인한 염증은 경쟁에서 싸우면서 생긴 상처가 치유될 수 있도록 도움을 준다는 면에서 적응적이다. 그러나 만성염증은 고혈압, 심장질환, 당뇨, 우울증 및 일부 암과 연관되어 있다. 따라서 반복적으로 갈등이나 경쟁을 경험하는 사람들은 장기적으로 이런 질환에 걸릴 위험이 높다.

부정적인 관계가 삶의 어느 시기에서 일어나는지가 중요한가? 연구들은 부정적인 관계가 일찍 발생할수록(유년기 등) 염증에 지대한 영향을 미친다는 것을 보여준다(Miller & Chen, 2010). 갈등, 방치 그리고 무정함이 만연한 냉혹한 가정 환경에서 자란 사람들은 일찍이 청소년기부터 스트레스에 대한 강한 염증 반응을 보이며, 성인기가 될 때쯤이면 만성질환의 위험성이 이미 높아져 있을 수 있다.

많은 관계들이 다 좋거나 다 나쁘지만은 않으며, 관계 속에서 양가적인 감정을 느낄 수 있다. 때로는 그 사람이 당신을 지지하기도 하지만, 지지하지 않을 때도 있다. 양가적인 관계는 건강을 저해할 수 있다(Uchino et al., 2012).
funstock/iStockphoto/Getty Images

소원한 관계와 염증이 연관되어 있다는 증거는 명백하며, 이에 줄 수 있는 충고는 하나다. 나쁜 관계를 피하라. 나쁜 관계는 당신의 삶에 스트레스를 더하고, 건강을 해친다. 그 대신 지지적이고 긍정적인 사람들로 인생을 채우라. 사회적 지지가 정신과 육체적 건강 모두에 유익하다는 것은 명백한 사실이다.

고 있는데, 이는 매일 적어도 15억 명 이상이 접속한다는 것이다(Facebook, 2019). 분명 사회적 지지의 형태는 변화하고 있으나 그러한 변화들이 여전히 도움을 제공하는 방향으로 움직이고 있는지는 아직까지 확신할 수 없기에 추이를 더 지켜볼 필요가 있다. 사회망을 늘리는 것은 사회적 지지를 확장하는 원천이 될 수는 있지만, 정신적인 괴로움을 표현하기 위해 이를 사용하는 사람들은 다른 사람과 멀어질 수 있다(Forest & Wood, 2012).

가족이나 친구, 인터넷 친구로부터 받고 있는 기존의 사회적 지지의 효과성을 증가시키기 위한 방법들을 우선적으로 연구해야 한다(Bookwala, Marshall, & Manning, 2014). 많은 개입들은 외로움을 감소시키기 위해 집중해왔다. 이 중 어떤 개입은 사회적 기술을 향상시키는 데 초점을 맞춘 반면, 또 다른 개입은 가지고 있는 사회적 지지를 향상시키는 데 초점을 맞춘다. 사회적 지지집단(Taylor, 2011)과 인터넷 기반 사회적 지지 개입(Haemmerli, Znoj, & Berger, 2010)은 사회적 지지 자원에 접근하는 것을 향상시키는 효과를 보인다. 어떤 개입은 사람들이 사회적 접촉을 증가시킬 수 있는 기회에 집중하는가 하면, 다른 개입은 다른 사람들을 떠나게 하는 미숙한 사회적 기술인 자신에 대한 부적응적 내부 독백을 수정하는 데 초점을 맞춘다. 외로움은 종종 감정적인 상태이기보다는 순전히 부족한 사회적 접촉의 결과이다(Zawadzki, Graham, & Gerin, 2013). 결과적으로, 인지행동 개입은 사회적 인지 수정을 목표로 하여 사람들이 외로움을 줄이는 데 가장 효과적이고 긍정적인 사회환경에 관심을 기울이도록 격려하는 것이다(Cacioppo et al., 2015). 이와 같은 개입들은 제11장에서 좀 더 충분히 다룬다.

요약

1. 대처는 한 사람의 자원을 초과하거나 부담을 주는 요구들을 처리하는 과정이다. 대처를 위한 노력들은 낙관주의, 개인의 통제력, 자존감과 같은 내부적 자원과 시간, 돈, 동시에 발생하는 스트레스원의 부재, 사회적 지지와 같은 외부적 자원에 달려있다.
2. 대처방식이란 특정한 방법으로 스트레스에 대처하는 성향을 말한다. 이는 크게 회피적 대처방식과 접근적 대처방식으로 나눌 수 있다. 단기간의 경우 회피적 대처방식이 효과적일 수 있으나, 전체적으로는 접근적 대처방식이 더 성공적이다.
3. 대처를 위한 노력들은 감정 조절이나 문제해결을 지향한다. 대부분의 사람들은 스트레스를 관리하기 위해 다양한 방법의 대처전략들을 사용한다.
4. 개인이 심리적 고통으로부터 해방됐을 때, 각성 수준과 같은 생리적 지표가 감소했을 때, 바람직한 활동들을 다시 시작할 때 대처를 위한 노력들이 성공적이라고 판단할 수 있다.
5. 인지행동치료의 원리를 기반으로 하는 대처 효과성 훈련은 효과적인 대처 기술을 제시한다. 이러한 대처 기술에는 스트레스 사건에 대한 효과적인 글쓰기와 정서적 노출 등의 활동이 포함된다.
6. 대처 기술을 발달시키는 것이 필요한 사람들을 위해 스트레스 관리 프로그램이 존재한다. 이 프로그램에서는 사람들에게 그들이 삶에서 겪는 스트레스의 근원들을 확인하게 하고, 그러한 스트레스원들을 다루는 대처 기술을 발달시키며, 그 기술을 실제로 연습해보고 효과성을 관찰해보도록 가르친다.
7. 사회적 지지는 실제적, 정보적, 정서적 지원을 포함하며 이러한 지지들은 사람들이 사랑받고, 관심받고, 존중받고, 가치 있다고 여기게 해 사회적 네트워크의 일원이라는 것을 알게 해준다.
8. 사회적 지지는 심리적 고통을 줄이고 건강습관을 향상시킬 수 있으며 신체건강에 주는 이득이 명백하다. 이러한 이득은 주로 사회적 지지가 스트레스에 대한 심리적 및 생리적 반응을 감소시키기 때문에 얻을 수 있다.
9. 생애 초기에 가족에게서 받은 지지처럼, 배우자나 친밀한 동료와 같은 절친한 친구는 특히 이득이 된다. 사회적 지지는 개인의 욕구를 만족시키고 그에 적합한 지지를 가장 잘 제공할 수 있는 사람에게 얻을 때 제일 효과적이다.
10. 한 사람이 받는 사회적 지지의 질과 양을 증가시키는 것은 건강심리학 개입에 있어 중요한 목표이다.

핵심용어

눈에 띄지 않는 지지
대처
대처방식
대처전략
맞춤 가설
문제 중심 대처
부정적 정서성
사회적 지지
스트레스 관리
스트레스 유발자
스트레스 조절요인
시간관리
실제적 지지
심리적 통제
완충 가설
자존감
접근적(직면적, 경계적) 대처방식
정보적 지지
정서적 지지
정서 중심 대처
직접적 효과 가설
통제력 향상 개입
회피적(최소화) 대처방식

PART 4

의료 서비스의 이용과 탐색

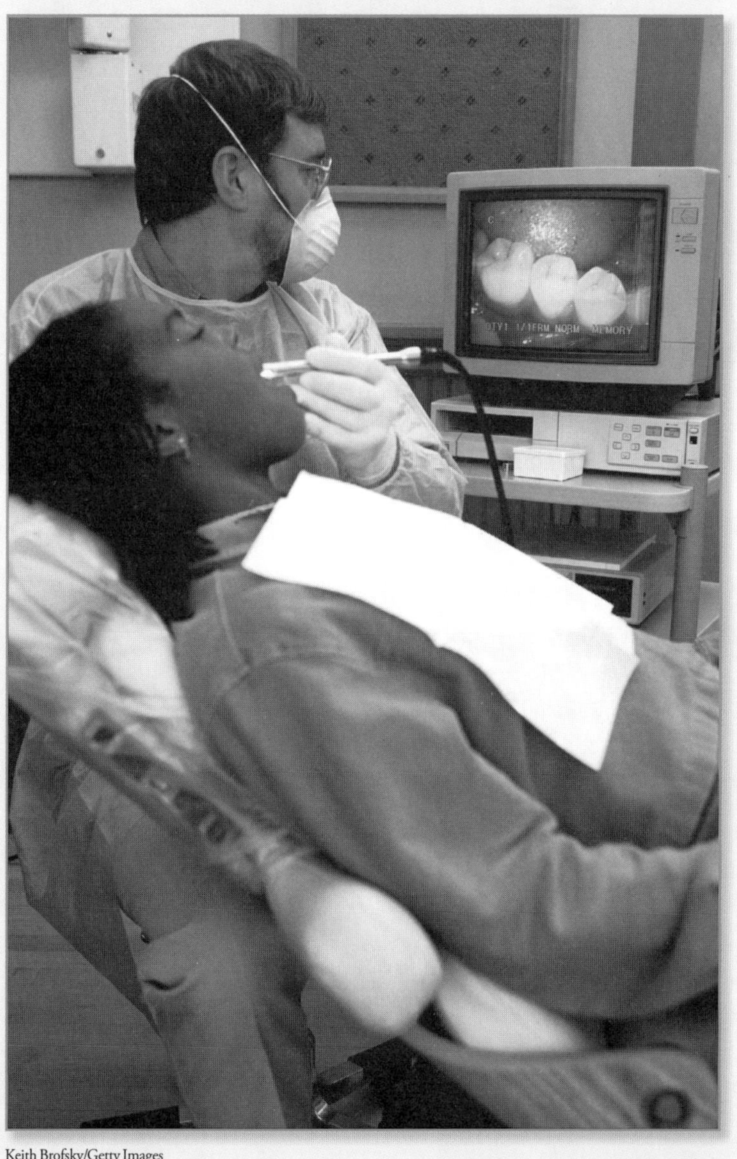

Keith Brofsky/Getty Images

CHAPTER 8

의료 서비스의 이용

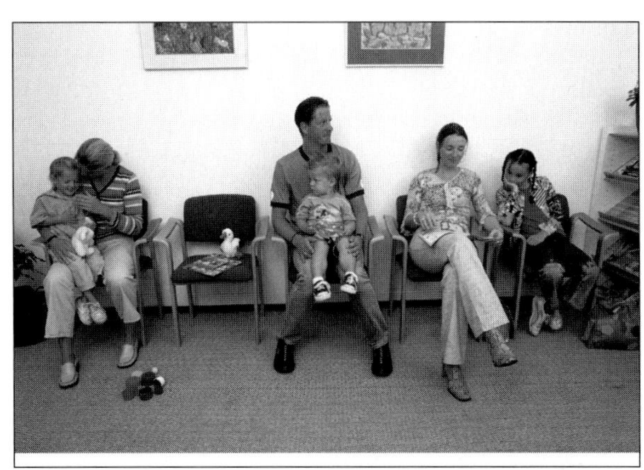

Picture Partners/Pixtal/age fotostock

개요

언뜻 보면 누가, 왜 의료 서비스를 이용하는지에 대한 의문은 의학적 논점으로 보일 수 있다. 이에 대한 분명한 해답은 사람들이 아플 때 의료 서비스를 이용하게 된다는 것이다. 그러나 이 문제에는 심리적 측면이 숨어있다. 즉, 사람들은 언제, 어떻게 자신이 아프다고 생각하는가? 사람들은 언제 증상이 중요하지 않다고 생각하는가? 그리고 언제 전문적인 치료를 받을 필요가 있다고 느끼는가? 그리고 언제 닭고기 수프, 수분 섭취 그리고 침대 위에서의 휴식만으로도 충분하다고 생각하는가?

증상의 인식과 해석

설령 사람들이 자신의 몸에 어떤 일이 벌어지고 있는지에 대해 어느 정도 인식한다 하더라도 사람들이 증상을 인식하고 질병을 해석하는 데에는 사회적 · 심리적 요소가 영향을 미친다. 이러한 영향으로 증상을 인식하는 것이 제한될 수 있다.

증상의 인식

> "나는 머리에 야구공만 한 종양을 가지고 있습니다.
> 나는 눈을 깜빡일 때 이 종양을 느낄 수 있습니다."
> – 우디 앨런, '한나와 그 자매들'

사람들을 관찰해보면, 어떤 사람은 불가항력적인 상황에서도 정상적인 활동을 유지하는가 하면 또 다른 사람들은 경미한 신체적 이상이 감지되는 순간 바로 침대로 가기도 한다.

개인 차이 우디 앨런이 연기한 캐릭터와 같은 건강염려증 환자는 정상적인 신체 증상도 질병의 지표로 인식한다. 건강염려증 환자는 인구의 4~5%밖에 안 되지만, 그들은 의료 서비스를 상당히 많이 이용하기 때문에 환자가 경험한 증상을 이해하는 것이 중요하다(Tomenson et al., 2012).

정신적 괴로움을 신체적 증상으로 전환하는 사람들이 가장 빈번하게 경험하는 증상은 요통, 관절통, 사지 통증, 두통, 복부팽만 증상, 심장혈관 관련 계통의 증상 그리고 알레르기 증상 등이다(Carmin, Weigartz, Hoff, & Kondos, 2003; Rief, Hessel, & Braehler, 2001). 우리가 가지고 있는 선입견과 다르게, 여성이 남성보다 상기 증상에 대한 보고가 적다. 하지만 나이 든 사람들이 젊은 사람들에 비해 증상을 많이 보고한다는 점에서 연령별 차이는 두드러지게 나타나는 것으로 보인다.

건강염려증이 있는 사람들은 일반적으로 건강염려증이 없는 사람들에 비해 자신에게 생긴 신체적 문제를 훨씬 빨리 인식하며(Feldman, Cohen, Doyle, Skoner, & Gwaltney, 1999), 대부분 자신이 심각한 질병을 가지고 있다는 잘못된 믿음을 가지고 있다. 제7장에서 본 바와 같이, 신경증적 성격 특성을 가진 사람은 부정적 감정, 강한 자의식 및 신체에 대한 염려로 인해 부정적인 방식으로 세상을 보는 특징이 있다. 또한 신경증으로 불안해하는 사람들은 그들의 증상을 과장하여 보고하거나 실제 증상에 지나친 관심을 가지기도 한다(Howren, Suls, & Martin, 2009; Tomenson et al., 2012).

주의의 차이 자신의 환경이나 외부 활동과 같이 외적인 것에 관심이 있는 사람들보다 자신(자신의 몸, 감정, 일반적 반응)에게 주의가 집중되어 있는 사람들은 증상을 빨리 알아차리는 경향이 있다(Pennebaker, 1983). 따라서 재미없는 직장에 다니거나 사회적으로 고립되었거나, 재택 근무를 하거나 혼자 사는 사람들은 흥미 있는 직업에 종사하고, 활발한 사회생활을 하고, 집 밖의 직장으로 출퇴근하며, 다른 사람과 함께 사는 사람들보다 신체적 증상을 더 많이 보고한다. 활동을 적게 하는 사람들에 비해 상대적으로 삶에서 많은 활동을 하는 사람들은 자신에 대해 주의를 적게 기울이기 때문에 더 적은 증상을 경험한다(Pennebaker, 1983).

상황적 요소 지루한 상황은 흥미로운 상황에 비해 사람들이 증상에 더 주의를 기울이게 만든다. 예를 들어, 사람들은 영화의 재미있는 장면을 볼 때에 비해 지루한 장면을 볼 때 목의 간지러움을 더 많이 느끼게 되며, 기침을 더 많이 한다(Pennebaker, 1980). 증상 역시 매우 바쁘게 보낸 날보다 집에 있을 때 더 잘 느낀다. 강도 높은 신체활동은 주의가 증상에 집중되지 않도록 분산시키는 반면, 아무런 활동을 하지 않을 때는 증상에 주의를 기울이게 하고 증상을 인식할 가능성을 높인다.

어떤 촉발요인에 의해 질병이나 증상이 드러나게 된 경우, 그 질병이나 증상을 인식할 가능성이 높아진다. 이에 대한 예로 의대에서 흔히 일어나는 현상인 **의대생병**(medical students' disease)을 들 수 있다. 의대생병은 의대생들이 질병에 대해 공부할 때, 자신이 그 병을 앓고 있다고 생각하는 것이다. 증상에 대해 공부하는 것은 학생들이 피로와 다른 내적인 상태에 집중하게 만들며, 궁극적으로 자신이 공부한 증상과 비슷한 증상이 나타나는 것처럼 느끼게 한다(Mechanic, 1972).

스트레스 스트레스는 증상에 대한 인식을 유발시키거나 악화시키기도 한다. 스트레스를 경험하는 사람은 자신이 질병에 취약하기 때문에 신체에 많은 주의를 기울여야 한다고 생각한다. 경제적인 부담, 대인관계에서의 갈등 및 스트레스는 스스로를 아프다고 인식하게 만든다(Alonso & Coe, 2001; Angel, Frisco, Angel, & Chiriboga, 2003). 스트레스를 겪는 사람들은 높아진 심장박동 수 또는 피로와 같이 스트레스와 관련된 신체적 변화를 경험하며, 이러한 신체적 변화를 질병의 증상이라고 해석한다(Cameron, Leventhal, & Leventhal, 1995).

기분과 정서 기분이 좋거나 긍정적인 기대를 가진 사람들은 스스로를 더 건강하다고 평가하고, 질병과 관련된 기억을 적게 보고하며, 더 적은 증상을 보고한다. 심지어 질병에 대해 정확한 진단을 받은 사람들도 좋은 기분 상태에 있을 때는 비교적 적거나 덜 심각한 증상을 보고한다(Gil et al., 2004). 그러나 좋지 않은 기분 상태에 있는 사람들은 좋은 기분 상태에 있는 사람들보다 특정 행동이 자신의 증상을 완화시켜 주는 것에 대해 비관적이고, 자신이 미래의 질병에 대해 취약하다고 인식하는 경향이 있다(Leventhal, Hansell, Diefenbach, Leventhal, & Glass, 1996). 그러나 긍정적인 기대와 부정적인 기대는 수정될 수 있으며, 이는 증상 경험과 기분에 대한 영향을 감소시킬 수 있다는 것을 의미한다.

증상의 해석

증상의 해석은 심리적 요인의 영향을 많이 받는 과정이다. 다음의 사례를 살펴보자. 대도시에 있는 큰 병원에 20대 후반의 한 남성이 목이 아파서 응급실을 찾았다. 환자는 부모님, 여자형제, 사촌 등 가족 6명과 함께 병원에 왔다. 대부분의 환자들은 보통 한 사람의 보호자와 함께 오는 경우가 많고 목이 아픈 정도로는 응급실을 찾는 경우가 거의 없기 때문에, 병원 직원들은 환자가 응급실까지 온 이유에 대해 궁금해 했다. 한 의대생은 목이 아픈 증상 이상의 그 무엇인가가 온 가족을 응급실로 데리고 오게 만들었을 것이라고 생각했다. 그래서 그는 환자와의 접수면접에서 조심스럽지만 집요하게 캐물었다. 그리고 환자의 형이 호지킨병으로 1년 전에 사망했다는 것을 듣게 되었다. 호지킨병은 급속한 감염과 림프절의 확장을 포함하는 일종의 암에 속한다. 그런데 사망한 환자의 형이 첫 번째로 나타났던 증상이 목이 아픈 것이었다. 당시 환자와 그의 가족들은 증상을 방치하였다.

이런 사례는 증상에 대한 해석 과정과 치료를 받아야겠다는 결정을 이해하는 데 사회적 · 심리적 요인들이 얼마나 중요한지를 설명해준다.

과거 경험 앞의 사례처럼, 증상의 해석은 과거 경험에 큰 영향을 받는다. 이전에 심각한 질병이 나타난 경우를 제외하고, 과거에 질병을 앓았던 경험이 있는 사람들은 현재 자신이 겪고 있는 증상이 흔하다고 여기며 질병의 심각성을 실제보다 작게 평가한다(Jemmott, Croyle, & Ditto, 1988). 흔한 질병은 일반적으로 희귀하거나 뚜렷한 위험요소를 가진 질병보다 덜 심각한 것으로 간주된다(Croyle & Ditto, 1990).

기대 기대는 증상의 해석에 영향을 미친다. 사람들은 예상하지 않았던 증상은 무시하고 예상했던 증상에 대해서는 확대해석한다(Leventhal, Nerenz, & Strauss, 1982). 사람들은 자신이 질병에 취약하다고 느낄 때, 신체적 감각이 질병을 의미한다고 해석하게 되고, 심지어는 다른 사람들을 잠재적인 질병 보균자라고 간주한다(Miller & Maner, 2012). 글상자 8.1에 예시가 있다.

증상의 심각성 사람들은 신체의 중요한 부위에 영향을 주는 증상을 상대적으로 덜 중요한 부위에 영향을 주는 증상보다 심각한 것으로 해석하며 주의를 기울일 필요가 있다고 생각한다. 예를 들어, 눈 또는 얼굴에 문제가 생겼을 때 사람들은 유난히 불안해하는 반면, 증상이 몸통 쪽에서 나타난다면 상대적으로 덜 불안해한다. 증상이 신체 움직임을 제한하거나, 심장질환을 시사하는 흉부 불편감과 같이 매우 중요한 기관에 영향을 미치는 경우에는 즉각적으로 치료를 받으려 할 것이다(Eifert, Hodson, Tracey, Seville, & Gunawardane, 1996). 무엇보다 증상이 통증을 동반한다면 사람들은 그렇지 않은 경우보다 빠르게 치료를 받게 될 것이다.

질병의 인지적 표상

사람들은 자신의 질병에 대한 신념이나 인지적 표상을 가지고 있으며, 이러한 신념이나 인지적 표상은 치료를 추구하는 행동에 영향을 미친다. **질병의 상식적 모델**(commonsense model of illness)은 사람들이 체계화된 **질병 표상**(illness representation) 또는 질병 도식의 결과로 증상과 질병에 대해 무의식적으로 믿음을 가지고 있다고 주장한다(Leventhal, Leventhal, & Breland, 2011; Leventhal, Meyer, & Nerenz, 1980; Leventhal, Weinman, Leventhal, & Philips, 2008). 질병에 대한 일관성 있는 표상 또는 도식은 매체, 개인적 경험, 가족 및 유사 질환에 대한 경험이 있는 친구들을 통해 습득된다.

질병의 상식적 모델의 범위는 개략적이거나 부정확한 정보부터 과학적이며 완벽한 것까지 광범위하고 다양하다. 개인은 이 모델을 통하여 질병 경험에 대해 이해한다. 질병 도식은 질병 예방 행동, 증상 경험 또는 질병 진

글상자 8.1 예측이 감각에 영향을 미치는가? 월경 전 증후군 사례

많은 여성들이 월경 시작 전에 다양한 증상으로 인해 신체적 및 심리적 불편감을 느낀다. 예를 들어 가슴이 커지거나, 위경련, 심리적으로 예민해지는 것, 우울감과 같은 증상 등이 포함된다. 증상들은 생리적 요인과 분명한 관련이 있다. 이러한 증상은 분명히 생리학적 근거가 심리적 요인도 영향을 미칠 수 있다(Beal et al, 2014).

심리적 요소가 월경 전 증상과 관련이 있다는 것을 검증하기 위해, D. N. 루블(1972)은 여성 참가자들을 대상으로 새로운 과학기술을 사용해 월경 날짜를 예측할 것이라고 말했다. 연구자는 무작위로 한 집단(월경 전 집단)에는 월경 날짜를 예측한 결과 하루 이틀 후 월경을 하게 될 것이라고 말했고, 다른 집단(월경 사이의 집단)에는 월경까지 7~10일 정도의 기간이 남았다고 말했다. 사실 모든 여성들은 월경을 시작한 지 약 1주일이 지난 시점이었다. 참여 여성들에게 월경 전 증후군 증상을 얼마나 경험하는지에 대한 설문을 요청하였다.

하루 이틀 후에 월경을 하게 될 것이라는 말을 들은 여성들은 7~10일 후에 올 것이라고 들은 여성에 비해 심리적, 생리적으로 월경 전 증후군 증상을 더 많이 보고하였다.

이 연구 결과가 월경 전 증후군 증상과 신체적 요인이 상관이 없다는 것을 나타내는 것은 아니다. 실제로 월경 전 증후군의 유병률과 심각성은 월경 전 신체적 변화들이 생리 기능과 행동에 미칠 수 있는 심신 쇠약 효과를 입증한다. 오히려 이 연구의 결과는 자신이 월경 전 상태라고 믿는 여성들이 자연스러운 신체적 변화에 더 주의를 기울이고 월경 전 상태와 일치하는 것으로 재해석할 수 있음을 시사한다. 또한 증상을 지각하는 데 심리적 요소가 중요하다는 것을 일반적인 사례를 통해 밝히고 있다.

단을 받았을 때의 반응, 추천받은 치료에 대한 이행, 건강에 대한 소망(Petrie & Weinman, 2012) 그리고 건강 결과에 영향을 줄 수 있다(Kaptein et al., 2010).

질병의 상식적 모델은 한 질병에 대한 기본적인 정보를 포함한다(Leventhal et al., 2008). 질병의 **정체성** 또는 라벨은 질병의 이름을 뜻하며, 질병의 **원인**은 환자가 그 질병을 초래한 것이라고 믿는 요인을 의미한다. 질병의 **결과**란 나타날 증상과 관련되는 치료 및 질병으로 인해 자신의 삶의 질이 영향받을 것이란 환자의 믿음을 포함한다. **지속 기간**은 질병이 지속될 것이라고 예측되는 기간을 뜻하며, **통제 및 치료**는 환자가 적절한 의료적 처치나 행동을 통해 완쾌될 것이란 믿음이다. 그리고 **정서적 표상**에는 사람들이 질병과 가능한 경과 및 치료에 대해 느끼는 방식이 포함된다. **일관성**(coherence)은 이러한 믿음들이 모여 질병의 적절한 표상으로 나타남을 의미한다.

대부분의 사람들은 세 가지 유형의 질병에 대한 모델을 가지고 있다(Leventhal et al., 2008).

- **급성질환**(acute illness)은 특정 바이러스나 박테리아에 의해 발생하며 기간이 짧고 장기적인 결과를 초래하지 않는 것으로 여겨진다. 그 예로 감기가 있다.
- **만성질환**(chronic illness)은 건강습관을 포함하여 다양한 요소들에 의해 발생하는 것으로 지속 기간이 길며 때때로 심각한 결과를 초래하는 것으로 여겨진다. 그 예로 심장질환이 있다.
- **순환성질환**(cyclic illness)은 증상이 없어졌다가 다시 급격히 나빠지는 등 주기의 변화를 수반하는 질환이다. 그 예로 포진이 있다.

질병에 대한 개념은 다양하며 질병과 관련된 행위에 큰 영향을 미친다. 예를 들어, 당뇨병을 가진 어떤 사람은 당뇨병을 과도한 당분 섭취로 인한 급성질환으로 가볍게 여긴다. 그러나 어떤 사람은 당뇨병이 파국적인 결과를 불러일으킬 수 있는 평생 지속되는 증상이라 생각할 수 있다. 물론 이 두 사람은 이 질병에 대해 다른 치료를 받을 것이며, 증상에 대해서도 서로 다른 수준의 각성 상태를 유지할 것이고, 치료를 받는 방식에서도 차이를 보일 것이다(Petrie & Weinman, 2012). 질병이 의사나 증상을 경험하는 사람에 의해 재명명될 때, 원인, 장애의 성격, 치료에 대한 기대와 관련된 생각이 크게 달라질 수 있다(Petrie, MacKrill, Derksen, & Dalbeth, 2018). 자신의 질병에 대해 모호하게 알고 있는 것은 좋지 않은 웰빙과 연결되어 있으므로(Hoth et al., 2013), 질병에 대한 개념은 매우 유용할 수 있다. 이러한 개념은 사람들에게 새로운 정보를 해석하기 위한 기초를 제공하고, 치료를 원하는 결정에 영향을 미치며, 약물요법을 변경하거나 준수하지 못하게 하고(Coutu, Dupuis, D'Antono, & Rochon-Goyer, 2003), 미래의 건강에 대한 기대에 영향을 미친다(Leventhal et al., 2008). 그러나 이러한 효과는 자동적으로 인식하지 못한 채 발생할 수 있으므로, 질병 사건에 대한 부적절하거나 검토되지 않은 해석으로 이어질 수 있다(Lowe & Norman, 2017).

때때로 질병에 대한 환자의 견해가 건강 관리자와 일치하기도 하지만 대부분 그렇지 않은 경우가 많다. 후자의 경우, 오해나 정보에 대한 오해석으로 이어질 수 있다.

비전문가 소견 연결망

사회학자들은 **비전문가 소견 연결망**(lay referral network)에 대해 많은 연구를 했다. 비전문가 소견 연결망이란, 의료적인 조치를 취하기 전에 친구나 가족들이 증상에 대한 해석을 도와주는 비공식적 연결망을 말한다(Freidson, 1961). 환자는 가족이나 회사 동료에게 자신이 경험한 증상에 대하여 얘기한다. 그러면 그들은 증상이 어떤 의미를 갖는지 개인적인 관점에 따라 서로 다른 반응을 보인다("조지도 비슷한 증상이 있었는데 아무 일도 일어나지 않았어."). 친구나 가족은 의료적 조치를 받는 것이 옳은지에 대한 조언("병원에서 받는 검사는 꽤 비싸.")과 여러 가지 민간요법 ("레몬과 테킬라를 먹으면 괜찮아질 거야.")을 제공하기도 한다.

많은 사람들은 비전문가 소견 연결망을 하나의 치료 방식으로 선호한다. 여러 명의 자녀를 둔 여성과 같은 비전문가는 자신이 마치 의사인 것처럼 행동한다. 이런 여성은 오랜 경험으로 인하여 의학적 문제에 대해 개인적인 분별력을 가지게 된 것으로 추측된다(Freidson, 1961; Hayes-Bautista, 1976). 소수민족의 비전문가 소견 연결망에는 전통적 의학에서 초자연적인 것 또는 일종의 미신이라고 생각하는 질병의 원인과 치료에 대한 믿음을 가지고 있다. 게다가 이러한 비전문가 소견 연결망에서는 민간요법을 추천하며, 전통의학보다 효과적이고 적절하다고 보는 경우가 많다.

인터넷

인터넷은 비전문가 소견 연결망을 형성한다. 최근 몇 년 동안 인터넷에서 제공하는 건강 관련 정보의 양은 기하급수적으로 증가하였다. 그 결과, 많은 사람들이 종종 의료적 조치를 취하기 훨씬 전에 자신과 다른 사람의 증상과 장애를 온라인으로 조사한다. 인터넷 사용자의 최소 80% 또는 전체적으로 9,300만 명이 인터넷에서 건강 관련 주제를 검색했으며, 이중 절반 이상이 자신을 돌보는 방식이 개선되었다고 말한다(Dias et al., 2002).

이러한 경향은 우려할만한 것인가? 최근 의사들을 대상으로 한 연구에 따르면, 의사들 중 96%가 인터넷을 통한 건강 관리가 건강에 긍정적인 영향을 미칠 것이라 믿는다고 보고하였다. 그리고 상당수가 질환, 진료, 보험금 신청에 대한 정보를 얻으려 인터넷을 사용하고 있다고 보고하였다. 하지만 인터넷 정보 중 일부분은 정확하지 않으며(Kalichman et al., 2006), 때때로 본인의 질병에 대한 정보를 얻기 위해 인터넷을 이용하는 사람들은 잘못된 정보로 인해 자신의 질병을 더 악화시킬 수 있다(Gupta, 2004년 10월 24일). 원격 의료 사용, 즉 의사의 가상 방문이 크게 증가했으며, 카이저 재단 연구에 따르면, 2018년 기준으로 대규모 고용주의 74%가 보험을 통해 원격 의료에 대한 보장을 제공하였다(Kiplinger, 2019).

누가 공공의료 서비스를 이용할까

질병은 개인에 따라 다르게 발병되며, 의료 서비스 이용에서도 동일하지 않다.

연령

매우 어린 아동이나 노인들은 빈번하게 의료 서비스를 이용한다(Meara, White, & Cutler, 2004). 아동기에는 면역 체계를 갖추는 과정에서 수많은 전염성 질환에 걸리게 되기 때문에 소아과 의사의 관리를 필요로 한다. 청소년기와 성인기 초기에는 질병 발생 빈도 및 의료 서비스의 이용이 감소하다가, 사람들이 만성질환에 걸리기 시작하고 노화에 따른 질병에 걸리기 시작하는 성인기 후반이 되면 다시 증가하기 시작한다(Cherry, Lucas, & Decker, 2010).

성별

여성의 경우 남성보다 의료 서비스를 더 많이 이용한다(Fuller, Edwards, Sermsri, & Vorakitphokatorn, 1993). 전체 의료 서비스 이용 횟수에서 임신과 출산은 성별 차이의 많은 부분을 설명하지만 이것이 전부는 아니다. 성별 차이에 대한 다양한 설명이 가능한데, 이 중 하나는 여성이 남성보다 더 좋은 항상성(homeostatic) 메커니즘을 가지고 있다는 것이다. 즉, 여성은 남성보다 더 빨리 통증을 보고하고 체온 변화와 새로운 냄새를 더 빨리 감지한다. 따라서 여성은 신체적인 불균형 중에서도 특히 발견되지 않을 수도 있는 사소한 것에 더 민감하다(Leventhal, Diefenbach, & Leventhal, 1992).

또한 성차에 대한 설명은 사회적 규준에서 찾을 수 있다. 남성의 경우 거칠고 강한 이미지가 기대되며, 이는 통증을 무시하고 질병에 굴복하지 않는 것으로 이어진다. 반대로 여성의 경우 이런 사회적 규준에 대한 압력을 덜 받는다(Klonoff & Landrine, 1992).

여성의 건강 관리는 남성보다 더 많이 세분화되어 있다. 따라서 여성은 의료 서비스를 자주 받게 된다. 남성

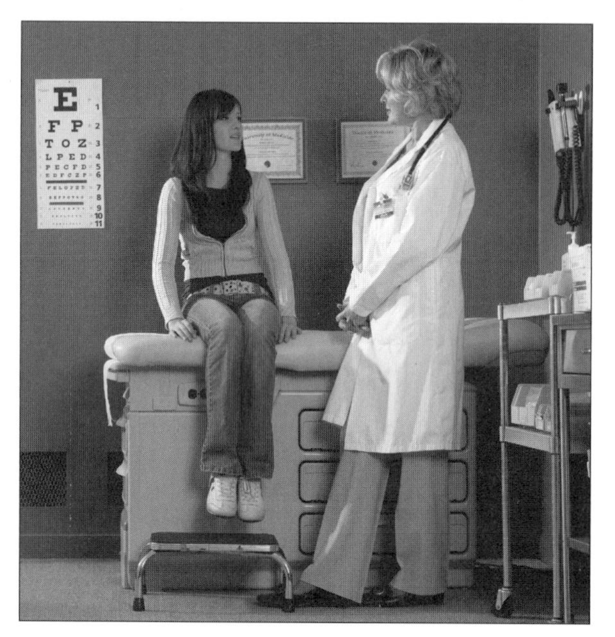

여성은 남성보다 의료 서비스를 더 많이 이용한다. 이는 여성이 남성보다 자주 아프기 때문일 수도 있고, 여성이 치료를 위해서 더 많은 병원을 찾아가기 때문일 수도 있다. 여성은 남성보다 의료 서비스를 이용하기가 쉽고, 임신과 같이 의료 서비스를 꼭 필요로 하는 시기가 있다.
Radius Images/Getty Images

의 건강 관리의 경우 한 사람의 일반의를 찾아가 모든 예방적 관리를 받는 것으로 해결될 수 있다. 그러나 여성은 신체 증상에 대해서는 일반의를 찾아가야 하고, 자궁암 검사는 산부인과에 가야 하며 유방 관련 검사를 위해서는 유방암 관련 전문의를 찾아가야 한다. 여성들의 의료 서비스 요구를 충족시키는 의료 관리 체계가 잘 구축되어 있지 않기 때문에 남성보다 의료 서비스를 자주 이용하게 된다.

사회계층과 문화

부유한 사회계층에 속한 사람보다 저소득층에 속한 사람들은 의료 서비스를 덜 이용한다(Adler & Stewart, 2010). 이에 대한 한 가지 이유는 저소득층이 의료 서비스를 이용할 돈이 많지 않기 때문이다. 그러나 노인을 위한 의료보험(Medicare), 저소득층 사람들을 위한 의료보험(Medicaid) 그리고 기타 저렴한 비용의 의료 서비스를 통해 부유층과 저소득층 간 의료 서비스 이용의 격차가 좁혀졌는데, 이는 부분적으로 환자보호 및 부담적정보험법(Affordable Care Act)으로 인한 것이다.

비용 문제뿐만 아니라, 저소득층이 이용할 수 있는 의료 서비스가 고소득층만큼 다양하지 않을 가능성도 있다. 종종 저소득층이 이용하는 의료 서비스가 잘 갖춰져 있지 않거나 이들을 돌볼 수 있는 인원이 부족할 수도 있다(Kirby & Kaneda, 2005). 결과적으로 가난한 사람들 중 상당수는 정기적인 의료 서비스를 받지 못하며 위급한 상황에서만 의사를 찾는다. 부유한 사람들과 가난한 사람들 사이의 가장 큰 차이는 전 생애 동안 건강에 영향을 미칠 수 있는 질병에 대한 예방접종과 치료 가능한 질병을 확인하는 것과 같은 건강 관리 서비스의 이용 여부에 있다.

심리사회적 요소

개인의 삶에 대한 태도와 증상 및 의료 서비스에 대한 믿음을 포함한 심리사회적 요소들은 의료 서비스의 이용에 영향을 미친다. 제3장에서 보았듯이 건강 신념 모델은 개인이 증상에 대한 치료를 원하는지 여부는 개인이 건강에 대한 위협을 인지하는지 여부와 특정 건강 조치가 증상을 줄이는 데 효과적일 것이라고 믿는지 여부에 의해 예측될 수 있다고 주장한다. 건강 신념 모델은 사람들이 의료 서비스를 이용하는 것을 꽤 잘 설명한다. 그러나 이 모델은 의료 서비스 접근이 어려운 사람보다 경제적 능력이 있으며 의료 서비스에 접근하기 쉬운 사람들의 진료 추구 행동을 밝히는 데 유용하다.

사회화, 즉 부모의 행동은 의료지원 서비스 이용에 영향을 미친다. 아동이나 청소년은 부모에게 언제, 어떻게 의학적 서비스를 이용할지에 대해 배운다.

사회적으로 고립된 사람들은 사회적으로 연결된 사람들보다 의료 서비스를 더 많이 사용한다(Cruwys, Wakefield, Sani, Dingle, & Jetten, 2018). 이것은 고립된 사람들이 (가끔 그러긴 하지만) 반드시 건강이 좋지 않기 때문은 아니다. 오히려 사회적으로 고립된 사람들은 사회적 접촉의 필요성에 의해 보살핌을 받으려고 동기화된다. 한 연구에서 사회 집단에 가입한 고립된 사람들은 이후에 의료 방문 횟수를 줄였다(Cruwys et al., 2018).

요약하면, 의료 서비스 이용은 욕구, 소득, 이전 경험 여부, 선호도에 의해 달라지며 서비스 접근이 용이한 사람들에 의해 더 많이 이용된다.

의료 서비스의 남용

의료 서비스는 적절히 사용될 수도 있지만 남용될 수도 있다. 남용은 의학적인 치료를 필요로 하지 않는 문제에 대해 의료 서비스를 받으려 하는 것, 의료 서비스가 필요한 사람이 의료 서비스를 이용하지 않는 지연, 이렇게 두 가지 유형이 있다.

정서장애에 대한 의료 서비스 이용

의사들은 자신의 진료 시간 중 절반에서 2/3 정도가 의학적 문제라기보다는 심리적 또는 사회적 문제를 호소하는 환자를 위해 사용되는 것으로 추정한다(Katon et al., 1990). 업무시간 소모는 전문의보다 일반의에게 더 많이 나타나긴 하지만, 예외는 없다. 대학 의료 서비스 현장에서는 시험기간에 학생들이 학업 스트레스로 인해 증상이 심해지는 문제를 주기적으로 보게 된다.

이러한 비의료적인 문제의 호소는 외상, 관계 문제 및 기타 스트레스 요인의 결과일 수 있으며(Ziadni et al, 2018), 불행히도 둘 다 널리 퍼져있는 불안과 우울에서 비롯되는 경우가 많다(Howren & Suls, 2011). 가슴 통증으로 응급실에 온 환자나 심장 증상으로 의사를 찾아오는 환자는 불안과 우울증이 있을 가능성이 있고, 23%는 정신질환을 가지고 있는 것으로 추정된다(Srinivasan & Joseph, 2004). 이러한 증상들로 인해 불필요한 치료가 발생하기도 한다(Salmon, Humphris, Ring, Davies, & Dowrick, 2007).

왜 사람들은 정신과 전문의를 찾아가야 할 때에도 일반 내과의에게 치료를 받고자 할까? 불안이나 우울과 같

시험이 시작되기 직전에 대학의 의료 서비스 센터를 방문하면 많은 학생들을 볼 수 있다. 논문 제출 기한이 임박하거나 시험이 시작되었다면 접수 시간이 평상시의 2~3배로 길어질 수도 있다.
dolgachov/Getty Images

은 스트레스 및 이에 대한 정서적인 반응은 다양한 신체 증상을 동반한다(Pieper, Brosschot, van der Leeden, & Thayer, 2007). 불안함은 설사, 위 점막 염증, 호흡 곤란(천식 증상으로 보일 때도 있음), 손의 땀, 수면 곤란, 주의집중력 감소, 마음의 동요 같은 증상을 야기시키는 원인이 될 수 있다. 우울은 피로감, 일상생활 곤란, 무기력, 식욕 부진, 수면장애 등을 동반하기도 한다. 환자들은 기분장애에 의한 증상을 건강문제로 잘못 생각하여 내과를 찾게 된다(Vamos, Mucsi, Keszei, Kopp, & Novak, 2009). 심리적 상태로 유발된 신체 증상에 대한 호소는 초기에 의사를 찾을 가능성에 영향을 줄 뿐만 아니라 병원 방문 횟수의 증가, 회복 속도의 저하 그리고 입원 기간의 연장을 유발할 수도 있다(De Jonge, Latour, & Huyse, 2003; Rubin, Cleare, & Hotopf, 2004).

불안과 우울함을 치료하기 위해 의료 서비스를 찾는 것은 큰 문제가 되고 있다. 이 문제를 해결하기 위해 *Annals of Internal Medicine*에 게재된 연구에서는 환자와의 첫 면담에서 사용할 수 있는 질문을 제시하고 있다. "당신은 최근에 슬프거나 우울한 적이 있었나요?", "당신이 전에 하던 즐겁던 일들이 이제는 당신을 즐겁게 해주지 못하나요?" 이런 질문에 "예"라고 대답하면 의학치료와 심리치료를 함께 해야 하거나, 심리치료가 우

선적으로 필요한 상태일 수 있다(Means-Christensen, Arnau, Tonidandel, Bramson, & Meagher, 2005; Pignone et al., 2002; Rhee, Holditch-Davis, & Miles, 2005). 실제로 연구에 따르면 의료 서비스가 정신건강과 신체건강 관리를 통합할 때, 병원 방문 횟수를 줄일 수 있었다(Turner et al., 2018).

심리적 괴로움으로 인해 의료 서비스를 찾게 되는 이유 중 하나는 심리적인 문제보다 의학적 장애가 더 설득력 있는 것으로 여겨지기 때문이다. 예를 들어, 직장 문제로 인한 우울함을 회피하기 위해 결근하는 남자는 우울을 인정하기보다 아프다고 말하면 회사 사람들과 가족에게 양해를 얻을 수 있다고 생각할 것이다. 많은 사람들은 자신의 심리적 문제에 대해 시인하기 어려워하고, 정신적인 문제로 정신과 전문의를 찾아가는 것을 부끄럽게 여긴다.

질병은 이른바 **2차적 이득**(secondary gains)을 발생시키기도 한다. 2차적 이득에는 휴식시간, 하기 싫은 업무로부터의 해방, 타인의 관심 등이 있다. 이런 2차적 이득으로 인해 건강을 회복하려는 노력이 지연될 수 있다(글상자 8.2의 집단 히스테리 사례에서도 2차적 효과가 작용한 것을 볼 수 있다).

마지막으로 부적절한 의료 서비스 이용은 꾀병 때문일 수 있다. 직장에 출근하고 싶지 않은 사람은 잦은 결근을 하고, 이로 인한 해고를 피하기 위해 아프다는 핑계를 댄다. 또한 임금을 받거나 장해급여를 수령하기 위해 결근 사유에 대한 서류를 제출해야 하고, '질병의 진단명을 내리고, 이를 치료해줄 수 있는' 의사를 찾아야 할 수도 있다.

그러나 이와 같은 여러 가지 곤란한 점으로 인해 실수가 생기기도 한다. 의학적 처치가 필요한 환자를 정신질환 환자로 잘못 판단할 수도 있다. 연구의 객관적인 조사 결과를 보면 정신질환의 유병률은 남녀 간에 동일하지만 의사들은 여성에게 잘못된 진단을 내릴 가능성이 높은 것으로 나타났다(Redman, Webb, Hennrikus, Gordon, & Sanson-Fisher, 1991).

지연행동

증상에 대한 치료가 필요한데도 적절한 치료를 미룰 때 또 다른 의료 서비스의 남용이 발생한다. 멍울, 만성적 호흡 곤란, 일시적 의식 상실, 피부 변색, 흉부 통증, 발작, 심각한 위통 등은 사람들로 하여금 빠르게 치료를 받게 만드는 심각한 증상들이다. 어떤 사람은 잠재적으로 위험할 수 있는 증상에 대해 몇 달 동안 치료를 받지 않는다. 이것을 **지연행동**(delay behavior)이라 부른다. 예를 들어, 심장발작으로 인한 사망 및 장애는 환자가 증상에 대한 치료를 지연함으로써 발생한다는 것이다. 이는 심장발작 증상을 위장장애, 근육통 및 다른 덜 심각한 장애로 여기기 때문으로 보인다.

지연은 스스로 증상을 인식했을 때와 의학적 처치를 받을 때 사이의 시간을 말하며, 그림 8.1과 같이 몇 가지 단계로 구성되어 있다. **평가 지연**(appraisal delay)은 스스로 증상이 심각하다고 판정하는 데 걸리는 시간이다. **질병 지연**(illness delay)은 질병에 걸렸음을 인식한 시점과 진료를 받아야겠다는 결정까지의 시간 간격이다. **행동 지연**(behavioral delay)은 진료를 결정한 시점과 실제 진료를 받는 시점 사이의 시간 간격이다(Safer, Tharps, Jackson, & Leventhal, 1979). 그리고 **의료적 지연**(medical delay)은 예약을 한 시간과 적절한 치료를 받는 것 사이의 시간을 의미한다. 어떤 증상에 대한 치료의 지연은 크게 문제되지 않을 때가 있다. 예를 들어, 줄줄 흐르는 콧물 또는 목의 약한 통증을 들 수 있다. 이런 증상들은 보통 시간이 흐르면서 서서히 없어진다. 그러나 증상이 몇 주 또는 몇 개월에 걸쳐 장기화되면서 심신을 쇠약하게 만드는데도 치료를 미루는 것은 위험할 수 있다.

지연의 원인은 무엇일까 일반적으로 지연을 하는 사람들은 의료 서비스를 이용하지 않는 사람들과 매우 흡사하다. 예를 들어, 경제적으로 여유롭지 못할 때 사람들은 자신의 증상이 치료를 받을 만큼 심각하지 않다고 여기기도 한다. 지연은 의사와 정기적으로 연락하지 않는 환자에게 더 흔하게 나타나며, 의료 서비스에 대한 두려

글상자 8.2 '6월의 벌레' 때문에 생긴 병 : 집단 히스테리 사례

한 여름에 미국 남부에 위치한 방직공장에서 62명의 직원에게 신기한 전염병이 발병하였다. 사람들의 증상은 다양했지만 대부분 가슴 두근거림, 감각 없음, 어지러움, 구토 증상을 보였다. 전염병 증상을 보인 사람들 중 소수는 입원이 필요했으나, 대부분의 사람들은 며칠 간 휴가를 내는 정도에 그쳤다.

전염병을 경험한 직원들은 증상을 경험하기 전에 각다귀나 진드기 같은 벌레에 물린 경험이 있다고 보고하였다. 피해를 입지 않은 몇 명의 직원들은 동료들이 증상을 호소하기 전에 물린 것을 보았다고 보고하였다. 하지만 의료계에 종사하는 사람들은 그 벌레와 관련된 정보를 찾을 수가 없었고, 곤충학자나 해충 박멸 전문가들이 공장을 살펴봤을 때 딱정벌레, 각다귀, 파리, 개미, 진드기 등 몇 가지 종들을 발견했지만 이 중 보고된 증상을 유발하는 종은 없었다.

미국 공공의료 서비스 및 전염성질환 관리센터의 의사와 의료 전문가들은 이 전염병을 집단 히스테리의 한 종류로 여기기 시작하였다. 전염병에 걸린 직원 중 일부는 벌레에게 물렸을 수 있지만 불안 또는 긴장에 의해 증상이 발생했을 것이라고 보았다. 이에 대해 직원들은 최근 해외에서 수입한 직물을 옮길 때 직물에 붙어있던 벌레에 물려서 '질병이' 발생했다고 주장하였다.

이 문제를 설명하기 위해 의학적 관점보다 사회적 관점에 초점을 맞춘 건강 전문가들은 세 가지 특이사항에 주목하였다. 첫째로, 첫 발병 사례부터 마지막 사례까지의 기간이 총 11일 동안 진행되었으며 62건 중 50건(80%)은 매체를 통해 사건이 알려지고 나서 2일 뒤에 발생했다는 점이다. 둘째로, 발병 직원들은 같은 시간에 같은 장소에서 근무하고 있었고, 셋째로, 같은 시간 같은 장소에서 일했던 58명은 모두 여성이라는 점이다. 여성 1명과 남성 2명은 다른 교대근무조에서 일하고 있었으며, 남성 1명은 다른 부서에서 근무하고 있었다. 또한 발병 여성들의 대부분은 결혼을 했으며, 자녀도 있었다. 따라서 그들은 일과 양육을 병행하려 노력했으며 자주 피곤함을 호소하였다.

이 전염병은 공장이 가을 상품 출하로 인해 바쁘고 중요한 달인 6월에 발병하였다. 이 시기는 초과근무로 인해 많은 인센티브가 주어지지만 직원 및 생산 관리가 체계적으로 되어있지 않은 신생 공장이었기 때문에 직원들은 높은 불안을 느끼고 있었다.

초과근무와 생산량 증가로 부담을 느끼는 상황에서 가장 많은 스트레스를 받은 직원들(자녀가 있는 결혼한 여성들)이 '6월의 벌레(June bug)'에 취약성을 보인 것으로 드러났다. 피로의 신체적 징후(예 : 현기증)와 결합된 직업 관련 불안은 적절한 상황에서 질병으로 분류될 수 있는 일련의 증상을 생성시켰다. '6월의 벌레'에 대한 소문은 아픈 직원이 존재한다는 사실로 조건이 충족되어, 직원들에게 나타난 증상이 질병이라는 주장이 설득력을 얻어 전염병 같은 현상이 야기된 것이다.

출처 : Kerckhoff and Back (1968).

움을 갖고 있는 사람들에게도 흔히 나타난다. 특히 노인의 경우 잠재적으로 심각할 수 있다고 판단되는 증상을 경험할 때 중년기에 있는 사람들보다 빠르게 진료를 받는 것으로 보인다(Leventhal, Easterling, Leventhal, & Cameron, 1995).

증상 또한 지연을 예측할 수 있다. 새로운 증상일 때보다 과거에 심각하지 않다고 판정받은 증상과 비슷하다고 느낄 때, 더 늦게 진료를 받는다. 상처가 생기지 않거나 빨리 악화되지 않고, 정상적인 생활을 방해하지 않는 증상일 경우 그렇지 않은 경우보다 진료를 받을 가능성이 적다(Safer et al., 1979). 쉽게 적응되고 공포를 유발하지 않는 증상들은 지연될 수 있다. 예를 들어, 사람들은 일반적인 검은 점과 흑색종(치명적인 피부암의 가능성이 있는)의 차이를 잘 구분하지 못하며 이 때문에 치료를 미룰 수 있다. 마찬가지로, 같은 질병의 일반적인 증상(예 : 유방암 덩어리)이 그렇지 않은 증상보다 치료되기 쉽다(Meechan, Collins, & Petrie, 2003).

하물며 상담을 받은 환자들의 25%는 적합한 치료에 대한 설명을 받았음에도 필요한 검사나 전문가를 소개받는 것을 미룬다. 일부 사례들에서 환자들은 첫 번째 방문을 통해 호기심이 충족되었으며, 그들의 상황에 대해 위기감을 더 이상 느끼지 못하는 것으로 나타났다. 그와 반대로 환자들은 증상들에 대한 경고를 받지만 의사가 한 경고에 대한 생각을 회피하며 추후 행동을 하지 않기도 한다.

의료 서비스를 제공하는 의료인들의 지연도 중요한 요인이다. 의료인들로 인한 지연은 지연행동의 15% 정도를 설명한다(Cassileth et al., 1988). 많은 사례에서 의

그림 8.1 | **환자의 지연행동 단계**

출처 : Based on Andersen, B.L., J. T. Cacioppo, and D. C. Roberts. "Delay in Seeking a Cancer Diagnosis: Delay Stages and Psychophysiological Comparison Processes." *British Journal of Social Psychology* 34 (January 1995): 33–52. Fig. 1, p. 35.

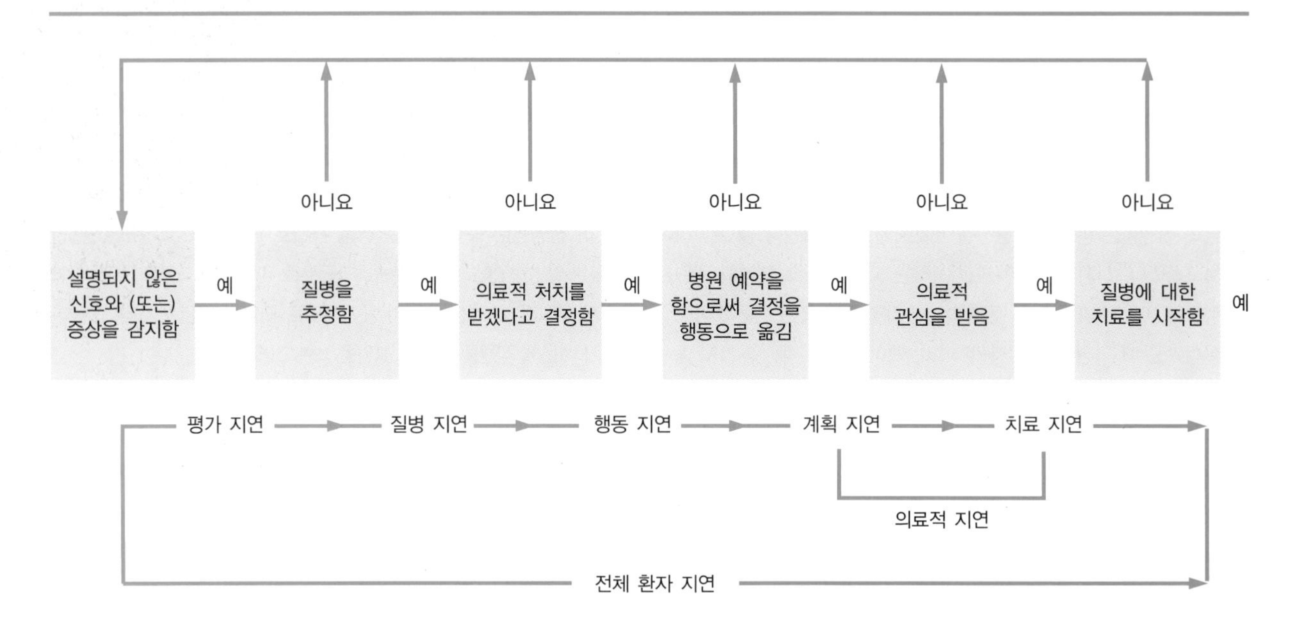

료인이 행하는 지연은 실수에서 발생한다. 예를 들어, 일시적 실신 같은 증상은 땀띠 혹은 지나친 다이어트부터 당뇨 또는 뇌종양까지 다양한 질병에서 나타난다. 제공자는 원인을 찾아내기 위해 필요한 광범위하고 비싼 검사를 진행하기 전에 일반적인 증상을 제거하게 될 것이다. 만약 환자가 보이는 증상이 심각한 원인에 의한 것이라면, 그에 따른 결과를 얻을 때까지 지연이 발생하게 된다.

의료적 지연은 환자가 보이는 증상에 적합한 질병 프로파일에서 벗어났을 때 자주 일어난다. 예로 유방암의 경우, 45세 이상 여성에게서 자주 발생하며, 유방에 멍울이 발견된 20대 중반 여성은 악성 종양인지를 알아보는 검사보다 유선증을 진단받고 돌아갈 가능성이 높다.

요약

1. 증상의 인식 및 해석, 의료 서비스 이용은 심리적 과정에 의해 달라진다.
2. 개인의 특성, 사회적 배경, 관심의 방향, 주의 분산이나 주의 분산을 포함하는 활동의 존재 여부, 기분, 질병 또는 증상의 출현, 위험에 대한 느낌에서의 개인차는 증상 확인에 영향을 미친다. 증상의 해석은 환자의 과거 경험과 증상에 대한 기대 및 판단이 영향을 미친다.
3. (질병의 유형, 원인, 결과, 지속 기간, 통제 가능성/치료, 일관성을 파악하는) 질병 모델은 질병의 해석에 영향을 미친다. 또한 환자의 진료 추구 행동에도 영향을 미친다.
4. 비전문가 소견 연결망과 같은 사회적 요인은 환자와 의료적 처치를 매개하는 역할을 한다.
5. 의료 서비스는 매우 젊고 매우 나이가 많은 사람들, 여성 그리고 중산층과 상류층 사람들에 의해 불균형적으로 이용되고 있다. 건강 신념 모델 또한 의료 서비스의 이용에 영향을 준다.
6. 의료 서비스는 남용될 수 있으며, 의료 서비스를 요청하는 다수의 환자들은 신체적인 문제보다 우울이나 불안이 문제인 경우가 많다. 이런 환자들은 증상을 방치하여 치료 지연과 위험이라는 결과를 발생시킨다.

핵심용어

비전문가 소견 연결망
의대생병
의료적 지연
지연행동
질병의 상식적 모델
질병 지연
질병 표상
평가 지연
행동 지연
2차적 이득

CHAPTER 9

환자, 의료 서비스 제공자 그리고 치료

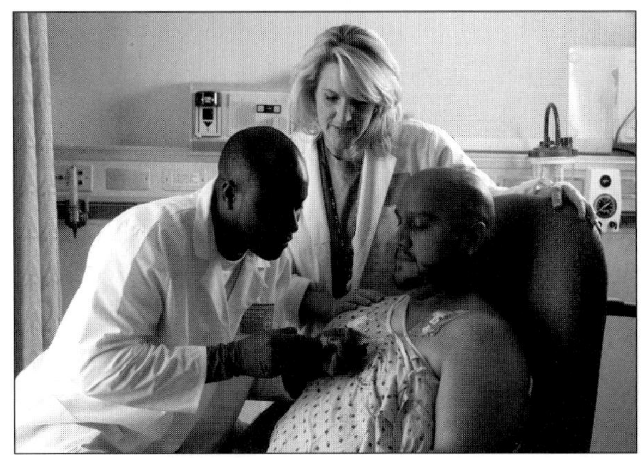

Rhoda Bear/National Cancer Institute

개요

의료 서비스

"나는 2주간 앓던 감기를 치료하기 위해 학생건강관리센터를 찾았다. 1시간 이상을 기다려서 마침내 의사를 만났으나 진료 시간은 단 5분이었다! 의사는 내게 박테리아가 아닌 바이러스에 감염된 것이라 자신이 할 수 있는 것이 없다는 말과 함께 휴식을 많이 취하고 물을 많이 마시라고 하였다. 또한 코막힘과 감기로 인한 통증을 줄이기 위해 처방전 없이도 살 수 있는 약들을 복용하라고 말하며 진료를 끝냈다. 나는 무엇 때문에 그렇게 진료를 받으려고 신경을 썼을까 하고 후회하였다"(학생건강관리센터를 방문한 학생의 이야기).

환자와 의료 서비스 제공자 간 대부분의 의사소통은 매우 원활하다. 정보가 교환되고, 치료 권고가 이루어지며, 환자와 의료 서비스 제공자 모두 만족한다. 그러나 때로는 일이 잘 풀리지 않기도 한다. 거의 모든 사람들은 의사를 만나는 것에 대해 긴 대기 시간, 성의 없는 반응, 명백한 오진, 아무런 효과도 없는 치료와 같은 좋지 않은 기억을 가지고 있다. 그러나 좋지 않은 기억을 가지고 있는 사람들 역시 자신이 최근에 만난 의사의 장점들을 자세히 기술할 수 있을 것이다. 의사에 대한 이런 모순되는 태도의 원인은 무엇일까?

건강은 우리가 소중히 여기는 덕목 중 하나이다. 거의 모든 활동에서 양호한 건강 상태는 필수조건이며, 반대로 좋지 않은 건강 상태는 삶의 거의 모든 활동에 지장을 줄 수 있다. 더욱이 질병은 대부분의 활동에 불편함을 주기 때문에 사람들은 질병을 빠르고 성공적으로 치료하고자 한다. 이에 비추어볼 때, 의료 서비스는 인생의 즐거움과 근본적으로 연결되어 있기 때문에 의사나 다른 의료 전문가에 대한 존경과 비난이라는 모순된 평가는 당연한 것처럼 여겨진다. 환자를 보살피는 의료 전문가들은 표 9.1에 자세히 설명되어 있다.

환자의 소비자주의

의료 장면에서 의사의 권위가 지대했던 때가 있었으나, 점차 환자는 소비자 중심주의적인 태도를 취하고 있다(Steinbrook, 2006). 이러한 변화는 다음 몇 가지 요소로 인해 발생되었다.

첫째, 환자에게 자율적으로 선택할 수 있는 기회가 주어진다. 환자는 정보를 제공받고, 여러 선택사항 중에서 선택할 수 있다. 둘째, 환자에게 치료에 적극적인 참여를 요구한다. 따라서 치료 계획을 발전시키고 치료의 규칙을 정하는 데 전적으로 환자의 참여와 협력이 필수적이다. 이러한 협력과 참여는 특히 만성질환자들에게 필요하다. 왜냐하면 질병이 재발했거나 만성적일수록 환자가 질병에 대해 전문적인 지식을 많이 가지고 있기 때문

표 9.1 | 의료 서비스 제공자의 유형

의료현장에서 의료 서비스를 제공하는 이들의 절반 이상은 임상간호사, 간호 실습생 또는 의료보조인이다(Park, Cherry, & Decker, 2011).

	설명	책임
임상간호사	개인 의료인과 연계됨. 자신의 환자를 돌봄	통상적인 의료 서비스 제공, 치료처방, 만성질환자 치료 경과 살피기, 장애의 근원, 진단, 예후와 치료
전문간호사	공인된 조산사를 포함한 임상전문간호사, 공인된 마취전문간호사	산부인과적 관리와 심장 또는 암 관리, 마취 관리
의료보조인	의과대학과 의과대학 부속병원에서 2년 과정의 교육을 받음	의료 정보를 기록하거나 환자에게 치료법 설명 등 통상적인 건강 관리 업무를 수행

출처 : Hing, Esther, and Sayeedha Uddin. "Physician Assistant and Advance Practice Nurse Care in Hospital Outpatient Departments: United States, 2008 – 2009." *National Center for Health Statistics 77* (November 2011): 1 – 8.

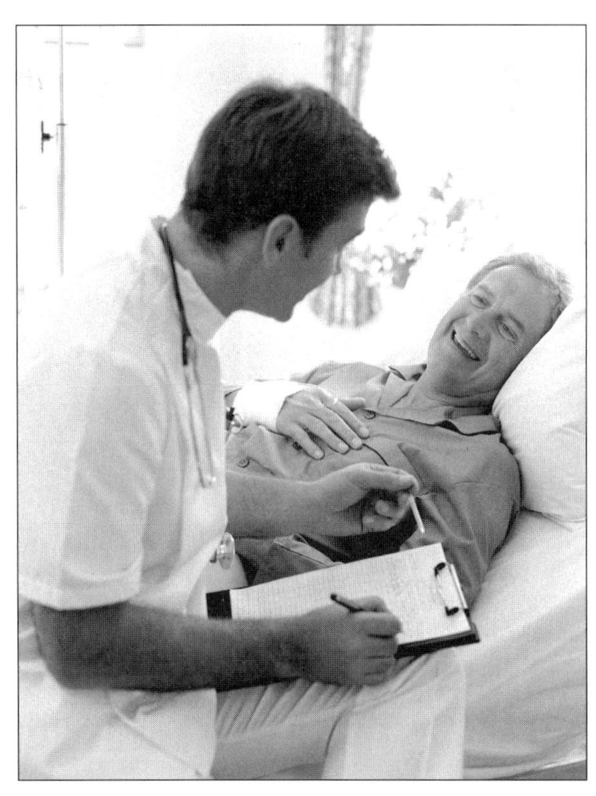

환자를 따뜻하고 자신감 있는 태도로 치료하는 의사는 친절하고 유능한 것으로 판단되는 경우가 많다.
Digital Vision/SuperStock

이다. 치료 과정에서 환자의 전문 지식이 치료와 통합된다면 보다 긍정적인 치료 결과를 가져올 것이다. 이러한 모든 요소들은 환자가 의료 현장에서 수동적으로 서비스를 받는 사람들이 아닌 소비자라는 인식을 갖는 데 기여한다.

의료 서비스 전달 체계의 구조

수십 년 전까지 미국인 대다수는 개업의에게 진료를 받았다. 환자들은 진료를 받을 때마다 진료에 상응하는 돈을 그들에게 지불하였다[일명 **행위별 수가제**(private, fee-for-service care)].

이러한 방식은 점차 바뀌어 현재 9,200만 명 이상의 미국인이 **건강관리기구**(Health Maintenance Organization, HMO)라 지칭되는 곳을 통해 선불제 지불 및 전달 체계를 이용하여 진료받고 있다(Kaiser Family Foundation, 2017년 2월, 글상자 9.1 참조). 이 방식은 고용주나 직원이 매달 일정 금액의 돈을 지불하고 이외의 추가 비용 없이(또는 크게 인하된 비용으로) 의료 서비스를 이용할 수 있는 권한을 부여한다. 이러한 일련의 방식을 **관리의료**(managed care)라 한다. HMO는 기구 내에 의료인 조직이 구성되어 있고 기구에 가입한 사람들이라면 조직 내 의료인에 한해서만 치료를 받을 수 있다.

특약의료기구(preferred-provider organization, PPO)는 일정 범위 안에서 의사 또는 병원을 선택할 수 있도록 구성된 교섭형 계약 의료 조직이다. 다시 말해, 연계된 의사 연결망은 의료 서비스를 위해 미리 정해놓은 요금이

표 9.2 | 건강보험 유형

유형	활동
건강관리기구(HMO)	구성원들은 주치의를 선택할 때 HMO 의사들 중에서 선택하며, 그 의사를 방문할 때마다 정해진 소정의 비용을 진료비로 지불해야 한다. 전문의 또는 응급 상황이 아닌 경우 HMO 연결망의 병원에서 진료를 받기 위해서는 사전에 승인을 반드시 받아야 한다.
특약의료기구(PPO)	가입자에 한해 의료비 할인 혜택을 제공받을 수 있는 의료 연결망이다. PPO 연결망에 포함되는 전문의에게 진료를 받기 위해서는 사전에 승인을 받을 필요가 없다.
서비스 시점 계획(POS)	이 계획은 보험회사 또는 HMO에 의해서 관리되고, 연결망 내에 속하지 않는 의사에게 진료받거나 병원에 갈 때 추가 비용을 지불해야 한다. 구성원이 연결망 내의 전문의를 만나기 위해서는 보통 진료 의뢰가 필요하다.
전통적인 보장형 계획	환자들이 의사와 병원을 스스로 선택할 수 있고 진료 때마다 진료에 상응하는 비용을 지불한다. 전문의를 만나기 위해 진료 의뢰가 필요 없다.

출처 : National Committee for Quality Assurance. "Health Plans." Accessed June 28, 2019. https://reportcards.ncqa.org/#/health-plans/list.

그림 9.1 | 다양한 형태로 진료하고 있는 의사의 비율

출처 : Bianco & Schine, 1997, March 24; Bureau of Labor Statistics, 2019.

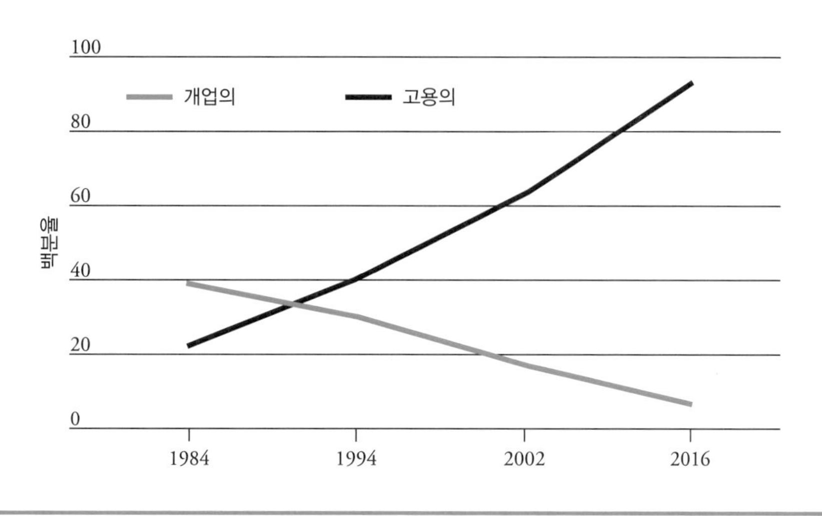

* 내과의사와 외과의사로 예상됨

있고, PPO 가입자는 치료를 원할 때 PPO에 소속된 의사들의 목록을 이용하여 담당 의사를 선택할 수 있다. 표 9.2에 여러 가지 건강보험 유형과 차이에 대해 기술되어 있다.

관리의료에서 환자의 경험

환자들에게 의료 체계에 대한 접근성이 높아진 것은 긍정적이지만, 예측 가능한 방식으로 의사소통이 잘 이루어지지 않는 부분이 있어, 여기서는 이러한 문제에 중점을 두고자 한다. 의료 서비스 체계의 구조 변화는 환자-의사 간 의사소통을 방해할 수 있다. 선불제 계획은 진료 의뢰를 통해 수행된다. 이는 처음에 환자를 만난 의사가 환자의 문제가 무엇인지 판단하고, 이후 환자가 어떤 전문의를 만나 치료해야 할지를 결정하여 치료를 의뢰하는 것이다. 의사는 종종 진료를 의뢰한 사례 수에 의해 비용을 지불받으므로 추천을 많이 받을수록 유리하다. 따라서 의사는 환자를 고려하기보다는 **동료 오리엔테이션**(colleague orientation), 즉 동료 의사를 고려하여 추천하는 경향이 있다(Mechanic, 1975). 그 이유는 환자의 경우 더 이상 의료 서비스에 직접적으로 돈을 지불하지 않기 때문에, 환자가 제공받은 서비스에 만족하는 정도는 진료를 의뢰한 의사의 수입에 직접적으로 영향을 미치지 않는다. 반면, 동료 의사의 추천 수는 이후에 자신의 수익에 영향을 미칠 수 있기 때문이다. 이론적으로 이 체계에서는 의사가 진료를 의뢰하는 과정에서 실수를 하면 다음에 더 적은 인원으로부터 추천을 받게 되므로 의사는 환자에게 실수하지 않으려고 노력해야 한다. 하지만 이 체계 내에서 의사가 환자에게 정서적으로 만족스러운 치료를 제공하려는 동기는 적다.

HMO와 그 외 선불제 계획의 운영방식이 환자 관리를 어렵게 할지도 모른다. 의사가 많은 환자들을 진료해야 한다면, 환자는 오랜 기다림에도 불구하고 짧은 진료를 받게 될 것이다. 환자가 여러 전문가들에게 보내질 때 이러한 문제들은 더 복잡해진다. 환자들은 의료 서비스를 제공하는 의사와 개인적 관계를 맺을 수 있는 의사소통의 기회 없이 또 다른 의사에게 보내졌다고 느낄 것이다.

이러한 문제들이 점차 심화되었기 때문에 몇몇 HMO는 환자의 오랜 대기 시간을 줄이고, 개인에게 선택권을 주며, 방문 시 동일한 의사에게 지속적으로 서비스받을 수 있도록 하는 조치를 취했다. 환자에게 정보를 제공하고 서비스 관리에 대한 결정을 하게 하며 사회적 지지 욕구와 같은 환자의 심리사회적 측면을 고려한 **환자 중심 관리**(patient-centered care)로 변화하였다(Bergeson & Dean, 2006).

환자-의료 서비스 제공자 간 의사소통의 특성

위에서 언급한 바와 같이 환자-의사 간 의사소통이 항상 순조로운 것은 아니다. 의사는 대개 지나친 전문용어 사용, 피드백의 부족, 환자의 상태를 고려하지 않은 탈인격적(depersonalized) 치료의 문제로 비난을 받는다. 환자-의사 간 의사소통의 질은 중요하며 이는 치료 결과에 영향을 미친다. 예를 들어, 환자-의사 간 의사소통의 부족은 환자가 치료의 권장사항을 미준수하는 것으로 이어지며, 의료 과실의 명목으로 소송이 제기되는 발단이 되기도 한다.

우리는 의학에 대한 지식과 건강행동의 실천 기준에 대해 충분히 알지 못하기 때문에 치료가 잘 진행되고 있는지 제대로 알지 못한다. 그 결과, 의사에게 제공받는 치료에서 기법적인 부분을 의사의 태도와 관련지어 판단한다. 예를 들어, 따뜻하고, 자신감 있고, 친근한 의사는 좋고 능숙한 의사로 판단하는 반면, 차갑고 냉담한 의사는 비우호적이고, 미숙한 의사로 판단한다(Bogart, 2001). 실제로 환자가 제공받는 치료에서 기법적인 것과 의사의 태도는 관련이 없다. 의사소통의 질에 영향을 미치는 요인은 무엇일까?

병원 상황

여러 가지 이유로 인해 효과적인 의사소통의 장소로 진료실은 적합하지 않다. 평균 진료 시간은 약 12~15분으로 짧으며, 의사에게 증상을 설명할 때 평균 23초 이전에 의사가 당신의 말을 가로챌 것이다(Simon, 2003). 더욱이 당신이 통증을 느끼거나 열이 날 때 또는 불안한 상태일 때 의사에게 효과적으로 문제를 호소하는 것에 더 어려움을 겪을 것이다.

의사의 역할 역시도 어려운 부분이 많다. 의사들은 대기실을 가득 채운 많은 환자들로부터 가능한 빨리 중요한 정보를 얻어내야 한다. 만약 환자가 자가진단을 통해 증상을 감추거나 왜곡하고 있다면, 환자의 질병은 더욱 심해지고 복잡해질 수 있기 때문에 의사의 올바른 판단이 필요하다. 더 나아가 주요 증상에 대한 환자의 생각과 의사의 생각이 다를 경우에는 중요한 단서들이 간과될 수 있기 때문에 주의해야 한다. 기본적으로 환자는 병원에서 위안을 얻고자 하고, 의사는 많은 환자들 속에서 최대한 효과적으로 시간을 활용하고자 하므로 이들 사이에는 수많은 잠재적 갈등이 존재할 수밖에 없다.

잘못된 의사소통에 영향을 주는 제공자의 행동

무뚝뚝함 의사의 무뚝뚝한 행동에 의해 환자-의사 간 의사소통은 악화될 수 있다. 무뚝뚝함 혹은 의사가 환자의 말을 잘 듣지 않는 것은 의사의 중요한 문제행동 중 하나이다. 일반적으로 환자는 의사가 진단 과정을 시작하기 전에 자신이 걱정하는 부분에 대해 이야기를 다 할 수 있는 기회를 갖지 못한다.

전문용어의 사용 환자들은 종종 의사가 사용하는 전문용어를 이해하는 데 어려움을 겪는다. 의사는 다른 전문가와 이야기를 나눌 때 질병에 대한 이해를 돕고, 원활한 의사소통을 위해 전문용어를 배운다. 그러나 이들은 환자가 이러한 전문용어를 이해하는 데 어려움이 있다는 사실을 종종 잊는다. 전문용어를 사용한 설명은 추가적으로 질문하는 것을 막기 위해 또는 의사가 정확한 진단을 내릴 수 없을 때 이를 감추기 위해 사용된다. 또한 환자가 이해하지 못하도록 해야 할 때 전문용어가 사용되기도 한다.

유아어 의사들은 환자가 질병과 치료에 대해 이해한 정도를 과소평가하기 때문에, 유아어(baby talk)를 사용하여 단순하게 설명을 하는 경우가 있다. 암 연구자이자 암 환자인 한 여성이 있었다. 이 여성이 진료를 위해 암 전문의를 찾아갔을 때, 검사가 시작되기 전까지는 '암 연구자'와 '암 전문의' 관계로서 이들은 매우 전문적이며 복잡한 이야기를 나누었다. 그러나 '암 환자'와 '암 전문의' 관계가 되어 검사가 시작되자 의사는 갑자기 아주 짧은 문장을 사용하여 간단하게 설명을 하였다. 암 전문의에게 여성은 암 환자일 뿐 그들은 더 이상 동료관계가 아니었다. 대부분의 환자들은 전문용어와 유아어의 중간 수준에서 질병과 치료에 대해 이해할 수 있다.

비인간적 치료 환자와 의사의 관계를 손상시킬 우려가 있는 또 다른 문제로 탈인격화(depersonalization)가 있다(Kaufman, 1970). 심리학자인 한 환자의 사례를 살펴보자.

> 내가 눈의 열상으로 인해 병원 응급실에서 치료받았을 때, 수술대에 눕자마자 레지던트 외과의사는 갑자기 나와 이전에 나누던 대화를 중단하였다. 그는 나에게 해야 할 모든 질문을 나의 친구에게 했고, 계속해서 나를 의식이 없는 사람처럼 대하였다. 그 외과의사는 친구에게 나의 이름과 직업을 묻고 내가 정말 심리학 박사인지까지 확인하였다. 내가 분명 의식이 있는 상태였음에도 불구하고 외과의사와 친구 그 둘은 마치 그곳에 내가 없는 것처럼 여기며 나에 대해 말했다. 내가 수술을 마치고 더 이상 꿰매야 할 상처가 없어질 무렵 외과의사는 예전처럼 나를 하나의 인격체로 여기면서 말을 걸기 시작하였다(Zimbardo, 1969, p. 298).

비인간적 치료는 환자를 조용하게 유지하고 의사가 집중할 수 있도록, 특히 스트레스가 많은 순간에 사용될 수 있다. 그런 면에서 중요한 의료적 기능을 갖고 있다. 그러나 탈인격적 치료의 부정적 효과 또한 존재한다. 병원을 회진하는 의료진들이 환자를 의식하지 않은 채, 서로 어떤 사례를 논의하면서 매우 전문적이거나 완곡한 단어를 사용한다. 이와 같은 행동은 그곳에 있는 환자들에게 혼란과 불안을 유발한다.

환자 탈인격화는 또한 의사에게 어떤 어려움이 생겼을 때 그로부터 자신을 정서적으로 보호할 수 있도록 도와주는 기능을 한다. 의사가 자신의 모든 행동이 누군가의 건강과 행복에 영향을 미친다는 사실을 계속 인식하는 상태에서 일하기는 어렵다(Cohen et al., 2003). 더욱이 모든 의사는 환자가 치료로 인해 장애를 갖게 되거나 사망하는 비극을 겪지만, 계속 진료할 방법을 찾아야 한다. 이때 탈인격화의 방법은 의사가 진료를 계속하는 데 도움을 준다.

환자에 대한 고정관념 환자에 대한 부정적인 고정관념은 의사소통뿐만 아니라 치료에 있어서도 문제를 일으킨다. 의사들은 동일한 의료적 상황임에도 불구하고 고정관념으로 인해 흑인 또는 히스패닉계 환자와 사회경제적 지위가 낮은 환자에게 상대적으로 정보를 덜 제공하고, 지지를 덜하며, 치료에서 노력을 적게 하는 것으로 나타났다(van Ryn & Fu, 2003)(글상자 9.1 참조). 또한 의사는 자신과 동일한 인종이나 민족 출신 환자에게 더 나은 치료를 제공한다. 그 결과 동일한 인종이나 민족 출신의 의사에게 치료받은 환자는 치료에서 더 높은 만족도를 보였다. 이에 따르면 소수집단 환자에게 더 나은 의료 서비스를 제공하기 위해서는 소수집단 출신 의사가 더욱 많아져야 한다(Laveist & Nuru-Jeter, 2002). 의사는 많은 전문가들과 마찬가지로 개인적인 편견과 맹점이 있지만 객관성에 대한 환상을 품을 가능성이 높아(Redelmeier & Ross, 2018) 이러한 맹점과 편견이 무시될 수 있다.

또한 많은 의사들은 노인에 대해 부정적인 인식을 가지고 있다(Haug & Ory, 1987). 왜냐하면 고령의 환자들은 젊은 사람들에 비해 응급실에서 소생할 가능성이 적고, 생명을 위협하는 심각한 질병의 치료에서 적극적일 가능성이 상대적으로 낮기 때문이다(Haug & Ory,

글상자 9.1 뭐라고 하셨죠? 효과적인 의사소통의 언어 장벽

미국인 중 2,520만 명 이상은 능숙한 영어 사용에 어려움을 가지고 있다(Pandya, McHugh, & Batalova, 2011). 점차 언어 장벽이 의사소통 문제를 초래하는 원인이 되고 있다(Halim, Yoshikawa, & Amodio, 2013). 12세의 히스패닉계 소년과 그의 엄마가 의사와의 의사소통에서 어려움을 겪은 내용의 사례를 살펴보자.

"지난주에 아이가 현기증이 너무 심했어요. 하지만 열이나 다른 증상은 없었습니다. 그리고 아이 아버지를 비롯한 가족 모두가 당뇨병으로 고생하고 있어요"라고 소년의 엄마가 말하였다.

그의 의사는 이에 "어흠" 하고 헛기침을 하였다. 엄마는 말을 계속하였다. "저는 너무 무서웠어요. 왜냐하면 아이가 계속해서 어지럽다고 말했지만 열이나 다른 증상은 없었거든요." 의사는 소년 라울에게 물었다. "그래. 그래서 엄마는 네가 노랗게 보인다고 얘기하시는데, 맞니?" 라울은 엄마를 위해 그 말을 통역하였다. "내가 노랗게 보여요?" 엄마는 대답하였다. "너는 창백할 정도로 어지러워 보여." 라울은 의사를 보며 "내가 마비된 것 같대요. 아무튼 그래요"라고 말하였다(Flores, 2006, p. 229).

1987; Morgan, 1985). 의사에 대한 부정적인 태도는 65세 이상 인구 중 54%만이 의사에 대해 높은 신뢰를 표현한다는 점에서, 노인도 의사에게 부정적인 인식을 갖고 있는 것으로 보인다.

성차별 역시 의료 시술 과정에서 문제가 된다. 그 예로 남녀의 흉부 통증과 스트레스를 다룬 실험연구에서 여성 환자에 대한 의학적 개입은 남성 환자보다 상대적으로 덜 중요하다고 인식하는 결과가 나왔다(Martin & Lemos, 2002).

의사의 성별 역시 치료에 영향을 미친다. 여성 의사의 대부분은 남성 의사에 비해 진료 시간이 길고, 환자에게 더 많은 질문과 긍정적인 응답을 하는 것으로 나타났다. 또한 환자에게 웃음을 보이거나, 고개를 끄덕이는 것과 같은 비언어적인 지지를 더 많이 한다(Hall, Irish, Roter, Ehrlich, & Miller, 1994). 환자는 의사와 자신의 성별이 일치할 때 친밀한 관계를 맺고 자신을 드러내는 것이 더 쉽다고 보고하였다(Levinson, McCollum, & Kutner, 1984; Weisman & Teitelbaum, 1985). 그러나 의사는 성별에 관련 없이 모두 남성 환자를 선호하는 경향이 있다(Hall, Epstein, DeCiantis, & McNeil, 1993).

의사들은 우울, 불안과 같은 심리적 장애를 지닌 환자에게 부정적인 반응을 보인다. 이 환자에 대한 의사의 태도는 피상적이다. 의사는 상대적으로 증상이 적은 환자들을 선호하며(Hall et al., 1993), 만성질환 환자보다 급성질환 환자를 더 선호한다(Epstein et al., 2006). 왜냐하면 만성질환은 급성질환에서 나타나지 않는 불확실성을 가지고 있고, 급성질환 환자보다 예후도 좋지 않으며(Butler, 1978), 만성질환 환자에게 나쁜 소식을 전할 때 의사는 이와 관련해 스트레스와 고통을 받기 때문이다(Cohen et al., 2003). 이러한 고정관념을 가지고 환자들을 치료할 때 환자들은 치료에 대해 불신하고 불만족스러워 할 가능성이 더 높다.

환자로 인한 의사소통 문제

의사와의 짧은 몇 분의 만남 후 환자의 1/3은 자신이 받은 진단의 내용을 설명하는 데 어려움을 보이고, 1/2은 질병이나 치료의 중요한 세부사항을 이해하지 못한다(Golden & Johnston, 1970). 환자는 의사의 설명이 불완전하거나 지나치게 전문적이라고 불만을 갖는 반면, 의사는 분명하고 신중하게 설명을 했을 때에도 환자가 설명을 듣고 나면 바로 잊어버린다고 말한다.

환자 스스로가 질병 관리에 더 많은 책임감을 가진다는 것을 가정할 때, 환자에게 읽고 쓰는 능력은 중요하다. 매년 100만 명의 청년들이 고등학교를 졸업함에도, 대부분이 처방을 준수하기 위해 필요한 읽고 쓰는 능력과 위험요소를 이해하는 능력이 부족하고, 의사로부터 제공받은 검사 결과를 해석하는 데 어려움을 겪는다. 특히 교육 수준이 낮은 사람들이나 노인 또는 영어를 사용하지 않는 사람의 경우 문제가 있다(Center for the Advancement of Health, 2004년 5월). 보통 나이가 들면

환자들은 종종 자신과 유사한 의사들과 가장 편하게 상호작용한다.
Henk Badenhorst/Getty Images

서 의료적인 도움을 받아야 할 일은 증가하지만 불만사항을 효과적으로 말하는 능력과 치료 지침을 따를 수 있는 능력은 감소한다. 실제로 50세 이상인 환자의 40% 정도가 의사가 처방한 내용을 이해하는 데 어려움을 경험한다. 이 중요한 정보를 노인 환자에게 전달하려면 추가 시간과 주의가 필요할 수 있다.

환자는 어떻게 의사소통 문제를 만들까 환자의 특성 중 몇 가지 요인들이 환자와 의사 간 의사소통에 부정적인 영향을 미친다. 신경증 환자의 경우 종종 자신의 증상을 과장해서 말한다(Ellington & Wiebe, 1999). 이러한 환자의 특성은 의사가 환자 상태의 심각성을 평가하는 데 어려움을 겪게 한다. 환자들이 불안하면 학습에 방해가 된다(Graugaard & Finset, 2000). 불안은 환자가 집중하는 것을 어렵게 하고 입력된 정보의 처리와 유지를 어렵게 한다(Graugaard & Finset, 2000). 일반적으로 부정적 정서는 치료 준수를 방해한다(Molloy et al., 2012).

일부 환자들은 자신의 사례에 대한 매우 단순한 정보조차도 이해하는 데 어려움을 겪는다(Galesic, Garcia-Retamero, & Gigerenzer, 2009; Link, Phelan, Miech, & Westin, 2008). 환자의 부족한 지식과 인지기능 저하는 의료 장면에서 환자가 소비자 역할을 하는 것을 방해한다(Stilley, Bender, Dunbar-Jacob, Sereika, & Ryan, 2010). 질병에 걸린 것이 처음이고 장애나 약물에 대한 사전 정보나 경험이 거의 없는 환자도 장애와 치료를 이해하는 데 어려움을 겪는다(DiMatteo & DiNicola, 1982; Rottman, Marcum, Thorpe, & Gellad, 2017).

증상에 대한 환자의 태도 환자는 의사보다 질병의 중요하지 않은 증상에 대해 더 많이 주의를 기울이며, 특히 증상 중에서도 자신의 활동을 방해하는 증상에 반응한다(Greer & Halgin, 2006). 그러나 의사는 기저에 있는 질병과 심각한 정도 그리고 치료에 더 많은 주의를 기울인다. 증상을 대하는 환자와 의사의 태도 차이로 인해, 환자는 의사가 본인의 질병에서 중요하지 않은 부분을 다룬다고 생각하거나 의사가 본인에게 관심이 없거나 오진을 했다고 생각할 수도 있다. 환자는 일반적으로 치료를 원한다(Bar-Tal, Stasiuk, & Maksymiuk, 2012). 만약 환자에게 의사가 하루 종일 침대에서 안정을 취하라고 하거나, 처방전 없이 살 수 있는 약물을 처방한다면, 환자는 무시당했다고 생각할 것이다.

때때로 환자는 의사에게 그들의 병력과 현재 상황에 대해 잘못된 정보를 제공하거나 중요한 정보를 보고하지 않는다. 왜냐하면 환자는 그들의 병력(예 : 낙태) 또는 그들의 좋지 않은 건강실천행위(예 : 흡연)가 밝혀지는 것이 창피해서 보고하는 것을 꺼리기 때문이다.

의사소통 문제의 상호작용적 측면

의사–환자 간 상호작용의 특징들은 둘 사이의 불완전한 의사소통을 지속시킬 수 있다. 한 가지 중요한 문제는 의사–환자 간 상호작용이 원활히 이루어지지 않으면 의사는 환자로부터 치료에 대한 적절한 피드백을 받을 수 없다는 것이다.

의사는 환자에게 진단을 내리고 치료를 권고하는 것으로 진료를 끝낸다. 이후 환자가 다시 찾아오지 않는다면 치료를 받고 환자의 질병이 치유되었거나 상태의 악화로 인해 다른 치료를 받기로 결정했을 수 있다. 또는 치료에는 실패했으나 질병의 증상이 사라졌을 수도 있다. 이처럼 환자가 재방문을 하지 않는 여러 가지 이유가 있다. 그러나 의사는 이러한 일들의 실제 발생 여부는 확인할 수 없으며, 제공한 치료의 성공 여부도 파악하지 못한다. 분명한 것은, 의사는 자신이 내린 진단이 정확했으며 환자가 조언을 잘 따라 완쾌되었다고 믿는 것이 의사의 정신건강에 좋다는 것이다. 그러나 이것조차 확신할 수는 없다.

또한 의사는 환자와의 관계가 언제 만족스럽게 형성되었는지 파악하는 일이 어렵다는 것을 알고 있다. 대부분의 환자들은 의사에게 비교적 조심스럽기 때문에, 만약 불만족스러운 사항이 있다면 의사에게 이를 직접적으로 말하기보다는 의사를 바꾸는 방법을 택할 것이다. 환자가 다시 오지 않을 경우 의사는 환자가 다른 지역으로 이사를 갔는지 아니면 다른 의사를 찾아갔는지에 대해 알 수가 없다. 대체로 의사가 받는 피드백의 내용은 긍정적인 내용보다 부정적인 내용이 더 많을 것이다. 왜냐하면 병원을 재방문한 환자는 치료에 성공한 환자보다 실패한 환자일 가능성이 높기 때문이다(Rachman & Phillips, 1978).

여기서 두 가지 중요한 점을 살펴보자. 첫째, 학습은 부정적인 피드백을 받았을 때보다 긍정적인 피드백을 받았을 때 더 잘 촉진된다. 긍정적인 피드백은 어떤 행동을 하는 것이 옳은지에 대해 말해준다. 반면, 부정적인 피드백은 어떤 행동을 그만해야 할지에 대해서는 말해주지만 그 행동을 대체할 다른 행동에 대해서는 말해주지 않는다. 긍정적인 피드백을 많이 받는 의사보다 부정적인 피드백을 더 많이 받는 의사는 학습에 있어 큰 도움을 받지 못한다.

인공지능의 사용

환자와 의사 사이의 양호하지 않은 의사소통의 근본 원인을 자세히 살펴보면, 많은 문제들이 의사의 시간 부족으로 인해 발생한다는 것을 알 수 있다. 따라서 의사의 부담을 덜어줄 수 있는 스마트 기술 시스템은 평가할 만한 가치가 있다. 지금까지 시도된 몇 가지 사항은 다음과 같다. 의사인 싯다르타 무게르지는 '이제는 알고리즘이 당신을 볼 것이다'라는 제목의 기사에서, 딥러닝(많은 예에서 나온 머신러닝)이 특히 일련의 증상을 통해 진단을 추론하는 작업에서 어떻게 전문가들을 능가하는지 언급한다. 머신러닝을 사용하면 증상을 통해 다음과 같이 말기질환을 추론하는 것이 가능하다: 파킨슨병의 본격적인 증상이 시작되기 전에 미세한 주춤거림(tiny hesitation)과 떨림(tremors)을 조기에 포착할 수 있는가? 언어 패턴의 특정 변화로부터 알츠하이머병의 초기 단계를 유추할 수 있는가? 이를 통해 질병을 조기에 발견하면 치료 계획을 개선할 수 있다.

이미 치료된 상태를 평가하기 위해 병원에 반복적으로 방문하는 것은 의사와 환자 모두에게 또 다른 시간 낭비이다. 그러나 그러한 방문 중 일부는 휴대전화의 사진으로 미연에 방지할 수 있다. 발진이 사라지고 있는가? 수술 상처는 제대로 아물고 있는가? 사진을 이메일로 보내거나 문자로 보내면 의사는 환자가 입원해야 하는지 또는 치유가 정상적으로 진행되고 있는지 신속하게 결정할 수 있다.

이미 설명한 의사소통 문제를 고려할 때, 환자가 알고리즘의 피드백이나 사진에 대해 "괜찮아 보입니다"라는 의사의 문자 응답에 얼마나 잘 반응할지 알기 어렵다. 그러한 치료는 탈인격적이고 원격으로 인식될 것인가? 이러한 유형의 치료에 대한 심리사회적 반응에 대한 평가는 앞으로 주의를 기울일 필요가 있다. 기술을 통해 의사와 직접적인 소통이 가능하게 되면 이러한 걱정은 하지 않아도 될 수 있다.

환자-의사 간 부진한 의사소통의 결과

환자-의사 간 의사소통 문제는 환자의 건강에 나쁜 영향을 미친다. 의사가 제공한 치료에 만족하지 못한 환자들은 치료 권고를 따를 가능성이 줄어들고, 앞으로 의료 서비스를 이용할 가능성이 낮아진다. 또한 다음에 이용할 때 의료적 욕구보다는 정서적 욕구를 충족시키기 위해 다른 서비스로 관심을 돌릴 가능성이 크다. 이들은 이후 건강검진을 받을 가능성이 적고, 의사를 바꿀 가능성이 높으며, 만족한 환자에 비해 공공연하게 불만을 표출할 가능성이 많다(Hayes-Bautista, 1976; Ware, Davies-Avery, & Stewart, 1978).

치료요법의 미준수

앞서 제3, 4, 5장에서는 건강행동의 맥락에서 치료요법을 **준수**(adherence)하는 것에 대해 알아보았고, (흡연과 같은) 건강에 해로운 습관을 탈피하거나 개선하는 것 그리고 이전과는 다른 새로운 생활방식을 습득하는 것의 어려움에 대해 알아보았다. 이 절에서는 치료 준수도를 높이는 데 있어 의료기관의 역할, 특히 의사의 역할에 대해 살펴볼 것이다.

치료 미준수의 비율 치료 **미준수**(nonadherence)란 환자들이 의사가 추천한 행동방식이나 치료를 행하지 않는 것을 말한다(DiMatteo, 2004). 미준수의 추정치는 최소 15%에서 최대 93%에 다다른다. 만성질환을 앓고 있는 사람의 50% 정도가 치료를 준수하지 않는다(Bruce et al., 2016). 모든 유형의 치료에서 미준수 수준은 평균적으로 26% 정도이다(DiMatteo, Giordani, Lepper, & Croghan, 2002).

그러나 치료의 종류에 따라 준수도는 매우 다양하게 나타난다. 단기간 실시되는 항생제 요법은 가장 흔한 처방 중 하나이다. 그러나 이 요법을 처방받은 환자의 최소 1/3이 이 처방을 준수하지 않는다(Rapoff & Christophersen, 1982 참조). 약 50~60%의 환자들은 건강을 위한 예방 조치를 준수하기로 약속하고 이를 지키지 않는다(DiMatteo & DiNicola, 1982). 흡연 또는 비만과 같은 문제를 해결하기 위해 설계된 생활방식 변화 프로그램의 경우, 환자의 약 80%가 중도하차한다. 심지어 건강에 큰 영향을 미치는 심장재활 과정에 있는 환자의 경우에도 단지 66~75%의 준수율을 보인다(Facts of Life, 2003년 3월).

전체 환자의 약 85%가 처방된 약을 기한 내에 복용하지 못한다(O'Connor, 2006). 준수도는 일반적으로 너무 낮아서 환자들이 많은 약물의 이점을 경험할 수 없다(Haynes, McKibbon, & Kanani, 1996). 환자의 준수도가 가장 높은 것은 HIV, 관절염, 위장병 그리고 암과 관련된 치료이고, 가장 낮은 것은 폐질환, 당뇨병 그리고 수면장애와 관련된 치료이다(DiMatteo et al., 2002).

미준수 측정하기 환자에게 준수도를 묻는 것은 과대추정의 경향이 있어 신뢰하기 어렵다(Kaplan & Simon, 1990; Turk & Meichen-baum, 1991). 대부분의 환자들은 약물치료를 준수하는 것이 바람직하다고 생각하기 때문에 자신의 준수도를 실제보다 과대평가한다. 이 때문에 연구자들은 이후 내원 빈도나 의뢰한 전문가에게 내원하는 빈도와 같은 간접적인 수단을 이용해 준수도를 측정한다. 그러나 이렇게 측정한 결과도 편향될 수 있다. 준수를 측정하는 또 다른 방법으로는 치료의 결과를 이용하는 것이다. 그러나 준수도와 치료 결과 사이의 관계에 대해서는 명확히 밝혀지지 않았기 때문에 이 측정 결과 또한 정확하지 않다.

의사소통에 영향을 주는 요인 의사로부터 병의 원인, 진단, 치료 권고사항에 대해 전문용어 사용 없이 명확하게 설명을 들을 때 환자의 치료 준수도가 가장 높게 나타난다. 특히 노인 환자의 경우 복약이 필요하다고 인식되고 복약 자체에 대한 우려가 낮을수록 준수도가 높다(Dillon, Phillips, Gallagher, Smith, & Stewart, 2018). 자녀의 준수도는 부모가 지식이 풍부하고 신중할 때 더 높게 나타나는데(Lee et al., 2017), 이는 준수도를 높이는 데 있어서 명확한 설명과 치료 지침이 필요하기 때문이다. 학습을 촉진하는 여러 방법으로 치료 준수도를 높일 수 있다. 예를 들어, 의사는 환자에게 자신이 한 설명을 다시 설명하도록 요구하거나, 설명을 글로 자세히 기술해주거나, 권고사항을 다시 명확히 하는 등의 방법을 사용할 수 있다. 또한 한 번 이상 반복해서 설명한다면 환자의 준수도는 보다 높아질 것이다(DiMatteo & DiNicola, 1982). 글상자 9.2는 미준수를 줄일 수 있는 몇 가지 방법을 소개하고 있다.

치료요법 치료요법의 여러 가지 특징은 준수도에 영향을 미친다. 장기간 준수해야 하며 생활 속에서 다른 행동에 지장을 주는 치료요법의 경우 환자의 준수도가 대체로 낮다(Ingersoll & Cohen, 2008; Turk & Meichenbaum, 1991). 첫 진료 예약에 빠지지 않고 나오거나 건강검진을 받는 경우 준수도가 높게 나타난다(Alpert, 1964; DiMatteo & DiNicola, 1982). 의사의 조언이 (약물 복용같이) 의학적이라고 인식될 때 환자의 준수도는 높아진다(약 90%). 그러나 조언이 환자의 직업 활동 수행에 지장을 주는 것(예 : 업무의 일시적 중단과 휴식)이라면 준수도는 보다 낮아진다(약 76%). 이에 더해 의사의 조언이 (스트레스를 주는 사회적 상황을 피하라는 것과 같은) 사회적인 경우 또는 심리적인 경우라면 환자의 준수도는 낮아진다(66%)(Turk & Meichenbaum, 1991).

일상에서 많은 활동을 즐기는 사람들은 치료 과정에 준수할 가능성이 더 높다. 가족의 결속력이 높은 환자들은 치료에서 높은 준수도를 보이지만 가족의 결속력이 낮은 환자들은 낮은 준수도를 보인다(DiMatteo, 2004). 비슷하게, 우울증이 있는 사람들은 약물치료에 낮은 준수도를 보인다(DiMatteo, Lepper, & Croghan, 2000). 체계적이지 않은 생활방식을 지닌 가족들은 더 낮은 준수도를 보인다(Hall, Dubin, Crossley, Holmqvist, & D'Arcy, 2009; Jokela, Elovainio, Singh-Manoux, & Kivimäki, 2009; Schreier & Chen, 2010). 낮은 지능은 낮은 준수도와 연관이 있다. 치료를 미준수하는 환자는 준수를 방해하는 요소로 시간과 돈 부족 또는 가정의 불안정이나 갈등과 같은 문제를 언급한다.

돈을 절약하기 위해 자신이 처방받은 약물보다 적은 양의 약물을 사용하기도 한다(Heisler, Wagner, & Piette, 2005). 처방된 치료요법을 수정하거나 다른 치료요법을 추가하는 것은 **창의적 미준수**(creative nonadherence)의 결과를 낳는다(Cohen, Kirzinger, & Gindi, 2013). 예를 들어, 돈이 없는 환자는 약물을 최대한 오래 복용할 수 있도록 원래 복용해야 하는 양보다 적은 약물을 복용하거나 가족들을 위해 약물을 보관한다. 노인들의 치료 미준수에 대한 연구에서는 73%의 미준수가 우연이기보다 의도적인 것으로 나타났다(Cooper, Love, & Raffoul, 1982).

또한 창의적 미준수는 장애와 치료에 대한 개인의 판단에 의해 나타날 수도 있다(Wroe, 2001). 환자들은 의사가 다뤄주지 않는 증상을 치료하기 위해 처방전이 필요 없는 약물이나 다른 치료요법을 스스로 추가한다. 불행하게도 환자들이 임의로 추가한 약물과 처방된 약물을 함께 복용하면 심각한 부작용이 일어날 수 있다. 다른 방법으로는 환자들이 복용량을 논리적으로 계산해서 수정하기도 한다. 예를 들어, 하루에 4알씩 10일 동안 약물을 복용함으로써 문제를 해결할 수 있다면 하루에 8알씩

글상자 9.2 치료 준수도를 높이는 방법에는 어떤 것이 있는가?

1. 성인의 읽고 쓰는 능력을 국가적 우선순위로 하라.
2. 모든 처방의 내용을 기록으로 남길 것을 요구하라.
3. 믿을 수 있는 전자 의료기록 체계를 갖추어라. 이 기록 체계에 개인의 모든 병력을 기록하고, 의사와 환자 모두가 이에 쉽게 접근할 수 있도록 하라.
4. 약사는 약물을 처방할 때 약물에 대한 명확한 설명과 상담을 제공하라.
5. 처방전 작성 전에 환자와 의사를 위한 체크리스트를 사용하라.

출처 : The Center for the Advancement of Health (2009).

표 9.3 | 왜 사람들은 소송하는가?

잘못된 의사소통은 의료과실 소송을 발생시킨다. 많은 소송은 의사의 무능력으로 인해 발생하지만, 의사소통 문제 때문에 소송이 발생하기도 한다. 일반적으로 다음과 같은 문제들이다. 1. 환자들은 무슨 일이 일어났는지 알기를 원한다. 2. 환자들은 의사 혹은 병원으로부터 사과받기를 원한다. 3. 환자들은 같은 실수가 다시는 발생하지 않기를 원한다.

출처 : Reitman, Valerie. "Healing Sound of a Word: 'Sorry'." Los Angeles Times, March 24, 2003.

5일 동안 약물을 복용하면 두 배나 빠르게 효과가 나타날 것이라고 생각한다. 이와 같이 미준수는 널리 퍼진 잠재적 위험행동이라고 할 수 있다.

환자-의사 간 의사소통의 부족으로 인한 또 다른 문제는 의료과실 소송이다. 표 9.3은 환자들이 소송을 제기할 수 있는 경우를 보여준다. 의료과실 소송의 비용 증가로 인해 일부 의사들은 의료 분야를 떠나게 되었다. 예를 들어, 특히 의료과실 보험료가 높은 산부인과의 일부 의사들은 의료과실 보험료가 낮은 다른 분야로 전공을 바꾸기도 한다(Eisenberg & Sieger, 2003년 6월 9일).

환자-의료 서비스 제공자 간 의사소통 향상 및 치료 준수도 높이기

치료 준수도를 높이기 위해 우리는 어떻게 의사소통을 향상시킬 수 있는가? 환자와 의사 모두 의사소통을 향상시킬 수 있는 간단한 방법이 있다.

의료 서비스 제공자에게 의사소통하는 방법 가르치기

동기가 있다면, 의사는 효과적인 의사소통 전달자가 될 수 있다.

제공자 교육하기 많은 의사들은 의사소통 과정을 개선하고 의사결정에 참여하기 위해 동기화되었지만 방법을 모를 수도 있다(Garcia-Retamero, Wicki, Cokely, & Hanson, 2014). 효과적인 의사소통을 위해서는 쉽게 배우고 실제 상황에서 사용할 수 있는 기술을 가르쳐야 한다. 많은 의료 상황에서 의사소통 실패는 정중함이라는 간단한 규칙을 지키지 않기 때문에 발생한다. 의사들은 환자에게 인사해야 하고, 환자의 이름을 부르고, 그들의 옷을 어디에 걸지 말해주고, 절차가 진행되는 동안 그 목적에 대해서 설명하고, 환자의 이름을 부르며 잘 가라고 말해주어야 한다. 이와 같은 간단한 행동들은 많은 시간이 걸리지 않지만, 환자들에게 의사를 친밀하고 지지적인 사람으로 보이게 한다(DiMatteo & DiNicola, 1982). 비언어적 의사소통은 따스하거나 냉담한 분위기를 조성할 수 있다. 예를 들어, 앞으로 몸을 기울이며 눈을 마주치는 것은 지지적인 분위기를 만들지만, 뒤로 기대앉아 눈을 응시하지 않고 환자로부터 멀리 떨어지려는 자세를 취하는 것은 거리감이나 불편감을 주어 친밀한 분위기를 조성하려는 언어적 노력을 약화시킨다(DiMatteo, Friedman, & Taranta, 1979; DiMatteo, Hays, & Prince, 1986). 효과적인 비언어적 의사소통은 치료 준수도를 높일 수 있다(Guéguen, Meineri, & Charles-Sire, 2010)(글상자 9.3 참조).

의사소통 교육은 실제로 기술이 쓰여질 상황에서 이루어져야 한다. 직접적인 감독하에 환자와 연락하는 것

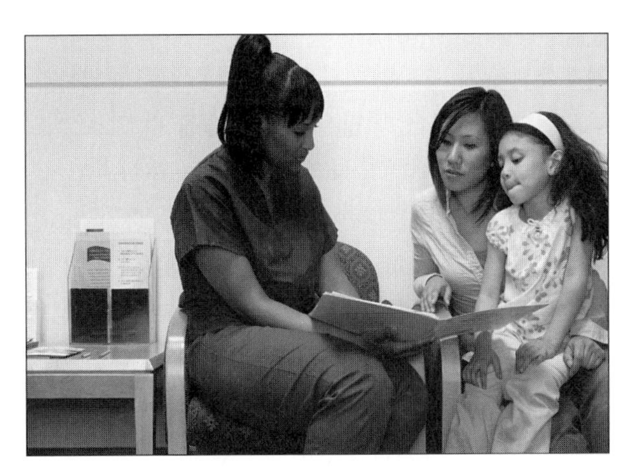

의사가 생활방식 변화에 대해 구체적인 조언을 해줄 때, 환자는 치료에 대한 준수를 증가시킨다.

Image Source/Jupiterimages

글상자 9.3 의사가 치료 준수도를 높이기 위해 무엇을 할 수 있는가?

1. 환자의 이야기를 들을 것
2. 환자가 하고 싶은 것이 무엇인지 반복해서 물어볼 것
3. 처방은 최대한 간단하게 기록할 것
4. 정확한 치료요법에 대해 분명한 지시를 주고, 가능하면 글로 써 줄 것
5. 약물 복용에 도움을 줄 수 있는 약통과 달력을 사용할 것
6. 환자가 예약을 놓치는 경우 환자에게 전화할 것
7. 환자의 상황을 고려하여 자기관리 요법을 처방할 것
8. 환자가 방문할 때마다 치료 준수의 중요성을 강조할 것
9. 치료 준수의 필요에 맞추어 진료의 빈도를 정할 것
10. 진료마다 치료 준수에 대한 환자의 수고를 인정할 것
11. 환자의 배우자 혹은 지인을 개입시킬 것
12. 가능하다면 환자에게 정보를 제공할 때마다 그에 맞는 설명과 지침을 제공할 것
13. 환자에게 설명과 지침을 제공할 때, 그것들이 얼마나 중요한지 언급할 것
14. 단어와 문장은 짧고 간결하게 사용할 것
15. 가능하면 명시적 범주를 사용할 것(예를 들어, 정보를 병인, 치료 또는 예후의 범주로 명확하게 나눌 것)
16. 가능한 경우 반복할 것
17. 조언을 하는 경우 최대한 분명하고 상세하게 할 것
18. 환자의 걱정을 확인할 것. 당신의 책임을 단지 객관적인 의료 정보를 모으는 것으로 생각하지 말 것
19. 환자의 기대를 확인할 것. 기대가 충족되지 않은 경우 이유를 설명할 것
20. 질병에 대한 진단과 원인을 설명할 것
21. 업무적인 자세보다는 친절한 자세를 보일 것
22. 의학용어 사용을 피할 것
23. 의학적인 주제를 제외한 다른 대화에 일정 부분의 시간을 사용할 것

출처 : Based on DiMatteo (2004).

과 환자 면접 후 학생에게 즉각적으로 면접에 대한 피드백을 주는 교육은 의과대학 학생과 간호대학 학생에게 효과적인 교육방법이다(Leigh & Reiser, 1986). 의사를 위한 지속적인 교육은 환자-의사 간 상호작용 중에 발생하는 많은 의사소통 문제를 해결할 수 있는 기회이다(DeAngelis, 2019).

환자 훈련하기 환자의 의사소통 향상을 위한 개입은 환자들이 의사로부터 더 많은 정보를 들을 수 있는 기술을 가르치는 것이다(Greenfield, Kaplan, Ware, Yano, & Frank, 1988). 예를 들어, 톰슨과 동료들(Thompson, Nanni, & Schwankovsky, 1990)은 환자에게 진료를 받을 때 의사에게 물어보고 싶은 질문 세 가지를 작성해보라고 지시하였다. 대조군과 비교하여, 먼저 질문을 작성해본 환자들은 진료를 받을 때 더 많은 질문을 하였고 불안함을 덜 느꼈다. 그다음 연구에서, 톰슨과 동료들은 세 번째 조건을 추가하였다. 일부 환자들은 자신의 의료 과정에 대해 질문을 하도록 의사의 격려를 받았다. 이 환자들 역시 자신들이 묻고 싶은 질문보다 더 많은 질문을 했고, 자기통제감을 좀 더 느꼈으며, 진료에 대해 더 만족하였다. 따라서 미리 자신이 할 질문을 생각하는 것이 진료받는 동안 환자와 의사 간 의사소통을 향상시킬 수 있고, 환자에게 큰 만족감을 가져다준다.

준수에 대한 장애물 탐색하기 환자들은 놀랍게도 자신이 치료요법을 얼마나 준수할 수 있을 것인지 잘 예측한다(Kaplan & Simon, 1990). 이러한 지식을 사용함으로써 의사는 치료 준수에 대한 장애물을 발견할 수 있다. 예를 들어, 환자가 스트레스받는 상황을 멀리하라는 조언을 받았지만 다음 주에 직장에서 스트레스가 많은 여러 개의 회의가 있다면, 환자와 의사는 함께 이 문제를 어떻게 풀어야 할지를 생각할 것이다. 하나의 대안은 직장 동료에게 환자 대신에 회의 참석을 부탁하는 것이다.

치료에 대한 조언을 다루기 쉬운 하위목표로 나누는 것도 준수도를 높일 수 있는 또 다른 방법이다. 예를 들어, 환자들이 식사 습관을 바꾸고 체중을 감량하라고 조

그림 9.2 | **건강증진행동에 대한 정보-동기-행동적 기술 모델**

정보-동기-행동적 기술 모델(IMB)은 건강에 좋은 행동을 실행하고 치료 준수를 높이기 위해서는 올바른 정보와 준수에 대한 동기 그리고 행동으로 옮길 수 있는 기술이 필요함을 설명한다.

출처 : Fisher, J. D., and W.A. Fisher. "Changing AIDS-Risk Behavior." *Psychological Bulletin* 111 (Spring 1992): 455-74; Fisher, J. D., W. A. Fisher, K. R. Amico, and J. J. Harman. "An Information-Motivation-Behavioral Skills Model of Adherence to Antiretroviral Therapy." *Journal of Health Psychology* 25 (July 2006): 462-73; Fisher, W. A., J. D. Fisher, and J. J. Harman. "Social Psychological Foundations of Health and Illness." In *The Blackwell Series in Health Psychology and Behavioral Medicine*, edited by J. Suls and K. Wallston, 82-105. Canada: John Wiley & Sons, 2008.

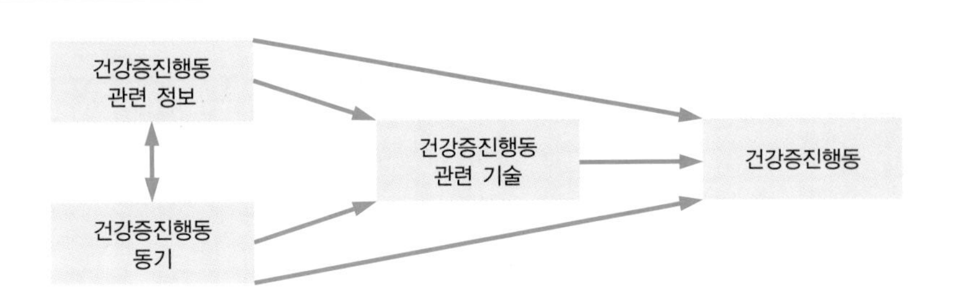

언을 받았다면, 다음 진료에서 점검할 수 있는 적절한 체중 감량 목표를 설정할 수 있다(예 : "이번 주에 30분씩 세 번 운동하세요."). 또한 생활방식 변화가 의학적으로 중요하다고 강조하는 것은 치료 준수도를 높일 수 있다.

의사가 환자들에게 생활방식 변화 프로그램에 참여하라고 간단하게 요구하는 것보다 '처방'했을 때 환자들은 더 높은 준수도를 보인다(Kabat-Zinn & Chapman-Waldrop, 1988). 의사가 환자의 건강행동을 변화시킬 수 있는 이유가 표 9.4에 제시되어 있다.

표 9.4 | **의사가 행동 변화에서 효과적인 역할을 할 수 있는 이유**

- 의사는 의료적 주제에 대한 지식을 가지고 있는 신뢰할 수 있는 자원이다.
- 의사는 건강 메시지를 이해하기 쉽게 전달할 수 있고 각 환자의 요구와 취약성에 따라 그것을 조정할 수 있다.
- 의사는 치료의 장점과 미준수의 단점을 강조함으로써 환자가 치료 준수에 대해 결정하도록 도울 수 있다.
- 개인적인 일대일 상호작용은 환자가 주의를 유지하도록 하고, 설명을 반복하고 명확하게 하며, 환자가 전념할 수 있는 효과적인 환경을 제공한다. 또한 준수를 방해하는 장애물을 탐색하는 데도 효과적이다.
- 상호작용의 인간적인 측면은 따뜻하고 배려하는 의사소통을 통해 의사의 권위를 높여준다.
- 의사는 환자의 준수도를 높이기 위해 가족들에게 도움을 요청할 수 있다.
- 의사는 필요에 따라 환자를 관찰할 수 있고 다음 방문까지의 진전을 검토할 수 있다.

요약하면, 치료 준수도를 높이는 가장 좋은 방법은 첫째, 환자에게 치료에 대한 정보를 제공하고, 환자의 걱정을 들어주며, 환자와의 관계 및 신뢰를 구축하는 것이다. 둘째, 의사는 환자가 자신의 치료를 믿고 준수할 수 있도록 도울 수 있다. 마지막으로 환자는 질병을 관리할 때 발생하는 장애물을 극복하기 위해 도움이 필요하다(DiMatteo, Haskard-Zolnierek, & Martin, 2012). 그림 9.2는 건강행동들이 적용되는 과정을 설명하고 있다.

기술 혁신은 의사소통을 보다 효율적이고 효과적으로 만들 수 있다. 스마트폰 어플리케이션, 이메일, 문자 메시지는 환자가 의사에게 또는 그 반대로 메시지를 보내는 효율적인 방법이 될 수 있다(*The Economist*, 2015년 5월). 환자는 치료 및 후속 조치를 돕기 위해 발진이나 상처의 사진을 보낼 수도 있다.

병원 상황 속의 환자

연간 3,600만 명이 넘는 미국 사람들은 6,000개의 병원에 입원한다(American Hospital Association, 2019).

그림 9.3 | **1995년부터 2016년까지 지역 병원에서의 평균 재원 기간**

출처 : American Hospital Association. "Trendwatch Chart Book 2018 Trends Affecting Hospitals and Health Systems." Accessed April 11, 2019. https://www.aha.org/system/files/2018-07/2018-aha-chartbook.pdf.

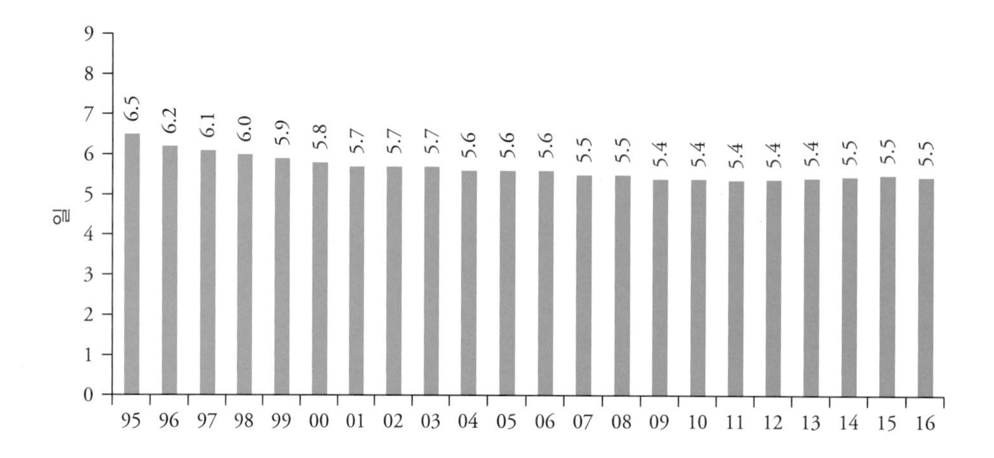

1995년부터 2016년까지 지역 병원에서의 입원 건수

출처 : American Hospital Association. "Trendwatch Chart Book 2018 Trends Affecting Hospitals and Health Systems."Accessed April 11, 2019. https://www.aha.org/system/files/2018-07/2018-aha-chartbook.pdf.

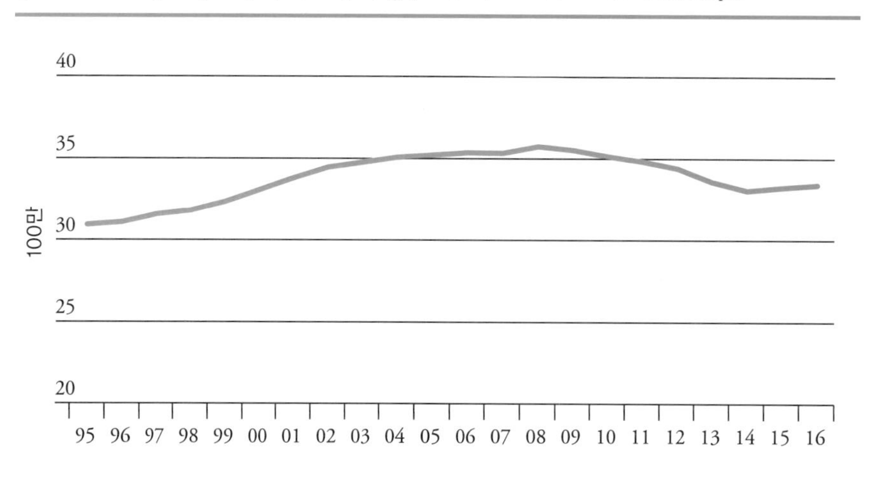

60~70년 전까지만 해도 사람들은 병원을 죽으러 가는 곳으로 인식하였다(Noyes et al., 2000). 그러나 현재 병원은 여러 가지 치료적 기능을 제공한다. 그림 9.3이 설명하는 것처럼 외래 환자가 크게 증가했기 때문에 병원에 입원하는 기간이 감소하였다(American Hospital Association, 2009a).

병원의 구조

병원 구조는 병원에서 제공하는 건강 프로그램에 따라 달라진다. 예를 들어, 몇몇 건강관리기구들과 기타 선불제 의료 서비스 체계들은 직접 병원을 운영하고 의사를 고용한다. 개인 병원에는 두 종류의 권한이 있는데, 전문기술과 지식을 기반으로 하는 의료 라인과 병원의 사업을 운영하는 행정 라인으로 구성된다.

치유와 돌봄 그리고 조직 구조 병원의 기능은 치유, 돌봄 그리고 조직 구조라는 세 가지 목표를 가지고 운영되며 이러한 목표는 서로 갈등을 일으키기도 한다. 치유는 일반적으로 의사의 책임이다. 즉, 의사는 치료를 통해 환자의 건강을 회복시키고 치료한다. 그에 반해 환자 돌봄은 간호사의 주된 업무며, 그것은 환자의 정서와 신체 상태를 조화롭게 유지하도록 하는 인간적인 측면이다. 병원의 행정 직원들은 조직 구조를 지키는 데 신경을 쓴다. 즉, 병원 기능이 순조롭게 운영되도록 하고 재원, 서비스, 직원의 공급이 원활하게 이루어지도록 노력한다(Mauksch, 1973).

이 목표들이 항상 조화를 이루진 않는다. 예를 들어, 암 말기 환자에게 항암치료를 실시할지 결정할 때 치유와 돌봄은 충돌할 수 있다. 치유는 살 수 있는 가능성이 희박해도 항암치료법을 지향하는 반면, 돌봄은 항암치료가 환자에게 큰 신체적 · 심리적 고통을 주기 때문에 항암치료법을 지향하지 않을 것이다. 요약하자면, 병원 치료 장면에서 서로 다른 전문적 목표가 충돌할 수 있다.

병원은 업무의 분리 정도가 매우 높은 편이다. 다시 말해, 간호사는 다른 간호사들과, 의사는 다른 의사들과, 관리자는 다른 관리자들끼리 이야기를 한다. 의사는 간호사가 볼 수 없는 일부 정보에 접근할 수 있지만 간호사는 환자들과 매일 상호작용하고 환자들의 하루 진행 상황에 대해 많은 부분을 알고 있다. 그러나 의사들은 종종 간호사가 작성한 차트를 읽지 않는 경우도 있다. 미국의 의료 체계를 건설 팀이 건물을 짓는 것과 연결시켜 본다면, 건설 팀의 전기 기사와 배관공들은 각자 다른 계획을 가지고 있으며 서로의 계획을 알지 못하는 것과 같다.

의사소통의 부족으로 인한 문제 중 한 가지는 병원 내 감염이다. 즉, 병원 안에서 사람들이 질병에 노출되면서 감염이 발생하는 것이다(Raven, Freeman, & Haley, 1982). 매일 미국 환자 31명 중 1명은 병원에서 치료받는 동안 최소 한 개의 바이러스에 감염된다(Centers for Disease Control and Prevention, 2017).

병원 직원 중 대다수는 손 씻기, 소독, 폐기물 처리와 같은 감염을 통제하기 위해 만들어진 많은 규칙들을 자주 위반한다. 모든 병원 종사자들 중에서도 의사의 경우 규칙을 위반할 가능성이 가장 높다. 그러나 그들이 규칙을 잘 지키도록 하는 것은 어렵다.

앞선 논의는 잠재적인 갈등의 근원과 병원 기능의 애매함에 대해 강조하고 있다. 이런 문제들로부터 나타날 수 있는 소진(burnout)은 글상자 9.4에 설명되어 있다. 그러나 병원이 변화하는 현실에 잘 적응하고 있다는 점에서 병원 기능이 효과적이라는 사실 역시 중요하다. 따라서 구조적 모호성, 목표 충돌 및 의사소통 문제는 일반적으로 잘 작동하는 체계 내에서 발생한다.

건강심리학자의 역할 병원에서 근무하는 건강심리학자의 수는 지난 10년 동안 두 배 이상 늘어났고 그들의 역할 역시 확장되고 있다. 심리학자들은 환자를 진단하는 데 참여하고, 치료 개입을 결정하는 데 도움을 주는 환자의 기능 수준을 평가한다. 또한 심리학자들은 수술 전후 준비 과정, 통증 관리, 약물과 치료 준수도를 높이기 위한 개입, 퇴원 이후 알맞은 자기관리 방법을 알려주기 위해 참여한다(Enright, Resnick, DeLeon, Sciara, & Tanney, 1990). 추가적으로 그들은 치료를 복잡하게 만들 수 있는 우울과 불안 같은 심리적인 문제를 진단하고 그 문제들을 다룬다. 미국의 의료 체계가 향후 수십 년

병원은 많은 환자들을 외롭게 하고 두렵게 느끼도록 할 수 있으며, 환자가 무력감, 불안 혹은 우울의 감정을 느끼도록 할 수 있다.
Ingram Publishing

글상자 9.4 의료 전문가들의 소진

Erproductions Ltd/Blend Images LLC

소진은 의사, 간호사 및 병든 사람과 죽어가는 사람들을 돌보는 기타 의료 인력을 포함하여(Rutledge et al., 2009) 도움이 필요한 사람들과 일하는 모든 사람에게 직업상의 위험이 된다(Maslach, 2003). 소진의 세 가지 구성요소는 정서적 탈진, 냉소주의, 직업에 대한 낮은 효능감이다. 소진으로 고통받는 직원들은 냉소적이며 그들의 환자에게 냉담한 태도를 보인다. 환자에 대한 직원들의 관점은 부정적이며 거리를 두며 환자를 대한다(Maslach, 2003).

소진은 결근, 높은 이직률, 근무 시간 중 긴 휴식 시간, 심지어 자살과 관련이 있다(Schernhammer, 2005). 소진이 일어난 사람이 집에 가면, 가족에게 짜증을 내는 경우가 많다. 직원들은 약물과 알코올 남용이나 불면증으로 힘들어할 가능성이 높고, 심리적 문제를 가질 확률이 높다. 따라서 소진은 기관과 개인 모두에게 상당한 비용을 초래한다(Parker & Kulik, 1995). 소진은 또한 스트레스 호르몬(Pruessner, Hellhammer, & Kirschbaum, 1999)과 면역기능의 변화(Lerman et al., 1999), 관상동맥성 심장질환을 포함하는 건강 악화와 관련이 있다(Toker, Melamed, Berliner, Zeltser, & Shapira, 2012).

왜 소진이 일어나는가? 소진은 서비스의 효과를 보지 못할 수도 있는 매우 어려운 사람들에게 서비스를 제공하도록 요구될 때 발생한다. 소진으로 인해 발생하는 문제들은 매우 심각하다. 더욱이 이런 직업은 종사자들이 일관되게 공감해야 한다는 비현실적인 기대를 요구하는 경우가 많다. 의료 제공자들은 환자가 지각하는 것보다 더 많은 서비스를 제공한다고 인식하는데, 이러한 불균형이 소진을 악화시킬 수 있다(Van Yperen, Buunk, & Schaufelli, 1992). 너무 많은 시간을 환자와 보내는 것, 적은 피드백, 통제감과 자율성 그리고 성취감 부족, 역할 갈등과 역할의 모호성 모두 소진을 악화시키는 직업요소이다(Maslach, 1979).

소진은 집중치료, 응급실 혹은 임종 간호처럼 스트레스를 많이 받는 환경에서 일하는 간호사들에게 많이 발견된다(Mallett, Price, Jurs, & Slenker, 1991; Moos & Schaefer, 1987). 많은 간호사들은 환자가 고통스러워하거나 사망하는 것을 볼 때 느끼는 고통으로부터 자신을 지키는 것이 어렵다고 여긴다. 또한 정신없이 돌아가는 병원, 급하고 불안한 동료의 행동과 같은 직장 환경에서의 스트레스는 소진을 일으킬 수 있다(Parker & Kulik, 1995).

어떻게 소진을 예방할 수 있는가? 다른 사람들과 만나는 비공식적인 모임을 통해 정서적 지지를 얻고, 죽어가는 환자와 죽음에 대해 가지고 있는 정신적 고통을 공유하며, 지지해주는 분위기 속에서 정서를 표현하도록 하는 집단 개입을 통해 소진을 감소시킬 수 있다. 이를 통해 그들은 환자 관리를 향상시키고(Duxbury, Armstrong, Dren, & Henley, 1984), 현재의 소진뿐만 아니라 미래에 발생할 소진까지도 조절할 수 있다(Rowe, 1999). 예를 들어, 다른 사람들이 소진을 피하기 위해 무엇을 하는지 살펴보는 것은 자신의 상황에 대처할 수 있는 유용한 본보기를 제공할 수 있다.

동안 발전함에 따라 병원에서 심리학자의 역할은 계속해서 진화할 것이다.

입원이 환자에게 미치는 영향

환자는 예기치 않게 낯선 거대한 기관에 들어왔다. 환자는 두렵고 초조함을 느끼지만, 거대한 기관은 환자를 치료하고 보살핀다. 옷을 벗는 것처럼 환자는 그곳에서 사회적인 역할, 자신이 선호하는 방식, 관례적인 신분을 내려놓는다. 자신의 의사와는 상관없이 주어진 시간 계획과 활동 양식을 따라야만 한다(Wilson, 1963, p. 70).

환자는 질병에 대한 불안으로 병원에 방문하고, 입원에 대한 생각으로 불안과 혼란스러움을 경험하며, 자신이 완전히 낫지 않은 상태에서 병원을 떠나야 한다는 생각까지 모든 것에 대해 걱정한다. 입원 시 직원에 의해 일정과 보험, 비용에 대한 정보를 얻게 된다. 안내 담당자에 의해 환자는 낯선 방과 낯선 옷이 제공되며, 병실을 함께 쓰는 익숙하지 않은 이들을 만나고, 수많은 검사를 받아야 한다. 환자는 새로운 절차들로 이루어진 잘 모르는 환경에서 자기 스스로 완전히 낯선 사람이 됨을 인식해야 한다.

병원 환자들은 문제가 되는 심리적 증상들을 나타낼 수 있고, 특히 불안이나 우울증이 나타날 수 있다. 검사나 수술에 대한 신경과민은 불면증, 악몽, 집중력 상실을 가져올 수 있다. 입원과 진료는 각각 따로 나누어 진행되며, 30여 명의 직원이 환자의 방을 매일 찾아와 검사를 실시하고, 채혈하고, 음식을 제공하고, 청소를 한다. 때때로 직원들은 환자와 인사를 나누는 시간조차 없는데, 그로 인해 환자는 소외감을 느낄 수 있다.

최근 몇 년 동안 응급실에서 이러한 유형의 문제에 대한 민감도를 향상시키는 것이 목표였다. 인식되지 않고 결과적으로 치료되지 않은 공황과 같은 불안, 공황 발작 및 천식 발작은 치료를 기다리는 응급실 환자의 44%에서 발생한다(Foldes-Busque et al., 2018). 붐비고 느린 환경은 평균적으로 2시간 이상의 기다림을 초래하며, 이는 응급실 프로세스를 간소화하기 위한 노력으로 이어졌다(The Wall Street Journal, 2017년 9월 13일 p. R1). 이러한 노력에는 디지털 진단의 사용 증가, 즉 인공지능을 사용하여 증상으로부터 잠정적 진단을 추론하고 그에 따른 치료의 우선순위를 지정하는 것이 포함될 수 있다.

또한 환자는 질병과 치료에 대하여 의사소통이 부족한 것을 매우 걱정한다. 이러한 걱정은 병원이 개선해야 할 문제이다. 요즘 환자들은 일반적으로 예상할 수 있는 절차와 그 결과로 경험할 수 있는 것에 대한 지침을 제공받는다.

병원 장면에서 정보를 증가시키기 위한 개입

현재 많은 병원들은 환자의 입원과 그들이 경험하게 될 상황에 대해 준비할 수 있도록 돕는 개입을 제공한다.

1958년에 심리학자 어빙 재니스는 환자들이 어떻게 수술을 준비해야 하는지에 대한 획기적인 연구를 실시했다. 재니스는 환자들이 수술받기 전과 받은 후에 겪게 되는 많은 스트레스를 감소시킬 수 있는 연구에 대해 요청받았다. 재니스는 우선 환자들을 수술 전에 느낀 두려움 정도를 기준으로 집단을 나누었다(높은 집단, 중간 집단, 낮은 집단). 그리고 병원 직원으로부터 받은 정보를 환자들이 얼마나 잘 이해하고, 수술 후유증에 잘 사용하는지를 연구하였다. 높은 두려움을 가진 환자들은 일반적으로 수술 후에도 여전히 두려움과 불안감을 느끼고 있었고 구토, 통증, 요폐(urinary retention), 섭식 곤란 등의 많은 부작용을 보였다(Montgomery & Bovbjerg, 2004 참조). 처음에는 두려움을 거의 가지지 않았던 환자들도 수술 후에 분노나 불평과 같은 호의적이지 않은 반응을 보였다. 세 집단 중에서 중간 수준의 두려움을 경험한 환자들이 수술 후 스트레스에 대해 가장 효과적으로 대처하였다.

이러한 결과를 해석함에 있어 재니스는 높은 수준의 두려움을 경험한 환자들은 수술 전 자신의 두려움에 너무 몰입하여 수술 전에 필요한 정보를 적절하게 처리하지 못하고, 두려움을 거의 경험하지 않은 환자들은 효과적으로 정보를 이해하고 처리하는 데 충분한 경계 태세를 갖추지 않았다고 추론하였다. 반대로 중간 수준의 두려움을 경험한 환자들은 충분한 경계 태세를 갖추었으며 두려움에 압도되지 않았다. 그래서 그들은 수술 후유증에 대한 현실적인 예상이 가능하였다. 따라서 이후에 후유증을 접했을 때, 후유증에 대한 준비가 되어있었다.

후속 연구에서는 창의적인 개입을 위해 재니스가 관찰한 것을 이용하였다. 예를 들어, 한 연구(Mahler & Kulik, 1998)에서는 관상동맥 우회술(CABG)을 기다리고 있는 환자에게 세 가지 비디오테이프 중 하나를 보여 주거나 아무것도 준비되지 않은 조건에 노출시켰다. 한 비디오 영상은 의료 전문가가 수술 관련 정보를 전달하는 것이고, 두 번째 비디오 영상은 의료 전문가뿐만 아니라 자신의 수술 후 진전도를 이야기하는 환자의 인터뷰를 포함하였다. 세 번째 비디오 영상은 의료 전문가가 전달하는 수술 관련 정보와 회복에 '기복이 있는' 환자와의 인터뷰를 담고 있었다. 비디오 영상을 보지 않은 집단과 비교해서 하나의 비디오 영상이라도 시청한 환자들은 수술 후유증에 더 잘 대처했고, 회복 시기 동안에 높은 자기효능감을 보고했으며, 회복하는 동안 지시받은 식단과 운동을 잘 준수했고 일찍 퇴원하였다.

수술 적응에 있어 사전 정보의 역할에 관한 많은 연구들은 이러한 준비가 입원한 환자들에게 이로운 효과를 준다는 것을 보여준다(Salzmann et al., 2018). 준비된 환자들은 정서적으로 적은 고통을 느끼며 그들의 기능을 빠르게 회복하고 일찍 퇴원하는 것이 가능하다. 한 연구(Kulik & Mahler, 1989)는 심지어 수술받은 룸메이트 환자가 수술 후 대처하는 방법에 영향을 끼친다는 것을 발견하였다(글상자 9.5). 환자의 준비는 많은 부분에서 도움이 되므로 많은 병원들은 환자들이 수술 이후 상황을 잘 준비할 수 있도록 돕기 위해 비디오 영상을 제공한다.

입원한 아동

당신은 어렸을 때 병원에 입원해본 경험이 있는가? 만약 있다면 그때로 돌아가보자. 그 상황이 두렵고 무서웠는가? 외롭고 돌봄을 받지 못했다고 느끼지는 않았는가? 부정적인 경험보다 긍정적인 경험을 하지는 않았는가? 아마 당신이 병원에 입원해있을 때 부모님은 물론, 옆에 대화가 가능한 다른 아동들도 있었을 것이다. 지난 수십 년간 병원의 아동 관리 절차는 극적인 변화를 겪었고, 그로 인해 당신도 앞서 언급한 여러 가지 경험을 겪었을 것이다.

아동들에게 입원이란 가족과 집에서 떨어져 지내야 하기 때문에 어렵고, 힘든 일일 수 있다. 아동들 중 일부는 왜 가족으로부터 떨어져 지내야 하는지 이해하지 못할 수 있으며, 이전에 잘못했던 점들에 대해 벌을 받는다

글상자 9.5 사회적 지지와 수술에서 오는 괴로움

심각한 질병을 치료하거나 수술하는 것을 목적으로 병원에 입원한 환자들은 불안 증상을 빈번하게 경험한다. 사회적 지지에 관한 이전 논의로부터(제7장 참조), 사람들이 스트레스를 많이 받는 사건을 겪고 있을 때 타인으로부터 받는 정서적 지지가 고통을 감소시켜 준다는 것을 알고 있다. 제임스 쿨리크와 헤이커 말러(1987)는 심장 수술을 받는 환자를 위한 사회적 지지 개입을 만들었다. 몇몇 환자들은 수술 대기 환자를 룸메이트로 배정받았고(수술 전 조건), 다른 환자들은 이미 수술받은 환자를 룸메이트로 배정받았다(수술 후 조건). 룸메이트가 받는 수술이 비슷할 수도 있었고 전혀 다를 수도 있었다.

연구자들은 이미 수술을 받은 룸메이트와 지내는 환자들이 룸메이트로부터 도움을 얻는다는 것을 발견하였다(Kulik, Moore, & Mahler, 1993 참조). 이미 수술을 받은 룸메이트가 있는 환자들은 수술받기를 기다리는 룸메이트가 있는 환자들보다 수술 전에 불안을 덜 느꼈고, 수술 후에 더 잘 움직일 수 있었으며, 더 빠르게 퇴원하였다. 룸메이트가 받은 수술의 종류는 환자에게 영향을 미치지 않았고, 단지 룸메이트가 수술받은 사실 여부만 영향을 끼쳤다.

왜 수술을 받은 룸메이트와 지내는 것이 수술을 기다리는 환자들에게 유용하였는가? 아마도 룸메이트가 수술 후 회복 기간과 관련된 정보를 제공할 수 있었기 때문일 것이다. 또한 수술을 경험한 룸메이트는 수술 후 대처하는 방법에 대한 역할 모델이 되어줄 것이다. 어떤 이유에서든, 수술을 경험한 룸메이트와의 사회적 만남은 분명히 수술 환자의 수술 전후 적응 과정에 긍정적인 영향을 줄 것이다(Kulik & Mahler, 1993; Kulik et al., 1993).

고 잘못 인식하기도 한다. 병원 환경은 고립되거나 외로울 수 있다. 병상에서 신체를 움직이지 못하도록 제한을 받거나, 깁스나 목발로 인한 제한이 신체활동을 통해 에너지를 분출하지 못하도록 막는다. 일부 아동들은 사회적 퇴행이나 야뇨증, 극도의 공포를 느끼거나 짜증에 이르기까지 극단적이며 정서적인 반응을 보일 수 있다. 또한 병실 침상에서 휴식을 취하거나 의료진에게 의존하는 것은 아동들의 의존행동을 강화시키고, 퇴행하게 만든다. 특히 사춘기인 청소년은 낯선 이에게 자신을 드러내기가 당황스럽거나 부끄러울 수 있다. 또한 당혹스럽고 고통스러운 검사와 절차가 따를 수 있다.

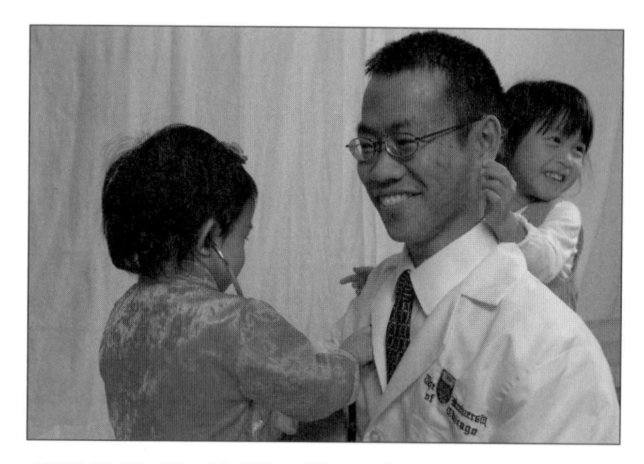

최근에 아동을 위한 입원 절차의 변화로 병원은 아동들에게 덜 무서운 곳이 되었다. 의료진은 아동들에게 놀이가 필요함을 인식하고 병원에서도 놀이의 기회를 제공하고 있다.

2007 Keith Eng

아동을 위한 의료적 처치 준비

의료적 처치를 위해 미리 준비하는 것은 성인뿐만 아니라 아동에게도 이점이 있다(Jay, Elliott, Woody, & Siegel, 1991; Manne et al., 1990). 한 연구(Melamed & Siegel, 1975)에서 수술을 앞둔 아동들을 두 집단으로 구성하여 첫 번째 집단에는 수술을 받은 아동의 영상을, 두 번째 집단에는 수술과 관련 없는 영상을 보여주었다. 그 결과, 수술 관련 영상을 본 첫 번째 집단의 아동들은 수술과 관련 없는 영상을 본 두 번째 집단의 아동들보다 수술 전과 후에 고통스러움을 덜 보고하였다. 그리고 첫 번째 집단 부모는 두 번째 집단 부모에 비해 아동이 입원 후 문제행동을 보이지 않았다고 보고하였다.

대처 기술을 미리 준비하는 것은 아동들에게 매우 유익하다는 결과가 있다. 예를 들어 Zastowny와 동료들은 아동과 부모에게 입원과 수술 경험에 대한 일반적인 정보를 제공하고, 불안을 감소시키는 방법인 이완 훈련과 긍정적 혼잣말이라는 대처 기술을 가르쳤다(Zastowny, Kirschenbaum, & Meng, 1986). 이완 훈련과 대처 기술 모두 아동들의 두려움뿐 아니라 부모의 고통 또한 감소시켰다. 대체적으로 대처 기술을 배운 아동들은 입원 기간 동안 부적응적 행동을 가장 적게 보였고, 문제행동은 입원하기 일주일 전과 퇴원 후에도 거의 나타나지 않았다. 723개의 연구에 대한 메타 분석에 따르면, 수술 전 수술 과정 안내 영상을 본 아동과 부모는 수술 전에 덜 불안해했고, 아동은 수술 후 더 일찍 퇴원할 수 있었다(Chow et al., 2018).

일부 준비는 부모를 통해 이루어질 수도 있다. 부모가 입원 며칠 전에 아동에게 입원 준비를 해야 하는 이유, 입원이 필요한 이유, 입원 시 옆에 있을 사람, 부모의 예정 방문 빈도 등을 설명하면, 이러한 준비가 아동으로 하여금 낯선 의료적 상황에 적응하는 데 도움이 될 것이다. 입원해있는 동안 부모나 아동과 친숙한 성인은 아동이 낯선 공간에 적응하고 활동에 자연스럽게 참여할 때까지 함께하므로 아동에게 도움이 될 것이다.

많은 스트레스가 유발되는 의료적 개입 동안 부모가 함께 있는 것이 이점만을 주는 것은 아니다. 아동의 두려움, 고통 그리고 불편감을 감소시키는 데 부모가 항상 도움을 주는 것은 아니기 때문이다(Manne et al., 1992). 의료 처치 동안 부모가 함께 있을 때, 어떤 부모들은 아동보다 자기가 더 고통스러워하여 오히려 아동의 불안을 증가시킨다(Wolff et al., 2009). 그럼에도 불구하고 부모의 지지는 아동에게 중요한 요인이므로 이전과 달리 병원은 부모가 아동에게 방문할 수 있는 기회를 더 많이 제공하고 있고, 이 중 상당수의 병원은 부모에게 시간과 상관없이 언제든지 아동을 방문할 수 있는 권리를 제공한다. 분명 한계점이 존재하지만 아동을 의학적 처치에 준비시키는 것의 이점은 광범위하게 인식되어 있다.

보완대체의학(CAM)

지금까지 살펴본 치료에 대한 논의는 의사의 진료실과 병원을 포함한 기존 장소에 초점을 맞추고 있다. 그러나 현재 미국에 사는 성인 중 2/3는 기존 의학치료에 **보완대체의학**(complementary and alternative medicine, CAM)을 추가하거나 기존의 것을 대신하여 사용하고 있다(Barnes, Powell-Griner, McFann & Nahin, 2004; Neiberg et al., 2011). 보완대체의학은 기도와 묘약, 천연 약초 제품, 명상, 요가, 마사지, 동종요법, 침술 등의 다양한 치료요법, 제품, 의학적 치료에 해당한다. 표 9.5의 목록은 CAM 중 가장 보편적인 치료요법들이다. 1990년대까지만 해도 CAM은 왕성하게 시행되는 치료가 아니었다. 그러나 지금은 미국의 2/3에 해당하는 사람들이 매해 CAM을 이용하고 있는 추세다. CAM치료에 연 500억 달러 이상이 소요되지만 보험이 적용되진 않는다.

약물과 기존 의학치료는 정부의 기준에 따라 평가받아야 한다. 예를 들어, 약물은 일반적으로 임상실험을 통해 검증되어야 하며 식약청의 허가를 받는다. 그러나 CAM치료에서는 이러한 절차를 거치지 않기 때문에 그 효과가 평가되지 않는 경우가 많다. 이 사실이 CAM 치료가 효과가 없다는 것을 의미하는 것이 아니라 공식적으로 검증되지 않았거나 극히 일부만 평가되었다는 것을 의미한다. 이러한 이유로 국립보완대체의학센터(National Center for Complementary and Alternative Medicine, NCCAM)[현재는 국립보완통합의학센터(National Center for Complementary and Integrative Health)로 불림]가 1998년 미국국립의료원(National Institutes of Health)에 설립되었다. 보완대체의학을 위한 국립센터의 역할은 엄격한 과학적 조사를 통해 CAM치료의 유용성과 안전성을 검증하고, 이러한 치료가 건강과 의료 서비스 개선에 어떤 역할을 하는지 구별하는 것이다(National Center for Complementary and Alternative Medicine, 2012). 먼저 보완대체의학의 발전 흐름에 대해 소개하고, 그다음으로 효과에 대한 증거가 있는 가장 보편적인 CAM치료에 대해 평가할 것이다.

표 9.5 | 미국 성인이 사용하는 가장 보편적인 CAM 요법 10가지

1. 기도 : 43%
2. 천연 제품(약초, 비타민, 미네랄) : 17.7%
3. 심호흡 : 12.7%
4. 명상 : 9.4%
5. 척추 교정과 정골요법 : 8.6%
6. 마사지 : 8.3%
7. 요가 : 6.1%
8. 식이요법 : 3.6%
9. 점진적 근육 이완법 : 2.9%
10. 상상요법 : 2.2%

출처 : U.S. Department of Health & Human Services, National Institute of Health, 2016. "Nationwide Survey Reveals Widespread Use of Mind and Body Practices." *News Release*. Last modified February 10, 2015. https://www.nih.gov/news-events/news-releases/nationwide-surveyreveals-widespread-use-mind-body-practices."

CAM의 철학적 기원

CAM은 사람의 신체적, 심리적, 영적 필요를 다루는 치료에 대한 접근방식으로 **전인적 의료**(holistic medicine)를 기반으로 한다. 많은 부분에서 CAM은 생물심리사회 모델의 확장된 모델이다. 치료의 가장 초기에 사용했던 방법은 기도였을 것이다. 우리가 제1장에서 보았듯이, 의학은 신체의 치유가 몸에서 악령을 쫓아낸 결과라고 생각하는 종교에서부터 발달하였다. CAM치료는 고대 아프리카, 유럽, 중동 종교의 기원뿐만 아니라 아시아 문화에서도 일어났다.

중국 전통의학 중국 전통의학(traditional chinese medicine, TCM)은 2,000년 전부터 시작하여 아시아 전역에서 널리 사용되고 있다. 최근에는 미국에서도 TCM을 선호하는 이들이 늘어나고 있다. 이 치료 접근법은

'기'라고 불리는 생명력에 기초하는데, 이것은 각 사람의 몸과 우주를 연결시켜 주는 '자오선'이라는 경로를 통해 몸 전체에 흐르는 에너지를 말한다. 기는 중요한 생명의 힘으로 여겨지기에 정체되거나 차단되면 질병이 발생할 수 있다. 따라서 기의 균형을 유지하는 것이 매우 중요하다.

또한 TCM은 두 가지 힘, 즉 음과 양 사이의 균형을 추구한다. 양은 뜨겁고 적극적이며 빠른 반면, 음은 차갑고 수동적이며 느린 에너지를 뜻한다. 음과 양의 균형을 유지하는 것이 건강과 심신의 조화를 이루는 데 중요하다고 말한다. 스트레스, 감염성 질환 및 환경 스트레스는 이들 힘 사이의 불균형을 초래할 수 있으며, 치료의 목표는 균형을 유지하며 회복하는 것이다.

균형을 이루기 위해 TCM은 침술, 마사지, 식이요법, 운동 그리고 명상과 같은 기술을 사용한다. 또한 인삼, 구기자, 생강 뿌리, 당귀, 계피, 황기, 모란을 포함한 다양한 한방 재료를 사용한다. 음과 양의 균형을 이루는 음식을 포함하는 식이요법이 TCM에서 중요한 부분이다. 한때 쇠퇴한 TCM은 중국에서 빠르게 인기를 얻고 있다(*The Economist*, 2017년 9월).

TCM의 치료법은 개개인의 진단에 맞춰 처방한 치료와 주로 결합되어 사용되기 때문에 상대적으로 치료에 대한 평가가 적다. 많은 사람들에 의한 표준화된 치료가 없으면 공식적인 평가는 어렵다. 그러나 TCM에서도 특정 측면에 대한 몇 가지 공식적인 지지가 있다.

TCM 중 특히 항염 특성을 가진 식물성 물질은 효과적인 방식으로 면역계에 영향을 미친다(Pan, Chiou, Tsai, & Ho, 2011). 중국의 전통 약초 및 치료가 실제로 항염 작용을 하는지 아직 알려진 것은 없지만, 이 치료가 항염 작용에 도움이 된다고 평가받는다.

아유르베다 요법 **아유르베다 요법**(ayurvedic medicine)이란 2,000년 전에 시작된 인도의 전통의학을 말한다. TCM과 마찬가지로 이 요법의 목표는 몸과 마음 그리고 정신 사이의 균형을 이루는 것이다(National Center for Complementary and Alternative Medicine, 2009a). 비록 사람들이 건강한 균형을 가지고 태어나지만, 삶의 여러 가지 과정을 통해 신체 균형이 손상되거나 건강이 나빠지기도 한다. 따라서 다시 몸의 균형을 회복함으로써 좋은 건강을 유지하고 질병을 완화시킬 수 있다. 일반적으로 TCM 및 전인적 의료에서는 치료 목표를 파악하기 위해 환자나 가족 구성원들의 생활방식과 행동에 관한 정보를 필요로 한다. 아유르베다 요법에서 약초, 오일, 향료, 각종 미네랄의 사용만큼이나 다이어트, 운동, 마사지 또한 균형을 유지하도록 하는 중요한 요소이다. 아유르베다 요법은 다양한 질환을 치료하는 데 사용되었지만 공식적인 평가는 적은 편이다.

동종요법과 자연요법 **동종요법**(homeopathy)은 1700년대 유럽에서 발달된 철학으로, 신체에 나타나는 질병과 질환을 중요한 생명의 힘에 장애가 발생하여 나타난 것으로 해석한다. 동종요법을 사용하는 의사들은 일반적으로 환자가 앓고 있는 질병 증세와 비슷한 증상을 유발시키는 희석된 물질을 사용하여 환자를 치료한다. 충분히 희석되지 않았을 때 환자가 질병에 걸릴 위험이 높아지지만, 많이 희석된 경우 치료법은 일반적으로 안전하다. 인플루엔자 유사 증후군과 같은 일부 질환의 경우 동종요법이 병의 증상을 완화시킬 수 있지만, 다른 경우에는 치료의 증거가 약하거나 의견이 엇갈린다(Altunç, Pittler, & Ernst, 2007; Linde et al., 1999). 현재 근거 기반 의학의 기준으로 볼 때, 동종요법의 치료 성공 여부는 여전히 의심을 받고 있다(Bellavite, Marzotto, Chirumbolo, & Conforti, 2011).

CAM의 초기 기원에는 1800년대에 개발된 자연요법이 있다. 자연요법의 핵심은 우리의 몸이 다이어트, 운동, 햇빛, 신선한 공기를 통해 치유될 수 있다는 것이다.

요약하면, 보완대체의학은 최소 2,000년 이상 되었으며 고대 종교와 중국과 인도의 전통 치유 사례에서뿐만 아니라 유럽과 미국의 최근 건강 운동법에도 나타났다. 모든 근본적인 원리는 마음과 몸, 정신 그리고 환경이 건강에 영향을 미친다는 것이다. 기도나 명상, 다이어트, 운동, 마사지, 약초요법 및 침술과 같은 특정한 치료 개입을 통해 자체적으로 건강을 회복할 수 있는 원동력을 제공한다.

보완대체의학 치료

이 절에서는 가장 일반적으로 사용되는 일부 CAM치료를 살펴보고, 가능한 경우 그 효과를 평가할 것이다. CAM치료 중에서 가장 일반적인 건강보조식품과 기도를 설명하고 다음으로 명상에 기반을 둔 몇 가지 치료법 중 TCM의 주요 치료법인 침술에 대해 논의할 것이다. 또한 대체의학치료는 종종 심신개입이라고 불리며 그 종류에는 요가, 최면, 마음챙김 명상 및 심상 유도가 있다. 마지막으로, 연조직 혹은 척추와 관절의 조작을 포함하는 마사지요법, 척추 교정법, 정골요법에 대해 살펴볼 것이다.

건강보조식품과 식이요법

건강보조식품(dietary supplements)은 미국의학한림원의 하루 권장량보다 높은 양의 영양분을 함유하고 있다. 미국 인구의 절반 이상이 주기적으로 건강보조식품을 이용하는데, 그중 가장 일반적인 영양 보충제로 종합 비타민제를 복용한다고 보고하였다(Gahche et al., 2011). 칼슘제는 60세 이상 여성의 약 61%가 복용하며, 엽산 및 비타민 보충제의 소비 또한 최근 몇 년 동안 상당히 증가하였다(Gahche et al., 2011). 음식만으로는 충분한 비타민과 미네랄을 섭취하지 못하거나 특정 질병이 있는 사람들은 종합 비타민제로부터 혜택을 받을 수 있지만, 종합 비타민제가 대부분의 사람들의 질병을 예방하거나 건강을 개선한다는 증거는 거의 없다(National Institute of Health, 2018). 또한 철분 보충제 복용 증가는 중년 여성들의 사망 위험 증가와 관련된다(Mursu, Robien, Harnack, Park, & Jacobs, 2011). 이에 따라 일부 의사들은 영양 결핍 증상을 보이는 사람을 위해 건강보조식품을 계속해서 사용하는데, 이러한 경우 건강보조식품은 명확하게 건강상의 이점이 있다.

전반적으로 건강보조식품 복용과 건강 증진의 효과는 관련이 없다(Rabin, 2012). 건강보조식품을 복용하는 많은 사람들이 실제로 만성질환을 예방할 수 있다고 생각하고, 최근까지도 건강보조식품의 효과를 더 높게 주장하고 있다. 그러나 최근 연구를 통해 매일 종합 비타민을 복용한 노인들의 암 발병 비율이 8% 감소된 것으로 밝혀졌다(Gaziano et al., 2012). 이 연구를 통해 건강보조식품이 건강한 사람들 중 일부에게는 의학적 효과를 줄 수 있다는 사실이 증명되었다.

비타민 D 보충제는 우울증의 증상을 감소시킬 수 있다(Shaffer et al., 2014). 그러나 이러한 건강보조식품의 효과에 대한 인식 때문에 일부 사람들은 건강하지 못한 생활 습관에 대한 일종의 보험으로 보조제를 사용하고 있다. 예를 들어, 두 가지 실험에서 위약 건강보조식품을 복용한 집단이 약물이 위약인 것을 알고 있던 집단보다 운동을 평소보다 덜하거나 건강에 해로운 음식을 먹을 가능성이 더 높았다(Chiou, Yang, & Wan, 2011). 따라서 일부 사람들은 건강보조식품의 효과를 지나치게 과장하여 상상하고 의미를 부여할 수 있다.

점점 더 많은 사람들이 건강을 위해 특정 음식을 먹거나 피한다. 장내 미생물 군집에 영향을 미치는 식품이 그중 하나이다(Sonnenburg & Sonnenburg, 2015). 유아기부터 모유로 시작하여 노년기에 이르기까지 우리가 음식을 먹는 방식에 따라 장내 미생물에 영향을 미칠 수 있으며, 이러한 효과를 증가시키기 위해 종종 프로바이오틱스 보충제가 사용된다. 건강상의 위험이 되는지 여부는 평가하기 어려운데, 이는 부분적으로 각 개인의 미생물 군집이 유전, 식품 소비 및 기타 환경 측면의 영향을 받기 때문이다(Sonnenburg & Sonnenburg, 2015).

특정 식이요법은 건강을 개선하기 위한 노력으로 사용되고 있다. 여기에는 자연식과 채식주의 식단이 포함된다. 채식주의 식단은 육류와 생선을 아예 먹지 않거나 소량 섭취하며, 야채, 과일, 곡물, 식물성 지방의 섭취량을 높인다. 우리가 제4장에서 보았듯이, 육류 섭취를 줄이는 것은 건강을 위해 널리 권장되는 사항이다. 그러나 채식주의자들은 단백질과 영양분을 부족하게 섭취할 위험이 있어 채식식단의 구성요소에 세심한 주의가 필요하다. 주로 곡물, 시리얼, 야채 등 채식 섭취를 제한하는 자연식 식단은 영양 성분에 더욱 세심한 주의를 필요로 한다(American Cancer Society, 2008).

기도

CAM치료에 기도가 포함되는 경우, 매년 이를 사용한다고 보고하는 미국 성인의 수는 총 2/3이다. 설문 조사에 의하면(Gallup Poll, 2009), 미국의 대다수 사람들이 기독교를 믿고(80%), 적어도 한 달에 한 번 이상 교회 예배에 참석하며(55%), 자신의 삶에 종교가 굉장히 중요하다(80%)고 보고하였다. 미국 인구의 절반가량이 건강 문제를 해결하는 데 기도를 사용한다(Zimmerman, 2005년 3월 15일).

질병 대처에 있어 기도는 몇 가지 이점을 가진다. 예를 들어, 한 연구에 따르면 강한 종교적 신념을 가진 수술 환자는 종교적 신념이 약한 환자보다 더 적은 합병증을 경험했으며, 더 짧은 기간 동안 입원하였다(Contrada et al., 2004). 영적인 믿음은 더 나은 건강과(Krause, Ingersoll-Dayton, Liang, & Sugisawa, 1999), 더 나은 건강실천행위(Hill, Ellison, Burdette, & Musick, 2007) 그리고 더 긴 수명(Koenig & Vaillant, 2009; McCullough, Friedman, Enders, & Martin, 2009; Schnall et al., 2010)과 관련이 있다. 종교생활은 건강한 생활방식의 증진(Musick, House, & Williams, 2004)에 있어 고혈압(Gillum & Ingram, 2006)과 두통(Wachholtz & Pargament, 2008), 수술 합병증(Ai, Wink, Tice, Bolling, & Shearer, 2009), 기타 질환과 증상(Berntson, Norman, Hawkley, & Cacioppo, 2008)이 나타나는 것을 예방할 수 있다. 그러나 종교적 신념이 암의 진행 속도를 늦추거나, 급성질환의 빠른 회복을 일으키진 않는다(Powell, Shahabi, & Thoresen, 2003).

건강심리학자들이 의학적 표준에 의거하여 기도의 효능을 평가하는 것은 이례적인 일이다. 전반적으로 많은 이점을 지니지만 종교가 제공할 수 있는 이완과 진정 효과에도 불구하고 기도 자체가 건강을 향상시키지 않을 수도 있다(Masters & Spielmans, 2007; Nicholson, Rose, & Bobak, 2010). 제7장에서 언급한 바와 같이 종교활동에서 제공되는 사회적 지지가 의학적 효과로 이어질 수 있지만, 아직 기도가 건강 증진에 영향을 미친다는 직접적인 효과는 발견되지 않았다.

침술

침술(acupuncture)은 중국에서 2,000년 이상의 역사를 지니고 있다. 침술치료는 길고 얇은 바늘을 환자의 질환 부위 속에 넣는다. 침술의 주요 목표는 질환을 치료하기 위한 것이지만, 이차적으로 진통의 효과를 가질 수 있다. 중국에서는 침을 통한 마취만으로 수술이 가능한 환자도 있다. 수술 중 이 환자들은 일반적으로 의식이 있고 완전히 깨어 있으며 수술이 진행되는 동안 대화도 가능하다.

침술은 통증을 조절하기 위해 자주 사용되지만(Cherkin et al., 2009), 어떤 원리로 작용하는지는 완전히 알려져 있지 않다. 침술은 부분적으로는 통증 관리 기법 중 하나인 반대 유도 자극법(counterirritation)의 원리로 작용할 수도 있다. 이는 일반적으로 이완, 침술이 효과가 있을 것이라는 믿음, 그리고 바늘이 어떤 감각을 유발하고 어떻게 참을 것인가에 대한 준비와 함께 이루어진다. 이 과정 자체로 모든 요소가 통증을 감소시킬 수 있다. 침술은 주의를 다른 곳으로 분산시켜 통증을 감소시키는 진통제 역할을 한다. 일부 효과는 플라시보 효과 때문일 수 있다. 마지막으로 침술은 엔돌핀의 분비를 촉발시켜 통증 경험을 감소시킬 수 있다.

미국에서는 침술 사용이 제한되어 있기 때문에 이의 효과에 대한 평가가 어렵다. 침술과 관련된 문헌 32편 중 25편은 많은 장애에 대한 침술의 효과를 입증하지 못하였다(Ernst, 2009). 침술이 단기적 통증에는 몇 가지 효과를 지니지만(Birch, Hesselink, Jonkman, Hekker, & Bos, 2004), 만성통증과 같은 증상에는 효과가 없을 수 있다.

침술에 관한 광범위한 주장들은 아직 과학적으로 증명되지 않았다(Ernst, 2009; Ernst, Lee, & Choi, 2011). 또한 출혈이나 감염 등 부작용의 경우 몇 가지 위험이 따른다(Ernst, Lee, & Choi, 2011). 침술의 효과를 증명하기 위한 많은 CAM치료 연구들은 일반적으로 표본 수가 적고 부족한 통제와 설계의 제한점을 지닌다(Ahn et al., 2008). 따라서 침술이 급성통증을 관리하는 것 이외에 다른 질환에 효과가 있는지에 대한 여부는 정확히 파악할 수 없다.

요가

요가(yoga)는 최근 미국에서 인기를 끌기 시작했지만, 이미 약 5,000년 전부터 시행되어 왔다. 요가는 호흡법, 자세, 강화 운동(strengthening exercises), 명상을 포함하는 일반적인 용어이다. 인도의 정신적 전통에서 유래된 요가는 2017년 기준 미국 인구의 거의 15%가 시행하고 있다(National Center for Complementary and Integrative Health, 2018). 요가 시장은 미국에서 수십억 달러의 산업이며, 요가는 이제 만성통증, 기관지염, 폐경과 관련된 증상, 불안과 우울증을 포함한 스트레스와 관련된 정신 · 신체질환 등 다양한 증상을 위한 치료법으로 사용된다. 스트레스와 불안은 많은 만성질환과 낮은 수준의 삶의 질에 기여하기 때문에, 스트레스와 불안을 감소시킬 수 있는 비약물치료는 많은 이점을 제공하며, 그중에서도 요가는 인기 있는 치료 중 하나이다(Li & Goldsmith, 2012).

비록 참가자의 수가 적으며 잘 통제되지 않았다 하더라도 요가에 대한 많은 연구에서는 대부분 스트레스와 불안이 감소했다고 보고한다(Li & Goldsmith, 2012; Lin, Hu, Chang, Lin, & Tsauo, 2011; Smith & Pukall, 2009). 또한 요가는 암과 관련된 피로를 치료하는 데 사용되어 왔다. 유방암 생존자를 다룬 한 연구에서 요가치료는 환자에게 활력을 불어넣고, 피로를 크게 감소시켰다(Bower et al., 2011). 그러나 아직 요가가 신체적 건강을 개선한다는 충분한 증거는 없다.

최면

최면(hypnosis)은 가장 오래된 CAM 기법 중 하나이다. 오래된 의학 교과서와 인류학 기록에서는 환자가 최면 상태 동안 수술과 같은 극단적인 개입에도 통증을 느끼지 않았다는 일화적인 증거를 제공한다.

최면은 이완 상태와 관련이 있다. 이완은 스트레스와 불편감을 줄이는 데 도움이 된다. 보통은 내담자가 최면에 대해 가지는 기대로 인해 나타나는 효과이다. 기대라는 위약 효과를 통해 통증을 줄일 수 있다. 최면 자체가 주의를 다른 곳으로 집중하게 하는 만큼 통증을 감소시킬 수 있다. 환자에게 통증으로 인해 영향을 받았던 경험을 다르게 떠올리도록 하고, 불편했던 경험에 다른 의미를 부여하도록 한다. 그리고 마지막으로, 통증 관리의 경우 최면을 받는 환자에게 진통제나 기타 약물치료를 하는 경우가 많다.

최면의 효과는 일관적이지 않다. 통증 감소에 대한 최면의 유익한 효과들은 적어도 부분적으로는 이완, 재해석, 주의 분산, 약물의 복합적인 효과 때문일 것이다. 만성통증에 대한 자기최면 효과는 점진적 근육 이완 및 유사한 이완요법의 효과와 대략 비슷하다(Jensen & Patterson, 2006). 최면의 사용에 관한 다른 건강 관련 문제는 공식적으로 평가되지 않았다.

명상

명상은 주의 집중과 통제를 목적으로 한다(National Center for Complementary and Integrative Health, 2016). 예를 들어, 초월 명상은 꽃과 같은 단일 개체 또는 단어나 '만트라'라고 부르는 짧은 문구에 대한 자신의 인식에 초점을 맞추는 것이다. 명상가들은 신체적인 과정을 통제하여 고도의 이완에 도달하도록 한다.

제7장에서 설명한 마음챙김 명상은 사람들이 스트레

스로 인해 고통스럽거나 방해되는 것 없이 명상을 받아들이고 인정하면서 현재 순간에 집중하고, 알아차림에 의해 뚜렷한 마음의 상태를 얻도록 가르친다. 따라서 마음챙김 명상의 목적은 스트레스 상황에 자동적으로 반응하는 것보다는 주의 깊게 접근하도록 돕는 것이다 (Bishop, 2002; Hölzel et al., 2011).

다른 CAM치료들보다 명상은 좀 더 경험에 근거한 연구가 수행되어 왔다. 명상의 특정한 관점은 통증을 관리하는 데 도움이 된다(Perlman, Salomons, Davidson, & Lutz, 2010). 전반적으로 명상은 스트레스와 불안을 조절하고(Chiesa & Serretti, 2009; Grossman, Niemann, Schmidt, & Walach, 2004) HPA 반응성과 스트레스에 대한 혈압 반응을 관리하는 데(Jacobs et al., 2013; Nyklicek, Mommersteeg, Van Beugen, Ramakers, & Van Boxtel, 2013) 효과적인 것으로 보인다. 명상은 섬유근육통과 같은 확실한 기능장애들을 치료하는 데 효과적인 치료법이다(Grossman, Tiefenthaler-Gilmer, Raysz, & Kesper, 2007). 그러나 대부분의 명상 연구들은 대기(waitlist) 대조군, 즉 마음챙김을 배우기 위한 동기는 있지만 아직 기회가 없었던 사람들과 비교가 된다. 아무런 개입을 받지 않은 대조군은 드물다. 지금까지 무작위로 사람들을 마음챙김 명상이나 대조군에 배정한 몇 안 되는 연구 중 하나에서 마음챙김 훈련은 통증을 완화하는 데 어느 정도 영향을 미쳤지만 고통에는 영향을 미치지 않았다(MacCoon et al., 2012). 비실험적인 연구들에서 마음챙김에 기반한 개입들은 우울과 불안 그리고 다른 정신질환들을 다루는 데 효과적이었다(Ivanovski & Malhi, 2007; Keng, Smoski, & Robins, 2011). 그러나 대부분의 CAM치료가 그러하듯이 근거의 질적인 측면과 관련해서는 일관적이지 않다(Chiesa & Serretti, 2009).

심상 유도

심상 유도(guided imagery)는 질병과 치료, 특히 암과 관련된 불편감을 조절하는 데 사용되는 명상 절차이다. 심상 유도에서 환자들은 불편감의 경험 동안 또는 아팠던 경험 동안의 마음을 잡아두기 위해 심상을 떠올리도록 지시를 받는다. 몇몇 의사들은 주로 이완을 유도하는 데 심상을 사용한다. 환자들에게 평화롭고 상대적으로 변하지 않는 장면을 시각화하고, 그 장면에 마음을 두며, 완전히 집중하도록 격려한다. 이 과정은 편안한 상태를 가져오고, 주의를 집중시키며, 부정적인 자극으로부터 주의를 분산시킨다. 이러한 모든 기법들은 불편감을 줄여주는 것으로 나타났다.

다음은 방사선치료를 경험한 환자들이 치료 과정에서 통증을 조절하기 위해 심상 유도를 사용한 예이다.

> 내가 방사선치료를 받고 있을 때 나는 창문으로 밖을 내다보는 모습을 떠올렸는데, 이때 창문을 통해 나무를 보며, 나뭇잎의 흔들림을 상상하였다. 그리고 나는 반복해서 파도가 치는 바다를 상상하였으며, '모든 것이 다 사라지기를' 희망하였다.

또한 심상은 공격적인 태도의 환자에게도 사용된다. 환자는 자신의 마음을 고요하게 하고 진정시키는 심상 대신에 동작이 가득한 전투적인 심상을 사용한다. 다음은 항암치료와 함께 공격적인 심상을 사용하고 있는 환자에 대한 예시이다.

> 나는 암이 큰 용이라고 상상하였고, 항암치료는 대포라고 상상하였다. 내가 항암치료를 받고 있을 때 용이 조각조각 나서 터지는 것을 상상하였다.

한 항암치료 환자의 경우 심상의 두 유형을 사용함으로써 효과를 봤다.

> 나는 내 기분에 의존하여 나 자신과 게임을 하였다. 만약 내가 평화로운 것을 원한다면 아름다운 장면을 상상하였고, 나의 적과 싸우는 것을 원한다면 나만의 방어를 마련해놓고 시비를 걸고 싸움을 하곤 했다.

심상 유도가 얼마나 효과적인가? 심상 유도는 암과 같은 병을 낫게 할 수 있다는 초기 주장을 뒷받침해주는 토대가 없다. 그러나 심상 유도는 실제로 스트레스를 완화시켜 주고, 이완을 유도한다. 심상 유도가 고통을 줄일 수 있다는 몇 가지 증거가 있으나(Abdoli, Rahzani, Safaie, & Sattari, 2012; Posadzki, Lewandowski, Terry, Ernst, & Stearns, 2012), 전반적으로 다른 CAM치료와 같이 그 효과를 무선할당하여 임상실험한 연구는 적다(Posadzki & Ernst, 2011).

척추 교정법

척추 교정법(chiropractic medicine)은 1895년에 다니엘 파머에 의해 알려졌으며, 어긋난 척추와 관절을 바로잡기 위해 시행된다. 또한 척추 교정법은 병을 낫게 하고 예방할 수 있다고 여겨진다. 척추 교정법은 몇몇 학회와 미국에서 인기 있는 처치 중 하나이다. 미국 인구의 약 20%는 그들의 삶에서 때가 되면 주로 통증을 다루기 위해 척추 교정법을 사용한다(Barnes, Powell-Griner, McFann, & Nahin, 2004). 척추 교정법의 유익한 효과에 대한 대부분의 증거는 소수의 소규모 연구에 국한되어 있다(Pribicevic, Pollard, Bonello, & de Luca, 2010; Stuber & Smith, 2008). 따라서 특정 장애에 척추 교정법이 유익한 효과를 나타낸다는 결과의 연구들이 많이 필요하다.

정골요법

정골요법은 몸의 능력에 믿음을 가지고, 몸이 스스로 자연치유하는 것에 의존하는 대체의학치료이다. 정골요법은 손을 쓰는 것과 관련된 수기조작(manipulative) 요법을 사용하여 치료한다. 정골요법의 원리를 검증한 과학적인 증거는 적으며, 디스크 관리를 제외하고는 효과적이라는 경험적 증거도 적다(New York University Langone Medical Center, 2012).

마사지

척추 교정법과 반대로 마사지는 연부 조직(soft tissue)의 수기요법/조작(manipulation)을 포함한다. TCM인 마사지는 기의 흐름을 조정하기 위해 사용된다. 마사지는 스트레스를 감소시키고, 면역기능을 활성화한다고 여겨지며 신체기능의 불필요한 것들을 밖으로 내보낸다. 체계화된 태극권과 같은 정확한 형태의 운동은 명상 상태를 유도할 수 있으며, 삶을 균형 있게 만들어준다.

또한 마사지는 스트레스와 통증을 통제하는 데 사용되며 미국 인구의 약 5%는 보완대체의학(이하 CAM)으로 마사지를 사용한다(Barnes, Powell-Griner, McFann, & Nahin, 2004). 몇몇 연구는 마사지가 지속적인 디스크 통증에 효과적이라고 밝혔으나 적은 표본 집단과 빈약한 대조군, 뚜렷하지 않은 연구 설계로 경험적 증거가 제한적이다(Cherkin, Sherman, Deyo, & Shekelle, 2003).

누가 CAM을 사용하는가

CAM을 사용하는 많은 사람들은 그 사실을 공개적으로 드러내지 않는데, 이는 아마도 그것이 부끄럽거나 다른 사람들에게 바보같이 여겨질 것이라고 생각하기 때문일 것이다. 그러나 CAM을 시도하고 유익한 신체적 또는 심리적 효과를 본 사람들은 이를 다른 사람들과 기꺼이 공유한다(Sirois, Riess, & Upchurch, 2017). CAM을 사용하는 대부분의 사람들은 한 종류의 CAM치료만 사용한다. 다시 말해, 건강보조식품을 복용하는 사람들은 요가나 척추 교정사를 찾지 않는다. 성인의 약 20%는 두 개의 다른 CAM치료들을 사용하며, 약 5%만이 세 가지 또는 그 이상을 사용한다. 가장 일반적으로 건강보조식품 또는 허브치료를 기도나 명상과 병행한다(Neiberg et al., 2011).

왜 사람들은 대체의학치료를 사용하는가? 사람들은 종종 CAM에 의지한다. 주로 기존 의학치료에서 성공하지 못한 장애를 가진 사람들이 CAM을 선택한다. 여

태극권은 중국 무술이며 체계화된 형태이고, 명상 운동으로 천천히 원을 그리거나 쭉 펴는 움직임과 몸의 균형을 잡는 특성을 갖는다.
Image Source/Blend Images

기에는 만성피로 증후군뿐만 아니라 기존 의학에서 관리되지 않는 기능장애를 포함한다. 만성질환은 아주 다루기 힘든 통증 문제 또는 암 그리고 경부통 및 요통과 같은 것들을 말한다(Barnes, Powell-Griner, McFann, & Nahin, 2004). 우울, 불안, 스트레스, 불면증, 심한 두통 그리고 복통과 소화기 장애는 CAM치료의 사용을 촉진시키는데, 특히 기존 의학을 통해 이러한 것들을 성공적으로 다루지 못하였을 때 그러하다(Frass et al., 2012). 또한 의료 서비스의 지연 및 높은 의료비용을 경험하면 CAM치료의 사용으로 이어질 수 있다. CAM치료, 특히 척추 교정법, 마사지, 침술요법의 사용은 기존 치료에 대한 접근이 제한되었을 때 크게 증가한다(Su & Li, 2011).

CAM치료는 소수 민족보다 백인이 더 많이 사용하며, 특히 비히스패닉계 백인, 중년 및 노년 여성이 사용한다(Frass et al., 2012; Gahche et al., 2011). 이 집단이 사용하는 전형적인 CAM치료법은 칼슘을 함유하고 있는 식품 보충제를 복용하는 것이다. 전반적으로 CAM치료의 사용은 지난 20년 동안 특히 비히스패닉계 백인 사이에서 증가하였다(Gahche et al., 2011).

보완대체의학 : 전체적인 평가

현재 CAM치료의 효과성에 대한 증거는 충분치 않다. 많은 경우에 공식적인 연구가 수행되지 않았으며, 표본이 작고, 대조군과 연구 설계가 빈약하다. 그러므로 특별한 경우를 제외(예 : 특정한 식품 보충제의 경우 영양 결핍을 유발한다)하고는 이러한 치료에 대한 많은 의견들은 확실치 않다(*The Economist*, 2012년 4월).

CAM치료는 종종 매우 개별화되어 있기 때문에 평가하기 어렵다. 따라서 근거 기반 의학의 공식적인 기준은 CAM치료 권장사항을 안내하는 철학, 즉 각 환자의 치료요법이 그 사람의 특정 문제를 해결한다는 철학에 위배된다. 한 환자의 통증은 한 세트의 CAM치료법으로 치료될 수 있는 반면, 다른 환자의 통증은 다른 세트의 개별화된 치료법을 통해 치료될 수 있다.

많은 CAM치료는 공식적으로 평가되지 않았으며, 이러한 치료법에 제기된 문제들은 다음과 같다. 대체의학 치료는 환자의 건강 관리를 위해 현재 너무 협소하게 사용될 뿐 아니라 언제 그리고 왜 그것이 효과를 보였는지에 대해 항상 의문이 제기된다. 더욱이 전통적인 개입과 같이 이러한 치료법 중 상당수가 위약 성분을 포함하고 있다. 즉, 단순히 조치를 취하는 것만으로도 정신적, 신체적 적응을 향상시킴으로써 장애를 개선할 수 있다는 것을 의미한다. 물론 현재 활발하게 사용되고 있는 치료들은 과거에 대체의학으로 간주되었었다. 예를 들어, 한때는 식단 변화(제4장)와 수술조차 대체의학으로 간주되었으나, 지금은 종종 의료 서비스에 통합되어 있기도 한다. 이러한 치료법이 근거 기반 의학의 기준을 따르고 있기 때문이며, 이는 이제 CAM에서 의학적 개입으로 전환하는 기준이 되었다(Committee on the Use of Complementary and Alternative Medicine, 2005).

마사지와 요가 같은 일부 CAM치료는 본질적으로 재미있다. 따라서 '효과가 있는지'를 묻는 것은 책 읽기, 정원 가꾸기 또는 열대어 기르기가 '효과가 있는지'를 묻는 것과 유사하다. 따라서 의학적인 '작용'이 필요하지 않다. 더욱이 사람들이 명상 또는 심상 유도(이미지치료)와 같은 몇몇 CAM치료를 실천한다면 '스트레스로 인해 지치는 것'을 덜 느끼게 되며 그것만으로도 충분히 도움이 될 수 있다. 그러나 전반적으로 환자가 치료에 이러한 대체요법을 더 많이 포함해야 한다고 주장하고, 의사와 보험회사에서 CAM치료를 적용하도록 성가시게 하고 CAM치료에 수십억 달러를 지출함에 따라, 보다 엄격한 연구 축적을 통해 이러한 치료법을 공식적으로 평가해야 한다는 압력이 가중되고 있다.

따라서 현재 CAM의 중요성은 전 세계적으로 수백만 명의 사람들이 이러한 치료법을 사용하고 이를 위해 수십억 달러를 소비한다는 사실에서 비롯된다(*The Economist*, 2012년 4월). 게다가 더 많은 사람들이 아플 때 치료를 위해 전통의학보다 자가치료와 CAM치료를 사용하고(Suzuki, 2004), 수백만 명의 사람들이 **통합의학**(integrative medicine), 즉 대체의학과 전통의학을 같이 사용한다. 이의 광범위한 사용을 감안할 때, 이러한 치료법의 효과와 안전성은 필수적이므로 효과에 대한 지속적인 평가가 중요하다(Selby & Smith-Osborne, 2013). 게다가 일부는 CAM치료를 만족스럽지 않은 치료 효과 및 정서적 요구로 인해 사용하기 때문에, 치료 과정에서도 더 많은 고려가 필요하다.

위약 효과

다음을 생각해보자.

- 효과 없는 약을 먹은 천식 아동 중 33%가 폐 기능이 향상되었다.
- 가짜 옻나무와 접촉한 사람들에게 발진이 생겼다.
- 위약을 섭취한 대머리 남성의 42%는 머리카락이 빠지지 않거나 자랐다.
- 가짜 무릎 수술은 실제 수술만큼 통증을 줄여준다(Blakeslee, 1998년 10월 13일).

이 모든 놀라운 사실들은 위약 효과 때문이다.

위약의 역사

의학 초창기에는 약물이나 치료들이 주는 실질적인 신체적 효과가 거의 없었다. 그 결과 환자들은 여러 가지 기이한 방법과 대체로 효과가 없는 치료법들을 사용하였다. 이집트 사람들은 '도마뱀의 피, 악어의 배설물, 돼지의 이빨, 당나귀의 발굽, 썩은 고기 그리고 검은점병(fly speck)'들로 치료하였다(Findley, 1953). 이러한 방법들은 효과가 없을 뿐만 아니라 위험하다. 만약 환자가 병을 이겨내지 못한다면 그들은 그 치료로 죽을 가능

이 16세기 목판화는 테리악(theriac, 수십 종의 약품에 벌꿀을 혼합하여 만든 제독제)을 준비하는 과정을 보여주고 있다. 만약 테리악이 성공적인 치료라면, 이것은 전적으로 위약 효과 때문이다.
INTERFOTO/Alamy Stock Photo

성이 높다. 중세기의 의학적 치료는 덜 치명적이긴 하나 효과적이지 못했다. 중세기 유럽의 환자들은 '유니콘의 뿔'(실제로는 유니콘의 뿔이 아닌 상아를 갈은 것), '뱀한테 물린 사슴의 눈물을 수정화시킨 위석'(사실 그 위석은 동물들의 담석을 사용한 것), 뱀과 37~63가지의 다른 재료들을 갈아서 만든 것들을 만병통치약으로 여겨 치료 목적으로 사용하였다. 상처 치료는 이집트의 미라를 사용하였다(Shapiro, 1960). 17, 18세기 초에는 환자들의 치료 목적으로 사혈, 냉동, 반복되는 구토 유발 방식을 이용하였다(Shapiro, 1960).

의학 초창기에 이러한 치료법들로 살아남은 이들은 그저 기적으로 보인다. 그러나 효과적이지도 않고 이상한 요법으로 치료된 이들은 오히려 그 치료를 받음으로써 안도감을 얻었다. 의사는 수세기 동안 큰 존경의 대상이었으며, 실제로 효과적인 치료법이 거의 없었을 때도 마찬가지였다. 이러한 치료법들이 가져다준 성공은 어디에서 온 것일까? 가장 가능성 있는 대답은 이러한 치료법이 **위약 효과**(placebo effect)의 예라는 것이다.

위약은 무엇인가

위약(placebo)은 '화학적이든 물리적이든 그 특정한 특성 때문이 아니라 치료적 의도 때문에 환자에게 영향을 미치는 모든 의학적 절차'이다(Liberman, 1962, p. 761). 이 위약이라는 단어는 라틴어의 "나는 기쁠 것이다"라는 의미에서 나온 말이다. 약물, 수술, 심리치료를 포함한 모든 의학 절차들은 위약 효과가 있을 수 있다.

위약 효과는 효과가 없는 물질이 가진 유익한 결과를 훨씬 능가한다(Stewart-Williams, 2004; Webb, Simmons, & Brandon, 2005). 실제 치료 효과가 있는 활성 치료법의 효과의 대부분에는 위약 성분이 포함된다. 예를 들어, 한 연구에서는(Beecher, 1959) 환자들이 위약을 맞았을 때도 또는 진통제인 모르핀(morphine)을 맞았을 때도 통증을 호소하였다. 오히려 모르핀이 위약보다는 통증을 줄이는 데 훨씬 더 효과가 있지만, 상황별로 35%의 진통 효과가 위약에서 나타났다. 위약 효과를 요약하면서, 셔피로(1964)는 다음과 같이 말하였다.

> 효과적인 약물과 그 어떠한 조치보다도 훨씬 더 강력할 수 있다. 위약의 영향이 어떤 연구에서는 100%까지 근접하였다. 위약은 불치병을 포함한 기질성 질환에도 엄청난 효과를 가져올 수 있다. 위약은 아주 효과적인 약과 똑같은 효과를 낼 수 있다고 생각된다(p. 74).

글상자 9.6 암과 위약 효과

위약 효과의 극적인 예는 암 환자인 라이트 씨의 사례를 보면 알 수 있다. 라이트 씨는 자신이 약물 연구에 매우 몰두되어 있는 의사로부터 논란의 여지가 있는 크레비오젠(Krebiozen)을 투여받고 있다고 생각하였다. 사실 크레비오젠은 효과적이지 않은 치료로 알려져 있었으며, 의사는 라이트 씨에게 매일 신선한 물을 투여할 뿐이었다. 그러나 효과는 매우 놀라웠다.

종양 덩어리가 사라졌다. 흉부에 차있던 물도 줄어들었다. 그는 걸을 수 있게 되었고, 심지어 비행도 다시 할 수 있게 되었다. 그는 확실히 건강해 보였다. 이토록 효과가 좋았기 때문에 물의 투여가 지속되었다. 그런 뒤에도 2개월이 넘도록 그는 아무런 증상이 없었다. 이러한 시점에서 최종적인 AMA 발표가 언론에 전해졌다. "국내 검증 결과 크레비오젠이 암치료에 효과가 없는 약물임이 드러났다."

이 보고서가 발표된 뒤 며칠 지나지 않아 라이트 씨는 임종을 앞두고 병원에 재입원하였다. 그의 믿음과 마지막 희망이 사라져버렸다. 그리고 그는 재입원한 지 이틀도 되지 않아 사망하였다.

출처 : Klopfer (1959, p. 339).

어떻게 위약이 효과가 있을까? 기대라는 것은 중요한 역할을 하지만 좋아질 것이라고 생각하는 것만으로는 좋아지지 않는다(Geers, Wellman, Fowler, Rasinski, & Helfer, 2011). 또한 위약이 환자의 상태를 더 악화시킬 수도 있다(Buhle, Stevens, Friedman, & Wager, 2012). 위약 반응은 종종 생리학적 효과가 있는 복잡하고 심리적으로 매개되는 일련의 사건이다. 예를 들어, 위약이 부정적인 정서를 줄여준다면 스트레스 체계의 활성도 줄어들 것이다(Aslaksen & Flaten, 2008). 또한 위약은 신체의 자연 진통제인 오피오이드(opioid)의 분비를 자극시킬 수 있다(Levine, Gordon, & Fields, 1978).

fMRI를 이용한 뇌활동 연구에서 위약을 받은 환자가 통증이 줄었다고 보고했을 때 뇌의 통증을 느끼는 부분이 덜 활성화되었다(Wager et al., 2004). 이러한 증거들은 위약이 '실제' 치료에 쓰이는 약물의 생물학적 경로와 같다는 것을 나타낸다(Lieberman et al., 2004; Petrovi, Kalso, Peterson, & Ingvar, 2002). 글상자 9.6은 암 환자에게서 성공적인 위약 효과의 사례를 설명하고 있다. 위약이 효과적일 때 대체 어떤 요인들이 그러한 효과를 내는 것일까?

제공자 행동과 위약 효과

위약의 효과는 여러 가지인데, 제공자가 환자를 어떻게 치료하는지, 제공자가 치료를 얼마나 믿는지에 달려있다(Kelley et al., 2009). 형식적으로 치료를 제공하는 이들보다 따뜻한 마음을 지닌 자신감 있고, 동정심을 가진 제공자일 때 환자는 더 강한 위약 효과를 얻는다(Howe, Goyer, & Crum, 2017). 제공자가 환자에게 환자의 상태가 개선될 것이라는 확신을 제공하고, 능숙함을 보여주면 위약 효과는 더 강해진다. 환자와 시간을 보내고 서두르지 않는 것도 위약 효과를 강화한다(Liberman, 1962; Shapiro, 1964). 경직된 상황은 대화를 감소시키고 심지어는 말을 아예 하지 않도록 하는데, 이는 환자들의 위약 효과를 줄인다.

환자의 특성과 위약 효과

몇몇 환자들은 다른 환자들에 비해 더 강력한 위약 효과를 보인다. 쉽게 설득되는 사람이거나 자존감이 낮은 사람 혹은 타인의 인정을 더욱 필요로 하는 사람일수록 강력한 위약 효과를 보인다. 불안해하는 사람들 또한 더 강력한 위약 효과를 경험한다. 이 효과는 불안이 주의 산만, 심장 두근거림, 손바닥에 땀이 나는 것, 신경과민, 수면 곤란 등의 신체적 증상을 일으킨다는 사실보다는 성격에서 기인하는 것 같다. 위약이 투여되면, 불안은 감소될 것이고, 이와 관련된 증상들은 사라질 것이다(Sharpe, Smith, & Barbre, 1985). 환자가 복용할 위약에 활성약이 없다는 정보를 받으면 위약의 효과가 떨어지거나 전혀 없을 수 있다(Mathur, Jarrett, Broadbent, & Petrie, 2018).

환자-제공자 간 의사소통과 위약 효과

이전에 언급한 바와 같이, 환자가 처방전을 따르려면 의사와 환자 간 좋은 의사소통은 필수적이다. 이는 위약 반응에서도 마찬가지다. 환자들이 위약 반응을 보이려면 어떤 치료가 이루어질 예정인지와 그들이 무엇을 해야 하는지 정확히 이해해야 한다.

위약의 한 가지 이점은 환자들이 갖게 되는 상징적 가치이다. 의학적 치료를 찾을 때, 환자들은 자신에게 무엇이 잘못되었고 이에 대해 무엇을 해야 하는지 말해줄 전문가를 원한다. 장애가 진단되고 치료요법이 처방될 때, 아무리 비효과적이라도, 환자는 제공자가 무엇이 잘못되었는지 알고 그에 대해 조치를 취했다는 명백한 증거를 갖게 된다(Shapiro, 1964).

위약 효과의 상황적 결정요인

보통 형식적인 의료적 환경(약물, 의료 장비, 의사 가운을 입은 사람들)은 그렇지 않은 환경보다 위약 효과를 더 강하게 유발할 것이다. 만약 모든 의료 관계자들이 의사와 치료에 큰 믿음을 보이면, 위약 효과는 높아질 것이다.

위약의 형태, 크기, 색, 맛 그리고 양은 효과에 영향을 준다. 약이 그럴듯해 보일수록 더욱 효과적일 것이다(Shapiro, 1964). 병원에서 처방해주는 약물처럼 보이면서 정확한 지시를 내리는 것이 그렇지 않을 때보다 더 강한 위약 효과를 보이는 것 같다. 예를 들어, 맛 좋은 사탕 모양의 알약을 환자들에게 정확한 복용량에 맞추지 않고 대략적으로 제시하는 것보다("불편함을 느낄 때마다 한 알 혹은 두 알씩 섭취하세요."), 정확한 복용량에 맞추어 맛이 좋지 않은 타원형의 알약을 처방받은 환자들에게서("한 알 또는 세 알 섭취하세요"가 아니라 "두 알 섭취하세요.") 더 강한 위약 효과가 나타날 것이다. 위약을 복용하는 사람들은 특히 다른 사람들이 부작용을 경험하는 경우 부작용을 경험할 수 있다(Faasse, Parkes, Kearney, & Petrie, 2018). 흥미롭게도 상표명이 붙지 않은 복제 약물로 바꾸면, 실제 약 성분의 효과와는 상관없이 약효는 떨어지고, 부작용은 증가되는 것을 볼 수 있다(Faasse, Cundy, Gamble, & Pertie, 2013). 두 가지 대안이 있을 때 위약을 선택하지 않는 것도 위약 반응을 감소시킨다(Bartley, Faasse, Horne, & Petrie, 2016).

노시보 효과는 상태나 치료의 잠재적인 부작용에 대한 정보가 그러한 부작용을 일으키는 데 도움이 될 수 있다는 사실을 나타낸다(Webster, Weinman, & Rubin, 2018). 노시보 효과는 플라시보 효과와 동일한 메커니즘에 따라 나타난다. 즉, 부정적인 기대와 선택의 여지가 없는 상황은 긍정적인 기대와 선택의 여지가 있는 상황이 영향을 미치는 것처럼 기분과 증상에 영향을 줄 수 있다(Crichton, Dodd, Schmid, Gamble, Cundy, & Petrie, 2014). 예를 들어, 한 연구에서는 풍력 발전 단지의 소음이 건강에 해로운 영향을 미칠 수 있다는 정보에 사람들을 노출시키면 증상과 부정적인 기분이 증가한다는 사실을 발견하였다(Crichton et al., 2014).

사회적 규범과 위약 효과

위약 효과는 그 치료법을 둘러싼 규범, 즉 예상되는 치료 방식에 의해 촉진된다. 약물 복용은 규범적인 행동이다. 2017년에 미국 사람들은 처방약에 약 3,334억 달러를 지출하였으며, 일반 의약품과 같은 비내구성 의료 제품에 641억 달러를 추가로 지출하였다(Centers for Medicare and Medicaid Services, 2018), 미국인의 약 40%는 정기적으로 처방받는 약물이 있으며, 12%는 정기적으로 처방받는 약물의 종류가 세 가지 이상이다(National Center for Health Statistics, 2009)(그림 9.4). 사람들은 질병으로

그림 9.4 | 2005~2016년까지의 약 처방에 소요한 지출

출처 : Centers for Medicare and Medicaid Services, 2011; Hartman, Martin, Espinosa, Catlin, and The National Health Care Spending Team, 2017.

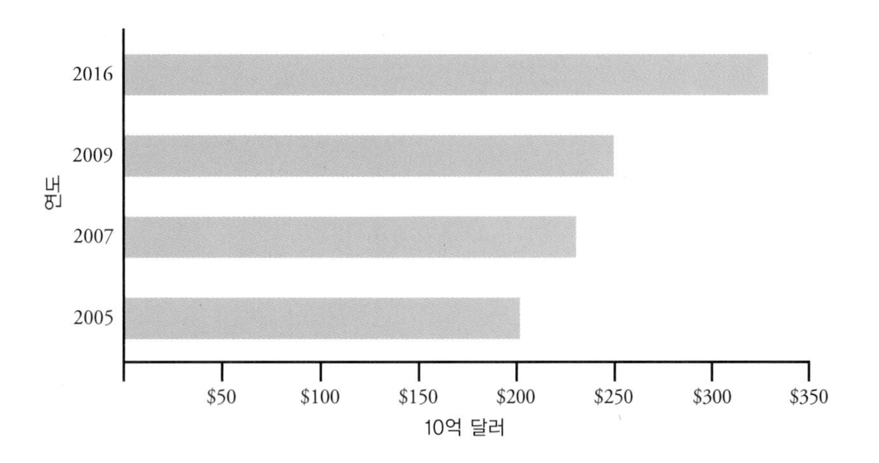

인해 의사를 만나면 처방전을 기대하고 심지어 요구할 수 있으며, 이는 과잉 처방으로 이어질 수 있다(Sirota, Round, Samaranayaka, & Kostopoulou, 2017).

수많은 사람들이 매년 너무 많은 양의 약물을 복용해서 심각한 손상을 입거나 사망에 이른다. 미국인의 48%는 적어도 한 달에 한 번 처방된 약물을 복용하고, 11%는 다섯 번 또는 그 이상으로 처방된 약물을 복용한다(Gu, Dillon, & Burt, 2010). 미국에서는 매년 250만 건 이상의 응급실 방문이 부작용이나 장애로 인해 발생하며(Centers for Disease Control and Prevention, 2015년 10월), 이로 인해 병원에 장기 입원 및 기타 보상 비용으로 최소 30억 달러가 소요된다(Hansen, Oster, Edelsberg, Woody, & Sullivan, 2011). 약물의 부작용으로 인한 사회의 일반적인 비용은 연간 557억 달러로 추산된다(Centers for Disease Control and Prevention, 2015년 10월). 그러나 약물 복용의 확산은 줄어들 기미 없이 지속되고 있다. 확실히 약물에 대한 믿음과 심리적인 믿음이 높지 않으면 신체적인 효과는 떨어질 것이다. 따라서 사람들은 그 약물이 효과가 있을 것이라고 믿고, 약물을 복용함으로써 상당한 효과를 경험하기 때문에 위약은 일정 부분에 있어서 효과적이다.

이와 동등하게 중요한 것은 대부분의 사람들이 약물을 복용하고 불편하다고 말한 적이 없었다는 사실이다. 만약에 어떤 사람이 아파서 약물을 복용하고, 상당히 좋아졌는데, 모든 사람들이 그러하듯 실제 어떤 이유로 그가 낫게 되었는지는 알 수 없다. 약물의 효과일 수도 있고, 병이 더 악화되지 않았을 수도 있으며, 신체적 균형이 돌아오면서 환자의 기분이 달라졌기 때문일 수도 있다. 아마도 여러 요인들이 복합적으로 작용했을 것이다. 실제 효과의 원인과 상관없이, 환자는 어떤 약물을 복용했든 간에, 그 결론이 아무리 잘못되었을지라도, 효과의 원인을 약물로 돌릴 것이다.

방법론적 도구로서 위약

위약 반응이 매우 강력해서 미국에서는 모든 약물이 시판되려면 위약에 대응하여 평가되어야만 한다. 이를 위한 표준 방법을 **이중 맹검법**(double-blind experiment)이라고 한다. 이 실험에서 연구자들은 한 집단의 환자들에게는 질병을 치료하거나 증상을 완화시킬 수 있는 약물을 주고, 또 다른 집단에는 위약을 준다. 이 절차는 연구자도 환자도 약물을 받았는지 위약을 받았는지 알지 못하기 때문에 이중 맹검이라고 한다. 모두가 이 절차에서는 '맹인'이 되는 것이다. 치료 효과가 측정되고 나면, 연구자는 어떤 치료가 각각의 환자들에게 주어졌는지 알기 위해 코드를 입력한다. 위약과 진짜 약물의 효과 차이는 이후 평가된 약물의 효과로 간주된다(America & Milling, 2008). 약물 효과의 정확한 평가를 위해 위약과 진짜 약물 사이의 비교는 매우 중요하다. 만약 위약에 대응하여 평가하지 않는다면 진짜 약물은 네 배나 다섯 배 정도의 효과가 있는 것처럼 보인다(Miller, 1989).

요약

1. 환자들은 치료의 기술적인 부분보다 치료자와의 상호작용을 고려하여 의료 서비스를 평가한다.
2. 많은 요소들이 환자–제공자 간의 의사소통을 방해한다. 진료실 환경과 의료 서비스 전달 체계의 구성은 지지적인 의료 서비스보다 효율성을 고려하여 고안되는 경우가 많다.
3. 제공자는 경청하지 않고, 전문용어로 가득 찬 설명을 사용하고, 지나치게 기술적인 설명과 유치한 유아어를 번갈아 가며, 부정적인 기대를 전달하고, 환자를 탈인격화하는 것은 잘못된 의사소통의 원인이 된다.
4. 환자는 자신의 질병과 치료에 대해 자세한 내용을 학습하는 데 실패하고, 제공자에게 정확한 정보를 제공하지 못하며, 의사가 제시하는 치료 권고를 따르지 않음으로써 부실한 의사소통을 초래한다. 환자의 불안, 교육의 부족, 질병에 대한 경험의 부족은 효과적인 의사소통에 지장을 준다.
5. 치료자는 보통 환자가 지시사항을 준수했는지 안 했는지 혹은 치료가 성공적인지 아닌지에 대한 피드백을 받지 못하기 때문에, 의사소통에서의 정확한 문제점을 찾는 것이 어렵다.
6. 의사소통은 치료에 대한 준수도를 높일 수 있는 주요한 요소 중 하나이다. 또한 부실한 의사소통은 잠재적인 의료과실 소송의 발생과도 관련된다.
7. 권장사항이 의학적이지 않은 것처럼 보일 때, 생활방식 수정이 필요할 때, 복잡한 자기관리요법이 필요할 때, 환자가 자신의 질병 또는 치료의 특성에 대해 의학적 이론과 상충되는 이론을 가지고 있을 때 치료 준수도가 더 낮다.
8. 환자는 치료에 대한 권고사항들을 준수하고자 할 때, 치료자로부터 자신이 보살핌을 받고 있다고 느낄 때, 스스로가 무엇을 해야 하는지 인식할 때, 명확하게 제시된 지침서를 받았을 때 치료 준수도가 높아진다.
9. 의사소통을 증진하기 위한 노력으로는 의사소통 기술 훈련이 있다. 환자 중심 의사소통은 환자의 준수도를 향상시킨다. 의사와의 면대면 의사소통은 환자와의 개인적 관계 향상을 통해 치료 준수도를 높일 수 있다.
10. 병원은 급변하는 의료적 · 조직적 · 재정적 환경으로 인해 혼란을 겪고 있는 복잡한 조직 체계이다. 병원 내의 여러 집단은 각기 다른 목표(예 : 치유, 돌봄, 조직 구조 등)를 설정한다. 이로 인해 갈등이 나타날 수 있고, 의사소통의 장벽은 이러한 갈등을 더욱 악화시킨다.
11. 입원은 환자들에게 두렵고 인격을 상실하는 듯한 경험일 수 있다. 병원에서 아동의 이상 반응은 특히 주목을 받고 있다.
12. 정보 개입과 통제 강화 개입은 성인과 아동 모두에게 병원에서의 적응을 증진시키고 스트레스가 많은 의료 절차에 대한 적응을 높인다.
13. 미국 성인의 2/3는 기존 의학과 결합하거나 기존 의학의 대안으로 대체의학치료(CAM)를 사용한다. 가장 일반적인 대체의학치료에는 기도와 허브, 비타민 보조제, 명상, 요가, 마사지, 침술요법, 척추 교정법, 정골요법, 최면, 심상 유도가 포함된다.
14. 사람들은 만약 자신의 장애가 기존에 사용된 의학적 개입에 의해 성공적으로 치료가 되지 않은 경우, CAM치료로 바꿀 가능성이 높다. CAM치료는 개인의 요구에 맞춘 치료로서 증거–기반 의료 기준을 토대로 공식적인 평가를 하기 어렵다.
15. 전반적으로 CAM치료는 통증 관리와 갱년기 증상을 위한 치료에서 효과를 보였다. 그러나 다른 장애들에 대한 효과는 아직 그 증거가 불충분하다.

16. 위약 효과는 치료로 인해 환자들에게 효과가 나타나는 의학적 과정이 아니다. 이것의 실제적 특성은 없다. 거의 모든 의학적 치료에서는 어느 정도 위약 효과가 나타난다.
17. 위약 효과는 의사가 치료에 대한 믿음을 보일 때, 환자가 치료가 효과적일 것이라고 믿는 경향이 있을 때, 이러한 기대들이 대화로 성공적으로 이루어질 때, 의학적 치료가 효과가 없을 때 강화된다.
18. 위약은 약물과 다른 치료들을 평가할 때 필수적인 방법론적 도구이다.

핵심용어

건강관리기구(HMO)
건강보조식품
관리의료
동료 오리엔테이션
동종요법
미준수
보완대체의학(CAM)
심상 유도
아유르베다 요법
요가
위약
위약 효과
이중 맹검법
전인적 의료
준수
중국 전통의학
창의적 미준수
척추 교정법
최면
침술
통합의학
특약의료기구(PPO)
행위별 추가제
환자 중심 관리

CHAPTER 10

통증과 불편감의 관리

Andersen Ross/Blend Images LLC

개요

통증은 고통을 유발하고, 매우 강렬하기 때문에 다른 기본 욕구들보다 강력하다. 그러나 통증의 중요성은 통증이 양산하는 파괴력 그 이상이다. 통증이 드물게 발생한다고 생각하지만, 실제로 우리는 항상 사소한 통증을 경험하며 살아간다. 통증은 생존에 있어 중요하다. 왜냐하면 통증이 신체기능에 대한 낮은 수준의 피드백을 제공하기 때문이다. 우리는 종종 무의식적으로 자세를 바꾸거나, 잠들어있는 동안 움직이거나, 다리를 꼬거나 풀거나 하는 사소한 방식으로 피드백을 이용한다.

또한 통증은 의학적인 중요성을 가진다. 통증은 사람들로 하여금 치료를 받게 하는 증상이다(제8장 참조). 통증은 질병을 악화시키고 의료시술을 통한 회복을 방해할 수 있다(McGuire et al., 2006). 통증에 대한 호소는 종종 정신적 및 기타 신체적 장애를 동반하며, 이러한 동반 질환은 진단과 치료를 더욱 복잡하게 만든다(Berna et al., 2010; Kalaydjian & Merikangas, 2008). 안타깝게도 통증과 실제로 경험하고 있는 문제의 심각성과의 관계는 매우 약할 수 있다. 예를 들어, 악성 종양은 적어도 초기 단계에서는 통증을 거의 유발하지 않지만 의학적으로 그 중요성이 엄청나다.

통증은 조직손상이 일어났으며 반드시 활동을 줄여야 한다는 의미 있는 신호이다.
Eyewire/Getty Images

또한 통증은 환자와 의료 제공자 간 오해의 근원이 될 수 있어 의학적으로도 중요하다. 환자의 관점에서 통증은 문제이다. 의료 제공자의 입장에서 통증은 장애의 부산물이다. 사실 통증은 종종 의사들에 의해 중요하지 않은 것으로 간주되어 최근까지 많은 의과대학이 커리큘럼에서 통증을 체계적으로 다루지 않았다. 이러한 통증에 대한 관심 부족은 잘못된 인식이다. 의사는 의학적인 관점에서 더욱 의미가 있다고 생각하는 증상에 주의를 두지만, 환자는 통증이 중요한 문제라고 느껴 의사가 자신의 통증에 충분한 주의를 기울이지 않는다고 느낄 수 있다. 우리가 제9장에서 살펴본 것과 같이, 환자들은 만약 진단을 잘못 받거나 주요 증상들이 무시된다면 의사들의 처방에 따르지 않을지도 모른다.

통증은 의학적인 면에서도 중요하지만 마찬가지로 심리적으로도 중요하다. 환자들에게 질병과 치료에 대해 가장 두려워하는 것이 무엇인지를 질문했을 때, 일반적인 대답은 통증이다. 통증을 줄일 수 없다는 공포는 수술을 해야 한다거나 사지를 잃거나 심지어 죽음을 예상하는 것보다도 더 큰 불안감을 고조시킨다. 사실 통증을 경감하고자 하는 부적절한 시도는 환자들이 안락사나 자살을 하게 되는 가장 흔한 이유이기도 하다(Cherny, 1996). 더군다나 우울, 죄책감, 불안, 분노는 통증 경험을 악화시킨다(Burns et al., 2016; Serbic, Pincus, Fife-Schaw, & Dawson, 2016).

통증은 사회적인 원인과 결과를 가지고 있다(Burns et al., 2016). 보통 사회적 지지가 만성적인 문제를 겪고 있는 사람들에게 유용함에도 불구하고, 통증에 대한 사회

매년 미국에서는 가벼운 질환들의 일시적인 통증 감소를 위해 적어도 26억 달러의 비용이 일반의약품에 소비된다.
Erica Simone Leeds

적 지지는 통증 관련 행동의 강화물로 작용해 의도치 않게 통증 관련 문제로 이어질 수도 있다. 또한 신체적 통증은 사회적 통증과 유사한 부분이 있다(Eisenberger, 2012a, 2012b). 다시 말하면, 사회적인 거절과 상실감과 같은 사회적 통증은 신체적 통증과 동일한 통증 관련 신경회로를 거친다. 그리고 이는 신체적 그리고 사회적 통증을 경험하는 방식이 의미적으로 유사하다는 것을 시사한다. 이러한 통찰은 또한 왜 심리적 고통이 신체적 통증의 주요한 요소가 되는지에 대한 설명을 돕는다.

통증을 완벽히 이해하기 위해서는 유병률과 비용을 빼놓을 수 없다. 대략 1억 1,600만 명의 미국인들이 적어도 6개월 이상 지속되는 만성통증을 겪고 있다(Jensen & Turk, 2014). 그리고 장애로 인한 비용과 생산성에서의 손실은 연간 5,600억 달러 이상에 달한다(The Wall Street Journal, 2019년 2월 7일). 미국 인구의 54%가 5년 이상 만성요통으로, 5,400만 명이 매일 관절염 통증으로, 세계 성인 인구의 약 2~4%가 만성두통으로 고통받고 있으며, 암치료 대상자 3명 중 1명은 중등도에서 고도의 통증을 겪고 있다(American Cancer Society, 2017년 5월; Centers for Disease Control and Prevention, 2019년 1월; World Health Organization, 2016년 4월). 요양원에 거주하는 사람들의 40% 이상이 만성통증을 앓고 있다(Hunnicutt, Ulbricht, Tjia, & Lapane, 2017). 아동도 만성통증을 경험할 수 있다(Palermo, Valrie, & Karlson, 2014). 2017년에는 미국인 100명당 통증 조절을 위한 약 58건의 오피오이드 처방이 있었다(Centers for Disease Control and Prevention, 2018). 미국에서는 중독성 진통제의 사용이 교육 수준이 낮은 백인들 사이에서 기대 수명을 감소시키는 데 영향을 준다(Case & Deaton, 2015). 통증은 수백만 명의 사람들이 경험하는 만성적이고 일시적인 고통을 모두 포함하는 대규모 시장이다.

규명하기 어려운 통증의 본질

본질적으로 통증은 질병의 특성과 치료법에 있어 규명하기 어려운 것 중 하나이다. 통증은 근본적으로 심리적인 경험이고, 어떻게 해석하느냐에 따라 통증을 느끼는 정도와 일상생활에 미치는 영향이 달라진다. 의사인 하워드 비처(1959)는 이러한 점을 처음으로 인식한 사람 중 하나였다. 제2차 세계대전 동안 비처는 의무부대에서 봉사하였는데, 거기서 그는 많은 전쟁 부상을 목격했고, 군인들을 치료하면서 흥미로운 점을 발견하였다. 즉, 그들 중 오직 25%만이 매우 고통스러울 것 같은 심한 상처에 대해 모르핀을 요구하였던 것이다. 비처가 보스턴으로 돌아왔을 때, 군인들이 입은 상처와 비슷한 수준의 부상을 입은 일반인/민간인 환자들을 치료하게 되었다. 그러나 군인들과는 대조적으로, 일반인/민간인들의 80%가 통증을 더 크게 느끼고 진통제를 요구하였다. 이러한 명백한 차이에 대해 비처는 통증에 대한 생각이 통증 강도를 결정한다고 결론지었다. 군인들에게는 부상을 입었다는 사실이 그가 살아있으며 고향으로 돌아갈 수 있음을 의미했던 반면, 일반인/민간인들에게 있어 부상은 가치 있는 삶을 살아가는 데 있어 활동을 방해하는 존재에 지나지 않았다.

또한 통증은 경험하는 맥락에 따라 상당한 영향을 받는다. 스포츠 전통(sports lore)에 따르면, 경기 중 선수가 부상을 당하여 통증을 느낄지라도 경기가 계속되는 경우가 많다. 한 가지 이유는 격렬한 운동에 대한 반응으로 나타나는 교감신경계의 각성인데, 이것이 통증 감각을 약화시키기 때문이다(Fillingham & Maixner, 1996; Zillman, de Wied, King-Jablonski, & Jenzowsky, 1996). 그와 반대로, 스트레스와 심리적 고통은 통증 경험을 악화시킨다(Strigo, Simmons, Matthews, Craig, & Paulus, 2008).

통증은 문화적인 특성을 상당히 반영한다. 어떤 문화의 사람들은 통증을 더 빨리 보고하며 다른 문화의 구성원들에 비해 더욱 강렬하게 반응한다(Lu, Zeltzer, & Tsao, 2013; Palit et al., 2013). 이러한 문화적 차이의 예는 글상자 10.1에 나와 있다. 통증 경험에 대한 성차 역시 존재하는데, 전형적으로 여성들이 통증 감각에 더 민감하다(Burns, Elfant, & Quartana, 2010).

글상자 10.1 통증에 대한 비교문화적 관점 : 출산의 경험

어느 사회에서나 아기들은 태어나지만, 출산 경험은 문화마다 굉장히 다양하며 그렇기 때문에 출산과 관련된 통증의 경험도 다양하게 나타난다. 예를 들어, 멕시코 여성들 사이에서 '진통(labor/dolor)'이라는 단어의 의미는 슬픔 혹은 통증을 의미하며, 이들에게는 출산의 고통에 대한 예측은 엄청난 두려움을 유발할 수 있다. 또한 이러한 예측을 한 임산부는 실제 출산 과정에서 더 많은 고통을 느낀다(Scrimshaw, Engle, & Zambrana, 1983).

반면, 남태평양에 있는 얍 섬의 문화에서 출산은 일상적인 일이다. 얍 섬에 있는 여성들은 진통이 시작되어도 일상적으로 활동하며, 출산이 임박한 시점에만 헛간으로 한두 명의 여성과 함께 가서 도움을 받는다. 출산한 다음에 짧은 휴식을 취하고 이후에는 다시 일상으로 돌아간다. 보고에 따르면 얍 여성들이 경험하는 임신 기간 동안 진통과 합병증은 매우 낮았다(Kroeber, 1948).

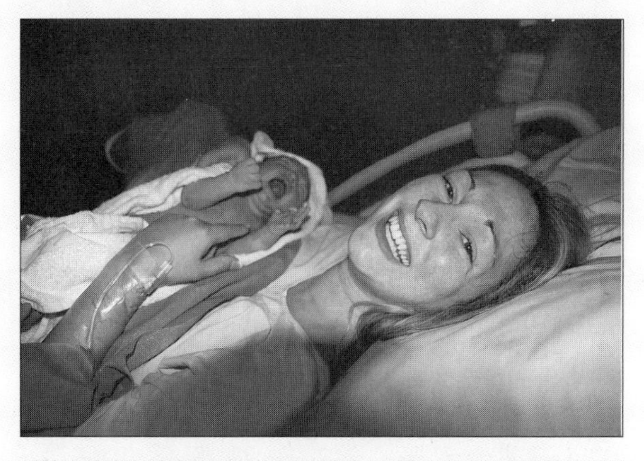

경험에 어떻게 의미를 부여하는지에 따라 그것을 고통으로 지각할지 여부가 결정된다. 많은 여성들에게 있어 출산이 주는 기쁨은 출산의 고통을 완화시킨다.

Digital Vision/Getty Images

통증의 측정

통증치료의 한 가지 장벽은 사람들이 통증을 객관적인 시각에서 기술하는 데 어려움을 겪는다는 것이다. 당신이 어느 부위가 부었다면, 당신은 그것을 가리킬 수 있다. 뼈가 부러졌다면 엑스레이에 보일 것이다. 그러나 통증은 이러한 객관적 지표가 없다.

구두 보고 통증을 측정하는 한 가지 해결책은 사람들이 통증을 묘사하는 데 두루 쓰는 표현이나 비공식적인 어휘를 알아내는 것이다. 의학 전문가들은 보통 환자들의 고충을 이해하는 데 이러한 정보를 사용한다. 예를 들어, 욱신거리는 통증은 쿡쿡 쑤시는 통증이나 지속적이면서 무딘 아픔과는 의미가 다르다.

연구자들은 통증을 평가하기 위해 질문지들을 개발해왔다(Osman, Breitenstein, Barrios, Gutierrez, & Kopper, 2002)(그림 10.1). 이러한 측정 도구들에서는 보통 통증의 유형에 대해 질문하는데, 통증 강도와 더불어 어떠한 통증을 경험하는지(욱신거리는 통증인지, 쿡쿡 쑤시는 듯한 통증인지) 물어본다(Dar, Leventhal, & Leventhal, 1993; Fernandez & Turk, 1992). 또한 측정 도구들은 통증이 야기하는 두려움이 얼마나 되는지, 일상에서 통증이 차지하는 부분이 얼마나 큰지와 같은 심리사회적인 요소들을 다룰 뿐 아니라(Osman et al., 2000), 전문가들이 환자의 고통에 대한 전체적인 그림을 얻도록 돕는다. 통증을 평가하기 위한 새로운 시도는 글상자 10.2에서 볼 수 있다.

신경과학에서 사용하는 방법론적인 도구는 통증에 대한 통찰에 도움을 준다. 만성통증을 겪는 환자들은 통증 처리와 관련된 부분인 뇌의 회백질의 상당한 감소를 보이는데, 특히 전전두엽과 띠모양 피질(cingular) 그리고 섬 피질(insular cortex)에서 그러하다(Valet et al., 2009). 이러한 구조적 표식들은 통증으로 야기된 뇌에서의 변화에 대해 객관적인 신경 정보를 제공할 뿐만 아니라, 현재 뚜렷한 조직의 손상이 보이지 않는(하지만 통증은 경험하게 되는) 섬유근육통과 같은 통증장애의 기능을 파악하는 데도 유용할 수 있다.

통증 관련 행동 통증을 측정하는 다른 평가 도구로는 **통증 관련 행동**(pain behavior)에 초점을 두는 것이다. 만성 통증으로 야기된 행동들, 예를 들면 자세나 보폭의 변형, 고통으로 인한 표정이나 음성적 표현, 활동의 회피와 같은 것들이다(Turk, Wack, & Kerns, 1995). 통증 관련 행동은 통증이 개인의 삶을 어떻게 방해했는지 평가하는 데 도움을 준다. 왜냐하면 통증 관련 행동은 관찰 가능하면서 측정이 가능하고, 여러 통증 증상들을 각각 정의하는 데 도움을 주기 때문이다.

통증의 생리학

통증은 심리적, 행동적, 감각적인 요소를 포함하며, 이는 통증 경험과 관련된 다양한 경로와 수용기들을 이해하는 데 도움이 된다.

개요 통증 경험은 세포 조직의 손상을 의식적으로 자각하도록 이끌어주는 보호 메커니즘이다. 그러나 실제로 통증을 경험할 때에는 이를 보호적으로 인식하지 않는다. 다른 신체 감각들과는 달리, 통증 경험은 철회하거나 울거나 두려워하는 것과 같은 강렬한 정서적 반응뿐 아니라 통증을 완화시키는 타인과의 언어적 · 비언어적 소통 모두를 비롯한 동기적이고 행동적인 반응을 수반한다(Hadjistavropoulos et al., 2011). 이러한 요인들 모두 통증 경험을 구성하는 일부분이자 통증의 진단과 치료에 중요하다.

정서적인 요인은 통증 경험과 매우 밀접한 관계이다. 부정적 정서는 통증을 악화시키고 통증 역시 부정적 정서를 악화시킨다(Gilliam et al., 2010). 다음 내용에서 보게 되겠지만, 이러한 정서적 특징들은 통증 관리를 이해하는 데 개별적으로 고려할 필요가 있다.

과학자들은 통증 지각에 대해 세 종류로 구별해왔다. 첫 번째는 기계적 **통각**(nociception)으로, 이는 신체 세포 조직이 기계적으로 손상되면서 나타난다. 두 번째는 열

그림 10.1 | **맥길 통증 질문지**

출처 : Melzack, Ronald. *Pain Measurement and Assessment*. New York: Raven Press, 1983.

환자 이름 ____________ 검사 날짜 ____________ 시간 ____________ 오전/오후

1 가물가물 아프다 ___
지근거리다 ___
욱신욱신하다 ___
쿡쿡 쑤신다 ___
두들겨 맞은 것처럼 아프다 ___
쾅쾅 치듯이 아프다 ___

2 움찔하게 아프다 ___
따끔하다 ___
쏘듯이 아프다 ___

3 바늘로 찌르듯 ___
송곳으로 찌르듯 ___
구멍을 뚫듯이 ___
칼로 찌르듯 ___
칼로 찔러 쑤시듯 ___

4 쓰라리다 ___
베듯이 아프다 ___
도려내듯 아프다 ___

5 꼬집듯 따끔하다 ___
누르듯 아프다 ___
꽉 무는 듯 아프다 ___
꽉 쥐는 듯 아프다 ___
짓이기는 듯 아프다 ___

6 결린다 ___
땅긴다 ___
뒤틀리듯 아프다 ___

7 따끈하다 ___
화끈거리다 ___
(물, 불에) 데듯이 아프다 ___
불로 지지듯이 아프다 ___

8 얼얼하다 ___
근질근질하게 아프다 ___
아리다(욱신거리다) ___
톡 쏘듯이 아프다 ___

9 짓누르듯이 무겁다 ___
쓰라리다(아리다) ___
둔하게 아프다 ___
쑤신다 ___
빠개지듯 아프다 ___

10 만지면(누르면) 아프다 ___
땡땡하게 아프다 ___
갈아내듯이 아프다 ___
터질 듯이 아프다 ___

11 노곤하게 아프다 ___
지치게 아프다 ___

12 구역질 나게 아프다 ___
숨이 막힐 듯 아프다 ___

13 겁나게 아프다 ___
소름끼치게 아프다 ___
까무러치게 아프다 ___

14 쩔쩔매게 아프다 ___
기진맥진하게 아프다 ___
지독하게 아프다 ___
무지막지하게 아프다 ___
죽을 정도로 아프다 ___

15 고약하게 아프다 ___
정신 못 차리게 아프다 ___

16 신경이 자꾸 쓰인다 ___
난처하게 한다 ___
괴롭다 ___
지속적으로 대단히 아프다 ___
참을 수 없게 아프다 ___

17 번져가면서 아프다 ___
통증이 퍼지면서 아프다 ___
관통하듯이 아프다 ___
뼈를 저미듯이 아프다 ___

18 조인다 ___
저리다 ___
끌어당기듯이 아프다 ___
쥐어짜듯이 아프다 ___
찢어지는 듯 아프다 ___

19 시리다 ___
싸늘하게 아프다 ___
오싹하게 아프다 ___

20 지근거리다 ___
토할 정도로 아프다 ___
괴롭게 아프다 ___
지독하게 아프다 ___
고문받는 것처럼 아프다 ___

PPI(현재 통증의 강도) ___
0 통증이 없다 ___
1 통증이 가볍다 ___
2 불편하다 ___
3 고통스럽다 ___
4 끔찍하리만큼 아프다 ___
5 참을 수 없을 정도로 아프다 ___

0 짧게 1회 ___
1 보통 1회 ___
2 길게 1회 ___

3 이따금 ___
4 종종 ___
5 빈번하게 ___

6 잇달아서 ___
7 꾸준히 ___
8 항상 ___

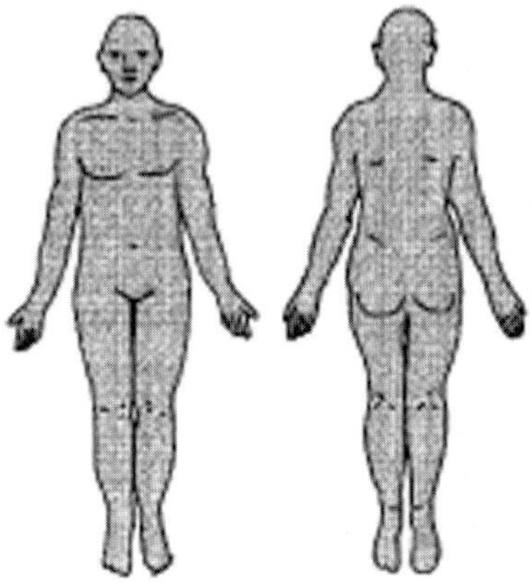

E = 외부(External)
I = 내부(Internal)

의견 :

손상(thermal damage)으로, 높은 온도에 노출되어 나타나는 통증 경험이다. 세 번째는 다중형식 통각(polymodal nociception)이며, 세포 조직의 손상으로 인해 화학적 반응을 유발하는 전반적인 통증들을 의미한다.

글상자 10.2 두통 환자의 그림이 반영하는 고통과 장애

최근 심리학자들은 통증을 경험하는 환자들을 이해하기 위해 '그림'을 이용한다. 한 연구에서는 지속적인 두통을 경험하는 학생들에게 두통이 그들의 삶에 어떠한 영향을 미치는지에 대한 그림을 그리도록 하였다. 심리학자들은 그들의 그림에서 크기, 명암, 내용을 분석하였다(Broadbent, Niederhoffer, Hague, Corter, & Reynolds, 2009).

그들은 더 어두운 그림일수록 정서적 고통이 더 크고, 더 큰 그림일수록 안 좋은 결과나 증상, 더 큰 통증, 큰 슬픔으로 지각하는 것과 관련되어 있음을 발견하였다. 따라서 그림은 두통에 대한 사람들의 경험을 평가하는 새로운 방법을 제공하고, 질병 인식과 고통을 확실하게 반영하는 것처럼 보인다. 이러한 방법은 훈련 중인/수련 중인 임상가들에게 있어 환자들의 통증 경험을 더 잘 이해하는 데 유용한 방법이 될지도 모른다.

출처 : Broadbent, E., Kate Niederhoffer, Tiffany Hague, Arden L. Corter, and L. Reynolds. "Headache Sufferers' Drawings Reflect Distress, Disability and Illness Perceptions." Journal of Psychosomatic Research 66, no. 5 (2009): 465-470. doi:10.1016/j. jpsychores.2008.09.006.

관문 통제 이론 본래 통증에 대한 과학적 이해는 **통증의 관문 통제 이론**(gate-control theory of pain)에서부터 발전되었다(Melzack & Wall, 1982). 통증에 대한 생물학적인 지식이 이제는 초기의 모델을 뛰어넘을 정도로 진전되었음에도 불구하고, 최근 몇십 년 동안 이 모델을 중심으로 발전해왔다. 그러한 통찰들 중 대부분이 우리가 현재 가지는 통증의 생물학적인 지식들에 반영되어 있다.

말초신경 속에 있는 통각 수용기가 세포의 손상을 감지하면 이에 반응하여 척수를 향해 화학적 신호를 보내고, 신호는 망상체(reticular formation)에서 시상으로 바로 통과하여 대뇌피질로 이동한다. 이렇게 뇌에서 손상된 영역을 확인하면, 다시 근육 수축을 관장하는 척수로 신호를 보내서 통증을 억제하거나 호흡과 같은 다른 신체기능에서의 변화를 도울 수 있도록 한다.

통각과 연관이 있는 말초신경섬유는 크게 두 가지 유형이 있다. A-델타 섬유는 작고 수초로 덮여있으며 찌르는 듯한 통증을 전달한다. 특히 기계적이거나 열로 인한 통증에 반응하는데, 찌르는 듯한 짧고 빠른 통증을 전달한다. C-섬유들은 수초로 덮여있지 않은 신경섬유들로 다중형식의 통증과 관련되는데, 강도는 덜하지만 지속적으로 아픈 통증을 전달한다(수초화는 전송 속도를 증가시킨다. 따라서 A-섬유의 갑작스럽고 강렬한 통증은 C-섬유가 전달하는 느리고 상대적으로 약한 통증보다 더욱 신속하게 대뇌피질로 전해진다).

말초신경섬유는 배각(dorsal horn)에 있는 척추로 유입된다. A-델타 섬유에서의 활동이 통증의 감각적인 측면을 결정하는데, 시상에 있는 부분과 대뇌피질의 감각적인 부분에 작용되는 것이다(그림 10.2 참조). 통증의 동기적이고 정서적인 요소들은 C-섬유들에 의해 더욱 강하게 영향을 받는 것으로 나타나는데 이는 시상과 시상하부 그리고 피질영역에 작용되는 것이다. 따라서 통증 경험은 이러한 자극의 강도와 패턴을 반영하는 신경

그림 10.2 | **통증의 경험**

통증 신호가 다친 부위에서부터 척수로 가면, 척수는 그 즉시 운동신경에 신호를 전달한다. (1) 그림의 경우, 팔 근육과 연결된 운동신경으로 이어진다. 이는 뇌와 관계없이 반사작용을 일으킨다. 그러나 통증 신호는 척수에서 시상까지 올라가고, (2) 시상에 도달했을 때 우리는 고통을 인지한다.

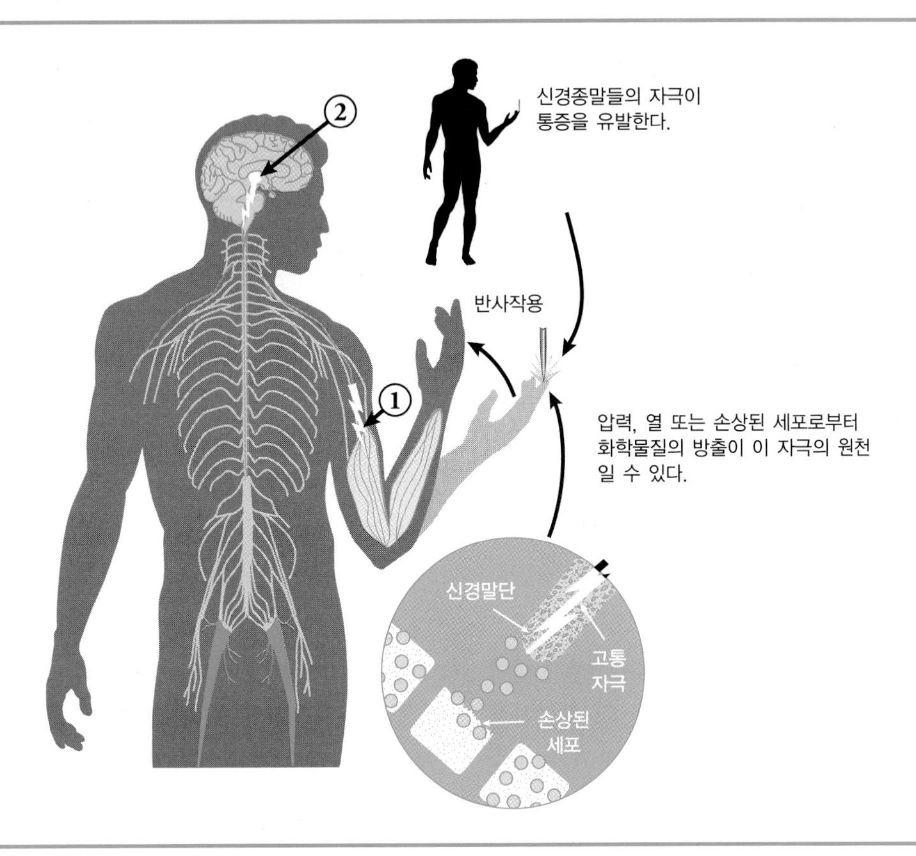

섬유들의 활동 균형에 의해 결정된다.

뇌의 여러 다른 영역들은 통증을 조절(modulation)하는 것과 관련된다(Derbyshire, 2014). 중뇌의 중심 회색질(periaqueductal gray)은 자극을 받았을 때 통증을 경감시키는 것과 연합되어 있다. 이곳에 있는 뉴런들/신경세포들은 연수(medulla)에 있는 망상체와 연결되는데, 이는 척수 배각의 교양질(substantia gelatinosa)과 연결되기도 한다. 척수 배각과 통증 경험을 해석하는 뇌로부터 발생하는 하향 경로가 감각들을 조절한다. 본래 말초신경에서 발생하는 염증(inflammation)은 통증 관련 정보가 배각으로 이동됨에 따라 증식될 수 있다(Ikeda et al., 2006).

통증 민감도, 강도, 지속 기간은 통증 경험, 지각된 불편감, 정서적 반응의 영향과 상호작용한다. 정서적 반응이란 피질로 직접적으로 유입되는 변연계(limbric structure)의 반응과 시상의 중심 경로 네트워크를 통해 나타난 반응 모두를 지칭한다. 통각은 뇌의 피질영역에서 통증 경험에 대한 맥락적 정보들과 함께 통합된다. 대뇌피질에서는 강렬한 정서를 유발하는 통증의 의미를 평가하고, 통증의 의미 평가는 통증을 경험하는 동안 종종 느끼는 강한 정서들에 영향을 미칠 수 있고, 이는 그 자체만으로 통증을 악화시킬 수 있다. 통증에 대한 전반적인 경험은 이러한 통증 경험 요소들이 상호작용하여 나타난 복합적인 결과이다(그림 10.2). 얼마나 통증이

글상자 10.3 환지통 : 사례연구

오토바이에 쉽게 접근할 수 있고 오토바이의 힘이 운전자의 기술보다 더 강력하기 때문에 어깨의 신경 손상이 점점 더 흔해지고 있다. 장애물에 부딪히게 되면, 오토바이를 탔던 사람은 앞쪽으로 날아가고 달리던 속도로 땅에 떨어지게 된다. 이러한 부상 중 가장 심각한 경우는 척수 뿌리가 파열되어 척추 밖으로 튀어나오는 것인데 이런 경우 회복이 불가능하다.

25세의 공군 비행기 조종사인 C. A.는 이러한 사고로 고통받았다. 8개월 후에 그는 사고로 인한 자상, 타박상, 골절상 부상에서 완전히 회복했고, 두부 손상 없이 여전히 기민하고 지적이었으며 학생으로서 새로운 진로를 만들어나가며 바쁘게 살고 있었다. 그러나 그의 오른쪽 팔은 어깨부터 아래쪽으로 완전히 마비되었고, 팔근육은 매우 가늘었다. 게다가 양쪽 팔이 완전히 무감각하여 어떠한 감각도 느낄 수 없었다. 그는 질문을 받으면 자신의 팔 전체를 매우 명확하게 느낄 수 있다고 진술했지만, 실제로는 그렇지 않았다. 그는 가슴 위에 이러한 '환상(phantom)'의 팔이 놓여있다고 느꼈지만, 실제로 그의 팔은 한쪽으로 늘어져 달려있었다. 환지통을 느끼는 팔은 전혀 움직임이 없었고 손가락은 주먹을 쥔 채 굳어있었으며 손바닥에 손톱이 파고들고 있었다. 팔 전체는 '마치 화염 속에 있는 것처럼' 느껴졌다. 어떤 것도 그에게 도움이 되지 않았고, 그는 일에 몰두하는 것만이 통증을 조절하는 방법이라는 사실을 알게 되었다.

출처 : Melzack & Wall (1982, pp. 21－22).

복잡한지/복합적인지 그리고 그 관리가 어떻게 제공될 수 있는지에 대한 예시는 글상자 10.3에 제시되어 있다.

통증의 신경화학적 기초와 억제

뇌는 척수에 통증 신호의 이동을 막는 메시지를 전달함으로써 통증의 양을 조절한다. 이러한 가설을 확인하는 한 가지 주목할 만한 연구는 레이놀즈(1969)에 의해 수행되었다. 그는 실험용 쥐 뇌의 일부를 전기적으로 자극함으로써 높은 수준으로 무통증을 야기해 쥐가 복부 절개술을 받을 동안 통증을 느끼지 않는다는 것을 증명했으며, 이러한 현상을 자극 유발 진통 작용(stimulation-produced analgesia, SPA)이라고 명명하였다. 레이놀즈박사의 발견을 시작으로 다른 연구자들은 이 효과에 대한 신경화학적 기초를 마련하기 위해 노력하였다. 1972년에는 아킬, 미이어, 리베스킨드(1972, 1976)가 내인성 오피오이드 펩타이드의 존재를 밝혀냈다.

내인성 오피오이드 펩타이드(endogenous opioid peptide)란 무엇인가? 아편은 식물로부터 얻은 통증 조절 약물로, 헤로인과 모르핀을 포함한다. 오피오이드는 체내에서 발생되는 아편과 같은 물질로서, 신경화학에 기초하여 내부의 통증 조절 체계를 구성한다. 오피오이드는 뇌의 여러 부분과 내분비샘에서 생산되며, 신체의 여러 부분 중에서도 특정 수용기에 결합한다.

내인성 오피오이드 펩타이드는 우리 몸에서 자연스럽게 통증을 억제하는 체계이기 때문에 중요하다. 그러나 명백하게도 이러한 통증 억제 체계가 언제나 작동하지는 않는다. 특정한 요인들이 각성시켜 주어야만 한다. 스트레스가 그러한 요인 중 하나이다. 급성 스트레스는 통증에 대한 민감성을 감소시키는데, 이를 스트레스로 유발된 무통증(stress-induced analgesia, SIA)이라고 하고, SIA는 내인성 오피오이드 펩타이드의 증가를 동반할 수 있다(Lewis, Terman, Shavit, Nelson, & Liebeskind, 1984). 내인성 오피오이드 펩타이드의 방출은 또한 통증을 조절하는 다양한 방법을 보여주는 메커니즘 중 하나이다(Bolles & Fanselow, 1982).

통증 관리에 대한 임상적 이슈

역사적으로, 통증은 의사와 건강 관련 임상가들이 다뤄왔다. 전통적으로 통증 관리를 위해서는 약물, 수술, 감각 기법들을 사용하였다. 이에 점차적으로 심리학자들이 고안한 심리학적 요소가 포함된 기법이 통증 관리를 위해 사용되었다. 이러한 기술들에는 이완, 최면, 침술, 바이오피드백, 주의분산, 심상 유도가 포함된다. 이러한 방법들은 통증을 치료하는 과정에서 환자들의 자가관리가 중요해지면서 알려졌다.

급성통증과 만성통증

임상적 통증은 크게 급성통증과 만성통증, 두 가지로 나뉜다. **급성통증**(acute pain)은 일반적으로 상처를 입었거나 팔이 부러졌을 때처럼 특정한 세포 조직이 손상됐을 때 나타난다. 따라서 세포 조직이 회복되면 통증은 사라진다. 급성통증은 보통 짧게 지속되며 6개월 미만의 통증으로 정의된다. 급성통증이 상당한 불안을 야기할 수도 있지만, 진통제를 투여하거나 손상 부위를 치료하면 불안은 곧 없어진다. **만성통증**(chronic pain)은 일반적으로 급성(통증) 삽화로 시작되나, 급성통증과는 달리 시간이 경과되거나 치료에 의해서도 줄어들지 않는다.

만성통증에도 몇 가지 종류가 있다. **만성양성통증**(chronic benign pain)은 일반적으로 6개월 이상 지속되며 상대적으로 치료에 반응적이지 않다. 통증의 정도는 다양하며, 몇몇 근육 조직들이 이와 관련되어 있다. 미국 인구의 약 1/3에 영향을 미치는 만성요통이 그 예이다(Pegram, Lumley, Jasinski, & Burns, 2016).

재발성 급성통증(recurrent acute pain)은 특징상 급성통증의 삽화가 간헐적으로 발생하지만 만성적으로 6개월 이상 나타나는 것이다. 예로서 편두통, 악관절장애(턱 포함), 3차 신경통(안면 근육의 경련 포함)이 있다.

만성진행성통증(chronic progressive pain)은 6개월 이상 지속되며 시간이 지남에 따라 통증이 더 심각해지는 것이다. 일반적으로 악성 종양이나 퇴행성장애와 관련되며 암 또는 류머티즘성 관절염이 이에 해당한다. 대략 미국에서 1억 1,600만 명이 만성통증으로 고통받으며(Jensen & Turk, 2014), 그중 요통이 가장 흔하다(표 10.1). 만성통증이 반드시 매 순간에 존재하는 것은 아니지만, 사람들에게 고통을 주고 삶의 변화를 유발하는 것은 사실이다.

표 10.1 | 만성통증의 일반적 원인

- 요통 : 미국인의 70~85%가 일상에서 요통으로 인한 문제를 가진다.
- 두통 : 대략 4,500만 명의 미국인들이 만성적으로 재발하는 두통을 가진다.
- 암 통증 : 말기 암 환자들의 대다수는 중증도의 통증을 겪는다.
- 관절염 통증 : 4,000만 명의 미국인들이 관절염을 겪는다.
- 신경성 통증 : 말초신경이나 중추신경계로 인한 손상에서 오는 통증이다.
- 심인성 통증 : 신체적인 원인이 확인 불가능한 통증이다.

출처 : U.S. Department of Health & Human Services, National Institute of Neurological Disorders and Stroke, "Pain: Hope Through Research," Last Modified August 08, 2018.

급성 대 만성통증 임상적 관리에 있어 급성통증과 만성통증을 구분하는 것은 중요하다. 그 이유는 다음과 같다. 첫째, 급성통증과 만성통증은 심리적 프로파일이 다르다. 만성통증은 대개 진단과 치료를 복잡하게 하는 심리적인 고통들이 겹쳐있다. 우울, 불안, 분노가 일반적이며 이는 통증과 통증 관련 행동들을 악화시킨다(Bair, Wu, Damush, Sutherland, & Kroenke, 2008; Burns et al., 2008). 한 연구는 우울증 때문에 의사를 찾는 환자들의 2/3가 통증을 호소한다는 것을 발견하였다(Bair et al., 2004). 따라서 통증과 우울은 특히 밀접한 관계에 있다고 보인다.

어떤 만성통증 환자들은 질병을 파국적으로 받아들이거나 비현실적인 생각들에 몰두해있거나 사회적으로 단절하는 것과 같은 부적응적인 대처전략들을 사용하는데, 이는 치료를 복잡하게 만들고 환자들이 더 많은 관리를 필요로 하게 만든다(Özkan, Zale, Ring, & Vranceanu, 2017). 환자들이 통증의 경감 없이 오랜 기간 동안 통증을 참다 보면, 남은 일생 동안 통증이 더 악화되고 지속될 것이라는 사실은 쉽게 예상할 수 있다. 그러한 신념은 만성통증의 고통을 확산시키며, 이는 다시 통증을 경험하는 악순환이 반복된다(Tennen, Affleck, & Zautra, 2006; Vowles, McCracken, & Eccleston, 2008). 이러한 심리적 문제들이 효과적으로 다루어질 때, 만성통증은 감소될 것이다(Fishbain, Cutler, Rosomoff, & Rosomoff,

미국인 중 9,000만 명 이상, 그중 대부분 노인들이 만성통증으로 고통받는다.
BananaStock/Alamy Stock Photo

1998).

둘째, 대부분의 통증 조절 기술들이 급성통증에는 잘 부합하나, 만성통증에는 그렇지 못하다. 따라서 만성통증을 다루기 위해서는 개인적으로 특화된 통증 관리 기술이 필요하다.

셋째, 만성통증은 급성통증보다 신경학적, 심리적, 사회적, 행동적 요소들의 복잡한 상호작용을 수반한다. 예를 들어, 만성통증 환자들은 보통 가족 구성원, 친구, 심지어는 직장 동료들로부터 받는 관심을 통하여 사회적 보상을 경험한다. 이러한 사회적 보상이나 2차적 부산물은 통증 관련 행동을 지속시킬 수 있다(McClelland & McCubbin, 2008).

통증의 심리적 · 사회적 요소들은 통증 경험의 통합적인 측면이자 성공적인 통증 관리에 영향을 미치기 때문에 중요하다(Burns, 2000). 마찬가지로 만성통증 관리를 위해서는 만성통증을 단순히 복잡하고 장기간 지속되는 통증이 아닌 생리적, 심리적, 행동적인 경험들의 복합체가 증상으로 발전한 것이라고 이해해야 한다(Jensen & Turk, 2014).

어떤 사람이 만성통증 환자가 되는가 일단 만성통증 환자들은 급성통증 환자이기도 하다. 무엇이 만성통증으로 진행되게 만드는가? 만성통증은 턱이 긴장된다거나 자세를 바꾸는 것과 같이 특정한 신체 반응에 의해 나타나는 것으로 보인다(Glombiewski, Tersek, & Rief, 2008). 스트레스나 심지어 통증을 억제하려는 노력이 통증을 악화시킬 수도 있다(Quartana, Burns, & Lofland, 2007). 만성통증 환자들은 특히 통증 조절 체계가 손상됐거나 유해한 자극을 감지하는 데 민감성이 높아서 혹은 심리적 고통 및 스트레스가 쌓여서 통증을 강하게 경험한다(Sherman et al., 2004).

급성통증과는 달리, 만성통증은 보통 다양한 방법들로 치료받으며 스스로 관리하거나 의사에게 도움을 받는다. 과거의 부적절한 치료법, 잘못된 진단, 부적합한 약물 처방들이 만성통증을 악화시켰을지도 모른다(Kouyanou, Pither, & Wessely, 1997).

만성통증 환자의 생활방식 통증 환자가 적절한 치료를 받기 전까지 환자들의 심리적, 생물학적, 행동적, 사회적 요인들의 상호작용은 매우 역동적이면서 복잡하고, 긴밀하게 통합되어 이를 수정하기 어렵다(Flor et al., 1990). 다음의 사례는 만성통증 환자가 경험할 수 있는 혼란과 극심한 고통을 보여준다.

몇 년 전, 뉴욕에 있는 모피 상인인 54세의 조지 제시는 갑작스럽게 견딜 수 없을 만큼 고통스러운 편두통을 겪었다. 통증은 매일 발생하였고, 제시는 급격하게 제대로 된 일상생활을 하지 못하게 되었다. 그는 "술을 단 한 방울도 마시지 않았지만 매일 아침 숙취로 고통받는 기분이었다. 배 근처에 가지도 않았지 만 멀미를 하는 것처럼 고통스러웠다"라고 말하였다. 편두통과 동반하는 구토 증상 때문에 제시는 몸무게가 20kg이나 줄어들었다. 워크숍에서도 제시는 매우 민감해져서 전화가 울리는 소리조차 견딜 수 없었다. "나는 무능해졌어요. 그 누구와도 대화하기가 어려웠어요. 주말에는 침대 밖으로 나갈 수조차 없었어요" 라고 그는 말했다. 신경학자는 정밀검사를 한 후, 제시의 고통이 긴장 때문이라고 말하였다. 그는 몇몇 종류의 약물을 복용하였으나 일상적인 두통이 완화되지는 않았다(Clark, 1977, p. 58).

이 사례는 만성통증이 한 사람의 인생을 완전히 망칠 수 있다는 것을 보여준다(Karoly, Okun, Enders, & Tennen, 2014). 많은 만성통증 환자들은 직업을 잃고, 여가활동에서 제외되며, 가족들과 친구들로부터 멀어지고, 남은 인생을 통증을 겪으며 살아간다. 환자들의 수입이 줄어들기 때문에 생활 수준도 하락하며, 생활 보조 서비스(public assistance)를 필요로 하게 된다. 경제적 어려움은 통증 경험을 증가시킨다(Rios & Zautra, 2011). 이러한 생활방식은 자연스레 환자가 통증 경험과 치료에 몰두하게 한다. 만성통증 환자들은 수개월에서 수년간 숙면을 취하기 어렵다. 수면 부족은 통증을 악화시키고, 통증은 수면 손실로 이어져 악순환에 빠지게 된다(Gasperi, Herbert, Schur, Buchwald, & Afari, 2017). 통증이 삶을 지배하기 때문에 환자들은 일에 대한 열망과 개인적인 목표의 성취도 미루게 된다(Karoly & Ruehlman, 1996). 이로 인해 환자들이 경험하는 자아존중감의 상실은 상당하다.

어떤 환자들은 교통사고와 같은 부상으로 인해 보상을 받는다. 보상이 경험하는 장애의 수준, 실제로 지각한 통증의 정도, 일상활동에 통증이 방해되는 정도, 환자가 보고하는 고통의 양을 증가시킬 수 있다(Ciccone, Just, & Bandilla, 1999; Groth-Marnat & Fletcher, 2000). 왜냐하면 통증을 겪고 있는 것이 유인가를 제공하기 때문이다.

관계에 있어서 통증의 대가 만성통증은 결혼생활이나 다른 가족 구성원들과의 관계에 부정적인 영향을 미친다. 만성통증 환자들은 가족과의 원활한 의사소통이 이루어지지 못하며, 대부분 성생활에서도 어려움을 호소한다. 103개의 통증 경험 연구에 대한 메타 분석 결과에 따르면 가족 및 의료 전문가는 환자가 겪고 있는 상황에 대해 대략적으로 알고 있지만 일반적으로 환자의 통증을 과소평가한다(Ruben, Blanch-Hartigan, & Shipherd, 2018). 지지적인 배우자를 둔 만성통증 환자들의 경우 배우자가 주는 긍정적인 관심이 의도치 않게 통증과 장애를 유지하도록 만들지도 모른다(Ciccone, Just, & Bandilla, 1999; Turk, Kerns, & Rosenberg, 1992). 청소년기의 만성통증 환자들은 또래로부터 거부당하거나 심지어 괴롭힘을 당할 수도 있다(Fales, Rice, Aaron, & Palermo, 2018). 그럼에도 불구하고 다른 많은 부정적인 경험과 마찬가지로 사회적 지지는 만성통증의 부작용을 완충시킬 수 있다(Matos, Bernardes, Goubert, & Beyers, 2017).

만성통증의 행동 만성통증은 다양한 통증 관련 행동들을 야기시킬 수 있는데, 이는 통증 경험을 유지하게 만들 수 있다. 예를 들어, 환자들은 소음과 밝은 빛을 멀리할 수 있는데, 이는 결국 신체활동을 감소시키고, 사회적 접촉을 회피하게 한다. 이렇게 일상생활에서 나타난 변화는 통증으로 인한 문제의 일부가 되어 지속되거나, 성공적인 치료를 방해할지도 모른다(Philips, 1983). 어떠한 통증 행동이 개인과 관련되는지 이해하고, 그러한 행동들이 통증치료 후에도 지속되는지 아는 것은 전반적인 통증 경험을 다루는 데 있어 중요한 요인이다.

통증과 성격

통증 경험은 심리적 요소들과 분명하게 관련되어 있고, 만성통증을 겪고 있는 사람들의 기능에 관여하기 때문에, 연구자들은 **통증에 취약한 성격**(pain-prone personality, 만성통증을 경험하는 취약한 성격 특질의 집합체)이 있는지를 연구해왔다.

그러나 이 가설은 지나치게 단순하다. 첫째, 성격이 통증 경험의 결과라기보다는 통증 자체가 성격의 변화를 유발할 수 있다. 예를 들어, 이전의 통증 경험의 기억은 이후의 경험에 영향을 미칠 수 있다(Noel, Rabbitts, Fales, Chorney, & Palermo, 2017). 둘째, 하나의 프로파일만으로 개개인의 통증 경험을 설명하기에는 너무 복잡하고 다양하다. 그럼에도 불구하고 성격 특질 중 신경증적, 수동적, 내향적인 대처전략을 사용하는 일부 유형은 만성통증과 확실한 관련성을 보인다(Ramirez-Maestre, Lopez-Martinez, & Zarazaga, 2004). 불안, PTSD, 외로움, 우울증 및 피로를 포함한 기존의 심리적 고통도 통증 과정을 악화시킬 수 있다(Jaremka et al., 2014; Ruiz-Párraga & López-Martínez, 2014; Vassend, Røysamb, Nielsen, & Czajkowski, 2017).

통증의 프로파일 연구에 따르면 다른 통증 환자 집단에 대한 심리적 프로파일을 구축하는 것은 치료에 도움이 된다. 연구자들은 프로파일을 구축시키기 위해 미네소타 다면적 인성검사(Minnesota Multiphasic Personality Inventory, MMPI)와 같은 검사 도구를 만들었다(Johansson & Lindberg, 2000). 일반적으로 만성통증 환자들은 3개의 MMPI 하위척도, 즉 건강염려증, 히스테리, 우울증에서 높은 점수를 보인다. 이러한 특질의 집합체를 주로 '신경증 3인조'라 부른다.

종종 우울증은 장기간 동안 통증을 치료하는 데 실패하면서 생기는 절망감 혹은 무력감을 반영한다. 우울증은 통증에 대한 인식을 증가시키며(Dickens, McGowan, & Dale, 2003), 직장생활을 그만두는 것과 같은 통증 관련 행동들의 가능성을 높여 전반적인 통증 경험에 영향을 미친다(Linton & Buer, 1995). 따라서 우울한 통증 환자들은 개입 시, 우울과 통증을 모두 다뤄야 한다(Ingram, Atkinson, Slater, Saccuzzo, & Garfin, 1990).

만성통증은 불공평하다는 느낌을 초래할 수 있다. 목표와 관심이 좌절되고 다른 사람들이 별로 도움을 줄 수 없다는 사실이 분노를 거쳐 궁극적으로 사회적 고립으로 이어질 수 있다(Sturgeon, Carriere, Kao, Rico, & Darnall, 2016).

분노를 억압하는 사람들은 효과적으로 분노를 조절하는 사람 혹은 분노를 많이 경험하지 않는 사람들보다 더 강하게 통증을 경험할 수 있다(Burns, Quartana, & Bruehl, 2008; Quartana, Bounds, Yoon, Goodin, & Burns, 2010). 이러한 분노 억압과 통증과의 관계는 통증을 통제하는 오피오이드 체계에 장애가 발생했거나 혹은 위협을 민감하게 감지하는 심리적 과정에서 원인을 찾을 수 있다(Bruehl, Burns, Chung, & Quartana, 2008).

만성통증은 불안장애, 물질사용장애, PTSD를 포함한 다른 복잡한 장애와도 관련될 수 있다(Nash, Williams, Nicholson, & Trask, 2006; Turk & Gatchel, 2018; Vowles, Zvolensky, Gross, & Sperry, 2004). 만성통증과 정신과적 장애가 그렇게 자주 연관되는 이유는 분명하게 밝혀지지는 않았다. 그중 한 가지 가능성은 만성통증이 잠재적인 심리적 취약성을 활성화시킨다는 것이다(Dersh, Polatin, & Gatchel, 2002).

통증 조절 기술

통증 조절(pain control)이란 무엇인가? 통증 조절은 환자들이 한번 다쳐서 통증을 느낀 곳에서 더 이상 어떠한 감각도 느끼지 않는 것을 의미할 수 있다. 또한 감각은 느끼되 통증을 느끼지 못하는 것을 의미할 수도 있고, 통증은 느끼지만 더 이상 통증을 걱정하지 않는 것을 의미할 수도 있다. 혹은 여전히 아프지만 통증을 참을 수 있는 것을 의미할 수도 있다.

일부 통증 조절 기술은 감각을 모두 제거(예 : 척수 차단제 사용)하는 것이 효과적이며, 반면에 다른 기술은 통증 감각을 줄임으로써 도움이 된다(예 : 감각 통제 기법 사용). 또한 환자들이 통증을 보다 효과적으로 참을 수 있도록 도와주는 방법도 있다(예 : 심리적 접근). 우리는 여러 가지 통증 조절 기법들의 차이를 이해하고 각

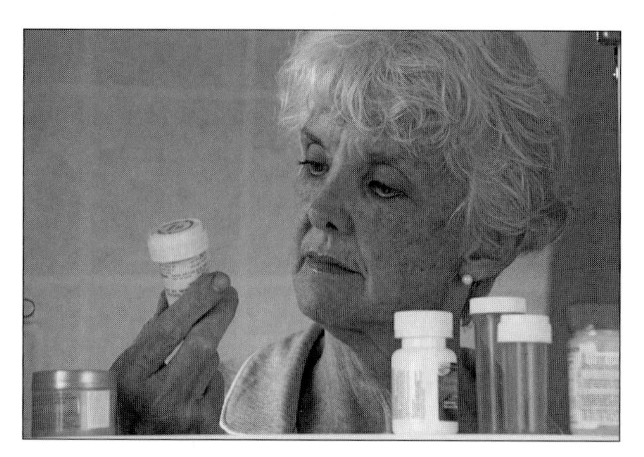

미국에서 약 1억 1,600만 명의 사람들이 치료가 필요한 만성통증을 경험한다.
Ariel Skelley/Blend Images

기법들의 성공 여부를 평가할 필요가 있다.

통증의 약물학적 조절

전통적이며 가장 보편적인 통증 조절 방법은 약물치료이다. 수십 년간 모르핀(그리스 신화의 잠의 신 '모르페우스'에서 유래)은 가장 유명한 진통제였다(Melzack & Wall, 1982). 모르핀은 가장 효과적인 진통제 중 하나이지만 중독의 부작용이 있으며, 내성이 생길 수 있다. 현재, 오피오이드 약물은 만성통증에 널리 처방되고 있지만 부작용, 위험성, 중독 가능성, 심지어 효과까지 광범위하게 사용되는 데 주의가 필요하다(Gatchel et al., 2014).

약물 중 신경 전달에 영향을 미치는 것들은 종류와 상관없이 통증을 완화시킬 수 있다. 국소마취제와 같은 약물의 경우 주변의 수용기에서 척수로 이어지는 통증 신호에 영향을 줄 수 있다. 예를 들어, 부상을 당했을 때 진통제를 복용하는 것이 이러한 접근이다. 또 다른 방법으로는 척수 차단제(spinal blocking agent)와 같은 약물을 투여하여 척수로 통증 자극이 전달되는 것을 막는 방법이 있다.

대뇌 상위 영역에 직접적으로 작용하는 약물이 통증을 완화시키기도 한다. 예를 들어, 항우울제는 불안 감소와 기분 향상의 효과를 준다. 또한 통증을 조절하는 뇌 영역의 통로에 영향을 주어 통증에 저항한다.

때때로 약물학적 치료는 통증을 악화시킬 수 있다. 환자들은 부분적으로 효과적이지만 집중력 장애, 중독 등 다양한 부작용을 일으키는 진통제를 다량 복용할 수 있다. 오피오이드 진통제와 관련된 약물 중독 사망은 지난 15년 동안 꾸준히 증가해 왔다(Chen, Hedegaard, & Warner, 2014). 통증을 감소시키기 위해 신경 차단제를 투여하지만, 이는 방광기능 손상, 신체 마비, 무감각증 등의 부작용을 유발할 수 있다. 더욱이 그것이 통증을 줄이는 데 성공적이어도 단기간 내에 통증이 다시 재발할 수 있다.

의사들이 통증을 약물로 치료하는 데 있어 주로 염려하는 것은 중독이다. 통증 환자의 일부는 중독에 매우 취약하다. 오피오이드 중독으로 인한 **오피오이드 위기**(opioid crisis)에 대한 추가 정보는 글상자 10.4에 나와 있다. 반면에, 관절염과 같은 질환에 처방된 진통제를 장기간 복용하더라도 중독되는 비율은 매우 낮은 것으로 보인다.

그러나 중독에 대해 우려하는 환자들은 처방받은 약물을 적게 복용할 수 있다. 한 통계치에서는 암 관련 통증 환자의 15%와 암과 관련 없는 통증 환자 80%가 통증 약물을 충분히 복용하고 있지 않는 것으로 나타났으며, 이것은 스트레스, 고통, 장애의 악순환으로 이끈다고 보고하였다(Chapman & Gavrin, 1999).

통증의 수술적 치료

통증의 수술적 치료는 오랜 역사를 가지고 있다. 외과적인 치료란 신체의 통증 섬유소라고 불리는 다양한 지점들 중 병변을 일으키는 부위를 잘라내어 통증 감각이 더 이상 생겨나지 않도록 하는 것이다. 일부 외과적 기술은 통증이 말초신경에서 척수로 전달되는 것을 방해한다. 다른 기술들은 척수에서 뇌로 전달되는 통증 감각의 흐름을 막는다.

이러한 외과적 기술이 때때로 일시적인 통증 감소를 보일지라도, 그 효과는 단기적이다. 많은 통증 환자들이

글상자 10.4 오피오이드 위기

한때 의사들은 통증이 임상적 문제로서 치료가 적절하게 이루어지지 않고 있다고 믿었다. 오피오이드라고 하는 새로운 종류의 약물이 급성 및 만성통증을 관리하기 위해 등장하였다. 오피오이드에는 일부 처방 진통제 및 헤로인과 같은 불법 약물, 펜타닐 및 매우 강력한 카르펜타닐과 같은 통증 감소 특성이 있는 합성 약물이 포함된다. 가장 최근에 발표된 자료에 따르면 2000년 이후 미국에서 약 40만 명의 사람들이 이 약물을 과다복용했으며 약 5~6만 명의 사람들이 이로 인해 사망하였다. 또한, 오피오이드는 만성통증 치료에 특별히 좋은 것으로 보이지는 않지만 중독성이 강하기 때문에 사람들은 이를 계속 복용한다.

오피오이드는 1990년대에 광범위하게 통증에 처방되기 시작하였다. 미국인의 1/3이 오피오이드를 처방받았고 10일치 오피오이드 처방(a 10-day course)으로 시작한 사람들의 20%가 장기 사용자가 될 것으로 추정된다(The Hartford.com, *The Opioid Crisis*, 2019년 3월 7일 다운로드). 현재 미국에서 50세 미만 사람들 사이에서 약물 과다복용이 사망의 주요 원인이다(The New York Times, 2017년 6월 6일).

이렇게 커지는 문제를 어떻게 극복할 수 있는가? 과잉처방을 줄이기 위한 연방 지침이 공략 지점 중 하나이다. 침술과 같은 비약물적 방법을 통한 통증치료가 도움이 될 수 있다(Wall Street Journal, 2017년 2월 14일). 옥시콘틴(오피오이드)을 가루로 만들어 코로 흡입하지 않도록 약물을 변경하는 것이 도움이 될 수 있다(The Economist, 2018년 6월 2일). 메타돈과 같은 약물 기반 치료가 가장 유망한 방법일 수 있다. 그러나 새로운 합성 약물이 등장하면서 이 만연화된 사태를 막기 어렵다는 것이 분명해졌다.

통증을 줄이기 위해 위험성, 엄청난 수술 비용, 부작용 가능성과 같은 상당한 대가를 치르며 수술을 받지만 이에 반해 통증 감소 효과는 단기간에 불과하다. 오늘날 신경 시스템은 재생력을 가지며, 차단된 통증 자극들은 다른 신경통로를 찾는 것으로 알려져 있다.

더욱이 수술은 신경 시스템을 손상시키고, 이 손상은 그 자체로서 만성통증의 주된 원인이 될 수 있기 때문에 문제를 더 악화시킬 수 있다. 이러한 이유로, 통증을 위한 외과적 치료가 비교적 보편적인 방법으로 사용되었지만, 연구자들과 의사들은 수술의 중요성에 대해 점점 불신하고 있으며 마지막 치료 수단으로도 사용하지 않고 있다.

통증의 감각적 조절

통증 조절로 가장 오랜 기간 알려진 기술 중 하나는 **반대 유도 자극법**(counterirritation)이다. 반대 유도 자극법은 통증이 없는 신체의 부분을 약하게 흥분시키거나 자극하여 통증이 있는 신체 부분의 통증을 억제시키는 것이다. 다음에 당신이 다칠 경우, 당신은 다친 부위의 근처를 긁거나 꼬집어 이 방법을 증명해볼 수 있다(이미 경험해봤을 수 있다). 당신이 반대 유도 자극법을 사용할 때 통증이 어느 정도 감소할 것이다.

이렇게 흔히 볼 수 있는 경험이 통증치료 과정에 포함되어 왔다. 이 원리를 사용한 통증 조절 기술의 예시는 척수 자극 기법(spinal cord stimulation)이다(North et al., 2005). 이 기법은 통증 부위의 신경섬유가 척수로 유입되는 위치에 전기적 자극을 심고, 환자가 통증을 경험할 때 무선 신호를 활성화시켜 척수 부근에 가벼운 전기적 자극을 전달함으로써 통증을 억제하는 기법이다. 이처럼 감각적인 통제 기술들은 통증을 감소시키는 데 어느 정도는 성공적이었다. 그러나 이러한 효과는 단기간만 지속되기 때문에, 만성통증의 일반적인 치료 중 한 부분으로 사용하거나 급성통증을 일시적으로 완화하고자 할 때 사용하는 것이 적합하다.

최근 들어, 만성통증 환자를 돕기 위해 환자들의 이동성을 증가시킬 수 있는 방법들과 운동에 대해 통증 관리 전문가들의 관심이 급증하였다. 한때 전문가들은 회복을 위해 활동을 줄이는 것이 도움이 된다고 생각하였지만, 최근에는 이와는 반대로 환자의 기능 유지를 위해 활동할 것을 권하고 있다.

우리는 이제 통증 관리를 위한 심리적인 기법들에 관심을 갖고자 한다. 심리적 기법은 약물학적, 외과적, 감각적 통증 관리 기술과는 다르게 환자들에게 적극적인 참여와 학습을 요구한다(Jensen & Turk, 2014). 그러므로 예상하지 못한 통증이나 갑작스럽고 강렬한 통증보다는 예상이 가능하고 준비할 수 있으며 천천히 일어나는 통증을 관리하는 데 좀 더 효과적이다.

바이오피드백

바이오피드백(biofeedback)은 신체적인 과정을 조절하는 능력을 획득하는 방법으로, 통증 조절(제6장 참조)과 고혈압(제13장 참조)과 같은 다양한 건강 문제를 다루는 데 사용되었다.

바이오피드백이란 무엇인가 바이오피드백은 환자가 평소에 인식하지 않는 일부 신체적 과정에 관해 환자들에게 생리학적인 피드백을 제공하는 것이다. 바이오피드백 훈련은 자발적인 학습 과정으로 볼 수 있다. 첫째, 통증이나 높은 심박수와 같이 조절해야 하는 목표기능을 확인한다. 그 후 기계가 이 기능의 과정을 추적하고, 그 기능에 대한 정보가 환자에게 주어진다. 예를 들어, 심박수가 하나의 소리로 변환되어 환자에게 주어지면, 환자는 자신의 심장박동이 얼마나 빠른지 혹은 느린지 들을 수 있다. 그다음으로 환자는 신체 과정을 변화시키기 위해 어떤 시도를 한다. 환자들은 이러한 시행착오와 함께 기계를 통해 지속적인 피드백을 얻음으로써 어떤 생각 혹은 행동이 신체적 기능을 변화시키는지를 배운다.

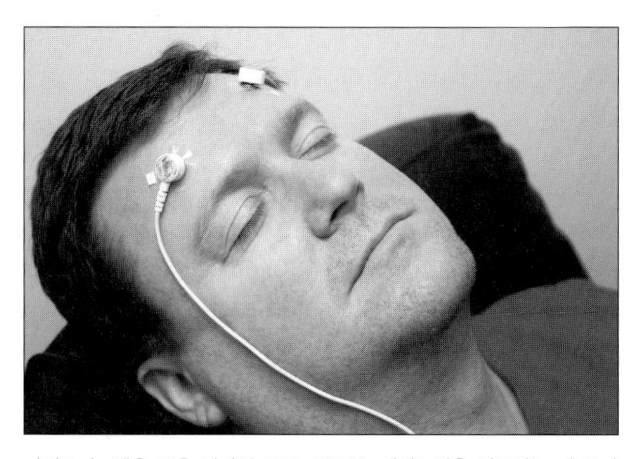

바이오피드백은 근육 긴장성 두통, 편두통, 레이노병을 치료하는 데 효과적으로 사용되어 왔다. 그러나 지금까지의 근거를 살펴보면 바이오피드백은 비용이 저렴한 다른 이완 기법들과 효과성이 비슷하다고 보고되었다.
ftwitty/Getty Images

바이오피드백은 두통(Duschek, Schuepbach, Doll, Werner, & Reyes del Paso, 2011), 레이노병(소동맥이 극도로 수축되어 혈류를 제한하고 추위와 무감각 증상을 유발하는 병), 측두하악골 관절 통증(Glaros & Burton, 2004), 골반 통증(Clemens et al., 2000) 등을 포함하는 수많은 만성통증 증후군을 치료하기 위해 사용되어 왔다.

바이오피드백은 통증 환자 치료에 얼마나 성공적일까? 바이오피드백의 효과성에 대한 많은 홍보에도 불구하고, 이 기법이 통증을 감소하는 데 효과적이라는 증거는 충분하지 않다(White & Tursky, 1982). 심지어 바이오피드백이 효과가 있다 해도, 이완 기법과 같이 바이오피드백보다 저렴하고 쉽게 이용할 수 있는 기법들보다 효과가 더 뛰어난 것은 아니었다(Blanchard, Andrasik, & Silver, 1980; Bush, Ditto, & Feuerstein, 1985).

이완 기법

통증 환자들에게 광범위하게 이용되는 이완 훈련은 다른 통증 조절 기법들과 결합하여 쓰이거나 단독으로 사용되었다. 통증 환자들에게 이완 기법을 가르치는 한 가지 이유는 스트레스와 불안을 좀 더 효과적으로 대처할 수 있으며 통증을 개선할 수 있기 때문이다. 이완은 통증에 직접적인 영향을 준다. 예를 들어, 이완 기법을 이용해 근육긴장의 감소를 유도하거나 혈류를 전환시킴으로써 이런 생리적 과정과 연관된 통증을 줄일 수 있다.

이완이란 무엇인가 이완은 신체의 여러 부위들을 계속해서 이완시킴으로써 신체의 각성 상태를 낮추는 기법이다. 호흡 조절은 상대적으로 짧고 얕은 호흡에서 깊고 긴 호흡으로 변화하는 것으로, 이완 과정에 추가적으로 포함된다. 출산을 위한 준비 기술을 훈련받은 사람들은 출산 초기에 이러한 기술이 통증을 관리하기 위해 사용되었다는 것을 알고 있을 것이다.

명상, 천천히 숨쉬기, 마음챙김과 같이 이완 기술과 자기조절 기술을 결합한 방법들은 통증을 줄이고 진통 효과를 줄 수 있다(Grant & Rainville, 2009; Zautra, Fasman, Davis, & Craig, 2010). 종교적인 믿음과 관련 있는 정신적 명상은 편두통과 같은 일부 통증을 통제하는 데 도움이 될 수 있다(Wachholtz & Pargament, 2008).

이완은 어떻게 작용하는가 이완은 일부 급성통증을 조절하는 데 성공적이며 만성통증치료 시 다른 통증 조절 방법들과 함께 사용할 때 유용하다. 이완 훈련이 주는 유익한 생리적 효과 중 일부는 내인성 오피오이드가 분비되었기 때문일 수 있다(McGrady et al., 1992; Van Rood, Bogaards, Goulmy, & von Houwelingen, 1993).

주의분산

운동 혹은 군사 훈련같이 격렬한 활동에 참여하는 사람은 고통스러운 상처를 입었어도, 이를 의식하지 못할 수 있다. 이것은 통증을 조절하기 위해 **주의분산**(distraction) 기술을 사용한 극단적인 예이다. 주의분산은 통증과 관련이 없으며, 환자의 주의를 이끄는 자극에 관심을 집중하거나 스스로 많이 움직임으로써 주의를 옮겨 통증에 대한 주의를 돌릴 수 있다(Dahlquist et al., 2007). 그러나 통증 상태에서는 종종 통증 관련 정보에 주의를 뺏겨 잠재적으로 주의분산이 어려울 수 있다(Todd, van Ryckeghem, Sharpe, & Crombez, 2018).

주의분산은 어떻게 작용하는가 고통을 조절하기 위해 사용되는 두 가지 정신적 전략이 있다. 한 가지는 다른 활동에 몰입함으로써 주의를 분산시키는 것이다. 예를 들면, 11세의 한 소년이 치과 의자에 앉아있는 동안 스스로 주의를 분산시킴으로써 통증을 감소시키는 것이다.

> "입을 벌리세요"라고 치과의사가 말할 때, 나는 드릴에 대한 생각이 들기 전에 의자 뒤에 있는 국기를 보고 국기에 대한 경례를 세 번 외친다. 내가 세 번 외치기 전에 치과의사가 치료를 마친 적도 있었다(Bandura, 1991).

스트레스 사건들을 통제하기 위한 정신적 전략의 또 한 가지 방법으로는 경험을 재해석하는 것이 아니라 직접적으로 그 사건에 집중하는 것이 있다. 다음은 통증 사건에 직접적으로 직면한 8세 소년의 이야기이다.

> 나는 치과 의자에 앉자마자, 그가 나의 적이고 나는 비밀요원이라고 상상한다. 그가 비밀사항을 나에게 알아내기 위해 고문하고 내가 소리를 한 번 낼 때마다 그에게 비밀 정보를 얘기하는 것이다. 그래서 나는 절대 그렇게 하지 않을 것이다. 나는 커서 비밀요원이 될 것이다. 그래서 이것은 나에게 좋은 연습이다(Bandura, 1991).

주의분산은 효과적인가 주의분산은 통증 조절에 유용하며, 특히 급성통증에 유용한 기술이다(Dahlquist et al., 2007). 예를 들어, 한 연구에서는 38명의 치과치료 환자들을 세 가지 조건 중 한 가지 조건에 노출시켰다. 집단의 1/3은 치과치료를 받을 동안 음악을 들었고, 다른 1/3 집단은 음악이 스트레스 감소에 도움을 줄 것이라는 안내를 해주고 음악을 들려주었다. 나머지 1/3 집단은 진료 중 음악에 노출되지 않았다. 음악을 들은 두 집단의 환자들은 음악을 듣지 않은 집단에 속한 환자들에 비해 불편함을 덜 경험했다고 보고하였다(Anderson, Barson, & Logan, 1991).

주의분산은 통증 강도가 약할 때 가장 효과적이다. 그러나 주의분산의 주된 제한점은 만성통증을 실제적으로 관리하는 데 있어서 환자들이 스스로 주의를 무한정 분산하는 것은 어렵다는 것이다. 더욱이 주의분산은 그 자체만으로는 진통제가 가지고 있는 특성들을 충족시키기엔 빈약하다(McCaul, Monson, & Maki, 1992). 결과적으로 주의분산은 효과가 있지만, 다른 통증 조절 기술들과 결합될 때 가장 유용할 것이다.

대처기술 훈련

대처기술 훈련은 만성통증 환자들이 통증을 조절하도록 돕는다. 예를 들어, 화상 환자에 대한 한 연구에서는 환자들에게 통증의 고통스러운 정도 대신에 통증의 감각적 측면에 초점을 두게 하고 주의를 분산시키는 간단한 인지적 대응 기술 훈련을 받게 했다. 그 결과, 환자들은 통증이 낮아졌다고 보고하였고, 통증 조절의 만족감은 높아졌으며 더 나은 통증 대처기술을 사용하게 되었다(Haythornthwaite, Lawrence, & Fauerbach, 2001). 적극적인 대처기술의 사용으로 만성통증 환자들의 통증을 감소시킬 수 있으며(Bishop & Warr, 2003; Mercado, Carroll, Cassidy, & Cote, 2000), 소극적인 대처는 낮은 통증 조절과 연관되어 있다고 밝혀졌다(Walker, Smith, Garber, & Claar, 2005).

대처기술은 효과가 있는가 통증 관리에 효과적인 특정한 대처기술이 있는가? 그에 대한 대답은 통증 기간에 따라 달라진다. 30명의 만성통증 환자들과 최근에 통증이 발병된 30명의 통증 환자들을 대상으로 한 연구에서, 연구자들은 최근에 발병된 통증 환자들이 주의 전략보다 회피적인 대처전략을 사용할 때 통증, 우울과 불안의 경험이 상대적으로 더 적다는 것을 발견했다. 통증을 경험한 기간이 짧았기 때문에 이를 마음 밖으로 밀어내는 것이 효과가 있었던 것이다(Mullen & Suls, 1982).

반면에, 만성통증 환자들은 통증을 회피하는 것보다 직접적으로 통증에 직면하는 것이 더 적응적인 결과를 보였다(Holmes & Stevenson, 1990). 관련 연구들은 통증 환자들이 실제적 혹은 예상되는 통증 기간에 따라서 다른 대처전략(집중적 혹은 회피적)을 훈련받게 된다고 제안하였다(Holmes & Stevenson, 1990).

인지행동치료

치료자들은 일반적으로 만성통증을 조절하기 위해 인지행동치료를 사용한다(Ehde, Dillworth, & Turner, 2014), 통증 관리를 위한 인지행동적 방법은 표 10.2에서 찾을 수 있다. 이러한 개입은 몇 가지 목표를 기반으로 한다. 첫째, 환자들에게 통증에 압도되는 것이 아니라 스스로 통증을 조절할 수 있다는 생각을 하도록 가르친다. 인지행동치료는 환자가 통증 문제를 개선할 수 있는 것으로 인지할 때 효과적이다(McCracken & Vowles, 2014).

둘째, 환자들이 통증을 조절하는 데 필요한 기술들을 배워서 자신이 할 수 있다고 확신해야만 이 훈련이 성공적일 것이라는 기대가 증가할 것이다(Gil et al., 1996). 예를 들어, 이완치료의 한 부분인 천천히 호흡하기는 많

표 10.2 | 통증과 통증에 대한 반응을 조절하는 인지행동적 방법

인지적 기법	행동
통증에 대한 부정적인 생각을 재구조화하는 것과 같은 인지적 재구조화 통증 관련 문제를 정의하고 가능한 해결책을 만들어내는 것과 같은 문제해결	이완 활동을 작은 덩어리로 나누는 것과 같은 보조 맞춤(pacing) 활동 수준을 점차 증가시키는 것과 같은 행동활성화
교육	**기타**
통증, 원인, 치료에 대한 정보를 제공하는 것 동기강화상담과 같은 심리치료	최면 바이오피드백 재발 방지

출처 : Based on Skinner, Michelle, Hilary D. Wilson, and Dennis C. Turk. "Cognitive–Behavioral Perspective and Cognitive–Behavioral Therapy for People with Chronic Pain: Distinctions, Outcomes, and Innovations." *Journal of Cognitive Psychotherapy* 26, no. 2 (2012): 93–113. doi:10.1891/0889-8391.26.2.93.

은 시간을 투자해야 하는 방법이지만, 이 훈련 기술이 주는 이익에 대해서 환자들에게 특별히 안내할 필요가 있다(Zautra et al., 2010).

셋째, 자신의 통증을 수동적으로 받아들였던 사람일 경우 통증 조절 과정을 통해 자신을 통증을 조절할 수 있는 자원'이 풍부하고 능숙한 사람으로 재구조화하도록 격려한다. 그리고 이러한 사고는 자아효능감을 향상시킨다.

넷째, 환자들은 만성통증에 수반되는 비적응적인 행동양식을 제거하기 위해 그들의 사고, 감정, 행동 등을 관찰하는 방법을 배운다. 제3장에서 언급했듯이, 환자들은 종종 좌절감을 주는 혼잣말로 인해 행동 변화의 가능성을 약화시킨다. 통증 환자를 위한 인지행동적 접근의 성공 가능성을 증가시키기 위해서는 보다 긍정적인 혼잣말을 할 수 있도록 도와야 한다.

다섯째, 환자들은 통증 문제에 적응적인 반응을 하기 위해 외현적 행동 혹은 내재적 행동을 언제, 어떻게 사용해야 하는지를 배운다. 이 기술 훈련 과정의 개입방법에는 이완이 포함된다.

여섯째, 환자들이 이루어낸 성공을 환자 본인의 노력으로 귀인하도록 격려한다. 환자들은 성공에 대해 내적 귀인을 함으로써, 스스로를 변화에 유능한 사람으로 인식하며, 통증에 있어 이후의 변화들을 관찰하는 데 보다 나은 위치에 있게 될 것이다. 그리고 통증을 개선하는 데 성공할 것이다.

일곱째, '재발 방지'는 건강 습관을 변화시키는 과정에서 중요한 것으로, 통증 조절에서도 중요하다. 환자들은 통증이 발생할 수 있는 상황을 확인하고 그들이 과거에 사용했던 사회적 접촉을 회피하는 것과 같은 통증 관련 행동을 답습하기보다 통증에 대한 대안적인 방법을 개발한다.

마지막으로, 환자들은 통증에 대한 정서적 반응을 조절하도록 돕는 훈련을 종종 받는다(Turk & Gatchel, 2018). 수용전념치료는 통증 경험에 수반되는 우울과 분노를 위한 치료로 잘 알려졌으며, 통증 경험으로부터 마음의 거리를 두게 함으로써 치료에 도움이 될 수 있다(McCracken & Vowles, 2014). 자기결정 이론은 개입을 통해 만성통증 환자의 자율성, 유능감, 지지 경험을 증가시키기 위한 지침을 제공한다(Uysal & Lu, 2011). 마음챙김 개입은 몇몇의 만성통증 집단에서 성공적인 결과를 보여주었다. 통증 환자를 대상으로 한 38개의 마음챙김 명상 개입 연구에 대해 메타 분석한 결과, 우울증 감소를 포함하여 경미한(modest) 통증 감소와 삶의 질 향상이 나타났다(Hilton, Hempel, Ewing, Apaydin, & Xenakis, 2017). 통증 상황에 대해 비판단적 입장을 취하는 능력은 마음챙김의 한 가지 이점일 수 있다(Ciere et al., 2018).

인지행동 개입은 효과적인가 인지행동치료는 만성통증 관리를 위해 성공적인 개입이라고 평가받고 있다(Turk & Gatchel, 2018).

최면(Jensen & Patterson, 2014), 침술, 심상 유도 또한 통증 관리를 위해 사용되었다. 이러한 기술들은 치료의 질병과 부작용 및 효과에 대처하기 위해 좀 더 일반적으로 사용되며 제9장에서 이에 대해 다루었다. 통증 관리에서 이들의 역할은 추가적인 평가가 요구되지만, 제9장에서 언급된 것처럼 침술은 통증치료의 많은 방법 중 효과적인 치료로 알려져 있다.

통증 관리 프로그램

불과 반세기 전만 해도, 만성통증을 겪고 있는 환자들은 중독 위험성이 있는 모르핀 혹은 진통제와 일시적으로 효과적인 몇 가지 수술의 치료방법을 사용할 수밖에 없었다. 그러나 오늘날에는 만성통증을 치료하기 위해 통합적인 방법이 쓰이고 있다(Gatchel, McGeary, McGeary, & Lippe, 2014).

이러한 방법들을 **통증 관리 프로그램**(pain management program)이라 부르며, 환자들이 통증 조절에 대해 알려진 모든 것들을 이용할 수 있도록 만들어졌다. 최초의 통증 관리 프로그램은 1960년 시애틀 워싱턴주립대학교 의학박사 존 보니카가 시작하였다. 초기의 통증치료 프로그램은 입원 환자를 대상으로 진행했으며, 몇 주 동안 진통제 사용을 줄이며 일상생활의 기술을 회복하는 것으로 계획되었다. 그러나 현재 대부분의 만성통증 관리 프로그램은 외래 환자를 대상으로 하는데, 이는 효과적이고 비용도 적게 들기 때문이다.

이러한 프로그램들은 일반적으로 통증에 관한 신경학적, 심리적, 행동적, 인지적 전문지식을 통합한 학제간 접근이다(Gatchel et al., 2014). 따라서 의사, 심리학자 또는 정신과의사, 물리치료사의 전문성과 신경과, 류마티스 내과, 정형외과, 내과, 물리의학(physical medicine) 분야의 전문가 자문이 필요하다.

초기 평가

환자들은 초기에 통증과 이와 관련된 행동들에 대해 평가받는다. 통증의 발병과 그동안의 이력, 기간, 심각도, 통증 감각의 수준, 위치 등 통증의 질적, 양적인 평가를 포함한다. 그 후 환자로부터 직장과 가족의 생활이 얼마나 어려워졌는지에 대한 정보를 듣고, 기능 상태에 대해 평가한다. 환자가 과거에 통증에 어떻게 대처했는지 탐색하는 것은 이후의 치료 목표를 세우는 데 도움을 준다. 예를 들어, 사회적 활동을 회피하며 통증에 대처해왔던 환자들은 사회적 활동과 가족생활에서 참여를 늘릴 필요가 있을 것이다. 만성통증 환자들은 종종 자기통제와 상황에 대한 인지적 재평가 능력과 같은 자기조절 기술이 부족한데, 이에는 대응 기술 훈련이 유용할 것이다. 통증을 기꺼이 수용하는 것은 자기조절력을 향상시키고 통증의 부작용을 감소시킬 수 있다(Eisenlohr-Moul, Burris, & Evans, 2013).

심리적인 고통, 질병행동, 심리사회적 손상의 평가는 통증 관리의 한 부분이다. 이것이 정서적인 고통에 직면하지 못하는 환자의 자기관리를 약화시킬 수 있기 때문이다(Damush, Wu, Bair, Sutherland, & Kroenke, 2008). 우울증 치료는 정신적 건강과 만성통증 경험 모두를 개선시킬 수 있다(Teh, Zasylavsky, Reynolds, & Cleary, 2010).

개별화된 치료

통증 관리의 개별화된 프로그램은 초기 평가 후에 진행된다. 이러한 프로그램들은 일반적으로 구조화되어 있고, 회기 제한이 있다. 또한 환자들이 성취하고자 하는 특정 목표를 가질 수 있도록 구체적인 목표와 규칙, 종료 시점을 설정한다.

전형적으로, 이 프로그램의 목표는 통증 강도, 신체적 활동의 증가, 약물 의존도 감소, 심리사회적 기능 향상, 장애의 인식 감소, 완전한 업무 상태로의 복귀, 의료 서비스 사용의 감소 등을 포함한다(Vendrig, 1999).

프로그램 요소

통증 관리 프로그램들은 몇 가지 공통된 특성을 가진다. 그 첫 번째는 환자 교육이다. 보통 한 집단에서 이루어지며, 약물치료의 논의, 자기주장 강화 또는 사회기술 훈련, 수면장애 치료, 통증으로 인한 우울증, 주의분산이나 이완 기법과 같은 비약물성 통증 조절 방법, 자세, 체중 관리, 영양, 일상적인 통증 관리와 연관된 다양한 주제들이 개입의 교육적 요소들에 포함된다.

그 후 대부분의 환자들은 이완 훈련, 운동, 대응 기술과 같은 통증 감소를 위한 다양한 방법을 훈련받는다. 프로그램은 통증 종류에 맞춰 구성되는데, 요통 환자의 경우 스트레칭 훈련을 받는다.

많은 통증 환자들은 정서적으로 고통스럽기 때문에 그들이 자신의 정서적 반응, 특히 파국적인 사고와 같은 반응을 통제할 수 있도록 도움을 주기 위해 집단치료가 종종 진행된다. 파국적인 사고는 통증 경험, 혈압 반응도, 근육 긴장의 증가를 일으킨다(Shelby et al., 2009; Wolff et al., 2008). 치료는 환자들이 통증에 대해 가지고 있는 부정적인 인지를 제거하는 데 목표를 둔다. 예를 들어, 쓰기 중재(writing intervention)는 통증 환자들이 자신의 분노를 표현하고 그 경험으로부터 의미를 발견하도록 한다. 그 결과 통증과 고통이 모두 감소하였다(Graham, Lobel, Glass, & Lokshina, 2008). 집단에서 통증에 대해 잘 알려져 있는 대처방법에 전념하는 것은 심리적인 적응을 향상시키며 치료 결과에 유익한 영향을 미친다(Gilliam et al., 2013).

가족의 개입

많은 통증 관리 프로그램들에 가족들이 포함된다. 한편으로 만성통증 환자들은 종종 가족과의 의사소통을 단절한다. 다른 한편으로는 지지하고자 하는 가족의 노력이 때로는 의도치 않게 환자의 통증 관련 행동을 강화할 수도 있다. 그러나 이렇게 역효과를 낳는 행동들을 감소시키기 위해 가족들이 함께 노력하는 것이 필요하다. 가족치료에서는 통증으로 고통받는 환자의 불평과 비활동적인 모습으로 인해 가족들이 좌절감과 짜증을 느낄 수 있다는 것을 알려줌으로써, 서로를 더 긍정적으로 인지할 수 있도록 돕고자 한다(Williamson, Walters, & Shaffer, 2002).

재발 방지

마지막으로, 재발 방지는 환자들이 프로그램이 끝나고 이전 상태로 되돌아가는 것을 막기 위해서 포함되었다. 성공적으로 치료한 이후에도 통증은 30%~60%까지 반복적으로 재발한다(Turk & Rudy, 1991). 환자들이 통증 관리 기술들을 유지하도록 돕는 재발 방지 기술들은 치료 이후 통증 감소의 관리에 유용한 도움을 준다(Turk & Rudy, 1991).

프로그램 평가

통증 관리 프로그램은 만성통증을 조절하도록 돕는다. 행동치료 집단을 평가한 연구들은 비치료 집단과 비교하여 행동치료 개입이 통증, 장애, 심리적 고통을 감소시켰다는 것을 발견하였다(Center for the Advancement of Health, 2000c; Haythornthwaite et al., 2001; Keefe et al., 1992). 그뿐 아니라 이러한 개입들은 사회적 기능도 향상시킬 수 있다(Stevens, Peterson, & Maruta, 1988). 그러나 비용의 문제와 여러 전문가의 서비스를 조정하는 어려움을 포함한 장벽은 이러한 프로그램을 구현하는 데 있어 장애물로 작용한다(Gatchel et al., 2014).

요약

1. 통증은 환자가 가지는 관심의 주요 대상이며 환자들이 의학적인 치료를 찾게 만든다. 하지만 종종 의사들은 통증을 2차적인 문제로 여긴다.
2. 통증은 주관적이어서 연구하는 데 어려움이 있었다. 통증은 통증이 일어나는 맥락의 영향을 많이 받는다. 통증 연구자들은 통증 경험을 객관화하기 위해, 통증의 차원과 종종 통증에 수반되는 통증 관련 행동을 평가하기 위한 질문지를 개발하였다.
3. 통증의 관문 통제 이론에 따르면, A-델타 섬유는 빠르고 날카로우며 국부적인 통증을 전달하고, C-섬유는 느리고 쑤시는 듯하며, 화끈거리고 오래 지속되는 통증을 전달한다. 뇌의 고등과정은 중앙통제 기제를 통해 통증 경험에 영향을 미친다.
4. 통증 이해에 대한 신경화학적 연구의 발전은 통증 경험을 조절하는 내인성 오피오이드 펩타이드에 대한 연구를 중심으로 이루어졌다.
5. 급성통증은 특정한 부분의 손상 혹은 질병으로 인해 단기간 나타나는 반면, 만성통증은 치료와 시간에 따라 감소되지 않는다. 약 1억 1,600만 명의 미국인들이 만성통증을 경험하고 있으며, 이를 관리하기 위한 노력으로 인해 전반적으로 삶에서 불편을 겪고 있다.
6. 만성통증은 기능적, 심리적인 문제와 중첩되어 나타나기 때문에 치료에 어려움이 있다. 만성통증 환자들은 '신경증 3인조' 척도 점수가 상승한다(건강염려증, 우울증, 히스테리 척도). 분노 관리 또한 통증 조절에 영향을 미친다.
7. 약물학적 기법(예 : 모르핀), 수술적 기법, 감각자극제 기법들은 한때 통증을 조절하는 데 주로 사용되었다. 그러나 점점 이완, 바이오피드백, 심상 유도, 침술, 최면, 주의분산 등 심리적 요소들을 이용한 치료가 통증 조절을 위해 사용되었다.
8. 자아효능감을 향상시키도록 돕는 인지행동치료는 통증치료에 성공적으로 사용되어 왔다.
9. 만성통증은 조직화된 통증 관리 프로그램을 통해 치료할 수 있다. 이런 프로그램들은 종종 통증을 관리하고, 통증 관련 행동을 제거하며, 실행 가능한 생활방식을 재형성하는 데 목표를 두고, 각각의 환자들에 맞게 치료하는 개별화된 프로그램을 개발하기 위해 여러 기술들을 섞는다. 이는 통증에 대한 진정한 생물심리사회적 개입이다.

핵심용어

급성 통증
내인성 오피오이드 펩타이드
만성 양성 통증
만성 진행성 통증
만성 통증
바이오피드백
반대 유도 자극법
오피오이드 위기
재발성 급성 통증
주의분산
통각
통증 관련 행동
통증관리 프로그램
통증에 취약한 성격
통증의 관문 통제 이론
통증 조절

PART 5

만성 및 말기질환의 관리

Juice Images/Alamy Stock Photo

CHAPTER 11

만성질환의 관리

Terry Vine/Blend Images LLC

개요

삶의 질
- 삶의 질이란 무엇인가
- 왜 삶의 질을 연구하는가

만성질환에 대한 정서적 반응
- 부인
- 불안
- 우울

만성질환에서 개인적 문제
- 신체적 자아
- 성취하는 자아
- 사회적 자아
- 사적 자아

만성질환에 대한 대처
- 대처전략과 만성질환
- 만성질환에 대한 환자의 믿음

만성질환의 공동관리
- 신체적 및 행동적 재활
- 만성질환에서 직업적 문제
- 만성질환에서 사회적 상호작용 문제
- 성별과 만성질환의 영향
- 만성질환으로 인한 긍정적인 변화
- 아동기 만성질환

심리적 개입과 만성질환
- 약물 개입
- 개인치료
- 이완, 스트레스 관리, 운동
- 사회적 지지 개입
- 지지집단

어느 고등학교에서 달리기를 하던 중 한 선수가 발을 헛디뎌 땅에 쓰러졌고, 천식 발작이 일어났다. 그 선수의 어머니는 급히 가방 속에서 흡입기를 찾고 있었고, 경기장에 있던 3명의 다른 여자아이들이 자신들의 흡입기를 건넸다.

이 사례와 같이 최근 천식 비율이 급등하고 있으며, 특히 아동과 청소년에게서 그러하다. 대략 630만 명의 아동이 천식을 앓고 있고, 이 중 거의 1/3은 매년 천식 발작으로 인해 응급실에서 치료를 받아야 한다(Centers for Disease Control and Prevention, 2016). 아직까지 과학자들이 천식의 급증 원인에 대해 명확히 밝히지 못했지만, 이로 인해 젊은 성인에게서 합병증이 나타난다는 것은 분명하다. 천식 환자들에게 항상 주의하는 것, 약물 그리고 흡입기는 그들 삶의 일부가 되었다. 심리사회적 요인은 이런 대처 과정의 중요한 부분인데, 그것은 이 요인이 "어떤 요인이 천식 발작을 촉발하는가?", "이른 나이에 만성질환을 앓는다는 것은 무엇을 의미하는가?"와 같은 질문에 답하는 데 도움이 되기 때문이다.

어느 시기든 성인 인구의 60% 정도가 만성질환을 앓고 있으며, 심리장애를 포함하여 만성질환 관리에 드는 비용은 국가 건강 경비의 90%를 차지한다(Centers for Disease Control and Prevention, 2019). 만성질환은 가정 방문 의료의 90%, 약 처방의 83%, 병원 방문 일수의 80%, 의사 방문의 66%, 병원 응급실 방문의 55%를 차지한다. 앞서 천식의 예에서 보았듯이 만성질환은 나이가 많은 사람들에게 국한되지 않는다(그림 11.1 참조). 18~44세의 젊은 성인의 1/3 이상은 한 가지 이상의 만성질환을 가지고 있다(Strong, Mathers, Leeder, & Beaglehole, 2005).

만성질환은 부분 난청과 같은 경미한 것에서부터 암, 관상동맥 질환, 당뇨와 같은 삶을 위협하는 장애에 이르기까지 범위가 다양하다. 예를 들어, 미국에서는 5,300

그림 11.1 | 연령에 따라 증가하는 신체 활동 제한의 유병률

출처 : J., Holmes, Powell-Griner, E., Lethbridge-Cejku, M., & Heyman, K. "Aging differently: Physical limitations among adults aged 50 years and over: United States, 2001 – 2007." NCHS Data Brief 20., U.S. Department of Health & Human Services, 2009. https://www.cdc.gov/nchs/data/databriefs/db20.pdf.

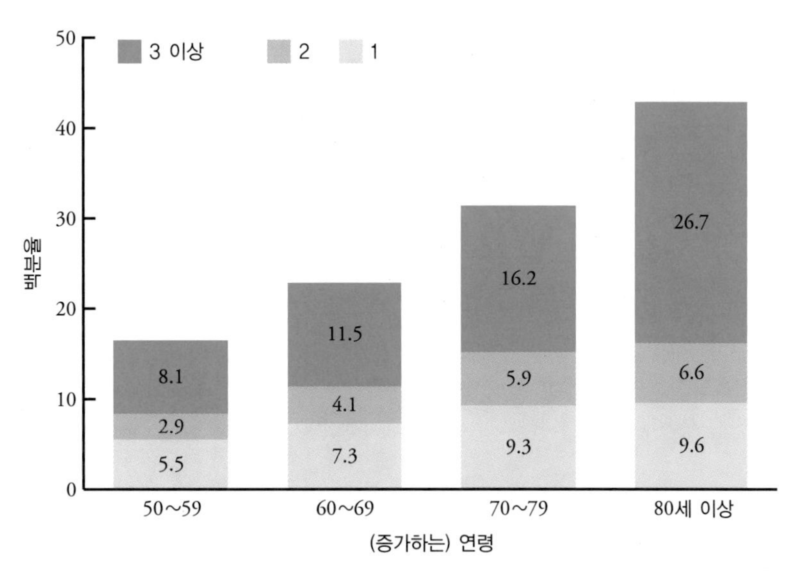

주 : 그래프에서 나타나는 각 연령집단별 부분 퍼센티지의 합은 해당 연령대에서 한 가지 이상의 신체적 제한을 가지고 있는 성인의 전체 퍼센티지를 나타낸다.

만 명의 사람들이 여러 유형의 관절염으로 고통을 받고 있다(Centers for Disease Control and Prevention, 2016, 4월). 2,000만 명의 사람들은 암에 걸린 적이 있고(Centers for Disease Control and Prevention, 2016), 당뇨로 고통받는 사람도 2,900만 명에 이른다(American Diabetes Association, 2016, 4월). 세계적으로는 3,300만 명의 뇌졸중 환자가 있으며, 매년 80만 건의 심장발작이 일어난다(American Heart Association, 2015, 12월). 8,000만 명의 사람들이 고혈압으로 진단받았다(American Heart Association, 2015, 12월).

더구나 45~65세 성인의 약 반은 의료적 관리가 필요하고 일상 활동을 제한하는 두 가지 이상의 만성질환을 앓고 있다(Buttorff, Ruder, & Bauman, 2017; Gerteis et al., 2014; Suls, Green, & Davidson, 2016). **다중상병**(multimorbidity)을 가지고 살아가는 성인은 질환이 없거나 한 가지 질환이 있는 사람에 비해 더 복잡한 치료를 받고, 삶의 질은 낮으며, 수명도 짧다(Gerteis et al., 2014; Suls et al., 2016). 의학과 건강심리학 분야에서는 생물심리사회적 모형이 적용될 때도 다중상병보다는 단일 질환에 훨씬 더 많은 관심을 둔 것이 사실이다. 앞으로는 다중상병의 원인, 경험, 그리고 치료에 관한 연구가 필수적이다.

삶의 질

"보건 의료를 바꾸는 단순한 아이디어가 있다. 그것은 의료 서비스 제공자들이 삶의 질에 초점을 맞추는 것으로 그들에게 큰 그림을 볼 수 있게 하고, 환자를 더 건강하고 더 행복하게 만들도록 도와준다"(Landro, 2012, p. R1). 생존 기간과 질병의 징후라는 면을 제외하고는 최근까지 **삶의 질**(quality of life)은 의학적으로 중요한 문제로 여겨지지 않았다. 사실상 질병과 치료에 미치는 심리사회적인 영향이 고려되지 않았다. 그러나 양상이 바뀌고 있다.

의학적 측정은 삶의 질에 대한 환자나 환자의 친척들의 평가와 관련성이 아주 낮다. 실제로 고혈압 약물에 대한 한 고전적인 연구(Jachuck, Brierley, Jachuck, & Willcox, 1982)에 의하면, 모든 의사들은 투약에 의해 환자들의 삶의 질이 향상되었다고 보고했으나, 이에 동의한 환자는 반 정도에 불과하였고, 친척들은 아무도 동의

지난 10년간, 연구자들은 만성질환 환자와 장애인들의 삶의 질에 영향을 미치는 중요한 요인으로서 심리사회적 기능을 고려하기 시작했다.
Christopher Futcher/Stockphoto/Getty Images

하지 않았다. 게다가 어떤 질병과 치료는 가치 있는 삶의 활동을 극도로 위협하기 때문에 환자들은 '죽음보다 더 나쁜 운명'으로 인식하기도 하였다(Ditto, Druley, Moore, Danks, & Smucher, 1996).

삶의 질이란 무엇인가

이러한 연구 결과로 인해, 현재 만성질환 관리에서 삶의 질이 주목을 받게 되었다. 삶의 질은 신체적 기능, 심리적 상태, 사회적 기능, 질병 혹은 치료와 관련된 증상과 같은 몇 가지 요소와 관련되어 있다(Kahn & Juster, 2002; Power, Bullinger, Harper, & the World Health Organization Quality of Life Group, 1999). 연구자들은 질병과 치료가 잠을 자거나, 먹거나, 일을 하거나, 여가활동과 같은 일상활동을 얼마나 많이 방해하는지에 초점을 두고 있다. 질병이 심각하게 진행된 경우에는 환자가 다른 사람의 도움 없이 씻고, 옷을 입고, 화장실에 가고, 이동하고, 배변을 참고, 식사를 할 수 있는지를 통해 삶의 질을 측정한다. 즉, 삶의 질은 질병과 치료 때문에 환자의 일상적인 삶의 활동이 지장을 받은 정도로 평가된다. 성인(Cella & Stone, 2015; Molina et al., 2019)과 아동(Varni et al., 2018)을 대상으로 삶의 질을 평가하는 다양한 측정도구가 있다.

왜 삶의 질을 연구하는가

왜 우리는 만성 질병이 있는 사람들의 삶의 질을 연구해야 하는가? 여기에는 몇 가지 이유가 있다.

- 질병이 삶의 질의 특정 부문에 어떤 영향을 미치는가에 관한 자료는 바로 그 부문을 개선하기 위한 개입 방안을 마련하는 데 활용될 수 있다.
- 삶의 질 측정은 질병이 있는 환자에게 어떤 문제가 나타날 수 있는지 정확히 찾아내는 데 도움을 줄 수 있다.
- 삶의 질 측정은 치료의 효과를 평가하는 수단이 된다. 예를 들어, 어떤 암 치료가 생존율에는 약간의 이점이 있으나 부작용이 심각하다면 그 치료는 질병 상태보다 더 해로울 수 있다.
- 삶의 질 측정은 정확성이 동등하다면, 기능에 관한 다른 측정에 비해 더 경제적이고 편리하다(Baumhauer, 2017).
- 삶의 질에 관한 자료는 여러 치료를 비교하는 데 사용될 수 있다. 예를 들어, 두 치료가 대등한 생존율을 나타냈으나 그중 하나의 치료에서 삶의 질이 상당히 낮다면, 삶의 질이 높은 치료가 더 선호될 것이다.
- 삶의 질에 관한 자료는 환자와 의료진이 의학적 절차를 받은 후에 기대할 것이 무엇이며, 회복 과정이 어떠할 것임을 파악하는 데 도움이 될 수 있다(Baumhauer, 2017).
- 삶의 질에 대한 정보는 의사들이 가능한 한 삶의 질을 높이면서 장기간 건강 상태를 극대화할 수 있는 치료를 제공할 수 있게 해준다(Kaplan, 2003)(표 11.1 참조).
- 높은 삶의 질에 관한 정보를 활용하여 질병의 진행율(Rauma et al., 2014), 환자가 경험하는 증상과 치료에 대한 요구(Detford, Taylor, Campbell, & Geaves, 2014)를 낮출 수 있다.

만성질환에 대한 정서적 반응

만성질환으로 진단된 직후, 환자는 신체적, 사회적, 심리적 불균형을 포함하는 위기 상태에 처할 수 있다. 만약 이러한 문제를 해결하려는 환자의 평상시 대처 노력이 실패한다면, 그 결과로 증상과 그 의미의 과장, 무분별한 대처 노력, 부정적 태도와 건강의 악화가 나타날 수 있다(Drossman et al., 2000; Epker & Gatchel, 2000). 많은 만성질환에서 흔히 나타나는 불확실성과 모호성(예컨대, 상태가 더 나빠질까? 그렇다면 얼마나 빨리?)이 삶의 질을 나쁘게 만든다((Hoth et al., 2013). 만성질환이 있는 사람들은 우울, 불안, 그리고 일반화된 고통으로 더 힘들

표 11.1 | 미국 전체 인구와 만성질환 환자집단의 삶의 질 점수

미국 인구의 대표 점수는 각각의 만성질환이 여러 기능 영역에 얼마나 영향을 미치는지 나타낸다. 예를 들어 통증과 활력은 편두통 환자에게서 문제가 많이 나타나고, 골관절염은 역할과 관련된 신체적 활동을 어렵게 하며, 당뇨병은 일반적인 건강을 약화시킨다.

	신체적 기능	신체적 역할	육체적 고통	일반적 건강	활력	사회적 기능	정서적 역할	정신건강
미국 인구 *	**92.1**	**92.2**	**84.7**	**81.4**	**66.5**	**90.5**	**92.1**	**81.0**
임상적 우울	81.8	62.8	73.6	63.6	49.0	68.5	47.8	53.8
편두통	83.2	54.0	51.3	70.1	50.9	71.1	66.5	66.4
고혈압	89.5	79.0	83.8	72.6	67.2	92.1	79.6	77.3
골관절염	81.9	66.5	69.7	70.4	57.0	90.1	85.5	76.5
제2형 당뇨병	86.6	76.8	82.8	66.9	61.4	89.4	80.7	76.6

* 미국 인구는 만성질환이 없다고 보고한 사람들을 측정했다. 점수는 만성질환, 연령, 성별을 고려했다.

출처 : Based on Ware, J. E., Jr. Norm-based interpretation. Medical Outcomes Trust Bulletin, 2, 3, 1994.

어하는 경향이 있다(De Graaf & Bijl, 2002; Mittermaier et al., 2004). 이러한 심리적인 변화는 삶의 질을 위협하고, 치료에 잘 따르지 않게 만들며, 이른 사망의 위험을 증가시키기 때문에 중요하다(Bruce, Hancock, Arnett, & Lynch, 2010; Christensen, Moran, Wiebe, Ehlers, & Lawton, 2002).

부인

부인(denial)은 사람들이 질병, 특히 삶을 위협하는 질병의 영향을 회피하려고 사용하는 방어기제이다. 이는 만성질환에서 공통적으로 나타나는 초기 반응이다(Krantz & Deckel, 1983; Meyerowitz, 1983). 환자는 그 질환이 심각하지 않은 것처럼, 곧 지나갈 것처럼 혹은 장기적으로 영향을 미치지 않을 것처럼 행동한다. 부인은 적어도 그 환자가 그 질병으로 진단된 직후, 그 질병으로 인한 문제를 받아들일 수 있을 때까지 환자를 보호하는 기능을 할 수 있다(Hackett & Cassem, 1973; Lazarus, 1983).

하지만 시간이 흐를수록 부인에서 얻는 이점은 대가로 바뀐다. 부인은 치료에 필요한 정보를 얻는 것을 방해하고 건강을 악화시킬 수 있다(Mund & Mitte, 2012).

불안

만성질환으로 진단된 후, 불안 역시 공통적으로 나타난다. 많은 환자는 삶의 잠재적인 변화, 때에 따라서는 죽음의 가능성에 압도된다. 불안은 사람들이 검사 결과를 기다릴 때, 진단을 받을 때, 외과적인 의료 절차를 기다릴 때, 치료의 부작용을 예상하거나 경험할 때 특히 높다(Rabin, Ward, Leventhal, & Schmitz, 2001).

불안은 내적으로 고통스러울 뿐만 아니라 치료를 방해할 수 있기 때문에 문제가 된다. 예를 들어, 불안한 환자는 수술에 잘 대처하지 못하고(Mertens, Roukema, Scholtes, & De Vries, 2010), 불안한 당뇨병 환자는 혈당 조절을 잘하지 못한다(Lustman, 1988). 불안은 많은 만성질병을 관리하기 어렵게 하는데(Favreau, Bacon, Labrecque, & Lovoie, 2014), 천식과 폐질환 환자들에서 특히 그렇다(Katon, Richardson, Lozano, & McCauley, 2004).

또한 불안 증상은 기저 질병의 증상으로 오인될 수 있으므로 그 질병과 치료에 대한 평가를 방해한다(Chen, Hermann, Rodgers, Oliver-Welker, & Strunk, 2006). 이런 불안을 치료하기 위한 개입이 점차 권장되고 있다

(Rollman & Huffman, 2013).

우울

우울(depression)은 만성질환에서 나타나는 공통된 반응이다. 만성질환을 가진 입원 환자의 1/3 정도가 우울 증상을 보고했으며, 1/4 정도는 심각한 우울로 고통받는다고 한다(Moody, McCormick, & Williams, 1990). 특히 우울은 다중상병을 가진 만성질환자들뿐만 아니라 뇌졸중, 암, 또는 심장질환 환자에게도 공통적으로 나타난다(Egede, 2005; Taylor & Aspinwall, 1990 참조).

한때 우울은 정서장애로만 여겨졌으나 의학적으로도 중요하다는 인식이 커지고 있다. 우울증을 경험한 사람은 불안증을 가질 가능성이 더 크고, 그 반대도 마찬가지이며(Jacobson & Newman, 2017), 두 가지 모두 만성질환의 발병을 예언해준다(Niles & O'Donovan, 2019). 또한 우울은 모든 원인에 기인한 사망도 예언해준다(Cuijpers et al., 2014; Houle, 2013; Morin, Galatzer-Levy, Maccallum, & Bonanno, 2017). 간헐적으로 우울증을 앓았던 사람은 더 이른 나이에 심장질환, 죽상경화증, 고혈압, 뇌졸중, 골다공증, 제2형 당뇨병에 걸릴 가능성이 있다. 우울은 몇 가지 만성질환, 특히 관상동맥성 심장질환의 경과를 악화시킨다. 우울은 치료의 준수와 의료적 결정을 어렵게 만든다(Hilliard, Eakin, Borelli, Green, & Riekert, 2015). 우울은 환자가 협력적인 역할을 수용하는 것을 방해하고, 치료를 위한 의료 서비스를 더 많이 사용하게 한다(Ahmedani, Peterson, Wells, & Williams, 2013).

때때로 우울은 만성질환에 대한 지연된 반응으로 나타나기도 한다. 왜냐하면 환자가 자신의 질병 상태를 완전하게 이해하는 데 시간이 걸리기 때문이다. 예를 들어, 한 뇌졸중 환자는 병원에서 퇴원할 때 다음과 같이 말했다.

> "정말 영광스러운 날이었다. 나는 원래 해야 했던 집안일, 박물관과 갤러리 방문, 함께 점심 먹고 싶었던 친구를 만나는 일 등 믿을 수 없을 정도의 자유 시간을 가져야 할 수 있었던 모든 것을 계획하기 시작했다. 그러나 며칠 후 나는 그것들을 할 수 없다는 것을 깨달았다. 나는 정신력과 체력이 없었고 우울해졌다."(Dahlberg, 1977, p. 121)

우울 측정 우울은 만성질환을 가진 환자에게 만연하기 때문에 전문가들은 의료기관 방문 시 기본 항목으로 우울 증상을 검사하라고 권한다(Jha, Qamar, Vaduganathan, Charney, & Murrough, 2019; Löwe et al., 2003). 하지만 만성질환 환자의 우울을 측정하는 것은 간단치 않다. 피로, 불면, 체중 감소와 같은 여러 우울 증상은 질병의 증상일 수도 있고, 치료의 부작용일 수도 있다. 만일 우울 증상이 질병 혹은 치료에 의한 것이라면, 그 증상의 중요성은 낮게 평가될 수 있고, 결과적으로 우울증에 대한 치료가 진행되지 않을 수 있다(Ziegelstein et al., 2005).

누가 우울해지는가 우울은 질병의 심각도(Cassileth et al., 1985; Moody et al., 1990)와 질병에 수반되는 통증 및 장애의 정도에 따라 증가한다(Turner & Noh, 1988; Wulsin, Vaillant, & Wells, 1999). 이러한 문제는 다른 부정적인 생활 사건을 경험하고 있으며 사회적 지지가 없는 사람에게서 더 악화된다(Bukberg, Penman, & Holland, 1984; Thompson et al., 1989). 만성질환이 있는 사람을 우울로부터 보호하는 요인도 있다. 예컨대, 다른 사람과 삶에서 누리는 것에 고마움을 느끼는 감사하는 마음(sense of gratitude)이 관절염과 대장염이 있는 성인에서 낮은 우울 증상을 예언해준다(Sirois & Wood, 2017).

인지행동요법과 다른 증거기반의 개입이 흔히 만성질환에 동반되는 우울에 효과적인 것으로 나타났다(van Straten, Geraedts, Verdonck-de Leeuw, Andersson, & Cuijpers, 2010). 심지어 전화를 이용한 인지행동요법도 우울을 개선할 수 있다(Beckner, Howard, Vella, &

Mohr, 2010). 우울증 치료는 심리적 고통을 완화할 뿐만 아니라 질병과 관련된 증상도 줄일 수 있다(Mohr, Hart, & Goldberg, 2003).

만성질환에서 개인적 문제

만성질환에 대한 반응을 완전히 이해하려면 자아, 탄력성의 원천, 그리고 취약성을 고려해야 한다. 자아는 심리학의 주요 개념 중 하나이다. 심리학자들은 **자아개념**(self-concept)을 사람이 가진 개인적 품성(quality)과 특질(attribute)에 대한 일련의 안정된 신념이라고 정의한다. 자존감은 자아개념에 대한 평가로 개인적 품성과 특질에 대해 좋거나 나쁘게 느끼는 것을 말한다.

만성질환은 자아개념과 자존감에 급격한 변화를 일으킬 수 있다(Ferro & Boyle, 2013). 이러한 변화 중 대부분은 일시적이지만, 특정 질병과 연관된 정신적 황폐화와 같은 영구적인 것도 있을 수 있다(글상자 11.1). 자아개념은 신체상, 성취, 사회적 기능, 사적 자아를 포함하는 삶의 여러 측면에 관한 자기평가의 복합체이다.

신체적 자아

신체상(body image)은 자신의 신체적 기능과 외모에 대한 인식과 평가이다. 신체상은 질병으로 인해 급격히 낮아진다. 영향을 받은 신체 부위를 부정적으로 평가할 뿐 아니라, 전체적인 신체상도 나빠질 수 있다. 급성질환 환자들에게 있어 신체상의 변화는 짧게 유지되지만, 만성질환 환자들에게 있어서는 부정적인 평가가 오래 지속될 수 있다. 신체상에 대한 이런 변화는 중요하다. 첫째, 부정적인 신체상은 우울과 불안의 위험을 증가시킨다. 둘째, 신체상은 환자가 치료과정을 얼마나 잘 따르는지 그리고 협력적인 역할을 어떻게 받아들이는지에 영향을 줄 수 있다. 마지막으로 신체상은 연습과 같은 개입을 통해 증진될 수 있으므로 중요하다(Wenninger, Weiss, Wahn, & Staab, 2003).

글상자 11.1 두려움의 미래

몰리 캐플런은 50년 전, 그녀가 12세였을 때 브롱스에서 열린 핼러윈 파티에서 그녀의 남편 새뮤얼을 만났던 것을 기억한다. 그녀는 자신이 아침을 먹었는지 기억하지 못해서 가끔 아침을 두 번 먹는다. 그녀는 요리법에 소금이 포함되어 있을 때, 자신이 그것을 넣었는지 기억할 수 없어서 이제는 요리도 하지 않는다. 이런 현상에 대해 그녀는 "너무 좌절스럽다. 만일 내가 책을 읽다가 책갈피를 꽂아두어도 다시 책을 집어 들면 무엇을 읽었는지 기억이 나지 않아 더는 책을 읽을 수 없다"고 말했다(Larsen, 1990, pp. E1, E8).

몰리 캐플런은 알츠하이머병을 앓고 있다. 알츠하이머병은 미국 성인의 사망 원인 중 여섯 번째를 차지하며, 2017년 사망자 수는 12만 1,404명이었다. 현재 약 580만 명의 미국인들이 알츠하이머병을 앓고 있으며, 2050년에는 두 배가 될 것으로 추산된다(Alzheimer's Association, 2019). 알츠하이머병의 (1906년 알로이스 알츠하이머 박사가 발표한 후 '알츠하이머'라는 이름이 붙여졌다) 전형적인 증상은 점진적 기억상실 또는 다른 인지 능력의 상실(언어 문제, 운동 기술), 성격의 변화 그리고 결국에는 기능의 상실을 포함한다(Mattson, 2004). 점점 허약해지는 것은 발병의 조짐일 수 있다(Buchman, Boyle, Wilson, Tang, & Bennett, 2007). 성격의 변화는 적대감, 철회, 부적절한 웃음, 불안, 편집증을 포함한다.

알츠하이머병은 환자와 간병인에게 큰 부담을 줄 수 있다. 보호자의 약 2/3가 여성이다(Alzheimer's Association, 2019). 환자에게 있어 단순하고 일상적인 일을 할 수 없거나 방금 한 일을 기억할 수 없다는 것은 좌절스럽고 우울한 일이다. 간병인에게서는 정서적인 소모가 상당히 크다. 가족은 대안이 없어 사랑하는 사람을 요양기관으로 보내게 되고, 그에 필요한 경제적 부담이 클 수 있다. 이러한 암울한 상황에도 불구하고, 아직 알츠하이머병에 대한 치료법은 개발 중이며 많은 치료법에 대한 검증이 진행되고 있다. 신경과학자들이 뇌 속에서 신경변성(neurodegeneration)을 일으키는 뇌의 세포적 · 분자적 변화에 대해 더 알게 된다면, 알츠하이머병의 예방과 치료에도 진전이 이루어질 것이다.

만성질환이나 장애는 삶의 활동을 방해할 수 있다. 그러나 여러 활동에 폭넓은 흥미와 능력에 기반을 둔 자아의식은 자아존중감 유지에 도움이 될 것이다.
Dean Drobot/Shutterstock

지각된 건강 또한 신체 건강의 중요한 차원이다. 건강에 대한 자기평가는 객관적인 건강 지표 이상으로 사망을 예언해준다. 그것은 또한 능동적 몰입을 요구하는 효과적인 자기관리를 증진시킬 수 있다(Denford, Taylor, Campbell, & Greaves, 2014). 만성질환이 있는 대부분 사람에게 제1 방어선은 자기관리이므로 그것을 가능하게 해주는 대처 자원을 증진하는 것이 필수적이다(Hwang, Moser, & Dracup, 2014).

성취하는 자아

직업과 취미활동을 통한 성취 또한 자존감과 자아개념의 중요한 원천이다. 많은 사람들은 자신의 직업 또는 경력으로부터 기본적인 삶의 만족을 얻으며, 다른 사람들은 취미와 레저활동으로부터 큰 기쁨을 얻는다. 만일 만성질환이 자아의 이와 같은 가치 있는 측면을 위협한다면, 자아개념은 손상될 것이다. 그 반대 또한 사실이다. 질환이 업무와 취미를 위협하거나 부정적인 영향을 미치지 않는다면, 환자는 자존감을 끌어내는 만족을 얻으며 새로운 의미를 찾을 수 있다.

사회적 자아

가족이나 친구와 같은 사회적인 자원은 만성질환 환자들에게 도움이 되며 매우 필요한 정보와 정서적 지지를 제공해줄 수 있다. 지지체계의 단절은 삶의 모든 측면에 영향을 미친다(Barlow, Liu, & Wrosch, 2015). 이러한 이유로 만성질환자들의 가장 흔한 걱정은 다른 사람들로부터 버려지는 것에 대한 두려움이다. 결론적으로 질병 관리와 사회활동에서 가족의 참여가 널리 장려된다.

사적 자아

만성질환은 환자 정체성의 또 다른 핵심인 야망, 목표 그리고 미래에 대한 열망에도 영향을 미친다(예 : Smith, 2013). 환자가 도달하기 어렵거나 적어도 달성하기 어려워 보이는 실현되지 않는 꿈을 가질 때 병에 대한 적응이 방해받을 수 있다. 예를 들어, 병원 근처에서 살면서 만성 질환을 관리해야 한다면, 산속 호숫가의 오두막에서 은둔해 살겠다는 꿈은 실현하기 어려울 수 있다. 이런 어려움을 상의하도록 장려한다면 환자는 성취에 대한 대안적인 방안을 찾고 미래를 위한 새로운 야망, 목표, 계획을 세울 수 있을 것이다.

만성질환에 대한 대처

대부분 만성질환자는 고통을 받지만, 자신들의 증상을 완화하기 위한 공식적 또는 비공식적 치료를 구하는 경우는 드물다. 대신에 환자들은 문제를 해결하고 심리적인 고통을 완화하기 위해 내적이고 사회적인 자원에 의지한다. 환자들은 어떻게 그렇게 잘 대처할까?

대처전략과 만성질환

만성질환자들이 사용하는 인지적 평가와 대처전략을 체계적으로 살펴본 연구는 많지 않다. 한 초기 연구(Dunkel-Schetter, Feinstein, Talyor, & Falke, 1992)에서 암 환자들에게 암과 관련해 가장 스트레스를 받는 측면을 찾아보도록 요청했다. 미래에 대한 두려움과 불확실함이 가장 일반적이었고(41%), 신체적 능력, 외모, 생활방식의 제한(24%), 통증관리(12%)가 뒤를 이었다. 그

다음에 환자들에게 이러한 문제를 다루는 데 사용해왔던 대처전략이 무엇인지 물었다. 가장 흔히 사용했던 다섯 가지 전략은 사회적 지지/직접적인 문제 해결("나는 이러한 상황에서 더 많은 정보를 얻기 위해 사람들과 이야기했다."), 거리 두기("나는 그것이 나에게 영향을 끼치도록 내버려 두지 않았다."), 긍정적인 면에 초점 두기("결과적으로 나는 이 경험을 통해 무엇인가를 얻었다."), 인지적 도피/회피("나는 그 상황이 사라지길 바랐다.") 그리고 행동적 도피/회피(먹고 마시거나 자는 것을 통해 그 상황을 회피하려는 노력)였다. 이러한 전략은 다른 스트레스 사건(제7장 참조)을 다루기 위해 사용하는 대처전략과 유사하다.

어떤 대처전략이 효과적인가 만성질환자의 심리적인 적응을 높이는 데 특정 대처전략이 도움이 될까? 다른 스트레스 사건에 대처하는 것처럼, 회피 대처는 상당한 심리적 고통과 관련이 있으며 질병에 대한 부정적 반응을 일으키는 위험요소이다(Heim, Valach, & Schaffner, 1997). 이는 또한 질병 자체를 더 악화시킬 수 있다(Frenzel, McCaul, Glasgow, & Schafer, 1988).

이와 대조적으로 적극적으로 대처하는 만성질환 경험이 종종 좋은 적응을 예측해준다. 스트레스에 대해서 긍정적이고 직면적 반응으로 대처하는 사람, 자신의 상태에 대한 건강 관련 정보를 얻으려고 노력하는 사람(Christensen, Ehlers, Raichle, Bertolatus, & Lawton, 2000), 강한 통제감을 가지고 있는 사람(Burgess, Morris, & Pettingale, 1988), 질병에 대해 개인적으로 직접 통제할 수 있다고 믿는 사람(Taylor, Helgeson, Reed, & Skokan, 1991)들 모두 심리적으로 잘 적응하는 것으로 나타났다. 만성질환이 나타내는 문제가 다양하므로 유연하게 대처하는 사람이 하나의 대처방식만을 고집하는 사람들보다 잘 대처한다(Cheng, Hui, & Lam, 2004).

사실상 모든 만성질환은 어느 정도 자기관리를 요구한다. 예를 들어, 당뇨병 환자는 자신의 식습관을 조절해야 하고 매일 인슐린을 투여해야 한다. 뇌졸중과 심장질환 환자들은 그들이 비록 장애를 가지고 있다 해도 일상활동에 변화를 모색해야 한다. 만성질환을 자신의 자아개념에 포함하지 않는 환자는 효과적인 공동 관리자가 되지 못할 수 있다. 그들은 치료 계획에 따르지 않거나 질병의 재발과 악화를 나타내는 징후에 적절히 대응하지 못할 수 있다. 그들은 흡연과 같이 자신의 건강을 악화시키는 무모한 행동을 할 수 있다. 그래서 자신의 질병, 그로 인해 생기는 제한점, 치료 계획에 대해 현실감을 갖는 것이 만성질환에 대처하는 중요한 과정이다.

만성질환에 대한 환자의 믿음

질병의 본질에 대한 믿음 제8장에서 우리는 질병에 관한 상식 모델을 논의하였고, 환자들이 정체성, 원인, 결과, 이력, 통제감(controllability)을 포함하여 그들의 질병에 대해 나름대로 논리적인 이론을 만든다는 사실을 살펴보았다. 만성질환에 적응하는 가운데 발생하는 문제 중 하나는 환자가 자신의 질병에 대한 부적절한 모델, 특히 급성 모델(제8장 참조)을 채택한다는 것이다. 예를 들어, 고혈압 환자는 자신의 상태가 괜찮다고 느끼면 더는 약을 먹지 않아도 된다는 잘못된 믿음을 가질 수 있다(Hekler et al., 2008). 따라서 의료인은 질병에 관한 환자의 지식에서 자기관리를 방해할 수 있는 결함과 오해를 찾아내기 위해 질병에 대한 환자의 믿음을 탐색하는 것이 중요하다(Stafford, Jackson, & Berk, 2008).

질병의 원인에 대한 믿음 만성질환이 있는 사람들은 종종 그 질병의 원인에 대한 이론을 만들어낸다(Costanzo, Lutgendorf, Bradley, Rose, & Anderson, 2005). 질병의 원인에 대한 이론에는 스트레스, 신체적 상해, 질병 유발 박테리아 그리고 신의 뜻 등이 포함된다. 아마 가장 중요한 것은 환자가 자신의 질병에 대한 책임을 어디에 돌리는지이다. 그들은 자신, 타인, 환경 또는 운명의 장난 중 책임을 어디로 돌리는가?

만성질환에서 자기비난은 흔한 현상이다. 환자들은 자주 자신들의 행동으로 인해 질병이 생겼다고 인식한다. 예를 들어 환자들은 흡연이나 다이어트와 같이 자신의 잘못된 건강 습관 때문이라고 생각할 수 있다. 자기비난의 결과는 무엇일까? 어떤 연구자들은 자기비난이 죄책감, 자기질책 또는 우울을 초래할 수 있다는 것을 발견했다(Bennett, Compas, Beckjord, & Glinder, 2005; Friedman et al., 2007). 그러나 질병의 원인이 자신에게 있다고 여기는 사람은 질병에 대해 통제력을 발휘하려고도 할 것이다. 자기비난은 특정 상황에서는 적응적일 수 있지만 다른 상황에서는 그렇지 않을 수 있다(Schulz & Decker, 1985; Taylor et al., 1984a).

자신의 질병을 다른 사람의 탓으로 돌리는 것은 부적응적이다(Affleck et al., 1987; Taylor et al., 1984a). 예를 들어, 어떤 환자는 자신의 질병이 가족, 이전 배우자 또는 직장 동료에 의한 스트레스 때문이라고 생각한다. 질병에 대한 책임을 타인에게 돌리는 것은 해결되지 않은 적대감과 연결될 수 있으며, 이는 질병에 대한 적응을 방해한다. 반대로 용서는 이보다 더 건강한 반응이다(Worthington, Witvliet, Pietrini, & Miller, 2007).

질병 통제 가능성에 대한 믿음 환자들은 통제와 관련된 여러 신념을 발달시킨다. 많은 암 환자들이 그렇듯이 그런 사람들은 좋은 건강 습관이나 심지어 정신력으로 질병의 재발을 막을 수 있다고 생각한다. 이들은 치료와 의사의 권고를 따름으로써 그들을 대신하여 질병을 통제할 수 있다고 믿는다.

자신의 질병에 대한 통제감 또는 자아효능감을 가지고 있는 사람은 자신의 상황에 더 잘 적응했다. 이러한 관계는 천식을 가진 아동(Lavoie et al., 2008)에서부터 기능장애를 가진 노인에 이르기까지 여러 질병에서 관찰되었다(Wrosch, Miller, & Schulz, 2009). 통제 또는 자아효능감 경험으로 생명이 연장되기도 한다(Kaplan, Ries, Prewitt, & Eakin, 1994).

만성질환의 공동관리

신체적 및 행동적 재활

신체적 재활(physical rehabilitation)에는 몇 가지 목표가 있다. 자신의 신체를 가능한 한 안전하게 사용하는 방법을 습득하는 것, 적절한 신체 적응을 위해 환경에서의 변화를 감지하는 방법을 배우는 것, 새로운 신체 관리 기술을 배우는 것, 필요한 치료법을 배우는 것, 그리고 에너지 소모를 조절하는 요령을 터득하는 것 등이 그것들이다. 신체적 재활이 필요한 만성질환도 있고, 그렇지 않은 것도 있다. 운동은 여러 만성질환의 증상을 줄이는 데 많은 도움이 된다(van der Ploeg et al., 2008). 또한 신체 활동은 자아효능감에서 전반적인 변화를 일으키기도 한다(Motl & Snook, 2008).

신체적 재활이 필요한 많은 환자는 무릎 문제나 어깨 상해와 같은 이전 상해 또는 젊었을 때 체육활동으로 인해 발생한 문제를 가지고 있다. 대부분 이러한 문제들은 나이가 들수록 악화된다. 이러한 장애는 백인보다 아프리카계와 히스패닉계 미국인에게서 더 흔하다(Ward & Schiller, 2011). 혼자 사는 허약한 노인에게 나타나는 특이한 문제는 기능의 감퇴이다(Gill, Baker, Gottschalk, Peduzzi, Allore, & Byers, 2002). 물리치료는 노화에 따른 이런 기능 쇠약을 개선할 수 있고, 수술과 같은 치료로부터의 회복에도 도움을 준다(Stephens, Druley, & Zautra, 2002). 로봇은 장애인들의 기능을 최대화할 목적으로 활용도가 점차 높아지고 있다(Broadbent, 2017). 일부 만성적 기능장애의 원인에 대해서는 아직도 과학자들이 밝히지 못하고 있으며, 이런 장애는 글상자 11.2에서 서술하였다.

환자는 이런 불편함을 줄이기 위해 통증관리 프로그램을 필요로 할 수 있다. 당뇨병과 관련된 사지절단술을 받은 환자는 인공사지와 같은 보조기구를 필요로 할 수도 있다. 또한 보조기구를 사용하기 위한 훈련이 필요할 수도 있는데, 다발성 경화증 혹은 척수 손상을 입은 환자는 휠체어 사용법을 배워야 한다. 특정 암 환자는 유방

글상자 11.2 만성피로증후군과 다른 기능장애

최근에 건강심리학자들은 기능적 신체형 증후군의 원인과 결과를 연구하고 있다. 이러한 증후군은 입증할 수 있는 조직 이상보다는 증상, 고통 그리고 장애에 의해 특징지어진다. 간단히 말해서 우리는 사람들에게 왜 그런 장애가 생겼는지 모른다. 기능적 신체형 증후군에는 만성피로증후군, 과민성 대장증후군, 그리고 섬유근육통을 비롯하여 화학물질 과민증, 새집 증후군, 반복성 스트레스 장애, 실리콘 가슴성형으로 인한 합병증, 걸프전 증후군 그리고 만성 편타성 손상이 포함된다.

가장 흔하게 발생하는 만성피로증후군(CFS)은 심신을 약화시키는 피로가 최소 6개월 이상 지속되는 것이다. 만성피로증후군 환자는 사고의 지연, 주의력 감소, 기억 손상을 보인다(Majer et al., 2008). 오랫동안 만성피로증후군의 생물학적인 원인은 밝혀지지 않았다. 그러나 바이러스성 물질과 면역계의 변화가 잠재적인 원인인 것으로 추측된다(Centers for Disease Control and Prevention, 2019).

섬유근육통은 여러 곳에 광범위한 누름통증(압통)이 나타나는 관절 증후군이다. 대략 400만 명의 사람들이 이 장애로 고통받고 있다. 섬유근육통의 원인은 분명하지 않으며 증상은 다양하지만, 이 장애는 수면의 어려움, 장애, 높은 수준의 심리적 고통과 관련이 있다(Finan, Zautra, & Davis, 2009; Zautra et al., 2005).

기능적 장애는 병의 원인이 잘 밝혀지지 않았기 때문에 치료가 매우 어렵다. 삶의 질을 서서히 악화시키기 때문에 기능성 증후군은 보통 우울을 포함한 심리적 고통을 야기하며 때때로 질병의 증상이 우울로 잘못 진단되기도 한다(Mittermaier et al., 2004; Skapinakis, Lewis, & Mavreas, 2004).

어떤 사람에게 기능적 신체형 증후군이 생기는가? 기능적 신체형 증후군은 남성보다 여성에게서 더 흔하며, 이전에 불안과 우울 같은 정서장애를 경험한 사람에게 더 흔하다(Bornschein, Hausteiner, Konrad, Förstl, & Zilker, 2006; Nater et al., 2009). 감염의 이력 또한 여기에 연루되어 있다(Lacourt, Houtveen, Smeets, Lipovsky, & van Doornen, 2013). 낮은 사회경제적 지위, 실직, 소수집단에 속한 사람은 만성피로가 발달할 가능성이 다소 높다(Taylor, Jason, & Jahn, 2003). 만성피로증후군에 대한 쌍생아 연구에서는 이 장애에 대한 유전적인 원인이 있을 수 있음을 보여주었다(Buchwald et al., 2001). 가족 와해, 아동기에 경험한 학대나 외상도 영향을 줄 수 있다(Afari et al., 2014; van Gils, Janssens, & Rosmalen, 2014).

기능성 증후군에서는 많은 증상들이 중복된다(Kanaan, Lepine, & Wessely, 2007). 이 장애 중 대부분을 차지하는 것은 복부 팽만, 두통, 피로, 교감신경 및 HPA 축 스트레스 체계의 교란이다(Reyes del Paso, Garrido, Pulgar, Martín-Vázquez, & Duschek, 2010). 이 질환의 발생과 관련된 공통적인 요인은 이전의 바이러스 또는 박테리아 감염 그리고 높은 빈도의 스트레스 생활 사건이다(Fink, Toft, Hansen, Ornbol, & Olesen, 2007).

이러한 유사성으로 인해 이 질환들이 정신의학적인 원인에 의한 것이라거나 이러한 환자에 대한 치료가 오로지 심리학적이고 정신의학적으로 이루어져야 한다는 의미로 해석되어서는 안 된다. 대신에 중복이 많다는 점은 이들을 별개의 것으로 다루기보다 여러 증후군에 관한 지식을 통합함으로써 질병들의 원인을 이해하고 치료법을 개발하기 위한 돌파구를 찾을 수 있음을 시사한다(Fink et al., 2007). 비록 각 질환에는 독특한 특징이 있지만(Moss-Morris & Spence, 2006), 피로, 통증, 환자 역할 행동 그리고 부정적 정서의 핵심 증상은 만성적이고 낮은 수준의 염증과 관련이 있으며, 이와 같은 지속적인 면역반응이 이들 여러 장애와 공통으로 연관될 것이다.

이러한 장애를 어떻게 치료할까? 일반적으로, 의사들은 수면 부족과 통증과 같은 증상들에 운동, 인지행동치료를 포함하는 행동적 개입과 약물치료를 결합하여 사용하며, 이러한 노력은 어느 정도 성과를 거두었다(Rossy et al., 1999). 정서적 표현을 적는 것과 같은 대처 개입 또한 건강에 도움이 될 수 있다(Broderick, Junghaenel, & Schwartz, 2005). 성공적인 치료를 위해서 이러한 장애에 의해 발생한 의학적 증상과 심리사회적 고통을 함께 고려하는 것이 필수적이다. 가족의 사회적 지지도 기능 증진에 기여한다(Band, Barrowclough, & Wearden, 2014).

절제술 후에 유방재건성형술과 같은 성형수술이나 머리나 목 수술 후 인공 턱을 삽입하는 수술을 해야 할 수도 있다. 뇌졸중, 당뇨병 그리고 고혈압과 같은 질병은 인지기능에 악영향을 줄 수 있으므로 적극적인 개입이 요구된다(Zelinski, Crimmins, Reynolds, & Seeman, 1998). 스트레스가 여러 만성질환을 악화시키기 때문에 신체치료에 스트레스 관리 프로그램이 병합되는 추세이다.

성생활에 미치는 영향 심장병, 뇌졸중 그리고 암을 포함한 많은 만성질환은 성적 활동을 감소시킨다. 많은 경우, 성적 활동의 감소는 심리적 요인(성욕의 상실, 만성 상태의 악화에 대한 두려움 또는 발기 불능) 때문일 수 있다. 만성질환을 앓고 있는 와중에 느끼는 관계에 대한 만족감이나 정서적 기능은 신체적으로 친밀한 관계를 유지함으로써 개선할 수 있다(Perez, Skinner, & Meyerowitz, 2002).

준수 모든 생활방식 개입과 마찬가지로 만성질환을 가진 사람들은 치료 준수에 문제를 나타낸다. 준수율을 높이는 첫 번째 방법은 교육이다. 어떤 환자는 치료 절차에 포함된 운동과 같은 생활방식의 변화가 회복과 기능에 있어 중요하다는 것을 인식하지 못한다. 그러나 제9장에서 보았듯이 교육만으로는 준수율을 보장하지 못한다. 치료 절차에 관한 지식과 더불어 건강에 대한 통제감과 자아효능감이 만성질환 치료에 대한 준수율을 예측해준다(Schneider, Friend, Whitaker, & Wadhwa, 1991).

만성질환에서 직업적 문제

많은 만성질환은 환자의 직업 활동과 업무 상태에 문제를 일으킨다(Grunfeld, Drudge Coates, Rixon, Eaton, & Cooper, 2013). 일부 환자는 자신의 업무활동을 제한하거나 변화시킬 필요가 있다. 이전에 신체적 활동이 필요한 업무를 수행했던 척추 손상 환자는 앉아서 일을 할 수 있는 기술을 습득해야 할 것이다. 이러한 종류의 창의적인 직무 변화는 글상자 11.3에 설명되어 있다.

만성질환자에 대한 차별 심장질환, 암 또는 AIDS와 같은 만성질환이 있는 환자들은 직장에서 차별을 경험하기도 한다(Heckman, 2003). 이러한 잠재적인 문제가 있으므로 환자들이 직면하는 직업적 어려움을 회복 과정의 초기에 평가해야 한다. 직업상담, 재훈련 프로그램 그리고 차별을 피하거나 방지하는 방법에 대한 조언은 신속하게 시작할 수 있다. 글상자 11.4는 이러한 문제를 해

글상자 11.3 뇌전증과 직업 재설계의 필요성

유아기에 콜린은 척수막염에 걸렸다가 살아났으나 의사는 콜린에게 영구적인 뇌 손상이 일어날 수 있다고 염려하였다. 콜린은 11세 전까지는 정상적인 학생이었으나, 11세 때부터 하던 행동을 멈추고 잠시 멍한 모습(blanking out)을 보이는 발작을 나타내기 시작했다. 처음에 그의 부모는 이것을 청소년기에 접어들면서 나타나는 과도한 행동의 한 형태라고 생각했다. 그러나 콜린은 이 기간에 대해 기억을 하지 못했고 이에 대해 질문하면 화를 냈다. 그의 부모는 콜린을 의사에게 데려갔고 오랜 정밀검사 후에 뇌전증을 앓는 것이라는 결론을 내렸다.

그 직후, 콜린의 발작(소발작으로 알려짐)은 더 심각해지고 잦아졌고, 얼마 지나지 않아 그는 심각하고 놀랄만한 경련을 포함한 대발작을 보이기 시작하였다. 의사는 몇 가지 약물을 투여했고 결국 발작을 조절하는 약을 찾았다. 실로 그 약은 효과가 매우 좋았고, 발작 없이 5년이 지나 결국 콜린은 운전면허증을 딸 수 있었다. 고등학교와 대학교를 졸업하고, 콜린은 자신의 진로로 사회복지 분야를 선택했고, 특정 사례를 담당하는 사회복지사(caseworker)가 되었다. 가정 방문 평가를 위해 많은 내담자를 방문해야 하는 일정 때문에 그의 생계는 운전 능력에 달려있었다. 게다가 콜린은 결혼을 하여 아내와 함께 두 아이를 키우고 있었다.

30대 초반에 콜린의 발작이 다시 시작되었다. 처음에 그와 그의 아내는 아무 문제가 없는 척했으나, 그들은 곧 뇌전증을 통제할 수 없음을 깨달았다. 콜린의 뇌전증으로 인해 더는 사회복지사로 일할 수 없었기 때문에 가계 수입에 큰 위협이 되었다. 게다가 그의 운전면허증이 취소되어 재취업이 어렵게 되었다. 콜린은 아주 불안한 마음으로 사회복지사업의 책임자를 만나러 갔다.

상담 후, 콜린의 슈퍼바이저는 그가 중요한 직원이며 그를 잃고 싶지 않다고 생각했다. 그래서 그들은 콜린의 보직을 운전이 필요 없는 사무직으로 변경했다. 그의 업무는 모니터링에서 사례평가로 바뀌었고, 내담자를 직접 방문하는 대신 사무실에서 일하게 되었다. 그 덕분에 콜린은 그동안 열심히 개발해온 기술을 사용할 수 있었다. 이 사례에서 콜린의 고용주는 콜린이 맡은 업무와 관련된 절충에 공감적이고 효과적으로 반응했다.

글상자 11.4 누가 만성질환 환자와 일하는가?

임상건강심리학자 외에도 여러 전문가들이 만성질환 환자를 위해 일한다.

물리치료사

보통 **물리치료사**(physical therapist)는 자격증을 수여하는 학부 또는 석사 과정에서 훈련을 받는다. 병원, 요양원, 재활센터 그리고 장애 아동을 위한 학교에서 일하는 자격증을 가진 물리치료사는 약 23만 9,800명 정도이다(U.S. Bureau of Labor Statistics, 2019). 물리치료사는 근육, 신경, 관절 또는 뼈 질환이나 손상을 가진 사람이 장애를 극복하도록 돕는다. 그들은 주로 교통사고 피해자, 장애 아동, 노인을 위해 일한다. 물리치료사는 근육 강도, 운동 발달, 기능 수행 능력, 호흡 및 순환의 효율성 등의 검사를 시행하고 해석한다. 이런 검사를 활용하여 그들은 강도, 지구력, 협응력 그리고 운동 범위를 증가시킬 수 있는 개별화된 치료 프로그램을 개발한다. 또한 물리치료사는 치료의 목표에 맞추어 그때그때 프로그램을 평가하고 수정한다. 또한 그들은 환자들이 재활 보조기구를 사용하고, 이전의 과제를 새로운 방식으로 수행하는 데 익숙해지도록 돕는다.

작업치료사

작업치료사(occupational therapist)는 정서적 및 신체적 장애가 있는 사람들의 기술, 능력, 한계를 파악한다. 2016년 기준으로 13만 400명의 작업치료사가 일하고 있다(U.S. Bureau of Labor Statistics, 2019). 그들은 환자의 능력을 평가하고 목표 설정을 도우며, 환자의 기술을 확립하고 확장하기 위해 재활팀과 함께 치료 프로그램을 계획한다. 그들은 환자들이 신체적, 정신적 또는 정서적 안정을 되찾고, 먹기, 입기, 글쓰기 또는 전화기 사용과 같은 일상 업무를 다시 배우도록 돕는다. 그들은 환자들이 자급자족할 수 있도록 교육적, 직업적, 및 여가 활동을 계획하고 지도한다.

작업치료사들이 돌보는 환자는 공예 프로그램에 참여하는 아동에서부터 컴퓨터 작업을 하거나 전동공구를 사용하는 것 같은 새로운 기술을 배워야 하는 성인까지 다양하다. 게다가 작업치료사는 그림이나 공예와 같이 환자의 긴장을 풀어주는 창의적 활동을 가르치고 창의성이 발휘될 수 있게 하는 등 보호시설에 있는 사람들에게 다양한 것들을 제공한다. 작업치료사는 대학에서 제공하는 작업치료 훈련 프로그램을 통해 훈련을 받으며 정식 자격을 취득해야 한다.

식이영양사

만성질환자들을 위해 일하는 **식이영양사**(dietitian)와 영양사는 6만 8,000명에 이른다(U.S. Bureau of Labor Statistics, 2019). 식이영양사가 되기 위해서는 정식 자격 취득, 4년제 프로그램 이수, 미국 식이학회에 등록된 임상 지도 훈련의 절차를 거쳐야 한다. 많은 식이영양사들이 병원, 대학교, 학교 및 다른 기관에서 식사 계획을 위해 영양과 식품 관리의 원칙을 적용하는 행정 업무를 담당한다. 또한 식이영양사는 만성질환자들 곁에서 특별한 식이를 계획하고 관리하기도 한다. 임상 식이영양사는 환자의 영양학적 요구를 평가하고, 급식을 감독하며, 환자에게 식이의 필요성과 중요성을 알려주고, 퇴원 후 식습관을 유지하는 방법을 제시한다. 많은 식이영양사들은 당뇨병 환자들이 칼로리 섭취와 음식 선택을 잘 하도록 돕는다.

사회복지사

사회복지사(social worker)는 치료와 회복하는 단계에서 발생할 수 있는 사회적 문제를 가진 환자와 가족을 돕기 위해서 치료를 제공하고, 다른 서비스를 받도록 주선하며, 전반적인 사회 계획에 참여한다. 그들은 병원, 클리닉, 지역정신건강센터, 재활센터 그리고 요양원에서 일한다.

의료 사회복지사는 환자가 자신의 질병을 더 잘 이해하도록 돕고, 치료 과정에서 나타나는 우울 또는 불안과 같은 정서 반응을 다룬다. 사회복지사는 환자와 가족들이 교통 문제나 집안 청소와 같은 문제들을 해결하는 데 필요한 자원을 찾도록 그들을 도울 수도 있다.

2010년 기준으로 대략 68만 2,100명의 사회복지사가 일하고 있으며, 1/3은 지역 또는 주 정부에서 일한다(U.S. Bureau of Labor Statistics, 2019). 사회복지사의 최소 자격요건은 학사학위이지만, 석사학위를 요구하는 일자리도 많다. 500개 이상의 대학에 사회복지 학부 과정이 개설되어 있으며, 200개 이상의 대학에 대학원 과정이 있다(U.S. Bureau of Labor Statistics, 2019).

결하는 몇몇 건강관리 전문가에 대해 기술하고 있다.

만성질환의 경제적 영향 만성질환은 환자와 그의 가족에게 심각한 경제적 문제를 일으킬 수 있다. 많은 환자는 보험으로 필요한 경비를 충당하지 못한다. 자신의 일을 줄이거나 아예 중단해야 하는 환자는 보험 혜택을 받지 못할 수 있다. 그래서 많은 만성질환자들은 이중고를 겪는다. 수입이 줄어들고 동시에 도움이 되었던 보험 혜택도 삭감되는 것이다. 미국은 이런 문제가 존재하는 유일한 선진 국가이다. 부담적정보험법(Affordable Care Act, ACA)이라는 제도가 이 문제를 완화하는 데 도움이 된다.

만성질환에서 사회적 상호작용 문제

만성질환으로 진단된 후, 몇몇 환자들은 정상적인 사회적 관계를 회복하는 데 어려움을 겪는다.

타인의 부정적 반응 지인, 친구 그리고 친척들이 변화된 환자의 상태에 적응하기는 쉽지 않다. 많은 사람들은 암 또는 AIDS를 포함한 특정 만성질환자 집단에 대한 부정적인 고정관념을 가지고 있다(Fife & Wright, 2000).

장애를 가진 사람은 양가감정을 끌어낼 수 있다. 친구와 지인은 언어적으로는 온정과 애정의 신호를 보내지만, 비언어적으로 거절의 몸짓, 접촉 그리고 자세를 보일 수 있는 것이다. 친구 및 지인과의 소원한 관계는 긴밀한 관계보다 더 부정적인 영향을 미친다(Dakof & Thylor, 1990).

가족에게 미치는 영향 환자만 만성질환을 경험하는 것이 아니라 가족과 사랑하는 사람도 유사한 경험을 한다. 가족은 사회 체계이며, 가족 구성원 중 어느 한 사람의 삶이 와해되면 필연적으로 다른 구성원들의 삶도 영향을 받는다. 만성질환으로 인한 주된 변화 중 하나는 가족 구성원에 대한 만성질환자의 의존도가 높아진다는 것이다. 만약 환자가 기혼자라면, 질병으로 인해 배우자가 감당해야 하는 책임은 커질 수밖에 없다. 가족이 환자에 대해 지지를 제공하려고 노력하는 동안, 가족 구성원 개개인에게 필요한 사회적 지지는 충족되지 않을 수 있다.

함께 사는 다른 가족 구성원과 자녀들에게도 책임감

신체적 재활은 사람들이 가능한 한 많이 신체를 사용하고, 필요하다면 새로운 신체관리 기술을 배우게 하며, 통합적 치료 프로그램에 따르도록 하게 만드는 것에 중점을 둔다.
Don Tremain/Getty Images

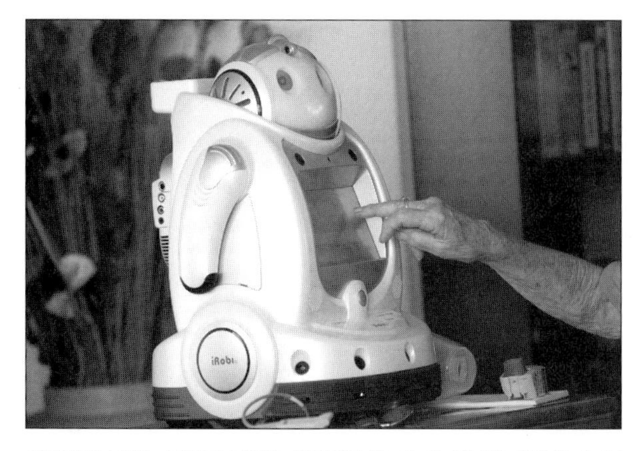

사진에서 보이는 것처럼 로봇은 장애인들의 기능을 최대한 활용할 수 있도록 돕기 위해 점점 더 많이 사용되고 있다.
Elizabeth Broadbent, The University of Auckland, New Zealand

이 새롭게 지워질 수 있다. 결과적으로 환자의 가족은 그들의 삶을 통제할 수 없다고 느낄 수 있다(Compas, Worsham, Ey, & Howell, 1996). 가족 구성원 스스로가 새로운 일을 맡고 있다고 느끼는 동시에 오락과 다른 여가활동 시간이 감소했다는 것을 알 때 역할 부담이 생길 수 있다(Pakenham & Cox, 2012). 아동과 청소년이 기꺼이 상황을 이해하고 돕기도 하지만, 그들의 또래에 비해 더 많은 책임감을 맡게 되면서 반항하거나 행동화하는 반응을 보일 수 있다. 이런 문제행동은 퇴행(야뇨증과 같은), 학교 적응의 어려움, 무단결석, 성적 활동, 약물 사용 그리고 다른 가족 구성원에 대한 적대감으로 나타날 수 있다.

만일 가족 구성원의 자원이 이미 한계에 이르렀다면 새로운 업무에 적응하기는 어렵다. 한 뇌졸중 환자의 아내는 환자가 그들의 가족에게 지울 수 있는 부담에 대해 다음과 같이 기술했다.

> 처음 몇 주 동안 클레이에게 음식뿐만 아니라 그가 사용하기 원하거나 보기 원하는 물건을 가져다주어야 했다. 그 수발을 들면서 아들인 짐과 나의 다리 근육이 얼마나 발달했는지 그는 몰랐을 것이다. 그가 3층에 있을 때 나는 "밑에 내려갈 건데 필요한 것 있어요?"라고 물었고, 그는 없다고 했다. 내가 다시 돌아왔을 때 그는 무언가 기억을 해냈고, 그것도 한 번에 하나씩이었다. 계단이 있는 다층집의 장점도 있지만 뇌졸중 환자의 가족에게는 그렇지 않다(Dahlberg, 1977, p. 124).

만성질환 환자의 삶의 질은 전적으로 배우자가 경험하는 삶의 질에 달려있다(Segrin, Badger, & Harrington, 2012). 결론적으로 만성질환과 관련된 스트레스를 함께 관리하면서 친밀한 부부들이 그들 사이의 관계를 유지하기 위해 취하는 '우리' 접근 방식, 즉 공동 대처가 삶을 위협하는 만성질병의 부담을 관리하는 데 도움이 된다(Badr, Carmack, Kashy, Cristofanilli, & Revenson, 2010). 만성질환 환자에 대한 부부 중심 개입은 일반적으로 부부 기능과 환자 자신의 증상을 관리하는 능력에 긍정적인 영향을 끼친다(Martire & Helgeson, 2008).

가족 구성원이 만성질환을 앓을 때 부담이 생기기는 하지만 그로 인해 파국적인 결과가 일어난다는 증거는 없다(Rini et al., 2008). 심지어 만성질환으로 인해 더 가까워진 가족도 있다.

간병인 역할 만성질환 환자를 위한 간병이 매우 불규칙한 일이라는 것은 주지의 사실이다. 관찰 간호를 제공하는 시설이 있으면 좋겠지만 실제는 그렇지 못하기 때문에 간병에 대한 부담은 종종 가족 구성원들에게 지워진다. 남성보다는 여성이 간병하는 경우가 더 흔하다. 노인 배우자를 돌보는 60대 여성이 대부분이지만 부모나 장애 아동을 돌보는 간병인도 있다.

어떤 경우 간병은 단기적이고 간헐적이지만, 알츠하이머병, 파킨슨병, 말기의 다발성 경화증 그리고 뇌졸중을 가진 환자의 간병은 장기적이고 힘들 수 있다. 강도 높은 간병을 하는 가족 구성원은 고통, 우울 그리고 건강 쇠퇴의 위험에 처할 수 있다(Mausbach, Patterson, Rabinowitz, Grant, & Schulz, 2007). 종종 간병인이 나이가 많기 때문에, 환자들을 돌보는 동안 간병인 본인의 건강도 위협받을 수 있다(Gallagher, Phillips, Drayson, & Carroll, 2009). 많은 연구에서 간병으로 인해 면역 기능 저하(Li et al., 2007), 내분비 기능 저하(Mausbach et al., 2005), 우울(Mintzer et al., 1992), 수면의 질 저하(Brummett et al., 2006), 심혈관계 질환(Mausbach et al., 2007; Roepke et al., 2011), 감염 질환의 위험, 심지어 죽음(Schulz & Beach, 1999)의 위험에 이를 수 있음을 입증했다. 삶에서 다른 스트레스를 받는 간병인 또는 간병에 대한 부담이 큰 사람은 특히 정신적 · 신체적 건강 쇠퇴의 위험에 처할 수 있다(Brummett et al., 2005; Kim, Knight, & Longmire, 2007). 평균적으로 여성의 경우 가족 구성원을 돌보기 위한 임금, 연금, 사회보장연금으로 32만 4,000달러 이상 손실이 발생하였고, 남성의 손실액은 대략 28만 4,000달러였다(Greene, 2011).

또한 간병은 환자와 간병인 간의 관계에 부담을 줄 수 있다(Martire, Stephens, Druley, & Wojno, 2002). 환자들은 그들이 받는 도움을 항상 고마워하지는 않으며 도움이 필요하다는 사실에 분개한다. 종종 간병인에게서 나타나는 우울증은 환자들의 이러한 분개에 기인할 수 있다(Newsom & Schulz, 1998). 간병인은 개인적인 숙련도과 적극적인 대처 기술을 가지고 있다고 느낄 때(Aschbacher et al., 2005), 그리고 좋은 가족 기능을 가질 때 더 잘할 수 있다(Deatrick et al., 2014).

간병인들 자신에게도 어떤 개입이 필요할 수 있다(Mausbach et al., 2012). 간병인들은 간병을 위해 집에 계속 있어야 하고 개인의 자유시간이 없으며, 우울과 신체 건강 문제를 가질 수 있다(Mausbach et al., 2012). 즐거운 경험을 하고 활동에 제한을 받지 않는 것이 삶의 질을 높이고 간병과 관련된 신체 건강의 위협을 줄일 수 있다(Chattillion et al., 2013; Mausbach et al., 2017). 인터넷은 간병인들에게 지지를 제공할 수 있다. 한 연구에서는(Czaja & Rubert, 2002) 다른 가족 구성원, 치료사 그리고 온라인 토론집단과 의사소통을 할 수 있는 간병인은 서비스가 아주 유용하다고 느꼈다고 하였는데, 이는 인터넷 개입이 고무적임을 시사한다(DuBenske et al., 2014). 신체 활동 개입을 통해 간병인의 삶의 질과 다른 측면이 개선될 수 있다고 한다(Lambert et al., 2016). 매일 짧게 실시하는 요가 명상도 정신건강과 인지기능을 향상시키고 우울을 낮춘다(Lavretsky et al., 2013).

그러나 간병인과 수혜자 간의 관계가 깊어져서 서로 친해질 때는 그 관계에 의미가 부여되어 간병이 긍정적일 수도 있다(Horrell, Stephens, & Breheny, 2015).

성별과 만성질환의 영향

만성질환이 있는 남성보다 여성이 사회적 지지의 저하를 더 많이 경험한다. 한 연구에서는 장애 여성이 장애 남성에 비해 결혼했을 가능성 또는 결혼할 가능성이 낮기 때문에 사회적 지지를 덜 받는 것으로 나타났다(Kutner, 1987). 만성질환을 앓거나 나이 든 여성에서는 낮은 수입과 높은 장애 수준과 같은 다른 이유로 삶의 질이 낮아지기 때문에(Haug & Folmar, 1986) 사회적 지지 문제는 이러한 차이를 악화시킬 수 있다.

기혼인 경우에도 여성 만성질환자들이 남성들보다 보호시설에 더 많이 수용된다. 반면에 기혼 남성은 기혼 여성보다 요양시설에서 보내는 날이 더 적다(Freedman, 1993). 아마도 만성질환이 있는 경우 남편들이 아내들보다 간병하는 것을 더 어렵게 여길 수도 있고, 그들이 아내들보다 나이가 많아서 간병 능력이 낮을 수도 있을 것이다.

만성질환으로 인한 긍정적인 변화

이 장에서는 만성질환으로 인해 나타날 수 있는 문제에 초점을 두었다. 그러나 이러한 초점으로 인해 중요한 점을 놓칠 수 있는데, 그것은 인간은 근본적으로 회복력 혹은 탄력성을 가진 존재라는 것이다(Taylor, 1983; Zautra, 2009). 사람들은 만성질환으로 인한 문제를 극복하기 위해 노력하면서 종종 질병에는 부정적 결과뿐 아니라 긍정적인 측면도 있다는 것을 알게 된다(Arpawong, Richeimer, Weinstein, Elghamrawy, & Milam, 2013; Taylor, 1983, 1989). 사람들은 즐거움(Levy, Lee, Bagley, & Lippman, 1988)과 낙관주의(Cordova, Cunningham, Carlson, & Andrykowski, 2001; Scheier, Weintraub, & Carver, 1986)와 같은 정적 정서를 경험할 수 있다. 그들은 가까스로 죽음에서 벗어났기에 삶의 우선순위를 더 만족스러운 방식으로 재조정해야 한다고 인지할 수 있다. 또한 그들은 하루하루의 일상에서 더 많은 의미를 찾을 수도 있다(Low, Stanton, & Danoff-Burg, 2006).

한 연구에서(Collins, Taylor, & Skokan, 1990) 암 환자들의 90% 이상은 암으로 인해 발생한 삶의 변화 중 긍정적인 변화도 최소한 몇몇 있음을 보고하였는데, 매일 감사하며 사는 태도와 어떤 일을 미루기보다는 당장 그 일을 하도록 고무하는 능력이 높아지는 것이 그것들이다. 이러한 환자들은 그들의 관계에 더 적극적으로 노력

그림 11.2 | 질병으로 인한 심근경색 환자와 유방암 환자가 경험한 긍정적인 삶의 변화

심근경색 환자들이 보고한 삶의 긍정적인 변화는 심장질환 덕분에 건강습관이 변화한 것이다. 반대로, 암 환자들은 사회적 관계와 삶에 부여하는 의미의 변화를 보고했다. 암은 심장질환에 비해 건강한 습관이 직접적으로 미치는 영향은 적은 반면, 환자들이 삶의 활동에 더 큰 목적 또는 의미를 찾게 만든다.

출처 : K. J., Petrie, Buick, D. L., Weinman, J., & Booth, R. J. "Positive effects of illness reported by myocardial infarction and breast cancer patients." *Journal of Psychosomatic Research 47*, no. 6, 537–543.

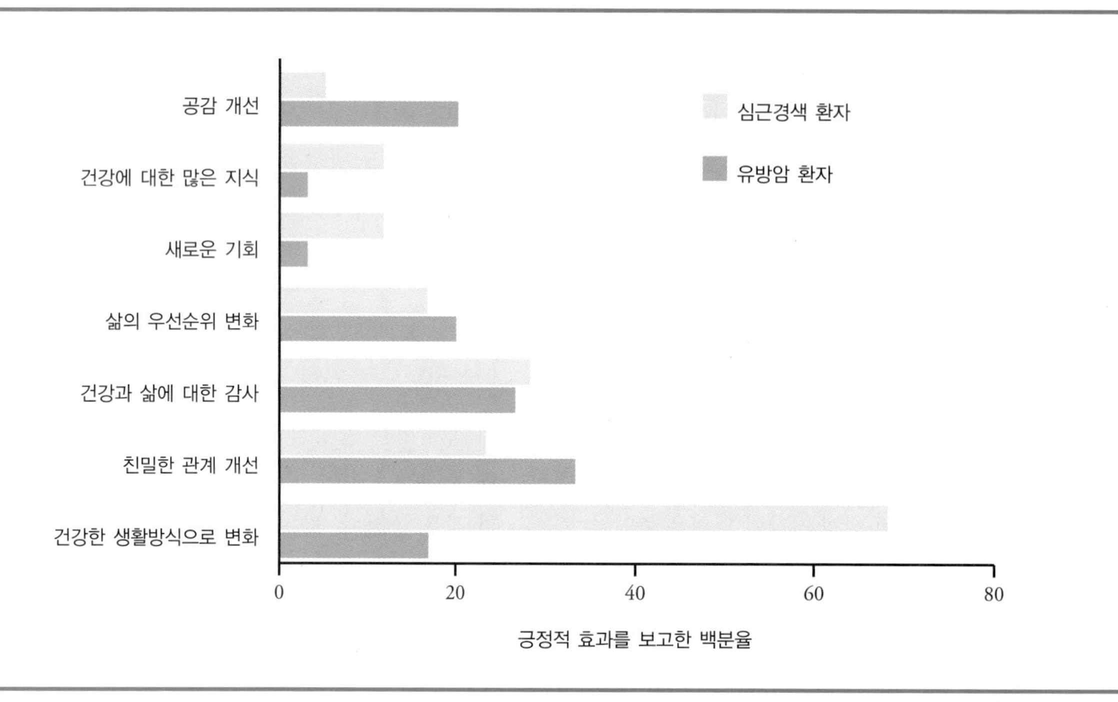

하고 다른 사람의 감정을 더 잘 알아차리고 더 공감하며 동정심을 갖는다고 말했다. 그들은 또한 강한 감정과 자신감을 가졌다고 보고했다.

만성질환자들이 그와 같이 높은 삶의 질을 어떻게 성취하였을까? 많은 만성질환 환자는 자신에게 일어난 일에 대해 통제력을 인식하고, 미래에 대한 긍정적인 기대를 하며, 스스로에 대해 긍정적인 관점을 가진다. 대개의 경우 이러한 믿음은 정신적·신체적 건강에 적응적이지만(Taylor, 1983), 만성질환에 직면했을 때 특히 더 중요해진다. 헬예손(2003)은 관상동맥 질환 치료를 위해 혈관성형술을 받은 남성과 여성의 이러한 신념을 조사하고, 그 후 4년 동안 추적연구를 했다. 이러한 긍정적인 신념은 질병에 대한 긍정적 적응을 예측하였으며, 심장발작의 낮은 재발과도 관련 있었다(그림 11.2 참조).

아동기 만성질환

만성질환은 환자가 아동일 때 특히 문제가 더 많다. 첫째, 아이들은 자신의 진단과 치료에 대해 완전히 이해하지 못하기 때문에 대처하려고 노력할 때 혼란을 경험한다(Strube, Smith, Rothbaum, & Sotelo, 1991). 둘째, 만성질환을 가진 어린이는 스스로 치료 절차를 따를 수 없으므로 가족이 적극적으로 치료 과정에 참여해야 한다. 이런 상호의존성으로 인해 부모와 아동 간에 갈등이 일어날 수 있다(Manne, Jacobsen, Gorfinkle, Gerstein, & Redd, 1993). 때때로 아동은 질병을 치료하기 위해 격리되거나 두려움을 주는 치료 절차에 직면하게 된다(Kellerman, Rigler, & Siegel, 1979). 이러한 모든 요인은 아동, 형제자매, 부모 모두에게 고통을 줄 수 있다(Silver, Bauman, & Ireys, 1995).

만성질환으로 고통받는 아이들은 반항과 철회를 포함한 여러 문제행동을 일으킬 수 있다(Alati et al., 2005). 그들은 만성질환이 나쁜 행동에 대한 처벌이라고 생각하기 때문에 낮은 자존감으로 고통받을 수 있다. 그들은 비슷해 보이는 또래 아이들은 건강하기 때문에 속았다고 느낄 수도 있다. 이들은 치료에 순응하지 않고, 학교에서 낮은 성취를 보이며, 야뇨증 또는 분노를 폭발하는 것과 같은 퇴행적인 행동을 매우 흔하게 나타낸다. 만성질환이 있는 아동은 퇴행을 포함한 부적응적 대처를 발달시킬 수 있으며, 이는 질병을 이해하고 공동으로 관리하는 능력을 방해하기도 한다(Phipps & Steele, 2002). 다른 만성질환과 같이 아동기 만성질환은 스트레스에 의해 악화될 수 있다. 가족 구성원 간에 적절하게 의사소통하고 갈등을 해결하는 방식이 없으면 이런 문제는 더 나빠질 수 있다(Chen, Bloomberg, Fisher, & Strunk, 2003; Manne et al., 1993).

대처능력 향상 만성질환을 가진 아동의 대처능력을 향상할 수 있는 몇 가지 요인이 있다. 질환과 치료에 대해 현실적 태도를 가진 부모는 아동을 정서적으로 진정시키고, 치료에 관한 정보를 제공할 수 있다. 만일 부모가 우울하지 않고, 아동의 질병에 대해 잘 알고 있으며, 치료받는 동안 침착한 태도를 유지한다면(DuHamel et al., 2004), 아동은 더 잘 적응할 것이다(Timko, Stovel, Moos, & Miller, 1992). 만일 아동이 가능한 자기관리를 잘하도록 격려받고, 그들의 삶에 가해지는 제약이 현실성 있는 것이라면 적응이 잘 이루어질 것이다. 규칙적인 학교 출석과 합리적인 신체적 활동을 격려하는 것이 특히 도움이 된다.

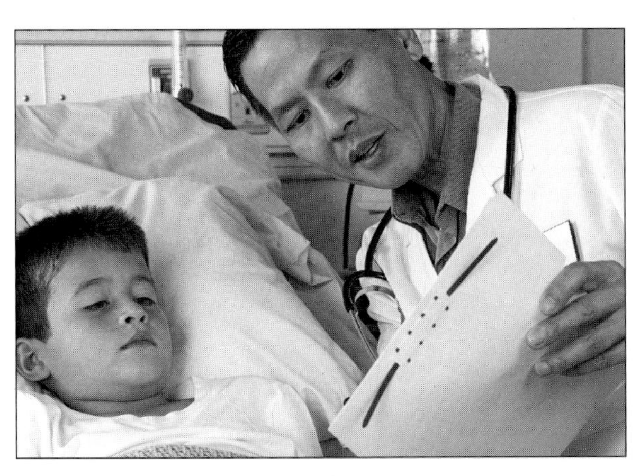

아이들이 자신의 병에 대해 알고, 본인의 삶과 질병과 관련된 활동들을 통제해야 할 필요가 있기 때문에 치료에 아이들도 참여시키도록 촉구되어 왔다.
Cathy Yeulet/123RF

가족들이 만성질환으로 진단된 아동을 도와줄 수 없고 오히려 자신들의 고통에 압도된다면 개입이 필요할 것이다. 가족치료를 실시하고, 가족들이 치료 과정에 대해 훈련함으로써 가족의 기능이 향상될 수 있다(Bakker, Van der Heijden, Van Son, & Van Loey, 2013).

심리적 개입과 만성질환

대부분의 만성질환 환자는 상당히 높은 삶의 질을 영위한다. 하지만 만성질환과 치료의 부작용 때문에 건강심리학자들은 그와 관련된 문제를 개선하기 위한 개입을 개발하고 검증한다. 만성질환 환자들에서 높은 불안과 우울이 간혹 나타나므로 그에 대한 평가는 만성질환 치료의 한 부분이 되어야 한다. 우울증이나 다른 정신질환을 경험했던 사람은 특히 위험하므로 잠재적인 개입을 위해 초기에 평가가 이루어져야 한다(Goldberg, 1981; Morris & Raphael, 1987).

약물 개입

약물치료는 만성질환과 관련된 우울로 고통받고 있는 환자들에게 적절할 수 있다. 이런 경우 항우울제가 흔하게 처방된다.

개인치료

개인치료는 만성질환으로 인한 심리적 합병증을 가지고 있는 환자들에게 흔하게 이루어지는 개입이다. 그러나 의학적 질병을 가진 환자에게 이루어지는 심리치료와 주로 심리장애를 가진 환자들에게 이루어지는 심리치료에는 중요한 차이가 있다.

첫째, 의학적 질병을 가진 환자를 대상으로 하는 치료는 지속적이기보다 단편적으로 실시될 가능성이 크다. 만성질환에는 도움이 필요한 위기와 문제가 간헐적으로 발생한다. 예를 들어, 상태의 재발과 악화는 치료사의 개입이 필요한 위기를 나타내는 것일 수 있다.

둘째, 환자의 동의하에 환자, 의사, 그리고 가족 구성원의 협력이 이루어지는 것이 바람직하다. 의사는 심리학자에게 환자의 현재 몸 상태를 알려줄 수 있고, 심리학자는 의사와 환자 사이에 소통이 잘 이루어지도록 촉진할 수 있다.

셋째, 의학적 질병을 가진 환자를 다루는 치료자는 환자의 질병과 치료 방법을 포괄적으로 이해해야 한다. 질병과 치료 그 자체는 심리적 문제(예 : 화학요법에 수반되는 우울)를 일으키고, 이 사실을 모르는 치료자는 부정확한 해석을 할 수 있다.

개인치료는 종종 피로, 기분 장애, 기능 손상 또는 스트레스와 같은 특정 문제를 목표로 한 인지행동치료(CBT)에 기반을 둔다. 예를 들어, 피로 감소를 목표로 하는 8주간의 인지행동치료 개입은 다발성 경화증 치료를 받는 환자에게 효과적이었다(Van Kessel et al., 2008). CBT가 좀 더 효과적이긴 하지만, 이완치료 역시 효과적이었다. 심지어 전화로 시행하는 CBT와 같은 간단한 치료도 개인의 통제감을 강화시키고 고통을 완화시킴으로써 환자에게 도움을 줄 수 있다(Cosio, Jin, Siddique, & Mohr, 2011; Shen et al., 2011).

CBT와 대처기술 훈련은 만성질환 환자의 기능을 높일 수 있다. 이러한 프로그램은 질병에 대한 지식을 높이고, 불안을 감소시키며, 삶의 목적과 의미를 증진하고(Brantley, Mosley, Bruce, McKnight, & Jones, 1990; Johnson, 1982), 통증과 우울을 감소시키며(Lorig, Chastain, Ung, Shoor, & Holman, 1989), 대처기술을 증진시키고(Lacroix, Martin, Avendano, & Goldstein, 1991), 치료에 순응하게 하고(Greenfield, Kaplan, Ware, Yano, & Frank, 1988), 통증과 다른 부작용을 관리하는 능력에 대한 자신감을 높일 수 있다(Helgeson, Cohen, Schulz, & Yasko, 2001; Parker et al., 1988).

제7장에서 우리는 스트레스에 대처하기 위한 표현적 글쓰기의 이점에 관해 이야기했다. 이러한 개입은 만성질환 환자들에게도 도움이 되었다. 예를 들어, 전이성 신

사회적 지지집단을 통해 가족이나 친구로부터 받지 못한 사회적 지지에 대한 욕구를 충족할 수 있으며, 자신과 유사한 다른 사람들과 함께 개인적 경험을 공유할 수 있다.
Caia Image/Image Source

장세포암 환자에 관한 연구에서, 자신의 암에 대해 글을 쓴 사람은 (중립적인 주제에 대해 글을 쓴 사람과 비교하여) 수면의 어려움이 적었고, 수면의 질과 기간이 더 좋았으며, 일상 활동에서 생기는 문제가 적었다(de Moor et al., 2002).

효과적인 표적 치료로 관심이 옮겨감에 따라 피로와 같은 증상을 줄이거나(Friedberg et al., 2013) 운동을 장려하는 것(Pilutti, Greenlee, Motl, Nickrent, & Petruzzello, 2013)을 목표로 하는 자기 관리 개입에 초점을 두게 되었다.

인터넷은 비용 효율적인 방식으로 개입을 제공할 수 있음을 잘 보여주었다. 질병에 대한 정보가 분명하고 간단한 방식으로 제시될 수 있으며, 흔히 발생하는 질병과 관련된 문제에 대한 대처 지침이 웹사이트에 게시되어 환자와 가족이 활용할 수 있다(Budman, 2000). 한 연구에서, 의학 정보를 위해 인터넷을 사용하는 유방암 환자는 인터넷을 사용하지 않는 환자보다 더 큰 사회적 지지를 경험하였다. 이 환자들은 일주일에 1시간 이하로 인터넷을 사용했는데, 이는 최소한의 시간만 들여도 심리적 이점을 얻을 수 있다는 사실을 시사한다(Fogel, Albert, Schnabel, Ditkoff, & Neugut, 2002). 다른 온라인 개입에서는 건강한 방향으로 식습관을 바꾸고 신체활동을 증가시키는 것과 같은 만성질환자들이 직면하는 일반적인 문제를 다루었다(McKay, Seeley, King, Glasgow, & Eakin, 2001).

전화를 통해 식습관을 개선하고 신체활동을 높이고자 하였던 건강행동적 개입도 성공적일 수 있다(Gorst, Coates, & Armitage, 2016). 만성질환을 가진 몇몇 환자 집단에서도 전화 개입을 통해 여러 건강행동이 유의하게 향상되었다(Lawler et al., 2010).

이완, 스트레스 관리, 운동

이완 훈련은 천식, 암 그리고 다발성 경화증을 포함한 만성질환을 가진 환자에게 폭넓게 사용되는 개입이다. 이완 훈련을 스트레스 관리 및 혈압 모니터링과 결합하는 개입이 고혈압 치료에 유용하다는 점이 입증되었다(Agras, Taylor, Kraemer, Southam, & Schneider, 1987).

마음챙김에 근거한 스트레스 감소(mindfulness-based stress reduction, MBSR) 프로그램으로 만성질환에 대한 적응을 높일 수 있다(Brown & Ryan, 2003). MBSR에서는 현재 순간에 주의를 집중하여 자신의 생각이나 느낌을 알아차리고 수용하면서도 그것들에 의해 주의가 산만해지거나 고통을 받지 않도록 가르친다. 수용전념치료(acceptance and commitment therapy, ACT) 역시 만성질환 환자에게 사용되었으며, 환자가 회피나 헛되이 애쓰지 않게 하면서 자신의 질병을 수용하도록 돕는다(Lundgren, Dahl, & Hayes, 2008).

운동도 만성질환자들의 삶의 질을 높인다(Sweet, Martin, Ginis, Tomasone, & SHAPE-SCI Research Group, 2013). 성인 만성질환자에게 CBT와 신체 활동을 결합한 개입의 효과가 운동 개입 하나만 적용하였을 때보다 더 좋지는 않았다(Bernard et al., 2018).

사회적 지지 개입

사회적 지지는 만성질환을 가진 사람들에게 중요한 자원이다. 사회적 지지의 이점은 암, 척추 손상, 말기 신장 질환 그리고 심혈관계 질환을 포함한 사실상 모든 만성질환에서 입증되었다. 성인을 위한 주간 보호시설에서 일상 활동과 함께 도움이 필요할 때 그와 같은 지지를 제공할 수 있다. 특히 알츠하이머병 환자를 포함하여 노인들은 접근 가능하다면 그 시설을 이용할 것이다(Dwyer, Harris-Kojetin, & Valverde, 2014).

가족의 지지 가족의 지지는 특히 중요하다. 이는 환자의 신체적 · 정서적 기능과 치료 준수를 촉진하며(Martire, Lustig, Schulz, Miller, & Helgeson, 2004), 질병의 경과를 향상시킬 수 있다(Walker & Chen, 2010). 가족 구성원은 환자가 이행해야 하는 활동을 상기시키거나 심지어 그 활동에 참여함으로써 치료를 준수할 가능성을 높인다. 아버지가 새로 당뇨병 진단을 받은 한 학생이 매주

글상자 11.5 인터넷의 도움

재닛과 피터 번하이머는 갓난아이가 태어나 매우 감격했으나, 곧 아이가 낭포성섬유증(Cystic Fibrosis, CF)을 가졌다는 것을 알게 되었다. 그들은 이에 충격을 받아(그들은 자신들이 낭포성섬유증의 열성 유전자를 가지고 있다는 것을 몰랐다) 이 질병에 대해 가능한 한 많은 것을 알려고 노력했다. 그 지역의 의사가 제공할 수 있는 정보는 조금뿐이었고, 그들은 신문 기사를 통해 새로운 정보를 얻을 수 있다는 것을 알았다. 게다가 그들은 아이를 더 잘 돌보기 위해 기침, 쌕쌕거림, 그리고 다른 증상을 다루는 방법에 대해 도움을 받고자 하였다.

부부는 인터넷으로 눈을 돌렸고, 낭포성섬유증을 가진 아동의 부모를 위한 웹사이트를 발견했다. 그들은 온라인을 통해 질병에 대해 많이 알게 되었고, 추가적인 정보를 제공하는 기사를 얻을 수 있었으며, 다른 부모들과 함께 증상을 다루는 가장 좋은 방법에 관해 이야기했고, 그들이 매일 관리해야 하는 복잡하고 고통스러운 감정을 공유했다(Baig, 1997년 2월 17일).

이 사례가 보여주는 바와 같이 인터넷은 만성질환 환자들에게 정보와 사회적 지지의 원천이 되고 있다. 웹사이트는 같은 문제를 겪고 있는 사람들이 바로 접근할 수 있다. 낭포성섬유증은 흔한 질병이 아니었기에 번하이머는 웹사이트가 심리사회적 문제에 대해 다른 부모의 조언을 얻을 수 있는 최적의 원천이었을 뿐만 아니라 질병의 원인과 치료에 대한 정보를 얻기 위한 최선의 해결책이라는 것을 알게 되었다. 웹사이트가 한때 고립되었던 사람들을 함께 모아주었고, 그 결과 사람들은 공유된 지식을 통해 자신들의 문제를 해결할 수 있게 되었다.

웹사이트의 정보는 유용하지만, 그 정보가 잘못된 것일 위험성도 항상 존재한다. 그러나 잘 알려진 웹사이트는 매우 신중하게 정보를 올린다. 현재 이용 가능한 사이트 중 하나가 WebMD인데, 이곳은 인터넷에 소비자와 건강 정보를 제공하는 상업적 웹사이트이다. 국립보건원(National Institutes of Health, https://www.nih.gov/health-information)은 수많은 질병에 관한 최신의 정확한 정보를 제공한다.

5일씩 아침 식사 직전에 그와 함께 걷기를 한 것이 한 사례이다.

때때로 가족 구성원들은 그들이 하는 선의의 행동이 나쁜 결과를 낳지 않도록 하기 위한 지침을 필요로 한다(Dakof & Taylor, 1990; Martin, Davis, Baron, Suls, & Blanchard, 1994). 예를 들어, 어떤 가족 구성원들은 그들 자신과 사랑하는 만성질환자가 늘 쾌활하게 살아야 한다고 생각하는데, 그것이 의도치 않게 환자가 다른 사람과 고통이나 관심을 나눌 수 없게 만들 수 있다. 환자에게는 질병의 경과에 적합한 다른 종류의 지지가 제공되어야 할 것이다. 어떤 때에는 병원에 오고 가는 것과 같은 실제적인 도움이 중요하고, 다른 때에는 정서적인 지지가 더 중요할 것이다(Dakof & Taylor, 1990; Martin et al., 1994).

가족들에게 한 가족 구성원이 겪고 있는 만성질환의 특성을 설명하는 것은 가족의 기능뿐만 아니라 환자의 질병 과정에도 도움이 될 수 있다(Walker & Chen, 2010).

지지집단

사회적 **지지집단**(support group)은 만성질환자들에게 하나의 자원이다. 이러한 집단 중 일부는 치료자에 의해 운용되고, 어떤 경우에는 환자가 이끌기도 한다. 지지집단에서는 질병의 결과로 생기는 공동의 관심사에 대해 논의한다. 그들은 다른 사람들이 문제를 어떻게 다루었는지에 대한 구체적인 정보를 제공하고, 동일한 문제를 겪은 사람들과 정서적 반응과 유용한 대처전략을 공유할 기회를 갖는다. 사회적 지지집단은 충족되지 않은 가족과 간병인의 사회적 지지를 채워주거나, 동일한 사건을 경험한 사람들이 지지를 제공하는 추가적 지지의 원천으로 작용할 수 있다. 이제 인터넷이 사회적 지지와 정보를 주고받을 다양한 기회를 제공한다(글상자 11.5).

요약

1. 어떤 시점에서든지, 전체 인구의 50% 정도는 의학적 관리가 필요한 만성적인 문제를 가지고 있다. 삶의 질에 대한 측정은 질병 및 치료와 관련된 문제를 정확히 찾아주며, 효과적이고 비용 효율적인 개입과 관련된 정책적인 의사 결정에 도움이 된다.
2. 만성질환 환자들은 종종 부인, 간헐적인 불안 그리고 우울을 경험한다. 그러나 특히 불안과 우울은 과소진단되고, 질병이나 치료의 증상으로 혼돈되거나 정상적인 것으로 여겨지기 때문에 적절한 개입이 이루어지지 않는다.
3. 불안은 검사 결과를 기다리거나 정기 검진을 받는 것과 같은 질병 사건과 확실히 관련되어 있다. 우울은 질병, 통증 그리고 장애의 심각도와 함께 증가한다.
4. 적극적인 대처와 유연한 대처 노력은 회피, 수동적인 대처 또는 하나의 두드러진 대처전략을 사용하는 것보다 더 효과적이다.
5. 환자는 자신의 질병, 질병의 원인 그리고 대처 및 적응와 관련된 통제력에 대한 개념을 발달시킨다. 질병과 치료에 대해 개인적으로 인식하는 통제력은 환자가 질병에 잘 적응하는 것과 관련되어 있다.
6. 만성질환의 관리는 신체적 문제, 특히 기능의 회복과 치료 준수에 중점을 두며, 직업 재훈련, 직장 차별, 경제적인 어려움, 보험의 상실, 사회적 지지의 문제, 심리적 반응 및 질병으로 인해 장기적 목표에 위협이 되는 것과 같은 개인적 손실도 연관된다.
7. 많은 환자들은 만성질환으로 인해 부정적인 영향뿐만 아니라 몇몇 이익을 경험하기도 한다. 이러한 긍정적인 결과는 부분적으로 환자들이 자신의 질병으로 인해 삶의 일부에서 손실을 입었다고 느끼고, 이를 삶의 다른 측면에서 가치를 발견함으로써 보상하고자 하기 때문에 발생할 수 있다.
8. 만성질환에 대한 개입은 약물 개입, CBT, 간단한 심리치료적 개입, 이완, 스트레스 관리, 운동, 사회적 지지 개입, 가족치료 그리고 지지집단을 포함한다. 온라인 집단을 포함한 지지집단은 만성질환 환자들에게 도움이 되는 자원을 제공한다.

핵심용어

다중상병	지지집단	신체적 재활
물리치료사	삶의 질	우울
부인	식이영양사	자아개념
사회복지사	신체상	작업치료사

CHAPTER 12

진행성 및 말기질환에서의 심리적 문제

Rob Crandall/Alamy Stock Photo

개요

교외의 한 고등학교에서 신입생 첫 조회 시간에 교장선생님이 학생들에게 다음과 같이 말했다. "주위를 둘러보세요. 여러분의 왼쪽과 오른쪽 그리고 앞쪽과 뒤쪽을 보세요. 지금으로부터 4년 이내에, 여러분 중 한 명이 죽을 수도 있습니다." 대부분의 학생들은 교장선생님의 말에 정신이 아득해졌지만, 뒤쪽의 한 남학생은 교장선생님의 예언을 비웃는 듯 바닥에 털썩 쓰러지며 죽는 시늉을 하였다. 그런데 그가 바로 그 한 명이 되었다. 운전 면허증을 취득한 2주 후 그는 과속으로 차를 운전하다 통제력을 잃고 회전하여 암벽에 충돌하고 말았다.

물론 교장선생님이 미래를 내다본 것은 아니었고, 단순히 청소년이라도 특히 사고로 인해 죽을 수 있다는 통계치를 활용하였던 것이었다. 대부분의 사람이 18세 무렵이 되면, 동급생, 조부모 또는 친구 중에 죽은 사람이 적어도 한 명 정도 있다는 것이다. 죽음의 원인 중 많은 것은 예방할 수 있다. 많은 아동이 집에서 사고로 죽는다. 청소년들도 자동차 사고로 죽는데, 여기에는 약물, 알코올 또는 이러한 요인들이 복합적으로 연관되어 있다. 중년이나 노인의 죽음은 흡연, 나쁜 섭식, 운동의 부족 또는 비만과 같이 좋지 못한 건강 습관의 누적 효과가 원인이 된다. 전체적으로는 특정 시기의 사망 위험이 1900년 이후 모든 나이에서 현저히 감소하였다. 불과 100년 전만 해도 사람들은 주로 결핵, 독감 또는 폐렴과 같은 감염성 질환으로 사망하였다. 이제 이런 질병의 확산율이 매우 낮은데, 그것은 20세기에 발전한 향상된 위생과 교육과 같은 공중보건 대책과 백신과 같은 예방의학 기술 덕분이다. 오늘날 특히 부유한 나라에서의 사망은 주요 원인이 급성질환이 아니라 암이나 심장병과 같은 만성질환이다(표 12.1, 12.2). 이 사실은 갑자기 예기치 못한 죽음을 직면하는 것이 아니라 보통의 성인들은 5년, 10년, 또는 그 이상 동안 자신들이 무엇 때문에 죽을지 안다는 것을 의미한다.

세계적으로 2016년에 태어난 사람의 기대수명은 72세이고(World Health Organization, May 2019), 미국의 경우 78.6세이다(Xu, Murphy, Kochanek, Bastian, & Arias, 2018). 세계의 다른 나라들과 비교할 때 미국의 기대수명이 다소 높지만, 많은 산업화한 국가들에는 미치지 못한다. 비교적 높은 출생 전 및 유아 사망률과 살인, 그리고 재정적 및 구조적 장벽에 기인한 건강관리 수요의 미충족 등이 이 현상에 기여하는 요인들이다(Kontis, Bennett, Mathers, Li, Foreman, & Ezzati, 2017). 또한 이 문제는 건강 부담이 인종과 사회경제적 지위에 따라 불공평하게 지워지는 사회적 격차와도 연관이 있다(National Research Council and Institute of Medicine, 2013).

더구나 미국의 경우 2015~2017년 사이에 전반적인 수명의 연장은 정체 혹은 역전되었는데, 이는 아편 과사용(제10장, 글상자 10.4 참조)으로 인한 사망과 자살(Bernstein, November 2018)이 증가하였기 때문이었다. 자살이 드문 행위이긴 하지만(2017년에 10만 명당 14명), 10~34세 범위에서는 두 번째로 높은 사망의 원인이다(National Institute of Mental Health, May 2019). 미국 인디언, 알래스카 원주민, 비히스패닉계 백인 남성에

표 12.1 | 미국의 사망원인(2016년)

순위	평균값
1. 심장질환	635,260
2. 암	598,038
3. 만성 호흡기 질환	161,374
4. 뇌졸중	154,596
5. 사고(비의도적 부상)	142,142
6. 알츠하이머병	116,103
7. 당뇨병	80,058
8. 인플루엔자/폐렴	51,537
9. 신염*	50,046
10. 자살	44,965

* 신장증후군과 신장증을 포함함

출처 : Xu, J., S. L. Murphy, K. D. Kochanek, B. Bastian, and Elizabeth Arias. "Deaths: Final Data for 2016." National Vital Statistics Report 67, no. 5 (2018): 1–76. www.cdc.gov/nchs/products/databriefs/db293.htm.

표 12.2 | **전 세계 성인의 사망원인(2016년)**

저소득 국가 사망률			고소득 국가 사망률		
순위	사망원인	사망자	순위	사망원인	사망자
1	하기도 감염	76	1	허혈성 심장질환	147
2	설사병	58	2	뇌졸중	63
3	허혈성 심장질환	53	3	알츠하이머와 다른 치매	61
4	HIV/AIDS	44	4	기도암, 기관지암, 폐암	49
5	뇌졸중	42	5	만성 폐쇄성 폐질환	47
6	말라리아	38	6	하기도 감염	37
7	결핵	34	7	대장암과 직장암	28
8	조산 합병증	32	8	당뇨병	23
9	출산 질식 및 외상	30	9	신장질환	19
10	도로 상해	29	10	유방암	16

출처 : World Health Organization. "The Top 10 Causes of Death." Last Modified May 24, 2018. https://www.who.int/news-room/fact-sheets/detail/the-top-10-causes-of-death.

서 자살률이 가장 높다. 여성과 비교할 때 남성의 자살률이 거의 네 배나 되며 이 차이는 부분적으로 총기 사용으로 설명되는데, 남성의 경우 총기에 의한 자살이 56%이지만 여성에서는 31%이다. 누구든 자살예방상담전화(1393)를 휴일 없이 24시간 내내 이용할 수 있다(참조 웹사이트, https://www.129.go.kr/1393/).

일생에 걸친 죽음

코미디언인 우디 앨런은 "나는 죽음이 두렵지 않다. 단지 나는 그것이 발생하는 곳에 있고 싶지 않다"라는 말을 하였다. 죽음 그리고 죽는 것과 연관된 심리적 문제를 이해하려면 먼저 죽음 그 자체에 대해 살펴보아야 한다. 특정 나이의 사람에게 가장 높은 사망의 원인이 무엇이며, 어떤 종류의 죽음일까?

유아기와 아동기의 죽음

미국은 세계에서 기술이 가장 발달한 나라 중 하나이지만 **영아 사망률**(infant mortality rate)은 여전히 꽤 높으며(1,000명당 5.87명)(Xu et al., 2018), 이는 서유럽 국가들보다 높은 수준이다. 그림 12.1에서 볼 수 있듯이 1980년(인구 1,000명당 12.6명) 이후 영아 사망률은 상당히 낮아졌지만(Centers for Disease Control and Prevention, 2012년 1월), 생후 첫해에 아프리카계 영아가 사망하는 비율은 비히스패닉계 백인의 두 배나 된다(Xu et al., 2018).

죽음의 원인 미국보다 영아 사망률이 낮은 국가들은 국가 차원의 의료 프로그램에서 임신 기간 동안 산모에게 무료 혹은 저렴한 비용으로 산전 관리 서비스를 제공한다. 유아가 미숙아로 태어나거나 출생 시 사망할 경우, 그 문제의 원인이 산전 건강관리 부족인 경우가 빈번하다. 미국 여성의 15%는 산전 관리를 충분히 받지 못하는데, 그 이유는 적은 나이, 낮은 교육 수준, 관리 비용의 부족 등이다(Osterman & Martin, 2018).

생후 첫해 동안에 일어나는 영아 사망의 주요 원인은 선천적 기형, 저체중 및 조기 분만(임신 37주 이전의 분만)과 관련된 장애, 그리고 **영아 돌연사 증후군**(sudden infant death syndrome, SIDS)이다. 영아 돌연사 증후군은 단순히 유아가 숨 쉬는 것을 멈추는 것인데, 그 원인

그림 12.1 | 미국인 기대수명 및 영아 사망률(1900~2013년)

출처 : Xu, Jiaquan, Sherry L. Murphy, Kenneth D. Kochanek, and Brigham A. Bastian. "Deaths: Final Data for 2013." *Centers for Disease Control and Prevention* 64, no. 2 (2016): 01 – 119.)

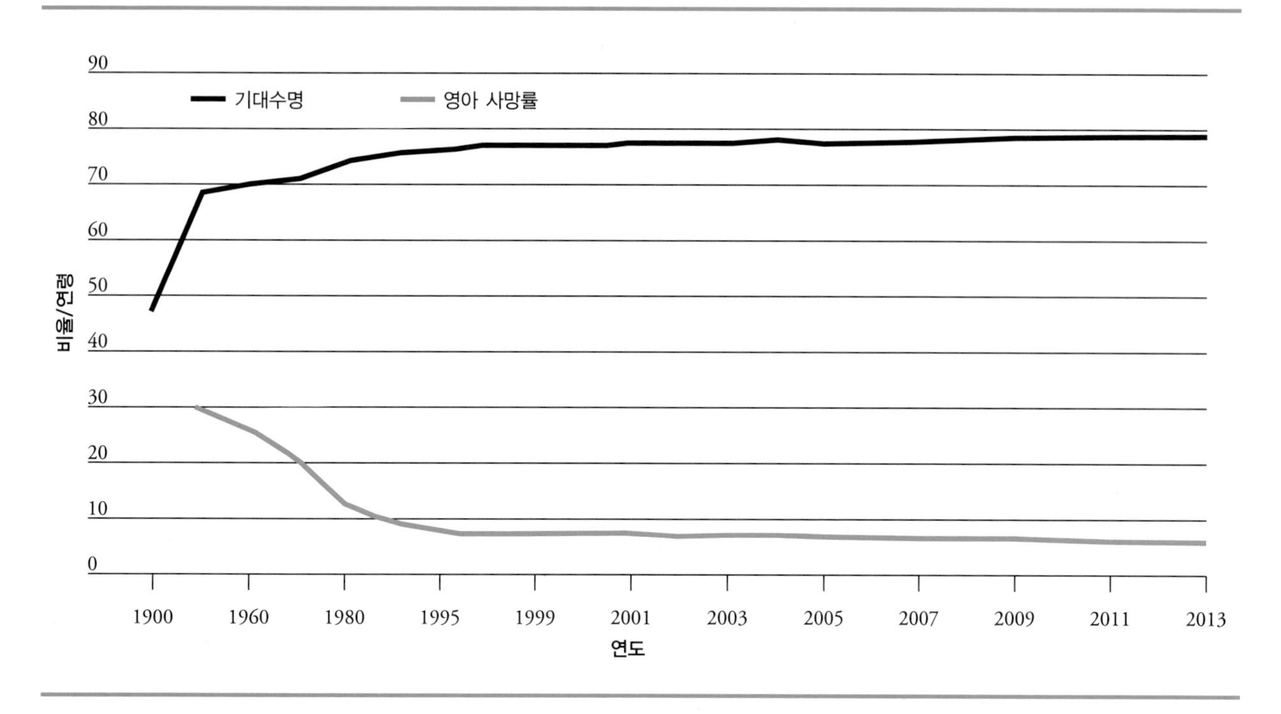

은 완전히 밝혀지지 않았다. 그러나 뇌 및 유전적 문제가 환경적 요인과 함께 작용할 수 있는데, 환경적 요인에는 아기가 엎드리거나 옆으로 누워 자는 것, 태아기 혹은 유아 초기에 산모의 흡연에 노출되는 것, 모유 대신 조제 우유만 먹는 것이 포함된다(Eunice Kennedy Shriver National Institute of Child Health and Development, January 2017). 영아 돌연사 증후군은 아동에게 편한 죽음일지 몰라도 부모에게는 그렇지 않다. 혼란과 자기비난 그리고 이러한 현상을 이해하지 못하는 다른 사람들의 의심은 부모에게 극심한 심리적 타격을 줄 수 있다. 영아 돌연사 증후군의 관리와 위험을 줄이는 방법에 관한 정보는 전문가 웹사이트에서 얻을 수 있다(대한소아청소년과학회, https://www.pediatrics.or.kr/bbs/index.html?code=infantcare&category=A&gubun=E&page=1&number=8810&mode=view&keyfield=&key=).

생후 첫해가 지난 후, 아동이 15세가 되기까지 발생하는 죽음의 주요 원인은 사고이며, 전체 죽음의 30% 정도를 차지한다. 어린 아동의 다른 주요 사망 원인은 선천적 문제와 암이고, 암 중에서 가장 흔한 것은 백혈병이다.

백혈병은 골수를 침해하는 암의 한 종류로, 백혈구 수치의 과도한 증가로 심각한 빈혈과 다른 합병증을 유발한다. 화학요법과 골수 이식과 같은 치료의 발달로 인해 치료받은 아동의 5년 이상의 생존율은 80% 이상이다(National Cancer Institute, 2018년 10월). 불행히도 골수이식과 같은 절차는 고통스러우며, 불쾌한 부작용을 일으키기도 한다. 전반적으로는 가장 많은 영유아 사망 원인으로 인한 사망률은 감소하고 있다. 그러나 10~14세 아동의 두 번째 사망의 원인인 자살은 증가하고 있다(Heron, 2018).

죽음에 대한 아동의 이해 아동의 죽음에 대한 관념은 점진적으로 나타나며, 모든 생명체에 대해서 모든 신체의

현재 아프리카에서 아동 사망률이 급격히 감소하고 있다. 이러한 긍정적인 변화의 이유에는 아프리카의 광범위한 경제성장과 함께 공중보건 정책이 이루어졌기 때문이다. 이러한 정책의 예로 살충제가 처리된 모기장 사용, 식단 개선 등이 있다. (출처 : *The Economist*, 2012년 5월 19일)
commerceandculturestock/Moment/Getty Images

기능이 완전히 종료되는 것이라는 완전한 이해는 적어도 10세가 되어야 발달한다(Speece & Brent, 1996). 대부분 5세까지의 아동은 죽음이 매우 깊은 잠을 자는 것이라고 여긴다. 이 시기의 아동들은 죽음에 대해서 겁내거나 슬퍼하기보다는 호기심을 보이는데, 이것은 죽음은 되돌릴 수 없는 마지막이라는 것을 이해하지 못하기 때문이다. 아동은 왕자를 기다리기 위해 잠을 자는 백설공주나 숲속의 미녀처럼 죽은 사람들이 변경된 상태로 여전히 그들 주위에 머물러있다고 여긴다(Bluebond-Langner, 1977).

5~9세 사이에는 죽음이 끝이라는 개념으로 발달하긴 하지만, 대부분 아동이 생물학적인 죽음은 이해하지 못한다. 이들의 일부는 죽음을 유령이나 악마처럼 잘 보이지 않는 의인화된 형태로 변하는 것이라고 이해한다. 7~10세의 아동은 죽음과 관련된 과정(매장과 화장 등)을 이해하며, 신체가 부패되고 죽은 사람은 다시 돌아오지 못한다는 사실을 알게 된다(Speece & Brent, 1996).

청소년기와 초기 성인기의 죽음

초기 성인들에게 죽음에 대한 관점을 물어보면 대부분은 외상이나 불의의 사고를 떠올린다. 이는 현실적인 지각이다. 청소년과 초기 성인의 사망률은 낮지만(15~19세에서 1,000명당 0.51명, 20~24세에서 1,000명당 0.97명), 이 집단에서의 주요 사망원인은 주로 자동차 사고를 포함한 의도치 않은 부상이다(Heron, 2018). 주로 총기를 사용한 살해가 죽음의 두 번째 주요 원인이다. 살인이 이 집단 전체에서 죽음의 세 번째 원인이며, 젊은 흑인 남성에서는 첫 번째 원인이다. 사고 및 자살에 의한 사망률은 20~24세 남성의 평균과 비교할 때 이 나이의 미국 인디언과 알래스카 원주민 남성(Heron, 2018)에서 약 1.3배로 높다. 심장병과 암이 이 연령 집단의 나머지 사망의 원인이다.

초기 성인의 죽음에 대한 반응 젊은 성인들의 죽음은 아동의 죽음 다음으로 큰 비극으로 여겨진다. 젊은 성인들이 암과 같은 불치병 진단을 받았을 때, 그들은 충격, 격분, 극심한 부당함을 느끼는 것은 당연하다. 그들의 친구와 가족들도 비슷한 감정을 가진다. 해당 질병을 제외한 나머지 건강 상태는 양호하여서 초기 성인은 길고 지루한 죽음의 시간을 겪을 수 있다. 노인들과 달리 그들에게

청소년 및 성인 초기 죽음의 주요 원인 중 하나는 자동차 사고이다.
Sergei Bachlakov/Shutterstock

는 죽음에 이르게 하는 다른 요인들이 별로 없으므로 폐렴이나 신부전증과 같은 합병증에 쉽게 걸리지 않는다.

중년기의 죽음

미국의 경우 중년기에 접어들면서 사망의 주된 원인이 만성질환으로 옮아간다. 35~64세의 성인들이 사망에 이르는 주된 원인은 사고에서 암과 심장병으로 바뀐다. 그다음 죽음이 더 흔해지고 사람들이 죽음에 이르게 만드는 만성적인 건강 문제를 가지게 되기 때문에 죽음은 현실로 다가오고, 어떤 경우에는 두려운 것이 되기도 한다. 죽음에 대한 두려움은 신체 외모, 성적 역량, 또는 운동 능력의 상실에 대한 두려움으로 나타날 수 있다. 또는 개인의 직업적 측면에서 나타날 수 있는데, 일의 의미에 대해 의문을 제기하거나 젊은 시절의 야망이 실현될 수 없음을 깨달을 수도 있는 것이다(Gould, 1972).

성인 대부분은 건강과 인지적 수행의 일부가 쇠퇴하는 중년기에 안정적이고 증가하는 삶의 만족감을 보여준다(Lachman, Teshale, & Agrigoroaei, 2015). 평균 나이보다 일찍 죽는 **조기 사망**(premature death)이 중년기에 증가한다. 2011~2014년 미국에서 조기사망률이 가장 높았던 집단은 미국 인디언과 알래스카 원주민이었고, 그다음이 흑인 집단이었다. 중년기의 건강한 신체 기능과 추후 낮은 조기 사망률과 관련된 보호 요인은 지지적 사회 관계, 규칙적 운동, 강한 개인적 통제감, 삶의 목적 등이다(Hill & Turiano, 2014; Lachman et al., 2015).

많은 사람은 갑작스럽고 고통이 없으며 신체가 온전하게 죽는 것을 선호한다고 보고한다. 갑작스러운 죽음은 사전에 죽음을 준비할 수 없다는 단점이 있지만, 어떤 면에서는 신체적 쇠퇴와 통증, 정신기능의 상실 등에 대처하지 않아도 되기 때문에 더 자비로운 이별이라고 볼 수 있다. 또한 어떤 측면에서 갑작스러운 죽음은 가족 구성원들에게도 도움이 될 수 있다. 가족들은 환자의 건강 악화를 지켜보는 정서적인 고통을 덜 겪어도 되며, 재정이나 다른 자원의 부담을 덜 수 있다. 갑작스러운 죽음에 따르는 한 가지 위험은 환자의 가족들이 상실에 대처할 재정적 및 다른 준비를 제대로 할 수 없거나, 가족 구성원들 사이가 소원해져 관계가 회복되지 않을 수 있다는 것이다.

노년기의 죽음

삶의 어느 시기에서든 죽음이란 어려운 것이지만 노년기에는 다소 수월할 수 있다. 65세 이상의 사람은 일반적으로 젊은이들보다 죽음에 직면할 준비가 더 되어있다. 그들은 친구나 친척들의 죽음을 지켜보았고, 자신들의 죽음에 대해서도 생각해보았을 것이며, 약간의 준비도 해놓는다.

일반적으로 노인들은 암, 뇌졸중 또는 심장문제 또는 신체적으로 쇠약해져 감염성 질환이나 내장기관의 문제와 같은 퇴행성 질환으로 사망한다. 노년기에서 질병으로 인한 임종 단계는 일반적으로 짧을 수 있는데, 죽음을 촉진하는 생물학적 요인이 하나 이상으로 존재하기 때문이다.

왜 어떤 사람은 60대까지 살고, 다른 사람은 90대 이상을 살 수 있는가? 건강심리학자들이 노인 사망을 예측하는 여러 요인을 조사하였다. 새로 앓게 된 질병이나 기존 질병의 악화가 수명 차이의 많은 부분을 설명해준

글상자 12.1 왜 여성이 남성보다 오래 살까?

평균적으로 미국에서 여성은 남성보다 5년 정도 오래 살며, 이런 수명의 차이는 세계적인 현상이다(World Health Organization, 2019). 출산과 관련된 의술이 덜 발달한 개발도상국이나 여성이 보건의료에 접근하지 못하는 나라에서만 남성이 더 오래 산다. 왜 그럴까?

여성은 생물학적으로 남성보다 더 적합한 것 같다. 여아보다 남아 임신이 더 많지만, 유산이나 사산은 남성 태아에서 더 많고, 남아가 여아보다 더 많이 죽는 경향이 있다. 사실 남성의 사망률이 모든 연령대에서 가장 높아서 20세가 될 무렵에는 남성보다 여성이 더 많이 남게 된다. 정확히 어떤 생물학적인 기제가 여성을 생존에 더 적합하게 하는지 모른다. 유전적 요인일 수도 있고, 호르몬 관련 요인일 수도 있다. 예를 들어 X 염색체의 한 유전자에 변이가 일어나도 여성에서는 그것을 보상할 수 있는 두 번째 X 염색체가 있다. 그리고 여성에서 더 많은 에스트로겐이 심장을 보호할 수도 있다.

남성이 여성보다 더 일찍 죽는 다른 이유는 남성이 여성보다 더 위험한 행동을 더 많이 하는 것이다(Williams, 2003). 그중에서도 중요한 것은 흡연인데, 이것이 심장병, 다양한 암, 그리고 다른 생명을 단축시키는 질병에서 어떤 역할을 하며, 남성과 여성의 사망률 차이 중 40% 정도를 설명해준다(Beltrán-Sánchez, Finch, & Crimmins, 2015). 또한 남성은 건설업, 경찰 또는 소방과 같이 위험한 직업에 더 많이 종사한다. 남성의 알코올 소비량은 여성보다 더 높아 간 질병이나 알코올과 관련된 사고에 노출되기 쉽고, 남성이 여성보다 더 많은 약물을 소비하며, 위험한 스포츠에 더 많이 참여하며 취미로 총기를 더 많이 사용한다. 남성들이 총기에 대한 접근성이 더 높은데, 이 때문에 남성들이 총으로 자살할 가능성이 높아질 수 있다. 여성들이 일반적으로 선호하는 자살 방법(예 : 독약)보다는 이것이 훨씬 효과적인 방법이다. 또한 남성은 여성보다 자동차와 오토바이를 더 많이 이용하는데, 이 역시 남성의 높은 사망률에 기여한다. 그리고 남성은 싸움(공격성)이나 도망(사회적 고립이나 약물과 술을 통한 사회적 회피)을 통해 스트레스에 대처하는 경향이 있는데, 이 역시 남성의 짧은 수명을 설명해준다. 이와 대조적으로 여성은 타인을 돌보고 그들과 쉽게 친해진다(Taylor, Kemeny, Reed, Bower, & Gruenewald, 2000). 남성은 예방적 건강관리를 덜 하는 편인데, 이는 남성성에 대한 믿음을 강하게 가지고 있을수록 더 그렇다(Springer & Mouzon, 2011). 마초적인 남성은 수명이 짧다.

사회적인 지지는 남성보다 여성에게 더 보호적이다. 반면에 결혼의 이점은 여성보다 남성에서 더 크다(Kiecolt-Glaser & Newton, 2001). 그러나 여성은 친한 친구가 더 많고, 교회나 여성 집단과 같은 집단활동에 더 많이 참여하는데, 이것이 사회적 지지를 제공한다. 사회적 지지는 스트레스 체계를 낮은 수준으로 유지시켜, 특히 외로운 남성들에게 잘 나타나는 손상을 막아준다. 이 모든 요인이 여성의 장수를 설명하는 데 어떤 역할을 하는 것으로 보인다.

표 12.3 | 얼마나 오래 살 것인가?

수명 계산기를 통해 당신이 어느 정도 장수할 수 있는지 대략적으로 알 수 있다. 많은 수명 계산기가 있지만 가장 인기 있는 것 중 하나는 활력 나침반(Vitality Compass)이다. 이 계산기는 다음과 같은 질문들을 제시한다.

- 1년 전과 비교해서, 전반적인 건강은 어떻게 변화하였습니까?
- 지난달 동안, 슬프거나 우울했던 날은 며칠 있었습니까?
- 지난주 동안, 최소 20분 이상 격한 신체적 활동을 하거나 운동을 한 날은 며칠 있었습니까?
- 평균적으로, 몇 시간 동안 수면을 취합니까?
- 평균적으로, 술은 평소에 얼마나 많이 마십니까?
- 지난주 동안, 신선한 야채를 얼마나 먹었습니까?
- 지난주 동안, 단것이나 패스트푸드를 얼마나 많이 먹었습니까?
- 당신의 직장생활에 얼마나 만족합니까?
- 종교적 활동에 얼마나 자주 참여합니까?

이 질문들에 답하면 네 가지 점수를 받게 된다 : 생물학적 나이(생활습관을 고려한 신체 나이), 기대수명, 평균 건강수명(암, 심장병, 당뇨 등을 앓지 않는 횟수), 누적 나이(생활습관의 결과로 잃거나 혹은 얻은 수명 연수)

점수를 보고 싶다면, http://apps.bluezones.com/vitality에 접속하라.

출처 : Vitality Compass, http://apps.bluezones.com/vitality.Journal of Psychosomatic Research 11 (January 2012): 213–218.

다. 그러나 심리사회적 요인에서의 변화 또한 중요하다. 정신건강이 좋지 않고 삶의 만족감 저하가 노인들의 쇠퇴를 예측해준다(Myint et al., 2007; Rodin & McAvay, 1992; Zhang, Kahana, Kahana, Hu, & Pozuelo, 2009). 이와 대조적으로 삶에 대한 목적 의식은 장수와 연관된다(Boyle, Barnes, Buchman, & Bennett, 2009). 친밀한 가족관계도 건강에 대한 보호 요인이다.

부분적으로는 이런 발견으로 인해 이제 노인의 건강 목표가 사망률을 낮추는 것보다는 삶의 질을 높이는 것에 초점을 더 많이 두고 있다. 미국에서는 65세 이상의 노인들이 생활방식의 변화로 더 건강하다. 그러나 세계적으로는 상황이 매우 다르다. 사람들이 더 오래 살고 있으나 일부 개발도상국은 수명이 61세 정도이며, 흡연, 빈곤한 식단, 앉아서 일하는 생활방식, 알코올 남용 등으로 인해 만성질환의 유병률이 높아졌다는 사실은 많은 노인들이 질 낮은 삶을 산다는 것을 의미한다.

한 가지 특이한 사실은 전형적으로 남성보다 여성이 더 오래 산다는 것이다. 여성의 평균 수명은 81세이며, 남성은 76세이다(Xu et al., 2018). 글상자 12.1에서 남성과 여성의 사망률 차이에 대한 몇 가지 이유를 살펴보았다. 표 12.3에는 개인의 평균 수명을 대략 계산하는 공식이 제시되어 있으며, 당신이 얼마나 살 수 있는지를 예측해볼 수 있는 웹사이트도 있다(www.livingto100.com).

진행성 질환에서의 심리적 문제

많은 사람이 갑작스럽게 죽지만, 말기질환이 있는 많은 사람은 그들이 죽기 전에 언젠가는 죽게 될 것임을 알고 있다. 당연히 이런 사람에게는 다양한 의학적 및 심리적 문제가 발생한다.

지속적 치료와 진행성 질환

진행성 및 말기질환에는 지속적인 치료가 필요하지만, 여기에는 환자가 쇠약해지고 불쾌한 부작용이 수반된다. 예를 들어, 암에 대한 방사선 및 화학요법은 불쾌감, 오심과 구토, 만성적인 설사, 탈모, 피부색의 변화, 피로, 에너지 저하 등을 가져올 수 있다. 진행성 당뇨병 환자에게는 손가락이나 발가락과 같은 사지를 절단할 필요가 생길 수도 있다. 진행성 암 환자들은 간이나 폐의 일부와 같이 병이 퍼진 장기를 제거하는 수술을 받을 수도 있다. 퇴행성 신장병 환자들은 추가적인 악화를 막을 수 있다는 희망으로 장기이식을 받을 수 있다.

결과적으로 치료를 계속할지를 결정해야 하는 때가 온다. 일부 환자들은 우울이나 무력감 때문에 치료를 거부할 수도 있지만, 많은 경우 환자들이 신중하게 선택하여 결정한다.

죽을 권리가 있는가 최근 여러 사회적 및 법적 경향이 변화되면서 죽을 권리가 중요성을 띠게 되었다. 1990년에 미국 의회에서 통과된 환자의 자기결정 법안(Patient Self-Determination Act)에 따르면, 노인 의료보험제도와 저소득층 의료보장제도가 적용되는 보건의료기관은 연명치료에 대한 환자들의 소망을 다루는 정책과 절차를 문서화해야 한다. 이러한 정책에는 소생술 포기(Do Not Resuscitate, DNR) 각서가 포함되는데, 이것은 심폐정지에 대처하는 의료적 반응에 대한 선호 여부를 명확하게 하려고 환자가 서명하는 서류이다.

임종 간호에 영향을 주는 한 가지 중요한 사회적 동향이 죽을 권리(right-to-die) 운동이고, 여기에서는 죽음을 개인이 선택하고 통제하는 문제로 본다. 데릭 험프리가 쓴 마지막 비상구(*Final Exit*)라는 책이 1991년에 출간되었을 때 많은 주목을 받았다. 자살하거나 자살을 돕는 방법에 대한 안내서인 이 책은 죽어가는 사람들에게 그들이 선택한 시점에 존엄사(dignified death)에 이를 수 있는 수단을 제공한 것으로 인식되었다.

말기질환에 있어서 죽을 권리와 죽음을 돕는다는 발상을 수용하는 미국인이 증가하고 있다. 1975년 갤럽의 조사에 따르면, 응답자 중 41%만이 아무런 희망이 없을 때 심하게 고통을 받는 환자에게 자살할 도덕적 권리가 있다고 답하였다. 2018년에는 72%의 사람들이 환자와 가족이 요청하는 경우 법률로 의사가 환자의 생명을 종료할 수 있도록 해야 한다는 데 동의하였다. 호주와 캐나다는 물론 여러 유럽 국가에서도 도움받는 죽음을 지지하는 수준이 높으며, 그 수준이 90%에 근접하는 국가도 여럿이다(*The Economist*, 2012년 10월 20일). 사람들이 죽음에 직면했음을 깨달을 때 이 선호가 변할 수 있다는 보고도 있지만(Sharman, Garry, Jacobson, Loftus, & Ditto, 2008), 기능이 감퇴함에 따라 연명치료에 관한 관심도 줄어드는 것 같다(Ditto et al., 2003). 미국 성인의 1/4 정도만이 문서화된 임종의료를 선호한다고 한다(Kaiser Family Foundation, 2017)(글상자 12.2 참조).

도덕적 · 법적 문제 **안락사**(euthanasia)와 **조력 죽음**(assisted death)에 대해서 사회는 점차 더 깊은 고민을 해야 한다. 안락사는 '좋은 죽음'을 의미하는 그리스어 단어에서 유래되었다(Pfeifer & Brigham, 1996). 일부 국가(미국 미포함)에서 합법화되어 있는 안락사를 위해서는 의사가 대상자에게 치명적인 용량의 약을 투여해야 한다. 미국의 8개 주(콜롬비아 특별구 포함)에서 2019년 **법제화된 의사조력 죽음**(physician-assisted death)은 의사가 처방한 치명적 용량의 약을 해당자가 스스로 투여하는 방식을 취하고 있다.

오리건주가 1997년에 최초로 의사조력 죽음을 허용하는 존엄사법(Death with Dignity Act)을 제정하였다. 이 법이 적용되려면 환자의 정신 능력이 유지되어야 하고, 생존 기간이 6개월 이하인 말기질환을 앓고 있어야 한다. 그리고 환자에게 통증 조절과 호스피스 치료와 같은 대안 치료에 대해 알려주어야 한다. 환자가 최소한 3회 이상 이것을 요청해야 하고, 정확성을 위해서 제2의 의사가 사안을 검토해야 하며, 가족 구성원들이 환자에게 죽음에 대한 압력을 주지 않아야 한다(*The Economist*, 2012년 10월). 이 법이 제정된 뒤 2,000명 이상의 오리건 주민들이 처방을 받았는데, 이들의 대부분은 암 환자였고 약을 복용하여 사망한 사람은 66%였다. 이 처방을 받은 환자들이 가장 많이 보고한 것은 자율성 상실, 삶을 즐겁게 해주는 활동에 참여하는 능력의 상실, 존엄성 상실에 대한 염려였다(Oregon Health Authority, 2018). 1997년 미국 대법원은 의사조력 죽음이 헌법적 권리라

글상자 12.2 의사에게 보내는 편지

(이것은 환자가 의사에게 보낼 수 있는 편지의 한 유형이다.)

선생님께

저는 삶의 마지막 기간을 존엄하게 유지하고, 적절한 죽음을 맞이하고 싶습니다.

이를 위해서 다음 몇 가지를 알고 싶습니다.

- 보건 의료에 대한 저 또는 제가 지정한 대리인의 선택이 존중받을 수 있는지
- 완화치료가 보장된다면, 선생님이 계획이나 시설을 추천해주실 수 있는지
- 저에게 존엄사가 허용되는지 그리고 특별한 수명 연장 치료가 사용되지 않을 것인지
- "소생시키지 마세요"라는 저의 요청이 존중되는지

삶의 마지막에 관한 소망을 전할 기회에 감사하며, 저와 가족의 부담을 최소화할 수 있게 저의 요청을 받아주시길 바랍니다.

서명 : 날짜 :

는 평결을 내리지 못했음에도 불구하고 합법화 여부는 각 주에 일임하였다.

삶을 마감하기 위한 다소 수동적인 방법들도 주목을 받았다. 많은 주에서 말기질환에 걸린 사람들이 **사망선택유언**(living will)을 작성할 수 있도록 하는 법을 제정하였는데, 이는 만일 환자가 스스로 선택을 내릴 수 없는 경우에 불필요한 생명 유지 절차를 사용하지 말 것을 사전에 요청하는 것이다. 이 사전의료의향서(advance directive)가 지침과 법적인 보호를 제공해주기 때문에 의사는 호흡기 착용과 같이 환자의 생명을 유지하려는 헛된 노력을 무기한 행하지 않을 것이다. 이런 종류의 문서는 친척과 같은 대리인의 선택보다는 환자의 선호성이 존중받게 해준다(Ditto & Hawkins, 2005; Fagerlin, Ditto, Danks, Houts, & Smucker, 2001). 사전의료의향서, 소생술 포기, 사망선택유언 문서 중 하나라도 작성한 사람의 비율은 호스피스 치료 환자의 88%, 양로원 환자의 65%였으나, 가정간호 환자의 경우에는 28%에 불과하였다(Jones, Moss, & Harris-Kojetin, 2011).

안타깝게도, 많은 의사가 죽어가는 환자의 소망을 따르지 않고, 그로 인해 환자의 통증과 고통이 연장될 수 있다고 주장하는 연구가 있다. 한 연구(Seneff, Wagner, Wagner, Zimmerman, & Knaus, 1995)에 의하면 환자의 1/3이 심폐소생술을 원하지 않는다고 요청하였지만, 이러한 요청의 절반이 차트에 기록도 되지 않는다고 한다. 따라서 현재 사망선택유언 및 그와 관련된 규정은 환자가 소망을 표현하거나 충족하는 데 도움을 주지 못하고 있다. 글상자 12.3은 조력 죽음에 관한 한 사례를 보여준다.

현재 죽음을 둘러싼 복잡한 도덕적 · 법적 · 윤리적인 문제는 우리 사회가 직면하는 비교적 새로운 것이다. 연구자와 임상전문가처럼 건강심리학자도 이 논의에 동참할 수 있다(Sears & Stanton, 2001). 이러한 문제는 인구가 고령화되어감에 따라 더욱 중요해질 것이다.

죽음과 관련된 심리적 · 사회적 문제

진행성 및 말기질환은 많은 심리적 · 사회적 문제를 일으킨다.

환자의 자아개념 변화 진행성 질환은 자아개념을 위협할 수 있다. 질병이 진행되면서 환자가 자신을 효과적으로 나타내는 능력이 떨어진다. 또한 그들이 생물학적 · 사회적인 기능을 조절하기도 어렵게 된다. 예를 들어, 배뇨나 배변을 조절하지 못하는 실금이 나타날 수 있고, 침을 흘리거나, 표정이 일그러지며, 몸이 떨리는 것을 통제하지 못할 수도 있다. 이런 변화는 당사자와 다른 사람들이 감내하기 어려운 것일 수 있다.

글상자 12.3 죽음에 대한 준비 : 조력 죽음의 문제

60세가 된 메이 하비는 위암으로 서서히 고통스럽게 죽어가고 있었다. 그녀에게는 친구를 만날 에너지도 남지 않았고, 기본적인 위생 관리와 같은 일상의 활동에도 도움이 필요한 상태였다. 그녀는 삶을 마감하기로 하고 의사에게 도움을 요청하였다. 의사는 거절하였고, 자살을 돕지 못하게 하는 법률에 관해서 설명하였다. 그녀는 외국의 간호사였던 남편에게 부탁하였으나 그것도 거절당했다. 요청을 들어주면 남편의 간호사 자격증이 박탈되고 감옥으로 갈 수도 있는 사안이었다.

그래서 메이는 자살하기로 하였다. 그녀는 수면제를 모으기 시작하였고, 의사에게 불면증을 호소하여 처방 용량을 늘리도록 하였다. 충분한 수면제를 모은 어느 날 메이는 영원히 잠들기를 기대하면서 수면제를 물과 함께 삼켰다. 그러나 한 시간이 지나지 않아 그녀는 모든 것을 토해내었다.

제정신이 아닌 그녀는 토한 것을 모아 건조시켰고, 다음 시도를 위해 수면제를 가려내었다. 얼마 지나지 않아 그녀는 더 많은 양의 수면제를 모았다. 상태가 좋은 날을 택하여 그녀는 다시 수면제를 삼켰다. 그런데 같은 일이 발생하였다. 이번에는 남편이 그녀의 시도를 알게 되었고, 수면제 용량을 낮춘 의사에게 알렸다. 메이는 너무 허약해서 세 번째 시도는 할 수 없었기에 수면제 처방은 문제가 아닌 상황이 되었다.

며칠 후 메이의 딸이 도움을 주기 위해 왔고, 메이는 딸에게 자살 시도에 대해 말해주었다. "그들이 왜 나를 도와주지 않는지 모르겠어. 강아지를 잠들게 할 때, 그것은 너무 쉽고 고통이 따르지 않는데. 왜 그들은 나에게는 같은 일을 하지 않을까?" 메이는 몇 주 더 살다가 그렇게 원했던 죽음을 맞았다.

진행성 질환을 앓는 사람은 간헐적 통증을 겪고, 구역질과 구토로 괴로워할 수 있으며, 체중 감소로 인한 충격적인 외형, 치료 스트레스 또는 질병으로 인한 탈진을 경험할 수 있다. 심지어 일부 환자들에게 더 위협적인 것은 정신적 퇴행과 집중력 저하이다. 인지적 감퇴는 죽음 직전에 가속화되기도 한다(Wilson, Beck, Bienias, & Bennett, 2007). 인지기능의 상실은 질병의 자연스러운 진행 과정으로 나타날 수도 있고, 진통제나 기타 약물의 안정 작용 및 지남력 상실 효과 때문에 나타날 수도 있다.

최근 미국에서 죽음에 대한 권리와 의료진의 조력을 받는 자살에 대한 권리를 표현하려는 일반 대중의 움직임이 힘을 얻고 있다.
CHARLES DHARAPAK/AP Images

사회적 상호작용의 문제 진행성 질환의 영향은 사회적 상호작용으로도 파급된다. 말기 환자는 사회적인 접촉을 원하고 필요로 하지만 자신의 정신적 · 신체적 퇴행이 방문자를 당황하게 할까 봐 염려할 수 있다. 따라서 환자는 사회적으로 고립되기 시작하며, 점차 믿을 수 있는 몇 사람들로 방문을 제한한다. 가족과 친구들은 환자의 이러한 사회적 고립이 더 심해지지 않도록 도움을 줄 수 있다. 방문객에게 환자의 상태를 미리 알려줌으로써 환자가 당황해하지 않도록 반응할 수 있게 할 수 있다. 또한 이들은 말기 환자의 선호에 맞추어 장소, 시간, 및 방문자의 수를 조절할 수도 있다.

어떤 사회적 철수는 정상이며, 죽음의 생물학적 과정이기도 하고 결국은 가족과 친구를 떠나게 될 것임을 예측할 때 나타나는 애도 과정일 수도 있다. 환자가 주변 사람들에게 감정을 표현하는 동시에 그들로부터 떠날 준비를 하는 것이 힘든 일이므로 이 예기 애도를 하는 동안 의사소통이 방해받을 수 있다.

의사소통 문제 환자의 예후가 좋을수록 의사소통이 잘 되는 것이 보통이지만, 예후가 나빠지고 치료가 극단적일수록 의사소통은 나빠진다. 의료진은 환자의 상태에 대해 질문받았을 때, 얼버무리며 회피하려고 할 수 있다. 가족 구성원들은 환자와 함께 있을 때는 쾌활하고 낙천적이지만 의료진으로부터 환자에 대한 정보를 듣고자 할 때는 혼란스럽고 겁날 수 있다. 이들은 서로가 죽음에 대해 말하고 싶지 않으며 서로를 보호하려 한다고 생각할 수 있는데, 이것이 의사소통을 가로막을 수 있다. 우리 사회에서 죽음 그 자체는 여전히 금기시되고 있다. 이 문제는 정중한 대화에서 회피되기 일쑤고, 이를 주제로 한 연구도 많지 않으며, 가족 중 누가 사망할 때 남은 사람들은 혼자 그 슬픔을 견디려고 한다. 많은 사람은 죽음에 관한 이야기를 꺼내지 않는 것이 옳다고 여긴다.

비전통적 치료의 문제

건강과 의사소통이 나빠질수록, 일부 말기 환자들은 전통적인 의료를 외면한다. 이 중 많은 환자는 공식적인 건강관리 체계를 벗어나 제공되는 과학적으로 검증되지 않은 치료의 희생자가 된다. 제정신이 아닌 가족, 환자에게 도움이 되고자 하는 친구, 그리고 환자 본인은 효과가 있을 것 같은 치료 수단을 찾으려고 비주류 문헌을 샅샅이 읽고, 일반적으로 성공적이지 못한 이런 조사에 많은 돈을 쓰기도 한다.

사람들이 종종 안락하지 않고, 불편하며, 비용이 들면서 가치가 없는 방법들을 추구하는 이유가 무엇일까? 일부 환자들은 죽을지도 모른다는 두려움과 기적적 치료에 대한 희망으로 자신과 가족들이 저축한 돈을 다 써버리기도 한다. 건강관리 체계와의 관계가 나빠져서 보다 인간적인 치료를 추구하려는 욕구에서 비전통적 치료로 주의를 돌리는 사례도 있다. 그렇다고 해서 견고한 환자-치료자 관계가 돌팔이 의사로부터 모든 환자를 보호할 수 있다는 것은 아니다. 그러나 환자들이 다른 사람들에 의해 보살핌을 잘 받고 있다고 느낀다면, 대체 치료법을 찾으려고 하지 않을 것이다.

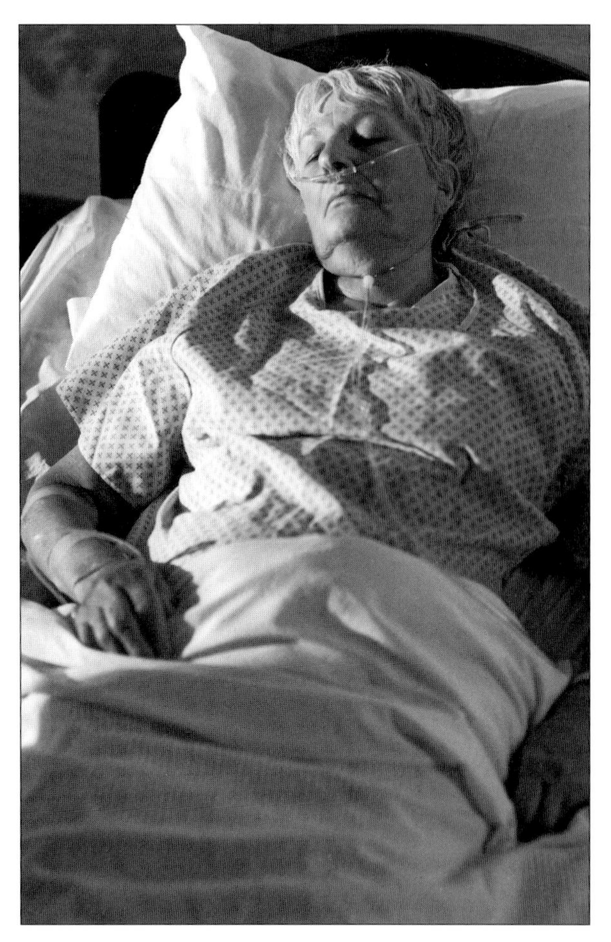

많은 말기질환 환자들은 반복적인 치료로 인해 지치게 되며, 결국에는 추가로 치료받는 것을 거부하게 된다.
Photodisc/Getty Images

죽음에 적응하는 단계가 있는가

사람들은 예측 가능한 **죽음의 단계**(stage of dying)를 거치는가?

퀴블러-로스의 5단계 이론

죽음과 그 과정에 관한 연구의 선구자로 알려진 엘리자베스 퀴블러 로스는 사람들이 예견된 죽음에 적응할 때 부정, 분노, 타협, 우울, 수용의 5단계를 거친다고 제안하였다. 죽어가는 사람들 모두가 반드시 이 모든 단계를 정확한 순서대로 거치는 것은 아니지만, 이 반응 단계들은 사람들이 흔히 경험하는 것들이다.

부정 첫 번째 단계는 부정(denial)으로, 사람들이 말기 질환 진단을 받았을 때 첫 반응으로 나타난다. 부정은 사람들이 질병의 심각한 영향을 회피하고자 하는 방어기제이다. 사람들은 마치 질병이 심각하지 않은 것처럼 행동하고, 곧 사라질 것처럼 행동하거나, 장기적인 영향이 적은 것처럼 행동할 것이다. 극단적인 경우에 환자들은 진단에 관한 명백한 정보를 받았음에도 불구하고 질병에 걸린 것을 부정하기도 한다(Ditto, Munro, et al., 2003). 따라서 부정은 질병이라는 현실과 그 영향을 현실적으로 받아들이는 것을 의식하(subconscious) 수준에서 차단하는 과정이다.

위협적인 질병에 적응하는 초기 단계에서 나타나는 부정은 정상적이며 유용할 수도 있는데, 그것은 환자가 임박한 죽음에 대해 완전한 인식을 하지 못하게 막아주기 때문이다(Lazarus, 1983). 이 부정 단계는 보통 며칠 정도 지속된다. 부정이 오래 지속되면 심리학적 개입이 필요할 수 있다.

분노 죽음을 예감할 때 나타나는 두 번째 반응은 분노(anger)이다. 화가 난 환자는 "왜 나야? 모든 사람이 병에 걸릴 수 있고, 같은 증상을 가지고 있지만 덜 심각한 진단을 받은 사람도 있으며, 더 늙고, 더 멍청하며, 성질도 더 나쁘고, 쓸모없으며, 진짜 사악한 사람들도 있는데, 왜 내가 죽어가야 해?"라고 말한다. 퀴블러-로스가 인용한 사례는 다음과 같다.

> 나와 같은 처지인 사람들은 누구나 다른 사람들을 보고 다음과 같이 말할 것이다. "이런, 왜 그가 아니지?" 그리고 이 생각이 내 마음을 여러 번 스쳐 지나갔다. 내가 어린아이였을 때부터 알고 있던 한 노인이 거리를 따라 내려가고 있었다. 그는 82세였고, 굳이 말하자면 그는 세상에서 쓸모없는 존재라고도 할 수 있다. 그는 관절염을 앓고 있고, 지체장애인이며, 지저분하기에 사람들이 좋아할 유형의 사람이 아니다. 그리고 왜 나 대신에 저 조지라는 늙은이가 병에 걸리지 않았을까 하는 생각이 강하게 떠올랐다(Kübler-Ross, 1969, p. 50에서 인용).

화가 난 환자는 병원 의료진이나 가족 구성원, 친구와 같은 건강한 사람을 향해 분함을 표현할 수 있다. 화가 나지만 직접 그 화를 표현하지 못하는 환자들은 속으로 적의를 품는 간접적 방식을 취할 수 있다. 이런 환자는 죽음과 관련된 농담, 안 좋게 변하는 외모와 능력에 대한 실망, 또는 자신이 죽은 이후에 일어날 것이기에 자신이 할 수 없는 흥미로운 일에 대한 모난 발언 등을 통해서 자신의 분한 마음을 표현한다.

분노는 가족과 친구들이 다루기 어려운 반응 중의 하나이다. 가족과 친구들은 자신들이 잘 지내고 있는 것을 환자가 비난할지도 모른다고 느낄 수 있다. 가족은 상담자와의 공동 작업을 통해 환자가 실제로는 가족이 아닌 자신의 운명에 분노하는 것임을 이해할 필요가 있다. 그리고 이러한 분노가 주변에 있는 사람들, 특히 격식을 차릴 필요가 없는 가까운 주위 사람들에게 표출되는 것임을 알 필요가 있다. 불행하게도, 가족 구성원들이 그렇게 분노의 대상이 되는 경우가 종종 있다.

타협 타협(bargaining)은 퀴블러-로스의 이론에서 세 번째 단계이다. 이 단계에서 환자들은 분노를 그만두고 다른 전략을 취하는데, 건강에 유익한 행동을 하는 것이 그것이다. 타협은 환자들이 신과 약속을 하는 형태로 나타나는데, 환자들은 좋은 일들을 하거나 적어도 이기적인 태도들을 그만둠으로써 더 나은 건강과 더 많은 시간을 얻고자 한다. 갑작스럽게 자비를 베푸는 행동을 하거나 기존의 성격과 다르게 즐거운 행동을 하는 것은 환자들이 타협을 시도 중이라는 신호일 수 있다.

우울 우울(depression)은 퀴블러-로스 모델의 네 번째 단계로 통제력 부족을 받아들이는 것으로 볼 수 있다. 이 단계의 말기 환자는 병의 진행을 멈추게 할 수 있는 일이 거의 없음을 인정한다. 이런 인식은 증상의 악화, 즉 질병이 치료될 수 없는 것이라는 실제적 증거와 함께 나타난다. 이 단계에서 환자들은 구역질, 호흡 곤란, 피로감을 느낄 수 있다. 또한 그들은 식사, 배설, 주의집중 등을 통제하기 힘들고, 통증이나 괴로움에서 벗어나기가 어렵다는 것을 알게 된다.

퀴블러-로스는 우울의 단계를 환자가 자신의 죽음을 예견하며 애도하는 '예견된 애도'의 시기라 하였다. 이러한 애도 과정은 두 단계로 나타나는데, 먼저 환자가 과거 자신에게 가치 있었던 활동과 친구와 결별하는 경험을 하고, 다음으로 활동이나 대인관계에 대한 미래의 상실을 예견하기 시작한다. 우울이 유쾌한 것과는 거리가 멀지만, 환자가 미래를 준비하기 시작한다는 점에서 기능적일 수 있다. 그렇다 해도 우울에 대한 치료가 필요하며, 우울 증상은 신체적 악화 증상과 구별해야 한다.

수용 퀴블러-로스 이론의 마지막 단계는 수용(acceptance)이다. 이 시점의 환자는 너무 약해서 화를 낼 수도 없고, 죽음에 관한 생각에 너무 익숙해져서 우울해지지도 않는다. 대신 피곤하고, 평화롭고, 쾌적하지는 않지만 고요한 상태로 들어간다. 일부 환자는 이 시기 동안에 남은 재산을 어떻게 분배할 것인지 그리고 오랜 친구들과 가족들에게 어떻게 작별을 고할 것인지 등을 준비한다.

퀴블러-로스 이론에 대한 평가

퀴블러-로스의 단계 이론은 죽음의 과정을 얼마나 잘 설명하는가? 죽어가는 환자의 반응을 기술하였다는 점에서 그녀의 이론은 가치 있다. 그녀는 죽음에 대한 반응을 거의 연대기적으로 정리하였기 때문에 그들과 함께 일하는 사람이라면 쉽게 받아들일 수 있을 것이다. 또한 퀴블러-로스의 이론은 죽어가는 환자에게 상담이 필요하다는 사실을 지적하였다는 점에서 헤아릴 수 없는 가치가 있다. 마지막으로, 다른 연구자들과 함께 그녀는 죽음을 둘러싼 침묵과 금기를 깨뜨렸고, 이를 과학적인 연구와 세심한 관심의 대상으로 만들었다. 그러나 염두에 두어야 할 점은 환자들이 일반적으로 다섯 단계를 모두 경험하지 않으며, 단계를 경험하는 순서 또한 다양하다는 것이다.

퀴블러-로스의 단계 이론은 불안의 중요성을 간과하였는데, 이것은 우울 다음으로 흔하게 나타나는 반응 중의 하나이다. 환자들이 가장 두려워하는 것은 통증을 조절하지 못하게 되는 것이다. 그들은 통증을 피하고자 죽음을 기꺼이 받아들이거나 심지어 죽음을 시도하기도 한다(Hinton, 1967). 호흡 곤란이나 통제할 수 없는 구토와 같은 다른 증상들도 불안을 일으키는데, 이것은 환자의 이미 쇠약해진 신체적, 정신적인 상태를 악화시킬 수 있다.

심리적 문제와 말기질환

매년 사망하는 미국인의 약 20~33%는 병원에서 죽음을 맞이한다(Centers for Disease Control and Prevention, 2016; Teno et al., 2018).

의료진과 말기 환자

불행하게도 시설 내에서의 죽음은 비인격적이고 단절된 것일 수 있다. 병동의 인력이 부족할 수 있으며, 의료진은 환자가 요구하는 특정의 정서적 지지를 제공하지 못할 수 있다. 병원의 규정에 따라 방문객의 수나 방문객이 머물 수 있는 시간이 제한되기 때문에 환자가 가족과 친구들로부터 받을 수 있는 지지도 줄어들 수 있다. 통증은 말기질환의 주된 증상 중 하나이며, 바쁜 병원 환경에서는 환자가 필요로 하는 용량의 진통제를 투여받지 못할 수도 있다.

환자에게 병원 의료진의 중요성 병원 의료진에 대한 환자의 신체적 의존성은 매우 큰데, 이는 침대에서 몸을 뒤집는 것과 같은 사소한 활동에서도 도움이 필요할 수 있기 때문이다. 환자에게 절실한 통증의 경감은 전적으로 의료진에게 달려있다. 그리고 정기적으로 방문하는 가족이나 친구들이 없는 환자의 경우, 죽어가는 환자를 규

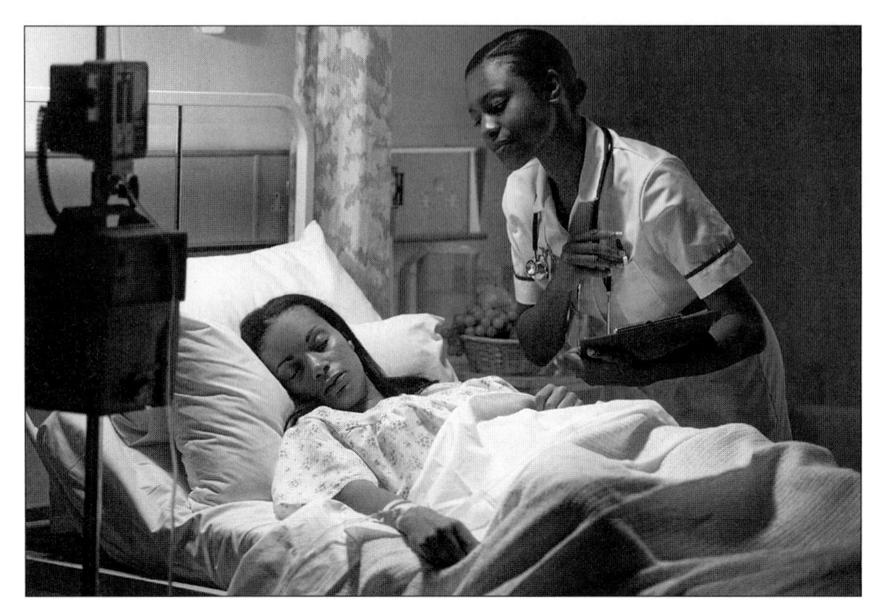

의료진은 죽어가는 환자에게 매우 중요하다. 왜냐하면 그들은 환자를 정기적으로 보고, 현실적인 정보를 제공하며, 환자가 개인적으로 바라는 마지막 소원이나 생각들을 알 수 있기 때문이다.
Flying Colours Ltd./Getty Images

칙적으로 살피는 유일한 사람은 의료진이다.

또한 환자의 실제 신체 상태를 아는 유일한 사람이기도 하기에 그들만이 환자에게 현실성 있는 정보를 제공할 수 있다. 솔직하게 대할 수 있는 사람 또한 의료진이기 때문에 환자는 그들과 소통하는 것을 반긴다. 마지막으로, 의료진은 환자들의 가장 개인적이고 사적인 영역인 죽음에 접근할 수 있기에 중요하다.

임종의료 직원의 고충 **임종의료**(terminal care)는 병원 의료진에게 힘든 일이다. 이것은 환자의 질병을 치료하기 위한 **치료의료**(curative care)가 아니라 고통을 줄여 환자가 편안함을 느낄 수 있도록 해주는 **완화의료**(palliative care)이기 때문에 신체 치료에는 최소한의 관심을 둔다. 임종의료는 음식을 먹여주고, 옷을 갈아입혀 주고, 환자를 목욕시키는 등의 여러 가지 내키지 않는 일들을 포함하며, 때때로 증상에 대한 치료는 충분히 이루어지지 않는다. 최선의 노력을 했음에도 불구하고 환자들의 죽음을 지켜보는 의료진은 소진 상태에 이를 수 있다.

의료진은 따뜻하고 지지적인 태도보다는 사무적이고 효율적인 태도로 돌아서고 싶어 하는데, 이는 개인적인 고통을 최소화하기 위한 것이다. 특히 의사는 치료 효과가 기대되는 환자를 위해 시간을 사용하려고 하므로 말기 환자들에게 쓰는 시간은 적을 수 있다. 불행하게도, 말기 환자들은 의사의 이런 행동을 자신에 대한 포기로 해석하고 매우 힘들어할 수 있다. 따라서 임종간호에서 의사들은 짧게 자주 방문하는 역할을 계속하는 것이 바람직하다.

적합한 임종 정신과 의사 에이버리 바이스만(1972, 1977)은 수년간 죽어가는 환자들 곁에서 일한 유명한 임상가로, 죽어가는 환자를 돌보는 의료진을 위해 유용한 일련의 목표를 제안하였다.

- 사전 동의 : 환자는 자신의 상태와 치료에 관해 설명을 들어야 하며, 어느 정도 치료에 관여해야 한다.
- 안전 수행 : 의사와 다른 의료진은 이 새롭고 위협적인 단계의 삶을 사는 환자에게 도움을 주는 안내자로서 행동해야 한다.

- 의미 있는 생존 : 의사와 다른 의료진은 환자가 남은 시간을 잘 사용할 수 있도록 도와야 한다.
- 예견된 애도 : 환자와 환자 가족 모두 예상되는 상실감과 우울감에 적응하기 위해 도움을 받아야 한다.
- 적시의 적합한 죽음 : 환자는 가능하다면 원할 때 원하는 방식으로 죽음을 맞이할 수 있어야 한다. 환자에게 존엄사가 허용되어야 한다.

오래전에 만들어진 이 지침은 지금도 임종의료의 목표와 방법을 제공한다. 불행하게도, '좋은 죽음'은 여전히 모두에게 허용되지 않는다. 사망한 환자 1,500명의 주변 생존자들을 조사한 결과, 환자들은 통증을 덜기 위한 충분한 약물치료를 받지 못하였고, 충분한 정서적 지지도 경험하지 못한 것으로 드러났다. 개방적인 의사소통의 부족과 의료진으로부터 존중을 받지 못한 것도 또 다른 공통적인 불만 사항이었다(Teno, Fisher, Hamel, Coppola, & Dawson, 2002).

완화의료의 전망

미국의 병원과 진료소에서 활용할 수 있는 완화의료는 증가하고 있다. 전형적으로 완화의료진에는 통증 및 증상 관리, 정신건강, 사회복지, 영성치료를 담당하는 전문가들이 포함되어 있다. 2000년에 중형과 대형 병원에서 완화의료진이 제공한 의료는 25%에 불과하였으나, 2015년에는 3배나 증가된 75%나 되었다(Center to Advance Palliative Care, 2018).

입원 및 외래 환자를 대상으로 한 43개의 무선통제 임상시험을 이용한 한 메타분석에 의하면, 완화의료가 환자의 삶의 질, 사전 의료 계획수립, 그리고 환자와 보호자의 만족도는 높였던 반면에 다른 의료 이용률은 낮추었다(Kavalieratos et al., 2016). 많은 경우 완화의료진이 가진 자원이 너무 부족하여 수요를 충족시키지 못하였는데, 이는 더 많은 재정과 더 많은 전문가가 필요함을 시사한다.

말기 환자에 대한 상담

많은 죽어가는 환자에게는 상담자와 이야기할 기회가 필요하다. 일반적으로 치료는 단기적이며, 환자의 욕구와 에너지 수준에 따라 방문의 성격과 시기가 결정된다. 또한 일반적으로 환자가 상담에서 다룰 의제를 정한다.

말기 환자와의 상담은 여러 면에서 일반의 심리치료와 다르다. 첫째, 이 상담은 기간이 짧은 경향이 있고, 그 이유도 자명하다. 치료의 형식 또한 전통적인 심리치료와 다르다. 방문의 성격과 시기는 사전에 설정한 계획에 따르기보다는 환자의 의향과 에너지 수준에 따라 결정된다. 또한 의제는 적어도 부분적으로 환자가 정해야 한다. 그리고 상담에서 떠오르는 문제 중 환자가 분명히 다루고 싶지 않은 것에 대해서는 그 소망이 존중되어야 한다.

말기 환자들은 완료되지 못한 숙제를 해결하기 위한 도움을 구할 수도 있다. 이런 숙제가 마음의 빚으로 남을 수 있고, 생존자 특히 아동을 위한 준비가 필요할 수 있다. 신중한 상담을 통해, 치료자는 환자가 그런 일을 잘 마무리하도록 돕거나 그중 일부는 미해결 상태로 남겨질 수밖에 없음을 받아들이도록 도울 수 있다.

죽음을 연구하는 **사망학자**(thanatologist)들 중 일부는 환자가 행동치료나 인지행동치료를 건설적으로 이용할 수 있다고 제안한다(Sobel, 1981). 예를 들어, 점진적 근육이완(progressive muscle relaxation)은 통증과 같은 불편함을 줄이고, 새로운 통제감을 심어줄 수 있다. 삶에서 이룬 성취에 초점을 두는 것과 같은 긍정적인 자기대화는 종종 죽음에 동반되는 우울을 낮출 수 있다. 마지막으로 치료는 말기질환에서 나타날 수 있는 문제를 적절하게 다루는 수단이 될 수 있으며, 가족과 환자가 미래를 인식하고 계획을 세우는 데에도 도움이 될 수 있다(Martinez et al., 2017; Vos & Vitali, 2018).

아동 말기질환의 관리

말기질환 아동을 돌보는 일이 임종의료 중에서도 가장 힘든 일일 것이다. 가족 구성원, 친구 그리고 의료진마저도 죽어가는 아동들에게 그들의 상태에 대해서 솔직하게 말하기 어려울 것이다.

예상외로 말기질환 아동은 자신의 상태에 대해서 더 잘 알고 있다(Spinetta, 1974, 1982). 아동은 진행되는 치료와 주변 사람들로부터 얻은 단서를 이용하여 자신의 상태가 어떠한지를 추론한다. 자신의 신체 상태가 쇠약해짐에 따라 아동은 자기의 죽음에 대해 더 많이 생각하게 되고, 그것이 먼 미래의 일이 아님을 인식하게 된다. 다음의 대화를 살펴보자.

> 톰 : 어젯밤에 제니퍼가 죽었어요. 나도 제니퍼와 같은 병이죠, 그렇죠?
> 간호사 : 하지만 너에겐 제니퍼와 다른 약을 줄 거야.
> 톰 : 그 약이 효과가 없으면 어떻게 되나요?
> (Bluebond-Lagner, 1977, p. 55)

아동에게 뭐라고 말해야 할지 알기 어려울 수 있다. 성인들과 달리, 아동은 그들이 알고 있는 것, 걱정 또는 질문을 직접적으로 표현하지 않을 수 있다. 아동은 간접적으로 자신의 죽음에 대해서 알고 있음을 표현한다. 예를 들어, 그들은 크리스마스를 보낼 수 있도록 크리스마스가 더 빨리 왔으면 좋겠다고 말하거나 미래 계획에 관해 이야기하는 것을 갑자기 멈추는 방식을 취할 수 있다.

한 아동은 처음 진단을 받았을 때 의사가 되고 싶다고 말하였다. 그러나 아동은 의사가 치료 절차를 설명하고 치료를 받도록 데려가려 할 때 심하게 화를 내었다. 의사는 아동에게 다음과 같이 말했다. "나는 샌디가 이해할 것이라고 생각해. 일전에 의사가 되고 싶다고 말한 적이 있잖아." 그러자 샌디는 "나는 아무것도 되지 않을 거예요"라고 의사에게 소리친 후, 빈 주사기를 던졌다. 의사는 "그래, 샌디"라고 말했고, 가까이에 서 있던 간호사가 "그럼 넌 뭐가 될 거니?"라고 물었다. 그러자 샌디는 "유령"이라고 대답한 뒤, 몸을 돌려버렸다(Bluebond-Langner, 1977, p. 59).

성인 말기 환자를 상담할 때 적용되는 지침 중 일부는 말기질환 아동 상담에도 그대로 적용되지만, 치료자는 아동이 다룰 준비가 된 것에 대해서만 이야기하면서 상담에서 다룰 문제의 단서를 얻을 수 있다. 또한 부모들에게도 자녀의 임박한 죽음에 대처할 수 있도록 도움을 주는 상담이 필요할 것이다. 부모들은 아동의 병이 자신 때문이라고 스스로 비난하거나 자신들이 뭔가를 더 많이 해야 했다고 느낄 수 있다. 가족을 상담하는 상담자들은 균형을 회복하도록 도울 수 있다.

죽어가는 아동의 부모는 때때로 외상후 스트레스장애(PTSD)의 증상을 보일 정도로 심한 스트레스를 경험한다. 부모들의 정서적 고통을 다루기 위한 지지적 정신건강 서비스가 필요하며, 특히 아동이 진단받거나(Dunn et al., 2012) 사망한(Meert et al., 2015) 후의 첫 몇 달 동안은 상담자가 의사를 만나 부모들이 아동의 말기질환으로부터 어떤 의미를 찾을 수 있도록 도울 필요가 있다.

말기질환에 대한 병원 의료의 대안

말기질환에 대한 병원 의료는 고통을 완화하는 것이고, 정서적으로 고통스러우며, 어떤 면에서는 병원의 자원을 넘어서는 개별적인 주의를 요구하기도 한다.

호스피스 의료

호스피스 의료(hospice care)는 죽음을 수용하는 것에 초점을 두는 것으로 질병의 치유보다는 고통의 경감을 강조한다. 호스피스 의료는 죽어가는 환자들과 가족에게 고통 완화 의료와 정서적인 지지를 제공하기 위해서 고안되었다. 호스피스 의료가 말기 환자에게 서비스를 제공하는 중요한 역할을 함에 따라 2015년에는 약 143만 명의 사람들이 호스피스 의료를 받았다(Harris-Kojetin, Sengupta, Lendon, Rome, Valverde, & Caffrey, 2019).

중세 유럽에서 **호스피스**(hospice)는 여행자들을 보살피고 평안하게 해주는 장소였다. 이 원래의 목적에 부합되게 호스피스 의료는 죽는 방식에 관한 철학이자 말기 환자를 위한 의료체계이다. 일반적으로, 고통스럽거나 침습적인 치료는 중단되는 대신 매스꺼움, 허약함, 혼동과 같은 증상과 통증을 관리하는 것을 목표로 한다.

가장 중요하게 강조되는 것은 환자의 심리적 안정이다. 환자들에게 평소 쓰던 친숙한 물건을 가져와 개인적인 공간을 만들도록 권장한다. 따라서 호스피스 의료 시설에서 각각의 방은 서로 다르며, 여기에는 그곳에 머무는 사람의 성격과 관심이 반영된다. 또한 환자들은 일반적으로 환자복 대신 본인의 옷을 입으며, 활동도 스스로 결정한다.

호스피스 의료에서는 환자의 사회적 지지체계를 향상하고자 한다. 가능하면 가족이나 친구의 방문을 제한하지 않는다. 특히 의료진은 환자를 따뜻하게 대하고, 정서적으로 보살피도록 훈련을 받는다. 보통 개인, 집단, 또는 가족 상담이 가능하다.

가정의료

최근에 죽어가는 환자들을 위한 **가정의료**(home care)가 새로이 관심을 받고 있다. 가정의료는 대부분의 말기 환자들이 선택하고(National Hospice and Palliative Care Organization, 2015년 9월), 많은 환자에게 경제적으로 유용한 의료이기도 하다. 가정의료의 심리적 이점은 환자가 의료진보다는 친숙한 개인의 환경에서 가족과 함께한다는 것이다. 그리고 환자가 무엇을 먹고 무엇을 입을 것인지와 같은 활동을 어느 정도 통제할 수 있다.

가정의료가 심리적으로 환자들에게는 더 편안하지만, 가족에게는 심한 스트레스가 될 수 있다. 가족이 24시간 내내 간호를 제공할 수 있다 하더라도, 적어도 한 명의 가족 구성원은 환자에게 거의 종일 헌신해야 한다. 간병인 역할을 하는 사람은 일을 그만두어야 할 수도 있고, 늘 예기된 죽음을 직면해야 하는 스트레스를 받는다. 또한 간병인은 환자가 살아있길 원하면서도 그의 고통이 종료되기를 바라는 갈등으로 괴로워할 수도 있다.

생존자의 문제

가족 구성원의 죽음은 개인의 인생에서 가장 속상하고 두려운 사건일 것이다. 많은 사람에게 사랑하는 사람의 죽음은 자신의 질병이나 죽음보다 더 고통스러울 수 있다. 죽음이 예견되어 있고, 어느 정도는 그 고통이 끝나길 바라고 있을 때도 유족들의 대처는 매우 힘들 수 있다.

말기질환 환자의 홈 케어와 병원치료를 대신하는 호스피스 케어는 홈 케어에서 발생할 수 있는 부담 없이 환자 개인에게 적합한 고통 완화 치료를 제공하도록 고안되었다.

글상자 12.4 죽음에 대한 문화적 태도

문화마다 죽음을 받아들이는 고유한 방식이 있다. 어떤 문화에서는 죽음을 두려워하지만, 죽음을 삶의 정상적인 과정으로 보는 문화도 있다. 따라서 각각의 문화는 자신의 문화적 신념을 반영하는 죽음과 관련된 의식을 발달시켜 왔다.

전통적인 일본 문화에서는 죽음을 한 세상에서 다른 세상으로 여행하는 과정으로 간주한다. 누군가의 죽음은 그 사람이 더 순수한 세상으로 가는 것을 의미하며, 죽음에 대한 의식은 영혼이 여행을 잘할 수 있도록 돕는 것이다. 성직자의 도움을 받아 그 목적을 달성하기 위한 일련의 의례와 의식이 진행된다. 장례 절차는 침대에서 시작되며, 성직자는 가족들을 위로한다. 다음 절차는 죽은 자의 몸을 씻겨주는 유칸이다. 장례 절차에 이어 먼 거리를 와준 모든 이들에게 음식을 대접하는 감사 절차가 진행된다. 애도 기간이 끝나면 친지들을 위한 마지막 파티가 열리는데, 이것은 애도자들이 공동체로 되돌아가도록 하는 절차이다(Kübler-Ross, 1975).

인도의 주요 종교인 힌두교에서는 죽음을 삶과 분리된 것이거나 끝난 것으로 여기지 않는다. 오히려 죽음을 연속적이며 삶의 통합적인 부분으로 간주한다. 힌두교를 믿는 사람들은 환생을 믿기에 죽음 이후에 재탄생되고, 매 순간 사람은 다시 태어나고 죽는다고 생각한다. 따라서 죽음은 삶에서 일어나는 어떤 전환과 같다. 힌두교인들은 평온과 명상으로 죽음을 맞이해야 한다고 가르친다. 죽음은 인생의 중요한 사건이며, 모든 세속적인 욕망이 헛됨을 보여주는 증표이다. 죽는 것을 두려워하지도 바라지도 않을 때 비로소 삶과 죽음을 초월하여 개인은 열반(nirvana) 상태에 이르게 되며, 절대자와 하나가 될 수 있다. 그렇게 함으로써 죽음의 공포에서 벗어나고, 죽음은 삶의 동반자로 여겨진다(Kübler-Ross, 1975).

다른 문화권의 사람들이 미국의 장례 절차를 목격한다면 죽음에 대한 미국인들의 태도에 대해서 어떻게 생각할까? 첫째, 그들은 대부분 죽음이 가까운 친척이 없는 병원에서 일어나는 것을 볼 것이다. 일단 사망하고 나면 사체는 유가족의 도움 없이 옮겨지고, 장의사의 손을 거친 다음에야 사체를 볼 수 있다. 사망 후 바로 화장하여 가족이 다시 볼 수 없는 경우도 있다. 비용을 받는 장례식장의 관리자가 다양한 참배나 매장 의식을 주관하고, 서비스의 절차와 시기도 결정한다. 미국 내 대부분 하위문화권에서는 방문객들로부터 위로를 받는 시간이 정해져 있으며, 이후 간단한 추모식이 진행된다. 그다음에는 가족과 친구들이 묘지로 향하고, 그곳에서 사체나 화장한 재를 매장한다. 일반적으로 사망한 사람의 친지들이 감정을 많이 표출하면 안 된다는 사회적 압력이 존재한다. 당연히 가족들은 이런 관습을 지키고, 방문자들도 그에 따른다. 감정을 통제하지 못하는 친지들은 장례식에서 배제되거나 그렇게 하라는 압력을 받게 된다. 장례식이 끝난 후에 문상객들은 유족의 집에 잠시 모였다가 각자 집으로 돌아간다(Huntington & Metcalf, 1979).

환자가 죽기 직전의 몇 주는 매우 정신없는 시기이다. 병원에 방문하는 횟수가 많아지고, 사전에 법적 또는 장례 준비를 해야 하며, 마지막 치료가 시작되거나 환자가 다른 시설로 옮겨 갈 수도 있다. 가족 구성원들은 해야 할 일들이 엄청나게 많아 분주해진다. 환자가 죽은 후에도, 환자의 죽음 그리고 유산과 관련된 일이 해결되어야 한다(죽음에 대한 반응과 그에 따르는 절차에서의 문화 차이는 글상자 12.4에 기술되어 있다). 그다음 갑자기 이런 활동이 중단된다. 방문객들은 집으로 돌아가고, 환자는 화장되거나 매장되며, 생존자는 혼자 남게 된다.

생존자

죽음은 생존자가 감당해야 할 일을 남긴다. 일반적으로 생존자들은 60대 이상의 미망인으로, 신체적인 문제를 가지고 있을 수 있다. 만약 전통적인 결혼생활을 하고 있던 여성이라면, 소득세 환급을 준비하고 집을 수리하는 것과 같은 일들을 이제 스스로 해야 하는데, 이런 일들은 이전에 자신이 하지 않아도 될 일들이었다. 생존자에게는 의지할만한 자원이 거의 남아있지 않을 것이다.

사별에 대한 심리적 반응인 **애도**(grief)는 일종의 공허감으로 종종 사망한 사람의 이미지에 사로잡히거나, 다른 사람에게 적대감을 나타내거나, 죽음에 대한 죄책감으로 나타난다. 최근에 사별을 경험한 사람들은 초조해하거나 활동에 집중하지 못한다. 특히 첫 6개월 동안에 생존자는 초조해하거나 활동에 집중하지 못하고, 성가신 신체 증상을 느끼며, 급성 심장질환과 입원을 더 많이 경험하고, 사망의 위험성도 높아진다(Rook & Charles, 2017).

사랑하는 사람과 사별을 경험한 200명의 성인을 대상으로 1~24개월 사이에 나타나는 건강 문제 또는 질병을 살펴본 한 연구는 생존자의 애도 경험이 퀴블러-로스(1975)가 제안한 것에 부합하는지 잘 보여주었다. 그 표본(Maciejewski, Zhang, Block, & Prigerson, 2007)에서 참여자들이 그 죽음을 받아들이지 못하는 현상은 1개월 후에 가장 심했고, 그다음 죽은 사람을 그리워하고 분노하였으며, 그다음 우울인데 6개월 무렵에 최고 수준에 이르렀다. 그리움과 수용이 가장 일반적으로 나타나는 반응이었다.

말기질환을 가진 사람과 마찬가지로 사랑하는 사람을 잃은 사람이 반드시 이런 반응을 경험하는 것은 아니며 순서 또한 그대로 진행되는 것은 아니다. 이 책의 저자 중 한 사람인 스탠턴이 미망인이 되어 힘들어하던 친한 친구와 상담을 하였다. 그 친구는 퀴블러-로스의 책을 읽었기에 분노를 경험할 것으로 생각하였고, 분노하지 않았다면 자신의 슬픔을 견뎌내기 어려웠을 것이라고 하였다. 그리고 그 친구는 퀴블러-로스가 자기 생각이 '정확한' 애도라고 주장하지 않았음을 알고는 안도했다고 하였다.

다른 사람들은 생존자의 슬픔이 어느 정도인지 가늠하기 어려울 것이다. 외부인들은 특히 죽음이 오랜 시간에 걸쳐 진행되는 경우, 생존자들이 죽음에 대해 미리 준비할 것이므로 사망 후 얼마 안 되어 회복의 신호를 보일 것이라고 여길 것이다. 미망인들의 경우, 배우자가 사망한 지 몇 주 후면 친구들이 우울감을 떨쳐내고 일상의 삶을 살라고 재촉한다고 한다. 어떤 경우에는 사망 후 몇 주 이내에 재혼에 대해 언급하기도 한다. 그러나 정상적인 슬픔은 몇 개월 동안 지속될 수 있다(Maciejewski et al., 2007).

슬퍼하는 것과 하지 않는 것 중 어느 것이 적응적인지에 대한 논란은 계속되어왔다. 부적 정서를 회피하는 것이 문제가 될 수 있다는 심리학자들의 일반적 경고와 대조적으로 정서적 회피(Bonanno, Keltner, Holen, & Horowitz, 1995)와 긍정적인 평가(Stein, Folkman, Trabasso, & Richards, 1997)가 죽음 후에 적응을 더 잘하게 한다는 증거도 제시되어 있다. 죽음에 대해 계속해서 반추하는 생존자들은 좋은 사회적 지지를 받기 어렵고, 스트레스 수준이 더 높으며, 우울해지기도 쉽다(Nolen-Hoeksema, McBride, & Larson, 1997). 반면에 외향적인 사람은 사회적 지지를 더 잘 받고, 대체로 외향적이고 성실한 사람들은 그렇지 않은 사람들에 비해 사별 후에 덜 우울한 상태로 그 시기를 살아가는 것 같다(Pai & Carr, 2010).

애도반응은 남성, 간병인 그리고 갑작스럽고 예기치 않은 상실을 겪은 사람들에게서 더욱 심각하게 나타날 수 있다(Aneshensel, Botticello, & Yamamoto-Mitani, 2004; Stroebe & Stroebe, 1987). 그럼에도 불구하고 배우자의 죽음이 예견된 것이고, 죽음이 불가피하다는 것을 받아들일 기회가 있는 경우(Wilcox et al., 2003; Bonanno et al., 2002) 다수의 미망인과 홀아비는 상실에 대해 탄력적인 반응을 보여준다(Vahtera et al., 2006). 우울한 미망인에게는 재정적인 문제가 가장 큰 부담인 것 같다. 남성들에게는 집안일과 관련된 문제가 고통스러울 수 있다(Umberson, Wortman, & Kessler, 1992). 자녀의 죽음을 경험한 어머니의 경우 슬픔은 더 크고(Li, Laursen, Precht, Olsen, & Mortensen, 2005), 우울이 수

애도는 공허함, 사별한 사람에 대한 집착 그리고 죽음에 대한 죄책감을 포함한다. 흔히 다른 사람들은 생존자들이 슬픔의 깊이나 사별을 극복하기 위해서 상당한 시간이 걸린다는 것을 알지 못한다.
Marcel de Grijs/123RF

반될 때 더욱 심각해질 수 있다(Wijngaards-Meij et al., 2005).

제14장에서 언급하겠지만, 사별 경험은 면역기능에 부정적인 영향을 줄 수 있고, 질병과 죽음에 대한 위험을 증가시킬 수 있다. 알코올이나 약물 남용의 증가와 직무 수행의 어려움이 나타날 수도 있다(Aiken & Marx, 1982). 생존자들에게 상담을 제공하기 위해 고안된 프로그램은 이러한 부적응적인 반응을 상쇄할 수 있다(Aiken & Marx, 1982).

아동 생존자에게 형제자매의 죽음은 특히 어려울 수 있는데, 이는 많은 아동이 형제자매의 죽음을 강력하게 바란 적이 있기 때문이다. 형제자매가 실제로 사망했을 때, 아동은 자신의 소망이 죽음의 원인이라고 여길 수 있다. 아마도 생존 아동은 형제자매의 질병으로 인해 그동안 많은 관심을 받지 못하였으므로, 경쟁의 상대로서 형제자매가 존재하지 않는다는 것에 일시적으로 기뻐할 수 있다(Lindsay & McCarthy, 1974). 한 아동은 형제자매의 죽음을 알고 난 후에 다음과 같이 말했다. "좋아, 이제 그의 장난감을 모두 가질 수 있어" (Bluebond-Langner, 1977, p. 63).

부모나 형제자매의 죽음에 대처해야 하는 아동을 도울 때는 실제로 죽음이 발생하기까지 기다리지 않는 것이 가장 좋다. 그보다 아동이 죽음에 대해 준비할 수 있게 해야 하는데, 동물이나 꽃의 죽음을 예로 들어 설명해줌으로써 이해를 도울 수 있다(Bluebond-Langner, 1977). 죽음에 대한 아동의 질문에 대해서는 원치 않는 세부 사항을 제외하고는 가능하면 솔직하게 대답해야 한다. 적절한 시기에 물어보는 것에 대해서만 답을 하는 것이 가장 좋은 방법이다.

죽음에 대한 교육

죽음은 금기시되는 주제라서 사람들은 죽음에 관해 오해하기 쉬운데, 죽어가는 사람은 혼자 있길 원한다든가 그가 처한 상황에 대해 말하고 싶어 하지 않는다는 생각이 그런 것들이다. 이런 오해 때문에 일부 대학에서 죽어가는 환자를 위한 자원봉사를 포함한 강좌가 개설되었다. 이런 강좌의 잠재적인 문제는 간혹 자살 충동을 느끼는 학생들의 관심을 끌 수 있고, 뜻하지 않게 자기파괴적인 성향을 자극할 수 있다는 것이다. 따라서 일부 강사들은 그런 일들을 미연에 방지할 기회라고 생각하고 그에 정면 대응하라고 권한다.

죽음 교육의 대상자가 대학생 집단인 것이 최선이자 유일한 방법인가는 또 다른 의문이다. 불행하게도, 대학 체제 밖에서는 사람들을 교육시킬 조직적 수단이 거의 없으므로, 대학 강좌가 죽음에 대해 교육할 가능한 수단 중 하나로 남는다. 죽음과 그 과정을 다룬 책(Albom, 1997)인 모리와 함께한 화요일(*Tuesdays with Morrie*)은 수년 동안 베스트셀러였으며, 이는 사람들이 죽음에 대해서 알고 싶어 한다는 것을 잘 보여준다. 또한 사망의 원인, 특히 사망률이 높은 질병은 뉴스에 자주 등장한다(Adelman & Verbrugge, 2000). 그러나 현재까지는 죽음을 이해하고 싶어 하는 사람들의 요구를 충족시켜주는 것은 뉴스나 몇 권의 책이 전부이다. **죽음에 대한 교육**(death education)을 통해서 현대 의학이 무엇을 달성할 수 있는지 그리고 죽어가는 사람이 원하고 필요로 하는 의료가 어떤 것인지에 관한 현실적인 기대를 발전시킬 수 있을 것이다.

요약

1. 죽음의 원인은 삶의 주기에 따라 다르다. 유아기에는 선천적인 기형이나 영아 돌연사 증후군(SIDS)이 대부분의 죽음을 차지한다. 1~15세에는 사고와 아동 백혈병이 주요 원인이다. 청소년기와 초기 성인기에는 일반적으로 자동차 사고, 타살, 자살, 암, 심장질환이 주요 원인이다. 성인기에는 암이나 심장질환이 가장 일반적인 원인이며, 노년기에는 보통 심장질환, 뇌졸중, 암 또는 신체적인 쇠약으로 사망한다.
2. 죽음에 대한 개념은 삶의 주기에 따라 변화한다. 아동기에는 죽음을 깊게 잠드는 것으로 여기다가 시간이 지나면서 사람을 데려가는 유령과 같은 것으로 여긴다. 그런 후에 죽음은 되돌릴 수 없는 생물학적 단계라는 것을 깨닫게 된다. 중년기는 사람들이 자기 죽음에 대해서 처음으로 생각하는 시기이다.
3. 진행성 질환은 치료에 따르는 불편함과 치료의 지속 여부를 결정하는 것 등의 심리적 문제를 제기한다. 과도한 생명연장 의료를 거절하는 환자의 의견, 조력 죽음, 그리고 안락사는 의학적 및 법적으로 관심을 끄는 주제이다.
4. 환자의 자아개념은 질병의 진행, 외모의 변화, 에너지 수준, 신체 과정에 대한 통제, 경각심의 정도에 대한 반응으로 계속 적응해야 한다. 그 결과 환자는 가족과 친구에게서 멀어질 수 있다. 따라서 의사소통의 문제는 개입의 중요한 초점이 되어야 한다.
5. 퀴블러-로스의 죽음에 대한 이론은 사람들이 부정, 분노, 타협, 우울, 수용의 단계를 거친다고 제안한다. 연구에 따르면 환자들이 반드시 이 단계들을 이 순서대로 경험하는 것은 아니지만, 모든 단계는 죽음에 대한 사람들의 반응을 어느 정도 기술하고 있다.
6. 말기질환의 심리적 관리에 대한 책임의 대부분은 의료진에게 있다. 의료진은 말기질환 환자에게 다른 사람은 줄 수 없는 정보, 안심, 정서적 지지를 제공할 수 있다. 완화 의료에서는 훈련이 중요하다.
7. 말기 환자들에게는 심리적 상담이 요구되는데, 많은 사람이 자신의 삶에 대한 관점을 가질 기회가 필요하기 때문이다. 그다음 교육적으로 시급한 것은 임상사망학 분야에서 치료자 훈련 방법을 개발하는 것이다. 가족치료는 가족의 문제를 완화하는 데 필요할 것이며, 환자와 가족이 서로 작별 인사를 할 수 있도록 도울 수 있다.
8. 말기 아동환자 상담은 특히 중요한데, 그것은 부모와 아동 모두 혼란스럽고 겁에 질려있기 때문이다.
9. 죽어가는 환자를 위한 병원치료의 대안은 호스피스 의료와 가정의료이다. 가정 또는 가정과 유사한 환경에서 완화 및 심리적 지지 의료는 죽어가는 환자와 생존자에게 심리적으로 유익한 영향을 미칠 수 있다.
10. 애도는 공허함, 계속 사별한 사람을 생각하는 것, 다른 사람들을 향한 적대감 표현, 안절부절, 집중하기 어려움 등으로 나타난다. 많은 사람은 정상적인 애도가 얼마나 지속되는지 알지 못한다.

핵심용어

가정의료	애도	조력 죽음
말기 의료	영아 돌연사 증후군	죽음에 대한 교육
법제화된 의사조력 죽음	영아 사망률	죽음의 단계
사망선택유언	완화의료	치료의료
사망학자	임종의료	호스피스
안락사	조기 사망	호스피스 의료

CHAPTER 13

심장질환, 고혈압, 뇌졸중, 제2형 당뇨병

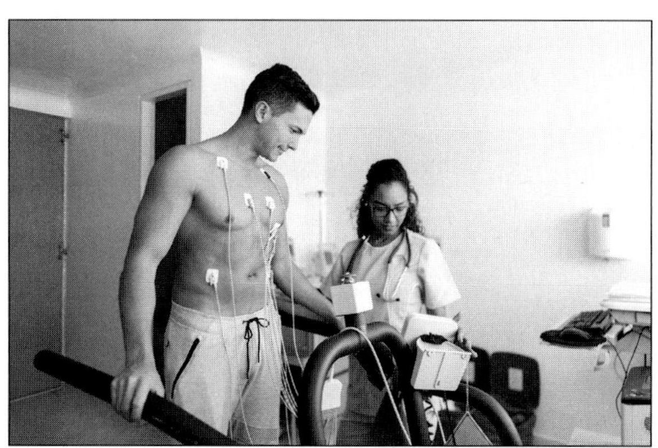
andresr/Getty Images

개요

이 장에서는 네 가지 주요 만성질환, 즉 심장질환, 고혈압, 뇌졸중, 당뇨병에 대해 다룬다. 네 질환 모두 순환계 그리고/또는 신진대사 체계와 관련이 있으며, 특히 노인의 경우 빈번하게 동반이환되는 질환들이다. 그리고 발생 빈도가 높아 많은 사람들이 이 질환에 걸린다. 예를 들어, 미국 성인의 29%가 고혈압, 32%가 높은 콜레스테롤 수준, 그리고 9%가 당뇨병을 가지고 있다(Centers for Disease Control and Prevention, 2017).

관상동맥성 심장질환

관상동맥성 심장질환(Coronary Heart Disease, CHD)은 미국에서 사망 원인 1위로, 3명 중 1명이 이 질환으로 사망한다(American Heart Association, 2018). 이전에는 대부분의 사람들이 감염성 질환으로 사망했으며, 심장질환이 발병될 정도로 오래 살지 못했기 때문에 20세기가 되어서야 CHD가 주요한 사망 원인이 되었다.

CHD는 적어도 부분적으로는 현대인의 생활에 동반된 식습관 변화와 활동 수준 감소에 따라 발생한 일종의 현대인의 병이다. 이러한 요인들로 인해 20세기 들어 CHD의 비율이 증가하기 시작했다. 비록 최근에는 감소하고 있지만, 미국에는 9,210만 명의 성인이 심혈관계 질환을 지닌 것으로 추정된다(American Heart Association, 2018). 심장질환으로 인한 사망자의 33%가 기대 사망 연령인 78.5세 이전에 조기 사망한다(American Heart Association, 2012).

또한 CHD는 주요 만성질환으로 수백만의 미국인들이 이 진단을 받고 증상을 지닌 채 살아간다. 중년 성인 및 노인들에게서 발병률이 높고 사망률이 높기 때문에, 건강심리학 분야에서는 심장질환에 대한 이해를 최우선 과제로 다루어왔다.

CHD란 무엇인가

관상동맥성 심장질환(coronary heart disease, CHD)은 심장에 혈액을 전달하는 관, 즉 관상동맥이 협소해지는 죽상경화증(atherosclerosis)에 의해 유발된 질병을 일컫는 통상적 용어이다(그림 13.1 참조). 제2장에서 살펴본 것처럼, 관이 협소해지거나 막히게 되면 심장에 이르는 산소와 영양분의 흐름이 부분적으로 혹은 완전히 차단된다. 산소와 영양의 일시적인 부족으로 인해 협심증(angina pectoris)이라 불리는 통증이 나타날 수 있으며, 이로 인해 가슴에서 팔 부분까지 통증을 느끼게 된다. 심각한 경우에는 심장마비(심근경색, myocardial infarction [MI])가 나타날 수 있다. 심장이 혈액을 제대로 공급하지 못하는 상태인 심부전(heart failure)은 CHD로 인해 발생할 수 있다.

CHD의 위험요인에는 높은 콜레스테롤 수준, 고혈압, 높은 염증 수치와 당뇨가 있으며, 흡연, 비만, 신체활동 저하와 같은 행동적인 요인도 포함한다(American Heart Association, 2004b). **대사증후군**(metabolic syndrome) 환자들 역시 심장마비에 걸릴 가능성이 높다. 복부 비만, 고혈압, '좋은 콜레스테롤'로 불리는 HDL의 수치 저하, 당뇨 위험의 신호인 혈당 대사 작용 저하, 그리고 '나쁜 콜레스테롤'과 관련된 트리글리세리드(triglyceride)의 수치 상승의 조건 중 세 가지 이상에 해당되면 대사증후군으로 진단된다. 아프리카계 미국인과 히스패닉계/라틴계 미국인(U.S. Hispanics/Latinos)은 대사증후군에 걸릴 위험이 특히 높고(McCurley et al., 2017), 차별이 영향을 미치는 것으로 보인다(Ikram et al., 2017). 대사증후군은 종종 위험요인으로 여겨지지만, 신체활동, 식이, 스트레스를 다루는 생활방식(lifestyle)에 대한 개입으로 변화될 수 있다(Powell et al., 2018). 우울증도 대사증후군의 발병에 영향을 미칠 수 있다(Womack et al., 2016). 신진대사 건강 불균형(metabolic health disparities)이 아동기(childhood)부터 나타나기 시작하기 때문에(Hostinar, Ross, Chen, & Miller, 2017), 아동기와 청소년기에 이러한 건강 위험요인(health risks)을 바꾸기 시작하는 것이 필요하다(Ames, Leadbeater, & MacDonald, 2018).

특히 사회경제적 지위가 낮은 계층에서 14세 무렵부터 심장질환 위험요인에 노출될 수 있다(Goodman,

그림 13.1 | **죽상경화증**

이 그림은 정상적 혈류의 동맥(그림 A)과 축적된 동맥 경화반(그림 B)을 보여준다.

출처 : National Heart, Lung, and Blood Institute. "What Is Cholesterol?" Last Modified from 2010.

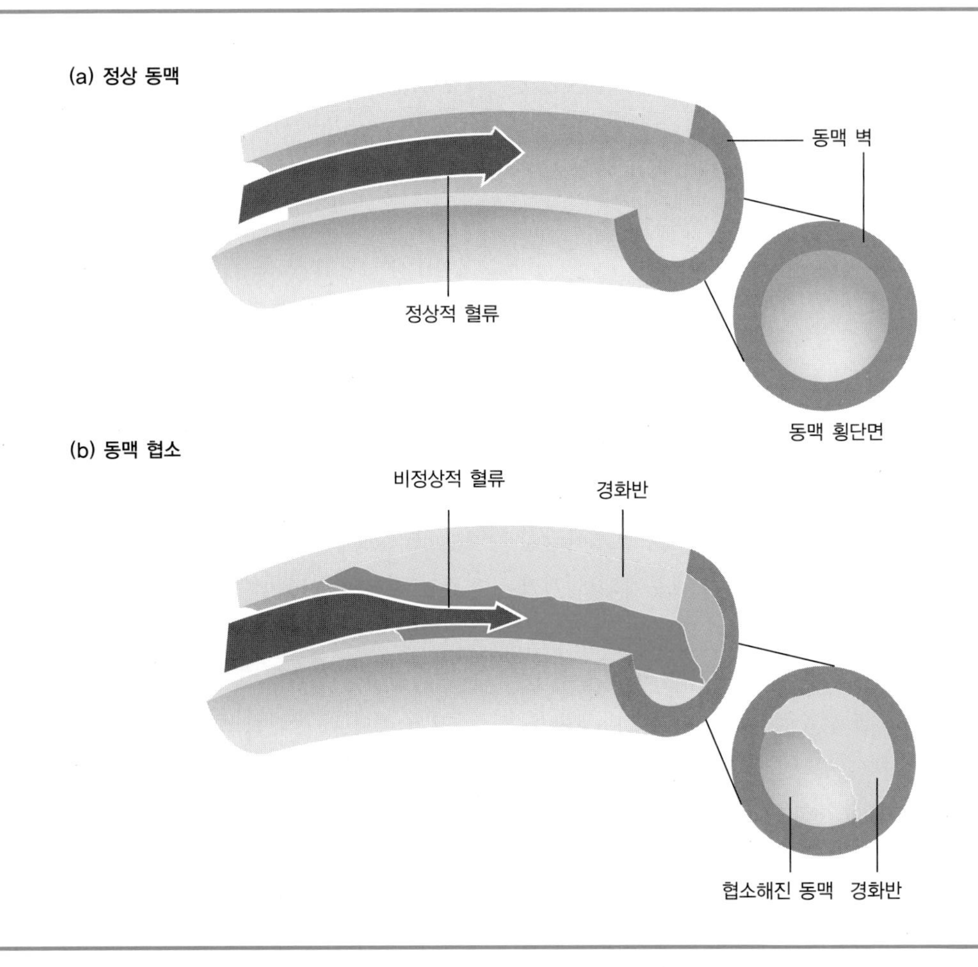

McEwen, Huang, Dolan, & Adler, 2005; Lawlor et al., 2005). 그러나 지금까지 알려진 위험요인들은 CHD 신규 진단 사례의 절반 이하만을 설명할 뿐이며, 아직 다수의 위험요인들이 파악되지 않았다.

CHD의 위험요인

CHD의 위험요인에는 좌식생활, 운동을 거의 하지 않는 것, 비만, 식사량은 많지만 채소와 과일은 거의 섭취하지 않는 빈약한 식단(having a poor diet), 높은 콜레스테롤과 트리글리세리드(triglycerides, 동맥경화를 일으키는 혈중 지방성분_역주), 적은 사회적 지지와 심장질환의 가족력이 있다(Savelieva et al., 2017).

스트레스에 대한 생물학적 반응 스트레스에 대한 생물학적 반응, 즉 스트레스에 동반되는 생리적 반응의 증가 및 감소는 CHD와 **심혈관 질환**(cardiovascular disease, CVD) 발병의 원인이 된다. 이러한 생리적 반응이 반복되면서 관상혈관에 층을 형성하는 내피세포에 손상을 가하게 되는데, 이 과정에서 지방질은 경화반을 축적하여 염증을 증가시키고, 결국 죽상경화증의 병변을 일으킨다.

이러한 반응성은 스트레스 초기 반응에서뿐만 아니라 오랜 회복기에서도 나타난다. 어떤 사람들은 부교감신경의 역조절이 신속하게 이루어지는 덕택에 교감신경계의 반응으로부터 회복하지만, 그렇지 못한 사람들도 있다. 제2장에서 살펴본 것처럼, 스트레스로 인한 심혈관 반응에 이어 교감신경계 반응에 대한 부교감신경계의 조절이 이루어진다. 미주신경의 반동은 스트레스 과정의 중요한 부분이며, 회복기에 줄어드는 미주신경의 재반동은 심지어는 아동기부터 심혈관 질환의 위험요인들과 강한 관련이 있다(Meghan et al., 2017).

스트레스와 CHD

스트레스는 CHD 발병의 중요한 주범이며, 유전적 취약성과 상호작용하여 발병 위험을 증가시킨다. 상당수의 연구들이 만성 스트레스, 외상 경험, 급성 스트레스와 CHD 및 여러 질환과의 연관성을 시사한다(Hendrickson, Neylan, Na, Regan, Zhang, & Cohen, 2013; Phillips, Carroll, Ring, Sweeting, & West, 2005; Vitaliano et al., 2002). 정서적 압박, 분노, 극도의 흥분(Strike & Steptoe, 2005), 부정적 정서와 급작스러운 활동 증가가 동반되는 급성 스트레스는 심장마비, 협심증 혹은 사망 등과 같은 갑작스러운 건강문제를 초래할 수 있다(Lane et al., 2006; Nicholson, Fuhrer, & Marmot, 2005). 이러한 사건과 관련된 스트레스 반응은 동맥경화반 파열이나 혈전 위험의 원인이 될 수 있다. 이러한 기제는 스트레스가 심장마비와 같은 급성 관상동맥성 심장질환을 촉발하는 이유를 설명할 수 있다(Strike, Magid, Brydon, Edwards, McEwan, & Steptoe, 2004). 스트레스는 염증의 활성화와도 직접적인 관련이 있는 것으로 알려져 있다(McDade, Hawkley, & Cacioppo, 2006).

낮은 사회적 지위는 관상동맥 질환의 발병 및 경과와 관련이 있다. 사회경제적 지위가 낮은 사람, 특히 남성에서 심장 질환 위험요인이 더 일반적으로 관찰되며, 심혈관 질환의 증상이 더 초기에 나타난다(Chichlowska et al., 2008; Matthews, Räikkönen, Gallo, & Kuller, 2008)(그림 13.2). 이러한 양상은 만성 스트레스를 더 많이 경험하는 사람일수록 사회경제적 지위가 낮은 경향이 있다는 사실을 반영한다(Adler et al., 1994; Gallo et al., 2014). 자신의 사회적 지위가 낮다고 여기는 사람들은 대사증후군을 반영하는 심혈관 질환의 특징을 가질 가능성이 크다(Manuck, Phillips, Gianaros, Flory, & Muldoon, 2010). 생애 초기에 나타나는 심혈관 반응의 유전적 소인(Yamada et al., 2002) 역시 사회경제적 지위가 낮을 때 악화될 수 있다. 학대, 무관심, 방임, 갈등으로 점철된 아동기의 힘든 가정 환경(Thurston et al., 2017) 자체로도 심혈관 질환 위험이 증가하지만, 이러한 혹독한 환경에서 기인한 스트레스와 사회적 지지를 얻는 것의 어려움 역시 심혈관 질환의 위험을 증가시킨다(Gallo & Matthews, 2006; Kapuku, Davis, Murdison, Robinson, & Harshfield, 2012). 또한 성인기에 친밀한 관계에서의 어려움은 부정적 정서와 CHD에 대한 다른 위험요인을 악화시킬 수 있다(Smith & Baucom, 2017). 또한 사회경제적 지위가 낮을 경우 병의 경과가 좋지 못하고(Sacker, Head, & Bartley, 2008), 회복률도 낮은 경향이 있다(Ickovics, Viscoli, & Horwitz, 1997).

아프리카계 미국인은 만성 스트레스에 특히 과도하게 노출되어 있으며, 그 결과 CHD 발병 위험이 높다(Troxel, Matthews, Bromberger, & Sutton-Tyrrell, 2003). 최근 몇 년간 CHD로 인한 아프리카계 미국인과 백인의 사망률이 감소하고 있지만, 인종 간 격차는 실질적으로 증가하고 있다(Zheng, Croft, Labarthe, Williams, & Mensah, 2001). 인종차별이 이러한 취약성에 영향을 준다(Hill, Sherwood, McNeilly, Anderson, Blumenthal, & Hinderliter, 2018). 라틴계 집단에서도 발병 위험(risks)이 증가하고 있다(Gallo et al., 2014).

제6장에서 보았듯이, 직업 스트레스는 CHD의 발병과 관련이 있다. 직업과 관련된 위험요인에는 직업 부담감(특히 높은 작업 요구와 낮은 통제력의 조합), 교육 수준과 직업 간 불균형(예 : 높은 교육 수준과 낮은

그림 13.2 | **연령별, 성별, 인종별 첫 심장마비의 연평균 발생률**

출처 : Lloyd-Jones, Donald, Robert Adams, Mercedes Carnethon, Giovanni De Simone, T. Bruce Ferguson, Katherine Flegal, Earl Ford, et. al. "Heart Disease and Stroke Statistics-2009 Update." *American Heart Association* 119, no. 3 (2009): 121-181; Roger, V. L., D. M. Lloyd-Jones, E. J. Benjamin, J. D. Berry, W. B. Borden, D. M. Bravata, S. Dai, et. al. "Heart Disease and Stroke Statistics-2012 Update: A Report from the American Heart Association." *American Heart Association* 125, no. 1 (2012): 2-220.

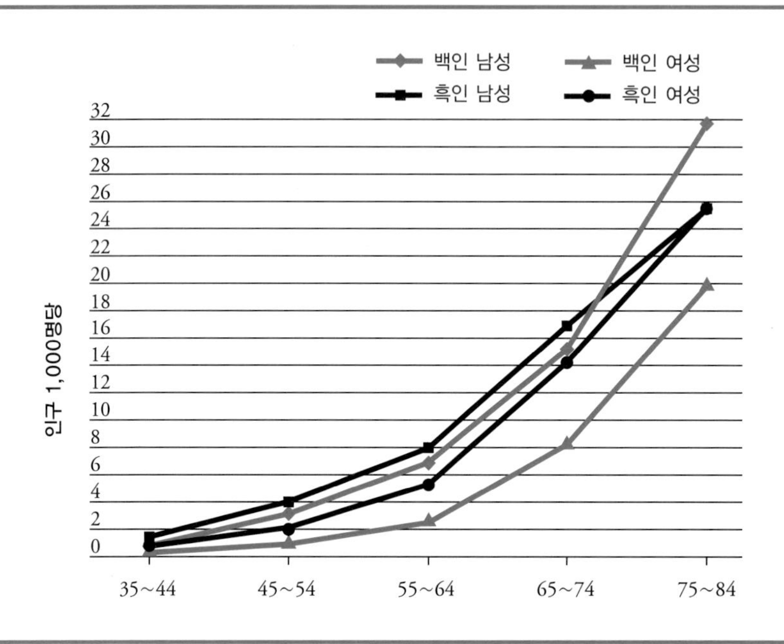

지위의 직업), 낮은 직업 안정성, 직장에서의 낮은 사회적 지지, 높은 직무 압력이 있다. CHD 위험이 낮은 남성의 경우 이러한 요인으로 인해 CHD가 발병하진 않겠지만, 고위험 남성의 경우 이와 같은 직업적 요인으로 인해 CHD 발병 가능성이 높아질 수 있다(Ferris, Kline, & Bourdage, 2012; Siegrist, Peter, Runge, Cremer, & Seidel, 1990).

최신 연구에 의하면 직장에서뿐만 아니라 일상생활에서의 통제력과 요구 간의 불균형이 죽상경화증의 위험요인인 것으로 보인다. 즉, 직장 안팎으로 요구 수준이 높고 통제 수준이 낮은 생활을 영위하는 사람들은 죽상경화증의 위험이 높다(Kamarck et al., 2004; Kamarck, Muldoon, Shiffman, & Sutton-Tyrrell, 2007).

사회적 불안정성은 CHD의 발병 가능성을 높인다. 이주자들은 지리적으로 정착된 생활을 하는 사람에 비해서 CHD의 발병 가능성이 높으며, 서구 사회의 문화에 적응하는 과정은 문화 변화에 따른 정신적 고통으로 인해 고혈압의 위험요인이 된다(Steffen, Smith, Larson, & Butler, 2006). 직업, 주거지, 사회적 관계가 유동적인 사람들의 경우에는 덜 유동적인 사람들보다 CHD의 발병 가능성이 더 높다(Kasl & Berkman, 1983). 도시화되고 산업화된 국가들은 저개발국가에 비해 CHD의 발병 가능성이 높다. 저개발국가에 사는 사람들은 심장질환으로 사망할 만큼 오래 살지 못하고 어린 나이에 죽거나 심장질환을 진단하는 데 필요한 의학적 도움(medical care)을 받지 못할 수 있다.

여성과 CHD

CHD는 미국과 대다수 선진국에서 여성의 주요 사망 원인이다(American Heart Association, 2012). CHD는 여성에게서 남성에 비해 일반적으로 10년 정도 늦게 발병하지만, 사망률은 여성이 남성보다 높다(American Heart

그림 13.3 | 미국의 연령 및 성별 심장질환 사망률(NHANES : 2011~2014)

NHANES : National Health and Nutrition Examination Survey.

출처 : Benjamin, E. J., Salim S. Virani, Clifton W. Callaway, Alanna M. Chamberlain, Alexander R. Chang, Susan Cheng, and Stephanie E. Chiuve. "Heart Disease and Stroke Statistics – 2018 Update: A Report from the American Heart Association." American Heart Association, 137, no. 12 (2018): 67–492.

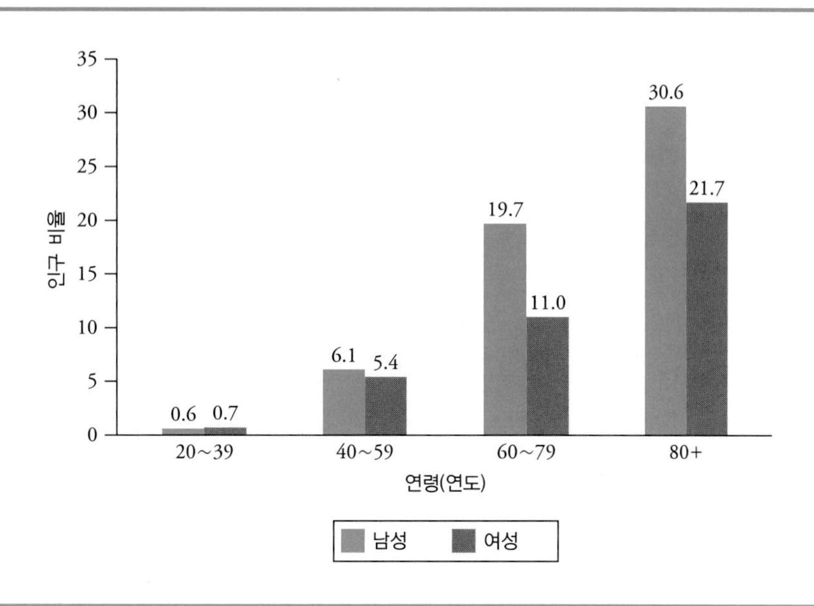

Association, 2012).

위험요인, 진단, 예후 및 재활에 대한 연구가 주로 남성에게 초점을 두어왔기 때문에, 여성의 심장질환에 대해서는 알려진 바가 상대적으로 적다(Burell & Granlund, 2002)(그림 13.3). 여성에게서 심장질환이 상대적으로 늦게 발병하기는 하지만, 일단 발병하면 남성에서보다 더 위험하다. 첫 번째 심장마비로 인한 사망 위험이 남성의 경우 30%인 데 반해 여성은 50%에 달한다. 심장마비에서 살아남는다 해도 남성의 경우 25%가 사망하는 반면 여성의 경우 생존자 중 38%가 1년 이내 사망한다.

여성은 젊을 때는 에스트로겐 관련 요인들로 인해 CHD 발병 위험으로부터 안전한 듯 하다. 에스트로겐은 교감신경계의 각성을 억제하기 때문에 폐경 전 여성은 스트레스에 대한 반응인 혈압, 신경내분비, 신진대사 반응이 남성이나 나이 많은 여성에 비해 더 낮게 나타난다. 여성의 CHD 발병 위험은 폐경기 이후 상당히 증가한다. 체중 증가, 혈압 상승, 높은 콜레스테롤과 트리글리세리드 수준, 현저한 심혈관 반응성이 이러한 높아진 위험 수준의 이유인 듯하다(Hirokawa et al., 2014; Wing, Matthews, Kuller, Meilahn, & Plantinga, 1991). 이러한 점을 고려할 때 폐경기 이후의 에스트로겐 대체치료가 나이 든 여성의 CHD 수준을 낮게 유지시키는 데 도움이 될 가능성도 있으나, 유감스럽게도 에스트로겐 대체치료는 이러한 위험을 오히려 증가시킬 수 있다.

여성에 대한 CHD 연구가 부족해서 여성들은 자신들의 위험성에 대해 잘못 알고 있는 경우가 많다. 여성의 CHD에 관한 정보를 언론 매체에서 찾아보기 어려우며, 의사들은 남성에 비해 여성에게는 심장질환과 예방에 대해 상담을 덜하는 경향이 있다(Stewart, Abbey, Shnek, Irvine, & Grace, 2004). 게다가 오진되거나 진단 자체가 이루어지지 않는 경우가 많으며, 결과적으로 심장질환의 진전을 지연시킬 수 있는 아스피린과 같은 약물을 처방받아 복용하지 못할 가능성도 높다(Vittinghoff et al.,

2003).

연구에 따르면, 여성 CHD의 위험요인은 남성의 위험요인들과 유사하다. 남성과 마찬가지로 신체적으로 활동적이고 규칙적인 운동을 하며, 체지방, 콜레스테롤, 트리글리세리드 수준이 낮은 여성의 경우에 심장질환이 발병할 가능성이 낮다. 또한 남성의 경우와 마찬가지로 결혼해서 사회적 지지를 받고 있는 여성들은 질병 수준이 덜 심각하다(Gallo, Troxel, Kuller, et al., 2003; Whisman & Uebelacker, 2011). 우울, 불안, 적대감, 분노의 억제, 스트레스는 여성의 CHD 발병 위험성의 증가와 관련이 있다(Low, Thurston, & Matthews, 2010). 성차별 또한 여성 CHD의 위험요인으로 역할을 한다(Beatty Moody, Chang, Brown, Bromberger, & Matthews, 2018).

또한 남성과 마찬가지로 여성의 낮은 사회경제적 지위(Janicki-Deverts, Cohen, Matthews, & Jacobs, 2012)는 죽상경화증 초기 단계와 밀접한 관련이 있다(Gallo, Matthews, Kuller, Sutton-Tyrrell, & Edmundowicz, 2001). 남성의 CHD를 예측하는 일부 직업 관련 요인은 여성에게도 적용된다(Lallukka et al., 2006). 여성의 경우, 전문 사무직 종사자에 비해 사무직이 관상동맥 질환의 위험이 높다(Gallo, Troxel, Matthews, et al., 2003).

일반적으로 통용되는 남성성 혹은 여성성 개념과 관련된 성격 특성이 건강상의 위험과 연관될 수 있다. 연구는 특히 자기(self)에게 초점을 둔 주체성(agency)과 타인에게 초점을 둔 공동체성(communion) 그리고 자기를 제외한 타인에게 과도한 초점을 둔 과도한 공동체성에 초점을 맞추었다. 일반적으로 남성은 여성에 비해 주체성이 높으며, 주체성은 좋은 신체 및 정신건강과 관련이 있다(Helgeson, 1993; Helgeson & Fritz, 1999; Helgeson & Lepore, 1997).

공동체성의 경우 관계에서 타인에게 초점을 두며, 이는 타인에 대한 긍정적인 배려 성향을 반영한다. 일반적으로 남성보다 여성에서 더 높지만 신체 및 정신건강과는 거의 관련이 없다. 그러나 과도한 공동체성은 자기 자신의 욕구에는 신경 쓰지 못하는 자기희생적인 개인에게서 전형적으로 나타나며, 좋지 못한 신체 및 정신건강과 연관이 있다(Fritz, 2000; Helgeson & Fritz, 1999). 또한 타인에게 영향력을 행사하거나 통제하려는 호전적 성향은 심혈관 질환의 발병 위험(CVD risk)에 기여한다(Ewart, Elder, Jorgensen, & Fitzgerald, 2016).

여성의 심장질환에 대해 알려진 정보의 대부분은 '간호사 건강 연구(Nurses' Health Study)'와 같은 장기 임상 종단연구의 결과이다. 간호사 건강 연구는 1976년 30~55세의 여성 간호사 12만 명 이상이 병력과 생활방식에 대한 장기 연구에 참여하면서 시작되었다(Nurses' Health Study, 2004). 지난 25년간, 이 집단에서 심장질환은 발병하지 않았는데 이는 다수의 나이 든 여성이 금연을 하고 식습관을 건강한 방향으로 변화시켜 왔기 때문인 것으로 보인다(Stoney, Owens, Guzick, & Matthews, 1997). 실제 식이요법, 운동 및 금연 등의 권고사항을 준수하는 여성들은 CHD에 걸릴 위험이 매우 낮다(Stampfer, Hu, Manson, Rimm, & Willett, 2000). 이 집단에서 비만도가 증가하면서 심장질환의 발생률이 다시 증가할 수는 있으나(Hu et al., 2000), 현재 이 연구는 좋은 건강습관이 유익하다는 증거를 보여준다.

성격, 심혈관 반응성, CHD

분노와 적대감과 같은 부정적인 감정은 대사증후군(Puustinen, Koponen, Kautiainen, Mäntyselkä, & Vanhala, 2011)과 CHD(Bleil, Gianaros, Jennings, Flory, & Manuck, 2008)의 위험을 높인다. 분노는 심장질환 위험을 증가시킬 뿐만 아니라(Gallacher et al., 1999) 낮은 생존 가능성을 예측하며(Boyle et al, 2004), 심장마비의 잠재적 촉발 인자로 작용할 수 있다(Moller et al., 1999). 앞으로 살펴보겠지만, 분노는 고혈압과 관련이 있으며, 뇌졸중 및 당뇨와도 어느 정도 관련성이 있는데, 이는 분노가 CHD, 심혈관 질환 및 합병증의 일반적인 위험요인임을 시사한다.

특히 적대감의 한 유형, 즉 의심, 분개, 잦은 분노, 적

글상자 13.1 적대감과 심혈관 질환

연구는 냉소적 적대감이 심혈관 질환 발병과 진행의 심리적 주범임을 시사한다. 많은 연구들은 이러한 연관성을 살펴보기 위해 적대감을 측정해왔다. 다음은 냉소적 적대감을 예시하는 진술들이다.

1. 나는 다른 사람에게 신경을 많이 쓰지 않는다.
2. 책임자의 위치에 있는 사람도 자신이 무엇을 하고 있는지에 대해 잘 모르는 경우가 많다.
3. 대부분의 사람들은 인생의 성공을 위해 거짓말을 한다.
4. 사람들은 나를 무능력한 사람으로 본다.
5. 많은 친구들이 자신들의 일로 나를 귀찮게 한다.
6. 내게 무언가를 하라고 지시하는 사람들은 때때로 나보다 잘 모르는 경우가 많다.
7. 나는 아무도 믿지 않는다. 그게 사는 데 더 편하다.
8. 행복한 사람들은 나를 잘못된 길로 인도한다.
9. 나는 종종 타인에게 만족하지 못한다.
10. 사람들은 종종 내 행동을 잘못 해석한다.

대감, 타인에 대한 불신 등이 특징인 냉소적 적대감과 관련성이 높다. 다른 사람들이 적대적이고 위협적이라고 믿으며 그들에 대해 부정적인 믿음을 가진 사람들은 언어적 공격성과 교묘한 적대적 행동을 보인다. 높은 냉소적인 적대감을 보이는 사람들은 타인으로부터 사회적 지지를 얻는 데 어려움을 겪으며, 사회적 지지를 잘 활용하지 못한다(글상자 13.1). 그들은 또한 타인과 갈등이 많고, 부정적 정서를 지니고 있으며, 질병 위험을 더 높일 수 있는 수면장애를 보인다(Brissette & Cohen, 2002). 방어적 경향을 수반한 적대감은 특히 문제가 될 수 있다(Helmers & Krantz, 1996).

누가 적대적인가 적대감은 어린 연령의 경우 신뢰롭게 평가될 수 있고, 여자아이보다는 남자아이에게서 상당히 안정적이다(Woodall & Matthews, 1993). 성인의 경우 남성의 적대감 수준이 여성보다 높으며, 이는 남성의 CHD 발병 위험이 더 높은 이유를 부분적으로 설명해준다(Matthews, Owens, Allen, & Stoney, 1992). 또한 사회경제적 지위가 낮은 사람들의 적대감 수준이 더 높다(Barefoot, 1992; Siegman, Townsend, Civelek, & Blumenthal, 2000).

발달과정에서의 선행사건 적대감은 아동기에 발달된 사람에 대한 대립적인 성향을 반영하는데, 이는 자신에 대한 불안감과 타인에 대한 부정적인 감정에서 기인한다(Houston & Vavak, 1991). 특정한 양육방식, 특히 부모의 간섭, 처벌, 수용 부족, 갈등 또는 학대는 적대감을 강화시킬 수 있다. 지지와 수용이 부족하고 갈등이 많은 가족 환경에서 자란 남자아이는 적대감을 가지게 되며(Matthews, Woodall, Kenyon, & Jacob, 1996), 어린 시절의 적대감은 심혈관 질환의 초기 위험요인과 관련이 있다(Matthews, Woodall, & Allen, 1993). 적대감은 집안 내력이며 유전적 · 환경적 요인들과 관련이 있는 것으로 보인다(Weidner et al., 2000).

표현된 적대감 대 숨겨진 적대감 분노나 냉소와 같은 적대적 감정의 표현이 분노나 적대감 상태보다 높은 심혈관 반응성과 훨씬 더 밀접하게 관련이 있다(Siegman & Snow, 1997). 예를 들어, 사회경제적 지위가 낮은 남성들에게 외현적인 분노행동 표현은 CHD 발생과 관련이 있으나, 특성 분노나 표현되지 않은 분노는 CHD 발생과 관련이 없다(Mendes de Leon, 1992). 분노의 억압과 적대적인 태도가 여성의 죽상경화증과는 연관이 있으나(Matthews, Owen, Kuller, Sutton-Tyrrell, & Jansen-McWilliams, 1998), 적대적 방식과 스트레스에 대한 고양된 심혈관 반응 간의 관계는 남성에 비해 여성에서는 일관되게 적용되지는 않는 듯하며(Davidson, Hall, & MacGregor, 1996; Engebretson & Matthew, 1992) 분노를 잘 표현하지 않는 문화에서도 일관되게 나타나지 않는 듯하다(Kitayama et al., 2015).

적대감과 사회적 관계 적대적인 사람들은 삶에서 더 많은 대인관계 갈등을 경험하고 있으며, 사회적 지지를 덜 받고, 이로 인해 질병의 위험에 더 노출되어 있다. 그들은 특히 대인관계 갈등을 경험할 때 스트레스를 받는다. 예를 들어, 한 연구에서 60쌍의 부부가 서로의 의견에 동의하거나 동의하지 않는 동안, 타인에 의한 평가 위협이 높거나 낮은 상황의 토론에 참여하였다. 높은 적대감을 지닌 남편의 경우, 스트레스가 높은 부부간 상호작용으로 인한 위협에 대해 혈압이 높아졌으나, 부인에게는 이러한 경향이 나타나지 않았다(Smith & Gallo, 1999).

적대적인 사람들은 심지어 일상생활에서 더 높은 스트레스를 유발하는 대인관계를 만들거나 찾고, 그로 인해 사회적 지지망을 약화시킨다(Allen, Markovitz, Jacobs, & Knox, 2001; Holt-Lunstad, Smith, & Uchino, 2008). 또한 적대적인 사람들은 분노의 원인을 반추하게 되면서 급성 스트레스가 만성 스트레스로 변할 수 있다(Fernandez et al., 2010). 적대적인 사람들의 높은 CHD 위험이 적대감으로 인한 사회적 지지의 부족 때문인지 혹은 적대적 분노 그 자체 때문인지 또는 적대감으로 인한 심혈관 반응으로 인해 나타나는지는 확실하지 않다.

적대감과 반응성 일부 건강심리학자들은 적대감이 최소한 부분적으로는 심혈관 반응이 사회적 상황에서 발현된 것일 수 있다고 본다. 즉, 적대적인 사람이 대인관계 상황에서 화가 나면, 과도한 심혈관 반응성을 보이게 된다(Suls & Wan, 1993). 또한 만성적인 적대감을 가진 사람들은 대인관계 스트레스에 대해 더 현저한 생리학적 반응을 보인다(Guyll & Contrade, 1998).

적대적인 사람들은 스트레스로 인한 교감신경계 활동에 대해 반대 반응이 약하게 나타나는데, 이는 그들의 생리적 반응성이 초기에 강할 뿐만 아니라 오래 지속될 수 있다는 것을 시사한다(Fukudo et al., 1992; Nelson et al., 2005). 분노 각성 상황에서 적대적인 사람들은 도발에 대한 반응으로 더욱 광범위하고 오래 지속되는 고혈압 수준을 보인다(Fredrickson et al., 2000). 염증 반응(inflammation)은 만성적인 분노를 보이는 사람에게서 더 높고 이는 교육 수준이 낮은 사람들에게 특히 그러하다(Boylan & Ryff, 2013). 분노에 우울증이 더해지면, 적대감은 염증의 지표인 C 반응성 단백질의 수준을 높인다(Suarez, 2004).

또한 적대적인 사람들은 상대적으로 카페인 섭취를 많이 하고, 체중이 더 많이 나가며, 지방질 수치가 높고, 흡연, 과음과 고혈압과 같은 CHD 위험을 높이는 위험한 건강행동을 할 가능성이 높다(Greene, Houston, & Holleran, 1995; Lipkus, Barefoot, Williams, & Siegler, 1994; Siegler, Peterson, Barefoot, & Williams, 1992). 적대감을 변화시키기 위해 개발된 인지행동치료 개입들이 있지만, 적대적인 사람들은 이러한 개입들에 참여율이 낮은 편이다(Christensen, Wiebe, & Lawton, 1997). 적대감은 우울증으로 이어질 수 있는데, 이는 이후에 살펴볼 것이다(Stewart, Fitzgerald, & Kamarck, 2010).

요약하면, 연구자들은 적대감이 특히 스트레스에 대한 생리적 반응의 유전적 소인을 나타낸다고 여긴다. 이러한 반응에 대한 소인을 가진 부모와 아동은 가정에서 이러한 패턴을 강화하는 가정환경을 조성할 수 있다. 나쁜 건강습관 및 사회적 관계는 이러한 패턴을 악화시킨다.

우울증과 CHD

우울증은 CHD의 발병, 경과 및 사망에 영향을 미친다. 우울증과 CHD 위험 및 대사증후군 간(Smith, Eagle, & Proeschold-Bell, 2017) 관계는 잘 정립되어 있기 때문에, 많은 의사들이 모든 CHD 환자들을 대상으로 우울증 평가를 하고 증상이 있을 경우 치료해야 한다고 생각한다(Stewart, Perkins, & Callahan, 2014). 한 신문의 헤드라인에서 표현한 것처럼, 삶에 대한 고요한 절망감은 흡연만큼이나 위험하다. 우울증은 다른 CHD 위험요인의 심리적 부산물이 아니라 그 자체로 독자적인 위험요인이며, 유전적 요인보다는 환경적 요인과 관련이 있는 것으로 보인다(Kronish, Rieckmann, Schwartz, Schwartz, & Davidson, 2009). 심장질환의 발병과 관련한 우울증의

심지어 일부 동물에서도 우울증은 CHD의 위험요인이다.
G-miner/istock/Getty Images

위험성은 간접흡연보다 더 높다. 심지어 우울한 원숭이도 CHD에 걸릴 위험이 높았다(Shively et al., 2008).

또한 우울증은 관상동맥성 심장질환(Polanka, Berntson, Vrany, & Stewart, 2018), 대사증후군(Goldbacher, Bromberger, & Matthews, 2009), 염증(Brummett et al., 2010), 건강에 나쁜 유해한 습관(Sin, Kumar, Gehi, & Whooley, 2016), 심장마비 가능성, 심부전(Garfield et al., 2014), 관상동맥 우회술(CABG) 후 사망(Burg, Benedetto, Rosenberg, & Soufer, 2003) 등의 위험요인과 연관이 있다. 또한 자살 위험도 더 높다(Chang, Yen, Lee, Chen, Chiu, Fann, & Chen, 2013).

아마도 우울증이 CHD의 경과 및 예후와 연관되는 가장 중요한 경로가 염증일 것이다(Brummett et al., 2010). 염증은 일반적으로 동맥벽에 경화반이 축적된 정도에 대한 지표인 C 반응성 단백질 수준으로 측정된다. 적대적인 사람들과 아프리카계 미국인에서 우울증과 C 반응성 단백질 수준은 더 밀접하게 관련이 된 것으로 보인다(Deverts et al., 2010). 이러한 위험은 건강행동, 사회적 고립 혹은 직업 특성 등으로 설명될 수 없으며, 이러한 관계 경향성은 여성보다는 남성에게서 더 강하게 나타난다(Stansfeld, Fuhrer, Shipley, & Marmot, 2002). 가끔 우울과 정신적 소진이 심장마비와 같은 급성 관상동맥성 심장질환 발생에 선행되는 경우가 있다. 이는 잠재된 바이러스가 재활성화되면서 관상동맥혈관에 염증을 일으키는 것일 수 있다.

우울증의 치료는 심장질환의 발병 가능성을 줄이고(Lavoie et al., 2018), 심장마비 후의 장기 회복 가능성을 높일 수 있다. 우울증을 치료하기 위해 보통 프로작과 같이 세로토닌이 수용기에 부착되는 것을 방지하는 세로토닌 재흡수 억제제를 활용한다(Bruce & Musselman, 2005). 혈류 속의 수용기가 차단되면, 동맥 안에 있는 혈소판이 모이는 것을 막으면서 혈전의 생성을 줄일 수 있다(Schins, Honig, Crijns, Baur, & Hamulyak, 2003). 근본적으로 항우울제는 혈액을 묽게 만든다(Gupta, 2002년 8월 26일). 우울증 치료는 염증을 줄일 수 있지만(Thornton, Andersen, Schuler, & Carson, 2009) 당뇨병의 위험을 다소 증가시킬 수 있다(de Groot et al., 2018). 우울증은 CHD 질환과 사망의 위험요인 중 진단이나 치료가 잘 되지 않는 요인으로 남아있다.

기타 심리사회적 위험요인과 CHD

경계 대처방식, 즉 환경에서 잠재적 위협을 늘 찾는 경향성은 심장질환의 위험요인과 관련이 있다(Gump & Matthews, 1998). 불안은 좋지 않은 질병의 경과(Roest, Martens, Denollet, & de Jonge, 2010)와 돌연 심장사(Moser et al., 2011)를 예측하는데, 이는 불안이 심장박동에 관련된 부교감신경 통제를 약화시키기 때문일 것이다(Phillips et al., 2009). 우울증, 불안, 적대감 및 분노가 복합적으로 나타나면, 개별 요인이 독자적으로 나타날 때보다 CHD의 발병 가능성이 높아지며(Boyle, Michalek, & Suarez, 2006), 이는 부정적 정서성(제7장 참조)이 CHD의 보편적인 위험요인임을 시사한다(Suls & Bunde, 2005).

연구자들은 극도의 피로감, 낙담이나 패배감 그리고 과민함이 특징인 정신 상태, 즉 소진을 심혈관 질환과 연관 지었다(Cheung et al., 2009). 활력 소진(vital exhaustion)은 우울함의 신체적 표현일 수 있다(Balog, Falger, Szabó, Rafael, Székely, & Thege, 2017). 다른 위험요인이 더해지면 활력 소진은 질환의 진행(disease progression)과 초기 회복 후 2차 심장마비의 가능성을 예측한다(Frestad & Prescott, 2017). 이는 또한 사망을 예측한다(Ekmann, Osler, & Avlund, 2012).

앞서 살펴보았듯이, 적대감은 사회적 지지를 얻는 것을 저해한다. 사회적 고립은 만성적인 대인관계 갈등과 마찬가지로 그 자체로 CHD의 위험성을 증가시킨다(Smith & Ruiz, 2002). 검증되지 않은 염증과정이 이러한 결과를 설명할 수 있다(Wirtz et al., 2003). 부정적인 감정을 경험하고 대인관계 상황에서 그러한 감정표현을 억제하는 경향은(때때로 D 유형 성격이라고 불리는) 생애 초기 시작되는(Winning, McCormick, Glymour, Gilsanz & Kubzansky, 2018) CHD와 심혈관 질환의 위험요인이 될 수 있다(Denollet, Pedersen, Vrints, & Conraads, 2013; Pedersen, Herrmann-Lingen, de Jonge, & Scherer, 2010; Williams, O'Carroll, & O'Connor, 2008). 그러나 증거들이 일관되지는 않다(Coyne et al., 2011; Grande et al., 2011). 이러한 영향은 시상하부-뇌하수체-부신피질(HPA) 축의 조절 이상(Molloy, Perkins-Porras, Strike, & Steptoe, 2008)을 포함한 다양한 요인과 좋지 않은 건강행동(poor health behavior)(Williams, O'Carroll, et al., 2008)으로 설명될 수 있다.

보호요인으로는 긍정 정서, 정서적 활력, 성실성, 통제력(mastery), 낙관주의, 전반적 안녕감이 심장질환에서의 우울 증상(Kubzansky, Sparrow, Vokonas, & Kawachi, 2001), CHD의 위험요인(Roepke & Grant, 2011), CHD 자체의 진행(Boehm & Kubzansky, 2012; Terracciano et al., 2014)을 저지하며 수술 후 회복(Tindle et al., 2012)을 돕는다.

심장질환 관리

제3, 4, 5장에서 식이요법, 흡연, 적은 운동량과 같은 심장질환의 일부 위험요인을 수정하기 위한 방법들을 살펴보았다. 이 장에서는 이미 심장질환을 진단받은 사람들을 대상으로 한 질환 관리에 우선적으로 초점을 맞출 것이다. 미국에서는 매년 100만 명이 넘는 사람들이 심장마비를 겪는다(American Heart Association, 2018). 그리고 이 중 약 14만 명 이상이 병원에 가는 도중 혹은 응급실에서 치료를 받는 도중에 사망한다(American Heart Association, 2012). 이렇게 심각한 통계 현황에도 불구하고, 심근경색 환자들의 병원 입원은 줄어들고 있으며, 치료의 질도 점차 개선되고 있어(Williams, Schmaltz, Morton, Koss, & Loeb, 2005), 심장마비로 인한 사망자 수가 최근 수십 년 동안 급격하게 감소되고 있다(American Heart Association, 2012).

지연의 영향 심장마비와 관련된 사망률과 장애율이 높은 이유 중 하나는 환자들이 치료를 바로 받지 않고 몇 시간이나 심지어 며칠 동안 치료받는 것을 지연시키기 때문이다. 일부 사람들은 위장질환과 같은 경미한 질환의 증상으로 해석하여 자가치료를 한다. 증상이 스트레스로 인한 것이라고 여기는 사람들은 치료받기를 더 오래 지연한다(Perkins-Porras, Whitehead, Strike, & Steptoe, 2008). 우울증 또한 치료를 지연하는 데 일조한다(Bunde & Martin, 2006).

노인 환자와 아프리카계 미국인 심장마비 환자들, 그리고 의사와 상담했거나 증상을 자가치료했던 환자들은 치료를 더 오래 미루었다. 가족이 있을 때 그리고 낮에 심장마비를 경험한 사람들은 치료를 미루는 경향이 있는데, 이는 이러한 상황에서 더 산만한 환경 때문으로 보인다. 놀랍게도 협심증이나 당뇨병의 이력을 가진 사람들이 치료를 지연하려는 경향이 줄어들기보다 더 높아지는 경향이 있다(Dracup & Moser, 1991).

심장마비로 인해 야기된 심리사회적 이슈 중 하나는 '어떻게 환자로 하여금 자발적으로 치료를 받게 하고 장기 지연을 줄일 것인가'이다. 최소한 급성 관상동맥성 심장질환의 위험이 높은 사람들과 그 가족 구성원들은 전조 증상이나 실제 급작스러운 마비의 징후를 알아차릴 수 있도록 훈련을 받을 필요가 있다.

초기 치료 임상 증상에 따라 CHD 진단은 여러 방식으로 관리될 수 있다. 일부 환자들은 주요 동맥의 막힘(blockage)을 관상동맥 우회술(CABG)로 치료한다. 심근경색(MI) 후에 환자들은 일반적으로 심장기능을 지속적으로 관찰하는 관상동맥 질환 집중치료실에 입원하게 된다. 많은 심근경색 환자들은 재발 가능성을 염려하며 불안을 느낀다(Roest, Heideveld, Martens, de Jonge, & Denollet, 2014). 불안은 입원 기간 동안 재경색(reinfarction) 및 재발하는 **국소빈혈**(ischemia)과 같은 합병증을 일으킬 수 있다. 때때로 급성 단계에 있는 심근경색 환자들이 상황을 부인하는 것을 통해 대처하면서 상대적으로 이 시기에 불안이 없을 수 있다. 우울증이나 외상 후 스트레스장애(PTSD) 진단, 분노, 낮은 사회적 지지는 장기 입원을 예측한다(Contrada et al., 2008; Oxlad, Stubberfield, Stuklis, Edwards, & Wade, 2006). 좋은 인지기능은 수술 후의 더 나은 회복을 예측한다(Poole et al., 2016).

일단 질병의 급성 단계가 지나면, 교육과 개입이 시작된다. **심장재활치료**(cardiac rehabilitation)는 심장질환을 가진 사람들이 최적의 신체적 · 의학적 · 심리적 · 사회적 · 정서적 · 직업적 · 경제적 상태를 얻기 위한 적극적이고 점진적인 과정을 말한다. 재활의 목표는 증상을 완화하고, 질환의 심각성을 낮추며, 질환이 더 진행되는 것을 막고, 심리적이고 사회적인 적응을 향상시키는 것이다. 심장재활치료에 기저하는 철학은 그러한 노력이 진행성 질환을 예방하고, 심근경색의 재발 가능성을 낮추며, 갑작스러운 사망의 위험을 줄인다는 믿음이다.

심장재활치료의 성공은 환자의 적극적인 참여와 노력에 달려있다(글상자 13.2 참조). 이러한 프로그램의 기본 목표는 성취감 또는 자아효능감을 회복하는 것이다. 이것이 없으면, 재활치료의 준수율이 떨어지고 질환의 경과도 좋지 않다(Sarkar, Ali, & Whooley, 2009).

약물치료 약물치료는 심장재활치료의 중요 요소이며, 베타 아드레날린성 차단제의 자가 투약을 포함한다. 베타 차단제는 교감신경계통의 자극에 저항하는 약물이다. 그러나 베타 차단제는 피로나 발기부전과 같은 부작용을 초래할 수 있기 때문에, 처방 준수가 중요하다. 일반적으로 아스피린은 심장마비로부터 회복 중이거나 위험이 있는 사람들에게 처방된다. 아스피린은 혈소판을 모으는 효소 중 하나를 차단함으로써 혈액 응고를 막는다. 스타틴(statin)이라는 약은 흔히 급성 관상동맥성 심장질환 환자, 특히 지방질 수치가 높은 환자에게 처방되고 있다(Facts of Life, 2007년 2월). 그러나 비용, 약물에 대한 부정적인 믿음, 그 밖의 생활상 어려움들로 인해, 특히 소수 집단에서(Cornelius, Voils, Birk, Romero, Edmonson, & Kronish, 2018) 처방 준수 수준이 낮은 편이다(Gathright et al., 2017; Shen & Maeda, 2018).

식이요법과 활동 수준 심장재활치료를 받는 대부분의 환자들은 식이 조절을 하고, 산책, 조깅, 자전거, 다른 운동을 포함한 운동 프로그램을 일주일에 최소 3회, 30~45분 정도 하게 된다. 운동은 사회경제적 지위가 낮거나 관상동맥성 심장질환의 위험이 있는 사람들에게 특히 중요하며 예후에 도움이 될 수 있다(Puterman, Adler, Matthews, & Epel, 2012; Sweet, Tulloch, Fortier, Pipe, & Reid, 2011). 모든 생활방식 변화를 위한 개입들에서처럼 준수율(adherence)이 낮을(low) 수 있으므로, 회복하기 위해선 식이요법 및 활동 수준 변화가 중요함을 환자가 명확히 이해하도록 하는 것이 중요하다.

스트레스 관리 스트레스가 치명적인 심장질환을 일으킬 수 있기 때문에 스트레스 관리는 심장재활치료에 있어 중요한 구성 요소이다(Donahue, Lampert, Dornelas, Clemow, & Burg, 2010). 어린 환자, 여성 환자 그리고 사회적 지지가 부족하고 사회적 갈등이 심하며 부정적인 대처방식을 보이는 사람들은 높은 스트레스의 위험에 처해있기에 특히 스트레스 관리 개입이 필요하다(Xu

글상자 13.2 심장 그리기

심장마비 환자들은 심장마비로 인한 심장 손상에 대해 알고 있는가? 그리고 이러한 지식이 이후의 기능을 예측하는 데 도움이 되는가? 엘리자베스 브로드벤트, 케이스 페트리와 동료들이 수행한 독창적인 연구(2004)에서는 심근경색 환자가 그린 심장의 모습으로 복직, 운동량, 증상과 관련된 고충, 3개월 시점에서 지각된 회복 수준을 예측할 수 있는지 조사하였다.

연구에서 74명의 중년 환자들에게 자신의 심장을 그리도록 했다(그림 13.4). 그리고 3개월 후에 그들의 기능 수준을 평가하였다. 심장이 손상되어 있는 그림을 그린 환자들은 3개월 후 상대적으로 덜 회복되었으며, 자신의 좋지 않은 심장 상태가 오래 지속될 것이라고 믿었고, 이런 상황에 대해 할 수 있는 것이 거의 없다고 인식하였다. 또한 그들은 복직하는 데 오랜 시간이 걸렸다. 게다가 환자의 심장 손상 그림은 손상의 의학적 지표보다 회복을 더 잘 예측하였다.

후속 연구에서, 브로드벤트와 동료들(Broadbent, Ellis, Gamble, & Petrie, 2006)은 손상된 심장을 그린 환자는 장기간 불안해하며 건강관리 서비스를 더 많이 이용하는 경향이 있음을 발견하였다. 따라서 환자가 그린 심장 그림은 의사에게 환자의 심장 상태에 대해 의논할 때 환자의 신념과 후속 문제들에 대해 평가할 수 있는 좋은 기초 자료를 제공한다.

그림 13.4 | 자신의 심장 손상을 그린 환자들의 그림

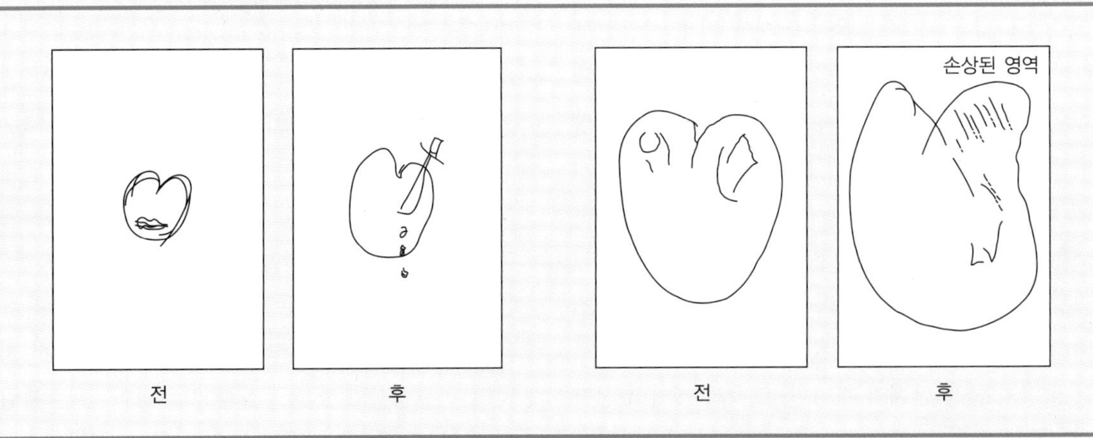

et al., 2017).

그러나 현재 관상동맥성 심장질환 환자들을 대상으로 한 스트레스 관리는 소홀하게 이루어지거나 계획 없이 이루어지고 있다. 환자들은 직장이나 집에서 스트레스 상황을 피하라는 권고를 받지만, 이러한 조언은 사실상 모호한 치료 목표라고 볼 수 있다. 게다가 50% 정도의 환자들은 자신의 삶에서 스트레스를 조절하기 어렵다고 보고한다.

이러한 문제들은 제6장에서 언급한 스트레스 관리 프로그램과 같은 방법들을 적용함으로써 해결할 수 있다. 환자들은 스트레스 사건을 어떻게 인식하고, 가능한 경우 이러한 스트레스를 어떻게 피할 것인지 그리고 피할 수 없다면 어떻게 대처해야 할지에 대해 배운다. 이완 훈련과 마음챙김 명상과 같은 구체적인 기법을 훈련시킴으로써 스트레스를 관리할 수 있는 능력을 향상시킨다(Cole, Pomerleau, & Harris, 1992).

일부 스트레스 관리 개입은 적대감 감소를 목표로 한다. 중년기에서의 적대감 감소는 낮은 위험성과 연관이 있었다(Siegler et al., 2003). 적대감, 냉소, 분노를 변화시키기 위한 8회기 개입은 적대감 수준을 낮추는 데 어느 정도 성공적이었다(Gidron & Davidson, 1996; Gidron, Davidson, & Bata, 1999). 분노는 초기에 심장질환뿐만 아니라 심장마비의 재발 원인이 되기도 하므로(Mendes de Leon, Kop, de Swart, Bar, & Appels, 1996), 분노에 대한 개입이 시행되어 왔다. 그러나 적대감이 심혈관 반응의 원인이라기보다는 반응 자체일 수 있어서, 적대감을 수정하는 것이 심혈관 질환의 위험요인들을 많이 변화시키지는 못할 수 있다(Hajjari et al., 2016).

우울증 치료 심혈관 질환 위험 요인은 그 자체로 우울증을 예측할 수 있고(Herrmann-Lingen & al'Absi, 2018; Patel et al., 2018), 우울증은 심장재활치료 기간에도 중요한 문제이다. 우울증은 더 많은 염증, 심근 긴장 그리고 다른 심장 기능 지표와 관련이 있고(Celano et al., 2017), 치료와 준수를 저해한다(Spatola et al., 2018). 또한 우울증은 심장수술 후 재입원과 사망의 주요 위험요인 중 하나이다(Ossola, Gerra, Panfilis, Tonna, & Marchesi, 2018). 우울증에 대한 인지행동치료(CBT)는 비록 그 효과가 그리 크지는 않지만, 질환의 진행과 관련된 위험요인을 감소시키는 데 도움이 된다(Hundt et al., 2018). 단기 전화상담 개입만으로도 우울증 감소에 효과가 있었다(Bambauer et al., 2005). 긍정 정서(positive affect)를 증진하는 개입들이 개발되고 있고 유망해 보인다(Celano et al., 2018). 그러나 심리 개입들이 CHD를 가진 아동들에게도 효과가 있는지는 확실하지 않다(Tesson, Butow, Sholler, Sharpe, Kovacs, & Kasparian, 2019).

사회적 지지의 문제 다른 질병에서도 그러하듯이, 사회적 지지와 결혼은 심장질환 환자들이 회복하는 데 도움이 될 수 있다(Idler, Boulifard, & Contrada, 2012). 사회적으로 고립되어 있고(Shankar et al., 2011), 배우자나 절친한 친구가 없는 심장질환 환자들은 회복이 저조하다(Kreibig, Whooley, & Gross, 2014). 입원 기간 동안 사회적 지지를 받지 못하는 것은 회복 기간에 우울 증상으로 이어질 수 있고(Brummett et al., 1998), 지지적인 결혼

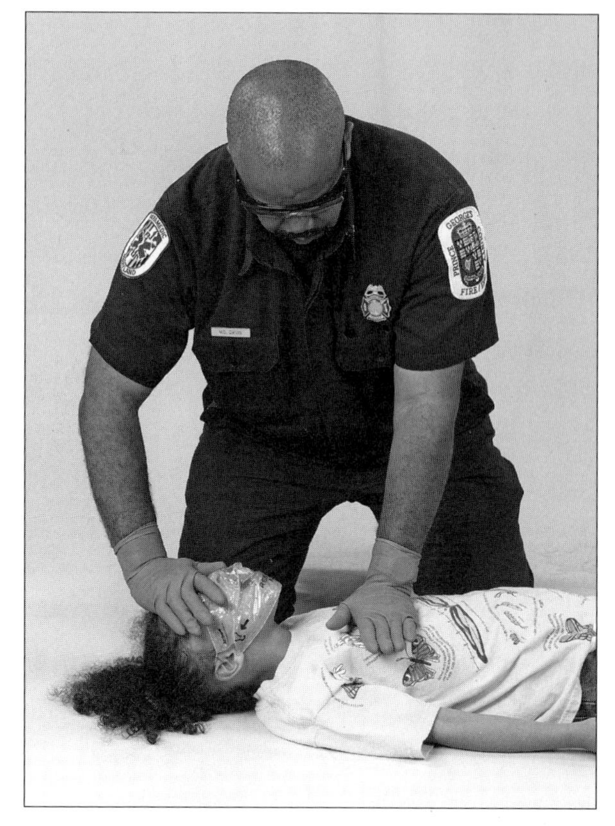

심근경색(MI) 환자의 가족 구성원들도 심폐소생술(CPR) 훈련을 받아야 한다. 약 70% 정도가 직장보다는 가정에서 심장 발작으로 인해 갑자기 사망하는데, 이에 비해 가족 구성원들이 CPR을 교육받을 수 있는 프로그램은 상대적으로 적다. 따라서 이 같은 활용 가능한 훈련 프로그램을 더 많이 만들어야 한다.

Rick Brady/McGraw-Hill Education

생활은 관상동맥 우회술 후 심장질환 환자들의 장기 생존을 예측한다(King & Reis, 2012). 사회적 지지는 흡연 가능성을 낮추고(Kreibig et al., 2014) 심장재활치료 동안 운동을 견디게 할 수 있게 하면서 재활 과정에서 필수적인 요소이다(Fraser & Rodgers, 2010). 사회적 지지는 장기 예후에 매우 중요하므로(Burg et al., 2005), 회복기의 개입 목표로 포함되고 있다(Barth, Schneider, & von Känel, 2010). 그러나 많은 요인들이 사회적 지지를 받을 가능성을 약화시킬 수 있다(Randall, Molloy, & Steptoe, 2009). 예를 들어, 많은 환자들은 혼자 살거나 사회적 지지망이 좁을 수 있고(Rutledge et al., 2004), 중요한 관계가 위기에 처하는 경우도 있다.

회복 중인 심장마비 환자의 배우자들은 환자가 의존적이고 짜증이 많다고 느낄 수 있는 반면, 환자들은 배우자들이 지나치게 간섭하고 과잉보호한다고 여길 수 있다. 생활방식에서의 변화를 둘러싼 갈등은 부부 갈등을 심화시킬 수 있고(Croog & Fitzgerald, 1978; Michela, 1987), 불안한 관계는 실제 위험을 증가시킬 수 있다(Uchino et al., 2013). 환자는 식이제한과 운동 지침을 준수하는 데 어려움을 겪을 수 있는 반면, 배우자는 지침을 준수하도록 환자를 밀어붙일 수 있다. 과도하게 걱정하는 배우자는 증상, 장애와 우울을 더할 수 있다(Itkowitz, Kerns, & Otis, 2003). 불행하게도 심장마비 환자들의 배우자도 심근경색에 대해서 우울증, 악몽, 환자의 생존에 대한 만성불안을 포함하는 심각한 정신적 고통을 호소할 수 있다(Moser & Dracup, 2004). 심장마비가 결혼한 부부의 관계를 소원하게 한다는 증거는 없으나, 관계를 더 공고하게 한다는 증거도 없다. 모두에게 어려운 상황이므로 결혼생활의 어려움을 다루기 위해 부부상담이나 가족상담을 필요로 할 수도 있다.

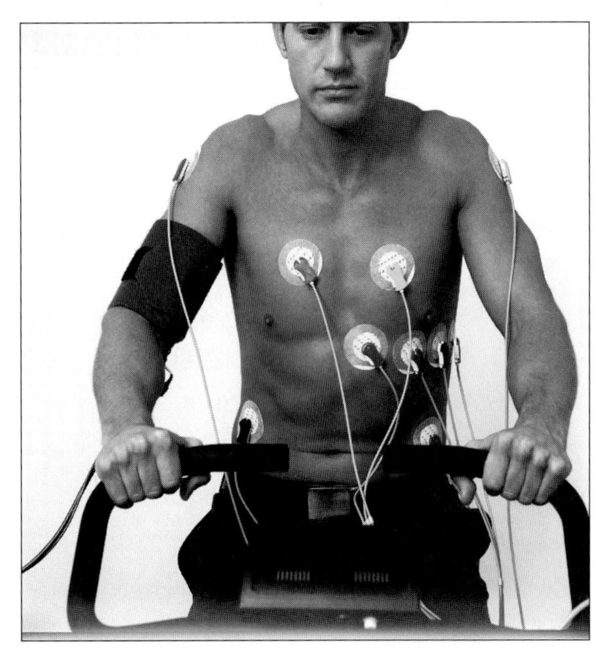

러닝머신 테스트는 심근경색 환자의 기능 회복 가능성에 대해서 유용한 지표를 제공한다.
Digital Vision/Punchstock/Getty Images

심근경색으로 인한 **심장 허약**(cardiac invalidism) 상태가 되면, 환자와 배우자 모두 환자의 능력을 과소평가하게 된다(Itkowitz et al., 2003). 이러한 문제를 감소시기 위해 고안된 한 연구(Taylor, Bandura, Ewart, Miller, & DeBusk, 1985)에서는 회복기에 있는 심근경색 환자의 부인들이 남편의 심혈관 기능 상태에 대한 정보를 제공받고, 남편이 러닝머신 운동을 하는 것을 관찰하거나 직접 참여하도록 했다. 러닝머신 운동에 직접 참여한 부인들은 남편의 신체적 능력과 심혈관 기능 상태에 대해 더욱 긍정적인 인식을 갖게 된 반면, 남편의 수행 수준에 대한 정보를 받거나 관찰만 한 부인들은 여전히 남편을 병든 사람으로 인식하였다.

가족은 추후관리에서 중요한 역할을 한다. 환자와 가족 구성원 모두 심장마비가 임박했을 때의 증상을 알아차릴 수 있어야 하고, 심장마비 증상을 속 쓰림과 같은 가벼운 신체 증상과 구별할 줄 알아야 하며, 어떻게 응급처치를 해야 하는지 알아야 한다. 이렇게 하면 지연 행동을 줄일 수 있고, 재발했을 경우 치료가 효과적으로 이루어질 수 있다.

심장재활치료 평가 심장재활치료는 심장마비를 겪은 환자나 심장질환으로 입원한 환자의 사후관리에서 기본 과정이 되었다. 수백 편의 출판 연구들이 심혈관 질환 관리 프로그램을 평가해왔는데, 대부분은 체중, 운동, 혈압, 흡연 그리고 삶의 질에 대한 개입이 심장질환의 위험요인을 줄이며, 일부 사례에서는 심장질환으로 인한 사망 위험을 줄이는 데 성공적이라는 사실을 발견했다(Center for the Advancement of Health, 2000b; Pischke, Scherwitz, Weidner, & Ornish, 2008). 동기와 자기효능감은 성공의 핵심 요인이다(Slovinec D'Angelo, Pelletier, Reid, & Huta, 2014). 치료 준수 수준은 다르지만(Leung, Ceccato, Stewart, & Grace, 2007), 표준 심장재활 프로그램에 우울증, 사회적 지지, 기타 심리사회적 이슈에 대한 심리사회적 개입을 추가하는 것이 심리적 고통을 경감시키고 심장질환 환자가 심장질환 증상을 경험하거나 재발로 고통받거나 급성 심장질환으로 사망할 가능성을 감소시킬 수 있다(Dornelas & Sears, 2018; Rutledge, Redwine, Linke, & Mills, 2013).

심장질환 예방

앞서 기술한 개입의 여러 구성요소가 이제는 심장질환을 예방하는 데 사용되기도 한다. 이 위험요인들은 잘 알려져 있기 때문에 높은 혈압, 높은 콜레스테롤과 트리글리세리드에 대한 개입을 포함하여 이 요인들을 적어도 미국에서는 일반적으로 검사한다(Carroll, Kit, Lacher, & Yoon, 2013). 식단과 활동 수준을 변화시킬 것을 권장하며, 일부 개입은 사람들이 업무 스트레스, 가정에서의 스트레스, 다양한 역할에서 생기는 스트레스를 대처하도록 돕는 스트레스 관리를 포함한다. 많은 사람들이 이러한 심장 건강에 유익한 생활 방식을 자발적으로 변화시키고 있으며, 보통 운동량을 늘리고 식단을 개선하는 방법을 사용한다. 결과적으로 조기 발병(early-onset) 심장질환은 예전만큼 유병률이 높지 않다. 한 단계 더 나아가는 것이 유익할 수 있다. CHD의 위험요인은 아동기와 청소년기에 나타나서 성인 질환(adult disorders)으로 이어질 수 있으므로(Ehrlich, Hoyt, Sumner, McDade, & Adam, 2015), 사회적 지지와 같은 심리사회적 자원을 구축하는 이들의 능력(Wickrama, O'Neal, Lee, & Wickrama, 2015) 또는 이 집단에서의 우울증 위험에 대한 개입이 필요하다. 이는 사회경제적으로 어려운 청년들에게 특히 중요하다(Wickrama et al., 2015).

고혈압

고혈압(hypertension)은 혈압이 높은 상태로 혈관을 통한 혈액의 공급이 과도할 때 나타난다. 이는 심장 박출량(cardiac output)이 너무 높을 때 발생할 수 있는데, 혈류가 증가함으로써 동맥벽에 압력이 가해지기 때문이다. 이는 또한 말초저항에 대한 반응, 즉 몸이 소동맥 혈류에 대한 저항에 반응함으로써 발생한다.

고혈압은 심각한 의학적 질환이다. 최근 통계에 의하면, 미국 성인 중 29% 이상이 고혈압을 가지고 있으나(Nwankwo, Yoon, Burt, & Gu, 2013), 증상이 없기 때문에 이 사람들 중 거의 1/3이 자신이 고혈압이라는 사실을 모른다(Yoon, Burt, Louis, & Carroll, 2012). 게다가 미국 성인 중 약 47%는 고혈압에 걸릴 위험이 있다(Fryar, Chen, & Li, 2012). 고혈압은 심장질환과 신부전과 같은 다른 질환의 위험요인이다.

고혈압은 치료하지 않으면 인지기능에 악영향을 미칠 수 있는데, 특히 학습, 기억, 주의집중, 추론적 사고, 사고 유연성 및 기타 인지기능에 문제를 일으킬 수 있다(Blumenthal et al., 2017). 이러한 문제는 특히 젊은 고혈압 환자들에게 중요한 문제이다(Waldstein et al., 1996). 고혈압의 위험과 영향 범위를 고려할 때 조기 진단과 치료가 필수적이다.

고혈압은 어떻게 측정하는가

고혈압은 혈압계로 측정한 심장수축과 심장확장 혈압 수준으로 평가한다. 제2장에서 언급했듯이, 심장 수축기 혈압(systolic blood pressure)은 심실이 수축할 때 가장 크게 발생한다. 확장기 혈압(diastolic pressure)은 심장이 이완되었을 때 동맥에 있는 압력이고, 혈류에 대한 혈관의 저항과 관련이 있다.

이 중 수축기 혈압(systolic pressure)은 고혈압 진단에 중요하고, 수축기 혈압을 120 이하로 유지하는 것이 최선이다. 경미한 고혈압은 140~159 사이의 수축기 혈압으로 정의되고, 중간 정도의 고혈압은 160~179, 심각한 수준의 고혈압은 180 이상의 수축기 혈압을 의미한다.

고혈압의 원인은 무엇인가

전체 고혈압 사례의 5%가량은 신장이 혈압을 조절하지 못하는 것에서 비롯된다. 그러나 그 원인을 알 수 없는 경우가 거의 90%에 달한다.

지금까지 확인된 위험요인으로는 가족력(Savelieva et al., 2017)이 있다. 아동기의 기질(정서적 민감성,

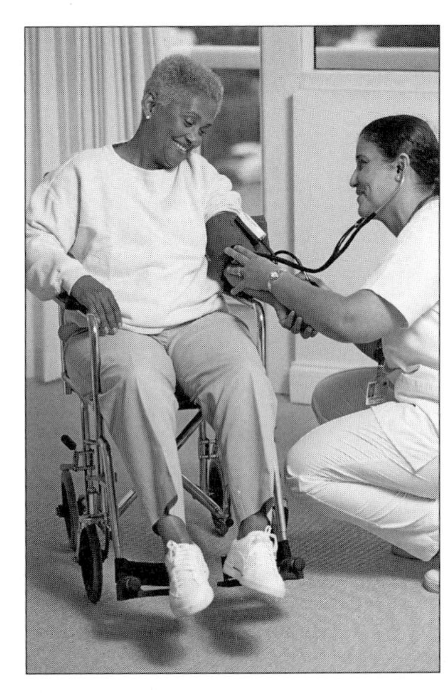

고혈압은 증상이 없는 질병이다. 결과적으로, 정기적인 신체 검진을 받거나 고혈압 검진 프로그램에 참여하지 않는 한, 많은 성인들은 자신이 이 질병을 가지고 있다는 것을 인식하지 못한다.
Rolf Bruderer/Getty Images

emotional excitability)은 청소년기의 체중 증가에 영향을 미치며(Pulkki-Råback, Elovainio, Kivimäki, Raitakari, & Keltikangas-Järvinen, 2005), 이것이 심혈관 질환을 예측한다(Goldbacher, Matthews, & Salomon, 2005). 아동기와 청소년기의 혈압 반응성은 이후 고혈압 발병 가능성을 예측한다(Ingelfinger, 2004; Matthews, Salomon, Brady, & Allen, 2003). 45세 이전까지 성별은 고혈압을 예측하며, 남성이 여성보다 고혈압에 걸릴 위험이 훨씬 더 높다. 그러나 55~64세에는 고혈압에 걸릴 가능성이 미국 남성과 여성에서 모두 비슷해진다. 65세 이후에는 여성이 남성보다 고혈압에 걸릴 위험이 더 높다. 심혈관 질환의 위험은 소수인종에게서 특히 높으며, 이러한 높은 위험은 부분적으로는 낮은 사회경제적 지위와 관련된 요인에서 기인한다(Ruiz & Brondolo, 2016). PTSD 또한 고혈압의 더 높은 위험과 관련 있다(Burg et al., 2017).

유전적 요인도 기여하는데(Wu, Treiber, & Snieder, 2013), 부모 중 한쪽이 고혈압이면 자녀도 45%의 고혈압 발생 가능성이 있다. 부모 모두 고혈압이라면, 그 가능성은 95%로 증가한다. 관상동맥성 심장질환과 마찬가지로 고혈압의 유전적 소인은 반응성인데, 스트레스 사건에 대한 반응과정에서 교감신경계 활동이 고양되는 경향을 말한다(Everson, Lovallo, Sausen, & Wilson, 1992). 반응성은 향후 더 높은 혈압을 예측하는 요인이다(Carroll, Phillips, Der, Hunt, & Benzeval, 2011).

정서적 요인들도 이러한 위험과 연관이 있다. 우울, 적대감, 잦은 강렬한 각성은 시간이 지나면서 혈압을 상승시키는데, 심지어 아동기에도 그렇다(Betensky & Contrada, 2010; Rottenberg et al, 2014). 심혈관 질환에서 기존에 앓던 우울증의 명백한 중요성을 고려하여 일부 연구자는 심혈관 질환의 위험요인이 확인되는 즉시 우울한 환자에 대한 치료를 권장한다(Stewart, Perkins, & Callahan, 2014). 분노(Harburg, Julius, Kacirotti, Gleiberman, & Schork, 2003), 냉소적인 불신(Williams, 1984), 적대감(Mezick et al., 2010)과 상당한 역경 속에서의 과도한 분투(James, Hartnett, & Kalsbeek, 1983)는 고혈압 발생과 연관이 있다. 차별도 고혈압 위험과 관련이 있다(Rodriguez et al., 2016). 스트레스 사건 이후의 반추는 심혈관 반응을 지속시키며 심혈관 질환 발병에 기여한다(Key, Campbell, Bacon, & Gerin, 2008). 억압적 대처 역시 발병에 기여할 수 있다(Mund & Mitte, 2012).

한 메타분석 연구에서 아동기의 역경은 심혈관 질환과 관련이 있었고(Jakubowski, Cundiff, & Matthews, 2018), 가족 갈등은 성인기의 사회적 상호작용의 질을 저하시키며 부분적으로 심혈관 질환의 위험을 높였다(John-Henderson, Kamarck, Muldoon, & Manuck, 2016). 만성 분노를 조성하는 가정환경도 고혈압과 관련이 있다(Ewart, 1991). 반대로, 사회적 기술이 발달한 아동과 청소년은 심혈관 질환의 위험이 낮다(Chen, Matthews, Salomon, & Ewart, 2002; Ewart & Jorgensen, 2004). 특히 청소년기 동안의 긍정적 양육은 성인기의 심혈관 건강에 유익할 수 있다(Matthews et al., 2017).

이러한 결과는 의사소통 방식을 변화시키기 위해 가정 환경에 조기 개입하는 것이 중요함을 시사한다.

스트레스는 수년 동안 고혈압의 원인으로 여겨져 왔다(Henry & Cassel, 1969). 다수의 스트레스가 높은 생활 사건, 만성적인 사회 갈등, 직업적 부담, 즉 통제력은 낮은데 요구는 높은 상황 그리고 혼잡하고 스트레스가 많으며 시끄러운 장소는 모두 고혈압 위험성을 증가시킨다(Feeney, Dooley, Finucane, & Kenny, 2015). 결국 고혈압이 생기는 사람들은 발병 이전에 스트레스에 대한 심혈관 및 염증 반응이 증가하는 양상을 보인다. 아동기와 성인기의 낮은 사회경제적 지위는 모두 심혈관 질환의 위험을 높인다(Appleton et al., 2012; Hagger-Johnson, Mõttus, Craig, Starr, & Deary, 2012). 지방에서 도시로 이주한 집단에서도 고혈압 환자 비율이 높다. 여성의 경우, 고혈압은 가족 내에서 과도하게 많은 역할을 해야 하는 것과 관련이 있으며, 사무직 여성의 경우 가족에 대한 책임감과 직업적 부담이 함께 고혈압에 영향을 준다. 부정적인 사회적 상호작용은 특히 여성에서 고혈압 위험을 높인다(Sneed & Cohen, 2014). 이러한 위험은 부분적으로 급성 스트레스로부터 심혈관 질환 회복이 좋지 않기 때문에 발생하는 듯하다(Boylan, Cundiff, & Matthews, 2018).

아프리카계 미국인들의 스트레스와 고혈압 고혈압은 특히 아프리카계 미국인들에게 흔한 의학적 문제이다. 이 집단에서 고혈압의 위험이 높은 것은 스트레스와 더불어 낮은 사회경제적 지위와 관련이 있다(Hong, Nelesen, Krohn, & Mills, & Dimsdale, 2006). 또한 적대감과 분노가 고혈압 발병률에서 인종 간 차이의 원인일 수 있다(Thomas, Nelesen, & Dimsdale, 2004). 유전적 요인도 연관되어 있을 수 있다. 즉, 스트레스원에 대한 신경펩타이드(neuropeptide)와 심혈관 반응에서의 인종적 차이가 고혈압의 발병에 영향을 주는 것으로 보인다(Saab et al., 1997).

특히 소득 수준이 낮은 흑인들의 경우 취약하다. 이들은 스트레스가 많은 환경에서 거주할 가능성이 높으며(Fleming, Baum, Davidson, Rectanus, & McArdle, 1987), 소득 수준이 높은 백인이나 흑인에 비해 더 많은 심리적 스트레스를 보고한다. 그리고 만성적인 생활 스트레스는 스트레스에 대한 반응에서 교감신경계의 회복을 저해할 수 있다(Pardine & Napoli, 1983). 차별과 인종차별을 경험하는 것이 흑인들에게서 고혈압을 유발할 수 있는데(Beatty, Moody-Waldstein, Tobin, Cassels, Schwartz, & Brondolo, 2016; Dolezsar, McGrath, Herzig, & Miller, 2014), 야간에 혈압의 정상적인 감소

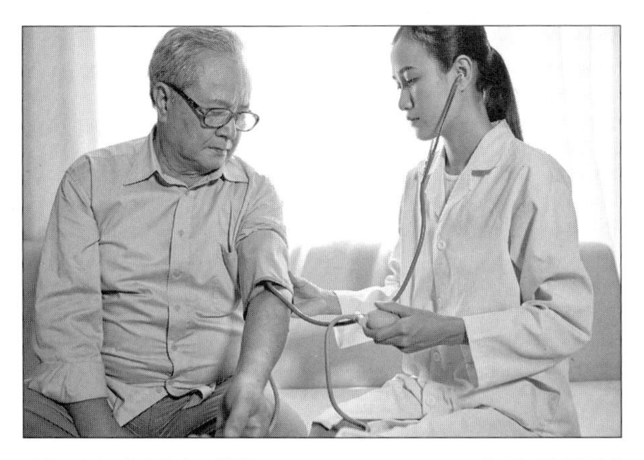

많은 사람들은 '백의 고혈압(white coat hypertension)', 즉 일상생활에서는 정상 혈압이다가 의료 환경에 노출되면 혈압이 높아지는 고혈압을 가진다. 백의 고혈압은 때때로 고혈압으로 오진되며, 약물을 투여받는다.
Dinis Tolipov/123RF

고혈압은 아프리카계 미국인 공동체에서 특히 문제가 된다. 운동을 포함한 건강행동의 실천이 널리 권장된다.
LWA/Dann Tardif/Blend Images LLC

를 방해하고(Euteneuer, Mills, Pung, Rief, & Dimsdale, 2014), 치료 준수를 저해하며(Forsyth, Schoenthaler, Chaplin, Ogedegbe, & Ravenell, 2014), 인종 편향을 지닌 것으로 여겨진 제공자로부터 치료를 거부하기 때문이다(Greer, Brondolo, & Brown, 2014).

아프리카계 미국인들은 고혈압과 연관이 있는 비만의 위험이 높은데, 식이요인(Myers, 1996)과 소금 섭취량이 주요 원인일 수 있다. 흡연과 적은 운동량 역시 관련되어 있다(Kershaw, Mezuk, Abdou, Rafferty, & Jackson, 2010).

아프리카계 미국인, 특히 아프리카계 미국인 노인들에게 심혈관 반응성은 여러 심혈관 질환의 위험요인들과 관련된 더 일반적인 증후군의 일부일 수 있다. 여기에는 높은 심박률, 공복 시 높은 인슐린 수준, 낮은 고밀도 지질단백(lipoprotein) 수준, 높은 허리-엉덩이 둘레 비율 및 전반적으로 높은 신체질량이 포함된다(Waldstein, Burns, Toth, & Poehlman, 1999). 이러한 신진대사 요인들의 집합, 즉 대사증후군은 아프리카계 미국인 노인들이 심혈관 질환 및 당뇨병과 같은 대사장애에 걸릴 위험성을 증가시킨다. 라틴계 미국인도 고혈압에 걸릴 위험이 있으며, 추방에 대한 걱정이 심혈관 질환의 중요한 위험요인일 수 있다(Torres, 2018).

존 헨리 증후군 고혈압은 특히 흑인들에게서 위험이 높기 때문에, **존 헨리 증후군**(John Henryism)으로 알려진 현상이 연구되어왔다. '강철 사나이'로 알려진 존 헨리는 교육을 받지 않은 흑인 노동자로, 최단 시간에 가장 많은 작업을 완수하는 이가 이기는 대회에서 스팀 드릴 기계를 누르고 승리한 것으로 알려졌다. 그러나 대회에서 우승한 후 존 헨리는 사망한 것으로 알려졌다.

제임스와 동료들은 심리사회적 스트레스원에 적극적으로 대처하는 성격 성향을 일컫기 위해 '존 헨리 증후군'이라는 용어를 사용하였다(James, Hartnett, & Kalsbeek, 1983). 그러나 적극적인 대처가 성공적이지 못할 때는 치명적인 소인이 될 수 있다. 존 헨리 증후군 성향이 높은 사람은 궁극적으로 극복 불가능한 역경에 맞서면 더 열심히 노력한다. 따라서 존 헨리 증후군은 취약 계층, 특히 저소득층과 교육 수준이 낮은 흑인들에게 특히 치명적일 것으로 예상할 수 있으며, 연구들은 이러한 관련성을 뒷받침하고 있다(James, Keenan, Strogatz, Browning, & Garrett, 1992). 존 헨리 증후군과 높은 고혈압 위험과의 연관성에 작용하는 구체적 요인으로는 스트레스에 대한 증가된 심혈관 반응성과 스트레스로부터의 빠른 회복의 어려움을 들 수 있다(Merritt, Bennett, Williams, Sollers, & Thayer, 2004).

고혈압의 치료

상승된 혈압은 쉽게 감지되기 때문에, 많은 사람들이 고혈압 전 단계에서 식별된다. 이 단계에서는 체중 감량, 식단 개선(소금 섭취를 줄이는 것을 포함), 운동을 통한 신체활동 증가를 목표로 한다(National Academy of Medicine, 2013). 장기적으로 건강한 생활방식이 최선의 예방이다(Dorough, Winett, Anderson, Davy, Martin, & Hedrick, 2014).

일단 고혈압을 진단받으면, 다양한 방법으로 치료되며, 약물치료가 가장 일반적이다. 또한 환자들에게 저염식을 하거나 알코올 섭취를 줄이도록 권장한다. 과체중인 환자에게는 체중 감소를 강력하게 권하며, 모든 고혈압 환자들에게 운동이 권장된다. 카페인을 줄이는 것이 고혈압 식이요법에서 필요한데, 스트레스를 받을 때 카페인은 고혈압 진단을 이미 받았거나 걸릴 위험이 있는 사람들에게 혈압 반응을 상승시키기 때문이다(Lovallo et al., 2000). 약물은 효과적일 수 있지만, 특히 우울한 사람들은 처방을 잘 준수하지 않을 수 있다. 자기효능감 증진이 비준수(nonadherence)로 인한 위험을 상쇄하는 데 도움이 될 수 있다(Bosworth, Blalock, Hoyle, & Czajkowski, Voils, 2018; Schoenthaler, Butler, Chaplin, Tobin, & Ogedegbe, 2016).

인지행동치료 고혈압을 치료하기 위해 다양한 인지행동

치료 기법들이 사용되어 왔다. 바이오피드백, 점진적 근육 이완법, 최면 및 명상과 같은 기법들이 포함되는데, 이 모두는 각성 수준을 낮춤으로써 혈압을 감소시킨다. 혈압 감소를 위해 심호흡과 심상을 추가하는 경우도 있다. 이러한 치료방법들에 대한 평가에 의하면, 준수 수준이 보통이어도(Hoelscher, Lichstein, & Rosenthal, 1986), 어느 정도는 긍정적 효과를 나타낸다고 한다(Davison, Williams, Nezami, Bice, & DeQauttro, 1991).

분노가 고혈압과 관련이 있다는 사실은 분노를 다스리는 법을 가르치는 것이 유용할 수 있음을 나타낸다. 실제 고혈압 환자들에게 역할연기와 같은 행동기법을 통해 대립 상황을 관리할 수 있도록 훈련시키는 것이 그런 상황을 능숙하게 관리할 수 있게 하며, 혈압 반응성을 낮출 수 있다(Davidson, MacGregor, Stuhr, & Gidron, 1999; Larkin & Zayfert, 1996). 우울증도 중요한 개입 목표이며, 준수행동과 안녕감에 영향을 미친다(Krousel-Wood et al., 2010).

인지행동치료의 평가 심리사회적 개입은 고혈압 치료에 상대적으로 더 효과가 있는가? 비약물적 접근 중 체중 감소, 신체 운동 및 인지행동치료는 상당히 성공적이다(Linden & Chambers, 1994). 게다가 인지행동적 방법은 경제적이고 실시하기도 쉽다. 이들은 슈퍼비전 없이 사용될 수 있으며 부작용도 없다. 신체활동의 증가와 식단 개선에 초점을 둔 생활 양식 개입이 필수적이다(Blumenthal et al., 2017).

인지행동치료는 고혈압 치료에서 약물 사용을 줄이게끔 하므로(Shapiro, Hui, Oakley, Pasic, & Jamner, 1997), 약을 잘 견디지 못하는 사람들에게 특히 유용하다(Kristal-Boneh, Melamed, Bernheim, Peled, & Green 1995). 인지행동치료는 경미하거나 경계선상에 있는 고혈압에 효과적이고, 이 그룹에서는 약물치료를 대체할 수 있다.

그러나 인지행동치료의 준수율은 높지 않은 편이다(Langford, Solid, Gann, Rabinowitz, Williams, & Seixas, 2018). 한 가지 이유는 고혈압에 대한 사람들의 '상식적' 이해 때문이다(Hekler et al., 2008). 예를 들어, 어떤 사람이 고혈압을 말 그대로 '높은 긴장 상태(hypertension)'라는 개념으로 이해하면, 긴장을 풀고 스트레스 수준을 낮추는 것만으로도 충분하며 약은 필요하지 않다고 생각할 것이다(Frosch, Kimmel, & Volpp, 2008). 그리고 고혈압은 증상이 없기 때문에, 많은 사람들은 스스로 스트레스 강도가 아주 높을 때만 취약하다고 생각하나 이는 사실이 아니다. 현재로서는 약물과 인지행동치료를 결합하는 것이 고혈압을 치료하는 데 있어 최고의 접근법으로 알려져 있다.

숨겨진 질병

고혈압 치료에서 가장 큰 문제점은 너무 많은 사람들이 자신이 고혈압이라는 사실조차 모른다는 것이다. 고혈압은 증상이 없는 질병이기 때문에, 정기 검진을 받지 않는 수천 명의 사람들은 자신이 고혈압이라는 것을 알지도 못한 채 고혈압을 앓고 있다. 그럼에도 불구하고 그들은 낮은 삶의 질, 손상된 인지기능 그리고 보다 적은 사회활동이라는 질환의 대가를 치르고 있다(Saxby, Harrington, McKeith, Wesnes, & Ford, 2003).

국가 차원에서 대중에게 고혈압에 관해 교육시키는 캠페인은 사람들이 진단받게 하는 데 어느 정도 성공적이었다(Horan & Roccella, 1988). 직장에서의 선별검사는 고혈압인 사람을 선별해내는 데 성공적이었다(Alderman & Lamport, 1988). 지역사회 개입을 통해 사람들은 이동차량, 교회 또는 지역사회센터, 심지어 동네 약국에 가서도 혈압을 체크할 수 있게 된다. 이러한 선별 프로그램들의 광범위한 실시는 사람들이 고혈압을 조기에 발견하는 데 도움이 되었다.

고혈압 전 단계나 고혈압으로 진단되면 생활습관을 변화시키거나 필요한 경우 약물치료를 통해서도 관리할 수 있다. 디지털 매체를 포함하여 효율적으로 전달될 수 있는 생활양식 개입 프로그램을 사용하여 가능한 조기에 행동을 변화시키도록 돕는 시도들이 이루어지고 있다(Dorough et al., 2014).

뇌졸중

62세의 리 필립스는 남편 에릭과 샌디에이고 쇼핑몰에서 쇼핑을 하고 있었는데, 갑자기 오른쪽 얼굴에서 이상하게 당기는 느낌을 받았다. 그녀의 입은 심하게 뒤틀렸고, 갑자기 맥이 빠졌다. "무슨 장난을 치는 거요?"라고 에릭이 물었다. 리는 "그런 게 아녜요"라고 대답하려 했지만 말이 뒤섞여 나왔다. 에릭이 "어서 병원으로 갑시다"라고 재촉했고, 리는 그저 집에 가서 눕고 싶었지만, 다행히도 남편은 구급차를 불렀다. 리는 뇌졸중을 겪었던 것이다(Gorman, 1996년 9월 19일).

리는 두 가지 이유로 운이 좋았다. 첫째, 그녀는 신속하게 의사의 치료를 받았는데, 이것은 손상과 그 후유증을 줄이는 데 필수적이다. 둘째, 남편이 그녀와 함께 있었다. 연구에 따르면 보호자와 함께 응급실에 도착한 사람은 그렇지 않은 사람보다 더 지체없이 치료를 받는 것으로 나타났다(Ashkenazi et al., 2015).

뇌졸중(stroke)은 미국의 다섯 번째 주요 사망원인이며, 뇌 혈류의 이상으로 발생한다(American Heart Association, 2018). 일부 뇌졸중은 동맥경화증과 고혈압으로 인해 발생할 수 있는 뇌 국소 영역의 혈류가 차단될 때 발생한다. 예를 들어 죽상경화반(arteriosclerotic plaques)이 뇌혈관을 손상하면, 손상된 영역이 혈전(thrombi)을 가두거나 혈류를 막는 색전(emboli)을 발생시킨다(그림 13.5 참조). 뇌졸중은 또한 뇌출혈(뇌혈관의 파열로 발생하는 출혈)에 의해서도 발생한다. 혈액이 뇌로 누출되면, 넓은 영역의 신경 조직이 두개골에 압착되어 광범위하거나 치명적인 손상을 유발한다.

뇌졸중은 2016년 기준으로 미국에서 19명의 사망자 중 1명이 뇌졸중 사망자이고(Benjamin et al., 2019), 매 4분마다 누군가는 뇌졸중으로 사망하는 것으로 추정된다(Centers for Disease Control and Prevention, 2015년 11월). 미국에서는 매해 대략 80만 명의 사람들이 뇌

그림 13.5 | 뇌졸중

뇌졸중은 뇌 혈류의 이상으로 발생한다.

출처 : National Heart, Lung, and Blood Institute. "What Are the Signs and Symptoms of Atrial Fibrillation?" Last modified from June 6, 2010.

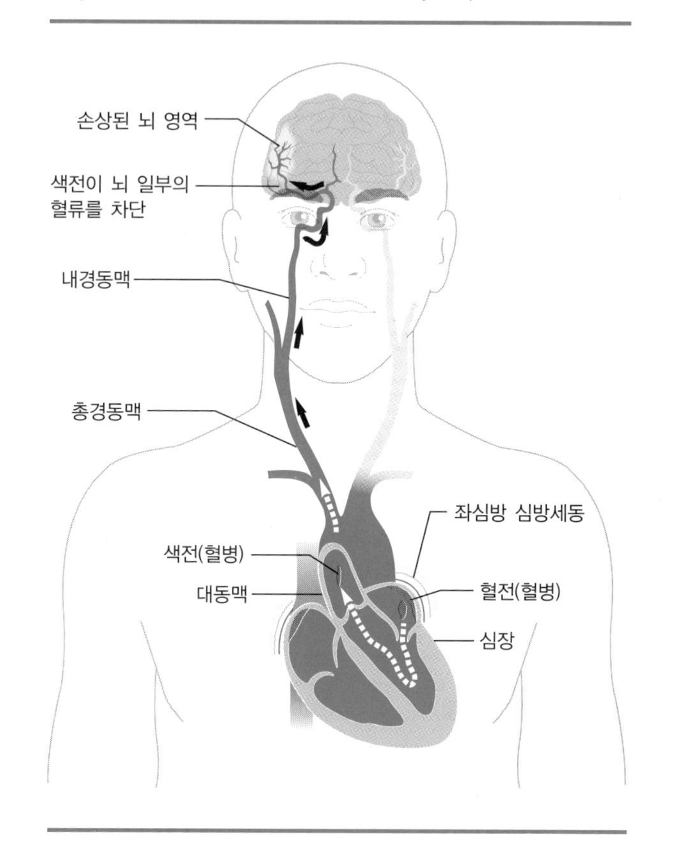

졸중을 경험하며, 뇌졸중은 노인 생존자 절반의 이동 능력을 손상시킨다(Centers for Disease Control and Prevention, 2015년 11월). 뇌졸중의 위험 징후는 표 13.1에 기술되어 있다.

뇌졸중은 한번 발생하고 나면 재발할 수 있고, 결국은 심각한 장애나 사망으로 이어질 수 있어 심각한 위험성을 지닌다. 연구자들은 아스피린의 처방과 같은 간단한 개입이 이러한 위험을 상당히 경감시킬 수 있다는 것을 밝혔다. 아스피린은 혈액의 응고를 막아 뇌졸중 환자들에게 즉각적인 효과를 나타낸다. 뇌졸중 발병 후, 아스피린을 단 몇 주만 복용해도 뇌졸중의 재발 위험을 1/3로 떨어뜨릴 수 있다(Chen et al., 2000). 스테틴(콜레스테

표 13.1 | 뇌졸중의 위험 징후

미국뇌졸중협회에서는 뇌졸중의 위험 신호로 다음 징후들을 소개한다.

- 갑작스러운 마비 또는 탈진 : 안면, 팔 또는 다리에서 나타나며, 특히 편측으로 발생
- 갑작스러운 혼란, 발화 또는 이해의 어려움
- 한쪽 또는 양측 안구에서의 시력 저하
- 갑작스러운 보행 어려움, 어지러움, 균형 또는 협응의 상실
- 갑작스럽고 원인을 알 수 없는 심각한 두통

출처 : Thom, Thomas, Nancy Haase, Wayne Rosamond, Virginia J. Howard, John Rumsfeld, Teri Manolio, and Zhi-Jie Zheng. "Heart Disease and Stroke Statistics—2006 Update." *American Heart Association* 113, no. 6 (2004): 85-151.

그림 13.6 | 인종에 따른 첫 뇌졸중 발생률

출처 : Roger, V. L., D. M. Lloyd-Jones, E. J. Benjamin, J. D. Berry, W. B. Borden, D. M. Bravata, S. Dai, et al. "Heart Disease and Stroke Statistics-2012 Update: A Report from the American Heart Association." *American Heart Association* 125, no. 1 (2012): 2-220.

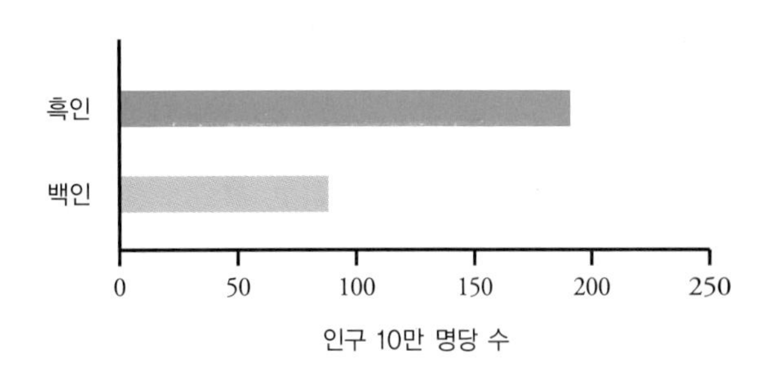

롤 저하제) 또한 도움이 되는 것으로 보인다.

뇌졸중의 위험요인

뇌졸중의 위험요인은 심장질환의 위험요인과 상당히 중첩된다. 이는 고혈압, 심장질환, 흡연, 높은 수준의 적혈구 세포 수, 일과성 허혈발작 등이 포함된다. 일과성 허혈발작(transient ischemic attacks, TIAs)이란 편측 또는 한쪽 팔다리에서 나타나는 일시적 무력, 둔함, 무감각, 일시적인 흐릿함 또는 시각의 상실, 일시적인 발화나 말을 이해하는 것의 어려움을 발생시키는 작은 뇌졸중이다(American Heart Association, 2000).

뇌졸중 환자들은 인지적 기능의 일부 측면들을 재학습해야만 하는 경우가 있다.
Colin Cuthbert/SPL/Science Source

뇌졸중 발병률은 나이가 들수록 증가하며, 여성보다는 남성에서, 아프리카계 미국인과 당뇨병을 가진 사람에게서 더 자주 발병한다. 이전의 뇌졸중 내력이나 뇌졸중의 가족력 역시 뇌졸중 발생 가능성을 증가시킨다. 뇌졸중의 급성 촉발인자는 부정 정서, 분노, 깜짝 놀라서 급작스럽게 자세를 바꾸는 것 등이 있다(Koton, Tanne, Bornstein, & Green, 2014). 또한 관상동맥성 심장질환 및 고혈압과도 연관이 있었던 것처럼 분노의 표현 또한 뇌졸중과 연관성이 있는 것으로 보인다. 낮은 수준의 분노 표현은 어느 정도 보호 효과가 있어 보인다(Eng, Fitzmaurice, Kubzansky, Rimm, & Kawachi, 2003). 스트레스는 뇌졸중 위험을 증가시키는데, 직무 스트레스가 그렇듯 특히 여성에서 그렇다. 차별도 기여할 수 있다(Beaty Moody et al., 2019). 심리 건강은 뇌졸중으로부터 보호한다(Lambiase, Kubzansky, & Thurston, 2015).

우울과 불안은 뇌졸중의 예측인자이며(Neu, Schlattmann, Schilling, & Hartmann, 2004), 특히 백인 여성과 아프리카계 미국인에서 강력한 예측인자가 된다(Jonas & Mussolino, 2000). 그림 13.6에 인종별 첫 뇌졸중 발생률이 실려있다. 뇌졸중 발생 위험이 가장 높은 집단은 45~64세의 흑인 남성이다. 뇌졸중으로 인해 사망하는 흑인 남성은 백인 남성의 세 배에 달한다(Villarosa,

2002년 9월 23일).

뇌졸중의 영향

뇌졸중은 개인 생활, 사회 영역, 직업 영역 및 신체 영역을 포함하여 개인의 삶의 모든 영역에 영향을 미친다.

운동문제 뇌졸중 직후, 운동 장해가 흔히 나타난다. 우뇌가 신체 좌측의 움직임을 조절하고, 좌뇌가 신체 우측의 움직임을 조절하기 때문에 움직임의 손상은 뇌 손상 부위의 반대 측으로 발생한다. 손상된 쪽의 팔이나 다리를 움직이는 것은 어렵거나 거의 불가능에 가깝다. 그러므로 환자는 대개 걷기, 옷 입기 등의 신체 활동에서 도움이 필요하다. 뇌졸중 이후에 적어도 당분간은 타인에게 의존하는 것이 불가피하다. 그 결과, 가족과 다른 사회적 관계에 상당한 영향을 미친다. 물리치료를 통해 이러한 문제의 일부는 감소시킬 수 있다(Gordon & Diller, 1983).

인지문제 뇌졸중 환자가 겪는 인지적인 어려움은 손상된 뇌 부위가 어느 쪽인지에 달려있다. 좌뇌에 손상을 입은 환자는 실어증과 같은 의사소통장애를 겪는데, 이는 타인의 말을 이해하고 스스로를 표현하는 것에 대한 장애를 동반한다. 또한 단기기억에도 문제가 발생한다. 한 뇌졸중 환자는 뇌졸중과 관련된 사건을 다음과 같이 기술하였다.

> 내가 처음 쇼핑하러 간 곳 중 한 곳은 철물점이었는데, 도착해서 '전기 플러그'라는 단어가 떠오르지 않아 의사를 전달하는 데 한참이 걸렸다. 당연히 나는 수치스러웠고 좌절했다. 가게에서 거의 울 뻔했지만, 집에 가서 아내 제인 앞에서 울었다. 내 몸과 정신을 통제할 수 없다는 사실에 매일 좌절하였다(Dahlberg, 1977, p. 124).

우뇌 손상 환자는 특정 유형의 시각적 정보를 사용하고 처리하지 못한다. 그 결과, 이러한 환자들은 얼굴의 한쪽 면에만 면도를 하거나 화장을 한다. 또한 거리를 정확히 지각할 수 없어 물건이나 벽에 부딪치기도 하고, 시계 읽기, 전화번호 누르기, 거스름돈 받기 등에 어려움을 겪는다.

게다가 우뇌 손상 환자들은 읽은 단어를 이해할 수 없고, 각 단어의 마지막 부분만을 지각할 수 있기 때문에 스스로가 미쳐간다고 느낄 수도 있다. 그리고 누군가가 환자의 손상된 쪽에 서서 이야기를 한다면, 들을 수는 있지만 보지는 못하여 그저 목소리를 듣고 있다고 생각할 수도 있다(Gordon & Diller, 1983). 또한 인지적 손상은 뇌졸중 환자들의 약물치료 준수를 저해할 수 있다(O'Carroll et al., 2011).

정서문제 뇌졸중 이후의 정서적 어려움은 흔하다. 좌뇌 손상 환자들은 그들의 장해에 대해 불안이나 우울 반응을 자주 보인다. 우뇌 손상 환자들은 그들의 상황에 대해 무감각해질 수 있는데, 이 상태는 감정 표현 불능증으로도 알려져 있다.

재활 개입

뇌졸중 환자들에 대한 개입은 전형적으로 다섯 가지의 접근이 있다. 약물치료, 우울증 치료를 포함한 심리치료, 지적 기능을 회복시키기 위한 인지 교정 훈련, 특정 기술을 발달시키는 훈련을 포함한 운동치료, 뇌졸중 환자들의 능력에 도전하는 구조화되고 촉진적 환경의 활용이 그것이다. 뇌졸중 후 약물치료는 효과적이지만, 특히 부정 정서가 높은 환자들이 준수율이 좋지 않을 수 있다(Crayton et al., 2017).

운동 기반 치료는 뇌졸중 이후의 기능 회복을 돕는다. 비록 기존의 물리치료가 뇌졸중 환자들에게 효과적이지는 않지만, 상지를 목표로 하는 억제 유도 운동치료는 효과적이다(Taub et al., 2006; Wolf et al., 2010). 이 치료는 기본적으로 매일 여러 시간 동안 환자들이 손상된 쪽의 팔다리를 더 움직이게 하고(예컨대 왼쪽 팔) 덜 손상된 팔다리는 상대적으로 덜 사용케 한다(예컨대 오른쪽 팔). 이렇게 훈련받은 환자들은 손상된 쪽의 팔다리에서 기능 향상을 보고한다(Taub et al., 2006).

뇌졸중 이후의 인지문제 개선을 위해 고안된 개입은 여러 목표를 지니고 있다(Gordon & Diller, 1983). 첫째, 환자들은 자신이 어려움을 갖고 있다는 사실을 자각해야 한다. 뇌졸중 환자들은 실제로는 그렇지 않음에도 불구하고 자신이 적절하게 기능하고 있다고 생각하는 경우가 많다. 자신의 문제에 대해 알게 되면 낙담하거나 실망할 위험이 있기에 이러한 결함이 교정 가능하다는 것을 알리는 것이 중요하다.

우뇌 손상 뇌졸중 환자들이 전체 시각장을 되찾도록 돕기 위한 여러 방법들이 있다(Gordon & Diller, 1983). 한 가지 방법은 환자 앞에 돈다발을 흩어놓고, 환자에게 돈을 모두 집어보라고 하는 것이다. 우뇌 손상 환자는 오른쪽에 있는 돈만을 집어들 것이며, 왼편에 있는 것은 무시할 것이다. 손상된 쪽으로 고개를 돌려보라는 지시를 받고 난 후에야, 환자들은 남아있는 돈을 보고 전부 주울 수 있을 것이다. 주사 기계(scanning machine)는 이러한 과정을 더 개선시킬 수 있다.

인지 재활은 더딘 과정이며, 쉬운 문제에서 시작하여 더 어려운 문제로 나아가는 일련의 순서에 맞추어 기술 재훈련이 진행된다. 각 기술을 획득하기 위해서는 연습이 필수적이다(Gordon & Hibbard, 1991).

뇌졸중 환자에 대한 상대적으로 최신 치료법은 신경재활로서, 자체적으로 재구성하고 새로운 과제를 학습하는 뇌의 능력을 활용하는 방식이다(Bryck & Fisher, 2012). 이 치료의 기본 개념은 뇌를 재설계하는 것으로, 뇌졸중으로 손상된 영역이 아닌 뇌의 다른 부분이 손상된 영역의 기능을 대체하게 하는 방식으로 환자들의 운동, 발화 및 표현 능력을 개선하게 된다.

한때는 환자들의 최대 회복 기간이 뇌졸중 발생 후 첫 6개월 내인 것으로 생각되었는데, 지금은 이어지는 몇 년에 걸쳐서도 회복이 일어나는 것으로 보인다(Allen, 2003년 4월 7일).

제2형 당뇨병

제2형 당뇨병(type 2 diabetes)은 미국에서 가장 흔한 만성질환 중 하나이며, 성인 신부전 장애의 주요 원인이다(Centers for Disease Control and Prevention, 2017). 미국 인구의 9%가 넘는 사람들이 당뇨를 가지고 있으며, 당뇨를 지닌 대략 2,900만에 이르는 사람들 중, 추정컨대 800만 명의 사람들은 진단되지 않은 채로 남아있다(Centers for Disease Control and Prevention, 2017). 당뇨는 연간 3,270억 달러의 의료비용을 지출케 한다(American Diabetes Association, 2018). 당뇨는 비단 미국만의 문제가 아니다. 그림 13.7에서 나타내듯, 전 세계의 당뇨 환자 수가 극적으로 증가하고 있다.

지난 30년간 미국 내 당뇨 발병률은 두 배로 증가했다(Centers for Disease Control and Prevention, 2017). 당뇨는 2015년에만 8만 명 이상의 사망자를 발생시켰다(Centers for Disease Control and Prevention, 2017). 다음 장에서 다루어질 자가면역질환인 제1형 당뇨병와 함께, 제2형 당뇨병은 연간 약 4만 8,400명의 신부전 사례, 2만 4,000명의 실명(blindness) 사례, 그리고 6만 5,700명에게 사지절단을 초래하는 것으로 추정된다. 당뇨 환자 사망의 68%가 심장질환과 뇌졸중에서 기인한다(Centers for Disease Control and Prevention, 2011년 1월). 제2형 당뇨병의 발병률은 유행병으로 여겨질 정도로 상당히 급격하게 증가하고 있다(Taylor, 2004). 당뇨의 합병증에 대해서는 그림 13.8을 참조하라.

최근까지만 해도 제2형 당뇨병(인슐린 비의존성)은 전형적으로 중장년층의 질환이었다. 비만이 만연하고 단 음식과 음료의 섭취가 증가하면서, 이러한 요인들에 영향을 받는 제2형 당뇨병도 많아졌고, 특히 발병 연령대가 더 어려졌다(Malik et al., 2010). 현재 아동과 청소년은 제2형 당뇨병의 위험이 높고, 질병이 더 빠르게 진행되어 젊은 사람들을 치료하는 것이 더 어렵다(Grady, 2012년 4월 30일). 그 결과, 제2형 당뇨병은 주요한 증가 추세에 있는 건강문제가 되었다.

그림 13.7 | **전 세계 당뇨 환자 수의 현재와 전망**

출처 : World Health Organization. Diabetes Programme. Retrieved July 22, 2010, from http://www.who.int/diabetes/actionnow/en/mapdiabprev.pdf.

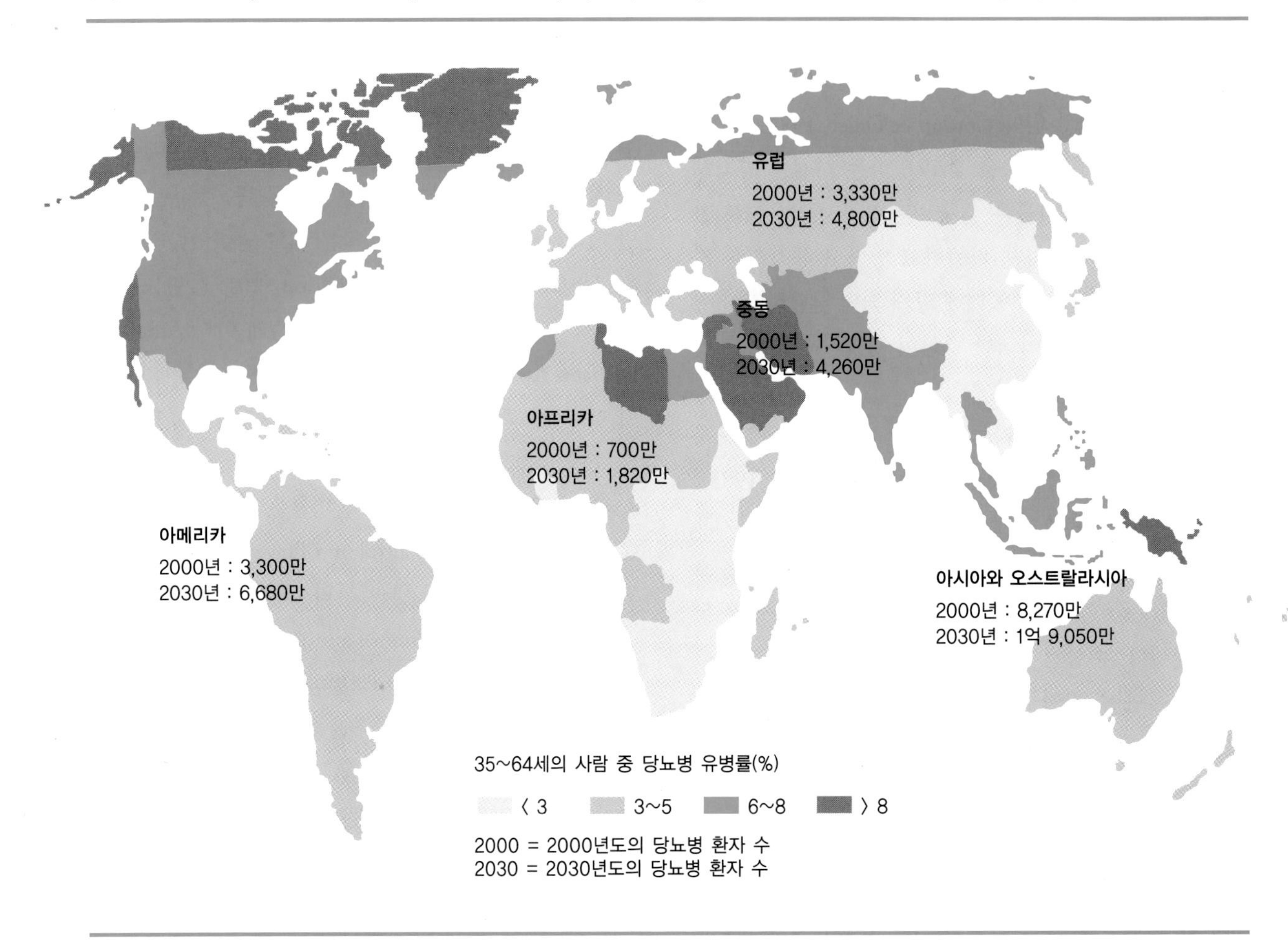

제2형 당뇨병을 촉발하는 기제에 대해서는 잘 알려져 있다(Kiberstis, 2005). 포도당 대사는 인슐린 생성과 반응성 간의 섬세한 균형을 통해 이루어진다. 음식이 소화되면서, 탄수화물은 글루코스로 분해된다. 글루코스는 장에서 흡수되어 피로 들어가며, 간과 다른 장기들을 경유한다. 혈중 글루코스 농도가 증가하면, 췌장은 혈류로 인슐린을 분비하게 된다.

이러한 균형이 깨지면 제2형 당뇨병의 단계로 진입한다. 우선 근육과 지방, 간의 세포들은 소위 인슐린 저항이라고 알려진 인슐린에 충분히 반응할 수 있는 일부 능력을 잃게 된다. 인슐린 저항에 대한 반응으로서, 췌장은 일시적으로 인슐린 생성을 증가시킨다. 이때 인슐린을 생성하는 세포가 바닥나게 되면 인슐린 생성이 감소되고, 인슐린 활동과 인슐린 분비의 균형이 조절되지 못하게 되면서 2형 당뇨병이 발생한다(Alper, 2000). 증상으로는 잦은 배뇨, 피로, 입 마름, 무기력, 발기부전, 생리불순, 감각 상실, 피부, 잇몸, 비뇨기의 잦은 감염, 다리, 발, 손가락의 통증 및 경련, 베인 상처나 찰과상으로부터의 더딘 회복, 급성 가려움 및 졸음 등을 들 수 있다.

제2형 당뇨병의 전조 증상은 이른 시기에 발생할 수 있다. 유전적 요인은 제2형 당뇨병과 관련이 있으며(van Zon et al., 2018) 당뇨병 가족력은 위험 요인 중 하나

그림 13.8 | 당뇨 환자들의 잠재적 합병증 문제는 심각하고, 치명적일 수 있으며 대가가 크다

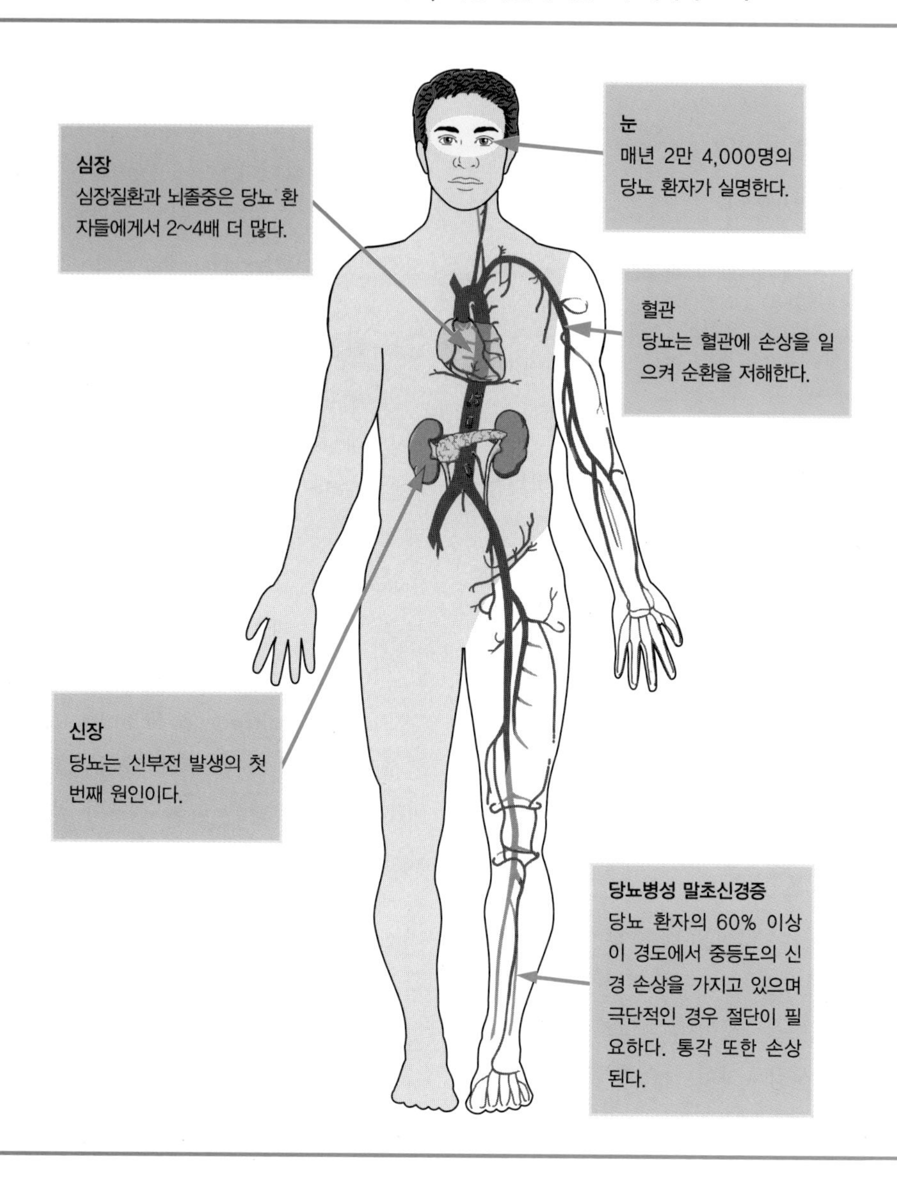

다. 그러나 긍정 정서가 강한 사람들 사이에서 이러한 위험은 완화될 수 있다(Tsenkova, Karlamangla, & Ryff, 2016). 임신 중 당뇨를 앓은 여성의 자녀는 위험성이 높아진다(New York Times, 2014년 9월 9일). 아동기 역경과 마찬가지로(Jakubowski et al., 2018), 아동기의 사회경제적 어려움은 성인기의 전당뇨병과 당뇨병의 위험요인이다(Tsenkova, Pudrovska, & Karlamangla, 2014). 낮은 사회경제적 지위를 지닌 부모의 자녀는 10세 이전부터 인슐린 저항의 징후를 나타낼 수 있으며, 특히 비만일 경우에 그렇다(Goodman, Daniels, & Dolan, 2007). 제2형 당뇨병을 가진 사람들의 대다수(90%)가 과체중이며, 남성 및 45세 이상의 인구에서 흔하다(American Diabetes Association, 2012). 제2형 당뇨병은 상당히 노화와 관련된 질환이다. 18~44세, 45~64세 인구 중 당뇨 환자의 비율이 각각 4.6%, 14.3%인 것에 비해, 65세 이상 인구 중에서는 약 25.2%가 당뇨를 가지고 있

표 13.2 | 제2형 당뇨병의 위험요인

다음의 요인이 있다면 위험하다.

- 과체중이다.
- 운동을 잘 하지 않는다.
- 혈압이 높은 편이다.
- 부모나 형제 중에 당뇨 환자가 있다.
- 약 4kg 이상의 우량아로 태어났다.
- 아프리카계 미국인, 라틴계 미국인, 아메리카 원주민, 아시아계 미국인, 태평양 섬 주민 등 고위험 인종군에 속한다.

출처 : American Diabetes Association. "Are You at Risk?" Last modified 2012. http://www.diabetes.org/are-you-at-risk/.

다(Centers for Disease Control and Prevention, 2011년 1월). 당뇨는 미국 내 소수집단에서 특히 많이 발생한다. 당뇨 위험은 백인보다는 아프리카계 미국인에게서 77%로 더 높게 나타나고, 히스패닉계 미국인은 66% 더 높은 당뇨 위험을 지니고 있다. 일부 아메리카 원주민 부족에서는 33.5%가 당뇨를 가지고 있다(American Diabetes Association, 1999). 제2형 당뇨병의 위험요인은 표 13.2와 같다.

당뇨가 건강에 미치는 영향

당뇨는 혈액 속에 불순물이 쌓여 동맥이 두꺼워지는 것과 연관이 있다. 그 결과 당뇨 환자에게서 관상동맥성 심장질환 비율이 높다. 당뇨는 성인이 실명하는 주요 원인이며, 당뇨 환자 중 신장투석이 필요한 환자의 비율이 50%나 된다. 당뇨는 통증이나 감각의 상실 등 신경계의 손상과 관련이 있다. 족궤양이 발생할 수 있고, 심한 경우 발가락이나 발을 절단해야 할 수도 있다. 당뇨는 알츠하이머병과 혈관성 치매의 위험요인이며(Xu et al., 2009), 알츠하이머병은 뇌의 인슐린 반응 불능을 포함한 대사장애로 점차 인식되고 있다(de la Monte, 2012). 당뇨는 이러한 합병증들의 결과로 기대수명을 단축시킨다.

당뇨는 성기능 부전, 우울 위험, 인지장애, 특히 기억에서의 장해를 포함한 부정적인 심리적 결과를 초래한다(Burns, Deschênes, & Schmitz, 2016; Chiu, Hu, Wray, & Wu, 2016). 심리적 고통은 당뇨 환자 사망의 독립적인 위험요인이다(Hamer, Stamatakis, Kivimäki, Kengne, & Batty, 2010).

당뇨는 복부 비만, 고혈압, 고지혈증과 더불어 죽음의 4인조 중 하나이다. 이 증상들의 군집은 심장발작 및 뇌졸중의 높은 위험과 강하게 연관되어 있어, 잠재적으로 치명적이다(Weber-Hamann et al., 2002).

당뇨 발병의 심리사회적 요인

비만, 잘못된 식이, 운동 부족 등을 포함한 생활방식 요인은 제2형 당뇨병의 발병과 관련이 있다. 성격 요인들도 관련이 있다. 낮은 성실성은 체중관리 실패 및 신체 비활동을 통해 발병에 기여하는 요인 중 하나이다(Jokela et al., 2014). 남성의 경우, 낮은 테스토스테론과 높은 우울은 제2형 당뇨병의 위험을 예측한다(Tully et al., 2016). 부적응적 대처기제 역시 관련이 있을 수 있다(Burns, Deschênes, & Schmitz, 2016). 좋지 못한 결혼생활과 마찬가지로(Whisman, Li, Sbarra, & Raison, 2014), 직무부담은 위험 증가와 관련이 있다(Huth et al., 2014). 우울 역시 위험 요인이며, 부분적으로 체중 증가를 통해 위험을 높인다(Shomaker et al., 2016). 심리적 안녕감과 삶의 목적의식은 당뇨병의 보호 요인이다(Boehm, Trudel-Fitzgerald, Kivimaki, & Kubzansky, 2015; Hafez et al., 2018).

스트레스와 당뇨 제2형 당뇨병을 가진 사람들은 스트레스에 민감하게 영향을 받는다(Gonder-Frederick, Carter, Cox, & Clarke, 1990; Halford, Cuddihy, & Mortimer, 1990). 당뇨 위험이 높은 사람들은 스트레스에 대해 비정상적인 혈당 반응을 보이는데, 이는 질병으로 발전된다(Esposito-Del Puente et al., 1994). 또한 글상자 13.3에서 설명되어 있듯이, 스트레스는 질병 진단 후 제2형 당뇨병을 악화시킨다(Surwit & Schneider, 1993; Surwit & Williams, 1996). 교감신경계 반응성이 CHD 및 고혈압과 관련되어 있듯, 제2형 당뇨병의 병리생리학과도 관련되어 있다.

당뇨의 관리

당뇨 조절 성공의 열쇠는 적극적인 자기관리에 있다(Auerbach et al., 2001). 실제 고위험군에 속하는 개인도 생활방식의 변화를 통해 이를 전적으로 예방할 수 있다(Tuomilehto et al., 2001). 자기관리에 대한 의료 서비스 제공자의 지원은 성과를 향상시킨다(Lee, Piette, Heisler, Janevic, & Rosland, 2019). 운동, (과체중인 경우) 체중 감량, 스트레스 관리, 식이 조절을 권장한다(Wing, Blair, Marcus, Epstein, & Harvey, 1994; Wing, Epstein, et al., 1986). 식이 요법 개입에는 당류와 탄수화물을 적게 섭취하는 것이 포함된다. 비만은 인슐린 시스템에 특히 부담이 되므로, 환자들에게 정상 체중을 유지할 것을 권장한다. 운동은 특히 중요한데(Von Korff et al,. 2005), 혈중 글루코스 소모(Feinglos & Surwit, 1988)와 체중 감량에 도움이 되기 때문이다.

그러나 변화된 생활방식을 준수하는 것은 어려운 일이다. 제2형 당뇨병 환자들은 자신들이 직면한 건강 위험에 대해 자각하지 못하는 경우가 많다. 한 조사에 따르면, 심장질환이 당뇨의 가장 심각한 잠재적 합병증이라는 것을 아는 사람들은 당뇨 환자의 1/3에 불과했다(*New York Times*, 2001년 5월 22일). 많은 당뇨 환자들은 글루코스 활용과 인슐린 대사 조절에 대해 잘 모른다. 어떤 환자는 왜 그래야 하는지 이유도 모른 채 뭔가를 하라는 지침을 받을 수도 있다. 많은 환자들이 자신이 지속적인 약물 복용과 행동 변화가 필요한 만성질환을 지니고 있다는 사실을 인식하지 못하므로, 자신의 질환에 대해 정확히 이해할 수 있도록 하는 것이 지침 준수에서 필수적이다(Mann, Ponieman, Leventhal, & Halm, 2009). 확실히, 교육은 개입에서 중요한 요소 중 하나이다.

환자들의 지침 준수에는 여러 부가적인 요인들이 결정적으로 작용한다. 우수한 자기조절 기술을 가진 사람들은 치료 계획을 훨씬 더 잘 준수하여 혈당 수준을 성공적으로 조절한다(Peyrot, McMurry, & Kruger, 1999). 당뇨병을 통제할 수 있다는 믿음도 중요하다(Gonzales, Shreck, Psaros, & Safren, 2015). 일반적으로 사회적 지지는 지침 준수를 증진시키지만 당뇨의 경우에는 그렇지 않다. 사회적 접촉은 당뇨 기능을 저해하는 음식을 먹고 싶은 유혹에 빠지게 할 수 있다(Littlefield, Rodin, Murray, & Craven, 1990). 그러나 운동에 대한 배우자의 지지는 지침 준수를 향상시키며(Khan, Stephens, Franks, Rook, & Salem, 2013), 식단 준수에도 영향을 미칠 수 있다(Stephens, Franks, Rook, Iida, Hemphill, & Salem, 2013).

인지행동적 개입이 제2형 당뇨병 환자들의 치료 지침 준수를 향상시키기 위해 적용되었다. 약이 떨어지거나 복용하는 것을 잊어버리는 것이 치료 지침 준수 실패의 대다수 경우라 개입에서는 이를 목표로 한다(Hill-Briggs et al., 2005). 프로그램은 또한 환자들이 혈당 수준을 효과적으로 관찰하도록 훈련시키는 데 중점을 두어왔다(Wing, Epstein et al., 1986). 전화를 통한 짧은 개입조차도 제2형 당뇨병 환자들의 자기돌봄을 향상시킬 수 있다(Sacco, Malone, Morrison, Friedman, & Wells, 2009). 자기관리와 문제 해결 기술 훈련은 많은 당뇨병 개입의 필수 요소이다(Hill-Briggs, 2003). 최근에는 개인의 자기돌봄을 증진하는 디지털 보조기기도 사용되고 있다(Sevick et al., 2010).

우울은 질병 예후를 악화시키고, 당뇨 환자들의 적극적인 자기관리를 저해한다(Katon et al., 2009). 우울, 자아효능감, 신체 활동, 삶의 질(Corathers et al., 2017)에 대한 개입은 의료서비스에 대한 만족도, 준수행동과 혈당 수준 조절 능력을 향상시킨다(Cherrington, Wallston, & Rothman, 2010). 분노는 혈당 조절을 약화시키는 것 같다(Yi, Yi, Vitaliano, & Weinger, 2008). 더불어 당뇨병 자체는 더 높은 수준의 부정 정서와 정서 반응으로 이어질 수 있다(Wolf, Tsenkova, Ryff, Davidson, & Willette, 2018). 따라서 치료 개입은 이러한 정서적 결과에도 초점을 맞춘다. 스트레스와 당뇨 간의 관련성으로 인해(Herschbach et al., 1997), 행동과학 연구자들은 당뇨 조

글상자 13.3 당뇨병에서의 스트레스 관리 및 통제

골드버그씨는 제2형 당뇨병을 앓고 있다. 그녀가 40세 생일을 맞은 직후였던 10년 전에 진단받았다. 그녀는 식단 조절을 했고, 충분히 운동을 했고, 약물 복용으로 혈당을 조절할 수 있었다. 그러나 지난 수개월간, 골드버그씨의 당뇨 조절은 악화되기 시작했다. 식단 조절과 운동 지침을 지속적으로 따르는데도 불구하고, 혈당 수준이 높아지는 일이 잦아진 것이다.

골드버그씨는 의사와 상의하였고, 의사는 지난 수개월간 생활방식에 변화가 있었는지를 물었다. 그녀는 직장 상사가 여러 새로운 일들을 맡겼고, 그래서 직장에서의 하루하루가 훨씬 더 스트레스였다고 말했다. 밤에 잠도 잘 못 자며, 아침에 출근하는 것이 두려울 정도로 심각하였다. 그녀의 주치의는 이러한 추가적인 스트레스들이 당뇨 조절을 악화시킨 것 같다고 했다. 그리고 복용하는 약을 바꾸는 대신, 업무와 관련된 스트레스를 좀 줄일 수 있는지 상사와 상의할 것을 제안했다. 다행히도 상사는 골드버그씨의 사정을 이해해주었고 다른 직원과 일을 분담할 수 있도록 해주었다. 몇 주 후에, 그녀는 더 이상 출근이 두렵지 않았으며 당뇨 조절 또한 상당히 향상되었다.

이 사례는 환자의 환경에서의 비교적 간단한 변화가 혈당 조절에 임상적으로 상당한 영향을 미칠 수 있음을 잘 보여준다. 치료에 필요한 것을 결정하기 위해 의사는 반드시 환자의 생활에서 일어나는 일들을 파악해야 한다. 이 상황에서 환자의 약물 처방을 바꾸는 것은 부적절했을 것이다.

출처 : Feinglos, M. N., and R. S. Surwit. Behavior and Diabetes Mellitus. Kalamazoo, MI: Upjohn.

절에 대한 스트레스 관리 프로그램의 효과를 검증해왔다.

당뇨 조절 계획은 복합적이고, 생활방식의 변화를 요구하며, 다양한 위험요인과도 연관되어 있기 때문에 다요인 생활방식 개입이 적용되어 왔다(Moncrieft et al., 2016). 하지만 현재로선 다요인 생활방식 개입 효과에 대한 증거는 혼재되어 있다(Angermayr, Melchart, & Linde, 2010; Kolata, 2012).

지침 준수 등의 어려움 때문에, 유지와 재발 방지에도 주안점을 두는 것이 필수적이다. 섭식에 대한 스트레스와 사회적 압력이 지침 준수 행동을 감소시키므로, 연구자들은 당뇨 환자들이 고위험 상황을 관리할 수 있도록 사회기술과 문제해결 기술에 초점을 맞추었다(Glasgow, Toobert, Hampson, & Wilson, 1995).

당뇨 예방 당뇨는 증가하고 있는 주요한 공중보건 문제이기 때문에 건강심리학자들과 정책 입안자들은 그 예방에 점점 더 중점을 두고 있다. 이러한 주안점을 갖고 진행된 한 연구(Diabetes Prevention Program Research Group, 2002)는 혈당 수준은 높지만 당뇨로 진단될 수준은 아닌 성인 3,000명을 모집했다. 이후 이러한 고위험군을 세 집단으로 나누었다. 한 집단은 위약 처방과 생활방식 변화 권고 지침을 제공받았다. 두 번째 집단은 생활방식 변화 권고 지침과 혈당을 낮추는 약물을 처방받았다. 세 번째 집단은 체중 감량, 신체활동, 식단 변화에 초점을 둔 강도 높은 생활방식 변화 권고 지침을 제공받았다. 불과 4년 만에, 세 집단에서의 당뇨 발병률은 위약집단에 비해 생활방식 개입집단에서 58%, 약물 처방집단에서 31%가 감소했다. 체중을 약간 줄이고 신체활동을 조금 늘리는 것만으로도 이러한 성과가 나타났다는 사실은 고위험군의 생활방식을 변화시키는 것이 당뇨 발병률을 감소하는 데 성공적일 수 있음을 시사한다.

모든 만성질환에서 그렇듯, 연구자들은 항상 가장 효과적이고 비용 효율이 높은 자기관리 기술 증진 방안을 찾고 있으며, 제2형 당뇨병의 경우에도 그렇다. 예를 들면, 인터넷 기반 당뇨 환자 자기관리 프로그램은 향후 하나의 대안이 될 수 있으며(Glasgow et al., 2010), 휴대폰은 지침 준수를 확인하는 데 사용되고 있다(Mulvaney et al., 2012).

요약

1. 관상동맥성 심장질환(CHD)은 선진국의 주된 사망원인이다. CHD는 생활방식과 관련된 질병으로, 위험요인으로는 흡연, 비만, 고지혈, 낮은 신체활동, 만성 스트레스, 적대감이 있다.
2. 관상동맥 질환에 대한 취약성은 적대감, 우울, 평정심을 찾기까지 오랜 시간이 걸리는 등 스트레스에 대한 과잉반응과 관련이 있다. 이러한 스트레스에 대한 과도한 관상동맥 반응성은 부분적으로는 유전적일 수 있으며, 갈등이 잦은 사회적 환경, 특히 초기 가정에서 악화될 수 있다.
3. 이완과 스트레스 관리 훈련을 통한 스트레스에 대한 과도한 반응성 및 적대감을 수정하려는 시도는 CHD로 인한 질환과 사망률을 감소시킬 수 있다.
4. 심장재활치료는 CHD 환자가 적절한 신체, 의료, 심리, 사회, 정서, 직업, 경제적 상태에 이르도록 돕는다. 이러한 프로그램의 구성 요소는 전형적으로 CHD에 대한 교육, 약물치료, 영양상담, 운동지도, 스트레스 관리 그리고 일부 경우에는 심리상담과 사회적 지지집단 참여 등을 포함한다.
5. 심근경색(MI)을 겪었던 환자들은 치료 계획의 일환인 스트레스 관리를 어려워 하는 경우가 많다. 때로는 심근경색 이후 재활 계획의 일환으로 환자와 배우자에게 요구되는 변화는 부부관계를 힘들게 할 수 있다.
6. 미국인 4명 중 1명이 고혈압을 갖고 있다. 위험요인으로 고혈압 가족력이 있기는 하나, 대부분의 고혈압은 원인이 알려지지 않았다. 사회경제적 지위가 낮은 흑인이 특히 취약하다.
7. 고혈압인 사람들은 스트레스 사건에 대한 반응성이 높다. 적대감 또한 관련되어 있다.
8. 고혈압에는 전형적으로 이뇨제 또는 베타 차단제를 사용하는데, 부작용이 있을 수 있다. 스트레스 관리가 포함된 인지행동치료는 고혈압을 조절하고 약물 용량을 줄이는 데 활용되어 왔다.
9. 고혈압의 조절과 관련된 가장 큰 문제는 미진단과 치료지침 비준수 비율이 높다는 것이다. 이러한 문제점들은 환자가 증상을 자각하지 못하기 때문에 나타나는 것으로 보인다. 또한 낮은 준수행동 비율은 약물의 부작용으로 발생하기도 한다.
10. 뇌졸중은 뇌 혈류의 장해로 인해 발생하며, 삶의 전 영역에 지장을 준다. 운동 장해, 인지 손상, 우울 등은 뇌졸중과 특히 관련이 있는 문제들이다.
11. 뇌졸중 환자들에 대한 개입은 전형적으로 우울증 치료를 포함한 심리치료, 지적 기능을 회복하기 위한 인지 재활 훈련, 운동치료, 기술 발달 그리고 뇌졸중 환자들의 능력을 활성화할 수 있는 구조화된 촉진적 환경으로 구성된다.
12. 제2형 당뇨병은 미국에서 가장 흔한 만성 질환 중 하나로 전형적으로 40세 이후에 발병한다.
13. 당뇨 환자들의 자기관리 계획은 주로 운동, 식단 조절과 스트레스 감소를 포함하는데, 이러한 지침에 대한 준수는 낮은 편이다.
14. 효과적인 자기관리 프로그램은 특히 여러 구성요소들이 프로그램 내에서 논리적으로 잘 연결되어 있을 때 준수행동을 향상시킬 수 있다. 필요하다면 우울증 치료와 마찬가지로 당뇨병에 특화된 기술을 훈련하는 것이 중요하다.

핵심용어

고혈압	대사증후군	제2형 당뇨병
관상동맥성 심장질환(CHD)	심장재활치료	존 헨리 증후군
국소빈혈	심장 허약	
뇌졸중	심혈관 질환(CVD)	

CHAPTER 14

정신신경면역학과 면역 관련 장애

Lars Niki

개요

면역 체계는 다수의 급성 및 만성질환과 관련이 있다. 이 장에서는 면역기능과 특히 관련이 높은 HIV 감염, 암, 관절염, 제1형 당뇨병과 같은 질환들을 살펴볼 것이다. 우선 **정신신경면역학**(psychoneuro-immunology)에 대한 개괄적인 논의로 시작하겠다. 정신신경면역학은 행동적 · 신경내분비적 · 면역학적 과정들 간의 상호작용에 대해 다루고 있다.

정신신경면역학

면역체계

제2장에서 설명한 것처럼, 면역체계는 신체의 감시체계로 특히 감염, 알레르기, 암, 자가면역질환들과 관련이 있다. 면역체계의 주요 기능은 '자기'와 외부의 것을 구별하여, 외부 침입체들을 공격하거나 제거하는 것이다. 이러한 과정은 다양한 병원체에 대항하는 일반적인 방어반응인 자연 면역(natural immunity)과 특정 유형의 침입자에만 반응하는 특정 면역(specific immunity)을 통해 이루어진다. 자연 면역과 특정 면역은 함께 작용하는데, 이때 자연 면역은 감염 또는 상처를 신속하게 억제하여 병원균의 침입을 막는 반면, 특정 면역은 특정 병원균에 대한 반응이다.

면역기능 평가

면역기능을 평가하기 위한 다수의 지표들이 연구에서 사용되었으며, 다음과 같은 접근들이 주로 사용되어 왔다.

1. 면역세포의 기능 평가
2. 잠재 바이러스에 대한 항체 생성 평가
3. 염증성 사이토카인(proinflammatory cytokine)과 같은 면역체계 생성물 수준 평가
4. 상처 회복 속도와 같은 간접적 지표 사용

세포기능의 평가는 세포의 활성, 증식, 변환 및 세포 상해성(cytotoxicity of cell)을 평가하는 것이다. 이에 따라 침입세포를 죽이는 림프구의 능력(림프구의 세포 상해성)이나 화학물질(미토겐)로 인공적인 자극이 주어졌을 때 재생하는 능력 혹은 외부 침입자를 소화하는 특정 백혈세포의 능력(식세포 활동) 등을 측정할 수 있다.

또한 잠재 바이러스에 대한 항체 생성 능력도 측정할 수 있다. 우리는 모두 비활성 잠재 바이러스를 지니고 있다. 만약 우리 몸이 비활성 잠재 바이러스[예 : 엡스타인-바(Epstein-Barr) 바이러스나 단순 포진 바이러스]에 대항하여 항체를 생성하기 시작한다면, 이것은 면역체계가 잠재적 바이러스를 통제할 수 있을 만큼 잘 기능하고 있지 못하다는 것을 의미한다. 따라서 잠재 바이러스에 대한 항체 수준은 면역체계의 기능을 평가하는 또 다른 방법이 된다.

백신에 대한 항체를 생성하는 것 역시 면역기능의 지표가 된다. 특정 질병에 대한 백신을 맞았을 때, 이에 대한 항체를 생성하는 신체의 능력은 좋은 면역기능을 평가하는 기준이 된다.

그리고 염증성 사이토카인과 같이 혈액 내 면역 관련 생성물들을 측정할 수 있다. 사이토카인 수준은 염증 활성도의 지표가 되는데, 스트레스 수준에 따라 증가할 수 있다. 예를 들어, 한 연구에서(Moons, Eisenberger, & Taylor, 2010)는 실험실에서 인위적으로 유발한 스트레스원에 노출되었던 사람들 중에서도 특히 스트레스원에 대해 두려움을 느낀 이들에게서 염증성 사이토카인인 IL-6의 상승이 나타났다.

상처 회복력도 면역기능을 측정하기 위한 방법으로 사용된다. 면역체계가 건강하게 기능하고 있을 때 상처는 빨리 치료된다. 이러한 원리를 이용하여 연구자들은 팔뚝에 작은 상처를 낸 후, 스트레스 여부에 따라 상처가 얼마나 빨리 아무는지 시험한다. 심리적 고통은 상처 회복을 시작하게 하는 염증반응을 손상시킨다(Braodbent, Petrie, Alley, & Booth, 2003). 덜 침습적인 방법으로 테이프 스트리핑이 있는데, 이는 피부에 접착식 테이프를 붙였다 뗀 후 피부 보호벽 기능이 얼마나 빨리 회복되는지를 측정하는 것이다(Robles, 2007). 비록 이러한

방법들은 면역체계 기능을 간접적으로 평가하지만, 특정 건강 결과(health outcome)와 관련이 있기 때문에 매우 중요하다. 예를 들어, 스트레스는 수술 후 상처 회복을 더디게 만듦으로써 회복 시간이 길어진다(Broadbent, 2003).

스트레스와 면역기능

많은 일반적인 스트레스원들이 면역체계에 부정적 영향을 미칠 수 있다. 예를 들어 초기 연구에서는 사별을 하였거나 스트레스 상황에 있거나 혹은 검사를 기다리는 사람들 중에서 면역기능이 저하되는 것을 발견하였다(Bartrop, Lockhurst, Lazarus, Kiloh, & Penny, 1977; Zisook et al., 1994).

인간의 스트레스와 면역 300개 이상의 연구가 스트레스와 인간 면역기능 간의 관계를 검증했다(Segerstrom & Miller, 2004). 여러 스트레스원들은 신체에 각기 다른 요구를 하기 때문에, 면역체계에도 각기 다른 영향을 미친다.

스트레스와 면역의 관계를 이해하기 위해서는 두 가지 기본 원칙이 중요하다. 첫 번째 원칙은 다른 종류의 스트레스원들이 서로 다른 종류의 대항(defense)을 요구한다는 것이다. 이 때문에 특정 스트레스원에 따라 선호되는 면역반응이 달라진다. 예를 들어, 단기 스트레스원은 부상의 위험을 증가시키기 때문에, 상처 회복과 관련된 면역체계 변화는 단기 스트레스원에 따른 반응일 가능성이 높다. 두 번째 중요한 원칙은 어떤 상황에서든 최대 효율로 면역반응을 이끌어내려면 그에 따른 비용이 발생한다는 것이다. 이 때문에 면역의 어떤 측면은 다른 측면이 활성화되어 있을 때 적응적으로 억제될 수 있다(Segerstrom, 2010). 이 두 원칙은 각기 다른 종류의 스트레스원에 대한 면역기능의 관계를 살피기 위해 상기해야 할 중요한 원칙이다.

인간의 신체는 갑작스러운 스트레스에 대해 면역체계를 신속하게 변화시킴으로써 상처 회복과 감염 예방을 효과적으로 할 수 있도록 진화하였다. 따라서 몇 분간 지속되는 단기 스트레스원은 부상의 위험과 감염인자의 혈액 내 침투를 예상하는 면역반응을 이끌어낸다. 오늘날에는 비록 단기 스트레스원으로 인해 상처나 감염 위험이 발생하는 것이 드물지만, 이러한 위협에 대처하도록 진화된 면역체계는 여전히 인간의 신체에 남아, 수업 중에 호명되는 것과 같은 단기 스트레스원에 반응하는 데 사용된다. 반면에 특정 면역은 급성 단기 스트레스원에 직면하게 될 때 오히려 감소한다. 특정 면역은 느리게 작용하므로, 단기 스트레스원들과 싸우는 데 있어 거의 도움이 되지 않는다. 따라서 급성 단기 스트레스원들은 자연 면역 증가와 특정 면역 감소를 포함하는 면역반응 패턴을 만든다(Segestrom & Miller, 2004).

시험 준비처럼 수일간 지속되는 단기 스트레스원은 또 다른 패턴을 보인다. 이 경우 혈액 내 세포 수치나 비율이 변하기보다 사이토카인 분비량이 변하는데, 이는 세포성 면역력(cellular immunity)에서 체액 면역력(humoral immunity)으로 변화하는 것을 의미한다(제2장 참조)(Segerstrom & Miller, 2004).

실직이나 장기간의 간병과 같은 만성 스트레스 사건은 거의 모든 면역체계의 기능 측정치에 악영향을 미친다. 이런 부정적인 영향은 특히 나이가 많거나 질병과 같은 취약성을 가진 사람들에게서 확연히 나타난다. 만성 스트레스 상황에 대한 반응으로 나타날 수 있는 만성 저수준(Chronic low-level inflammation) 염증(Rohleder, 2014)은 심장질환(Miller & Blackwell, 2006)과 인지기능의 저하(Marsland et al., 2006) 등 광범위한 장애에 영향을 미친다.

그러므로 다양한 유형의 스트레스 사건(단기, 수일, 장기)은 신체에 각기 다른 요구를 함으로써 제각기 다른 면역활동 패턴을 일으킬 수 있다. 신체의 스트레스 체계는 이러한 효과를 부분적으로 조절하는 것으로 보인다. 제6장에서 살펴본 것처럼, 스트레스는 면역기능에 영향을 미치는 교감신경계와 HPA 축에 관여한다. 스트레스에 대한 교감신경계가 활성화되면 면역활동, 특히 자연

살해 세포(natural killer cell, NK cell)의 활동을 증가시킨다. 스트레스로 인한 시상하부 부신피질 기능의 변화는 면역 기능의 억제로 이어진다(Miller, Chen, & Zhou, 2007). 즉, 사람들이 스트레스를 받을 때 일어나는 HPA 축의 활성화는 코르티솔(cortisol)과 같은 글루코코르티코이드(glucocorticoid)를 방출한다. 코르티솔은 백혈구의 수를 줄이고, 림프구 기능에 영향을 미치며, 사이토카인의 분비를 줄이는데, 이는 면역체계의 다른 측면에 신호를 보내 소통할 수 있는 해당 물질들의 능력을 저하시킨다.

스트레스 연구 예시 스트레스와 면역기능 간의 관계에 대한 연구들은 다양한 종류의 자연적인 스트레스 요인을 고려해왔다. 그 예로, 4~16일 동안 다섯 번 우주 왕복을 한 11명의 우주비행사들이 착륙 전과 착륙 후에 참여한 연구가 있다(Mills, Meck, Waters, D'Aunno, & Ziegler, 2001). 예상했던 것처럼, 우주 비행은 순환하는 백혈구의 수치 증가 및 자연 살해 세포의 감소와 관련이 있었다. 착륙 시에는 순환하는 백혈구 수치가 증가했던 것처럼 교감신경계의 활성화도 크게 증가하였다.

일부 스트레스 연구들은 자연재해나 다른 외상 사건이 면역기능에 미치는 효과를 살펴보았다. 예를 들어, 1992년 허리케인 앤드류로 비롯된 피해에 대한 지역사회 반응 연구에서는 직접적으로 피해를 입은 사람들에게서 면역체계에 상당한 변화가 관찰되었는데, 이는 주로 허리케인 이후 나타난 수면 문제에서 기인한 것으로 보인다(Ironson et al., 1997). 빈곤한 지역에 거주(Miller & Chen, 2007) 새로운 문화에 대한 적응(Fang, Ross, Pathak, Godwin, & Tseng, 2014)과 같은 만성 스트레스원 역시 면역기능을 악화시킨다.

특히 스트레스가 자아개념에 위협적일수록, 면역기능의 변화를 일으킬 가능성이 높다. 디커슨과 동료들의 연구에서(Dickerson, Kemeny, Aziz, Kim, & Fahey, 2004), 건강한 사람들에게 중립적인 경험이나 자기 탓이라고 여기는 외상 경험에 대해 글을 쓰게 하였다. 외상 경험에 대해 쓴 사람들은 수치와 죄책감이 증가되었고, 염증성 사이토카인 활성화 역시 상승하였다. 이러한 결과는 자아(self)와 관련된 정서가 염증의 증가를 야기할 수 있다는 것을 시사한다(Gruenwald, Kemeny, Aziz, & Fahey, 2004).

심지어 아이들조차 스트레스와 관련된 면역기능의 변화를 경험한다. 보이스와 동료들(Boyce et al., 1993)은 유치원에 다니기 시작한 지 얼마 되지 않았고, 학기 시작 후 6주 정도에 경미한 지진을 경험한 아동들을 대상으로 연구를 수행하였다. 유치원 입학 후 면역체계상의 변화를 보이는 아이들은 지진 이후 감기와 같은 호흡기 감염에 더 많이 걸리는 것으로 나타났다(Boyce et al., 1993). 일반적으로, 반응성이 높은 스트레스 체계를 지닌 아동은 도전적인 사회 환경에 가장 취약하다(Thomas, Wara, Saxton, Truskier, Chesney, & Boyce, 2013).

건강상의 위험 신호 심리적 스트레스 인자에 대한 반응으로 발생하는 면역 조절이 건강에 실질적으로 효과를 미치는가? 이 질문에 대한 답은 '그렇다'인 것으로 보인다. 아동과 성인 모두 스트레스 상황에서는 감기나 독감, 헤르페스 바이러스 감염(구순 포진이나 성병), 수두, 단핵구증(mononucleosis), 엡스타인-바 바이러스와 같은 감염성 질병에 더욱 취약해진다(Cohen & Herbert, 1996; Cohen, Tyrrell, & Smith, 1993; Keicolt-Glaser & Glaser, 1987). 이미 질병이 있는 사람들의 경우 스트레스로 인해 질병 상태가 더 심각해지고 더 많은 사이토카인이 생산된다(Cohen, Doyle, & Skoner, 1999). 글상자 14.1에 기술된 자가면역질환(autoimmune disorder) 역시 스트레스의 영향을 받는다.

부정 정서와 면역기능

스트레스로 인한 면역기능 약화는 우울이나 불안과 같이 부정적인 정서의 증가로 인해서도 나타난다. 우울은 몇 가지 세포성 면역력에서의 변화 및 염증과 연관이 있다(Duivis et al., 2015). 한 연구에 따르면, 이러한 우울이

글상자 14.1 자가면역질환

자가면역질환이 있을 경우, 면역체계는 자신의 신체 조직을 침입자로 잘못 인식하고 공격한다. 자가면역질환의 종류는 80가지가 넘으며, 실질적으로 모든 장기가 자가면역질환에 노출될 가능성이 있다. 가장 흔한 자가면역질환은 제1형 당뇨병, 갑상선 호르몬의 과잉 분비를 초래하는 그레이브스병(Graves' disease), 간의 만성 염증을 초래하는 만성 활동성 간염(chronic active hepatitis), 결합 조직의 만성 염증을 일으키고 다양한 장기에 영향을 미치는 낭창(lupus), 신경수초를 파괴하고 여러 신경학적 통증을 일으키는 다발성 경화증(multiple sclerosis), 연골 조직에 염증을 일으키는 류머티즘성 관절염이 있다. 이러한 질환으로 인한 증상은 경미하게 불편한 정도에서 치명적인 수준에 이르기까지 다양하게 나타난다.

자가면역질환을 가지고 있는 사람의 거의 80% 이상은 여성이다. 왜 여성들이 특히 취약한지에 대해서는 아직 정확하게 알려진 바가 없다. 한 가지 가능성은 에스트로겐 관련 호르몬의 변화이다. 많은 여성들이 에스트로겐 수치가 가장 높은 20대에 자가면역질환 증상을 처음 겪게 된다는 것도 이러한 관점을 지지한다. 또 다른 이론은 여성에게서는 부족한 테스토스테론이 아마도 자가면역질환에 대항하는데 도움이 된다는 것이다(Angier, 2001년 6월 19일). 세 번째 이론은 임신 기간 동안 산모와 태아가 체내 세포를 교환하게 되는데, 이때 산모는 교환된 세포를 수년간 유지한다는 것이다. 이 세포들은 산모의 세포와 매우 유사하지만 동일한 것은 아니다. 따라서 면역체계는 혼동을 일으켜 유사하게 보이는 산모와 태아의 세포를 모두 공격하게 된다는 것이다.

자가면역질환들은 서로 연관이 있기 때문에 한 질환으로부터 고통받다 다른 질환을 겪게 될 가능성이 상당히 높다. 유전적 요소 역시 자가면역질환과 관련이 있다(Ueda et al., 2003). 한 가족 구성원은 낭창, 다른 구성원은 류머티즘성 관절염 그리고 또 다른 구성원은 그레이브스병을 겪을 수도 있다. 면역 관련 질환들은 죽상경화증이나 당뇨병과도 관련이 있는데, 이런 질환들은 흔하면서도 치명적일 때가 많기 때문에 자가면역질환에 대한 치료 개발이 시급하다. 예를 들어, 낭창을 앓는 사람들은 죽상경화증이 조기에 발생하거나(Asanuma et al., 2003) 죽상경화증이 빠르게 진행될 위험이 있다(Ham, 2003; Roman et al, 2003).

자가면역질환이 증가하는 추세에 있기 때문에 질환의 원인과 효과적인 관리에 대한 이해가 연구자와 의료진들에게 매우 중요한 사안이다.

면역에 미치는 영향은 노인과 병원 입원 환자들에게서 더 강하게 나타나는데, 이는 이미 취약한 사람들이 특히 위험함을 시사한다(Miller, Cohen, & Herbert, 1999).

우울과 염증은 상호촉진한다 (Kiecolt-Glaser, Derry, & Fagundes, 2015). 우울증은 상처 회복이 지연되는 것과도 관련이 있다(Bosch, Engeland, Cacioppo, & Marucha, 2007). 우울이 면역력에 미치는 악영향은 부분적으로 우울로 인한 수면장애에서 기인한다(Cover & Irwin, 1994). 반대로 긍정 정서는 면역기능의 지표인 더 빠른 상처 회복과 관련이 있었다(Robles, Brooks, & Pressman, 2009). 감정을 억제하는 것은 더 심한 염증과 관련이 있으며 감정을 유발하는 상황을 재평가하는 것은 염증의 더 낮은 수준과 관련이 있다(Appleton, Buka, Loucks, Gilman, & Kubzansky, 2013).

스트레스와 면역기능 그리고 대인관계

인간과 동물 대상 연구 모두 면역기능에서 대인관계의 중요성을 강조한다(Cohen & Herbert, 1996). 사별은 면역 저하와 관련이 있으며(Knowles, Ruiz, & O'Connor, 2019), 외로운 사람들은 외롭지 않은 사람들에 비해 건강이 좋지 않고, 면역기능이 저하되는 경향이 있다(Glaser, Kiecolt-Glaser, Speicher, & Holliday, 1985; Pressman et al., 2005). 불안정 애착을 가진 사람들은 자연 살해 세포상해성(NK cell cytotoxicity)이 낮은 경향이 있는데, 이는 잠재적으로 건강에 악영향을 미칠 수 있다(Picardi et al., 2007). 빠르면 청소년기부터 경험하게 되는 만성적인 대인관계 스트레스는 장기간에 걸쳐 염증 활성화를 일으킨다. 이러한 경로는 사회적 스트레스와 죽상경화증 및 우울증과 같은 질병과의 연관성에 기저하는 것일 수 있다(Miller, Rohleder, & Cole, 2009).

파경과 갈등 파경과 갈등 또한 면역력에 악영향을 미친다. 키콜트-글레이저와 동료들의 연구에 따르면(Kiecolt-Glaser et al., 1987), 남편과 1년 혹은 1년 미만 동안 별거했던 여성들은 정상적인 결혼생활을 하는 여성들에 비해 면역기능이 저조하였다. 별거 중이거나 이혼한 여성 중에서, 최근에 별거를 시작했거나 전 남편에게 지속적인 애착을 가지고 있거나 집착하는 경우 면역기능이 저조했으며, 우울과 외로움이 더 심한 것으로 나타났다(Kiecolt-Glaser & Newton, 2001). 별거나 이혼을 경험한 남성들에게서도 유사한 결과가 발견되었다.

예상할 수 있듯이 배우자의 폭력도 면역기능에 악영향을 미친다(Garcia-Linares, Sanchez-Lorente, Coe, & Martinez, 2004; Kiecolt-Glaser et al., 2005). 단기간의 결혼 갈등조차 면역체계에 명백한 영향을 미친다. 주목할만한 점은 이런 영향이 오랜 결혼생활을 한 부부뿐만 아니라(Kiecolt-Glaser et al., 1997), 일반적으로 결혼생활 적응이 매우 높은 신혼부부 모두에게서 나타난다는 것이다(Kiecolt-Glaser et al., 1993). 부부 문제 및 갈등이 면역기능에 미치는 위험은 남성들보다 여성들에게서 심각하게 나타난다(Kiecolt-Glaser & Newton, 2001).

간병 제11장에서 우리는 AIDS 또는 알츠하이머병과 같이 장기 질환에 걸린 친구나 가족을 돌보는 사람의 스트레스가 얼마나 큰지 살펴보았다. 강도 높고 스트레스가 많은 간병은 면역체계에 악영향을 미친다(Kiecolt-Glaser, Glaser, Gravenstein, Malarkey, & Sheridan, 1996). 한 연구에서 알츠하이머병 환자의 간병인들은 통제집단에 비해 더 우울하고 삶의 만족도가 떨어지는 것으로 나타났다. 간병인들은 EBV 항체 타이터(EBV antibody titre) 수치가 높은데, 이는 잠재 바이러스의 재활성화에 대한 면역 통제가 저조하다는 것을 의미한다. 이들은 또한 T 세포의 비율이 낮은 것으로 나타났다.

또 다른 연구는 간병 스트레스가 상처 회복을 더디게 하고(Kiecolt-Glaser, Marucha, Malarkey, Mercado, & Glaser, 1995), NK 세포의 기능을 저해하며(Esterling, Keicolt-Glaser, & Glaser, 1996), 독감 바이러스에 대한 백신이 제대로 효과를 발휘하지 못하도록 한다는 것을 입증했다(Keicolt-Glaser et al., 1996). 분노나 우울과 같은 정서적 고통을 겪는 간병인들은 면역체계가 악화될 가능성이 높다(Scanlan, Vitaliano, Zhang, Savage, & Ochs, 2001).

이러한 스트레스 인자들로 인해 간병인들은 다양한 건강 관련 문제에 취약하고, 이는 스트레스 상황이 끝나는 시점, 즉 간병활동이 끝난 이후에도 지속될 수 있다(Esterling, Kiecolt-Glaser, Bodnar, & Glaser, 1994).

심리사회적 자원과 면역기능

연구 결과에 의하면 대처 자원은 면역기능에 영향을 미칠 수 있으며, 면역기능도 대처 자원에 영향을 줄 수 있다(Dantzer, Cohen, Russo, & Dinan, 2018). 대처 자원은 스트레스와 면역기능 사이의 관계에도 영향을 미친다.

심리사회적 자원의 보호 효과 사회적 지지는 스트레스가 면역에 미치는 악영향을 완화시킬 수 있다. 예를 들어, 유방암 환자들을 대상으로 한 연구에서, 레비와 동료들(Levy et al., 1990)은 환자의 배우자나 파트너, 혹은 주치의로부터 받는 정서적 지지가 자연 살해 세포가 높은 수준으로 활성화되는 것과 관련이 있음을 발견했다. 돈이 있는 것과 같은 다른 자원 또한 면역기능의 악화를 완화시킬 수 있다(Segerstrom, Al-Attar, & Lutz, 2012).

낙관주의 세거스트롬과 동료들(Segerstrom, Taylor, Kemeny, & Fahey, 1998)은 낙관주의와 적극적인 대처 전략이 스트레스로부터 보호해주는 기능을 한다는 것을 발견했다. 이 연구에서 90명의 1학년 법대생들은 로스쿨 학기 초와 학기 중간에 검사를 받고, 로스쿨로 인한 스트레스를 어떻게 대처하였는지 설문지를 작성하였다. 그리고 면역기능을 측정하기 위해 혈액검사를 받았다. 그 결과, 낙관적인 법대생과 회피적 대처전략을 적게 사용한 법대생들은 한 학기 동안 스트레스를 덜 받은 것으로 나타났다. 비관주의와 회피적 대처 그리고 기분장애는 자연 살해 세포 상해성 수치가 낮고, T 세포의 수가 적은 것과 관련이 있었는데, 이는 낙관주의와 대처전략이 스트레스 관련 고통 및 면역성 변화에 중요한 영향을 준다는 것을 시사한다.

개인적 통제감/장점 발견하기 사람들이 자신이 겪는 스트레스를 통제 불가능한 것으로 지각할수록, 면역기능이 저하되는 것으로 나타났다(Sieber et al., 1992). 예를 들어, 류머티즘성 관절염을 가진 여성을 대상으로 한 연구(Zautra, Okun, Roth, & Emmanual, 1989)에서는, 스트레스 사건들을 극복할 수 없을 것으로 인식한 사람들에서 순환성 B 세포(circulating B cell)의 수치가 낮은 것으로 나타났다.

스트레스 사건의 긍정적 측면을 찾는 것은 면역기능을 향상시키거나 적어도 스트레스가 유발할 수 있는 잠재적 손상을 줄인다. J. E. 바우어와 동료들(Bower, Kemeny, Taylor, & Fahey, 2003)은 개인 목표에서 나타난 긍정적 변화에 대해 한 달 동안 글을 썼던 여성들에게서 자연 살해 세포 상해성 수치가 증가하는 것을 발견하였다. 이에 따라 목표의 우선순위를 정하는 것, 관계를 강조하는 것, 개인적 성장 그리고 삶의 의미는 면역기능에 긍정적인 영향을 미칠 것으로 보인다.

면역기능 향상을 위한 개입

스트레스 관리 개입이 스트레스 사건으로 인한 면역체계에 미친 영향을 변화시킬 수 있는가? 제7장에서 우리는 정서적 개방이 외상 사건으로 고통받는 사람들의 건강과 기분을 향상함을 살펴보았다. 이러한 결과는 면역기능의 향상에서 기인하는 것일 수 있다. 한 연구에서(Pennebaker, Kiecolt-Glaser, & Glaser, 1988), 50명의 학부생들은 외상 경험이나 피상적인 주제에 대해 4일 연속으로 20분 동안 글을 썼다. 외상 사건이나 속상한 경험에 대해 글을 썼던 학생들은 피상적인 주제에 대해 글을 썼던 학생들보다 더 강한 면역반응을 보였다.

이완 이완은 면역체계에 대한 스트레스의 영향을 약화시킬 수 있다. 노인(연령과 관련된 면역기능의 퇴화로 인해 질병에 걸릴 위험이 높은 집단)을 대상으로 한 연구에서 참가자들은 이완 훈련 집단, 사회적 접촉 집단 혹은 통제집단으로 배정되었다(Kiecolt-Glaser et al., 1985). 이완 조건에 있던 참가자들은 개입 전의 기준치에 비해 개입 후 NK 세포 활동 수준이 유의하게 높아졌으며, 단순 포진 바이러스 1형(herpes simplex virus 1)에 대한 항체 타이터 수치도 유의하게 낮아졌다. 이러한 양상은 이완훈련과 관련된 세포 면역의 향상을 시사한다. 마음챙김 명상 훈련 역시 면역기능에 영향을 미칠 수 있다(Davidson et al., 2003). 또한 이완 훈련 개입은 상처 회복을 촉진하는 것으로 보인다(Robinson, Norton, Jarrett, & Broadbent, 2017). 또 다른 연구는 노인들을 대상으로 마음챙김 운동 명상을 포함하는 태극권 훈련을 실시한 결과, 대상포진(herpes zoster, shingles)의 강도 및 심각성이 줄어들었는데, 이는 이러한 개입이 면역기능 향상에 유익할 수 있음을 시사한다(Irwin, Pike, Cole, & Oxman, 2003).

이완 훈련을 통해 사람들은 스트레스가 면역체계에 주는 부정적인 영향을 완화하는 방법을 배울 수 있다.
Colin Anderson/Brand X Pictures/Getty Images

전반적으로 경험적 연구들은 이러한 개입들이 면역체계 및 건강 개선에 효과적임을 시사한다(Miller & Cohen, 2001; O'Toole et al., 2018). 이완 훈련을 포함한 스트레스 관리 개입들이 면역기능 향상에 가장 일관된 효과를 보이고 있다(Miller & Cohen, 2001).

HIV 감염과 AIDS

HIV 감염과 AIDS의 간략한 역사

후천성 면역결핍증(acquired immune deficiency syndrome, AIDS)은 1920년대 초 중앙아프리카에서 시작된 것으로 보인다. 교통망 연결은 1960년대에 아프리카에서 AIDS 확산을 촉진시켰다(Faria et al., 2014). 또한 높은 비율의 혼외 성관계, 콘돔 미사용, 높은 비율의 임질(gonorrhea)이 AIDS 바이러스의 확산을 가속화시켰다. AIDS의 확산에는 의료진의 부주의도 기여했다. 이들은 가능한 많은 사람들에게 예방접종을 하기 위해 주삿바늘을 여러 차례 사용하였는데, 이로 인해 체액의 교환이 촉진되었다. 아프리카에서 이 질병은 유럽과 아이티로 퍼져나갔고, 1970년대에 아이티에서 미국으로 전파되었다(Worobey et al., 2016). HIV 감염의 유병률은 그림 14.1에 제시되어 있다.

최근에 HIV/AIDS에 감염된 사람은 전 세계적으로 3,690만 명(성인 3,510만 명과 15세 이하 아동 180만 명)에 이르며, 그중 1,820만 명은 여성이다(UNAIDS, 2018). 이 환자들의 약 2/3(2,570만 명)가 아프리카에 살고 있으며, 다음으로 많은 인구(350만 명)가 아시아와 태평양 연안에 살고 있다(UNAIDS, 2018). 대략 100만 명의 미국 거주자들이 HIV를 앓고 있다(UNAIDS, 2018). 표 14.1은 HIV가 어떤 경로로 감염되는지를 보여준다.

HIV가 확산된 이후 2017년의 94만 명을 포함해 약 3,500만 명이 사망했다. 이 수치는 사망률이 정점에 달한 2004년 이후로 52% 감소했지만 일차 예방과 치료 개발을 위한 지속적인 노력이 필수적이다(World Health Organization, 2019). 2016년에 저소득 국가에서는 HIV/AIDS가 네 번째 주요 사망 원인이었다(World Health Organization, 2019).

그림 14.1 | **HIV 감염자로 추정되는 성인과 아동, 2017**

출처 : World Health Organization, 2019.

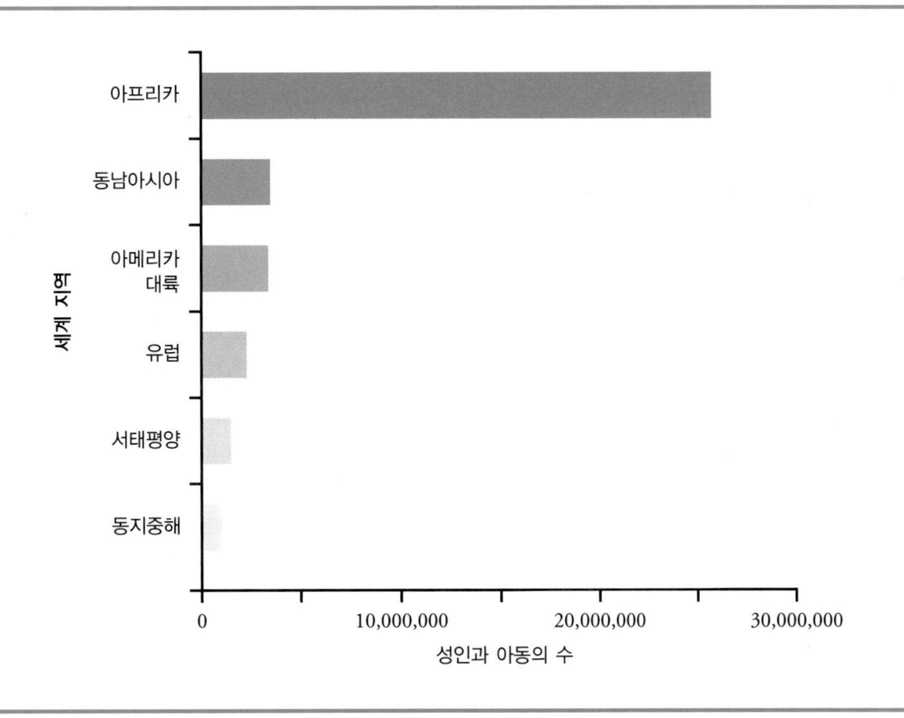

표 14.1 | HIV 감염 경로 : 감염 방식별 사례 수(2017)

	전 세계	미국
이성애자	70~75%	24%
동성애자	18	67
정맥주사로 약물을 주입한 동성애자	알려지지 않음	3
정맥주사로 약물 주입	9	6
기타	알려지지 않음	1

출처 : Joint United Nations Programme on HIV/AIDS. "HIV Modes of Transmission Model." Accessed July 09, 2019. http://files.unaids.org/en/media/unaids/contentassets/documents/countryreport/2010/

미국에서의 HIV 감염과 AIDS

미국에서는 1981년에 처음으로 AIDS 환자가 발생하였다. 그러나 이 시기 이전에도 알려지지 않은 환자들이 있었을 것으로 보인다. 유전 정보의 부호화 과정에서 RNA에서 DNA로 역전사(reverse transcription)시키는 바이러스를 레트로바이러스(retrovirus)라 하는데, AIDS는 이 레트로바이러스의 일종인 HIV(human immunodeficiency virus), 즉 **인간면역결핍 바이러스**에 의해 발생한다. 이 바이러스는 헬퍼 T 세포(helper T cell)와 면역체계의 대식세포를 공격한다. 바이러스는 체액, 특히 정액과 혈액의 교환에 의해 전적으로 감염되는 듯하다.

바이러스 감염으로부터 AIDS 증상이 발달하는 데까지의 시기는 개인마다 다양하다. 어떤 사람들은 꽤 빠르게 증상이 발병하는 반면, 다른 이들은 수년간 아무런 증상이 없을 수 있다. 그러므로 HIV-혈청검사(HIV+)에서 양성 판정을 받는 사람들도 AIDS 증상을 보이지 않을 수 있으며, 증상이 없는 기간 동안 바이러스를 다른 사람들에게 감염시킬 수 있다.

HIV 감염은 어떻게 이루어지는가? 약물 사용자의 경우 주삿바늘을 공유하는 것으로 체액이 교환되어 바이러스가 퍼질 수 있다. 동성애 남성들 사이에서 바이러스가 감염되는 것은 성행위, 특히 콘돔 없이 정액을 교환하는 항문 성교와 관련이 있다. 이성애자들은 질 성교를 통해 AIDS에 감염되는데, 이 경우 남성보다 여성들이 감염될 위험성이 더 크다. AIDS 감염 가능성은 성관계 파트너 수가 많을수록, 모르는 사람과 성관계를 많이 가질수록 높아진다. 결과적으로 성매매 여성이나 가출 청소년, 노숙자 청소년들이 특히 AIDS 감염에 취약하며(Slesnick & Kang, 2008) 빈곤층에서 감염률이 상당히 증가했다(Pellowski, Kalichman, Matthews, & Adler, 2013).

HIV 감염 경과 HIV는 감염 이후 몇 주 내로 급격하게 증가하여 몸 전체로 빠르게 퍼진다. 감염 초기에는 임파선염이나 감기와 같은 경미한 증상이 주로 나타난다. 3~6주 후에는 바이러스 증가가 느리고 점진적으로 변하면서 증상이 약화되며, 아무런 증상이 없는 기간이 오랫동안 지속된다. 하지만 바이러스가 점차 증가함으로써 헬퍼 T 세포가 파괴되고 각종 기회 감염에 취약해지는 등 면역체계가 심각하게 와해되어, 결국엔 AIDS 진단을 받게 된다.

면역체계의 손상으로 인해 흔히 발생하는 기회감염은 폐렴과 카포시 육종(Kaposi's sarcoma) 또는 비호지킨 림프종(non-Hodgkin's lymphoma) 같은 희귀암을 들 수 있다. HIV 진행 초기 단계에서 감염자들은 스트레스에 대한 비정상적인 신경내분비계 · 심혈관계 반응도 보이기 시작한다(Starr et al., 1996). 만성 설사(diarrhea), 소진 상태(wasting), 골격통, 실명 등이 이후 합병증으로 나타난다. AIDS는 신경계의 손상으로도 이어진다. 중추신경계 손상의 초기 증상들은 우울 증상과 유사하며, 망각, 집중 곤란, 정신운동성 지체, 민첩성 저하, 무관심, 철회, 직장에서의 흥미 부족, 성적 욕구의 상실 등이 포함된다. 질병이 좀 더 진행되면 환자들은 혼란, 방향 상실, 발작, 심각한 치매 그리고 정신적 혼란 상태를 경험한다. AIDS에 감염된 여성 환자들에게서 흔하게 나타나는 증상은 부인과적 감염(gynecologic infection)이다. 이는 1993년까지 AIDS와 연관이 있는 증상으로 간주되지 않았기 때문에, 여성의 AIDS 진단은 뒤늦게 내려지는 경우가 많았다.

이런 변화가 나타나는 시기는 매우 다양하다. 저소득층 흑인과 히스패닉은 고소득층보다 검사를 받을 확률이 다소 낮다(McGarrity & Huebner, 2014). HIV에 감염된 사람들은 백인에 비해 AIDS가 훨씬 빨리 진행되는 경향이 있다. 이는 높은 정맥주사 사용률, 높은 수준의 스트레스, 낮은 사회경제적 지위, 그리고 인종차별과 관련이 있을 수 있다(Bogart, Wagner, Galvan, & Klein, 2010; Stock, Gibbons, Peterson, & Gerrard, 2013). 인종 관련 지각된 차별과 경험은 위험을 감소시키는 행동 노력을 저해할 수 있다(Hubner et al., 2014; Stock, Gibbons, Peterson, & Gerrard, 2013). 더욱이 저소득층 흑인과 히스패닉계 사람들은 백인만큼 빨리 새로운 약물치료를 받지 못한다. 이들은 필요할 때 최신 치료를 받거나 병원에 갈 기회가 적다(Lynch et al., 2012). 결과적으로 사회경제적 지위가 높은 사람이 장기 생존 가능성이 더 높다.

항레트로바이러스치료 항레트로바이러스치료(antiretroviral therapy, ART)로 인해 한때 사형선고와 다름없는 AIDS는 만성질환이 되었다. ART는 프로테아제억제제(protease inhibitor) 같은 항레트로바이러스 약물들을 결합한 것으로, 몇몇 환자들에게서는 혈류에서 더 이상 HIV가 발견되지 않았다. ART를 일찍 시작할수록, 성적 경로를 통한 감염을 줄이는 데 효과적이다(Cohen et al., 2011). 그러나 ART를 받는 사람들은 반드시 하루에도 여러 차례 약을 복용해야 하고, 이를 준수하지 못하면 효과가 없다.

사전 노출 예방(pre-exposure prophylaxis, PrEP)과 사후 노출 예방(post-exposure prophylaxis, PEP)은 모두 HIV 감염 위험을 극적으로 감소시킨다. 사전 노출예방에서는 파트너가 HIV에 걸린 사람처럼 감염 위험이 매우 높은 사람들이 HIV 약을 매일 복용할 수 있다. 사후 노출예방은 HIV에 노출된 후 72시간 이내로 약 복용을 시작하여 28일간 HIV 약을 복용하도록 한다. 그러나 거듭 반복하면, 이를 완벽하게 준수하지 않으면 효과가 상당히 떨어진다.

HIV 감염의 심리사회적 영향

HIV 진단을 받는 사람들에게서 우울증은 매우 흔하게 발생한다. 특히 사회적 지지를 거의 받지 못하거나 성적 선호도 혹은 인종으로 인한 낙인을 경험한 사람(Hatzenbuehler, Nolen-Hoeksema, & Erickson, 2008), 회피 대처방식을 사용하는 사람 또는 더 심각한 HIV 증상을 가진 사람들(Heckman et al., 2004)이 우울증에 취약하다. 우울은 삶의 질을 저하시킬 뿐만 아니라 개입에 대한 수용성을 감소시킨다(Safren, O'Cleirigh, Skeer, Elsesser, & Mayer, 2013). 우울증을 스스로 대처하기 위해 알코올, 메스암페타민(methamphetamine) 사용 및 기

AIDS 바이러스가 청소년 인구에서 확산될 가능성은 매우 높지만, 이들이 AIDS의 두려움으로 인해 성적 행동들을 바꾼다는 보고는 거의 없다.
Stockbyte/Getty Images

타 약물을 남용할 수 있고 이로 인해 위험한 성적 행동 가능성이 높아질 수 있다(Fletcher & Reback, 2015). 45편의 연구에 대한 메타 분석 결과는 정신건강 문제, 특히 우울증이 환자들이 HIV 의료를 지속적으로 받는 것을 저해한다는 것을 증명했다. 그러나 환자들이 정신건강 서비스를 이용할 때는 HIV 치료를 지속할 가능성이 높았다(Rooks-Peck et al., 2018). 따라서 우울을 감소시키기 위한 개입은 AIDS에 대항하는 데 유용하다(Motivala et al., 2003; Safren et al., 2010).

그럼에도 불구하고, 대부분의 사람들이 장기적으로는 AIDS 감염에 상당히 잘 대처한다. 예를 들어, HIV에 감염된 젊은 성소수자 남성들은 HIV 남성들보다 자존감과 외로움에 대한 걱정 수준이 비슷하거나 더 적다(Halkitis et al., 2018). HIV 감염자들은 진단을 받은 후 건강한 방식으로 식이를 바꾸고, 운동을 더 많이 하고, 담배를 끊거나 줄이고, 약물 사용을 줄이거나 끊는 등 건강 행동상으로 긍정적인 변화를 만들어낸다(Collins et al., 2001). 또 그들은 다양한 보완대체의학(complementary and alternative medicine, CAM) 전략을 사용하는데, 이 전략들은 ART를 준수하는 데 부정적 영향을 끼치지 않는 것으로 보인다(Littlewood & Vanable, 2014). 대처 기술 훈련과 명상 수행도 적응을 향상시킬 수 있다(SeyedAlinaghi et al., 2012). 이 같은 많은 변화는 심리적 안녕감 또한 향상시키며, 이는 감염 경과에 영향을 미칠 수 있다.

감염 사실 개방 HIV 감염 사실을 숨기거나 지금까지 관계를 맺은 파트너의 수와 같은 단순 위험요인들에 대해 거짓말을 하는 것은 HIV 감염 확산을 통제하는 데 주요한 장애물이다(Kalichman, DiMarco, Austin, Luke, & DiFonzo, 2003). 게다가 자신의 성적 파트너에게 HIV 감염 사실을 숨기려는 사람들은 성관계 중 콘돔을 사용할 가능성이 낮은 것으로 나타났다(DeRosa & Marks, 1998).

공고한 사회적 지지체계를 가진 사람들은 자신의 감

성매매는 여성 HIV 감염자 수 증가의 주요 원인이다.
Ingram Publishing/SuperStock

염 사실을 개방할 가능성이 높으며 결과적으로 더 많은 사회적 지지를 받게 된다(Kalichman et al., 2003). 따라서 감염 사실을 개방하는 것은 심리사회적 측면에서도 유익하다. 게다가 개방은 건강상으로도 이점이 있다. 한 연구에서, HIV 감염 사실을 자신의 친구들에게 공개한 사람들은 공개하지 않은 사람들에 비해 CD4 및 조력세포(helper cells)의 수치가 유의하게 높은 것으로 나타났다(Strachan, Bennett, Russo, & Roy-Byrne, 2007).

여성과 HIV HIV에 감염된 여성의 생활, 특히 증상이 있는 여성들의 생활은 종종 혼란스럽고 불안정하다(Mitrani, McCabe, Burns, & Feaster, 2012). 상당수의 감염 여성이 파트너가 없고, 직업이 없으며, 생계유지를 위해 사회복지 서비스나 의료 서비스에 의존하게 된다. 일부 감염자들은 약물문제를 가지고 있으며, 상당수의 감염자들이 성적 혹은 신체적 학대의 외상 경험을 가지고 있다(Simoni & Ng, 2002). 인종이나 민족에 대한 차별은 상황을 더 복잡하게 만든다(Wyatt, Gómez, Hamilton, Valencia-Garcia, Grant, & Graham, 2013). 외부인이 보기엔 HIV 감염자인 것이 그들의 가장 큰 문제일 거라고 생각할 수 있으나, 사실 가족을 위한 음식과 쉼터를 얻는 것이 더 어려운 경우가 많다(Updegraff, Taylor, Kemeny, & Wyatt, 2002). 가난은 치료 준수(adherence)에 장애물로 작용하여, 음식 부족문제가 해결되지 않는 이상 다른 개입은 효과적이지 않을 수 있다(Kalichman & Grebler, 2010). HIV에 감염된 저소득층 여성들은 특히 가족과 관련된 문제로 상당한 스트레스를 겪는다(Schrimshaw, 2003). 이러한 스트레스에서 기인한 우울은 질병을 악화시킬 수 있다(Jones, Beach, Forehand, & Foster, 2003). 이들은 자살 시도 또한 많이 한다(Cooperman & Simoni, 2005).

양성 판정을 받고 충격을 받긴 하지만, 많은 여성들이 이로 인해 삶의 의미를 발견하기도 한다. HIV 감염 저소득층 여성들을 대상으로 한 연구에 따르면(Updegraff et al., 2002), 많은 여성들이 HIV 진단으로 인해 부정적인 변화뿐 아니라 긍정적인 변화를 경험하였다. 이들은 약물을 끊고, 더 이상 거리에 나오지 않으며, 자신에 대해 긍정적인 감정을 가지게 되었다고 보고하였다(Littlewood, Vanable, Carey, & Blair, 2008 참조).

HIV 감염 확산을 줄이기 위한 개입

HIV 감염 확산을 막기 위한 최선의 방법은 위험 행동을 줄이는 것이다. 이런 개입은 검사를 받거나, 위험한 성행위를 하지 않거나, 콘돔을 사용하는 것 그리고 주삿바늘을 공유하지 않는 것 등을 포함한다. AIDS에 특히 취약한 집단(예 : 청소년, 동성애자, 저소득층 여성, 소수인종 등)이 다양함에 따라 이들 집단의 특성에 맞춰진 강도 높으면서도 지역사회에 기반을 둔 개입이 가장 효과적이다. HIV 감염 환자의 15%가 자신의 상태를 모르기 때문에 질병통제예방센터(CDC)는 HIV 검사를 표준 의료 서비스에 포함할 것을 권고한다. 하지만 매우 간단한 교육이나 변화 단계에 기초한 개입만으로도 검사를 받는 동기를 향상시킬 수 있다(Carey, Coury-Doniger, Senn, Vanable, & Urban, 2008). 교회에서 검사를 장려하고 제공하는 개입은 아프리카계 미국인의 검사를 증가시켰다(Berkley-Patton et al., 2019).

미국 내 초기 AIDS 사례의 거의 대부분은 남성 동성애자들에게서 발생했다. 동성애자 공동체는 위험 관련 행동을 줄이기 위한 극적이고 인상적인 노력으로 대응했다.
Christopher Kerrigan/McGraw-Hill Education

교육 대부분의 개입들은 목표집단을 대상으로 위험한 행위에 대한 교육과 HIV 감염 및 감염방식에 대한 정보를 제공하는 것으로 시작한다. 여러 연구에 따르면 사람들은 HIV에 대해 높은 수준의 '마법적 사고'를 가지고 있다. 즉, 이들은 HIV 감염자와 접촉하는 것에 대해서는 과민반응을 하면서, 자신들의 건강 위험에 대해서는 과소반응을 하여 즉흥적인 성행위를 하거나 콘돔을 사용하지 않는다는 것이다. 게다가 HIV가 이제는 치료 가능한 질병이며, 치료 중에 있는 감염자들은 더 이상 감염을 시키지 않을 것이라는 신념이 또 다른 감염을 야기한다(Kalichman et al., 2007). 이러한 잘못된 신념을 개입에서 다룰 필요가 있다(Kalichman, 2008).

전반적으로 남성 동성애자들은 HIV에 대해 잘 알고 있지만, 이성애자 청소년들은 상당히 모르는 사람들이 많으며, 일부 위험집단은 AIDS에 대한 정보가 매우 부족하다. 도시의 여성 청소년들을 대상으로 한 연구에서 참가자의 약 절반 이상이 자신들의 성행위에 수반된 위험을 과소평가하는 것으로 나타났다(Kershaw, Ethier, Niccolai, Lewis, & Ickovics, 2003). 미혼이거나 임신 중인 여성 그리고 도심에 사는 여성들 역시 마찬가지로 AIDS에 대해 잘 알지 못했으며, 안전한 성행위를 하지 않거나 파트너의 현재 혹은 과거 성행동이 자신들에게 어떻게 위험할 수 있는지에 대해 잘 알고 있지 못하는 것으로 나타났다(Hobfoll, Jackson, Lavin, Britton, & Shepherd, 1993).

여성 HIV 감염자가 많아지면서 임신 관련 이슈가 중요하게 부각되고 있다. 많은 여성들이 신생아에게 HIV가 전염되는 것에 대한 지식이 부족하기 때문에 해당 이슈에 대해 잘 모르는 상태에서 임신과 관련된 결정을 하게 된다. HIV 감염 산모에게서 태어난 신생아의 약 15~30%만이 HIV 양성반응을 보이며, 적절한 치료를 받을 경우 감염률은 4~8%로 낮아질 수 있다. 따라서 HIV와 임신에 대한 교육 제공이 우선 순위가 되어야 한다.

교육적 개입은 얼마나 성공적인가? HIV 상담과 검사 결과를 제공했던 27개 연구를 고찰한 결과, 이러한 유형의 교육이 HIV 감염자들이 다른 사람에게 바이러스를 감염시킬 수 있는 행동을 감소시켜 2차 예방에 효과적인 것으로 나타났다. 그러나 비감염자들에 대한 1차 예방 전략으로는 효과적이지 않은 것으로 나타났다(Weinhardt, Carey, Johnson, & Bikman, 1999).

문화적 특성을 고려해 특정 집단을 대상으로 맞춤형 개입을 시행하는 것이 더 효과가 있다(Jemmott et al., 2015). 도심에 거주하는 아프리카계 미국인 청소년을 대상으로 한 연구에 따르면, 초기 지식 수준이 낮을 때 정보 제공은 행동 변화에 매우 효과적이었다(Jemmott, Jemmott, & Fong, 1999). 연구에 참여한 청소년들은 AIDS와 위험한 성행위에 대한 지식을 증진시키기 위한 AIDS 위험 감소 개입 집단과 통제집단에 무선 배정되었다. 이때 도심 지역의 아프리카계 미국인 청소년들의 흥미를 이끌 수 있는 자료가 연구에 사용되었다. 이렇게 문화적 특성에 적합한 개입은 3개월에 걸쳐 성공적으로 이루어졌다. 개입에 참여한 청소년에서 통제집단에 있던 청소년들에 비해 성관계 횟수와 파트너의 수가 적었고, 콘돔을 더 많이 사용하였으며, 항문 성교 횟수가 적었다.

성행위에 초점 맞추기 성행위는 매우 사적인 영역이다. 만약 자발적인 성을 개인 정체성의 고유한 측면으로 인식한다면 안전한 성행위에 대한 지식이 있더라도 행동 변화로 이어지지 않을 수 있다.

예를 들어, 청소년과 청년은 접근하기 어려운 집단이다. 이들은 성을 중요시하기 때문에 이에 대한 신념이나 성 관련 행동을 수정하는 것은 쉽지 않다. 한 연구에서는 단순히 새로운 파트너를 상상하는 것만으로도 위험에 대한 인식이 낮아지는 것으로 나타났다(Blanton & Gerrard, 1997; Corbin & Fromme, 2002). 콘돔 사용에 대한 부정적인 태도나 콘돔 사용이 매우 다양한 양상으로 나타나는 것 역시 문제를 복잡하게 만든다(Kiene, Tennen, & Armeli, 2008). 관계에 대한 믿음도 다뤄질 필요가 있다. 한 연구에서는 자라면서 방임되었다고 보고한 젊은 흑인 남성들이 관계에 대한 부정적인 생각을 더 많이 가지고 있었고, 이는 결국 더 위험한 성적 행동과 관련이 있었다(Kogan, Cho, & Oshri, 2016).

과거 성 경험은 AIDS 위험 관련 행동을 예측한다(Guilamo-Ramos et al., 2005). 많은 사람, 특히 낯선 사람들과 성관계를 맺어온 사람과 과거에 콘돔을 사용하지 않은 사람 그리고 술집이나 인터넷을 통해 파트너를 만나는 사람들은 위험한 행동을 지속한다. 이는 아마도 그들의 성적 선호방식이 이러한 위험한 성행위와 잘 맞기 때문인 것으로 보인다(Horvath, Bowne, & Williams, 2006).

특히 새로운 파트너와의 성행위는 성급히 진행되고, 대화 없이 열정적으로 이루어지는 경우가 많아 안전한 성행위에 대한 이성적인 논의가 이루어지기 어렵다. 이러한 문제를 다루기 위해 건강심리학자들은 성적 협상 기술을 훈련할 수 있는 개입을 개발하였다. 예를 들어, 인지행동치료에서(Kelly, Lawrence, Hood, & Brasfield, 1989), 남성 동성애자들을 대상으로 성적 관계에서 자신을 통제하는 방법과 고위험 성행위에 대한 압박을 견디는 방법을 모델링과 역할극 그리고 피드백을 통해 교육하였다. 이러한 훈련을 통해 참가자들은 성행위가 관련된 상황을 다루는 데 좀 더 능숙해졌고, 위험한 성적 행동을 줄이고, 콘돔을 더 자주 사용하게 되었다.

성적 강박증(sexual compulsivity)은 HIV 확산에 영향을 주는 성적으로 활동적인 동성애 남성들의 이슈이다(Starks, Grov, & Parsons, 2013). 이러한 행동과 안전하지 않은 성행위 그리고 HIV에 동반될 수 있는 우울증과 불안을 감소시키기 위해 내면화된 동성애-부정성(homo-negativity)과 감정을 효과적으로 관리하지 못하는 문제를 다루는 것이 필요하다(Rendina et al., 2017).

콘돔 사용에 대한 협상 기술은 특히 성소수자와 여성 그리고 청소년과 같이 고위험 집단에 중요한 개입이다(Widman, Noar, Choukas-Bradley, & Francis, 2014). 젊은 여성들이 안전하지 못한 성행위를 하는 이유 중 하나는 젊은 남성 파트너가 강압적인 성행위를 하기 때문이다(VanderDrift, Agnew, Harvey, & Warren, 2013). 따라서 젊은 여성들에게 상대방의 강압적 태도에 저항할 수 있도록 가르치는 개입은 매우 중요하다(Walsh, Senn, Scott-Sheldon, Vanable, & Carey, 2011). 안전한 성행위에 대한 자아효능감을 높이는 데 중점을 둔 개입도 필요하다(Mausbach, Semple, Strathdee, Zians, & Patterson, 2007; O'Leary, Jemmott, & Jemmott, 2008; Safren et al., 2018).

많은 사람들은 콘돔을 사용하는 것을 좋아하지 않는데, 일부 개입은 이러한 태도를 변화시키는 것을 목표로 한다(Ellis, Homish, Parks, Collins, & Kiviniemi, 2015). 일부 프로그램들은 위험군들이 자신의 위험 관련 행동을 변화시키려는 동기를 증가시키기 위한 동기부여 요소를 포함하고 있다. '동기부여 훈련'은 사람들로 하여금 행동 변화 목표를 개발하고, 목표와 현재 행동 사이의 불일치를 인식하고, 변할 수 있다는 자기효능감을 발전시킴으로써, 변화를 위한 준비 상태를 유발한다는 것을 상기해야 한다. 자기 재평가는 자신의 행동 변화를 자신의 정체성의 일부로 인지적으로 재평가하는 것을 포함하며, 이 과정은 지속적인 행동변화에서 중요한 역할을 한다(Longmire-Avital, Golub, & Parsons, 2010). 콘돔 사용에 대한 지각된 장벽을 다루는 것도 필요하다(Protogerou, Johnson, & Hagger, 2018). 교육 및 기술 훈련에 동기부여 요소를 추가하는 것은 HIV 위험 관련 행동을 줄이기 위한 개입의 효과를 향상시킬 수 있다(Kalichman et al., 2005). 정보-동기-행동기술 모형(Fisher & Fisher, 1993)은 이러한 모든 요소를 통합하고 위험한 성적 행동을 줄이는 효과적인 개입을 위한 개념적 틀을 제공한다(Crues et al., 2018).

청소년, 동성애자, 양성애자 남성, 도심 거주 여성, 대학생 그리고 정신장애가 있는 성인과 같이 AIDS 위험집단을 대상으로 행동적 개입을 실시한 연구들을 검토한 결과, 위험집단의 성행위를 줄이고 파트너와 콘돔 사용에 대해 협상하는 능력을 향상시키는 데 중점을 둔 개입들이 위험 관련 행위를 줄인 것으로 나타났다(Kalichman, Carey, & Johnson, 1996; Widman, Noar, Choukas-Bradley, & Francis, 2014). 심지어 단기간이지만 위험요인과 자아효능감, 사회적 지지 그리고 성적 협상 기술에 대해 강도 높은 훈련을 한 개입 역시 위험 관련 행위를 줄이는 데 도움이 될 것으로 보인다(Kalichman et al., 2005; Naar-King et al., 2006). 또한, 한 메타분석은 단일회기 행동개입이 무방비한 성관계를 줄일 수 있음을 보여주면서 대중에게 널리 보급 가능한 유망한 개입으로서의 가능성을 시사했다(Sagherian, Huedo-Medina, Pellowski, Eaton, & Johnson, 2016). 정체성과 정신건강 문제를 다루는 것은 남성과 성관계를 갖는 유색 인종 남성 청년들에게 특히 우선순위가 되어야 한다(Lelutiu-Weinberger, Gamarel, Golub, & Parsons, 2015). 그들은 HIV 낙인과 인종 또는 민족 관련 차별 모두에 대처할 수 있어야 하기 때문이다(Earnshaw, Bogart, Dovidio, & Williams, 2013).

HIV 예방 프로그램 청소년들에게 보호되지 않은 성관계의 위험성을 알리고, 안전한 성행위 실천에 도움을 주기 위한 예방 프로그램이 미국의 공립학교를 대상으로 개발되었다. 때때로 HIV 감염 청소년들이 프로그램의 일부로 청중들 앞에 나서는데, 이는 프로그램에 참여하는 학생들에게 HIV 감염의 위험성을 명료하게 전달될 수 있다. 하지만 청소년들은 HIV 감염을 피하기 위해 감염된 학생을 멀리할 수도 있다. 따라서 정보나 동기 그리고 성적 협상을 강조하는 개입이 청소년의 행동을 수정하는 데 더 성공적일 수 있다(Fisher, Fisher, Bryan, & Misovich, 2002). 학교 기반 예방 프로그램의 어떤 구성요소가 가장 효과적인지에 대한 연구는 여전히 진행 중이다.

행동 변화의 단계 모델(제3장)은 콘돔 사용을 증가시키는 데 도움이 될 수 있다. 몇몇 사람들은 HIV에 대한 지식에서, 또 어떤 사람들은 자신이나 자신의 배우자의 위험한 성행위에 대한 정보에서 차이가 있을 수 있다(Hobfoll et al., 1993). 따라서 이들에게는 안전한 성행위와 관련하여 숙고 전 단계에서 숙고 단계로 이끌어줄 수 있는 정보 기반 개입이 효과적일 수 있다. 반면에 숙고 단계에서 준비 단계로 가거나, 준비 단계에서 실행 단계로 넘어가기 위해서는 콘돔 협상 기술의 특정한 기술 훈련이 필요할 수 있다(Catania, Kegeles, & Coates, 1990).

또한 성행위와 관련된 규범을 다루는 개입이 필요하다. 장기적인 관계를 지향하거나 단기간의 성적 관계를 줄이는 것과 같은 규범을 따르는 개입은 합리적인 예방책이 될 것이다(Tucker, Elliott, Wenzel, & Hambarsoomian, 2007). 콘돔 사용에 대한 지각된 규범도 개인의 선택에 영향을 미치므로 개입에서 다룰 필요가 있다(van den Boom, Stolte, Roggen, Sandfort, Prins, & Davidovich, 2015).

HIV 예방을 위한 354개의 개입에 대한 대규모 메타분석 결과에 의하면 가장 효과적인 개입들은 교육, 태도 및 행동변화 필요성에 대한 근거, 그리고 행동기술 훈련을 제공하였다(Albarracín et al., 2005). 하지만 개입들이 '일률적인' 영향을 미치지는 않았다. 예를 들어, 행동 기술은 남성에게는 효과적인 반면 여성에서는 그렇지 않았고, 이는 대상에 맞는 개입을 할 필요성을 시사한다.

인지행동적 개입 CBT는 HIV 감염환자들에 대한 다수의 개입들의 개념적 체계를 제공한다. 이 중 많은 개입들이 스트레스 관리를 구성요소로 포함하고 있다. 스트레스 관리 개입은 삶의 질과 정신건강을 향상시킨다(Brown & Vanable, 2008). 그러나 스트레스 관리는 병의 경과와 관계가 있는 면역기능에는 영향을 주지 않을 수 있다(Scott-Sheldon, Kalichman, Carey, & Fielder, 2008).

CBT 개입들은 스트레스 관리뿐 아니라 건강행동 관리도 포함하는 것이 필요할 수 있다. 흡연, 과도한 음주, 약물 사용 등은 HIV 감염자들의 건강과 치료 준수에 악영향을 미친다(Webb, Vanable, Carey, & Blair, 2007). 인지행동적 개입들은 위험한 성 행동을 줄이고(Scott-Sheldon, Fielder, & Carey, 2010), 치료 준수를 유지하며, 바이러스 수치를 낮추는 데 도움이 될 수 있다(Safren et al., 2009). 특히 신체상과 자기관리를 다루는 CBT는 HIV에 감염된 성 소수자 남성의 우울 증상과 ART 준수율을 모두 상당히 개선시켰다(Blashill et al., 2017).

치료 준수에 초점 맞추기 ART가 AIDS 환자의 건강 유지에 필수적이기 때문에 치료 준수율은 상당히 높은 편이다. 그러나 알코올 사용이나 스트레스(Parsons, Rosof, & Mustanski, 2008)는 치료 준수를 저해할 수 있다(Mugavero et al., 2009). 일부 HIV 감염 환자들에게 ART를 받는 것은 어려운 일이며, 치료를 받는 것이 생활방식과 전혀 맞지 않는 경우도 있다. 노숙자와 정맥주사 사용자 그리고 알코올 중독자들은 매우 저조한 치료 준수율을 보인다(Tucker et al., 2004). 예를 들어, HIV 감염에 대항하기 위해 사용되는 대다수 약물들은 냉장 보관해야 하나, 노숙자들은 냉장고가 없다. 이처럼 빈곤으로 인한 실제적 문제 때문에 치료 준수가 어려워지기도 한다(Kalichman & Grebler, 2010).

개인이 지닌 심리사회적 자원이 치료 준수에 영향을 준다(Gore-Felton & Koopman, 2008). ART를 잘 준수하는 사람들은 사회적 지지를 받고 있으며, 우울 수준이 낮고, 자아효능감을 보일 가능성이 높다(Johnson et al., 2007; Lee, Milloy, Walsh, Nguyen, Wood, & Kerr, 2016). 반면에 치료 준수에 실패하는 사람들은 많은 심리적 고통을 겪고 있거나, 사회적 지지가 낮고, 회피적 대처전략을 더 많이 사용하거나 자극제와 알코올을 사용하는 경향이 있다(Carrico et al., 2007; Davis et al., 2016).

위험 행동에서처럼 동기 훈련은 ART 준수율에도 영향을 미친다. 올바른 정보와 치료 이행에 대한 동기 그리고 실제로 그렇게 할 수 있는 기술이 있는 것은 치료 준수를 유의하게 향상시킨다(Starace, Massa, Amico, & Fisher, 2006). 문화 장벽을 극복하는 것도 준수율을 향상시킬 수 있다. 한 무선통제실험 연구에서 훈련받은 동료 상담자가 의료 체계에 대한 불신, HIV 오명, 지원 서비스와의 연결 어려움 같은 문화 장벽을 다루었을 때, 전자 장치로 측정한 흑인 남성과 여성의 HIV 약물 준수율은 6개월 후에 상담을 받지 않은 참가자들에 비해 상당히 높았다(Bogart et al., 2017). 사회적 지지를 강화하는 개입 역시 치료 준수를 향상하는 데 어느 정도 효과가 있다(Koenig et al., 2008).

정맥주사 약물 사용에 초점 맞추기 정맥주사 약물 사용자들을 위한 개입은 감염된 바늘 사용을 줄이는 것과 성적 행동을 변화시키는 것에 모두 중점을 두어야 할 필요가 있다. AIDS 감염에 대한 정보와 주삿바늘 교환 프로그램 그리고 바늘을 소독하는 방법 등에 대해 교육함으로써, 정맥주사 약물 사용자들의 위험한 주입행위를 줄일 수 있다(Des Jarlais & Semaan, 2008). HIV 관련 교육과 함께 메타돈(methadone) 유지 치료를 병행하는 것은 약물 주입과 다른 사람들과 바늘을 함께 사용하는 것을 줄이고, 건강을 위협하는 행동을 감소시키며, 콘돔 사용을 높이고, 성적 파트너의 수를 줄이는 것을 통해 AIDS의 확산을 줄이는 데 도움이 될 수 있다(Margolin, Avants, Warburton, Hawkins, & Shi, 2003). 그러나 다른 위험집단에는 성공적으로 적용되는 인지행동 개입 프로그램이 정맥주사 약물 사용자들에게는 효과적이지 않을 수 있는데, 이는 이들이 종종 충동을 통제하는 데 어려움을 겪기 때문이다.

HIV 감염 및 AIDS에 대처하기

생명을 위협하는 질병에 대처하는 것은 항상 도전적인 일이며, 특히 HIV 감염자들에게 더더욱 그렇다. 이들은 외상 사건을 경험했을 가능성이 높으며, 불안장애나 우울, 약물남용장애와 같은 정신건강 문제를 함께 가지고 있을 수 있다(Gaynes, Pence, Eron, & Miller, 2008; Whetten, Reif, Whetten, & Murphy-McMillan, 2008). 결과적으로 이들은 좋은 대처능력을 가지고 있지 않을 가능성이 높다.

게다가 HIV 감염 환자들은 특정한 문제들을 헤쳐나가야 한다. HIV 감염이 급성질환이라기보다 만성질환으로 인식되기 시작되면서 이에 따른 심리사회적 문제들이 부각되고 있다. 이와 관련된 이슈로 고용문제를 들 수 있다.

직장으로 돌아갈 수 있는 상태의 사람들이 다시 일을 할 수 있도록 돕는 개입들이 필요하다(Rabkin, McElhiney, Ferrando, Van Gorp, & Lin, 2004). HIV 감염자들은 두려움, 편견, 그리고 사회적 낙인과 맞서야 하며, 이는 심리적 고통을 증가시킬 수 있다(Hatzenbuehler, O'Cleirigh, Mayer, Mimiaga, & Safren, 2011).

대처 기술 스트레스와 이에 따른 신경내분비적 변화는 HIV 감염자들의 병 진행을 악화시키며, 더 많은 기회감염 혹은 공격적 증상을 야기한다(Cole, 2008; Pereira et al., 2003). 따라서 스트레스에 대한 좋은 대처 기술이 필수적이다(Temoshok, Wald, Synowski, & Garzino-Demo, 2008). 효과적인 대처 훈련과 마음챙김에 근거한 스트레스 완화는 HIV 감염으로 인한 심리적 고통을 관리하는 데 도움이 될 수 있다(Chesney, Chambers, Taylor, Johnson, & Folkman, 2003; Riley & Kalichman, 2015). 스트레스원을 통제할 수 있다는 인식은 일반적으로 스트레스에 잘 적응하도록 하는데, 이는 HIV 감염자들에게서도 마찬가지인 것으로 나타났다(Benight et al., 1997; Rotheram-Borus, Murphy, Reid, & Coleman, 1996). 긍정 정서는 양호한 HIV 관리와 ART 준수를 촉진한다(Carrico & Moskowitz, 2014). 긍정 정서는 또한 위험한 성 행동의 발생 가능성을 낮추므로(Wilson, Stadler, Boone, & Bolger, 2014), 대처 개입에서 긍정 정서를 다루는 것이 중요하다.

글쓰기를 통한 개방은 성공적인 대처 개입이었으며(제7장 참조), HIV 감염자들에게서도 효과가 있는 것으로 보인다. 피트리와 동료들의 연구에 따르면(Petrie, Fontanilla, Thomas, Booth, & Pennebaker, 2004), HIV 감염자들 사이에서 정서적 주제에 대해 글을 쓰는 것은 중립적인 주제에 대해 글을 쓰는 것보다 CD4 림프구 수치를 높이는 것으로 나타났다.

사회적 지지 HIV 감염자나 AIDS 환자에게 사회적 지지는 매우 중요하다. 가령 사회적 지지는 높은 치료 준수와 낮은 바이러스 수치와 관련이 있었다(Simoni, Frick, & Huang, 2006). 따라서 사회적 지지를 얻도록 돕는 것은 여러 긍정적인 효과를 가져올 수 있다(Mitrani et al., 2012). HIV에 감염된 남성 동성애자 중 정서적, 실질적, 정보적 지지를 받은 이들은 덜 우울했으며(Turner-Cobb et al., 2002), 파트너의 강한 지지를 받는 남성들은 위험한 성행위에 잘 참여하지 않는 것으로 나타났다(Darbes & Lewis, 2005). 가족 구성원을 포함하거나 대인관계를 다루는 개입은 우울 증상을 감소시킬 수 있다(Heckman et al., 2018; Li et al., 2017).

가족의 지지는 우울증을 예방하는 데 특히 중요한 듯하다(Schrimshaw, 2003). 그러나 모든 가족들이 도움이 되는 것은 아니기 때문에, 지지를 받을 수 있는 다른 자원을 가지는 것이 매우 중요하다. 인터넷은 HIV 감염자들에게 중요한 자원이 될 수 있다(Bowen, Williams, Daniel, & Clayton, 2008). 자신의 HIV 감염 상태를 관리하기 위해 인터넷을 활용하는 사람들은 그렇지 않은 사람들에 비해 HIV에 대해 잘 알고, 더 적극적인 대처 기술을 가지고 있으며, 더 많은 사회적 지지를 받고 있었다(Kalichman et al., 2003).

HIV 감염 경과에 영향을 미치는 심리사회적 요인

심리사회적 요인은 HIV 감염자들의 대처뿐 아니라 면역체계의 저하 속도에도 영향을 준다(Ironson et al., 2005). 우울증은 HIV 감염자들이 종종 겪는 흔한 증상으로 중요하게 다루어야 한다. 우울증에 대한 개입이 삶의 질을 향상시킬 뿐만 아니라, 우울증이 특히 일부 집단(예 : 고등 교육을 받은 집단; Ironson, Fitch, & Stuetzle, 2017)에서 치료의 준수 실패(Gonzalez et al., 2011)와 더 높은 사망률과도 관련이 있기 때문이다. 병의 경과에 대한 부정적인 기대는 실제로 병의 진행을 악화시킬 수 있다(Ironson et al., 2005; Reed, Kemeny, Taylor, & Visscher, 1999; Reed, Kemeny, Taylor, Wang, & Visscher, 1994). 우울과 스트레스 그리고 외상 사건 모두 병의 진행에 부정적인 영향을 미친다(Leserman, 2008).

심리적 억압은 질병의 급속한 진행을 초래할 수 있다. 한 조사에서 자신의 동성애 정체성을 숨긴 남성들은 정체성을 공개한 남성들에 비해 HIV 감염이 훨씬 빠르게 진행되었다(Cole, Kemeny, Taylor, Visscher, & Fahey, 1996). 심리적 억압은 교감신경계의 활성화와 면역체계 기능의 변화를 초래하는데, 이는 신체 건강에 지대한 영향을 미칠 수 있다(Cole et al., 2003).

반면 낙관주의, 적극적인 대처, 외향성, 성실성, 영성과 같은 긍정적인 측면들은 모두 질병의 경과를 늦췄다(Ironson, O'Cleirigh, Weiss, Schnei-derman, & Costa, 2008; Ironson & Hayward, 2008). 개인의 경험에서 의미를 찾는 능력은 CD4 세포 수치를 저하시키고 사망률을 낮추는 것과 관련이 있었다(Bower et al., 1997).

부정 정서가 상대적으로 낮을 때 긍정 정서는 더 나은 HIV 통제와 관련 있었고(Wilson et al., 2017), 긍정 정서는 또한 AIDS로 인한 사망률을 낮출 수 있다(Moskowitz, 2003). 한 개입 연구에서 우울증을 치료하기 위해 인지행동적 스트레스 관리와 약물 준수 훈련을 병행한 결과 우울한 기분이 완화될 뿐만 아니라 HIV 바이러스 수치를 억제시키는 ART의 효과가 향상되었다(Antoni et al., 2006). 항우울제 또한 도움이 될 수 있다(Repetto & Petitto, 2008). 따라서 우울증의 성공적인 관리를 통해 병의 경과에도 영향을 미칠 수 있을 것으로 보인다.

개인의 질병에 대한 신념, 대처전략 사회적 지지와 같은 심리사회적 요인과 병의 경과의 관계에 대한 연구는 특히 흥미롭다. 이러한 연구는 HIV 감염자들의 장기 생존에 영향을 미치는 요인을 명확하게 할 뿐 아니라, 심리사회적 요인들이 병의 경과에 영향을 미치는 경로에 대해 더 일반적인 가설을 제공한다.

암

암은 여러 요인들을 공통적으로 지니는 100개 이상의 질환을 포괄적으로 지칭한다. 모든 암은 DNA(세포 성장과 재생산을 조절하는 세포 프로그램의 일부)의 역기능으로 인해 발생한다. 이 역기능적인 DNA는 신생 세포의 규칙적이고 점진적인 생산이 이루어지도록 하는 대신, 비정상적 세포의 통제되지 않은 성장과 증식을 야기한다. 암세포는 다른 세포와는 달리 신체에 어떤 이점도 제공하지 않으며 신체의 자원을 약화시킬 뿐이다.

미국과 선진국에서 암은 심장질환 다음으로 주요한 사망 원인이다(American Cancer Society, 2019)(그림 14.2). 1900년대부터 1990년대까지 암 사망률은 점진적으로 증가하였다. 그러나 1991년 이후, 미국에서의 암 사망률은 27%까지 떨어졌는데(Centers for Disease Control and Prevention, 2012년 1월), 이는 주로 흡연의 감소와 조기 발견과 치료의 개선에서 기인한다(American Cancer Society, 2019).

많은 전문가들이 암 환자의 치료와 협력 의료 서비스 과정에 관여한다. 진단 및 치료 체계, 원격의료 또는 사례관리 협업에서 환자들을 안내하는 안내자(navigator)가 참여하는 협력 의료 서비스는 더 적절한 의료 서비스 활용으로 이어진다(Sheinfeld Gorin, Haggstrom, Han, Fairfield, Krebs, & Clauser et al., 2017).

효과적인 암 치료법에는 수술, 화학요법, 방사선 치료 외에도 암의 성장과 확산을 막기 위해 특정 분자를 방해하는 표적 치료와 신체의 면역 체계가 암과 싸우는 것을 돕는 면역요법이 있다. 힘든 부작용이 있고 많은 환자들에서 치료 효과가 없을 수도 있으나 면역요법은 치료가 힘든 암(예 : 폐암, Grady, November 2018)에 대한 치료 효과로 엄청난 대중의 관심을 받았다. 사람들이 근거가 없는 대안적 치료법을 선택할 때 사망할 확률이 기존의 암 치료법을 선택하는 환자보다 두 배 이상 높다는 것을 아는 것이 중요하다(Johnson, Park, Gross, & Yu, 2018). 미국에서는 매년 60만 명 이상의 사람들이 암으로 사망한다(American Cancer Society, 2019). 하지만 수십만 명의 사람들은 암에 걸린 후에도 오랜 기간 생존하기도 한다. 2019년에는 1,690만 명 이상의 암 생존자들이 미국에 살고 있었는데, 이 수치는 2029년까지 2,170만 명으

그림 14.2 | **새로운 암 사례와 사망의 주요 부위, 2019년 추정**

출처 : ⓒ 2019, American Cancer Society, Inc., Surveillance Research.

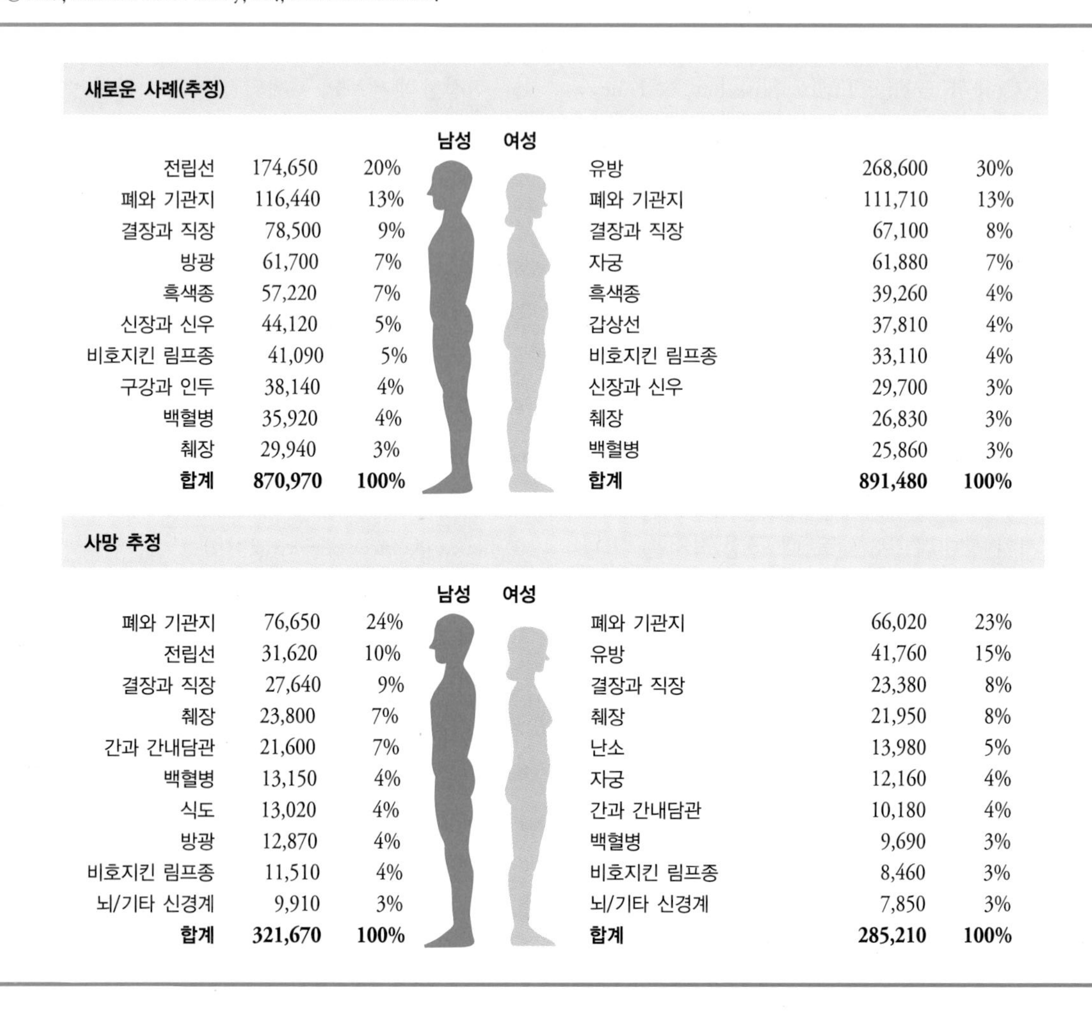

새로운 사례(추정)

남성			여성		
전립선	174,650	20%	유방	268,600	30%
폐와 기관지	116,440	13%	폐와 기관지	111,710	13%
결장과 직장	78,500	9%	결장과 직장	67,100	8%
방광	61,700	7%	자궁	61,880	7%
흑색종	57,220	7%	흑색종	39,260	4%
신장과 신우	44,120	5%	갑상선	37,810	4%
비호지킨 림프종	41,090	5%	비호지킨 림프종	33,110	4%
구강과 인두	38,140	4%	신장과 신우	29,700	3%
백혈병	35,920	4%	췌장	26,830	3%
췌장	29,940	3%	백혈병	25,860	3%
합계	**870,970**	**100%**	**합계**	**891,480**	**100%**

사망 추정

남성			여성		
폐와 기관지	76,650	24%	폐와 기관지	66,020	23%
전립선	31,620	10%	유방	41,760	15%
결장과 직장	27,640	9%	결장과 직장	23,380	8%
췌장	23,800	7%	췌장	21,950	8%
간과 간내담관	21,600	7%	난소	13,980	5%
백혈병	13,150	4%	자궁	12,160	4%
식도	13,020	4%	간과 간내담관	10,180	4%
방광	12,870	4%	백혈병	9,690	3%
비호지킨 림프종	11,510	4%	비호지킨 림프종	8,460	3%
뇌/기타 신경계	9,910	3%	뇌/기타 신경계	7,850	3%
합계	**321,670**	**100%**	**합계**	**285,210**	**100%**

로 증가할 것으로 예상된다(National Cancer Institute, February 2019).

심리사회적 요인이 암의 원인 및 경과와 연관이 있기 때문에, 건강심리학자들이 이런 사안들을 다루는 데 있어 중요한 역할을 할 수 있다. 게다가 암은 오래 투병해야 하는 질병으로, 암 발생의 위험요인을 줄이고 대처 기술을 향상시키기 위한 개입이 필수적이다.

암은 왜 연구하기 어려운가

암은 여러 가지 이유로 연구하기가 어렵다. 암은 성장주기가 길거나 불규칙하고, 암 각각에 대한 원인과 증상, 치료가 다양하기 때문이다. 또한 암을 유발하거나 암과 공존하는 위험요인들을 파악하기는 힘든 일이다. 가령 세 사람이 모두 발암물질에 노출되어도 그중 한 사람만 암에 걸리고 다른 두 사람은 그렇지 않을 수 있기 때문이다.

누가 암에 걸리는가 : 복잡한 프로파일

많은 종류의 암들은 부분적으로는 유전적 소인으로 인한 가족력과 관련이 있다. 하지만 가족력이 있다고 해서 암 발병에 유전적 소인만 관여하는 것은 아니다. 유전자 외에도 식이요법이나 생활방식과 같이 가족들이 공유하는 요인들이 있다. 감염인자와 관련된 암도 있다. 예를 들어, 인간 유두종 바이러스(human papillomavirus, HPV)는 자궁암의 주요 원인이며, 헬리코박터 파일로리균(helicobacter pylori)은 일부 위암과 관련이 있다. 미국인의 70%가 암과 나이 사이의 관계를 모르고 있지만(Taber, Klein, Suls, & Ferrer, 2017), 나이가 드는 것은 암의 주요 위험 요인이다. 암의 80%는 55세 이상의 성인에게서 진단된다. 미국에서 신규 암 진단 사례의 40% 이상은 흡연이나 과음을 하지 않고, 신체 활동을 유지하며, 태양 노출을 제한하고, 관련 예방접종을 받고, 건강한 식생활 및 권장되는 암 검진 참여 등의 행동을 통해 예방할 수 있다(American Cancer Society, 2019).

암 격차(cancer disparity)는 다른 집단과 비교하여 일부 집단(들)이 암에 대한 과도한 부담을 지게 될 때 발생한다. 사회 경제적 및 문화적 요인, 식습관 및 기타 생활습관, 환경적 요인, 스트레스, 생물학적 요인은 모두 암 격차의 원인이 된다(American Cancer Society, 2019; National Cancer Institute, March 2019). 그림 14.3은 미국 내 다른 인종 지반에 의해 분류된 모든 유형의 암을 발생률과 사망률에 따라 보여준다.

낮은 사회경제적 지위는 암 격차를 유발하는 주요 원인이다(American Cancer Society, 2019; National Cancer Institute, 2019년 3월). 교육 및 재정적 자원이 많은 사람들에 비해 가난한 사람들은 암 검진 의뢰나 검진 접근성이 부족하고, 흡연 및 기타 건강하지 못한 행동을 조장하는 표적 마케팅의 대상이 되며, 대기오염 등 환경 발암물질에 더 많이 노출되어 있다. 또한 빈곤한 도시 공동체에는 신체 운동을 하고, 과일 및 채소를 섭취하는 데 어려움이 있다.

인종, 민족성, 문화와 관련된 여러 암에서의 격차는 사회경제적 부담에서 기인할 수 있다. 또한 차별은 의료 서비스의 질을 저하시키고 의료 체계를 불신하게 만드는 원인이 될 수 있다. 언어장벽은 환자와 의료 전문가 사이의 의사소통을 방해한다. 최근 이민자들은 출신 국가에서 위암과 자궁경부암의 위험을 증가시키는 감염에 걸렸었을 수 있다. 아프리카계 미국인은 고유한 생물학적 특징이 있는 유방암, 전립선암 및 대장암에 걸리기 쉬운데, 이는 암의 발생률 또는 악성도의 증가에 기여할 수 있다(American Cancer Society, 2019; National Cancer Institute, March 2019). 보호적인 문화 요인도 존재한다. 가령, 낮은 흡연율은 비히스패닉계 백인에 비해 히스패닉계 및 대부분의 아시아 집단에서 상대적으로 폐암 위험을 줄이는 데 기여한다. 암 격차에는 여러 원인이 있기 때문에, 이를 제거하기 위해서는 여러 단계의 개입이 필요하다.

심리사회적 요인과 암

우리는 이미 흡연, 음주, 부실한 식단과 같이 암 발병과 진행의 여러 위험요인들을 살펴보았다(제4장과 제5장). 이 장에서는 암 발병 및 진행과 관련이 있는 심리사회적 요인들을 중점적으로 살펴볼 것이다.

영화 '맨해튼'에서 우디 앨런은 "나는 화를 잘 내지 못해. 그게 내가 가진 문제 중 하나지. 대신 난 종양을 키웠어"라고 말한다. 이처럼 수십 년간, 암에 걸리기 쉬운 성격이 있다는 통념이 있었다. 느긋하고 순종적이고, 원활한 사회 · 정서적 기능에 방해가 될 수 있는 감정을 억압하는 사람이 이런 성격에 해당한다. 그러나 실제 이런 통념에 대한 과학적 근거는 어디에도 없다(Lemogne et al., 2013).

스트레스와 암 스트레스와 다른 심리사회적 요인들이 암 발병에 기여하는가? 사회적 고립, 외상, 만성 스트레스(예 : 아동기의 역경 경험), 우울증에 대한 근거가 가장 많다. 그러나 그마저도 혼재된 결과들이다(Fagundes, Murdock, Chirinos, & Green, 2017; Lutgendorf & Andersen, 2015). 여러 경로가 심리사회적 요인과 암 발병 간의 연관성을 설명할 수 있다. 가령, 우울증은 면역기능 저하와 관련이 있으며, 우울증이 있는 사람은 담배를 피울 확률이 높다(Fluharty, Taylor, Grabski, & Munafò, 2017). 이 두 가지 요인은 모두 우울증과 암 발병 간의 연관성에 기여할 수 있다. 그리고 생애 초기 역

그림 14.3 | **미국에서의 인종별 연평균 암 발생 건수 및 모든 암으로 인한 사망률**

출처 : U.S. Department of Health and Human Services. National Cancer Institute. "Cancer Statistics." Accessed July 9, 2019. https://www.cancer.gov/about-cancer/understanding/statistics.

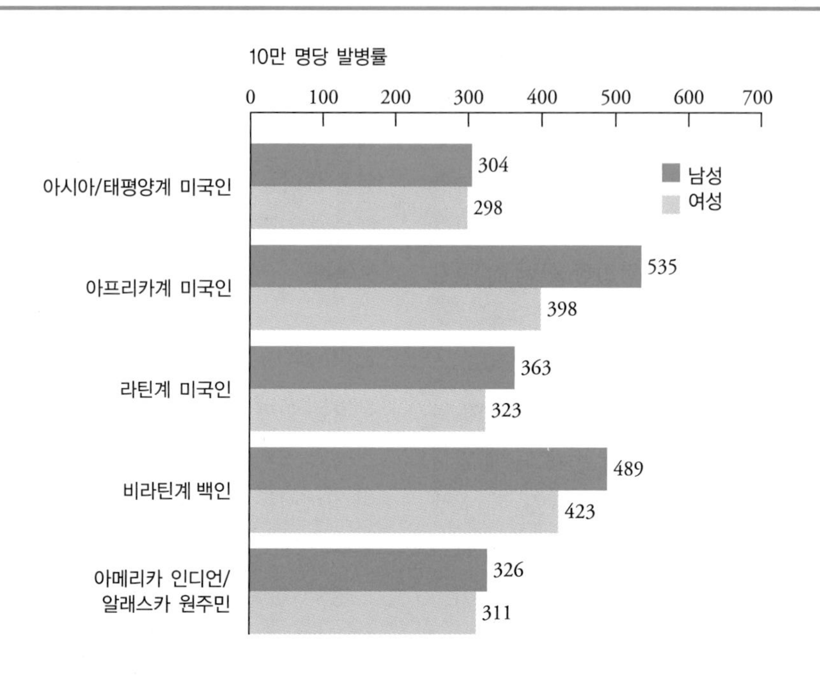

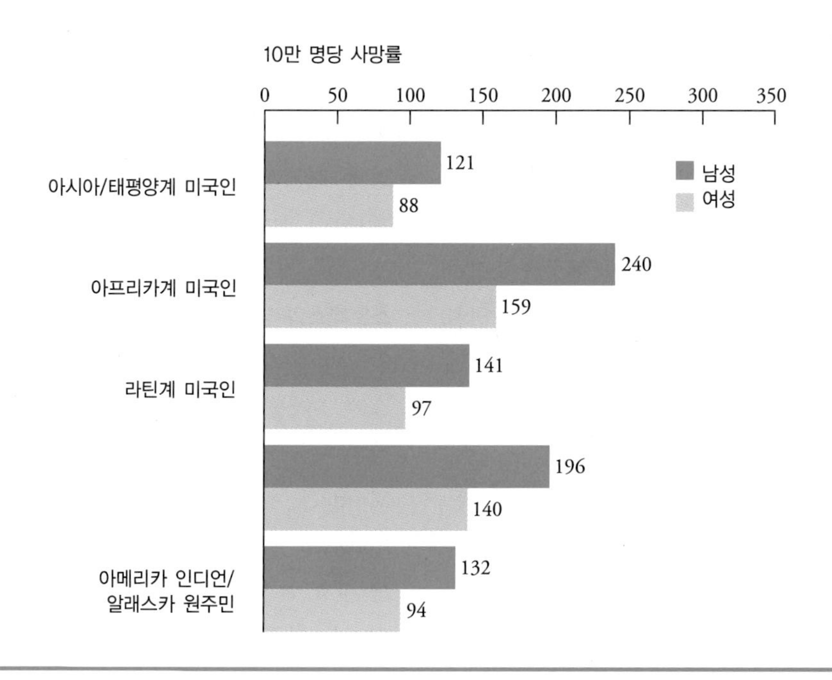

경 경험은 뇌 발달에 영향을 줄 수 있고, 이는 이후 암과 관련된 건강하지 못한 행동으로 이어질 수 있다(Duffy, McLaughlin, & Green, 2018).

심리사회적 요인과 암의 진행

심리사회적 요인의 역할에 대한 연구는 암의 발병보다는 암 진행에 초점을 두고 진행되어 왔다(Lutgendorf & Andersen, 2015). 통제된 실험들은 스트레스와 사회적 고립이 동물의 암 진행에 미치는 영향을 명확하게 보여준다(Antoni & Dhabhar, 2019; Cole, Nagaraja, Lutgendorf, Green, & Sood, 2015). 인간의 경우, 심리적 요인이 암 성장과 암 **전이**(metastasis, 즉, 원래 부위에서 신체의 다른 부위로 암이 확산되는 것)와 관련이 있다는 증거가 축적되고 있다. 다시 말하면, 외상, 만성 스트레스, 우울, 사회적 고립, 사회적 지지 부족과 같은 요인들이 가장 강한 경험적 연구의 지지를 받고 있다(Lutgendorf & Andersen, 2015).

우울은 그 자체만으로도 암의 진행에 영향을 미칠 뿐 아니라(Brown, Levy, Rosberger, & Edgar, 2003), 다른 위험요인들과 함께 작용하여 영향을 미쳤다(Schofield et al., 2016). 또한 우울은 다른 위험요인들의 영향을 증대시키기도 한다. 한 연구에 따르면 우울한 흡연자들에서 흡연과 관련된 암에 걸릴 확률은 18.5배 높아졌으며, 흡연과 관련되지 않은 다른 암에 걸릴 확률은 2.9배 높아지는 것으로 나타났다(Linkins & Comstock, 1990). 따라서 암 발병 이전에 우울하거나 불안했던 사람들에게 이러한 정신건강 문제를 줄이기 위한 개입이 유익할 것으로 보인다(Schneider et al., 2010).

그리고 암 진행은 질병에 대한 생각과 감정을 피하려는 시도와 관련이 있다(Epping-Jordan, Compas, & Howell, 1994). 회피 혹은 수동적인 대처 역시 심리적 고통, 우울, 수면 문제 그리고 다른 위험요인들과 관련이 있으며, 이는 암 진행에 부가적인 영향을 미칠 수 있다(Hoyt, Thomas, Epstein, & Dirksen, 2009; Kim, Valdimarsdottir, & Bovbjerg, 2003).

암에 적응하기

세 가족 중 두 가족은 암에 걸린 가족이 있을 것이며, 결과적으로 모든 가족 구성원이 암으로 인한 부정적인 영향을 받게 될 것이다. 좋은 소식은 암 생존자의 67%가 최소 5년 이상 살고 있고, 18%가 최소 20년 이상 살고 있다는 것이다(National Cancer Institute, February 2019). 암 환자의 64%는 65세 이상이며, 많은 사람들이 궁극적으로 암과 무관한 원인으로 사망한다. 그럼에도 불구하고, 제11장과 12장에서 만성질환, 진행성 질환 그리고 불치병과 관련하여 살펴본 쟁점들은 암 경험과도 관련이 있다. 여기에서는 몇 가지 추가적인 쟁점을 더 살펴볼 것이다.

신체적 한계 극복하기 암의 진행과정, 특히 진행 단계나 말기 단계에 생기는 통증이나 불편함으로 인해 환자는 신체적인 어려움을 겪는다. 특히 수면 장애, 피로 및 우울증은 흔하면서도 환자의 기능을 저하시키는 증상이다(Bower, 2019; Jacobsen & Andrykowski, 2015; Stanton, Rowland, & Ganz, 2015). 암성 피로(cancer-related fatigue)의 위험 요인으로는 아동기 역경 경험, 신체 활동 부족, 피로의 위험을 과장하는 반추(즉, 파국화), 우울증이 포함된다(Bower, 2019). 한 일기(daily diary) 연구에서 파트너가 활동을 권장하는 날에는 암 환자의 피로가 지장을 덜 초래하였고, 그들의 관계에 더 만족감을 느꼈다(Müller et al., 2018). 암과 암 치료는 환자의 영양 상태를 악화시키기 때문에, 종종 영양치료가 권장된다(Laviano et al., 2011).

치료와 관련된 문제 치료로 인해 발생하는 문제도 있다. 또한 어떤 경우에는 신체기능에 필수적인 신체기관 대신에 인공기관을 삽입해야 할 때도 있다. 예를 들어, 후두가 제거된 환자는 인공 음성 장치를 통해 말하는 법을 배워야 한다. 전립선 암을 가진 환자는 치료를 받는 과정에서 성기능이 약화되기도 한다(Steginga & Occhipinti, 2006).

암 환자들은 신체 기능을 저하시키는 후속 치료를 받아야 할 수도 있다. 항암치료 중인 환자들은 구역질과 구토를 경험할 수 있으며, 약물치료를 받기 전에는 예기성 구역질 및 구토를 겪을 수 있다(Montgomery & Bovbjerg, 2004). 항암치료 후에도 구역질을 할 것이라는 예상은 실제로 구역질을 할 가능성을 높이기 때문에, 개입에서 이러한 신념을 다루는 요소를 추가하는 것은 중요할 수 있다(Colagiuri & Zachariae, 2010). 항암치료를 받는 암환자들은 후유증으로 인한 인지 기능 저하, 또는 직장, 사회활동, 자아 감각을 손상시킬 수 있는 광범위한 의식 혼탁(mental cloudiness)을 의미하는 항암 뇌(chemo-brain)를 보고한다(Ahles & Root, 2018; Nelson, Suls, & Padgett, 2014). (또한) 기억력, 집중력, 멀티태스킹 능력 및 기타 인지 능력이 영향을 받을 수 있다. 인지 재활 훈련의 효과는 유망하다(Fernandes, Richard, & Edelstein, 2019). 다행스럽게도 최근에는 심각한 부작용이 적은 항암치료법들이 개발되고 있다.

심리사회적 이슈와 암

암을 진단받은 많은 사람들은 암 치료의 발전에 따라 질병의 제약으로부터 벗어나 오랫동안 충만한 삶을 누릴 수 있게 되었다. 어떤 사람들은 암이 재발할 수도 있으나, 여전히 15~20년 또는 그 이상 삶의 질을 높게 유지하는 것이 가능하다. 어떤 환자들은 종국에는 암으로 죽게 될 것이라는 것을 알면서 진행 중인 암과 함께 오랜 기간 살아간다. 이러한 경로는 암이 이제는 만성질환임을 보여준다.

우울증은 암과 그 치료의 결과로 경험할 수 있는 가장 흔한 어려움들 중 하나이다(Kuba et al., 2019; Stommel, Kurtz, Kurtz, Given, & Given, 2004). 우울증은 그 자체로 고통스러울 뿐만 아니라 신체 건강(Wang et al., 2012)과 치료에 대한 반응에 악영향을 미칠 수 있다(Hopko, Clark, Cannity, & Bell, 2016). 한 연구에서는 대장암 진단 후 우울이나 불안 수준이 더 높은 여성들이 이후 10년간 건강한 생활 습관을 보이지 않았다(Trudel-Fitzgerald et al., 2018). 우울, 통증, 피로는 암 환자들 사이에서 자주 함께 발생하며, 이러한 증상 군집은 스트레스 호르몬과 관련이 있다(Thornton, Andersen, & Blakely, 2010). 이러한 문제는 암 경험을 회피하며 능동적이고 접근 지향적인 대처전략을 거의 사용하지 않는 사람들뿐만 아니라, 만성 스트레스, 외상후 스트레스장애 진단 또는 사회적 지지가 부족한 사람들에게서 심각한 것으로 보인다(Bower, 2019; Butler, Koopman,Classen, & Spiegel, 1999; Golden-Kreutz et al., 2005; Langford et al., 2017; Stanton, Wiley, Krull, Crespi, & Weihs, 2018).

스트레스 개입 스트레스는 사실상 모든 질환을 악화시키고 암도 예외가 아니다. 대부분의 암 생존자들은 일반인들과 유사하게 일상적인 스트레스에 반응한다. 그럼에도 불구하고 이들이 겪는 스트레스는 우울 가능성을 높이고 신체 증상을 악화시킨다. 그러므로 스트레스 관리를 활용한 개입이 유용할 수 있다(Costanzo, Stawski, Ryff, Coe, & Almeida, 2012).

재발에 대한 두려움은 암 환자들이 겪는 불안의 주요한 근원이다(Van Liew, Christensen, Howren, Hynds Karnell, & Funk, 2014). 이는 특히 정기 검진 방문 시 증가할 수 있으므로(McGinty, Small, Laronga, & Jacobsen, 2016), 개입에서 다루어야 한다(McGinty, Small, Laronga, & Jacobsen, 2016). 이러한 개입은 특히 재발에 대한 두려움이 더 클 수 있는 젊은 여성들(Lebel, Beattie, Ares, & Bielajew, 2013)에게 필요하다. 침습적 사고는 삶의 질을 저하시키고 증상을 예측한다(Dupont, Bower, Stanton, & Ganz, 2014). 인지행동치료는 이러한 두려움이 환자의 생활과 기능을 저해하는 것을 막는 데 도움이 될 수 있다.

사회적 지지 관련 사안 사회적 지지는 여러 이유로 암 환자들의 회복에 중요하다(Carpenter, Fowler, Max-well, & Andersen, 2010). 사회적 지지는 암에 대한 심리적 적응을 향상시키고, 환자가 암에 대한 침습적이고 반추적인 사고를 대처하는 데 도움을 줄 뿐 아니라(Lewis et al., 2001), 암에 대한 면역 반응을 개선시킨다. 한 연구에 따르면(Lai et al., 1999), 암 투병 중인 기혼 환자는 미혼이거나 별거, 이혼 혹은 사별을 한 환자에 비해 더 나은 생존율을 보이는 것으로 나타났다. 사회적으로 고립된 암 환자들의 암 사망률이 높다(Kroenke, Kubzansky, Schernhammer, Holmes-Kawachi, 2006). 그러므로 진단과 치료과정의 초기에 사회적 지지를 높이기 위한 개입이 권장된다(Thompson, Rodebaugh, Pérez, Schootmann, & Jeffe, 2013).

단기적으로 파트너가 환자가 필요로 하는 것에 특별히 주의를 기울이지 않는다 하더라도 파트너와의 공고한 관계는 중요하다(Hagedoorn et al., 2011). 불행하게도 암 진단 이후 친밀한 관계에 문제가 발생하는 경우가 상당히 흔하다(Ybema, Kuijer, Buunk, DeJong, & Sanderman, 2001). 수술이나 항암치료와 같이 치료의 영향을 받기도 하고, 불안이나 우울로 인해 간접적으로 영향을 받으면서 성적 욕구를 저하시켜 환자들의 성기능이 취약해지기 때문이다(Loaring, Larkin, Shaw, & Flowers, 2015). 이러한 성기능 문제는 특히 부인과 암 환자와 전립선 암환자들에게서 두드러지게 나타난다. 이를 고려할 때 성 문제에 대한 논의와 근거기반치료는 중요하다(Carter et al., 2018).

암 환자의 자녀와 관련된 문제도 상대적으로 흔하다. 어린 자녀들은 부모의 진단에 대해 두려움이나 고통을 경험하는 한편(Compas et al., 1994), 더 큰 자녀들은 새로운 책임을 지게 된 것에 대해 반항할 수 있다. 만약 암이 유전적 소인을 가지고 있다면, 자녀들은 높아진 암 위험으로 힘들어 할 수 있다(Lichtman et al., 1984).

외상 후 성장

암의 부정적인 측면에도 불구하고, 일부 암 환자들은 암 경험을 통해 자신의 삶이 중요한 차원에서 나아졌고 성장할 수 있도록 해 주었다고 보고한다(Arpawong, Richeimer, Wenstein, Elghamrawy, & Milam, 2013; Katz, Flasher, Cacciapaglia, & Nelson, 2001; Taylor, 1983). 이러한 영향은 여러 문화권에서 보고되었으므로, 암 경험을 통한 성장은 신뢰할 만한 결과인 듯 하다(Gonzales, Nuñez, Wang-Letzkus, Lim, Flores, & Nápoles, 2016; Wang et al., 2017). 이러한 성장 경험은 심리적 적응을 향상시킬 수 있으며(Gonzalez et al., 2016; Wang et al., 2017; Zhu et al., 2018), 신경 내분비 스트레스 반응을 완화시켜 면역체계에 유익한 영향을 미치는 것으로 보인다(Cruess et al., 2000).

개입

치료 이전에 교육적 개입은 필수적이다(Zimmermann, Heinrichs, & Baucom, 2007). 치료 기간 도중이나 치료 이후에는 암 관련 문제들에 대해 인지행동적 접근법이 흔히 사용되는데, 이는 우울과 스트레스, 피로 그리고 식욕 조절에 중점을 두고, 또한 항암치료와 방사선 치료 및 다른 유형의 암 치료에 따른 부작용 역시 다룬다(Montgomery et al., 2009; Phillips et al., 2008; Stagl et al., 2015). 이러한 개입은 삶의 질을 향상시킨다. 그리고 암 환자의 우울증 치료는 연간 의료비 절감과도 관련이 있다(Mausbach, Bos, & Irwin, 2018).

마음챙김 명상을 기반으로 한 스트레스 감소 개입 역시 유용하다(Bränström, Kvillemo, Brandberg, & Moskowitz, 2010). 예를 들어, 유방암과 전립선암 환자들을 대상으로 한 마음챙김 개입 연구에서는 이완과 명상, 요가를 통해 환자들이 의식적인 자각을 수양하도록 했다. 그 결과 환자들의 삶의 질이 향상되고 스트레스 증상이 감소했을 뿐만 아니라, 면역기능도 개선되었다. 온라인으로 제공된 마음 챙김 개입조차도 효과적일 수 있다(Zernicke et al., 2014).

건강행동의 개선은 암 생존자들을 대상으로 한 개입의 중요한 목표이다(Rabin, 2011). 운동은 암 진단 이후 삶의 질을 향상시킬 수 있다(Basen-Engquist et al., 2013; Courneya et al., 2010; Floyd & Moyer, 2010). 24개 연구를 검토한 결과, 운동은 암 진단 이후 자아효능감을 높이거나, 신체기능을 향상시키고, 정서적 안녕감을 개선하는 등 삶의 질에 긍정적인 영향을 미치

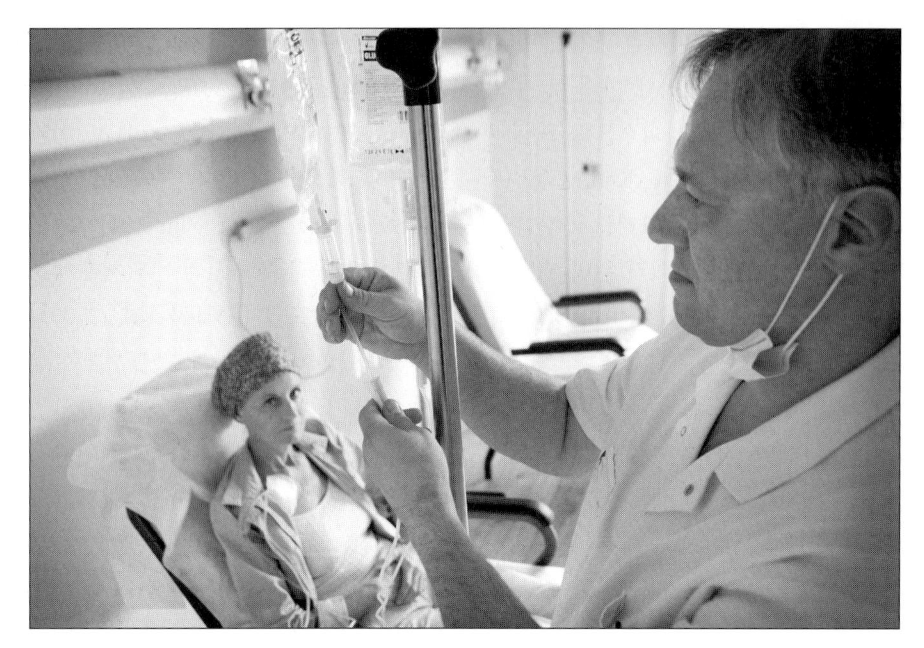

정맥주사로 항암치료를 받는 몇몇 암 환자들은 메스꺼움과 구토를 느낄 수 있다. 이완 훈련과 심상 유도는 이러한 문제를 다루는 데 도움을 줄 수 있다.
BSIP SA/Alamy Stock Photo

는 것으로 나타났다(McAuley, White, Rogers, Motl, & Courneya, 2010; Milne, Wallman, Gordon, & Courneya, 2008). 그러나 운동에 대한 준수를 높이는 것이 해결해야 할 과제다(Courneya et al., 2008). 계획된 행동 이론이나 변화의 단계 모델에 따라 운동을 증진시키고자 했던 개입은 암 환자에게서 성공적이었던 것으로 나타났고(Park & Gaffey, 2007; Vallance, Courneya, Plotnikoff, & Mackey, 2008), 운동에 대한 자기효능감 증가는 변화 유지를 예측했다(Cox et al., 2015). 전화 안내(telephone prompts)는 운동 준수율에도 도움이 될 수 있다(Pinto, Papandonatos, & Goldstein, 2013). 운동은 또한 간병인의 건강과 안녕감을 향상시킨다(Cuthbert et al., 2018).

통증은 암 환자들, 특히 진행 단계에 있는 환자들이 흔하게 겪는 문제이다. 암성 통증을 다루는 데는 진통제가 주로 사용되지만, 이완치료, 최면, 인지적 재평가 기술, 심상, 자기최면 등의 행동 기법들도 통증관리에 도움이 된다(Sheinfeld Gorin et al., 2012; Ward et al., 2008).

자기개방이나 암으로부터 얻을 수 있는 유익한 점에 대해 글을 쓰는 것은 암과 관련한 신체 증상뿐 아니라 의학적 처치의 필요성을 감소시켰다(Low et al., 2006). 이와 같은 효과는 개인적으로 중요한 가치의 확인과 정서적 대처전략의 사용에서 비롯된 것으로 보인다(Creswell, Lam, et al., 2007).

암 환자에 대한 치료

인지행동치료 암 진단을 받은 일부 사람들은 개인, 집단 또는 인터넷 상에서 CBT 개입에 참여한다. 이러한 개입은 우울증을 감소시키고, 스트레스를 관리하며 재발에 대한 두려움 통제 및 좋은 대처기술 개발에 초점을 맞춘다(Stagl et al., 2015).

가족치료 가족의 정서적 지지가 암 환자들에게 유익하기 때문에, 가족치료가 적용되기도 한다(Helgeson & Cohen, 1996; Northouse, Templin, & Mood, 2001). 하지만 모든 가족이 자유롭게 의사소통할 수 있는 것은 아니다. 암 환자들이 원하는 사회적 지지와 제공받는 지지가 일치하지 않을 때, 심리적 고통이 증가한다(Reynolds & Perrin, 2004). 커플의 공동 대처(dyadic coping)는 암 생존자의 삶의 질에 영향을 미치기 때문에(Rottmann et al., 2015), 공동 대처 개입이 암을 함께 대처하고 있는 커플에게 도움이 될 수 있다 (Badr & Krebs, 2013).

지지 집단 환자들이 정서적 고통을 공유할 수 있는 집단은 암 환자(Helgeson & Cohen, 1996), 특히 개인적 혹은 사회적 자원이 거의 없는 사람들에게 유용하게 적용될 수 있다(Helgeson, Cohen, Schulz, & Yasko, 2000). 지지 집단의 성공요인 중 하나는 환자들에게 그들의 방식과 문제에 맞는 일련의 잠재적인 대처 기술을 제공한다는 것이다(Taylor, Falke, Shoptaw, & Lichtman, 1986). 그러나 지지 집단에 참여하는 암환자는 소수이다(Sherman et al., 2008). 그러나 이제는 인터넷을 통해 다른 암 환자들로부터 사회적 지지를 얻는 방식이 광범위하게 활용되고 있다(Owen, Klapow, Roth, & Tucker, 2004).

인터넷 개입 앞서 언급했듯이, 인터넷은 암 환자들을 대상으로 개입할 기회를 제공한다. 대처 기술과 기분과 사회적 지지를 향상시키는 방법이 개입의 대상이 된다(Cleary & Stanton, 2015).

관절염

제2장에서는 신체가 자신의 세포를 외부의 것으로 잘못 인식하여 이를 공격하는 자가면역질환에 대해 살펴보았다. 자가면역질환 중 가장 대표적인 것이 관절염이며, 이는 장애를 유발하는 가장 흔한 원인이기도 하다.

관절염은 역사적 기록이 시작된 시점부터 인류와 함께해왔다. 관절염을 가지고 있는 사람들에 대한 고대 그림이 동굴에서 발견되기도 하였고, 초기 그리스와 로마 작가들도 관절염의 고통에 대해 기술하였다. 관절염은 '관절에 생기는 염증'을 의미한다. 이는 관절과 다른 연결 조직들을 공격하는 100개 이상의 질병을 통칭한다. 미국에서는 5,400만 명의 사람들이 치료를 받아야 할 정도로 심각한 관절염으로 고통받고 있다. 관절염을 앓는 인구는 집단의 노령화로 인해 2040년까지 7,800만 명으로 늘어날 것으로 보인다(Centers for Disease Control and Prevention, 2018년 7월). 비록 치명적인 경우는 흔하지 않지만, 관절염은 장애의 주요 원인이다. 관절염으로 인한 의료 비용 지출 그리고 임금 손실, 생산성 저하 등으로 인해 미국은 매년 3,040억 달러 이상의 경제적 피해를 보고 있다(Centers for Disease Control and Prevention, 2018년 7월).

류머티즘성 관절염

미국인 150만 명이 **류머티즘성 관절염**(rheumatoid arthritis, RA)을 앓고 있고, 대부분이 여성이다(Centers for Disease Control and Prevention, 2015년 10월). 어떤 연령에서도 류머티스에 걸릴 수 있지만, 특히 40~60대에 주로 발병한다. 일반적으로 류머티스는 손과 발처럼 작은 관절뿐 아니라 손목, 무릎, 발목 그리고 목까지 영향을 미친다. 질병이 경미한 경우에는 한두 개 정도의 관절이 영향을 받지만, 심각한 경우에는 심장 근육, 혈관 그리고 피부 바로 아래에 있는 조직에 염증을 일으킨다.

류머티즘성 관절염은 자가면역 과정으로 인해 발생할 수 있다(Firestein, 2003). 본래 면역체계는 신체기관을 보호해야 하지만, 자가면역질환에 걸렸을 경우 면역체계는 관절을 둘러싸고 있는 얇은 조직막을 공격한다. 이 공격은 관절의 염증과 경직 그리고 통증을 야기한다. 만약 적절한 치료가 이루어지지 않는다면, 뼈와 관절을 둘러싸고 있는 근육 조직이 파괴될 수 있다. RA 환자의 거의 절반은 완전히 회복되지만 절반은 여전히 관절염 증세가 남아있으며, 10%의 사람들은 심각한 장애를 가지게 된다.

RA의 주요한 후유증은 통증과 피로, 활동 제약 그리고 타인에게 의존하게 만든다는 것이다(Basu, Jones, Macfarlane, & Druce, 2017; van Lankveld, Naring, van der Staak, van't Pad Bosch, & van de Putte, 1993). 또

미국의 약 150만 명의 사람들이 류머티즘성 관절염을 앓고 있으며, 이는 특히 여성 노인들에게서 일반적이다.
Pixtal/age fotostock

한 RA는 주로 나이 든 사람에게 발병하므로, 류머티즘성 관절염에 걸린 사람들은 인지기능 저하와 시력 저하와 같은 이미 다른 만성질환을 가지고 있을 수 있으며, 이러한 질환들이 관절염과 상호작용하여 결국 장애를 초래하게 된다(Shifren, Park, Bennet, & Morrell, 1999; Vebrugge, 1995). RA 질환의 가장 일반적인 합병증은 우울이다(Dickens, McGowan, Clark-Carter, & Creed, 2002). 우울은 통증을 증가시키며 통증의 과정에 관여하고(Zautra & Smith, 2001), 악순환을 만들면서 관절염을 활성화시킬 수 있다(Smith & Zautra, 2002).

한때 심리학자들은 '류머티즘성 관절염 성격'이 있을지도 모른다고 생각하였다. 이러한 성격은 완벽주의적이고 우울하며, 감정 표현, 특히 분노 표현을 억제하는 경향이 있을 것으로 생각되었다. 하지만 최근 연구는 관절염과 관련된 프로파일이 적어도 관절염의 원인이 될 수 있는지에 대해 의문을 제기했다. 그러나 환자의 인지적 왜곡과 무력감은 우울과 관절염에 대한 정서적 반응을 악화시키며(Clemmey & Nicassio, 1997; Fifield et al., 2001), 사회적 지지의 차이 역시 그러한 결과를 초래할 수 있다(Fyrand, Moum, Finset, & Glennas, 2002). 정신건강 문제는 시간이 흐르면서 RA의 질병 성과를 악화시키는 데 기여하고, 이로 인한 통증은 다시 정신건강을 악화시킨다(Euesden et al., 2017).

스트레스와 류머티즘성 관절염 스트레스는 류머티즘성 관절염의 발병과 경과 모두에 영향을 미칠 수 있다. 특히 사회적 관계로 인한 심리적 고통은 병의 발병(Anderson, Bradley, Young, McDaniel, & Wise, 1985) 혹은 경과에 영향을 미친다(Parrish, Zautra, & Davis, 2008). 류머티즘성 관절염 환자에게 배우자는 매우 중요한 역할을 하며, 피로와 통증, 신체적 한계에 대한 배우자의 정확한 인식이 성공적인 질병관리에 중요하다(Lehman et al., 2011). 따라서 관절염 관리 시, 배우자의 지지가 잘못된 방식으로 전달되는 것은 문제가 될 소지가 있으므로 커플 대상 개입은 질병관리에 중요하다(Martire, Stephens, & Schulz, 2011).

류머티즘성 관절염의 치료 류머티즘성 관절염의 진행을 억제하거나 조절하기 위해 아스피린, 스테로이드, 질병조절 항류마티스제(이 약물들은 통증과 염증을 모두 완화시킴)를 복용하거나, 쉬거나 혹은 운동을 할 수 있다. 그러나 이에 대한 준수율은 낮은 경우가 많다. 파트너의 강한 지지는 자기관리 능력을 향상시킬 수 있다(Strating, van Schuur, & Suurmeijer, 2006).

심리학자들은 RA를 치료하기 위해 바이오피드백, 이완 훈련, 문제 해결 기술 훈련, 부정적 기대 감소, 통증 대처전략 훈련(Dixon, Keefe, Scipio, Perri, & Abernethy, 2007; Zautra et al., 2008)을 포함하는 인지행동 개입을 적용해왔다(McCracken, 1991). 파국적 사고에 초점을 두고 자아효능감을 향상시키는 것 역시 유용할 수 있다(McKnight, Afram, Kashdan, Kasle, & Zautra, 2010). 이런 치료에 참여했던 한 환자는 "나는 관절염을 내가 통제하고 관리할 수 있는 것들을 못하게 만드는 짐으로 생각해왔다. 하지만 생각이 바뀌었다. 관절염은 더 이상 비극이 아니다. 단지 불편한 것일 뿐이다"라고 이야기했다. 이러한 진술이 시사하는 것처럼, CBT는 질병을 관리할 수 있다는 자아효능감을 향상시키기 때문에 류머티즘성 관절염 환자에게 효과가 있는 것으로 보인다.

최근 마음챙김 개입들도 RA 환자들을 대상으로 적용되고 있으며, 특히 우울증을 가진 환자들에게 효과적인 것으로 보인다(Zautra et al., 2008). 현재는 통증을 조절하기 위해 행동적 개입과 약물치료를 병행하는 것이 가장 포괄적인 접근으로 여겨진다(Zautra & Manne, 1992).

퇴행성 관절염

미국인의 3,000만 명 이상이 **퇴행성 관절염**(osteoarthritis)을 갖고 있으며, 대부분 50세 이후에 발병한다. 남성들에 비해 여성들이 퇴행성 관절염에 걸리기 쉽다(Centers for Disease Control and Prevention, 2019년 1월). 퇴행성 관절염은 관절연골이라고 불리는 관절의 부드러운 부분이 과도한 사용이나 상해 혹은 다른 원인으로 인하여 갈라지거나 닳게 되면서 발병한다. 따라서 이 질환은 체중을 지지하는 관절, 즉 엉덩이, 무릎, 척추에 영향을 미치기 쉽다. 연골 상태가 악화됨에 따라 관절에 염증이 생기거나 경직되거나 통증이 유발된다. 이 질환은 나이 든 사람이나 운동선수에게서 많이 발생한다. 다른 유형의 관절염과 마찬가지로 증상이 심각하고 광범위할수록 더욱 공격적인 치료를 요구하며, 삶의 질을 떨어뜨린다(Hampson, Glasgow, & Zeiss, 1994). 그 결과 우울증이 나타날 수 있는데, 우울 증상은 통증과 심리적 고통을 증가시킬 수 있다(Zautra & Smith, 2001). 부정적인 감정을 능숙하게 다룰 수 있게 되면 퇴행성 관절염과 우울증 사이의 연관성이 줄어들 수 있다(Parmelee, Scicolone, Cox, DeCaro, Keefe, & Smith, 2018). 고통을 줄이고 대처방식을 향상시키는 심리사회적 개입은 통증을 유의하게 감소시킬 수 있다(Zautra et al., 2008). 통증 파국화와 자기효능감 증진 모두에 중점을 두는 개입은 특히 더 효과적일 수 있다(McKnight et al., 2010).

퇴행성 관절염은 적절한 의료적 처치와 자기관리를 통해 치료될 수 있다. 치료는 신체 활동, 체중 감량 그리고 아스피린이나 다른 진통제의 복용으로 이루어진다. 퇴행성 관절염으로 인한 통증을 관리하는 사람들은 적극적인 대처와 자발적인 통증 조절을 통해 관절염을 더 잘 극복하는 것으로 나타났다(Keefe et al., 1987).

제1형 당뇨병

제1형 당뇨병(type 1 diabete)은 자가면역질환의 일종으로, 급작스러운 증상 발병이 특징이다. 이는 췌장의 베타 세포에 의한 인슐린 생성 부족에서 기인한다. 미국에서 거의 50만 명에서 발병하는 제1형 당뇨병은 전체 당뇨병의 5%를 차지한다(Centers for Disease Control and Prevention, 2017). 이 질병은 바이러스 감염으로 나타나며, 유전적 소인도 기여하는 것으로 보인다. 특히 유전적 소인을 가진 경우, 스트레스가 당뇨 발병을 촉진시킨다(Lehman, Rodin, McEwen, & Brinton, 1991). 제1형 당뇨병의 발병률은 2002년부터 2012년까지 매년 1% 이상씩 증가하는 추세이다. 히스패닉 청소년의 1형 진단 증가율은 특히 높아 연간 4%를 초과한다(Mayer-Davis et al., 2017). 제1형 당뇨병에 걸린 개인의 면역체계는 췌장 내 세포를 침입자로 잘못 인식하여 이를 파괴한다. 이에 따라 인슐린을 생성하는 세포의 능력이 약화되거나 아예 제거되어 버린다. 제1형 당뇨병은 주로 생애 초기에 발병하며, 여자아이들이 남자아이들보다 빨리 발병한다. 일반적으로 5~6세 사이와 10~13세 사이에 발병

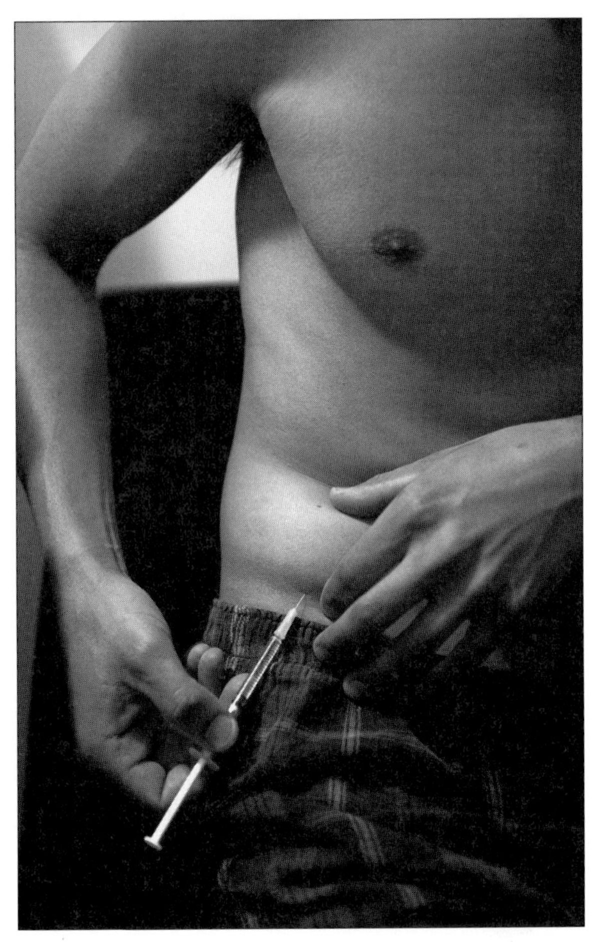

제1형 당뇨병의 관리는 혈당 수준의 확인과 규칙적인 인슐린 주입이 중요하다. 하지만 많은 청소년과 성인들은 치료 지시사항을 적절히 따르는 데 어려움을 겪는다.
Keith Brofsky/Getty Images

하는 것으로 알려져 있다.

가장 흔한 초기 증상으로는 빈번한 배뇨, 평소와는 다른 갈증, 과도한 수분 소모, 체중 감소, 피로, 허약, 신경질, 구역질, 음식에 대한 강한 욕구(특히 단 음식) 그리고 기절 등이 있다. 이러한 증상은 에너지 자원을 찾으려는 신체의 시도에서 기인하며, 결국에는 신체 자체의 지방과 단백질을 소비하게 되고, 이후 지방 소비의 부산물로 신체를 구성하는 과정에서 증상이 발생한다. 만약 이런 상태가 치료되지 않는다면, 혼수상태에 빠질 수 있다.

제1형 당뇨병은 치명적인 질환이다. 이 질환은 인슐린을 직접 주입함으로써 주로 치료하는데, 이 때문에 인슐린 의존성 당뇨라고도 불린다. 제1형 당뇨병은 특히 고혈당증(hyperglycemia)에 취약한데, 치료하지 않고 방치하면 혼수상태와 사망에 이를 수 있다.

스트레스는 제1형 당뇨병을 악화시킨다. 적어도 15개 연구가 스트레스와 당뇨 조절 간의 관련성을 보고하였다(Helgeson, Escobar, Siminerio, & Becker, 2010 참조). 이러한 관련성은 약물 복용 준수에서의 차이(Hanson, Henggeler, & Burghen, 1987)나 대처 노력(Frenzel et al., 1988)에서 기인한 것이 아니었으며, 스트레스가 준수나 식이에 부정적인 영향을 미칠 수는 있어도(Balfour, White, Schiffrin, Dougherty, & Dufresne, 1993), 인슐린 요법, 식이요법 혹은 운동이 스트레스와 당뇨 간의 관련성에 기여하지도 않았다(Hanson & Pichert, 1986). 당뇨병으로 생긴 변화는 우울과 불안, 행동문제와 같은 심리적 어려움으로 이어질 수 있다(Reynolds & Helgeson, 2011). 우울증은 치료 준수와 혈당 조절을 어렵게 하고, 잠재적으로 질병 경과에 영향을 미칠 수 있으므로 우울증 선별 검사가 권장된다(Baucom, Turner, Tracy, Berg, & Wiebe, 2018).

제1형 당뇨병 관리하기 철저한 혈당관리가 병의 경과에 큰 차이를 만들 수 있으므로, 제1형 당뇨병을 가진 환자들은 매일 자신의 포도당 수준을 확인하고, 필요할 때마다 즉각적인 행동을 취해야 한다. 또한 환자가 질병 치료과정에 적극적으로 참여하는 것이 치료 성공에 필수적이다. 이러한 관리는 전형적으로 규칙적인 인슐린 주입, 당뇨 조절, 체중 조절, 운동을 포함하지만 매일 섭취하는 칼로리가 상대적으로 안정적이어야 하며, 음식 섭취는 식욕보다 정해진 식단을 따라야 한다. 이러한 방법을 통해 혈당 수치를 조절하면 안과 질환, 신장 질환, 신경계 질환과 같이 당뇨와 관련된 질환들의 발생과 진행을 50% 이상 줄일 수 있다(National Institute on Diabetes and Digestive and Kidney Disorders, 1999).

치료 준수 안타깝게도 자기관리 프로그램 준수율은 낮은 것으로 보이며, 전체적으로 환자의 약 15% 만이 모든 치료 권고사항을 따르는 것으로 나타났다. 당뇨의 심각한 합병증은 발병 이후 15~20년이 되기 전까지는 명백하게 나타나지 않기 때문에, 사람들은 치료 지침을 따를 정도로 위협에 대해 잘 인식하지 못한다. 이들은 아마도 어떤 증상도 느끼지 못하기 때문에 치료 계획을 따르지 않을 수 있다. 치료과정에서 나타나는 많은 오류들은 치료 지침을 준수하기보다 준수하지 않는 것에서 발생한다.

당뇨병 환자들은 자신의 혈당 수준을 자주 점검하지 않는다(Wysocki, Gren, & Huxtable. 1989). 대신에 고혈당증 환자들은 혈당 수준이 어떻게 '느껴지는지'에 따른다(Hampson, Glasgow, & Toobert, 1990). 이들은 자신의 기분에 따라 판단을 하는 경향이 있으며(Gonder-Frederick, Cox, Bobbitt, & Pennebaker, 1986), 혈당 수준 인식 훈련을 함에도 불구하고 고혈당증 환자처럼 정확하게 혈당 수준을 인식하지 못한다(Diamond, Massey, & Covey, 1989).

환자들은 수동적 혹은 회피적 대처보다 적극적인 대처 전략을 사용할 때 질병을 잘 극복하고 식이 조절을 잘하며(Luyckx, Vanhalst, Seiffge-Krenke, & Wheets, 2010), 치료자와 환자가 동일한 치료 목표를 공유할 때 치료 이행 수준이 높아졌다. 한 연구에서 제1형 당뇨병 환자와 담당 의사는 서로 다른 치료 목표를 가지고 있었다. 환자의 부모는 고지혈증을 피하기 위해 단기간 동안에만 식이요법을 조절하려 시도했다. 반면 의사는 당뇨 합병증 위험과 혈당 수준을 장기간 안정적으로 유지하는 것을 목표로 했다. 치료 목표에서의 이 같은 차이는 처방된 치료계획을 준수하는 데 많은 어려움을 야기했다(Marteau, Johnston, Baum, & Bloch, 1987).

청소년 당뇨의 특별한 문제

청소년의 당뇨를 관리하는 것은 특히 어렵다(Johnson, Freund, Silverstein, Hansen, & Malone, 1990). 이들은 독립과 자아개념의 발달에 대한 이슈를 직면하고 있다. 그러나 당뇨와 이에 따른 제약은 이러한 발달 과제와 상충된다. 청소년의 흔한 스트레스원은 대사 조절을 악화시키며(Helgeson et al., 2010), 청소년들은 음식에 대한 부모의 통제를 자신에 대한 통제로 느낄 수 있다. 또한 청소년들의 또래 문화에서는 자신과 다른 사람들을 배척하기 때문에 청소년 당뇨 환자들은 이러한 배척을 피하기 위해 당뇨 관리를 하지 않을 수 있다. 정서적으로 안정적이고 성실한 청소년들은 자신의 경험으로부터 이득을 찾을 수 있고, 이로 인해 복잡한 식이요법과 관리를 잘 따르는 경향이 있다(Tran, Wiebe, Fortenberry, Butler, & Berg, 2011). 반면 우울증과 스트레스는 자기관리를 저해한다(Baucom et al., 2015).

가족과의 관계 치료 계획을 성공적으로 관리하는 데 부모의 역할이 중요하다(Helgeson, Palladino, Reynolds, Becker, Escobar, & Siminerio, 2014). 하지만 부모는 질병관리 노력을 약화시킬 수도 있다. 가령 부모들은 당뇨 진단을 받은 청소년 자녀를 아이처럼 다루며 필요 이상으로 활동을 제한하여 이들의 의존성을 높일 수 있다(Berg, Butner, Butler, King, Hughes, & Wiebe, 2013). 반대로 부모들은 아이들이 정상이라고 믿게 할 수도 있다. 불행히도, 가족 간 갈등과 부모가 제대로 감독하지 못하는 경우 혈당 조절 및 자기관리가 제대로 이루어지지 않을 수 있다(Hilliard et al., 2013). 부모 자신이 우울증과 같은 문제를 가질 수 있으며, 이는 효과적인 치료와 의료 서비스를 저해할 수 있다(Mackey, Struemph, Powell, Chen, Streisand, & Holmes, 2014). 청소년이 점진적으로 치료 계획에 대한 책임을 맡을 수 있도록 자율성을 지니도록 돕는 것은 치료 지침에 대한 준수가 떨어질 수 있는 시기에 준수를 가장 잘 유지하게 할 수 있다(Rohan et al., 2014; Wu et al., 2014).

따라서 건강심리학자들은 복잡한 치료 계획을 교육할 수 있는 최적의 방법을 개발하는 것을 통해 제1형 당뇨병 관리에서 중요한 역할을 담당하게 된다. 치료 준수를 보장하고, 스트레스에 대처하는 효과적인 방법을 개발하며, 당뇨병 환자가 치료 프로그램을 따르는 데 필요한 자기조절 기술을 훈련하는 것을 돕고, 가족들이 최소한의 부담을 가지고 함께 노력할 수 있도록 돕는 것(Sood et al., 2012)이 주된 치료 목표이다.

요약

1. 면역체계는 외부 침입체로부터 신체를 보호하는 감시체계이다.
2. 학교 시험이나 대인관계와 같은 스트레스원은 면역기능을 악화시킬 수 있으며, 우울이나 불안과 같은 부정적인 정서 역시 면역기능을 악화시킨다.
3. 적극적인 대처전략은 스트레스가 면역기능에 미치는 부정적인 영향을 완화시키는 것으로 보이며, 이완과 스트레스 관리는 스트레스에 직면한 상황에서 면역체계 기능을 향상시킬 수 있는 임상적 개입으로 효과를 거두고 있다.
4. 후천성 면역결핍증(AIDS)은 1981년 미국에서 처음으로 확인되었다. AIDS는 인간면역결핍 바이러스(HIV)에 의해 발생하며, 다양한 희귀성 기회 감염이 초래되는 질환으로 정의되었다.
5. 미국에서 남성과 성관계를 가지는 남성들과 정맥주사를 공유하는 약물 사용자들이 AIDS 고위험 집단으로 분류되어 왔다. 최근 들어 AIDS는 소수집단, 특히 여성들에게 급속도로 확산되어 왔으며, 성관계를 하는 이성애 청소년과 청년들 역시 AIDS 발병 위험이 높은 편이다.
6. 콘돔 사용과 성관계를 가지는 파트너의 수를 조절하는 등의 1차 예방은 HIV 확산을 막는 주요 방법이다. 이러한 개입 방안들은 관련 지식을 제공하고, 안전한 행동에 대한 자아효능감을 높이며, 성행위에 대한 동료집단의 규준을 바꾸고, 성적 협상 기술을 개발하는 것에 초점을 맞추고 있다.
7. 다수의 사람들이 HIV는 양성이지만 AIDS는 발병하지 않은 채 수년간 살아간다. 운동과 적극적인 대처는 이러한 상태를 유지하는 데 도움을 줄 수 있으며, ART와 같은 약물은 HIV 감염자들이 더 오래, 더 건강하게 살아갈 수 있도록 하면서 HIV 감염을 만성질환으로 바꾸고 있다.
8. 암은 DNA 기능장애와 급속한 세포 성장 및 증식이 특징인 100여 개의 질환을 통칭하는 용어이다. 심리사회적 요인들, 스트레스, 우울과 회피적 대처방식 등은 암의 발병 및 진행과 연관이 있는 것으로 보인다.
9. 암은 항암치료로 인한 심신 약화, 사회적 연결망 단절, 직무 스트레스 그리고 우울과 같은 부정적인 심리적 반응 등으로 신체적 및 심리사회적 문제를 일으키며, CBT, 가족치료, 지지집단이 이러한 문제를 관리하는 데 활용되고 있다.
10. 미국에서는 5,000만 명 이상의 사람들이 관절의 염증을 포함한 관절염을 앓고 있다. 이 중 류머티즘성 관절염이 가장 심각한 장애를 초래하며, 이 외에도 100여 개가 넘는 장애들이 관절염에 포함된다. 스트레스는 관절염을 더욱 악화시키는 것으로 나타났다.
11. 통증을 효과적으로 관리하고 자아효능감을 높이는 데 활용되는 인지행동 기법과 같은 개입들은 관절염과 관련된 불편함과 심리사회적 어려움을 완화시키는 데 도움을 준다.
12. 제1형 당뇨병은 자가면역질환이며, 아동기나 초기 청소년기에 발병한다. 이를 관리하기 위해서는 여러 건강습관 중에서도 혈당 수준을 확인하고, 식이를 조절하는 것이 중요하다. 그러나 특히 어린 제1형 당뇨병 환자들의 경우, 치료에 대한 준수가 저조하기 때문에 건강심리학자들이 자기관리 향상을 위한 개입을 개발하는 것이 도움이 될 수 있다.

핵심용어

류머티즘성 관절염(RA)
암 격차
암 전이
인간면역결핍 바이러스(HIV)
정신신경면역학
제1형 당뇨병
퇴행성 관절염
후천성 면역결핍증(AIDS)

PART 6

미래를 향하여

Inmagine/Alamy Stock Photo

CHAPTER 15

건강심리학 : 미래를 위한 도전

Hero/Corbis/Glow Images

개요

우리는 앞으로 해결해야 할 모든 건강 관련 문제들에 관심을 가질 때, 건강을 향상시키는 데 있어 이미 얼마나 많은 발전이 성취되었는지 종종 간과한다. 다음의 추세들을 고려해보자.

- 전 세계적으로 기대수명이 사상 최고치인 72세에 이르렀다(World Health Organization, 2018).
- 미국의 두 가지 주요 사망 원인인 심장질환과 암의 사망률은 1990년대 이후 감소해 왔다(Weir et al., 2016).
- 미국에서 심장질환의 주요 위험요소인 콜레스테롤이 높은 성인의 수는 지난 10년 동안 현저하게 감소했다(Centers for Disease Control and Prevention, 2017).
- 미국에서 치명적인 자동차 사고가 3분의 1 이상 감소했다(Institute of Highway Safety, 2017).
- 미국에서 흡연자의 비율은 2000년 23.2%에서 2015년 현재 15%로 떨어졌다(Centers for Disease Control and Prevention, 2017).

오늘날 건강심리학 분야에 종사하는 것은 여러 이유로 매우 흥미로운 일이다. 첫 번째 이유는 건강 행동이 상당한 향상을 보이는 것에 있어 건강심리학자들이 중대한 기여를 했기 때문이다. 두 번째 이유는 건강심리학자들이 지난 10년 동안 발견한 행동의 생물심리학적 기반에서의 비범한 발전에서 비롯된다. 우리는 심리적 그리고 생물학적 상태가 서로 상당한 영향을 미치고 있다는 결정적인 증거를 알고 있다(Herrmann-Lingen, 2017). 건강심리학자들은, 예를 들어 심각하지 않은 염증(경도 염증)이 관상동맥성 심장질환, 고혈압, 일부 암과 우울증을 포함해 많은 신체, 정신건강장애의 발병에 영향을 미친다는 것을 발견하는 데 중요한 역할을 했다. 보편적인 질병이나 특정 장애와 심리적 · 사회적 요인을 연결하는 경로가 명백해지면서, 그 길을 따라 단계별로 개입할 수 있는 가능성 또한 더욱 분명해지게 되었다.

미국에서 의료 서비스 제도 그 자체는 변화하고 있다. 오바마 미국 대통령이 발의한 환자보호 및 적정가 보장법안(affordable care act, ACA)은 2016년 인구의 9% 미만이 건강보험을 가입하지 못한으로 나타났다(Centers for Disease Control and Prevention, 2016). 그러나 2018년 중반 현재 인구의 15.5%가 현재 건강보험을 가입하지 못한 가운데 이러한 추세가 역전되었다(Forbes, 2018). 결과적으로 추후 건강 악화가 진단되어 치료 및 회복에 대한 전망이 나빠질 수 있다. 따라서 건강심리학자들은 행동치료가 기본적인 건강 관리에 포함되도록 보장하고 사람들이 건강 관리에 현명하고 효율적인 소비자가 될 수 있도록 하는 개입을 설계하는 데 있어 점점 더 중요한 역할을 해야 한다.

비만 위기와 흡연에 소모되는 많은 비용들로 오피오이드 남용으로 인한 사망이 계속 증가함에 따라 이런 문제에 대한 효율적인 예방 및 그에 따른 우려가 높아졌다. 행동적인 개입의 시행 외에도, 입법 발의안을 작성하는 것을 돕고 건강문제를 해결하기 위해 주의회, 연방정부와 함께 일하는 것은 건강심리학의 역할이 증대됐다는 사실을 보여준다.

기술적 변화, 특히 스마트폰과 인터넷 사용의 변화는 의료 서비스를 관리하는 데 있어 매우 중요한 역할을 한다. 이러한 기계로 인한 혜택은 여전히 탐구되고 있지만(Kaplan & Stone, 2013), 현재 이를 이용한 개입의 범위는 사람들에게 제시간에 약물을 복용하도록 상기시켜 주는 전자 메모를 보내는 것에서부터 체중 증가를 조절하고 규칙적으로 운동하고 식사 열량을 계산하는 것을 돕는 것까지 이르며, 각 개인에 따라 적합한 건강 개입방식을 적용할 수 있다. 이러한 모든 개입들은 휴대폰을 통해 쉽게 시행될 수 있다. 기술은 우리가 모르는 건강에 대해 말해 줄 수 있다. 예를 들어, 트위터에서 사용되는 언어는 지역 단위(county-level)의 심장질환 사망자를 반영한다. 트위터 언어가 부정적인 관계, 부정적인 감정 및 이별을 반영한 지역에서는 심장질환 사망자가 더 많았다(Eichstaedt et al., 2015).

기술은 의료장면의 면모를 바꾸고 있다(Topol, 2015). 원격의료를 통해 의사들은 온라인에서 환자들을 볼 수 있다. 온라인 방문과 채팅상담은 일반적인 병원 진료(*The Economist*, 2015년 5월 30일)와 복잡하지 않게 추후 예약을 대신할 수 있게 한다. 종합병원에 가기 어렵고 농촌 인구가 많은 위스콘신주에서는 환자들에게 휴대폰에 수술 후 상처를 찍어서 보내, 의사가 치유가 어떻게 진행되고 있는지 볼 수 있도록 교육하였다(Gunter et al., 2016). 로봇은 사회적 지원(솜털로 뒤덮힌 애완동물처럼)을 제공하고 약물 복용과 같은 기본적인 욕구를 충족시키는 것을 돕는 등 건강 관리에 점점 더 중요한 역할을 할 가능성이 높다(Broadbent, 2017).

지난 20년 동안 신경과학의 발전은 말할 수 없을 정도로 활발히 이루어졌고 행동과 심리사회적 요인이 건강에 어떤 영향을 미치는지 밝히는 데 도움이 되었다(Gianaros & Hackman, 2013). 신경과학이 발전함에 따라 건강심리학도 발전한다.

이 흥미진진한 시간들은 한편으론 도전을 의미하기도 한다. 운동 부족과 비만 인구 증가와 같은 건강에 영향을 끼치는 많은 생활방식의 문제들은 매우 바뀌기 어렵기 때문에 개입에 대한 저항을 극복할 수 있는 근원을 찾는 것이 매우 중요하다. 사회경제적 지위가 질병, 치료 효용성, 위험요소 존재 패턴에 미치는 영향이 상당하다는 사실을 고려할 때 사회경제적 지위, 소득불평등과 관련된 격차를 줄이는 정책적 개입이 함께 이루어져야 개입이 효과적일 것이다.

우리는 한때 모든 건강문제들이 교육을 통해 해결될 수 있다고 믿었다. 그 당시 철학은 "그들에게 말하면 그들이 변할 것이다"였다(Emmons, 2012). 이제 우리는 교육이 단지 첫걸음뿐이라는 것을 알고 있다. 환자들과 마찬가지로 의사들을 교육하여도 우리가 원했던 변화를 달성하지는 못했다. 따라서 건강관리 시스템 그 자체에 중점을 두는 것이 중요하다(Emmons, 2012). 그럼에도 불구하고 많은 의료 제공자들이 건강심리학자가 제안하는 기술과 개입방식에 익숙하지 않기 때문에, 환자 중심적인 접근으로 진료하기 위해서는 의료계와 심리학적 치료방식의 지속적인 결속이 필수적이다(Johnson, 2012).

건강 증진

최근 몇 년 동안 미국인들은 그들의 좋지 않은 건강습관을 변화시키는 데 상당한 효과를 보았다. 일부는 금연을 하고 고콜레스테롤, 다른 이들은 고지방 식품 섭취량을 줄였다. 그 결과로 관상동맥성 심장질환과 다른 만성질환들이 현저히 감소했다. 알코올 소비 패턴의 변화는 크게 없었지만, 운동량은 증가해왔다. 이러한 진전에도 불구하고 현재 비만은 주요 질병에 해당되며 곧 흡연을 대신해 사망에 이르게 하는 주원인이 될 것이다. 수면 부족은 건강악화와 관련하여 연구가 덜 된 분야이다(Jarrin, McGrath, & Quon, 2014). 분명히 대부분의 사람들이 좋은 건강습관을 실천해야 하는 것을 알고 있고 많은 이들이 실제로 습관을 바꾸거나 더 좋게 만들기 위해 노력하기도 했다. 그러나 모두가 성공한 것은 아니다.

건강심리학에서 우리는 점점 더 많은 사람들에게 적용할 수 있도록 비용 면에서 효율적이며, 효과적인 개입 및 프로그램을 통합하고, 행동 변화 프로그램의 가장 효과적인 요소를 찾아내기 위한 노력들을 보게 될 것이다(Piper et al., 2018). 특히 지역사회, 직장, 대중매체나 학교와 같이 인터넷에서의 대량 소비에 적용할 수 있는 개입방식을 기대해본다.

위험군의 중요성

의학 연구가 만성질환을 일으키는 유전적 · 행동적 위험요인을 발견했기 때문에 위험군의 역할은 그 중요성이 증대될 것이다. 특정 장애에 걸릴 위험에 처한 사람들은 위험 상태에 대처하는 방법과 바꿀 수 있는 위험 관련 행동을 수정하는 방법을 배워야 한다. 건강심리학자들은 이 두 과제 모두에 도움을 줄 수 있다.

특정 질병의 위험군인 사람들에 대한 연구는 다양한

만성장애의 부가적인 위험요소를 밝혀내는 데 있어 유용하다. 어떤 질병에 관해 위험한 환경에 처해있는 모두가 그 병을 앓게 되지는 않는다. 어떤 사람이 그 병을 얻게 되고 어떤 사람이 그렇지 않은지 연구함으로써 연구자들은 이러한 질병들의 촉발요인과 촉진요인을 알아낼 수 있다.

예방

좋지 않은 건강습관을 키우지 않도록 예방하는 것은 건강관리의 중요한 목표이며(National Academy of Medicine, 2012, April), 건강심리학자들은 이에 큰 공헌을 할 수 있다. 청소년기는 대부분의 나쁜 건강습관에 취약한 시기이기 때문에 좋지 않은 건강습관을 미리 막는 것이 가장 중요하다. **행동 면역**(behavioral immunization) 프로그램이 이미 흡연, 약물 남용과 몇몇 경우에서는 다이어트와 식이장애를 위해 사용되고 있다. 초등학교 마지막 학년 및 중학교 1학년들을 대상으로 금연과 마약 사용 방지 물질에 노출시키는 프로그램도 학생들이 나쁜 건강습관을 가지기 전에 예방할 수 있다는 점에서 어느 정도 성공적이다. 안전한 성관계와 다이어트를 포함한 다양한 건강습관에 대한 행동 면역들도 효과가 있다.

몇몇 건강습관은 일찍부터 시작할 필요가 있으며, 부모들에게 집에서 사고의 위험을 낮추는 법, 차 안에서 좋은 안전습관을 실천하는 법, 운동, 제대로 된 식단, 정기적인 예방접종과 건강검진, 치과치료와 같은 좋은 건강습관을 그들의 자녀들이 어떻게 잘 실천하게 하는지 교육해야 한다.

노인 건강의 중요성

인구의 고령화는 향후 10년 이내에 미국과 다른 많은 선진국들이 지금까지 본 것 중 가장 큰 규모의 노인 집단을 갖게 될 것이라는 것을 의미한다(표 15.1 참조). 개입은 식단, 운동, 알코올 섭취 조절, 다른 건강습관들을 강조하는 프로그램을 통해 노인들이 기능적인 면에서 어려움 없이 높은 수준을 유지할 수 있도록 하는 것에 초점을 맞춰야 한다.

표 15.1 | 65세 이상 인구 비율

	1970(%)	2010(%)	2050(추정)(%)
미국	9.0	13.0	21.6
인도	3.3	4.9	13.7
중국	4.3	8.2	23.3
일본	7.0	22.6	37.8
영국	13.0	16.6	22.9
서유럽	13.1	18.4	28.9

출처 : Authers, John. "Ways to Take Stock of it All." *Financial Times*. October 14, 2009.

건강 증진 노력에 재집중하기

건강을 증진시키는 노력에 재집중하는 것은 적절하다. 과거에 우리는 질병의 유병률보다 사망률을 더 강조해왔다. 사망률 감소, 특히 조기 사망률의 감소가 우선사항이긴 하지만 열 가지 주요 사망원인은 항상 존재할 것이다. 유병률에 대해 우리의 노력에 집중하는 것이 여러 이유로 중요하다.

한 가지 명백한 이유는 비용이다. 만성질환은 치료비가 많이 들고 특히나 병이 몇 년 심지어는 몇십 년간 지속되면 더욱 그렇다. 예를 들어, 류머티즘성 관절염이나 골관절염 같은 질환은 사망률에 끼치는 영향이 거의 없지만 특히 노인들의 기능이나 행복에는 크게 영향을 끼친다. 만성질환의 부담으로부터 벗어나는 기간이 길수록 삶의 질도 높아진다.

훗날을 위한 우선사항에는 한 번에 하나 이상의 행동적 위험요소를 다루는 개입을 개발하는 것, 행동 변화가 유지되도록 관리하는 것 그리고 개인의 노력을 지지해주고 지속시켜 주는 더 넓은 환경, 건강정책과 개인 수준의 개입을 통합하는 것이 있다.

최근 몇 년 동안 연구자들과 실무자들은 개인의 변화하는 내부(신체적으로) 환경과 외부(맥락) 환경에 대응하기 위해 적절한 유형, 양, 시기의 개입을 제공한다는 목표를 가지고 적시 개입을 개발하는 데 초점을

인구가 고령화되면서 노인 건강의 중요성이 증가하고 있다. 미래에는 식이요법, 운동 및 기타 다른 건강습관들을 강조하는 여러 개입을 통해 노인들이 기능 수준을 높게 유지할 수 있도록 돕는 것이 우선순위를 차지할 것이다.
Alex Brylov/Shutterstock

맞추고 있다(Nahum-Shani, Smith, Spring, Collins, & Witkiewitz, 2018). 예를 들어, 금연 중재의 첫 단계는 기관지염에 걸렸을 때 흡연자에게 전달될 수 있다. 인터넷이 제공하는 기술력은 이러한 적시 개입을 점점 더 가능성 있고 이용할 수 있게 한다.

회복 탄력성 증진

미래의 건강 증진 노력은 질병의 유병률을 낮추거나 사망을 지연시키는 긍정적인 요소들에 더 큰 비중을 두어야 한다. 예를 들어 결혼은 남자의 수명을 몇 년 더 늘릴 수도 있다. 앞으로의 건강심리학에서 우선순위는 사람들이 일반적으로 사회적 지지를 끌어들이고 유지할 수 있도록 능력을 향상시키는 것이다. 인터넷 개입은 이러한 것을 잘 실천하는 한 가지 방법이다.

사람들이 어떻게 자연스럽게 스트레스를 줄이고 휴식을 취하는지에 관한 연구를 통해 어떤 개입방법이 효과적인지 알 수 있다. 연구들은 낙관주의나 통제력 같은 개인적인 특성이 만성질환을 방어할 수 있음을 입증하였다. 이러한 특성들을 교육할 수 있을까? 최근 연구는 그렇다고 말한다(예 : Mann, 2001 참조).

건강 증진과 의료행위

건강 증진의 진정한 철학은 건강 증진의 중요성이 의료행위의 필수 요소가 되어야 한다고 요구한다(McDaniel & deGruy, 2014). 진전이 있었지만 우리는 아직 건강 증진을 지향하는 의료 서비스 시스템을 가지고 있지는 않다.

제3장에서 언급한 것처럼 각 개인에게 맞는 예방적 건강행동을 찾아주는 공식적인 진단과정은 아직 없다. 많은 사람들이 매년 받는 신체검사에 그 사람이 신경 써야 할 특정 건강문제나 습관에 대해 간단하게 짚어주는 과정을 포함시킨다면, 이 과정은 적어도 우리가 각각 달성할 수 있는 건강 목표를 일깨워주고 우리 스스로 필요한 행동을 취하게끔 이끌 것이다.

건강 격차

개인적인 건강행동 변화만으로는 전체 인구의 건강을 크게 향상시키지 못할 것이다. 개인적 변화와 함께 사회적 변화가 필요하다. 미국은 세계 어느 나라보다 건강관리에 가장 많은 돈을 쓰고 있음에도 불구하고(그림 15.1), 기대수명이 가장 길지도 않고 유아 사망률이 가장 낮지도 않다(National Academy of Medicine, 2013). 연방재단의 선진국 7개 국가의 국가 의료 서비스 질 순위에서 미국은 하위에 있다(Davis, Schoen, & Stremikis, 2010). 미국은 전 세계 어느 나라보다 더 빠르게 뒤처지고 있다(National Research Council, 2013).

질병 유병률과 장애를 줄이고 지연시키려 노력할지라도, 미국과 세계의 건강, 의료 서비스의 큰 사회경제적 격차에 주목하지 않고서는 성공하지 못할 것이다(House, 2015). 몇몇 국가의 주요 질병 위험요인은 유아기나 청년기 등의 이른 시기에 나타날 수 있고(Chen et al., 2006), 사회경제적 지위와 관련된 나쁜 건강습관이 누적되어 성인기 건강에 영향을 미친다는 것이 확인되었다(예 : Kershaw, Mezuk, Abdou, Rafferty, & Jackson, 2010). 미국은 세계적인 의료보험제도로 이

그림 15.1 | **공공 및 사적 건강관리비용**

출처 : Organization for Economic Cooperation and Development. "Health Expenditure and Financing." Accessed July 9, 2019. https://stats. oecd.org/Index. aspx?DataSetCode=SHA.

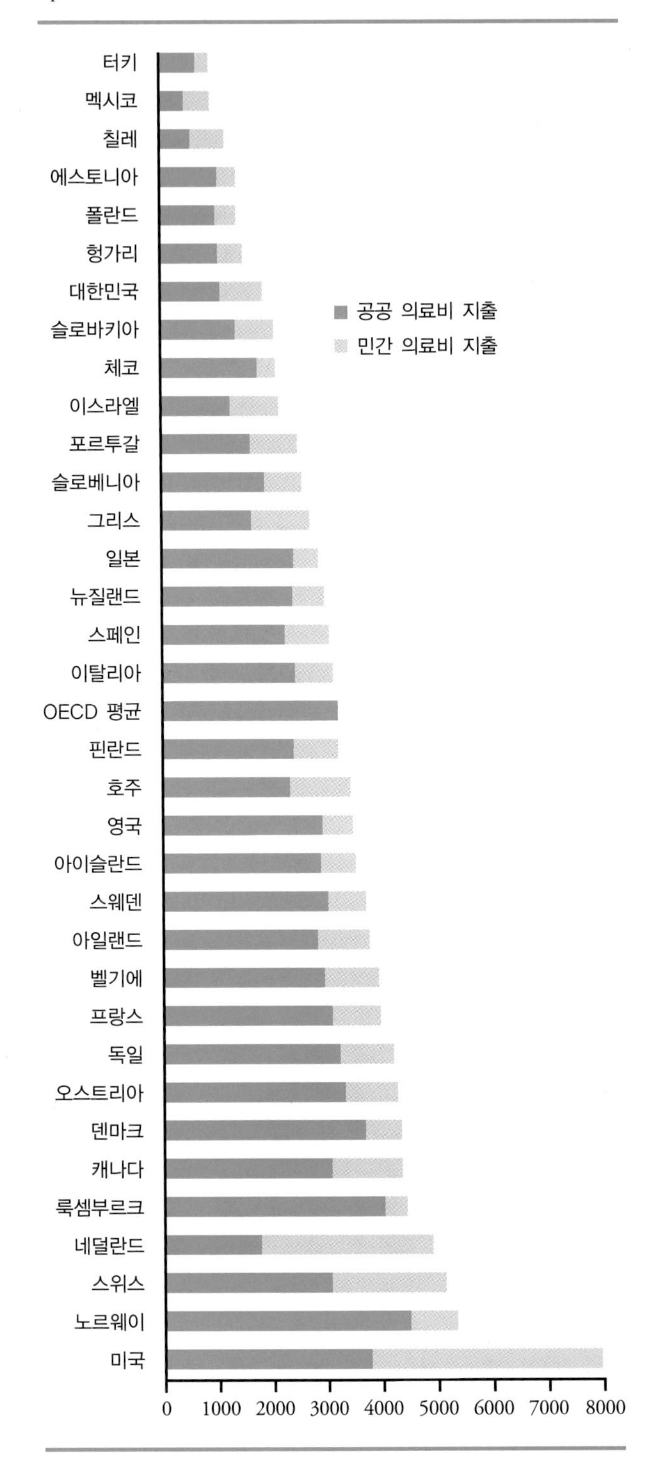

1인당 미국 달러 기준

제 막 향해가고 있는 시점이며, 마지막으로 남은 선진국들도 그러하다(Oberlander, 2010; Quadagno, 2004). 수백만 명의 미국인들이 의료보험비를 내는 데 어려움을 겪고 있다(Cohen & Bloom, 2010; U.S. Department of Commerce, 2009). 라틴계와 아프리카계 미국인들이 특히 더 영향을 받는다(Bloom & Cohen, 2011). 또한 미국은 대부분의 사람들이 민영 보험회사로부터 재정지원을 받는 유일한 국가로, 이런 회사들은 영리를 목적으로 규제를 최소한으로 받는다(Quadagno, 2004).

낮은 사회경제적 지위가 건강에 미치는 부정적 효과는 성별, 연령, 국가에 관계없이 존재한다(House, 2015), 그리고 이러한 현상은 극적으로 악화되고 있다(Tavernise, 2016). 낮은 사회경제적 지위와 관련된 위험요소들로는 알코올 섭취, 높은 지방질 수준, 비만, 흡연과 통제력, 자존감, 사회적 지지와 같은 취약한 사회심리적 자원이 있다. 이러한 요인 모두 건강에 영향을 미친다(House, 2001; Kraus, Horberg, Goetz, & Keltner, 2011; Kubzansky, Berkman, Glass, & Seeman, 1998). 일반적으로 사회경제적 지위가 낮은 집단에서는 유익한 사회적 지지조차 그 효과가 약화될 수 있다(Fagundes et al., 2012). 낮은 사회경제적 지위는 만성질환에 걸릴 높은 가능성, 저체중아, 유아 사망률, 사고의 위험, 사망과 질병의 다른 여러 원인과 연관이 있다(Center for the Advancement of Health, 2002년 12월). 사회경제적 지위의 기울기 측면에서 볼 때, 질병과 장애를 가진 사람 중 압도적인 다수가 가난한 사람이 더 큰 위험을 경험하는 것으로 나타났다(Minkler et al., 2006). 그리고 하위와 상위 사회경제적 지위 모두 발병할 가능성이 비슷한 유방암과 같은 질병에서는 하위 사회경제적 지위의 사망이 시기적으로 더 빨랐다(Leclere, Rogers, & Peters, 1998).

낮은 사회경제적 지위와 낮은 교육 수준의 사람들을 대상으로 한 개입(Trumbetta, Seltzer, Gottesman, & McIntyre, 2010)은 흡연, 약물 남용, 알코올 섭취, 식습관과 같은 위험요인 수정을 우선순위에 두어야 한다

(Major, Mendes, & Dovidio, 2013).

건강에는 인종적 · 민족적 차이도 물론 상당히 크다(House, 2015). 아프리카계 미국인들은 모든 연령대에서 상대적으로 덜 건강할 뿐만 아니라(Klonoff, 2009), 우울, 적대감, 불안 수준이 높고 만성질환과 연관된 다른 감정적 위험요소들도 가지고 있다. 아프리카계 미국인들과 백인 사이의 기대수명은 4년 이상 차이가 난다(National Center for Health Statistics, 2011). 또한 아프리카계 미국인들은 백인보다 유아 사망률이 더 높고, 대부분의 만성질환과 장애의 비율도 더 높으며, 특히 인종적 차이와 관련해서는 고혈압, HIV, 당뇨병을 가진 비율이 극적으로 높았다(Wong, Shapiro, Boscardin, & Ettner, 2002). 이러한 불리한 점들 중 일부는 사회경제적 지위가 낮기 때문이며, 제6장에서 언급한 것처럼 차별로 인한 스트레스 때문에 이러한 차이가 발생한다(Fuller-Rowell, Evans, & Ong, 2012; Hao et al., 2011; Williams, Priest, & Anderson, 2016).

의학적 치료를 받는 것 역시 사회경제적 지위와 민족적인 차이가 크다(Garcia, Bernstein, & Bush, 2010; Institute of Medicine, 2009). 이 문제는 특히 실업자에게 더 심각한 문제이다(Driscoll & Bernstein, 2012). 현재 미국은 2개의 계층으로 나뉘어진 의료 시스템을 가지고 있다. 부유층은 고급 첨단 기술을 이용한 의료 서비스를 받고 가난한 이들과 실업자는 그렇지 못하다.

지난 몇십 년간의 전쟁에 참여한 수많은 참전용사는 의료 서비스 시스템 차원에서 특별한 관심을 기울일 필요가 있다. 참전용사들은 다양하고 만성적인 건강문제와 심각한 심리적 고통을 느낄 가능성이 다른 사람들보다 더 크다(Kramarow & Pastor, 2012). 참전용사들이 나이가 들어감에 따라, 서비스에 대한 필요도 상대적으로 증가할 것이다.

의료 서비스와 연구에서 보여지는 또 다른 중요한 격차는 성별과 관련이 있다(Matthew, Gump, Block, & Allen, 1997). 여러 해 동안, 여성들은 치료와 신약에 대한 의학 임상시험에 포함되지 않았다. 관상동맥 질환과 같이 남성과 여성 모두에게 영향을 미치는 질환의 경우, 치료와 용량 수준에 대한 근거는 남성에게만 제공되었다. 연방 지침에서 대부분의 임상시험에 두 성별을 포함하도록 의무화함에 따라 이 상황은 이제 다소 바뀌었다. 하지만 일부 차별은 여전히 남아 있다. 한 비평 기사에서 이렇게 말했다. "여자는 그들을 남자와 구별되게 하는 것, 즉 가슴과 생식기 때문에 연구되었다"(Meyerowitz & Hart, 1993). 이러한 차별에 대한 정당화는 평균적으로 여성이 남성보다 5년 더 오래 산다는 사실에 근거할 때 설득력이 떨어진다. 그러나 여성이 남성보다 질병에 더 잘 노출되고 최근에는 남성보다 상대적으로 긴 여성의 수명도 짧아지고 있다. 여성은 남성보다 의료보험을 갖고 있지 않을 가능성이 더 높고, 가지고 있다 할지라도 약관에 자궁경부암 발견을 위한 자궁경부암 검사법이나 일반적 산부인과 진찰 같은 기본적인 의료가 포함되지 않을 수도 있다(National Academy of Medicine, 2011). 많은 여성이 남편의 직장을 통해 보험에 들고 있지만, 결혼의 불안정성 때문에 여성의 의료보험 가입 상태는 불안정하다. 이런 문제들은 특히 아프리카계 미국인 여성에게 심각한 문제가 된다(Meyer & Pavalko, 1996). 여성의 건강 관리는 분산되어 있다. 남성들은 한 번에 모든

소음, 인구 밀집, 범죄 등과 같이 스트레스를 유발하는 생활 환경은 아이, 노인, 가난한 사람들과 같은 취약한 사람들에게 특히 타격을 준다. 연구들은 이러한 환경의 영향을 완화시키는 개입들에 점점 더 초점을 맞춰야만 한다.
Prostock-studio/Shutterstock

필요를 충족시키고 검사를 할 수 있지만, 여성의 건강 요구를 충족시키는 것은 여러 전문가를 여러 번 방문해야 할 수도 있다.

언급한 대로, 여성은 많은 주요 질병 연구에서 연구대상으로 포함되지 않았었지만 연구들은 여성을 포함할 필요가 있다. 첫 번째로 여성은 주요 질병에 다른 위험요소를 가지고 있거나 지금의 위험요인에 더 혹은 덜 치명적일 수 있다(Grady, 2004년 4월 14일). 예를 들어, 흡연은 남성보다 여성의 건강에 2배 혹은 3배 이상 위험할 수 있다(Taubes, 1993). 따라서 여성의 증상, 같은 질병이 발병하는 연령대, 치료에 대한 반응과 약의 정량은 모두 다를 수 있다.

스트레스는 여성들에게 특정한 피해를 끼친다. 대다수의 미국 가정에서는 생계를 위해 부모 모두가 일을 해야 한다. 맞벌이 가정은 다른 가정들처럼 집안일, 가정 활동, 육아를 하기 위해 1년 중에서도 한 달이 추가적으로 더 필요하다. 그리고 보통 이 한 달은 여성이 도맡는다(Hochschild, 1989). 게다가 나이 든 부모를 책임지는 성인 자녀들이 점점 더 많아지고 있는데, 이런 책임 또한 남성보다는 여성이 더 자주 지게 된다. 이러한 추세는 미국 여성 인구가 전례 없는 스트레스를 받게 만들었고, 다른 나라에서도 이러한 패턴이 증가하고 있다. 이런 딜레마를 해결할 방법은 아직 나타나지 않았다.

미래에 우리는 백인 이성애자 남성을 중심으로 형성된 기존의 건강 모델이 여성, 소수자, 동성애자, 양성애자, 성전환자(lesbian, gay, bisexual, transgender, LGBT)를 위한 다양한 모델에 의해 무너지는 것을 보게 될 수 있다(National Academy of Medicine, 2011년 3월). 각각의 집단은 소외되서 받게 되는 스트레스를 포함해 그들만의 건강 위험요소, 특정한 사회심리적 염려, 취약함을 가지고 있다. 그리고 우리가 우리 인구에 속하는 각기 다른 집단의 건강 목표가 무엇인지 분명히 하면, 더욱 포괄적인 생물심리사회 모델을 개발할 수 있을 것이다(National Academy of Medicine, 2011b).

스트레스 그리고 스트레스 관리

지난 몇 년 동안 스트레스와 염증과정의 관계가 건강에 미치는 영향을 밝힌 것은 매우 중요한 발견이다(Gianaros & Manuck, 2010). 환경과 직업에서 받는 스트레스에 대한 연구를 통해 발전이 이루어졌다. 소음, 많은 인파와 같은 스트레스원은 취약한 개체군에 특히 영향을 끼친다. 그래서 스트레스와 스트레스 감소에 관한 연구에서는 아이와 노인, 가난한 이들의 건강 요구들에 특별히 우선순위를 둔다.

업무 스트레스 연구자들은 낮은 통제감, 높은 요구와 부족한 사회적 지지와 같은 많은 직업 특성이 스트레스와 관련됨을 밝혀왔다. 그 결과로 유망한 직장에서는 직무를 재설계하거나 직장에서의 스트레스원을 줄이기 위한 개입들을 개발하였다.

스트레스 연구는 어느 방향으로 향하는가

스트레스 연구에서 많은 중요한 발전들은 스트레스의 신경생리학적 연구에서부터 비롯될 것이다. 이러한 연구들은 특히 스트레스와 코르티코스테로이드 기능 간의 관계, 교감신경계 활동의 기질적 차이, 내인성 오피오이드 펩타이드 방출에 영향을 끼치는 요인이나 염증과정을 포함한 면역체계의 관계 등에 대한 연구를 포함한다. 이러한 연구들은 어떤 스트레스가 건강에 부정적인 영향을 가하는지와 어떤 스트레스가 건강에 부정적인 영향을 미치는지 그리고 생물학적으로 정교하게 개입하는 스트레스는 어떤 것인지 그 경로를 설명해줄 것이다. 심혈관 질환, 당뇨병, 뇌졸중을 포함한 몇몇 만성질환의 과정과 그 병을 키우는 것에 있어 우울과 다른 부정적 정서 상태의 중추적인 역할은 이러한 상태와 경로를 그것들과 중요한 연구의 질병 결과를 관련짓도록 만든다(Valkanova & Ebmeier, 2013). 예를 들어, 거의 다섯 명의 노인 중 한 명은 신체적 질병과 복잡한 치료를 일으키는 하나 이상의 정신 건강 상태를 가지고 있다(National Academy of Medicine, 2012년 7월).

스트레스 연구에서 가장 중요한 진전 중 하나는 사회적 지지가 스트레스를 완화할 수 있다는 사실을 발견한 것이다. 세계적으로 독신이 많아지고 결혼 비율은 감소하고 인구가 고령화됨에 따라 이 문제는 점점 더 중요해지고 있다. 이를 예방하기 위해서는 가장 먼저 사회적 지지 시스템을 조성하여 사람들을 고립시키는 이혼, 사별, 지리적 이동과 같은 사회적 추세를 상쇄시켜야 한다. 사회적 고립을 감소시키고 사회적 유대의 이점은 증진하되, 강한 압박감을 주는 직장 환경과 같이 해로운 사회적 유대를 조장하는 요인들은 완화시키며, 도움이 필요한 사람들이 그 도움을 받을 수 있도록 보장하는 것은 더 건강한 사회구조를 촉진하는 데 모두 도움이 될 것이다(Umberson & Montez, 2010). 덧붙여서 다른 사람들에게 지지를 제공하는 방법을 가르쳐야 한다. 많은 사람들은 다른 사람들로부터 사회적 지원을 받는 것이 그들의 정신적 · 신체적 건강에 도움이 된다는 것을 알고 있지만, 대부분의 사람들은 다른 사람들에게 사회적 지원을 제공하는 것도 그들이 지원하는 사람들과 그들 자신 모두에게 건강상의 이점이 있다는 것을 모르고 있다. 이 일반화가 극단적인 부양의 사례에까지 적용되지는 않지만, 일반적인 수준의 사회적 지지와 더불어 힘든 시기를 겪는 타인을 돕는 것은 지지 제공자와 수혜자 모두에게 이득을 가져다준다.

현실 혹은 인터넷을 통한 가상에서 모두 이루어지는 자조집단은 지지가 결여된 사람들에게 사회적 지지를 제공할 수 있다. 이러한 방식을 통해 사람들은 흔한 문제들에 대해 토론하고 서로가 운동하도록 도움을 준다. 한때 주로 암 같은 특정 질병이나 비만 같은 특정 건강문제를 겪던 이 집단이 이혼 절차를 밟고 있거나 아이를 잃었거나 특정한 스트레스 상황을 가진 사람들에게 점점 더 많은 도움을 주고 있다.

의료 서비스

의료 서비스 개혁은 미국이 직면한 가장 긴급한 문제 중 하나로 남아있다(Obama, 2009). 미국의 의료 서비스 시스템은 적어도 3개의 근본적인 문제를 가지고 있다. 비용이 너무 비싸고, 의료 서비스 시스템이 극도로 불공평하며, 의료 서비스 소비자가 의료보험 혜택을 부적절하게 사용한다는 것이다(Center for the Advancement of Health, 2006년 10월).

더 나은 소비자 만들기

수십 년간의 연구는 흔히 질병에 걸리는 사람과 치료를 받는 사람이 동일하지 않음을 보여준다. 경제적 · 문화적인 이유로 질병에 걸릴 일이 많은 사람들은 의학적 치료 제공을 받지 못하고, 치료를 받는 사람들 중 절반에서 2/3는 심리적인 스트레스와 관련된 불만을 가지고 있다(Boyer & Lutfey, 2010). 건강심리학자들은 의료 서비스 소비자들이 책임감이 있고 서비스에 대해 잘 알도록 해야 하는 중요한 역할이 있다.

점점 더 환자들은 그들 스스로의 건강관리에서 의사들과 함께 공동 관리자가 되어, 그들과 협력하여 자신의 증상과 치료를 잘 관찰해야 한다. 만약 환자가 치료 권고를 이행하지 않는다면 질병을 정확하게 진단하고 적절한 치료를 내리는 데 아무런 도움도 되지 않는다. 더욱이 좋은 건강습관을 갖는 것은 건강한 삶을 성취하고 만성

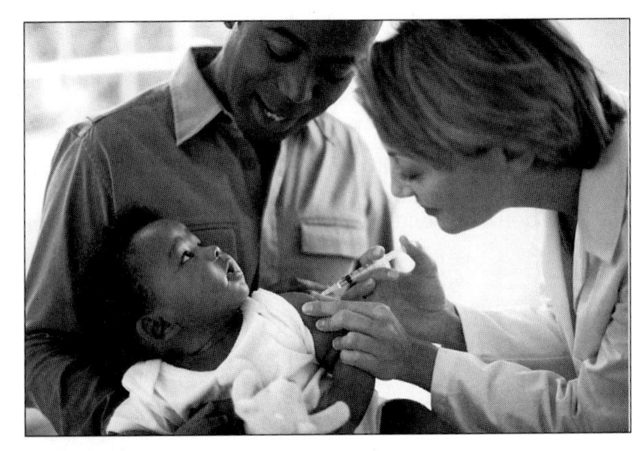

예방접종의 부작용에 관해 잘못 추측된 정보가 인터넷을 통해 확산되었다(Betsch & Sachse, 2013). 건강관리에 있어 현명한 소비자가 되기 위해서는 건강관리의 기반을 이루는 과학에 대해 올바르게 아는 것이 중요하다.
Science Photo Library/Getty Images

질환의 2차 예방에 중요하다. 이는 환자의 97%가 생활 방식 권고를 충실히 지키는 데 실패한다는 사실로 그 경각심을 일깨울 것이다.

건강관리의 좋은 소비자들은 그들 자신뿐만 아니라 다른 사람들을 위해 주의를 기울일 필요가 있다. 건강은 공공의 이익이다. 이것은 질병의 확산을 피하기 위해 예방접종을 받거나, 혈액을 기증하거나, 장기 기증자가 되기로 동의하는 것을 의미한다(Sénémeaud, Georget, Guéguen, Callé, Plainfossé, Touati, & Mange, 2014).

의료 서비스 내 추세로 볼 때, 환자-공급자 소통의 문제가 더 좋아지지 않고 악화될 수 있다. 갈수록 환자들은 사적이고 진료 때마다 진료비를 지불하는 고객 중심적인 서비스보다 선불의, 동료 중심적인 의료 서비스를 받고 있다. 제8장과 9장에서 언급한 것처럼 이러한 구조적 변화는 의료 서비스의 질을 향상시킬 수는 있어도, 소통의 질은 희생해야 할 수도 있다.

부유층은 돈을 지불하고 정서적으로도 만족스러운 진료를 받을 수 있지만 가난한 사람들은 그렇지 못하다. 환자들로부터 통제감을 빼앗는 의료환경은 환자들이 우울과 불안을 키우게 만들 수 있고, 다시 진료를 받으러 오지 않게 만들거나 생리적으로 질병을 악화시키게 된다. 그러므로 건강심리학자는 의료 서비스 계획에서 매우 큰 역할을 맡고 있다.

중병의 관리

만성질환은 우리의 주요 건강문제이고 그 문제를 다룰 수 있는 프로그램들이 존재하지만, 이러한 노력은 아직 대다수의 만성질환 환자가 사용 가능하도록 체계적으로 조직화되지 않았다.

삶의 질 평가

향후 몇 년간 건강심리학자의 주요 목표는 삶의 질을 향상시키는, 특히 만성질환과 관련해 비용 효율적인 개입을 개발하는 것이다. 초기 평가는 급성기에서 중요한 첫 단계이다. 불안이나 우울과 같은 잠재적인 문제들이 환자의 삶을 방해하거나 이로 인해 추가적으로 의료 서비스 비용이 발생하기 전에, 장기간의 규칙적인 평가과정에 초기 평가를 추가한다면 이러한 문제들을 미리 확인하는 데 도움이 될 수 있다. 사회적 역할을 수행하고 사회 활동에 참여하는 능력과 같은 사회 건강 지표를 추가하면, 평가가 새롭고 필수적인 면모를 더하게 된다(Hahn et al., 2014). 이와 관련된 심리 상태가 만성 통증만큼이나 몇몇 만성질환을 일으키고 악화시키기 때문에, 개입이 심리적 기능을 향상시키지 못한다면 건강이나 생존에 깊이 영향을 끼치기 어렵다(Singer, 2000).

건강심리학자들은 대체의학을 둘러싸고 계속 진행 중인 논란에 참여할 필요가 있다. 점점 사람들은 한방, 동종요법, 검증되지 않은 식이요법과 같은 비관습적인 방식으로 스스로를 치료하고 있다. 이러한 비관습적인 방법들 중 일부는 건강이나 정신건강에 도움이 되겠지만, 나머지는 주로 역동적인 느낌이나 치료를 받고 있다는 느낌 같은 심리적인 욕구를 다루는 효과만 있을 것이다. 건강심리학자들은 이러한 대체의학 의료행위를 평가할 뿐만 아니라 현재 이런 치료들이 충족시키고 있는 심리적 욕구를 어떻게 다룰지에 관한 개입을 개발해야 한다.

만성질환이 널리 퍼지고 인구 고령화가 빠르게 일어나면서 조력사, 사망선택유언, 환자의 죽을 권리, 가족의 의사결정, 안락사를 포함해 사망과 임종을 둘러싼 윤리적 문제가 점점 더 큰 중요성을 띠게 될 것이며, 건강심리학자들은 이런 곤란한 문제를 다뤄야 하는 중요한 임무를 가지고 있다.

인구 고령화

인구 고령화는 건강심리학자들에게 많은 도전을 제기한다. 노인들은 어떤 종류의 생활환경을 가지게 될까? 그들이 이용할 수 있는 경제적 자원은 어떤 종류일까? 이러한 자원들이 그들의 건강습관과 건강 수준, 진료를 받는 것에 어떤 영향을 끼칠까? 학대의 위험을 방지하기 위해 생활지원시설과 요양원 같은 거주형태 진료 환경의 관리를 어떻게 평가하고 관찰할 수 있을까(Olshansky, 2015)?

인구가 고령화됨에 따라 만성통증, 청력 상실, 요실금, 실명 같은 생명에 위협적이지는 않은 정도의 만성질환의 발병률이 높아질 것으로 보인다(Molton & Terrill, 2014). 이 장애를 통제하려는 노력은 반드시 예방에 초점을 맞춰야 한다. 예를 들어 청각 상실의 발병이 늘어나고 있는데, 그 원인의 일부는 지금은 노인이 된 1950, 1960년대의 10대들이 당시 시끄러운 록음악을 들었기 때문이다. 록음악이 더 조용해질 리도 없고 지금의 청년들은 록 콘서트에도 가고 헤드폰까지 사용하기 때문에 청각 상실에 대한 예방책이 갈수록 더 중요해질 것이다.

청소년과 프로 선수들 사이에서 스포츠와 관련된 뇌진탕은 여러 관점들이 이제 막 이해되기 시작한 문제들이다(Institute of Medicine, 2013). 인지기능에 대한 손상은 몇 년 동안 극명하지 않을 수 있지만, 그것은 쇠약해지는 노년을 예견할 수 있다. 4개월 동안 축구를 하는 것만으로도 머리 부상 위험이 20%에 달할 것으로 추정된다(*The Economist*, 2016년 3월 5일). 축구(헤딩), 럭비, 그리고 아이스하키 등이 비슷한 위험성을 지닌 종목이다(*The Economist*, 2016년 3월 5일). 기억력, 주의력, 충동성의 문제는 초기 증상이며 장기적으로 치매가 발생될 수 있다. 이는 건강심리학자가 다룰 수 있다는 측면에서 노화가 건강에 영향을 미친다는 사실을 보여주는 두 가지 사례이다(그림 15.2).

그림 15.2 | 인구는 빠르게 증가하고 있다. 특히 개도국일수록 더하며, 인구는 고령화되고 있다.

출처 : United Nations, Department of Economic and Social Affairs, Population Division. "World Population Prospects The 2010 Revision." Last modified 2011. https://www.un.org/en/development/desa/population/publications/pdf/trends/WPP2010/WPP2010_Volume-I_Comprehensive-Tables.pdf.

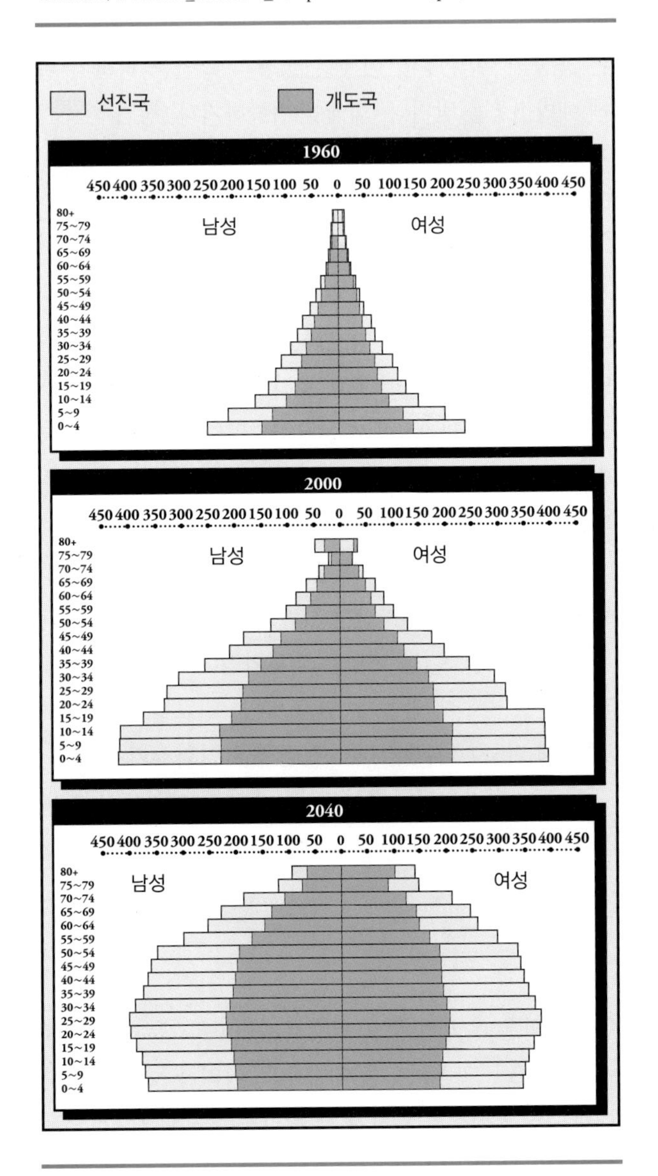

건강과 건강심리학의 추세

향후 미래를 위한 연구

미래에 대한 연구는 그 어느 때보다도 통합적일 것이다. 우리는 여러 수준의 분석을 결합한다, 예를 들어 스트레스 요인의 유형, 스트레스 호르몬의 변화, 스트레스에 대한 반응의 뇌 변화, 그리고 행동 변화를 모두 같은 사람들 안에서 살펴볼 수 있는데, 이것은 스트레스를 생물학적으로 대처하는 것에서 행동에 이르는 완전한 경로를 엿볼 수 있게 해준다(e.g., Taylor et al., 2006). 과거에는, 이러한 경로를 추론하는 것은 여러 방법에서 서로 다른 여러 연구에서 얻은 통찰력을 함께 수집하는 것으로, 결과적으로 결론은 확정적이기보다는 추측이었다. 그러나 이제는 바뀌었다. 점점 더 많은 다른 연구 결과를 결합하기 위해 메타 분석 방법을 사용하므로 결과는 수십 명이 아닌 수천 명의 사람들을 기반으로 할 수 있게 됐다(Molloy, Noone, Caldwell, Welton, & Newell, 2018). 우리는 수십 년 동안 이 연구기반을 구축해 왔고, 이제는 우리의 결론에 확신을 가지고 나아갈 수 있는 통합 연구를 생산할 수 있게 되었다. 그리고 기술은 우리가 수십 명이 아니라 수백만 명의 사람들에게 효율적인 온라인 개입을 할 수 있게 해준다.

변화하는 의료행위의 본질

건강심리학은 건강 추세와 의료행위의 변화에 끊임없이 즉각적으로 반응해야 한다. 물리적 환경은 전례 없는 도전을 제기한다. 예를 들어, 현재 대기오염 수준은 아이들의 폐 성장에 만성적으로, 즉 아동기뿐만 아니라 성인기 때까지 부정적인 영향을 줄 수 있다(Gauderman et al., 2004). 기후변화는 질병의 패턴에 영향을 미친다. 예를 들어, 말라리아나 설사병 같은 열대병이 늘어나면서 북쪽으로 확산되고 있다(Jack, 2007년 4월 25일). 사회, 기술, 미생물 스스로의 변화는 새로운 질병 발생, 한때 통제되었던 병의 재출현과 내성 관련 문제로 이어진다(Emerson & Purcell, 2004; Hien, de Jong, & Farrar, 2004).

유전자 검사 가능성은 점점 더 많은 사람들이 질병을 키우기 전에 그 병에 관한 위험요소를 가지고 있다는 걸 알도록 해줄 것이다. 그 정보를 매체를 통해서 대중들에게 공적으로 전달하거나 위험군의 사람들에게 개인적으로 알려주는 방법 모두 사회적 의사소통을 이해하는 것이 필요하다.

기술의 영향 의료기술의 발전은 현대 의술의 막대한 비용 증가에 크게 일조했다. 의료기술은 복합적이며 이러한 측면은 많은 환자들을 겁먹게 할 수 있다, 이러한 기술의 목적을 설명하고 통제감을 높이는 개입을 사용함으로써 사람들이 치료과정에 적극적인 참여자로 느끼게 하는 것이 환자들의 공포감을 줄여줄 수 있다.

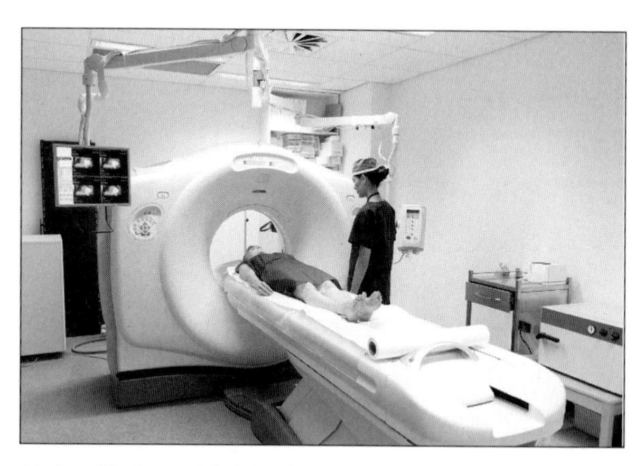

의료는 기술적으로 복잡하다는 측면에서 환자들에게 종종 위협적으로 느껴진다. 그러나 환자에게 기술의 목적을 충분히 설명하고 그 기술을 이용하는 데 환자가 전념할 때, 의료는 환자들의 불안 감소에 도움이 된다.
Johnny Greig/E+/Getty Images

의료 서비스에서 기술의 역할이 증가함에 따라 더 많은 사람들에게 효과적인 개입을 할 수 있는 좋은 기회가 주어진다. 식습관 변화, 사회 지원 기회 확대, 금연, 우울증을 줄이기 위한 온라인 프로그램들은 건강을 증진시키기 위해 인터넷을 이용할 수 있는 몇 가지 방법들일 뿐이다.

결정과학(decision science)의 발전은 의료 서비스 의사결정을 개선하기 위해 이용될 수 있다. 예를 들어, 처방을 받기 위해 미국의 노인 의료보험제도 D 파트를 선택하면 무려 35개나 되는 옵션이 함께 제공되는데, 이는 뭘 골라야 할지 모를 정도의 많은 선택지이기 때문에 노인들이 올바른 선택을 하는 것을 어렵게 만들 수 있다. 건강심리학자는 경제학자와 함께 간단한 의사결정 도구를 개발함으로써 의료에서의 의사결정 과정을 쉽게 만들어줄 수 있다(Szrek & Bundorf, 2014; Thaler & Sunstein, 2009).

포괄적인 개입 건강심리학에 영향을 미치는 의료 내 추세는 **포괄적 개입 모형**(comprehensive intervention model)을 향해가고 있다. 그 예로, 통증관리 프로그램에서는 통증의 모든 이용 가능한 치료법을 결합하여 각 환자에게 적합한 개인적 치료요법으로 개발할 수 있다. 두 번째 모델은 '호스피스'로, 이는 임종을 앞둔 환자들에게 고통 완화 치료, 심리치료 기술들을 사용한다. 관상동맥성 심장질환 환자를 대상으로 다양한 건강습관을 동시에 다루는 공동 주거, 재활 통원 프로그램이 세 번째 예이다.

지금까지 대부분의 포괄적 개입 모형은 특정 질병이나 장애에 중점을 두었는 데 반해, 이 모델은 질병과 장애의 위험요인들을 전면적으로 다룰 수 있다. 대중매체, 청소년 예방 계획, 교육적 개입, 사회공학적 해결책 등은 흡연, 과도한 알코올 섭취, 약물 남용 같은 문제에 대해 개입하는데, 이러한 개입방법들은 이미 발생한 건강 위험들에 주로 중점을 두는 프로그램을 보충할 수 있다. 제도와 지역 사회 차원의 공중보건 관리와 개인의 건강, 환자의 질병 관리의 조화는 그림 15.3에 나타나있다.

포괄적 개입이 가장 좋은 질의 관리를 제공하기는 하지만 비용이 매우 비싸다. 실제로 일부 병원은 이미 자금 부족으로 통증관리센터를 해체시키기도 했다. 포괄적 개입 모형이 관리의 질을 높게 유지하기 위해서는 **치료 효과**(treatment effectiveness)만큼이나 **비용 효율성**(cost effectiveness)에 대해서도 관심을 기울여야 한다.

비용 효율성과 치료 효과의 체계적인 기록

건강심리학의 중요한 전문적 목표는 우리의 개입이 효과적인지를 지속적으로 기록해 서류로 남겨놓는 것이다

그림 15.3 | 건강관리의 연속체 및 개입의 수준과 유형

출처 : Abrams, D. B., C. T. Orleans, R. S. Niaura, M. G. Goldstein, J. O. Prochaska, and W. Velicer. "Integrating Individual and Public Health Perspectives for Treatment of Tobacco Dependence Under Managed Health Care: A Combined Stepped-Care and Matching Model." *Annals of Behavioral Medicine*, 18, no. 4 (Spring 1996): 290–304.

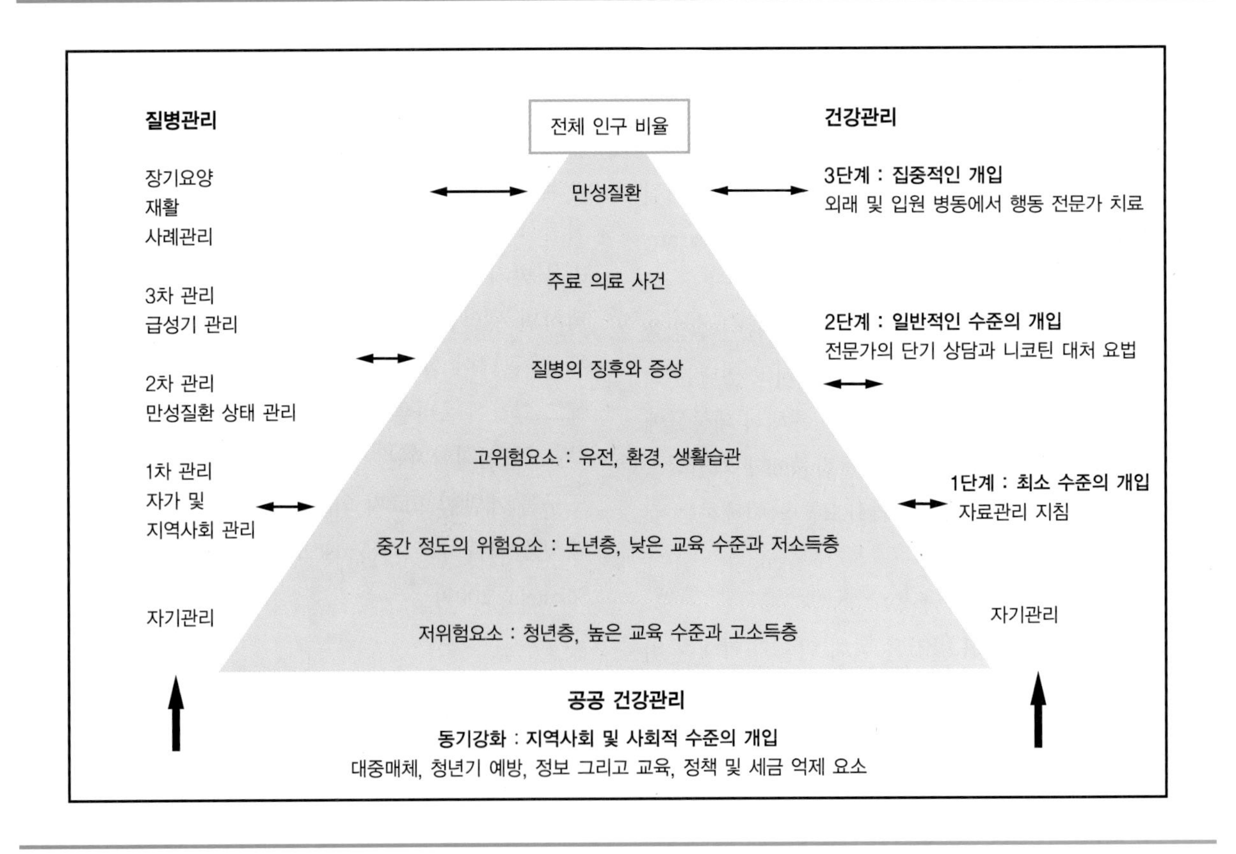

(Shadish, 2010). 우리는 행동 · 인지 · 심리치료가 효과가 있다는 것은 알지만 이러한 성공사례를 끊임없이 다른 사람들에게 알려야 한다. 이와 관련해 어느 정도의 행동적 · 심리적 개입이 의료 서비스 시스템에서 관리되어야 할지에 관한 여러 의견을 나누며 논쟁하는 것도 중요하다.

비용 억제(cost containment)에 대한 압박으로 지금까지의 개입은 시간이 제한되어 있고 증상에만 집중해왔다. 또한 통원치료를 기반으로 하다 보니 행동적 개입을 통한 변화는 항상 크게 만들지 못했다. 게다가 이러한 추세는 행동적인 의료 서비스 제공자보다 정책입안자들이 치료의 의사결정권을 가지도록 만들었다.

비용 억제에 대한 압박은 건강심리학이 사람들을 의료 서비스 시스템 밖으로 다 몰아내도록 만들고 있다. 임상치료 측면에서의 개입은 의료 서비스 혜택을 받기 힘든 사람들에게 자조집단, 또래상담, 자기관리 프로그램, 인터넷을 통한 개입이나 저렴한 방법으로 의료 서비스를 제공함으로써 이루어진다. 심한 외상 사건이나 고통스러운 사건에 대해 글을 쓰는 것도 쉽게 시행할 수 있으면서 비용이 저렴하고 그 효과가 증명된 개입이다. 다른 예로는 이완 기술이나 다른 인지행동적 개입을 통해 스트레스를 줄이고 고통을 완화하는 것인데, 이 역시 간단하면서도 저비용으로 효과를 줄 수 있다. 이러한 치료 효과를 기록하고, 이 정보를 대중에게 공개해 설득력 있는 방법을 개발하는 것 그리고 가장 적은 비용(Napolitano et al., 2008)으로 가장 큰 행동 변화를 창출해낼 수 있는 행동적 개입의 가장 중요한 요소를 알아내는 것이 건강심리학적 개입의 효율성을 입증하는 데 큰 공헌을 할 것이다. 표 15.2는 건강심리학적 개입의 결과로 나타날 수 있는 의료 서비스 이용 감소를 보여준다.

건강심리학이 의학과 의료행위에 기여할 수 있는 잠재성이 지금보다 더 컸던 적이 없다. 이제 근거에 기반한 의료는 진료 기준을 세우는 기준이 되었다. 증거 기반 의학은 환자 개개인의 관리에서 의사결정을 내리는 데 가장 과학적인 증거를 양심적으로, 분명하게 그리고 신중하게 사용한다는 것을 의미한다. 이러한 추세는 건강심리학적 개입의 여러 성공사례가 문서화되면서, 이러한 경험적 근거들이 실제 의료에 공헌할 수 있는 가능성이 높아졌음을 보여준다.

표 15.2 | 최종 결과

도표는 임상 및 행동적 의료 개입으로 인해 나타날 수 있는 치료 빈도의 감소를 보여준다.

치료	치료 빈도(%)
전체 외래 진료 방문	−17
가벼운 병으로 방문	−35
소아 급성 질병으로 방문	−25
급성 천식으로 방문	−49
관절염 환자의 방문	−40
제왕절개술	−56
진통 및 분만 시 경막 외 마취술	−85
수술 환자의 평균 입원 기간	−1.5

출처 : American Psychological Society. "APS Observer: Special Issue HCI Report 4-Health Living." Last modified 1996.

국제 보건

세계 인구는 1950년 25억 명에서 현재 75억 명으로 증가했다(U.S. Census Bureau, 2019년 5월). 점점 더 인구는 유럽, 북미, 라틴아메리카에서부터 아프리카, 아시아로 이동하고 있다. 개발도상국이 상당히 발전하면서 이와 함께 전 세계적으로 기대수명도 증가했다. 이러한 변화 패턴들은 중대한 도전들을 만드는데, 이는 국제적 보건에서 건강심리학자들이 해야 할 중요한 역할이 있다는 것을 의미한다.

질병의 유병률은 국가에 따라 다양하게 나타난다. 빈곤, 교육 부족, 건강관리 자원의 부족은 급성 전염병의 발생률을 높이는 데 기여한다. 낮은 정보이해능력(literacy)과 건강정보이해능력(health literacy)은 이러한 문제를 악화시킨다(Kiernan, Oppezzo, Resnicow, & Alexander, 2018). 미국 내 흡연이 감소하기는 했지만 많은 개발도상국의 흡연율은 증가하고 있다. 미국인들은 운동을 더 많이 하기 시작한 반면 개발도상국들은 운동을 하지 않아 활동적인 생활방식이 주는 이점을 놓치고 있다. 중국이나 인도와 같은 개발도상국들은 만성질환의 증가와 나쁜 건강습관의 부담을 경험하기 시작했다. 만성 장애는 모든 나라에서 주요하게 지출되는 건강 비용이다. 인구 고령화 선진국에서는 요통이 주요 장애 원인인 반면, 빈곤층과 젊은 인구에서는 우울증이 장애의 주요 원인이다(*The Economist*, 2015년 6월 20일).

전염병의 중요성이 지속적으로 강조됨에도 불구하고, 개발도상국이 직면하고 있는 건강 문제들은 점점 더 선진국의 그것과 닮아가고 있다(*The Economist*, August 2017a). 예를 들어, 세계의 비만 아동 수는 향후 3년 이내에 영양실조 아동 수를 넘어설 것으로 예측된다(World Health Organization, 2017). 말라리아와 HIV로 인한 사망률이 감소함에 따라, 이제는 개발도상국에서 만성적이고 의사소통이 불가능한 조건이 사망자의 약 70%를 차지하고 있다. 따라서 이미 선진국에서와 같이, 이러한 국가들에서 기본적인 1차 진료는 의학의 필수 요건이다(*The Economist*, 2018년 4월). 원격의료는 도시와 고립된 지역에 쉽게 도달할 수 있도록 하여 적어도 의사와 함께 초기 검진을 통해 무엇이 잘못되었는지 정확히 파악할 수 있다. 그러나 만성질환에는 이용이 불가능할 수 있는 지속적인 치료와 접촉을 필요로 할 수 있다. 예를 들어 당뇨병과 정신질환은 종종 진단되지 않고 치료되지 않는 두 가지 질환이다(*The Economist*, 2017년 b 8월).

건강심리학은 미국이 어렵게 얻어낸 개입의 교훈을 지금 똑같은 문제로 고통받기 시작하는 국가들에 전달할 수 있다(National Academy of Medicine, 2011b). 또한 건강심리학자들은 변화하는 문화 규범, 사회적 기업이 기능하는 방식, 문화적으로 특수한 태도와 행동의 의료행위에 끼치는 역할의 중요성을 잘 알고 있다(Cislaghi & Heise, 2018). 한 국가에서 작용하는 개입은 다른 나라에 적합한 문화적 관점에 맞지 않을 수 있기 때문에, 이러한 문화적 요인에 주의를 기울이는 것은 매우 중요하다(Armistead et al., 2014). 건강심리학자들은 국제 보건 수준을 높이기 위해 고군분투하면서 중요한 공헌을 할 수 있다.

건강심리학자 되기

건강심리학 분야에서 경력을 쌓고 싶다면, 어떤 것이 필요할까?

학부생의 경험

건강심리학을 계속 배우는 것에 관심이 있는 학부생으로서, 여러분은 몇 가지 일을 해보는 것이 좋다. 첫 번째, 들을 수 있는 모든 건강심리학 강좌를 수강하라. 두 번째, 생리심리학과 신경과학 강의를 수강함으로써 행동의 생물학적 기반에 관한 지식을 쌓으라. 건강심리학에서는 생물학적 근거를 이해하는 것이 중요하기 때문이다.

추가로 방학 시간을 효과적으로 잘 사용해야 한다. 건강심리학 분야를 연구하는 심리학자 한 명을 찾아서 연구조교 자리를 얻을 수 있는지 살펴보라. 그리고 할 수 있다면 지원하라. 또한 여러분은 방학 동안 의대나 병원에서 환자, 의사와 접촉할 수 있는 일자리를 기대할 수도 있다. 혹은 의료 보장 프로그램에서 인턴십 자리를 찾을 수도 있다. 여러분이 오로지 서류작업만 하게 될지라도 조직이 어떻게 운영되는지 찾아볼 것을 권장한다. 어떤 종류의 환자들이 있는가? 조직이 어떻게 비용을 줄이려고 하는가? 조직은 어떻게 변화하고 있는가? 많은 질문을 하는 것이 좋다.

더불어 현실적이고 직접 해보는 현장 경험의 기회를 찾아보라. 예를 들어 운동에 관심이 있다면 헬스클럽으로 가라. 사람들이 HIV에 대처하는 법을 알고 싶다면 HIV를 가진 사람들를 돕는 지역단체에 자원봉사를 하라. 노화에 관심이 있다면 경로당이나 노인복지시설로 자원봉사를 나가라.

대학원생의 경험

건강심리학 분야에 종사하기로 결심했다면 이제 여러분은 박사학위를 취득해야 한다. 이 시점에서 여러분은 연구 혹은 임상 실습(즉, 개별 환자와 직접적으로 접촉하는) 중 어느 쪽에 더 큰 흥미가 있는지 혹은 양쪽 모두에 흥미가 있는지 결정해야 한다(Novacek, 2016).

연구에 관심이 있다면 어떤 종류의 연구가 여러분을 가장 흥미 있게 만드는가? 혹시 심리학적 요인과 생물학적 요인이 어떻게 서로에게 영향을 미치는지에 관한 연구인가? 어떻게 사회적 지지가 건강에 영향을 미치는지를 알아보는 연구인가? 증가하는 운동이나 변화하는 식단에 대한 연구인가?

많은 대학의 심리학과는 현재 건강심리학 대학원 프로그램을 가지고 있지만, 일부 다른 학교의 심리학에서는 관련된 프로그램에 지원하도록 권장할 수 있다. 여러분의 선택은 건강심리학의 생물학 · 신경학적 측면에 크게 집중하는 생리심리학, 건강과 관련된 사회적 · 심리적 과정을 조사하는 사회심리학, 환자와 함께 하는 개입이 주요 업무 중 하나인 임상심리학, 아이의 건강과 그것에 영향을 주는 요인들을 살펴볼 수 있는 발달심리학 중 하나일 가능성이 크다.

조금이라도 연구에 관심이 있다면 대학원에 다니는 기간 동안 연구방법론과 통계 강의를 수강하라. 많은 건강심리학자들이 그랬던 것처럼, 보건대학에서 배울 법한 역학 강의를 수강할 수도 있다. 더 중요한 것은 현실적인 경험을 해보는 것이다. 몇몇 연구나 임상 프로젝트에서 건강심리학자와 함께 일해보라. 대학 연구실뿐만이 아니라 현장에 뛰어들어 병원이나 다른 의료 서비스 제공 상황에서 경험해보라.

그림 15.4 | 국제 건강 관리 비용 : 매 역년마다 선정, 1990~2020년*

출처 : Centers for Medicare and Medicaid Services. "National Health Expenditures and Selected Economic Indicators, Levels and Average Annual Percent Change: Selected Calendar Years 1990 – 2013." Last modified 2014; Centers for Medicare and Medicaid Services. "National Health Expenditure Data." Last modified 2011. https://www.cms.gov/Research-Statistics-Data-and-Systems/Statistics-Trends-and-Reports/NationalHealthExpendData/index. html?redirect=/nationalhealthexpenddata/02_nationalhealthaccountshistorical.asp.

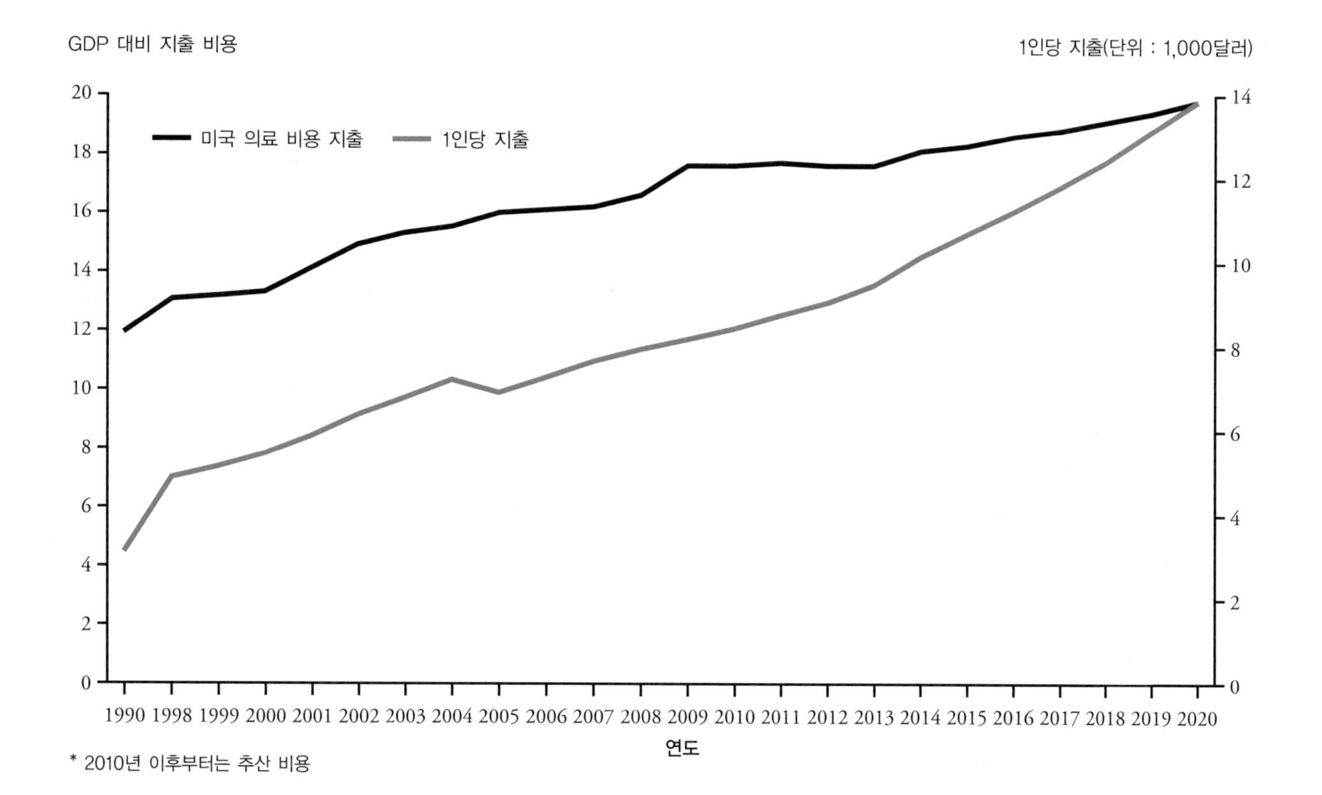

여러분이 임상심리학 대학원에 지원한다면, 주요 정신장애를 다루는 강의와 현장 실습, 지역사회의 개입과 치료를 포함한 표준 임상 교육과정을 따르게 될 것이다. 따라서 여러분의 환자들은 의료문제를 가진 사람들뿐만 아니라 우울, 불안, 정신장애, 다른 심리적 문제를 가진 사람들도 포함되어 있다. 현장에서의 인턴십 1년을 끝마쳐야만 하고, 여러분의 관심 분야가 건강이라면 직접적인 환자와의 접촉을 제공하는 병원, 건강관리기구에서의 업무에 도전해봐야 한다.

여러분이 논문을 쓸 시기에는 자신만의 주 연구 프로젝트를 갖길 기대할 것이다. 이때까지 여러분은 자신의 흥미가 무엇인지에 대한 분명한 생각을 갖게 될 것이고 건강과 관련된 깊이 있는 프로젝트를 추구해나갈 수 있다. 이 프로젝트는 완성되기까지 1년 혹은 그 이상이 걸릴 것이다.

만약 여러분이 임상건강심리학에 관심이 있다면, 대학원 공부와 인턴십과 같은 수련을 통해 건강심리학자로 활동할 수 있는 자격증을 취득할 수 있을 것이다. 당신은 원하는 곳에서 요하는 자격시험을 봐야 하며, 자격증을 받는 즉시 여러분은 임상심리치료를 할 수 있게 된다.

대학원 이후의 업무

대학원 졸업 이후에 여러분은 일자리를 구하거나 박사 후 연구 형태에 따라 추가 연수 또는 임상실습을 받을 수도 있다. 많은 건강심리학자들이 박사 후 연수를 선택하는데, 보통 관심 있는 교수단이 있는 학교에 따라 어떤 대학에서 연수를 받을지를 선택한다. 예를 들어 여러분은 스트레스 대처과정에서는 전문가이지만 건강행동에 대해 잘 알지 못한다고 가정해보자. 혹은 여러분이 받고 있는 프로그램에서 다양한 환자와 접촉할 기회는 있지만, 신경과학 훈련을 받을 기회는 거의 없다고 가정해보자. 여러분은 암이나 심장질환 같은 특정 질환에 집중하기로 결심했지만, 그것의 위험요인, 진행, 치료에 대한 충분한 지식은 갖고 있지 않을 수 있다. 따라서 어떤 교육적 지식 수준이 부족한지에 따라 여러분 각자에게 필요한 박사 후 연수 유형이 다를 수 있다.

일반적으로 박사 후 연수는 여러분이 박사학위를 받은 곳이 아닌 다른 연구실에서 시작되고 당신이 존경하는 선임 과학자의 지도 아래 진행된다. 여러분은 이 연구실에서 3년 정도를 보낼 것이고 이후에는 건강심리학 분야에서 일자리를 가지게 된다.

고용

많은 건강심리학자들은 학문적 환경으로 들어가거나 의대에서 학생들을 가르친다. 학문적인 위치에서, 건강심리학자들은 학부생, 대학원생, 의사, 간호사와 다른 의료 서비스 노동자를 교육해야 할 책임이 있다. 또한 대부분의 학문적 환경에 있는 건강심리학자들은 건강 유지, 질병의 발병, 회복과 관련된 요인을 밝혀내기 위해 연구를 수행한다.

환자들을 돌보는 병원이나 1차 의료기관에서 건강심리학자의 수가 증가하고 있다(Fisher & Dickinson, 2014). 이들 중 일부는 사적인 치료나 의료문제와 관련된 정신건강 관리를 제공한다. 이러한 현장에서 건강심리학자가 할 수 있는 일들은 건강행동, 통증 조절, 그리고 만성질환을 잘 관리를 할 수 있도록 돕는 단기적 인지행동 개입이다. 건강심리학자들은 종종 직장의 컨설턴트로서 고용되기도 한다. 그들은 고용주들이 최소한의 비용으로 가장 최고의 진료를 직원들이 받을 수 있도록 새로운 건강관리 시스템을 마련하는 데 조언을 한다. 예를 들어, 그들은 스트레스 관리법, 금연치료, 운동을 더 많이 하는 방법 등을 가르쳐주며 직장에서의 개입 프로그램을 만들어낼 수 있다. 건강심리학자들은 의료 서비스 비용을 줄이는 방법을 알아내기 위해 정부단체와 같이 일하기도 한다. 그들은 환자의 만족을 어떻게 증진시킬 수 있을지 혹은 부적절한 의료 서비스를 어떻게 줄일지에 등에 관한 건강관리 서비스에 대해 조언하기도 한다.

요약

1. 국가 건강이 증진하는 데 중대한 발전이 이루어졌고, 건강심리학은 이러한 증진의 과학적 · 임상적 기반을 다지는 데 의미 있는 기여를 하였다.
2. 건강 증진에서는 가장 문제가 되는 위험요소를 수정하는 것, 행동 변화 프로그램의 가장 중요하고 효과적인 요소들을 저비용으로 통합하는 것 그리고 휴대전화나 인터넷과 같은 기술을 활용하여 효율적으로 개입하는 것에 우선순위를 둔다.
3. 건강심리학적 개입은 특정 질환의 위험요인을 가진 사람들에게 지속적으로 관심을 갖고, 안 좋은 건강습관이 생기는 것을 예방하고, 노년층을 위한 건강 증진 개입을 개발하는 데 집중한다. 건강 증진을 위한 노력은 사망률을 낮추는 것뿐만 아니라 질병 유병률을 낮추고 전반적인 삶의 질을 향상시키는 것도 포함한다.
4. 효과적인 건강 증진 프로그램은 건강행동의 변화뿐만 아니라 사회적 변화를 포함시켜 모든 사람, 특히 사회경제적 지위가 낮은 사람들에게 높은 수준의 의료 서비스를 제공할 수 있어야 한다.
5. 스트레스 연구는 취약계층에 지속적으로 관심을 두어야 하며, 아동, 여성, 노년, 소수민족, 실업자, 빈곤층과 같은 특정 집단의 스트레스를 가중시키는 경제적 · 문화적 요인에도 관심을 기울여야 한다.
6. 앞으로의 스트레스 연구에서는 생물심리사회적 경로를 통해 스트레스가 건강에 미치는 악영향을 분석함으로써 많은 중요한 발전이 이루어질 것이다.
7. 의료 서비스 연구는 더 나은 소비자를 만들고, 서비스의 부적절한 사용, 그리고 약물 복용이나 생활습관 조언을 적절히 따르지 못하는 행동들을 줄이는 것에 중점을 둔다.
8. 만성질환과 불치병 관리는 삶의 질과 이를 적절하게 측정하는 방법을 더욱 강조하고 있다. 타인의 도움을 받아 하는 자살, 유서, 환자의 죽을 권리, 죽음에 대한 가족 의사결정, 안락사 등과 같은 윤리적 · 심리사회적 문제들이 지속적으로 중요해질 것이다.
9. 미래의 목표는 인구 고령화로 인해 발생할 건강과 생활방식 관련 문제들에 직시하는 것이다. 현재 연구의 목표는 의학적 질병들을 예견하고 이들의 잠재적인 부작용을 상쇄시킬 치료법을 개발하는 것이다.
10. 건강심리학은 질병의 의료 업무 변화에 빠르게 반응해야 하며, 이는 나이와 같은 인구통계학적 특성의 변화를 포함한다. 건강심리학자에게 있어 의학계의 변화는 일종의 도전이며, 건강심리학자는 기술적으로 복잡한 치료법의 영향력을 예견하고 환자들이 이에 잘 대처할 수 있도록 조력해야 한다.
11. 건강심리학의 주요 목표는 증거 기반 의학 기준을 활용한 치료 효과와 치료 비용에 대한 체계적 문서화 그리고 의료 비용을 줄이는 방법을 찾기 위한 지속적인 노력을 포함한다. 또한 국제보건 분야에서 건강심리학자의 역할이 점차 중요시되고 있다.
12. 건강심리학은 필수교육, 연구 경력, 현장 경험을 쌓은 사람이라면 누구에게나 보람 있는 직업 분야가 될 수 있다.

핵심용어

비용 억제
비용 효율성
치료 효과
포괄적 개입 모형
행동 면역

용어해설

가르치기 적절한 순간(teachable moment) 특정 건강행동을 가르치기에 가장 효율적인 시점. 예를 들면 임신 기간은 여성에게 금연을 가르치기에 가장 적합한 시기이다.

가정의료(home care) 말기 환자가 가장 많이 선택하는 치료법으로서, 환자의 가정에서 그들을 돌보는 방법. 그러나 가족들 간에 갈등을 유발할 수도 있다.

간접 흡연(secondhand smoke) 비흡연자의 의도와는 무관하게 흡연자에게 노출됨으로써 하게 되는 흡연. 기관지염, 폐기종, 폐암 같은 건강문제를 일으킬 수 있다.

갈망(craving) 어떤 행동에 대한 혹은 담배나 알코올과 같은 물질을 소비하고자 하는 강한 욕구. 신체적 의존이 그 행동에 연관된 환경적 단서들과 조건화되면서 부분적으로 나타나기도 한다.

개인-환경 간 적합도(person-environment fit) 사람의 자원과 욕구, 환경의 자원과 욕구가 서로 보완이 되는 정도

건강(health) 질병이 없는 상태이거나 병약하지 않은 상태와 더불어 신체적 건강, 정신적 그리고 사회적 건강을 완전히 이룬 상태이다. 건강심리학자들에게 있어 건강은 단순히 질병이 없는 상태가 아닌 적극적인 성취를 이룬 상태이다.

건강습관(health habit) 건강과 관련해 자동적으로 행해지거나 확고하게 자리 잡혀 있는 행위. 예를 들어 양치질, 안전벨트를 착용하는 행위 등이 있다.

건강행동(health behavior) 운동이나 건강한 식단을 섭취하는 것과 같이 건강을 증진시키거나 유지하기 위해 하는 행동들을 말한다.

건강관리기구(Health Maintenance Organization, HMO) 건강관리 서비스를 받을 수 있는 기구. 달마다 일정한 회비를 내고, 필요하다면 아주 낮은 비용을 지불하거나 추가 지출 없이 이용할 수 있다.

건강보조식품(dietary supplements) 미국의학한림원(National Academy of Medicine)에서 제시하는 일일 권장량을 충족하거나 그보다 많은 양의 영양분을 가지고 있는 제품들(예 : 비타민, 미네랄, 섬유질)

건강 신념 모델(health belief model) 건강행동의 이론적 모델. 어떤 사람이 특정한 건강습관을 수행할지 여부를 예측하기 위해서는 먼저 그 사람이 개인적인 건강 위협요인들을 얼마나 인식하고 있는지, 특정 건강행동이 위협을 줄이는 데 효과적이라고 인식하고 있는지에 대한 이해가 선행되어야 한다.

건강심리학(health psychology) 건강, 질병 그리고 그에 대한 반응들에 있어서 심리적인 영향, 건강 정책과 개입의 영향, 심리학적 배경을 이해하는 데 도움을 주는 심리학 분야

건강에 대해 지나치게 걱정하는 사람(worried well) 병이 없는데도 불구하고 신체적 건강 상태를 걱정하고 의료 서비스를 자주 부적절하게 사용하는 사람

건강 증진(health promotion) 사람들이 건강을 유지하고 증진시키게 하는 과정임과 동시에 건강이 개인적이고 공통의 업적이라는 관점. 건강과 관련한 개인적 · 정책적인 노력과 의학 시스템과의 상호작용에 의해 성취될 수 있다.

건강 통제 소재(health locus of control) 건강을 통제할 수 있는 것이 자신인지, 타인(예 : 의사)인지 혹은 외부적 요인(예 : 우연)인지에 관한 인식

계획행동 이론(theory of planned behavior) 한 사람이 하는 행동의 의도와 행동은 그 행동에 대한 태도와 주관적인 규범 그리고 행동에 대해 인식하는 통제감을 통해 이해가 가능하다고 보는 이론으로, 합리적 행위 이론에서 파생되었다.

고전적 조건화(classical conditioning) 자극을 무조건반사와 연합시키는 것으로, 결과적으로 새로운 자극이 조건화된 반응과 연합되어 같은 행동을 유발한다. 자동적 반응이 새로운 자극에 조건화되는 과정이다.

고혈압(hypertension) 과도하게 혈압이 상승된 상태. 많은 혈류의 양으로 인해 혈관의 내벽에 압력을 가하기 때문에 발생한다. 관상동맥 질환을 포함해 많은 질병의 원인이 된다.

공포 호소(fear appeal) 공포를 일으켜서 행동을 변화하는 동기를 유발하고 태도를 변화시키려는 노력. 안 좋은 건강습관을 바꾸려는 사람들에게 주로 사용된다.

관리의료(managed care) 회원들이 의료 서비스나 보험기관에 고정적인 월회비를 지불하고, 추가적인 요금 없이 혹은 크게 적은 비용으로 의료적인 서비스를 받을 수 있도록 하는 건강 케어 시스템

관상동맥성 심장질환(Coronary Heart Disease, CHD) 심장에 혈액을 공급하는 혈관인 관상동맥이 좁아지면 죽상경화증이 발생하는데, 이것이 관상동맥성 심장질환들을 유발한다.

교감신경계(sympathetic nervous system) 신체가 활동하기 위해 동원되는 신경계의 부분

국소빈혈(ischemia) 관상동맥의 수축이나 차단으로 인해 심장으로 향하는 혈액이 결핍된 상태. 종종 가슴 통증과 관련이 있다.

근거 기반 의학(evidence-based medicine) 질병의 치료에 있어 과학적인 방법을 통해 최선의 치료법을 결정하는 것으로, 보통 이중 맹검 위약 처치를 한다. 증거 기반 의학은 점차 의료 서비스에서 임상적 의사결정을 할 때 표준이 되고 있다.

금단현상(withdrawal) 사람들이 신체적으로 의존하게 되었던 물질을 끊을 때 경험하는 불편한 신체적 · 심리적 증상들, 불안, 환각, 갈망, 메스꺼움, 떨림, 두통 같은 증상을 동반한다.

금욕 위반 효과(abstinence violation effect) 금연이나 금주와 같이 스스로 정한 규칙을 어겼을 때 통제력을 상실했다는 느낌

급성 스트레스 패러다임(acute stress paradigm) 피험자에게 중간 단계 수준의 스트레스 과정(예 : 숫자 7을 빠르게 거꾸로 세보기)을 겪게 한 후, 이로 인해 발생하는 스트레스와 연관된 정서적 그리고 생리적 혹은 신경내분비적 변화과정을 평가하는 실험적 과정

급성질환(acute disorder) 단기간 동안 발생하는 질병 또는 다른 의학적 문제. 대부분 전염으로 발생하며 회복할 수 있다.

급성통증(acute pain) 특정한 부상으로 인해 단기간 발생하는 통증

기능적 신체형 증후군(functional somatic syndromes) 드러나는 조직의 이상으로 인한 것이 아닌 증상, 고통, 장애를 나타내는 증후군

낭창(lupus) 만성적인 염증 관절염 중 하나로 그 심각도에 따라 소염제나 면역 억제제에 의해 관리될 수 있다.

내분비계(endocrine system) 신경계와 상호작용하는 장기를 자극하기 위해 혈액에 호르몬을 분비하는 내분비선 체계

내성(tolerance) 몸이 물질에 점점 더 적응해가는 과정으로 동일한 효과를 얻기 위해 더 많은 복용량을 필요로 한다. 보통 알코올이나 약물의 남용과 같은 물질남용에서 빈번하게 발생한다.

내인성 오피오이드 펩타이드(endogenous opioid-peptide) 아편과 비슷한 물질로 체내에서 만들어진다.

뇌교(pons) 후뇌에 있는 한 부분으로서, 중뇌와 후뇌를 연결하고 호흡의 조절을 돕는다.

뇌졸중(stroke) 뇌의 혈류가 방해를 받을 때 생기는 질환. 때로는 신체적 · 인지적 장애를 발생시키고 심할 경우에 사망에까지 이른다.

뇌하수체(pituitary gland) 뇌의 중심부에 위치하여 인체의 장기를 성장, 발달시키는 호르몬을 분비하는 내분비기관으로 뇌에 의하여 통제된다.

눈에 띄지 않는 지지(invisible support) 지지를 받는 사람은 인지하지 못하는, 타인으로부터 받는 지지

대뇌피질(cerebral cortex) 주요 뇌 영역으로 지능과 기억, 감각을 감지하고 해석하는 것에 관여한다.

대사증후군(metabolic syndrome) 심장질환과 고혈압, 당뇨병과 같은 만성적인 건강문제를 초래하는 위험요소들의 패턴. 허리-엉덩이의 둘레 비율이 과도하게 높은 것과 비만 그리고 인슐린에 대한 저항성과 같은 특징이 있다. 이 신진대사장애는 과식, 적대감, 비활동성, 연령 등에 의해 악화될 수 있다.

대처(coping) 개인이 가지고 있는 자원에 비해 과하거나 부담스럽다고 평가되는 요구들을 다루고자 하는 노력

대처 결과(coping outcome) 대처를 성공적으로 했을 때 발생할 수 있는 유익한 영향들. 스트레스 감소, 스트레스를 더 성공적으로 조절하기, 정서적 안정감을 유지, 다른 사람들과 만족스러운 관계 맺기, 자아상을 긍정적으로 유지하기를 포함한다.

대처방식(coping style) 개인마다 선호하는 스트레스 상황의 대처방식

돌봄과 어울림(tend-and-befriend) 스트레스 반응과 관련된 이론. 사람이 기본적으로 투쟁 혹은 도피(fight-or-fright) 반응과 더불어 사회적 동맹, 자녀양육 행동을 포함하여 스트레스에 반응한다고 본다. 이러한 행동 경향은 스트레스 호르몬인 옥시토신에 의해 결정되며, 여성에게서 많이 나타난다.

동료 오리엔테이션(colleague orientation) 의사가 주위 동료들에게서 존경과 높은 평가를 받길 원하는 성향. 주로 환자가 의사에게 치료비를 직접 내지 않고 의료 서비스를 받을 때 발생한다.

동종요법(homeopathy) 질병을 필수 생명력의 장애로 인한 것으로 해석하고, 환자가 앓고 있는 증상과 유사한 증상을 일으키는 희석된 물질을 사용해 치료하는 대체의학 체계

류머티즘성 관절염(rheumatoid arthritis, RA) 심하게 손상된 관절염의 형태 중 하나로 자가면역 과정 때문에 발생한다. 보통 손, 발, 손목, 무릎, 발목, 목의 작은 관절에 이상이 생긴다.

림프계(lymphatic system) 신체 분비 시스템으로 면역기능과 연관이 있다.

마사지(massage) 연부 조직과 깊은 근육층을 다루는 이완 기술

마음챙김 명상(mindfulness meditation) 사람들에게 정신 상태를 인식하게 하고 스트레스에 의해 집중이 흐려지거나 고통스러운 것 없이 생각과 느낌을 받아들이고 인정하면서 현재의 순간을 인식하고 집중하도록 가르치는 명상 유형

만성양성통증(chronic benign pain) 일반적으로 6개월 혹은 그 이상 지속되는 통증을 말하며, 상대적으로 치료하기가 힘들다. 통증의 심각도는 다양하며, 여러 근육근과 연관이 있다. 예로 만성 요통과 근막통증 증후군이 있다.

만성적 긴장(chronic strain) 일상생활에서 흔히 겪으면서도 지속적으로 스트레스를 발생시키는 경험

만성진행성통증(chronic progressive pain) 증상이 6개월 이상 이어지고 시간이 갈수록 더 심각해지는 통증을 말한다. 일반적으로 뼈 전이성 질환이나 류머티즘성 관절염과 같은 악성종양이나 퇴행성 질환과 관련이 있다.

만성질환(chronic illnesses) 질환이 오랜 기간 이어지며 대부분 회복하기가 어렵다.

만성통증(chronic pain) 부상 후 발생하지만 치료에 반응하지 않고 장기간 지속되는 통증

맞춤 가설(matching hypothesis) 개인에게 제공되는 사회적 지지가 그 사람의 특정 요구를 충족시킬수록 유용하다는 가설

메타분석(meta-analysis) 연구 결과들의 패턴에서 일관성을 찾기 위해 여러 연구들의 결과를 대조하고 결합하는 분석방법

면역력(immunity) 감염원의 침입으로 인한 부상에 대해 신체가 저항하는 것. 출생 시 타고나기도 하고 예방접종이나 질병을 통해 얻을 수 있다.

모델링(modeling) 다른 사람이 목표행동을 수행하는 모습을 관찰해서 학습하는 것

무작위 임상실험(randomized clinical trial) 변인(예 : 치료 혹은 약물)의 효과를 확인하기 위해, 모집단에서 무선적으로 피험자를 뽑아 실험집단과 통제집단에 무선적

으로 배정하는 실험연구이다. 이를 통한 연구의 목표는 약물의 임상적 효과와 약리적 효과를 아는 것이다.

문제 중심 대처(problem-focused coping) 개인을 손상시키고 위협하며, 도전하게 하는 스트레스 상황에 대해 건설적인 행동을 하려는 시도

문제적 음주(problem drinking) 음주로 인해 통제가 불가능할 정도의 생의학적 · 심리적 · 사회적 문제가 발생하는 상태. 문제적 음주자는 몇 가지 알코올 중독 관련 징후를 나타내며, 보통 예비적 알코올 중독이나 약한 증상을 보이는 알코올 증후군이라고 여겨진다.

물리치료사(physical therapist) 관절, 근육, 뼈, 신경에 관한 질병을 가진 환자가 가능한 많이 그 질병에 의한 장애들을 극복하는 것을 도와주는 훈련을 받았으며, 자격을 가진 사람

미준수(non-adherence) 건강습관이나 질병을 고치기 위해 권고된 치료를 제대로 따르는 데 실패하는 것

바이오피드백(biofeedback) 환자에게 특정 생리적 과정이 현재 어떻게 작용하는지에 관해 정보나 피드백을 제공함으로써, 결과적으로 환자가 그 과정을 조정하는 방법을 배우도록 하는 방법

반대 유도 자극법(counterirritation) 통증이 없는 다른 신체 부위를 약하게 흥분시키거나 자극하여 통증이 있는 신체 부분의 통증을 억제시키는 통증 조절 기술. 때때로 통증 부위 근처 영역을 자극시키기도 한다.

반응성(reactivity) 스트레스에 생리적으로 반응하려는 경향이다. 어느 정도 유전적 기반이 있고 높은 반응성은 스트레스와 관련된 질환의 위험요소이다.

변별자극(discriminative stimulus) 특정 행동을 유발할 수 있는 환경적 자극. 예로 음식을 보는 것은 음식을 먹게 하는 변별자극이 될 수 있다.

병원학(etiology) 질병을 일으키는 근원과 원인

보완대체의학(Complementary and Alternative Medicine, CAM) 전통의학에서 일반적으로 고려하지 않던 다양한 요법, 제품 및 의학적 치료를 말한다. 예로 기도와 묘약, 천연 약초 제품, 명상, 요가, 마사지, 동종요법, 침술 등을 포함한다.

부교감신경계(parasympathetic nervous system) 식물적 기능, 에너지의 보존 그리고 교감신경계의 작용을 조절하는 신경계의 한 부분

부신(adrenal gland) 작은 2개의 분비선으로 신장 위에 위치한다. 내분비계의 한 부분이며, 스트레스 반응에 관여하는 여러 호르몬, 예를 들어 코르티솔, 에피네프린 그리고 노르에피네프린 등을 분비한다.

부인(denial) 위협적인 외부 사건을 다루거나 인식하는 데 실패하는 방어기제. 만성적 혹은 말기 질병 진단을 받았을 때 초기 반응으로 나타난다.

부정적 정서성(negative affectivity) 부정적인 기분이 전반적으로 존재하는 성격적 변인. 불안, 적대감, 우울과 같은 정서들이 해당된다. 증상과 관련한 경험, 의학적 치료방법의 탐색 또한 질병 자체와 관련되어 있다고 여겨진다.

비만(obesity) 지방이 지나치게 축적된 상태. 심혈관 질환과 같은 여러 건강장애와 관련이 있다고 여겨진다.

비용 억제(cost containment) 건강관리에 따르는 비용을 감소시키거나 현재 수준을 유지하려는 노력

비용 효율성(cost effectiveness) 한 개입의 효율성에 대한 공식적인 평가로, 그 개입의 비용과 대안적 개입방법과 비교함으로써 이루어진다.

비전문가 소견 연결망(lay referral network) 공식 치료 방법을 탐색하기 이전에, 자신의 장애를 이해하고 치료하는 것에 대해 개인에게 비공식적으로 도움을 제공할 수 있는 가족과 친구들의 네트워크

비특이성 면역기제(nonspecific immune mechanism) 생물학적인 감염 인자가 신체에 침입하면서 발생하는 감염이나 장애에 관련한 반응들

사망률(mortality) 특정한 원인으로 사망한 사람의 수

사망선택유언(living will) 환자 본인이 의사결정 능력을 잃게 되면 일시적으로 생명을 유지시키는 조치들을 밟지 않도록 말기 환자가 요청하는 유언

사망학자(thantologist) 죽음과 죽음의 과정을 연구하는 자

사회공학(social engineering) 법 제정을 통해 사회나 삶

의 방식을 바꾸려는 것. 예로 물을 정화하는 것은 개개인의 노력보다는 사회공학으로 이루어진다.

사회복지사(social worker) 환자와 그들의 가족을 도울 수 있도록 훈련받고 자격을 갖춘 자. 사회복지사는 환자와 가족들이 질병의 회복과정을 편하게 이행할 수 있도록 치료의 제공과 소개, 사회적 계획에 개입한다.

사회적 기술 훈련(social skills training) 사회적 상황에서 어떻게 이완되고 편하게 상호작용할 수 있는지를 알려주는 훈련방법. 때때로 흡연이나 음주와 같은 부적응적 건강행동이 사회불안 통제로 인한 것이라는 전제하에 건강행동 수정 프로그램의 일부가 될 수 있다.

사회적 영향 개입(social influence intervention) 행동적 접종이나 모델링과 같이 사회학습 이론을 기반으로 접근하는 흡연 예방 프로그램. 예를 들어, 청소년들에게 또래의 흡연 유도를 먼저 받게 한 후에, 더 나이가 많은 사람이 전달하는 금연 메시지를 접하게 한다.

사회적 지지(social support) 의사소통과 상호 간의 의무의 일부로 다른 사람들로부터 자신이 소중하고 사랑받을만한 가치가 있음을 아는 것

사회화(socialization) 개인들이 그들의 가족과 사회와 연관된 규범과 규칙 및 신념을 배우는 과정이다. 보통 부모와 사회기관은 개인의 사회화에 중요한 역할을 한다.

삶의 기술 훈련 접근(life-skills-training approach) 자존감과 대처 기술 훈련을 통해 자아상을 고양시키는 흡연 방지 프로그램으로, 흡연이 불필요해지거나 개인의 삶의 양식과 맞지 않게 되도록 유도한다.

삶의 질(quality of life) 개인의 기능을 신체적, 심리적, 직업적, 사회적으로 얼마나 최대화할 수 있는지를 나타내는 척도. 만성질환에서 회복과 적응을 나타내는 지표로서도 중요하다.

상관관계 연구(correlational research) 변인 2개를 측정하고 변인들이 서로 간에 연관이 있는지를 결정하는 연구. 예를 들어 흡연과 폐암은 서로 연관이 있다.

상징적 불멸(symbolic immortality) 자신이 남긴 일이나 자손을 통해 영원히 세상에 영향을 미친다거나 사후 세계에서 신과 같이한다는 생각

생물심리사회 모델(biopsychosocial model) 심리적 · 생물학적 · 사회적 요인들 모두가 건강 혹은 질병의 어떤 상태와도 관련이 있다고 보는 관점

생의학적 모델(biomedical model) 최근까지도 의학계에서 가장 지배적인 모델로, 질병은 신체과정의 이상으로 인해 발생하며 심리적 · 사회적 과정은 질병과정과는 관계가 없다고 보는 관점

생활방식 재조정(lifestyle rebalancing) 건강식, 스트레스 관리 그리고 운동을 포함해서 생활방식을 건강하게 바꾸는 행위. 흡연, 알코올 섭취와 같이 건강을 해치는 습관들을 성공적으로 개선한 후에 재발을 예방하는 것에도 도움이 될 수 있다.

세포성 면역력(cell-mediated immunity) 흉선의 T 림프구와 관련해 발생하는 면역반응으로, 느리게 활성화된다. 바이러스성 감염이 세포에 침입했을 때나 세균이나 기생충, 외부 조직과 암 등에 대항해 신체를 방어한다.

소뇌(cerebellum) 후뇌의 한 부분으로, 수의적 근육 운동의 협응, 신체 균형과 평형감의 유지, 근긴장과 자세의 유지를 관장한다.

수동적 흡연(passive smoking) '간접 흡연' 참조

스트레스(stress) 해로운 것, 위험한 것 또는 도전적인 것으로 평가되는 것 또는 그런 상황에 대한 반응. 사람들은 스스로 가진 능력을 초과하거나 소진시키는 상황을 스트레스로 지각한다.

스트레스 관리(stress management) 스트레스를 관리하기 위한 프로그램. 이 프로그램을 통해 사람들은 어떻게 그들이 스트레스 사건을 평가해야 하는지를 배우고 스트레스에 대처하는 기술을 발달시켜 실제 스트레스 상황에서 그 기술들을 효과적으로 사용하도록 한다.

스트레스 생활사건(stressful life event) 위협이나 피해를 주는 사건들

스트레스 섭식(stress eating) 스트레스에 대한 반응으로 먹는 것. 인구의 약 절반가량이 스트레스에 대한 반응으로 먹는 양이 늘어난다.

스트레스 유발자(stress carrier) 자신의 스트레스 수준은 높이지 않고 타인에게 스트레스를 주는 자

스트레스 조절요인(stress moderator) 개인이 경험하는 스트레스와 스트레스가 주는 영향에 변화를 줄 수 있는 내부적 · 외부적 자원과 취약성

스트레스 후유증(aftereffect of stress) 스트레스 사건이 가라앉은 후에 스트레스 사건에 대한 반응으로 나타났던 생리적 · 정서적 · 인지적 자원이 고갈되면서 발생하는 개인의 수행 혹은 집중력 감소를 말한다.

스트레스원(stressor) 스트레스로 지각하는 것

시간관리(time management) 개인이 목표를 성취하기 위해서 시간을 어떻게 더 효율적으로 쓸 수 있는지 배우는 기술

시상(thalamus) 감각 자극을 인지하는 전뇌의 일부로서, 감각 충동을 대뇌피질로 전달한다.

시상하부(hypothalamus) 전뇌의 영역 중 하나로 수분의 균형을 조절하고 배고픔과 성적 욕구를 통제한다. 혈압 · 호흡 조절과 심장기능을 돕고, 스트레스와 연관된 호르몬의 방출을 통제하는 내분비계를 조절하는 데 가장 큰 역할을 한다.

식균작용(phagocytosis) 외부에서 들어온 감염원이 포식세포에 의해 제거되거나 삼켜지는 과정

신경계(nervous system) 뇌로부터 신체로, 또한 신체로부터 뇌로 정보들을 보내는 신체 시스템. 뇌와 척수로 이루어진 중추신경계와 나머지 신체 신경들로 이루어진 말초신경계로 구성된다.

신경성 식욕부진증(anorexia nervosa) 체중을 지나친 식이조절과 운동을 통해 적정한 수준 이하를 넘어 극도로 줄이는 상태. 청소년기 여성에게서 가장 흔하게 나타난다.

신경성 폭식증(bulimia) 극단적으로 음식을 섭취하거나 토해내는 행동 등을 통해 폭식행동과 배출을 번갈아 가며 반복적으로 보이는 섭식장애

신경전달물질(neurotransmitter) 신경계가 기능하는 것을 통제하는 화학적 물질

신장계(renal system) 신진대사체계 중 하나로 체액을 조절하고 노폐물을 제거하는 기능을 한다. 음식의 대사 과정에서의 잉여 수분이나 잉여 전해액, 노폐물을 없앰으로써 체액을 조절하는 기능을 한다.

신장투석(kidney dialysis) 신장기능이 정상적이지 않은 환자의 혈액으로부터 독성물질, 과잉물질을 제거하기 위한 여과과정

신체상(body image) 스스로 자신의 몸과 신체기능 그리고 외형에 대해 지각하고 평가하는 것

신체적 의존(physical dependence) 신체가 약물의 사용에 적응된 상태. 신체의 정상적인 기능에 약물이 통합되어 있는 것

신체적 재활(physical rehabilitation) 장애인이나 만성적 질환을 가지고 있는 환자를 위한 프로그램. 환자가 신체를 가능하면 자주 사용하도록 하고, 환자 자신에게 생긴 세심한 변화를 알 수 있도록 한다. 이로서 적절히 신체적 제한을 수용하고, 필요한 건강관리 기술이나 신체적 기술을 익히고, 식이요법 치료를 수행하고, 에너지 소모를 통제하는 방법을 배운다.

신체화 환자(somaticizer) 신체 증상을 통해 자신의 심적 고통과 갈등을 표현하는 사람

실제적 지지(tangible assistance) 서비스나 경제적 지원, 물품 지원같이 한 개인이 타인에게 제공하는 물질적인 지지

실험(experiment) 연구자가 참가자를 2개 이상의 집단에 무선할당하여 각기 다른 치료를 받게 하고 그에 따른 반응 효과를 측정하는 연구방법

심근경색(Myocardial Infarction, MI) 관상동맥의 혈관에 혈전이 발생하여 심장으로 들어가는 혈류를 막았을 때 유발되는 심장마비

심리적 통제(psychological control) 의학적 치료와 같이 불쾌한 감정을 이끌어내는 사건을 경험한 사람이 그 사건과 관련된 부정적인 영향을 스스로 감소시키거나, 제거하거나, 상쇄시킬 수 있을 것이라고 믿는 것

심상 유도(guided imagery) 이완과 통증을 조절하는 기법으로, 고통스럽거나 스트레스를 받는 상황에서 마음 속으로 특정한 이미지를 떠올리는 것이다.

심장재활치료(cardiac rehabilitation) 심장병 환자들이 심장병 진단 혹은 심장마비를 겪은 후, 환자들이 적절한 신체적, 의학적, 심리적, 정서적, 사회적, 직업적 그리고 경제적 상태를 성취할 수 있도록 고안된 개입 프로그램

심장 허약(cardiac invalidism) 환자의 능력을 실제보다 저평가하는 심리적 상태로 심근경색 혹은 관상동맥 질환 진단 후 발생할 수 있다. 환자와 환자의 배우자 모두 이 오해에 취약하다.

심폐소생술(CardioPulmonary Resuscitation, CPR) 맥박이 멈추거나 폐가 적절히 기능하는 데 실패하여 환자의 의식이 없을 때, 폐와 심장의 기능을 회복시키는 방법

심혈관계(cardiovascular system) 신체의 운송체계. 신체에 산소와 영양분을 전달하고, 이산화탄소를 운반하며 다른 노폐물들을 신장으로 보낸다. 심장, 혈관, 혈액으로 구성되어 있다.

심혈관 질환(CardioVascular Disease, CVD) 좁은 혈관벽에 지나치게 많은 혈류가 통과함으로써 만성적으로 발생하는 고혈압

아유르베다 요법(ayurvedic medicine) 인도에서 개발된 전통적 치료요법으로 마음, 신체, 정신 사이의 균형에 초점을 둔다.

안녕(wellness) 신체적 건강과 정신적 건강, 사회적 건강이 적절히 균형을 이루는 건강 상태

안락사(euthanasia) 고통스러운 불치병에 걸린 환자의 고통을 멈추게 해줄 목적으로 생명을 끊는 것

알로스타틱 부하(allostatic load) 기존의 위험요인과 함께 스트레스 부작용이 지속적으로 누적되어 생물학적 스트레스 조절체계에 미치는 영향

알코올 중독(alcoholism) 신체가 알코올에 중독된 상태로 혈중 알코올 농도를 일정 수준으로 유지, 금단증상의 심각성과 빈도 증가, 낮이나 한밤중에도 음주, 스스로 음주 통제 불가능, 알코올에 대한 갈망 증상 등을 전형적으로 보인다.

애도(grief) 사별 이후 밀려오는 공허함과 죽은 사람에 대한 집착, 다른 사람들을 향한 적대감, 죽음에 대한 죄책감 등의 반응. 초조해하고 집중을 하지 못하는 증상 외에도 다른 역기능적인 심리적 · 신체적 증상을 보이기도 한다.

역학(epidemiology) 물리적 · 사회적 환경에 관한 조사를 기본으로 전염병과 비전염병의 빈도와 분포, 원인을 파악하는 연구. 예를 들어 역학자는 환자들이 어떤 암에 걸렸는지를 연구하는 것뿐만 아니라 특정 지역에서 어떤 암이 다른 암보다 왜 더 자주 발병하는지를 밝히는 연구를 한다.

역할 갈등(role conflict) 둘 혹은 그 이상의 사회적 그리고 직업적 역할의 행동규준이 충돌할 때 발생하는 갈등이다.

연수(medulla) 후뇌에 있는 한 부분으로, 호흡과 심장박동, 혈압을 조절하는 등 자율적인 기능을 통제한다.

영아 돌연사 증후군(Sudden Infant Death Syndrome, SIDS) 영아가 이유 없이 호흡을 멈춤으로써 발생한다. 영아 죽음의 흔한 원인으로 알려져 있다.

영아 사망률(infant mortality rate) 영아 1,000명당 사망하는 영아의 숫자

영양사(dietician) 병원과 같은 기관에서 개인에게 필요한 특별한 식단을 준비해주는 영양소와 음식 관리 원칙을 훈련받은 자격이 있는 사람

오피오이드 위기(opioid crisis) 처방 진통제, 헤로인, 아편 유사제(펜타닐 등)를 포함한 오피오이드 약물의 과다 처방 및 남용으로 인해 중독, 장애, 사망률이 높다.

완충 가설(buffering hypothesis) 스트레스가 높을 때 1차적으로 대처 자원을 이용하고, 스트레스 수준이 낮은 상황에서는 필수적으로 사용하지는 않는다는 가설

완화의료(palliative care) 환자의 근본적인 질병을 치료하는 것보다 환자를 편안하게 하기 위해 고안된 치료. 주로 말기 환자에게 적용된다.

외상후 스트레스장애(Post-Traumatic Stress Disorder, PTSD) 극심한 강도의 스트레스 요인에 노출되어 무감각한 정서, 외상의 반복적인 재생, 과도한 각성, 스트레스를 유발하는 다른 사건들에 대한 강렬한 반응, 수면장애, 기억력 · 집중력 장애, 죄책감 등의 증상을

보이는 증후군

요가(yoga) 인도 철학에서 발전한 일반적 용어로 호흡법, 자세, 강화 운동, 명상 등을 통해 영적 · 정신적 · 신체적 수양을 하는 것

요구-통제-지지 모델(demand-control-support model) 카라섹과 동료들이 개발한 직무 스트레스 모델. 직무요구가 높고 통제력은 낮으며, 지지가 적을 때 질병 위험이 높아지고 특히 관상동맥 질환의 위험이 높아진다.

요요 현상(yo-yo dieting) 다이어트와 정상적인 식사를 만성적으로 번갈아가며 바꾸는 과정으로, 연속적으로 체중이 증가했다가 감소하는 것을 반복한다. 요요 다이어트가 지속되면 기초 신진대사를 바꾸어 비만 가능성을 높인다.

우울(depression) 신경증적 혹은 정신증적 기분장애. 두드러지는 증상에는 슬픔, 비활동성, 사고와 집중이 어려움, 식욕이나 수면 시간의 유의미한 증가 혹은 감소, 무망감과 낙담감, 때때로 자살 사고를 하거나 자살을 실제로 시도하는 것 등이 있다.

위약(placebo) 다른 치료적 특성과 무관하게 오직 치료적인 의도만으로 환자에게 효과를 주는 의학적 치료

위약 음주(placebo drinking) 다른 사람이 음주를 하는 사회적인 상황에서 자신은 알코올이 없는 음료를 마시는 것

위약 효과(placebo effect) 위약이 주는 의료적으로 유익한 영향

위험한 상태(at risk) 특정한 건강문제에 대한 취약 상태로, 유전이나 가족 환경 또는 건강습관으로 발생한다.

유관성 계약(contingency contracting) 개인이 목표로 하는 행동을 수행했거나 수행하지 않은 경우에 어떤 처벌을 내리고 보상을 할지 다른 사람(예 : 치료자)과 맺는 계약의 과정을 말한다.

유산소 운동(aerobic exercise) 고강도의 장기간으로 높은 지구력이 요구되는 운동으로, 심혈관 건강 및 기타 긍정적 건강 결과를 일으킨다고 알려져 있다. 예로 수영, 조깅, 달리기, 자전거 타기가 있다.

음주 통제(controlled drinking) 알코올 섭취를 조절하기 위해 혈중 알코올 농도를 판별하도록 훈련시키는 것. 과음할 위험이 높은 상황에 대처하는 기술도 포함한다. '위약 음주' 참조

의대생병(medical students' disease) 특정한 질병에 대해 배우고 나서 기진맥진함과 피로의 증상을 그 특정 질병의 증상이라고 생각하는 것 의대생들이 과로를 많이 하고, 이러한 낙인효과에 대한 취약성이 크기 때문에 의대생병이라는 이름이 붙여졌다.

의료보조자(physicians' assistant) 2년제 프로그램을 졸업한 이후에 일상적 건강관리 기능을 수행하고, 환자들에게 그들의 치료법을 알려주고, 의학적 정보를 기록하는 사람

의료적 지연(medical delay) 증상을 치료하는 데 있어서의 지연. 진단을 잘못 내리거나 검사 결과를 잃어버렸을 때와 같이 의료 시스템에서 문제가 생긴 것을 말한다.

이론(theory) 서로 관계가 있는 분석적인 진술들의 집합. 이러한 진술들은 사람들이 왜 안 좋은 건강행동을 하는지와 같은 현상을 설명하고자 한다.

이완 훈련(relaxation training) 점차적인 근육의 이완과 심호흡을 포함한 과정으로 개인이 이완될 수 있도록 한다. 심상요법, 명상, 최면 등이 절차에 포함될 때도 있다.

이중 맹검법(double-blind experiment) 기대 효과를 낮추기 위해 수검자가 어떤 실제 처치나 위약 처치를 받는지 연구자와 수검자 모두 모르도록 설계한 실험과정

인간면역결핍 바이러스(Human Immunodeficiency Virus, HIV) AIDS를 유발하는 바이러스

인지 재구조화(cognitive restructuring) 스트레스 상황에서 발생하는 대화를 수정하는 방법. 내담자들은 스트레스 유발 상황에서 자신이 스스로에게 무엇을 말하는지 관찰하고, 적응적인 방향으로 인지를 수정하도록 훈련받는다.

인지행동치료(Cognitive-Behavior Therapy, CBT) 수정이 필요한 행동과 관련된 인지와 행동을 조절하는 학습이론의 원리를 사용하는 것. 주로 흡연, 안 좋은 식습

관, 알코올 중독과 같은 안 좋은 건강습관을 수정하는 데 사용된다.

일반적응증후군(General Adaptation Syndrome, GAS) 유기체가 스트레스에 어떻게 반응하는지에 관한 설명으로 한스 셀리에가 발전시킨 개념. GAS는 세 가지 단계로 특징지을 수 있다. 먼저 경고 단계에서는 교감신경계가 활성화된다. 다음으로 저항 단계에서 유기체는 위험에 대처하려고 노력한다. 마지막으로 소진 단계에서는 유기체가 위험을 극복하는 데 실패하고 생리적 자원이 감소했을 때 나타난다.

일상적 골칫거리(daily hassle) 사소한 일상 스트레스 사건들. 누적 효과가 있어 결과적으로 질병이 발생할 가능성을 증가시킨다.

임상간호사(nurse-practitioner) 전통적인 간호 훈련에 추가하여 1차 진료에 대한 특수한 훈련을 받은 간호사. 환자들에게 통상적인 의료적 케어를 제공할 수 있다.

임상사망학(clinical thanatology) 죽음을 앞둔 사람들을 상담하는 임상적 실무과정으로, 죽음에 대해 사람들이 어떻게 반응하는지에 관한 지식을 기반으로 이루어진다.

임종의료(terminal care) 말기 환자에 대한 의료적 돌봄

자가개선 보조도구(self-help aid) 사람들이 치료자의 보조를 받지 않고 스스로 습관을 수정하기 위해 사용되는 도구. 특히 금연이나 다른 건강 관련 위험요인들에 대처하기 위해 많이 사용된다.

자가면역력(autoimmunity) 신체에서 자신의 신체 조직 성분들에 대항하는 면역반응을 만들어내는 상태

자기 모니터링(self-monitoring) 목표행동의 빈도와 선행사건, 그 결과를 평가하는 것. 다른 말로는 자기관찰이라 한다.

자극 통제 개입(stimulus control intervention) 어떠한 행동을 수정할 때 사용하는 계획된 개입. 수정하려는 행동을 일으키는 변별자극은 제거하고 목표로 하는 행동을 일으키는 변별자극으로 대체하여 행동을 수정하고자 한다.

자기강화(self-reinforcement) 개인이 스스로에게 체계적인 보상을 주어 목표행동의 발생을 증가시키려는 것

자기결정 이론(Self-Determination Theory, SDT) 행동이 변화하기 위해서는 근본적으로 자발적인 동기와 자신의 능력에 대한 인지가 필요하다는 이론

자기관리(self-management) 만성질환의 약물관리를 포함하여 사회적 · 직업적 역할 변화와 그에 대한 대처 등 질병의 모든 부분에 환자가 참여하는 것

자기대화(self-talk) 내적인 대화로 사람들의 건강습관을 강화시킬 수도, 약화시킬 수도 있다. 예를 들면, "나는 담배를 끊을 수 있어"는 긍정적 혼잣말이고 "나는 절대 할 수 없어"는 부정적 혼잣말이다.

자기규제(self-regulation) 사람들이 자신의 행동, 정서, 생각을 통제하는 의식적이고 무의식적인 방식

자기주장 훈련(assertiveness training) 사람들이 사회적 상황에서 적절히 자기주장을 하도록 훈련시키는 기술로 종종 건강행동 조절 프로그램의 일부분으로 포함된다. 이는 지나친 음주나 흡연 같은 안 좋은 건강습관 때문에 사람들이 적절한 자기주장을 하기 어려워한다는 사실을 가정한다.

자기통제(self-control) 개인이 행동을 수정하기 위해 목표로 하는 행동의 선행사건 및 결과를 조절하는 법을 학습하는 것

자아개념(self-concept) 한 사람의 개인적인 본질과 속성에 대한 신념의 통합

자기긍정(self-affirmation) 사람들이 자아개념을 북돋는 개인적 가치에 집중함으로써 발생하는 과정

자아효능감(self-efficacy) 개인이 스스로 특정 행동을 하는 것이 얼마나 가능할 것이라고 생각하는지에 대한 개념

자존감(self-esteem) 개인 스스로의 본질과 속성에 대해 전반적으로 평가하는 것

작업치료사(occupational therapist) 신체적 · 정서적 장애를 가지고 있는 사람들의 기술 수준을 정하고 재활 프로그램을 통해 그러한 기술들을 개발하고 확장시킬 수 있도록 도울 수 있는 자격이 주어진 훈련받은 사람

재발 방지(relapse prevention) 과거의 좋지 못한 건강습

관이 재발될 것을 방지하고 개선된 건강습관을 유지하기 위해 계획된 기술의 집합. 재발 위험 자극에 대한 대응과 삶의 방식의 재균형을 위한 기술과 훈련들이 있다.

재발성 급성통증(recurrent acute pain) 어느 정도의 간격을 두고 통증이 발생하는 상태. 이때의 통증은 급성이지만 6개월 이상 이어진다면 만성통증으로 판단할 수도 있다. 예로 편두통, 턱관절 관련 질환 그리고 안면 근육의 경련을 포함한 3차 신경통이 있다.

전인적 의료(holistic medicine) 개인의 신체적, 심리적, 정신적인 욕구들을 다루는 치료 접근 방식

전향적 연구(prospective research) 일련의 변수들과 그로 인한 결과 간의 관계를 조사하기 위해 시간에 따라 진행되는 연구방법. 예를 들면, 이 연구는 연구자들에게 나중에 발생할 수 있는 질병과 관련한 위험요소들을 알 수 있도록 한다.

전환히스테리아(conversion hysteria) 프로이트가 발전시킨 관점으로, 특정 무의식적 갈등은 신체적 장애로 나타날 수 있는데, 이것이 억압된 갈등을 상징한다고 보는 개념이다. 그러나 더 이상 건강심리학을 지배하는 관점은 아니다.

접근적(직면적, 경계적) 대처방식[approach (confrontative, vigilant) coping style] 스트레스 사건과 직접적으로 씨름하거나 해결책을 찾기 위해 시도함으로써 보이는 대처 경향성. 고통을 수반할 수 있으나, 궁극적으로 효과적인 대처방법이다.

정보적 지지(informational support) 스트레스를 경험하는 사람들에게 가족이나 친구, 사회적 관계에 속한 사람들이 정보를 주는 것. 이러한 정보적 지지는 스트레스를 경감시키고 그로 인해 건강을 해치는 것을 방지한다.

정서적 지지(emotional support) 다른 사람들로부터 사랑 받고, 소중히 여겨지며, 관심받고 있다는 지표. 스트레스를 받는 상황에서 작용하는 중요한 사회적 지지 중 하나

정서 접근적 대처(emotional-approach coping) 스트레스원 사건으로 경험하는 정서들을 인정하고, 처리하며 표현하는 과정. 일반적으로 심리적 기능과 건강에 긍정적인 영향을 미친다.

정서 중심 대처(emotion-focused coping) 스트레스 상황에 맞닥뜨렸을 때 나타나는 정서를 통제하려는 대처

정신-신체의 관계(mind-body relationship) 정신과 신체가 하나의 체계로서 구별되지 않는 상태로 작동하는지, 아니면 2개의 분리된 체계로 작동하는지에 대한 철학적 관점. 건강심리학에서는 정신과 신체가 구별되지 않는다고 주장한다.

정신신경면역학(psychoneuroimmunology) 적응에 대한 면역학적 · 행동적 · 신경내분비적 과정의 상호작용을 연구하는 학문

정신신체의학(psychosomatic medicine) 건강심리학과 연관하여 1900년대 초부터 발달해온 정신의학 분야 중 하나로, 정서적 갈등의 원인이라고 생각하는 궤양, 고혈압, 천식 같은 질병을 연구하여 치료하는 데 목적을 둔다. 현재는 심리적 · 신체적 문제로 발생하는 여러 질환과 건강 상태를 다루는 분야라는 뜻으로 많이 쓰이고 있다.

제1형 당뇨병(type I diabete) 췌장의 베타세포가 생성하는 인슐린이 부족해지면서 나타나는 자가면역질환

제2형 당뇨병(type II diabete) 인슐린 저항성과 함께 혈중 글루코오스 농도가 높아지는 것이 특징인 대사장애. 이와 동시에 심장질환의 위험이 종종 있다.

조기 사망(premature death) 예상 연령 이전에 발생하는 사망

조작적 조건화(operant conditioning) 강화 또는 처벌을 이용해 새로운 자극이 자발적 · 비자발적 행동과 짝을 이루는 것

존 헨리 증후군(John Henryism) 심리사회적 스트레스 요인에 적극적으로 대응하는 개인적 성향. 고혈압에 걸릴 위험이 높거나 이미 앓고 있는 저소득층 흑인들에게 많이 발생하며, 이러한 경향을 가진 사람들의 적극적인 대응 노력이 실패한다면 치명적일 수도 있다.

종단연구(longitudinal research) 오랜 시간 동안 같은 사

람들에 대해서 반복적으로 측정 및 관찰하는 연구방법

주의분산(distraction) 통증과 무관한 자극에 집중 또는 통증 경험의 재해석을 통해 주의를 돌려 통증을 줄일 수 있도록 통증을 조절하는 방법

죽상경화증(atherosclerosis) 심장 질환을 일으키는 주 원인. 동맥 내 경화반(plaques)이 생성되면서 동맥벽이 좁아지게 되는데, 이는 동맥의 혈류를 감소시키고 모세혈관에서 세포로 영양분을 전달하는 통로를 방해한다.

죽음에 대한 교육(death education) 죽음과 그 과정에 대해 알려주는 프로그램으로, 사람들이 그 주제를 회피하거나 죽음과 연관해 느끼는 공포를 줄이는 데 목적을 둔다.

죽음의 단계(stage of dying) 엘리자베스 퀴블러-로스가 개발한 이론으로 사람이 죽음을 맞이할 때 일시적으로 다섯 가지 단계를 겪는다고 본다. 그 단계는 부정, 분노, 협상, 우울, 수용의 단계로 이루어져 있다. 모든 사람들이 이와 같은 단계를 거치는 것은 아니지만 이 이론에 적합한 특성을 가진 사람들이 일부 있는 것으로 알려져 있다.

준수(adherence) 건강 관련 혹은 질병 관련 처방에 개인이 따르는 정도

중국 전통의학(Traditional Chinese Medicine) 중국에서 치료를 위해 발달한 고전적 접근법으로, 명상, 마사지, 한방약과 같은 기술을 통해 몸의 균형을 맞춤으로써 생명력을 유지하는 것에 집중한다.

중독(addiction) 일정 기간 동안 물질을 사용하여 물질에 신체적 · 심리적으로 의존하게 되는 상태

지각된 스트레스(perceived stress) 사건에 관한 객관적 특징과 상관없이 개인이 그 사건을 스트레스라고 지각하는 것

지연행동(delay behavior) 인지한 증상에 대해 치료받는 것을 미루는 행위

지지집단(support group) 정기적으로 같은 고민과 문제를 가지고 만나는 집단. 이 집단은 서로의 문제를 나누며 교환하기 때문에 그들이 가진 상황에 대해 대처할 수 있도록 한다.

직접적 효과 가설(direct effects hypothesis) 스트레스가 높거나 낮은 상황에서 사회적 지지와 같은 대처 자원이 심리학적 · 건강적 이득이 있다는 이론

진단 관련 집단(Diagnostic-Related Group, DRG) 특정 질병의 유형과 치료 기간에 따라 환자를 분류한 것. 제3자가 치료비 일부를 상환하는 체계에서 사용된다.

질병률(morbidity) 특정한 시점에서 측정한 질병에 대한 사례의 수. 새로운 사례(발병률)나 존재하는 총 사례 수(유병률)로 나타낼 수 있다.

질병의 상식적 모델(commonsense model of illness) 사람들이 자신의 질병과 증상에 대해 갖고 있는 암묵적인 믿음으로, 체계화된 질병의 표상이나 도식을 만들어 내며, 이는 환자의 치료 결정과 치료 이행에 영향을 미친다.

질병 지연(illness delay) 질병의 증상을 인식하고 치료를 결정하기까지 걸리는 시간의 간격

질병 표상(도식)(illness representation) 질병 혹은 질병의 유형에 관한 믿음들의 집합. 질병의 유발 원인, 특징, 기간과 결과 등을 포함한다.

창의적 미준수(creative nonadherence) 환자가 질병이나 치료에 대해 개인적인 의견을 가지고 있어 처방받은 치료 요법을 바꾸거나 보충하는 것

척추 교정법(chiropractic medicine) 어긋난 척추와 관절을 바로잡기 위하여 수행하는 요법으로, 질병을 예방하고 치료할 수 있다고 알려져 있다.

체계이론(systems theory) 한 유기체의 조직의 수준은 서로 전부 연결되어 있고 위계적인 구성을 갖추고 있다고 보는 관점. 이 이론에서는 어떠한 수준에서 발생하는 변화가 다른 수준의 변화도 일으킬 것이라고 본다.

체액 면역력(humoral immunity) B 림프구(혈류에 항체 분비)에 의해서 중재되는 면역작용. 세포에 아직 침입하지 못한 바이러스와 세균의 감염을 예방하는 것에 효과가 있다.

체중의 설정치 이론(set point theory of weight) 사람들이 각자 생물학적으로 이상적인 몸무게를 가지고 있다고 생각하며 그것이 크게 변하지 않는다는 이론

최면(hypnosis) 이완, 주의분산, 암시, 주의집중 등을 통해 통증을 관리하는 기술

취약한 시기(window of vulnerability) 특정 건강문제에 더 취약할 수 있는 중요한 시기적 요소. 예를 들면 청소년기 초기는 담배를 시작하는 것, 약물 사용 그리고 알코올 남용에 특히 취약하다.

치료의료(curative care) 환자가 가지고 있는 질병의 치료를 위해서 고안한 의료적인 돌봄

치료 효과(treatment effectiveness) 성공적인 개입에 대한 공식 기록

침술(acupuncture) 통증 조절과 치료요법으로 중국에서 개발되었다. 지정된 신체 부위에 긴 바늘을 삽입하여 통증이 주는 불편감을 줄이는 것이다.

카테콜아민(catecholamines) 에피네프린과 노르에피네프린으로 구성된 신경전달물질로, 교감신경계의 활동을 촉진시킨다. 스트레스를 받을 때 상당한 양이 방출된다.

통각(nociception) 통증을 지각하는 것

통제력 향상 개입(control-enhancing intervention) 환자들이 치료에 대해 느끼는 통제감 증진을 목적으로 하는 개입

통증 관련 행동(pain behavior) 약을 복용하거나 일의 양을 줄이는 것과 같은 통증반응의 결과로 나타나는 행동을 말한다.

통증 관리 프로그램(pain management program) 통증을 다루는 행동적, 인지적, 신경학적, 정신역동적 전문지식이 결합된 총체적인 노력으로 만성통증을 수정하기 위해 계획된 프로그램이다. 단순히 통증을 잘 관리하는 것에 그치지 않고 통증 때문에 바뀐 생활방식을 수정하는 것 또한 목표로 한다.

통증에 취약한 성격(pain-prone personality) 만성적인 통증을 잘 경험하는 사람들의 성격 특성의 합

통증의 관문 통제 이론(gate-control theory of pain) 통증 경험이 감각적 · 심리적 · 행동적인 반응에 어떻게 반영되는지 상세히 설명한 이론

통증 조절(pain control) 통증 경험, 통증 보고, 통증과 관련된 걱정을 줄이고 통증을 견디거나 통증 관련 행동에 신경을 덜 쓰는 것

통풍(gout) 요산이 과잉 생성되고 결정화되어 관절에 쌓여서 나타나는 관절염 유형 중 하나. 가장 흔히 영향을 받는 영역은 엄지발가락이다.

통합적 건강(holistic health) 적극적으로 성취되는 긍정적인 상태가 건강이라고 믿는 철학. 보통 비전통적인 건강 실천 행위들과 관련된다.

통합의학(integrative medicine) 대체의학과 전통의학의 치료를 통합한 의료

퇴행성 관절염(osteoarthritis) 특정한 관절을 과도하게 사용해서 관절의 연골에 균열이 생기거나 마모되기 시작했을 때 생길 수 있는 관절염 중 하나. 부상이나 다른 이유로 발생하기도 하고, 보통 신체 체중을 지탱하는 관절 부위에 영향을 미친다. 운동선수나 노인들에게 자주 나타난다.

투쟁 혹은 도피 반응(fight-or-flight response) 위협에 대한 반응으로, 신체가 교감신경계와 내분비계를 통해 빠르게 각성되고 동기화되어 위협 자극을 공격하거나 피하는 것이다. 1932년 월터 캐논이 처음 제시한 반응이다.

특약의료기구(Preferred-Provider Organization, PPO) 특정한 의료 서비스에 기존에 설정되어 있는 할인율을 적용해서 서비스를 제공하는 의료적 네트워크

특이성 면역기제(specific immune mechanism) 특정 외부 침입에 대처하기 위해서 계획된 반응. 세포성 면역 및 체액성 면역을 포함

평가 지연(appraisal delay) 증상의 존재를 인식하고 그것이 심각하다는 것을 아는 데까지 걸리는 시간

포괄적 개입 모형(comprehensive intervention model) 환자에게 적용할 수 있는 모든 기술과 전문 지식을 이용하기 위해 잘 정의된 의료행위에 의학적 전문 지식과 심리학적 전문 지식을 결합하는 모델. 예시로 통증 관리 프로그램이 있다.

폭식(bingeing) 섭식장애의 한 유형으로, 음식을 통제 불가능할 정도로 섭취하는 일이 지속되는 경우를 말

한다. 폭식행동을 보이는 사람은 지나치게 많은 양의 음식을 빠르게 섭취한다.

폭식장애(binge eating disorder) 많은 양의 음식을 자주 섭취하고 먹는 것을 멈출 수 없는 느낌을 수반하는 심각한 섭식장애

해독(detoxification) 신체에서 알코올을 빼내는 과정으로, 대부분 의학적인 관찰이 가능하고 감독자가 있는 현장에서 이루어진다.

행동 과제(behavioral assignment) 통합된 치료 개입의 일부분으로서, 가정에서 내담자가 스스로 행동 조정을 위해 수행하는 활동들

행동 면역(behavioral immunization) 해로운 건강습관을 지닌 사람을 위해 고안된 프로그램으로 먼저 가벼운 수준의 설득적인 의사소통을 통해 건강에 좋지 않은 수칙들에 이들을 참여하도록 한다. 이후 이러한 상황들에 효과적으로 대처할 수 있는 기술들을 배울 수 있도록 한다.

행동 변화의 범이론적 모델(transtheoretical model of behavior) 사람들이 장기적 행동 변화를 성취하기 위해 거치는 단계와 과정을 살펴봄으로써 건강행동의 변화 과정을 분석하는 방법이다. 단계에는 숙고 전 단계와 숙고 단계, 준비 단계 및 실행 단계, 유지 단계가 있으며 태도나 변화의 성공 유무는 각 단계의 개입이 적절했는지에 달려있다. 예로, 사람들이 계획 전 단계로부터 계획 단계로 이행하기 위해서는 태도−변화에 대한 자료가 도움이 된다. 반면 재발 방지 기술은 사람들이 행동 시행 단계로부터 행동 유지 단계로 나아갈 수 있도록 돕는다.

행동 지연(behavioral delay) 치료받는 것을 결정하고 실제 행동으로 이어지기까지 걸리는 시간

행동적 접종(behavioral inoculation) 환자에게 사소한 논쟁거리를 주고 스스로 반대 의견을 내보도록 하여 그 의견에 성공적으로 저항할 수 있도록 한다. 질병 예방 접종의 원리와 유사하다.

행위별 수가제(private, fee-for-service care) 의학적 서비스에 관해 환자와 의사가 개별적으로 계약을 체결하고 본래 제안된 가격대로 비용을 지불하게 되는 방식

혈소판(platelet) 혈액이 응고하는 것에 기여하는 작은 판. 척추동물의 혈액 내부에서 나타난다.

혈압(blood pressure) 혈관벽에 혈액이 가하는 압력

협심증(angina pectoris) 심장 근육 조직이 적절한 산소를 받지 못했거나, 이산화탄소가 없어서 혹은 다른 노폐물들이 심장 혈류와 산소 흐름을 방해해서 나타나는 가슴의 통증

호스피스(hospice) 따뜻한 돌봄과 함께 환자 개개인에 맞추면서 고통 완화 처치를 우선으로 하는 말기 환자를 대상으로 하는 기관

호스피스 의료(hospice care) 말기 환자를 위해 따뜻하고 개인적인 편안함을 제공해주는 치료로, 병원과 가정 의료의 대안적 방법이다. 가정이나 요양시설에서 이루어진다.

호흡계(respiratory system) 산소를 흡수하고 이산화탄소를 내보내는 역할과 혈액의 상대적인 구성을 통제하는 체계이다.

환자 교육(patient education) 환자들에게 그들의 장애와 치료에 관련한 정보를 제공하도록 고안된 프로그램. 질병과 그에 따른 제한점에 대응하는 법을 알려준다.

환자 중심 관리(patient-centered care) 환자에게 정보를 제공하는 치료. 치료에 관한 결정을 내리게 하거나 사회적 지지 욕구와 같은 사회심리적 문제에 대해 생각해보기 등을 포함한다.

회피적(최소화) 대처방식[avoidant (minimizing) coping style] 스트레스 사건에 철수, 사건을 최소화시키거나 회피함으로써 보이는 대처 경향성. 단기간의 스트레스 사건에는 효과적이나 장기간의 스트레스 사건에는 효과가 없다고 알려져 있다.

후천성 면역결핍증(Acquired Immune Deficiency Syndrome, AIDS) 인간면역결핍 바이러스(HIV)가 면역체계를 점진적으로 손상시키면서 나타나는 질환으로, 한 가지 이상의 특정 기회 감염이 있는 경우 또는 매우 낮은 CD4 세포 수에 기초하여 AIDS로 진단한다.

후향적 연구(retrospective design/research) 과거의 변인

또는 조건과 현재의 변인, 조건 사이의 관계를 알기 위한 연구전략이다. 예로, 어떤 질환을 가진 사람들을 인터뷰하여 그들의 어린 시절의 건강행동과 위험 노출을 물어봄으로써 성인이 되었을 때 질병이 발생할 환경을 예상할 수 있다.

흡연 예방 프로그램(smoking prevention program) 흡연자가 담배를 끊게 하는 프로그램과는 대조적으로 이 프로그램은 비흡연자가 앞으로 담배를 시작하지 못하게 하기 위해 설계되었다.

1차 예방(primary prevention) 질병이 나타나기 이전에 그 질병을 유발할 수 있는 위험요소를 제거하기 위한 조치

1차 평가(primary appraisal) 환경이 새로 형성되거나 변화면서 나타난 결과에 대한 인지. 그 결과는 유익할 수도 있고, 중립적이거나 부정적으로 나타날 수 있다. 스트레스와 대처에 관한 첫 단계라고 여겨진다.

2차적 이득(secondary gains) 휴식, 불편한 일에서 자유로워지는 것, 다른 사람의 돌봄을 받는 것같이 질병을 치료하는 과정에서 발생하는 이득

2차 평가(secondary appraisal) 변하거나 새로운 상황에서 개인이 자신에게 해로움, 위협, 도전과 마주하기에 충분한 능력과 자원이 있는지 평가하는 것

참고문헌

ABC News. (2004). *Bitter medicine: Pills, profit, and the public health.* Retrieved from http://abcnews.go.com/onair/ABCNEWSSpecials/pharmaceuticals_020529_pjr_feature.html

Abdoli, S., Rahzani, K., Safaie, M., & Sattari, A. (2012). A randomized control trial: The effect of guided imagery with tape and perceived happy memory on chronic tension type headache. *Scandinavian Journal of Caring Sciences, 26,* 254–261.

Aboa-Éboulé, C., Brisson, C., Maunsell, E., Bourbonnais, R., Vézina, M., Milot, A. M., & Dagenais, G. R. (2011). Effort–reward imbalance at work and recurrent coronary heart disease events: A 4-year prospective study of post-myocardial infarction patients. *Psychosomatic Medicine, 73,* 436–447.

Abraham, C., & Graham-Rowe, E. (2009). Are worksite interventions effective in increasing physical activity? A systematic review and meta-analysis. *Health Psychology Review, 3,* 108–144.

Abrams, D. B., Orleans, C. T., Niaura, R. S., Goldstein, M. G., Prochaska, J. O., & Velicer, W. (1996). Integrating individual and public health perspectives for treatment of tobacco dependence under managed health care:
A combined stepped-care and matching model. *Annals of Behavioral Medicine, 18,* 290–304.

Adams, K. F., Schatzkin, A., Harris, T. B., Kipnis, V., Mouw, T., Ballard-Barbash, R., & Leitzmann, M. F. (2006). Overweight, obesity, and mortality in a large prospective cohort of persons 50 to 71 years old. *The New England Journal of Medicine, 355,* 763–778.

Adams, M. A., Norman, G. J., Hovell, M. F., Sallis, J. F., & Patrick, K. (2009). Reconceptualizing decisional balance in an adolescent sun protection intervention: Mediating effects and theoretical interpretations. *Health Psychology, 28,* 217–225.

Adelman, R. C., & Verbrugge, L. M. (2000). Death makes news: The social impact of disease on newspaper coverage. *Journal of Health and Social Behavior, 41,* 347–367.

Ader, R. (1995). Historical perspectives on psychoneuroimmunology. In H. Friedman, T. W. Klein, & A. L. Friedman (Eds.), *Psychoneuroimmunology, stress, and infection* (pp. 1–24). Boca Raton, FL: CRC Press.

Adler, N., & Stewart, J. (Eds.). (2010). *The biology of disadvantage: Socioeconomic status and health* (Vol. 1186). Malden, MA: Wiley-Blackwell.

Adler, N. E., Boyce, T., Chesney, M. A., Cohen, C., Folkman, S., Kahn, R. L., & Syme, L. S. (1994). Socioeconomic status and health: The challenge of the gradient. *American Psychologist, 49,* 15–24.

Adler, S. (1991). Sudden unexpected nocturnal death syndrome among Hmong immigrants: Examining the role of the "nightmare." *The Journal of American Folklore, 104* (411), 54–71.

Afari, N., Ahumada, S. M., Wright, L. J., Mostoufi, S., Golnari, G., Reis, V., & Cuneo, J. G. (2014). Psychological trauma and functional somatic syndromes: A systematic review and meta-analysis. *Psychosomatic Medicine, 76,* 2–11.

Affleck, G., Tennen, H., Pfeiffer, C., & Fifield, C. (1987). Appraisals of control and predictability in adapting to a chronic disease. *Journal of Personality and Social Psychology, 53,* 273–279.

Aggio, D., Wallace, K., Boreham, N., Shankar, A., Steptoe, A., & Hamer, M. (2017). Objectively measured daily physical activity and postural changes as related to positive and negative affect using ambulatory monitoring assessments. *Psychosomatic Medicine, 79,* 792–797.

Agras, W. S., Berkowitz, R. I., Arnow, B. A., Telch, C. F., Marnell, M., Henderson, J., & Wilfley, D. E. (1996). Maintenance following a very-low-calorie diet. *Journal of Consulting and Clinical Psychology, 64,* 610–613.

Agras, W. S., Taylor, C. B., Kraemer, H. C., Southam, M. A., & Schneider, J. A. (1987). Relaxation training for essential hypertension at the work site: II. The poorly controlled hypertensive. *Psychosomatic Medicine, 49,* 264–273.

Ahlstrom, B., Dinh, T., Haselton, M. G., & Tomiyama, A. J. (2017). Understanding eating interventions through an evolutionary lens. *Health Psychology Review, 11,* 72–88.

Ahluwalia, J. S., Nollen, N., Kaur, H., James, A. S., Mayo, M. S., & Resnicow, K. (2007). Pathways to health: Cluster-randomized trial to increase fruit and vegetable consumption among smokers in public housing. *Health Psychology, 26,* 214–221.

Ahmedani, B. K., Peterson, E. L., Wells, K. E., & Williams, L. K. (2013). Examining the relationship between depression and asthma exacerbations in a prospective follow-up study. *Psychosomatic Medicine, 75,* 305–310.

Ahn, A. C., Colbert, A. P., Anderson, B. J., Martinsen, Ø. G., Hammerschlag, R., Cina, S., . . . Langevin, H. M. (2008). Electrical properties of acupuncture points and meridians: A systematic review. *Bioelectromagnetics, 29,* 245–256.

Ai, A. L., Wink, P., Tice, T. N., Bolling, S. F., & Shearer, M. (2009). Prayer and reverence in naturalistic, aesthetic, and socio-moral contexts predicted fewer complications following coronary artery bypass. *Journal of Behavioral Medicine, 32,* 570–581.

Aiken, L. H., & Marx, M. M. (1982). Hospices: Perspectives on the public policy debate. *American Psychologist, 37,* 1271–1279.

Ajzen, I., & Fishbein, M. (1980). *Understanding attitudes and predicting social behavior.* Englewood Cliffs, NJ: Prentice-Hall.

Ajzen, I., & Madden, T. J. (1986). Prediction of goal-directed behavior: Attitudes, intentions, and perceived behavioral control. *Journal of Experimental Social Psychology, 22,* 453–474.

Akil, H., Mayer, D. J., & Liebeskind, J. C. (1972). Comparison chez le Rat entre l'analgesie induite par stimulation de la substance grise periaqueducale et l'analgesie morphinique. *C. R. Academy of Science, 274,* 3603–3605.

Akil, H., Mayer, D. J., & Liebeskind, J. C. (1976). Antagonism of stimulation-produced analgesia by naloxone, a narcotic antagonist. *Science, 191,* 961–962.

Al'Absi, M. (2018). Stress and addiction: When a robust stress response indicates resiliency. *Psychosomatic Medicine, 80,* 2–16.

Alati, R., O'Callaghan, M., Najman, J. M., Williams, G. M., Bor, W., & Lawlor, D. A. (2005). Asthma and internalizing behavior problems in adolescence: A longitudinal study. *Psychosomatic Medicine, 67,* 462–470.

Albarracín, D., Durantini, M. R., Earl, A., Gunnoe, J. B., & Leeper, J. (2008). Beyond the most willing audience: A meta-intervention to increase exposure to HIV-prevention programs by vulnerable populations. *Health Psychology, 27,* 638–644.

Albarracín, D., McNatt, P. S., Klein, C. T. F., Ho, R. M., Mitchell, A. L., &

Kumkale, G. C. (2003). Persuasive communications to change actions: An analysis of behavioral and cognitive impact in HIV prevention. *Health Psychology, 22,* 166–177.

Albarracín, D., Gillette, J. C., Earl, A. N., Glasman, L. R., Durantini, M. R., & Ho, M. H. (2005). A test of major assumptions about behavior change: A comprehensive look at the effects of passive and active HIV-prevention interventions since the beginning of the epidemic. *Psychological Bulletin, 131,* 856–897.

Albom, M. (1997). *Tuesdays with Morrie.* New York: Doubleday.

Alcoholics Anonymous. (2019, March). *Estimated worldwide A. A. individual and group membership.* Retrieved April 8, 2019, from http://www.aa.org/assets/en_US/smf-132_en.pdf

Alderman, M. H., & Lamport, B. (1988). Treatment of hypertension at the workplace: An opportunity to link service and research. *Health Psychology, 7* (Suppl.), 283–295.

Alexander, A. B., Stupiansky, N. W., Ott, M. A., Herbenick, D., Reece, M., & Zimet, G. D. (2014). What parents and their adolescent sons suggest for male HPV vaccine messaging. *Health Psychology, 33,* 448–456.

Alexander, F. (1950). *Psychosomatic medicine.* New York: Norton.

Alferi, S. M., Carver, C. S., Antoni, M. H., Weiss, S., & Duran, R. E. (2001). An exploratory study of social support, distress, and life disruption among low-income Hispanic women under treatment for early stage breast cancer. *Health Psychology, 20,* 41–46.

Ali, J., & Avison, W. (1997). Employment transitions and psychological distress: The contrasting experiences of single and married mothers. *Journal of Health and Social Behavior, 38,* 345–362.

Ainsworth, B., Steele, M., Stuart, B., Joseph, J., Miller, S., Morrison, L., . . . Yardley, L. (2016). Using an analysis of behavior change to inform effective digital intervention design: How did the PRIMIT website change hand hygiene behavior across 8993 users? *Annals of Behavioral Medicine, 51,* 423–431.

Allan, J. L., Johnston, M., & Campbell, N. (2015). Snack purchasing is healthier when the cognitive demands of choice are reduced: A randomized controlled trial. *Health Psychology, 34,* 750–755.

Allen, J., Markovitz, J., Jacobs, D. R., & Knox, S. S. (2001). Social support and health behavior in hostile black and white men and women. *Psychosomatic Medicine, 63,* 609–618.

Allen, J. E. (2003, April 7). Stroke therapy sets sights higher, farther. *Los Angeles Times,* pp. F1, F7.

Allen, M. S., Walter, E. E., & McDermott, M. S. (2017). Personality and sedentary behavior: A systematic review and meta-analysis. *Health Psychology, 36,* 255–263.

Almeida, N. D., Loucks, E. B., Kubzansky, L., Pruessner, J., Maselko, J., Meaney, M. J., & Buka, S. L. (2010). Quality of parental emotional care and calculated risk for coronary heart disease. *Psychosomatic Medicine, 72,* 148–155.

Alper, J. (2000). New insights into Type II diabetes. *Science, 289,* 37–39.

Alpert, J. J. (1964). Broken appointments. *Pediatrics, 34,* 127–132.

Alter, David. (2015). *Annals of Internal Medicine Tip Sheet.* Retrieved February 17, 2016, from http://annals.org

Altunç, U., Pittler, M. H., & Ernst, E. (2007). Homeopathy for childhood and adolescence ailments: Systematic review of randomized clinical trials. *Mayo Clinic Proceedings, 82,* 69–75.

Alzheimer's Association. (2016). *Alzheimer's & dementia: Global resources.* Retrieved February 6, 2016, from https://alz.org

Alzheimer's Association. (2016). *What is Alzheimer's?* Retrieved January 21, 2016, from https://alz.org

Alzheimer's Association. (2019). *Facts and figures.* Retrieved March 13, 2019, from https://www.alz.org/alzheimers-dementia/facts-figures

Ambrosone, C. B., Flevdenheim, J. L., Graham, S., Marshall, J. R., Vena, J. E., Glasure, J. R., . . . Shields, P. G. (1996). Cigarette smoking, *N*-acetyltransferase 2, genetic polymorphisms, and breast cancer risk. *Journal of the American Medical Association, 276,* 1494–1501.

America, A., & Milling, L. S. (2008). The efficacy of vitamins for reducing or preventing depression symptoms in healthy individuals: Natural remedy or placebo? *Journal of Behavioral Medicine, 31,* 157–167.

American Association of Health Plans. (2001). *How to choose a health plan.* Retrieved from http://www.aahp.org

American Autoimmune Related Diseases Association. (2015). *Questions and answers.* Retrieved January 21, 2016, from http://www.aarda.org/q_and_a.php

American Cancer Society. (2014). *Tobacco use: Smoking cessation.* Atlanta, GA: Author.

American Cancer Society. (2006). *Common questions about diet and cancer.* Retrieved June 14, 2007, from http://www.cancer.org/docroot/PED/content/PED_3_2X_Common_Questions_About_diet_and_Cancer.asp

American Cancer Society. (2008). *Macrobiotic diet.* Retrieved October 22, 2012, from http://www.cancer.org/treatment/treatmentsandsideeffects/complementaryandalternativemedicine/dietandnutrition/macrobiotic-diet

American Cancer Society. (2009). *Cancer facts & figures, 2009.* Retrieved September 25, 2009, from http://www.cancer.org/downloads/STT/500809web.pdf

American Cancer Society. (2012). *Cancer facts & figures, 2012.* Retrieved March 26, 2012, from http://www.cancer.org/acs/groups/content/@epidemiologysurveilance/documents/document/acspc-031941.pdf

American Cancer Society. (2016, February). *American Cancer Society guidelines on nutrition and physical activity for cancer prevention.* Retrieved May 25, 2016, from http://www.cancer.org

American Cancer Society. (2017). *About cancer pain.* Retrieved April 29, 2019, from https://www.cancer.org/content/dam/CRC/PDF/Public/7161.pdf

American Cancer Society. (2018). *Cancer facts & figures 2018.* Retrieved April 1, 2019, from https://www.cancer.org/content/dam/cancer-org/research/cancer-facts-and-statistics/annual-cancer-facts-and-figures/2018/cancer-facts-and-figures-2018.pdf

American Cancer Society. (2019a). *Cancer facts & figures 2019.* Atlanta, GA: Author.

American Cancer Society. (2019b). *Key statistics for lung cancer.* Retrieved March 26, 2019, from https://www.cancer.org/cancer/non-small-cell-lung-cancer/about/key-statistics.html

American Diabetes Association. (2012). *Who is at greater risk for type 2 diabetes?* Retrieved June 12, 2012, from http://www.diabetes.org/diabetes-basics/prevention/risk-factors

American Diabetes Association. (2018). *Statistics about diabetes: Overall numbers, diabetes and prediabetes.* Retrieved from http://www.diabetes.org/diabetes-basics/statistics/

American Heart Association. (2000). *Heart and stroke a–z guide.* Dallas, TX: Author.

American Heart Association. (2004a). *Heart disease and stroke statistics—2005 update.* Retrieved from http://www.americanheart.org/presenter.jhtml?identifier=1928

American Heart Association. (2004b). *Risk factors of cardiovascular disease.* Retrieved from http://www.americanheart.org/presenter. jhtml?identifier=3017033

American Heart Association. (2007). *Stroke statistics.* Retrieved April 5, 2007, from http://www.americanheart.org/presenter.jhtml? identifier=4725

American Heart Association. (2009). Heart disease and stroke statistics 2009 update: A report from the American Heart Association statistics committee and stroke statistics subcommittee. *Circulation, 119,* 21–181. Retrieved September 28, 2009, from http://circ.ahajournals.org/cgi/reprint/CIRCULATIONAHA.108.191261

American Heart Association. (2015, December). *Heart disease, stroke, and research statistics at-a-glance.* Retrieved April 30, 2016, from https://www.heart.org

American Heart Association. (2016). *Understand your risks to prevent a heart attack.* Retrieved March 25, 2019, from https://www.heart.org/en/health-topics/heart-attack/understand-your-risks-to-prevent-a-heart-attack

American Hospital Association. (2009). *Fast facts on US hospitals.* Retrieved October 13, 2009, from http://www.aha.org/aha/resource-center/Statistics-and-Studies/fast-facts.html

American Hospital Association. (2012). *TrendWatch chartbook: Trends affecting hospitals and health systems.* Retrieved March 21, 2012, from http://www.aha.org/research/reports/tw/chartbook/index.shtml

American Hospital Association. (2018). *TrendWatch chartbook 2018: Trends affecting hospitals and health systems.* Retrieved April 9, 2019, from https://www.aha.org/system/files/2018-07/2018-aha-chartbook.pdf

American Hospital Association. (2019, January). *Fast facts on U.S. hospitals, 2019.* Retrieved April 9, 2019, from https://www.aha.org/statistics/fast-facts-us-hospitals

American Institute of Stress. (n.d.). *Workplace stress.* Retrieved March 8, 2013, from http://www.stress.org/workplace-stress

American Kidney Fund. (2015). *Kidney disease statistics.* Retrieved March 26, 2019, from http://www.kidneyfund.org/assets/pdf/kidney-disease-statistics.pdf

American Lung Association. (2016). *Health effects of secondhand smoke.* Retrieved February 29, 2016, from http://www.lung.org

American Psychiatric Association. (2000). *Diagnostic and statistical manual of mental disorders* (4th ed., text revision). Washington, DC: Author.

American Psychological Association. (1996). *1993 APA directory survey, with new member updates for 1994 and 1995.* Washington, DC: American Psychological Association Research Office.

American Psychological Association. (2008). *Stress in America.* Washington, DC: American Psychological Association Research Office.

American Psychological Association Division 38. (2010). *About health psychology.* Retrieved March 23, 2010, from http://www.health-psych.org/AboutWhatWeDo.cfm

Ames, M. E., Leadbeater, B. J., & MacDonald, S. W. S. (2018). Health behavior changes in adolescence and young adulthood: Implications for cardiometabolic risk. *Health Psychology, 37,* 103–113.

Andersen, B. L., Cacioppo, J. T., & Roberts, D. C. (1995). Delay in seeking a cancer diagnosis: Delay stages and psychophysiological comparison processes. *British Journal of Social Psychology, 34,* 33–52.

Andersen, B. L., Woods, X. A., & Copeland, L. J. (1997). Sexual self-schema and sexual morbidity among gynecologic cancer survivors. *Journal of Consulting and Clinical Psychology, 65,* 1–9.

Anderson, K. O., Bradley, L. A., Young, L. D., McDaniel, L. K., & Wise, C. M. (1985). Rheumatoid arthritis: Review of psychological factors related to etiology, effects, and treatment. *Psychological Bulletin, 98,* 358–387.

Anderson, L. M., Symoniak, E. D., & Epstein, L. H. (2014). A randomized pilot trial of an integrated school-worksite weight control program. *Health Psychology, 33,* 1421–1425.

Anderson, R. A., Baron, R. S., & Logan, H. (1991). Distraction, control, and dental stress. *Journal of Applied Social Psychology, 21,* 156–171.

Andrews, J. A., & Duncan, S. C. (1997). Examining the reciprocal relation between academic motivation and substance use: Effects of family relationships, self-esteem, and general deviance. *Journal of Behavioral Medicine, 20,* 523–549.

Andrews, J. A., Tildesley, E., Hops, H., & Li, F. (2002). The influence of peers on young adult substance use. *Health Psychology, 21,* 349–357.

Aneshensel, C. S., Botticello, A. L., & Yamamoto-Mitani, N. (2004). When caregiving ends: The course of depressive symptoms after bereavement. *Journal of Health and Social Behavior, 45,* 422–440.

Angier, N. (2001, June 19). Researchers piecing together autoimmune disease puzzle. *New York Times,* pp. D1, D8.

Anschutz, D. J., Van Strien, T., & Engels, R. C. M. (2008). Exposure to slim images in mass media: Television commercials as reminders of restriction in restrained eaters. *Health Psychology, 27,* 401–408.

Anstey, K. J., Jorm, A. F., Réglade-Meslin, C., Maller, J., Kumar, R., Von Sanden, C., . . . Sachdev, P. (2006). Weekly alcohol consumption, brain atrophy, and white matter hyperintensities in a community-based sample aged 60 to 64 years. *Psychosomatic Medicine, 68,* 778–785.

Antoni, M. H., Carrico, A. W., Durán, R. E., Spitzer, S., Penedo, F., Ironson, G., . . . Schneiderman, N. (2006). Randomized clinical trial of cognitive behavioral stress management on human immunodeficiency virus viral load in gay men treated with highly active antiretroviral therapy. *Psychosomatic Medicine, 68,* 143–151.

Antoni, M. H., & Dhabhar, F. S. (2019). The impact of psychosocial stress and stress management on immune responses in patients with cancer. *Cancer, 125,* 1417–1431.

Antoni, M. H., Lechner, S. C., Kazi, A., Wimberly, S. R., Sifre,T., Urcuyo, K. R., . . . Carver, C. S. (2006). How stress management improves quality of life after treatment for breast cancer. *Journal of Consulting and Clinical Psychology, 74,* 1143–1152.

Antoni, M. H., Lehman, J. M., Kilbourne, K. M., Boyers, A. E., Culver, J. L., Alferi, S. M., . . . Carver, C. S. (2001). Cognitive–behavioral stress management intervention decreases the prevalence of depression and enhances benefit finding among women under treatment of early-stage breast cancer. *Health Psychology, 20,* 20–32.

Antoni, M. H., & Lutgendorf, S. (2007). Psychosocial factors and disease progression in cancer. *Current Directions in Psychological Science, 16,* 42–46.

Apanovitch, A. M., McCarthy, D., & Salovey, P. (2003). Using message framing to motivate HIV testing among low-income, ethnic minority women. *Health Psychology, 22,* 60–67.

Appleton, A. A., Buka, S. L., McCormick, M. C., Koenen, K.C., Loucks, E. B., & Kubzansky, L. D. (2012). The association between childhood emotional functioning and adulthood inflammation is modified by early-life socioeconomic status. *Health Psychology, 31,* 413–422.

Appleton, A. A., Buka, S. L., Loucks, E. B., Gilman, S. E., & Kubzansky, L. D. (2013). Divergent associations of adaptive and maladaptive emotion regulation strategies with inflammation. *Health Psychology, 32,* 748–756.

Armistead, L., Cook, S., Skinner, D., Toefy, Y., Anthony, E. R., Zimmerman, L., . . . Chow, L. (2014). Preliminary results from a family-based HIV prevention intervention for South African youth. *Health Psychology, 33,* 668–676.

Armitage, C. J. (2008). A volitional help sheet to encourage smoking cessation: A randomized exploratory trial. *Health Psychology, 27,* 557–566.

Armitage, C. J., Harris, P. R., & Arden, M. A. (2011). Evidence that self-affirmation reduces alcohol consumption: Randomized exploratory trial with a new, brief means of self-affirming. *Health Psychology, 30,* 633–641.

Arnst, C. (2004, February 23). Let them eat cake—if they want to. *Business Week,* pp. 110–111.

Arpawong, T. E., Richeimer, S. H., Weinstein, F., Elghamrawy, A., & Milam, J. E. (2013). Posttraumatic growth, quality of life, and treatment symptoms among cancer chemotherapy outpatients. *Health Psychology, 32,* 397–408.

Arthritis Foundation. (2012). *The heavy burden of arthritis in the U.S.* Retrieved April 2, 2013, from http://www.arthritis.org/files/images/AF_Connect/Departments/Public_Relations/Arthritis-Prevalence-Fact-

Sheet-3-7-12.pdf

Ary, D. V., Biglan, A., Glasgow, R., Zoref, L., Black, C., Ochs, L., . . . James, L. (1990). The efficacy of social-influence prevention programs versus "standard care": Are new initiatives needed? *Journal of Behavioral Medicine, 13,* 281–296.

Asanuma, Y., Oeser, A., Shintani, A. K., Turner, E., Olsen, N., Fazio, S., . . . Stein, C. M. (2003). Premature coronary artery atherosclerosis in systematic lupus erythematosus. *The New England Journal of Medicine, 349,* 2407–2415.

Aschbacher, K., Patterson, T. L., von Känel, R., Dimsdale, J. E., Mills, P. J., Adler, K. A., . . . Grant, I. (2005). Coping processes and hemostatic reactivity to acute stress in dementia caregivers. *Psychosomatic Medicine, 67,* 964–971.

Ashkenazi, L., Toledano, R., Novack, V., Elluz, E., Abu-Salamae, I., & Ifergane, G. (2015). Emergency department companions of stroke patients: Implications on quality of care. *Medicine, 94,* 520.

Aslaksen, P. M., & Flaten, M. A. (2008). The roles of physiological and subjective stress in the effectiveness of a placebo on experimentally induced pain. *Psychosomatic Medicine, 70,* 811–818.

Aspinwall, L. G. (2011). Future-oriented thinking, proactive coping, and the management of potential threats to health and well-being. In S. Folkman (Ed.), *The Oxford handbook of stress, health, and coping.* New York: Oxford University Press.

Aspinwall, L. G., Leaf, S. L., Dola, E. R., Kohlmann, W., & Leachman, S. A. (2008). CDKN2A/p16 genetic test reporting improves early detection
intention and practices in high-risk melanoma families. *Cancer Epidemiology, Biomarkers & Prevention, 17,* 1510–1519.

Aspinwall, L. G., Taber, J. M., Leaf, S. L., Kohlmann, W., & Leachman, S. A. (2013). Genetic testing for hereditary melanoma and pancreatic cancer: A longitudinal study of psychological outcome. *Psycho-Oncology, 22,* 276–289.

Aspinwall, L. G., & Taylor, S. E. (1997). A stitch in time: Self-regulation and proactive coping. *Psychological Bulletin, 121,* 417–436.

Association for Psychological Science. (1996). *APS observer: Special issue HCI report 4—Healthy living.* Washington, DC: Author.

Auerbach, S. M., Clore, J. N., Kiesler, D. J., Orr, T., Pegg, P. O., Quick, B. G., & Wagner, C. (2001). Relation of diabetic patients' health-related control appraisals and physician–patient interpersonal impacts to patients' metabolic control and satisfaction with treatment. *Journal of Behavioral Medicine, 25,* 17–32.

Awick, E. A., Ehlers, D., Fanning, J., Phillips, S. M., Wójcicki, T., Mackenzie, M. J., . . . McAuley, E. (2017). Effects of a home-based DVD-delivered physical activity program on self-esteem in older adults: Results from a randomized controlled trial. *Psychosomatic Medicine, 79,* 71–80.

Babyak, M., Blumenthal, J. A., Herman, S., Khatri, P., Doraiswamy, M., Moore, K., . . . Krishnan, K. R. (2000). Exercise treatment for major depression: Maintenance of therapeutic benefit at 10 months. *Psychosomatic Medicine, 62,* 633–638.

Bach, P. B., Schrag, D., Brawley, O. W., Galaznik, A., Yakrin, S., & Begg, C. B. (2002). Survival of blacks and whites after a cancer diagnosis. *The Journal of the American Medical Association, 287,* 2106–2113.

Bacon, C. G., Mittleman, M. A., Kawachi, I., Giovannucci, E., Glasser, D. B., & Rimm, E. B. (2006). A prospective study of risk factors for erectile dysfunction. *The Journal of Urology, 176,* 217–221.

Badr, H., Carmack, C. L., Kashy, D. A., Cristofanilli, M., & Revenson, T. A. (2010). Dyadic coping in metastatic breast cancer. *Health Psychology, 29,* 169–180.

Badr, H., & Krebs, P. (2013). A systematic review and meta-analysis of psychosocial interventions for couples coping with cancer. *Psycho-Oncology, 22,* 1688–1704.

Bages, N., Appels, A., & Falger, P. R. J. (1999). Vital exhaustion as a risk factor of myocardial infarction: A case–control study in Venezuela. *International Journal of Behavioral Medicine, 6,* 279–290.

Baig, E. (1997, February 17). The doctor is in cyberspace: Myriad sites offer feedback and support. *Business Week,* p. 102E8.

Bair, M. J., Robinson, R. L., Eckert, G. J., Stang, P. E., Croghan, T. W., & Kroenke, K. (2004). Impact of pain on depression treatment response in primary care. *Psychosomatic Medicine, 66,* 17–22.

Bair, M. J., Wu, J., Damush, T. M., Sutherland, J. M., & Kroenke, K. (2008). Association of depression and anxiety alone and in the combination with chronic musculoskeletal pain in primary care patients. *Psychosomatic Medicine, 70,* 890–897.

Baker, R. C., & Kirschenbaum, D. S. (1998). Weight control during the holidays: Highly consistent self-monitoring as a potentially useful coping mechanism. *Health Psychology, 17,* 367–370.

Bakker, A., Van der Heijden, P. G. M., Van Son, M. J. M., & Van Loey, N., E. E. (2013). Course of traumatic stress reactions in couples after a burn event to their young child. *Health Psychology, 32,* 1076–1083.

Baldwin, A. S., Rothman, A. J., Hertel, A. W., Linde, J. A., Jeffery, R. W., Finch, E. A., & Lando, H. A. (2006). Specifying the determinants of the initiation and maintenance of behavior change: An examination of self-efficacy, satisfaction, and smoking cessation. *Health Psychology, 25,* 626–634.

Baldwin, A. S., Rothman, A. J., Vander Weg, M. W., & Christensen, A. J. (2013). Examining causal components and a mediating process underlying self-generated health arguments for exercise and smoking cessation. *Health Psychology, 32,* 1209–1217.

Baldwin, J. R., Arseneault, L., Odgers, C., Belsky, D. W., Matthews, T., Ambler, A., . . . Danese, A. (2016). Childhood bullying victimization and subsequent overweight in young adulthood: A cohort study. *Psychosomatic Medicine, 78,* 1094–1103.

Balfour, L., White, D. R., Schiffrin, A., Dougherty, G., & Dufresne, J. (1993). Dietary disinhibition, perceived stress, and glucose control in young, Type I diabetic women. *Health Psychology, 12,* 33–38.

Balog, P., Falger, P. R. J., Szabó, G., Rafael, B., Székely, A., & Konkolÿ Thege, B. (2017). Are vital exhaustion and depression independent risk factors for cardiovascular disease morbidity? *Health Psychology, 36,* 740–748.

Bambauer, K. Z., Aupont, O., Stone, P. H., Locke, S. E., Mullan, M. G., Colagiovanni, J., & McLaughlin, T. J. (2005). The effect of a telephone counseling intervention on self-rated health of cardiac patients. *Psychosomatic Medicine, 67,* 539–545.

Band, R., Barrowclough, C., & Wearden, A. (2014). The impact of significant other expressed emotion on patient outcomes in chronic fatigue syndrome. *Health Psychology, 33,* 1092–1101.

Bandiera, F. C., Arheart, K. L., Caban-Martinez, A. J., Fleming, L. E., McCollister, K., Dietz, N. A., . . . Lee, D. J. (2010). Secondhand smoke exposure and depressive symptoms. *Psychosomatic Medicine, 72,* 68–72.

Bandura, A. (1969). *Principles of behavior modification.* New York: Holt, Rinehart & Winston.

Bandura, A. (1977). Self-efficacy: Toward a unifying theory of behavioral change. *Psychological Review, 84,* 191–215.

Bandura, A. (1991). Self-efficacy mechanism in physiological activation and health-promotion behavior. In J. Madden IV (Ed.), *Neurobiology of learning, emotion, and affect* (pp. 229–269). New York: Raven Press.

Bankier, B., Januzzi, J. L., & Littman, A. B. (2004). The high prevalence of multiple psychiatric disorders in stable outpatients with coronary heart disease. *Psychosomatic Medicine, 66,* 645–650.

Barefoot, J. C. (1992). Developments in the measurement of hostility. In H. S. Friedman (Ed.), *Hostility, coping, and health* (pp. 13–31). Washington, DC: American Psychological Association.

Barefoot, J. C., Maynard, K. E., Beckham, J. C., Brummett, B. H., Hooker, K., & Siegler, I. C. (1998). Trust, health, and longevity. *Journal of Behavioral Medicine, 21,* 517–526.

Barger, S. D. (2013). Social integration, social support and mortality in the U.S. National Health Interview Survey. *Psychosomatic Medicine, 75,* 510–517.

Bargh, J. A., & Morsella, E. (2008). The unconscious mind. *Perspectives on Psychological Science, 3,* 73–79.

Barlow, M. A., Liu, S. Y., & Wrosch, C. (2015). Chronic illness and loneliness in older adulthood: The role of self-protective control strategies. *Health Psychology, 34,* 870–879.

Barnes, P. M., Bloom, B., & Nahin, R. L. (2008). Complementary and alternative medicine use among adults and children: United States, 2007. *National Health Statistics Report, 10,* 1–23.

Barnes, P. M., Powell-Griner, E., McFann, K., & Nahin, R. L. (2004). Complementary and alternative medicine use among adults: United States, 2002. *Advance Data, 27,* 1–19.

Barnes, P. M., & Schoenborn, C. A. (2012). Trends in adults receiving a recommendation for exercise or other physical activity from a physician or other health professional. *NCHS Data Brief, 86,* 1–8.

Barnes, V. A., Davis, H. C., Murzynowski, J. B., & Treiber, F. A. (2004). Impact of meditation on resting and ambulatory blood pressure and heart rate in youth. *Psychosomatic Medicine, 66,* 909–914.

Barnett, R. C., Raudenbush, S. W., Brennan, R. T., Pleck, J. H., & Marshall, N. L. (1995). Change in job and marital experiences and change in psychological distress: A longitudinal study of dual-earner couples. *Journal of Personality and Social Psychology, 69,* 839–850.

Barrera, M., Jr., Toobert, D., Strycker, L., & Osuna, D. (2012). Effects of acculturation on a culturally adapted diabetes intervention for Latinas. *Health Psychology, 31,* 51–54.

Bar-Tal, Y., Stasiuk, K., & Maksymiuk, R. A. (2013). Patients' perceptions of physicians' epistemic authority when recommending flu inoculation. *Health Psychology, 32,* 706–709.

Barth, J., Schneider, S., & von Känel, R. (2010). Lack of social support in the etiology and the prognosis of coronary heart disease: A systematic review and meta-analysis. *Psychosomatic Medicine, 72,* 229–238.

Bartley, H., Faasse, K., Horne, R., & Petrie, K. J. (2016). You can't always get what you want: The influence of choice on nocebo and placebo responding. *Annals of Behavioral Medicine, 50,* 445–451.

Barton, B. K., & Schwebel, D. C. (2007). A contextual perspective on the etiology of children's unintentional injuries. *Health Psychology Review, 1,* 173–185.

Bartrop, R. W., Lockhurst, E., Lazarus, L., Kiloh, L. G., & Penny, R. (1977). Depressed lymphocyte function after bereavement. *Lancet, 1,* 834–836.

Basen-Engquist, K., Carmack, C. L., Li, Y., Brown, J., Jhingran, A., Hughes, D. C., & Waters, A. (2013). Social–cognitive theory predictors of exercise behavior in endometrial cancer survivors. *Health Psychology, 32,* 1137–1148.

Basu, N., Jones, G. T., Macfarlane, G. J., & Druce, K. L. (2017). Identification and validation of clinically relevant clusters of severe fatigue in rheumatoid arthritis. *Psychosomatic Medicine, 79,* 1051–1058.

Bates, D. W., Spell, N., Cullen, D. J., Burdick, E., Laird, N., Peterson, L. A., . . . Leape, L. L. (1997). The cost of adverse drug events in hospitalized patients. *Journal of the American Medical Association, 277,* 307–311.

Baucom, K. J. W., Queen, T. L., Wiebe, D. J., Turner, S. L., Wolfe, K. L., Godbey, E. I., & Berg, C. A. (2015). Depressive symptoms, daily stress, and adherence in late adolescents with type 1 diabetes. *Health Psychology, 34,* 522–530.

Baucom, K. J. W., Turner, S. L., Tracy, E. L., Berg, C. A., & Wiebe, D. J. (2018). Depressive symptoms and diabetes management from late adolescence to emerging adulthood. *Health Psychology, 37,* 716–724.

Bauman, K. E., Koch, G. G., & Fisher, L. A. (1989). Family cigarette smoking and test performance by adolescents. *Health Psychology, 8,* 97–105.

Beal, S. J., Dorn, L. D., Sucharew, H. J., Sontag-Padilla, L., Pabst, S., & Hillman, J. (2014). Characterizing the longitudinal relations between depressive and menstrual symptoms in adolescent girls. *Psychosomatic Medicine, 76,* 547–554.

Beatty, D. L., Hall, M. H., Kamarck, T. A., Buysse, D. J., Owens, J. F., Reis, S. E., . . . Matthews, K. A. (2011). Unfair treatment is associated with poor sleep in African American and Caucasian adults: Pittsburgh SleepSCORE Project. *Health Psychology, 30,* 351–359.

Beatty, D. M., Chang, Y., Brown, C., Bromberger, J. T., & Matthews, K. A. (2018). Everyday discrimination and metabolic syndrome incidence in a racially/ethnically diverse sample: Study of women's health across the nation. *Psychosomatic Medicine, 80,* 114–121.

Beatty Moody, D. L., Taylor, A. D., Leibel, D. K., Al-Najjar, E., Katzel, L. I., Davatzikos, C., . . . Waldstein, S. R. (2019). Lifetime discrimination burden, racial discrimination, and subclinical cerebrovascular disease among African Americans. *Health Psychology, 38,* 63–74.

Beatty Moody, D. L., Waldstein, S. R., Tobin, J. N., Cassells, A., Schwartz, J. C., & Brondolo, E. (2016). Lifetime racial/ethnic discrimination and ambulatory blood pressure: The moderating effect of age. *Health Psychology, 35,* 333–342.

Beauchamp, M. R., Harden, S. M., Wolf, S. A., Rhodes, R. E., Liu, Y., Dunlop, W. L., . . . Estabrooks, P. A. (2015). GrOup based physical Activity for oLder adults (GOAL) randomized controlled trial: Study protocol. *BMC Public Health, 15,* 592.

Becker, M. H., & Janz, N. K. (1987). On the effectiveness and utility of health hazard/health risk appraisal in clinical and nonclinical settings. *Health Services Research, 22,* 537–551.

Beckjord, E. B., Rutten, L. J. F., Arora, N. K., Moser, R. P., & Hesse, B. W. (2008). Information processing and negative affect: Evidence from the 2003 health information national trends survey. *Health Psychology, 27,* 249–257.

Beckner, V., Howard, I., Vella, L., & Mohr, D. C. (2010). Telephone-administered psychotherapy for depression in MS patients: Moderating role of social support. *Journal of Behavioral Medicine, 33,* 47–59.

Beecher, H. K. (1959). *Measurement of subjective responses.* New York: Oxford University Press.

Bejarano, C. M., & Cushing, C. C. (2018). Dietary motivation and hedonic hunger predict palatable food consumption: An intensive longitudinal study of adolescents. *Annals of Behavioral Medicine, 52,* 773–786.

Beltrán-Sánchez, H., Finch, C. E., & Crimmins, E. M. (2015). Twentieth century surge of excess adult male mortality. *Proceedings of the National Academy of Sciences, 112,* 8993–8998.

Bellavite, P., Marzotto, M., Chirumbolo, S., & Conforti, A. (2011). Advances in homeopathy and immunology: A review of clinical research. *Frontiers in Bioscience, 3,* 1363–1389.

Beller, J., & Wagner, A. (2018). Loneliness, social isolation, their synergistic interaction, and mortality. *Health Psychology, 37,* 808–813.

Belloc, N. D., & Breslow, L. (1972). Relationship of physical health status and family practices. *Preventive Medicine, 1,* 409–421.

Belluck, P. (2005, March 17). Children's life expectancy being cut short by obesity. *New York Times,* p. A15.

Benight, C. C., Antoni, M. H., Kilbourn, K., Ironson, G., Kumar, M. A., Fletcher, M. A., . . . Schneiderman, N. (1997). Coping self-efficacy buffers psychological and physiological disturbances in HIV-infected men following a natural disaster. *Health Psychology, 16,* 248–255.

Benjamin, E. J., Virani, S. S., Callaway, C. W., Chamberlain, A. M., Chang, A. R., Cheng, S., . . . Muntner, P. (2018). Heart disease and stroke

statistics-
2018 update: A report from the American Heart Association. *Circulation, 137,* e67–e492.
Benner, A. D., Wang, Y., Shen, Y., Boyle, A. E., Polk, R., & Cheng, Y. P. (2018). Racial/ethnic discrimination and well-being during adolescence: A meta-analytic review. *American Psychologist, 73,* 855–883.
Bennett, K. K., Compas, B. E., Beckjord, E., & Glinder, J. G. (2005). Self-blame among women with newly diagnosed breast cancer. *Journal of Behavioral Medicine, 28,* 313–323.
Bensley, L. S., & Wu, R. (1991). The role of psychological reactance in drinking following alcohol prevention messages. *Journal of Applied Social Psychology, 21,* 1111–1124.
Berg, C. A., Butner, J. E., Butler, J. M., King, P. S., Hughes, A. E., & Wiebe, D. J. (2013). Parental persuasive strategies in the face of daily problems in adolescent type 1 diabetes management. *Health Psychology, 32,* 719–728.
Bergeson, S. C., & Dean, J. D. (2006). A systems approach to patient-centered care. *Journal of the American Medical Association, 296,* 2848–2851.
Berkley-Patton, J. Y., Thompson, C. B., Moore, E., Hawes, S., Berman, M., Allsworth, J., . . . Catley, D. (2019). Feasibility and outcomes of an HIV testing intervention in African American churches. *AIDS and Behavior, 23,* 76–90.
Berkman, E. T., Dickenson, J., Falk, E. B., & Lieberman, M. D. (2011). Using SMS text messaging to assess moderators of smoking reduction: Validating a new tool for ecological measurement of health behaviors. *Health Psychology, 30,* 186–194.
Berli, C., Stadler, G., Shrout, P. E., Bolger, N., & Scholz, U. (2017). Mediators of physical activity adherence: Results from an action control intervention in couples. *Annals of Behavioral Medicine, 52,* 65–76.
Berlin, A. A., Kop, W. J., & Deuster, P. A. (2006). Depressive mood symptoms and fatigue after exercise withdrawal: The potential role of decreased fitness. *Psychosomatic Medicine, 68,* 224–230.
Berman, M. G., Askren, M. K., Jung, M., Therrien, B., Peltier, S., Noll, D., . . . Cimprich, B. (2014). Pretreatment worry and neurocognitive responses in women with breast cancer. *Health Psychology, 33,* 222–231.
Bernstein, E. E., & McNally, R. J. (2017). Acute aerobic exercise hastens emotional recovery from a subsequent stressor. *Health Psychology, 36,* 560–567.
Bernstein, L. (2018, November 29). U.S. life expectancy declines again, a dismal trend not seen since WWI. *The Washington Post.* Retrieved May 7, 2019, from https://www.washingtonpost.com/national/health-science/us-life-expectancy-declines-again-a-dismal-trend-not-seen-since-world-war-i/2018/11/28/ae58bc8c-f28c-11e8-bc7968604ed88993_story.html?utm_
term=.34327d5e7bf1
Berntson, G. G., Norman, G. J., Hawkley, L. C., & Cacioppo, J. T. (2008). Spirituality and autonomic cardiac control. *Annals of Behavioral Medicine, 35,* 198–208.
Berry, L. L., Mirabito, A. M., & Baun, W. B. (2010). What's the hard return on employee wellness programs? *Harvard Business Review, 88,* 104–112, 142.
Betensky, J. D., & Contrada, R. J. (2010). Depressive symptoms, trait aggression, and cardiovascular reactivity to a laboratory stressor. *Annals of Behavioral Medicine, 39,* 184–191.
Betsch, C., & Sachse, K. (2013). Debunking vaccination myths: Strong risk negations can increase perceived vaccination risks. *Health Psychology, 32,* 146–155.
Beydoun, M. A., Poggi-Burke, A., Zonderman, A. B., Rostant, O. S., Evans, M. K., & Crews, D. C. (2017). Perceived discrimination and longitudinal change in kidney function among urban adults. *Psychosomatic Medicine, 79,* 824–834.
Biernat, M., Crosby, F. J., & Williams, J. C. (Eds.). (2004). The maternal wall: Research and policy perspective on discrimination against mothers. *Journal of Social Issues,* 60.
Biglan, A., McConnell, S., Severson, H. H., Bavry, J., & Ary, D. (1984). A situational analysis of adolescent smoking. *Journal of Behavioral Medicine, 7,* 109–114.
Billings, A. C., & Moos, R. H. (1984). Coping, stress, and social resources among adults with unipolar depression. *Journal of Personality and Social Psychology, 46,* 877–891.
Birch, S., Hesselink, J. K., Jonkman, F. A. M., Hekker, T. A. M., & Bos, A. A. T. (2004). Clinical research on acupuncture: Part 1. What have reviews of the efficacy and safety of acupuncture told us so far? *The Journal of Alternative and Complementary Medicine, 10,* 468–480.
Bishop, S. R. (2002). What do we really know about mindfulness-based stress reduction? *Psychosomatic Medicine, 64,* 71–84.
Bishop, S. R., & Warr, D. (2003). Coping, catastrophizing and chronic pain in breast cancer. *Journal of Behavioral Medicine, 26,* 265–281.
Bjorntorp, P. (1996). Behavior and metabolic disease. *International Journal of Behavioral Medicine, 3,* 285–302.
Blair, C., & Raver, C. C. (2012). Child development in the context of adversity: Experiential canalization of brain and behavior. *American Psychologist, 67,* 309–318.
Blakeslee, S. (1998, October 13). Placebos prove so powerful even experts are surprised. *New York Times,* p. F2.
Blanchard, C. M., Fortier, M., Sweet, S., O'Sullivan, T., Hogg, W., Reid, R. D., & Sigal, R. J. (2007). Explaining physical activity levels from a self-efficacy perspective: The physical activity counseling trial. *Annals of Behavioral Medicine, 34,* 323–328.
Blanchard, E. B., Andrasik, F., & Silver, B. V. (1980). Biofeedback and relaxation in the treatment of tension headaches: A reply to Belar. *Journal of Behavioral Medicine, 3,* 227–232.
Blanton, H., & Gerrard, M. (1997). Effect of sexual motivation on men's risk perception for sexually transmitted disease: There must be 50 ways to justify a lover. *Health Psychology, 16,* 374–379.
Blascovich, J. (1992). A biopsychosocial approach to arousal regulation. *Journal of Social and Clinical Psychology, 11,* 213–237.
Blascovich, J. (2008). Challenge and threat appraisal. In A. J. Eliot (Ed.), *Handbook of approach-avoidance motivation* (pp. 432–444). New York: Taylor & Francis Group.
Blashill, A. J., Goshe, B. M., Robbins, G. K., Mayer, K. H., & Safren, S. A. (2014). Body image disturbance and health behaviors among sexual minority men living with HIV. *Health Psychology, 33,* 667–680.
Blashill, A. J., Safren, S. A., Wilhelm, S., Jampel, J., Taylor, S. W., O'Cleirigh, C., & Mayer, K. H. (2017). Cognitive behavioral therapy for body image and self-care (CBT-BISC) in sexual minority men living with HIV: A randomized controlled trial. *Health Psychology, 36,* 937–946.
Blechert, J., Feige, B., Joos, A., Zeeck, A., & Tuschen-Caffier, B. (2011). Electrocortical processing of food and emotional pictures in anorexia nervosa and bulimia nervosa. *Psychosomatic Medicine, 73,* 415–421.
Bleil, M. E., Gianaros, P. J., Jennings, R., Flory, J. D., & Manuck, S. B. (2008). Trait negative affect: Toward an integrated model of understanding psychological risk for impairment in cardiac autonomic function. *Psychosomatic Medicine, 70,* 328–337.
Blissmer, B., & McAuley, E. (2002). Testing the requirements of stages of physical activity among adults: The comparative effectiveness of stage-matched, mismatched, standard care, and control interventions. *Annals of Behavioral Medicine, 24,* 181–189.
Blomhoff, S., Spetalen, S., Jacobsen, M. B., & Malt, U. F. (2001). Phobic anxiety changes the function of brain-gut axis in irritable bowel syndrome. *Psychosomatic Medicine, 63,* 959–965.
Bloom, B., & Cohen, R. A. (2011). Young adults seeking medical care: Do

race and ethnicity matter? *NCHS Data Brief, 55,* 1–8.

Bluebond-Langner, M. (1977). Meanings of death to children. In H. Feifel (Ed.), *New meanings of death* (pp. 47–66). New York: McGraw-Hill.

Blumenthal, J. A., Emery, C. F., Smith, P. J., Keefe, F. J., Welty-Wolf, K., Mabe, S., & Palmer, S. M. (2014). The effects of a telehealth coping skills intervention on outcomes in chronic obstructive pulmonary disease: Primary results from the INSPIRE-II study. *Psychosomatic Medicine, 76,* 581–592.

Blumenthal, J. A., Smith, P. J., Mabe, S., Hinderliter, A., Welsh-Bohmer, K., Browndyke, J. N., . . . Sherwood, A. (2017). Lifestyle and neurocognition in older adults with cardiovascular risk factors and cognitive impairment. *Psychosomatic Medicine, 79,* 719–727.

Boehm, J. K., & Kubzansky, L. D. (2012). The heart's content: The association between positive psychological well-being and cardiovascular health. *Psychological Bulletin, 138,* 655–691.

Boehm, J. K., Soo, J., Zevon, E. S., Chen, Y., Kim, E. S., & Kubzansky, L. D. (2018). Longitudinal associations between psychological well-being and the consumption of fruits and vegetables. *Health Psychology, 37,* 959–967.

Boehm, J. K., Trudel-Fitzgerald, C., Kivimaki, M., & Kubzansky, L. D. (2015). The prospective association between positive psychological well-being and diabetes. *Health Psychology, 34,* 1013–1021.

Bogart, L. M. (2001). Relationship of stereotypic beliefs about physicians to health-care relevant behaviors and cognitions among African American women. *Journal of Behavioral Medicine, 245,* 573–586.

Bogart, L. M., Mutchler, M. G., McDavitt, B., Klein, D. J., Cunningham, W. E., Goggin, K. J., . . . Wagner, G. J. (2017). A randomized controlled trial of RISE, a community-based culturally congruent adherence intervention for black Americans living with HIV. *Annals of Behavioral Medicine, 51,* 868–878.

Bogart, L. M., Wagner, G. J., Galvan, F. H., & Klein, D. J. (2010). Longitudinal relationships between antiretroviral treatment adherence and discrimination due to HIV-serostatus, race, and sexual orientation among African-American men with HIV. *Annals of Behavioral Medicine, 40,* 184–190.

Bogg, T., & Slatcher, R. B. (2015). Activity mediates conscientiousness' relationship to diurnal cortisol slope in a national sample. *Health Psychology, 34,* 1195–1199.

Bold, K. W., Krishnan-Sarin, S., & Stoney, C. M. (2018). E-cigarette use as a potential cardiovascular disease risk behavior. *American Psychologist, 73,* 955–967.

Bolger, N., & Amarel, D. (2007). Effects of social support visibility on adjustment to stress: Experimental evidence. *Journal of Personality and Social Psychology, 92,* 458–475.

Bolger, N., Zuckerman, A., & Kessler, R. C. (2000). Invisible support and adjustment to stress. *Journal of Personality and Social Psychology, 79,* 953–961.

Bolles, R. C., & Fanselow, M. S. (1982). Endorphins and behavior. *Annual Review of Psychology, 33,* 87–101.

Bonanno, G. A., Keltner, D., Holen, A., & Horowitz, M. J. (1995). When avoiding unpleasant emotions might not be such a bad thing: Verbal-autonomic response dissociation and midlife conjugal bereavement. *Journal of Personality and Social Psychology, 69,* 975–989.

Bonanno, G. A., Wortman, C. B., Lehman, D. R., Tweed, R. G., Haring, M., Sonnega, J., . . . Neese, R. M. (2002). Resilience to loss and chronic grief: A prospective study from preloss to 18-months postloss. *Journal of Personality and Social Psychology, 83,* 1150–1164.

Bookwala, J., Marshall, K. I., & Manning, S. W. (2014). Who needs a friend? Marital status transitions and physical health outcomes in later life. *Health Psychology, 33,* 505–515.

Booth, T., Mõttus, R., Corley, J., Gow, A. J., Henderson, R. D., Maniega, S. M., & Deary, I. J. (2014). Personality, health, and brain integrity: The Lothian birth cohort study 1936. *Health Psychology, 33,* 1477–1486.

Borland, R. (2018). Misinterpreting theory and ignoring evidence: Fear appeals can actually work: A comment on Kok et al. (2018). *Health Psychology Review, 12,* 126–128.

Borrelli, B., Gaynor, S., Tooley, E., Armitage, C. J., Wearden, A., & Bartlett, Y. K. (2018). Identification of three different types of smokers who are not motivated to quit: Results from a latent class analysis. *Health Psychology, 37,* 179–187.

Bornschein, S., Hausteiner, C., Konrad, F., Förstl, H., & Zilker, T. (2006). Psychiatric morbidity and toxic burden in patients with environmental illness: A controlled study. *Psychosomatic Medicine, 68,* 104–109.

Boscarino, J., & Chang, J. (1999). Higher abnormal leukocyte and lymphocyte counts 20 years after exposure to severe stress: Research and clinical implications. *Psychosomatic Medicine, 61,* 378–386.

Bosch, J. A., Engeland, C. G., Cacioppo, J. T., & Marucha, P. T. (2007). Depressive symptoms predict mucosal wound healing. *Psychosomatic Medicine, 69,* 597–605.

Boskind-White, M., & White, W. C. (1983). *Bulimarexia: The binge/purge cycle.* New York: Norton.

Bosma, H., Marmot, M. G., Hemingway, H., Nicholson, A. C., Brunner, E., & Stanfeld, S. A. (1997). Low job control and risk of coronary heart disease in Whitehall II (prospective cohort) study. *British Medical Journal, 314,* 558–565.

Bosworth, H. B., Blalock, D. V., Hoyle, R. H., Czajkowski, S. M., & Voils, C. I. (2018). The role of psychological science in efforts to improve cardiovascular medication adherence. *American Psychologist, 73,* 968–980.

Bourassa, K. J., Sbarra, D. A., Ruiz, J. M., Karciroti, N., & Harburg, K. J. (2019). Mismatch in spouses' anger-coping response styles and risk of early mortality. *Psychosomatic Medicine, 81,* 26–33.

Boutelle, K. N., Kirschenbaum, D. S., Baker, R. C., & Mitchell, M. E. (1999). How can obese weight controllers minimize weight gain during the high risk holiday season? By self-monitoring very consistently. *Health Psychology, 18,* 364–368.

Bouton, M. E. (2000). A learning theory perspective on lapse, relapse, and the maintenance of behavior change. *Health Psychology, 19,* 57–63.

Bouwmans, M. E., Conradi, H. J., Bos, E. H., Oldehinkel, A. J., & de Jonge, P. (2017). Bidirectionality between sleep symptoms and core depressive symptoms and their long-term course in major depression. *Psychosomatic Medicine, 79,* 336–344.

Bowen, A. M., Williams, M. L., Daniel, C. M., & Clayton, S. (2008). Internet based HIV prevention research targeting rural MSM: Feasibility, acceptability, and preliminary efficacy. *Journal of Behavioral Medicine, 31,* 463–477.

Bowen, D. J., Tomoyasu, N., Anderson, M., Carney, M., & Kristal, A. (1992). Effects of expectancies and personalized feedback on fat consumption, taste, and preference. *Journal of Applied Social Psychology, 22,* 1061–1079.

Bowen, K. S., Uchino, B. N., Birmingham, W., Carlisle, M., Smith, T. W., & Light, K. C. (2014). The stress-buffering effects of functional social support on ambulatory blood pressure. *Health Psychology, 33,* 1440–1443.

Bower, J. E. (2019). The role of neuro-immune interactions in cancer-related fatigue: Biobehavioral risk factors and mechanisms. *Cancer, 125,* 353–364.

Bower, J. E., Crosswell, A. D., & Slavich, G. M. (2013). Childhood adversity and cumulative life stress: Risk factors for cancer-related fatigue. *Clinical Psychological Science, 2,* 108–115.

Bower, J. E., Garet, D., Sternlieb, B., Ganz, P. A., Irwin, M. R., Olmstead, R., & Greendale, G. (2011). Yoga for persistent fatigue in breast cancer

survivors: A randomized controlled trial. *Cancer, 118,* 3766–3775.
Bower, J. E., Kemeny, M. E., Taylor, S. E., & Fahey, J. L. (1997). Cognitive processing, discovery of meaning, CD 4 decline, and AIDS-related mortality among bereaved HIV-seropositive men. *Journal of Consulting and Clinical Psychology, 66,* 979–986.
Bower, J. E., Kemeny, M. E., Taylor, S. E., & Fahey, J. L. (2003). Finding positive meaning and its association with natural killer cell cytotoxicity among participants in bereavement-related disclosure intervention. *Annals of Behavioral Medicine, 25,* 146–155.
Boyce, W. T., Chesney, M., Alkon, A., Tschann, J. M., Adams, S., Chesterman, B., . . . Wara, D. (1995). Psychobiologic reactivity to stress and childhood respiratory illness: Results of two prospective studies. *Psychosomatic Medicine, 57,* 411–422.
Boyce, W. T., Chesterman, E. A., Martin, N., Folkman, S., Cohen, F., & Wara, D. (1993). Immunologic changes occurring at kindergarten entry predict respiratory illnesses after the Loma Prieta earthquake. *Journal of Developmental and Behavioral Pediatrics, 14,* 296–303.
Boyer, C. A., & Lutfey, K. E. (2010). Examining critical health policy issues within and beyond the clinical encounter: Patient–provider relationships and help-seeking behaviors. *Journal of Health and Social Behavior, 51,* S80–S93.
Boylan, J. M., Cundiff, J. M., & Matthews, K. A. (2018). Socioeconomic status and cardiovascular responses to standardized stressors: A systematic review and meta-analysis. *Psychosomatic Medicine, 80,* 278–293.
Boylan, J. M., & Ryff, C. D. (2013). Varieties of anger and the inverse link between education and inflammation: Toward an integrative framework. *Psychosomatic Medicine, 75,* 566–574.
Boyle, C. C., Stanton, A. L., Ganz, P. A., Crespi, C. M., & Bower, J. E. (2017). Improvements in emotion regulation following mindfulness meditation: Effects on depressive symptoms and perceived stress in younger breast cancer survivors. *Journal of Consulting and Clinical Psychology, 85,* 397–402.
Boyle, P. A., Barnes, L. L., Buchman, A. S., & Bennett, D. A. (2009). Purpose in life is associated with mortality among community-dwelling older persons. *Psychosomatic Medicine, 71,* 574–579.
Boyle, S. H., Michalek, J. E., & Suarez, E. C. (2006). Covariation of psychological attributes and incident coronary heart disease in U.S. Air Force veterans of the Vietnam War. *Psychosomatic Medicine, 68,* 844–850.
Boyle, S. H., Williams, R. B., Mark, D. B., Brummett, B. H., Siegler, I. C., Helms, M. J., & Barefoot, J. C. (2004). Hostility as a predictor of survival in patients with coronary artery disease. *Psychosomatic Medicine, 66,* 629–632.
Branegan, J. (1997, March 17). I want to draw the line myself. *Time,* pp. 30–31.
Bränström, R., Kvillemo, P., Brandberg, Y., & Moskowitz, J. T. (2010). Self-report mindfulness as a mediator of psychological well-being in a stress reduction intervention for cancer patients—A randomized study. *Annals of Behavioral Medicine, 39,* 151–161.
Brantley, P. J., Mosley, T. H., Jr., Bruce, B. K., McKnight, G. T., & Jones, G. N. (1990). Efficacy of behavioral management and patient education on vascular access cleansing compliance in hemodialysis patients. *Health Psychology, 9,* 103–113.
Brennan, P. L., & Moos, R. H. (1990). Life stressors, social resources, and late-life problem drinking. *Psychology and Aging, 5,* 491–501.
Brennan, P. L., & Moos, R. H. (1995). Life context, coping responses, and adaptive outcomes: A stress and coping perspective on late-life problem drinking. In T. Beresford & E. Gomberg (Eds.), *Alcohol and aging* (pp. 230–248). New York: Oxford University Press.
Breslau, N., & Davis, G. C. (1987). Posttraumatic stress disorder: The stressor criterion. *Journal of Nervous and Mental Disease, 175,* 255–264.
Breslow, L., & Enstrom, J. E. (1980). Persistence of health habits and their relationship to mortality. *Preventive Medicine, 9,* 469–483.
Brewer, N. T., Chapman, G. B., Gibbons, F. X., Gerrard, M., McCaul, K. D., & Weinstein, N. D. (2007). Meta-analysis of the relationship between risk perception and health behavior: The example of vaccination. *Health Psychology, 26,* 136–145.
Brindle, R. C., Cribbet, M. R., Samuelsson, L. B., Gao, C., Frank, E., Krafty, R. T., . . . Hall, M. H. (2018). The relationship between childhood trauma and poor sleep health in adulthood. *Psychosomatic Medicine, 80,* 200–207.
Brindle, R. C., Duggan, K. A., Cribbet, M. R., Kline, C. E., Krafty, R. T., Thayer, J. F., . . . Hall, M. H. (2018). Cardiovascular stress reactivity and carotid intima-media thickness: The buffering role of slow-wave sleep. *Psychosomatic Medicine, 80,* 301–306.
Brissette, I., & Cohen, S. (2002). The contribution of individual differences in hostility to the associations between daily interpersonal conflict, affect, and sleep. *Personality and Social Psychology Bulletin, 28,* 1265–1274.
Britton, A., & Marmot, M. (2004). Different measures of alcohol consumption and risk of coronary heart disease and all-cause mortality: 11-year follow-up of the Whitehall II Cohort Study. *Addiction, 99,* 109–116.
Britton, W. B., Haynes, P. L., Fridel, K. W., & Bootzin, R. R. (2010). Polysomnographic and subjective profiles of sleep continuity before and after mindfulness-based cognitive therapy in partially remitted depression. *Psychosomatic Medicine, 72,* 539–548.
Broadbent, E. (2017). Interactions with robots: The truths we reveal about ourselves. *Annual Review of Psychology, 68,* 627–652.
Broadbent, E., Ellis, C. J., Gamble, G., & Petrie, K. J. (2006). Changes in patient drawings of the heart identify slow recovery after myocardial infarction. *Psychosomatic Medicine, 68,* 910–913.
Broadbent, E., Niederhoffer, K., Hague, T., Corter, A., & Reynolds, L. (2009). Headache sufferers' drawings reflect distress, disability and illness perceptions. *Journal of Psychosomatic Research, 66,* 465–470.
Broadbent, E., Petrie, K. J., Alley, P. G., & Booth, R. J. (2003). Psychological stress impairs early wound repair following surgery. *Psychosomatic Medicine, 65,* 865–869.
Broadbent, E., Petrie, K. J., Ellis, C. J., Ying, J., & Gamble, G. (2004). A picture of health—myocardial infarction patients' drawings of their hearts and subsequent disability: A longitudinal study. *Journal of Psychosomatic Research, 57,* 583–587.
Broadwell, S. D., & Light, K. C. (1999). Family support and cardiovascular responses in married couples during conflict and other interactions. *International Journal of Behavioral Medicine, 6,* 40–63.
Brochu, P. M., Pearl, R. L., Puhl, R. M., & Brownell, K. D. (2014). Do media portrayals of obesity influence support for weight-related medical policy? *Health Psychology, 33,* 197–200.
Broderick, J. E., Junghaenel, D. U., & Schwartz, J. E. (2005). Written emotional expression produces health benefits in fibromyalgia patients. *Psychosomatic Medicine, 67,* 326–334.
Brody, G. H., Yu, T., Beach, S. R. H., Kogan, S. M., Windle, M., & Philbert, R. A. (2014). Harsh parenting and adolescent health: A longitudinal analysis with genetic moderation. *Health Psychology, 33,* 401–409.
Brody, G. H., Yu, T., Chen, E., & Miller, G. E. (2014). Prevention moderates associations between family risks and youth catecholamine levels. *Health Psychology, 33,* 1435–1439.
Brody, G. H., Yu, T., Chen, E., Ehrlich, K. B., & Miller, G. E. (2018). Racial discrimination, body mass index, and insulin resistance: A longitudinal analysis. *Health Psychology, 37,* 1107–1114.
Brody, J. E. (2002, January 22). Misunderstood opioids and needless pain. *New York Times,* p. D8.
Brondolo, E., Hausmann, L. R. M., Jhalani, J., Pencille, M., Atencio-Bacay-

on, J., Kumar, A., . . . Schwartz, J. (2011). Dimensions of perceived racism and self-reported health: Examination of racial/ethnic differences and potential mediators. *Annals of Behavioral Medicine, 42,* 14–28.

Brondolo, E., ver Halen, N. B., Pencille, M., Beatty, D., & Contrada, R. J. (2009). Coping with racism: A selective review of the literature and a theoretical and methodological critique. *Journal of Behavioral Medicine, 32,* 64–88.

Brooks, K. P., Gruenewald, T., Karlamangla, A., Hu, P., Koretz, B., & Seeman, T. E. (2014). Social relationships and allostatic load in the MIDUS study. *Health Psychology, 33,* 1373–1381.

Brooks, S., Rowley, S., Broadbent, E., & Petrie, K. J. (2012). Illness perception ratings of high-risk newborns by mothers and clinicians: Relationship to illness severity and maternal stress. *Health Psychology, 31,* 632–639.

Brosschot, J., Godaert, G., Benschop, R., Olff, M., Ballieux, R., & Heijnen, C. (1998). Experimental stress and immunological reactivity: A closer look at perceived uncontrollability. *Psychosomatic Medicine, 60,* 359–361.

Brown, J. L., & Vanable, P. A. (2008). Cognitive–behavioral stress management interventions for persons living with HIV: A review and critique of the literature. *Annals of Behavioral Medicine, 35,* 26–40.

Brown, K. W., Levy, A. R., Rosberger, Z., & Edgar, L. (2003). Psychological distress and cancer survival: A follow-up 10 years after diagnosis. *Psychosomatic Medicine, 65,* 636–643.

Brown, K. W., & Ryan, R. M. (2003). The benefits of being present: Mindfulness and its role in psychological well-being. *Journal of Personality and Social Psychology, 84,* 822–848.

Brown, S. L., Nesse, R. M., Vinokur, A. D., & Smith, D. M. (2003). Providing social support may be more beneficial than receiving it: Results from a prospective study of mortality. *Psychological Science, 14,* 320–327.

Brown, T. A., & Keel, P. K. (2012). Current and emerging directions in the treatment of eating disorders. *Journal of Substance Abuse, 6,* 33–61.

Brownell, K. D. (1982). Obesity: Understanding and treating a serious, prevalent and refractory disorder. *Journal of Consulting and Clinical Psychology, 50,* 820–840.

Brownell, K. D., & Frieden, T. R. (2009). Ounces of prevention—The public policy cases for taxes on sugared beverages. *The New England Journal of Medicine, 360,* 1805–1808.

Brownell, K. D., Marlatt, G. A., Lichtenstein, E., & Wilson, G. T. (1986). Understanding and preventing relapse. *American Psychologist, 41,* 765–782.

Brownell, K. D., & Napolitano, M. A. (1995). Distorting reality for children: Body size proportions of Barbie and Ken dolls. *International Journal of Eating Disorders, 18,* 295–298.

Brownell, K. D., & Wadden, T. A. (1992). Etiology and treatment of obesity: Understanding a serious, prevalent, and refractory disorder. *Journal of Consulting and Clinical Psychology, 60,* 505–517.

Browning, C. R., & Cagney, K. A. (2003). Moving beyond poverty: Neighborhood structure, social processes, and health. *Journal of Health and Social Behavior, 44,* 552–571.

Bruce, E. C., & Musselman, D. L. (2005). Depression, alterations in platelet function, and ischemic heart disease. *Psychosomatic Medicine, 67,* S34–S36.

Bruce, J. M., Bruce, A. S., Catley, D., Lynch, S., Goggin, K., Reed, D., . . . Jarmolowicz, D. P. (2015). Being kind to your future self: Probability discounting of health decision-making. *Annals of Behavioral Medicine, 50,* 297–309.

Bruce, J. M., Hancock, L. M., Arnett, P., & Lynch, S. (2010). Treatment adherence in multiple sclerosis: Associations with emotional status, personality, and cognition. *Journal of Behavioral Medicine, 33,* 219–227.

Bruehl, S., al'Absi, M., France, C. R., France, J., Harju, A., Burns, J. W., & Chung, O. Y. (2007). Anger management style and endogenous opioid function: Is gender a moderator? *Journal of Behavioral Medicine, 30,* 209–219.

Bruehl, S., Burns, J. W., Chung, O. Y., & Quartana, P. (2008). Anger management style and emotional reactivity to noxious stimuli among chronic pain patients and healthy controls: The role of endogenous opioids. *Health Psychology, 27,* 204–214.

Brumbach, B. H., Birmingham, W. C., Boonyasiriwat, W., Walters, S., & Kinney, A. Y. (2017). Intervention mediators in a randomized controlled trial to increase colonoscopy uptake among individuals at increased risk of familial colorectal cancer. *Annals of Behavioral Medicine, 51,* 694–706.

Brummett, B. H., Babyak, M. A., Barefoot, J. C., Bosworth, H. B., Clapp-Channing, N. E., Siegler, I. C., . . . Mark, D. B. (1998). Social support and hostility as predictors of depressive symptoms in cardiac patients one month after hospitalization: A prospective study. *Psychosomatic Medicine, 60,* 707–713.

Brummett, B. H., Babyak, M. A., Siegler, I. C., Vitaliano, P. P., Ballard, E. L., Gwyther, L. P., & Williams, R. B. (2006). Associations among perceptions of social support, negative affect, and quality of sleep in caregivers and noncaregivers. *Health Psychology, 25,* 220–225.

Brummett, B. H., Boyle, S. H., Ortel, T. L., Becker, R. C., Siegler, I. C., & Williams, R. B. (2010). Association of depressive symptoms, trait hostility, and gender with C-reactive and interleukin-6 responses after emotion recall. *Psychosomatic Medicine, 72,* 333–339.

Brummett, B. H., Siegler, I. C., Rohe, W. M., Barefoot, J. C., Vitaliano, P. P., Surwit, R. S., . . . Williams, R. B. (2005). Neighborhood characteristics moderate effects of caregiving on glucose functioning. *Psychosomatic Medicine, 67,* 752–758.

Bruzzese, J., Idalski Carcone, A., Lam, P., Ellis, D. A., & Naar-King, S. (2014). Adherence to asthma medication regimens in urban African American adolescents: Application of self-determination theory. *Health Psychology, 33,* 461–464.

Bryant, R. A., & Guthrie, R. M. (2005). Maladaptive appraisals as a risk factor for posttraumatic stress: A study of trainee firefighters. *Psychological Science, 16,* 749–752.

Bryck, R. L., & Fisher, P. A. (2012). Training the brain: Practical applications of neural plasticity from the intersection of cognitive neuroscience, developmental psychology, and prevention science. *American Psychologist, 62,* 87–100.

Buchman, A. S., Boyle, P. A., Wilson, R. S., Tang, Y., & Bennett, D. A. (2007). Frailty is associated with incident Alzheimer's disease and cognitive decline in the elderly. *Psychosomatic Medicine, 69,* 483–489.

Buchman, A. S., Kopf, D., Westphal, S., Lederbogen, F., Banaschewski, T., Esser, G., . . . Deuschle, M. (2010). Impact of early parental child-rearing behavior on young adults' cardiometabolic risk profile: A prospective study. *Psychosomatic Medicine, 72,* 156–162.

Buchwald, D., Herrell, R., Ashton, S., Belcourt, M., Schmaling, K., Sullivan, P., . . . Goldberg, J. (2001). A twin study of chronic fatigue. *Psychosomatic Medicine, 63,* 936–943.

Budman, S. H. (2000). Behavioral health care dot-com and beyond: Computer-mediated communications in mental health and substance abuse treatment. *American Psychologist, 55,* 1290–1300.

Buhle, J. T., Stevens, B. L., Friedman, J. J., & Wager, T. D. (2012). Distraction and placebo: Two separate routes to pain control. *Psychological Science, 23,* 246–253.

Bukberg, J., Penman, D., & Holland, J. C. (1984). Depression in hospitalized cancer patients. *Psychosomatic Medicine, 46,* 199–212.

Bulik, C. M., Thornton, L., Pinheiro, A. P., Plotnicov, K., Klump, K. L., Brandt, H., . . . Kaye, W. H. (2008). Suicide attempts in anorexia nervosa. *Psychosomatic Medicine, 70,* 378–383.

Bunde, J., & Martin, R. (2006). Depression and prehospital delay in the context of myocardial infarction. *Psychosomatic Medicine, 68,* 51–57.

Bureau of Labor Statistics. (2012a). *Labor force statistics from the current population survey.* Retrieved April 10, 2012, from http://data.bls.gov/timeseries/LNS12300000

Bureau of Labor Statistics. (2012b). *Social workers.* Retrieved March 15, 2013, from http://www.bls.gov/ooh/Community-and-Social-Service/Social-workers.htm#tab-1

Bureau of Labor Statistics. (2016, June 7). *The economics daily, employment–population ratio, 59.7 percent; unemployment rate, 4.7 percent in May.* Retrieved March 26, 2019, from https://www.bls.gov/opub/ted/2016/employment-population-ratio-59-point-7-percent-unemployment-rate-4-point-7-percent-in-may.htm

Bureau of Labor Statistics. (2019). *Physicians and surgeons: Occupational outlook handbook.* Retrieved April 9, 2019, from https://www.bls.gov/ooh/healthcare/physicians-and-surgeons.htm#tab-6

Burell, G., & Granlund, B. (2002). Women's hearts need special treatment. *International Journal of Behavioral Medicine, 9,* 228–242.

Burg, M. M., Barefoot, J., Berkman, L., Catellier, D. J., Czajkowski, S., Saab, P., . . . ENRICHD Investigators. (2005). Low perceived social support and post-myocardial infarction prognosis in the enhancing recovery in coronary heart disease clinical trial: The effects of treatment. *Psychosomatic Medicine, 67,* 879–888.

Burg, M. M., Benedetto, M. C., Rosenberg, R., & Soufer, R. (2003). Presurgical depression predicts medical mortality 6 months after coronary artery bypass graft surgery. *Psychosomatic Medicine, 65,* 111–118.

Burg, M. M., Brandt, C., Buta, E., Schwartz, J., Bathulapalli, H., Dziura, J., . . . Haskell, S. (2017). Risk for incident hypertension associated with PTSD in military veterans, and the effect of PTSD treatment. *Psychosomatic Medicine, 79,* 181–188.

Burg, M. M., Schwartz, J. E., Kronish, I. M., Diaz, K. M., Alcantara, C., Duer-Hefele, J., & Davidson, K. W. (2017). Does stress result in you exercising less? Or does exercising result in you being less stressed? Or is it both? Testing the bi-directional stress-exercise association at the group and person (N of 1) level. *Annals of Behavioral Medicine, 51,* 799–809.

Burgard, S. A., & Ailshire, J. A. (2009). Putting work to bed: Stressful experiences on the job and sleep quality. *Journal of Health and Social Behavior, 50,* 476–492.

Burgard, S. A., Brand, J. E., & House, J. S. (2007). Toward a better estimation of the effect of job loss on health. *Journal of Health and Social Behavior, 48,* 369–384.

Burgess, C., Morris, T., & Pettingale, K. W. (1988). Psychological response to cancer diagnosis: II. Evidence for coping styles. *Journal of Psychosomatic Research, 32,* 263–272.

Burish, T. G., & Lyles, J. N. (1979). Effectiveness of relaxation training in reducing the aversiveness of chemotherapy in the treatment of cancer. *Journal of Behavior Therapy and Experimental Psychiatry, 10,* 357–361.

Burns, J. W. (2000). Repression predicts outcome following multidisciplinary treatment of chronic pain. *Health Psychology, 19,* 75–84.

Burns, J. W., Elfant, E., & Quartana, P. J. (2010). Supression of pain-related thoughts and feelings during pain-induction: Sex differences in delayed pain responses. *Journal of Behavioral Medicine, 33,* 200–208.

Burns, J. W., Gerhart, J. I., Bruehl, S., Post, K. M., Smith, D. A., Porter, L. S., & Keefe, F. J. (2016). Anger arousal and behavioral anger regulation in everyday life among people with chronic low back pain: Relationships with spouse responses and negative affect. *Health Psychology, 35,* 29–40.

Burns, J. W., Holly, A., Quartana, P., Wolff, B., Gray, E., & Bruehl, S. (2008). Trait anger management style moderates effects of actual ("state") anger regulation on symptom-specific reactivity and recovery among chronic low back pain patients. *Psychosomatic Medicine, 70,* 898–905.

Burns, J. W., Quartana, P., & Bruehl, S. (2008). Anger inhibition and pain: Conceptualizations, evidence and new directions. *Journal of Behavioral Medicine, 31,* 259–279.

Burns, R. J., Deschênes, S. S., & Schmitz, N. (2015). Associations between depressive symptoms and social support in adults with diabetes: Comparing directionality hypotheses with a longitudinal cohort. *Annals of Behavioral Medicine, 50,* 348–357.

Burns, R. J., Deschenes, S. S., & Schmitz, N. (2016). Associations between coping strategies and mental health in individuals with type 2 diabetes: Prospective analyses. *Health Psychology, 35,* 78–86.

Burton, R. P. D. (1998). Global integrative meaning as a mediating factor in the relationship between social roles and psychological distress. *Journal of Health and Social Behavior, 39,* 201–215.

Bush, C., Ditto, B., & Feuerstein, M. (1985). A controlled evaluation of paraspinal EMG biofeedback in the treatment of chronic low back pain. *Health Psychology, 4,* 307–321.

Butler, L. D., Koopman, C., Classen, C., & Spiegel, D. (1999). Traumatic stress, life events, and emotional support in women with metastatic breast cancer: Cancer-related traumatic stress symptoms associated with past and current stressors. *Health Psychology, 18,* 555–560.

Buunk, B. P., Doosje, B. J., Jans, L. G. J. M., & Hopstaken, L. E. M. (1993). Perceived reciprocity, social support, and stress at work: The role of exchange and communal orientation. *Journal of Personality and Social Psychology, 65,* 801–811.

Cabizuca, M., Marques-Portella, C., Mendlowicz, M. V., Coutinho, E. S. F., & Figueira, I. (2009). Posttraumatic stress disorders in parents with children with chronic illness: A meta-analysis. *Health Psychology, 28,* 379–388.

Cacioppo, J. T., Cacioppo, S., & Capitanio, J. P. (2015). The neuroendocrinology of social isolation. *Annual Review of Psychology, 66,* 733–767.

Cacioppo, S., Grippo, A. J., London, S., Goossens, L., & Cacioppo, J. T. (2015). Loneliness: Clinical import and interventions. *Perspectives on Psychological Science, 10,* 238–249.

California Environmental Protection Agency. (2005). *Proposed identification of environmental tobacco smoke as a toxic air contaminant, part B: Health effects.* Retrieved October 20, 2009, from http://www.oehha.org/air/environmental_tobacco/pdf/app3partb2005.pdf

Callaghan, B. L. (2017). Generational patterns of stress: Help from our microbes? *Current Directions in Psychological Science, 26,* 323–329.

Calle, E. E., Rodriguez, C., Walker-Thurmond, K., & Thun, M. J. (2003). Overweight, obesity, and mortality from cancer in a prospectively studied cohort in U.S. adults. *The New England Journal of Medicine, 348,* 1625–1638.

Calvin, C. M., Batty, G. D., Lowe, G. D. O., & Deary, I. J. (2011). Childhood intelligence and midlife inflammatory and hemostatic biomarkers: The National Child Development Study (1958) cohort. *Health Psychology, 30,* 710–718.

Cameron, E. Z., Setsaas, T. H., & Linklater, W. L. (2009). Social bonds between unrelated females increase reproductive success in feral horses. *Proceedings of the National Academy of Sciences, 106,* 13850–13853.

Cameron, L., Leventhal, E. A., & Leventhal, H. (1995). Seeking medical care in response to symptoms and life stress. *Psychosomatic Medicine, 57,* 1–11.

Campos, B., & Kim, H. S. (2017). Incorporating the cultural diversity of family and close relationships into the study of health. *American Psychologist, 72,* 543–554.

Cankaya, B., Chapman, B. P., Talbot, N. L., Moynihan, J., & Duberstein, P. R. (2009). History of sudden unexpected loss is associated with elevated interleukin-6 and decreased insulin-like growth factor-1 in women in an urban primary care setting. *Psychosomatic Medicine, 71,* 914–919.

Cannon, W. B. (1932). *The wisdom of the body.* New York: Norton.

Carey, M. P., Coury-Doniger, P., Senn, T. E., Vanable, P. A., & Urban, M. A. (2008). Improving HIV rapid testing rates among STD clinic patients: A randomized controlled trial. *Health Psychology, 27,* 833–838.

Carlson, L. E., Speca, M., Patel, K. D., & Goodey, E. (2003). Mindfulness-based stress reduction in relation to quality of life, mood, symptoms of stress, and immune parameters in breast and prostate cancer outpatients. *Psychosomatic Medicine, 65,* 571–581.

Carmin, C. N., Weigartz, P. S., Hoff, J. A., & Kondos, G. T. (2003). Cardiac anxiety in patients self-referred for electron beam tomography. *Journal of Behavioral Medicine, 26,* 67–80.

Carmody, J., & Baer, R. A. (2008). Relationships between mindfulness practice and levels of mindfulness, medical and psychological symptoms and well-being in a mindfulness-based stress reduction program. *Journal of Behavioral Medicine, 31,* 23–33.

Carney, R. M., Freedland, K. E., Steinmeyer, B., Blumenthal, J. A., de Jonge, P., Davidson, K. W., . . . Jaffe, A. S. (2009). History of depression and survival after acute myocardial infarction. *Psychosomatic Medicine, 71,* 253–259.

Carpenter, K. M., Fowler, J. M., Maxwell, G. L., & Andersen, B. L. (2010). Direct and buffering effects of social support among gynecologic cancer survivors. *Annals of Behavioral Medicine, 39,* 79–90.

Carr, K. A., & Epstein, L. H. (2018). Influence of sedentary, social, and physical alternatives on food reinforcement. *Health Psychology, 37,* 125–131.

Carr, L. J., Dunsiger, S. I., Lewis, B., Ciccolo, J. T., Hartman, S., Bock, B., & Marcus, B. H. (2013). Randomized control trial testing an Internet physical activity intervention for sedentary adults. *Health Psychology, 32,* 328–336.

Carrico, A. W., Johnson, M. O., Moskowitz, J. T., Neilands, T. B., Morin, S. F., Charlebois, E. D., . . . NIMH Healthy Living Project Team. (2007). Affect regulation, stimulant use, and viral load among HIV-positive
persons on anti-retroviral therapy. *Psychosomatic Medicine, 69,* 785–792.

Carrico, A. W., & Moskowitz, J. T. (2014). Positive affect promotes engagement in care after HIV diagnosis. *Health Psychology, 33,* 686–689.

Carroll, A. J., Carnethon, M. R., Liu, K., Jacobs , D. R., Jr., Colangelo, L. A., Stewart, J. C., . . . Hitsman, B. (2017). Interaction between smoking and depressive symptoms with subclinical heart disease in the Coronary Artery Risk Development in Young Adults (CARDIA) study. *Health Psychology, 36,* 101–111.

Carroll, D., Phillips, A. C., Der, G., Hunt, K., & Benzeval, M. (2011). Blood pressure reactions to acute mental stress and future blood pressure status: Data from the 12-year follow-up of the West of Scotland Study. *Psychosomatic Medicine, 73,* 737–742.

Carroll, J. E., Roux, A. V. D., Fitzpatrick, A. L., & Seeman, T. (2013). Low social support is associated with shorter leukocyte telomere length in late life: Multi-ethnic study of atherosclerosis. *Psychosomatic Medicine, 75,* 171–177.

Carroll, M. D., Kit, B. K., Lacher, D. A., & Yoon, S. S. (2013). Total and high-density lipoprotein cholesterol in adults: National health and nutrition examination survey, 2011–2012. *NCHS Data Brief, 132,* 1–8.

Carson, T. L., Wang, F., Cui, X., Jackson, B. E., Van Der Pol, W. J., Lefkowitz, E. J., . . . Baskin, M. L. (2018). Associations between race, perceived psychological stress, and the gut microbiota in a sample of generally healthy Black and White women: A pilot study on the role of race and perceived psychological stress. *Psychosomatic Medicine, 80,* 640–648.

Carter, J., Lacchetti, C., Andersen, B. L., Barton, D. L., Bolte, S., Damast, S., . . . Goldfarb, S. (2017). Interventions to address sexual problems in people with cancer: American Society of Clinical Oncology clinical practice guideline adaptation of Cancer Care Ontario guideline. *Journal of Clinical Oncology, 36,* 492–511.

Carver, C. S. (1997). You want to measure coping but your protocol's too long: Consider the Brief COPE. *International Journal of Behavioral Medicine, 4,* 92–100.

Carver, C. S., & Connor-Smith, J. (2010). Personality and coping. *Annual Review of Psychology, 61,* 679–704.

Case, A., & Deaton, A. (2015). Rising morbidity and mortality in midlife among white non-Hispanic Americans in the 21st century. *Proceedings of the National Academy of Sciences, 112,* 15078–15083.

Caska, C. M., Smith, T. W., Renshaw, K. D., Allen, S. N., Uchino, B. N., Birmingham, W., & Carlisle, M. (2014). Posttraumatic stress disorder and responses to couple conflict: Implications for cardiovascular risk. *Health Psychology, 33,* 1273–1280.

Cassileth, B. R., Lusk, E. J., Strouse, T. B., Miller, D. S., Brown, L. L., & Cross, P. A. (1985). A psychological analysis of cancer patients and their next-of-kin. *Cancer, 55,* 72–76.

Cassileth, B. R., Temoshok, L., Frederick, B. E., Walsh, W. P., Hurwitz, S., Guerry, D., . . . Sagebiel, R. W. (1988). Patient and physician delay in melanoma diagnosis. *Journal of the American Academy of Dermatology, 18,* 591–598.

Castro, C. M., Pruitt, L. A., Buman, M. P., & King, A. C. (2011). Physical activity program delivery by professionals versus volunteers: The TEAM randomized trial. *Health Psychology, 30,* 285–294.

Castro, F. G., Newcomb, M. D., McCreary, C., & Baezconde-Garbanati, L. (1989). Cigarette smokers do more than just smoke cigarettes. *Health Psychology, 8,* 107–129.

Catalano, R., Dooley, D., Wilson, C., & Hough, R. (1993). Job loss and alcohol abuse: A test using data from the epidemiologic catchment area. *Journal of Health and Social Behavior, 34,* 215–225.

Catalano, R., Hansen, H., & Hartig, T. (1999). The ecological effect of unemployment on the incidence of very low birthweight in Norway and Sweden. *Journal of Health and Social Behavior, 40,* 422–428.

Catania, J. A., Kegeles, S. M., & Coates, T. J. (1990). Towards an understanding of risk behavior: An AIDS risk reduction model (ARRM). *Health Education Quarterly, 17,* 53–72.

Celano, C. M., Albanese, A. M., Millstein, R. A., Mastromauro, C. A., Chung, W. J., Campbell, K. A., . . . Januzzi, J. L. (2018). Optimizing a positive psychology intervention to promote health behaviors after an acute coronary syndrome: The Positive Emotions after Acute Coronary Events III (PEACE-III) randomized factorial trial. *Psychosomatic Medicine, 80,* 526–534.

Celano, C. M., Beale, E. E., Beach, S. R., Belcher, A. M., Suarez, L., Motiwala, S. R., . . . Huffman, J. C. (2017). Associations between psychological constructs and cardiac biomarkers following acute coronary syndrome. *Psychosomatic Medicine, 79,* 318–326.

Center for the Advancement of Health. (2000a). *Selected evidence for behavioral approaches to chronic disease management in clinical settings. Cardiovascular disease.* Washington, DC: Author.

Center for the Advancement of Health. (2000b). *Selected evidence for behavioral approaches to chronic disease management in clinical settings: Chronic back pain.* Washington, DC: Author.

Center for the Advancement of Health. (2000c). *Selected evidence for behavioral approaches to chronic disease management in clinical settings: Depression.* Washington, DC: Author.

Center for the Advancement of Health. (2000d). *Selected evidence for behavioral risk reduction in clinical settings: Dietary practices.* Washington, DC: Author.

Center for the Advancement of Health. (2000e). *Smoking.* Washington, DC: Author.

Center for the Advancement of Health. (2002, December). Life lessons: Studying education's effect on health. *Facts of Life, 7,* 1.

Center for the Advancement of Health. (2004, May). *Is our people healthy?* Washington, DC: Author.

Center for the Advancement of Health. (2006, October). *November solutions. Good Behavior!* Washington, DC: Author.

Center for the Advancement of Health. (2008). Larger patients: In search of fewer lectures, better health care. *The Prepared Patient, 1,* 1–2.

Center for the Advancement of Health. (2009). Taking charge of your health records. *The Prepared Patient, 2,* 1–2.

Center to Advance Palliative Care. (2018). *Growth of palliative care in U.S. hospitals, 2018 snapshot (2000–2016).* Retrieved May 7, 2019, from https://media.capc.org/filer_public/27/2c/272c55c1-b69d-4eec-a932-562c2d2a4633/capc_2018_growth_snapshot_022118.pdf

Centers for Disease Control and Prevention. (2005, July). Annual smoking-attributable mortality, years of potential life lost, and productivity losses—United States, 1997–2001. *Morbidity and Mortality Weekly Report, 54*(25), 625–628. Retrieved October 26, 2006, from http://www.cdc.gov/mmwr/preview/mmwrhtml/mm5425a1.htm#tab

Centers for Disease Control and Prevention. (2008). Cigarette use among high school students—United States, 1991–2007. *Morbidity and Mortality Weekly Report, 57.* Retrieved October 19, 2009, from http://www.cdc.gov/mmwr/preview/mmwrhtml/mm5725a3.htm

Centers for Disease Control and Prevention. (2008, September). *Alcohol and public health.* Retrieved October 5, 2009, from http://www.cdc.gov/alcohol/index.htm

Centers for Disease Control and Prevention. (2009, April). *National vital statistics report, deaths: Final data for 2006.* Retrieved September 25, 2009, from http://www.cdc.gov/nchs/data/nvsr/nvsr57/nvsr57_14.pdf

Centers for Disease Control and Prevention. (2009a, June). *Estimates of healthcare-associated infections.* Retrieved February 2, 2011, from http://www.cdc.gov/hai

Centers for Disease Control and Prevention. (2009b, June). *Hepatitis B FAQs for the public.* Retrieved April 3, 2012, from http://www.cdc.gov/hepatitis/B/bFAQ.htm

Centers for Disease Control and Prevention. (2009a, August). *10 leading causes of injury death by age group highlighting unintentional injury deaths, United States—2006.* Retrieved September 30, 2009, from http://www.cdc.gov/injury/Images/LC-Charts/10lc%20-Unintentional%20Injury%202006-7_6_09-a.pdf

Centers for Disease Control and Prevention. (2009b, August). *HIV/AIDS in the United States.* Retrieved October 8, 2009, from http://www.cdc.gov/hiv/resources/factsheets/us.htm

Centers for Disease Control and Prevention. (2010). *Tobacco-related mortality.* Retrieved January 13, 2011, from http://www.cdc.gov/tobacco/data_statistics/fact_sheets/health_effects/tobacco_related_mortalmor/index.htm

Centers for Disease Control and Prevention. (2011a, September). *Rheumatoid arthritis.* Retrieved June 13, 2012, from http://www.cdc.gov/arthritis/basics/rheumatoid.htm#6

Centers for Disease Control and Prevention. (2011b, September). *National Health and Nutrition Examination Survey, 2009–2010.* Retrieved March 6, 2013, from http://www.cdc.gov/nchs/nhanes/nhanes2009-2010/nhanes09_10.htm

Centers for Disease Control and Prevention. (2011, November). *CDC responds to HIV/AIDS.* Retrieved June 12, 2012, from http://www.cdc.gov/hiv/aboutDHAP.htm

Centers for Disease Control and Prevention. (2012a, March). *Prevent unintentional poisoning.* Retrieved April 24, 2012, from http://www.cdc.gov/Features/PoisonPrevention

Centers for Disease Control and Prevention. (2012b, March). *HIV surveillance report, 2010.* Retrieved March 20, 2012, from http://www.cdc.gov/hiv/surveillance/resources/reports/2010report/pdf/2010_HIV_Surveillance_Report_vol_22.pdf#Page=21

Centers for Disease Control and Prevention. (2012, April). *Arthritis.* Retrieved May 29, 2012 from http://www.cdc.gov/chronicdisease/resources/publications/aag/arthritis.htm

Centers for Disease Control and Prevention. (2012, May). *Health, United States, 2011.* Retrieved August 8, 2012, from http://www.cdc.gov/nchs/data/hus/hus11.pdf#glance

Centers for Disease Control and Prevention. (2013). *Alcohol and public health: Alcohol-related disease impact (ARDI). Average for United States 2006–2010 alcohol-attributable deaths due to excessive alcohol use.* Retrieved April 3, 2019, from https://nccd.cdc.gov/DPH_ARDI/Default/Report.aspx?T=AAM&P=f6d7eda7-036e-4553-9968-9b17ffad620e&R=d7a9b303-48e9-4440-bf47-070a4827e1fd&M=8E1C5233-5640-4EE8-9247-1ECA7DA325B9&F=&D=.

Centers for Disease Control and Prevention. (2015, July). *Addressing the nation's most common cause of disability: At a glance 2015.* Retrieved May 25, 2016, from http://www.cdc.gov

Centers for Disease Control and Prevention. (2015, April). *Health expenditures, NCHS.* Retrieved January 26, 2016, from http://www.cdc.gov

Centers for Disease Control and Prevention. (2015, August). *Skin cancer statistics.* Retrieved February 17, 2016, from http://www.cdc.gov

Centers for Disease Control and Prevention. (2015, September). *Accidents or unintentional injuries.* Retrieved May 6, 2016, from http://www.cdc.gov

Centers for Disease Control and Prevention. (2015b, October). *Prescription drug overdose data.* Retrieved February 21, 2016, from http://www.cdc.gov

Centers for Disease Control and Prevention. (2015, October). *Rheumatoid arthritis (RA).* Retrieved May 25, 2016, from http://www.cdc.gov

Centers for Disease Control and Prevention. (2015, November). *Current cigarette smoking among adults: United States, 2005–2014.* Retrieved February 28, 2016, from http://www.cdc.gov

Centers for Disease Control and Prevention. (2016). Percentage distribution of deaths, by place of death—United States, 2000–2014. *Morbidity and Mortality Weekly Report, 65.* Retrieved from http://www.cdc.gov

Centers for Disease Control and Prevention. (2016, January). *Arthritis-related statistics.* Retrieved March 25, 2016, from http://www.cdc.gov

Centers for Disease Control and Prevention. (2016, January). *Excessive drinking is draining the U.S. economy.* Retrieved February 28, 2016, from http://www.cdc.gov

Centers for Disease Control and Prevention. (2016, February). *Asthma.* Retrieved April 30, 2016, from http://www.cdc.gov

Centers for Disease Control and Prevention. (2016, March). *HIV/AIDS: Statistics overview.* Retrieved May 25, 2016, from http://www.cdc.gov

Centers for Disease Control and Prevention. (2016, April). *Adolescent health.* Retrieved May 6, 2016, from http://www.cdc.gov

Centers for Disease Control and Prevention. (2016, April). *Cancer.* Retrieved April 30, 2016, from http://www.cdc.gov

Centers for Disease Control and Prevention. (2016, April). *Changes in life expectancy by race and Hispanic origin in the United States, 2013.* Retrieved May 6, 2016, from http://www.cdc.gov

Centers for Disease Control and Prevention. (2016, April). *Leading causes of death.* Retrieved May 25, 2016, from http://www.cdc.gov

Centers for Disease Control and Prevention. (2017a). *Current cigarette smoking among adults in the United States.* Retrieved April 8, 2019, from https://www.cdc.gov/tobacco/data_statistics/fact_sheets/adult_data/cig_smoking/index.htm

Centers for Disease Control and Prevention. (2017b). *High cholesterol facts.* Retrieved from https://www.cdc.gov/cholesterol/facts.htm

Centers for Disease Control and Prevention. (2017c). *National diabetes statistics report: Estimates of diabetes and its burden in the United States.*

Retrieved May 5, 2019, from https://www.cdc.gov/diabetes/pdfs/data/statistics/national-diabetes-statistics-report.pdf

Centers for Disease Control and Prevention. (2017d). *National diabetes statistics report, 2017.* Retrieved May 25, 2019, from https://www.cdc.gov/diabetes/pdfs/data/statistics/national-diabetes-statistics-report.pdf

Centers for Disease Control and Prevention. (2017e). *Table 19. Leading causes of death and numbers of deaths, by sex, race, and Hispanic origin: United States 1980 and 2016.* Retrieved from https://www.cdc.gov/nchs/data/hus/2017/019.pdf

Centers for Disease Control and Prevention. (2017, June 5). *Sleep and sleep disorders: Data and statistics.* Retrieved April 1, 2019, from https://www.cdc.gov/sleep/about_us.html

Centers for Disease Control and Prevention. (2017, September 22). *CDC features: Take a stand on falls.* Retrieved April 1, 2019, from https://www.cdc.gov/features/older-adult-falls/index.html

Centers for Disease Control and Prevention. (2017, October). *Prevalence of obesity among adults and youth: United States, 2015–2016.* Retrieved April 8, 2019, from https://www.cdc.gov/nchs/data/databriefs/db288.pdf

Centers for Disease Control and Prevention. (2017, December). *Mortality in the United States, 2016.* Retrieved March 11, 2019, from https://www.cdc.gov/nchs/products/databriefs/db293.htm

Centers for Disease Control and Prevention. (2017, December 5). *Current HAI progress report.* Retrieved April 9, 2019, from https://www.cdc.gov/hai/data/portal/progress-report.html

Centers for Disease Control and Prevention (2018, May 15). *Most recent national asthma data.* Retrieved March 11, 2019, from https://www.cdc.gov/asthma/most_recent_national_asthma_data.htm

Centers for Disease Control and Prevention. (2018a, July). *Arthritis-related statistics.* Retrieved May 25, 2019, from https://www.cdc.gov/arthritis/data_statistics/arthritis-related-stats.htm

Centers for Disease Control and Prevention. (2018b, July). *Attempts to lose weight among adults in the United States, 2013–2016.* Retrieved April 8, 2019, from https://www.cdc.gov/nchs/data/databriefs/db313.pdf

Centers for Disease Control and Prevention. (2018, September). *Morbidity and Mortality Weekly Report: Prevalence of chronic pain and high-impact chronic pain among adults—United States, 2016.* Retrieved April 30, 2019, from https://www.cdc.gov/mmwr/volumes/67/wr/mm6736a2.htm

Center for Disease Control and Prevention. (2018a, November). *Mortality in the United States, 2017.* Retrieved May 30, 2019, from https://www.cdc.gov/nchs/products/databriefs/db328.htm

Centers for Disease Control and Prevention. (2018b, November). *HIV surveillance report, 2017;* vol. 29. Retrieved May 29, 2019, from http://www.cdc.gov/hiv/library/reports/hiv-surveillance.html.

Centers for Disease Control and Prevention. (2018, December). *Tuberculosis (TB) data and statistics.* Retrieved March 18, 2019, from https://www.cdc.gov/tb/statistics/default.htm

Centers for Disease Control and Prevention. (2019, January 30). *Arthritis: How CDC improves quality of life for people with arthritis.* Retrieved April 30, 2019, from https://www.cdc.gov/chronicdisease/resources/publications/factsheets/arthritis.htm

Centers for Disease Control and Prevention. (2019, January). *Osteoarthritis (OA).* Retrieved May 25, 2019, from https://www.cdc.gov/arthritis/basics/osteoarthritis.htm

Center for Drug Evaluation and Research. (2002). *Preventable adverse drug reactions: A focus on drug interactions.* Retrieved April 5, 2007, from http://www.fda.gov/cder/drug/drugReactions

Centers for Medicare and Medicaid Services. (2004). *National health expenditures and selected economic indicators, levels and average annual percent change: Selected calendar years 1990–2013.* Retrieved from http://www.cms.hhs.gov/statistics/nhe/projections–2003/t1.asp

Centers for Medicare and Medicaid Services. (2011). *National health expenditure data.* Retrieved March 21, 2012, from https://www.cms. gov/NationalHealthExpendData/downloads/proj2010.pdf

Centers for Medicare and Medicaid Services. (2015). *NHE fact sheet.* Retrieved February 20, 2016, from https://www.cms.gov

Centers for Medicare and Medicaid Services. (2018). *National health expenditures 2017 highlights.* Retrieved March 30, 2019, from https://www.cms.gov/Research-Statistics-Data-and-Systems/Statistics-Trends-and-Reports/NationalHealthExpendData/Downloads/highlights.pdf

Centers for Medicare and Medicaid Services. (2018, December). *National health accounts historical.* Retrieved March 26, 2019, from https://www.cms.gov/research-statistics-data-and-systems/statistics-trends-and-reports/nationalhealthexpenddata/nationalhealthaccountshistorical.html

Cepeda-Benito, A. (1993). Meta-analytical review of the efficacy of nicotine chewing gum in smoking treatment programs. *Journal of Consulting and Clinical Psychology, 61,* 822–830.

CerebralPalsy.Org. (n.d.). *Prevalence of cerebral palsy.* Retrieved March 26, 2019, from https://www.cerebralpalsy.org/about-cerebral-palsy/prevalence-and-incidence

CerebralPalsy.org. (2016). *My child.* Retrieved January 21, 2016, from https://www.cerebralpalsy.org

Cesana, G., Sega, R., Ferrario, M., Chiodini, P., Corrao, G., & Mancia, G. (2003). Job strain and blood pressure in employed men and women: A pooled analysis of four northern Italian population samples. *Psychosomatic Medicine, 65,* 558–563.

Chang, J., Yen, A. M., Lee, C., Chen, S. L., Chiu, S. Y., Fann, J. C., & Chen, H. (2013). Metabolic syndrome and the risk of suicide: A community-based integrated screening samples cohort study. *Psychosomatic Medicine, 75,* 807–814.

Chapman, C. R., & Gavrin, J. (1999). Suffering: The contributions of persisting pain. *Lancet, 353,* 2233–2237.

Charles, S. T., Gatz, M., Kato, K., & Pedersen, N. L. (2008). Physical health 25 years later: The predictive ability of neuroticism. *Health Psychology, 27,* 369–378.

Chattillion, E. A., Ceglowski, J., Roepke, S. K., von Känel, R., Losada, A., Mills, P., & Mausbach, B. T. (2013). Pleasant events, activity restriction, and blood pressure in dementia caregivers. *Health Psychology, 32,* 793–801.

Cheadle, A. C. D., Schetter, C. D., Lanzi, M. R. V., & Sahadeo, L. S. (2015). Spiritual and religious resources in African American women: Protection from depressive symptoms after childbirth. *Clinical Psychological Science,* 283–291.

Chen, E., Bloomberg, G. R., Fisher, E. B., Jr., & Strunk, R. C. L. (2003). Predictors of repeat hospitalizations in children with asthma: The role of psychosocial and socioenvironmental factors. *Health Psychology, 22,* 12–18.

Chen, E., Brody, G. H., & Miller, G. E. (2017). Childhood close family relationships and health. *American Psychologist, 72,* 555–566.

Chen, E., Fisher, E. B., Bacharier, L. B., & Strunk, R. C. (2003). Socioeconomic status, stress, and immune markers in adolescents with asthma. *Psychosomatic Medicine, 65,* 984–992.

Chen, E., Hanson, M. D., Paterson, L. Q., Griffin, M. J., Walker, H. A., & Miller, G. E. (2006). Socioeconomic status and inflammatory processes in childhood asthma: The role of psychological stress. *Journal of Allergy and Clinical Immunology, 117,* 1014–1020.

Chen, E., Hermann, C., Rodgers, D., Oliver-Welker, T., & Strunk, R. C. (2006). Symptom perception in childhood asthma: The role of anxiety and asthma severity. *Health Psychology, 25,* 389–395.

Chen, E., Matthews, K. A., Salomon, K., & Ewart, C. K. (2002). Cardiovascular reactivity during social and nonsocial stressors: Do children's personal goals and expressive skills matter? *Health Psychology, 21,* 16–24.

Chen, E., & Miller, G. E. (2012). "Shift-and-persist" strategies: Why low socioeconomic status isn't always bad for health. *Perspectives on Psychological Science, 7,* 135–158.

Chen, E., Miller, G. E., Lachman, M. E., Gruenewald, T. L., & Seeman, T. E. (2012). Protective factors for adults from low-childhood socioeconomic circumstances: The benefits of shift-and-persist for allostatic load. *Psychosomatic Medicine, 74,* 178–186.

Chen, L. H., Hedegaard, H., & Warner, M. (2014). Drug-poisoning deaths involving opioid analgesics: United States, 1999–2011. *NCHS Data Brief, 166,* 1–8.

Chen, Y., Wei, H., Bai, Y., Hsu, J., Huang, K., Su, T., . . . Chen, M. (2017). Risk of epilepsy in individuals with posttraumatic stress disorder. *Psychosomatic Medicine, 79,* 664–669.

Chen, Z., Sandercock, P., Pan, P., Counsell, C., Collins, R., Liu, L., . . . Peto, R. (2000). Indications of early aspirin use in acute ischemic stroke: A combined analysis of 40,000 randomized patients from the Chinese acute stroke trial and the international stroke trial. *Stroke, 31,* 1240–1249.

Cheng, C. (2003). Cognitive and motivational processes underlying coping flexibility: A dual-process model. *Journal of Personality and Social Psychology, 84,* 425–438.

Cheng, C., Hui, W., & Lam, S. (2004). Psychosocial factors and perceived severity of functional dyspeptic symptoms: A psychosocial interactionist model. *Psychosomatic Medicine, 66,* 85–91.

Cherkin, D. C., Sherman, K. J., Avins, A. L., Erro, J. H., Ichikawa, L., Barlow, W. E., . . . Deyo, R. A. (2009). A randomized trial comparing acupuncture, simulated acupuncture, and usual care for chronic low back pain. *Archives of Internal Medicine, 169,* 858–866.

Cherkin, D. C., Sherman, K. J., Deyo, R. A., & Shekelle, P. G. (2003). A review of the evidence for the effectiveness, safety, and cost of acupuncture, massage therapy, and spinal manipulation for back pain. *Annals of Internal Medicine, 138,* 898–906.

Cherrington, A., Wallston, K. A., & Rothman, R. L. (2010). Exploring the relationship between diabetes self-efficacy, depressive symptoms, and glycemic control among men and women with type 2 diabetes. *Journal of Behavioral Medicine, 33,* 81–89.

Cherry, D., Lucas, C., & Decker, S. L. (2010). Population aging and the use of office-based physician services. *NCHS Data Brief, 41,* 1–8.

Chesney, M. A., Chambers, D. B., Taylor, J. M., Johnson, L. M., & Folkman, S. (2003). Coping effectiveness training for men living with HIV: Results from a randomized clinical trial testing a group-based intervention.
Psychosomatic Medicine, 65, 1038–1046.

Chetty, R., Stepner, M., Abraham, S., Lin, S., Scuderi, B., Turner, N., . . . Cutler, D. (2016). The association between income and life expectancy in the United States, 2001–2014. *JAMA, 315,* 1750–1766.

Cheung, N., Rogers, S., Mosley, T. H., Klein, R., Couper, D., & Wong, T. Y. (2009). Vital exhaustion and retinal microvascular changes in cardiovascular disease: Atherosclerosis risk in communities study. *Psychosomatic Medicine, 71,* 308–312.

Chevance, G., Stephan, Y., Héraud, N., & Boiché, J. (2018). Interaction between self-regulation, intentions and implicit attitudes in the prediction of physical activity among persons with obesity. *Health Psychology, 37,* 257–261.

Chiang, J. J., Eisenberger, N. I., Seeman, T. E., & Taylor, S. E. (2012). Negative and competitive social interactions are related to heightened proinflammatory cytokine activity. *Proceedings of the National Academy of Sciences, 109,* 1878–1882.

Chichlowska, K. L., Rose, K. M., Diez-Roux, A. V., Golden, S. H., McNeill, A.M., & Heiss, G. (2008). Individual and neighborhood socioeconomic status characteristics and prevalence of metabolic syndrome: The atherosclerosis risk in communities (ARIC) study. *Psychosomatic Medicine, 70,* 986–992.

Chiesa, A., & Serretti, A. (2009). Mindfulness-based stress reduction for stress management in healthy people: A review and meta-analysis. *The Journal of Alternative and Complementary Medicine, 15,* 593–600.

Chiou, W. B, Yang, C. C., & Wan, C. S, (2011). Ironic effects of dietary supplementation: Illusory invulnerability created by taking dietary supplements licenses health-risk behaviors. *Psychological Science, 8,* 1081–1086.

Chipperfield, J. G., & Perry, R. P. (2006). Primary and secondary-control strategies in later life: Predicting hospital outcomes in men and women. *Health Psychology, 25,* 226–236.

Chiros, C., & O'Brien, W. H. (2011). Acceptance, appraisals, and coping in relation to migraine headache: An evaluation of interrelationships using daily diary methods. *Journal of Behavioral Medicine, 34,* 307–320.

Chiu, C. J., Hu, S. C., Wray, L. A., & Wu, S. T. (2016). The short- and long-term effects of psychobehavioral correlates in buffering diabetes-related cognitive decline. *Annals of Behavioral Medicine, 50,* 436–444.

Chow, C. H. T., Wan, S., Pope, E., Meng, Z., Schmidt, L. A., Buckley, N., & Van Lieshout, R. J. (2018). Audiovisual interventions for parental preoperative anxiety: A systematic review and meta-analysis. *Health Psychology, 37,* 746–758.

Christakis, N. A., & Fowler, J. H. (2007). The spread of obesity in a large social network over 32 years. *The New England Journal of Medicine, 357,* 370–379.

Christakis, N. A., & Fowler, J. H. (2008). The collective dynamics of smoking in a large social network. *The New England Journal of Medicine, 358,* 2249–2258.

Christenfeld, N. (1997). Memory for pain and the delayed effects of distraction. *Health Psychology, 16,* 327–330.

Christensen, A. J., Ehlers, S. L., Raichle, K. A., Bertolatus, J. A., & Lawton, W. J. (2000). Predicting change in depression following renal transplantation: Effect of patient coping preferences. *Health Psychology, 19,* 348–353.

Christensen, A. J., Moran, P. J., Wiebe, J. S., Ehlers, S. L., & Lawton, W. J. (2002). Effect of a behavioral self-regulation intervention on patient adherence in hemodialysis. *Health Psychology, 21,* 393–397.

Christensen, A. J., Wiebe, J. S., & Lawton, W. J. (1997). Cynical hostility, powerful others, control expectancies and patient adherence in hemodialysis. *Psychosomatic Medicine, 59,* 307–312.

Christie-Mizell, C. A., & Perlata, R. L. (2009). The gender gap in alcohol consumption during late adolescence and young adulthood: Gendered attitudes and adult roles. *Journal of Health and Social Behavior, 50,* 410–426.

Chuang, Y. C., Ennett, S. T., Bauman, K. E., & Foshee, V. A. (2005). Neighborhood influences on adolescent cigarette and alcohol use: Mediating effects through parents and peer behaviors. *Journal of Health and Social Behavior, 46,* 187–204.

Chu, Q., Wong, C. C. Y., & Lu, Q. (2019). Acculturation moderates the effects of expressive writing on post-traumatic stress symptoms among Chinese American breast cancer survivors. *International Journal of Behavioral Medicine, 26,* 185–194.

Ciccone, D., Just, N., & Bandilla, E. (1999). A comparison of economic and social reward in patients with chronic nonmalignant back pain. *Psychosomatic Medicine, 61,* 552–563.

Ciere, Y., Snippe, E., Padberg, M., Jacobs, B., Visser, A., Sanderman, R., &

Fleer, J. (2019). The role of state and trait positive affect and mindfulness in affective reactivity to pain in chronic migraine. *Health Psychology, 38,* 94–102.

Cislaghi, B., & Heise, L. (2018). Four avenues of normative influence: A research agenda for health promotion in low and mid-income countries. *Health Psychology, 37,* 562–573.

Clark, M. (1977). The new war on pain. *Newsweek,* pp. 48–58.

Clark, M. A., Rakowski, W., & Bonacore, L. B. (2003). Repeat mammography: Prevalence estimates and considerations for assessment. *Annals of Behavioral Medicine, 26,* 201–211.

Clark, R. (2006a). Perceived racism and vascular reactivity in black college women: Moderating effects of seeking social support. *Health Psychology, 25,* 20–25.

Clayton, K. M., Stewart, S. M., Wiebe, D. J., McConnel, C. E., Hughes, C. W., & White, P. C. (2013). Maternal depressive symptoms predict adolescent healthcare utilization and charges in youth with Type 1 diabetes (T1D). *Health Psychology, 32,* 1013–1022.

Cleary, E. H., & Stanton, A. L. (2015). Mediators of an Internet-based psychosocial intervention for women with breast cancer. *Health Psychology, 34,* 477–485.

Clemens, J. Q., Nadler, R. B., Schaeffer, A. J., Belani, J., Albaugh, J., & Bushman, W. (2000). Biofeedback, pelvic floor re-education, and bladder training for male chronic pelvic pain syndrome. *Urology, 56,* 951–955.

Clemmey, P. A., & Nicassio, P. M. (1997). Illness self-schemas in depressed and nondepressed rheumatoid arthritis patients. *Journal of Behavioral Medicine, 20,* 273–290.

Coan, J. A., Schaefer, H. S., & Davidson, R. J. (2006). Lending a hand: Social regulation of the neural response to threat. *Psychological Science, 17,* 1032–1039.

Cohen, F., & Lazarus, R. (1979). Coping with the stresses of illness. In G. C. Stone, F. Cohen, & N. E. Adler (Eds.), *Health psychology: A handbook* (pp. 217–254). San Francisco, CA: Jossey-Bass.

Cohen, G. L., & Sherman, D. K. (2014). The psychology of change: Self-affirmation and social psychological intervention. *Annual Review of Psychology, 65,* 333–371.

Cohen, J. (2018, July). Troublesome news: Numbers of uninsured on the rise. *Forbes.* Retrieved from https://www.forbes.com/sites/joshuacohen/2018/07/06/troublesome-news-numbers-of-uninsured-on-the-rise/#23e484f94309

Cohen, L., Baile, W. F., Henninger, E., Agarwal, S. K., Kudelka, A. P., Lenzi, R., . . . Marshall, G. D. (2003). Physiological and psychological effects of delivering medical news using a simulated physician–patient scenario. *Journal of Behavioral Medicine, 26,* 459–471.

Cohen, M. S., Chen, Y. Q., McCauley, M., Gamble, T., Hosseinipour, M. C., Kumarasamy, N., . . . Fleming, T. R. (2011). Prevention of HIV-1 infection with early antiretroviral therapy. *The New England Journal of Medicine, 365,* 493–505.

Cohen, R. A., & Adams, P. F. (2011). Use of the Internet for health information: United States, 2009. *NCHS Data Brief, 66,* 1–8.

Cohen, R. A., & Bloom, B. (2010). Access to and utilization of medical care for young adults aged 20–29 years: United States, 2008. *NCHS Data Brief, 29,* 1–8.

Cohen, R. A., Kirzinger, W. K., & Gindi, R. M. (2013). Strategies used by adults to reduce their prescription drug costs. *NCHS Data Brief, 119,* 1–8.

Cohen, R. Y., Brownell, K. D., & Felix, M. R. J. (1990). Age and sex differences in health habits and beliefs of schoolchildren. *Health Psychology, 9,* 208–224.

Cohen, S., Alper, C. M., Doyle, W. J., Adler, N., Treanor, J. J., & Turner, R. B. (2008). Objective and subjective socioeconomic status and susceptibility to the common cold. *Health Psychology, 27,* 268–274.

Cohen, S., Alper, C. M., Doyle, W. J., Treanor, J. J., & Turner, R. B. (2006). Positive emotional style predicts resistance to illness after experimental exposure to rhinovirus or influenza a virus. *Psychosomatic Medicine, 68,* 809–815.

Cohen, S., Doyle, W., & Skoner, D. (1999). Psychological stress, cytokine production, and severity of upper respiratory illness. *Psychosomatic Medicine, 61,* 175–180.

Cohen, S., Doyle, W. J., Skoner, D. P., Rabin, B. S., & Gwaltney, J. M., Jr. (1997). Social ties and susceptibility to the common cold. *Journal of the American Medical Association, 277,* 1940–1944.

Cohen, S., Glass, D. C., & Phillip, S. (1978). Environment and health. In H. E. Freeman, S. Levine, & L. G. Reeder (Eds.), *Handbook of medical sociology* (pp. 134–149). Englewood Cliffs, NJ: Prentice-Hall.

Cohen, S., Hamrick, N., Rodriguez, M. S., Feldman, P. J., Rabin, B. S., & Manuck, S. R. (2002). Reactivity and vulnerability to stress-associated risk for upper respiratory illness. *Psychosomatic Medicine, 64,* 302–310.

Cohen, S., & Herbert, T. B. (1996). Health psychology: Psychological factors and physical disease from the perspective of human psychoneuroimmunology. *Annual Review of Psychology, 47,* 113–142.

Cohen, S., & Hoberman, H. M. (1983). Positive events and social supports as buffers of life change stress. *Journal of Applied Social Psychology, 13,* 99–125.

Cohen, S., Janicki-Deverts, D., & Miller, G. E. (2007). Psychological stress and disease. *Journal of the American Medical Association, 298,* 1685–1687.

Cohen, S., Kamarck, T., & Mermelstein, R. (1983). A global measure of perceived stress. *Journal of Health and Social Behavior, 24,* 385–396.

Cohen, S., Kessler, R. C., & Gordon, L. U. (1995). Conceptualizing stress and its relation to disease. In S. Cohen, R. C. Kessler, & L. U. Gordon (Eds.), *Measuring stress: A guide for health and social scientists* (pp. 3–26). New York: Oxford University Press.

Cohen, S., & Lemay, E. P. (2007). Why would social networks be linked to affect and health practices? *Health Psychology, 26,* 410–417.

Cohen, S., & McKay, G. (1984). Social support, stress, and the buffering hypothesis: A theoretical analysis. In A. Baum, S. E. Taylor, & J. Singer (Eds.), *Handbook of psychology and health* (Vol. 4, pp. 253–268). Hillsdale, NJ: Erlbaum.

Cohen, S., & Pressman, S. D. (2006). Positive affect and health. *Current Directions in Psychological Science, 15,* 122–125.

Cohen, S., Sherrod, D. R., & Clark, M. S. (1986). Social skills and the stress-protective role of social support. *Journal of Personality and Social Psychology, 50,* 963–973.

Cohen, S., Tyrrell, D. A. J., & Smith, A. P. (1993). Negative life events, perceived stress, negative affect, and susceptibility to the common cold. *Journal of Personality and Social Psychology, 64,* 131–140.

Cohen, S., & Williamson, G. M. (1988). Perceived stress in a probability sample of the United States. In S. Spacapan & S. Oskamp (Eds.), *The social psychology of health* (pp. 31–67). Newbury Park, CA: Sage.

Cohen, S., & Williamson, G. M. (1991). Stress and infectious disease in humans. *Psychological Bulletin, 109,* 5–24.

Cohen, S., & Wills, T. A. (1985). Stress, social support, and the buffering hypothesis. *Psychological Bulletin, 98,* 310–357.

Coker, A. L., Bond, S., Madeleine, M. M., Luchok, K., & Pirisi, L. (2003). Psychological stress and cervical neoplasia risk. *Psychosomatic Medicine, 65,* 644–651.

Colagiuri, B., & Zachariae, R. (2010). Patient expectancy and post-chemotherapy nausea: A meta-analysis. *Annals of Behavioral Medicine, 40*(1), 3–14.

Cole, P. A., Pomerleau, C. S., & Harris, J. K. (1992). The effects of nonconcurrent and concurrent relaxation training on cardiovascular reactivity to a psychological stressor. *Journal of Behavioral Medicine, 15,* 407–427.

Cole, S. W. (2008). Psychosocial influences on HIV-1 disease progression: Neural, endocrine, and virologic mechanisms. *Psychosomatic Medicine, 70,* 562–568.

Cole, S. W., Kemeny, M. E., Fahey, J. L., Zack, J. A., & Naliboff, B. D. (2003). Psychological risk factors for HIV pathogenesis: Mediation by the autonomic nervous system. *Biological Psychiatry, 54,* 1444–1456.

Cole, S. W., Kemeny, M. E., Taylor, S. E., Visscher, B. R., & Fahey, J. L. (1996). Accelerated course of human immunodeficiency virus infection in gay men who conceal their homosexual identity. *Psychosomatic Medicine, 58,* 219–231.

Cole, S. W., Nagaraja, A. S., Lutgendorf, S. K., Green, P. A., & Sood, A. K. (2015). Sympathetic nervous system regulation of the tumour microenvironment. *Nature Reviews Cancer, 15,* 563–572.

Cole-Lewis, H. J., Kershaw, T. S., Earnshaw, V. A., Yonkers, K. A., Lin, H., & Ickovics, J. R. (2014). Pregnancy-specific stress, preterm birth, and gestational age among high risk-young women. *Health Psychology, 33,* 1033–1045.

Collins, G. (1997, May 30). Trial near in new legal tack in tobacco war. *New York Times*, p. A10.

Collins, R. L., Kanouse, D. E., Gifford, A. L., Senterfitt, J. W., Schuster, M. A., McCaffrey, D. F., . . . Wenger, N. S. (2001). Changes in health-promoting behavior following diagnosis with HIV: Prevalence and correlates in a national probability sample. *Health Psychology, 20,* 351–360.

Collins, R. L., Martino, S. C., Kovalchik, S. A., D'Amico, E. J., Shadel, W. G., Becker, K. M., & Tolpadi, A. (2017). Exposure to alcohol advertising and adolescents' drinking beliefs: Role of message interpretation. *Health Psychology, 36*(9), 890–897.

Collins, R. L., Taylor, S. E., & Skokan, L. A. (1990). A better world or a shattered vision? Changes in perspectives following victimization. *Social Cognition, 8,* 263–285.

Committee on the Use of Complementary and Alternative Medicine. (2005). *Complementary and alternative medicine in the United States*. Washington, DC: The National Academies Press. Retrieved March 27, 2013, from http://www.nap.edu/openbook.php?record_id=11182&page=R1

Compas, B. E., Worsham, N. L., Epping-Jordan, J. A. E., Grant, K. E., Mireault, G., Howell, D. C., & Malcarne, V. L. (1994). When mom or dad has cancer: Markers of psychological distress in cancer patients, spouses, and children. *Health Psychology, 13,* 507–515.

Compas, B. E., Worsham, N. L., Ey, S., & Howell, D. C. (1996). When mom or dad has cancer: II. Coping, cognitive appraisals, and psychological distress in children of cancer patients. *Health Psychology, 15,* 167–175.

Condit, C. M. (2011). When do people deploy genetic determinism? A review pointing to the need for multi-factorial theories of public utilization of scientific discourses. *Sociology Compass, 5,* 618–635.

Congressional Research Service. (2010). *U.S. military casualty statistics: Operation New Dawn, Operation Iraqi Freedom, and Operation Enduring Freedom.* Retrieved May 1, 2012, from www.fas.org/sgp/crs/natsec/RS22452.pdf

Conis, E. (2003, August). Chips for some, tofu for others. *Los Angeles Times*, p. F8.

Connell, L. E., & Francis, L. A. (2014). Positive parenting mitigates the effects of poor self-regulation on body mass index trajectories from ages 4–15 years. *Health Psychology, 33,* 757–764.

Conner, M., McEachan, R., Taylor, N., O'Hara, J., & Lawton, R. (2015). Role of affective attitudes and anticipated affective reactions in predicting health behaviors. *Health Psychology, 34,* 642–652.

Conner, M., Sandberg, T., & Norman, P. (2010). Using action planning to promote exercise behavior. *Annals of Behavioral Medicine, 40,* 65–76.

Conroy, D., & Hagger, M. S. (2018). Imagery interventions in health behavior: A meta-analysis. *Health Psychology, 37,* 668–679.

Conroy, D. E., Hedeker, D., McFadden, H. G., Pellegrini, C. A., Pfammatter, A. F., Phillips, S. M., . . . Spring, B. (2017). Lifestyle intervention effects on the frequency and duration of daily moderate–vigorous physical activity and leisure screen time. *Health Psychology, 36,* 299–308.

Conroy, D. E., Hyde, A. L., Doerksen, S. E., & Riebeiro, N. F. (2010). Implicit attitudes and explicit motivation prospectively predict physical activity. *Annals of Behavioral Medicine, 39,* 112–118.

Conroy, D. E., Maher, J. P., Elavsky, S., Hyde, A. L., & Doerksen, S. E. (2013). Sedentary behavior as a daily process regulated by habits and intentions. *Health Psychology, 32,* 1149–1157.

Contrada, R. J., Boulifard, D. A., Hekler, E. B., Idler, E. L., Spruill, T. M., Labouvie, E. W., & Krause, T. J. (2008). Psychosocial factors in heart surgery: Presurgical vulnerability and postsurgical recovery. *Health Psychology, 27,* 309–319.

Contrada, R. J., Goyal, T. M., Cather, C. C., Rafalson, L., Idler, E. L., & Krause, T. J. (2004). Psychosocial factors in outcomes of heart surgery: The impact of religious involvement and depressive symptoms. *Health Psychology, 23,* 227–238.

Cooper, J. K., Love, D. W., & Raffoul, P. R. (1982). Intentional prescription nonadherence (noncompliance) by the elderly. *Journal of the American Geriatric Society, 30,* 329–333.

Cooper, M. L., Wood, P. K., Orcutt, H. K., & Albino, A. (2003). Personality and the predisposition to engage in risky or problem behaviors during adolescence. *Journal of Personality and Social Psychology, 84,* 390–410.

Cooper, N., Tompson, S., O'Donnell, M. B., Vettel, J. M., Bassett, D. S., & Falk, E. B. (2018). Associations between coherent neural activity in the brain's value system during antismoking messages and reductions in smoking. *Health Psychology, 37,* 375–384.

Cooperman, N. A., & Simoni, J. M. (2005). Suicidal ideation and attempted suicide among women living with HIV/AIDS. *Journal of Behavioral Medicine, 28,* 149–156.

COPD International. (2015). *COPD.* Retrieved January 21, 2016, from http://www.copd-international.com.

Corathers, S. D., Kichler, J. C., Fino, N. F., Lang, W., Lawrence, J. M., Raymond, J. K., . . . Dolan, L. M. (2017). High health satisfaction among emerging adults with diabetes: Factors predicting resilience. *Health Psychology, 36,* 206–214.

Corbin, W. R., & Fromme, K. (2002). Alcohol use and serial monogamy as risks for sexually transmitted diseases in young adults. *Health Psychology, 21,* 229–236.

Cordova, M. J., Cunningham, L. L. C., Carlson, C. R., & Andrykowski, M. A. (2001). Posttraumatic growth following breast cancer: A controlled comparison study. *Health Psychology, 20,* 176–185.

Cornelius, T., Gettens, K., & Gorin, A. A. (2016). Dyadic dynamics in a randomized weight loss intervention. *Annals of Behavioral Medicine, 50,* 506–515.

Cornelius, T., Gettens, K., Lenz, E., Wojtanowski, A. C., Foster, G. D., & Gorin, A. A. (2018). How prescriptive support affects weight loss in weight-loss intervention participants and their untreated spouses. *Health Psychology, 37,* 775–781.

Cornelius, T., Voils, C. I., Birk, J. L., Romero, E. K., Edmondson, D. E., & Kronish, I. M. (2018). Identifying targets for cardiovascular medication adherence interventions through latent class analysis. *Health Psychology, 37,* 1006–1014.

Cosio, D., Jin, L., Siddique, J., & Mohr, D. C. (2011). The effect of telephone-administered cognitive–behavioral therapy on quality of life among
patients with multiple sclerosis. *Annals of Behavioral Medicine, 41,* 227–234.

Cosser, S. (2008). *Google sets the standard for a happy work environment.*

Retrieved March 8, 2013, from http://ezinearticles.com/?Google-Sets-The-Standard-For-A-Happy-Work-Environment&id=979201

Costa, P. T., Jr., Weiss, A., Duberstein, P. R., Friedman, B., & Siegler, I. C. (2014). Personality facets and all-cause mortality among medicare patients aged 66 to 102 years: A follow-up study of Weiss and Costa (2005). *Psychosomatic Medicine, 76,* 370–378.

Costanzo, E. S., Lutgendorf, S. K., Bradley, S. L., Rose, S. L., & Anderson, B.(2005). Cancer attributions, distress, and health practices among gynecologic cancer survivors. *Psychosomatic Medicine, 67,* 972–980.

Costanzo, E. S., Stawski, R. S., Ryff, C. D., Coe, C. L., & Almeida, D. M. (2012). Cancer survivors' responses to daily stressors: Implications for quality of life. *Health Psychology, 31,* 360–370.

Costello, D. M., Dierker, L. C., Jones, B. L., & Rose, J. S. (2008). Trajectories of smoking from adolescence to early adulthood and their psychosocial risk factors. *Health Psychology, 27,* 811–818.

Cotter, E. W., & Kelly, N. R. (2018). Stress-related eating, mindfulness, and obesity. *Health Psychology, 37,* 516–525.

Courneya, K. S., & Friedenreich, C. M. (2001). Framework PEACE: An organizational model for examining physical exercise across the cancer experience. *Annals of Behavioral Medicine, 23,* 263–272.

Courneya, K. S., McKenzie, D. C., Reid, R. D., Mackey, J. R., Gelmon, K., Freidenreich, C. M., . . . Segal, R. J. (2008). Barriers to supervised exercise training in a randomized trial of breast cancer patients receiving chemotherapy. *Annals of Behavioral Medicine, 35,* 116–122.

Courneya, K. S., Stevinson, C., McNeely, M. L., Sellar, C. M., Peddle, C. J. Friedenreich, C. M., . . . Reiman, T. (2010). Predictors of adherence to supervised exercise in lymphoma patients participating in a randomized controlled trial. *Annals of Behavioral Medicine, 40,* 30–39.

Cousins, N. (1979). *Anatomy of an illness.* New York: Norton.

Coutu, M. F., Dupuis, G., D'Antono, B., & Rochon-Goyer, L. (2003). Illness representation and change in dietary habits in hypercholesterolemic patients. *Journal of Behavioral Medicine, 26,* 133–152.

Cover, H., & Irwin, M. (1994). Immaturity and depression: Insomnia, retardation, and reduction of natural killer cell activity. *Journal of Behavioral Medicine, 17,* 217–223.

Covey, J. (2014). The role of dispositional factors in moderating message framing effects. *Health Psychology, 33,* 52–65.

Cox, M., Carmack, C., Hughes, D., Baum, G., Brown, J., Jhingran, A., Lu, K., & Basen-Engquist, K. (2015). Antecedents and mediators of physical activity in endometrial cancer survivors: Increasing physical activity through steps to health. *Health Psychology, 34,* 1022–1032.

Coyne, J. C., Jaarsma, T., Luttik, M. L., van Sonderen, E., van Veldhuisen, D. J., & Sanderman, R. (2011). Lack of prognostic value of Type D personality for mortality in a large sample of heart failure patients. *Psychosomatic Medicine, 73,* 557–562.

Crayton, E., Fahey, M., Ashworth, M., Besser, S. J., Weinman, J., & Wright, A. J. (2017). Psychological determinants of medication adherence in stroke survivors: A systematic review of observational studies. *Annals of Behavioral Medicine, 51,* 833–845.

Creed, F., Guthrie, E., Ratcliffe, J., Fernandes, L., Rigby, C., Tomenson, B., . . . Thompson, D. G. (2005). Reported sexual abuse predicts impaired functioning but a good response to psychological treatments in patients with severe irritable bowel syndrome. *Psychosomatic Medicine, 67,* 490–499.

Crespo, N. C., Elder, J. P., Ayala, G. X., Slymen, D. J., Campbell, N. R., Sallis, J. F., . . . Arredondo, E. M. (2012). Results of a multi-level intervention to prevent and control childhood obesity among Latino children: The Aventuras Para Niños study. *Annals of Behavioral Medicine, 43,* 84–100.

Creswell, J. D., Lam, S., Stanton, A. L., Taylor, S. E., Bower, J. E., & Sherman, D. K. (2007). Does self-affirmation, cognitive processing, or discovery of meaning explain cancer-related health benefits of expressive writing? *Personality and Social Psychology Bulletin, 33,* 238–250.

Creswell, J. D., Lindsay, E. K., Villalba, D. K., & Chin, B. (2019). Mindfulness training and physical health: Mechanisms and outcomes. *Psychosomatic Medicine, 81,* 224–232.

Creswell, J. D., Way, B. M., Eisenberger, N. I., & Lieberman, M. D. (2007). Neural correlates of dispositional mindfulness during affect labeling. *Psychosomatic Medicine, 69,* 560–565.

Crichton, F., Dodd, G., Schmid, G., Gamble, G., Cundy, T., & Petrie, K. J. (2014). The power of positive and negative expectations to influence reported symptoms of mood during exposure to wind farm sound. *Health Psychology, 33,* 1588–1592.

Crichton, F., Dodd, G., Schmid, G., Gamble, G., & Petrie, K. J. (2014). Can expectations produce symptoms from infrasound associated with wind turbines? *Health Psychology, 33,* 360–364.

Critser, G. (2003). *Fat land: How Americans became the fattest people in the world.* Boston, MA: Houghton Mifflin.

Crittenden, C. N., Murphy, M. L. M., & Cohen, S. (2018). Social integration and age-related decline in lung function. *Health Psychology, 37,* 472–480.

Croog, S. H., & Fitzgerald, E. F. (1978). Subjective stress and serious illness of a spouse: Wives of heart patients. *Journal of Health and Social Behavior, 9,* 166–178.

Crosby, R., & Noar, S. M. (2010). Theory development in health promotion: Are we there yet? *Journal of Behavioral Medicine, 33,* 259–263.

Crosnoe, R. (2002). Academic and health-related trajectories in adolescence: The intersection of gender and athletics. *Journal of Health and Social Behavior, 43,* 317–335.

Croyle, R. T., & Ditto, P. H. (1990). Illness cognition and behavior: An experimental approach. *Journal of Behavioral Medicine, 13,* 31–52.

Croyle, R. T., Loftus, E. F., Barger, S. D., Sun, Y. C., Hart, M., & Gettig, J. (2006). How well do people recall risk factor test results? Accuracy and bias among cholesterol screening participants. *Health Psychology, 25,* 425–432.

Croyle, R. T., Smith, K. R., Botkin, J. R., Baty, B., & Nash, J. (1997). Psychological responses to BRCA1 mutation testing: Preliminary findings. *Health Psychology, 16,* 63–72.

Cruess, D. G., Antoni, M., McGregor, B. A., Kilbourn, K. M., Boyers, A. E., Alferi, S. M., . . . Kumar, M. (2000). Cognitive–behavioral stress management reduces serum cortisol by enhancing benefit finding among women being treated for early stage breast cancer. *Psychosomatic Medicine, 62,* 304–308.

Cruess, D. G., Burnham, K. E., Finitsis, D. J., Goshe, B. M., Strainge, L., Kalichman, M., . . . Kalichman, S. C. (2017). A randomized clinical trial of a brief Internet-based group intervention to reduce sexual transmission risk behavior among HIV-positive gay and bisexual men. *Annals of Behavioral Medicine, 52,* 116–129.

Cruwys, T., Wakefield, J. R., Sani, F., Dingle, G. A., & Jetten, J. (2018). Social isolation predicts frequent attendance in primary care. *Annals of Behavioral Medicine, 52,* 817–829.

Cuijpers, P., van Straten, A., & Andersson, G. (2008). Internet-administered cognitive behavior therapy for health problems: A systematic review. *Journal of Behavioral Medicine, 31,* 169–177.

Cullen, K. W., & Zakeri, I. (2004). Fruit, vegetables, milk, and sweetened beverages consumption and access to à la carte/snack bar meals at school. *American Journal of Public Health, 94,* 463–467.

Cunningham, J. A., Lin, E., Ross, H. E., & Walsh, G. W. (2000). Factors associated with untreated remissions from alcohol abuse or dependence. *Addictive Behaviors, 25,* 317–321.

Curbow, B., Bowie, J., Garza, M. A., McDonnell, K., Scott, L. B., Coyne, C.A., & Chiappelli, T. (2004). Community-based cancer screening programs in older populations: Making progress but can we do better? *Preventive Medicine, 38,* 676–693.

Curran, S. L., Beacham, A. O., & Andrykowski, M. A. (2004). Ecological momentary assessment of fatigue following breast cancer treatment. *Journal of Behavioral Medicine, 27,* 425–444.

Currie, S. R., Wilson, K. G., & Curran, D. (2002). Clinical significance and predictors of treatment response to cognitive-behavior therapy for insomnia secondary to chronic pain. *Journal of Behavioral Medicine, 25,* 135–153.

Cuthbert, C. A., King-Shier, K. M., Ruether, J. D., Tapp, D. M., Wytsma-Fisher, K., Fung, T. S., & Culos-Reed, S. N. (2018). The effects of exercise on physical and psychological outcomes in cancer caregivers: Results from the RECHARGE randomized controlled trial. *Annals of Behavioral Medicine, 52,* 645–661.

Czaja, S. J., & Rubert, M. P. (2002). Telecommunications technology as an aid to family caregivers of persons with dementia. *Psychosomatic Medicine, 64,* 469–476.

Czekierda, K., Banik, A., Park, C. L., & Luszczynska, A. (2017). Meaning in life and physical health: Systematic review and meta-analysis. *Health Psychology Review, 11,* 387–418.

Dahlberg, C. C. (1977, June). Stroke. *Psychology Today,* pp. 121–128.

Dahlquist, L. M., McKenna, K. D., Jones, K. K., Dillinger, L., Weiss, K. E., & Ackerman, C. S. (2007). Active and passive distraction using a head-mounted display helmet: Effects on cold pressor pain in children. *Health Psychology, 26,* 794–801.

Dakof, G. A., & Taylor, S. E. (1990). Victims' perceptions of social support: What is helpful from whom? *Journal of Personality and Social Psychology, 58,* 80–89.

Daly, M., Delaney, L., Doran, P. P., Harmon, C., & MacLachlan, M. (2010). Naturalistic monitoring of the affect-heart rate relationship: A day reconstruction study. *Health Psychology, 29,* 186–195.

D'Amico, E. J., & Fromme, K. (1997). Health risk behaviors of adolescent and young adult siblings. *Health Psychology, 16,* 426–432.

Damush, T. M., Wu, J., Bair, M. J., Sutherland, J. M., & Kroenke, K. (2008). Self-management practices among primary care patients with musculoskeletal pain and depression. *Journal of Behavioral Medicine, 31,* 301–307.

D'Anna-Hernandez, K. L., Hoffman, M. C., Zerbe, G. O., Coussons-Read, M., Ross, R. G., & Laudenslager, M. L. (2012). Acculturation, maternal cortisol, and birth outcomes in women of Mexican descent. *Psychosomatic Medicine, 74,* 296–304.

Dantzer, R., Cohen, S., Russo, S., & Dinan, T. (2018). Resilience and immunity. *Brain, Behavior, and Immunity, 74,* 28–42.

Dar, R., Leventhal, E. A., & Leventhal, H. (1993). Schematic processes in pain perception. *Cognitive Therapy and Research, 17,* 341–357.

Darbes, L. A., & Lewis, M. A. (2005). HIV-specific social support predicts less sexual risk behavior in gay male couples. *Health Psychology, 24,* 617–622.

Dar-Nimrod, I., & Heine, S. J. (2011). Genetic essentialism: On the deceptive determinism of DNA. *Psychological Bulletin, 137,* 800–818.

Darrow, S. M., Verhoeven, J. E., Révész, D., Lindqvist, D., Penninx, B. W., Delucchi, K. L., . . . Mathews, C. A. (2016). The association between psychiatric disorders and telomere length: A meta-analysis involving 14,827 persons. *Psychosomatic Medicine, 78,* 776–787.

Davidson, K. W., Goldstein, M., Kaplan, R. M., Kaufmann, P. G., Knatterud, G. L., Orleans, C. T., . . . Whitlock, E. P. (2003). Evidence-based behavioral medicine: What is it and how do we achieve it? *Annals of Behavioral Medicine, 26,* 161–171.

Davidson, K. W., Hall, P., & MacGregor, M. (1996). Gender differences in the relation between interview-derived hostility scores and resting blood pressure. *Journal of Behavioral* Medicine, *19,* 185–202.

Davidson, K. W., MacGregor, M. W., Stuhr, J., & Gidron, Y. (1999). Increasing constructive anger verbal behavior decreases resting blood pressure: A secondary analysis of a randomized controlled hostility intervention. *International Journal of Behavioral Medicine, 6,* 268–278.

Davidson, R. J., & Kaszniak, A. W. (2015). Conceptual and methodological issues in research on mindfulness and meditation. *American Psychologist, 7,* 581–592.

Davis, K., Schoen, C., & Stremikis, K. (2010). *Mirror, mirror on the wall: How the performance of the U.S health care system compares internationally, 2010 update.* The Commonwealth Fund.

Davis, K. C., Jacques-Tiura, A. J., Stappenbeck, C. A., Danube, C. L., Morrison, D. M., Norris, J., & George, W. H. (2016). Men's condom use resistance: Alcohol effects on theory of planned behavior constructs. *Health Psychology, 35,* 178–186.

Davis, M., Matthews, K., & McGrath, C. (2000). Hostile attitudes predict elevated vascular resistance during interpersonal stress in men and women. *Psychosomatic Medicine, 62,* 17–25.

Davis, M. C., Matthews, K. A., Meilahn, E. N., & Kiss, J. E. (1995). Are job characteristics related to fibrinogen levels in middle-aged women? *Health Psychology, 14,* 310–318.

Davison, G. C., Williams, M. E., Nezami, E., Bice, T. L., & DeQuattro, V. L. (1991). Relaxation, reduction in angry articulated thoughts, and improvements in borderline hypertension and heart rate. *Journal of Behavioral Medicine, 14,* 453–468.

Davison, K. K., Schmalz, D. L., & Downs, D. S. (2010). Hop, skip . . . no! Explaining adolescent girls' disinclination for physical activity. *Annals of Behavioral Medicine, 39,* 290–302.

Deatrick, J. A., Hobbie, W., Ogle, S., Fisher, M. J., Barakat, L., Hardie, T., & Ginsberg, J. P. (2014). Competence in caregivers of adolescent and young adult childhood brain tumor survivors. *Health Psychology, 33,* 1103–1112.

De Bloom, J., Geurts, S. A. E., & Kompier, M. A. J. (2012). Effects of short vacations, vacation activities and experiences on employee health and well-being. *Stress and Health, 28,* 305–318.

De Graaf, R., & Bijl, R. V. (2002). Determinants of mental distress in adults with a severe auditory impairment: Difference between prelingual and postlingual deafness. *Psychosomatic Medicine, 64,* 61–70.

De Jonge, P., Latour, C., & Huyse, F. J. (2003). Implementing psychiatric interventions on a medical ward: Effects on patients' quality of life and length of hospital stay. *Psychosomatic Medicine, 65,* 997–1002.

De Koning, L., Malik, V. S., Kellogg, M. D., Rimm, E. B., Willett, W. C., & Hu, F. B. (2012). Sweetened beverage consumption, incident coronary heart disease and biomarkers of risk in men. *Circulation, 125,* 1735–1741.

De Moor, C., Sterner, J., Hall, M., Warneke, C., Gilani, Z., Amato, R., & Cohen, L. (2002). A pilot study of the effects of expressive writing on psychological and behavioral adjustment in patients in a phase II trial of vaccine therapy for metastatic renal cell carcinoma. *Health Psychology, 21,* 615–619.

De Peuter, S., Lemaigre, V., Van Diest, I., & Van den Bergh, O. (2008). Illness-specific catastrophic thinking and overperception in asthma. *Health Psychology, 27,* 93–99.

De Visser, R. O., Graber, R., Hart, A., Abraham, C., Scanlon, T., Watten, P., & Memon, A. (2015). Using qualitative methods within a mixed-methods approach to developing and evaluating interventions to address harmful alcohol use among young people. *Health Psychology,* 34(4), 349–360.

Deary, I. J., Batty, G. D., Pattie, A., & Gale, C. R. (2008). More intelligent, more dependable children live longer: A 55-year longitudinal study of a representative sample of the Scottish nation. *Psychological Science, 19,* 874–880.

Deci, E. L., & Ryan, R. M. (1985). *Intrinsic motivation and self-determination in human behavior.* New York: Plenum.

Dedert, E. A., Calhoun, P. S., Watkins, L. L., Sherwood, A., & Beckham, J. C. (2010). Posttraumatic stress disorder, cardiovascular, and metabolic disease: A review of the evidence. *Annals of Behavioral Medicine, 39,* 61–78.

De la Monte, S. M. (2012). Contributions of brain insulin resistance and deficiency in amyloid-related neurodegeneration in Alzheimer's disease. *Drugs, 72,* 49–66.

Demakakos, P., Zaninotto, P., & Nouwen, A. (2014). Is the association between depressive symptoms and glucose metabolism bidirectional? Evidence from the English longitudinal study of ageing. *Psychosomatic Medicine, 76,* 555–561.

Denford, S., Taylor, R. S., Campbell, J. L., & Greaves, C. J. (2014). Effective behavior change techniques in asthma self-care interventions: Systematic review and meta-regression. *Health Psychology, 33,* 577–587.

Dennis, P. A., Watkins, L. L., Calhoun, P. S., Oddone, A., Sherwood, A., Dennis, M. F., Rissling, M. B., & Beckham, J. C. (2014). Posttraumatic stress, heart rate variability, and the mediating role of behavioral risks. *Psychosomatic Medicine, 76,* 629–637.

Denollet, J. (2000). Type D personality: A potential risk factor refined. *Journal of Psychosomatic Research, 49,* 255–266.

Denollet, J., Pedersen, S. S., Vrints, C. J., & Conraads, V. M. (2006). Usefulness of type D personality in predicting five-year cardiac events above and beyond concurrent symptoms of stress in patients with coronary heart disease. *American Journal of Cardiology, 97,* 970–973.

Denollet, J., Pedersen, S. S., Vrints, C. J., & Conraads, V. M. (2013). Predictive value of social inhibition and negative affectivity for cardiovascular events and mortality in patients with coronary artery disease: The type D personality construct. *Psychosomatic Medicine, 75,* 873–881.

Department for Professional Employees. (April, 2006). *Fact sheet 2006, professional women: Vital statistics.* Retrieved April 13, 2007, from http:// www.dpeaflcio.org/programs/factsheets/fs_2006_Professional_ Women. htm#_edn14

Derbyshire, S. W. G. (2014). The use of neuroimaging to advance the understanding of chronic pain: From description to mechanism. *Psychosomatic Medicine, 76,* 402–403.

DeRosa, C. J., & Marks, G. (1998). Preventative counseling of HIV-positive men and self-disclosure of serostatus to sex partners: New opportunities for prevention. *Health Psychology, 17,* 224–231.

Dersh, J., Polatin, P. B., & Gatchel, R. J. (2002). Chronic pain and psychopathology: Research findings and theoretical considerations. *Psychosomatic Medicine, 64,* 773–786.

Des Jarlais, D. C., & Semaan, S. (2008). HIV prevention for injecting drug users: The first 25 years and counting. *Psychosomatic Medicine, 70,* 606–611.

Deschênes, S. S., Burns, R. J., Pouwer, F., & Schmitz, N. (2017). Diabetes complications and depressive symptoms. *Psychosomatic Medicine, 79,* 603–612.

Detweiler, J. B., Bedell, B. T., Salovey, P., Pronin, E., & Rothman, A. J. (1999). Message framing and sunscreen use: Gain-framed messages motivate beach-goers. *Health Psychology, 18,* 189–196.

Deverts, D. J., Cohen, S., DiLillo, V. G., Lewis, C. E., Kiefe, C., Whooley, M., & Matthews, K. A. (2010). Depressive symptoms, race, and circulating C-reactive protein: The coronary artery risk development in young adults (CARDIA) study. *Psychosomatic Medicine, 72,* 734–741.

Devine, C. M., Connors, M. M., Sobal, J., & Bisogni, C. A. (2003). Sandwiching it in: Spillover of work onto food choices and family roles in low- and moderate-income urban households. *Social Science and Medicine, 56,* 617–630.

Dew, M. A., Hoch, C. C., Buysse, D. J., Monk, T. H., Begley, A. E., Houck, P. R., . . . Reynolds, C. F. (2003). Healthy older adults' sleep predicts all-cause mortality at 4 to 19 years of follow-up. *Psychosomatic Medicine, 65,* 63–73.

Di Giorgio, A., Hudson, M., Jerjes, W., & Cleare, A. J. (2005). 24-hour pituitary and adrenal hormone profiles in chronic fatigue syndrome. *Psychosomatic Medicine, 67,* 433–440.

Diabetes Prevention Program Research Group. (2002). Reduction in the incidence of type 2 diabetes with lifestyle intervention or metformin. *The New England Journal of Medicine, 346,* 393–403.

Diamond, J., Massey, K. L., & Covey, D. (1989). Symptom awareness and blood glucose estimation in diabetic adults. *Health Psychology, 8,* 15–26.

Dias, J. A., Griffith, R. A., Ng, J. J., Reinert, S. E., Friedmann, P. D., & Moulton, A. W. (2002). Patients' use of the Internet for medical information. *Journal of General Internal Medicine, 17,* 180–185.

Dickens, C., McGowan, L., Clark-Carter, D., & Creed, F. (2002). Depression and rheumatoid arthritis: A systematic review of the literature with meta-analysis. *Psychosomatic Medicine, 64,* 52–60.

Dickens, C., McGowan, L., & Dale, S. (2003). Impact of depression on experimental pain perception: A systematic review of the literature with meta-analysis. *Psychosomatic Medicine, 65,* 369–375.

Dickens, C., McGowan, L., Percival, C., Tomenson, B., Cotter, L., Heagerty, A., & Creed, F. (2008). New onset depression following myocardial infarction predicts cardiac mortality. *Psychosomatic Medicine, 70,* 450–455.

Dickerson, S. S., Kemeny, M. E., Aziz, N., Kim, K. H., & Fahey, J. L. (2004). Immunological effects of induced shame and guilt. *Psychosomatic Medicine, 66,* 124–131.

DiClemente, R. J., Crittenden, C. P., Rose, E., Sales, J. M., Wingood, G. M., Crosby, R. A., & Salazar, L. F. (2008). Psychosocial predictors of HIV-associated sexual behavior and the efficacy of prevention interventions in adolescents at-risk for HIV infection: What works and what doesn't work? *Psychosomatic Medicine, 70,* 598–605.

Diefenbach, M. A., Leventhal, E. A., Leventhal, H., & Patrick-Miller, L. (1996). Negative affect relates to cross-sectional but not longitudinal symptom reporting: Data from elderly adults. *Health Psychology, 15,* 282–288.

Dientsbier, R. A. (1989). Arousal and physiological toughness: Implications for mental and physical health. *Psychological Review, 96,* 84–100.

Dietz, W. H., & Gortmaker, S. L. (2001). Preventing obesity in children and adolescents. *Annual Review of Public Health, 22,* 337–353.

DiFulvio, G. T., Linowski, S. A., Mazziotti, J. S., & Puleo, E. (2012). Effectiveness of the Brief Alcohol and Screening Intervention for College Students (BASICS) program with a mandated population. *Journal of American College Health, 60,* 269–280.

Dillard, A. J., Ferrer, R. A., Ubel, P. A., & Fagerlin, A. (2012). Risk perception measures' associations with behavior intentions, affect, and cognition following colon cancer screening messages. *Health Psychology, 31,* 106–113.

Dillon, P., Phillips, L. A., Gallagher, P., Smith, S. M., Stewart, D., & Cousins, G. (2018). Assessing the multidimensional relationship between medication beliefs and adherence in older adults with hypertension using polynomial regression. *Annals of Behavioral Medicine, 52,* 146–156.

DiLorenzo, T. A., Schnur, J., Montgomery, G. H., Erblich, J., Winkel, G., & Bovbjerg, D. H. (2006). A model of disease-specific worry in heritable disease: The influence of family history, perceived risk and worry about other illnesses. *Journal of Behavioral Medicine, 29,* 37–49.

DiMatteo, M. R. (2004). Social support and patient adherence to medical treatment: A meta-analysis. *Health Psychology, 23,* 207–218.

DiMatteo, M. R., & DiNicola, D. D. (1982). *Achieving patient compliance: The psychology of the medical practitioner's role.* New York: Pergamon Press.

DiMatteo, M. R., Friedman, H. S., & Taranta, A. (1979). Sensitivity to bodily nonverbal communication as a factor in practitioner-patient rapport. *Journal of Nonverbal Behavior, 4,* 18–26.

DiMatteo, M. R., Giordani, P. J., Lepper, H. S., & Croghan, T. W. (2002). Patient adherence and medical treatment outcomes: A meta-analysis. *Medical Care, 40,* 794–811.

DiMatteo, M. R., Haskard-Zolnierek, K. B., & Martin, L. R. (2012). Improving patient adherence: A three-factor model to health practice. *Health Psychology Review, 6,* 74–91.

DiMatteo, M. R., Hays, R. D., & Prince, L. M. (1986). Relationship of physicians' nonverbal communication skill to patient satisfaction, appointment noncompliance, and physical workload. *Health Psychology, 5,* 581–594.

DiMatteo, M. R., Lepper, H. S., & Croghan, T. W. (2000). Depression is a risk factor for noncompliance with medical treatment. *Archives of Internal Medicine, 160,* 2101–2107.

Dimidjian, S., & Segal, Z. V. (2015). Prospects for a clinical science of mindfulness-based intervention. *American Psychologist, 70,* 593–620.

Dinan, T. G., & Cryan, J. F. (2017). Brain-gut-microbiota axis and mental health. *Psychosomatic Medicine, 79,* 920–926.

Dinescu, D., Horn, E. E., Duncan, G., & Turkheimer, E. (2016). Socioeconomic modifiers of genetic and environmental influences on body mass index in adult twins. *Health Psychology, 35,* 157–166.

Dishman, R. K. (1982). Compliance/adherence in health-related exercise. *Health Psychology, 1,* 237–267.

Dishman, R. K., Vandenberg, R. J., Motl, R. W., & Nigg, C. R. (2010). Using constructs of the transtheoretical model to predict classes of change in regular physical activity: A multi-ethnic longitudinal cohort study. *Annals of Behavioral Medicine, 40,* 150–163.

Ditto, P. H., Druley, J. A., Moore, K. A., Danks, H. J., & Smucker, W. D. (1996). Fates worse than death: The role of valued life activities in health-state evaluations. *Health Psychology, 15,* 332–343.

Ditto, P. H., & Hawkins, N. A. (2005). Advance directives and cancer decision making near the end of life. *Health Psychology,* 24 (Suppl.), S63–S70.

Ditto, P. H., Munro, G. D., Apanovich, A. M., Scepansky, J. A., & Lockhart.

L. K. (2003). Spontaneous skepticism: The interplay of motivation and expectation in response to favorable and unfavorable medical diagnoses. *Personality and Social Psychology Bulletin, 29,* 1120–1132.

Ditto, P. H., Smucker, W. D., Danks, J. H., Jacobson, J. A., Houts, R. M., Fagerlin, A., . . . Gready, R. M. (2003). Stability of older adults' preferences for life-sustaining medical treatment. *Health Psychology, 22,* 605–615.

Ditzen, B., Hoppmann, C., & Klumb, P. (2008). Positive couple interactions and daily cortisol: On the stress-protecting role of intimacy. *Psychosomatic Medicine, 70,* 883–889.

Ditzen, B., Neumann, I. D., Bodenmann, G., von Dawans, B., Turner, R. A., Ehlert, U., & Heinrichs, M. (2007). Effects of different kinds of couple interaction on cortisol and heart rate responses to stress in women.
Psychoneuroendocrinology, 32, 565–574.

Dixon, K. E., Keefe, F. J., Scipio, C. D., Perri, L. M., & Abernethy, A. P. (2007). Psychological interventions for arthritis pain management in adults: A meta-analysis. *Health Psychology, 26,* 241–250.

Doan, S. N., Dich, N., & Evans, G. W. (2014). Childhood cumulative risk and later allostatic load: Mediating role of substance use. *Health Psychology, 33,* 1402–1409.

Dobson, K. S. (Ed.). (2010). *Handbook of cognitive behavioral therapies.* New York: Guilford.

Dohrenwend, B. P., Yager, T. J., Wall, M. M., & Adams, B. G. (2013). The roles of combat exposure, personal vulnerability, and involvement in harm to civilians or prisoners in Vietnam-war-related posttraumatic stress disorder. *Clinical Psychological Science,* 223–238.

Dolezsar, C. M., McGrath, J. J., Herzig, A. J. M., & Miller, S. B. (2014). Perceived racial discrimination and hypertension: A comprehensive systematic review. *Health Psychology, 33,* 20–34.

Donahue, R. G., Lampert, R., Dornelas, E., Clemow, L., & Burg, M. M. (2010). Rationale and design of a randomized clinical trial comparing stress reduction treatment to usual cardiac care: The reducing variability to implantable cardioverter defibrillator shock-treated ventricular arrhythmias (RISTA) trial. *Psychosomatic Medicine, 72,* 172–177.

Donaldson, S. I., Graham, J. W., & Hansen, W. B. (1994). Testing the generalizability of intervening mechanism theories: Understanding the effects of adolescent drug use prevention interventions. *Journal of Behavioral Medicine, 17,* 195–216.

Donaldson, S. I., Graham, J. W., Piccinin, A. M., & Hansen, W. B. (1995). Resistance-skills training and onset of alcohol use: Evidence for beneficial and potentially harmful effects in public schools and in private Catholic schools. *Health Psychology, 14,* 291–300.

Donovan, J. E., & Jessor, R. (1985). Structure of problem behavior in adolescence and young adulthood. *Journal of Consulting and Clinical Psychology, 53,* 890–904.

Dore, G. A., Elias, M. F., Robbins, M. A., Budge, M. M., & Elias, P. K. (2008). Relation between central adiposity and cognitive function in the Maine-Syracuse study: Attenuation by physical activity. *Annals of Behavioral Medicine, 35,* 341–350.

Dorgan, C., & Editue, A. (1995). *Statistical record of health and medicine: 1995.* Detroit, MI: Orale Research.

Dornelas, E. A., & Sears, S. F. (2018). Living with heart despite recurrent challenges: Psychological care for adults with advanced cardiac disease. *American Psychologist, 73,* 1007–1018.

Dorough, A. E., Winett, R. A., Anderson, E. S., Davy, B. M., Martin, E. C., & Hedrick, V. (2014). Dash to wellness: Emphasizing self-regulation through e-health in adults with prehypertension. *Health Psychology, 33,* 249–254.

Dracup, K., & Moser, D. (1991). Treatment-seeking behavior among those with signs and symptoms of acute myocardial infarction. *Heart and Lung, 20,* 570–575.

Driscoll, A. K., & Bernstein, A. B. (2012). Health and access to care among employed and unemployed adults: United States, 2009–2010. *NCHS Data Brief, 83,* 1–8.

Droomers, M., Schrijivers, C. T. M., & Mackenbach, J. P. (2002). Why do lower educated people continue smoking? Explanations from the longitudinal GLOBE study. *Health Psychology, 21,* 263–272.

Drossman, D. A., Leserman, J., Li, Z., Keefe, F., Hu, Y. J. B., & Toomey, T. C. (2000). Effects of coping on health outcome among women with gastrointestinal disorders. *Psychosomatic Medicine, 62,* 309–317.

D'Souza, P. J., Lumley, M. A., Kraft, C. A., & Dooley, J. A. (2008). Relaxation training and written emotional disclosure for tension or migraine headaches: A randomized, controlled trial. *Annals of Behavioral Medicine, 36,* 21–32.

DuBenske, L. L., Gustafson, D. H., Namkoong, K., Hawkins, R. P., Atwood, K., Brown, R. L., & Cleary, J. F. (2014). CHESS improves cancer caregivers' burden and mood: Results of an eHealth RCT. *Health Psychology, 33,* 1261–1272.

Duffy, K. A., McLaughlin, K. A., & Green, P. A. (2018). Early life adversity and health-risk behaviors: Proposed psychological and neural mechanisms. *Annals of the New York Academy of Sciences, 1428,* 151–169.

Duggan, K. A., Reynolds, C. A., Kern, M. L., & Friedman, H. S. (2014). Childhood sleep duration and lifelong mortality risk. *Health Psychology, 33,* 1195–1203.

DuHamel, K. N., Manne, S., Nereo, N., Ostroff, J., Martini, R., Parsons, S., . . . Redd, W. H. (2004). Cognitive processing among mothers of children undergoing bone marrow/stem cell transplantation. *Psychosomatic Medicine, 66,* 92–103.

Duits, A. A., Boeke, S., Taams, M. A., Passchier, J., & Erdman, R. A. M. (1997). Prediction of quality of life after coronary artery bypass graft surgery: A review and evaluation of multiple, recent studies. *Psychosomatic Medicine, 59,* 257–268.

Duivis, H. E., Kupper, N., Vermunt, J. K., Penninx, B. W., Bosch, N. M., Riese, H., & de Jonge, P. (2015). Depression trajectories, inflammation, and lifestyle factors in adolescence: The tracking adolescents' individual lives survey. *Health Psychology, 34,* 1047–1057.

Dunbar, F. (1943). *Psychosomatic diagnosis.* New York: Hoeber.

Duncan, S. C., Duncan, T. E., Strycker, L. A., & Chaumeton, N. R. (2002). Relations between youth antisocial and prosocial activities. *Journal of Behavioral Medicine, 25,* 425–438.

Dunkel Schetter, C., & Dolbier, C. (2011). Resilience in the context of chronic stress and health in adults. *Social and Personality Psychology Compass, 5,* 634–652.

Dunkel Schetter, C., Feinstein, L. G., Taylor, S. E., & Falke, R. L. (1992). Patterns of coping with cancer. *Health Psychology, 11,* 79–87.

Dunn, M. J., Rodriguez, E. M., Barnwell, A. S., Grossenbacher, J. C., Vannatta, K., Gerhardt, C. A., & Compas, B. E. (2012). Posttraumatic stress symptoms in parents of children with cancer within six months of diagnosis. *Health Psychology, 31,* 176–185.

Dunton, G. F., Liao, Y., Intille, S., Huh, J., & Leventhal, A. (2015). Momentary assessment of contextual influences on affective response during physical activity. *Health Psychology, 34,* 1145–1153.

Dupont, A., Bower, J. E., Stanton, A. L., & Ganz, P. A. (2014). Cancer-related intrusive thoughts predict behavioral symptoms following breast cancer treatment. *Health Psychology, 33,* 155–163.

DuPont, R. L. (1988). The counselor's dilemma: Treating chemical dependence at college. In T. M. Rivinus (Ed.), *Alcoholism/chemical dependency and the college student* (pp. 41–61). New York: Haworth Press.

Duschek, S., Schuepbach, D., Doll, A., Werner, N. S., & Reyes del Paso, G. A. (2011). Self-regulation of cerebral blood flow by means of transcranial doppler sonography biofeedback. *Annals of Behavioral Medicine, 41,* 235–242.

Dutton, G. (2012). Pain management market ripe with immediate opportunities. *Genetic Engineering and Biotechnology News.* Retrieved April 2, 2013, from http://www.genengnews.com/gen-articles/pain-management-market-ripe-with-immediate-opportunities/4123

Duxbury, M. L., Armstrong, G. D., Dren, D. J., & Henley, S. J. (1984). Head nurse leadership style with staff nurse burnout and job satisfaction in neonatal intensive care units. *Nursing Research, 33,* 97–101.

Dwyer, L. L., Harris-Kojetin, L. D., & Valverde, R. H. (2014). Differences in adult day services center participant characteristics by center ownership: United States, 2012. *NCHS Data Brief, 164,* 1–8.

Eaker, E. D., Sullivan, L. M., Kelly-Hayes, M., D'Agostino, R. B., & Benjamin, E. J. (2007). Marital status, marital strain, and risk of coronary heart disease or total mortality: The Framingham offspring study. *Psychosomatic Medicine, 69,* 509–513.

Eakin, E. G., Bull, S. S., Riley, K. M., Reeves, M. M., McLaughlin, P., & Gutierrez, S. (2007). Resources for health: A primary-care-based diet and physical activity intervention targeting urban Latinos with multiple chronic conditions. *Health Psychology, 26,* 392–400.

Eakin, E., Reeves, M., Winkler, E., Lawler, S., & Owen, N. (2010). Maintenance of physical activity and dietary change following a telephone-delivered intervention. *Health Psychology, 29,* 566–573.

Earnshaw, V. A., Bogart, L. M., Dovidio, J. F., & Williams, D. R. (2013). Stigma and racial/ethnic HIV disparities: Moving toward resilience. *American Psychologist, 68,* 225–236.

The Economist. (2012, April 14). Medicine and its rivals: The believers, pp. 68–69.

The Economist. (2012, May 19). African child mortality: The best story in development, p. 56.

The Economist. (2012, October 20). Assisted suicide: Over my dead body, pp. 55–56.

The Economist. (2013, March 23). Open skies, bottomless pits, p. 72.

The Economist. (2013, July 13). Altered states, p. 70.

The Economist. (2015, June 27). Campaigns to let doctors help the suffering and terminally ill to die are gathering momentum across the West, p. 16.

The Economist. (2015, July 11). Quitting is so hard, p. 18.

Edwards, K. M., Burns, V. E., Adkins, A. E., Carroll, D., Drayson, M., & Ring, C. (2008). Meningococcal A vaccination response is enhanced by acute stress in men. *Psychosomatic Medicine, 70,* 147–151.

Edwards, R. R. (2008). The association of perceived discrimination with low back pain. *Journal of Behavioral Medicine, 31,* 379–389.

Edwards, S., Hucklebridge, F., Clow, A., & Evans, P. (2003). Components of the diurnal cortisol cycle in relation to upper respiratory symptoms and perceived stress. *Psychosomatic Medicine, 65,* 320–327.

Egede, L. E. (2005). Effect of comorbid chronic diseases on prevalence and odds of depression in adults with diabetes. *Psychosomatic Medicine, 67,* 46–51.

Ehrlich, K. B., Hoyt, L. T., Sumner, J. A., McDade, T. W., & Adam, E. K. (2015). Quality of relationships with parents and friends in adolescence predicts metabolic risk in young adulthood. *Health Psychology, 345,* 896–904.

Eichstaedt, J. C., Schwartz, H. A., Kern, M. L., Park, G., Labarthe, D. R., Merchant, R. M., & Seligman, M. E. P. (2015). Psychological language on twitter predicts county-level heart disease mortality. *Psychological Science,* 1–11.

Eifert, G. H., Hodson, S. E., Tracey, D. R., Seville, J. L., & Gunawardane, K. (1996). Heart-focused anxiety, illness beliefs, and behavioral impairment: Comparing healthy heart-anxious patients with cardiac and surgical inpatients. *Journal of Behavioral Medicine, 19,* 385–400.

Eisenberg, D., & Sieger, M. (2003, June 9). The doctor won't see you now. *Time,* pp. 46–60.

Eisenlohr-Moul, T. A., Burris, J. L., & Evans, D. R. (2013). Pain acceptance, psychological functioning, and self-regulatory fatigue in temporomandibular disorder. *Health Psychology, 32,* 1236–1239.

Ekkekakis, P., Hall, E. E., VanLanduyt, L. M., & Petruzzello, S. J. (2000). Walking in (affective) circles: Can short walks enhance affect? *Journal of Behavioral Medicine, 23,* 245–275.

Ekmann, A., Osler, M., & Avlund, K. (2012). The predictive value of fatigue for nonfatal ischemic heart disease and all-cause mortality. *Psychosomatic Medicine, 74,* 464–470.

Ekstedt, M., Åkerstedt, T., & Söderström, M. (2004). Microarousals during sleep are associated with increased levels of lipids, cortisol, and blood pressure. *Psychosomatic Medicine, 66,* 925–931.

El-Serag, H. B., Sweet, S., Winchester, C. C., & Dent, J. (2013). Update on the epidemiology of gastro-oesophageal reflux disease: A systematic review. *Gut, 63,* 871–880.

Elbejjani, M., Fuhrer, R., Abrahamowicz, M., Mazoyer, B., Crivello, F., Tzourio, C., & Dufouil, C. (2017). Life-course socioeconomic position and hippocampal atrophy in a prospective cohort of older adults. *Psycho-*

somatic Medicine, 79, 14–23.

Elder, J. P., Ayala, G. X., Campbell, N. R., Slymen, D., Lopez-Madurga, E. T., Engelberg, M., & Baquero, B. (2005). Interpersonal and print nutrition communication for Spanish-dominant Latino population: Secretos de la buena vida. *Health Psychology, 24,* 49–57.

Ellington, L., & Wiebe, D. (1999). Neuroticism, symptom presentation, and medical decision making. *Health Psychology, 18,* 634–643.

Elliot, A. J., Turiano, N. A., Infurna, F. J., Lachman, M. E., & Chapman, B. P. (2018). Lifetime trauma, perceived control, and all-cause mortality: Results from the Midlife in the United States Study. *Health Psychology, 37*(3), 262–270.

Ellis, E. M., Elwyn, G., Nelson, W. L., Scalia, P., Kobrin, S. C., & Ferrer, R. A. (2018). Interventions to engage affective forecasting in health-related decision making: A meta-analysis. *Annals of Behavioral Medicine, 52*(2), 157–174.

Ellis, E. M., Homish, G. G., Parks, K. A., Collins, R. L., & Kiviniemi, M. T. (2015). Increasing condom use by changing people's feelings about them: An experimental study. *Health Psychology, 34,* 941–950.

El-Sheikh, M., Bagley, E. J., Keiley, M., Elmore-Staton, L., Chen, E., & Buckhalt, J. A. (2013). Economic adversity and children's sleep problems: Multiple indicators and moderation effects. *Health Psychology, 32,* 849–859.

Emerson, S. U., & Purcell, R. H. (2004). Running like water—the omnipresence of hepatitis E. *The New England Journal of Medicine, 351,* 2367–2368.

Emeny, R. T., Zierer, A., Lacruz, M. E., Baumert, J., Herder, C., Gornitzka, G., Koenig, W., Thorand, B., & Ladwig, K., for the KORA Investigators (2013). Job strain-associated inflammatory burden and long-term risk of coronary events: Findings from the MONICA/KORA Ausburg case-cohort study. *Psychosomatic Medicine, 75,* 317–325.

Emery, C. F., Kiecolt-Glaser, J. K., Glaser, R., Malarkey, W. B., & Frid, D. J. (2005). Exercise accelerates wound healing among healthy older adults: A preliminary investigation. *Journal of Gerontology: Medical Sciences,* 60A, 1432–1436.

Emmons, C., Biernat, M., Teidje, L. B., Lang, E. L., & Wortman, C. B. (1990). Stress, support, and coping among women professionals with preschool children. In J. Eckenrode & S. Gore (Eds.), *Stress between work and family* (pp. 61–93). New York: Plenum Press.

Emmons, K. (2012). Behavioral medicine and the health of our nation: Accelerating our impact. *Annals of Behavioral Medicine, 43,* 153–161.

Emslie, C., Hunt, K., & Lyons, A. (2013). The role of alcohol in forging and maintaining friendships amongst Scottish men in midlife. *Health Psychology, 32,* 33–41.

Endrighi, R., Hamer, M., & Steptoe, A. (2011). Associations of trait optimism with diurnal neuroendocrine activity, cortisol responses to mental stress, and subjective stress measures in healthy men and women. *Psychosomatic Medicine, 73,* 672–678.

Endrighi, R., Hamer, M., & Steptoe, A. (2016). Post-menopausal women exhibit greater interleukin-6 responses to mental stress than older men, *Annals of Behavioral Medicine, 50,* 564–571.

Eng, P. M., Fitzmaurice, G., Kubzansky, L. D., Rimm, E. B., & Kawachi, I. (2003). Anger in expression and risk of stroke and coronary heart disease among male health professionals. *Psychosomatic Medicine, 65,* 100–110.

Engebretson, T. O., & Matthews, K. A. (1992). Dimensions of hostility in men, women, and boys: Relationships to personality and cardiovascular responses to stress. *Psychosomatic Medicine, 54,* 311–323.

Ennett, S. T., & Bauman, K. E. (1993). Peer group structure and adolescent cigarette smoking: A social network analysis. *Journal of Health and Social Behavior, 34,* 226–236.

Enright, M. F., Resnick, R., DeLeon, P. H., Sciara, A. D., & Tanney, F. (1990). The practice of psychology in hospital settings. *American Psychologist, 45,* 1059–1065.

Environmental Health Perspectives. (2004). *Study finds that combined exposure to second-hand smoke and urban air pollutants during pregnancy adversely affects birth outcomes.* Retrieved from http://ehp. niehs.nih. gov/press/012304.html

Epel, E. S., McEwen, B., Seeman, T., Matthews, K., Catellazzo, G., Brownell, K., . . . Ickovics, J. R. (2000). Stress and body shape: Stress-induced cortisol secretion is consistently greater among women with central fat. *Psychosomatic Medicine, 62,* 623–632.

Epilepsy Foundation. (2018, April 24). *The latest stats about epilepsy from the CDC: Who has epilepsy and seizure control?* Retrieved March 13, 2019, from https://www.epilepsy.com/article/2018/4/latest-stats-about-epilepsy-cdc-who-has-epilepsy-and-seizure-control

Epker, J., & Gatchel, R. J. (2000). Coping profile differences in the biopsychosocial functioning of patients with temporomandibular disorder. *Psychosomatic Medicine, 62,* 69–75.

Epping-Jordan, J. A., Compas, B. E., & Howell, D. C. (1994). Predictors of cancer progression in young adult men and women: Avoidance, intrusive thoughts, and psychological symptoms. *Health Psychology, 13,* 539–547.

Epstein, E. M., Sloan, D. M., & Marx, B. P. (2005). Getting to the heart of the matter: Written disclosure, gender, and heart rate. *Psychosomatic Medicine, 67,* 413–419.

Epstein, R. M., Shields, C. G., Meldrum, S. C., Fiscella, K., Carroll, J., Carney, P. A., & Duberstein, P. R. (2006). Physicians' responses to patients' medically unexplained symptoms. *Psychosomatic Medicine, 68,* 269–276.

Epton, T., & Harris, P. R. (2008). Self-affirmation promotes health behavior change. *Health Psychology, 27,* 746–752.

Epton, T., Harris, P. R., Kane, R., van Koningsbruggen, G. M., & Sheeran, P. (2015). The impact of self-affirmation on health-behavior change: A meta-analysis. *Health Psychology, 34,* 187–196.

Erickson, K. I., Voss, M. W., Prakash, R. S., Basak, C., Szabo, A., Chaddock, L., . . . Kramer, A. F. (2011). Exercise training increases size of hippocampus and improves memory. *Proceedings of the National Academy of Sciences, 108,* 3017–3022.

Erlich, K. B., Hoyt, L. T., Sumner, J. A., McDade, T. W., & Adam, E. K. (2015). Quality of relationships with parents and friends in adolescence predicts metabolic risk in young adulthood. *Health Psychology, 34,* 896–904.

Ernst, E. (2009). Acupuncture: What does the most reliable evidence tell us? *Journal of Pain and Symptom Management, 37,* 709–714.

Ernst, E., Lee, M. S., & Choi, T. Y. (2011). Acupuncture: Does it alleviate pain and are there serious risks? A review of reviews. *Pain, 152,* 755–764.

Ernst, E., Pittler, M. H., Wider, B., & Boddy, K. (2007). Acupuncture: Its evidence-base is changing. *American Journal of Chinese Medicine, 35,* 21–25.

Ervin, R. B., Kit, B. K., Carroll, M. D., & Ogden, C. L. (2012). Consumption of added sugar among U.S. children and adolescents, 2005–2008. *NCHS Data Brief, 87,* 1–8.

Ervin, R. B., & Ogden, C. L. (2013). Consumption of added sugars among U.S. adults 2005–2010. *NCHS Data Brief, 122,* 1–7.

Esposito-Del Puente, A., Lillioja, S., Bogardus, C., McCubbin, J. A., Feinglos, M. N., Kuhn, C. M., & Surwit, R. S. (1994). Glycemic response to stress is altered in euglycemic Pima Indians. *International Journal of Obesity, 18,* 766–770.

Estabrooks, P. A., Lee, R. E., & Gyurcsik, N. C. (2003). Resources for physical activity participation: Does availability and accessibility differ by neighborhood socioeconomic status? *Annals of Behavioral Medicine, 25,* 100–104.

Esterl, M. (2015, April 15). More teens use e-cigarettes than traditional smokes. *The Wall Street Journal*, p. 83.
Esterling, B. A., Kiecolt-Glaser, J. K., Bodnar, J. C., & Glaser, R. (1994). Chronic stress, social support, and persistent alterations in the natural killer cell response to cytokines in older adults. *Health Psychology, 13,* 291–298.
Esterling, B. A., Kiecolt-Glaser, J. K., & Glaser, R. (1996). Psychosocial modulation of cytokine-induced natural killer cell activity in older adults. *Psychosomatic Medicine, 58,* 264–272.
Eunice Kennedy Shriver National Institute of Child Health and Human Development. (2017). *Sudden infant death syndrome (SIDS).* Retrieved May 8, 2019, from https://www.nichd.nih.gov/health/topics/sids
Euesden, J., Matcham, F., Hotopf, M., Steer, S., Cope, A. P., Lewis, C. M., & Scott, I. C. (2017). The relationship between mental health, disease severity, and genetic risk for depression in early rheumatoid arthritis. *Psychosomatic Medicine, 79,* 638–645.
Euteneuer, F., Mills, P. J., Pung, M. A., Rief, W., & Dimsdale, J. E. (2014). Neighborhood problems and nocturnal blood pressure dipping. *Health Psychology, 33,* 1366–1372.
Evans, G. W., Exner-Cortens, D., Kim, P., & Bartholomew, D. (2013). Childhood poverty and blood pressure reactivity to and recovery from an acute stressor in late adolescence: The mediating role of family conflict. *Psychosomatic Medicine, 75,* 691–700.
Evans, G. W., & Wener, R. E. (2006). Rail commuting duration and passenger stress. *Health Psychology, 25,* 408–412.
Everson, S. A., Lovallo, W. R., Sausen, K. P., & Wilson, M. F. (1992). Hemodynamic characteristics of young men at risk for hypertension at rest and during laboratory stressors. *Health Psychology, 11,* 24–31.
Ewart, C. K. (1991). Familial transmission of essential hypertension: Genes, environments, and chronic anger. *Annals of Behavioral Medicine, 13,* 40–47.
Ewart, C. K., Elder, G. J., Jorgensen, R. S., & Fitzgerald, S. T. (2017). The role of agonistic striving in the association between cortisol and high blood pressure. *Psychosomatic Medicine, 79,* 416–425.
Ewart, C. K., Elder, G. J., Laird, K. T., Shelby, G. D., & Walker, L. S. (2014). Can agonistic striving lead to unexplained illness? Implicit goals, pain tolerance, and somatic symptoms in adolescents and adults. *Health Psychology, 33,* 977–985.
Ewart, C. K., & Jorgensen, R. S. (2004). Agonistic interpersonal striving: Social–cognitive mechanism of cardiovascular risk in youth? *Health Psychology, 23,* 75–85.
Faasse, K., Cundy, T., Gamble, G., & Petrie, K. J. (2013). The effect of an apparent change to a branded or generic medication on drug effectiveness and side effects. *Psychosomatic Medicine, 75,* 90–96.
Faasse, K., Parkes, B., Kearney, J., & Petrie, K. J. (2018). The influence of social modeling, gender, and empathy on treatment side effects. *Annals of Behavioral Medicine, 52,* 560–570.
Facebook. (2012). *Key facts.* Retrieved March 13, 2013, from http://newsroom.fb.com/Key-Facts
Facts of Life. (2002, July). *Cover your hide: Too much sun can lead to skin cancer.* Center for the Advancement of Health, 7(7).
Facts of Life. (2002, November). *Food for thought: Prevention of eating disorders in children.* Center for the Advancement of Health, 7(11).
Facts of Life. (2003, March). *Talking the talk: Improving patient-provider communication.* Center for the Advancement of Health, 8(3).
Facts of Life. (2003, November). *Health education: Schools learn the hard way.* Center for the Advancement of Health, 8(11).
Facts of Life. (2003, December). *Potential health benefits of moderate drinking.* Center for the Advancement of Health, 8(12).
Facts of Life. (2004, May). *On the road to improving traffic safety.* Center for the Advancement of Health, 9(5).
Facts of Life. (2004, December). *Weighing the data: Obesity affects elderly, too.* Center for the Advancement of Health, 9(12).
Facts of Life. (2005, July). *Smoking cessation: Beyond the patch.* Center for the Advancement of Health, 10(7).
Facts of Life. (2006, November). *An aging marketplace.* Center for the Advancement of Health, 11(11).
Facts of Life. (2007, February). *Statins: Still going strong.* Center for the Advancement of Health, 12(2).
Fagan, J., Galea, S., Ahern, J., Bonner, S., & Vlahov, D. (2003). Relationship of self-reported asthma severity and urgent health care utilization to psychological sequelae of the September 11, 2001 terrorist attacks on the World Trade Center among New York City area residents. *Psychosomatic Medicine, 65,* 993–996.
Fagerlin, A., Ditto, P. H., Danks, J. H., Houts, R. M., & Smucker, W. D. (2001). Projection in surrogate decisions about life-sustaining medical treatments. *Health Psychology, 20,* 166–175.
Fagundes, C. P., Bennett, J. M., Alfano, C. M., Glaser, R., Povoski, S. P., Lipari, A. M., . . . Kiecolt-Glaser, J. K. (2012). Social support and socioeconomic status interact to predict Epstein-Barr virus latency in women awaiting diagnosis or newly diagnosed with breast cancer. *Health Psychology, 31,* 11–19.
Fagundes, C. P., Murdock, K. W., Chirinos, D. A., & Green, P. A. (2017). Biobehavioral pathways to cancer incidence, progression, and quality of life. *Current Directions in Psychological Science, 26,* 548–553.
Fakhouri, T. H. I., Ogden, C. L., Carroll, M. D., Kit, B. K., & Flegal, K. M. (2012). Prevalence of obesity among older adults in the United States, 2007–2010. *NCHS Data Brief, 106,* 1–8.
Falba, T. (2005). Health events and the smoking cessation of middle aged Americans. *Journal of Behavioral Medicine, 28,* 21–33.
Fales, J. L., Rice, S., Aaron, R. V., & Palermo, T. M. (2018). Traditional and cyber-victimization among adolescents with and without chronic pain. *Health Psychology, 37,* 291–300.
Falk, E. B., Berkman, E. T., Mann, T., Harrison, B., & Lieberman, M. D. (2010). Predicting persuasion-induced behavior change from the brain. *The Journal of Neuroscience, 30,* 8421–8424.
Falk, E. B., Berkman, E. T., Whalen, D., & Lieberman, M. D. (2011). Neural activity during health messaging predicts reductions in smoking above and beyond self-report. *Health Psychology, 30,* 177–185.
Falkenstein, A., Tran, B., Ludi, D., Molkara, A., Nguyen, H., Tabuenca, A., & Sweeny, K. (2016). Characteristics and correlates of word use in physician–patient communication. *Annals of Behavioral Medicine, 50,* 664–677.
Fang, C. Y., Ross, E. A., Pathak, H. B., Godwin, A. K., & Tseng, M. (2014). Acculturative stress and inflammation among Chinese immigrant women. *Psychosomatic Medicine, 76,* 320–326.
Faria, N. R., Rambaut, A., Suchard, M. A., Baele, G., Bedford, T., Ward, M. J., . . . Lemey, P. (2014). The early spread and epidemic ignition of HIV-1 in human populations. *Science, 346,* 56–61.
Favreau, H., Bacon, S. L., Labrecque, M., & Lavoie, K. L. (2014). Prospective impact of panic disorder and panic-anxiety on asthma control, health service use, and quality of life in adult patients with asthma over a 4-year follow-up. *Psychosomatic Medicine, 76,* 147–155.
Federal Tax Increase. (2009). *Higher cost of tobacco products, cigarettes increases quit attempts.* Retrieved August 9, 2012, from http://www.cdc.gov/tobacco/basic_information/tobacco_industry/tax_increase/index.htm
Federspiel, J. F. (1983). *The ballad of Typhoid Mary.* New York: Dutton.
Feeney, B. C., & Collins, N. L. (2015). A new look at social support: A theoretical perspective on thriving through relationships. *Personality and Social Psychology Review, 19,* 113–147.

Feeney, B. C., Dooley, C., Finucane, C., & Kenny, R. A. (2015). Stressful life events and orthostatic blood pressure recovery in older adults. *Health Psychology, 34,* 765–774.

Feinglos, M. N., & Surwit, R. S. (1988). *Behavior and diabetes mellitus.* Kalamazoo, MI: Upjohn.

Feldman, P., Cohen, S., Doyle, W., Skoner, D., & Gwaltney, J. (1999). The impact of personality on the reporting of unfounded symptoms and illness. *Journal of Personality and Social Psychology, 77,* 370–378.

Feldman, P. J., Dunkel-Schetter, C., Sandman, C. A., & Wadhwa, P. D. (2000). Maternal social support predicts birth weight and fetal growth in human pregnancy. *Psychosomatic Medicine, 62,* 715–725.

Feldman, P. J., & Steptoe, A. (2004). How neighborhoods and physical functioning are related: The roles of neighborhood socioeconomic status, perceived neighborhood strain, and individual health risk factors. *Annals of Behavioral Medicine, 27,* 91–99.

Felitti, V. J., Anda, R. F., Nordenberg, D., Williamson, D. F., Apitz, A. M., Edwards, V., . . . Marks, J. S. (1998). Relationship of childhood abuse and household dysfunction to many of the leading causes of death in adults. *American Journal of Preventive Medicine, 14,* 245–258.

Fernandes, H. A., Richard, N. M., & Edelstein, K. (2019). Cognitive rehabilitation for cancer-related cognitive dysfunction: A systematic review. *Supportive Care in Cancer, 27,* 3253–3279.

Fernandez, A. B., Soufer, R., Collins, D., Soufer, A., Ranjbaran, H., & Burg, M. M. (2010). Tendency to angry rumination predicts stress-provoked endothelin-1 increase in patients with coronary artery disease. *Psychosomatic Medicine, 72,* 348–353.

Fernandez, E., & Turk, D. C. (1992). Sensory and affective components of pain: Separation and synthesis. *Psychological Bulletin, 112,* 205–217.

Fernández-Mendoza, J., Vela-Bueno, A., Vgontzas, A. N., Ramos-Platón, M. J., Olavarrieta-Bernardino, S., Bixler, E. O., & De la Cruz-Troca, J. J. (2010). Cognitive–emotional hyperarousal as a premorbid characteristic of individuals vulnerable to insomnia. *Psychosomatic Medicine, 72,* 397–403.

Ferrer, R. A., Huedo-Medina, T. B., Johnson, B. T., Ryan, S., & Pescatello, L. S. (2011). Exercise interventions for cancer survivors: A metaanalysis of quality of life outcomes. *Annals of Behavioral Medicine, 41,* 32–47.

Ferris, P. A., Kline, T. J. B., & Bourdage, J. S. (2012). He said, she said: Work, biopsychosocial, and lifestyle contributions to coronary heart disease risk. *Health Psychology, 31,* 503–511.

Ferro, M. A., & Boyle, M. H. (2013). Self-concept among youth with a chronic illness: A meta-analytic review. *Health Psychology, 32,* 839–848.

Fife, B. L., & Wright, E. R. (2000). The dimensionality of stigma: A comparison of its impact on the self of persons with HIV/AIDS and cancer. *Journal of Health and Social Behavior, 41,* 50–67.

Fifield, J., McQuinlan, J., Tennen, H., Sheehan, T. J., Reisine, S., Hessel-brock, V., & Rothfield, N. (2001). History of affective disorder and the temporal trajectory of fatigue in rheumatoid arthritis. *Annals of Behavioral Medicine, 23,* 34–41.

Fillingham, R. B., & Maixner, W. (1996). The influence of resting blood pressure and gender on pain responses. *Psychosomatic Medicine, 58,* 326–332.

Finan, P. H., Zautra, A. J., & Davis, M. C. (2009). Daily affect relations in fibromyalgia patients reveal positive affective disturbance. *Psychosomatic Medicine, 71,* 474–482.

Financial Times. (2009, October 14). Ways to take stock of it all. p. 9.

Findley, T. (1953). The placebo and the physician. *Medical Clinics of North America, 37,* 1821–1826.

Fink, P., Toft, T., Hansen, M. S., Ornbol, E., & Olesen, F. (2007). Symptoms and syndromes of bodily distress: An exploratory study of 978 internal medical, neurological, and primary care patients. *Psychosomatic Medicine, 69,* 30–39.

Finney, J. W., & Moos, R. H. (1995). Entering treatment for alcohol abuse: A stress and coping method. *Addiction, 90,* 1223–1240.

Firestein, G. S. (2003). Evolving concepts of rheumatoid arthritis. *Nature, 423,* 356–361.

Fishbain, D., Cutler, R., Rosomoff, H., & Rosomoff, R. (1998). Do antidepressants have an analgesic effect in psychogenic pain and somatoform pain disorder? A meta-analysis. *Psychosomatic Medicine, 60,* 503–509.

Fishbein, M., & Ajzen, I. (1975). *Belief, attitude, intention, and behavior: An introduction to theory and research.* Reading, MA: Addison-Wesley.

Fisher, J. D., & Fisher, W. A. (1992). Changing AIDS-risk behavior. *Psychological Bulletin, 111,* 455–474.

Fisher, J. D., Fisher, W. A., Amico, K. R., & Harman, J. J. (2006). An information-motivation-behavioral skills model of adherence to antiretroviral therapy. *Health Psychology, 25,* 462–473.

Fisher, J. D., Fisher, W. A., Bryan, A. D., & Misovich, S. J. (2002). Information-motivation-behavioral skills model-based HIV risk behavior change intervention for inner-city high school youth. *Health Psychology, 21,* 177–186.

Fisher, L., & Dickinson, W. P. (2014). Psychology and primary care: New collaborations for providing effective care for adults with chronic health conditions. *American Psychologist, 69,* 355–363.

Fisher, L., Soubhi, H., Mansi, O., Paradis, G., Gauvin, L., & Potvin, L. (1998). Family process in health research: Extending a family typology to a new cultural context. *Health Psychology, 17,* 358–366.

Fisher, W. A., Fisher, J. D., & Harman, J. J. (2003). The information-motivation-behavioral skills model: A general social psychological approach to understanding and promoting health behavior. In J. Suls & K. Wallston (Eds.), *Social psychological foundations of health and illness* (pp. 82–105). Oxford, UK: Blackwell.

Fiske, S. T., & Taylor, S. E. (2013). *Social cognition: From brain to culture* (2nd ed.). London: Sage Publication.

Fitzgerald, S. T., Haythornthwaite, J. A., Suchday, S., & Ewart, C. K. (2003). Anger in young black and white workers: Effects of job control, dissatisfaction, and support. *Journal of Behavioral Medicine, 26,* 283–296.

Fjeldsoe, B. S., Miller, Y. D., & Marshall, A. L. (2013). Social cognitive mediators of the effect of the MobileMums intervention on physical activity. *Health Psychology, 32,* 729–738.

Flay, B. R., Koepke, D., Thomson, S. J., Santi, S., Best, J. A., & Brown, K. S. (1992). Six year follow-up of the first Waterloo school smoking prevention trial. *American Journal of Public Health, 68,* 458–478.

Flegal, K. M., Graubard, B. I., Williamson, D. F., & Gail, M. H. (2007). Cause-specific excess deaths associated with underweight, overweight, and obesity. *Journal of the American Medical Association, 298,* 2028–2037.

Fleming, R., Baum, A., Davidson, L. M., Rectanus, E., & McArdle, S. (1987). Chronic stress as a factor in physiologic reactivity to challenge. *Health Psychology, 6,* 221–237.

Fleming, R., Leventhal, H., Glynn, K., & Ershler, J. (1989). The role of cigarettes in the initiation and progression of early substance use. *Addictive Behaviors, 14,* 261–272.

Fletcher, J. B., & Reback, C. J. (2015). Depression mediates and moderates effects of methamphetamine use on sexual risk taking among treatment-seeking gay and bisexual men. *Health Psychology, 34,* 865–869.

Flor, H. (2014). Psychological pain interventions and neurophysiology: Implications for a mechanism-based approach. *American Psychologist, 69,* 188–198.

Flor, H., Birbaumer, N., & Turk, D. C. (1990). The psychology of chronic pain. *Advances in Behavior Research and Therapy, 12,* 47–84.

Flores, G. (2006). Language barriers to health care in the United States. *The New England Journal of Medicine, 355,* 229–231.

Flory, J. D., & Manuck, S. B. (2009). Impulsiveness and cigarette smoking.

Psychosomatic Medicine, 71, 431–437.
Floyd, A., & Moyer, A. (2010). Group versus individual exercise interventions for women with breast cancer: A meta-anlysis. *Health Psychology Review, 4,* 22–41.
Fluharty, M., Taylor, A. E., Grabski, M., & Munafò, M. R. (2016). The association of cigarette smoking with depression and anxiety: A systematic review. *Nicotine & Tobacco Research, 19,* 3–13.
Fogel, J., Albert, S. M., Schnabel, F., Ditkoff, B. A., & Neuget, A. I. (2002). Internet use and support in women with breast cancer. *Health Psychology, 21,* 398–404.
Foldes-Busque, G., Denis, I., Poitras, J., Fleet, R. P., Archambault, P. M., & Dionne, C. E. (2018). The revised-panic screening score for emergency department patients with noncardiac chest pain. *Health Psychology, 37,* 828–838.
Folkman, S., Chesney, M., McKusick, L., Ironson, G., Johnson, D. S., & Coates, T. J. (1991). Translating coping theory into intervention. In J. Eckenrode (Ed.), *The social context of coping* (pp. 239–259). New York: Plenum.
Folkman, S., & Lazarus, R. S. (1980). An analysis of coping in a middle-aged community sample. *Journal of Health and Social Behavior, 21,* 219–239.
Folkman, S., & Moskowitz, J. T. (2004). Coping: Pitfalls and promise. *Annual Review of Psychology, 55,* 745–774.
Folkman, S., Schaefer, C., & Lazarus, R. S. (1979). Cognitive processes as mediators of stress and coping. In V. Hamilton & D. M. Warburton (Eds.), *Human stress and cognition: An information processing approach* (pp. 265–298). London: Wiley.
Forest, A. L., & Wood, J. V. (2012). When social networking is not working: Individuals with low self-esteem recognize but do not reap the benefits of self-disclosure on Facebook. *Psychological Science, 23,* 295–302.
Forsyth, J., Schoenthaler, A., Chaplin, W. F., Ogedegbe, G., & Ravenell, J. (2014). Percieved discrimination and medication adherence in black hypertensive patients: The role of stress and depression. *Psychosomatic Medicine, 76,* 229–236.
Fournier, M., d'Arripe-Longueville, F., Rovere, C., Easthope, C. S., Schwabe, L., El Methni, J., & Radel, R. (2017). Effects of circadian cortisol on the development of a health habit. *Health Psychology, 36,* 1059–1064.
Fradkin, C., Wallander, J. L., Elliott, M. N., Tortolero, S., Cuccaro, P., & Schuster, M. A. (2015). Associations between socioeconomic status and obesity in diverse, young adolescents: Variation across race/ethnicity and gender. *Health Psychology, 34,* 1–9.
Frances, R. J., Franklin, J., & Flavin, D. (1986). Suicide and alcoholism. *Annals of the New York Academy of Sciences, 487,* 316–326.
Francis, L. A., & Birch, L. L. (2005). Maternal influences on daughters' restrained eating behavior. *Health Psychology, 24,* 548–554.
Frankenhaeuser, M., Lundberg, U., Fredrikson, M., Melin, B., Tuomisto, M., Myrsten, A., . . . Wallin, L. (1989). Stress on and off the job as related to sex and occupational status in white-collar workers. *Journal of Organizational Behavior, 10,* 321–346.
Franzen, P. L., Gianaros, P. J., Marsland, A. L., Hall, M. H., Siegle, G. J., Dahl, R. E., & Buysse, D. J. (2011). Cardiovascular reactivity to acute psychological stress following sleep deprivation. *Psychosomatic Medicine, 73,* 679–682.
Fraser, S. N., & Rodgers, W. M. (2010). An examination of psychosocial correlates of exercise tolerance in cardiac rehabilitation participants. *Journal of Behavioral Medicine, 33,* 159–167.
Frass, M., Strassl, R. P., Friehs, H., Müllner, M., Kundi, M., & Kaye, A. D. (2012). Use and acceptance of complementary and alternative medicine among the general population and medical personnel: A systematic review. *The Ochsner Journal, 12,* 45–56.
Fredrickson, B. L., Maynard, K. E., Helms, M. J., Haney, T. L., Siegler, I. C., & Barefoot, J. C. (2000). Hostility predicts magnitude and duration of blood pressure response to anger. *Journal of Behavioral Medicine, 23,* 229–243.
Fredrickson, B. L., Tugade, M. M., Waugh, C. E., & Larkin, G. R. (2003). What good are positive emotions in crises? A prospective study of resilience and emotions following the terrorist attacks on the United States on September 11th, 2001. *Journal of Personality and Social Psychology, 84,* 365–376.
Freedland, K. E. (2017). A new era of health psychology. *Health Psychology, 36,* 1–4.
Freedman, V. A. (1993). Kin and nursing home lengths of stay: A backward recurrence time approach. *Journal of Health and Social Behavior, 34,* 138–152.
Freidson, E. (1961). *Patients' views of medical practice.* New York: Russell Sage Foundation.
French, A. P., & Tupin, J. P. (1974). Therapeutic application of a simple relaxation method. *American Journal of Psychotherapy, 28,* 282–287.
French, D. P., Cameron, E., Benton, J. S., Deaton, C., & Harvie, M. (2017). Can communicating personalised disease risk promote healthy behaviour change? A systematic review of systematic reviews. *Annals of Behavioral Medicine, 51,* 718–729.
French, J. R. P., Jr., & Caplan, R. D. (1973). Organizational stress and the individual strain. In A. J. Marrow (Ed.), *The failure of success.* New York: Amacon.
Frenzel, M. P., McCaul, K. D., Glasgow, R. E., & Schafer, L. C. (1988). The relationship of stress and coping to regimen adherence and glycemic control of diabetes. *Journal of Social and Clinical Psychology, 6,* 77–87.
Frestad, D., & Prescott, E. (2017). Vital exhaustion and coronary heart disease risk. *Psychosomatic Medicine, 79,* 260–272.
Fried, A. B., & Dunn, M. E. (2012). The expectancy challenge alcohol literacy curriculum (ECALC): A single session group intervention to reduce alcohol use. *Psychology of Addictive Behaviors, 26,* 615–620.
Friedberg, F., Napoli, A., Coronel, J., Adamowicz, J., Seva, V., Caikauskaite, I., & Meng, H. (2013). Chronic fatigue self-management in primary care: A randomized trial. *Psychosomatic Medicine, 75,* 650–657.
Friedman, E. M., & Herd, P. (2010). Income, education and inflammation: Differential associations in a national probability sample (the MIDUS study). *Psychosomatic Medicine, 72,* 290–300.
Friedman, E. M., Love, G. D., Rosenkranz, M. A., Urry, H. L., Davidson, R. J., Singer, B. H., & Ryff, C. D. (2007). Socioeconomic status predicts objective and subjective sleep quality in aging women. *Psychosomatic Medicine, 69,* 682–691.
Friedman, H. S., & Booth-Kewley, S. (1987). The "disease-prone" personality: A meta-analytic view of the construct. *American Psychologist, 42,* 539–555.
Friedman, H. S., & Silver, R. C. (Eds.). (2007). *Foundations of health psychology.* Oxford: Oxford University Press.
Friedman, H. S., Tucker, J. S., Schwartz, J. E., Martin, L. R., Tomlinson-Keasey, C., Wingard, D. L., & Criqui, M. H. (1995). Childhood conscientiousness and longevity: Health behaviors and cause of death. *Journal of Personality and Social Psychology, 68,* 696–703.
Friedman, H. S., Tucker, J. S., Tomlinson-Keasey, C., Schwartz, J. E., Wingard, D. L., & Criqui, M. H. (1993). Does childhood personality predict longevity? *Journal of Personality and Social Psychology, 65,* 176–185.
Frieser, M. J., Wilson, S., & Vrieze, S. (2018). Behavioral impact of return of genetic test results for complex disease: Systematic review and meta-analysis. *Health Psychology, 37,* 1134–1144.

Fritz, H. L. (2000). Gender-linked personality traits predict mental health and functional status following a first coronary event. *Health Psychology, 19,* 420–428.

Fromm, K., Andrykowski, M. A., & Hunt, J. (1996). Positive and negative psychosocial sequelae of bone marrow transplantation: Implications for quality of life assessment. *Journal of Behavioral Medicine, 19,* 221–240.

Frosch, D. L., Kimmel, S., & Volpp, K. (2008). What role do lay beliefs about hypertension etiology play in perceptions of medication effectiveness? *Health Psychology, 27,* 320–326.

Fryar, C. D., Chen, T., & Li, X. (2012). Prevalence of uncontrolled risk factors for cardiovascular disease: United States, 1999–2010. *NCHS Data Brief, 103,* 1–8.

Fuglestad, P. T., Rothman, A. J., & Jeffery, R. W. (2008). Getting there and hanging on: The effect of regulatory focus on performance in smoking and weight loss interventions. *Health Psychology, 27,* S260–S270.

Fukudo, S., Lane, J. D., Anderson, N. B., Kuhn, C. M., Schanberg, S. M., McCown, N., . . . Williams, R. B., Jr. (1992). Accentuated vagal antagonism of beta-adrenergic effects on ventricular repolarization: Evidence of weaker antagonism in hostile Type A men. *Circulation, 85,* 2045–2053.

Fuller-Rowell, T. E., Evans, G. W., & Ong, A. D. (2012). Poverty and health: The mediating role of perceived discrimination. *Psychological Science, 23,* 734–739.

Fung, T. T., Willett, W. C., Stampfer, M. J., Manson, J. E., & Hu, F. B. (2001). Dietary patterns and the risk of coronary heart disease in women. *Archives of Internal Medicine, 161,* 1857–1862.

Fyrand, L., Moum, T., Finset, A., & Glennas, A. (2002). The impact of disability and disease duration on social support of women with rheumatoid arthritis. *Journal of Behavioral Medicine, 25,* 251–268.

Gable, S. L., Gosnell, C. L., Maisel, N. C., & Strachman, A. (2012). Safely testing the alarm: Close others' responses to personal positive events. *Journal of Personality and Social Psychology,* 103, 963–981.

Gabriele, J. M., Carpenter, B. D., Tate, D. F., & Fisher, E. B. (2011). Directive and non-directive e-coach support for weight loss in overweight adults. *Annals of Behavioral Medicine, 41,* 252–263.

Gagné, C., & Harnois, I. (2013). The contribution of psychosocial variables in explaining preschoolers' physical activity. *Health Psychology, 32,* 657–665.

Gahche, J., Bailey, R., Burt, V., Hughes, J., Yetley, E., Dwyer, J., . . . Sempos, C. (2011). Dietary supplement use among U.S. adults has increased since NHANES III (1988–1994). *NCHS Data Brief, 61,* 1–8.

Gahche, J., Fakhouri, T., Carroll, D. D., Burt, V. L., Wang, C., & Fulton, J. E. (2014). Cardiorespiratory fitness levels among U.S. youth aged 12–15 years: United States, 1999–2004 and 2012. *NCHS Data Brief, 153,* 1–7.

Gale, C. R., Batty, G. D., & Deary, I. J. (2008). Locus of control at age 10 years and health outcomes and behaviors at age 30 years: The 1970 British cohort study. *Psychosomatic Medicine, 70,* 397–403.

Galesic, M., Garcia-Retamero, R., & Gigerenzer, G. (2009). Using icon arrays to communicate medical risks: Overcoming low numeracy. *Health Psychology, 29,* 210–216.

Gallacher, J. E. J., Yarnell, J. W. G., Sweetnam, P. M., Elwood, P. C., & Stansfeld, S. A. (1999). Anger and incident heart disease in the Caerphilly study. *Psychosomatic Medicine, 61,* 446–453.

Gallagher, K. M., & Updegraff, J. A. (2012). Health message framing effects on attitudes, intentions, and behavior: A meta-analytic review. *Annals of Behavioral Medicine, 43,* 101–116.

Gallagher, K. M., Updegraff, J. A., Rothman, A. J., & Sims, L. (2011). Perceived susceptibility to breast cancer moderates the effect of gain- and loss-framed messages on use of screening mammography. *Health Psychology, 30,* 145–152.

Gallagher, S., Phillips, A. C., Drayson, M. T., & Carroll, D. (2009). Caregiving for children with developmental disabilities is associated with a poor antibody response to influenza vaccination. *Psychosomatic Medicine, 71,* 341–344.

Gallo, L. C., Fortmann, A. L., de los Monteros, K. E., Mills, P. J., Barrett-Connor, E., Roesch, S. C., & Matthews, K. A. (2012). Individual and neighborhood socioeconomic status and inflammation in Mexican American women: What is the role of obesity? *Psychosomatic Medicine, 74,* 535–542.

Gallo, L. C., Fortmann, A. L., & Mattei, J. (2014). Allostatic load and the assessment of cumulative biological risk in behavioral medicine: Challenges and opportunities. *Psychosomatic Medicine, 76,* 478–480.

Gallo, L. C., & Matthews, K. A. (2006). Adolescents' attachment orientation influences ambulatory blood pressure responses to everyday social interactions. *Psychosomatic Medicine, 68,* 253–261.

Gallo, L. C., Matthews, K. A., Kuller, L. H., Sutton-Tyrell, K., & Edmundowicz, D. (2001). Educational attainment and coronary and aortic calcification in postmenopausal women. *Psychosomatic Medicine, 63,* 925–935.

Gallo, L. C., Roesch, S. C., Fortmann, A. L., Carnethon, M. R., Penedo, F. J., Perreira, K., & Isasi, C. R. (2014). Associations of chronic stress burden, perceived stress, and traumatic stress with cardiovascular disease prevalence and risk factors in the Hispanic community health study/study of Latinos sociocultural ancillary study. *Psychosomatic Medicine, 76,* 468–475.

Gallo, L. C., Troxel, W. M., Kuller, L. H., Sutton-Tyrell, K., Edmundowicz, D., & Matthews, K. A. (2003). Marital status, marital quality and atherosclerotic burden in postmenopausal women. *Psychosomatic Medicine, 65,* 952–962.

Gallo, L. C., Troxel, W. M., Matthews, K. A., Jansen-McWilliams, L., Kuller, L. H., & Sutton-Tyrell, K. (2003). Occupation and subclinical carotid artery disease in women: Are clerical workers at greater risk? *Health Psychology, 22,* 19–29.

Gallup Poll. (2009). *Religion.* Retrieved October 15, 2009, from http://www.gallup.com/poll/1690/Religion.aspx

Gana, K., Bailly, N., Saada, Y., Joulain, M., Trouillet, R., Hervè, C., & Alaphilippe, D. (2013). Relationship between life satisfaction and physical health in older adults: A longitudinal test of cross-lagged and simultaneous effects. *Health Psychology, 32,* 896–904.

Garcia, T. C., Bernstein, A. B., & Bush, M. A. (2010). Emergency department visitors and visits: Who used the emergency room in 2007? *NCHS Data Brief, 38,* 1–8.

Garcia-Linares, M. I., Sanchez-Lorente, S., Coe, C. L., & Martinez, M. (2004). Intimate male partner violence impairs immune control over herpes simplex virus type 1 in physically and psychologically abused women. *Psychosomatic Medicine, 66,* 965–972.

Garcia-Retamero, R., Wicki, B., Cokely, E. T., & Hanson, B. (2014). Factors predicting surgeons' preferred and actual roles in interactions with their patients. *Health Psychology, 33,* 920–928.

Garfield, L. D., Scherrer, J. F., Hauptman, P. J., Freedland, K. E., Owen, R., Bucholz, K. K., & Lustman, P. J. (2014). Association of anxiety disorders and depression with incident heart failure. *Psychosomatic Medicine, 76,* 122–127.

Garfinkel, P. E., & Garner, D. M. (1983). The multidetermined nature of anorexia nervosa. In P. L. Darby, P. E. Garfinkel, D. M. Garner, & D. V. Coscina (Eds.), *Anorexia nervosa: Recent developments in research.* New York: Liss.

Garner, D. M., & Wooley, S. C. (1991). Confronting the failure of behavioral and dietary treatments for obesity. *Clinical Psychology Review, 11,* 729–780.

Gasperi, M., Herbert, M., Schur, E., Buchwald, D., & Afari, N. (2017). Genetic and environment influences on sleep, pain, and depression symptoms in a community sample of twins. *Psychosomatic Medicine, 79,*

646–654.

Gathright, E. C., Dolansky, M. A., Gunstad, J., Redle, J. D., Josephson, R. A., Moore, S. M., & Hughes, J. W. (2017). The impact of medication nonadherence on the relationship between mortality risk and depression in heart failure. *Health Psychology, 36,* 839–847.

Gauderman, W. J., Avol, E., Gilliland, F., Vora, H., Thomas, D., Berhane, K., . . . Peters, J. (2004). The effect of air pollution on lung development from 10 to 18 years of age. *The New England Journal of Medicine, 351,* 1057–1067.

Gaynes, B. N., Pence, B. W., Eron, J. J., & Miller, W. C. (2008). Prevalence and comorbidity of psychiatric diagnoses based on reference standard in an HIV+ patient population. *Psychosomatic Medicine, 70,* 505–511.

Gaziano, J. M., Sesso, H. D., Christen, W. G., Bubes, V., Smith. J. P., MacFadyen, J., . . . Buring, J. E. (2012). Multivitamins in the prevention of cancer in men: The Physicians' Health Study II randomized controlled trial. *The Journal of the American Medical Association,* 308, 1871–1880.

Gebauer, J. E., Sedikides, C., & Neberich, W. (2012). Religiosity, social self-esteem, and psychological adjustment: On the cross-cultural specificity of the psychological benefits of religiosity. *Psychological Science, 23,* 158–160.

Geers, A. L., Rose, J. P., Fowler, S. L., Rasinski, H. M., Brown, J. A., & Helfer, S. G. (2013). Why does choice enhance treatment effectiveness? Using placebo treatments to demonstrate the role of personal control. *Journal of Personality and Social Psychology, 105,* 549–566.

Geers, A. L., Van Wasshenova, E., Murray, A. B., Mahas, R., Fahlman, M., & Boardley, D. (2017). Affective associations as predictors of health behavior in urban minority youth. *Health Psychology, 36,* 996–1005.

Geers, A. L., Wellman, J. A., Fowler, S. L., Rasinski, H. M., & Helfer, S. G. (2011). Placebo expectations and the detection of somatic information. *Journal of Behavioral Medicine, 34,* 208–217.

Gemming, M. G., Runyan, C. W., Hunter, W. W., & Campbell, B. J. (1984). A community health education approach to occupant protection. *Health Education Quarterly, 11,* 147–158.

George, L. K., Ellison, C. G., & Larson, D. B. (2002). Explaining the relationships between religious involvement and health. *Psychology Inquiry, 13,* 190–200.

Gerend, M. A., & Maner, J. K. (2011). Fear, anger, fruits, and veggies: Interactive effects of emotion and message framing on health behavior. *Health Psychology, 30,* 420–423.

Gerend, M. A., Shepherd, J. E., & Monday, K. A. (2008). Behavioral frequency moderates the effects of message framing on HPV vaccine acceptability. *Annals of Behavioral Medicine, 35,* 221–229.

Gerend, M. A., & Shepherd, M. A. (2015). When different message frames motivate different routes to the same health outcome. *Annals of Behavioral Medicine, 50,* 319–329.

Gerend, M. A., Shepherd, M. A., & Shepherd, J. E. (2013). The multidimensional nature of perceived barriers: Global versus practical barriers to HPV vaccination. *Health Psychology, 32,* 361–369.

Gerrard, M., Gibbons, F. X., Lane, D. J., & Stock, M. L. (2005). Smoking cessation: Social comparison level predicts success for adult smokers. *Health Psychology, 24,* 623–629.

Gerhart, J. I., Burns, J. W., Post, K. M., Smith, D. A., Porter, L. S., Burgess, H. J., . . . Keefe, F. J. (2016). Relationships between sleep quality and pain-related factors for people with chronic low back pain: Tests of reciprocal and time of day effects. *Annals of Behavioral Medicine, 51,* 365–375.

Gerhart, J. I., Sanchez Varela, V., Burns, J., Hobfoll, S. E., & Fung, H. C. (2015). Anger, provider responses, and pain: Prospective analysis of stem cell transplant patients. *Health Psychology, 34,* 197–206.

Gianaros, P. J., & Hackman, D. (2013). Contributions of neuroscience to the study of socioeconomic health disparities. *Psychosomatic Medicine, 75,* 610–615.

Gianaros, P. J., & Manuck, S. B. (2010). Neurobiological pathways linking socioeconomic position and health. *Psychosomatic Medicine, 72,* 450–461.

Gibbons, F. X., & Eggleston, T. J. (1996). Smoker networks and the "typical smoker": A prospective analysis of smoking cessation. *Health Psychology, 15,* 469–477.

Gibbons, F. X., & Gerrard, M. (1995). Predicting young adults' health risk behavior. *Journal of Personality and Social Psychology, 69,* 505–517.

Gibbons, F. X., Gerrard, M., Lane, D. J., Mahler, H. I. M., & Kulik, J. A. (2005). Using UV photography to reduce use of tanning booths: A test of cognitive mediation. *Health Psychology, 24,* 358–363.

Gibbons, F. X., Kingsbury, J. H., Weng, C., Gerrard, M., Cutrona, C., Willis, T. A., & Stock, M. (2014). Effects of perceived racial discrimination on health status and health behavior: A differential mediation hypothesis. *Health Psychology, 33,* 11–19.

Gidron, Y., & Davidson, K. (1996). Development and preliminary testing of a brief intervention for modifying CHD-predictive hostility components. *Journal of Behavioral Medicine, 19,* 203–220.

Gidron, Y., Davidson, K., & Bata, I. (1999). The short-term effects of a hostility-reduction intervention on male coronary heart disease patients. *Health Psychology, 18,* 416–420.

Giese-Davis, J., Sephton, S. E., Abercrombie, H. C., Durán, R. E. F., & Spiegel, D. (2004). Repression and high anxiety are associated with aberrant diurnal cortisol rhythms in women with metastatic breast cancer. *Health Psychology, 23,* 645–650.

Giese-Davis, J., Wilhelm, F. H., Conrad, A., Abercrombie, H. C., Sephton, S., Yutsis, M., . . . Spiegel, D. (2006). Depression and stress reactivity in metastatic breast cancer. *Psychosomatic Medicine, 68,* 675–683.

Gil, K. M., Carson, J. W., Porter, L. S., Scipio, C., Bediako, S. M., & Orringer, E. (2004). Daily mood and stress predict pain, health care use, and work activity in African American adults with sickle-cell disease. *Health Psychology, 23,* 267–274.

Gil, K. M., Wilson, J. J., Edens, J. L., Webster, D. A., Abrams, M. A., Orringer, E., . . . Janal, M. N. (1996). Effects of cognitive coping skills training on coping strategies and experimental pain sensitivity in African American adults with sickle cell disease. *Health Psychology, 15,* 3–10.

Gil, S., & Caspi, Y. (2006). Personality traits, coping style, and perceived threat as predictors of posttraumatic stress disorder after exposure to a terrorist attack: A prospective study. *Psychosomatic Medicine, 68,* 904–909.

Gilbertson, M. W., Paulus, L. A., Williston, S. K., Gurvits, T. V., Lasko, N. B., Pitman, R. K., & Orr, S. P. (2006). Neurocognitive function in monozygotic twins discordant for combat exposure: Relationship to posttraumatic stress disorders. *Journal of Abnormal Psychology, 115,* 484–495.

Gill, T. M., Baker, D. I., Gottschalk, M., Peduzzi, P. N., Allore, H., & Byers, A.(2002). A randomized trial of a prehabilitation program to prevent functional decline among frail community-living older persons. *The New England Journal of Medicine, 347,* 1068–1074.

Gilliam, W., Burns, J. W., Quartana, P., Matsuura, J., Nappi, C., & Wolff, B. (2010). Interactive effects of catastrophizing and suppression on responses to acute pain: A test of an appraisal × emotion regulation model. *Journal of Behavioral Medicine, 33,* 191–199.

Gilliam, W. P., Burns, J. W., Gagnon, C., Stanos, S., Matsuura, J., & Beckman, N. (2013). Strategic self-presentation may enhance effects of interdisciplinary chronic pain treatment. *Health Psychology, 32,* 156–163.

Gillum, R. F., & Ingram, D. D. (2006). Frequency of attendance at religious services, hypertension, and blood pressure: The third national health and nutrition examination survey. *Psychosomatic Medicine, 68,* 382–385.

Gindi, R. M., & Jones, L. I. (2014). Reasons for emergency room use among U.S. children: National health interview survey, 2012. *NCHS Data Brief*, 160.

Gindi, R. M., Whitney, K. K., & Cohen, R. A. (2013). Health insurance coverage and adverse experiences with physician ability: United States, 2012. *NCHS Data Brief*, 138.

Girdler, S. S., Jamner, L. D., Jarvik, M., Soles, J. R., & Shapiro, D. (1997). Smoking status and nicotine administration differentially modify hemodynamic stress reactivity in men and women. *Psychosomatic Medicine, 59*, 294–306.

Glantz, S. A. (2004). Effect of public smoking ban in Helena, Montana: Author's reply. *British Medical Journal, 328*, 1380.

Glanz, K., Croyle, R. T., Chollette, V. Y., & Pinn, V. W. (2003). Cancer-related health disparities in women. *American Journal of Public Health, 93*, 292–298.

Glaros, A. G., & Burton, E. (2004). Parafunctional clenching, pain, and effort in temporomandibular disorders. *Journal of Behavioral Medicine, 27*, 91–100.

Glaser, R., Kiecolt-Glaser, J. K., Speicher, C. E., & Holliday, J. E. (1985). Stress, loneliness, and changes in herpesvirus latency. *Journal of Behavioral Medicine, 8*, 249–260.

Glasgow, R. E. (2008). What types of evidence are most needed to advance behavioral medicine? *Annals of Behavioral Medicine, 35*, 19–25.

Glasgow, R. E., Strycker, L. A., Kurz, D., Faber, A., Bell, H., Dickman, J. M., . . . Osuna, D. (2010). Recruitment for an Internet-based diabetes self-management program: Scientific and ethical implications. *Annals of Behavioral Medicine, 40*, 40–48.

Glasgow, R. E., Toobert, D. J., Hampson, S. E., & Wilson, W. (1995). Behavioral research on diabetes at the Oregon Research Institute. *Annals of Behavioral Medicine, 17*, 32–40.

Glass, T. A., deLeon, C. M., Marottoli, R. A., & Berkman, L. F. (1999). Population based study of social and productive activities as predictors of survival among elderly Americans. *British Medical Journal, 319*, 478–483.

Glenn, B. A., Herrmann, A. K., Crespi, C. M., Mojica, C. M., Chang, L. C., Maxwell, A. E., & Bastani, R. (2011). Changes in risk perceptions in relation to self-reported colorectal cancer screening among first-degree relatives of colorectal cancer cases enrolled in a randomized trial. *Health Psychology, 30*, 481–491.

Global Information Incorporated. (2007). *Pain management: World prescription drug markets*. Retrieved from http://www.theinfoshop.com/study/tv12667_pain_management.html

Glombiewski, J. A., Tersek, J., & Rief, W. (2008). Muscular reactivity and specificity in chronic back pain patients. *Psychosomatic Medicine, 70*, 125–131.

Gluck, M. E., Geliebter, A., Hung, J., & Yahav, E. (2004). Cortisol, hunger, and desire to binge eat following a cold stress test in obese women with binge eating disorder. *Psychosomatic Medicine, 66*, 876–881.

Gluck, M. E., Yahav, E., Hashim, S. A., & Geliebter, A. (2014). Ghrelin levels after a cold pressor stress test in obese women with binge eating disorder. *Psychosomatic Medicine, 76*, 74–79.

Glynn, L. M., Dunkel-Schetter, C., Hobel, C. J., & Sandman, C. A. (2008). Pattern of perceived stress and anxiety in pregnancy predicts preterm birth. *Health Psychology, 27*, 43–51.

Goldbacher, E. M., Bromberger, J., & Matthews, K. A. (2009). Lifetime history of major depression predicts the development of the metabolic syndrome in middle-aged women. *Psychosomatic Medicine, 71*, 266–272.

Goldbacher, E. M., Matthews, K. A., & Salomon, K. (2005). Central adiposity is associated with cardiovascular reactivity to stress in adolescents. *Health Psychology, 24*, 375–384.

Goldberg, J. H., Halpern-Felsher, B. L., & Millstein, S. G. (2002). Beyond invulnerability: The importance of benefits in adolescents' decision to drink alcohol. *Health Psychology, 21*, 477–484.

Goldberg, R. J. (1981). Management of depression in the patient with advanced cancer. *Journal of the American Medical Association, 246*, 373–376.

Golden, J. S., & Johnston, G. D. (1970). Problems of distortion in doctor-patient communications. *Psychiatry in Medicine, 1*, 127–149.

Golden-Kreutz, D. M., Thornton, L. M., Gregorio, S. W., Frierson, G. M., Jim, H. S., Carpenter, K. M., . . . Andersen, B. L. (2005). Traumatic stress, perceived global stress, and life events: Prospectively predicting quality of life in breast cancer patients. *Health Psychology, 24*, 288–296.

Goldschmidt, A. B., Wall, M. M., Loth, K. A., Bucchianeri, M. M., & Neumark-Sztainer, D. (2014). The course of binge eating from adolescence to young adulthood. *Health Psychology, 33*, 457–460.

Gollwitzer, P. M. (1999). Implementation intentions: Strong effects of simple plans. *American Psychologist, 54*, 493–503.

Gonder-Frederick, L. A., Carter, W. R., Cox, D. J., & Clarke, W. L. (1990). Environmental stress and blood glucose change in insulin-dependent diabetes mellitus. *Health Psychology, 9*, 503–515.

Gonder-Frederick, L. A., Cox, D. J., Bobbitt, S. A., & Pennebaker, J. W. (1986). Blood glucose symptom beliefs of diabetic patients: Accuracy and implications. *Health Psychology, 5*, 327–341.

Gonzalez, J. S., Shreck, E., Psaros, C., & Safren, S. A. (2015). Distress and type 2 diabetes-treatment adherence: A mediating role for perceived control. *Health Psychology, 34*, 505–513.

Gonzalez, J. S., Psaros, C., Batchelder, A., Applebaum, A., Newville, H., & Safren, S. A. (2011). Clinician-assessed depression and HAART adherence in HIV-infected individuals in methadone maintenance treatment. *Annals of Behavioral Medicine, 42*, 120–126.

Gonzalez, P., Núñez, A., Wang-Letzkus, M., Lim, J., Flores, K. F., & Napoles, A. M. (2016). Coping with breast cancer: Reflections from Chinese American, Korean American, and Mexican American women. *Health Psychology, 35*, 19–28.

Goode, E. (2015, October 13). Anorexia may be habit, not resolve, study finds: Evidence that brain circuits have a role in self-destructive choices. *The New York Times*, p. A17.

Goodman, E., & Capitman, J. (2000). Depressive symptoms and cigarette smoking among teens. *Pediatrics, 106*, 748–755.

Goodman, E., Daniels, S. R., & Dolan, L. M. (2007). Socioeconomic disparities in insulin resistance: Results from the Princeton school district study. *Psychosomatic Medicine, 69*, 61–67.

Goodman, E., McEwen, B. S., Huang, B., Dolan, L. M., & Adler, N. E. (2005). Social inequalities in biomarkers of cardiovascular risk in adolescence. *Psychosomatic Medicine, 67*, 9–15.

Goodnough, A. (2009, December 17). A state's lower smoking rate draws attention. *The New York Times*, p. A29.

Goodwin, R. D., Cox, B. J., & Clara, I. (2006). Neuroticism and physical disorders among adults in the community: Results from the national comorbidity survey. *Journal of Behavioral Medicine, 29*, 229–238.

Gordon, C. M., Carey, M. P., & Carey, K. B. (1997). Effects of a drinking event on behavioral skills and condom attitudes in men: Implications for HIV risk from a controlled experiment. *Health Psychology, 16*, 490–495.

Gordon, W. A., & Diller, L. (1983). Stroke: Coping with a cognitive deficit. In T. G. Burish & L. A. Bradley (Eds.), *Coping with chronic disease: Research and applications* (pp. 113–135). New York: Academic Press.

Gordon, W. A., & Hibbard, M. R. (1991). The theory and practice of cognitive remediation. In J. S. Kreutzer & P. H. Wehman (Eds.), *Cognitive rehabilitation for persons with traumatic brain injury: A functional approach* (pp. 13–22). Baltimore, MD: Paul H. Brookes Publishing Co.

Gore-Felton, C., & Koopman, C. (2008). Behavioral mediation of the relationship between psychosocial factors and HIV disease progression. *Psychosomatic Medicine, 70,* 569–574.

Gorin, A. A., Powers, T. A., Koestner, R., Wing, R. R., & Raynor, H. A. (2014). Autonomy support, self-regulation, and weight loss. *Health Psychology, 33,* 332–339.

Gorin, A. A., Raynor, H. A., Fava, J., Maguire, K., Robichaud, E., Trautvetter, J., . . . Wing, R. R. (2013). Randomized controlled trial of a comprehensive home environment-focused weight-loss program for adults. *Health Psychology, 32,* 128–137.

Gorin, S. S. (2005). Correlates of colorectal cancer screening compliance among urban Hispanics. *Journal of Behavioral Medicine, 28,* 125–137.

Gorin, S. S., Haggstrom, D., Han, P. K., Fairfield, K. M., Krebs, P., & Clauser, S. B. (2017). Cancer care coordination: A systematic review and meta-analysis of over 30 years of empirical studies. *Annals of Behavioral Medicine, 51,* 532–546.

Gorin, S. S., Krebs, P., Badr, H., Janke, E. A., Jim, H. S., Spring, B., . . . Jacobsen, P. B. (2012). Meta-analysis of psychosocial interventions to reduce pain in patients with cancer. *Journal of Clinical Oncology, 30,* 539–547

Gorman, C. (1996, September 19). Damage control. *Time.*

Gorman, C. (1999, March 29). Get some sleep. *Time,* p. 225.

Gorst, S. L., Coates, E., & Armitage, C. J. (2016). "It's a sort of lifeline": Chronic obstructive pulmonary disease patients' experiences of home telehealth. *Health Psychology, 35,* 60–68.

Gottlieb, B. H. (Ed.). (1988). *Marshalling social support: Formats, processes, and effects.* Newbury Park, CA: Sage.

Gouin, J. P., Glaser, R., Malarkey, W. B., Beversdorf, D., & Kiecolt-Glaser, J. (2012). Chronic stress, daily stressors, and circulating inflammatory markers. *Health Psychology, 31,* 264–268.

Gould, R. (1972). The phases of adult life: A study in developmental psychology. *American Journal of Psychiatry, 129,* 521–531.

Grady, D. (2002, May 23). Hormones may explain difficulty dieters have keeping weight off. *New York Times,* pp. A1, A24.

Grady, D. (2004, April 14). Lung cancer affects sexes differently. *New York Times,* p. A18.

Grady, D. (2012, April 30). Diabetes is harder to treat in children. *New York Times,* p. A10.

Grady, D. (2018, November 19). How can we unleash the immune system? *New York Times.* Retrieved May 8, 2019, from https://www.nytimes.com/2018/11/19/health/cancer-immunotherapy-drugs.html

Graham, J. E., Lobel, M., Glass, P., & Lokshina, I. (2008). Effects of written anger expression in chronic pain patients: Making meaning from pain. *Journal of Behavioral Medicine, 31,* 201–212.

Grande, G., Romppel, M., Vesper, J. M., Schubmann, R., Glaesmer, H., & Herrmann-Lingen, C. (2011). Type D personality and all-cause mortality in cardiac patients—Data from a German cohort study. *Psychosomatic Medicine, 73,* 548–556.

Grandner, M. A., & Kripke, D. F. (2004). Self-reported sleep complaints with long and short sleep: A nationally representative sample. *Psychosomatic Medicine, 66,* 239–241.

Granö, N., Vahtera, J., Virtanen, M., Keltikangas-Järvinen, L., & Kivimäki, M. (2008). Association of hostility with sleep duration and sleep disturbances in an employee population. *International Journal of Behavioral Medicine, 15,* 73–80.

Grant, J. A., & Rainville, P. (2009). Pain sensitivity and analgesic effects of mindful states in Zen mediators: A cross-sectional study. *Psychosomatic Medicine, 71,* 106–114.

Grassi, L., & Molinari, S. (1986). Intrafamilial dynamics and neoplasia: Prospects for a multidisciplinary analysis. *Rivista di Psichiatria, 21,* 329–341.

Graugaard, P., & Finset, A. (2000). Trait anxiety and reactions to patient-centered and doctor-centered styles of communication: An experimental study. *Psychosomatic Medicine, 62,* 33–39.

Green, J. H. (1978). *Basic clinical physiology* (3rd ed.). New York: Oxford University Press.

Greenberg, E. S., & Grunberg, L. (1995). Work alienation and problem alcohol behavior. *Journal of Health and Social Behavior, 36,* 83–102.

Greene, K. (2011, June 14). Toll of caring for elderly increases. *The Wall Street Journal,* p. D3.

Greene, R. E., Houston, B. K., & Holleran, S. A. (1995). Aggressiveness, dominance, developmental factors, and serum cholesterol level in college males. *Journal of Behavioral Medicine, 18,* 569–580.

Greer, J., & Halgin, R. (2006). Predictors of physician–patient agreement on symptom etiology in primary care. *Psychosomatic Medicine, 68,* 277–282.

Greer, J. A., Jacobs, J. M., El-Jawahri, A., Nipp, R. D., Gallagher, E. R., Pirl, W. F., & Temel, J. S. (2018). Role of patient coping strategies in understanding the effects of early palliative care on quality of life and mood. *Journal of Clinical Oncology, 36,* 53–60.

Greer, T. M., Brondolo, E., & Brown, P. (2014). Systemic racism moderates effects of provider racial biases on adherence to hypertension treatment for African Americans. *Health Psychology, 33,* 35–42.

Griffiths, S. E., Parsons, J., Naughton, F., Fulton, E. A., Tombor, I., & Brown, K. E. (2018). Are digital interventions for smoking cessation in pregnancy effective? A systematic review and meta-analysis. *Health Psychology Review, 12,* 333–356.

Grogan, S., Flett, K., Clark-Carter, D., Conner, M., Davey, R., Richardson, D., & Rajaratnam, G. (2011). A randomized controlled trial of an appearance-related smoking intervention. *Health Psychology, 30,* 805–809.

Gross, A. M., Eudy, C., & Drabman, R. S. (1982). Training parents to be physical therapists with their physically handicapped child. *Journal of Behavioral Medicine, 5,* 321–328.

Grossardt, B. R., Bower, J. H., Geda, Y. E., Colligan, R. C., & Rocca, W. A. (2009). Pessimistic, anxious, and depressive personality traits predict all-cause mortality: The Mayo Clinic cohort study of personality and aging. *Psychosomatic Medicine, 71,* 491–500.

Grossman, H. Y., Brink, S., & Hauser, S. T. (1987). Self-efficacy in adolescent girls and boys with insulin-dependent diabetes mellitus. *Diabetes Care, 10,* 324–329.

Grossman, P., Niemann, L., Schmidt, S., & Walach, H. (2004). Mindfulness-based stress reduction and health benefits: A meta-analysis. *Journal of Psychosomatic Research, 57,* 35–43.

Grossman, P., Tiefenthaler-Gilmer, U., Raysz, A., & Kesper, U. (2007). Mindfulness training as an intervention for fibromyalgia: Evidence of postintervention and 3-year follow-up benefits in well-being. *Psychotherapy and Psychosomatics, 76,* 226–233.

Groth-Marnat, G., & Fletcher, A. (2000). Influence of neuroticism, catastrophizing, pain, duration, and receipt of compensation on short-term response to nerve block treatment for chronic back pain. *Journal of Behavioral Medicine, 23,* 339–350.

Gruenewald, T. L., Kemeny, M. E., Aziz, N., & Fahey, J. L. (2004). Acute threat to the social self: Shame, social self-esteem, and cortisol activity. *Psychosomatic Medicine, 66,* 915–924.

Grunberg, N. E., & Acri, J. B. (1991). Conceptual and methodological considerations for tobacco addiction research. *British Journal of Addiction, 86,* 637–641.

Grunberg, N. E., & Straub, R. O. (1992). The role of gender and taste class in the effects of stress on eating. *Health Psychology, 11,* 97–100.

Grunfeld, E. A., Drudge-Coates, L., Rixon, L., Eaton, E., & Cooper, A. F. (2013). "*The only way I know how to live is to work*": A qualitative study of work following treatment for prostate cancer. *Health Psychology, 32,* 75–82.

Grzywacz, J. G., Almeida, D. M., Neupert, S. D., & Ettner, S. L. (2004). Socioeconomic status and health: A micro-level analysis of exposure and vulnerability to daily stressors. *Journal of Health and Social Behavior, 45,* 1–16.

Gu, Q., Dillon, C. F., & Burt, V. L. (2010). Prescription drug use continues to increase: U.S. prescription drug data for 2007–2008. *NCHS Data Brief, 42,* 1–8.

Guéguen, N., Meineri, S., & Charles-Sire, V. (2010). Improving medication adherence by using practitioner nonverbal techniques: A field experiment on the effect of touch. *Journal of Behavioral Medicine, 33,* 466–473.

Guilamo-Ramos, V., Jaccard, J., Pena, J., & Goldberg, V. (2005). Acculturation-related variables, sexual initiation, and subsequent sexual behavior among Puerto Rican, Mexican, and Cuban youth. *Health Psychology, 24,* 88–95.

Gujral, S., McAuley, E., Oberlin, L. E., Kramer, A. F., & Erickson, K. I. (2018). Role of brain structure in predicting adherence to a physical activity regimen. *Psychosomatic Medicine, 80,* 69–77.

Gump, B. B., & Matthews, K. A. (1998). Vigilance and cardiovascular reactivity to subsequent stressors in men: A preliminary study. *Health Psychology, 17,* 93–96.

Gunthert, K. C., Cohen, L. H., & Armeli, S. (1999). The role of neuroticism in daily stress and coping. *Journal of Personality and Social Psychology, 77,* 1087–1100.

Gupta, S. (2002, August 26). Don't ignore heart-attack blues. *Time,* p. 71.

Gupta, S. (2004, October 24). Click to get sick? *Time,* p. 102.

Gurevich, M., Devins, G. M., Wilson, C., McCready, D., Marmar, C. R., & Rodin, G. M. (2004). Stress responses syndromes in women undergoing mammography: A comparison of women with and without a history of breast cancer. *Psychosomatic Medicine, 66,* 104–112.

Guyll, M., & Contrada, R. J. (1998). Trait hostility and ambulatory cardiovascular activity: Responses to social interaction. *Health Psychology, 17,* 30–39.

Gwyther, H., Bobrowicz-Campos, E., Luis Alves Apóstolo, J., Marcucci, M., Cano, A., & Holland, C. (2018). A realist review to understand the efficacy and outcomes of interventions designed to minimise, reverse or prevent the progression of frailty. *Health Psychology Review, 12,* 382–404.

Haase, C. M., Poulin, M. J., & Heckhausen, J. (2012). Happiness as a motivator: Positive affect predicts primary control striving for career and educational goals. *Personality and Social Psychology Bulletin, 38,* 1093–1104.

Habibović, M., Denollet, J., Cuijpers, P., van der Voort, P. H., Herrman, J.-P., Bouwels, L., . . . Pedersen, S. S. (2017). Web-based distress management for implantable cardioverter defibrillator patients: A randomized controlled trial. *Health Psychology, 36,* 392–401.

Hackett, T. P., & Cassem, N. H. (1973). Psychological adaptation to convalescence in myocardial infarction patients. In J. P. Naughton, H. K. Hellerstein, & I. C. Mohler (Eds.), *Exercise testing and exercise training in coronary heart disease.* New York: Academic Press.

Hadjistavropoulos, T., Craig, K. D., Duck, S., Cano, A., Goubert, L., Jackson, P. L., . . . Fitzgerald, T. D. (2011). A biopsychosocial formulation of pain communication. *Psychological Bulletin, 137,* 910–939.

Haemmerli, K., Znoj, H., & Berger, T. (2010). Internet-based support for infertile patients: A randomized controlled study. *Journal of Behavioral Medicine, 33,* 135–146.

Haerens, L., Deforche, B., Maes, L., Brug, J., Vandelanotte, C., & De Bourdeaudhuij, I. (2007). A computer-tailored dietary fat intake intervention for adolescents: Results of a randomized controlled trial. *Annals of Behavioral Medicine, 34,* 253–262.

Hafez, D., Heisler, M., Choi, H., Ankuda, C. K., Winkelman, T., & Kullgren, J. T. (2018). Association between purpose in life and glucose control among older adults. *Annals of Behavioral Medicine, 52,* 309–318.

Hagedoorn, M., Dagan, M., Puterman, E., Hoff, C., Meijerink, W. J. H. J., Delongis, A., & Sanderman, R. (2011). Relationship satisfaction in couples confronted with colorectal cancer: The interplay of past and current spousal support. *Journal of Behavioral Medicine, 34,* 288–297.

Hagger-Johnson, G., Mõttus, R., Craig, L. C., A., Starr, J. M., & Deary, I. J. (2012). Pathways from childhood intelligence and socioeconomic status to late-life cardiovascular disease risk. *Health Psychology, 31,* 403–412.

Hahn, E. A., DeWalt, D. A., Bode, R. K., Garcia, S. F., DeVillis, R. F., Correia, H., & PROMIS Cooperative Group. (2014). New English and Spanish social health measures will facilitate evaluating health determinants. *Health Psychology, 33,* 490–499.

Hajjari, P., Mattsson, S., McIntyre, K. M., McKinley, P. S., Shapiro, P. A., Gorenstein, E. E., . . . Sloan, R. P. (2016). The effect of hostility reduction on autonomic control of the heart and vasculature: A randomized controlled trial. *Psychosomatic Medicine, 78,* 481–491.

Halkitis, P. N., Cook, S. H., Ristuccia, A., Despotoulis, J., Levy, M. D., Bates, F. C., & Kapadia, F. (2018). Psychometric analysis of the Life Worries Scale for a new generation of sexual minority men: The P18 Cohort Study. *Health Psychology, 37,* 89–101.

Halford, W. K., Cuddihy, S., & Mortimer, R. H. (1990). Psychological stress and blood glucose regulation in Type I diabetic patients. *Health Psychology, 9,* 516–528.

Halim, M. L., Yoshikawa, H., & Amodio, D. M. (2013). Cross-generational effects of discrimination among immigrant mothers: Perceived discrimination predicts child's healthcare visits for illness. *Health Psychology, 32,* 203–211.

Hall, J. A., Epstein, A. M., DeCiantis, M. L., & McNeil, B. J. (1993). Physicians' liking for their patients: More evidence for the role of affect in medical care. *Health Psychology, 12,* 140–146.

Hall, J. A., Irish, J. T., Roter, D. L., Ehrlich, C. M., & Miller, L. H. (1994). Gender in medical encounters: An analysis of physician and patient communication in a primary care setting. *Health Psychology, 13,* 384–392.

Hall, K. S., Crowley, G. M., McConnell, E. S., Bosworth, H. B., Sloane, R., Ekelund, C. C., & Morey, M. C. (2010). Change in goal ratings as a mediating variable between self-efficacy and physical activity in older men. *Annals of Behavioral Medicine, 39,* 267–273.

Hall, M., Vasko, R., Buysse, D., Ombao, H., Chen, Q., Cashmere, J. D., . . . Thayer, J. F. (2004). Acute stress affects heart rate variability during sleep. *Psychosomatic Medicine, 66,* 56–62.

Hall, M. H., Brindle, R. C., & Buysse, D. J. (2018). Sleep and cardiovascular disease: Emerging opportunities for psychology. *American Psychologist, 73,* 994–1006.

Hall, M. J., Levant, S., & DeFrances, C. J. (2013). Trends in inpatient hospital deaths: National hospital discharge survey, 2000–2010. *NCHS Data Brief, 118,* 1–8.

Hall, P. A., Dubin, J. A., Crossley, M., Holmqvist, M. E., & D'Arcy, C. (2009). Does executive function explain the IQ-mortality association? Evidence from the Canadian study on health and aging. *Psychosomatic Medicine, 71,* 196–204.

Hall, P. A., Erickson, K. I., & Gianaros, P. J. (2017). The neurobiology of health communication. *Psychosomatic Medicine, 79,* 376–378.

Halpern-Felsher, B. L., Millstein, S. G., Ellen, J. M., Adler, N. E., Tschann, J. M., & Biehl, M. (2001). The role of behavioral experience in judging risks. *Health Psychology, 20,* 120–126.

Ham, B. (Ed.). (2003). Health behavior information transfer. *Habit, 6.* Retrieved from http://www.cfah.org/habit

Hamburg, D. A., & Adams, J. E. (1967). A perspective on coping behavior: Seeking and utilizing information in major transitions. *Archives of General Psychiatry, 19,* 277–284.

Hamer, M., Stamatakis, E., Kivimäki, M., Kengne, A. P., & Batty, G. D. (2010). Psychological distress, glycated hemoglobin, and mortality in adults with and without diabetes. *Psychosomatic Medicine, 72,* 882–886.

Hamer, M., & Steptoe, A. (2007). Association between physical fitness, parasympathetic control, and proinflammatory responses to mental stress. *Psychosomatic Medicine, 69,* 660–666.

Hamilton, K., Kirkpatrick, A., Rebar, A., & Hagger, M. S. (2017). Child sun safety: Application of an integrated behavior change model. *Health Psychology, 36,* 916–926.

Hamilton, N. A., Catley, D., & Karlson, C. (2007). Sleep and the affective response to stress and pain. *Health Psychology, 26,* 288–295.

Hamilton, V. L., Broman, C. L., Hoffman, W. S., & Renner, D. S. (1990). Hard times and vulnerable people: Initial effects of plant closing on autoworkers' mental health. *Journal of Health and Social Behavior, 31,* 123–140.

Hampson, S. E., Edmonds, G. W., Goldberg, L. R., Dubanoski, J. P., & Hillier, T. A. (2015). A life-span behavioral mechanism relating childhood conscientiousness to adult clinical health. *Health Psychology, 34,* 887–895.

Hampson, S. E., Edmons, G. W., Goldberg, L. R., Dubanoski, J. P., & Hillier, T. A. (2015). A life-span behavioral mechanism relating childhood conscientiousness to adult clinical health. *Health Psychology, 34,* 887–895.

Hampson, S. E., Glasgow, R. E., & Toobert, D. J. (1990). Personal models of diabetes and their relations to self-care activities. *Health Psychology, 9,* 632–646.

Hampson, S. E., Glasgow, R. E., & Zeiss, A. M. (1994). Personal models of osteoarthritis and their relation to self-management activities and quality of life. *Journal of Behavioral Medicine, 17,* 143–158.

Hamrick, N., Cohen, S., & Rodriguez, M. S. (2002). Being popular can be healthy or unhealthy: Stress, social network diversity, and incidence of upper respiratory infection. *Health Psychology, 21,* 294–298.

Han, S., & Shavitt, S. (1994). Persuasion and culture: Advertising appeals in individualistic and collectivistic societies. *Journal of Experimental Social Psychology, 30,* 326–350.

Hanoch, Y., Wood, S., Barnes, A., Liu, P. J., & Rice, T. (2011). Choosing the right medicare prescription drug plan: The effect of age, strategy selection, and choice set size. *Health Psychology, 30,* 719–727.

Hansen, R. N., Oster, G., Edelsberg, J., Woody, G. E., & Sullivan, S. D. (2011). *Economic costs of nonmedical use of prescription opioids.* Retrieved on February 21, 2016, from http://www.ncbi.nlm.nih.gov

Hanson, C. L., Henggeler, S. W., & Burghen, G. A. (1987). Models of as sociations between psychosocial variables and health-outcome measures of adolescents with IDDM. *Diabetes Care, 10,* 752–758.

Hanson, C. L., & Pichert, J. W. (1986). Perceived stress and diabetes control in adolescents. *Health Psychology, 5,* 439–452.

Hanson, M. D., & Chen, E. (2007). Socioeconomic status and health behaviors in adolescence: A review of the literature. *Journal of Behavioral Medicine, 30,* 263–285.

Hanson, M. D., & Chen, E. (2010). Daily stress, cortisol, and sleep: The moderating role of childhood psychosocial environments. *Health Psychology, 29,* 394–402.

Hao, Y., Landrine, H., Smith, T., Kaw, C., Corral, I., & Stein, K. (2011). Residential segregation and disparities in health-related quality of life among Black and White cancer survivors. *Health Psychology, 30,* 137–144.

Harburg, E., Julius, M., Kacirotti, N., Gleiberman, L., & Schork, M. A. (2003). Expressive/suppressive anger-coping responses, gender, and types of mortality: A 17-year follow-up (Tecumseh, Michigan, 1971–1988). *Psychosomatic Medicine, 65,* 588–597.

Hardcastle, S. J., Fortier, M., Blake, N., & Hagger, M. S. (2017). Identifying content-based and relational techniques to change behaviour in motivational interviewing. *Health Psychology Review, 11*(1), 1–16.

Harris-Kojetin, L., Sengupta, M., Lendon, J. P., Rome, V., Valverde, R., & Caffrey, C. (2019). Long-term care providers and services users in the United States, 2015–2016. *National Center for Health Statistics. Vital Health Statistics, 3*(43), 1–78.

Harris, P. R., Brearley, I., Sheeran, P., Barker, M., Klein, W. M. P., Creswell, J. D., . . . Bond, R. (2014). Combining self-affirmation with implementation intentions to promote fruit and vegetable consumption. *Health Psychology, 33,* 729–736.

Harris, P. R., Mayle, K., Mabbott, L., & Napper, L. (2007). Self-affirmation reduces smokers' defensiveness to graphic on-pack cigarette warning labels. *Health Psychology, 26,* 437–446.

Hartman, M., Martin, A. B., Espinosa, N., Catlin, A., & The National Health Care Spending Team (2017). National health care spending in 2016: Spending and enrollment growth slow after initial coverage expansions. *Health Affairs, 37,* 150–160.

Harvey, A. G., Bryant, R. A., & Tarrier, N. (2003). Cognitive behaviour therapy for posttraumatic stress disorder. *Clinical Psychology Review, 23,* 501–522.

Hatzenbuehler, M. L., Nolen-Hoeksema, S., & Erickson, S. J. (2008). Minority stress predictors of HIV risk behavior, substance use, and depressive symptoms: Results from a prospective study of bereaved gay men. *Health Psychology, 27,* 455–462.

Harvey, C. J., Gehrman, P., & Espie, C. A. (2014). Who is predisposed to insomnia: A review of familial aggregation, stress-reactivity, personality and coping style. *Sleep Medicine Reviews, 18,* 237–247.

Hatzenbuehler, M. L., O'Cleirigh, C., Mayer, K. H., Mimiaga, M. J., & Safren, S. A. (2011). Prospective associations between HIV-related stigma, transmission risk behaviors, and adverse mental health outcomes in men who have sex with men. *Annals of Behavioral Medicine, 42,* 227–234.

Haug, M. R., & Folmar, S. J. (1986). Longevity, gender, and life quality. *Journal of Health and Social Behavior, 27,* 332–345.

Haug, M. R., & Ory, M. G. (1987). Issues in elderly patient–provider interactions. *Research on Aging, 9,* 3–44.

Haukkala, A., Konttinen, H., Lehto, E., Uutela, A., Kawachi, I., & Laatikainen, T. (2013). Sense of coherence, depressive symptoms, cardiovascular diseases, and all-cause mortality. *Psychosomatic Medicine, 75,* 429–435.

Hausteiner, C., Klupsch, D., Emeny, R., Baumert, J., Ladwig, K. H., & for the KORA Investigators. (2010). Clustering of negative affectivity and social inhibition in the community; prevalance of Type D personality as a cardiovascular risk marker. *Psychosomatic Medicine, 72,* 163–171.

Hawkins, M. A. W., Gunstad, J., Calvo, D., & Spitznagel, M. B. (2016). Higher fasting glucose is associated with poorer cognition among healthy young adults. *Health Psychology, 35,* 199–202.

Hawkley, L. C., Thisted, R. A., & Cacioppo, J. T. (2009). Loneliness predicts reduced physical activity: Cross-sectional & longitudinal analyses. *Health Psychology, 28,* 354–363.

Hayes-Bautista, D. E. (1976). Modifying the treatment: Patient compliance, patient control, and medical care. *Social Science and Medicine, 10,* 233–238.

Hayes, S. C. (2016). Acceptance and commitment therapy, relational frame theory, and the third wave of behavioral and cognitive therapies-republished article. *Behavior Therapy, 47,* 869–885.

Haynes, R. B., McKibbon, K. A., & Kanani, R. (1996). Systematic review of randomized controlled trials of the effects on patient adherence and outcomes of interventions to assist patients to follow prescriptions for medications. *The Cochrane Library, 2,* 1–26.

Haythornthwaite, J., Lawrence, J., & Fauerbach, J. (2001). Brief cognitive interventions for burn pain. *Annals of Behavioral Medicine, 23,* 42–49.

Hazuda, H. P., Gerety, M. B., Lee, S., Mulrow, C. D., & Lichtenstein, M. J. (2002). Measuring subclinical disability in older Mexican Americans. *Psychosomatic Medicine, 64,* 520–30.

Healy, M. (2014, November 17). Working while others sleep? Obesity may be a higher risk; here's why. *Los Angeles Times.*

Healy, M. (2015, January 15). Sedentary behavior trumps fat as a killer. *Los Angeles Times.*

Healy, M. (2015, February 13). Diet and exercise alone are no cure for obesity, experts say. *Los Angeles Times.*

Healy, M. (2015, July 15). Study ties sugary drinks to 25,000 U.S. deaths. *Los Angeles Times,* p. A13.

Healy, M. (2016, January 31). Number of overweight children grows globally. *Los Angeles Times,* p. A5.

Heaney, C. A., Israel, B. A., & House, J. A. (1994). Chronic job insecurity among automobile workers: Effects on job satisfaction and health. *Social Science and Medicine, 38,* 1431–1437.

Heatherton, T. F., & Sargent, J. D. (2009). Does watching smoking in movies promote teenage smoking? *Current Directions in Psychological Science, 18,* 63–67.

Heckman, C. J., Handorf, E. A., Darlow, S. D., Ritterband, L. M., & Manne, S. L. (2017). An online skin cancer risk-reduction intervention for young adults: Mechanisms of effects. *Health Psychology, 36,* 215–225.

Heckman, T. G. (2003). The chronic illness quality of life (CIQOL) model: Explaining life satisfaction in people living with HIV disease. *Health Psychology, 22,* 140–147.

Heckman, T. G., Anderson, E. S., Sikkema, K. J., Kochman, A., Kalichman, S. C., & Anderson, T. (2004). Emotional distress in nonmetropolitan persons living with HIV disease enrolled in a telephone-delivered, coping improvement group intervention. *Health Psychology, 23,* 94–100.

Heckman, T. G., Markowitz, J. C., Heckman, B. D., Woldu, H., Anderson, T., Lovejoy, T. I., . . . Yarber, W. (2018). A randomized clinical trial showing persisting reductions in depressive symptoms in HIV-infected rural adults following brief telephone-administered interpersonal psychotherapy. *Annals of Behavioral Medicine, 52,* 299–308.

Heckman, T. G., Miller, J., Kochman, A., Kalichman, S. C., Carlson, B., & Silverthorn, M. (2002). Thoughts of suicide among HIV-infected rural persons enrolled in telephone-delivered mental health intervention. *Annals of Behavioral Medicine, 24,* 141–148.

Heim, C., Nater, U. M., Maloney, E., Boneva, R., Jones, J. F., & Reeves, W. C. (2009). Childhood trauma and risk for chronic fatigue syndrome: Association with neuroendocrine dysfunction. *Archives of General Psychiatry, 66,* 72–80.

Heim, E., Valach, L., & Schaffner, L. (1997). Coping and psychosocial adaptation: Longitudinal effects over time and stages in breast cancer. *Psychosomatic Medicine, 59,* 408–418.

Heisler, M., Wagner, T. H., & Piette, J. D. (2005). Patient strategies to cope with high prescription medication costs: Who is cutting back on necessities, increasing debt, or underusing medications? *Journal of Behavioral Medicine, 28,* 43–51.

Heisz, J. J., Vandermorris, S., Wu, J., McIntosh, A. R., & Ryan, J. D. (2015). Age differences in the association of physical activity, sociocognitive engagement, and TV viewing on face memory. *Health Psychology, 34,* 83–88.

Hekler, E. B., Lambert, J., Leventhal, E., Leventhal, H., Jahn, E., & Contrada, R. J. (2008). Commonsense illness beliefs, adherence behaviors, and hypertension control among African Americans. *Journal of Behavioral Medicine, 31,* 391–400.

Helgeson, V. S. (1993). Implications of agency and communion for patient and spouse adjustment to a first coronary event. *Journal of Personality and Social Psychology, 64,* 807–816.

Helgeson, V. S. (2003). Cognitive adaptation, psychological adjustment and disease progression among angioplasty patients: 4 years later. *Health Psychology, 22,* 30–38.

Helgeson, V. S., & Cohen, S. (1996). Social support and adjustment to cancer: Reconciling descriptive, correlational, and intervention research. *Health Psychology, 15,* 135–148.

Helgeson, V. S., Cohen, S., Schulz, R., & Yasko, J. (2000). Group support interventions for women with breast cancer: Who benefits from what? *Health Psychology, 19,* 107–117.

Helgeson, V. S., Cohen, S., Schulz, R., & Yasko, J. (2001). Long-term effects of educational and peer discussion group interventions on adjustment to breast cancer. *Health Psychology, 20,* 387–392.

Helgeson, V. S., Escobar, O., Siminerio, L., & Becker, D. (2010). Relation of stressful life events to metabolic control among adolescents with diabetes: 5-year longitudinal study. *Health Psychology, 29,* 153–159.

Helgeson, V. S., & Fritz, H. L. (1999). Cognitive adaptation as a predictor of new coronary events after percutaneous transluminal coronary angioplasty. *Psychosomatic Medicine, 61,* 488–495.

Helgeson, V. S., & Lepore, S. J. (1997). Men's adjustment to prostate cancer: The role of agency and unmitigated agency. *Sex Roles, 37,* 251–267.

Helgeson, V. S., Palladino, D. K., Reynolds, K. A., Becker, D. J., Escobar, O., & Siminerio, L. (2014). Relationships and health among emerging adults with and without Type 1 diabetes. *Health Psychology, 33,* 1125–1133.

Hellsten, L., Nigg, C., Norman, G., Burbank, P., Braun, L., Breger, R., . . . Wang, T. (2008). Accumulation of behavioral validation evidence for physical activity state of change. *Health Psychology, 27,* S43–S53.

Helmers, K. F., & Krantz, D. S. (1996). Defensive hostility, gender and cardiovascular levels and responses to stress. *Annals of Behavioral Medicine, 18,* 246–254.

Hemmingsson, T., Kriebel, D., Melin, B., Allebeck, P., & Lundberg, I. (2008). How does IQ affect onset of smoking and cessation of smoking— Linking the Swedish 1969 conscription cohort to the Swedish survey of living conditions. *Psychosomatic Medicine, 70,* 805–810.

Henry J Kaiser Family Foundation. (2017, February 27). *Total HMO enrollment.* Retrieved April 9, 2019, from https://www.kff.org/other/state-indicator/total-hmo-enrollment/?currentTimeframe=0&sortModel=%7B%22colId%22%3A%22Location%22%2C%22sort%22%3A%22asc%22%7D

Henry, J. P., & Cassel, J. C. (1969). Psychosocial factors in essential hypertension: Recent epidemiologic and animal experimental evidence. *American Journal of Epidemiology, 90,* 171–200.

Hendrickson, C. M., Neylan, T. C., Na, B., Regan, M., Zhang, Q., & Cohen, B. E. (2013). Lifetime trauma exposure and prospective cardiovascular events and all-cause mortality: Findings from the heart and soul study. *Psychosomatic Medicine, 75,* 849–855.

Hepatitis B Foundation. (2018). *Hepatitis B fast facts.* Retrieved March 26, 2019, from http://www.hepb.org/assets/Uploads/Hepatitis-B-Fast-Facts-8-28-18-FINAL.pdf

Heppner, W. L., Ji, L., Reitzel, L. R., Castro, Y., Correa-Fernandez, V., Vidrine, J. I., . . . Wetter, D. W. (2011). The role of prepartum motivation in the maintenance of postpartum smoking abstinence. *Health Psychology, 30,* 736–745.

Herbert, T. B., & Cohen, S. (1993). Stress and immunity in humans: A meta-analytic review. *Psychosomatic Medicine, 5,* 364–379.

Herman, S., Blumenthal, J. A., Babyak, M., Khatri, P., Craighead, W. E., Krishnan, K. R., & Doraiswamy, P. M. (2002). Exercise therapy for depression in middle-aged and older adults: Predictors of early dropout and treatment failure. *Health Psychology, 21,* 553–563.

Hermand, D., Mullet, E., & Lavieville, S. (1997). Perception of the combined effects of smoking and alcohol on health. *Journal of Health Psychology, 2,* 481–491.

Hermann, C., & Blanchard, E. B. (2002). Biofeedback in the treatment of headache and other childhood pain. *Applied Psychophysiology and Biofeedback, 27,* 143–162.

Hernandez, A., & Sachs-Ericsson, N. (2006). Ethnic differences in pain reports and the moderating role of depression in a community sample of Hispanic and Caucasian participants with serious health problems. *Psychosomatic Medicine, 68,* 121–128.

Herrmann-Lingen, C. (2017). Past, present, and future of psychosomatic movements in an ever-changing world: Presidential address. *Psychosomatic Medicine, 79,* 960–970.

Herschbach, P., Duran, G., Waadt, S., Zettler, A., Amm, C., & Marten-Mittag, B. (1997). Psychometric properties of the questionnaire on stress in patients with diabetes-revised (QSD-F). *Health Psychology, 16,* 171–174.

Hersey, J. C., Niederdeppe, J., Evans, W. D., Nonnemaker, J., Blahut, S., Holden, D., . . . Haviland, M. L. (2005). The theory of "truth": How counterindustry media campaigns affect smoking behavior among teens. *Health Psychology, 24,* 22–31.

Hertel, A. W., Finch, E. A., Kelly, K. M., King, C., Lando, H., Linde, J. A., . . . Rothman, A. J. (2008). The impact of expectations and satisfaction on the initiation and maintenance of smoking cessation: An experimental test. *Health Psychology, 27,* S197–S206.

Hewig, J., Cooper, S., Trippe, R. H., Hecht, H., Straube, T., & Miltner, W. H. R. (2008). Drive for thinness and attention toward specific body parts in a nonclinical sample. *Psychosomatic Medicine, 70,* 729–736.

Hien, T. T., de Jong, M., & Farrar, J. (2004). Avian influenza—A challenge to global health care structures. *The New England Journal of Medicine, 351,* 2363–2365.

Higgins, T. J., Middleton, K. R., Winner, L., & Janelle, C. M. (2014). Physical activity interventions differentially affect exercise task and barrier self-efficacy: A meta-analysis. *Health Psychology, 33,* 891–903.

Hill, L. K., Sherwood, A., McNeilly, M., Anderson, N. B., Blumenthal, J. A., & Hinderliter, A. L. (2018). Impact of racial discrimination and hostility on adrenergic receptor responsiveness in African American adults. *Psychosomatic Medicine, 80,* 208–215.

Hill, P. L., & Roberts, B. W. (2011). The role of adherence in the relationship between conscientiousness and perceived health. *Health Psychology, 30,* 797–804.

Hill, P. L., Sin, N. L., Turiano, N. A., Burrow, A. L., & Almeida, D. M. (2018). Sense of purpose moderates the associations between daily stressors and daily well-being. *Annals of Behavioral Medicine, 52,* 724–729.

Hill, P. L., Turiano, N. A., Hurd, M. D., Mroczek, D. K., & Roberts, B. W. (2011). Conscientiousness and longevity: An examination of possible mediators. *Health Psychology, 30,* 536–541.

Hill, T. D., Ellison, C. G., Burdette, A. M., & Musick, M. A. (2007). Religious involvement and healthy lifestyles: Evidence from the survey of Texas adults. *Annals of Behavioral Medicine, 34,* 217–222.

Hill-Briggs, F. (2003). Problem solving in diabetes self-management: A model of chronic illness self-management behavior. *Annals of Behavior Medicine, 25,* 182–193.

Hill-Briggs, F., Gary, T. L., Bone, L. R., Hill, M. N., Levine, D. M., & Brancati, F. L. (2005). Medication adherence and diabetes control in urban African Americans with type 2 diabetes. *Health Psychology, 24,* 349–357.

Hilliard, M. E., Eakin, M. N., Borrelli, B., Green, A., & Riekert, K. A. (2015). Medication beliefs mediate between depressive symptoms and medication adherence in cystic fibrosis. *Health Psychology, 34,* 496–504.

Hilliard, M. E., Holmes, C. S., Chen, R., Maher, K., Robinson, E., & Streisand, R. (2013). Disentangling the roles of parental monitoring and family conflict in adolescents' management of type 1 diabetes. *Health Psychology, 32,* 388–396.

Hilmert, C. J., Dunkel Schetter, C., Dominguez, T. P., Abdou, C., Hobel, C. J., Glynn, L., & Sandman, C. (2008). Stress and blood pressure during pregnancy: Racial differences and associations with birthweight. *Psychosomatic Medicine, 70,* 57–64.

Hilton, L., Hempel, S., Ewing, B. A., Apaydin, E., Xenakis, L., Newberry, S., . . . Maglione, M. A. (2016). Mindfulness meditation for chronic pain: Systematic review and meta-analysis. *Annals of Behavioral Medicine, 51,* 199–213.

Hing, E., & Uddin, S. (2011). Physician assistant and advance practice nurse care in hospital outpatient departments: United States, 2008–2009. *NCHS Data Brief, 77,* 1–8.

Hinton, J. M. (1967). *Dying.* Baltimore, MD: Penguin.

Hintsanen, M., Elovainio, M., Puttonen, S., Kivimäki, M., Koskinen, T., Raitakari, O. T., & Keltikangas-Jarvinen, L. (2007). Effort–reward imbalance, heart rate, and heart-rate variability: The cardiovascular risk in young Finns study. *International Journal of Behavioral Medicine, 14,* 202–212.

Hintsanen, M., Kivimäki, M., Elovainio, M., Pulkki-Råback, L., Keskivaara, P., Juonala, M., . . . Keltikangas-Järvinen, L. (2005). Job strain and early atherosclerosis: The cardiovascular risk in young Finns study. *Psychosomatic Medicine, 67,* 740–747.

Hirokawa, K., Nagayoshi, M., Ohira, T., Kajiura, M., Kitamura, A., Kiyama, M., & Iso, H. (2014). Menopausal status in relation to cardiovascular stress reactivity in healthy Japanese patients. *Psychosomatic Medicine, 76,* 701–708.

Hobfoll, S. E., Jackson, A. P., Lavin, J., Britton, P. J., & Shepherd, J. B. (1993). Safer sex knowledge, behavior, and attitudes of inner-city women. *Health Psychology, 12,* 481–488.

Hochbaum, G. (1958). *Public participation in medical screening programs* (DHEW Publication No. 572, Public Health Service). Washington, DC: U.S. Government Printing Office.

Hochschild, A. (1989). *The second shift: Working parents and the revolution at home.* New York: Viking Penguin.

Hoelscher, T. J., Lichstein, K. L., & Rosenthal, T. L. (1986). Home relaxation practice in hypertension treatment: Objective assessment and compliance induction. *Journal of Consulting and Clinical Psychology, 54,* 217–221.

Holahan, C. J., & Moos, R. H. (1990). Life stressors, resistance factors, and improved psychological functioning: An extension of the stress resistance paradigm. *Journal of Personality and Social Psychology, 58,* 909–917.

Holahan, C. J., & Moos, R. H. (1991). Life stressors, personal and social resources, and depression: A four-year structural model. *Journal of Abnormal Psychology, 100,* 31–38.

Holland, J. C. (2002). History of psycho-oncology: Overcoming attitudinal and conceptual barriers. *Psychosomatic Medicine, 64,* 206–221.

Holmes, J., Powell-Griner, E., Lethbridge-Cejku, M., & Heyman, K. (2009). Aging differently: Physical limitations among adults aged 50 years and over: United States, 2001–2007. *NCHS Data Brief, 20,* 1–7.

Holmes, J. A., & Stevenson, C. A. Z. (1990). Differential effects of avoidant and attentional coping strategies on adaptation to chronic and recent-onset pain. *Health Psychology, 9,* 577–584.

Holmes, T. H., & Rahe, R. H. (1967). The social readjustment rating scale.

Journal of Psychosomatic Research, 11, 213–218.

Holt, C. L., Clark, E. M., Kreuter, M. W., & Rubio, D. M. (2003). Spiritual health locus of control and breast cancer beliefs among urban African American women. *Health Psychology, 22,* 294–299.

Holt-Lunstad, J., Robles, T. F., & Sbarra, D. A. (2017). Advancing social connection as a public health priority in the United States. *American Psychologist, 72,* 517–530.

Holt-Lunstad, J., Smith, T. W., & Uchino, B. N. (2008). Can hostility interfere with the health benefits of giving and receiving social support? The impact of cynical hostility on cardiovascular reactivity during social support interactions among friends. *Annals of Behavioral Medicine, 35,* 319–330.

Hölzel, B. K., Lazar, S. W., Gard, T., Schuman-Olivier, Z., Vago, D. R., & Ott, U. (2011). How does mindfulness meditation work? Proposing mechanisms of action from a conceptual and neural perspective. *Perspectives on Psychological Science, 6,* 537–559.

Hong, S., Nelesen, R. A., Krohn, P. L., Mills, P. J., & Dimsdale, J. E. (2006). The association of social status and blood pressure with markers of vascular inflammation. *Psychosomatic Medicine, 68,* 517–523.

Hopko, D. R., Clark, C. G., Cannity, K., & Bell, J. L. (2016). Pretreatment depression severity in breast cancer patients and its relation to treatment response to behavior therapy. *Health Psychology, 35,* 10–18.

Horan, M. J., & Roccella, E. J. (1988). Non-pharmacologic treatment of hypertension in the United States. *Health Psychology,* 7 (Suppl.), 267–282.

Horrell, B., Stephens, C., & Breheny, M. (2015). Capability to care: Supporting the health of informational caregivers for older people. *Health Psychology, 34,* 339–348.

Horvath, K. J., Bowen, A. M., & Williams, M. L. (2006). Virtual and physical venues as contexts for HIV risk among rural men who have sex with men. *Health Psychology, 25,* 237–242.

Hostinar, C. E., Ross, K. M., Chen, E., & Miller, G. E. (2017). Early-life socioeconomic disadvantage and metabolic health disparities. *Psychosomatic Medicine, 79,* 514–523.

Hoth, K. F., Wamboldt, F. S., Strand, M., Ford, D. W., Sandhaus, R. A., Strange, C., Bekelman, D. B., & Holm, K. E. (2013). Prospective impact of illness uncertainty on outcomes in chronic lung disease. *Health Psychology, 32,* 1170–1174.

Hou, W. K., & Wan, J. H. Y. (2012). Perceived control mediates the prospective impact of relationship quality in the year after colorectal cancer diagnosis. *Annals of Behavioral Medicine, 43,* 129–138.

Houle, J. N. (2013). Depressive symptoms and all-cause mortality in a nationally representative longitudinal study with time-varying covariates. *Psychosomatic Medicine, 75,* 297–304.

House, J. A. (1981). *Work stress and social support.* Reading, MA: Addison-Wesley.

House, J. S. (2001). Understanding social factors and inequalities in health: 20th century progress and 21st century prospects. *Journal of Health and Social Behavior, 43,* 125–142.

House, J. S. (2015). *Beyond Obamacare: Life, death, and social policy.* New York: Russell Sage Foundation.

House, J. S., Landis, K. R., & Umberson, D. (1988). Social relationships and health. *Science, 241,* 540–545.

Houston, B. K., & Vavak, C. R. (1991). Cynical hostility: Developmental factors, psychosocial correlates, and health behaviors. *Health Psychology, 10,* 9–17.

Howe, L. C., Goyer, J. P., & Crum, A. J. (2017). Harnessing the placebo effect: Exploring the influence of physician characteristics on placebo response. *Health Psychology, 36,* 1074–1082.

Howren, B. M., & Suls, J. (2011). The symptom perception hypothesis revised: Depression and anxiety play different roles in concurrent and retrospective physical symptom reporting. *Journal of Personality and Social Psychology, 100,* 182–195.

Howren, B., Suls, J., & Martin, R. (2009). Depressive symptomatology, rather than neuroticism, predicts inflated physical symptom reports in community-residing women. *Psychosomatic Medicine, 71,* 951–957.

Hoyert, D. L. (2012). 75 years of mortality in the United States, 1935–2010. *NCHS Data Brief, 88,* 1–8.

Hoyt, M. A., & Stanton, A. L. (2012). Adjustment to chronic illness. In A. Baum, T. A. Revenson, & J. Singer (Eds.), *Handbook of health psychology* (2nd ed., pp. 219–246). New York: Taylor & Francis.

Hoyt, M. A., Thomas, K. S., Epstein, D. R., & Dirksen, S. R. (2009). Coping style and sleep quality in men with cancer. *Annals of Behavioral Medicine, 37,* 88–93.

Hu, F. B., Stampfer, M. J., Manson, J. E., Grodstein, F., Colditz, G. A., Speizer, F. E., & Willett, W. C. (2000). Trends in the incidence of coronary heart disease and changes in diet and lifestyle in women. *The New England Journal of Medicine, 343,* 530–537.

Hu, F. B., Willett, W. C., Li, T., Stampfer, M. J., Colditz, G. A., & Manson, J. E. (2004). Adiposity as compared with physical activity in predicting mortality among women. *The New England Journal of Medicine, 351,* 2694–2703.

Huebner, D. M., Kegeles, S. M., Rebchook, G. M., Peterson, J. L., Neilands, T. B., Johnson, W. D., & Eke, A. N. (2014). Social oppression, psychological vulnerability, and unprotected intercourse among Black men who have sex with men. *Health Psychology, 33,* 1568–1578.

Hughes, J. R. (1993). Pharmacotherapy for smoking cessation: Unvalidated assumptions, anomalies, and suggestions for future research. *Journal of Consulting and Clinical Psychology, 61,* 751–760.

Hughes, J. W., Fresco, D. M., Myerscough, R., van Dulmen, M. H. M., Carlson, L. E., & Josephson, R. (2013). Randomized controlled trial of mindfulness-based stress reduction for prehypertension. *Psychosomatic Medicine, 75,* 721–728.

Hughes, M. E., & Waite, L. J. (2002). Health in household context: Living arrangements and health in late middle age. *Journal of Health and Social Behavior, 43,* 1–21.

Huizink, A. C., Robles de Medina, P. G., Mulder, E. J. H., Visser, G. H. A., & Buitelaar, J. K. (2002). Coping in normal pregnancy. *Annals of Behavioral Medicine, 24,* 132–140.

Hundt, N. E., Renn, B. N., Sansgiry, S., Petersen, N. J., Stanley, M. A., Kauth, M. R., . . . Cully, J. A. (2018). Predictors of response to brief CBT in patients with cardiopulmonary conditions. *Health Psychology, 37,* 866–873.

Hunnicutt, J. N., Ulbricht, C. M., Tjia, J., & Lapane, K. L. (2017). Pain and pharmacologic pain management in long-stay nursing home residents. *Pain, 158,* 1091–1099.

Hunt, K., McCann, C., Gray, C. M., Mutrie, N., & Wyke, S. (2013). "You've got to walk before you run": Positive evaluations of a walking program as part of a gender-sensitized, weight-management program delivered to men through professional football clubs. *Health Psychology, 32,* 57–65.

Huntington, R., & Metcalf, P. (1979). *Celebrations of death: The anthropology of mortuary ritual.* New York: Cambridge University Press.

Huntington's Disease Society of America. (2019). *What is Huntington's disease? Overview of Huntington's disease.* Retrieved March 26, 2019, from https://hdsa.org/what-is-hd/overview-of-huntingtons-disease/

Hutchison, K. E., McGeary, J., Smolen, A., Bryan, A., & Swift, R. M. (2002). The DRD4 VNTR polymorphism moderates craving after alcohol consumption. *Health Psychology, 21,* 139–146.

Huth, C., Thorand, B., Baumert, J., Kruse, J., Emeny, R. T., Schneider, A., & Ladwig, K. (2014). Job strain as a risk factor for the onset of type 2 diabetes mellitus: Findings from the MONICA/KORA Augsburg cohort study. *Psychosomatic Medicine, 76,* 562–568.

Hwang, B., Moser, D. K., & Dracup, K. (2014). Knowledge is insufficient for self-care among heart failure patients with psychological distress. *Health Psychology, 33,* 588–596.

Iacovino, J. M., Bogdan, R., & Oltmanns, T. F. (2016). Personality predicts health declines through stressful life events during late mid-life. *Journal of Personality, 84,* 536–546.

Ickovics, J. R., Viscoli, C. M., & Horwitz, R. I. (1997). Functional recovery after myocardial infarction in men: The independent effects of social class. *Annals of Behavioral Medicine, 127,* 518–525.

Idler, E. L., Boulifard, D. A., & Contrada, R. J. (2012). Mending broken hearts: Marriage and survival following cardiac surgery. *Journal of Health and Social Behavior, 53,* 33–49.

Ikeda, H., Stark, J., Fischer, H., Wagner, M., Drdla, R., Jäger, T., & Sandkühler, J. (2006). Synaptic amplifier of inflammatory pain in the spinal dorsal horn. *Science, 312,* 1659–1662.

Ikram, U. Z., Snijder, M. B., Agyemang, C., Schene, A. H., Peters, R. J., Stronks, K., & Kunst, A. E. (2017). Perceived ethnic discrimination and the metabolic syndrome in ethnic minority groups: The healthy life in an urban setting study. *Psychosomatic Medicine, 79,* 101–111.

Inagaki, T. K., & Orehek, E. (2017). On the benefits of giving social support: When, why, and how support providers gain by caring for others. *Current Directions in Psychological Science, 26,* 109–113.

Inauen, J., Shrout, P. E., Bolger, N., Stadler, G., & Scholz, U. (2016). Mind the gap? An intensive longitudinal study of between-person and within-person intention-behavior relations. *Annals of Behavioral Medicine, 50,* 516–522.

Infurna, F. J., & Gerstorf, D. (2014). Perceived control relates to better functional health and lower cardio-metabolic risk: The mediating role of physical activity. *Health Psychology, 33,* 85–94.

Infurna, F. J., Gerstorf, D., Ram, N., Schupp, J., & Wagner, G. G. (2011). Long-term antecedents and outcomes of perceived control. *Psychology and Aging, 26,* 559–575.

Ingelfinger, J. R. (2004). Pediatric antecedents of adult cardiovascular disease-awareness and intervention. *The New England Journal of Medicine, 350,* 2123–2126.

Ingersoll, K. S., & Cohen, J. (2008). The impact of medication regiment factors on adherence to chronic treatment: A review of literature. *Journal of Behavioral Medicine, 31,* 213–224.

Ingram, R. E., Atkinson, J. H., Slater, M. A., Saccuzzo, D. P., & Garfin, S. R. (1990). Negative and positive cognition in depressed and nondepressed chronic-pain patients. *Health Psychology, 9,* 300–314.

Institute of Highway Safety. (2017). *Decline in fatal car accidents.* Retrieved from https://www.hg.org/legal-articles/decline-in-fatal-car-accidents-34822

International Foundation for Gastrointestinal Disorders. (2014). *Gastroesophageal reflux disease.* Retrieved March 18, 2019, from https://www.aboutgerd.org/images/pdfs/GERD-Infograph.jpg

Irish, L. A., Dougall, A. L., Delahanty, D. L., & Hall, M. H. (2013). The impact of sleep complaints on physical health and immune outcomes in rescue workers: A 1-year prospective study. *Psychosomatic Medicine, 75,* 196–201.

Ironson, G., & Hayward, H. (2008). Do positive psychosocial factors predict disease progression in HIV-1? A review of the evidence. *Psychosomatic Medicine, 70,* 546–554.

Ironson, G., Fitch, C., & Stuetzle, R. (2017). Depression and survival in a 17-year longitudinal study of people with HIV: Moderating effects of race and education. *Psychosomatic Medicine, 79,* 749–756.

Ironson, G., O'Cleirigh, C., Fletcher, M., Laurenceau, J. P., Balbin, E., Klimas, N., . . . Solomon, G. (2005). Psychosocial factors predict CD4 and viral load change in men and women with human immunodeficiency virus in the era of highly active antiretroviral treatment. *Psychosomatic Medicine, 67,* 1013–1021.

Ironson, G., O'Cleirigh, C., Weiss, A., Schneiderman, N., & Costa, P. T. (2008). Personality and HIV disease progression: Role of NEO-PI-R openness, extraversion, and profiles of engagement. *Psychosomatic Medicine, 70,* 245–253.

Ironson, G., Stuetzle, R., Ironson, D., Balbin, E., Kremer, H., George, A., . . . Fletcher, M. A. (2011). View of God as benevolent and forgiving or punishing and judgmental predicts HIV disease progression. *Journal of Behavioral Medicine, 34,* 414–425.

Ironson, G., Wynings, C., Schneiderman, N., Baum, A., Rodriguez, M., Greenwood, D., . . . Fletcher, M. A. (1997). Posttraumatic stress symptoms, intrusive thoughts, loss, and immune function after Hurricane Andrew. *Psychosomatic Medicine, 59,* 128–141.

Irvin, J. E., Bowers, C. A., Dunn, M. E., & Wang, M. C. (1999). Efficacy of relapse prevention: A meta-analytic review. *Journal of Consulting and Clinical Psychology, 67,* 563–570.

Irwin, M. R. (2015). Why sleep is important for health: A psychoneuroimmunology perspective. In S. T. Fiske, D. L. Schacter, & S. E. Taylor. *Annual Review of Psychology, 66,* 115–142.

Irwin, M. R., Cole, J. C., & Nicassio, P. M. (2006). Comparative meta-analysis of behavioral interventions for insomnia and their efficacy in middle-aged adults and in older adults 55+ years of age. *Health Psychology, 25,* 3–14.

Irwin, M. R., Pike, J. L., Cole, J. C., & Oxman, M. N. (2003). Effects of a behavioral intervention, tai chi chih, on Varicella-Zoster virus specific immunity and health functioning in older adults. *Psychosomatic Medicine, 65,* 824–830.

Itkowitz, N. I., Kerns, R. D., & Otis, J. D. (2003). Support and coronary heart disease: The importance of significant other responses. *Journal of Behavioral Medicine, 26,* 19–30.

Ivanovski, B., & Malhi, G. S. (2007). The psychological and neurophysiological concomitants of mindfulness forms of meditation. *Acta Neuropsychiatrica, 19,* 76–91.

Jachuck, S. J., Brierley, H., Jachuck, S., & Willcox, P. M. (1982). The effect of hypotensive drugs on the quality of life. *Journal of the Royal College of General Practitioners, 32,* 103–105.

Jakubowski, K. P., Cundiff, J. M., & Matthews, K. A. (2018). Cumulative childhood adversity and adult cardiometabolic disease: A meta-analysis. *Health Psychology, 37,* 701–715.

Jack, A. (2007, April 25). Climate change bites. *Financial Times,* p. 9.

Jackson, K. M., & Aiken, L. S. (2006). Evaluation of a multicomponent appearance-based sun-protective intervention for young women: Uncovering the mechanisms of program efficacy. *Health Psychology, 25,* 34–46.

Jacobs, N., Rijsdijk, F., Derom, C., Vlietinck, R., Delespaul, P., Van Os, J., & Myin-Germeys, I. (2006). Genes making one feel blue in the flow of daily life: A momentary assessment study of gene–stress interaction. *Psychosomatic Medicine, 68,* 201–206.

Jacobs, T. L., Shaver, P. R., Epel, E. S., Zanesco, A. P., Aichele, S. R., Bird well, D. A., & Saron, C. D. (2013). Self-reported mindfulness and cortisol during a Shamatha meditation retreat. *Health Psychology, 33,* 1104–1109.

Jacobsen, P. B., & Andrykowski, M. A. (2015). Tertiary prevention in cancer care: Understanding and addressing the psychological dimensions of cancer during the active treatment period. *American Psychologist, 70,* 134–145.

James, S. A., Hartnett, S. A., & Kalsbeek, W. D. (1983). John Henryism and blood pressure differences among Black men. *Journal of Behavioral*

Medicine, 6, 259–278.

James, S. A., Keenan, N. L., Strogatz, D. S., Browning, S. R., & Garrett, J. M. (1992). Socioeconomic status, John Henryism, and blood pressure in Black adults: The Pitt County study. *American Journal of Epidemiology, 135,* 59–67.

Jameson, M. (2004, January 19). No standing pat. *Los Angeles Times,* p. F7.

Jamieson, J. P., Mendes, W. B., & Nock, M. K. (2013). Improving acute stress responses: The power of reappraisal. *Current Directions in Psychological Science, 22,* 51–56.

Janicki-Deverts, D., Cohen, S., Matthews, K. A., & Cullen, M. R. (2008). History of unemployment predicts future elevations in C-reactive protein among male participants in the coronary artery risk development in young adults (CARDIA) study. *Annals of Behavioral Medicine, 36,* 176–185.

Janicki-Deverts, D., Cohen, S., Matthews, K. A., & Jacobs, D. R., Jr. (2012). Sex differences in the association of childhood socioeconomic status with adult blood pressure change: The CARDIA Study. *Psychosomatic Medicine, 74,* 728–735.

Janis, I. L. (1958). *Psychological stress.* New York: Wiley.

Janssen, I., Powell, L. H., Jasielec, M. S., Matthews, K. A., Hollenberg, S. M., Sutton-Tyrrell, K., & Everson-Rose, S. A. (2012). Progression of coronary artery calcification in Black and White women: Do the stresses and rewards of multiple roles matter? *Annals of Behavioral Medicine, 43,* 39–49.

Jaremka, L. M., Andridge, R. R., Fagundes, C. P., Alfano, C. M., Povoski, S. P., Lipari, A. M., & Kiecolt-Glaser, J. K. (2014). Pain, depression, and fatigue: Loneliness as a longitudinal risk factor. *Health Psychology, 33,* 948–957.

Jaremka, L. M., Derry, H. M., Bornstein, R., Prakash, R. S., Peng, J., Belury, M. A., & Kiecolt-Glaser, J. K. (2014). Omega-3 supplementation and loneliness-related memory problems: Secondary analyses of a randomized controlled trial. *Psychosomatic Medicine, 76,* 650–658.

Jarrin, D. C., McGrath, J. J., & Quon, E. C. (2014). Objective and subjective socioeconomic gradients exist for sleep in children and adolescents. *Health Psychology, 33,* 301–305.

Jay, S. M., Elliott, C. H., Woody, P. D., & Siegel, S. (1991). An investigation of cognitive-behavior therapy combined with oral Valium for children undergoing painful medical procedures. *Health Psychology, 10,* 317–322.

Jeffery, R. W., Hennrikus, D. J., Lando, H. A., Murray, D. M., & Liu, J. W. (2000). Reconciling conflicting findings regarding postcessation weight concerns and success in smoking cessation. *Health Psychology, 19,* 242–246.

Jeffery, R. W., Pirie, P. L., Rosenthal, B. S., Gerber, W. M., & Murray, D. M. (1982). Nutritional education in supermarkets: An unsuccessful attempt to influence knowledge and produce sales. *Journal of Behavioral Medicine, 5,* 189–200.

Jemmott, J. B., III, Croyle, R. T., & Ditto, P. H. (1988). Commonsense epidemiology: Self-based judgments from laypersons and physicians. *Health Psychology, 7,* 55–73.

Jemmott, J. B., III, Jemmott, L. S., & Fong, G. (1992). Reductions in HIV risk–associated sexual behaviors among Black male adolescents: Effects of an AIDS prevention intervention. *American Journal of Public Health, 82,* 372–377.

Jemmott, J. B., III, Jemmott, L. S., O'Leary, A., Ngwane, Z., Lewis, D. A., Bellamy, S. L., & Teitelman, A. (2015). HIV/STI risk-reduction intervention efficacy with South African adolescents over 54 months. *Health Psychology, 34,* 610–621.

Jensen-Johansen, M. B., O'Toole, M. S., Christensen, S., Valdimarsdottir, H., Zakowski, S., Bovbjerg, D. H., . . . Zachariae, R. (2018). Expressive writing intervention and self-reported physical health outcomes—Results from a nationwide randomized controlled trial with breast cancer patients. *PLoS One, 13*(2), e0192729.

Jensen, M., & Patterson, D. R. (2006). Hypnotic treatment of chronic pain. *Journal of Behavioral Medicine, 29,* 95–124.

Jensen, M. P., & Patterson, D. R. (2014). Hypnotic approaches for chronic pain management: Clinical implications of recent research findings. *American Psychologist, 69,* 167–177.

Jim, H. S. L., Jacobsen, P. B., Phillips, K. M., Wenham, R. M., Roberts, W., & Small, B. J. (2013). Lagged relationships among sleep disturbance, fatigue, and depressed mood during chemotherapy. *Health Psychology, 32,* 768–774.

Jimerson, D. C., Mantzoros, C., Wolfe, B. E., & Metzger, E. D. (2000). Decreased serum leptin in bulimia nervosa. *The Journal of Clinical Endocrinology & Metabolism, 85,* 4511–4514.

Joben, J., Wrosch, C., & Scheier, M. F. (2014). Associations between dispositional optimism and diurnal cortisol in a community sample: When stress is perceived as higher than normal. *Health Psychology, 33,* 382–391.

Johansson, E., & Lindberg, P. (2000). Low back pain patients in primary care: Subgroups based on the multidimensional pain inventory. *International Journal of Behavioral Medicine, 7,* 340–352.

John-Henderson, N. A., Kamarck, T. W., Muldoon, M. F., & Manuck, S. B. (2016). Early life family conflict, social interactions and carotid artery intima-media thickness in adulthood. *Psychosomatic Medicine, 78,* 319–326.

Johnsen, L., Spring, B., Pingitore, R., Sommerfeld, B. K., & MacKirnan, D. (2002). Smoking as subculture? Influence on Hispanic and non-Hispanic white women's attitudes toward smoking and obesity. *Health Psychology, 21,* 279–287.

Johnson, J. (1982). The effects of a patient education course on persons with a chronic illness. *Cancer Nursing, 5,* 117–123.

Johnson, J. E. (1984). Psychological interventions and coping with surgery. In A. Baum, S. E. Taylor, & J. E. Singer (Eds.), *Handbook of psychology and health* (Vol. 4, pp. 167–188). Hillsdale, NJ: Erlbaum.

Johnson, J. E., Cohen, P., Pine, D. S., Klein, D. F., Kasen, S., & Brook, J. S. (2000). Association between cigarette smoking and anxiety disorders during adolescence and early adulthood. *Journal of the American Medical Association, 284,* 2348–2351.

Johnson, J. E., & Leventhal, H. (1974). Effects of accurate expectations and behavioral instructions on reactions during a noxious medical examination. *Journal of Personality and Social Psychology, 29,* 710–718.

Johnson, M. K. (2004). Further evidence on adolescent employment and substance use: Differences by race and ethnicity. *Journal of Health and Social Behavior, 45,* 187–197.

Johnson, M. O., Neilands, T. B., Dilworth, S. E., Morin, S. F., Remien, R. H., & Chesney, M. A. (2007). The role of self-efficacy in HIV treatment adherence: Validation of the HIV treatment adherence self-efficacy scale (HIV-ASES). *Journal of Behavioral Medicine, 30,* 359–370.

Johnson, R. J., McCaul, K. D., & Klein, W. M. P. (2002). Risk involvement and risk perception among adolescents and young adults. *Journal of Behavioral Medicine, 25,* 67–82.

Johnson, S. B. (2012). Increasing psychology's role in integrated care. *Monitor on Psychology,* p. 5.

Johnson, S. B., Freund, A., Silverstein, J., Hansen, C. A., & Malone, J. (1990). Adherence-health status relationships in childhood diabetes. *Health Psychology, 9,* 606–631.

Johnson, S. B., Park, H. S., Gross, C. P., & Yu, J. B. (2017). Use of alternative medicine for cancer and its impact on survival. *Journal of the National Cancer Institute, 110,* 121–124.

Johnson, S. S., Paiva, A. L., Mauriello, L., Prochaska, J. O., Redding, C., & Velicer, W. F. (2014). Coaction in multiple behavior change interven-

tions: Consistency across multiple studies on weight management and obesity prevention. *Health Psychology, 33,* 475–480.
Jokela, M., Elovainio, M., Nyberg, S. T., Tabak, A. G., Hintsa, T., Batty, G. D., & Kivimaki, M. (2014). Personality and risk of diabetes in adults: Pooled analysis of 5 cohort studies. *Health Psychology, 33,* 1618–1621.
Jokela, M., Elovainio, M., Singh-Manoux, A., & Kivimäki, M. (2009). IQ, socioeconomic status, and early death: The US national longitudinal survey of youth. *Psychosomatic Medicine, 71,* 322–328.
Jonas, B. S., & Mussolino, M. E. (2000). Symptoms of depression as a prospective risk factor of stroke. *Psychosomatic Medicine, 62,* 463–471.
Jones, A. L., Moss, A. J., & Harris-Kojetin, L. D. (2011). Use of advance directives in long-term care populations. *NCHS Data Brief, 54,* 1–8.
Jones, D. J., Beach, S. R. H., Forehand, R., & Foster, S. E. (2003). Self-reported health in HIV-positive African American women: The role of family stress and depressive symptoms. *Journal of Behavioral Medicine, 26,* 577–599.
Jorgensen, R. S., Frankowski, J. J., & Carey, M. P. (1999). Sense of coherence, negative life events and appraisal of physical health among university students. *Personality and Individual Differences, 27,* 1079–1089.
Joseph, N. T., Matthews, K. A., & Myers, H. F. (2014). Conceptualizing health consequences of Hurricane Katrina from the perspective of socioeconomic status decline. *Health Psychology, 33,* 139–146.
Jun, H. J., Subramanian, S. V., Gortmaker, S., & Kawachi, I. (2004). A multilevel analysis of women's status and self-rated health in the United States. *Journal of the American Medical Women's Association, 59,* 172–180.
Jung, M. E., Latimer-Cheung, A. E., Bourne, J. E., & Martin Ginis, K. A. (2016). Targeted messages increase dairy consumption in adults: A randomized controlled trial. *Annals of Behavioral Medicine, 51,* 57–66.
Kabat-Zinn, J., & Chapman-Waldrop, A. (1988). Compliance with an outpatient stress reduction program: Rates and predictors of program completion. *Journal of Behavioral Medicine, 11,* 333–352.
Kahana, E., Lawrence, R. H., Kahana, B., Kercher, K., Wisniewski, A., Stoller, E., . . . Stange, K. (2002). Long-term impact of preventive proactivity on quality of life of the old-old. *Psychosomatic Medicine, 64,* 382–394.
Kahn, R. L. (1981). *Work and health.* New York: Wiley.
Kahn, R. L., & Juster, F. T. (2002). Well-being: Concepts and measures. *Journal of Social Issues, 58,* 627–644.
Kaiser Family Foundation. (2017, April). *Views and experiences with end-of-life medical care in the U.S.* Retrieved May 8, 2019, from https://www.kff.org/report-section/views-and-experiences-with-end-of-life-medical-care-in-the-us-findings/
Kaiser Family Foundation and Health Research and Education Trust. (2011). *Employer health benefits: Annual survey 2011.* Retrieved March 13, 2013, from http://ehbs.kff.org/pdf/2011/8225.pdf
Kaiser State Health Facts. (2011). *Total HMO enrollment, July 2011.* Retrieved August 6, 2012, from http://www.statehealthfacts.org/comparemaptable.jsp?cat=7&ind=348
Kalaydjian, A., & Merikangas, K. (2008). Physical and mental comorbidity of headache in a national representative sample of U.S. adults. *Psychosomatic Medicine, 70,* 773–780.
Kalichman, S. C. (2008). Co-occurrence of treatment nonadherence and continued HIV transmission risk behavior: Implications for positive prevention interventions. *Psychosomatic Medicine, 70,* 593–597.
Kalichman, S. C., Benotsch, E. G., Weinhardt, L., Austin, J., Luke, W., & Cherry, C. (2003). Health related Internet use, coping, social support, and health indicators in people living with HIV/AIDS: Preliminary results from community survey. *Health Psychology, 22,* 111–116.
Kalichman, S. C., Cain, D., Weinhardt, L., Benotsch, E., Presser, K., Zweben, A., . . . Swain, G. R. (2005). Experimental components analysis of brief theory-based HIV/AIDS risk-reduction counseling for sexually transmitted infection patients. *Health Psychology, 24,* 198–208.
Kalichman, S. C., Carey, M. P., & Johnson, B. T. (1996). Prevention of sexually transmitted HIV infection: A meta-analytic review of the behavioral outcome literature. *Annals of Behavioral Medicine, 18,* 6–15.
Kalichman, S. C., Cherry, C., Cain, D., Weinhardt, L. S., Benotsch, E., Pope, H., & Kalichman, M. (2006). Health information on the Internet and people living with HIV/AIDS: Information evaluation and coping styles. *Health Psychology, 25,* 205–210.
Kalichman, S. C., DiMarco, M., Austin, J., Luke, W., & DiFonzo, K. (2003). Stress, social support, and HIV-status disclosure to family and friends among HIV-positive men and women. *Journal of Behavioral Medicine, 26,* 315–332.
Kalichman, S. C., Eaton, L., Cain, D., Cherry, C., Fuhrel, A., Kaufman, & Pope, H. (2007). Changes in HIV treatment beliefs and sexual risk behaviors among gay and bisexual men, 1997–2005. *Health Psychology, 26,* 650–656.
Kalichman, S. C., & Grebler, T. (2010). Stress and poverty predictors of treatment adherence among people with low-literacy living with HIV/AIDS. *Psychosomatic Medicine, 72,* 810–816.
Kamarck, T. W., Muldoon, M. F., Shiffman, S. S., & Sutton-Tyrrell, K. (2007). Experiences of demand and control during daily life are predictors of carotid atherosclerotic progression among healthy men. *Health Psychology, 26,* 324–332.
Kamarck, T. W., Muldoon, M. F., Shiffman, S., Sutton-Tyrell, K., Gwaltney, C., & Janieki, D. L. (2004). Experiences of demand and control in daily life as correlates of subclinical carotid atherosclerosis in a healthy older sample. *Health Psychology, 23,* 24–32.
Kanaan, R. A. A., Lepine, J. P., & Wessely, S. C. (2007). The association or otherwise of the functional somatic syndromes. *Psychosomatic Medicine, 69,* 855–859.
Kang, Y., O'Donnell, M. B., Strecher, V. J., Taylor, S. E., Lieberman, M. D., & Falk, E. B. (2017). Self-transcendent values and neural responses to threatening health messages. *Psychosomatic Medicine, 79,* 379–387.
Kaplan, G. A., & Reynolds, P. (1988). Depression and cancer mortality and morbidity: Prospective evidence from the Alameda County Study. *Journal of Behavioral Medicine, 11,* 1–13.
Kaplan, K. (2014, September 5). U.S. obesity rates finally hold steady. *The New York Times,* p. A6.
Kaplan, K. (2015, October 22). Analysis links stroke risk to stressful jobs. *The New York Times,* p. A9.
Kaplan, R. M. (1990). Behavior as the central outcome in health care. *American Psychologist, 45,* 1211–1220.
Kaplan, R. M. (2000). Two pathways to prevention. *American Psychologist, 55,* 382–396.
Kaplan, R. M. (2003). The significance of quality of life in health care. *Quality of Life Research,* 12 (Suppl. 1), 3–16.
Kaplan, R. M., Ries, A. L., Prewitt, L. M., & Eakin, E. (1994). Self-efficacy expectations predict survival for patients with chronic obstructive pulmonary disease. *Health Psychology, 13,* 366–368.
Kaplan, R. M., & Simon, H. J. (1990). Compliance in medical care: Reconsideration of self-predictions. *Annals of Behavioral Medicine, 12,* 66–71.
Kaptein, A. A., Bijsterbosch, J., Scharloo, M., Hampson, S. E., Kroon, H. M., & Kloppenburg, M., (2010). Using the common sense model of illness perceptions to examine osteoarthritis change: A 6-year longitudinal study. *Health Psychology, 29,* 56–64.
Kapuku, G. K., Davis, H., Murdison, K., Robinson, V., & Harshfield, G. (2012). Stress reduces diastolic function in youth. *Psychosomatic Medicine, 74,* 588–595.
Karasek, R., Baker, D., Marxer, F., Ahlbom, A., & Theorell, T. (1981). Job decision latitude, job demands, and cardiovascular disease: A prospective

study of Swedish men. *American Journal of Public Health, 71,* 694–705.

Karatsoreos, I. N., & McEwen, B. S. (2011). Psychobiological allostasis: Resistance, resilience, and vulnerability. *Trends in Cognitive Sciences, 15,* 576–584.

Karlamangla, A. S., Singer, B. H., & Seeman, T. E. (2006). Reduction in allostatic load in older adults is associated with lower all-cause mortality risk: MacArthur studies of successful aging. *Psychosomatic Medicine, 68,* 500–507.

Karlan, W. A., Brondolo, E., & Schwartz, J. (2003). Workplace social support and ambulatory cardiovascular activity in New York City traffic agents. *Psychosomatic Medicine, 65,* 167–176.

Karlson, C. W., Gallagher, M. W., Olson, C. A., & Hamilton, N. A. (2013). Insomnia symptoms and well-being: Longitudinal follow-up. *Health Psychology, 32,* 311–319.

Kärmeniemi, M., Lankila, T., Ikäheimo, T., Koivumaa-Honkanen, H., & Korpelainen, R. (2018). The built environment as a determinant of physical activity: A systematic review of longitudinal studies and natural experiments. *Annals of Behavioral Medicine, 52,* 239–251.

Karoly, P., Okun, M. A., Enders, C., & Tennen, H. (2014). Effects of pain intensity on goal schemas and goal pursuit: A daily diary study. *Health Psychology, 33,* 968–976.

Karoly, P., & Ruehlman, L. S. (1996). Motivational implications of pain: Chronicity, psychological distress, and work goal construal in a national sample of adults. *Health Psychology, 15,* 383–390.

Kashdan, T. B., & Nezlek, J. B. (2012). Whether, when, and how is spirituality related to well-being? Moving beyond single occasion questionnaires to understanding daily process. *Personality and Social Psychology Bulletin, 38,* 1523–1535.

Kasl, S. V., & Berkman, L. (1983). Health consequences of the experience of migration. *Annual Review of Public Health, 4,* 69–90.

Kassem, N. O., & Lee, J. W. (2004). Understanding soft drink consumption among male adolescents using the theory of planned behavior. *Journal of Behavioral Medicine, 27,* 273–296.

Kastenbaum, R. (1977). Death and development through the lifespan. In H. Feifel (Ed.), *New meanings of death* (pp. 17–46). New York: McGraw-Hill.

Katon, W. J., Richardson, L., Lozano, P., & McCauley, E. (2004). The relationship of asthma and anxiety disorder. *Psychosomatic Medicine, 66,* 349–355.

Katon, W., Russo, J., Lin, E. H. B., Heckbert, S. R., Karter, A. J., Williams, L. H., . . . Von Korff, M. (2009). Diabetes and poor disease control: Is comorbid depression associated with poor medication adherence or lack of treatment intensification? *Psychosomatic Medicine, 71,* 965–972.

Katon, W., Von Korff, W., Lin, E., Lipscomb, P., Russo, J., Wagner, E., & Polk, E. (1990). Distressed high utilizers of medical care: *DSM-III-R* diagnosis and treatment needs. *General Hospital Psychiatry, 12,* 355–362.

Katz, J. (2017, June 6). U.S. drug deaths climbing faster than ever. *The New York Times,* pp. A1, A12.

Katz, R. C., Flasher, L., Cacciapaglia, H., & Nelson, S. (2001). The psychological impact of cancer and lupus: A cross validation study that extends the generality of "benefit finding" in patients with chronic disease. *Journal of Behavioral Medicine, 24,* 561–571.

Katzman, M. A., Bara-Carril, N., Rabe-Hesketh, S., Schmidt, U., Troop, N., & Treasure, J. (2010). A randomized controlled two-stage trial in the treatment of bulimia nervosa, comparing CBT versus motivational enhancement in phase 1 followed by group versus individual CBT in phase 2. *Psychosomatic Medicine, 72,* 656–663.

Kaufman, M. R. (1970). Practicing good manners and compassion. *Medical Insight, 2,* 56–61.

Kavalieratos, D., Corbelli, J., Zhang, D., Dionne-Odom, J. N., Ernecoff, N. C., . . . Schenker, Y. (2016). Association between palliative care and patient and caregiver outcomes: A systematic review and meta-analysis. *Journal of the American Medical Association, 316,* 2104–2114.

Kaysen, D., Pantalone, D. W., Chawla, N., Lindgren, K. P., Clum, G. A., Lee, C., & Resick, P. A. (2008). Posttraumatic stress disorder, alcohol use, and physical concerns. *Journal of Behavioral Medicine, 31,* 115–125.

Keane, T. M., & Wolfe, J. (1990). Comorbidity in post-traumatic stress disorder: An analysis of community and clinical studies. *Journal of Applied Social Psychology, 20,* 1776–1788.

Keefe, F. J., Caldwell, D. S., Queen, K. T., Gil, K. M., Martinez, S., Crisson, J. E., . . . Nunley, J. (1987). Pain coping strategies in osteoarthritis patients. *Journal of Consulting and Clinical Psychology, 55,* 208–212.

Keefe, F. J., Dunsmore, J., & Burnett, R. (1992). Behavioral and cognitive–behavioral approaches to chronic pain: Recent advances and future directions. *Journal of Consulting and Clinical Psychology, 60,* 528–536.

Kehler, M. D., & Hadjistavropoulos, H. D. (2009). Is health anxiety a significant problem for individuals with multiple sclerosis? *Journal of Behavioral Medicine, 32,* 150–161.

Kellerman, J., Rigler, D., & Siegel, S. E. (1979). Psychological responses of children to isolation in a protected environment. *Journal of Behavioral Medicine, 2,* 263–274.

Kelley, J. M., Lembo, A. J., Ablon, S., Villanueva, J. J., Conboy, L. A., Levy, R., . . . Kaptchuk, T. J. (2009). Patient and practitioner influences on the placebo effect in irritable bowel syndrome. *Psychosomatic Medicine, 71,* 789–797.

Kelly, J. A., Lawrence, J. S., Hood, H. V., & Brasfield, T. L. (1989). Behavioral intention to reduce AIDS risk activities. *Journal of Consulting and Clinical Psychology, 57,* 60–67.

Kemeny, M. E. (2003). The psychobiology of stress. *Current Directions, 12,* 124–129.

Kemps, E., Tiggemann, M., & Hollitt, S. (2014). Biased attentional processing of food cues and modification in obese individuals. *Health Psychology, 33,* 1391–1401.

Keng, S. L., Smoski, M. J., & Robins, C. J. (2011). Effects of mindfulness on psychological health: A review of empirical studies. *Clinical Psychology Review, 31,* 1041–56.

Kent, D. G., Uchino, B. N., Trettevik, R., Cronan, S., & Hogan, J. N. (2018). Social support and sleep: A meta-analysis. *Health Psychology, 37,* 787–798.

Kerameas, K., Vartanian, L. R., Herman, C. P., & Polivy, J. (2015). The effect of portion size and unit size on food intake: Unit bias or segmentation effect? *Health Psychology, 34,* 670–676.

Kerckhoff, A. C., & Back, K. W. (1968). *The June bug: A study of hysterical contagion.* New York: Appleton-Century-Crofts.

Kern, M. L., Friedman, H. S., Martin, L. R., Reynolds, C. A., & Luong, G. (2009). Conscientiousness, career success, and longevity: A lifespan analysis. *Annals of Behavioral Medicine, 37,* 154–163.

Kern, M. L., Reynolds, C. A., & Friedman, H. S. (2010). Predictors of physical activity patterns across adulthood: A growth curve analysis. *Personality and Social Psychology Bulletin, 36,* 1058–1072.

Kerns, R. D., Rosenberg, R., & Otis, J. D. (2002). Self-appraised problem solving and pain-relevant social support as predictors of the experience of chronic pain. *Annals of Behavioral Medicine, 24,* 100–105.

Kershaw, K. N., Mezuk, B., Abdou, C. M., Rafferty, J. A., & Jackson, J. S. (2010). Socioeconomic position, health behaviors, and C-reactive protein: A moderated-mediation analysis. *Health Psychology, 29,* 307–316.

Kershaw, T. S., Ethier, K. A., Niccolai, L. M., Lewis J. B., & Ickovics, J. R. (2003). Misperceived risk among female adolescents: Social and psychological factors associated with sexual risk accuracy. *Health Psychology, 22,* 523–532.

Kershaw, T. S., Ethier, K. A., Niccolai, L. M., Lewis, J. B., Milan, S., Meade,

C., & Ickovics, J. R. (2010). Let's stay together: Relationship dissolution and sexually transmitted diseases among parenting and non-parenting adolescents. *Journal of Behavioral Medicine, 33,* 454–465.

Kershaw, T. S., Mood, D. W., Newth, G., Ronis, D. L., Sandra, M. G., Vaishampayan, U., & Northouse, L. L. (2008). Longitudinal analysis of a model to predict quality of life in prostate cancer patients and their spouses. *Annals of Behavioral Medicine, 36,* 117–128.

Kerst, W. F., & Waters, A. J. (2014). Attentional retaining administered in the field reduces smokers' attentional bias and craving. *Health Psychology, 33,* 1232–1240.

Kessler, R. C., Berglund, P. A., Chiu, W. T., Deitz, A. C., Hudson, J. I., Shahly, V., & Aguilar-Gaxiola, S. (2013). The prevalence and correlates of binge eating disorder in the World Health Organization world mental health surveys. *Biological Psychiatry, 73,* 904–914.

Kessler, R. C., Kendler, K. S., Heath, A. C., Neale, M. C., & Eaves, L. J. (1992). Social support, depressed mood, and adjustment to stress: A genetic epidemiological investigation. *Journal of Personality and Social Psychology, 62,* 257–272.

Kessler, R. C., Turner, J. B., & House, J. S. (1987). Intervening processes in the relationship between unemployment and health. *Psychological Medicine, 17,* 949–961.

Kessler, R. C., Turner, J. B., & House, J. S. (1988). Effects of unemployment on health in a community survey: Main, modifying, and mediating effects. *Journal of Social Issues, 44,* 69–85.

Key, B. L., Campbell, T. S., Bacon, S. L., & Gerin, W. (2008). The influence of trait and state rumination on cardiovascular recovery from a negative emotional stressor. *Journal of Behavioral Medicine, 31,* 237–248.

Khaddouma, A., Gordon, K. C., Fish, L. J., Bilheimer, A., Gonzalez, A., & Pollak, K. I. (2015). Relationships among spousal communication, self-efficacy, and motivation among expectant Latino fathers who smoke. *Health Psychology, 34,* 1038–1042.

Khan, C. M., Stephens, M. A. P., Franks, M. M., Rook, K. S., & Salem, J. K. (2013). Influences of spousal support and control on diabetes management through physical activity. *Health Psychology, 32,* 739–747.

Kiecolt-Glaser, J. K. (2018). Marriage, divorce, and the immune system. *American Psychologist, 73,* 1098–1108.

Kiecolt-Glaser, J. K., Christian, L., Preston, H., Houts, C. R., Malarkey, W. B., Emery, C. F., & Glaser, R. (2010). Stress, inflammation, and yoga practice. *Psychosomatic Medicine, 72,* 113–121.

Kiecolt-Glaser, J. K., Derry, H. M., & Fagundes, C. P. (2015). Inflammation: Depression fans the flames and feasts on the heat. *American Journal of Psychiatry, 172,* 1075–1091.

Kiecolt-Glaser, J. K., Fisher, L., Ogrocki, P., Stout, J. C., Speicher, C. E., & Glaser, R. (1987). Marital quality, marital disruption, and immune function. *Psychosomatic Medicine, 49,* 13–34.

Kiecolt-Glaser, J. K., & Glaser, R. (1987). Psychosocial influences on herpes virus latency. In E. Kurstak, Z. J. Lipowski, & P. V. Morozov (Eds.), *Viruses, immunity, and mental disorders* (pp. 403–412). New York: Plenum.

Kiecolt-Glaser, J. K., Glaser, R., Cacioppo, J. T., MacCallum, R. C., Snydersmith, M., Kim, C., & Malarkey, W. B. (1997). Marital conflict in older adults: Endocrinological and immunological correlates. *Psychosomatic Medicine, 59,* 339–349.

Kiecolt-Glaser, J. K., Glaser, R., Gravenstein, S., Malarkey, W. B., & Sheridan, J. (1996). Chronic stress alters the immune response to influenza virus vaccine in older adults. *Proceedings of the National Academy of Science, 93,* 3043–3047.

Kiecolt-Glaser, J. K., Glaser, R., Williger, D., Stout, J., Messick, G., Sheppard, S., . . . Donnerberg, R. (1985). Psychosocial enhancement of immunocompetence in a geriatric population. *Health Psychology, 4,* 25–41.

Kiecolt-Glaser, J. K., Loving, T. J., Stowell, J. R., Malarkey, W. B., Lemeshow, S., Dickinson, S. L., & Glaser, R. (2005). Hostile marital interactions, proinflammatory cytokine production, and wound healing. *Archives of General Psychiatry, 62,* 1377–1384.

Kiecolt-Glaser, J. K., Malarkey, W. B., Chee, M. A., Newton, T., Cacioppo, J. T., Mao, H. Y., & Glaser, R. (1993). Negative behavior during marital conflict is associated with immunological down-regulation. *Psychosomatic Medicine, 55,* 395–409.

Kiecolt-Glaser, J. K., Marucha, P. T., Malarkey, W. B., Mercado, A. M., & Glaser, R. (1995). Slowing of wound healing by psychological stress. *Lancet, 346,* 1194–1196.

Kiecolt-Glaser, J. K., McGuire, L., Robles, T. F., & Glaser, R. (2002). Psychoneuroimmunology and psychosomatic medicine: Back to the future. *Psychosomatic Medicine, 64,* 15–28.

Kiecolt-Glaser, J. K., & Newton, T. L. (2001). Marriage and health: His and hers. *Psychological Bulletin, 127,* 472–503.

Kiecolt-Glaser, J. K., & Wilson, S. J. (2016). Psychiatric disorders, morbidity, and mortality: Tracing mechanistic pathways to accelerated aging. *Psychosomatic Medicine, 78,* 772–775.

Kiene, S. M., Fisher, W. A., Shuper, P. A., Cornman, D. H., Christie, S., MacDonald, S., & Fisher, J. D. (2013). Understanding HIV transmission risk behavior among HIV-infected South Africans receiving antiretroviral therapy. *Health Psychology, 32,* 860–868.

Kiene, S. M., Tennen, H., & Armeli, S. (2008). Today I'll use a condom, but who knows about tomorrow: A daily process study of variability in predictions of condom use. *Health Psychology, 27,* 463–472.

Kiernan, M., Oppezzo, M. A., Resnicow, K., & Alexander, G. L. (2018). Effects of a methodological infographic on research participants' knowledge, transparency, and trust. *Health Psychology, 37,* 782–786.

Kim, E. S., Kubzansky, L. D., & Smith, J. (2015). Life satisfaction and use of preventive health care services. *Health Psychology, 34,* 779–782.

Kim, J., Knight, B. G., & Longmire, C. V. (2007). The role of familism in stress and coping processes among African American and White dementia caregivers: Effects on mental and physical health. *Health Psychology, 26,* 564–576.

Kim, Y., Valdimarsdottir, H. B., & Bovbjerg, D. H. (2003). Family histories of breast cancer, coping styles, and psychological adjustment. *Journal of Behavioral Medicine, 26,* 225–243.

Kincaid, E. (2017, September 13). How to fix the ER. *The Wall Street Journal,* pp. R1, R2.

King, A. C., Hekler, E. B., Castro, C. M., Buman, M. P., Marcus, B. H., Friedman, R. H., & Napolitano, M. A. (2014). Exercise advice by humans versus computers: Maintenance effects at 18 months. *Health Psychology, 33,* 192–196.

King, K. B., & Reis, H. T. (2012). Marriage and long-term survival after coronary artery bypass grafting. *Health Psychology, 31,* 55–62.

Kiplinger's Retirement Report. (2019, January). Your questions answered. *Kiplinger's Retirement Report,* p. 11.

Kirby, J. B. (2002). The influence of parental separation on smoking initiation in adolescents. *Journal of Health and Social Behavior, 43,* 56–71.

Kirby, J. B., & Kaneda, T. (2005). Neighborhood socioeconomic disadvantage and access to health care. *Journal of Health and Social Behavior, 46,* 15–31.

Kirkham, J. A., Smith, J. A., & Havsteen-Franklin, D. (2015). Painting pain: An interpretative phenomenological analysis of representations of living with chronic pain. *Health Psychology, 34,* 398–406.

Kirschbaum, C., Klauer, T., Filipp, S., & Hellhammer, D. H. (1995). Sex-specific effects of social support on cortisol and subjective responses to acute psychological stress. *Psychosomatic Medicine, 57,* 23–31.

Kitayama, S., Park, J., Boylan, J. M., Miyamoto, Y., Levine, C. S., Markus, H. R., & Ryff, C. D. (2015). Expression of anger and ill health in two cultures: An examination of inflammation and cardiovascular risk. *Psychological Science, 26,* 1–10.

Kitzmann, K. M., Dalton, W. T., Stanley, C. M., Beech, B. M., Reeves, T. P., Buscemi, J., . . . Midgett, E. L. (2010). Lifestyle interventions for youth who are overweight: A meta-analytic review. *Health Psychology, 29,* 91–101.

Kivimäki, M., Head, J., Ferrie, J. E., Brunner, E., Marmot, M. G., Vahtera, J., & Shipley, M. J. (2006). Why is evidence on job strain and coronary heart disease mixed? An illustration of measurement challenges in the Whitehall II study. *Psychosomatic Medicine, 68,* 398–401.

Kiviniemi, M. T., Klasko-Foster, L., Erwin, D. O., & Jandorf, L. (2018). Decision-making and socioeconomic disparities in colonoscopy screening in African Americans. *Health Psychology, 37,* 481–490.

Kivimäki, M., Vahtera, J., Elovainio, M., Lillrank, B., & Kevin, M. V. (2002). Death or illness of a family member, violence, interpersonal conflict, and financial difficulties as predictors of sickness absence: Longitudinal cohort study on psychological and behavioral links. *Psychosomatic Medicine, 64,* 817–825.

Kiviniemi, M. T., Voss-Humke, A. M., & Seifert, A. L. (2007). How do I feel about the behavior? The interplay of affective associations with behaviors and cognitive beliefs as influences on physical activity behavior. *Health Psychology, 26,* 152–158.

Kivlahan, D. R., Marlatt, G. A., Fromme, K., Coppel, D. B., & Williams, E. (1990). Secondary prevention with college drinkers: Evaluation of an alcohol skills training program. *Journal of Consulting and Clinical Psychology, 58,* 805–810.

Klonoff, E. A. (2009). Disparities in the provision of medical care: An outcome in search of an explanation. *Journal of Behavioral Medicine, 32,* 48–63.

Klonoff, E. A. (2014). Introduction to the special section on discrimination. *Health Psychology, 33,* 1–2.

Klonoff, E. A., & Landrine, H. (1992). Sex roles, occupational roles, and symptom-reporting: A test of competing hypotheses on sex differences. *Journal of Behavioral Medicine, 15,* 355–364.

Klonoff, E. A., & Landrine, H. (1999). Acculturation and cigarette smoking among African Americans: Replication and implications for prevention and cessation programs. *Journal of Behavioral Medicine, 22,* 195–204.

Klopfer, B. (1959). Psychological variables in human cancer. *Journal of Projective Techniques, 21,* 331–340.

Klumb, P., Hoppmann, C., & Staats, M. (2006). Work hours affect spouse's cortisol secretion—For better and for worse. *Psychosomatic Medicine, 68,* 742–746.

Knowles, L. M., Ruiz, J. M., & O'Connor, M. F. (2019). A systematic review of the association between bereavement and biomarkers of immune function. *Psychosomatic Medicine, 81,* 415–433.

Kobayashi, L. C., & Steptoe, A. (2018). Social isolation, loneliness, and health behaviors at older ages: Longitudinal cohort study. *Annals of Behavioral Medicine, 52,* 582–593.

Koenig, L. B., & Vaillant, G. E. (2009). A prospective study of church attendance and health over the lifespan. *Health Psychology, 28,* 117–124.

Koenig, L. J., Pals, S. L., Bush, T., Pratt-Palmore, M., Stratford, D., & Ellerbrock, T. V. (2008). Randomized controlled trial of an intervention to prevent adherence failure among HIV-infected patients initiating antiretroviral therapy. *Health Psychology, 27,* 159–169.

Kogan, S. M., Cho, J., & Oshri, A. (2016). The influence of childhood adversity on rural black men's sexual risk behavior. *Annals of Behavioral Medicine, 50,* 813–822.

Kojima, M., Wakai, K., Tokudome, S., Tamakoshi, K., Toyoshima, H., Watanabe, Y., . . . JACC Study Group. (2005). Perceived psychologic stress and colorectal cancer mortality: Findings from the Japan collaborative cohort study. *Psychosomatic Medicine, 67,* 72–77.

Kok, G., Peters, G. J. Y., Kessels, L. T., Ten Hoor, G. A., & Ruiter, R. A. (2018). Ignoring theory and misinterpreting evidence: The false belief in fear appeals. *Health Psychology Review, 12,* 111–125.

Kolata, G. (2018, July, 3). The limits of online genetic tests. *The New York Times,* pp. D1, D3.

Kontis, V., Bennett, J. E., Mathers, C. D., Li, G., Foreman, K., & Ezzati, M. (2017). Future life expectancy in 35 industrialised countries: Projections with a Bayesian model ensemble. *Lancet, 389,* 1323–1335.

Kopelman, P. G. (2000). Obesity as a medical problem. *Nature, 404,* 635–643.

Korn, L., Betsch, C., Böhm, R., & Meier, N. W. (2018). Social nudging: The effect of social feedback interventions on vaccine uptake. *Health Psychology, 37,* 1045–1054.

Korotana, L. M., Dobson, K. S., Pusch, D., & Josephson, T. (2016). A review of primary care interventions to improve health outcomes in adult survivors of adverse childhood experiences. *Clinical Psychology Review, 46,* 59–90.

Koschwanez, H. E., Kerse, N., Darragh, M., Jarrett, P., Booth, R. J., & Broadbent, E. (2013). Expressive writing and wound healing in older adults: A randomized controlled trial. *Psychosomatic Medicine, 75,* 581–590.

Koton, S., Tanne, D., Bornstein, N. M., & Green, M. S. (2004). Triggering risk factors for ischemic stroke: A case-crossover study. *Neurology, 63,* 2006–2010.

Kouyanou, K., Pither, C., & Wessely, S. (1997). Iatrogenic factors and chronic pain. *Psychosomatic Medicine, 59,* 597–604.

Kowal, J., & Fortier, M. S. (2007). Physical activity behavior change in middle-aged and older women: The role of barriers and of environmental characteristics. *Journal of Behavioral Medicine, 30,* 232–242.

Kozo, J., Sallis, J. F., Conway, T. L., Kerr, J., Cain, K., Saelens, B. E., . . . Owen, N. (2012). Sedentary behaviors of adults in relation to neighborhood walkability and income. *Health Psychology, 31,* 704–713.

Kramarow, E. A., & Pastor, P. N. (2012). The health of male veterans and nonveterans aged 25–64: United States, 2007–2010. *NCHS Data Brief, 101,* 1–8.

Krantz, D. S., & Deckel, A. W. (1983). Coping with coronary heart disease and stroke. In T. G. Burish & L. A. Bradley (Eds.), *Coping with chronic disease: Research and applications* (pp. 85–112). New York: Academic Press.

Kraus, M. W., Horberg, E. J., Goetz, J. L., & Keltner, D. (2011). Social class rank, threat vigilance, and hostile reactivity. *Personality and Social Psychology Bulletin, 37,* 1376–1388.

Krause, N., Ingersoll-Dayton, B., Liang, J., & Sugisawa, H. (1999). Religion, social support, and health among the Japanese elderly. *Journal of Health and Social Behavior, 40,* 405–421.

Krause, N., & Markides, K. S. (1985). Employment and psychological well-being in Mexican American women. *Journal of Health and Social Behavior, 26,* 15–26.

Kreibig, S. D., Whooley, M. A., & Gross, J. J. (2014). Social integration and mortality in patients with coronary heart disease: Findings from the heart and soul study. *Psychosomatic Medicine, 76,* 659–668.

Kristal-Boneh, E., Melamed, S., Bernheim, J., Peled, I., & Green, M. S. (1995). Reduced ambulatory heart rate response to physical work and complaints of fatigue among hypertensive males treated with beta-blockers. *Journal of Behavioral Medicine, 18,* 113–126.

Kristof, N. D. (2012, April 25). Veterans and brain disease. *The New York Times,* A23.

Kroeber, A. L. (1948). *Anthropology.* New York: Harcourt.

Kroenke, C. H., Kubzansky, L. D., Schernhammer, E. S., Holmes, M. D.,

& Kawachi, I. (2006). Social networks, social support, and survival after breast cancer diagnosis. *Journal of Clinical Oncology, 24,* 1105–1111.

Krohne, H. W., & Slangen, K. E. (2005). Influence of social support on adaptation to surgery. *Health Psychology, 24,* 101–105.

Kronish, I. M., Rieckmann, N., Schwartz, J. E., Schwartz, D. R., & Davidson, K. W. (2009). Is depression after an acute coronary syndrome simply a marker of known prognostic factors for mortality? *Psychosomatic Medicine, 71,* 697–703.

Kross, E., & Ayduk, O. (2011). Making meaning out of negative experiences by self-distancing. *Current Directions in Psychological Science, 20,* 187–191.

Krousel-Wood, M., Islam, T., Muntner, P. Holt, E., Joyce, C., Morisky, D. E., . . . Frohlich, E. D. (2010). Association of depression with antihypertensive medication adherence in older adults: Cross-sectional and longitudinal findings from CoSMO. *Annals of Behavioral Medicine, 40,* 248–257.

Krukowski, R. A., Harvey-Berino, J., Bursac, Z., Ashikaga, T., & West, D. S. (2013). Patterns of success: Online self-monitoring in a web-based behavioral weight control program. *Health Psychology, 32,* 164–170.

Kübler-Ross, E. (1969). *On death and dying.* New York: Macmillan.

Kübler-Ross, E. (1975). *Death: The final stage of growth.* Englewood Cliffs, NJ: Prentice-Hall.

Ku, P. W., Fox, K. R., Gardiner, P. A., & Chen, L. J. (2015). Late-life exercise and difficulty with activities of daily living: An 8-year nationwide follow-up study in Taiwan. *Annals of Behavioral Medicine, 50,* 237–246.

Kuba, K., Esser, P., Mehnert, A., Hinz, A., Johansen, C., Lordick, F., & Götze, H. (2019). Risk for depression and anxiety in long-term survivors of hematologic cancer. *Health Psychology, 38,* 187–195.

Kubzansky, L. D., Berkman, L. F., Glass, T. A., & Seeman, T. E. (1998). Is educational attainment associated with shared determinants of health in the elderly? Findings from the MacArthur studies of successful aging. *Psychosomatic Medicine, 60,* 578–585.

Kubzansky, L. D., Gilthorpe, M. S., & Goodman, E. (2012). A prospective study of psychological distress and weight status in adolescents/young adults. *Annals of Behavioral Medicine, 43,* 219–228.

Kubzansky, L. D., Koenen, K. C., Jones, C., & Eaton, W. W. (2009). A prospective study of posttraumatic stress disorder symptoms and coronary heart disease in women. *Health Psychology, 28,* 125–130.

Kubzansky, L. D., Sparrow, D., Vokonas, P., & Kawachi, I. (2001). Is the glass half empty or half full? A prospective study of optimism and coronary heart disease in the normative aging study. *Psychosomatic Medicine, 63,* 910–916.

Kuhl, E. S., Clifford, L. M., Bandstra, N. F., Filigno, S. S., Yeomans-Maldonado, G., Rausch, J. R., & Stark, L. J. (2014). Examination of the association between lifestyle behavior changes and weight outcomes in preschoolers receiving treatment for obesity. *Health Psychology, 33,* 95–98.

Kulik, J. A., & Mahler, H. I. M. (1987). Effects of preoperative roommate assignment on preoperative anxiety and recovery from coronary-bypass surgery. *Health Psychology, 6,* 525–543.

Kulik, J. A., & Mahler, H. I. M. (1989). Social support and recovery from surgery. *Health Psychology, 8,* 221–238.

Kulik, J. A., & Mahler, H. I. M. (1993). Emotional support as a moderator of adjustment and compliance after coronary artery bypass surgery: A longitudinal study. *Journal of Behavioral Medicine, 16,* 45–64.

Kulik, J. A., Moore, P. J., & Mahler, H. I. M. (1993). Stress and affiliation: Hospital roommate effects on preoperative anxiety and social interaction. *Health Psychology, 12,* 118–124.

Kulkarni, S. C., Levin-Rector, A., Ezzati, M., & Murray, C. J. (2011). Falling behind: Life expectancy in US counties from 2000 to 2007 in an international context. *Population Health Metrics, 9,* 1–12.

Kumanyika, S. K., Van Horn, L., Bowen, D., Perri, M. G., Rolls, B. J., Czajkowski, S. M., & Schron, E. (2000). Maintenance of dietary behavior change. *Health Psychology, 19,* 42–56.

Kumari, M., Badrick, E., Chandola, T., Adler, N., Epel, E., Seeman, T., . . . Marmot, M. G. (2010). Measures of social position and cortisol secretion in an aging population: Findings from the Whitehall II study. *Psychosomatic Medicine, 72,* 27–34.

Kupper, N., & Denollet, J. (2018). Type D personality as a risk factor in coronary heart disease: A review of current evidence. *Current Cardiology Reports, 20,* 104.

Kutner, N. G. (1987). Issues in the application of high cost medical technology: The case of organ transplantation. *Journal of Health and Social Behavior, 28,* 23–36.

Kwan, B. M., Stevens, C. J., & Bryan, A. D. (2017). What to expect when you're exercising: An experimental test of the anticipated affect-exercise relationship. *Health Psychology, 36,* 309–319.

Lacroix, J. M., Martin, B., Avendano, M., & Goldstein, R. (1991). Symptom schemata in chronic respiratory patients. *Health Psychology, 10,* 268–273.

Lacourt, T. E., Houtveen, J. H., Smeets, H. M., Lipovsky, M. M., & van Doornen, L. J. (2015). Infection load as a predisposing factor for somatoform disorders: Evidence from a Dutch General Practice Registry. *Psychosomatic Medicine, 75,* 759–764.

Lai, H., Lai, S., Krongrad, A., Trapido, E., Page, J. B., & McCoy, C. B. (1999). The effect of marital status on survival in late-stage cancer patients: An analysis based on surveillance, epidemiology, and end results (SEER) data, in the United States. *International Journal of Behavioral Medicine, 6,* 150–176.

Lallukka, T., Martikainen, P., Reunanen, A., Roos, E., Sarlo-Lahteenkorva, S., & Lahelma, E. (2006). Associations between working conditions and angina pectoris symptoms among employed women. *Psychosomatic Medicine, 68,* 348–354.

Lam, T. H., Stewart, M., & Ho, L. M. (2001). Smoking and high-risk sexual behavior among young adults in Hong Kong. *Journal of Behavioral Medicine, 24,* 503–518.

Lambiase, M. J., Kubzansky, L. D., & Thurston, R. C. (2015). Positive psychological health and stroke risk: The benefits of emotional vitality. *Health Psychology, 34,* 1043–1046.

Lamprecht, F., & Sack, M. (2002). Posttraumatic stress disorder revisited. *Psychosomatic Medicine, 64,* 222–237.

Landro, L. (2012, April 16). The simple idea that is transforming health care. *The Wall Street Journal,* pp. R1, R2.

Landro, L. (2019, February 7). Health-care technology. *The Wall Street Journal,* pp. R1, R2.

Lane, R. D., Laukes, C., Marcus, F. I., Chesney, M. A., Sechrest, L., Gear, K., . . . Steptoe, A. (2006). Psychological stress preceding idiopathic ventricular fibrillation. *Psychosomatic Medicine, 67,* 359–365.

Lane, R. D., Waldstein, S. R., Chesney, M. A., Jennings, J. R., Lovallo, W. R., Kozel, P. J., . . . Cameron, O. G. (2009). The rebirth of neuroscience in psychosomatic medicine, part I: Historical context, methods, and relevant basic science. *Psychosomatic Medicine, 71,* 117–134.

Langens, T. A., & Schüler, J. (2007). Effects of written emotional expression: The role of positive expectancies. *Health Psychology, 26,* 174–182.

Langford, A. T., Solid, C. A., Gann, L. C., Rabinowitz, E. P., Williams, S. K., & Seixas, A. A. (2018). Beliefs about the causes of hypertension and associations with pro-health behaviors. *Health Psychology, 37,* 1092–1101.

Langford, D. J., Cooper, B., Paul, S., Humphreys, J., Keagy, C., Conley, Y. P., . . . Dunn, L. B. (2017). Evaluation of coping as a mediator of the relationship between stressful life events and cancer-related distress. *Health Psychology, 36,* 1147–1160.

Langston, C. A. (1994). Capitalizing on and coping with daily-life events: Expressive responses to positive events. *Journal of Personality and Social Psychology, 67,* 1112–1125.

Lankford, T. R. (1979). *Integrated science for health students* (2nd ed.). Reston, VA: Reston.

Lantz, P. M., Weigers, M. E., & House, J. S. (1997). Education and income differentials in breast and cervical cancer screening: Policy implications for rural women. *Medical Care, 35,* 219–236.

Larimer, M. E., Palmer, R. S., & Marlatt, G. A. (1999). Relapse prevention: An overview of Marlatt's cognitive–behavioral model. *Alcohol Research and Health, 23,* 151–160.

Larkin, K. T., & Zayfert, C. (1996). Anger management training with mild essential hypertensive patients. *Journal of Behavioral Medicine, 19,* 415–434.

Larsen, D. (1990, March 18). Future of fear. *Los Angeles Times,* pp. E1, E8.

Latimer, A. E., Williams-Piehota, P., Katulak, N. A., Cox, A., Mowad, L., Higgins, E. T., & Salovey, P. (2008). Promoting fruit and vegetable intake through messages tailored to individual differences in regulatory focus. *Annals of Behavioral Medicine, 35,* 363–369.

Lau, R. R., Kane, R., Berry, S., Ware, J. E., Jr., & Roy, D. (1980). Channeling health: A review of televised health campaigns. *Health Education Quarterly, 7,* 56–89.

Laubmeier, K. K., Zakowski, S. G., & Blair, J. P. (2004). The role of spirituality in the psychological adjustment to cancer: A test of the transactional model of stress and coping. *International Journal of Behavioral Medicine, 11,* 48–55.

Lauver, D. R., Henriques, J. B., Settersten, L., & Bumann, M. C. (2003). Psychosocial variables, external barriers, and stage of mammography adoption. *Health Psychology, 22,* 649–653.

Laveist, T. A., & Nuru-Jeter, A. (2002). Is doctor–patient race concordance associated with greater satisfaction with care? *Journal of Health and Social Behavior, 43,* 296–306.

Laviano, A., Seelaender, M., Sanchez-Lara, K., Gioulbasanis, I., Molfino, A., & Fanelli, F. R. (2011). Beyond anorexia-cachexia. Nutrition and modulation of cancer patients' metabolism: Supplementary, complementary or alternative anti-neoplastic therapy? *European Journal of Pharmacology, 668,* 587–590.

Lavoie, K. L., Bouchard, A., Joseph, M., Campbell, T. S., Favereau, H., & Bacon, S. L. (2008). Association of asthma self-efficacy to asthma control and quality of life. *Annals of Behavioral Medicine, 36,* 100–106.

Lavoie, K. L., Paine, N. J., Pelletier, R., Arsenault, A., Diodati, J. G., Campbell, T. S., . . . Bacon, S. L. (2018). Relationship between antidepressant therapy and risk for cardiovascular events in patients with and without cardiovascular disease. *Health Psychology, 37,* 989–999.

Lavretsky, H., Epel, E. S., Siddarth, P., Nazarian, N., St. Cyr, N., Khalsa, D. S., . . . Irwin, M. R. (2013). A pilot study of yogic meditation for family dementia caregivers with depressive symptoms: Effects on mental health, cognition, and telomerase activity. *International Journal of Geriatric Psychiatry, 28,* 57–65.

Lawler, S. P., Winkler, E., Reeves, M. M., Owen, N., Graves, N., & Eakin, E. G. (2010). Multiple health behavior changes and co-variation in a telephone counseling trial. *Annals of Behavioral Medicine, 39,* 250–257.

Lawlor, D. A., O'Callaghan, M. J., Mamun, A. A., Williams, G. M., Bor, W., & Najman, J. M. (2005). Socioeconomic position, cognitive function, and clustering of cardiovascular risk factors in adolescence: Findings from the Mater University study of pregnancy and its outcomes. *Psychosomatic Medicine, 67,* 862–868.

Laws, H. B., Sayer, A. G., Pietromonaco, P. R., & Powers, S. I. (2015). Longitudinal changes in spouses' HPA responses: Convergence in cortisol patterns during the early years of marriage. *Health Psychology, 34,* 1076–1089.

Lazarus, R. S. (1983). The costs and benefits of denial. In S. Bresnitz (Ed.), *Denial of stress* (pp. 1–30). New York: International Universities Press.

Lazarus, R. S., & Folkman, S. (1984b). *Stress, appraisal, and coping.* New York: Springer.

Lazarus, R. S., & Launier, R. (1978). Stress-related transactions between person and environment. In L. A. Pervin & M. Lewis (Eds.), *Internal and external determinants of behavior* (pp. 287–327). New York: Plenum.

Lebel, S., Beattie, S., Ares, I., & Bielajew, C. (2013). Young and worried: Age and fear of recurrence in breast cancer survivors. *Health Psychology, 32,* 695–705.

Leclere, F. B., Rogers, R. G., & Peters, K. (1998). Neighborhood social context and racial differences in women's heart disease mortality. *Journal of Health and Social Behavior, 39,* 91–107.

Lee, A. A., Piette, J. D., Heisler, M., Janevic, M. R., & Rosland, A. M. (2019). Diabetes self-management and glycemic control: The role of autonomy support from informal health supporters. *Health Psychology, 38,* 122–132.

Lee, J. H., Park, S. K., Ryoo, J. H., Oh, C. M., Kang, J. G., Mansur, R. B., . . . Jung, J. Y. (2018). Sleep duration and quality as related to left ventricular structure and function. *Psychosomatic Medicine, 80,* 78–86.

Lee, J. L., Eaton, C. K., Loiselle Rich, K., Reed-Knight, B., Liverman, R. S., Mee, L. L., . . . Blount, R. L. (2017). The interactive effect of parent personality and medication knowledge on adherence in children awaiting solid organ transplantation. *Health Psychology, 36,* 445–448.

Lee, M. B., Wu, Z., Rotheram-Borus, M., Detels, R., Guan, J., & Li, L. (2004). HIV-related stigma among market workers in China. *Health Psychology, 24,* 435–438.

Lee, R., Yu, H., Gao, X., Cao, J., Tao, H., Yu, B., . . . Lin, P. (2019). The negative affectivity dimension of Type D personality is associated with in-stent neoatherosclerosis in coronary patients with percutaneous coronary intervention: An optical coherence tomography study. *Journal of Psychosomatic Research, 120,* 20–28.

Lee, W. K., Milloy, M. J. S., Walsh, J., Nguyen, P., Wood, E., & Kerr, T. (2016). Psychosocial factors in adherence to antiretroviral therapy among HIV-positive people who use drugs. *Health Psychology, 35,* 290–297.

Lehman, A. J., Pratt, D. D., DeLongis, A., Collins, J. B., Shojania, K., Koehler, B., . . . Esdaile, J. M. (2011). Do spouses know how much fatigue, pain, and physical limitation their partners with rheumatoid arthritis experience? Implications for social support. *Arthritis Care & Research, 63,* 120–127.

Lehman, C. D., Rodin, J., McEwen, B., & Brinton, R. (1991). Impact of environmental stress on the expression of insulin-dependent diabetes mellitus. *Behavioral Neuroscience, 105,* 241–245.

Leigh, H., & Reiser, M. F. (1986). Comparison of theoretically oriented and patient-oriented behavioral science courses. *Journal of Medical Education, 61,* 169–174.

Lelutiu-Weinberger, C., Gamarel, K. E., Golub, S. A., & Parsons, J. T. (2015). Race-based differentials in the impact of mental health and stigma on HIV risk among young men who have sex with men. *Health Psychology, 34,* 847–856.

Lemogne, C., Consoli, S. M., Geoffroy-Perez, B., Coeuret-Pellicer, M., Nabi, H., & Cordier, S. (2013). Personality and the risk of cancer: A 16-year follow-up study of the GAZEL cohort. *Psychosomatic Medicine, 75,* 262–271.

Lemoine, J., & Mougne, C. (1983). Why has death stalked the refugees? *Natural History, 92,* 6–19.

Lenert, L., & Skoczen, S. (2002). The Internet as a research tool: Worth the price of admission? *Annals of Behavioral Medicine, 24,* 251–256.

Lennon, M. C., & Rosenfield, S. (1992). Women and mental health: The interaction of job and family conditions. *Journal of Health and Social*

Behavior, 33, 316–327.

Lepore, S. J., Ragan, J. D., & Jones, S. (2000). Talking facilitates cognitive–emotional processes of adaptation to an acute stressor. *Journal of Personality and Social Psychology, 78,* 499–508.

Lepore, S. J., & Smyth, J. (Eds.). (2002). *The writing cure: How expressive writing influences health and well-being.* Washington, DC: American Psychological Association.

Lerman, C., Caporaso, N. E., Audrain, J., Main, D., Bowman, E. D., Lockshin, B., . . . Shields, P. G. (1999). Evidence suggesting the role of specific genetic factors in cigarette smoking. *Health Psychology, 18,* 14–20.

Leserman, J. (2008). Role of depression, stress, and trauma in HIV disease progression. *Psychosomatic Medicine, 70,* 539–545.

Leung, Y. W., Ceccato, N., Stewart, D. E., & Grace, S. L. (2007). A prospective examination of patterns and correlates of exercise maintenance in coronary artery disease patients. *Journal of Behavioral Medicine, 30,* 411–421.

Levenson, J. L., McClish, D. K., Dahman, B. A., Bovbjerg, V. E., Citero, V. D. A., Penberthy, L. T., . . . Smith, W. R. (2008). Depression and anxiety in adults with sickle cell disease: The PiSCES project. *Psychosomatic Medicine, 70,* 192–196.

Leventhal, E. A., Easterling, D., Leventhal, H., & Cameron, L. (1995). Conservation of energy, uncertainty reduction, and swift utilization of medical care among the elderly: Study II. *Medical Care, 33,* 988–1000.

Leventhal, E. A., Hansell, S., Diefenbach, M., Leventhal, H., & Glass, D. C. (1996). Negative affect and self-report of physical symptoms: Two longitudinal studies of older adults. *Health Psychology, 15,* 193–199.

Leventhal, E. A., Leventhal, H., Schacham, S., & Easterling, D. V. (1989). Active coping reduces reports of pain from childbirth. *Journal of Consulting and Clinical Psychology, 57,* 365–371.

Leventhal, H. (1970). Findings and theory in the study of fear communications. In L. Berkowitz (Ed.), *Advances in experimental social psychology* (Vol. 5, pp. 120–186). New York: Academic Press.

Leventhal, H., Diefenbach, M., & Leventhal, E. A. (1992). Illness cognition: Using common sense to understand treatment adherence and affect cognition interactions. *Cognitive Therapy and Research, 16,* 143–163.

Leventhal, H., Leventhal, E. A., & Breland, J. Y. (2011). Cognitive science speaks to the "common-sense" of chronic illness management. *Annals of Behavioral Medicine, 41,* 152–163.

Leventhal, H., Meyer, D., & Nerenz, D. (1980). The common sense representation of illness danger. In S. Rachman (Ed.), *Contributions to medical psychology* (Vol. II, pp. 7–30). New York: Pergamon Press.

Leventhal, H., & Nerenz, D. R. (1982). A model for stress research and some implications for the control of stress disorders. In D. Meichenbaum & M. Jaremko (Eds.), *Stress prevention and management: A cognitive behavioral approach.* New York: Plenum.

Leventhal, H., Nerenz, D., & Strauss, A. (1982). Self-regulation and the mechanisms for symptom appraisal. In D. Mechanic (Ed.), *Monograph series in psychosocial epidemiology, 3: Symptoms, illness behavior, and help-seeking* (pp. 55–86). New York: Neale Watson.

Leventhal, H., Weinman, J., Leventhal, E. A., & Phillips, L. A. (2008). Health psychology: The search for pathways between behavior and health. *Annual Review of Psychology, 59,* 477–505.

Levey, N. N. (2015, March 23). Diabetes study touts benefits of Obamacare. *New York Times,* p. A6.

Levine, J. D., Gordon, N. C., & Fields, H. L. (1978). The mechanism of placebo analgesia. *Lancet, 2,* 654–657.

Levinson, R. M., McCollum, K. T., & Kutner, N. G. (1984). Gender homophily in preferences for physicians. *Sex Roles, 10,* 315–325.

Levitsky, L. L. (2004). Childhood immunizations and chronic illness. *The New England Journal of Medicine, 350,* 1380–1382.

Levy, B. R., Hausdorff, J. M., Hencke, R., & Wei, J. Y. (2000). Reducing cardiovascular stress with positive self-stereotypes of aging. *The Journals of Gerontology*: Series B, *55,* 205–213.

Levy, S. M., Herberman, R. B., Whiteside, T., Sanzo, K., Lee, J., & Kirkwood, J. (1990). Perceived social support and tumor estrogen/progesterone receptor status as predictors of natural killer cell activity in breast cancer patients. *Psychosomatic Medicine, 52,* 73–85.

Levy, S. M., Lee, J. K., Bagley, C., & Lippman, M. (1988). Survival hazards analysis in first recurrent breast cancer patients: Seven-year follow-up. *Psychosomatic Medicine, 50,* 520–528.

Lewin, K. (1946). Action research and minority problems. *Journal of Social Issues, 2,* 34–36.

Lewis, J. A., Manne, S. L., DuHamel, K. N., Vickburgh, S. M. J., Bovbjerg, D. H., Currie, V., . . . Redd, W. H. (2001). Social support, intrusive thoughts, and quality of life in breast cancer survivors. *Journal of Behavioral Medicine, 24,* 231–245.

Lewis, J. W., Terman, S. W., Shavit, Y., Nelson, L. R., & Liebeskind, J. C. (1984). Neural, neurochemical, and hormonal bases of stress-induced analgesia. In L. Kruger & J. C. Liebeskind (Eds.), *Advances in pain research and therapy* (Vol. 6, pp. 277–288). New York: Raven Press.

Lewis, M. A., & Rook, K. S. (1999). Social control in personal relationships: Impact on health behaviors and psychological distress. *Health Psychology, 18,* 63–71.

Lewis, M. A., Uhrig, J. D., Bann, C. M., Harris, J. L., Furberg, R. D., Coomes, C., & Kuhns, L. M. (2013). Tailored text messaging interventions for HIV adherence: A proof-of-concept study. *Health Psychology, 32,* 248–253.

Lewis, T. T., Everson-Rose, S. A., Karavolos, K., Janssen, I., Wesley, D., & Powell, L. H. (2009). Hostility is associated with visceral, but not with subcutaneous, fat in middle-aged African Amercian and White women. *Psychosomatic Medicine, 71,* 733–740.

Li, A. W., & Goldsmith, C. A. W. (2012). The effects of yoga on anxiety and stress. *Alternative Medicine Review, 17,* 21–35.

Li, J., Cowden, L. G., King, J. D., Briles, D. A., Schroeder, H. W., Stevens, A. B., . . . Go, R. C. (2007). Effects of chronic stress and interleukin-10 gene polymorphism on antibody response to tetanus vaccine in family caregivers of patients with Alzheimer's disease. *Psychosomatic Medicine, 69,* 551–559.

Li, J., Laursen, T. M., Precht, D. H., Olsen, J., & Mortensen, P. B. (2005). Hospitalization for mental illness among parents after the death of a child. *The New England Journal of Medicine, 352,* 1190–1196.

Li, L., Ji, G., Liang, L. J., Lin, C., Hsieh, J., Lan, C. W., & Xiao, Y. (2017). Efficacy of a multilevel intervention on the mental health of people living with HIV and their family members in rural China. *Health Psychology, 36,* 863–871.

Li, S. (2016, January 29). Barbie's bombshell: A new look. *The Los Angeles Times,* p. A1.

Li, Y., & Ferraro, K. F. (2005). Volunteering and depression in later life: Social benefit or selection processes? *Journal of Health and Social Behavior, 46,* 68–84.

Liberman, R. (1962). An analysis of the placebo phenomenon. *Journal of Chronic Diseases, 15,* 761–783.

Lichtenstein, E., & Cohen, S. (1990). Prospective analysis of two modes of unaided smoking cessation. *Health Education Research, 5,* 63–72.

Lichtenstein, E., Glasgow, R. E., Lando, H. A., Ossip-Klein, D. J., & Boles, S. M. (1996). Telephone counseling for smoking cessation: Rationales and meta-analytic review of evidence. *Health Education Research: Theory and Practice, 11,* 243–257.

Lichtenstein, E., Zhu, S. H., & Tedeschi, G. J. (2010). Smoking cessation quitlines: An underrecognized intervention success story. *American*

Psychologist, 65, 252–261.

Lichtenstein, P., Holm, N. V., Verkasalo, P. K., Iliadou, A., Kaprio, J., Koskenvuo, M., . . . Hemminki, K. (2000). Environmental and heritable factors in the causation of cancer: Analyses of cohorts of twins from Sweden, Denmark, and Finland. *The New England Journal of Medicine, 343,* 78–85.

Lichtman, R. R., Taylor, S. E., Wood, J. V., Bluming, A. Z., Dosik, G. M., & Leibowitz, R. L. (1984). Relations with children after breast cancer: The mother–daughter relationship at risk. *Journal of Psychosocial Oncology, 2,* 1–19.

Lieberman, M. D., Jarcho, J. M., Berman, S., Naliboff, B. D., Suyenobu, B. Y., Mandelkern, M., & Mayer, E. A. (2004). The neural correlates of placebo effects: A disruption account. *NeuroImage, 22,* 447–455.

Lillis, J., Hayes, S. C., Bunting, K., & Masuda, A. (2009). Teaching acceptance and mindfulness to improve the lives of the obese: A preliminary test of a theoretical model. *Annals of Behavioral Medicine, 37,* 58–69.

Lin, K. Y., Hu, Y. T., Chang, K. J., Lin, H. F., & Tsauo, J. Y. (2011). Effects of yoga on psychological health, quality of life, and physical health of patients with cancer: A meta-analysis. *Evidence-Based Complementary and Alternative Medicine.*

Lindauer, R. T. L., van Meijel, E. P. M., Jalink, M., Olff, M., Carlier, I. V. E., & Gersons, B. P. R. (2006). Heart rate responsivity to script-driven imagery in posttraumatic stress disorder: Specificity of response and effects of psychotherapy. *Psychosomatic Medicine, 68,* 33–40.

Linde, K., Scholz, M., Ramirez, G., Clausius, N., Melchart, D., & Jonas, W. B. (1999). Impact of study quality on outcome in placebo-controlled trials of homeopathy. *Journal of Clinical Epidemiology, 52,* 631–636.

Linden, W., & Chambers, L. (1994). Clinical effectiveness of non-drug treatment for hypertension: A meta-analysis. *Annals of Behavioral Medicine, 16,* 35–45.

Lindsay, E. K., Young, S., Brown, K. W., Smyth, J. M., & Creswell, J. D. (2019). Mindfulness training reduces loneliness and increases social contact in a randomized controlled trial. *Proceedings of the National Academy of Sciences, 116,* 3488–3493.

Lindsay, M., & McCarthy, D. (1974). Caring for the brothers and sisters of a dying child. In T. Burton (Ed.), *Care of the child facing death* (pp. 189–206). Boston, MA: Routledge & Kegan Paul.

Linebaugh, K. (2012, June 11). Type 1 diabetes on rise among youth. *The Wall Street Journal,* p. A5.

Lingsweiler, V. M., Crowther, J. H., & Stephens, M. A. P. (1987). Emotional reactivity and eating in binge eating and obesity. *Journal of Behavioral Medicine, 10,* 287–300.

Link, B. G., Phelan, J. C., Miech, R., & Westin, E. L. (2008). The resources that matter: Fundamental social causes of health disparities and the challenge of intelligence. *Journal of Health and Social Behavior, 49,* 72–91.

Linke, S., Murray, E., Butler, C., & Wallace, P. (2007). Internet-based interactive health intervention for the promotion of sensible drinking: Patterns of use and potential impact on members of the general public. *Journal of Medical Internet Research, 9,* e10.

Linkins, R. W., & Comstock, G. W. (1990). Depressed mood and development of cancer. *American Journal of Epidemiology, 134,* 962–972.

Linton, S. J., & Buer, N. (1995). Working despite pain: Factors associated with work attendance versus dysfunction. *International Journal of Behavioral Medicine, 2,* 252–262.

Lipkus, I. M., Barefoot, J. C., Williams, R. B., & Siegler, I. C. (1994). Personality measures as predictors of smoking initiation and cessation in the UNC Alumni Heart Study. *Health Psychology, 13,* 149–155.

Lipkus, I. M., McBride, C. M., Pollak, K. I., Schwartz-Bloom, R. D., Tilson, E., & Bloom, P. N. (2004). A randomized trial comparing the effects of self-help materials and proactive telephone counseling on teen smoking cessation. *Health Psychology, 23,* 397–406.

Lipsitt, L. P. (2003). Crib death: A biobehavioral phenomenon? *Current Directions in Psychological Science, 12,* 164–170.

Lisspers, J., Sundin, Ö., Öhman, A., Hofman-Bang, C., Rydén, L., & Nygren, Å. (2005). Long-term effects of lifestyle behavior change in coronary artery disease: Effects on recurrent coronary events after percutaneous coronary intervention. *Health Psychology, 24,* 41–48.

Litcher-Kelly, L., Lam, Y., Broihier, J. A., Brand, D. L., Banker, S. V., Kotov, R., & Luft, B. J. (2014). Longitudinal study of the impact of psychological distress symptoms on new-onset upper gastrointestinal symptoms in world trade center responders. *Psychosomatic Medicine, 76,* 686–693.

Littlefield, C. H., Rodin, G. M., Murray, M. A., & Craven, J. L. (1990). Influence of functional impairment and social support on depressive symptoms in persons with diabetes. *Health Psychology, 9,* 737–749.

Littlewood, R. A., & Vanable, P. A. (2014). The relationship between CAM use and adherence to antiretroviral therapies among persons living with HIV. *Health Psychology, 33,* 660–667.

Littlewood, R. A., Vanable, P. A., Carey, M. P., & Blair, D. C. (2008). The association of benefit finding to psychosocial and health behavior adaptation among HIV+ men and women. *Journal of Behavioral Medicine, 31,* 145–155.

Liu, H., & Umberson, D. J. (2008). The times they are a changin': Marital status and health differentials from 1972 to 2003. *Journal of Health and Social Behavior, 49,* 239–253.

Liu, Y., & Tanaka, H. (2002). Overtime work, insufficient sleep, and risk of non-fatal acute myocardial infarction in Japanese men. *Occupational and Environmental Medicine, 59,* 447–451.

Loaring, J. M., Larkin, M., Shaw, R., & Flowers, P. (2015). Renegotiating sexual intimacy in the context of altered embodiment: The experiences of women with breast cancer and their male partners following mastectomy and reconstruction. *Health Psychology, 34,* 426–436.

Loder, N. (2017, September). Is there a doctor in my pocket? *The Economist,* 1843.

Logsdon, R. G., Gibbons, L. E., McCurry, S. M., & Teri, L. (2002). Assessing quality of life in older adults with cognitive impairment. *Psychosomatic Medicine, 64,* 510–519.

Lombardi, V. C., Ruscetti, F. W., Das Gupta, J., Pfost, M. A., Hagen, K. S., Peterson, D. L., . . . Mikovits, J. A. (2009). Detection of an infectious retrovirus, XMRV, in blood cells of patients with chronic fatigue syndrome. *Science, 326,* 585–589.

Longmire-Avital, B., Golub, S. A., & Parsons, J. T. (2010). Self-reevaluation as a critical component in sustained viral load change for HIV+ adults with alcohol problems. *Annals of Behavioral Medicine, 40,* 176–183.

Lopez, E. N., Drobes, D. J., Thompson, J. K., & Brandon, T. H. (2008). Effects of a body image challenge on smoking motivation among college females. *Health Psychology, 27,* S243–S251.

Lorig, K., Chastain, R. L., Ung, E., Shoor, S., & Holman, H. (1989). Development and evaluation of a scale to measure perceived self-efficacy in people with arthritis. *Arthritis and Rheumatism, 32,* 37–44.

Loucks, E. B., Almeida, N. D., Taylor, S. E., & Matthews, K. A. (2011). Childhood family psychosocial environment and coronary heart disease risk. *Psychosomatic Medicine, 73,* 563–571.

Lovallo, W. R., Al'Absi, M., Pincomb, G. A., Passey, R. B., Sung, B., & Wilson, M. F. (2000). Caffeine, extended stress, and blood pressure in borderline hypertensive men. *International Journal of Behavioral Medicine, 7,* 183–188.

Lovett, I., & Perez-Pena, R. (2015, October 6). Brown signs 'Right-to-Die' into law in California. *The New York Times,* p. A10.

Low, C. A., Bower, J. E., Kwan, L., & Seldon, J. (2008). Benefit finding in response to BRCA1/2 testing. *Annals of Behavioral Medicine, 35,* 61–69.

Low, C. A., Matthews, K. A., & Hall, M. (2013). Elevated C-reactive protein in adolescents: Roles of stress and coping. *Psychosomatic Medicine, 75,* 449–452.

Low, C. A., & Stanton, A. L. (2015). Activity disruption and depressive symptoms in women living with metastatic breast cancer. *Health Psychology, 34,* 89–92.

Low, C. A., Stanton, A. L., Bower, J. E., & Gyllenhammer, L. (2010). A randomized controlled trial of emotionally expressive writing for women with metastatic breast cancer. *Health Psychology, 29,* 460–466.

Low, C. A., Stanton, A. L., & Danoff-Burg, S. (2006). Expressive disclosure and benefit finding among breast cancer patients: Mechanisms for positive health effects. *Health Psychology, 25,* 181–189.

Low, C. A., Thurston, R. C., & Matthews, K. A. (2010). Psychosocial factors in the development of heart disease in women: Current research and future directions. *Psychosomatic Medicine, 72,* 842–854.

Löwe, B., Grafe, K., Kroenke, K., Zipfel, S., Quentier, A., Wild, B., . . . Herzog, W. (2003). Predictors of psychiatric comorbidity in medical outpatients. *Psychosomatic Medicine, 65,* 764–770.

Lowe, R., & Norman, P. (2017). Information processing in illness representation: Implications from an associative-learning framework. *Health Psychology, 36,* 280–290.

Lowe, S. R., Willis, M., & Rhodes, J. E. (2014). Health problems among low-income parents in the aftermath of Hurricane Katrina. *Health Psychology, 33,* 774–782.

Lozito, M. (2004). Chronic pain: The new workers' comp. *The Case Manager, 15,* 61–63.

Lu, Q., Zeltzer, L., & Tsao, J. (2013). Multiethnic differences in responses to laboratory pain stimuli among children. *Health Psychology, 32,* 905–914.

Lu, Q., Zheng, D., Young, L., Kagawa-Singer, M., & Loh, A. (2012). A pilot study of expressive writing intervention among Chinese-speaking breast cancer survivors. *Health Psychology, 31,* 548–551.

Lubitz, J., Cai, L., Kramarow, E., & Lentzner, H. (2003). Health, life expectancy, and health care spending among the elderly. *The New England Journal of Medicine, 349,* 1048–1055.

Luckow, A., Reifman, A., & McIntosh, D. N. (1998, August). *Gender differences in coping: A meta-analysis.* Poster session presented at the 106th annual convention of the American Psychological Association, San Francisco.

Ludescher, B., Leitlein, G., Schaefer, J. E., Vanhoeffen, S., Baar, S., Machann, J., . . . Eschweiler, G. W. (2009). Changes of body composition in bulimia nervosa: Increased visceral fat and adrenal gland size. *Psychosomatic Medicine, 71,* 93–97.

Luecken, L. J., Suarez, E., Kuhn, C., Barefoot, J., Blumenthal, J., Siegler, I., & Williams, R. B. (1997). Stress in employed women: Impact of marital status and children at home on neurohormone output and home strain. *Psychosomatic Medicine, 59,* 352–359.

Lumley, M. A., Shi, W., Wiholm, C., Slatcher, R. B., Sandmark, H., Wang, S., & Arnetz, B. B. (2014). The relationship of chronic and momentary work stress to cardiac reactivity in female managers: Feasibility of a smart phone-assisted assessment system. *Psychosomatic Medicine, 76,* 512–518.

Lundgren, T., Dahl, J., & Hayes, S. C. (2008). Evaluation of mediators of change in the treatment of epilepsy with acceptance and commitment therapy. *Journal of Behavioral Medicine, 31,* 225–235.

Lustman, P. J. (1988). Anxiety disorders in adults with diabetes mellitus. *Psychiatric Clinics of North America, 11,* 419–432.

Luszczynska, A., Sobczyk, A., & Abraham, C. (2007). Planning to lose weight: Randomized controlled trial of an implementation intention prompt to enhance weight reduction among overweight and obese women. *Health Psychology, 26,* 507–512.

Lutgendorf, S. K., & Andersen, B. L. (2015). Biobehavioral approaches to cancer progression and survival: Mechanisms and interventions. *American Psychologist, 70,* 186–197.

Lutgendorf, S. K., Anderson, B., Sorosky, J. I., Buller, R. E., & Lubaroff, D. M. (2000). Interleukin-6 and use of social support in gynecologic cancer patients. *International Journal of Behavioral Medicine, 7,* 127–142.

Lutgendorf, S. K., Antoni, M. H., Ironson, G., Starr, K., Costello, N., Zuckerman, M., . . . Schneiderman, N. (1998). Changes in cognitive coping skills and social support during cognitive behavioral stress management intervention and distress outcomes in symptomatic human immunodeficiency virus (HIV)–seropositive gay men. *Psychosomatic Medicine, 60,* 204–214.

Lutgendorf, S. K., Lamkin, D. M., Degeest, K., Anderson, B., Dao, M., McGinn, S., . . . Lubaroff, D. M. (2008). Depressed and anxious mood and T-cell cytokine expressing populations in ovarian cancer patients. *Brain, Behavior, and Immunity, 22,* 890–900.

Lutgendorf, S. K., & Sood, A. K. (2011). Biobehavioral factors and cancer progression: Physiological pathways and mechanisms. *Psychosomatic Medicine, 73,* 724–730.

Luyckx, K., Vanhalst, J., Seiffge-Krenke, I., & Wheets, I. (2010). A typology of coping with Type 1 diabetes in emerging adulthood: Associations with demographic, psychological, and clinical parameters. *Journal of Behavioral Medicine, 33,* 228–238.

Lynch, S., Ford, N., van Cutsem, G., Bygrave, H., Janssens, B., Decroo, T., . . . Goemaere, E. (2012). Getting HIV treatment to the most people. *Science, 337,* 298–300.

Lytle, L. A., Hearst, M. O., Fulkerson, J., Murray, D. M., Martinson, B., Klein, E., . . . Samuelson, A. (2011). Examining the relationships between family meal practices, family stressors, and the weight of youth in the family. *Annals of Behavioral Medicine, 41,* 353–362.

MacCoon, D. G., Imel, Z. E., Rosenkranz, M. A., Sheftel, J. G., Weng, H. Y., Sullivan, J. C., . . . Lutz, A. (2012). The validation of an active control intervention for Mindfulness Based Stress Reduction (MBSR). *Behaviour Research and Therapy, 50,* 3–12.

MacDorman, M. F., & Mathews, T. J. (2009). Behind international rankings of infant mortality: How the United States compares with Europe. *NCHS Data Brief, 23,* 1–8.

Maciejewski, P. K., Zhang, B., Block, S. D., & Prigerson, H. G. (2007). An empirical examination of the stage theory of grief. *Journal of the American Medical Association, 297,* 716–723.

Mackenbach, J. P., Stribu, I., Roskam, A. J. R., Schaap, M. M., Menvielle, G., Leinsalu, M., . . . European Union Working Group on Socioeconomic Inequalities in Health. (2008). Socioeconomic inequalities in health in 22 European countries. *The New England Journal of Medicine, 358,* 2468–2481.

Mackey, E. R., Struemph, K., Powell, P. W., Chen, R., Streisand, R., & Holmes, C. S. (2014). Maternal depressive symptoms and disease care status in youth with type 1 diabetes. *Health Psychology, 33,* 783–791.

Maddux, J. E., Roberts, M. C., Sledden, E. A., & Wright, L. (1986). Developmental issues in child health psychology. *American Psychologist, 41,* 25–34.

Madlensky, L., Natarajan, L., Flatt, S. W., Faerber, S., Newman, V. A., & Pierce, J. P. (2008). Timing of dietary change in response to a telephone counseling intervention: Evidence from the WHEL study. *Health Psychology, 27,* 539–547.

Madsen, M. V., Gøtzsche, P. C., & Hróbjartsson, A. (2009). Acupuncture treatment for pain: Systematic review of randomised clinical trials with acupuncture, placebo acupuncture, and no acupuncture groups. *British Medical Journal, 338,* a3115.

Maeland, J. G., & Havik, O. E. (1987). Psychological predictors for return to work after a myocardial infarction. *Journal of Psychosomatic Research, 31,* 471–481.

Maggi, S., Hertzman, C., & Vaillancourt, T. (2007). Changes in smoking behaviors from late childhood to adolescence: Insights from the Canadian National Longitudinal Survey of Children and Youth. *Health Psychology, 26,* 232–240.

Magill, M., & Ray, L. A. (2009). Cognitive–behavioral treatment with adult alcohol and illicit drug users: A meta-analysis of randomized controlled trials. *Journal of Studies on Alcohol and Drugs, 70,* 516–527.

Mahalik, J. R., Levine, C. R., McPherran Lombardi, C., Doyle Lynch, A., Markowitz, A. J., & Jaffee, S. R. (2013). Changes in health risk behaviors for males and females from early adolescence through early adulthood. *Health Psychology, 32,* 685–694.

Mahler, H. I. M., & Kulik, J. A. (1998). Effects of preparatory videotapes on self-efficacy beliefs and recovery from coronary bypass surgery. *Annals of Behavioral Medicine, 20,* 39–46.

Mahler, H. I. M., Kulik, J. A., Gerrard, M., & Gibbons, F. X. (2007). Long-term effects of appearance-based interventions on sun protection behaviors. *Health Psychology, 26,* 350–360.

Mahler, H. I. M., Kulick, J. A., Gibbons, F. X., Gerrard, M., & Harrell, J. (2003). Effects of appearance-based interventions on sun protection intentions and self-reported behaviors. *Health Psychology, 22,* 199–209.

Maisel, N. C., & Gable, S. L. (2009). The paradox of received social support: The importance of responsiveness. *Psychological Sciences, 20,* 928–932.

Majer, M., Welberg, L. A. M., Capuron, L., Miller, A. H., Pagnoni, G., & Reeves, W. C. (2008). Neuropsychological performance in persons with chronic fatigue syndrome: Results from a population-based study. *Psychosomatic Medicine, 70,* 829–836.

Major, B., Mendes, W. B., & Dovidio, J. F. (2013). Intergroup relations and health disparities: A social psychological perspective. *Health Psychology, 32,* 514–524.

Malik, V. S., Popkin, B. M., Bray, G. A., Després, J. P., Willett, W. C., & Hu, F. B. (2010). Sugar-sweetened beverages and risk of metabolic syndrome and type 2 diabetes. *Diabetes Care, 33,* 2477–2483.

Mallett, K., Price, J. H., Jurs, S. G., & Slenker, S. (1991). Relationships among burnout, death anxiety, and social support in hospice and critical care nurses. *Psychological Reports, 68,* 1347–1359.

Maloney, E. M., Boneva, R., Nater, U. M., & Reeves, W. C. (2009). Chronic fatigue syndrome and high allostatic load: Results from a population-based case–control study in Georgia. *Psychosomatic Medicine, 71,* 549–556.

Manber, R., Kuo, T. F., Cataldo, N., & Colrain, I. M. (2003). The effects of hormone replacement therapy on sleep-disordered breathing in postmenopausal women: A pilot study. *Journal of Sleep & Sleep Disorders Research, 26,* 163–168.

Mancuso, R. A., Dunkel-Schetter, C., Rini, C. M., Roesch, S. C., & Hobel, C. J. (2004). Maternal prenatal anxiety and corticitropin-releasing hormone associated with timing of delivery. *Psychosomatic Medicine, 66,* 762–769.

Mann, D. M., Ponieman, D., Leventhal, H., & Halm, E. A. (2009). Predictors of adherence to diabetes medications: The role of disease and medication beliefs. *Journal of Behavioral Medicine, 32,* 278–284.

Mann, T. (2001). Effects of future writing and optimism on health behaviors in HIV-infected women. *Annals of Behavioral Medicine, 23,* 26–33.

Mann, T., de Ridder, D., & Fujita, K. (2013). Self-regulation of health behavior: Social psychological approaches to goal setting and goal striving. *Health Psychology, 32,* 487–498.

Mann, T., Nolen-Hoeksema, S., Huang, K., Burgard, D., Wright, A., & Hanson, K. (1997). Are two interventions worse than none? Joint primary and secondary prevention of eating disorders in college females. *Health Psychology, 16,* 215–225.

Manne, S. L., Bakeman, R., Jacobsen, P. B., Gorfinkle, K., Bernstein, D., & Redd, W. H. (1992). Adult–child interaction during invasive medical procedures. *Health Psychology, 11,* 241–249.

Manne, S. L., Jacobsen, P. B., Gorfinkle, K., Gerstein, F., & Redd, W. H. (1993). Treatment adherence difficulties among children with cancer: The role of parenting style. *Journal of Pediatric Psychology, 18,* 47–62.

Manne, S. L., Markowitz, A., Winawer, S., Meropol, N. J., Haller, D., Rakowski, W., . . . Jandorf, L. (2002). Correlates of colorectal cancer screening compliance and stage of adoption among siblings of individuals with early onset colorectal cancer. *Health Psychology, 21,* 3–15.

Manne, S. L., Redd, W. H., Jacobsen, P. B., Gorfinkle, K., Schorr, O., & Rapkin, B. (1990). Behavioral intervention to reduce child and parent distress during venipuncture. *Journal of Consulting and Clinical Psychology, 58,* 565–572.

Manning, B. K., Catley, D., Harris, K. J., Mayo, M. S., & Ahluwalia, J. S. (2005). Stress and quitting among African American smokers. *Journal of Behavioral Medicine, 28,* 325–333.

Mantzari, E., Vogt, F., & Marteau, T. M. (2015). Financial incentives for increasing uptake of HPV vaccinations: A randomized controlled trial. *Health Psychology, 34,* 160–171.

Manuck, S. B., Phillips, J. E., Gianaros, P. J., Flory, J. D., & Muldoon, M. F. (2010). Subjective socioeconomic status and presence of the metabolic syndrome in midlife community volunteers. *Psychosomatic Medicine, 72,* 35–45.

Margolin, A., Avants, S. K., Warburton, L. A., Hawkins, K. A., & Shi, J. (2003). A randomized clinical trial of a manual-guided risk reduction intervention for HIV-positive injection drug users. *Health Psychology, 22,* 223–228.

Marin, T. J., Chen, E., Munch, J. A., & Miller, G. E. (2009). Double-exposure to acute stress and chronic family stress is associated with immune changes in children with asthma. *Psychosomatic Medicine, 71,* 378–384.

Marin, T. J., Martin, T. M., Blackwell, E., Stetler, C., & Miller, G. E. (2007). Differentiating the impact of episodic and chronic stressors on hypothalamic-pituitary-adrenocortical axis regulation in young women. *Health Psychology, 26,* 447–455.

Marks, M., Sliwinski, M., & Gordon, W. A. (1993). An examination of the needs of families with a brain injured child. *Neurological Rehabilitation, 3,* 1–12.

Marlatt, G. A. (1990). Cue exposure and relapse prevention in the treatment of addictive behaviors. *Addictive Behaviors, 15,* 395–399.

Marlatt, G. A., Baer, J. S., Kivlahan, D. R., Dimeff, L. A., Larimer, M. E., Quigley, L. A., . . . Williams, E. (1998). Screening and brief intervention for high-risk college student drinkers: Results from a 2-year follow-up assessment. *Journal of Consulting and Clinical Psychology, 66,* 604–615.

Marlatt, G. A., & George, W. H. (1988). Relapse prevention and the maintenance of optimal health. In S. Shumaker, E. Schron, & J. K. Ockene (Eds.), *The adoption and maintenance of behaviors for optimal health.* New York: Springer.

Marlatt, G. A., & Gordon, J. R. (1980). Determinants of relapse: Implications for the maintenance of behavior change. In P. O. Davidson & S. M. Davidson (Eds.), *Behavioral medicine: Changing health lifestyles.* New York: Brunner/Mazel.

Marrero, D., Mele, L., Doyle, T., Schwartz, F., Mather, K. J., Goldberg, R., . . . Knowler, W. C. (2018). Depressive symptoms, antidepressant medication use, and inflammatory markers in the diabetes prevention program.

Psychosomatic Medicine, 80, 167–173.

Marsh, B. (2002, September 10). A primer on fat, some of it good for you. *New York Times,* p. D7.

Marshall, E. (1986). Involuntary smokers face health risks. *Science, 234,* 1066–1067.

Marsland, A. L., Petersen, K. L., Sathanoori, R., Muldoon, M. F., Neumann, S. A., Ryan, C., . . . Manuck, S. B. (2006). Interleukin–6 covaries inversely with cognitive performance among middle-aged community volunteers. *Psychosomatic Medicine, 68,* 895–903.

Marteau, T. M., Johnston, M., Baum, J. D., & Bloch, S. (1987). Goals of treatment in diabetes: A comparison of doctors and parents of children with diabetes. *Journal of Behavioral Medicine, 10,* 33–48.

Marteau, T. M., & Weinman, J. (2006). Self-regulation and the behavioural response to DNA risk information: A theoretical analysis and framework for future research. *Social Science & Medicine, 62,* 1360–1368.

Martens, E. J., Smith, O. R. F., & Denollet, J. (2007). Psychological symptom clusters, psychiatric comorbidity and poor self-reported health status following myocardial infarction. *Annals of Behavioral Medicine, 34,* 87–94.

Martin, J., Sheeran, P., Slade, P., Wright, A., & Dibble, T. (2009). Implementation intention formation reduces consultations for emergency contraception and pregnancy testing among teenage women. *Health Psychology, 28,* 762–769.

Martin, J. K., Tuch, S. A., & Roman, P. M. (2003). Problem drinking patterns among African Americans: The impacts of reports of discrimination, perceptions of prejudice, and "risky" coping strategies. *Journal of Health and Social Behavior, 44,* 408–425.

Martin, L. R., Friedman, H. S., Tucker, J. S., Tomlinson-Keasey, C., Criqui, M. H., & Schwartz, J. E. (2002). Life course perspective on childhood cheerfulness and its relations to mortality risk. *Personality and Social Psychology Bulletin, 28,* 1155–1165.

Martin, R., Davis, G. M., Baron, R. S., Suls, J., & Blanchard, E. B. (1994). Specificity in social support: Perceptions of helpful and unhelpful provider behaviors among irritable bowel syndrome, headache, and cancer patients. *Health Psychology, 13,* 432–439.

Martin, R., & Lemos, K. (2002). From heart attacks to melanoma: Do common sense models of somatization influence symptom interpretation for female victims? *Health Psychology, 21,* 25–32.

Martinez, I., Kershaw, T. S., Keene, D., Perez-Escamilla, R., Lewis, J. B., Tobin, J. N., & Ickovics, J. R. (2017). Acculturation and syndemic risk: Longitudinal evaluation of risk factors among pregnant Latina adolescents in New York City. *Annals of Behavioral Medicine, 52,* 42–52.

Martínez, M., Arantzamendi, M., Belar, A., Carrasco, J. M., Carvajal, A., Rullán, M., & Centeno, C. (2017). 'Dignity therapy', a promising intervention in palliative care: A comprehensive systematic literature review. *Palliative Medicine, 31,* 492–509.

Martinez, S. M., Ainsworth, B. E., & Elder, J. P. (2008). A review of physical activity measures used among US Latinos: Guidelines for developing culturally appropriate measures. *Annals of Behavioral Medicine, 36,* 195–207.

Martire, L. M., Lustig, A. P., Schulz, R., Miller, G. E., & Helgeson, V. S. (2004). Is it beneficial to involve a family member? A meta-analysis of psychosocial interventions for chronic illness. *Health Psychology, 23,* 599–611.

Martire, L. M., Schulz, R., Helgeson, V. S., Small, B. J., & Saghafi, E. M. (2010). Review and meta-analysis of couple-oriented interventions for chronic illness. *Annals of Behavioral Medicine, 40,* 325–342.

Martire, L. M., Stephens, M. A. P., Druley, J. A., & Wojno, W. C. (2002). Negative reactions to received spousal care: Predictors and consequences of miscarried support. *Health Psychology, 21,* 167–176.

Martire, L. M., Stephens, M. A. P., & Schulz, R. (2011). Independence centrality as a moderator of the effects of spousal support on patient well-being and physical functioning. *Health Psychology, 30,* 651–655.

Maselko, J., Kubzansky, L., Kawachi, I., Seeman, T., & Berkman, L. (2007). Religous service attendance and allostatic load among high-functioning elderly. *Psychosomatic Medicine, 69,* 464–472.

Masi, C. M., Chen, H. Y., Hawkley, L. C., & Cacioppo, J. T. (2011). A meta-analysis of interventions to reduce loneliness. *Personality and Social Psychology Review, 15,* 219–266.

Maslach, C. (1979). The burn-out syndrome and patient care. In C. Garfield (Ed.), *The emotional realities of life-threatening illness* (pp. 111–120). St. Louis, MO: Mosby.

Maslach, C. (2003). Job burnout: New directions in research and intervention. *Current Directions, 12,* 189–192.

Mason, A. E., Hecht, F. M., Daubenmier, J. J., Sbarra, D. A., Lin, J., Moran, P. J., . . . Epel, E. S. (2018). Weight loss maintenance and cellular aging in the supporting health through nutrition and exercise study. *Psychosomatic Medicine, 80,* 609–619.

Mason, H. R. C., Marks, G., Simoni, J. M., Ruiz, M. S., & Richardson, J. L. (1995). Culturally sanctioned secrets? Latino men's nondisclosure of HIV infection to family, friends, and lovers. *Health Psychology, 14,* 6–12.

Mason, J. W., Wang, S., Yehuda, R., Lubin, H., Johnson, D., Bremner, J. D., . . . Southwick, S. (2002). Marked lability in urinary cortisol levels in subgroups of combat veterans with posttraumatic stress disorder during an intensive exposure treatment program. *Psychosomatic Medicine, 64,* 238–246.

Master, S. L., Eisenberger, N. I., Taylor, S. E., Naliboff, B. D., Shirinyan, D., & Lieberman, M. D. (2009). A picture's worth: Partner photographs reduce experimentally induced pain. *Psychological Science, 20,* 1316–1318.

Masters, K. S., Ross, K. M., Hooker, S. A., & Wooldridge, J. L. (2018). A psychometric approach to theory-based behavior change intervention development: Example from the Colorado meaning-activity project. *Annals of Behavioral Medicine, 52,* 463–473.

Masters, K. S. (2018). Introduction to the special section on behavior change intervention development: theories, methods, and mechanisms. *Annals of Behavioral Medicine, 52,* 443–p445.

Masters, K. S., & Spielmans, G. I. (2007). Prayer and health: Review, meta-analysis, and research agenda. *Journal of Behavioral Medicine, 30,* 329–338.

Mata, J., Silva, M. N., Vieira, P. N., Carraca, E. V., Andrade, A. M., Coutinho, S. R., . . . Teixeira, P. J. (2009). Motivational "spill-over" during weight control: Increased self-determination and exercise intrinsic motivation predict eating self-regulation. *Health Psychology, 28,* 709–716.

Mathur, A., Jarrett, P., Broadbent, E., & Petrie, K. J. (2018). Open-label placebos for wound healing: A randomized controlled trial. *Annals of Behavioral Medicine, 52,* 902–908.

Matos, M., Bernardes, S. F., Goubert, L., & Beyers, W. (2017). Buffer or amplifier? Longitudinal effects of social support for functional autonomy/dependence on older adults' chronic pain experiences. *Health Psychology, 36,* 1195–1206.

Mattavelli, S., Avishai, A., Perugini, M., Richetin, J., & Sheeran, P. (2017). How can implicit and explicit attitudes both be changed? Testing two interventions to promote consumption of green vegetables. *Annals of Behavioral Medicine, 51,* 511–518.

Matthews, K. A., Boylan, J. M., Jakubowski, K. P., Cundiff, J. M., Lee, L., Pardini, D. A., & Jennings, J. R. (2017). Socioeconomic status and parenting during adolescence in relation to ideal cardiovascular health in Black and White men. *Health Psychology, 36,* 673–681.

Matthews, K. A., Gallo, L. C., & Taylor, S. E. (2010). Are psychosocial factors mediators of SES and health connections? A progress report and blueprint for the future. In N. Adler & J. Stewart (Eds.), *The biology of disadvantage: Socioeconomic status and health* (Vol. 1186, pp. 146–173). Malden, MA: Wiley-Blackwell.

Matthews, K. A., Gump, B. B., Block, D. R., & Allen, M. T. (1997). Does background stress heighten or dampen children's cardiovascular responses to acute stress? *Psychosomatic Medicine, 59,* 488–496.

Matthews, K. A., Gump, B. B., & Owens, J. F. (2001). Chronic stress influences cardiovascular and neuroendocrine responses during acute stress and recovery, especially in men. *Health Psychology, 20,* 403–410.

Matthews, K. A., Owens, J. F., Allen, M. T., & Stoney, C. M. (1992). Do cardiovascular responses to laboratory stress relate to ambulatory blood pressure levels? Yes, in some of the people, some of the time. *Psychosomatic Medicine, 54,* 686–697.

Matthews, K. A., Owens, J. F., Kuller, L. H., Sutton-Tyrrell, K., & Jansen-McWilliams, L. (1998). Are hostility and anxiety associated with carotid atherosclerosis in healthy postmenopausal women? *Psychosomatic Medicine, 60,* 633–638.

Matthews, K. A., Räikkönen, K., Gallo, L., & Kuller, L. H. (2008). Association between socioeconomic status and metabolic syndrome in women: Testing the reserve capacity model. *Health Psychology, 27,* 576–583.

Matthews, K. A., Salomon, K., Brady, S. S., & Allen, M. T. (2003). Cardiovascular reactivity to stress predicts future blood pressure in adolescence. *Psychosomatic Medicine, 65,* 410–415.

Matthews, K. A., Woodall, K. L., & Allen, M. T. (1993). Cardiovascular reactivity to stress predicts future blood pressure status. *Hypertension, 22,* 479–485.

Matthews, K. A., Woodall, K. L., Kenyon, K., & Jacob, T. (1996). Negative family environment as a predictor of boys' future status on measures of hostile attitudes, interview behavior, and anger expression. *Health Psychology, 15,* 30–37.

Mattson, M. P. (2004). Pathways towards and away from Alzheimer's disease. *Nature, 430,* 631–639.

Maugh, T. H. (2009, October 9). Virus is found in many people with chronic fatigue. *Los Angeles Times,* p. A18.

Mauksch, H. O. (1973). Ideology, interaction, and patient care in hospitals. *Social Science and Medicine, 7,* 817–830.

Mausbach, B. T., Bos, T., & Irwin, S. A. (2018). Mental health treatment dose and annual healthcare costs in patients with cancer and major depressive disorder. *Health Psychology, 37,* 1035–1040.

Mausbach, B. T., Chattillion, E., Roepke, S. K., Ziegler, M. G., Milic, M., von Känel, R., . . . Grant, I. (2012). A longitudinal analysis of the relations among stress, depressive symptoms, leisure satisfaction, and endothelial function in caregivers. *Health Psychology, 31,* 433–440.

Mausbach, B. T., Dimsdale, J. E., Ziegler, M. G., Mills, P. J., Ancoli-Israel, S., Patterson, T. L., & Grant, I. (2005). Depressive symptoms predict norepinephrine response to a psychological stressor task in Alzheimer's caregivers. *Psychosomatic Medicine, 67,* 638–642.

Mausbach, B. T., Patterson, T. L., Rabinowitz, Y. G., Grant, I., & Schulz, R. (2007). Depression and distress predict time to cardiovascular disease in dementia caregivers. *Health Psychology, 26,* 539–544.

Mausbach, B. T., Semple, S. J., Strathdee, S. A., Zians, J., & Patterson, T. L. (2007). Efficacy of a behavioral intervention for increasing safer sex behaviors in HIV-negative, heterosexual methamphetamine users: Results from the fast-lane study. *Annals of Behavioral Medicine, 34,* 263–274.

Mausbach, B. T., von Känel, R., Aschbacher, K., Roepke, S. K., Dimsdale, J. E., Ziegler, M. G., . . . Grant, I. (2007). Spousal caregivers of patients with Alzheimer's disease show longitudinal increases in plasma level of tissue-type plasminogen activator antigen. *Psychosomatic Medicine, 69,* 816–822.

Mayer-Davis, E. J., Lawrence, J. M., Dabelea, D., Divers, J., Isom, S., Dolan, L., . . . Pihoker, C. (2017). Incidence trends of type 1 and type 2 diabetes among youths, 2002–2012. *New England Journal of Medicine, 376,* 1419–1429.

Mayer, E. A., & Hsiao, E. Y. (2017). The gut and its microbiome as related to central nervous system functioning and psychological well-being: Introduction to the special issue of *Psychosomatic Medicine*. *Psychosomatic Medicine, 79,* 844–846.

May, M., McCarron, P., Stansfeld, S., Ben-Schlomo, Y., Gallacher, J., Yarnell, J., . . . Ebrahim, S. (2002). Does psychological distress predict the risk of ischemic stroke and transient ischemic attack? *Stroke, 33,* 7–12.

McAuley, E., Doerksen, S. E., Morris, K. S., Motl, R. W., Hu, L., Wójcicki, T. R., . . . Rosengren, K. R. (2008). Pathways from physical activity to quality of life in older women. *Annals of Behavioral Medicine, 36,* 13–20.

McAuley, E., White, S. M., Rogers, L. Q., Motl, R. W., & Courneya, K. S. (2010). Physical activity and fatigue in breast cancer and multiple sclerosis: Psychosocial mechanisms. *Psychosomatic Medicine, 72,* 88–96.

McBride, C. M., Pollack, K. I., Lyna, P., Lipkus, I. M., Samsa, G. P., & Bepler, G. (2001). Reasons for quitting smoking among low-income African American smokers. *Health Psychology, 20,* 334–340.

McCarroll, J. E., Ursano, R. J., Fullerton, C. S., Liu, X., & Lundy, A. (2002). Somatic symptoms in Gulf War mortuary workers. *Psychosomatic Medicine, 64,* 29–33.

McCaul, K. D., Monson, N., & Maki, R. H. (1992). Does distraction reduce pain-produced distress among college students? *Health Psychology, 11,* 210–217.

McClearn, G., Johansson, B., Berg, S., Pedersen, N., Ahern, F., Petrill, S. A., & Plomin, R. (1997). Substantial genetic influence on cognitive abilities in twins 80 or more years old. *Science, 276,* 1560–1563.

McClelland, L. E., & McCubbin, J. A. (2008). Social influence and pain response in women and men. *Journal of Behavioral Medicine, 31,* 413–420.

McConnell, A. R., Brown, C. M., Shoda, T. M., Stayton, L. E., & Martin, C. E. (2011). Friends with benefits: On the positive consequences of pet ownership. *Journal of Personality and Social Psychology, 101,* 1239–1252.

McCracken, L. M. (1991). Cognitive–behavioral treatment of rheumatoid arthritis: A preliminary review of efficacy and methodology. *Annals of Behavioral Medicine, 13,* 57–65.

McCracken, L. M., & Vowles, K. E. (2008). A prospective analysis of acceptance of pain and values-based action in patients with chronic pain. *Health Psychology, 27,* 215–220.

McCracken, L. M., & Vowles, K. E. (2014). Acceptance and commitment therapy and mindfulness for chronic pain: Model, process, and progress. *American Psychologist, 69,* 178–187.

McCrory, C., Dooley, C., Layte, R., & Kenny, R. A. (2015). The lasting legacy of childhood adversity for disease risk in later life. *Health Psychology, 34,* 687–696.

McCullough, M. E., Friedman, H. S., Enders, C. K., & Martin, L. R. (2009). Does devoutness delay death? Psychological investment in religion and its association with longevity in the Terman sample. *Journal of Personality and Social Psychology, 97,* 866–882.

McDonagh, A., Friedman, M., McHugo, G., Ford, J., Sengupta, A., Mueser, K., . . . Descamps, M. (2005). Randomized trial of cognitive–behavioral therapy for chronic posttraumatic stress disorder in adult female survivors of childhood sexual abuse. *Journal of Consulting and Clinical Psychology, 73,* 515–524.

McDonough, P., Williams, D. R., House, J. S., & Duncan, G. J. (1999). Gender and the socioeconomic gradient in mortality. *Journal of Health and Social Behavior, 40,* 17–31.

McEachan, R., Taylor, N., Harrison, R., Lawton, R., Gardner, P., & Conner, M. (2016). Meta-analysis of the reasoned action approach (RAA) to understanding health behaviors. *Annals of Behavioral Medicine, 50,* 592–612.

McEwen, B. S. (1998). Protective and damaging effects of stress mediators. *The New England Journal of Medicine, 338,* 171–179.

McGarrity, L. A., & Huebner, D. M. (2014). Behavioral intentions to HIV test and subsequent testing: The moderating role of sociodemographic characteristics. *Health Psychology, 33,* 396–400.

McGinty, H. L., Small, B. J., Laronga, C., & Jacobsen, P. B. (2016). Predictors and patterns of fear of cancer recurrence in breast cancer survivors. *Health Psychology, 35,* 1–9.

McGonagle, K. A., & Kessler, R. C. (1990). Chronic stress, acute stress, and depressive symptoms. *American Journal of Community Psychology, 18,* 681–706.

McGrady, A., Conran, P., Dickey, D., Garman, D., Farris, E., & Schumann-Brzezinski, C. (1992). The effects of biofeedback-assisted relaxation on cell-mediated immunity, cortisol, and white blood cell count in healthy adult subjects. *Journal of Behavioral Medicine, 15,* 343–354.

McGuire, L., Heffner, K., Glaser, R., Needleman, B., Malarkey, W., Dickinson, S., . . . Kiecolt-Glaser, J. K. (2006). Pain and wound healing in surgical patients. *Annals of Behavioral Medicine, 31,* 165–172.

McIntosh, D. N., Poulin, M. J., Silver, R. C., & Holman, E. A. (2011). The distinct roles of spirituality and religiosity in physical and mental health after collective trauma: A national longitudinal study of responses to the 9/11 attacks. *Journal of Behavioral Medicine, 34,* 497–507.

McKay, B. (2011, September 19). U.N. to address spread of chronic diseases. *The Wall Street Journal,* p. A13.

McKay, H. G., Seeley, J. R., King, D., Glasgow, R. E., & Eakin, E. G. (2001). The diabetes network Internet-based physical activity intervention. *Diabetes Care, 24,* 1328–1334.

McKenna, M. C., Zevon, M. A., Corn, B., & Rounds, J. (1999). Psychological factors and the development of breast cancer: A meta-analysis. *Health Psychology, 18,* 520–531.

McKnight, P. E., Afram, A., Kashdan, T. B., Kasle, S., & Zautra, A. (2010). Coping self-efficacy as a mediator between catastrophizing and physical functioning: Treatment target selection in an osteoarthritis sample. *Journal of Behavioral Medicine, 33,* 239–249.

McNally, R. J. (2012). Are we winning the war against posttraumatic stress disorder? *Science, 336,* 872–874.

McVea, K. L. S. P. (2006). Evidence for clinical smoking cessation for adolescents. *Health Psychology, 25,* 558–562.

Means-Christensen, A. J., Arnau, R. C., Tonidandel, A. M., Bramson, R., & Meagher, M. W. (2005). An efficient method of identifying major depression and panic disorder in primary care. *Journal of Behavioral Medicine, 28,* 565–572.

Meara, E., White, C., & Cutler, D. M. (2004). Trends in medical spending by age, 1963–2000. *Health Affairs, 23,* 176–183.

Mechanic, D. (1972). Social psychologic factors affecting the presentation of bodily complaints. *The New England Journal of Medicine, 286,* 1132–1139.

Mechanic, D. (1975). The organization of medical practice and practice orientation among physicians in prepaid and nonprepaid primary care settings. *Medical Care, 13,* 189–204.

Meert, K. L., Eggly, S., Kavanaugh, K., Berg, R. A., Wessel, D. L., Newth, C. J. L., & Park, C. L. (2015). Meaning making during parent–physician bereavement meetings after a child's death. *Health Psychology, 34,* 453–461.

Meechan, G., Collins, J., & Petrie, K. J. (2003). The relationship of symptoms and psychological factors to delay in seeking medical care for breast symptoms. *Preventive Medicine, 36,* 374–378.

Meichenbaum, D. H., & Jaremko, M. E. (Eds.). (1983). *Stress reduction and prevention.* New York: Plenum.

Melamed, B. G., & Brenner, G. F. (1990). Social support and chronic medical stress: An interaction-based approach. *Journal of Social and Clinical Psychology, 9,* 104–117.

Melamed, B. G., & Siegel, L. (1975). Reduction of anxiety in children facing hospitalization and surgery by use of filmed modeling. *Journal of Consulting and Clinical Psychology, 43,* 511–521.

Melzack, R. (1983). *Pain measurement and assessment.* New York: Raven Press.

Melzack, R., & Wall, P. D. (1982). *The challenge of pain.* New York: Basic Books.

Menaghan, E., Kowaleski-Jones, L., & Mott, F. (1997). The intergenerational costs of parental social stressors: Academic and social difficulties in early adolescence for children of young mothers. *Journal of Health and Social Behavior, 38,* 72–86.

Mendes de Leon, C. F. (1992). Anger and impatience/irritability in patients of low socioeconomic status with acute coronary heart disease. *Journal of Behavioral Medicine, 15,* 273–284.

Mendes de Leon, C. F., Kop, W. J., de Swart, H. B., Bar, F. W., & Appels, A. P. W. M. (1996). Psychosocial characteristics and recurrent events after percutaneous transluminal coronary angioplasty. *American Journal of Cardiology, 77,* 252–255.

Menning, C. L. (2006). Nonresident fathers' involvement and adolescents' smoking. *Journal of Health and Social Behavior, 47,* 32–46.

Menon, U., Belue, R., Wahab, S., Rugen, K., Kinney, A. Y., Maramaldi, P., . . . Szalacha, L. A. (2011). A randomized trial comparing the effect of two phone-based interventions on colorectal cancer screening adherence. *Annals of Behavioral Medicine, 42,* 294–303.

Mercado, A. C., Carroll, L. J., Cassidy, J. D., & Cote, P. (2000). Coping with neck and low back pain in the general population. *Health Psychology, 19,* 333–338.

Mercken, L., Steglich, C., Sinclair, P., Holliday, J., & Moore, L. (2012). A longitudinal social network analysis of peer influence, peer selection, and smoking behavior among adolescents in British schools. *Health Psychology, 31,* 450–459.

Mermelstein, R., Cohen, S., Lichtenstein, E., Baer, J. S., & Kamarck, T. (1986). Social support and smoking cessation and maintenance. *Journal of Consulting and Clinical Psychology, 54,* 447–453.

Merritt, M. M., Bennett, G. G., Williams, R. B., Sollers, J. J., III, & Thayer, J. F. (2004). Low educational attainment, John Henryism and cardiovascular reactivity to and recovery from personally relevant stress. *Psychosomatic Medicine, 66,* 49–55.

Mertens, M. C., Roukema, J. A., Scholtes, V. P. W., & De Vries, J. (2010). Trait anxiety predicts unsuccessful surgery in gallstone disease. *Psychosomatic Medicine, 72,* 198–205.

Merz, E. L., Fox, R. S., & Malcarne, V. L. (2014). Expressive writing interventions in cancer patients: A systematic review. *Health Psychology Review, 8,* 339–361.

Messina, C. R., Lane, D. S., Glanz, K., West, D. S., Taylor, V., Frishman, W., & Powell, L. (2004). Relationship of social support and social burden to repeated breast cancer screening in the women's health initiative. *Health Psychology, 23,* 582–594.

Mestel, R. (2012, June 5). Life expectancy gap narrows between blacks, whites. *Los Angeles Times.* Retrieved July 5, 2012, from http://articles.latimes.com/2012/jun/05/science/la-sci-life-expectancy-gap-20120606

Meyer, M. H., & Pavalko, E. K. (1996). Family, work, and access to health insurance among mature women. *Journal of Health and Social Behavior, 37,* 311–325.

Meyerowitz, B. E. (1983). Postmastectomy coping strategies and quality of life. *Health Psychology, 2,* 117–132.

Meyerowitz, B. E., & Hart, S. (1993, April). *Women and cancer: Have assumptions about women limited our research agenda?* Paper presented at the Women's Psychological and Physical Health Conference, Lawrence, KS.

Mezick, E. J., Matthews, K. A., Hall, M., Kamarck, T. W., Strollo, P. J., Buysse, D. J., . . . Reis, S. E. (2010). Low life purpose and high hostility are related to an attenuated decline in nocturnal blood pressure. *Health Psychology, 29,* 196–204.

Mezick, E. J., Matthews, K. A., Hall, M., Strollo, P. J., Buysse, D. J., Kamarck, T.W., . . . Reis, S. E. (2008). Influence of race and socioeconomic status on sleep: Pittsburgh sleep SCORE project. *Psychosomatic Medicine, 70,* 410–416.

Michael, Y. L., Carlson, N. E., Chlebowski, R. T., Aickin, M., Weihs, K. L., Ockene, J. K., . . . Ritenbaugh, C. (2009). Influence of stressors on breast cancer incidence in the women's health initiative. *Health Psychology, 28,* 137–146.

Michaud, D. S., Liu, S., Giovannucci, E., Willett, W. C., Colditz, G. A., & Fuchs, C. S. (2002). Dietary sugar, glycemic load, and pancreatic cancer risk in a prospective study. *Journal of the National Cancer Institute, 94,* 1293–1300.

Michela, J. L. (1987). Interpersonal and individual impacts of a husband's heart attack. In A. Baum & J. E. Singer (Eds.), *Handbook of psychology and health* (Vol. 5, pp. 255–301). Hillsdale, NJ: Erlbaum.

Michels, N., Sioen, I., Boone, L., Braet, C., Vanaelst, B., Huybrechts, I., & De Henauw, S. (2015). Longitudinal association between child stress and lifestyle. *Health Psychology, 34,* 40–50.

Michie, S., Carey, R. N., Johnston, M., Rothman, A. J., De Bruin, M., Kelly, M. P., & Connell, L. E. (2017). From theory-inspired to theory-based interventions: A protocol for developing and testing a methodology for linking behaviour change techniques to theoretical mechanisms of action. *Annals of Behavioral Medicine, 52,* 501–512.

Midei, A. J., & Matthews, K. A. (2009). Social relationships and negative emotional traits are associated with central adiposity and arterial stiffness in healthy adolescents. *Health Psychology, 28,* 347–353.

Midei, A. J., Matthews, K. A., Chang, Y. F., & Bromberger, J. T. (2013). Childhood physical abuse is associated with incident metabolic syndrome in mid-life women. *Health Psychology, 32,* 121–127.

Migneault, J. P., Dedier, J. J., Wright, J. A., Heeren, T., Campbell, M. K., Morisky, D. E., . . . Friedman, R. H. (2012). A culturally adapted telecommunication system to improve physical activity, diet quality, and medication adherence among hypertensive African-Americans: A randomized controlled trial. *Annals of Behavioral Medicine, 43,* 62–73.

Millar, B. M. (2017). Clocking self-regulation: Why time of day matters for health psychology. *Health Psychology Review, 11,* 345–357.

Miller, G. E., & Blackwell, E. (2006). Turning up the heat: Inflammation as a mechanism linking chronic stress, depression, and heart disease. *Current Directions in Psychological Science, 15,* 269–272.

Miller, G. E., & Chen, E. (2007). Unfavorable socioeconomic conditions in early life presage expression of proinflammatory phenotype in adolescence. *Psychosomatic Medicine, 69,* 402–409.

Miller, G. E., & Chen, E. (2010). Harsh family climate in early life presages the emergence of a proinflammatory phenotype in adolescence. *Psychological Science, 21,* 848–856.

Miller, G. E., Chen, E., & Parker, K. J. (2011). Psychological stress in childhood and susceptibility to the chronic diseases of aging: Moving toward a model of behavioral and biological mechanisms. *Psychological Bulletin, 137,* 959–997.

Miller, G. E., Chen, E., & Zhou, E. S. (2007). If it goes up, must it come down? Chronic stress and the hypothalamic-pituitary-adrenocortical axis in humans. *Psychological Bulletin, 133,* 25–45.

Miller, G. E., & Cohen, S. (2001). Psychological interventions and the immune system: A meta-analytic review and critique. *Health Psychology, 20,* 47–63.

Miller, G. E., Cohen, S., & Herbert, T. B. (1999). Pathways linking major depression and immunity in ambulatory female patients. *Psychosomatic Medicine, 61,* 850–860.

Miller, G. E., Cohen, S., & Ritchey, A. K. (2002). Chronic psychological stress and the regulation of pro-inflammatory cytokines: A glucocorticoid-resistance model. *Health Psychology, 21,* 531–541.

Miller, G. E., Lachman, M. E., Chen, E., Gruenewald, T. L., Karlamangla, A.S., & Seeman, T. E. (2011). Pathways to resilience: Maternal nurturance as a buffer against the effects of childhood poverty on metabolic syndrome at midlife. *Psychological Science, 22,* 1591–1599.

Miller, G. E., Rohleder, N., & Cole, S. W. (2009). Chronic interpersonal stress predicts activation of pro- and anti-inflammatory signaling pathways 6 months later. *Psychosomatic Medicine, 71,* 57–62.

Miller, M., Mangano, C. C., Beach, V., Kop, W. J., & Vogel, R. A. (2010). Divergent effects of joyful and anxiety-provoking music on endothelial vasoreactivity. *Psychosomatic Medicine, 72,* 354–356.

Miller, N. E. (1989). Placebo factors in types of treatment: Views of a psychologist. In M. Shepherd & N. Sartorius (Eds.), *Non-specific aspects of treatment* (pp. 39–56). Lewiston, NY: Hans Huber.

Miller, S. L., & Maner, J. K. (2012). Overperceiving disease cues: The basic cognition of the behavioral immune system. *Journal of Personality and Social Psychology, 102,* 1198–1213.

Miller, W. R., & Rose, G. S. (2009). Toward a theory of motivational interviewing. *American Psychologist, 64,* 527–537.

Mills, P. J., Meck, J. V., Waters, W. W., D'Aunno, D., & Ziegler, M. G. (2001). Peripheral leukocyte subpopulations and catecholamine levels in astronauts as a function of mission duration. *Psychosomatic Medicine, 63,* 886–890.

Milne, H. M., Wallman, K. E., Gordon, S., & Courneya, K. S. (2008). Impact of a combined resistance and aerobic exercise program on motivational variables in breast cancer survivors: A randomized controlled trial. *Annals of Behavioral Medicine, 36,* 158–166.

Milne, S., Orbell, S., & Sheeran, P. (2002). Combining motivational and volitional interventions to promote exercise participation: Protection motivation theory and implementation intentions. *British Journal of Health Psychology, 7,* 163–184.

Milne, S., Sheeran, P., & Orbell, S. (2000). Prediction and intervention in health-related behavior: A meta-analytic review of Protection Motivation Theory. *Journal of Applied Social Psychology, 30,* 106–143.

Milton, A. C., & Mullan, B. A. (2012). An application of the theory of planned behavior—a randomized controlled food safety pilot intervention for young adults. *Health Psychology, 31,* 250–259.

Minassian, A., Geyer, M. A., Baker, D. G., Nievergelt, C. M., O'Connor, D. T., & Risbrough, V. B., for the Marine Resiliency Study Team. (2014). Heart rate variability characteristics in a large group of active-duty marines and relationship to posttraumatic stress. *Psychosomatic Medicine, 76,* 292–301.

Miniño, A. M. (2010). Mortality among teenagers aged 12–19 years: United States, 1999–2006. *NCHS Data Brief, 37,* 1–8.

Minkler, M., Fuller-Thomson, E., & Guralnik, J. M. (2006). Gradient of disability across the socioeconomic spectrum in the United States. *The New England Journal of Medicine, 355,* 695–702.

Mintzer, J. E., Rubert, M. P., Loewenstein, D., Gamez, E., Millor, A., Quinteros, R., . . . Eisdorfer, C. (1992). Daughters caregiving for Hispanic and non-Hispanic Alzheimer patients: Does ethnicity make a difference? *Community Mental Health Journal, 28,* 293–303.

Mitchell, J. E., Agras, S., & Wonderlich, S. (2007). Treatment of bulimia nervosa: Where are we and where are we going? *International Journal of*

Eating Disorders, 40, 95–101.

Mitchell, J. E., Laine, D. E., Morley, J. E., & Levine, A. S. (1986). Naloxone but not CCK–8 may attenuate binge-eating behavior in patients with the bulimia syndrome. *Biological Psychiatry, 21,* 1399–1406.

Mitrani, V. B., McCabe, B. E., Burns, M. J., & Feaster, D. J. (2012). Family mechanisms of structural ecosystems therapy for HIV-seropositive women in drug recovery. *Health Psychology, 31,* 591–600.

Mittag, W., & Schwarzer, R. (1993). Interaction of employment status and self-efficacy on alcohol consumption: A two-wave study on stressful life transitions. *Psychology and Health, 8,* 77–87.

Mittermaier, C., Dejaco, C., Waldhoer, T., Oefferlbauer-Ernst, A., Miehsler, W., Beier, M., . . . Moser, G. (2004). Impact of depressive mood on relapse in patients with inflammatory bowel disease: A prospective 18-month follow-up study. *Psychosomatic Medicine, 66,* 79–84.

Mohr, D., Bedantham, K., Neylan, T., Metzler, T. J., Best, S., & Marmar, C. R. (2003). The mediating effects of sleep in the relationship between traumatic stress and health symptoms in urban police officers. *Psychosomatic Medicine, 65,* 485–489.

Mohr, D., Hart, S. L., & Goldberg, A. (2003). Effects of treatment for depression on fatigue in multiple sclerosis. *Psychosomatic Medicine, 65,* 542–547.

Mohr, D. C., Siddique, J., Ho, J., Duffecy, J., Jin, L., & Fokuo, J. K. (2010). Interest in behavioral and psychological treatments delivered face-to-face, by telephone, and by Internet. *Annals of Behavioral Medicine, 40,* 89–98.

Mokdad, A. H., Marks, J. S., Stroup, D. F., & Gerberding, J. L. (2004). Actual cause of death in the United States, 2000. *Journal of the American Medical Society, 291,* 1238–1245.

Moller, J., Hallqvist, J., Diderichsen, F., Theorell, T., Reuterwall, C., & Ahlbom, A. (1999). Do episodes of anger trigger myocardial infarction? A case-crossover analysis in the Stockholm Heart Epidemiology Program (SHEEP). *Psychosomatic Medicine, 61,* 842–849.

Molloy, G. J., Noone, C., Caldwell, D., Welton, N. J., & Newell, J. (2018). Network meta-analysis in health psychology and behavioural medicine: A primer. *Health Psychology Review, 12,* 254–270.

Molloy, G. J., Perkins-Porras, L., Strike, P. C., & Steptoe, A. (2008). Type D personality and cortisol in survivors of acute coronary syndrome. *Psychosomatic Medicine, 70,* 863–868.

Molloy, G. J., Randall, G., Wikman, A., Perkins-Porras, L., Messerli-Bürgy, N., & Steptoe, A. (2012). Type D personality, self-efficacy, and medication adherence following an acute coronary syndrome. *Psychosomatic Medicine, 74,* 100–106.

Molton, I. R., & Terrill, A. L. (2014). Overview of persistent pain in older adults. *American Psychologist, 69,* 197–208.

Monaghan, M., Herbert, L. J., Wang, J., Holmes, C., Cogen, F., & Streisand, R. (2015). Mealtime behavior and diabetes-specific parent functioning in young children with type 1 diabetes. *Health Psychology, 34,* 794–780.

Moncrieft, A. E., Llabre, M. M., McCalla, J. R., Gutt, M., Mendez, A. J., Gellman, M. D., . . . Schneiderman, N. (2016). Effects of a multicomponent life-style intervention on weight, glycemic control, depressive symptoms, and renal function in low-income, minority patients with type 2 diabetes: Results of the community approach to lifestyle modification for diabetes randomized controlled trial. *Psychosomatic Medicine, 78,* 851–860.

Monson, C. M., Schnurr, P. P., Resnick, P. A., Friedman, M. J., Young-Xu, Y., & Stevens, S. P. (2006). Cognitive processing therapy for veterans with military-related posttraumatic stress disorder. *Journal of Consulting and Clinical Psychology, 74,* 898–907.

Montano, D. E., & Taplin, S. H. (1991). A test of an expanded theory of reasoned action to predict mammography participation. *Social Science and Medicine, 32,* 733–741.

Monteleone, P., Luisi, M., Colurcio, B., Casarosa, E., Ioime, R., Genazzani, A. R., & Maj, M. (2001). Plasma levels of neuroactive steroids are increased in untreated women with anorexia nervosa or bulimia nervosa. *Psychosomatic Medicine, 63,* 62–68.

Montgomery, G. H., & Bovbjerg, D. H. (2004). Presurgery distress and specific response expectancies predict postsurgery outcomes in surgery patients confronting breast cancer. *Health Psychology, 23,* 381–387.

Montgomery, G. H., Kangas, M., David, D., Hallquist, M. N., Green, S., Bovbjerg, D. H., & Schnur, J. B. (2009). Fatigue during breast cancer radiotherapy: An initial randomized study of cognitive–behavioral therapy plus hypnosis. *Health Psychology, 28,* 317–322.

Moody, L., McCormick, K., & Williams, A. (1990). Disease and symptom severity, functional status, and quality of life in chronic bronchitis and emphysema (CBE). *Journal of Behavioral Medicine, 13,* 297–306.

Moons, W. G., Eisenberger, N. I., & Taylor, S. E. (2010). Anger and fear responses to stress have different biological profiles. *Brain, Behavior, and Immunity, 24,* 215–219.

Moos, R. H. (1988). Life stressors and coping resources influence health and well-being. *Psychological Assessment, 4,* 133–158.

Moos, R. H., Brennan, P. L., & Moos, B. S. (1991). Short-term processes of remission and nonremission among later-life problem drinkers. *Alcoholism: Clinical and Experimental Review, 15,* 948–955.

Moos, R. H., & Schaefer, J. A. (1987). Evaluating health care work settings: A holistic conceptual framework. *Psychology and Health, 1,* 97–122.

Mora, P. A., Halm, E., Leventhal, H., & Ceric, F. (2007). Elucidating the relationship between negative affectivity and symptoms: The role of illness-specific affective responses. *Annals of Behavioral Medicine, 34,* 77–86.

Morell, V. (1993). Huntington's gene finally found. *Science, 260,* 28–30.

Morens, D. M., Folkers, G. K., & Fauci, A. S. (2004). The challenge of emerging and re-emerging infectious diseases. *Nature, 430,* 242–249.

Morgan, D. L. (1985). Nurses' perceptions of mental confusion in the elderly: Influence of resident and setting characteristics. *Journal of Health and Social Behavior, 26,* 102–112.

Morin, C. M., Rodrigue, S., & Ivers, H. (2003). Role of stress, arousal, and coping skills in primary insomnia. *Psychosomatic Medicine, 65,* 259–267.

Morozink, J. A., Friedman, E. M., Coe, C. L., & Ryff, C. D. (2010). Socioeconomic and psychosocial predictors of interleukin-6 in the MIDUS national sample. *Health Psychology, 29,* 626–635.

Morrell, H. E. R., Song, A. V., & Halpern-Felsher, B. L. (2010). Predicting adolescent perceptions of the risks and benefits of cigarette smoking: A longitudinal investigation. *Health Psychology, 29,* 610–617.

Morris, P. L. P., & Raphael, B. (1987). Depressive disorder associated with physical illness: The impact of stroke. *General Hospital Psychiatry, 9,* 324–330.

Morrongiello, B. A., Corbett, M., & Bellissimo, A. (2008). "Do as I say, not as I do": Family influences on children's safety and risk behaviors. *Health Psychology, 27,* 498–503.

Morrongiello, B. A., Sandomierski, M., Zdzieborski, D., & McCollam, H. (2012). A randomized controlled trial evaluating the impact of the Supervising for Home Safety Program on parent appraisals of injury risk and need to actively supervise. *Health Psychology, 31,* 601–611.

Morrongiello, B. A., Schwebel, D. C., Bell, M., Stewart, J., & Davis, A. L. (2012). An evaluation of The Great Escape: Can an interactive computer game improve young children's fire safety knowledge and behaviors? *Health Psychology, 31,* 496–502.

Morton, G. J., Cummings, D. E., Baskin, D. G., Barsh, G. S., & Schwartz,

M. W. (2006). Central nervous system control of food intake and body weight. *Nature, 443,* 289–295.

Moser, D. K., & Dracup, K. (2004). Role of spousal anxiety and depression in patients' psychosocial recovery after a cardiac event. *Psychosomatic Medicine, 66,* 527–532.

Moser, D. K., McKinley, S., Riegel, B., Doering, L. V., Meischke, H., Pelter, M., . . . Dracup, K. (2011). Relationship of persistent symptoms of anxiety to morbidity and mortality outcomes in patients with coronary heart disease. *Psychosomatic Medicine, 73,* 803–809.

Moses, H. (Producer). (1984, February 18). Helen. In *60 Minutes.* New York: CBS.

Moskowitz, J. T. (2003). Positive affect predicts lower risk of AIDS mortality. *Psychosomatic Medicine, 65,* 620–626.

Moss-Morris, R., & Spence, M. (2006). To "lump" or to "split" the functional somatic syndromes: Can infectious and emotional risk factors differentiate between the onset of chronic fatigue syndrome and irritable bowel syndrome? *Psychosomatic Medicine, 68,* 463–469.

Motivala, S. J., Hurwitz, B. E., Llabre, M. M., Klimas, N. G., Fletcher, M. A., Antoni, M. H., . . . Schneiderman, N. (2003). Psychological distress is associated with decreased memory and helper T-cell and B-cell counts in pre-AIDS HIV seropositive men and women but only in those with low viral load. *Psychosomatic Medicine, 65,* 627–635.

Motivala, S. J., Tomiyama, A. J., Ziegler, M., Khandrika, S., & Irwin, M. R. (2009). Nocturnal levels of ghrelin and leptin and sleep in chronic insomnia. *Psychoneuroendocrinology, 34,* 540–545.

Motl, R. W., & Snook, E. M. (2008). Physical activity, self-efficacy, and quality of life in multiple sclerosis. *Annals of Behavioral Medicine, 35,* 111–115.

Mõttus, R., Johnson, W., Murray, C., Wolf, M. S., Starr, J. M., & Deary, I. J. (2014). Towards understanding the links between health literacy and physical health. *Health Psychology, 33,* 164–173.

Mõttus, R., Luciano, M., Starr, J. M., Pollard, M. C., & Deary, I. J. (2013). Personality traits and inflammation in men and women in their early 70s: The Lothian Birth Cohort 1936 Study of Healthy Aging. *Psychosomatic Medicine, 75,* 11–19.

Mugavero, M. J., Raper, J. L., Reif, S., Whetten, K., Leserman, J., Thielman, N. M., & Pence, B. W. (2009). Overload: Impact of incident stressful events on antiretroviral medication adherence and virologic failure in a longitudinal, multisite human immunodeficiency virus cohort study. *Psychosomatic Medicine, 71,* 920–926.

Muhonen, T., & Torkelson, E. (2003). The demand-control-support model and health among women and men in similar occupations. *Journal of Behavioral Medicine, 26,* 601–613.

Mukherjee, S. (2017, April 3). The algorithm will see you now: When it comes to diagnosis, will A.I. replace M.D.? *The New Yorker,* pp. 46–53.

Mullen, B., & Smyth, J. M. (2004). Immigrant suicide rates as a function of ethnophaulisms: Hate speech predicts death. *Psychosomatic Medicine, 66,* 343–348.

Mullen, B., & Suls, J. (1982). The effectiveness of attention and rejection as coping styles: A meta-analysis of temporal differences. *Journal of Psychosomatic Research, 26,* 43–49.

Müller, F., Tuinman, M. A., Stephenson, E., Smink, A., DeLongis, A., & Hagedoorn, M. (2018). Associations of daily partner responses with fatigue interference and relationship satisfaction in colorectal cancer patients. *Health Psychology, 37,* 1015–1024.

Mulvaney, S. A., Rothman, R. L., Dietrich, M. S., Wallston, K. A., Grove, E., Elasy, T. A., & Johnson, K. B. (2012). Using mobile phones to measure adolescent diabetes adherence. *Health Psychology, 31,* 43–50.

Mund, M., & Mitte, K. (2012). The costs of repression: A meta-analysis on the relation between repressive coping and somatic diseases. *Health Psychology, 31,* 640–649.

Murphy, L., & Dockray, S. (2018). The consideration of future consequences and health behaviour: A meta-analysis. *Health Psychology Review, 12,* 357–381.

Murphy, M. L. M., Slavich, G. M., Chen, E., & Miller, G. E. (2015). Targeted rejection predicts decreased anti-inflammatory gene expression and
increased symptom severity in youth with asthma. *Psychological Science, 26,* 111–121.

Murphy, S. L., Xu, J., & Kochanek, K. D. (2012). Deaths: Preliminary data for 2010. *National Vital Statistics Reports* (NCHS), *60,* 1–51.

Murphy, S. L., Xu, J. Q., Kochanek, K. D., & Arias, E. (2018). Mortality in the United States, 2017. *NCHS Data Brief, 328.* Retrieved March 26, 2019, from https://www.cdc.gov/nchs/data/databriefs/db328-h.pdf

Murray, D. M., Davis-Hearn, M., Goldman, A. I., Pirie, P., & Luepker, R. V. (1988). Four- and five-year follow-up results from four seventh-grade smoking prevention strategies. *Journal of Behavioral Medicine, 11,* 395–406.

Musick, M. A., House, J. S., & Williams, D. R. (2004). Attendance at religious services and mortality in a national sample. *Journal of Health and Social Behavior, 45,* 198–213.

Mutterperl, J. A., & Sanderson, C. A. (2002). Mind over matter: Internalization of the thinness norm as a moderator of responsiveness to norm misperception education in college women. *Health Psychology, 21,* 519–523.

Myers, H. F. (2009). Ethnicity and socio-economic status-related stresses in context: An integrative review and conceptual model. *Journal of Behavioral Medicine, 32,* 9–19.

Myers, M. M. (1996). Enduring effects of infant feeding experiences on adult blood pressure. *Psychosomatic Medicine, 58,* 612–621.

Myint, P. K., Luben, R. N., Surtees, P. G., Wainwright, N. W. J., Welch, A. A., Bingham, S. A., . . . Khaw, K. T. (2007). Self-reported mental health-related quality of life and mortality in men and women in the European perspective investigation into cancer (EPIC-Norfolk): A prospective population study. *Psychosomatic Medicine, 69,* 410–414.

Naar-King, S., Wright, K., Parsons, J. T., Frey, M., Templin, T., & Ondersma, S. (2006). Transtheoretical model and condom use in HIV-positive youths. *Health Psychology, 25,* 648–652.

Nahum-Shani, I., Smith, S. N., Spring, B. J., Collins, L. M., Witkiewitz, K., Tewari, A., & Murphy, S. A. (2017). Just-in-time adaptive interventions (JITAIs) in mobile health: Key components and design principles for ongoing health behavior support. *Annals of Behavioral Medicine, 52,* 446–462.

Naliboff, B. D., Mayer, M., Fass, R., Fitzgerald, L. Z., Chang, L., Bolus, R., & Mayer, E. A. (2004). The effect of life stress on symptoms of heartburn. *Psychosomatic Medicine, 66,* 426–434.

Napolitano, M. A., Fotheringham, M., Tate, D., Sciamanna, C., Leslie, E., Owen, N., . . . Marcus, B. (2003). Evaluation of an Internet-based physical activity intervention: A preliminary investigation. *Annals of Behavioral Medicine, 25,* 92–99.

Napolitano, M. A., Papandonatos, G. D., Lewis, B. A., Whiteley, J. A., Williams, D. M., King, A. C., . . . Marcus, B. H. (2008). Mediators of physical activity behavior change: A multivariate approach. *Health Psychology, 28,* 409–418.

Nash, J. M., Williams, D. M., Nicholson, R., & Trask, P. C. (2006). The contribution of pain-related anxiety to disability from headache. *Journal of Behavioral Medicine, 29,* 61–67.

Nater, U. M., Lin, J. M., Maloney, E. M., Jones, J. F., Tian, H., Boneva, R. S., . . . Heim, C. (2009). Psychiatric comorbidity in persons with chronic fatigue syndrome identified from the Georgia population. *Psychosomatic Medicine, 71,* 557–565.

National Academy of Medicine. (2002). *Unequal treatment: Confronting racial and ethnic disparities in health care.* Washington, DC: National Academic Press.

National Academy of Medicine. (2009). *Informing the future: Critical issues in health* (5th ed.). Washington, DC: The National Academies Press.

National Academy of Medicine. (2010). *Dietary reference intakes for calcium and vitamin D.* Retrieved March 28, 2013, from http://www.iom.edu/Reports/2010/Dietary-Reference-Intakes-for-Calcium-and-Vitamin-D.aspx

National Academy of Medicine. (2011a). *Clinical preventive services for women: Closing the gaps.* Report Brief. Washington, DC: The National Academies Press.

National Academy of Medicine. (2011b). *Informing the future: Critical issues in health* (6th ed.). Washington, DC: The National Academies Press.

National Academy of Medicine. (2011, March). *The health of lesbian, gay, bisexual, and transgender people: Building a foundation for better understanding.* Report Brief. Washington, DC: The National Academies Press.

National Academy of Medicine. (2011, October). *Essential health benefits: Balancing coverage and cost.* Report Brief. Washington, DC: The National Academies Press.

National Academy of Medicine. (2011c). *Relieving pain in America: A blueprint for transforming prevention, care, education, and research.* Washington, DC: The National Academies Press.

National Academy of Medicine. (2012, April). *For the public's health: Investing in a healthier future.* Report Brief. Washington, DC: The National Academies Press.

National Academy of Medicine. (2012, July). *The mental health and substance use workforce for older adults: In whose hands?* Report Brief. Washington, DC: The National Academies Press.

National Academy of Medicine. (2013, January). *U.S. health in international perspective: Shorter lives, poorer health* (pp. 1–4). Report Brief. Washington, DC: National Academy of Sciences.

National Academy of Medicine. (2013a, May). *Educating the student body: Taking physical activity and physical education to school.* Report Brief. Washington, DC: National Academy of Sciences.

National Academy of Medicine. (2013b, May). *Sodium intake in populations: Assessment of evidence.* Report Brief. Washington, DC: National Academy of Sciences.

National Academy of Medicine. (2013, October). *Sports-related concussions in youth: Improving the science, changing the culture* (pp. 1–4). Report Brief. Washington, DC: National Academy of Sciences.

National Cancer Institute. (2005). *Cancer health disparities: Fact sheet.* Retrieved March 1, 2007, from http://www.cancer.gov/cancertopics/factsheet/cancerhealthdisparities

National Cancer Institute. (2016). *Office of cancer survivorship.* Retrieved March 4, 2016, from http://cancer.control.cancer.gov/ocs/statistics/statistics.html.

National Cancer Institute (2018, October). *Cancer in children and adolescents.* Retrieved May 8, 2019, from https://www.cancer.gov/types/childhood-cancers/child-adolescent-cancers-fact-sheet

National Cancer Institute. (2019, March). *Cancer disparities.* Retrieved May 30, 2019, from https://www.cancer.gov/about-cancer/understanding/disparities

National Center for Complementary and Alternative Medicine. (2009). *Ayurvedic medicine: An introduction.* Retrieved March 26, 2013, from http://nccam.nih.gov/health/ayurveda/introduction.htm

National Center for Complementary and Alternative Medicine. (2010). *Meditation: An introduction.* Retrieved October 22, 2012, from http://nccam.nih.gov/health/meditation/overview.htm

National Center for Complementary and Alternative Medicine. (2012). *NCAAM facts-at-a-glance and mission.* Retrieved October 22, 2012, from http://nccam.nih.gov/about/ataglance

National Center for Complementary and Integrative Health. (2016). *Meditation: In depth.* Retrieved February 20, 2016, from https://nccih.nih.gov

National Center for Health Statistics. (2009). *Health, United States, 2008 with special feature on the health of young adults.* Retrieved September 29, 2009, from http://www.cdc.gov/nchs/data/hus/hus08.pdf

National Center for Complementary and Integrative Health. (2018). *National survey reveals increased use of yoga, meditation, and chiropractic care among U.S. adults.* Retrieved April 9, 2019, from https://nccih.nih.gov/research/results/spotlight/NHIS2017-Adult-Survey

National Center for Health Statistics. (2010, June). *Prevalence of obesity among children and adolescents: United States, trends 1963–1965 through 2007–2008.* Retrieved March 16, 2012, from http://www.cdc.gov/nchs/data/hestat/obesity_child_07_08/obesity_child_07_08.pdf

National Center for Health Statistics. (2011). *Health, United States, 2011: With special feature on socioeconomic status and health.* Retrieved April 5, 2013, from http://www.cdc.gov/nchs/data/hus/hus11.pdf#030

National Center for Health Statistics. (2017). *Table 79. Prescription drug use in the past 30 days, by sex, race, and Hispanic origin, and age: United States, selected years 1988–1994 through 2011–2014.* Retrieved April 24, 2019, from https://www.cdc.gov/nchs/data/hus/2017/079.pdf

National Center for Health Statistics. (2018, November). *Mortality in the United States, 2017.* Retrieved April 9, 2019, from https://www.cdc.gov/nchs/data/databriefs/db328-h.pdf

National Committee for Quality Assurance. (2001). *Health plan report card.* Retrieved from http://www.ncqa.org/index.asp

National Health Expenditures. (2017, April). *Fact sheet.* Retrieved March 12, 2019, from https://www.cms.gov/research-statistics-data-and-systems/statistics-trends-and-reports/nationalhealthexpenddata/nhe-fact-sheet.html

National Heart, Lung, and Blood Institute. (2010a). *What is cholesterol?* Retrieved June 6, 2010, from http://nhlbi.nih.gov/health/dci/Disease/Atherosclerosis/Atherosclerosis_WhatIs.html

National Heart, Lung, and Blood Institute. (2010b). *What are the signs and symptoms of atrial fibrillation?* Retrieved June 6, 2010, from http://nhlbi.nih.gov/health/dci/images/atrial_fib_stroke.jpg

National Heart, Lung, and Blood Institute. (2011). *What is asthma?* Retrieved May 12, 2012, from http://www.nhlbi.nih.gov/health/health-topics/topics/asthma

National Institutes of Health. (n.d.). *Body mass index table 1.* Retrieved April 8, 2019, from https://www.nhlbi.nih.gov/health/educational/lose_wt/BMI/bmi_tbl.htm

National Institutes of Health. (2017, March 22). *COPD National Action Plan.* Retrieved March 13, 2019, from https://www.nhlbi.nih.gov/sites/default/files/media/docs/COPD National Action Plan 508_0.pdf

National Institutes of Health. (2018a). *Cancer of the lung and bronchus-Cancer stat facts.* Retrieved March 30, 2019, from https://seer.cancer.gov/statfacts/html/lungb.html

National Institutes of Health. (2018b). *Vitamins and minerals.* Retrieved April 8, 2019, from https://nccih.nih.gov/health/vitamins

National Institute of Environmental Health Sciences. (2018). *Autoimmune diseases.* Retrieved March 26, 2019, from https://www.niehs.nih.gov/health/topics/conditions/autoimmune/index.cfm

National Highway Traffic Safety Administration. (2012). *Traffic safety facts 2010 data: Alcohol-impaired driving.* Retrieved May 3, 2012, from http://www-nrd.nhtsa.dot.gov/Pubs/811606.pdf

National Hospice and Palliative Care Organization. (2007). *Keys to quality care.* Retrieved June 13, 2007, from http://www.nhpco.org/i4a/pages/index.cfm?pageid53303

National Hospice and Palliative Care Organization. (2011). *NHPCO facts and figures: Hospice care in America.* Retrieved September 25, 2012, from http://

www.nhpco.org/files/public/statistics_research/2011_facts_figures.pdf
National Hospice and Palliative Care Organization. (2015, September). *NHPCO's facts and figures: Hospice care in America.* Retrieved May 6, 2016, from http://www.nhpco.org/
National Institute of Neurological Disorders and Stroke. (2006). *Brain basics: Understanding sleep.* Retrieved April 25, 2007, from http://www.ninds.nih.gov/disorders/brain_basics/understanding_sleep.htm#sleep_disorders
National Institute of Neurological Disorders and Stroke. (2007). *Pain: Hope through research.* Retrieved April 14, 2007, from http://www.ninds.nih.gov/disorders/chronic_pain/detail_chronic_pain.htm
National Institute on Alcohol Abuse and Alcoholism. (2000a). *Alcohol alert: New advances in alcoholism treatment.* Retrieved from www.niaaa.nih.gov
National Institute on Alcohol Abuse and Alcoholism. (2000b). *10th special report to the U.S. Congress on alcohol and health.* Retrieved from http://silk.nih.gov/silk/niaaa1/publication/10report/10-order.htm
National Institute on Alcohol Abuse and Alcoholism. (2000c). *Estimated economic costs of alcohol abuse in the United States, 1992 and 1998.* Retrieved January 13, 2011, from http://www.niaaa.nih.gov/Resources/QuickFacts/EconomicData/Pages/cost8.aspx
National Institute on Alcohol Abuse and Alcoholism. (2009). *A snapshot of annual high-risk college drinking consequences.* Retrieved October 5, 2009, from http://www.collegedrinkingprevention.gov/StatsSummaries/snapshot.aspx
National Institute on Alcohol Abuse and Alcoholism. (2015, December). *College drinking.* Retrieved on February 28, 2016, from http://www. niaaa.nih.gov
National Institute on Diabetes and Digestive and Kidney Disorders. (1999). *Diabetes control and complications trial.* (National Institutes of Health Publication No. 97–3874). Retrieved from http://www.niddk.nih.gov/health/diabetes/pubs/dcct1/dcct.htm
National Institute on Diabetes and Digestive and Kidney Disorders. (2007). *Kidney disease of diabetes. USRDS 2007 Annual Report Data.* Retrieved from http://niddk.nih.gov/kudiseases/pubs/kdd
National Institute on Drug Abuse. (2011). *DrugFacts: Treatment statistics.* Retrieved March 6, 2013, from http://www.drugabuse.gov/publications/drugfacts/treatment-statistics
National Institutes of Health. (2006). NIH State-of-the-Science Conference statement on multivitamin/mineral supplements and chronic disease prevention. *Annals of Internal Medicine, 145,* 364–371.
National Multiple Sclerosis Society. (2016). *Multiple sclerosis FAQs.* Retrieved January 21, 2016, from nationalmssociety.org
National Research Council, & National Academy of Medicine. (2013). U.S. health in international perspective: Shorter lives, poorer health. *Consensus Report.* Washington, DC: National Academies Press
National Research Council. (2013). US health in international perspective: Shorter lives, poorer health. In *Panel on understanding cross-national health differences among high-income countries. Committee on Population, Division of Behavioral and Social Sciences and Education, and Board on Population Health and Public Health Practice.* Washington, DC: National Academies Press.
National Vital Statistics Reports. (2018, July 26). *Deaths: Final data for 2016.* Retrieved May 10, 2019, from http://www.cdc.gov
Navarro, A. M. (1996). Cigarette smoking among adult Latinos: The California tobacco baseline survey. *Annals of Behavioral Medicine, 18,* 238–245.
Nealey-Moore, J. B., Smith, T. W., Uchino, B. N., Hawkins, M. W., & Olson-Cerny, C. (2007). Cardiovascular reactivity during positive and negative marital interactions. *Journal of Behavioral Medicine, 30,* 505–519.
Neiberg, R. H., Aickin, M., Grzywacz, J. G., Lang, W., Quandt, S. A., Bell, R. A., & Arcury, T. A. (2011). Occurrence and co-occurrence of types of complementary and alternative medicine use by age, gender, ethnicity, and education among adults in the United States: The 2002 National Health Interview Survey (NHIS). *The Journal of Alternative and Complementary Medicine, 17,* 363–370.
Nelson, C., Franks, S., Brose, A., Raven, P., Williamson, J., Shi, X., . . . Harrell, E. (2005). The influence of hostility and family history of cardiovascular disease on autonomic activation in response to controllable versus noncontrollable stress, anger imagery induction, and relaxation imagery. *Journal of Behavioral Medicine, 28,* 213–221.
Nelson, L. M., Wallin, M. T., Marrie, R. A., Culpepper, W. J., Langer-Gould, A., Campbell, J., . . . United States Multiple Sclerosis Prevalence Workgroup. (2019). A new way to estimate neurologic disease prevalence in the United States: Illustrated with MS. *Neurology, 92,* 469–480.
Nelson, W. L. Suls, J., & Padgett, L. (2014). Understanding "ChemoBrain." A challenge and invitation to psychological scientists. *Observer, 12,* 2.
Nemeroff, C. B., Bremner, J. D., Foa, E. B., Mayberg, H. S., North, C. S., & Stein, M. B. (2006). Posttraumatic stress disorder: A state-of-the-science review. *Journal of Psychiatric Research, 40,* 1–21.
Neu, P., Schlattmann, P., Schilling, A., & Hartmann, A. (2004). Cerebrovascular reactivity in major depression: A pilot study. *Psychosomatic Medicine, 66,* 6–8.
Neumark-Sztainer, D., Wall, M. M., Story, M., & Perry, C. L. (2003). Correlates of unhealthy weight-control behaviors among adolescents: Implications for prevention programs. *Health Psychology, 22,* 88–98.
Newcomb, M. E., & Mustanski, B. (2014). Cognitive influences on sexual risk and risk appraisals in men who have sex with men. *Health Psychology, 33,* 690–698.
New York Presbyterian Hospital. (2007). *Chronic pain.* Retrieved May 16, 2007, from http://www.nyp.org/health/chronic-pain.html
New York Times. (2001, May 22). Diabetics reminded of heart risk, p. D8.
Newsom, J. T., Mahan, T. L., Rook, K. S., & Krause, N. (2008). Stable negative social exchange and health. *Health Psychology, 27,* 78–86.
Newsom, J. T., & Schulz, R. (1998). Caregiving from the recipient's perspective: Negative reactions to being helped. *Health Psychology, 17,* 172–181.
New York University Langone Medical Center. (2012). *Osteopathic manipulative treatment.* Retrieved on November 15, 2012, from http://www.med.nyu.edu/content?ChunkIID=37409
Ng, D. M., & Jeffery, R. W. (2003). Relationships between perceived stress and health behaviors in a sample of working adults. *Health Psychology, 22,* 638–642.
Ng, J. Y. Y., Ntoumanis, N., Thøgersen-Ntoumani, C., Deci, E. L., Ryan, R. M., Duda, J. L., & Williams, G. C. (2012). Self-determination theory applied to health contexts: A meta-analysis. *Psychological Science, 7,* 325–340.
Nicassio, P. M., Meyerowitz, B. E., & Kerns, R. D. (2004). The future of health psychology interventions. *Health Psychology, 23,* 132–137.
Nicholson, A., Fuhrer, R., & Marmot, M. (2005). Psychological distress as a predictor of CHD events in men: The effect of persistence and components of risk. *Psychosomatic Medicine, 67,* 522–530.
Nicholson, A., Rose, R., & Bobak, M. (2010). Associations between different dimensions of religious involvement and self-rated health in diverse European populations. *Health Psychology, 29,* 227–235.
Nielsen, N. R., & Grønbaek, M. (2006). Stress and breast cancer: A systematic update on the current knowledge. *Nature Clinical Practice Oncology, 3,* 612–620.
Nielsen, S. J., & Popkin, B. M. (2003). Patterns and trends in food portion sizes, 1977–1998. *Journal of the American Medical Association, 289,* 450–453.
Niemcryk, S. J., Jenkins, S. D., Rose, R. M., & Hurst, M. W. (1987). The prospective impact of psychosocial variables on rates of illness and injury in professional employees. *Journal of Occupational Medicine, 29,* 645–652.
Nikoloudakis, I. A., Crutzen, R., Rebar, A. L., Vandelanotte, C., Quester, P.,

Dry, M., . . . Short, C. E. (2018). Can you elaborate on that? Addressing participants' need for cognition in computer-tailored health behavior interventions. *Health Psychology Review, 12,* 437–452.

Nivison, M. E., & Endresen, I. M. (1993). An analysis of relationships among environmental noise, annoyance and sensitivity to noise, and the consequences for health and sleep. *Journal of Behavioral Medicine, 16,* 257–271.

Nobles, J., & Frankenberg, E. (2009). Mothers' community participation and child health. *Journal of Health and Social Behavior, 50,* 16–30.

Noel, M., Rabbitts, J. A., Fales, J., Chorney, J., & Palermo, T. M. (2017). The influence of pain memories on children's and adolescents' post-surgical pain experience: A longitudinal dyadic analysis. *Health Psychology, 36,* 987–995.

Nolen-Hoeksema, S., McBride, A., & Larson, J. (1997). Rumination and psychological distress among bereaved partners. *Journal of Personality and Social Psychology, 72,* 855–862.

Norman, C. D., Maley, O., Skinner, H. A., & Li, X. (2008). Using the Internet to assist smoking prevention and cessation in schools: A randomized, controlled trial. *Health Psychology, 27,* 799–810.

North, R. B., Kidd, D. H., Olin, J., Sieracki, J. M., Farrokhi, F., Petrucci, L., & Cutchis, P. N. (2005). Spinal cord stimulation for axial low back pain: A prospective, controlled trial comparing dual with single percutaneous electrodes. *SPINE, 30,* 1412–1418.

Northouse, L., Templin, T., & Mood, D. (2001). Couples' adjustment to breast disease during the first year following diagnosis. *Journal of Behavioral Medicine, 24,* 115–136.

Nouwen, A., Ford, T., Balan, A. T., Twisk, J., Ruggiero, L., & White, D. (2011). Longitudinal motivational predictors of dietary self-care and diabetes control in adults with newly diagnosed type 2 diabetes mellitus. *Health Psychology, 30,* 771–779.

Novacek, D. (2016). How to get in: Applying to psychology grad school. *Association of Psychological Science, 29,* 39–40.

Novak, M., Ahlgren, C., & Hammarstrom, A. (2007). Inequalities in smoking: Influence of social chain of risks from adolescence to young adulthood: A prospective population-based cohort study. *International Journal of Behavioral Medicine, 14,* 181–187.

Novak, M., Molnar, M. Z., Szeifert, L., Kovacs, A. Z., Vamos, E. P., Zoller, R., . . . Mucsi, I. (2010). Depressive symptoms and mortality in patients after kidney transplantation: A prospective prevalent cohort study.
Psychosomatic Medicine, 72, 527–534.

Novak, S. P., & Clayton, R. R. (2001). The influence of school environment and self-regulation on transitions between stages of cigarette smoking: A multilevel analysis. *Health Psychology, 20,* 196–207.

Noyes, R., Hartz, A. J., Doebbeling, C. C., Malis, R. W., Happel, R. L., Werner, L. A., & Yagla, S. J. (2000). Illness fears in the general population. *Psychosomatic Medicine, 62,* 318–325.

Nudelman, G., & Shiloh, S. (2018). Connectionism and behavioral clusters: Differential patterns in predicting expectations to engage in health behaviors. *Annals of Behavioral Medicine, 52,* 890–901.

Nurses' Health Study. (2004). *History.* Retrieved August 1, 2004, from http://www.channing.harvard.edu/nhs/history/index.shtml

Nwankwo, T., Yoon, S. S., Burt, V., & Gu, Q. (2013). Hypertension among adults in the United States: National health and nutrition examination survey, 2011–2012. *NCHS Data Brief, 133,* 1–8.

Nylén, L., Melin, B., & Laflamme, L. (2007). Interference between work and outside-work demands relative to health: Unwinding possibilities among full-time and part-time employees. *International Journal of Behavioral Medicine, 14,* 229–236.

Nyklíček, I., Mommersteeg, P. M. C., Van Beugen, S., Ramakers, C., & Van Boxtel, G. J. (2013). Mindfulness-based stress reduction and physiological activity during acute stress: A randomized controlled trial. *Health Psychology, 32,* 1110–1113.

Obama, B. (2009, September). *Remarks by the President to a joint session of Congress on health care.* Speech presented at the U.S. Capitol, Capitol Hill, Washington, DC.

Oberlander, J. (2010). A vote for health care reform. *The New England Journal of Medicine, 362,* e44(1)–e44(3).

O'Brien, A., Fries, E., & Bowen, D. (2000). The effect of accuracy of perceptions of dietary-fat intake on perceived risk and intentions to change. *Journal of Behavioral Medicine, 23,* 465–473.

O'Carroll, R., Whittaker, J., Hamilton, B., Johnston, M., Sudlow, C., & Dennis, M. (2011). Predictors of adherence to secondary preventive medication in stroke patients. *Annals of Behavioral Medicine, 41,* 383–390.

Ockene, J. K., Emmons, K. M., Mermelstein, R. J., Perkins, K. A., Bonollo, D. S., Voorhees, C. C., & Hollis, J. F. (2000). Relapse and maintenance issues for smoking cessation. *Health Psychology, 19,* 17–31.

O'Connor, A. (2004, February 6). Study details 30-year increase in calorie consumption. *New York Times,* p. A19.

O'Connor, D. B., Conner, M., Jones, F., McMillan, B., & Ferguson, E. (2009). Exploring the benefits of conscientiousness: An investigation of the role of daily stressors and health benefits. *Annals of Behavioral Medicine, 37,* 184–196.

O'Connor, D. B., Jones, F., Ferguson, E., Conner, M., & McMillan, B. (2008). Effects of daily hassles and eating style on eating behavior. *Health
Psychology, 27,* S20–S31.

O'Connor, P. J. (2006). Improving medication adherence: Challenges for physicians, payers, and policy makers. *Archives of Internal Medicine, 166,* 1802–1804.

O'Donnell, M. L., Creamer, M., Elliott, P., & Bryant, R. (2007). Tonic and phasic heart rate as predictors of posttraumatic stress disorder. *Psychosomatic Medicine, 69,* 256–261.

O'Donnell, M. L., Varker, T., Creamer, M., Fletcher, S., McFarlane, A. C., Silove, D., . . . Forbes, D. (2013). Exploration of delayed-onset posttraumatic stress disorder after severe injury. *Psychosomatic Medicine, 75,* 68–75.

Oenema, A., Brug, J., Dijkstra, A., de Weerdt, I., & de Vries, H. (2008). Efficacy and use of an Internet-delivered computer-tailored lifestyle intervention, targeting saturated fat intake, physical activity and smoking cessation: A randomized controlled trial. *Annals of Behavioral Medicine, 35,* 125–135.

Office of Disease Prevention and Health Promotion. (2016, November 16). *2016 United States report card on physical activity for children and youth released.* Retrieved April 1, 2019, from https://health.gov/news/blog-bayw/2016/11/2016-united-states-report-card-on-physical-activity-for-children-and-youth-released/

Ogden, C. L., Carroll, M. D., Kit, B. K., & Flegal, K. M. (2012). Prevalence of obesity in the United States, 2009–2010. *NCHS Data Brief, 82,* 1–8.

Ogden, C. L., Lamb, M. M., Carroll, M. D., & Flegal, K. M. (2010). Obesity and socioeconomic status in adults: United States, 2005–2008. *NCHS Data Brief, 50,* 1–8.

Ogden, J. (2003). Some problems with social cognition models: A pragmatic and conceptual analysis. *Health Psychology, 22,* 424–428.

Oh, H., & Taylor, A. H. (2014). Self-regulating smoking and snacking through physical activity. *Health Psychology, 33,* 349–359.

Ohira, T., Diez Rouz, A. V., Polak, J. F., Homma, S., Iso, H., & Wasserman, B.A. (2012). Associations of anger, anxiety, and depressive symptoms with carotid arterial wall thickness: The multi-ethnic study of atherosclerosis. *Psychosomatic Medicine, 74,* 517–525.

Okely, J. A., Weiss, A., & Gale, C. R. (2017). The interaction between stress and positive affect in predicting mortality. *Journal of Psychosomatic Research, 100,* 53–60.

O'Leary, A., Jemmott, L. S., & Jemmott, J. B. (2008). Mediation analysis of an effective sexual risk-reduction intervention for women: The importance of self-efficacy. *Health Psychology, 27,* S180–S184.

Oleck, J. (2001, April 23). Dieting: More fun with a buddy? *Business Week,* p. 16.

Olive, L. S., Telford, R. M., Byrne, D. G., Abhayaratna, W. P., & Telford, R. D. (2017). Symptoms of stress and depression effect percentage of body fat and insulin resistance in healthy youth: LOOK longitudinal study. *Health Psychology, 36,* 749–759.

Oliver, G., Wardle, J., & Gibson, E. L. (2000). Stress and food choice: A laboratory study. *Psychosomatic Medicine, 62,* 853–865.

Olshansky, S. J. (2015). The demographic transformation of America. *Daedalus, 144, 2,* 13–19.

Olson, E. A., Mullen, S. P., Raine, L. B., Kramer, A. F., Hillman, C. H., & McAuley, E. (2016). Integrated social and neurocognitive model of physical activity behavior in older adults with metabolic disease. *Annals of Behavioral Medicine, 51,* 272–281.

O'Malley, L., Adair, P., Burnside, G., Robinson, L., Coffey, M., & Pine, C. (2017). An evaluation of a storybook targeting parental attitudes, intention, and self-efficacy to change their child's oral health behavior. *Health Psychology, 36,* 152–159.

O'Malley, P. M., & Johnston, L. D. (2002). Epidemiology of alcohol and other drug use among American college students. *Journal of Studies on Alcohol, 14,* 23–39.

Ong, A. D., Bergeman, C. S., Bisconti, T. L., & Wallace, K. A. (2006). Psychological resilience, positive emotions, and successful adaptation to stress in later life. *Journal of Personality and Social Psychology, 91,* 730–749.

Orbell, S., & Kyriakaki, M. (2008). Temporal framing and persuasion to adopt preventive health behavior: Moderating effect of individual differences in consideration of future consequences on sunscreen use. *Health Psychology, 27,* 770–779.

Orbell, S., Lidierth, P., Henderson, C. J., Geeraert, N., Uller, C., Uskul, A. K., & Kyriakaki, M. (2009). Social–cognitive beliefs, alcohol, and tobacco use: A prospective community study of change following a ban on smoking in public places. *Health Psychology, 28,* 753–761.

Oregon Department of Human Services. (2011). *Oregon's Death with Dignity Act–2011.* Retrieved June 12, 2012, from http://public.health.oregon.gov/ProviderPartnerResources/EvaluationResearch/DeathwithDignityAct/Documents/year14.pdf

Oregon Health Authority Public Health Division. (2018). *Oregon Death with Dignity Act: 2018 data summary.* Retrieved May 10, 2019, from https://www.oregon.gov/oha/PH/PROVIDERPARTNERRESOURCES/EVALUATIONRESEARCH/DEATHWITHDIGNITYACT/Documents/year21.pdf

Organisation for Economic Co-operation and Development. (2007). *OECD factbook 2007—economic, environmental and social statistics: Quality of life: Health.* Retrieved April 16, 2007, from http://oberon.sourceoecd.org/vl=3821204/cl=12/nw=1/rpsv/factbook/11-01-04-g01.htm

Organisation for Economic Co-operation and Development. (2012). *OECD obesity update 2012.* Retrieved March 6, 2013, from http://www.oecd.org/health/49716427.pdf

Orleans, C. T. (2000). Promoting the maintenance of health behavior change: Recommendations for the next generation of research and practice. *Health Psychology, 19,* 76–83.

Orr, S. T., Reiter, J. P., Blazer, D. G., & James, S. A. (2007). Maternal prenatal pregnancy-related anxiety and spontaneous preterm birth in Baltimore, Maryland. *Psychosomatic Medicine, 69,* 566–570.

Oslin, D. W., Sayers, S., Ross, J., Kane, V., Have, T. T., Conigliaro, J., & Cornelius, J. (2003). Disease management for depression and at-risk drinking via telephone in an older population of veterans. *Psychosomatic Medicine, 65,* 931–937.

Osman, A., Barrios, F., Gutierrez, P., Kopper, B., Merrifield, T., & Grittmann, L. (2000). The pain and catastrophizing scale: Further psychometric evaluation with adult samples. *Journal of Behavioral Medicine, 23,* 351–365.

Osman, A., Breitenstein, J. L., Barrios, F. X., Gutierrez, P. M., & Kopper, B. A. (2002). The Fear of Pain Questionnaire-III: Further reliability and validity with nonclinical samples. *Journal of Behavioral Medicine, 25,* 155–173.

Ossola, P., Gerra, M. L., De Panfilis, C., Tonna, M., & Marchesi, C. (2018). Anxiety, depression, and cardiac outcomes after a first diagnosis of acute coronary syndrome. *Health Psychology, 37,* 1115–1122.

Osterman, M. J., & Martin, J. A. (2018). System timing and adequacy of prenatal care in the United States, 2016. *National Vital Statistics Report, 67*(3), 1–14.

O'Toole, M. S., Bovbjerg, D. H., Renna, M. E., Lekander, M., Mennin, D. S., & Zachariae, R. (2018). Effects of psychological interventions on systemic levels of inflammatory biomarkers in humans: A systematic review and meta-analysis. *Brain, Behavior, and Immunity, 74,* 68–78.

Owen, J. E., Klapow, J. C., Roth, D. L., & Tucker, D. C. (2004). Use of the Internet for information and support: Disclosure among persons with breast and prostate cancer. *Journal of Behavioral Medicine, 27,* 491–505.

Owens, J. F., Matthews, K. A., Wing, R. R., & Kuller, L. H. (1990). Physical activity and cardiovascular risk: A cross-sectional study of middle-aged premenopausal women. *Preventive Medicine, 19,* 147–157.

Oxlad, M., Stubberfield, J., Stuklis, R., Edwards, J., & Wade, T. D. (2006). Psychological risk factors for increased post-operative length of hospital stay following coronary artery bypass graft surgery. *Journal of Behavioral Medicine, 29,* 179–190.

Ozer, E. J., & Weiss, D. S. (2004). Who develops posttraumatic stress disorder? *Current Directions in Psychological Science, 13,* 169–172.

Özkan, S., Zale, E. L., Ring, D., & Vranceanu, A. M. (2017). Associations between pain catastrophizing and cognitive fusion in relation to pain and upper extremity function among hand and upper extremity surgery patients. *Annals of Behavioral Medicine, 51,* 547–554.

Pachankis, J. E., Rendina, H. J., Restar, A., Ventuneac, A., Grov, C., & Parsons, J. T. (2015). A minority stress-emotion regulation model of sexual compulsivity among highly sexually active gay and bisexual men. *Health Psychology, 34,* 829–840.

Pai, M., & Carr, D. (2010). Do personality traits moderate the effect of late-life spousal loss on psychological distress? *Journal of Health and Social Behavior, 51,* 183–199.

Painter, J. E., Borba, C. P. C., Hynes, M., Mays, D., & Glanz, K. (2008). The use of theory in health behavior research from 2000 to 2005: A systematic review. *Annals of Behavioral Medicine, 35,* 358–362.

Pakenham, K. I., & Cox, S. (2012). Test of a model of the effects of parental illness on youth and family functioning. *Health Psychology, 31,* 580–590.

Palermo, T. M., Valrie, C. R., & Karlson C. W. (2014). Family and parent influences on pediatric chronic pain: A developmental perspective. *American Psychologist, 69,* 142–152.

Palesh, O., Scheiber, C., Kesler, S., Gevirtz, R., Heckler, C., Guido, J. J., . . . Mustian, K. (2019). Secondary outcomes of a behavioral sleep intervention: A randomized clinical trial. *Health Psychology, 38,* 196–205.

Palit, S., Kerr, K. L., Kuhn, B. L., Terry, E. L., DelVentura, J. L., Bartley, E. J., & Rhudy, J. L. (2013). Exploring pain processing differences in Native Americans. *Health Psychology, 32,* 1127–1136.

Palmero, T. M., Valrie, C. R., & Karlson, C. W. (2014). Family and parent influences on pediatric chronic pain: A developmental perspective. *American Psychologist, 69,* 142–152.

Pampel, F. C. (2001). Cigarette diffusion and sex differences in smoking. *Journal of Health and Social Behavior, 42,* 388–404.

Pampel, F. C., & Rogers, R. G. (2004). Socioeconomic status, smoking, and health: A test of competing theories of cumulative advantage. *Journal of Health and Social Behavior, 45,* 306–321.

Pan, M. H., Chiou, Y. S., Tsai, M. L., & Ho, C. T. (2011). Anti-inflammatory activity of traditional Chinese medicinal herbs. *Journal of Traditional and Complementary Medicine, 1,* 8–24.

Pandya, C., McHugh, M., & Batalova, J. (2011). *Limited English proficient individuals in the United States: Number, share, growth, and linguistic diversity.* Washington, DC: Migration Policy Institute.

Papandonatos, G. D., Williams, D. M., Jennings, E. G., Napolitano, M. A., Bock, B. C., Dunsiger, S., & Marcus, B. H. (2012). Mediators of physical activity behavior change: Findings from a 12-month randomized controlled trial. *Health Psychology, 31,* 512–520.

Paquet, C., Dubé, L., Gauvin, L., Kestens, Y., & Daniel, M. (2010). Sense of mastery and metabolic risk: Moderating role of the local fast-food environment. *Psychosomatic Medicine, 72,* 324–331.

Pardine, P., & Napoli, A. (1983). Physiological reactivity and recent life-stress experience. *Journal of Consulting and Clinical Psychology, 51,* 467–469.

Park, C. L., & Gaffey, A. E. (2007). Relationships between psychosocial factors and health behavior change in cancer survivors: An integrative review. *Annals of Behavioral Medicine, 34,* 115–134.

Park, C. L., Wortmann, J. H., & Edmondson, D. (2011). Religious struggle as a predictor of subsequent mental and physical well-being in advanced heart failure patients. *Journal of Behavioral Medicine, 34,* 426–436.

Park, D. C. (2007). Eating disorders: A call to arms. *American Psychologist, 62,* 158.

Park, M., Cherry, D., & Decker, S. L. (2011). Nurse practitioners, certified nurse midwives, and physician assistants in physician offices. *NCHS Data Brief, 69,* 1–8.

Park, S., Thøgersen-Ntoumani, C., Veldhuijzen van Zanten, J. J., & Ntoumanis, N. (2017). The role of physical activity and sedentary behavior in predicting daily pain and fatigue in older adults: A diary study. *Annals of Behavioral Medicine, 52,* 19–28.

Parker, J. C., Frank, R. G., Beck, N. C., Smarr, K. L., Buescher, K. L., Phillips, L. R., . . . Walker, S. E. (1988). Pain management in rheumatoid arthritis patients: A cognitive–behavioral approach. *Arthritis and Rheumatism, 31,* 593–601.

Parkinson's Foundation. (2018, July 10). *New study shows 1.2 million people in the United States estimated to be living with Parkinson's disease by 2030.* Retrieved March 12, 2019, from https://www.parkinson.org/about-us/Press-Room/Press-Releases/New-Study-Shows-Over-1-Million-People-in-the-United-States-Estimated-to-be-Living-with-Parkinsons-Disease-by-2030?_ga=2.172485155.1282953647.1552424688-2018650434.1552424688&_gac=1.89529833.1552425354.Cj0KCQjwsZ3kBRCnARIsAIuAV_RbL9PTLlh7Ydt21n-iEqkbkifxKMfP0ilNHd1Vg-4fJthBs-o2qmq4aAoaDEALw_wcB

Parmelee, P. A., Scicolone, M. A., Cox, B. S., DeCaro, J. A., Keefe, F. J., & Smith, D. M. (2018). Global versus momentary osteoarthritis pain and emotional distress: Emotional intelligence as moderator. *Annals of Behavioral Medicine, 52*(8), 713–723.

Parrish, B. P., Zautra, A. J., & Davis, M. C. (2008). The role of positive and negative interpersonal events on daily fatigue in women with fibromyalgia, rheumatoid arthritis, and osteoarthritis. *Health Psychology, 27,* 694–702.

Parsons, J. T., Rosof, E., & Mustanski, B. (2008). The temporal relationship between alcohol consumption and HIV-medication adherence: A multilevel model of direct and moderating effects. *Health Psychology, 27,* 628–637.

Pascoe, M. C., Thompson, D. R., & Ski, C. F. (2017). Yoga, mindfulness-based stress reduction and stress-related physiological measures: A meta-analysis. *Psychoneuroendocrinology, 86,* 152–168.

Patel, J. S., Berntson, J., Polanka, B. M., & Stewart, J. C. (2018). Cardiovascular risk factors as differential predictors of incident atypical and typical major depressive disorder in US adults. *Psychosomatic Medicine, 80,* 508–514.

Patterson, F., Malone, S. K., Lozano, A., Grandner, M. A., & Hanlon, A. L. (2016). Smoking, screen-based sedentary behavior, and diet associated with habitual sleep duration and chronotype: Data from the UK Biobank. *Annals of Behavioral Medicine, 50,* 715–726.

Patterson, T. L., Sallis, J. F., Nader, P. R., Rupp, J. W., McKenzie, T. L., Roppe, B., & Bartok, P. W. (1988). Direct observation of physical activity and dietary behaviors in a structured environment: Effects of a family-based health promotion program. *Journal of Behavioral Medicine, 11,* 447–458.

Patton, G. C., Coffey, C., Cappa, C., Currie, D., Riley, L., Gore, F., . . . Ferguson, J. (2012). Health of the world's adolescents: A synthesis of internationally comparable data. *Lancet, 379,* 1665–1675.

Pavalko, E. K., Elder, G. H., Jr., & Clipp, E. C. (1993). Worklives and longevity: Insights from a life course perspective. *Journal of Health and Social Behavior, 34,* 363–380.

Pavalko, E. K., & Woodbury, S. (2000). Social roles as process: Caregiving careers and women's health. *Journal of Health and Social Behavior, 41,* 91–105.

PDQ® Screening and Prevention Editorial Board. (2019). *PDQ cancer prevention overview.* Bethesda, MD: National Cancer Institute. Retrieved June 25, 2019, from https://www.cancer.gov/about-cancer/causes-prevention/hp-prevention-overview-pdq.

Pear, R. (2015). Data on health law shows largest drop in uninsured in 4 decades, the U.S. says. *The New York Times.*

Pearlin, L. I., & Schooler, C. (1978). The structure of coping. *Journal of Health and Social Behavior, 19,* 2–21.

Pedersen, S. S., Herrmann-Lingen, C., de Jonge, P., & Scherer, M. (2010). Type D personality is a predictor of poor emotional quality of life in primary care heart failure patients independent of depressive symptoms and New York Heart Association functional class. *Journal of Behavioral Medicine, 33,* 72–80.

Pegram, S. E., Lumley, M. A., Jasinski, M. J., & Burns, J. W. (2016). Psychological trauma exposure and pain-related outcomes among people with chronic low back pain: Moderated mediation by thought suppression and social constraints. *Annals of Behavioral Medicine, 51,* 316–320

Peeters, A., Barendregt, J. J., Willekens, F., Mackenbach, J. P., Mamun, A. A., & Bonneux, L. (2003). Obesity in adulthood and its consequences for life expectancy: A life-table analysis. *Annals of Internal Medicine, 138,* 24–32.

Peirce, R. S., Frone, M. R., Russell, M., & Cooper, M. L. (1994). Relationship of financial strain and psychosocial resources to alcohol use and abuse: The mediating role of negative affect and drinking motives. *Journal of Health and Social Behavior, 35,* 291–308.

Pellowski, J. A., Kalichman, S. C., Matthews, K. A., & Adler, N. (2013). A pandemic of the poor: Social disadvantage and the U.S. HIV epidemic. *American Psychologist, 68,* 197–209.

Peltzer, K. (2010). Leisure time physical activity and sedentary behavior and substance use among in-school adolescents in eight African countries. *International Journal of Behavioral Medicine, 17,* 271–278.

Pennebaker, J. W. (1980). Perceptual and environmental determinants of

coughing. *Basic and Applied Social Psychology, 1,* 83–91.
Pennebaker, J. W. (1983). Accuracy of symptom perception. In A. Baum, S. E. Taylor, & J. Singer (Eds.), *Handbook of psychology and health* (Vol. 4, pp. 189–218). Hillsdale, NJ: Erlbaum.
Pennebaker, J. W. (1997). Writing about emotional experiences as a therapeutic process. *Psychological Science, 8,* 162–166.
Pennebaker, J. W., & Beall, S. (1986). Confronting a traumatic event: Toward an understanding of inhibition and disease. *Journal of Abnormal Psychology, 95,* 274–281.
Pennebaker, J. W., Kiecolt-Glaser, J., & Glaser, R. (1988). Disclosure of traumas and immune function: Health implications for psychotherapy. *Journal of Consulting and Clinical Psychology, 56,* 239–245.
Pennebaker, J. W., & Smyth, J. M. (2016). *Opening up by writing it down, third edition: How expressive writing improves health and eases emotional pain.* New York: Guilford.
Penninx, B. W. J. H., van Tilburg, T., Boeke, A. J. P., Deeg, D. J. H., Kriegsman, D. M. W., & van Eijk, J. T. M. (1998). Effects of social support and personal coping resources on depressive symptoms: Different for various chronic diseases? *Health Psychology, 17,* 551–558.
Pereira, D. B., Antoni, M. H., Danielson, A., Simon, T. Efantis-Potter, J., Carver, C. S., . . . O'Sullivan, M. J. (2003). Life stress and cervical squamous intraepithelial lesions in women with human papillomavirus and human immunodeficiency virus. *Psychosomatic Medicine, 65,* 427–434.
Perez, M. A., Skinner, E. C., & Meyerowitz, B. E. (2002). Sexuality and intimacy following radical prostatectomy: Patient and partner. *Health Psychology, 21,* 288–293.
Perkins, K. A. (1985). The synergistic effect of smoking and serum cholesterol on coronary heart disease. *Health Psychology, 4,* 337–360.
Perkins-Porras, L., Whitehead, D. L., Strike, P. C., & Steptoe, A. (2008). Causal beliefs, cardiac denial and pre-hospital delays following the onset of acute coronary syndromes. *Journal of Behavioral Medicine, 31,* 498–505.
Perlman, D. M., Salomons, T. V., Davidson, R. J., & Lutz, A. (2010). Differential effects on pain intensity and unpleasantness of two meditation practices. *Emotion, 10,* 65–71.
Perna, F. M., & McDowell, S. L. (1995). Role of psychological stress in cortisol recovery from exhaustive exercise among elite athletes. *International Journal of Behavioral Medicine, 2,* 13–26.
Persky, I., Spring, B., Vander Wal, J. S., Pagoto, S., & Hedeker, D. (2005). Adherence across behavioral domains in treatment promoting smoking cessation plus weight control. *Health Psychology, 24,* 153–160.
Pesonen, A., Räikkönen, K., Paavonen, E. J., Heinonen, K., Komsi, N., Lahti, J., . . . Strandberg, T. (2009). Sleep duration and regularity are associated with behavioral problems in 8-year-old children. *International Journal of Behavioral Medicine, 17,* 298–305.
Petersen, K. L., Marsland, A. L., Flory, J., Votruba-Drzal, E., Muldoon, M.F., & Manuck, S. B. (2008). Community socioeconomic status is associated with circulating interleukin-6 and c-reactive protein. *Psychosomatic Medicine, 70,* 646–652.
Peterson, M. S., Lawman, H. G., Wilson, D. K., Fairchild, A., & Van Horn, M. L. (2013). The association of self-efficacy and parent social support on physical activity in male and female adolescents. *Health Psychology, 32,* 666–674.
Petrie, K. J., Booth, R. J., Pennebaker, J. W., Davison, K. P., & Thomas, M. G. (1995). Disclosure of trauma and immune response to a hepatitis B vaccination program. *Journal of Consulting and Clinical Psychology, 63,* 787–792.
Petrie, K. J., Buick, D. L., Weinman, J., & Booth, R. J. (1999). Positive effects of illness reported by myocardial infarction and breast cancer patients. *Journal of Psychosomatic Research, 47,* 537–543.
Petrie, K. J., Fontanilla, I., Thomas, M. G., Booth, R. J., & Pennebaker, J. W. (2004). Effect of written emotional expression on immune function in patients with human immunodeficiency virus infection: A randomized trial. *Psychosomatic Medicine, 66,* 272–275.
Petrie, K. J., MacKrill, K., Derksen, C., & Dalbeth, N. (2018). An illness by any other name: The effect of renaming gout on illness and treatment perceptions. *Health Psychology, 37,* 37–41.
Petrie, K. J., Myrtveit, S. M., Partridge, A. H., Stephens, M., & Stanton, A. L. (2015). The relationship between the belief in a genetic cause for breast cancer and bilateral mastectomy. *Health Psychology, 34,* 473–476.
Petrie, K. J., & Weinman, J. (2012). Patients' perceptions of their illness: The dynamo of volition in health care. *Current Directions in Psychological Science, 21,* 60–65.
Petrova, D., Garcia-Retamero, R., Catena, A., Cokely, E., Heredia Carrasco, A., Arrebola Moreno, A., & Ramírez Hernández, J. A. (2016). Numeracy predicts risk of pre-hospital decision delay: A retrospective study of acute coronary syndrome survival. *Annals of Behavioral Medicine, 51,* 292–306.
Petrovic, P., Kalso, E., Peterson, K. M., & Ingvar, M. (2002). Placebo and opioid analgesia–imaging a shared neuronal network. *Science, 295,* 1737–1740.
Peyrot, M., McMurry, J. F., Jr., & Kruger, D. F. (1999). A biopsychosocial model of glycemic control in diabetes: Stress, coping and regimen adher-ence. *Journal of Health and Social Behavior, 40,* 141–158.
Pfeifer, J. E., & Brigham, J. C. (Eds.). (1996). Psychological perspectives on euthanasia. *Journal of Social Issues, 52* (entire issue).
Philips, H. C. (1983). Assessment of chronic headache behavior. In R. Meizack (Ed.), *Pain measurement and assessment* (pp. 97–104). New York: Raven Press.
Phillips, A. C., Batty, G. D., Gale, C. R., Deary, I. J., Osborn, D., MacIntyre, K., & Carroll, D. (2009). Generalized anxiety disorder, major depressive disorder, and their comorbidity as predictors of all-cause and cardiovascular mortality: The Vietnam experience study. *Psychosomatic Medicine, 71,* 395–403.
Phillips, A. C., Carroll, D., Ring, C., Sweeting, H., & West, P. (2005). Life events and acute cardiovascular reactions to mental stress: A cohort study. *Psychosomatic Medicine, 67,* 384–392.
Phillips, K. M., Antoni, M. H., Lechner, S. C., Blomberg, B. B., Llabre, M. M., Avisar, E., . . . Carver, C. S. (2008). Stress management intervention reduces serum cortisol and increases relaxation during treatment for nonmetastatic breast cancer. *Psychosomatic Medicine, 70,* 1044–1049.
Phillips, L. A., & Gardner, B. (2016). Habitual exercise instigation (vs. execution) predicts healthy adults' exercise frequency. *Health Psychology, 35,* 69–77.
Phipps, S., & Steele, R. (2002). Repressive adaptive style in children with chronic illness. *Psychosomatic Medicine, 64,* 34–42.
Phipps, S., Steele, R. G., Hall, K., & Leigh, L. (2001). Repressive adaptation in children with cancer: A replication and extension. *Health Psychology, 20,* 445–451.
Piasecki, T. M. (2006). Relapse to smoking. *Clinical Psychology Review, 26,* 196–215.
Picardi, A., Battisti, F., Tarsitani, L., Baldassari, M., Copertaro, A., Mocchegiani, E., & Biondi, M. (2007). Attachment security and immunity in healthy women. *Psychosomatic Medicine, 69,* 40–46.
Pichon, L. C., Arredondo, E. M., Roesch, S., Sallis, J. F., Ayala, G. X., & Elder, J. P. (2007). The relation of acculturation to Latina's perceived neighborhood safety and physical activity: A structural equation analysis. *Annals of Behavioral Medicine, 34,* 295–303.
Pickering, T. G., Devereux, R. B., James, G. D., Gerin, W., Landsbergis, P., Schnall, P. L., & Schwartz, J. E. (1996). Environmental influences on blood pressure and the role of job strain. *Journal of Hypertension, 14* (Suppl.), S179–S185.

Pickett, M. (1993). Cultural awareness in the context of terminal illness. *Cancer Nursing, 16,* 102–106.

Pieper, S., & Brosschot, J. F. (2005). Prolonged stress-related cardiovascular activation: Is there any? *Annals of Behavioral Medicine, 30,* 91–103.

Pieper, S., Brosschot, J. F., van der Leeden, R., & Thayer, J. F. (2007). Cardiac effects of momentary assessed worry episodes and stressful events. *Psychosomatic Medicine, 69,* 901–909.

Pieper, S., Brosschot, J. F., van der Leeden, R., & Thayer, J. F. (2010). Prolonged cardiac effects of momentary assessed stressful events and worry episodes. *Psychosomatic Medicine, 72,* 570–577.

Pietras, S. A., & Goodman, E. (2013). Socioeconomic status gradients in inflammation in adolescence. *Psychosomatic Medicine, 75,* 442–448.

Pietromonaco, P. R., & Collins, N. L. (2017). Interpersonal mechanisms linking close relationships to health. *American Psychologist, 72,* 531–542

Pietrzak, R. H., Goldstein, R. B., Southwick, S. M., & Grant, B. F. (2011). Medical comorbidity of full and partial Posttraumatic Stress Disorder in US adults: Results from wave 2 of the National Epidemiologic Survey on Alcohol and Related Conditions. *Psychosomatic Medicine, 73,* 697–707.

Pignone, M. P., Gaynes, B. N., Rushton, J. L., Burchell, C. M., Orleans, C. T., Mulrow, C. D., & Lohr, K. N. (2002). Screening for depression in adults: A summary of the evidence for the U.S. preventive services task force. *Annals of Internal Medicine, 136,* 765–776.

Pike, J., Smith, T., Hauger, R., Nicassio, P., Patterson, T., McClintock, J., . . . Irwin, M. R. (1997). Chronic life stress alters sympathetic, neuroendocrine, and immune responsivity to an acute psychological stressor in humans. *Psychosomatic Medicine, 59,* 447–457.

Pike, K. M., & Rodin, J. (1991). Mothers, daughters, and disordered eating. *Journal of Abnormal Psychology, 100,* 1–7.

Piliavin, J. A., & Siegl, E. (2007). Health benefits of volunteering in the Wisconsin longitudinal study. *Journal of Health and Social Behavior, 48,* 450–464.

Pilutti, L. A., Greenlee, T. A., Motl, R. W., Nickrent, M. S. & Petruzzello, S. J. (2013). Effects of exercise training on fatigue in multiple sclerosis: A meta-analysis. *Psychosomatic Medicine, 75,* 575–580.

Piper, M. E., Cook, J. W., Schlam, T. R., Jorenby, D. E., Smith, S. S., Collins, L. M., . . . Baker, T. B. (2018). A randomized controlled trial of an optimized smoking treatment delivered in primary care. *Annals of Behavioral Medicine, 52,* 854–864.

Piper, M. E., Kenford, S., Fiore, M. C., & Baker, T. B. (2012). Smoking cessation and quality of life: Changes in life satisfaction over 3 years following a quit attempt. *Annals of Behavioral Medicine, 43,* 262–270.

Pinheiro, M. B., Morosoli, J. J., Ferreira, M. L., Madrid-Valero, J. J., Refshauge, K., Ferreira, P. H., & Ordoñana, J. R. (2018). Genetic and environmental contributions to sleep quality and low back pain: A population-based twin study. *Psychosomatic Medicine, 80,* 263–270.

Pinto, B. M., Papandonatos, G. D., & Goldstein, M. G. (2013). A randomized trial to promote physical activity among breast cancer patients. *Health Psychology, 32,* 616–626.

Pischke, C. R., Scherwitz, L., Weidner, G., & Ornish, D. (2008). Long-term effects of lifestyle changes on well-being and cardiac variables among coronary heart disease patients. *Health Psychology, 27,* 584–592.

Polanka, B. M., Berntson, J., Vrany, E. A., & Stewart, J. C. (2018). Are cardiovascular risk factors stronger predictors of incident cardiovascular disease in US adults with versus without a history of clinical depression? *Annals of Behavioral Medicine, 52,* 1036–1045.

Polk, D. E., Cohen, S., Doyle, W. J., Skoner, D. P., & Kirschbaum, C. (2005). State and trait affect as predictors of salivary cortisol in healthy adults. *Psychoneuroendocrinology, 30,* 261–272.

Poole, L., Ronaldson, A., Kidd, T., Leigh, E., Jahangiri, M., & Steptoe, A. (2016). Pre-operative cognitive functioning and inflammatory and neuroendocrine responses to cardiac surgery. *Annals of Behavioral Medicine, 50,* 545–553.

Posadzki, P., & Ernst, E. (2011). Guided imagery for musculoskeletal pain: A systematic review. *Clinical Journal of Pain, 27,* 648–653.

Posadzki, P., Lewandowski, W., Terry, R., Ernst, E., & Stearns, A. (2012). Guided imagery for non-musculoskeletal pain: A systematic review of randomized clinical trials. *Journal of Pain and Symptom Management, 44,* 95–104.

Poulin, M. J. (2014). Volunteering predicts health among those who value others: Two national studies. *Health Psychology, 33,* 120–129.

Powell, D. J., McMinn, D., & Allan, J. L. (2017). Does real time variability in inhibitory control drive snacking behavior? An intensive longitudinal study. *Health Psychology, 36*(4), 356–364.

Powell, L. H., Appelhans, B. M., Ventrelle, J., Karavolos, K., March, M. L., Ong, J. C., . . . Kazlauskaite, R. (2018). Development of a lifestyle intervention for the metabolic syndrome: Discovery through proof-of-concept. *Health Psychology, 37,* 929–939.

Powell, L. H., Shahabi, L., & Thoresen, C. E. (2003). Religion and spirituality: Linkages to physical health. *American Psychologist, 58,* 36–52.

Power, E., Van Jaarsveld, C. H. M., McCaffery, K., Miles, A., Atkin, W., & Wardle, J. (2008). Understanding intentions and action in colorectal cancer screening. *Annals of Behavioral Medicine, 35,* 285–294.

Power, M., Bullinger, M., Harper, A., & the World Health Organization Quality of Life Group. (1999). The World Health Organization WHO-QOL–100: Tests of the universality of quality of life in 15 different cultural groups worldwide. *Health Psychology, 18,* 495–505.

Pratt, L. A., & Brody, D. J. (2010). Depression and smoking in the U.S. household population aged 20 and over, 2005–2008. *NCHS Data Brief, 34,* 1–8.

Presseau, J., Tait, R. I., Johnston, D. W., Francis, J. J., & Sniehotta, F. F. (2013). Goal conflict and goal facilitation as predictors of daily accelerometer-assessed physical activity. *Health Psychology, 32,* 1179–1187.

Pressman, E., & Orr, W. C. (Eds.). (1997). *Understanding sleep: The evolution and treatment of sleep disorders.* Washington, DC: American Psychological Association.

Pressman, S. D., & Cohen, S. (2007). Use of social words in autobiographies and longevity. *Psychosomatic Medicine, 69,* 262–269.

Pressman, S. D., & Cohen, S. (2011). Positive emotion word use and longevity in famous deceased psychologists. *Health Psychology, 31,* 297–305.

Pressman, S. D., Cohen, S., Miller, G. E., Barkin, A., Rabin, B. S., & Treanor, J. J. (2005). Loneliness, social network size, and immune response to influenza vaccination in college freshmen. *Health Psychology, 24,* 297–306.

Pressman, S. D., Matthews, K. A., Cohen, S., Martire, L. M., Scheier, M., Baum, A., & Schulz, R. (2009). Association of enjoyable leisure activities with psychological and physical well-being. *Psychosomatic Medicine, 71,* 725–732.

Prestwich, A., Conner, M. T., Lawton, R. J., Ward, J. K., Ayres, K., & McEachan, R. R. C. (2012). Randomized controlled trial of collaborative implementation intentions targeting working adults' physical activity. *Health Psychology, 31,* 486–495.

Prestwich, A., Perugini, M., & Hurling, R. (2010). Can implementation intentions and text messages promote brisk walking? A randomized trial. *Health Psychology, 29,* 40–49.

Pribicevic, M., Pollard, H., Bonello, R., & de Luca, K. (2010). A systematic review of manipulative therapy for the treatment of shoulder pain. *Journal of Manipulative and Physiological Therapeutics, 33,* 679–689.

Prinstein, M. J., & La Greca, A. M. (2009). Childhood depressive symptoms and adolescent cigarette use: A six-year longitudinal study controlling for peer relations correlates. *Health Psychology, 28,* 283–291.

Prochaska, J. J., & Sallis, J. F. (2004). A randomized controlled trial of single versus multiple health behavior change: Promoting physical activity and nutrition among adolescents. *Health Psychology, 23,* 314–318.

Prochaska, J. O. (1994). Strong and weak principles for progressing from precontemplation to action on the basis of 12 problem behaviors. *Health Psychology, 13,* 47–51.

Prochaska, J. O., DiClemente, C. C., & Norcross, J. C. (1992). In search of how people change: Applications to addictive behaviors. *American Psychologist, 47,* 1102–1114.

Protogerou, C., Johnson, B. T., & Hagger, M. S. (2018). An integrated model of condom use in Sub-Saharan African youth: A meta-analysis. *Health Psychology, 37,* 586–602.

Pruessner, J. C., Hellhammer, D. H., & Kirschbaum, C. (1999). Burnout, perceived stress, and cortisol responses to awakening. *Psychosomatic Medicine, 61,* 197–204.

Pruessner, M., Hellhammer, D. H., Pruessner, J. C., & Lupien, S. J. (2003). Self-reported depressive symptoms and stress levels in healthy young men: Associations with the cortisol response to awakening. *Psychosomatic Medicine, 65,* 92–99.

Puig, J., Englund, M. M., Simpson, J. A., & Collins, A. W. (2013). Predicting adult physical illness from infant attachment: A prospective longitudinal study. *Health Psychology, 32,* 409–417.

Pulkki-Råback, L., Elovainio, M., Kivimäki, M., Raitakari, O. T., & Keltikangas-Järvinen, L. (2005). Temperament in childhood predicts body mass in adulthood: The cardiovascular risk in young Finns study. *Health Psychology, 24,* 307–315.

Puterman, E., Adler, N., Matthews, K. A., & Epel, E. (2012). Financial strain and impaired fasting glucose: The moderating role of physical activity in the Coronary Artery Risk Development in Young Adults study. *Psychosomatic Medicine, 74,* 187–192.

Puterman, E., Prather, A. A., Epel, E. S., Loharuka, S., Adler, N. E., Laraia, B., & Tomiyama, A. J. (2016). Exercise mitigates cumulative associations between stress and BMI in girls age 10 to 19. *Health Psychology, 35,* 191–194.

Puustinen, P. J., Koponen, H., Kautiainen, H., Mäntyselkä, P., & Vanhala, M. (2011). Psychological distress predicts the development of the metabolic syndrome: A prospective population-based study. *Psychosomatic Medicine, 73,* 158–165.

Quadagno, J. (2004). Why the United States has no national health insurance: Stakeholder mobilization against the welfare state, 1945–1996. *Journal of Health and Social Behavior, 45* (extra issue), 25–44.

Quartana, P. J., Bounds, S., Yoon, K. L., Goodin, B. R., & Burns, J. W. (2010). Anger suppression predicts pain, emotional, and cardiovascular responses to the cold pressor. *Annals of Behavioral Medicine, 39,* 211–221.

Quartana, P. J., Burns, J. W., & Lofland, K. R. (2007). Attentional strategy moderates effects of pain catastrophizing on symptom-specific physiological response in chronic low back pain patients. *Journal of Behavioral Medicine, 30,* 221–231.

Quinlan, K. B., & McCaul, K. D. (2000). Matched and mismatched interventions with young adult smokers: Testing a stage theory. *Health Psychology, 19,* 165–171.

Quinn, J. M., Pascoe, A., Wood, W., & Neal, D. T. (2010). Can't control yourself? Monitor those bad habits. *Personality and Social Psychology Bulletin, 36,* 499–511.

Quon, E. C., & McGrath, J. J. (2014). Subjective socioeconomic status and adolescent health: A meta-analysis. *Health Psychology, 33,* 433–447.

Rabin, C. (2011). Review of health behaviors and their correlates among young adult cancer survivors. *Journal of Behavioral Medicine, 34,* 41–52.

Rabin, C., Ward, S., Leventhal, H., & Schmitz, M. (2001). Explaining retrospective reports of symptoms in patients undergoing chemotherapy: Anxiety, initial symptom experience and posttreatment symptoms. *Health Psychology, 20,* 91–98.

Rabin, R. C. (2012, October 22). Curbing the enthusiasm on daily multivitamins. *New York Times.* Retrieved October 24, 2012, from http://well.blogs.nytimes.com/2012/10/22/curbing-the-enthusiasm-on-daily-multi-vitamins

Rabius, V., McAlister, A. L., Geiger, A., Huang, P., & Todd, R. (2004). Telephone counseling increases cessation rates among young adult smokers. *Health Psychology, 23,* 539–541.

Rabkin, J. G., McElhiney, M., Ferrando, S. J., Van Gorp, W., & Lin, S. H. (2004). Predictors of employment of men with HIV/AIDS: A longitudinal study. *Psychosomatic Medicine, 66,* 72–78.

Rachman, S. J., & Phillips, C. (1978). *Psychology and medicine.* Baltimore, MD: Penguin.

Raeburn, P., Forster, D., Foust, D., & Brady, D. (2002, October 21). Why we're so fat. *Business Week,* pp. 112–114.

Räikkönen, K., Matthews, K. A., Flory, J. D., Owens, J. F., & Gump, B. B. (1999). Effects of optimism, pessimism, and trait anxiety on ambulatory blood pressure and mood during everyday life. *Journal of Personality and Social Psychology, 76,* 104–113.

Rakoff, V. (1983). Multiple determinants of family dynamics in anorexia nervosa. In P. L. Darby, P. E. Garfinkel, D. M. Garner, & D. V. Coscina (Eds.), *Anorexia nervosa: Recent developments in research* (pp. 29–40). New York: Liss.

Ramirez-Maestre, C., Lopez-Martinez, A. E., & Zarazaga, R. E. (2004). Personality characteristics as differential variables of the pain experience. *Journal of Behavioral Medicine, 27,* 147–165.

Randall, G., Molloy, G. J., & Steptoe, A. (2009). The impact of an acute cardiac event on the partners of patients: A systematic review. *Health Psychology Review, 3,* 1–84.

Rapoff, M. A., & Christophersen, E. R. (1982). Improving compliance in pediatric practice. *Pediatric Clinics of North America, 29,* 339–357.

Raposa, E. B., Hammen, C. L., Brennan, P. A., O'Callaghan, F., & Najman, J. M. (2014). Early adversity and health outcomes in young adulthood: The role of ongoing stress. *Health Psychology, 33,* 410–418.

Rasmussen, H. N., Scheier, M. F., & Greenhouse, J. B. (2009). Optimism and physical health: A meta-analytic review. *Annals of Behavioral Medicine, 42,* 239–256.

Rassart, J., Luyckx, K., Berg, C. A., Bijttebier, P., Moons, P., & Weets, I. (2015). Psychosocial functioning and glycemic control in emerging adults with Type 1 diabetes: A 5-year follow-up study. *Health Psychology, 34,* 1058–1065.

Rauma, P., Koivumaa-Honkanen, H., Williams, L. J., Tuppurainen, M. T., Kroger, H. P., & Honkanen, R. J. (2014). Life satisfaction and bone mineral density among postmenopausal women: Cross-sectional and longitudinal associations. *Psychosomatic Medicine, 76,* 709–715.

Raven, B. H., Freeman, H. E., & Haley, R. W. (1982). Social science perspectives in hospital infection control. In A. W. Johnson, O. Grusky, & B. Raven (Eds.), *Contemporary health services: Social science perspectives* (pp. 139–176). Boston, MA: Auburn House.

Read, J. P., Wardell, J. D., Vermont, L. N., Colder, C. R., Ouimette, P., & White, J. (2013). Transition and change: Prospective effects of posttraumatic stress on smoking trajectories in the first year of college. *Health Psychology, 32,* 757–767.

Reddy, S. (2017, February 14). No drugs for your back pain. *The Wall Street Journal,* p. A11.

Reddy, K. S., Shah, B., Varghese, C., & Ramadoss, A. (2005). Responding to the threat of chronic diseases in India. *The Lancet, 366,* 1744–1749.

Redelmeier, D., & Ross, L. (2018, November). The objectivity illusion in medical practice. *Association for Psychological Science, 31,* 5–7.

Redman, S., Webb, G. R., Hennrikus, D. J., Gordon, J. J., & Sanson-Fisher, R. W. (1991). The effects of gender on diagnosis of psychological disturbance. *Journal of Behavioral Medicine, 14,* 527–540.

Redwine, L., Dang, J., Hall, M., & Irwin, M. (2003). Disordered sleep, nocturnal cytokines, and immunity in alcoholics. *Psychosomatic Medicine, 65,* 75–85.

Reed, G. M. (1989). *Stress, coping, and psychological adaptation in a sample of gay and bisexual men with AIDS.* Unpublished doctoral dissertation, University of California, Los Angeles.

Reed, G. M., Kemeny, M. E., Taylor, S. E., & Visscher, B. R. (1999). Negative HIV-specific expectancies and AIDS-related bereavement as predictors of symptom onset in asymptomatic HIV-positive gay men. *Health Psychology, 18,* 354–363.

Reed, G. M., Kemeny, M. E., Taylor, S. E., Wang, H. Y. J., & Visscher, B. R. (1994). Realistic acceptance as a predictor of decreased survival time in gay men with AIDS. *Health Psychology, 13,* 299–307.

Reger, G. M., Holloway, K. M., Candy, C., Rothbaum, B. O., Difede, J., Rizzo, A. A., & Gahm, G. A. (2011). Effectiveness of virtual reality exposure therapy for active duty soldiers in a military mental health clinic. *Journal of Traumatic Stress, 24,* 93–96.

Reid, A. E., Taber, J. M., Ferrer, R. A., Biesecker, B. B., Lewis, K. L., Biesecker, L. G., & Klein, W. M. P. (2018). Associations of perceived norms with intentions to learn genomic sequencing results: Roles for attitudes and ambivalence. *Health Psychology, 37*(6), 553–561.

Reitman, V. (2003, March 24). Healing sound of a word: "Sorry." *Los Angeles Times,* pp. F1, F8.

Reitman, V. (2004, June 28). Ill effects of cutting back on medications. *Los Angeles Times,* p. F2.

Rendina, H. J., Gamarel, K. E., Pachankis, J. E., Ventuneac, A., Grov, C., & Parsons, J. T. (2016). Extending the minority stress model to incorporate HIV-positive gay and bisexual men's experiences: A longitudinal examination of mental health and sexual risk behavior. *Annals of Behavioral Medicine, 51,* 147–158.

Repetti, R. L. (1989). Effects of daily workload on subsequent behavior during marital interactions: The role of social withdrawal and spouse support. *Journal of Personality and Social Psychology, 57,* 651–659.

Repetti, R. L. (1993b). Short-term effects of occupational stressors on daily mood and health complaints. *Health Psychology, 12,* 125–131.

Repetti, R. L., & Pollina, S. L. (1994). *The effects of daily social and academic failure experiences on school-age children's subsequent interactions with parents.* Unpublished manuscript, University of California, Los Angeles.

Repetti, R. L., Taylor, S. E., & Seeman, T. E. (2002). Risky families: Family social environments and the mental and physical health of offspring. *Psychological Bulletin, 128,* 330–336.

Repetti, R. L., Wang, S. W., & Saxbe, D. E. (2011). Adult health in the context of everyday family life. *Annals of Behavioral Medicine, 42,* 285–293.

Repetto, M. J., & Petitto, J. M. (2008). Psychopharmacology in HIV-infected patients. *Psychosomatic Medicine, 70,* 585–592.

Repetto, P. B., Caldwell, C. H., & Zimmerman, M. A. (2005). A longitudinal study of the relationship between depressive symptoms and cigarette use among African American adolescents. *Health Psychology, 24,* 209–219.

Resnick, B., Orwig, D., Yu-Yahiro, J., Hawkes, W., Shardell, M., Hebel, J. R., . . . Magaziner, J. (2007). Testing the effectiveness of the exercise plus program in older women post-hip fracture. *Annals of Behavioral Medicine, 34,* 67–76.

Resnicow, K., Davis, R., Zhang, N., Konkel, J., Strecher, V. J., Shaikh, A. R., . . . Wiese, C. (2008). Tailoring a fruit and vegetable intervention on novel motivational constructs: Results of a randomized study. *Annals of Behavioral Medicine, 35,* 159–169.

Resnicow, K., DiIorio, C., Soet, J. E., Borrelli, B., Hecht, J., & Ernst, D. (2002). Motivational interviewing in health promotion: It sounds like something is changing. *Health Psychology, 21,* 444–451.

Resnicow, K., Reddy, S. P., James, S., Gabebodeen Omardien, R., Kambaran, N. S., Langner, R. G., . . . Nichols, T. (2008). Comparison of two school-based smoking prevention programs among South African high school students: Results of a randomized trial. *Annals of Behavioral Medicine, 36,* 231–243.

Resolve: The National Fertility Association. (2013). *What are my chances of success with an IVF?* Retrieved January 21, 2016, from http://www.resolve.org

Reyes, E. A. (2013, November 22). U.S. attitudes on end of life show a change. *The New York Times,* pp. AA1–AA2.

Reyes del Paso, G. A., Garrido, S., Pulgar, Á., Martín-Vázquez, M., & Duschek, S. (2010). Aberrances in autonomic cardiovascular regulation in fibromyalgia syndrome and their relevance for clinical pain reports. *Psychosomatic Medicine, 72,* 462–470.

Reynolds, D. V. (1969). Surgery in the rat during electrical analgesia induced by focal brain stimulation. *Science, 164,* 444–445.

Reynolds, J. S., & Perrin, N. A. (2004). Mismatches in social support and psychological adjustment to breast cancer. *Health Psychology, 23,* 425–430.

Reynolds, K. A., & Helgeson, V. S. (2011). Children with diabetes compared to peers: Depressed? Distressed? A meta-analytic review. *Annals of Behavioral Medicine, 42,* 29–41.

Reynolds, N., Mrug, S., Wolfe, K., Schwebel, D., & Wallander, J. (2016). Spiritual coping, psychosocial adjustment, and physical health in youth with chronic illness: A meta-analytic review. *Health Psychology Review, 10*(2), 226–243.

Rhee, H., Holditch-Davis, D., & Miles, M. S. (2005). Patterns of physical symptoms and relationships with psychosocial factors in adolescents. *Psychosomatic Medicine, 67,* 1006–1012.

Rhodes, R. E., Blanchard, C. M., Benoit, C., Levy-Milne, R., Naylor, P., Symons, Downs, D., & Warburton, D. E. R. (2014). Social cognitive correlates of physical activity across 12 months in cohort samples of couples without children, expecting their first child, and expecting their second child. *Health Psychology, 33,* 792–802.

Rhodes, R. E., Naylor, P. J., & McKay, H. A. (2010). Pilot study of a family physical activity planning intervention among parents and their children. *Journal of Behavioral Medicine, 33,* 91–100.

Rhodes, R. E., Plotnikoff, R. C., & Courneya, K. S. (2008). Predicting the physical activity intention-behavior profiles of adopters and maintainers using three social cognition models. *Annals of Behavioral Medicine, 36,* 244–252.

Rice, E. L., & Klein, W. M. (2019). Interactions among perceived norms and attitudes about health-related behaviors in US adolescents. *Health Psychology, 38,* 268–275.

Richardson, L. (2004, January 9). Obesity blamed as disability rates soar for those under 60. *Los Angeles Times,* p. A22.

Rief, W., Hessel, A., & Braehler, E. (2001). Somatization symptoms and hypochondriacal features in the general population. *Psychosomatic Medicine, 63,* 595–602.

Rietschlin, J. (1998). Voluntary association membership and psychological distress. *Journal of Health and Social Behavior, 39,* 348–355.

Riley, K. E., & Kalichman, S. (2015). Mindfulness-based stress reduction for people living with HIV/AIDS: Preliminary review of intervention trial methodologies and findings. *Health Psychology Review, 9*(2), 224–243.

Riley, W.T. (2017). Behavioral and social sciences at the National Institutes of Health: Adoption of research findings in health research and practice as a scientific priority. *Translational Behavioral Medicine, 7*(2), 380–384.

Rimes, K. A., Salkovskis, P. M., Jones, L., & Lucassen, A. M. (2006). Applying a cognitive–behavioral model of health anxiety in a cancer genetics service. *Health Psychology, 25,* 171–180.

Rini, C., Dunkel-Schetter, C., Wadhwa, P., & Sandman, C. (1999). Psychological adaptation and birth outcomes: The role of personal resources, stress, and socio-cultural context in pregnancy. *Health Psychology, 18,* 333–345.

Rini, C., Manne, S., DuHamel, K., Austin, J., Ostroff, J., Boulad, F., . . . Redd, W. H. (2008). Social support from family and friends as a buffer of low social support among mothers of critically ill children: A multilevel modeling approach. *Health Psychology, 27,* 593–603.

Rios, R., & Zautra, A. J. (2011). Socioeconomic disparities in pain: The role of economic hardship and daily financial worry. *Health Psychology, 30,* 58–66.

Ritz, T., & Steptoe, A. (2000). Emotion and pulmonary function in asthma: Reactivity in the field and relationship with laboratory induction of emotion. *Psychosomatic Medicine, 62,* 808–815.

Rizzo, A. A., Difede, J., Rothbaum, B. O., Johnston, S., McLay, R. N., Reger, G., & Pair, J. (2009). VR PTSD exposure therapy results with active duty OIF/OEF combatants. *Studies in Health Technology and Informatics, 142,* 277–282.

Robinson, H., Norton, S., Jarrett, P., & Broadbent, E. (2017). The effects of psychological interventions on wound healing: A systematic review of randomized trials. *British Journal of Health Psychology, 22,* 805–835.

Robbins, C. A., & Martin, S. S. (1993). Gender, styles of deviance, and drinking problems. *Journal of Health and Social Behavior, 34,* 302–321.

Roberts, M. C., & Turner, D. S. (1984). Preventing death and injury in childhood: A synthesis of child safety seat efforts. *Health Education Quarterly, 11,* 181–193.

Roberts, M. E., Gibbons, F. X., Gerrard, M., & Alert, M. D. (2011). Optimism and adolescent perception of skin cancer risk. *Health Psychology, 30,* 810–813.

Robinson, E., Fleming, A., & Higgs, S. (2014). Prompting healthier eating: Testing the use of health and social norm based messages. *Health Psychology, 33,* 1057–1064.

Robinson, H., Jarrett, P., Vedhara, K., & Broadbent, E. (2017). The effects of expressive writing before or after punch biopsy on wound healing. *Brain, Behavior, and Immunity, 61,* 217–227.

Robinson, H., Ravikulan, A., Nater, U. M., Skoluda, N., Jarrett, P., & Broadbent, E. (2017). The role of social closeness during tape stripping to facilitate skin barrier recovery: Preliminary findings. *Health Psychology, 36*(7), 619–629.

Robles, T. F. (2007). Stress, social support, and delayed skin barrier recovery. *Psychosomatic Medicine, 69,* 807–815.

Robles, T. F. (2014). Marital quality and health: Implications for marriage in the 21st century. *Current Directions in Psychological Science, 23,* 427–432.

Robles, T. F., Brooks, K. P., & Pressman, S. D. (2009). Trait positive affect buffers the effects of acute stress on skin barrier recovery. *Health Psychology, 28,* 373–378.

Robles, T. F., Glaser, R., & Kiecolt-Glaser, J. K. (2005). Out of balance: A new look at chronic stress, depression, and immunity. *Current Directions in Psychological Science, 14,* 111–115.

Rodgers, A., Corbett, T., Bramley, D., Riddell, T., Wills, M., Lin, R. B., & Jones, M. (2005). Do u smoke after txt? Results of a randomized trial of smoking cessation using mobile phone text messaging. *Tobacco Control, 14,* 255–261.

Rodin, J., & McAvay, G. (1992). Determinants of change in perceived health in a longitudinal study of older adults. *Journal of Gerontology, 47,* P373–P384.

Rodin, J., & Plante, T. (1989). The psychological effects of exercise. In R. S. Williams & A. Wellece (Eds.), *Biological effects of physical activity* (pp. 127–137). Champaign, IL: Human Kinetics.

Rodrigues, A. M., O'Brien, N., French, D. P., Glidewell, L., & Sniehotta, F. F. (2015). The question-behavior effect: Genuine effect or spurious phenomenon? A systematic review of randomized controlled trials with meta-analysis. *Health Psychology, 34,* 61–78.

Rodriguez, C. J., Gwathmey, T. M., Jin, Z., Schwartz, J., Beech, B. M., Sacco, R. L., . . . Homma, S. (2016). Perceived discrimination and nocturnal blood pressure dipping among Hispanics: The influence of social support and race. *Psychosomatic Medicine, 78,* 841–850.

Rodriguez, F. S., Schroeter, M. L., Arélin, K., Witte, A. V., Baber, R., Burkhardt, R., . . . Riedel-Heller, S. G. (2018). APOE e4-genotype and lifestyle interaction on cognitive performance: Results of the LIFE-Adult-study. *Health Psychology, 37,* 194–205.

Roepke, S. K., Chattillion, E. A., von Känel, R., Allison, M., Ziegler, M. G., Dimsdale, J. E., . . . Grant, I. (2011). Carotid plaque in Alzheimer caregivers and the role of sympathoadrenal arousal. *Psychosomatic Medicine, 73,* 206–213.

Roepke, S. K., & Grant, I. (2011). Toward a more complete understanding of the effects of personal mastery on cardiometabolic health. *Health Psychology, 30,* 615–632.

Roest, A. M., Heideveld, A., Martens, E. J., de Jonge, P., & Denollet, J. (2014). Symptom dimensions of anxiety following myocardial infarction: Associations with depressive symptoms and prognosis. *Health Psychology, 33,* 1468–1476.

Roest, A. M., Martens, E. J., Denollet, J., & de Jonge, P. (2010). Prognostic association of anxiety post myocardial infarction with mortality and new cardiac events: A meta-analysis. *Psychosomatic Medicine, 72,* 563–569.

Rogers, R. W. (1975). A protection motivation theory of fear appeals and attitude change. *The Journal of Psychology, 91,* 93–114.

Rohan, J. M., Rausch, J. R., Pendley, J. S., Delamater, A. M., Dolan, L., Reeves, G., & Drotar, D. (2014). Identification and prediction of group-based glycemic control trajectories during the transition to adolescence. *Health Psychology, 33,* 1143–1152.

Rohleder, N. (2014). Stimulation of systemic low-grade inflammation by psychosocial stress. *Psychosomatic Medicine, 76,* 181–189.

Roitt, I., Brostoff, J., & Male, D. (1998). *Immunology* (5th ed.). London, England: Mosby International.

Rollman, B. L. & Huffman, J. C. (2013). Treating anxiety in the presence of medical comorbidity: calmly moving forward. *Psychosomatic Medicine, 75,* 710–712.

Roman, M. J., Shanker, B. A., Davis, A., Lockshin, M. D., Sammaritano, L., Simantov, R., . . . Salmon, J. E. (2003). Prevalence and correlates of accelerated atherosclerosis in systematic lupus erythematosus. *The New England Journal of Medicine, 349,* 2399–2406.

Rook, K. S., & Charles, S. T. (2017). Close social ties and health in later life: Strengths and vulnerabilities. *American Psychologist, 72*(6), 567–577.

Romero, C., Friedman, L. C., Kalidas, M., Elledge, R., Chang, J., & Liscum, K. R. (2006). Self-forgiveness, spirituality, and psychological adjustment in women with breast cancer. *Journal of Behavioral Medicine, 29,* 29–36.

Rooks-Peck, C. R., Adegbite, A. H., Wichser, M. E., Ramshaw, R., Mullins, M. M., Higa, D., . . . The Prevention Research Synthesis Project, Division of HIV/AIDS Prevention, Centers for Disease Control and Prevention. (2018). Mental health and retention in HIV care: A systematic review and meta-analysis. *Health Psychology, 37,* 574–585.

Rosenfield, S. (1992). The costs of sharing: Wives' employment and husbands' mental health. *Journal of Health and Social Behavior, 33,* 213–225.

Rosenstock, I. M. (1966). Why people use health services. *Milbank Memorial Fund Quarterly, 44,* 94ff.

Rosenstock, I. M. (1974). Historical origins of the health belief model. *Health Education Monographs, 2,* 328–335.

Ross, C. E., & Mirowsky, J. (1988). Child care and emotional adjustment to wives' employment. *Journal of Health and Social Behavior, 29,* 127–138.

Ross, C. E., & Mirowsky, J. (2001). Neighborhood disadvantages, disorder, and health. *Journal of Health and Social Behavior, 42,* 258–276.

Rossy, L. A., Buckelew, S. P., Dorr, N., Hagglund, K. J., Thayer, J. F., McIntosh, M. J., . . . Johnson, J. C. (1999). A meta-analysis of fibromyalgia treatment interventions. *Annals of Behavioral Medicine, 21,* 180–191.

Roth, B., & Robbins, D. (2004). Mindfulness-based stress reduction and health-related quality of life: Findings from a bilingual inner-city patient population. *Psychosomatic Medicine, 66,* 113–123.

Rothbaum, B. O., Kearns, M. C., Price, M., Malcoun, E., Davis, M., Ressler, K. J., . . . Houry, D. (2012). Early intervention may prevent the development of posttraumatic stress disorder: A randomized pilot civilian study with modified prolonged exposure. *Biological Psychiatry, 72,* 957–863.

Rotheram-Borus, M. J., Murphy, D. A., Reid, H. M., & Coleman, C. L. (1996). Correlates of emotional distress among HIV+ youths: Health status, stress, and personal resources. *Annals of Behavioral Medicine, 18,* 16–23.

Rothman, A. J. (2000). Toward a theory-based analysis of behavioral maintenance. *Health Psychology, 19,* 64–69.

Rothman, A. J., & Salovey, P. (1997). Shaping perceptions to motivate healthy behavior: The role of message framing. *Psychological Bulletin, 121,* 3–19.

Rottenberg, J., Yaroslavsky, I., Carney, R. M., Freedland, K. E., George, C. J., Baji, I., & Kovacs, M. (2014). The association between major depressive disorder in childhood and risk factors for cardiovascular disease in adolescence. *Psychosomatic Medicine, 76,* 122–127.

Rottman, B. M., Marcum, Z. A., Thorpe, C. T., & Gellad, W. F. (2017). Medication adherence as a learning process: Insights from cognitive psychology. *Health Psychology Review, 11,* 17–32.

Rottmann, N., Hansen, D. G., Larsen, P. V., Nicolaisen, A., Flyger, H., Johansen, C., & Hagedoorn, M. (2015). Dyadic coping within couples dealing with breast cancer: A longitudinal, population-based study. *Health Psychology, 34,* 486–495.

Rowe, M. M. (1999). Teaching health-care providers coping: Results of a two-year study. *Journal of Behavioral Medicine, 22,* 511–527.

Roy, B., Diez-Roux, A. V., Seeman, T., Ranjit, N., Shea, S., & Cushman, M. (2010). Association of optimism and pessimism with inflammation and hemostasis in the multi-ethnic study of artherosclerosis (MESA). *Psychosomatic Medicine, 72,* 134–140.

Rozanski, A. (2005). Integrating psychological approaches into the behavioral management of cardiac patients. *Psychosomatic Medicine, 67,* S67–S73.

Ruben, M. A., Blanch-Hartigan, D., & Shipherd, J. C. (2018). To know another's pain: A meta-analysis of caregivers' and healthcare providers' pain assessment accuracy. *Annals of Behavioral Medicine, 52,* 662–685.

Rubin, G. J., Cleare, A., & Hotopf, M. (2004). Psychological factors in postoperative fatigue. *Psychosomatic Medicine, 66,* 959–964.

Ruble, D. N. (1972). Premenstrual symptoms: A reinterpretation. *Science, 197,* 291–292.

Ruby, M. B., Dunn, E. W., Perrino, A., Gillis, R., & Viel, S. (2011). The invisible benefits of exercise. *Health Psychology, 30,* 67–74.

Ruissen, G. R., Rhodes, R. E., Crocker, P. R. E., & Beauchamp, M. R. (2018). Affective mental contrasting to enhance physical activity: A randomized controlled trial. *Health Psychology, 37,* 51–60.

Ruiz, J. M., & Brondolo, E. (2016). Introduction to the special issue Disparities in cardiovascular health: Examining the contributions of social and behavioral factors. *Health Psychology, 35,* 309–312.

Ruiz-Párraga, G. T., & López-Martínez, A. E. (2014). The contribution of posttraumatic stress symptoms to chronic pain adjustment. *Health Psychology, 33,* 958–967.

Rushing, B., Ritter, C., & Burton, R. P. D. (1992). Race differences in the effects of multiple roles on health: Longitudinal evidence from a national sample of older men. *Journal of Health and Social Behavior, 33,* 126–139.

Ruthig, J. C., & Chipperfield, J. G. (2007). Health incongruence in later life: Implications for subsequent well-being and health care. *Health Psychology, 26,* 753–761.

Rutledge, T., Linden, W., & Paul, D. (2000). Cardiovascular recovery from acute laboratory stress: Reliability and concurrent validity. *Psychosomatic Medicine, 62,* 648–654.

Rutledge, T., Linke, S. E., Krantz, D. S., Johnson, B. D., Bittner, V., Eastwood, J. A., . . . Merz, C. N. (2009). Comorbid depression and anxiety symptoms as predictors of cardiovascular events: Results from the NHLBI-sponsored women's ischemia syndrome evaluations (WISE) study. *Psychosomatic Medicine, 71,* 958–964.

Rutledge, T., Matthews, K., Lui, L. Y., Stone, K. L., & Cauley, J. A. (2003). Social networks and marital status predict mortality in older women: Prospective evidence from the Study of Osteoporotic Fractures (SOF). *Psychosomatic Medicine, 65,* 688–694.

Rutledge, T., Redwine, L. S., Linke, S. E., & Mills, P. J. (2013). A meta-analysis of mental health treatments and cardiac rehabilitation for improving clinical outcomes and depression among patients with coronary heart disease. *Psychosomatic Medicine, 75,* 335–349.

Rutledge, T., Reis, S. E., Olson, M., Owens, J., Kelsey, S. F., Pepine, C. J., . . . National Heart, Lung, and Blood Institute. (2004). Social networks are associated with lower mortality rates among women with suspected coronary disease: The national heart, lung, and blood institute-sponsored women's ischemia syndrome evaluation study. *Psychosomatic Medicine, 66,* 882–888.

Ryan, J., Zwerling, C., & Orav, E. J. (1992). Occupational risks associated with cigarette smoking: A prospective study. *American Journal of Public Health, 82,* 29–32.

Ryan, J. P., Sheu, L. K., Crtichley, H. D., & Gianaros, P. J. (2012). A neural circuitry linking insulin resistance to depressed mood. *Psychosomatic Medicine, 74,* 476–482.

Ryan, R. M., & Deci, E. L. (2000). Self-determination theory and the facilitation of intrinsic motivation, social development, and well-being. *American Psychologist, 55,* 68–78.

Ryff, C. D., Keyes, C. L. M., & Hughes, D. L. (2003). Status inequalities, perceived discrimination, and eudaimonic well-being: Do the challenges of minority life hone purpose and growth? *Journal of Health and Social Behavior, 44,* 275–291.

Saab, P. G., Llabre, M. M., Schneiderman, N., Hurwitz, B. E., McDonald, P. G., Evans, J., . . . Klein, B. (1997). Influence of ethnicity and gender on cardiovascular responses to active coping and inhibitory-passive coping challenges. *Psychosomatic Medicine, 59,* 434–446.

Sacco, W. P., Malone, J. I., Morrison, A. D., Friedman, A., & Wells, K. (2009). Effect of a brief, regular telephone intervention by paraprofessionals for type 2 diabetes. *Journal of Behavioral Medicine, 32,* 349–359.

Sacker, A., Head, J., & Bartley, M. (2008). Impact of coronary heart disease on health functioning in an aging population: Are there differences according to socioeconomic position? *Psychosomatic Medicine, 70,* 133–140.

Sadava, S. W., & Pak, A. W. (1994). Problem drinking and close relationships during the third decade of life. *Psychology of Addictive Behaviors, 8,* 251–258.

Safer, M. A., Tharps, Q. J., Jackson, T. C., & Leventhal, H. (1979). Determinants of three stages of delay in seeking care at a medical care clinic. *Medical Care, 17,* 11–29.

Safren, S. A., Blashill, A. J., Lee, J. S., O'Cleirigh, C., Tomassili, J., Biello, K. B., . . . Mayer, K. H. (2018). Condom-use self-efficacy as a mediator between syndemics and condomless sex in men who have sex with men (MSM). *Health Psychology, 37,* 820–827.

Safren, S. A., O'Cleirigh, C., Tan, J. Y., Raminani, S. R., Reilly, L. C., Otto, M. W., & Mayer, K. H. (2009). A randomized controlled trial of cognitive behavioral therapy for adherence and depression (CBT-AD) in HIV-infected individuals. *Health Psychology, 28,* 1–10.

Safren, S. A., O'Cleirigh, C. M., Skeer, M., Elsesser, S. A., & Mayer, K. H. (2013). Project enhance: A randomized controlled trial of an individualized HIV prevention intervention for HIV-infected men who have sex with men conducted in a primary care setting. *Health Psychology, 32,* 171–179.

Safren, S. A., Traeger, L., Skeer, M. R., O'Cleirigh, C., Meade, C. S., Covahey, C., & Mayer, K. H. (2010). Testing a social-cognitive model of HIV transmission risk behaviors in HIV-infected MSM with and without depression. *Health Psychology, 29,* 215–221.

Sagherian, M. J., Huedo-Medina, T. B., Pellowski, J. A., Eaton, L. A., & Johnson, B. T. (2016). Single-session behavioral interventions for sexual risk reduction: A meta-analysis. *Annals of Behavioral Medicine, 50,* 920–934.

Salamon, J. D., & Correa, M. (2013). Dopamine and food addiction: Lexicon badly needed. *Biological Psychiatry, 73,* 15–24.

Sallis, J. F., King, A. C., Sirard, J. R., & Albright, C. L. (2007). Perceived environmental predictors of physical activity over 6 months in adults: Activity counseling trial. *Health Psychology, 26,* 701–709.

Salmon, J., Owen, N., Crawford, D., Bauman, A., & Sallis, J. F. (2003). Physical activity and sedentary behavior: A population-based study of barriers, enjoyment, and preference. *Health Psychology, 22,* 178–188.

Salmon, P., Humphris, G. M., Ring, A., Davies, J. C., & Dowrick, C. F. (2007). Primary care consultations about medically unexplained symptoms: Patient presentations and doctor responses that influence the probability of somatic intervention. *Psychosomatic Medicine, 69,* 571–577.

Salomon, K., & Jagusztyn, N. E. (2008). Resting cardiovascular levels and reactivity to interpersonal incivility among Black, Latino/a, and White individuals: The moderating role of ethnic discrimination. *Health Psychology, 27,* 473–481.

Salzmann, S., Euteneuer, F., Laferton, J. A., Auer, C. J., Shedden-Mora, M. C., Schedlowski, M., . . . Rief, W. (2017). Effects of preoperative psychological interventions on catecholamine and cortisol levels after surgery in coronary artery bypass graft patients: The randomized controlled PSY-HEART trial. *Psychosomatic Medicine, 79,* 806–814.

Samuel-Hodge, C. D., Gizlice, Z., Cai, J., Brantley, P. J., Ard, J. D., & Svetkey, L. P. (2010). Family functioning and weight loss in a sample of African Americans and Whites. *Annals of Behavioral Medicine, 40,* 294–301.

Sanchez, L. M., & Turner, S. M. (2003). Practicing psychology in the era of managed care: Implications for practice and training. *American Psychologist, 58,* 116–129.

Sanderson, C. A., Darley, J. M., & Messinger, C. S. (2002). "I'm not as thin as you think I am": The development and consequences of feeling discrepant from the thinness norm. *Personality and Social Psychology Bulletin, 28,* 172–183.

Sandgren, A. K., & McCaul, K. D. (2003). Short-term effects of telephone therapy for breast cancer patients. *Health Psychology, 22,* 310–315.

Saphire-Bernstein, S., Way, B. M., Kim, H. S., Sherman, D. K., & Taylor, S. E. (2011). Oxytocin receptor gene (OXTR) is related to psychological resources. *Proceedings of the National Academy of Sciences, 108,* 15118–15122.

Sarason, I. G., Johnson, J. H., & Siegel, J. M. (1978). Assessing the impact of life changes: Development of the Life Experiences Survey. *Journal of Consulting and Clinical Psychology, 46,* 932–946.

Sarason, I. G., Sarason, B. R., Pierce, G. R., Shearin, E. N., & Sayers, M. H. (1991). A social learning approach to increasing blood donations. *Journal of Applied Social Psychology, 21,* 896–918.

Sareen, J., Cox, B. J., Stein, M. B., Afifi, T. O., Fleet, C., & Asmundson, G. J. G. (2007). Physical and mental comorbidity, disability, and suicidal behavior associated with posttraumatic stress disorder in a large community sample. *Psychosomatic Medicine, 69,* 242–248.

Sargent, J. D., & Heatherton, T. F. (2009). Comparison of trends for adolescent smoking and smoking in movies, 1990–2007. *Journal of the American Medical Association, 301,* 2211–2213.

Sarkar, U., Ali, S., & Whooley, M. A. (2009). Self-efficacy as a marker of cardiac function and predictor of heart failure hospitalization and mortality in patients with stable coronary heart disease: Findings from the heart and soul study. *Health Psychology, 28,* 166–173.

Sausen, K. P., Lovallo, W. R., Pincomb, G. A., & Wilson, M. F. (1992). Cardiovascular responses to occupational stress in male medical students: A paradigm for ambulatory monitoring studies. *Health Psychology, 11,* 55–60.

Savelieva, K., Pulkki-Råback, L., Jokela, M., Kubzansky, L. D., Elovainio, M., Mikkilä, V., . . . Keltikangas-Järvinen, L. (2017). Intergenerational transmission of socioeconomic position and ideal cardiovascular health: 32-year follow-up study. *Health Psychology, 36,* 270–279.

Saxbe, D. E., Margolin, G., Spies Shapiro, L., Ramos, M., Rodriguez, A., & Iturralde, E. (2014). Relative influences: Patterns of HPA axis concordance during triadic family interaction. *Health Psychology, 33,* 273–281.

Saxbe, D. E., Repetti, R. L., & Nishina, A. (2008). Marital satisfaction, recovery from work, and diurnal cortisone among men and women. *Health Psychology, 27,* 15–25.

Saxby, B. K., Harrington, F., McKeith, I. G., Wesnes, K., & Ford, G. A. (2003). Effects of hypertension in attention, memory and executive function in older adults. *Health Psychology, 22,* 587–591.

Sbarra, D. A. (2009). Marriage protects men from clinically meaningful elevations in C-reactive protein: Results from the national social life, health, and aging project (NSHAP). *Psychosomatic Medicine, 71,* 828–835.

Sbarra, D. A., Boals, A., Mason, A. E., Larson, G. M., & Mehl, M. R. (2013). Expressive writing can impede emotional recovery following marital separation. *Clinical Psychological Science, 1,* 120–134.

Sbarra, D. A., & Nietert, P. J. (2009). Divorce and death: Forty years of the Charleston heart study. *Psychological Science, 20,* 107–113.

Scanlan, J. M., Vitaliano, P. P., Zhang, J., Savage, M., & Ochs, H. D. (2001). Lymphocyte proliferation is associated with gender, caregiving, and
psychosocial variables in older adults. *Journal of Behavioral Medicine, 24,* 537–559.

Schaa, K. L., Roter, D. L., Biesecker, B. B., Cooper, L. A., & Erby, L. H. (2015). Genetic counselors' implicit racial attitudes and their relationship to communication. *Health Psychology, 34,* 111–119.

Schaffer, J. A., Edmondson, D., Wasson, L. T., Falzon, L., Homma, K., Ezeokoli, N., & Davidson, K. W. (2014). Vitamin D supplementation for depressive symptoms: A systematic review and meta-analysis of randomized controlled trials. *Psychosomatic Medicine, 76,* 190–196.

Schechtman, K. B., Ory, M. G., & the FICSIT Group. (2001). The effects of exercise on the quality of life of frail older adults: A preplanned meta-analysis of the FICSIT trials. *Annals of Behavioral Medicine, 23,* 186–197.

Scheier, M. F., & Carver, C. S. (2018). Dispositional optimism and physical health: A long look back, a quick look forward. *American Psychologist, 73,* 1082–1094.

Scheier, M. F., Carver, C. S., & Bridges, M. W. (1994). Distinguishing optimism from neuroticism (and trait anxiety, self-mastery, and self-esteem): A reevaluation of the Life Orientation Test. *Journal of Personality and Social Psychology, 67,* 1063–1078.

Scheier, M. F., Weintraub, J. K., & Carver, C. S. (1986). Coping with stress: Divergent strategies of optimists and pessimists. *Journal of Personality and Social Psychology, 51,* 1257–1264.

Schernhammer, E. (2005). Taking their own lives—The high rate of physician suicide. *The New England Journal of Medicine, 352,* 2473–2476.

Scheufele, P. M. (2000). Effects of progressive relaxation and classical music on measurements of attention, relaxation, and stress responses. *Journal of Behavioral Medicine, 23,* 207–228.

Schins, A., Honig, A., Crijns, H., Baur, L., & Hamulyak, K. (2003). Increased coronary events in depressed cardiovascular patients: 5HT2A receptor as missing link? *Psychosomatic Medicine, 65,* 729–737.

Schirda, B., Nicholas, J. A., & Prakash, R. S. (2015). Examining trait mindfulness, emotion dysregulation, and quality of life in multiple sclerosis. *Health Psychology, 34,* 1107–1115.

Schlotz, W., Hellhammer, J., Schulz, P., & Stone, A. A. (2004). Perceived work overload and chronic worrying predict weekend-weekday differences in the cortisol awakening response. *Psychosomatic Medicine, 66,* 207–214.

Schnall, E., Wassertheil-Smoller, S., Swencionis, C., Zemon, V., Tinker, L., O'Sullivan, M. J., . . . Goodwin, M. (2010). The relationship between religion and cardiovascular outcomes and all-cause mortality in the women's health initiative observational study. *Psychology and Health, 25,* 249–263.

Schneider, M. S., Friend, R., Whitaker, P., & Wadhwa, N. K. (1991). Fluid noncompliance and symptomatology in end-stage renal disease: Cognitive and emotional variables. *Health Psychology, 10,* 209–215.

Schneider, S., Moyer, A., Knapp-Oliver, S., Sohl, S., Cannella, D., & Targhetta, V. (2010). Pre-intervention distress moderated the efficacy of psychosocial treatment for cancer patients: A meta-analysis. *Journal of Behavioral Medicine, 33,* 1–14.

Schnurr, P. P., Friedman, M. J., Engel, C. C., Foa, E. B., Shea, M. T., Chow, B. K., . . . Bernardy, N. (2007). Cognitive behavioral therapy for posttraumatic stress disorder in women: A randomized controlled trial. *Journal of the American Medical Association, 297,* 820–830.

Schoenthaler, A. M., Butler, M., Chaplin, W., Tobin, J., & Ogedegbe, G. (2016). Predictors of changes in medication adherence in Blacks with hypertension: Moving beyond cross-sectional data. *Annals of Behavioral Medicine, 50,* 642–652.

Schöllgen, I., Huxhold, O., Schüz, B., & Tesch-Römer, C. (2011). Resources for health: Differential effects of optimistic self-beliefs and social support according to socioeconomic status. *Health Psychology, 30,* 326–335.

Schreier, H. M., & Chen, E. (2012). Socioeconomic status and health of youth: A multilevel, multidomain approach to conceptualizing pathways. *Psychological Bulletin, 139,* 606–654.

Schreier, H. M. C., & Chen, E. (2010). Longitudinal relationships between family routines and biological profiles among youth with asthma. *Health Psychology, 29,* 82–90.

Schreier, H. M. C., Roy, L. B., Frimer, L. T., & Chen, E. (2014). Family chaos and adolescent inflammatory profiles: The moderating role of socioeconomic status. *Psychosomatic Medicine, 76,* 460–467.

Schrepf, A., Markon, K., & Lutgendorf, S. K. (2014). From childhood to trauma to elevated C-reactive protein in adulthood: The role of anxiety and emotional eating. *Psychosomatic Medicine, 76,* 327–336.

Schrimshaw, E. W. (2003). Relationship-specific unsupportive social interactions and depressive symptoms among women living with HIV/AIDS: Direct and moderating effects. *Journal of Behavioral Medicine, 26,* 297–313.

Schofield, P. E., Stockler, M. R., Zannino, D., Tebbutt, N. C., Price, T. J., Simes, R. J., . . . Jefford, M. (2016). Hope, optimism and survival in a randomised trial of chemotherapy for metastatic colorectal cancer. *Supportive Care in Cancer, 24,* 401–408.

Schulz, R., & Beach, S. R. (1999). Caregiving as a risk factor for mortality: The caregiver health effects study. *Journal of the American Medical Association, 282,* 2215–2219.

Schulz, R., Bookwala, J., Knapp, J. E., Scheier, M., & Williamson, G. (1996). Pessimism, age, and cancer mortality. *Psychology and Aging, 11,* 304–309.

Schulz, R., & Decker, S. (1985). Long-term adjustment to physical disability: The role of social support, perceived control, and self-blame. *Journal of Personality and Social Psychology, 48,* 1162–1172.

Schüz, B., Papadakis, T., & Ferguson, S. G. (2018). Situation-specific social norms as mediators of social influence on snacking. *Health Psychology, 37,* 153–159.

Schüz, N., Schüz, B., & Eid, M. (2013). When risk communication backfires: Randomized controlled trial on self-affirmation and reactance to personalized risk feedback in high-risk individuals. *Health Psychology, 32,* 561–570.

Schvey, N. A., Puhl, R. M., & Brownell, K. D. (2014). The stress of stigma: Exploring the effect of weight stigma on cortisol reactivity. *Psychosomatic Medicine, 76,* 156–162.

Schwebel, D. C., McClure, L. A., & Severson, J. (2014). Teaching children to cross streets safely: A randomized, controlled trial. *Health Psychology, 33,* 628–638.

Schwartz, M. B., & Brownell, K. D. (1995). Matching individuals to weight loss treatments: A survey of obesity experts. *Journal of Consulting and Clinical Psychology, 63,* 149–153.

Schwartz, M. D., Taylor, K. L., & Willard, K. S. (2003). Prospective association between distress and mammography utilization among women with a family history of breast cancer. *Journal of Behavioral Medicine, 26,* 105–117.

Scott-Sheldon, L. A. J., Fielder, R. L., & Carey, M. P. (2010). Sexual risk reduction interventions for patients attending sexually transmitted disease clinics in the United States: A meta-analytic review, 1986 to early 2009. *Annals of Behavioral Medicine, 40,* 191–204.

Scott-Sheldon, L. A. J., Kalichman, S. C., Carey, M. P., & Fielder, R. L. (2008). Stress management interventions for HIV+ adults: A meta-analysis of randomized controlled trials, 1989–2006. *Health Psychology, 27,* 129–139.

Scrimshaw, S. M., Engle, P. L., & Zambrana, R. E. (1983, August). *Prenatal anxiety and birth outcome in U.S. Latinas: Implications for psychosocial interventions.* Paper presented at the annual meeting of the American Psychological Association, Anaheim, CA.

Sears, S. R., & Stanton, A. L. (2001). Physician-assisted dying: Review of issues and roles for health psychologists. *Health Psychology, 20,* 302–310.

Seeman, M., Seeman, A. Z., & Budros, A. (1988). Powerlessness, work, and community: A longitudinal study of alienation and alcohol use. *Journal of Health and Social Behavior, 29,* 185–198.

Seeman, T. E., Berkman, L. F., Gulanski, B. I., Robbins, R. J., Greenspan, S. L., Charpentier, P. A., & Rowe, J. W. (1995). Self-esteem and neuroendocrine response to challenge: MacArthur studies of successful aging. *Journal of Psychosomatic Research, 39,* 69–84.

Seeman, T. E., Dubin, L. F., & Seeman, M. (2003). Religiosity/spirituality and health: A critical review of the evidence for biological pathways. *American Psychologist, 58,* 53–63.

Seeman, T. E., Singer, B., Horwitz, R., & McEwen, B. S. (1997). The price of adaptation—Allostatic load and its health consequences: MacArthur studies of successful aging. *Archives of Internal Medicine, 157,* 2259–

2268.
Segan, C. J., Borland, R., & Greenwood, K. M. (2004). What is the right thing at the right time? Interactions between stages and processes of change among smokers who make a quit attempt. *Health Psychology, 23,* 86–93.
Segerstrom, S. C. (2001). Optimism, goal conflict, and stressor-related immune change. *Journal of Behavioral Medicine, 24,* 441–467.
Segerstrom, S. C. (2006a). How does optimism suppress immunity? Evaluation of three affective pathways. *Health Psychology, 25,* 653–657.
Segerstrom, S. C. (2006b). Optimism and resources: Effects on each other and on health over 10 years. *Journal of Research in Personality, 41,* 772–786.
Segerstrom, S. C. (2010). Resources, stress, and immunity: An ecological perspective on human psychoneuroimmunology. *Annals of Behavioral Medicine, 40,* 114–125.
Segerstrom, S. C., Al-Attar, A., & Lutz, C. T. (2012). Psychosocial resources, aging, and natural killer cell terminal maturity. *Psychology and Aging, 27,* 892–902.
Segerstrom, S. C., Castañeda, J. O., & Spencer, T. E. (2003). Optimism effects on cellular immunity: Testing the affective and persistence models. *Personality and Individual Differences, 35,* 1615–1624.
Segerstrom, S. C., & Miller, G. E. (2004). Psychological stress and the human immune system: A meta-analytic study of 30 years of inquiry. *Psychological Bulletin, 130,* 601–630.
Segerstrom, S. C., & Sephton, S. E. (2010). Optimistic expectancies and cell-mediated immunity: The role of positive affect. *Psychological Science, 21,* 448–455.
Segerstrom, S. C., Taylor, S. E., Kemeny, M. E., & Fahey, J. L. (1998). Optimism is associated with mood, coping, and immune change in response to stress. *Journal of Personality and Social Psychology, 74,* 1646–1655.
Segerstrom, S. C., Taylor, S. E., Kemeny, M. E., Reed, G. M., & Visscher, B. R. (1996). Causal attributions predict rate of immune decline in HIV-seropositive gay men. *Health Psychology, 15,* 485–493.
Segrin, C., Badger, T. A., & Harrington, J. (2012). Interdependent psychological quality of life in dyads adjusting to prostate cancer. *Health Psychology, 31,* 70–79.
Seidman, D. F., Westmaas, J. L., Goldband, S., Rabius, V., Katkin, E. S., Pike, K. J., . . . Sloan, R. P. (2010). Randomized controlled trial of an interactive Internet smoking cessation program with long-term follow-up. *Annals of Behavioral Medicine, 39,* 48–60.
Selby, A., & Smith-Osborne, A. (2013). A systematic review of effectiveness of complementary and adjunct therapies and interventions involving equines. *Health Psychology, 32,* 418–432.
Selcuk, E., & Ong, A. D. (2013). Perceived partner responsiveness moderates the association between received emotional support and all-cause mortality. *Health Psychology, 32,* 231–235.
Self, C. A., & Rogers, R. W. (1990). Coping with threats to health: Effects of persuasive appeals on depressed, normal, and antisocial personalities. *Journal of Behavioral Medicine, 13,* 343–358.
Selye, H. (1956). *The stress of life.* New York: McGraw-Hill.
Selye, H. (1976). *Stress in health and disease.* Woburn, MA: Butterworth.
Seneff, M. G., Wagner, D. P., Wagner, R. P., Zimmerman, J. E., & Knaus, W. A. (1995). Hospital and 1-year survival of patients admitted to intensive care units with acute exacerbation of chronic obstructive pulmonary disease. *Journal of the American Medical Association, 274,* 1852–1857.
Sénémeaud, C., Georget, P., Guéguen, N., Callé, N., Plainfossé, C., Touati, C., & Mange, J. (2014). Labeling of previous donation to encourage subsequent donation among experienced blood donors. *Health Psychology, 33,* 656–659.
Sengupta, M., Bercovitz, A., & Harris-Kojetin, L. D. (2010). Prevalence and management of pain, by race and dementia among nursing home residents: United States, 2004. *NCHS Data Brief, 30,* 1–8.
Serbic, D., Pincus, T., Fife-Schaw, C., & Dawson, H. (2016). Diagnostic uncertainty, guilt, mood, and disability in back pain. *Health Psychology, 35,* 50–59.
Serido, J., Almeida, D. M., & Wethington, E. (2004). Chronic stress and daily hassles: Unique and interactive relationships with psychological distress. *Journal of Health and Social Behavior, 45,* 17–33.
Sevick, M. A., Stone, R. A., Zickmund, S., Wang, Y., Korytkowski, M., & Burke, L. E. (2010). Factors associated with probability of personal digital assistant-based dietary self-monitoring in those with type 2 diabetes. *Journal of Behavioral Medicine, 33,* 315–325.
SeyedAlinaghi, S., Jam, S., Foroughi, M., Imani, A., Mohraz, M., Djavid, G. E., & Black, D. S. (2012). Randomized controlled trial of mindfulness-based stress reduction delivered to human immunodeficiency virus-positive patients in Iran: Effects on CD4+ T lymphocyte count and medical and psychological symptoms. *Psychosomatic Medicine, 74,* 620–627.
Shadel, W. G., Martino, S. C., Setodji, C., Cervone, D., Witkiewitz, K., Beckjord, E. B., . . . Shih, R. (2011). Lapse-induced surges in craving influence relapse in adult smokers: An experimental investigation. *Health Psychology, 30,* 588–596.
Shadel, W. G., & Mermelstein, R. J. (1996). Individual differences in self-concept among smokers attempting to quit: Validation and predictive utility of measures of the smoker self-concept and abstainer self-concept. *Annals of Behavioral Medicine, 18,* 151–156.
Shadel, W. G., Niaura, R., & Abrams, D. B. (2004). Who am I? The role of self-conflict in adolescents' responses to cigarette advertising. *Journal of Behavioral Medicine, 27,* 463–475.
Shadish, W. R. (2010). Introduction: The perils of science in the world of policy and practice. *Health Psychology, 29,* 105–106.
Shaffer, V. A., Focella, E. S., Hathaway, A., Scherer, L. D., & Zikmund-Fisher, B. J. (2018). On the usefulness of narratives: An interdisciplinary review and theoretical model. *Annals of Behavioral Medicine, 52,* 429–442.
Shaffer, W. J., Duszynski, K. R., & Thomas, C. B. (1982). Family attitudes in youth as a possible precursor of cancer among physicians: A search for explanatory mechanisms. *Journal of Behavioral Medicine, 15,* 143–164.
Shankar, A., Hamer, M., McMunn, A., & Steptoe, A. (2013). Social isolation and loneliness: Relationships with cognitive function during 4 years of follow-up in the English Longitudinal Study of Ageing. *Psychosomatic Medicine, 75,* 161–170.
Shankar, A., McMunn, A., Banks, J., & Steptoe, A. (2011). Loneliness, social isolation, and behavioral and biological health indicators in older adults. *Health Psychology, 30,* 377–385.
Shapiro, A. K. (1960). A contribution to a history of the placebo effect. *Behavioral Science, 5,* 109–135.
Shapiro, A. K. (1964). Factors contributing to the placebo effect: Their implications for psychotherapy. *American Journal of Psychotherapy, 18,* 73–88.
Shapiro, D., Hui, K. K., Oakley, M. E., Pasic, J., & Jamner, L. D. (1997). Reduction in drug requirements for hypertension by means of a cognitive-behavioral intervention. *American Journal of Hypertension, 10,* 9–17.
Sharman, S. J., Garry, M., Jacobson, J. A., Loftus, E. F., & Ditto, P. H. (2008). False memories for end-of-life decisions. *Health Psychology, 27,* 291–296.
Sharpe, T. R., Smith, M. C., & Barbre, A. R. (1985). Medicine use among the rural elderly. *Journal of Health and Social Behavior, 26,* 113–127.
Sheeran, P., & Conner, M. (2017). Improving the translation of intentions into health actions: The role of motivational coherence. *Health Psychology, 36,* 1065–1073.
Sheeran, P., Gollwitzer, P. M., & Bargh, J. A. (2013). Nonconscious processes

and health. *Health Psychology, 32,* 460–473.

Shelby, R. A., Somers, T. J., Keefe, F. J., Silva, S. G., McKee, D. C., She, L., . . . Johnson, P. (2009). Pain catastrophizing in patients with noncardiac chest pain: Relationships with pain, anxiety, and disability. *Psychosomatic Medicine, 71,* 861–868.

Shelton, J. L., & Levy, R. L. (1981). *Behavioral assignments and treatment compliance: A handbook of clinical strategies.* Champaign, IL: Research Press.

Shen, B. J., Eisenberg, S. A., Maeda, U., Farrell, K. A., Schwarz, E. R., Penedo, F. J., . . . Mallon, S. (2011). Depression and anxiety predict decline in physical health functioning in patients with heart failure. *Annals of Behavioral Medicine, 41,* 373–382.

Shen, B. J., & Maeda, U. (2018). Psychosocial predictors of self-reported medical adherence in patients with heart failure over 6 months: An examination of the influences of depression, self-efficacy, social support, and their changes. *Annals of Behavioral Medicine, 52,* 613–619.

Sherman, A. C., Pennington, J., Simonton, S., Latif, U., Arent, L., & Farley, H. (2008). Determinants of participation in cancer support groups: The role of health beliefs. *International Journal of Behavioral Medicine, 15,* 92–100.

Sherman, A. C., Plante, T. G., Simonton, S., Latif, U., & Anaissie, E. J. (2009). A prospective study of religious coping among patients undergoing autologous stem cell transplantation. *Journal of Behavioral Medicine, 32,* 118–128.

Sherman, D. K., Bunyan, D. P., Creswell, J. D., & Jaremka, L. M. (2009). Psychological vulnerability and stress: The effects of self-affirmation on sympathetic nervous system responses to naturalistic stressors. *Health Psychology, 28,* 554–562.

Sherman, D. K., & Cohen, G. L. (2006). The psychology of self-defense: Self-affirmation theory. In M. P. Zanna (Ed.), *Advances in experimental social psychology* (Vol. 38, pp. 183–242). San Diego, CA: Academic Press.

Sherman, J. J., LeResche, L., Hanson Huggins, K., Mancl, L. A., Sage, J. C., & Dworkin, S. F. (2004). The relationship of somatization and depression to experimental pain response in women with temporomandibular disorders. *Psychosomatic Medicine, 66,* 852–860.

Shiels, M. S., Chernyavskiy, P., Anderson, W. F., Best, A. F., Haozous, E. A., Hartge, P., . . . de Gonzalez, A. B. (2017). Trends in premature mortality in the USA by sex, race, and ethnicity from 1999 to 2014: An analysis of death certificate data. *The Lancet, 389,* 1043–1054.

Shiffman, S., Fischer, L. A., Paty, J. A., Gnys, M., Hickcox, M., & Kassel, J. D. (1994). Drinking and smoking: A field study of their association. *Annals of Behavioral Medicine, 16,* 203–209.

Shiffman, S., Hickcox, M., Paty, J. A., Gnys, M., Kassel, J. D., & Richards,T. J. (1996). Progression from a smoking lapse to relapse: Prediction from abstinence violation effects, nicotine dependence, and lapse characteristics. *Journal of Consulting and Clinical Psychology, 64,* 993–1002.

Shifren, K., Park, D. C., Bennett, J. M., & Morrell, R. W. (1999). Do cognitive processes predict mental health in individuals with rheumatoid arthritis? *Journal of Behavioral Medicine, 22,* 529–547.

Shiloh, S., Drori, E., Orr-Urtreger, A., & Friedman, E. (2009). Being "at-risk" for developing cancer: Cognitive representations and psychological outcomes. *Journal of Behavioral Medicine, 32,* 197–208.

Shiota, M. N., & Levenson, R. W. (2012). Turn down the volume or change the channel? Emotional effects of detached versus positive reappraisal. *Journal of Personality and Social Psychology, 103,* 416–429.

Shipley, B. A., Weiss, A., Der, G., Taylor, M. D., & Deary, I. J. (2007). Neuroticism, extraversion, and mortality in the UK health and lifestyle survey: A 21-year prospective cohort study. *Psychosomatic Medicine, 69,* 923–931.

Shirom, A., Toker, S., Alkaly, Y., Jacobson, O., & Balicer, R. (2011). Work-based predictors of mortality: A 20-year follow-up of healthy employees. *Health Psychology, 30,* 268–275.

Shively, C. A., Register, T. C., Adams, M. R., Golden, D. L., Willard, S. L., & Clarkson, T. B. (2008). Depressive behavior and coronary artery atherogenesis in adult female cynomolgus monkeys. *Psychosomatic Medicine, 70,* 637–645.

Shnabel, N., Purdie-Vaughns, V., Cook, J. E., Garcia, J., & Cohen, G. L. (2013). Demystifying values-affirmation interventions: Writing about social belonging is a key to buffering against identity threat. *Personality and Social Psychology Bulletin, 39,* 663–676.

Shomaker, L. B., Kelly, N. R., Pickworth, C. K., Cassidy, O. L., Radin, R. M., Shank, L. M., . . . Demidowich, A. P. (2016). A randomized controlled trial to prevent depression and ameliorate insulin resistance in adolescent girls at risk for type 2 diabetes. *Annals of Behavioral Medicine, 50,* 762–774.

Sidney, S., Friedman, G. D., & Siegelaub, A. B. (1987). Thinness and mortality. *American Journal of Public Health, 77,* 317–322.

Sieber, W. J., Rodin, J., Larson, L., Ortega, S., Cummings, N., Levy, S., . . . Herberman, R. (1992). Modulation of human natural killer cell activity by exposure to uncontrollable stress. *Brain, Behavior, and Immunity, 6,* 1–16.

Siegel, J. T., Navarro, M. A., Tan, C. N., & Hyde, M. K. (2014). Attitude-behavior consistency, the principle of compatibility, and organ donation: A classic innovation. *Health Psychology, 33,* 1084–1091.

Siegel, R. L., Miller, K. D., & Jemal, A. (2019). Cancer statistics, 2019. *CA Cancer Journal for Clinicians, 69,* 7–34.

Siegler, I. C., Costa, P. T., Brummett, B. H., Helms, M. J., Barefoot, J. C., Williams, R. B., . . . Rimer, B. K. (2003). Patterns of change in hostility from college to midlife in the UNC alumni heart study predict high-risk status. *Psychosomatic Medicine, 65,* 738–745.

Siegler, I. C., Peterson, B. L., Barefoot, J. C., & Williams, R. B. (1992). Hostility during late adolescence predicts coronary risk factors at mid-life. *American Journal of Epidemiology, 136,* 146–154.

Siegman, A. W., & Snow, S. C. (1997). The outward expression of anger, the inward experience of anger, and CVR: The role of vocal expression. *Journal of Behavioral Medicine, 20,* 29–46.

Siegman, A. W., Townsend, S. T., Civelek, A. C., & Blumenthal, R. S. (2000). Antagonistic behavior, dominance, hostility, and coronary heart disease. *Psychosomatic Medicine, 62,* 248–257.

Siegrist, J., Peter, R., Runge, A., Cremer, P., & Seidel, D. (1990). Low status control, high effort at work, and ischemic heart disease: Prospective evidence from blue-collar men. *Social Science and Medicine, 31,* 1127–1134.

Sieverding, M., Matterne, U., & Ciccarello, L. (2010). What role do social norms play in the context of men's cancer screening intentions and behavior? Application of an extended theory of planned behavior. *Health Psychology, 29,* 72–81.

Sikkema, K. J., Hansen, N. B., Ghebremichael, M., Kochman, A., Tarakeshwar, N., Meade, C. S., & Zhang, H. (2006). A randomized controlled trial of a coping group intervention for adults with HIV who are AIDS bereaved: Longitudinal effects on grief. *Health Psychology, 25,* 563–570.

Silver, E. J., Bauman, L. J., & Ireys, H. T. (1995). Relationships of self-esteem and efficacy to psychological distress in mothers of children with chronic physical illnesses. *Health Psychology, 14,* 333–340.

Silver, R. C., Holman, E. A., McIntosh, D. N., Poulin, M., & Gil-Rivas, V. (2002). Nationwide longitudinal study of psychological responses to September 11. *Journal of the American Medical Association, 288,* 1235–1244.

Simon, N. (2003). Can you hear me now? *Time.*

Simon, R. (2012, May 7). U.S. traffic deaths at record low; economy may be a factor. *The Los Angeles Times.* Retrieved August 8, 2012, from http://articles.

latimes.com/2012/may/07/nation/la-na-nn-traffic-deaths-20120507

Simon, R. W. (1992). Parental role strains, salience of parental identity and gender differences in psychological distress. *Journal of Health and Social Behavior, 33,* 25–35.

Simon, R. W. (1998). Assessing sex differences in vulnerability among employed parents: The importance of marital status. *Journal of Health and Social Behavior, 39,* 38–54.

Simoni, J. M., Frick, P. A., & Huang, B. (2006). A longitudinal evaluation of a social support model of medication adherence among HIV-positive men and women on antiretroviral therapy. *Health Psychology, 25,* 74–81.

Simoni, J. M., & Ng, M. T. (2002). Abuse, health locus of control, and perceived health among HIV-positive women. *Health Psychology, 21,* 89–93.

Simons-Morton, B. G., Bingham, C. R., Falk, E. B., Li, K., Pradhan, A. K., Ouimet, M. C., & Shope, J. T. (2014). Experimental effects of injunctive norms on simulated risky driving among teenage males. *Health Psychology, 33,* 616–627.

Sin, N. L., Almeida, D. M., Crain, T. L., Kossek, E. E., Berkman, L. F., & Buxton, O. M. (2017). Bidirectional, temporal associations of sleep with positive events, affect, and stressors in daily life across a week. *Annals of Behavioral Medicine, 51,* 402–415.

Sin, N. L., Graham-Engeland, J. E., Ong, A. D., & Almeida, D. M. (2015). Affective reactivity to daily stressors is associated with elevated inflammation. *Health Psychology, 34,* 1154–1165.

Sin, N. L., Kumar, A. D., Gehi, A. K., & Whooley, M. A. (2016). Direction of association between depressive symptoms and lifestyle behaviors in patients with coronary heart disease: The Heart and Soul Study. *Annals of Behavioral Medicine, 50,* 523–532.

Sinha, R., & Jastreboff, A. M. (2013). Stress as a common risk factor for obesity and addiction. *Biological Psychiatry, 73,* 827–835.

Singer, B. H. (Ed.). (2000). *Future directions for behavioral and social sciences research at the National Institutes of Health.* Washington, DC: National Academy of Sciences Press.

Singh-Manoux, A., Richards, M., & Marmot, M. (2003). Leisure activities and cognitive function in middle age: Evidence from the Whitehall II study. *Journal of Epidemiology and Community Health, 57,* 907–913.

Sinha, R., Fisch, G., Teague, B., Tamborlane, W. V., Banyas, B., Allen, K., . . . Caprio, S. (2002). Prevalence of impaired glucose tolerance among children and adolescents with marked obesity. *The New England Journal of Medicine, 346,* 802–810.

Sirota, M., Round, T., Samaranayaka, S., & Kostopoulou, O. (2017). Expectations for antibiotics increase their prescribing: Causal evidence about localized impact. *Health Psychology, 36,* 402–409.

Skapinakis, P., Lewis, G., & Mavreas, V. (2004). Temporal relations between unexplained fatigue and depression: Longitudinal data from an international study in primary care. *Psychosomatic Medicine, 66,* 330–335.

Slatcher, R. B., & Robles, T. F. (2012). Preschoolers' everyday conflict at home and diurnal cortisol patterns. *Health Psychology, 31,* 834–838.

Slatcher, R. B., Selcuk, E., & Ong, A. D. (2015). Perceived partner responsiveness predicts diurnal cortisol profiles 10 years later. *Psychological Science, 26,* 972–982.

Slater, R., Cantarella, A., Gallella, S., Worley, A., Boyd, S., Meek, J., & Fitzgerald, M. (2006). Cortical pain responses in human infants. *Journal of Neuroscience, 26,* 3662–3666.

Sledjeski, E. M., Speisman, B., & Dierker, L. C. (2008). Does number of lifetime traumas explain the relationship between PTSD and chronic medical conditions? Answers from the national comorbidity survey-replication (NCS-R). *Journal of Behavioral Medicine, 31,* 341–349.

Slesnick, N., & Kang, M. J. (2008). The impact of an integrated treatment on HIV risk behavior among homeless youth: A randomized controlled trial. *Journal of Behavioral Medicine, 31,* 45–59.

Sloan, R. P., Schwarz, E., McKinley, P. S., Weinstein, M., Love, G., Ryff, C., . . . Seeman, T. (2017). Vagally-mediated heart rate variability and indices of well-being: Results of a nationally representative study. *Health Psychology, 36*(1), 73–81.

Slovinec, D., Monika, E., Pelletier, L. G., Reid, R. D., & Huta, V. (2014). The roles of self-efficacy and motivation in the prediction of short- and long-term adherence to exercise among patients with coronary heart disease. *Health Psychology, 33,* 1344–1353.

Smalec, J. L., & Klingle, R. S. (2000). Bulimia interventions via interpersonal influence: The role of threat and efficacy in persuading bulimics to seek help. *Journal of Behavioral Medicine, 23,* 37–57.

Smart Richman, L., Pek, J., Pascoe, E., & Bauer, D. J. (2010). The effects of perceived discrimination on ambulatory blood pressure and affective responses to interpersonal stress modeled over 24 hours. *Health Psychology, 29,* 403–411.

Smith, A. M., Loving, T. J., Crockett, E. E., & Campbell, L. (2009). What's closeness got to do with it? Men's and women's cortisol responses when providing and receiving support. *Psychosomatic Medicine, 71,* 843–851.

Smith, B. (2013). Disability, sport and men's narratives of health: A qualitative study. *Health Psychology, 32,* 110–119.

Smith, B. W., & Zautra, A. J. (2002). The role of personality in exposure and reactivity to interpersonal stress in relation to arthritis disease activity and negative effects in women. *Health Psychology, 21,* 81–88.

Smith, D. G., & Robbins, T. W. (2013). The neurobiological underpinnings of obesity and binge eating: A rationale for adopting the food addiction model. *Biological Psychiatry, 73,* 804–810.

Smith, J. A., Lumley, M. A., & Longo, D. J. (2002). Contrasting emotional approach coping with passive coping for chronic myofascial pain. *Annals of Behavioral Medicine, 24,* 326–335.

Smith, K. B., & Pukall, C. F. (2009). An evidence-based review of Yoga as a complementary intervention for patients with cancer. *Psycho-Oncology, 18,* 465–475.

Smith, P., Frank, J., Bondy, S., & Mustard, C. (2008). Do changes in job control predict differences in health status? Results from a longitudinal national survey of Canadians. *Psychosomatic Medicine,* 85–91.

Smith, T. W., & Baucom, B. R. W. (2017). Intimate relationships, individual adjustment, and coronary heart disease: Implications of overlapping associations in psychosocial risk. *American Psychologist, 72,* 578–589.

Smith, T. W., Eagle, D. E., & Proeschold-Bell, R. J. (2017). Prospective associations between depressive symptoms and the metabolic syndrome: The Spirited Life Study of Methodist pastors in North Carolina. *Annals of Behavioral Medicine, 51,* 610–619.

Smith, T. W., & Gallo, L. C. (1999). Hostility and cardiovascular reactivity during marital interaction. *Psychosomatic Medicine, 61,* 436–445.

Smith, T. W., & Ruiz, J. M. (2002). Psychosocial influences on the development and course of coronary heart disease: Current status and implications for research and practice. *Journal of Consulting and Clinical Psychology, 70,* 548–568.

Smith, T. W., Ruiz, J. M., & Uchino, B. N. (2000). Vigilance, active coping, and cardiovascular reactivity during social interaction in young men. *Health Psychology, 19,* 382–392.

Smith, T. W., Ruiz, J. M., & Uchino, B. N. (2004). Mental activation of supportive ties, hostility, and cardiovascular reactivity to laboratory stress in young men and women. *Health Psychology, 23,* 476–485.

Smith, T. W., Turner, C. W., Ford, M. H., Hunt, S. C., Barlow, G. K., Stults, B. M., & Williams, R. R. (1987). Blood pressure reactivity in adult male twins. *Health Psychology, 6,* 209–220.

Sneed, R. S., & Cohen, S. (2014). Negative social interactions and incident hypertension among older adults. *Health Psychology, 33,* 554–565.

Sneed, R. S., Cohen, S., Turner, R. B., & Doyle, W. J. (2012). Parenthood and host resistance to the common cold. *Psychosomatic Medicine, 74,* 567–573.

Sobel, H. (1981). Toward a behavioral thanatology in clinical care. In H. Sobel (Ed.), *Behavioral therapy in terminal care: A humanistic approach* (pp. 3–38). Cambridge, MA: Ballinger.

Sone, T., Nakaya, N., Ohmori, K., Shimazu, T., Higashiguchi, M., Kakizaki, M., . . . Tsuji, I. (2008). Sense of life worth (ikigai) and mortality in Japan: Ohsaki study. *Psychosomatic Medicine, 70,* 709–715.

Sonnenburg, J., & Sonnenburg, E. (2015). *The good gut.* New York: Penguin.

Sood, E. D., Pendley, J. S., Delamater, A. M., Rohan, J. M., Pulgaron, E. R., & Drotar, D. (2012). Mother–father informant discrepancies regarding diabetes management: Associations with diabetes-specific family conflict and glycemic control. *Health Psychology, 31,* 571–579.

Sorkin, D. H., Mavandadi, S., Rook, K. S., Biegler, K. A., Kilgore, D., Dow, E., & Ngo-Metzger, Q. (2014). Dyadic collaboration in shared health behavior change: The effects of a randomized trial to test a lifestyle intervention for high-risk Latinas. *Health Psychology, 33,* 566–575.

Spanos, S., Vartanian, L. R., Herman, C. P., & Polivy, J. (2014). Failure to report social influences on food intake: Lack of awareness or motivated denial? *Health Psychology, 33,* 1487–1494.

Sorkin, D., Rook, K. S., & Lu, J. L. (2002). Loneliness, lack of emotional support, lack of companionship, and the likelihood of having a heart condition in an elderly sample. *Annals of Behavioral Medicine, 24,* 290–298.

Speca, M., Carlson, L. E., Goodey, E., & Angen, M. (2000). A randomized, wait-list controlled clinical trial: The effect of a mindfulness meditation–based stress reduction program on mood and symptoms of stress in cancer outpatients. *Psychosomatic Medicine, 62,* 613–622.

Spina, M., Arndt, J., Landau, M. J., & Cameron, L. D. (2018). Enhancing health message framing with metaphor and cultural values: Impact on Latinas' cervical cancer screening. *Annals of Behavioral Medicine, 52,* 106–115.

Spinetta, J. J. (1974). The dying child's awareness of death: A review. *Psychological Bulletin, 81,* 256–260.

Spinetta, J. J. (1982). Behavioral and psychological research in childhood cancer: An overview. *Cancer,* 50 (Suppl.), 1939–1943.

Spitzer, R. L., Yanovski, S., Wadden, T., Wing, R., Marcus, M. D., Stunkard, A., . . . Horne, R. L. (1993). Binge eating disorder: Its further validation in a multisite study. *International Journal of Eating Disorders, 13,* 137–153.

Springer, K. W., & Mouzon, D. M. (2011). "Macho men" and preventive health care: Implications for older men in different social classes. *Journal of Health and Social Behavior, 52,* 212–227.

Srinivasan, K., & Joseph, W. (2004). A study of lifetime prevalence of anxiety and depressive disorders in patients presenting with chest pain to emergency medicine. *General Hospital Psychiatry, 26,* 470–474.

Stadler, G., Oettingen, G., & Gollwitzer, P. M. (2010). Intervention effects of information and self-regulation on eating fruits and vegetables over two years. *Health Psychology, 29,* 274–283.

Stafford, L., Jackson, H. J., & Berk, M. (2008). Illness beliefs about heart disease and adherence to secondary prevention regimens. *Psychosomatic Medicine, 70,* 942–948.

Stagl, J. M., Antoni, M. H., Lechner, S. C., Bouchard, L. C., Blomberg, B. B., Gluck, S., & Charles, S. (2015). Randomized controlled trial of cognitive behavioral stress management in breast cancer: A brief report of effects on 5-year depressive symptoms. *Health Psychology, 34,* 175–180.

Stagl, J. M., Bouchard, L. C., Lechner, S. C., Blomberg, B. B., Gudenkauf, L. M., Jutagir, D. R., . . . Antoni, M. H. (2015). Long-term psychological benefits of cognitive–behavioral stress management for women with breast cancer: 11-year follow-up of a randomized controlled trial. *Cancer, 121,* 1873–1881.

Stall, R., & Biernacki, P. (1986). Spontaneous remission from the problematic use of substances: An inductive model derived from a comparative analysis of the alcohol, opiate, tobacco, and food/obesity literatures. *International Journal of the Addictions, 21,* 1–23.

Stampfer, M. J., Hu, F. B., Manson, J. E., Rimm, E. B., & Willett, W. C. (2000). Primary prevention of coronary heart disease in women through diet and lifestyle. *The New England Journal of Medicine, 343,* 16–22.

Stansfeld, S. A., Bosma, H., Hemingway, H., & Marmot, M. G. (1998). Psychosocial work characteristics and social support as predictors of SF–36 health functioning: The Whitehall II study. *Psychosomatic Medicine, 60,* 247–255.

Stansfeld, S. A., Fuhrer, R., Shipley, M. J., & Marmot, M. G. (2002). Psychological distress as a risk factor for coronary heart disease in the Whitehall II study. *International Journal of Epidemiology, 31,* 248–255.

Stanton, A. L. (1987). Determinants of adherence to medical regimens by hypertensive patients. *Journal of Behavioral Medicine, 10,* 377–394.

Stanton, A. L. (2010). Regulating emotions during stressful experiences: The adaptive utility of coping through emotional approach. In S. Folkman (Ed.), *Oxford handbook of stress, health and coping.* New York: Oxford University Press.

Stanton, A. L., Kirk, S. B., Cameron, C. L., & Danoff-Burg, S. (2000). Coping through emotional approach: Scale construction and validation. *Journal of Personality and Social Psychology, 78,* 1150–1169.

Stanton, A. L., & Low, C. A. (2012). Expressing emotions in stressful contexts: Benefits, moderators, and mechanisms. *Current Directions in Psychological Science, 21,* 124–128.

Stanton, A. L., Rowland, J. H., & Ganz, P. A. (2015). Life after diagnosis and treatment of cancer in adulthood: Contributions from psychosocial oncology research. *American Psychologist, 70,* 159–174.

Stanton, A. L., Wiley, J., Krull, J., Crespi, C. C., & Weihs, K. L. (2018). Cancer-related coping processes as predictors of depressive symptoms, trajectories, and episodes. *Journal of Consulting and Clinical Psychology, 86,* 820–830.

Starace, F., Massa, A., Amico, K. R., & Fisher, J. D. (2006). Adherence to antiretroviral therapy: An empirical test of the information-motivation-behavioral skills model. *Health Psychology, 25,* 153–162.

Starkman, M. N., Giordani, B., Berent, S., Schork, M. A., & Schteingart, D. E. (2001). Elevated cortisol levels in Cushing's disease are associated with cognitive decrements. *Psychosomatic Medicine, 63,* 985–993.

Starks, T. J., Grov, C., & Parsons, J. T. (2013). Sexual compulsivity and interpersonal functioning: Sexual relationship quality and sexual health in gay relationships. *Health Psychology, 32,* 1047–1056.

Starr, K. R., Antoni, M. H., Hurwitz, B. E., Rodriguez, M. S., Ironson, G., Fletcher, M. A., . . . Schneiderman, N. (1996). Patterns of immune, neuroen-docrine, and cardiovascular stress responses in asymptomatic HIV seropositive and seronegative men. *International Journal of Behavioral Medicine, 3,* 135–162.

Steele, C. (1988). The psychology of self-affirmation: Sustaining the integrity of the self. In L. Berkowitz (Ed.), *Advances in experimental social psychology* (Vol. 21, pp. 261–302). San Diego, CA: Academic Press.

Steele, C., & Josephs, R. A. (1990). Alcohol myopia: Its prized and dangerous effects. *American Psychologist, 45,* 921–933.

Steenland, K., Hu, S., & Walker, J. (2004). All-cause and cause-specific mortality by socioeconomic status among employed persons in 27 US states, 1984–1997. *American Journal of Public Health, 94,* 1037–1042.

Steffen, P. R., Smith, T. B., Larson, M., & Butler, L. (2006). Acculturation to western society as a risk factor for high blood pressure: A meta-analytic review. *Psychosomatic Medicine, 68,* 386–397.

Steginga, S. K., & Occhipinti, S. (2006). Dispositional optimism as a predictor of men's decision-related distress after localized prostate cancer. *Health Psychology, 25,* 135–143.

Stein, J. Y., Levin, Y., Lahav, Y., Uziel, O., Abumock, H., & Solomon, Z. (2018). Perceived social support, loneliness, and later life telomere length following wartime captivity. *Health Psychology, 37,* 1067–1076.

Stein, M. B., Belik, S. L., Jacobi, F., & Sareen, J. (2008). Impairment associated with sleep problems in the community: Relationship to physical and mental health comorbidity. *Psychosomatic Medicine, 70,* 913–919.

Stein, N., Folkman, S., Trabasso, T., & Richards, T. A. (1997). Appraisal and goal processes as predictors of psychological well-being in bereaved caregivers. *Journal of Personality and Social Psychology, 72,* 872–884.

Steinberg, D. M., Christy, J., Batch, B. C., Askew, S., Moore, R. H., Parker, P., & Bennett, G. G. (2017). Preventing weight gain improves sleep quality among black women: Results from a RCT. *Annals of Behavioral Medicine, 51,* 555–566.

Steinbrook, R. (2006). Imposing personal responsibility for health. *The New England Journal of Medicine, 355,* 753–756.

Stephan, Y., Sutin, A. R., Bayard, S., Križan, Z., & Terracciano, A. (2018). Personality and sleep quality: Evidence from four prospective studies. *Health Psychology, 37,* 271–281.

Stephens, M. A. P., Druley, J. A., & Zautra, A. J. (2002). Older adults' recovery from surgery for osteoarthritis of the knee: Psychological resources and constraints as predictors of outcomes. *Health Psychology, 21,* 377–383.

Stephens, M. A. P., Franks, M. M., Rook, K. S., Iida, M., Hemphill, R. C., & Salem, J. K. (2013). Spouses' attempts to regulate day-to-day dietary adherence among patients with type 2 diabetes. *Health Psychology, 32,* 1029–1037.

Steptoe, A., Brydon, L., & Kunz-Ebrecht, S. (2005). Changes in financial strain over three years, ambulatory blood pressure, and cortisol responses to awakening. *Psychosomatic Medicine, 67,* 281–287.

Steptoe, A., Demakakos, P., de Oliveira, C., & Wardle, J. (2012). Distinctive biological correlates of positive psychological well-being in older men and women. *Psychosomatic Medicine, 74,* 501–508.

Steptoe, A., Doherty, S., Kerry, S., Rink, E., & Hilton, S. (2000). Sociodemographic and psychological predictors of changes in dietary fat consumption in adults with high blood cholesterol following counseling in primary care. *Health Psychology, 19,* 411–419.

Steptoe, A., Kerry, S., Rink, E., & Hilton, S. (2001). The impact of behavioral counseling on stage of change in fat intake, physical activity, and cigarette smoking in adults at increased risk of coronary heart disease. *American Journal of Public Health, 91,* 265–269.

Steptoe, A., & Marmot, M. (2003). Burden of psychosocial adversity and vulnerability in middle age: Associations with biobehavioral risk factors and quality of life. *Psychosomatic Medicine, 65,* 1029–1037.

Steptoe, A., Perkins-Porras, L., Rink, E., Hilton, S., & Cappuccio, F. P. (2004). Psychological and social predictors of changes in fruit and vegetable consumption over 12 months following behavioral and nutrition education counseling. *Health Psychology, 23,* 574–581.

Steptoe, A., Roy, M. P., & Evans, O. (1996). Psychosocial influences on ambulatory blood pressure over working and non-working days. *Journal of Psychophysiology, 10,* 218–227.

Steptoe, A., Siegrist, J., Kirschbaum, C., & Marmot, M. (2004). Effort-reward imbalance, overcommitment, and measures of cortisol and blood pressure over the working day. *Psychosomatic Medicine, 66,* 323–329.

Stetler, C. A., & Miller, G. E. (2008). Social integration of daily activities and cortisol secretion: A laboratory based manipulation. *Journal of Behavioral Medicine, 31,* 249–257.

Stevens, V., Peterson, R., & Maruta, T. (1988). Changes in perception of illness and psychosocial adjustment. *The Clinical Journal of Pain, 4,* 249–256.

Stewart, A. L., King, A. C., Killen, J. D., & Ritter, P. L. (1995). Does smoking cessation improve health-related quality-of-life? *Annals of Behavioral Medicine, 17,* 331–338.

Stewart, D. E., Abbey, S. E., Shnek, Z. M., Irvine, J., & Grace, S. L. (2004). Gender differences in health information needs and decisional preferences in patients recovering from an acute ischemic coronary event. *Psychosomatic Medicine, 66,* 42–48.

Stewart, J. C., Fitzgerald, G. J., & Kamarck, T. W. (2010). Hostility now, depression later? Longitudinal associations among emotional risk factors for coronary artery disease. *Annals of Behavioral Medicine, 39,* 258–266.

Stewart, J. C., Perkins, A. J., & Callahan, C. M. (2014). Effect of collaborative care for depression on risk of cardiovascular events: Data from the IMPACT randomized controlled trial. *Psychosomatic Medicine, 76,* 29–37.

Stewart-Williams, S. (2004). The placebo puzzle: Putting together the pieces. *Health Psychology, 23,* 198–206.

Stice, E., Durant, S., Rohde, P., & Shaw, H. (2014). Effects of a prototype internet dissonance-based eating disorder prevention program at 1- and 2-year follow-up. *Health Psychology, 33,* 1558–1567.

Stice, E., Presnell, K., & Spangler, D. (2002). Risk factors for binge eating onset in adolescent girls: A 2-year prospective investigation. *Health Psychology, 21,* 131–138.

Stice, E., Yokum, S., & Burger, K. S. (2013). Elevated reward region responsivity predicts future substance use onset but not overweight/obesity onset. *Biological Psychiatry, 73,* 869–876.

Stilley, C. S., Bender, C. M., Dunbar-Jacob, J., Sereika, S., & Ryan, C. M. (2010). The impact of cognitive function on medication management: Three studies. *Health Psychology, 29,* 50–55.

Stock, M. L., Gibbons, F. X., Peterson, L., & Gerrard, M. (2013). The effects of racial discrimination on the HIV-risk cognitions and behaviors of Black adolescents and young adults. *Health Psychology, 32,* 543–550.

Stommel, M., Kurtz, M. E., Kurtz, J. C., Given, C. W., & Given, B. A. (2004). A longitudinal analysis of the course of depressive symptomatology in geriatric patients with cancer of the breast, colon, lung, or prostate. *Health Psychology, 23,* 564–573.

Stoney, C. M., Owens, J. F., Guzick, D. S., & Matthews, K. A. (1997). A natural experiment on the effects of ovarian hormones on cardiovascular risk factors and stress reactivity: Bilateral salpingo oophorectomy versus hysterectomy only. *Health Psychology, 16,* 349–358.

Stotts, A. L., DiClemente, C. C., Carbonari, J. P., & Mullen, P. D. (2000). Postpartum return to smoking: Staging a "suspended" behavior. *Health Psychology, 19,* 324–332.

Strachan, E. D., Bennett, W. R. M., Russo, J., & Roy-Byrne, P. P. (2007). Disclosure of HIV status and sexual orientation independently predicts increased absolute CD4 cell counts over time for psychiatric patients. *Psychosomatic Medicine, 69,* 74–80.

Strating, M. M. H., van Schuur, W. H., & Suurmeijer, T. P. B. M. (2006). Contribution of partner support in self-management of rheumatoid arthritis patients. An application of the theory of planned behavior. *Journal of Behavioral Medicine, 29,* 51–60.

Straus, R. (1988). Interdisciplinary biobehavioral research on alcohol problems: A concept whose time has come. *Drugs and Society, 2,* 33–48.

Streisand, B. (2006, October 9). Treating war's toll on the mind. *U.S. News & World Report,* pp. 55–62.

Strickhouser, J. E., Zell, E., & Krizan, Z. (2017). Does personality predict health and well-being? A metasynthesis. *Health Psychology, 36,* 797–810.

Striegel, R. H., Bedrosian, R., Wang, C., & Schwartz, S. (2012). Why men should be included in research on binge eating: Results from a comparison of psychosocial impairment in men and women. *International Journal of Eating Disorders, 45,* 233–240.

Striegel-Moore, R. H., & Bulik, C. M. (2007). Risk factors for eating disorders. *American Psychologist, 62,* 181–198.

Strigo, I. A., Simmons, A. N., Matthews, S. C., Craig, A. D., & Paulus, M. P. (2008). Increased affective bias revealed using experimental graded heat stimuli in young depressed adults: Evidence of "emotional allodynia." *Psychosomatic Medicine, 70,* 338–344.

Strike, P. C., Magid, K., Brydon, L., Edwards, S., McEwan, J. R., & Steptoe, A. (2004). Exaggerated platelet and hemodynamic reactivity to mental stress in men with coronary artery disease. *Psychosomatic Medicine, 66,* 492–500.

Strike, P. C., & Steptoe, A. (2005). Behavioral and emotional triggers of acute coronary syndromes: A systematic review and critique. *Psychosomatic Medicine, 67,* 179–186.

Stroebe, M., Gergen, M. M., Gergen, K. J., & Stroebe, W. (1992). Broken hearts or broken bonds: Love and death in historical perspective. *American Psychologist, 47,* 1205–1212.

Stroebe, W., & Stroebe, M. S. (1987). *Bereavement and health: The psychological and physical consequences of partner loss.* New York: Cambridge University Press.

Strong, K., Mathers, C., Leeder, S., & Beaglehole, R. (2005). Preventing chronic diseases: How many lives can we save? *Lancet, 366,* 1578–1582.

Strube, M. J., Smith, J. A., Rothbaum, R., & Sotelo, A. (1991). Measurement of health care attitudes in cystic fibrosis patients and their parents. *Journal of Applied Social Psychology, 21,* 397–408.

Stuber, K. J., & Smith, D. L. (2008). Chiropractic treatment of pregnancy-related low back pain: A systematic review of the evidence. *Journal of Manipulative Physiological Therapy, 31,* 447–454.

Stunkard, A. J. (1979). Behavioral medicine and beyond: The example of obesity. In O. F. Pomerleau & J. P. Brady (Eds.), *Behavioral medicine: Theory and practice* (pp. 279–298). Baltimore, MD: Williams & Wilkins.

Sturgeon, J. A., Carriere, J. S., Kao, M. C. J., Rico, T., Darnall, B. D., & Mackey, S. C. (2016). Social disruption mediates the relationship between perceived injustice and anger in chronic pain: A collaborative health outcomes information registry study. *Annals of Behavioral Medicine, 50,* 802–812.

Su, D., & Li, L. (2011). Trends in the use of complementary and alternative medicine in the United States: 2002–2007. *Journal of Health Care for the Poor and Underserved, 22,* 295–309.

Suarez, E. C. (2004). C-reactive protein is associated with psychological risk factors of cardiovascular disease in apparently healthy adults. *Psychosomatic Medicine, 66,* 684–691.

Substance Abuse and Mental Health Services Administration (SAMHSA). (2015). *Results from the 2015 national survey on drug use and health (NSDUH): Detailed tables. Table 5.6A—substance use disorder in past year among persons aged 18 or older, by demographic characteristics: Numbers in thousands, 2014 and 2015.* Retrieved January 18, 2017, from https://www.samhsa.gov/data/sites/default/files/NSDUH-DetTabs-2015/NSDUH-DetTabs-2015/NSDUH-DetTabs-2015.htm#tab5-6a.

Suendermann, O., Ehlers, A., Boellinghaus, I., Gamer, M., & Glucksman, E. (2010). Early heart rate responses to standardized trauma-related pictures predict posttraumatic stress disorder: A prospective study. *Psychosomatic Medicine, 72,* 301–308.

Suls, J., & Bunde, J. (2005). Anger, anxiety, and depression as risk factors for cardiovascular disease: The problems and implications of overlapping affective dispositions. *Psychological Bulletin, 131,* 260–300.

Suls, J., & Fletcher, B. (1985). The relative efficacy of avoidant and nonavoidant coping strategies: A meta-analysis. *Health Psychology, 4,* 249–288.

Suls, J., & Wan, C. K. (1993). The relationship between trait hostility and cardiovascular reactivity: A quantitative review and analysis. *Psychophysiology, 30,* 1–12.

Sundin, J., Öhman, L., & Simrén, M. (2017). Understanding the gut microbiota in inflammatory and functional gastrointestinal diseases. *Psychosomatic Medicine, 79,* 857–867.

Surwit, R. S., & Schneider, M. S. (1993). Role of stress in the etiology and treatment of diabetes mellitus. *Psychosomatic Medicine, 55,* 380–393.

Surwit, R. S., & Williams, P. G. (1996). Animal models provide insight into psychosomatic factors in diabetes. *Psychosomatic Medicine, 58,* 582–589.

Sussman, S., Sun, P., & Dent, C. W. (2006). A meta-analysis of teen cigarette smoking cessation. *Health Psychology, 25,* 549–557.

Sutin, A. R., Ferrucci, L., Zonderman, A. B., & Terracciano, A. (2011). Personality and obesity across the adult life span. *Journal of Personality and Social Psychology, 101,* 579–592.

Sutin, A. R., Zonderman, A. B., Uda, M., Deiana, B., Taub, D. D., Longo, D. L., & Terracciano, A. (2013). Personality traits and leptin. *Psychosomatic Medicine, 75,* 505–509.

Suzuki, N. (2004). Complementary and alternative medicine: A Japanese perspective. *Evidence-based Complementary and Alternative Medicine, 1,* 113–118.

Swaim, R. C., Oetting, E. R., & Casas, J. M. (1996). Cigarette use among migrant and nonmigrant Mexican American youth: A socialization latent-variable model. *Health Psychology, 15,* 269–281.

Sweeney, A. M., & Moyer, A. (2015). Self-affirmation and responses to health messages: A meta-analysis on intentions and behavior. *Health Psychology, 34,* 149–159.

Sweet, S. N., Martin Ginis, K. A., & Tamasone J. R. (2013). Investigating intermediary variables in the physical activity and quality of life relationship in persons with spinal cord injury. *Health Psychology, 32,* 877–885.

Sweet, S. N., Tulloch, H., Fortier, M. S., Pipe, A. L., & Reid, R. D. (2011). Patterns of motivation and ongoing exercise activity in cardiac rehabili-tation settings: A 24-month exploration from the TEACH study. *Annals of Behavioral Medicine, 42,* 55–63.

Swencionis, C., Wylie-Rosett, J., Lent, M. R., Ginsberg, M., Cimino, C., Wassertheil-Smoller, S., Caban, A., & Segal-Isaacson, C. J. (2013). Weight change, psychological well-being, and vitality in adults participating in a cognitive–behavioral weight loss program. *Health Psychology, 32,* 439–446.

Swindle, R. E., Jr., & Moos, R. H. (1992). Life domains in stressors, coping, and adjustment. In W. B. Walsh, R. Price, & K. B. Crak (Eds.), *Person environment psychology: Models and perspectives* (pp. 1–33). New York: Erlbaum.

Szapocznik, J. (1995). Research on disclosure of HIV status: Cultural evolution finds an ally in science. *Health Psychology, 14,* 4–5.

Szrek, H., & Bundorf, M. K. (2014). Enrollment in prescription drug insurance: The interaction of numeracy and choice set size. *Health Psychology, 33,* 340–348.

Taber, D. R., Chriqui, J. F., Perna, F. M., Powell, L. M., & Chaloupka, F. J. (2012). Weight status among adolescents in states that govern competitive food nutrition content. *Pediatrics, 130,* 437–444.

Taber, J. M., Klein, W. M., Suls, J. M., & Ferrer, R. A. (2016). Lay awareness of the relationship between age and cancer risk. *Annals of Behavioral Medicine, 51,* 214–225.

Tamres, L., Janicki, D., & Helgeson, V. S. (2002). Sex differences in coping behavior: A meta-analytic review. *Personality and Social Psychology Review, 6,* 2–30.

Taub, E., Uswatte, G., King, D. K., Morris, D., Crago, J. E., & Chatterjec, A. (2006). A placebo-controlled trial of constraint-induced movement therapy for upper extremity after stroke. *Stroke, 37,* 1045–1049.

Taubes, G. (1993). Claim of higher risk for women smokers attacked. *Science,*

262, 1375.

Tavernise, S. (2015, October 28). Death rate study finds long U.S. decline stalled. *The New York Times,* p. A15.

Tavernise, S. (2015, November 13). Socioeconomic divide in smoking rates. *The New York Times,* p. A23.

Tavernise, S. (2016, February 13). Life spans of the rich leave the poor behind. *The New York Times,* p. A11.

Taylor, C. B., Bandura, A., Ewart, C. K., Miller, N. H., & DeBusk, R. F. (1985). Exercise testing to enhance wives' confidence in their husbands' cardiac capability soon after clinically uncomplicated acute myocardial infarction. *American Journal of Cardiology, 55,* 635–638.

Taylor, M. D., Whiteman, M. C., Fowkes, G. R., Lee, A. J., Allerhand, M., & Deary, I. J. (2009). Five factor model personality traits and all-cause mortality in the Edinburgh artery study cohort. *Psychosomatic Medicine, 71,* 631–641.

Taylor, M. J., Vlaev, I., Maltby, J., Brown, G. D. A., & Wood, A. M. (2015). Improving social norms interventions: Rank-framing increases excessive alcohol drinkers' information-seeking. *Health Psychology, 34,* 1200–1203.

Taylor, R. (2004). Causation of type 2 diabetes—The Gordian Knot unravels. *The New England Journal of Medicine, 350,* 639–641.

Taylor, R. R., Jason, L. A., & Jahn, S. C. (2003). Chronic fatigue and sociodemographic characteristics as predictors of psychiatric disorders in a community-based sample. *Psychosomatic Medicine, 65,* 896–901.

Taylor, S. E. (1983). Adjustment to threatening events: A theory of cognitive adaptation. *American Psychologist, 41,* 1161–1173.

Taylor, S. E. (1989). *Positive illusions: Creative self-deception and the healthy mind.* New York: Basic Books.

Taylor, S. E. (2002). *The tending instinct: How nurturing is essential to who we are and how we live.* New York: Holt.

Taylor, S. E. (2003). *Health psychology* (5th ed.). New York: McGraw-Hill.

Taylor, S. E. (2011). Social support: A review. In H. S. Friedman (Ed.), *Oxford handbook of health psychology.* New York: Oxford University Press.

Taylor, S. E., & Aspinwall, L. G. (1990). Psychological aspects of chronic illness. In G. R. VandenBos & P. T. Costa, Jr. (Eds.), *Psychological aspects of serious illness.* Washington, DC: American Psychological Association.

Taylor, S. E., & Broffman, J. I. (2011). Psychosocial resources: Functions, origins, and links to mental and physical health. In J. M. Olson and M. P. Zanna (Eds.), *Advances in experimental social psychology* (pp. 1–57). New York: Academic Press.

Taylor, S. E., Eisenberger, N. I., Saxbe, D., Lehman, B. J., & Lieberman, M. D. (2006). Neural responses to emotional stimuli are associated with childhood family stress. *Biological Psychiatry, 60,* 296–301.

Taylor, S. E., Falke, R. L., Shoptaw, S. J., & Lichtman, R. R. (1986). Social support, support groups, and the cancer patient. *Journal of Consulting and Clinical Psychology, 54,* 608–615.

Taylor, S. E., Helgeson, V. S., Reed, G. M., & Skokan, L. A. (1991). Self-generated feelings of control and adjustment to physical illness. *Journal of Social Issues, 47,* 91–109.

Taylor, S. E., Kemeny, M. E., Reed, G. M., Bower, J. E., & Gruenewald, T. L. (2000). Psychological resources, positive illusions, and health. *American Psychologist, 55,* 99–109.

Taylor, S. E., Klein, L. C., Lewis, B. P., Gruenewald, T. L., Gurung, R. A. R., & Updegraff, J. A. (2000). Biobehavioral responses to stress in females: Tend-and-befriend, not fight-or-flight. *Psychological Review, 107,* 411–429.

Taylor, S. E., Lichtman, R. R., & Wood, J. V. (1984). Attributions, beliefs about control, and adjustment to breast cancer. *Journal of Personality and Social Psychology, 46,* 489–502.

Taylor, S. E., & Stanton, A. (2007). Coping resources, coping processes, and mental health. *Annual Review of Clinical Psychology, 3,* 129–153.

Tegethoff, M., Greene, N., Olsen, J., Meyer, A. H., & Meinlschmidt, G. (2010). Maternal psychosocial adversity during pregnancy is associated with length of gestation and offspring size at birth: Evidence from a population-based cohort study. *Psychosomatic Medicine, 72,* 419–426.

Teguo, M. T., Simo-Tabue, N., Stoykova, R., Meillon, C., Cogne, M., Amiéva, H., & Dartigues, J. F. (2016). Feelings of loneliness and living alone as predictors of mortality in the elderly: The PAQUID study. *Psychosomatic Medicine, 78,* 904–909.

Teh, C. F., Zasylavsky, A. M., Reynolds, C. F., & Cleary, P. D. (2010). Effect of depression treatment on chronic pain outcomes. *Psychosomatic Medicine, 72,* 61–67.

Teixeira, P. J., Going, S. B., Houtkooper, L. B., Cussler, E. C., Martin, C. J., Metcalfe, L. L., . . . Lohman, T. G. (2002). Weight loss readiness in middle-aged women: Psychosocial predictors of success for behavioral weight reduction. *Journal of Behavioral Medicine, 25,* 499–523.

Telch, C. F., & Agras, W. S. (1996). Do emotional states influence binge eating in the obese? *International Journal of Eating Disorders, 20,* 271–279.

Temoshok, L. R., Wald, R. L., Synowski, S., & Garzino-Demo, A. (2008). Coping as a multisystem construct associated with pathways mediating HIV-relevant immune function and disease progression. *Psychosomatic Medicine, 70,* 555–561.

ten Brummelhuis, L. L., & Bakker, A. B. (2012). A resource perspective on the work-home interface: The work-home resources model. *American Psychologist, 67,* 545–556.

Tennen, H., Affleck, G., & Zautra, A. (2006). Depression history and coping with chronic pain: A daily process analysis. *Health Psychology, 25,* 370–379.

Teno, J. M., Fisher, E. S., Hamel, M. B., Coppola, K., & Dawson, N. V. (2002). Medical care inconsistent with patients' treatment goals: Association with 1-year medicare resource use and survival. *Journal of the American Geriatrics Society, 50,* 496–500.

Teno, J. M., Gozalo, P., Trivedi, A. N., Bunker, J., Lima, J., Ogarek, J., & Mor, V. (2018). Site of death, place of care, and health care transitions among US Medicare beneficiaries, 2000–2015. *Journal of the American Medical Association, 320,* 264–271.

Terracciano, A., Löckenhoff, C. E., Zonderman, A. B., Ferrucci, L., & Costa, P. T. (2008). Personality predictors of longevity: Activity, emotional stability, and conscientiousness. *Psychosomatic Medicine, 70,* 621–627.

Terracciano, A., Strait, J., Scuteri, A., Meirelles, O., Sutin, A. R., Tarasov, K., & Schlessinger, D. (2014). Personality traits and circadian blood pressure patterns: A 7-year prospective study. *Psychosomatic Medicine, 76,* 237–243.

Tesson, S., Butow, P. N., Sholler, G. F., Sharpe, L., Kovacs, A. H., & Kasparian, N. A. (2019). Psychological interventions for people affected by childhood-onset heart disease: A systematic review. *Health Psychology, 38,* 151–161.

Teunissen, H. A., Spijkerman, R., Larsen, H., Kremer, K. A., Kuntsche, E., Gibbons, F. X., . . . Engels, R. C. (2012). Stereotypic information about drinkers and students' observed alcohol intake: An experimental study on prototype-behavior relations in males and females in a naturalistic drinking context. *Drug and Alcohol Dependence, 125,* 301–306.

Thaler, R., & Sunstein, C. (2009). *Nudge: Improving decisions about health, wealth, and happiness.* New York: Penguin Books.

The Economist. (2015, May 30). Health care: *Bedside manners,* p. 65.

The Economist. (2015, June 20). Displaying braille: *Reading lessons,* p. 79.

The Economist. (2015, November 28). *Stopping splurging,* p. 67–68.

The Economist. (2016, March 5). *Schools and hard knocks,* p. 14.

The Economist. (2016, March 5). Concussion: *Bang to rights,* p. 73.

The Economist. (2017, August 26). *Health care: The right treatment,* pp. 10–12.

The Economist. (2017, August 26). *Primary health care: Diagnosing doctors,*

pp. 50–52.
The Economist. (2018, April 28). *An affordable necessity,* pp. 3–12.
The Economist. (2018, July 28). *Debauchery and public finances: The taxes of sin,* p. 44.
The Economist. (2018, July 28). *The price of vice: "Sin" taxes—eg, on tobacco—are less efficient than they look,* p. 45.
The Economist. (2018, November 24). *Tobacco companies: Here comes the government,* p. 58.
The Lancet. (2015, June 8). Global, regional, and national incidence, prevalence, and years lived with disability for 301 acute and chronic diseases and injuries in 188 countries, 1990–2013: A systematic analysis for the Global burden of Disease Study 2013. *The Lancet, 386,* 743–800.
The New York Times. (2014, September 9). *Passing on risk for diabetes,* p.D4.
Theorell, T., Blomkvist, V., Lindh, G., & Evengard, B. (1999). Critical life events, infections, and symptoms during the year preceding chronic fatigue syndrome (CFS): An examination of CFS patients and subjects with a nonspecific life crisis. *Psychosomatic Medicine, 61,* 304–310.
Thoits, P. A. (1994). Stressors and problem-solving: The individual as psychological activist. *Journal of Health and Social Behavior, 35,* 143–159.
Thomas, J. M., Ursell, A., Robinson, E. L., Aveyard, P., Jebb, S. A., Herman, C. P., & Higgs, S. (2017). Using a descriptive social norm to increase vegetable selection in workplace restaurant settings. *Health Psychology, 36,* 1026–1033.
Thomas, K. S., Nelesen, R. A., & Dimsdale, J. E. (2004). Relationships between hostility, anger expression, and blood pressure dipping in an ethnically diverse sample. *Psychosomatic Medicine, 66,* 298–304.
Thomas, M. R., Wara, D., Saxton, K., Truskier, M., Chesney, M. A., & Boyce, W. T. (2013). Family adversity and automatic reactivity association with immune change in HIV-affected school children. *Psychosomatic Medicine, 75,* 557–565.
Thompson, S. C. (1981). Will it hurt less if I can control it? A complex answer to a simple question. *Psychological Bulletin, 90,* 89–101.
Thompson, S. C., Cheek, P. R., & Graham, M. A. (1988). The other side of perceived control: Disadvantages and negative effects. In S. Spacapan & S. Oskamp (Eds.), *The social psychology of health: The Claremont Applied Social Psychology Conference* (Vol. 2, pp. 69–94). Beverly Hills, CA: Sage.
Thompson, S. C., Nanni, C., & Schwankovsky, L. (1990). Patient-oriented interventions to improve communication in a medical office visit. *Health Psychology, 9,* 390–404.
Thompson, S. C., Sobolew-Shubin, A., Graham, M. A., & Janigian, A. S. (1989). Psychosocial adjustment following a stroke. *Social Science and Medicine, 28,* 239–247.
Thompson, S. C., & Spacapan, S. (1991). Perceptions of control in vulnerable populations. *Journal of Social Issues, 47,* 1–22.
Thompson, T., Rodebaugh, T. L., Pérez, M., Schootman, M., & Jeffe, D. B. (2013). Perceived social support change in patients with early stage breast cancer and controls. *Health Psychology, 32,* 886–895.
Thornton, B., Gibbons, F. X., & Gerrard, M. (2002). Risk perception and prototype perception: Independent processes predicting risk behaviors. *Personality and Social Psychology Bulletin, 28,* 986–999
Thornton, C. M., Kerr, J., Conway, T. L., Saelens, B. E., Sallis, J. F., Ahn, D. K., . . . King, A. C. (2016). Physical activity in older adults: An ecological approach. *Annals of Behavioral Medicine, 51,* 159–169.
Thornton, L. M., Andersen, B. L., & Blakely, W. P. (2010). The pain, depression, and fatigue symptom cluster in advanced breast cancer: Covariation with the hypothalamic-pituitary-adrenal axis and the sympathetic nervous system. *Health Psychology, 29,* 333–337.
Thornton, L. M., Andersen, B. L., Schuler, T. A., & Carson, W. E. (2009). A psychological intervention reduces inflammatory markers by alleviating depressive symptoms: Secondary analysis of a randomized contolled trial. *Psychosomatic Medicine, 71,* 715–724.
Thurston, R. C., Chang, Y., Barinas-Mitchell, E., von Känel, R., Jennings, J. R., Santoro, N., . . . Matthews, K. A. (2017). Child abuse and neglect and subclinical cardiovascular disease among midlife women. *Psychosomatic Medicine, 79,* 441–449.
Thurston, R. C., Sherwood, A., Matthews, K. A., & Blumenthal, J. A. (2011). Household responsibilities, income, and ambulatory blood pressure among working men and women. *Psychosomatic Medicine, 73,* 200–205.
Timberlake, D. S., Haberstick, B. C., Lessem, J. M., Smolen, A., Ehringer, M., Hewitt, J. K., & Hopfer, C. (2006). An association between the DAT1 polymorphism and smoking behavior in young adults from the National Longitudinal Study of Adolescent Health. *Health Psychology, 25,* 190–197.
Timko, C., Stovel, K. W., Moos, R. H., & Miller, J. J., III. (1992). A longitudinal study of risk and resistance factors among children with juvenile rheumatic disease. *Journal of Clinical Child Psychology, 21,* 132–142.
Timman, R., Roos, R., Maat-Kievit, A., & Tibben, A. (2004). Adverse effects of predictive testing for Huntington disease underestimated: Long-term effects 7–10 years after the test. *Health Psychology, 23,* 189–197.
Tindle, H., Belnap, B. H., Houck, P. R., Mazumdar, S., Scheier, M. F., Matthews, K. A., . . . Rollman, B. L. (2012). Optimism, response to treatment of depression, and rehospitalization after coronary artery bypass graft surgery. *Psychosomatic Medicine, 74,* 200–207.
Tobin, E. T., Kane, H. S., Saleh, D. J., Naar-King, S., Poowuttikul, P., Secord, Elizabeth, Pierantoni, & Slatcher, R. B. (2015). Naturalistically observed conflict and youth asthma symptoms. *Health Psychology, 34,* 622–631.
Tobin, J. J., & Friedman, J. (1983). Spirits, shamans, and nightmare death: Survivor stress in a Hmong refugee. *American Journal of Orthopsychiatry, 53,* 439–448.
Toker, S., Melamed, S., Berliner, S., Zeltser, D., & Shapira, I. (2012). Burnout and risk of coronary heart disease: A prospective study of 8838 employees. *Psychosomatic Medicine, 74,* 840–847.
Tombor, I., Shahab, L., Herbec, A., Neale, J., Michie, S., & West, R. (2015). Smoker identity and its potential role in young adults' smoking behavior: A meta-ethnography. *Health Psychology, 34,* 992–1003.
Tomenson, B., McBeth, J., Chew-Graham, C. A., MacFarlane, G., Davies, I., Jackson, J., . . . Creed, F. H. (2012). Somatization and health anxiety as predictors of health care use. *Psychosomatic Medicine, 74,* 656–664.
Tomiyama, A. J., Epel, E. S., McClatchey, T. M., Poelke, G., Kemeny, M. E., McCoy, S. K., & Daubenmier, J. (2014). Associations of weight stigma with cortisol and oxidative stress independent of adiposity. *Health Psychology, 33,* 862–867.
Tomiyama, A. J., Mann, T., Vinas, D., Hunger, J. M., DeJager, J., & Taylor, S. E. (2010). Low calorie dieting increases cortisol. *Psychosomatic Medicine, 72,* 357–364.
Toobert, D. J., Strycker, L. A., Barrera, M., Osuna, D., King, D. K., & Glasgow, R. E. (2011). Outcomes from a multiple risk factor diabetes self-management trial for Latinas: ¡Viva Bien! *Annals of Behavioral Medicine, 41,* 310–323.
Topol, E. (2015). *The patient will see you now: The future of medicine is in your hands.* New York: Basic Books.
Torres, J. M., Deardorff, J., Gunier, R. B., Harley, K. G., Alkon, A., Kogut, K., & Eskenazi, B. (2018). Worry about deportation and cardiovascular disease risk factors among adult women: The center for the health assessment of mothers and children of Salinas study. *Annals of Behavioral Medicine, 52,* 186–193.
Toups, M. S. P., Myers, A. K., Wisniewski, S. R., Kurian, B., Morris, D. W., Rush, A. J., Fava, M., & Trivedi, M. H. (2013). Relationship between

obesity and depression: Characteristics and treatment outcomes with antidepressant medication. *Psychosomatic Medicine, 75,* 863–872.

Tran, V., Wiebe, D. J., Fortenberry, K. T., Butler, J. M., & Berg, C. A. (2011). Benefit finding, affective reactions to diabetes stress, and diabetes management among early adolescents. *Health Psychology, 30,* 212–219.

Travagin, G., Margola, D., & Revenson, T. A. (2015). How effective are expressive writing interventions for adolescents? A meta-analytic review. *Clinical Psychology Review, 36,* 42–55.

Troisi, A., Di Lorenzo, G., Alcini, S., Nanni, C., Di Pasquale, C., & Siracusano, A.(2006). Body dissatisfaction in women with eating disorders: Relationship to early separation anxiety and insecure attachment. *Psychosomatic Medicine, 68,* 449–453.

Troxel, W. M., Matthews, K. A., Bromberger, J. T., & Sutton-Tyrrell, K. (2003). Chronic stress burden, discrimination, and subclinical carotid artery disease in African American and Caucasian women. *Health Psychology, 22,* 300–309.

Trudel-Fitzgerald, C., Tworoger, S. S., Poole, E. M., Zhang, X., Giovannucci, E. L., Meyerhardt, J. A., & Kubzansky, L. D. (2018). Psychological symptoms and subsequent healthy lifestyle after a colorectal cancer diagnosis. *Health Psychology, 37*(3), 207–217.

Trumbetta, S. L., Seltzer, B. K., Gottesman, I. I., & McIntyre, K. M. (2010). Mortality predictors in a 60-year follow up of adolescent males: Exploring delinquency, socioeconomic status, IQ, high school drop-out status, and personality. *Psychosomatic Medicine, 72,* 46–52.

Tsenkova, V., Pudrovska, T., & Karlamangla, A. (2014). Childhood socioeconomic disadvantage and prediabetes and diabetes in later life: A study of biopsychosocial pathways. *Psychosomatic Medicine, 76,* 622–628.

Tsenkova, V. K., Karlamangla, A. S., & Ryff, C. D. (2016). Parental history of diabetes, positive affect, and diabetes risk in adults: Findings from MIDUS. *Annals of Behavioral Medicine, 50,* 836–843.

Tucker, J. S., Elliott, M. N., Wenzel, S. L., & Hambarsoomian, K. (2007). Relationship commitment and its implications for unprotected sex among impoverished women living in shelters and low-income housing in Los Angeles county. *Health Psychology, 26,* 644–649.

Tucker, J. S., Orlando, M., Burnam, M. A., Sherbourne, C. D., Kung, F. Y., & Gifford, A. L. (2004). Psychosocial mediators of antiretroviral non-ad-herence in HIV-positive adults with substance use and mental health problems. *Health Psychology, 23,* 363–370.

Tugade, M. M., & Fredrickson, B. L. (2004). Resilient individuals use positive emotions to bounce back from negative emotional experiences. *Journal of Personality and Social Psychology, 86,* 320–333.

Tully, P. J., Baumeister, H., Martin, S., Atlantis, E., Jenkins, A., Januszewski, A., . . . Wittert, G. A. (2016). Elucidating the biological mechanisms linking depressive symptoms with type 2 diabetes in men: The longitudinal effects of inflammation, microvascular dysfunction, and testosterone. *Psychosomatic Medicine, 78,* 221–232.

Tuomilehto, J., Lindstrom, J., Eriksson, J. G., Valle, T. T., Hamalainen, H., Ilanne-Parikka, P., . . . Finnish Diabetes Prevention Study Group. (2001). Prevention of Type 2 diabetes mellitus by changes in lifestyle among subjects with impaired glucose tolerance. *The New England Journal of Medicine, 344,* 1343–1350.

Turiano, N. A., Chapman, B. P., Gruenwald, T. L., & Mroczek, D. K. (2015). Personality and the leading behavioral contributors of mortality. *Health Psychology, 34,* 51–60.

Turk, D. C., & Feldman, C. S. (1992a). Facilitating the use of noninvasive pain management strategies with the terminally ill. In D. C. Turk & C. S. Feldman (Eds.), *Non-invasive approaches to pain management in the terminally ill* (pp. 1–25). New York: Haworth Press.

Turk, D. C., & Feldman, C. S. (1992b). Noninvasive approaches to pain control in terminal illness: The contribution of psychological variables. In D. C. Turk & C. S. Feldman (Eds.), *Non-invasive approaches to pain management in the terminally ill* (pp. 193–214). New York: Haworth Press.

Turk, D. C., & Fernandez, E. (1990). On the putative uniqueness of cancer pain: Do psychological principles apply? *Behavioural Research and Therapy, 28,* 1–13.

Turk, D. C., Kerns, R. D., & Rosenberg, R. (1992). Effects of marital interaction on chronic pain and disability: Examining the downside of social support. *Rehabilitation Psychology, 37,* 259–274.

Turk, D. C., & Meichenbaum, D. (1991). Adherence to self-care regimens: The patient's perspective. In R. H. Rozensky, J. J. Sweet, & S. M. Tovian (Eds.), *Handbook of clinical psychology in medical settings* (pp. 249–266). New York: Plenum.

Turk, D. C., & Rudy, T. E. (1991). Neglected topics in the treatment of chronic pain patients—Relapse, noncompliance, and adherence enhancement. *Pain, 44,* 5–28.

Turk, D. C., Wack, J. T., & Kerns, R. D. (1995). An empirical examination of the "pain-behavior" construct. *Journal of Behavioral Medicine, 8,* 119–130.

Turner, J. C., Keller, A., Wu, H., Zimmerman, M., Zhang, J., & Barnes, L. E. (2018). Utilization of primary care among college students with mental health disorders. *Health Psychology, 37,* 385–393.

Turner, L. R., & Mermelstein, R. J. (2005). Psychosocial characteristics associated with sun protection practices among parents of young children. *Journal of Behavioral Medicine, 28,* 77–90.

Turner, R. J., & Avison, W. R. (1992). Innovations in the measurement of life stress: Crisis theory and the significance of event resolution. *Journal of Health and Social Behavior, 33,* 36–50.

Turner, R. J., & Avison, W. R. (2003). Status variations in stress exposure: Implications for the interpretation of research on race, socioeconomic status, and gender. *Journal of Health and Social Behavior, 44,* 488–505.

Turner, R. J., & Noh, S. (1988). Physical disability and depression: A longitudinal analysis. *Journal of Health and Social Behavior, 29,* 23–37.

Turner-Cobb, J. M., Gore-Felton, C., Marouf, F., Koopman, C., Kim, P., Israelski, D., & Spiegel, D. (2002). Coping, social support, and attachment style as psychosocial correlates of adjustment in men and women with HIV/AIDS. *Journal of Behavioral Medicine, 25,* 337–353.

Turner-Cobb, J. M., Sephton, S. E., Koopman, C., Blake-Mortimer, J., & Spiegel, D. (2000). Social support and salivary cortisol in women with metastatic breast cancer. *Psychosomatic Medicine, 62,* 337–345.

Turner-Stokes, L., Erkeller-Yuksel, F., Miles, A., Pincus, T., Shipley, M., & Pearce, S. (2003). Outpatient cognitive behavioral pain management programs: A randomized comparison of a group-based multidisciplinary versus an individual therapy model. *Archives of Physical Medicine and Rehabilitation, 84,* 781–788.

Turnwald, B. P., Jurafsky, D., Conner, A., & Crum, A. J. (2017). Reading between the menu lines: Are restaurants' descriptions of "healthy" foods unappealing? *Health Psychology, 36,* 1034–1037.

Turrisi, R., Hillhouse, J., Gebert, C., & Grimes, J. (1999). Examination of cognitive variables relevant to sunscreen use. *Journal of Behavioral Medicine, 22,* 493–509.

Tyson, M., Covey, J., & Rosenthal, H. E. S. (2014). Theory of planned behavior interventions for reducing heterosexual risk behaviors: A meta-analysis. *Health Psychology, 33,* 1454–1467.

Uchino, B. N., Bosch, J. A., Smith, T. W., Carlisle, M., Birmingham, W., Bowen, K. S., & O'Hartaigh, B. (2013). Relationships and cardiovascular risk: Perceived spousal ambivalence in specific relationship contexts and its links to inflammation. *Health Psychology, 32,* 1067–1075.

Uchino, B. N., Cawthon, R. M., Smith, T. W., Light, K. C., McKenzie, J.,

Carlisle, . . .Bowen, K. (2012). Social relationships and health: Is feeling positive, negative, or both (ambivalent) about your social ties related to telomeres? *Health Psychology, 31,* 789–796.

Uchino, B. N., Trettevik, R., Kent de Grey, R. G., Cronan, S., Hogan, J., & Baucom, B. R. W. (2018). Social support, social integration, and inflammatory cytokines: A meta-analysis. *Health Psychology, 37,* 462–471.

Uchino, B. N., & Way, B. M. (2017). Integrative pathways linking close family ties to health: A neurochemical perspective. *American Psychologist, 72,* 590–600.

Ueda, H., Howson, J. M., Esposito, L., Heward, J., Snook, H., Chamberlain, G., . . . Gough, S. C. (2003). Association of the T-cell regulatory gene CTLA–4 with susceptibility to autoimmune disease. *Nature, 423,* 506–511.

Umberson, D. (1987). Family status and health behaviors: Social control as a dimension of social integration. *Journal of Health and Social Behavior, 28,* 306–319.

Umberson, D., & Montez, J. K. (2010). Social relationships and health: A flashpoint for health policy. *Journal of Health and Social Behavior, 51,* S54–S66.

Umberson, D., Wortman, C. B., & Kessler, R. C. (1992). Widowhood and depression: Explaining long-term gender differences in vulnerability. *Journal of Health and Social Behavior, 33,* 10–24.

UNAIDS. (2010). *2010 report on the global AIDS epidemic.* Retrieved March 26, 2012, from www.unaids.org/globalreport/global_report.htm.

UNAIDS. (2014, July). *UNAIDS report shows that 19 million of the 35 million people living with HIV today do not know that they have the virus.* Retrieved May 25, 2016, from http://www.unaids.org/

UNAIDS. (2018). *UNAIDS data 2018.* Retrieved May 29, 2019, from https://www.unaids.org/sites/default/files/media_asset/unaids-data-2018_en.pdf

Unger, J. B., Hamilton, J. E., & Sussman, S. (2004). A family member's job loss as a risk factor for smoking among adolescents. *Health Psychology, 23,* 308–313.

United Nations, Department of Economic and Social Affairs, Population Division. (2011). *World population prospects: The 2010 revision.* Retrieved March 28, 2012, from http://esa.un.org/wpp/excel-data/population.htm

Updegraff, J. A., Brick, C., Emanuel, A. S., Mintzer, R. E., & Sherman, D. K. (2015). Message framing for health: Moderation by perceived susceptibility and motivational orientation in a diverse sample of Americans. *Health Psychology, 34,* 20–29.

Updegraff, J. A., Taylor, S. E., Kemeny, M. E., & Wyatt, G. E. (2002). Positive and negative effects of HIV infection in women with low socioeconomic resources. *Personality and Social Psychology Bulletin, 28,* 382–394.

U.S. Burden of Disease Collaborators. (2013). The state of US health, 1990–2010: Burden of diseases, injuries, and risk factors. *JAMA, 310,* 591–606.

U.S. Bureau of Labor Statistics (May, 2014) *Women in the labor Force: A databook.* Report 1049.

U.S. Census Bureau. (2011). *Income, poverty, and health insurance coverage in the United States: 2010.* Retrieved March 29, 2012, from http://www.census.gov/prod/2011pubs/p60-239.pdf

U.S. Census Bureau. (2012). *Persons living alone by sex and age.* Retrieved September 11, 2012, from http://www.census.gov/compendia/statab/2012/tables/12s0072.pdf

U.S. Census Bureau. (2019, June). U.S. and world population clock. Retrieved June 26, 2019, from https://www.census.gov/popclock/

U.S. Department of Agriculture. (2007). *Electronic outlook report from the economic research service: Tobacco outlook.* Retrieved March 20, 2012, from http://usda.mannlib.cornell.edu/usda/ers/TBS//2000s/2007/TBS-10-24-2007.pdf

U.S. Department of Commerce. (2009). Current population reports: Consumer income. Income, Poverty, and Health Insurance Coverage in the United States: 2008, 20–25.

U.S. Department of Health and Human Services. (2014). The health consequences of smoking—50 years of progress: A report of the Surgeon General.

U.S. Department of Health and Human Services. (2018). *Physical activity guidelines for Americans* (2nd ed.). Washington, DC: U.S. Department of Health and Human Services. Retrieved April 1, 2019, from https://health.gov/paguidelines/second-edition/pdf/Physical_Activity_Guidelines_
2nd_edition.pdf

U.S. Department of Health & Human Services. (2019, March 21). *Female infertility.* Retrieved March 26, 2019, from https://www.hhs.gov/opa/reproductive-health/fact-sheets/female-infertility/index.html

U.S. Department of Health, Education, and Welfare and U.S. Public Health Service. (1964). *Smoking and health: Report of the advisory committee to the surgeon general of the Public Health Service* (Publication No. PHS–1103). Washington, DC: U.S. Government Printing Office.

U.S. Department of Labor. (2012). *Occupational Outlook Handbook,* 2012–13 Edition, *Physical Therapists.* Retrieved June 5, 2012, from http://www.bls.gov/ooh/healthcare/physical-therapists.htm

U.S. Food and Drug Administration. (2019). *How tobacco can harm your lungs.* Retrieved April 8, 2019, from https://www.fda.gov/tobacco-products/health-information/keep-your-air-clear-how-tobacco-can-harm-your-lungs

U.S. Preventive Services Task Force. (2009). Screening for breast cancer: U.S. preventive services task force recommendation statement. *Annals of Internal Medicine, 151,* 716–726.

Uysal, A., & Lu, Q. (2011). Is self-concealment associated with acute and chronic pain? *Health Psychology, 30,* 606–614.

Vahtera, J., Kivimäki, M., Väänänen, A., Linna, A., Pentti, J., Helenius, H., & Elovainio, M. (2006). Sex differences in health effects of family death or illness: Are women more vulnerable than men? *Psychosomatic Medicine, 68,* 283–291.

Valet, M., Gündel, H., Sprenger, T., Sorg, C., Mühlau, M., Zimmer, C., . . . Tölle, T. R. (2009). Patients with pain disorder show gray-matter loss in pain-processing structures: A voxel-based morphometric study. *Psychosomatic Medicine, 71,* 49–56.

Valkanova, V., & Ebmeier, K. P. (2013). Vascular risk factors and depression in later life: A systematic review and meta-analysis. *Biological Psychiatry, 73,* 406–413.

Vallance, J. K. H., Courneya, K. S., Plotnikoff, R. C., & Mackey, J. R. (2008). Analyzing theoretical mechanisms of physical activity behavior change in breast cancer survivors: Results from the activity promotion (ACTION) trial. *Annals of Behavioral Medicine, 35,* 150–158.

Vamos, E. P., Mucsi, I., Keszei, A., Kopp, M. S., & Novak, M. (2009). Comorbid depression is associated with increased healthcare utilization and lost productivity in persons with diabetes: A large nationally representative Hungarian population survey. *Psychosomatic Medicine, 71,* 501–507.

Van den Berg, J. F., Miedema, H. M. E., Tulen, J. H. M., Neven, A. K., Hofman, A., Witteman, J. C. M., & Tiemeier, H. (2008). Long sleep duration is associated with serum cholesterol in the elderly: The Rotterdamn study. *Psychosomatic Medicine, 70,* 1005–1011.

van den Boom, W., Stolte, I. G., Rogggen, A., Sandfort, T., Prins, M., & Davidovich, U. (2015). Is anyone around me using condoms? Site-specific condom-use norms and their potential impact on condomless sex across various gay venues and websites in the Netherlands. *Health Psychology, 34,* 857–864.

VanderDrift, L. E., Agnew, C. R., Harvey, S. M., & Warren, J. T. (2013).

Whose intentions predict? Power over condom use within heterosexual dyads. *Health Psychology, 32,* 1038–1046.
Van den Putte, B., Yzer, M., Willemsen, M. C., & de Bruijn, G. J. (2009). The effects of smoking self-identity and quitting self-identity on attempts to quit smoking. *Health Psychology, 28,* 535–544.
Van der Laan, L. N., Papies, E. K., Hooge, I. T. C., & Smeets, P. A. M. (2017). Goal-directed visual attention drives health goal priming: An eye-tracking experiment. *Health Psychology, 36,* 82–90.
Van der Ploeg, H. P., Streppel, K. R. M., van der Beek, A. J., van der Woude, L. H. V., van Harten, W. H., & van Mechelen, W. (2008). Underlying mechanisms of improving physical activity behavior after rehabilitation. *International Journal of Behavioral Medicine, 15,* 101–108.
Van der Velde, F. W., & Van der Pligt, J. (1991). AIDS-related health behavior: Coping, protection, motivation, and previous behavior. *Journal of Behavioral Medicine, 14,* 429–452.
Van der Zwaluw, C. S., Scholte, R. H. J., Vermulst, A. A., Buitelaar, J. K., Verkes, R. J., & Engels, R. C. M. E. (2008). Parental problem drinking, parenting, and adolescent alcohol use. *Journal of Behavioral Medicine, 31,* 189–200.
Van Dijk, S., van den Beukel, T., Dekker, F. W., le Cessie, S., Kaptein, A. A., Honig, A., . . . Verduijn, M. (2012). Short-term versus long-term effects of depressive symptoms on mortality in patients on dialysis. *Psychosomatic Medicine, 74,* 854–860.
Vangeepuram, N., Galvez, M. P., Teitelbaum, S. L., Brenner, B., & Wolff, M. S. (2012). The association between parental perception of neighborhood safety and asthma diagnosis in ethnic minority urban children. *Journal of Urban Health, 89,* 758–768.
Van Gils, A., Janssens, K. A. M., & Rosmalen, J. G. M. (2014). Family disruption increases functional somatic symptoms in late adolescence: The TRAILS study. *Health Psychology, 33,* 1354–1361.
Van Jaarsveld, C. H. M., Fidler, J. A., Simon, A. E., & Wardle, J. (2007). Persistent impact of pubertal timing on trends in smoking, food choice, activity, and stress in adolescents. *Psychosomatic Medicine, 96,* 798–806.
Van Kessel, K., Moss-Morris, R., Willoughby, E., Chalder, T., Johnson, M. H., & Robinson, E. (2008). A randomized controlled trial of cognitive behavior therapy for multiple sclerosis fatigue. *Psychosomatic Medicine, 70,* 205–213.
Van Koningsbruggen, G. M., Das, E., & Roskos-Ewoldsen, D. R. (2009). How self-affirmation reduces defensive processing of threatening health information: Evidence at the implicit level. *Health Psychology, 28,* 563–568.
Van Lankveld, W., Naring, G., van der Staak, C., van't Pad Bosch, P., & van de Putte, L. (1993). Stress caused by rheumatoid arthritis: Relation among subjective stressors of the disease, disease status, and well-being. *Journal of Behavioral Medicine, 16,* 309–322.
Van Liew, J. R., Christensen, A. J., Howren, M. B., Hynds Karnell, L., & Funk, G. F. (2014). Fear of recurrence impacts health-related quality of life and continued tobacco use in head and neck cancer survivors. *Health Psychology, 33,* 373–381.
Vannucci, A., Shomaker, L. B., Field, S. E., Sbrocco, T., Stephens, M., Kozlosky, M., Reynolds, J. C., Yanovski, J. A., & Tanofsky-Kraff, M. (2014). History of weight control attempts among adolescent girls with loss of control eating. *Health Psychology, 33,* 419–423.
Van Reedt Dortland, A. K. B., Giltay, E. J., van Veen, T., Zitman, F. G., & Penninx, B. W. J. J. (2013). Longitudinal relationship of depressive and anxiety symptoms with dyslipidemia and abdominal obesity. *Psychosomatic Medicine, 75,* 83–89.
Van Rijn, I, Wegman, J., Aarts, E., de Graaf, C., & Smeets, P. A. M. (2017). Health interest modulates brain reward responses to a perceived low-caloric beverage in females. *Health Psychology, 36,* 65–72.
Van Rood, Y. R., Bogaards, M., Goulmy, E., & van Houwelingen, H. C. (1993). The effects of stress and relaxation on the in vitro immune response in man: A meta-analytic study. *Journal of Behavioral Medicine, 16,* 163–182.
Van Ryn, M., & Fu, S. S. (2003). Paved with good intensions: Do public health and human service providers contribute to racial/ethnic disparities in health? *American Journal of Public Health, 93,* 248–255.
Van Stralen, M. M., De Vries, H., Bolman, C., Mudde, A. N., & Lechner, L. (2010). Exploring the efficacy and moderators of two computer-tailored physical activity interventions for older adults: A randomized controlled trial. *Annals of Behavioral Medicine, 39,* 139–150.
Van YPeren, N. W., Buunk, B. P., & Schaufelli, W. B. (1992). Communal orientation and the burnout syndrome among nurses. *Journal of Applied Social Psychology, 22,* 173–189.
van Zon, S. K., Reijneveld, S. A., van der Most, P. J., Swertz, M. A., Bültmann, U., & Snieder, H. (2018). The interaction of genetic predisposition and socioeconomic position with type 2 diabetes mellitus: Cross-sectional and longitudinal analyses from the Lifelines Cohort and Biobank Study. *Psychosomatic Medicine, 80,* 252–262.
Van Zundert, R. M. P., Ferguson, S. G., Shiffman, S., & Engels, R. C. M. (2010). Dynamic effects of self-efficacy on smoking lapses and relapse among adolescents. *Health Psychology, 29,* 246–254.
Varni, J. W., Burwinkle, T. M., Rapoff, M. A., Kamps, J. L., & Olson, N. (2004). The PedsQL in pediatric asthma: Reliability and validity of the Pediatric Quality of Life Inventory Generic Core Scales and Asthma Module. *Journal of Behavioral Medicine, 27,* 297–318.
Vedhara, K., Brant, E., Adamopoulos, E., Byrne-Davis, L., Mackintosh, B., Hoppitt, L., . . . Pennebaker, J. W. (2010). A preliminary investigation into whether attentional bias influences mood outcomes following emotional disclosure. *International Journal of Behavioral Medicine, 17,* 195–206.
Veehof, M. M., Trompetter, H. R., Bohlmeijer, E. T., & Schreurs, K. M. G. (2016). Acceptance- and mindfulness-based interventions for the treatment of chronic pain: A meta-analytic review. *Cognitive Behaviour Therapy, 45,* 5–31.
Veitch, J., Timperio, A., Crawford, D., Abbott, G., Giles-Corti, B., & Salmon, J. (2011). Is the neighbourhood environment associated with sedentary behaviour outside of school hours among children? *Annals of Behavioral Medicine, 41,* 333–341.
Vendrig, A. (1999). Prognostic factors and treatment-related changes associated with return to working: The multimodal treatment of chronic back pain. *Journal of Behavioral Medicine, 22,* 217–232.
Verbrugge, L. M. (1983). Multiple roles and physical health of women and men. *Journal of Health and Social Behavior, 24,* 16–30.
Verbrugge, L. M. (1995). Women, men, and osteoarthritis. *Arthritis Care and Research, 8,* 212–220.
Vila, G., Porche, L., & Mouren-Simeoni, M. (1999). An 18-month longitudinal study of posttraumatic disorders in children who were taken hostage in their school. *Psychosomatic Medicine, 61,* 746–754.
Villarosa, L. (2002, September 23). As Black men move into middle age, dangers rise. *New York Times,* pp. E1, E8.
Visotsky, H. M., Hamburg, D. A., Goss, M. E., & Lebovitz, B. Z. (1961). Coping behavior under extreme stress. *Archives of General Psychiatry, 5,* 423–428.
Vitaliano, P. P., Maiuro, R. D., Russo, J., Katon, W., DeWolfe, D., & Hall, G. (1990). Coping profiles associated with psychiatric, physical health, work, and family problems. *Health Psychology, 9,* 348–376.
Vitaliano, P. P., Scanlan, J. M., Zhang, J., Savage, M. V., Hirsch, I. B., & Siegler, I. C. (2002). A path model of chronic stress, the metabolic syndrome, and coronary heart disease. *Psychosomatic Medicine, 64,* 418–435.

Vitality Compass. Retrieved February 20, 2013, from http://apps.bluezones.com/vitality

Vittinghoff, E., Shlipak, M. G., Varosy, P. D., Furberg, C. D., Ireland, C. C., Khan, S. S., . . . Heart and Estrogen/progestin Replacement Study Research Group. (2003). Risk factors and secondary prevention in women with heart disease: The Heart and Estrogen/Progestin Replacement Study. *Annals of Internal Medicine, 138,* 81–89.

Vogt, F., Hall, S., Hankins, M., & Marteau, T. M. (2009). Evaluating three theory-based interventions to increase physicians recommendations of smoking cessation services. *Health Psychology, 28,* 174–182.

Volkow, N. D., Wang, G., Tomasi, D., & Baler, R. D. (2013). The addictive dimensionality of obesity. *Biological Psychiatry, 73,* 811–818.

Von Dawans, B., Fischbacher, U., Kirschbaum, C., Fehr, E., & Heinrichs, M. (2012). The social dimension of stress reactivity: Acute stress increases prosocial behavior in humans. *Psychological Science, 23,* 651–660.

Von Känel, R., Bellingrath, S., & Kudielka, B. M. (2009). Overcommitment but not effort–reward imbalance relates to stress-induced coagulation changes in teachers. *Annals of Behavioral Medicine, 37,* 20–28.

Von Korff, M., Katon, W., Lin, E. H. B., Simon, G., Ludman, E., Ciechanowski, P., . . . Bush, T. (2005). Potentially modifiable factors associated with disability among people with diabetes. *Psychosomatic Medicine, 67,* 233–240.

Vos, J., & Vitali, D. (2018). The effects of psychological meaning-centered therapies on quality of life and psychological stress: A meta-analysis. *Palliative & Supportive Care, 16,* 608–632.

Vos, P. J., Garssen, B., Visser, A. P., Duivenvoorden, H. J., & de Haes, C. J. M. (2004). Early stage breast cancer: Explaining level of psychosocial adjustment using structural equation modeling. *Journal of Behavioral Medicine, 27,* 557–580.

Voss, U., Kolling, T., & Heidenreich, T. (2006). Role of monitoring and blunting coping styles in primary insomnia. *Psychosomatic Medicine, 68,* 110–115.

Vowles, K. E., McCracken, L. M., & Eccleston, C. (2008). Patient functioning and catastrophizing in chronic pain: The mediating effects of acceptance. *Health Psychology, 27,* S136–S143.

Vowles, K. E., Zvolensky, M. J., Gross, R. T., & Sperry, J. A. (2004). Pain-related anxiety in the prediction of chronic low-back pain distress. *Journal of Behavioral Medicine, 27,* 77–89.

Wachholtz, A. B., & Pargament, K. I. (2008). Migraines and meditation: does spirituality matter? *Journal of Behavioral Medicine, 31,* 351–366.

Wade, T. D., Bulik, C. M., Sullivan, P. F., Neale, M. C., & Kendler, K. S. (2000). The relation between risk factors for binge eating and bulimia nervosa: A population-based female twin study. *Health Psychology, 19,* 115–123.

Wager, T. D., Rilling, J. K., Smith, E. E., Sokolik, A., Casey, K. L., Davidson, R. J., . . . Cohen, J. D. (2004). Placebo-induced changes in fMRI in the anticipation and experience of pain. *Science, 303,* 1162–1167.

Waggoner, C. D., & LeLieuvre, R. B. (1981). A method to increase compliance to exercise regimens in rheumatoid arthritis patients. *Journal of Behavioral Medicine, 4,* 191–202.

Wagner, H. S., Ahlstrom, B., Redden, J. P., Vickers, Z., & Mann, T. (2014). The myth of comfort food. *Health Psychology, 33,* 1552–1557.

Wagner, H. S., Howland, M., & Mann, T. (2015). Effects of subtle and explicit health messages on food choice. *Health Psychology, 34,* 79–82.

Wainstock, T., Lerner-Geva, L., Glasser, S., Shoham-Vardi, I., & Anteby, E. Y. (2013). Prenatal stress and risk of spontaneous abortion. *Psychosomatic Medicine, 75,* 228–235.

Waldstein, S. R., Burns, H. O., Toth, M. J., & Poehlman, E. T. (1999). Cardiovascular reactivity and central adiposity in older African Americans. *Health Psychology, 18,* 221–228.

Waldstein, S. R., Jennings, J. R., Ryan, C. M., Muldoon, M. F., Shapiro, A. P., Polefrone, J. M., . . . Manuck, S. B. (1996). Hypertension and neuropsychological performance in men: Interactive effects of age. *Health Psychology, 15,* 102–109.

Walker, H. A., & Chen, E. (2010). The impact of family asthma management on biology: A longitudinal investigation of youth with asthma. *Journal of Behavioral Medicine, 33,* 326–334.

Walker, L. S., Smith, C. A., Garber, J., & Claar, R. L. (2005). Testing a model of pain appraisal and coping in children with chronic abdominal pain. *Health Psychology, 24,* 364–374.

Wall Street Journal. (2005, August 9). Fatalities rise after repeal of helmet laws, p. D6.

Wall Street Journal. (2016, February 18). Economics and populists don't mix, p. A2.

Waller, J., McCaffery, K. J., Forrest, S., & Wardle, J. (2004). Human papillomavirus and cervical cancer: Issues for biobehavioral and psychosocial research. *Annals of Behavioral Medicine, 27,* 68–79.

Wallston, B. S., Alagna, S. W., DeVellis, B. M., & DeVellis, R. F. (1983). Social support and physical health. *Health Psychology, 2,* 367–391.

Walsh, J. L., Senn, T. E., Scott-Sheldon, L. A. J., Vanable, P. A., & Carey, M. P. (2011). Predicting condom use using the Information-Motivation-Behavioral Skills (IMB) model: A multivariate latent growth curve analysis. *Annals of Behavioral Medicine, 42,* 235–244.

Wang, A. W. T., Chang, C. S., Chen, S. T., Chen, D. R., Fan, F., Carver, C. S., & Hsu, W. Y. (2017). Buffering and direct effect of posttraumatic growth in predicting distress following cancer. *Health Psychology, 36,* 549–559.

Wang, F., DesMeules, M., Luo, W., Dai, S., Lagace, C., & Morrison, H. (2011). Leisure-time physical activity and marital status in relation to depression between men and women: A prospective study. *Health Psychology, 30,* 204–211.

Wang, H. L., Kroenke, K., Wu, J., Tu, W., Theobald, D., & Rawl, S. M. (2012). Predictors of cancer-related pain improvement over time. *Psychosomatic Medicine, 74,* 642–647.

Ward, A., & Mann, T. (2000). Don't mind if I do: Disinhibited eating under cognitive load. *Journal of Personality and Social Psychology, 78,* 753–763.

Ward, B. W., & Schiller, J. S. (2011). Prevalence of complex activity limitations among racial/ethnic groups and Hispanic subgroups of adults: United States, 2003–2009. *NCHS Data Brief, 73,* 1–8.

Ward, S., Donovan, H., Gunnarsdottier, S., Serlin, R. C., Shapiro, G. R., & Hughes, S. (2008). A randomized trial of a representational intervention to decrease cancer pain (RIDcancerPAIN). *Health Psychology, 27,* 59–67.

Wardle, J., Robb, K. A., Johnson, F., Griffith, J., Brunner, E., Power, C., & Tovee, M. (2004). Socioeconomic variation in attitudes to eating and weight in female adolescents. *Health Psychology, 23,* 275–282.

Wardle, J., Williamson, S., McCaffery, K., Sutton, S., Taylor, T., Edwards, R., & Atkin, W. (2003). Increasing attendance at colorectal cancer screening: Testing the efficacy of a mailed, psychoeducational intervention in a community sample of older adults. *Health Psychology, 22,* 99–105.

Ware, J. E., Jr. (1994). Norm-based interpretation. *Medical Outcomes Trust Bulletin, 2,* 3.

Ware, J. E., Jr., Davies-Avery, A., & Stewart, A. L. (1978). The measurement and meaning of patient satisfaction: A review of the literature. *Health and Medical Care Services Review, 1,* 1–15.

Warner, M., Chen, L. H., Makuc, D. M., Anderson, R. N., & Miniño, A. M. (2011). Drug poisoning deaths in the United States, 1980–2008. *NCHS Data Brief, 81,* 1–8.

Warziski, M. T., Sereika, S. M., Styn, M. A., Music, E., & Burke, L. E. (2008). Changes in self-efficacy and dietary adherence: The impact on weight loss in the PREFER study. *Journal of Behavioral Medicine, 31,*

81–92.
Watson, D., & Clark, L. A. (1984). Negative affectivity: The disposition to experience aversive emotional states. *Psychological Bulletin, 96,* 465–490.
Watson, D., & Pennebaker, J. W. (1989). Health complaints, stress, and distress: Exploring the central role of negative affectivity. *Psychological Review, 96,* 234–264.
Watts, K. J., Meiser, B., Wakefield, C. E., Barratt, A. L., Howard, K., Cheah, B. C., Mann, G. J., & Patel, M. I. (2014). Online prostate cancer screening decision aid for men at-risk: A randomized trial. *Health Psychology, 33,* 986–997.
Weaver, J. (2018, July 16). More people search for health online. *NBC News.* Retreived from https://www.nbcnews.com/
Weaver, K. E., Llabre, M. M., Durán, R. E., Antoni, M. H., Ironson, G., Penedo, F., & Schneiderman, N. (2005). A stress coping model of medication adherence and viral load in HIV-positive men and women on highly active antiretroviral therapy (HAART). *Health Psychology, 24,* 385–392.
Webb, M. S., Simmons, V. N., & Brandon, T. H. (2005). Tailored interventions for motivating smoking cessation: Using placebo tailoring to examine the influence of expectancies and personalization. *Health Psychology, 24,* 179–188.
Webb, M. S., Vanable, P. A., Carey, M. P., & Blair, D. C. (2007). Cigarette smoking among HIV+ men and women: Examining health, substance use, and psychological correlates across the smoking spectrum. *Journal of Behavioral Medicine, 30,* 371–383.
Webb, T. L., & Sheeran, P. (2006). Does changing behavioral intentions engender behavior change? A meta-analysis of the experimental evidence. *Psychological Bulletin, 132,* 249–268.
Weber-Hamann, B., Hentschel, F., Kniest, A., Deuschle, M., Colla, M., Lederbogen, F., & Heuser, I. (2002). Hypercortisolemic depression is associated with increased intra-abdominal fat. *Psychosomatic Medicine, 64,* 274–277.
WebMD. (2014, December). *Type 1 diabetes on the rise in children.* Retrieved May 25, 2016, from http://www.webmd.com/
WebMD. (2015). *Lupus overview.* Retrieved January 21, 2016, from http://www.webmd.com/lupus/arthritis-lupus
Wechsler, H., Lee, J. E., Kuo, M., Seibring, M., Nelson, T. F., & Lee, H. (2002). Trends in college binge drinking during a period of increased prevention efforts. *Journal of American College Health, 50,* 203–217.
Wechsler, H., Seibring, M., Liu, I. C., & Ahl, M. (2004). Colleges respond to student binge drinking: Reducing student demand or limiting access. *Journal of American College Health, 52,* 159–168.
Wegman, H. L., & Stetler, C. (2009). A meta-analytic review of the effects of childhood abuse on medical outcomes in adulthood. *Psychosomatic Medicine, 71,* 805–812.
Weidner, G., Boughal, T., Connor, S. L., Pieper, C., & Mendell, N. R. (1997). Relationship of job strain to standard coronary risk factors and psychological characteristics in women and men of the family heart study. *Health Psychology, 16,* 239–247.
Weidner, G., Rice, T., Knox, S. S., Ellison, C., Province, M. A., Rao, D. C., & Higgins, M. W. (2000). Familial resemblance for hostility: The National Heart, Lung, and Blood Institute Family Heart Study. *Psychosomatic Medicine, 62,* 197–204.
Weihs, K. L., Enright, T. M., & Simmens, S. J. (2008). Close relationships and emotional processing predict decreased mortality in women with breast cancer: Preliminary evidence. *Psychosomatic Medicine, 70,* 117–124.
Weinhardt, L. S., Carey, M. P., Carey, K. B., Maisto, S. A., & Gordon, C. M. (2001). The relation of alcohol use to sexual HIV risk behavior among adults with a severe and persistent mental illness. *Journal of Consulting and Clinical Psychology, 69,* 77–84.
Weinhardt, L. S., Carey, M. P., Johnson, B. T., & Bickman, N. L. (1999). Effects of HIV counseling and testing on sexual risk behavior: A meta-analytic review of published research, 1985–1997. *American Journal of Public Health, 89,* 1397–1405.
Weintraub, A. (2004, January 26). "I can't sleep." *Business Week,* pp. 67–70, 72, 74.
Weir, H. K., Anderson, R. N., Coleman King, S. M., Soman, A., Thompson, T. D., Hong, Y., . . . Leadbetter, S. (2016). Heart disease and cancer deaths—Trends and projections in the United States, 1969–2020. *Preventing Chronic Disease, 13,* E157.
Weisman, A. D. (1972). *On death and dying.* New York: Behavioral Publications.
Weisman, A. D. (1977). The psychiatrist and the inexorable. In H. Feifel (Ed.), *New meanings of death* (pp. 107–122). New York: McGraw-Hill.
Weisman, C. S., & Teitelbaum, M. A. (1985). Physician gender and the physician–patient relationship: Recent evidence and relevant questions. *Social Sciences and Medicine, 20,* 1119–1127.
Weiss, A., Gale, C. R., Batty, D., & Deary, I. J. (2009). Emotionally stable, intelligent men live longer: The Vietnam experience study cohort. *Psychosomatic Medicine, 71,* 385–394.
Weller, J. A., Shackleford, C., Dieckmann, N., & Slovic, P. (2013). Possession attachment predicts cell phone use while driving. *Health Psychology, 32,* 379–387.
Wen, C. K. F., Liao, Y., Maher, J. P., Huh, J., Belcher, B. R., Dzubur, E., & Dunton, G. F. (2018). Relationships among affective states, physical activity, and sedentary behavior in children: Moderation by perceived stress. *Health Psychology, 37,* 904–914.
Wenninger, K., Weiss, C., Wahn, U., & Staab, D. (2003). Body image in cystic fibrosis—Development of a brief diagnostic scale. *Journal of Behavioral Medicine, 26,* 81–94.
Werthmann, J., Jansen, A., Vreugdenhil, A. C. E., Nederkoorn, C., Schyns, G., & Roefs, A. (2015). Food through the child's eye: An eye-tracking study on attentional bias for food in healthy-weight children and children with obesity. *Health Psychology, 34,* 1123–1132.
Whalen, C. K., Jamner, L. D., Henker, B., & Delfino, R. J. (2001). Smoking and moods in adolescents with depressive and aggressive dispositions: Evidence from surveys and electronic diaries. *Health Psychology, 20,* 99–111.
Whetten, K., Reif, S., Whetten, R., & Murphy-McMillan, L. K. (2008). Trauma, mental health, distrust, and stigma among HIV-positive persons: Implications for effective care. *Psychosomatic Medicine, 70,* 531–538.
Whisman, M. A., & Kwon, P. (1993). Life stress and dysphoria: The role of self-esteem and hopelessness. *Journal of Personality and Social Psychology, 65,* 1054–1060.
Whisman, M. A., Li, A., Sbarra, D. A., & Raison, C. L. (2014). Marital quality and diabetes: Results from the Health and Retirement study. *Health Psychology, 33,* 832–840.
Whisman, M. A., & Uebelacker, L. A. (2011). A longitudinal investigation of marital adjustment as a risk factor for metabolic syndrome. *Health Psychology, 31,* 80–86.
Whitbeck, L. B., Hoyt, D. R., McMorris, B. J., Chen, X., & Stubben, J. D. (2001). Perceived discrimination and early substance abuse among American Indian children. *Journal of Health and Social Behavior, 42,* 405–424.
Whitbeck, L. B., McMorris, B. J., Hoyt, D. R., Stubben, J. D., & LaFromboise, T. (2002). Perceived discrimination, traditional practices, and depressive symptoms among American Indians in the upper Midwest. *Journal of Health and Social Behavior, 43,* 400–418.
White, L. P., & Tursky, B. (1982). Where are we? Where are we going? In L. White & B. Tursky (Eds.), *Clinical biofeedback: Efficacy and mechanisms* (pp. 438–448). New York: Guilford Press.

Wichstrom, L. (1994). Predictors of Norwegian adolescents' sunbathing and use of sunscreen. *Health Psychology, 13,* 412–420.

Wichstrom, L., von Soest, T., & Kvalem, I. L. (2013). Predictors of growth and decline in leisure time physical activity from adolescence to adulthood. *Health Psychology, 32,* 775–784.

Wickrama, K., O'Neal, C. W., Lee, T. K., & Wickrama, T. (2015). Early socioeconomic adversity, youth positive development, and young adults' cardiometabolic disease risk. *Health Psychology, 34,* 905–914.

Widman, L., Noar, S. M., Choukas-Bradley, S., & Francis, D. B. (2014). Adolescent sexual health communication and condom use: A meta-analysis. *Health Psychology, 33,* 1113–1124.

Widows, M., Jacobsen, P., Booth-Jones, M., & Fields, K. K. (2005). Predictors of posttraumatic growth following bone marrow transplantation for cancer. *Health Psychology, 24,* 266–273.

Widows, M., Jacobsen, P., & Fields, K. (2000). Relation of psychological vulnerability factors to posttraumatic stress disorder symptomatology in bone marrow transplant recipients. *Psychosomatic Medicine, 62,* 873–882.

Wiest, M., Schüz, B., Webster, N., & Wurm, S. (2011). Subjective well-being and mortality revisited: Differential effects of cognitive and emotional facets of well-being on mortality. *Health Psychology, 30,* 728–735.

Wijngaards-Meij, L., Stroebe, M., Schut, H., Stroebe, W., van den Bout, J., van der Heijden, P., et al. (2005). Couples at risk following the death of their child: Predictors of grief versus depression. *Journal of Consulting and Clinical Psychology, 73,* 617–623.

Wilbert-Lampen, U., Leistner, D., Greven, S., Pohl, T., Sper, S., Völker, C., . . . Steinbeck, G. (2008). Cardiovascular events during world cup soccer. *The New England Journal of Medicine, 358,* 475–483.

Wilcox, S., Evenson, K. R., Aragaki, A., Wassertheil-Smoller, S., Mouton, C. P., & Loevinger, B. L. (2003). The effects of widowhood on physical and mental health, health behaviors, and health outcomes: The women's health initiative. *Health Psychology, 22,* 513–522.

Wild, B., Heider, D., Maatouk, I., Slaets, J., König, H., Niehoff, D., Saum, K., Brenner, H., Söllner, W., & Herzog, W. (2014). Significance and costs of complex biopsychosocial health care needs in elderly people: Results of a population-based study. *Psychosomatic Medicine, 76,* 497–502.

Wilfley, D. E., Tibbs, T. L., Van Buren, D. J., Reach, K. P., Walker, M. S., & Epstein, L. H. (2007). Lifestyle interventions in the treatment of childhood overweight: A meta-analytic review of randomized controlled trials. *Health Psychology, 26,* 521–532.

Willenbring, M. L., Levine, A. S., & Morley, J. E. (1986). Stress induced eating and food preference in humans: A pilot study. *International Journal of Eating Disorders, 5,* 855–864.

Williams, D. R. (2002). Racial/ethnic variations in women's health: The social embeddedness of health. *American Journal of Public Health, 92,* 588–597.

Williams, D. R. (2003). The health of men: Structured inequalities and opportunities. *American Journal of Public Health, 93,* 724–731.

Williams, D. R., & Mohammed, S. A. (2009). Discrimination and racial disparities in health: Evidence and needed research. *Journal of Behavioral Medicine, 32,* 20–47.

Williams, D. R., Priest, N., & Anderson, N. B. (2016). Understanding associations among race, socioeconomic status, and health: Patterns and prospects. *Health Psychology, 35,* 407–411.

Williams, G. C., Gagne, M., Ryan, R. M., & Deci, E. L. (2002). Supporting autonomy to motivate smoking cessation: A test of self-determination theory. *Health Psychology, 21,* 40–50.

Williams, G. C., Lynch, M., & Glasgow, R. E. (2007). Computer-assisted intervention improves patient-centered diabetes care by increasing autonomy support. *Health Psychology, 26,* 728–734.

Williams, G. C., McGregor, H. A., Sharp, D., Kouides, R. W., Levesque, C. S., Ryan, R. M., & Deci, E. L. (2006). A self-determination multiple risk intervention trial to improve smokers health. *Journal of General Internal Medicine, 21,* 1288–1294.

Williams, L., O'Carroll, R. E., & O'Connor, R. C. (2008). Type D personality and cardiac output in response to stress. *Psychology and Health, 24,* 489–500.

Williams, R. B. (1984). An untrusting heart. *The Sciences, 24,* 31–36.

Williams, S., & Kohout, J. L. (1999). Psychologists in medical schools in 1997. *American Psychologist, 54,* 272–276.

Williams, S. A., Kasil, S. V., Heiat, A., Abramson, J. L., Krumholtz, H. M., & Vaccarino, V. (2002). Depression and risk of heart failure among the elderly: A prospective community-based study. *Psychosomatic Medicine, 64,* 6–12.

Williams, S. C., Schmaltz, S. P., Morton, D. J., Koss, R. G., & Loeb, J. M. (2005). Quality of care in U.S. hospitals as reflected by standardized measures, 2002–2004. *The New England Journal of Medicine, 353,* 255–264.

Williamson, G. M., Walters, A. S., & Shaffer, D. R. (2002). Caregiver models of self and others, coping, and depression: Predictors of depression in children with chronic pain. *Health Psychology, 21,* 405–410.

Willmott, L., Harris, P., Gellaitry, G., Cooper, V., & Horne, R. (2011). The effects of expressive writing following first myocardial infarction: A randomized controlled trial. *Health Psychology, 30,* 642–650.

Wills, T. A. (1984). Supportive functions of interpersonal relationships. In S. Cohen & L. Syme (Eds.), *Social support and health* (pp. 61–82). New York: Academic Press.

Wills, T. A., Bantum, E. O., Pokhrel, P., Maddock, J. E., Ainette, M. G., Morehouse, E., & Fenster, B. (2013). A dual-process model of early substance use: Tests in two diverse populations of adolescents. *Health Psychology, 32,* 533–542.

Wills, T. A., Gibbons, F. X., Sargent, J. D., Gerrard, M., Lee, H. R., & Dal Cin, S. (2010). Good self-control moderates the effect of mass media on adolescent tobacco and alcohol use: Tests with studies of children and adolescents. *Health Psychology, 29,* 539–549.

Wills, T. A., Sandy, J. M., & Yaeger, A. M. (2002). Stress and smoking in adolescence: A test of directional hypotheses. *Health Psychology, 21,* 122–130.

Wills, T. A., & Vaughan, R. (1989). Social support and substance use in early adolescence. *Journal of Behavioral Medicine, 12,* 321–340.

Wilson, R. (1963). The social structure of a general hospital. *Annals of the American Academy of Political and Social Science, 346,* 67–76.

Wilson, P. A., Stadler, G., Boone, M. R., & Bolger, N. (2014). Fluctuations in depression and well-being are associated with sexual risk episodes among HIV-positive men. *Health Psychology, 33,* 681–685.

Wilson, R. S., Beck, T. L., Bienias, J. L., & Bennett, D. A. (2007). Terminal cognitive decline: Accelerated loss of cognition in the last years of life. *Psychosomatic Medicine, 69,* 131–137.

Wilson, T. E., Weedon, J., Cohen, M. H., Golub, E. T., Milam, J., Young, M. A., . . . Fredrickson, B. L. (2017). Positive affect and its association with viral control among women with HIV infection. *Health Psychology, 36,* 91–100.

Winett, R. A., Wagner, J. L., Moore, J. F., Walker, W. B., Hite, L. A., Leahy, M., . . . Lombard, D. (1991). An experimental evaluation of a prototype public access nutrition information system for supermarkets. *Health Psychology, 10,* 75–78.

Wing, R. R. (2000). Cross-cutting themes in maintenance of behavior change. *Health Psychology, 19,* 84–88.

Wing, R. R., Blair, E., Marcus, M., Epstein, L. H., & Harvey, J. (1994). Year-long weight loss treatment for obese patients with type II diabetes: Does including an intermittent very-low-calorie diet improve outcome? *American Journal of Medicine, 97,* 354–362.

Wing, R. R., Epstein, L. H., Nowalk, M. P., Scott, N., Koeske, R., & Hagg,

S. (1986). Does self-monitoring of blood glucose levels improve dietary competence for obese patients with Type II diabetes? *American Journal of Medicine, 81,* 830–836.

Wing, R. R., Matthews, K. A., Kuller, L. H., Meilahn, E. N., & Plantinga, P. L. (1991). Weight gain at the time of menopause. *Archives of Internal Medicine, 151,* 97–102.

Winning, A., McCormick, M. C., Glymour, M. M., Gilsanz, P., & Kubzansky, L. D. (2018). Childhood psychological distress and healthy cardiovascular lifestyle 17–35 years later: The potential role of mental health in primordial prevention. *Annals of Behavioral Medicine, 52,* 621–632.

Winslow, R. (2016, January 28). Cancer centers urge vaccinations for HPV. *Wall Street Journal,* p. A3.

Wirtz, P. H., Ehlert, U., Emini, L., Rüdisüli, K., Groessbauer, S., Gaab, J., . . . von Känel, R. (2006). Anticipatory cognitive stress appraisal and the acute procoagulant stress response in men. *Psychosomatic Medicine, 68,* 851–858.

Wirtz, P. H., von Känel, R., Schnorpfeil, P., Ehlert, U., Frey, K., & Fischer, J. E. (2003). Reduced glucocorticoid sensitivity of monocyte interleukin–6 production in male industrial employees who are vitally exhausted. *Psychosomatic Medicine, 65,* 672–678.

Wise, R. (2013). Dual roles of dopamine in food and drug seeking: The drive-reward paradox. *Biological Psychiatry, 73,* 819–826.

Wisniewski, L., Epstein, L., Marcus, M. D., & Kaye, W. (1997). Differences in salivary habituation to palatable foods in bulimia nervosa patients and controls. *Psychosomatic Medicine, 59,* 427–433.

Witkiewitz, K., & Marlatt, G. A. (2004). Relapse prevention for alcohol and drug problems: That was Zen, this is Tao. *American Psychologist, 59,* 224–235.

Wolf, L. D., & Davis, M. C. (2014). Loneliness, daily pain, and perceptions of interpersonal events in adults with fibromyalgia. *Health Psychology, 33,* 929–937.

Wolf, S. L., Thompson, P. A., Winstein, C. J., Miller, J. P., Blanton, S. R., Nichols-Larsen, D. S., . . . Sawaki, L. (2010). The EXCITE stroke trial: Comparing early and delayed constraint-induced movement therapy. *Stroke, 41,* 2309–2315.

Wolf, T., Tsenkova, V., Ryff, C. D., Davidson, R. J., & Willette, A. A. (2018). Neural, hormonal, and cognitive correlates of metabolic dysfunction and emotional reactivity. *Psychosomatic Medicine, 80,* 452–459.

Wolff, B., Burns, J. W., Quartana, P. J., Lofland, K., Bruehl, S., & Chung, O. Y. (2008). Pain catastrophizing, physiological indexes, and chronic pain severity: Tests of mediation and moderation models. *Journal of Behavioral Medicine, 31,* 105–114.

Wolff, N. J., Darlington, A. E., Hunfeld, J. A. M., Verhulst, F. C., Jaddoe, V. W. V., Moll, H. A., . . . Tiemeier, H. (2009). The association of parent behaviors, chronic pain, and psychological problems with venipuncture distress in infants: The generation R study. *Health Psychology, 28,* 605–613.

Womack, V. Y., De Chavez, P. J., Albrecht, S. S., Durant, N., Loucks, E. B., Puterman, E., . . . Carnethon, M. R. (2016). A longitudinal relationship between depressive symptoms and development of metabolic syndrome: The coronary artery risk development in young adults (CARDIA) study. *Psychosomatic Medicine, 78,* 867–873.

Wong, M., & Kaloupek, D. G. (1986). Coping with dental treatment: The potential impact of situational demands. *Journal of Behavioral Medicine, 9,* 579–598.

Wong, M. D., Shapiro, M. F., Boscardin, W. J., & Ettner, S. L. (2002). Contribution of major diseases to disparities in mortality. *The New England Journal of Medicine, 347,* 1585–1592.

Woodall, K. L., & Matthews, K. A. (1993). Changes in and stability of hostile characteristics: Results from a 4-year longitudinal study of children. *Journal of Personality and Social Psychology, 64,* 491–499.

The World Factbook 2009. Washington, DC: Central Intelligence Agency, 2009. Retrieved July 2, 2012, from https://www.cia.gov/library/publications/the-world-factbook/index.html

World Health Organization. (1948). *Constitution of the World Health Organization.* Geneva, Switzerland: World Health Organization Basic Documents.

World Health Organization. (2008, May). *World health statistics, 2008.* Retrieved August 23, 2012, from http://www.who.int/whosis/whostat/EN_WHS08_Full.pdf

World Health Organization. (2010). *Diabetes programme.* Retrieved July 22, 2010, from http://www.who.int/diabetes/actionnow/en/mapdiabprev.pdf

World Health Organization. (2011, March). *Obesity and overweight.* Retrieved April 24, 2012, from http://www.who.int/mediacentre/factsheets/fs311/en

World Health Organization. (2015). *Hepatitis C.* Retrieved January 21, 2016, from http://www.who.int

World Health Organization. (2015, November). *Number of women living with HIV.* Retrieved May 25, 2016, from http://www.who.int

World Health Organization. (2016a). *Global health estimates 2016.* Geneva: Author.

World Health Organization. (2016b). *Headache disorders.* Retrieved April 30, 2019, from https://www.who.int/news-room/fact-sheets/detail/headache-disorders

World Health Organization. (2017, August 31). *Asthma: Key facts.* Retrieved March 11, 2019, from https://www.who.int/en/news-room/fact-sheets/detail/asthma

World Health Organization. (2017, October). *Tenfold increase in childhood and adolescent obesity in four decades: New study by Imperial College London and WHO.* Retrieved June 4, 2019, from https://www.who.int

World Health Organization. (2018a). *Global status report on alcohol and health 2018.* Retrieved April 8, 2019, from https://apps.who.int/iris/bitstream/handle/10665/274603/9789241565639-eng.pdf

World Health Organization. (2018b). *Life expectancy and healthy life expectancy data by WHO region.* Retrieved from http://apps.who.int/gho/data/view.main.SDG2016LEXREGv?lang=en

World Health Organization. (2018, February 16). *Obesity and overweight.* Retrieved April 8, 2019, from https://www.who.int/news-room/fact-sheets/detail/obesity-and-overweight

World Health Organization. (2018, May). *The top 10 causes of death.* Retrieved March 11, 2019, from https://www.who.int/news-room/fact-sheets/detail/the-top-10-causes-of-death

World Health Organization. (2018, November 12). *Projections of mortality and causes of death, 2016 to 2060.* Retrieved March 11, 2019, from https://www.who.int/healthinfo/global_burden_disease/projections/en/

World Health Organization. (2018, December 7). *Road traffic injuries: Key facts.* Retrieved April 1, 2019, from https://www.who.int/news-room/fact-sheets/detail/road-traffic-injuries

World Health Organization. (2019a). *HIV.* Retrieved May 29, 2019, from https://www.who.int/hiv/en/

World Health Organization. (2019b). *The top 10 causes of death.* Retrieved May 29, 2019, from https://www.who.int/news-room/fact-sheets/detail/the-top-10-causes-of-death

World Health Organization. (2019c). *Life expectancy.* Retrieved May 7, 2019, from https://www.who.int/gho/mortality_burden_disease/life_tables/situation_trends_text/en/

World Health Organization. (2019d). *HIV.* Retrieved May 29, 2019, from https://www.who.int/hiv/en/

World Health Organization. (2019, May 29). *Tobacco.* Retrieved April 8, 2019, from https://www.who.int/news-room/fact-sheets/detail/tobacco

Worobey, M., Watts, T. D., McKay, R. A., Suchard, M. A., Granade, T., Teuwen, D. E., . . . Jaffe, H. W. (2016). 1970s and 'Patient 0'HIV-1 genomes illuminate early HIV/AIDS history in North America. *Nature,*

539, 98–101.

Worthington, E. L., Witvliet, C. V. O., Pietrini, P., & Miller, A. J. (2007). Forgiveness, health, and well-being: A review of evidence for emotional versus decisional forgiveness, dispositional forgivingness, and reduced unforgiving. *Journal of Behavioral Medicine, 30,* 291–302.

Wroe, A. L. (2001). Intentional and unintentional nonadherence: A study of decision making. *Journal of Behavioral Medicine, 25,* 355–372.

Wrosch, C., Miller, G. E., & Schulz, R. (2009). Cortisol secretion and functional disabilities in old age: Importance of using adaptive control strategies. *Psychosomatic Medicine, 71,* 996–1003.

Wrulich, M., Brunner, M., Stadler, G., Schalke, D., Keller, U., & Martin, R. (2014). Forty years on: Childhood intelligence predicts health in middle adulthood. *Health Psychology, 33,* 292–296.

Wu, S., Fisher-Hoch, S. P., Reininger, B. M., & McCormick, J. B. (2018). Association between fruit and vegetable intake and symptoms of mental health conditions in Mexican Americans. *Health Psychology, 37,* 1059–1066.

Wu, T., Treiber, F. A., & Snieder, H. (2013). Genetic influence on blood pressure and underlying hemodynamics measured at rest and during stress. *Psychosomatic Medicine, 75,* 404–412.

Wu, Y., Rausch, J., Rohan, J. M., Hood, K. K., Pendley, J. S., Delamater, A., & Drotar, D. (2014). Autonomy support and responsibility-sharing predict blood glucose monitoring frequency among youth with diabetes. *Health Psychology, 33,* 1224–1231.

Wulsin, L. R., Vaillant, G. E., & Wells, V. E. (1999). A systematic review of the mortality of depression. *Psychosomatic Medicine, 61,* 6–17.

Wyatt, G. E., Gomez, C. A., Hamilton, A. B., Valencia-Garcia, D., Gant, L. M., & Graham, C. E. (2013). The intersection of gender and ethnicity in HIV risk, interventions, and prevention: New frontiers for psychology. *American Psychologist, 68,* 247–260.

Wynder, E. L., Kajitani, T., Kuno, I. J., Lucas, J. C., Jr., DePalo, A., & Farrow, J. (1963). A comparison of survival rates between American and Japanese patients with breast cancer. *Surgery, Gynecology, Obstetrics, 117,* 196–200.

Wysocki, T., Green, L., & Huxtable, K. (1989). Blood glucose monitoring by diabetic adolescents: Compliance and metabolic control. *Health Psychology, 8,* 267–284.

Wyszynski, C. M., Bricker, J. B., & Comstock, B. A. (2011). Parental smoking cessation and child daily smoking: A 9-year longitudinal study of mediation by child cognitions about smoking. *Health Psychology, 30,* 171–176.

Xian, H., Scherrer, J. F., Franz, C. E., McCaffery, J., Stein, P. K., Lyons, M. J., . . . Kremen, W. S. (2010). Genetic vulnerability and phenotypic expression of depression and risk for ischemic heart disease in the Vietnam Era Twin Study of Aging. *Psychosomatic Medicine, 72,* 370–375.

Xu, J., Kochanek, K. D., Murphy, S. L., & Arias, E. (2014). Mortality in the United States, 2012. *NCHS Data Brief, 168,* 1–7.

Xu, J., Murphy, S. L., Kochanek, K. D., Bastian, B., & Arias, E. (2018). Deaths: Final data for 2016. *National Vital Statistics Report, 67*(5), 1–76.

Xu, J., & Roberts, R. E. (2010). The power of positive emotions: It's a matter of life or death—Subjective well-being and longevity over 28 years in a general population. *Health Psychology, 29,* 9–19.

Xu, W., Qiu, C., Gatz, M., Pedersen, N. L., Johansson, B., & Fratiglioni, L. (2009). Mid- and late-life diabetes in relation to the risk of dementia: A population-based twin study. *Diabetes, 58,* 71–77.

Xu, X., Bao, H., Strait, K. M., Edmondson, D. E., Davidson, K. W., Beltrame, J. F., . . . Krumholz, H. M. (2017). Perceived stress after acute myocardial infarction: A comparison between young and middle-aged women versus men. *Psychosomatic Medicine, 79,* 50–58.

Yali, A. M., & Revenson, T. A. (2004). How changes in population demographics will impact health psychology: Incorporating a broader notion of cultural competence into the field. *Health Psychology, 23,* 147–155.

Yamada, T. (2008). In search of new ideas for global health. *New England Journal of Medicine, 358,* 1324–1325.

Yamada, Y., Izawa, H., Ichihara, S., Takatsu, F., Ishihara, H., Hirayama, H., . . . Yokata, M. (2002). Prediction of the risk of myocardial infarction from polymorphisms in candidate genes. *The New England Journal of Medicine, 347,* 1916–1923.

Ybema, J. F., Kuijer, R. G., Buunk, B. P., DeJong, G. M., & Sanderman, R. (2001). Depression and perceptions of inequity among couples facing cancer. *Personality and Social Psychology Bulletin, 27,* 3–13.

Yi, J. P., Yi, J. C., Vitaliano, P. P., & Weinger, K. (2008). How does anger coping style affect glycemic control in diabetes patients? *International Journal of Behavioral Medicine, 15,* 167–172.

Yong, H., Borland, R., Thrasher, J. F., Thompson, M. E., Nagelhout, G. E., Fong, G. T., & Cummings, K. M. (2014). Mediational pathways of the impact of cigarette warning labels on quit attempts. *Health Psychology, 33,* 1410–1420.

Yong, H. H., & Borland, R. (2008). Functional beliefs about smoking and quitting activity among adult smokers in four countries: Findings from the international tobacco control four-country survey. *Health Psychology, 27,* S216–S223.

Yoon, S. S., Burt, V., Louis, T., & Carroll, M. D. (2012). Hypertension among adults in the United States, 2009–2010. *NCHS Data Brief, 107,* 1–8.

Young, D. R., He, X., Genkinger, J., Sapun, M., Mabry, I., & Jehn, M. (2004). Health status among urban African American women: Associations among well-being, perceived stress, and demographic factors. *Journal of Behavioral Medicine, 27,* 63–76.

Zajacova, A., & Burgard, S. A. (2010). Body weight and health from early to mid-adulthood: A longitudinal analysis. *Journal of Health and Social Behavior, 51,* 92–107.

Zajdel, M., Helgeson, V. S., Seltman, H. J., Korytkowski, M. T., & Hausmann, L. R. M. (2018). Daily communal coping in couples with type 2 diabetes: Links to mood and self-care. *Annals of Behavioral Medicine, 52,* 228–238.

Zakowski, S. G., Hall, M. H., Klein, L. C., & Baum, A. (2001). Appraised control, coping, and stress in a community sample: A test of the goodness-of-fit hypothesis. *Annals of Behavioral Medicine, 23,* 158–165.

Zastowny, T. R., Kirschenbaum, D. S., & Meng, A. L. (1986). Coping skills training for children: Effects on distress before, during, and after hospitalization for surgery. *Health Psychology, 5,* 231–247.

Zautra, A. J. (2009). Resilience: One part recovery, two parts sustainability. *Journal of Personality, 77,* 1935–1943.

Zautra, A. J., Fasman, R., Davis, M. C., & Craig, A. D. (2010). The effects of slow breathing on affective responses to pain stimuli: An experimental study. *Pain, 149,* 12–18.

Zautra, A. J., Fasman, R., Reich, J. W., Harakas, P., Johnson, L. M., Olmsted, M. E., & Davis, M. C. (2005). Fibromyalgia: Evidence for deficits in positive affect regulation. *Psychosomatic Medicine, 67,* 147–155.

Zautra, A. J., Hall, J. S., & Murray, K. E. (2008). Resilience: A new integrative approach to health and mental health research. *Health Psychology Review, 2,* 41–64.

Zautra, A. J., & Manne, S. L. (1992). Coping with rheumatoid arthritis: A review of a decade of research. *Annals of Behavioral Medicine, 14,* 31–39.

Zautra, A. J., Okun, M. A., Roth, S. H., & Emmanual, J. (1989). Life stress and lymphocyte alterations among patients with rheumatoid arthritis. *Health Psychology, 8,* 1–14.

Zautra, A. J., & Smith, B. W. (2001). Depression and reactivity to stress in older women with rheumatoid arthritis and osteoarthritis. *Psychosomatic Medicine, 63,* 687–696.

Zawadzki, M. J., Graham, J. E., & Gerin, W. (2013). Rumination and anxiety mediate the effect of loneliness on depressed mood and sleep quality in college students. *Health Psychology, 32,* 212–222.

Zelinski, E. M., Crimmins, E., Reynolds, S., & Seeman, T. (1998). Do medical conditions affect cognition in older adults? *Health Psychology, 17,* 504–512.

Zernicke, K. A., Campbell, T. S., Speca, M., McCabe-Ruff, K., Flowers, S., & Carlson, L. E. (2014). A randomized wait-list controlled trial of feasibility and efficacy of an online mindfulness-based cancer recovery program: The eTherapy for cancer applying mindfullness trial. *Psychosomatic Medicine, 76,* 257–267.

Zhang, J., Kahana, B., Kahana, E., Hu, B., & Pozuelo, L. (2009). Joint modeling of longitudinal changes in depressive symptoms and mortality in a sample of community-dwelling elderly people. *Psychosomatic Medicine, 71,* 704 714.

Zhao, J., Bremner, J. D., Goldberg, J., Quyyumi, A. A., & Vaccarino, V. (2013). Monoamine oxidase a genotype, childhood trauma, and subclinical atherosclerosis: A twin study. *Psychosomatic Medicine, 75,* 471–477.

Zheng, Z. J., Croft, J. B., Labarthe, D., Williams, J. E., & Mensah, G. A. (2001). Racial disparity in coronary heart disease mortality in the United States: Has the gap narrowed? *Circulation 2001, 104,* 787.

Zhu, C. (2010). Science-based health care. *Science, 327,* 1429.

Zhu, L., Ranchor, A. V., Helgeson, V. S., van der Lee, M., Garssen, B., Stewart, R. E., . . . Schroevers, M. J. (2018). Benefit finding trajectories in cancer patients receiving psychological care: Predictors and relations to depressive and anxiety symptoms. *British Journal of Health Psychology, 23,* 238–252.

Ziadni, M. S., Carty, J. N., Doherty, H. K., Porcerelli, J. H., Rapport, L. J., Schubiner, H., & Lumley, M. A. (2018). A life-stress, emotional awareness, and expression interview for primary care patients with medically unexplained symptoms: A randomized controlled trial. *Health Psychology, 37,* 282–290.

Ziegelstein, R. C., Kim, S. Y., Kao, D., Fauerbach, J. A., Thombs, B. D., McCann, U., . . . Bush, D. E. (2005). Can doctors and nurses recognize depression in patients hospitalized with an acute myocardial infarction in the absence of formal screening? *Psychosomatic Medicine, 67,* 393–397.

Zillman, D., de Wied, M., King-Jablonski, C., & Jenzowsky, S. (1996). Drama-induced affect and pain sensitivity. *Psychosomatic Medicine, 58,* 333–341.

Zimbardo, P. G. (1969). The human choice: Individuation, reason, and order versus deindividuation, impulse, and chaos. In W. J. Arnold & D. Levine (Eds.), *Nebraska symposium on motivation.* Lincoln: University of Nebraska Press.

Zimmer, C. (2001). Do chronic diseases have an infectious root? *Science, 293,* 1974–1977.

Zimmerman, R. (2005, March 15). Nonconventional therapies gain broader acceptance. *Wall Street Journal,* p. 24.

Zimmermann, T., Heinrichs, N., & Baucom, D. H. (2007). "Does one size fit all?" Moderators in psychosocial interventions for breast cancer patients: A meta-analysis. *Annals of Behavioral Medicine, 34,* 225–239.

Zisook, S., Shuchter, S. R., Irwin, M., Darko, D. F., Sledge, P., & Resovsky, K. (1994). Bereavement, depression, and immune function. *Psychiatry Research, 52,* 1–10.

Zoccola, P. M., Dickerson, S. S., & Lam, S. (2009). Rumination predicts longer sleep onset latency after an acute psychosocial stressor. *Psychosomatic Medicine, 71,* 771–775.

Zoccola, P. M., Figueroa, W. S., Rabideau, E. M., Woody, A., & Benencia, F. (2014). Differential effects of poststressor rumination and distraction on cortisol and C-reactive protein. *Health Psychology, 33,* 1606–1609.

찾아보기

역자 소개

조성근

서울신학대학교 신학 학사
중앙대학교 심리학 학사
미국 일리노이공과대학교 심리학 석사
미국 하와이주립대학교 임상심리학 박사
현 충남대학교 심리학과 교수

김종원

서울대학교 천문학 학사
서울대학교 물리학 석사
미국 메릴랜드주립대학교 이론물리학 박사
독일 막스플랑크 복잡계 물리학 연구소 연구원
호주 월콕 의학 연구소 연구원
현 인제대학교 헬스케어IT공학과 조교수

김혜정

이화여자대학교 독어독문학 학사(교육심리 부전공)
미국 휘튼대학교 임상심리학 석사
미국 로즈미드 심리학대학원 임상심리학 박사
현 한동대학교 상담심리사회복지학부 부교수

박순권

영남대학교 심리학 학 · 석사
고려대학교 심리학 박사
미국 텍사스주립대학교 메디컬 브랜치 박사 후 과정
고려대학교 의과대학 연구교수
현 전주대학교 상담심리학과 교수

심은정

덕성여자대학교 심리학 학사
이탈리아 로마 교황청립 살레시안대학교 심리학 석 · 박사
현 부산대학교 심리학과 교수

한경훈

이탈리아 로마 교황청립 살레시안대학교 심리학 학 · 석사
독일 뮌헨대학교 의과대학 박사
현 부산대학교 스포츠과학부 부교수